L'auto-excellence

INTRODUCTION À LA MÉCANIQUE AUTOMOBILE

Volume 2

Consultant à l'édition française

Réal Démoré
Chelmsford (Ontario)

Henri Monnin
Casselman (Ontario)

Rédaction française

Laurent Roy

Traduit de l'américain par

Guylaine Cardinal et Dominique Baptiste

Chenelière McGraw-Hill

CHENELIÈRE ÉDUCATION

L'auto-excellence : Introduction à la mécanique automobile
Volume 2

Traduction de : *Automotive Excellence, Volume 2* de
  Leroy Frazier et coll. (ISBN 0-02-831364-X)
  © 2001 Glencoe/McGraw-Hill

© 2004 Les Éditions de la Chenelière inc.

Édition : Marie-Claude Côté
Coordination : Daniel Marchand, Monique Pratte
Révision linguistique : Sylvain Archambault, Ginette Laliberté,
  Monique Pratte et Richard Roch
Correction d'épreuves : Louise Hurtubise, Pierre-Yves L'Heureux
Infographie : IntraMédia

Photo de couverture : Ron Kimball Photography, Inc.

Veuillez noter que, dans le but d'alléger le texte, nous n'avons pas féminisé les termes employés au pluriel. Cependant, nous les avons féminisés lorsqu'ils sont employés au singulier. La lectrice ou le lecteur feront l'interprétation nécessaire selon le contexte.

Cette ressource est disponible grâce à l'appui financier de Patrimoine canadien/Canadian Heritage, sous la gestion du ministère de l'Éducation de l'Ontario.

Chenelière McGraw-Hill

CHENELIÈRE ÉDUCATION

7001, boul. Saint-Laurent
Montréal (Québec)
Canada H2S 3E3
Téléphone : (514) 273-1066
Télécopieur : (514) 276-0324
info@cheneliere-education.ca

ISBN 2-89461-894-8

Dépôt légal: 1er trimestre 2004
Bibliothèque nationale du Québec
Bibliothèque nationale du Canada

Imprimé au Canada

1   2   3   4   5   IIM   07   06   05   04   03

Nous reconnaissons l'aide financière du gouvernement du Canada par l'entremise du Programme d'aide au développement de l'industrie de l'édition (PADIÉ) pour nos activités d'édition.

Gouvernement du Québec – Programme de crédit d'impôt pour l'édition de livres – Gestion SODEC

L'Éditeur a fait tout ce qui était en son pouvoir pour retrouver les copyrights. On peut lui signaler tout renseignement menant à la correction d'erreurs ou d'omissions.

L'ÉQUIPE DE L'AUTO-EXCELLENCE

Leroy Frazier
Paris (Tennessee)

Ron Chappell
Gainesville (Florida)

Robert Porter
Folcroft (Pennsylvania)

Al Blethen
Bessemer (Alabama)

Terry Wicker
Carnesville (Georgia)

John R. Gahrs
Big Rapids (Michigan)

Betty Tibbitts
Parma Heights (Ohio)

Debbie Massari
Parma (Ohio)

Jan Adams
Sandusky (Ohio)

Darrell L. Parks
Columbus (Ohio)

Jessica Levy
Rochester (New York)

Bob Weber
Purcellville (Virginia)

Mike Dale
Cass City (Michigan)

Gary E. Goms
Buena Vista (Colorado)

Mike Mavrigian
Creston (Ohio)

La réparation du moteur

Chapitre 1   Diagnostic et réparation des systèmes
de lubrification et de refroidissement 2

Chapitre 2   L'inspection et le mesurage
des composants du moteur 28

Chauffage et climatisation

Chapitre 3   Le fonctionnement du système de chauffage
et de climatisation 56

Chapitre 4   Diagnostic et réparation des systèmes
de chauffage et de refroidissement du moteur . . . 78

Chapitre 5   Diagnostic des systèmes de climatisation 100

Chapitre 6   La récupération et recharge des systèmes
de climatisation 120

Chapitre 7   La réparation des composants du système
de climatisation 138

Chapitre 8   Diagnostic et réparation des
systèmes de commande 160

Le châssis et la carrosserie

Chapitre 9   Le châssis et la carrosserie 184

La boîte de vitesses automatique et la boîte-pont

Chapitre 10   Les composants fondamentaux de la boîte
de vitesses automatique et de la boîte-pont . . . 204

En bref

Chapitre 11 Diagnostic des problèmes de convertisseurs de couple et des trains d'engrenages et réparations. 224

Chapitre 12 Principes hydrauliques. 246

Chapitre 13 Diagnostic des problèmes du système de commandes hydrauliques et réparations. . . . 266

Chapitre 14 Diagnostic et réparation des composants d'application. 286

Chapitre 15 Diagnostic et réparation des commandes électroniques 306

Chapitre 16 La reconstruction de la boîte de vitesses automatique et de la boîte-pont. 330

La boîte de vitesses manuelle et les essieux

Chapitre 17 Diagnostic et réparation du système d'embrayage 356

Chapitre 18 Diagnostic et réparation de la boîte de vitesses manuelle d'un véhicule à propulsion 380

Chapitre 19 Diagnostic et réparation des organes de transmission d'un véhicule à propulsion 400

Chapitre 20 Diagnostic et réparation de la boîte-pont manuelle 422

Chapitre 21 Diagnostic et réparation des organes de transmission d'un véhicule à traction 444

Chapitre 22 Diagnostic et réparation des organes de transmission des véhicules à quatre roues motrices. . 464

Glossaire 491

Index 509

Table des matières

La réparation du moteur

CHAPITRE 1 Diagnostic et réparation des systèmes de lubrification et de refroidissement 2

Section 1 Les systèmes de refroidissement 3

Le fonctionnement du système de refroidissement
Le transfert de chaleur
Les composants du système de refroidissement

Comment éviter la panique d'une conductrice
ou d'un conducteur ?

Les essais du système de refroidissement
L'essai de pression du système
L'inspection, la vérification et le remplacement
  du thermostat et du boîtier
L'inspection, la vérification et le remplacement
  de la pompe à eau
L'inspection et la vérification des ventilateurs
L'inspection du déflecteur de ventilateur et
  des répartiteurs d'air
La vérification du liquide de refroidissement
La surveillance des températures

L'entretien du système de refroidissement
La vidange du système
Le rinçage du système
Le remplissage du système
La purge du système
La dépose et la pose du radiateur

Vérifie tes connaissances

Section 2 Les systèmes de lubrification 16

Le fonctionnement du système de lubrification
Les composants du système
  de lubrification
L'huile à moteur
L'effet de l'écoulement

**L'entretien du système
de lubrification**
La vérification du niveau d'huile

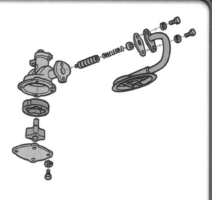

Le déplacement de l'huile

La réparation et la lubrification du système
Le capteur de température d'huile et de pression
Le carter d'huile
Le remplacement des joints et des joints d'étanchéité

Vérifie tes connaissances

Révision du chapitre 1 26

Excellence automobile test préparatoire 27

CHAPITRE 2 **L'inspection et le mesurage des composants du moteur** **28**

Section 1 Les outils de mesure de précision 29

Le micromètre
Le comparateur à cadran
Le vérificateur d'alésage à cadran
Le pied à coulisse Vernier
La jauge télescopique
La jauge à petit diamètre
La jauge de profondeur
Les jauges d'épaisseur
La règle rectifiée
La clé dynamométrique
L'indicateur d'angle de charge
Le cliquetis

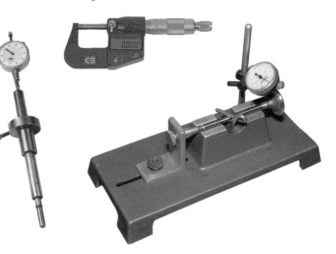

Vérifie tes connaissances

Section 2 L'inspection des culasses et des composants . . . 36

L'inspection des culasses
L'inspection pour déceler la distorsion
  du tablier de culasse
L'inspection pour déceler des fissures
  sur la culasse
Le mesurage des guides de soupape
L'inspection des soupapes
À la recherche des spécifications
L'inspection des sièges de soupape
L'inspection des ressorts de soupape

**L'inspection des composants
du dispositif de commande des soupapes**
L'inspection de l'arbre à cames
L'inspection des poussoirs de soupape
L'inspection des tiges de culbuteur
L'inspection des culbuteurs, des arbres et des pivots

Vérifie tes connaissances

Section 3 L'inspection du bloc-moteur
et des composants 43

L'inspection du tablier de bloc
pour déceler de la distorsion
et des fissures
Le mesurage de la dimension
de l'alésage de cylindre
L'inspection des alésages de palier
L'inspection des paliers de l'arbre
à cames
L'inspection des alésages
de poussoir de soupape
L'inspection des canaux
de refroidissement et de graissage

L'inspection du vilebrequin
L'inspection pour déceler
une ovalisation du vilebrequin
L'inspection des tourillons
de vilebrequin
L'inspection des extrémités
du vilebrequin
L'inspection des passages d'huile
de vilebrequin
L'inspection du jeu des paliers

**L'inspection des pistons, des bielles
et des paliers**
L'inspection des pistons
L'augmentation de la cylindrée
L'inspection des bielles
L'inspection des paliers

L'inspection de la pompe à huile

**L'inspection des volants d'équilibrage
du vilebrequin**
Vérifie tes connaissances

Révision du chapitre 2 52

Excellence automobile test préparatoire 53

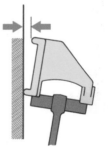

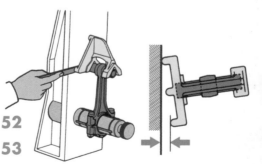

Chauffage et climatisation

CHAPITRE 3 **Le fonctionnement du système de chauffage et de climatisation . . 56**

Section 1 Le transfert de chaleur 57

La mesure de la chaleur
Le débit d'énergie thermique

La réfrigération
Les principes de réfrigération
À la recherche de la chaleur
Le cycle de réfrigération
Vérifie tes connaissances

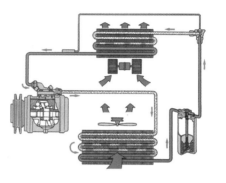

Section 2 Les composants du climatiseur 62

Le compresseur
L'embrayage du compresseur
Le condenseur
Les dispositifs de pression différentielle
L'évaporateur
La vérification de la climatisation
Le récepteur/déshydrateur et
l'accumulateur/déshydrateur

**Les dispositifs de sécurité
et de commande**

**Les conduits, raccords
et robinets de service**

L'huile frigorigène

**Les types de fluide frigorigène
pour les automobiles**
Vérifie tes connaissances

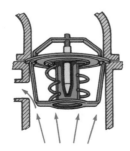

Section 3   Le fonctionnement du système
de refroidissement du moteur **70**

Le liquide de refroidissement
La pompe à eau
Le thermostat
Le bouchon du radiateur
Le réservoir de trop-plein du liquide de refroidissement
Le radiateur
Le ventilateur
Le suivi d'un ordinogramme

Vérifie tes connaissances

Révision du chapitre 3 . . . . **76**
Excellence automobile test préparatoire **77**

CHAPITRE 4 Diagnostic et réparation des systèmes de chauffage
et de refroidissement du moteur **78**

Section 1   Les éléments de base du système
de refroidissement et de chauffage **79**

Les vérifications initiales du système
de refroidissement
La vérification de l'antigel
Le bon choix du liquide de refroidissement
L'ajout du liquide de refroidissement

Vérifie tes connaissances

Section 2   L'inspection et l'essai du système
de refroidissement **81**

L'inspection des composants
La vérification du radiateur

L'essai du système de pression
L'essai du bouchon de radiateur
Trouver la bonne quantité de liquide
de refroidissement
La vérification du goulot de remplissage du radiateur
L'essai du clapet
L'essai de pression du système de refroidissement
L'essai de compression

Vérifie tes connaissances

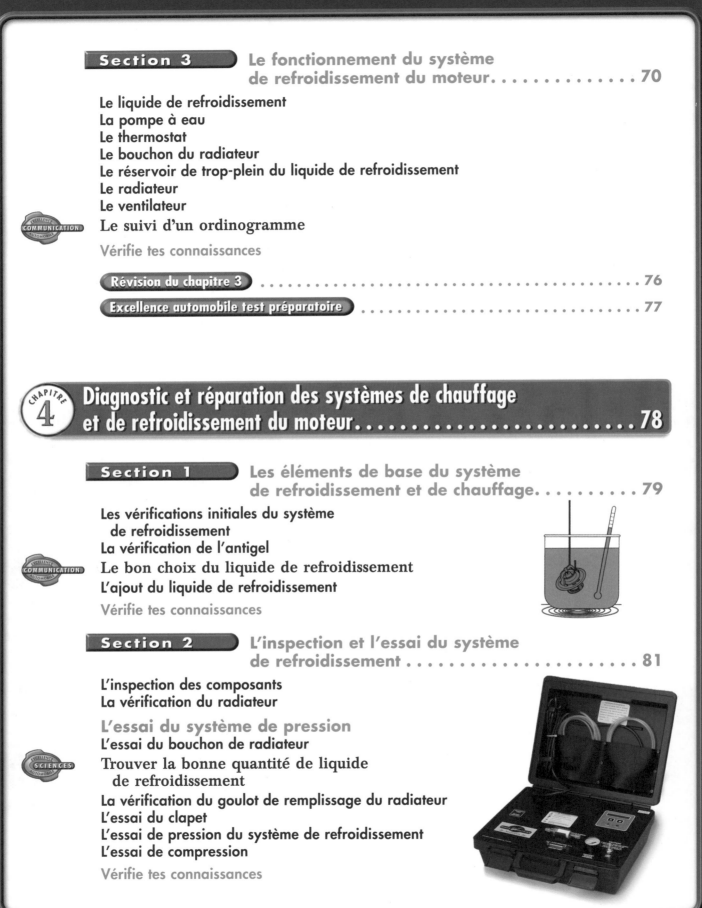

Section 3   L'entretien du système de refroidissement 87

Le radiateur
La vidange
Le rinçage
Le rinçage à circulation inversée
La dépose du radiateur
  pour son entretien
Le remplissage du système
  de refroidissement

Les courroies d'entraînement
La vérification de l'usure
  des courroies en serpentin

Les boyaux

La pompe à eau
La détection des fuites
  et la vérification des roulements
L'essai du débit de la pompe
Le remplacement de la pompe à eau

Le thermostat
L'essai du thermostat
Le remplacement du thermostat
Le calcul mental

Le radiateur de chaufferette

**Le réservoir de trop-plein du liquide de refroidissement
et le système de récupération**

Vérifie tes connaissances

Section 4   L'entretien du ventilateur 95

Les ventilateurs mécaniques
Les ventilateurs électriques
Le diagnostic du ventilateur électrique

Vérifie tes connaissances

Révision du chapitre 4   98

Excellence automobile test préparatoire   99

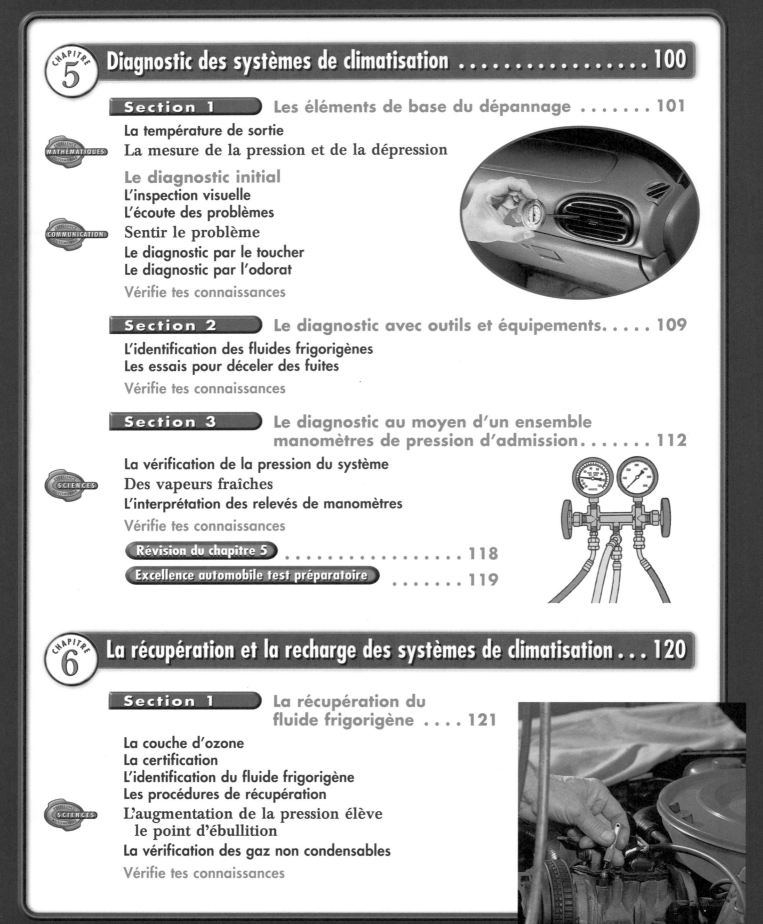

CHAPITRE 5 Diagnostic des systèmes de climatisation 100

Section 1 Les éléments de base du dépannage 101

La température de sortie
La mesure de la pression et de la dépression

Le diagnostic initial
L'inspection visuelle
L'écoute des problèmes
Sentir le problème
Le diagnostic par le toucher
Le diagnostic par l'odorat

Vérifie tes connaissances

Section 2 Le diagnostic avec outils et équipements. 109

L'identification des fluides frigorigènes
Les essais pour déceler des fuites

Vérifie tes connaissances

Section 3 Le diagnostic au moyen d'un ensemble
manomètres de pression d'admission. 112

La vérification de la pression du système
Des vapeurs fraîches
L'interprétation des relevés de manomètres

Vérifie tes connaissances

Révision du chapitre 5 118

Excellence automobile test préparatoire 119

CHAPITRE 6 La récupération et la recharge des systèmes de climatisation . . . 120

Section 1 La récupération du
fluide frigorigène 121

La couche d'ozone
La certification
L'identification du fluide frigorigène
Les procédures de récupération
L'augmentation de la pression élève
le point d'ébullition
La vérification des gaz non condensables

Vérifie tes connaissances

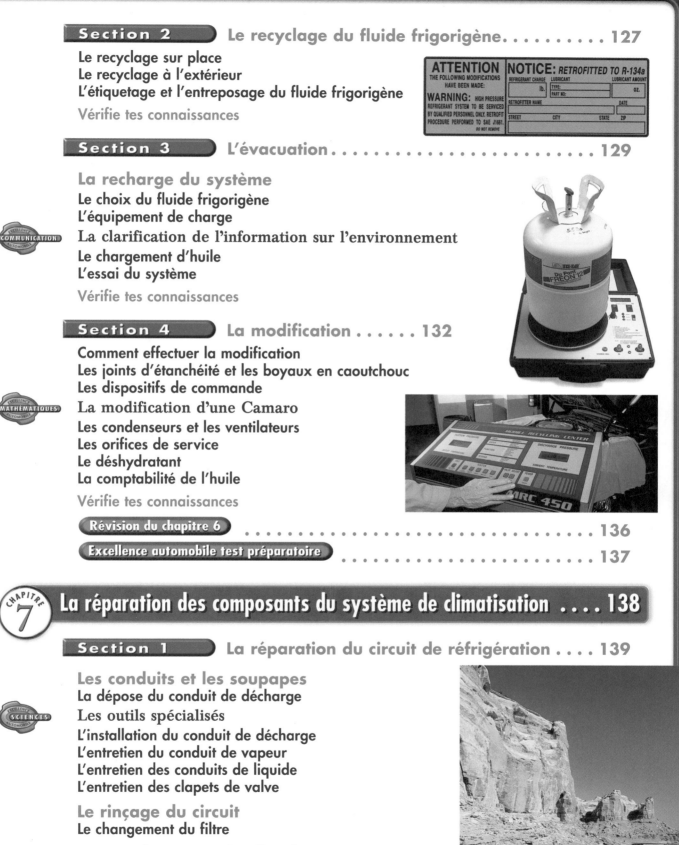

Section 2   Le recyclage du fluide frigorigène. 127

Le recyclage sur place
Le recyclage à l'extérieur
L'étiquetage et l'entreposage du fluide frigorigène

Vérifie tes connaissances

Section 3   L'évacuation. 129

La recharge du système
Le choix du fluide frigorigène
L'équipement de charge
La clarification de l'information sur l'environnement
Le chargement d'huile
L'essai du système

Vérifie tes connaissances

Section 4   La modification 132

Comment effectuer la modification
Les joints d'étanchéité et les boyaux en caoutchouc
Les dispositifs de commande
La modification d'une Camaro
Les condenseurs et les ventilateurs
Les orifices de service
Le déshydratant
La comptabilité de l'huile

Vérifie tes connaissances

Révision du chapitre 6   136

Excellence automobile test préparatoire   137

CHAPITRE 7   **La réparation des composants du système de climatisation 138**

Section 1   La réparation du circuit de réfrigération 139

Les conduits et les soupapes
La dépose du conduit de décharge
Les outils spécialisés
L'installation du conduit de décharge
L'entretien du conduit de vapeur
L'entretien des conduits de liquide
L'entretien des clapets de valve

Le rinçage du circuit
Le changement du filtre

Le remplacement du silencieux

Vérifie tes connaissances

Section 2   Le condenseur, l'évaporateur
et les dispositifs de commande 144

L'entretien du condenseur
L'entretien de l'évaporateur
L'entretien de la soupape de commande
Le choix du boulonnage

Le contrôle de l'humidité
L'accumulateur/déshydrateur
Le récepteur/déshydrateur

Vérifie tes connaissances

Section 3   Le compresseur et
l'embrayage 150

L'inspection de l'embrayage
Les interrupteurs d'embrayage et le circuit de câblage
L'entretien de l'embrayage du compresseur
La dépose de l'embrayage
Le remplacement du roulement
Le remplacement de la bobine d'embrayage
L'installation de l'embrayage
L'entretien du compresseur
Le remplacement du manocontacteur
  de sûreté ou de la soupape de décharge
Le remplacement du joint d'étanchéité
La compensation de l'écart
L'entretien du support de compresseur
L'entretien de l'entraînement du compresseur
L'essai du rendement

Vérifie tes connaissances

Révision du chapitre 7 158

Excellence automobile test préparatoire 159

8 Diagnostic et réparation des systèmes de commande 160

Section 1   Les systèmes de commande 161

Les composants communs
L'interrupteur et le moteur de soufflante
Le système de conduits d'air et le plénum
  d'évaporateur et de chauffage
Le volet de recirculation
Le volet de mélange
La commande de volet de mélange
Un clic, et la noirceur fut!
Les volets de mode
L'actionneur de dépression

L'alimentation de la dépression
Les systèmes à double commande
Le filtre à air dans l'habitacle
Vérifie tes connaissances

Section 2 Le fonctionnement du système et l'essai de fonctionnement 166

Les systèmes à commande manuelle
L'interrupteur de soufflante et la résistance
Le boîtier de commande
L'essai de fonctionnement d'un système à commande manuelle
Le soufflage d'air chaud et froid

Les systèmes de régulateur de température automatique
Le système à commande semi-automatique
Le système à commande automatique
**Le boîtier de commande de système
à commande automatique**
Des autodiagnostics
Le module d'alimentation du moteur de soufflante
Les sondes de température
L'aspirateur
Le capteur d'ensoleillement
Les actionneurs de volets
L'essai de fonctionnement
d'un système automatique
Vérifie tes connaissances

Section 3 Le diagnostic de défaillance et la réparation. . 174

Aucun fonctionnement de la soufflante
Une soufflante sans vitesse élevée
Une soufflante avec vitesse élevée seulement
Une vitesse élevée de soufflante à toutes les positions de l'interrupteur
Le diagnostic du système de dépression
L'essai du réservoir de dépression
L'essai de la soupape de refoulement
Le diagnostic d'un débit d'air inadéquat
Le diagnostic du débit d'air à partir des mauvaises sorties
Suivre une «recette»
La réparation des câbles de commande
Le remplacement des composants électroniques
L'essai de la thermistance
Le diagnostic d'un refroidissement inadéquat
Le diagnostic d'une chaleur inadéquate
Le diagnostic des problèmes d'odeur
Vérifie tes connaissances

Révision du chapitre 8 180
Excellence automobile test préparatoire 181

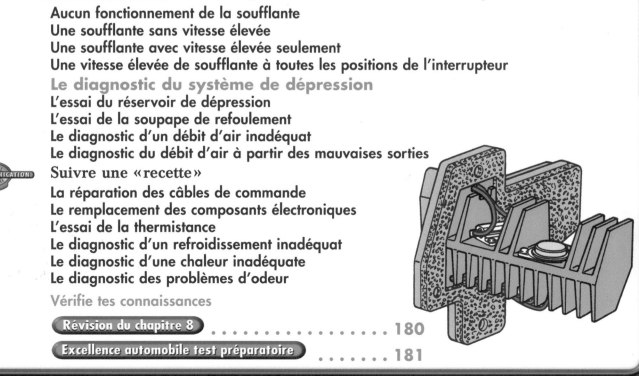

Le châssis et la carrosserie

CHAPITRE 9 Le châssis et la carrosserie................................ 184

Section 1   Le châssis.............................. 185

Le cadre de châssis en acier
La protection contre la rouille

Vérifie tes connaissances

Section 2   La carrosserie dans le temps.............. 188

La carrosserie
Les composants
L'entretien de la carrosserie
Une meilleure connaissance de la carrosserie
La réparation de la carrosserie à la suite d'une collision
L'achat d'une automobile et la vérification de la carrosserie
Le certificat de sécurité

Révision du chapitre 9 200

Excellence automobile test préparatoire 201

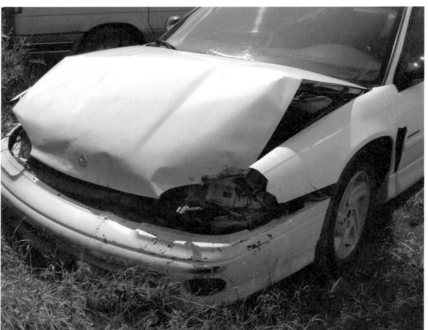

La boîte de vitesses automatique et la boîte-pont

CHAPITRE 10 Les composants fondamentaux de la boîte de vitesses automatique et de la boîte-pont. 204

Section 1 La boîte-pont et la boîte de vitesses automatique. 205

Les types de boîtes de vitesses automatiques
L'examen « médical » d'un véhicule

Vérifie tes connaissances

Section 2 Les composants de la boîte-pont et de la boîte de vitesses 207

Le convertisseur de couple
Le train d'engrenages
Le système hydraulique
Les composants d'application
La transmission finale et l'ensemble du différentiel
Les composants électroniques
Les chaînes d'entraînement et les roues d'entraînement
Les arbres de roues
Le fonctionnement de la boîte-pont et de la boîte de vitesses
Les positions du sélecteur de vitesses
Les types de montage
Déterminer le modèle de boîte de vitesses
Les codes d'option de production
L'étiquette ou le numéro
La vérification de la température du liquide
La forme du carter de liquide
Les codes de dates

Vérifie tes connaissances

Section 3 Le liquide hydraulique. 212

Les fonctions du liquide
Les préformulations d'additifs
Les types de liquide

L'entretien du liquide et du filtre
La vérification des niveaux de liquide
La vérification de l'état du liquide
Le changement de liquide et de filtre
La conversion des litres en pintes
Le contrôle des fuites
Les bagues et les joints d'étanchéité de la boîte de vitesses
Les joints d'étanchéité
Les bagues d'étanchéité et les enduits d'étanchéité pour joint
Les joints
Vérifie tes connaissances

Révision du chapitre 10 . . . . **222**

Excellence automobile test préparatoire **223**

CHAPITRE 11 — Diagnostic des problèmes de convertisseurs de couple et de trains d'engrenages et réparations **224**

Section 1 — Les accouplements hydrauliques et les convertisseurs de couple **225**

Les accouplements hydrauliques
Les convertisseurs de couple
Le fonctionnement du convertisseur de couple
L'impulseur
La turbine
Le stator
Les embrayages de stator
La multiplication de couple
Le débit rotatif et la circulation tourbillonnante
Le point d'accouplement
Les plateaux flexibles

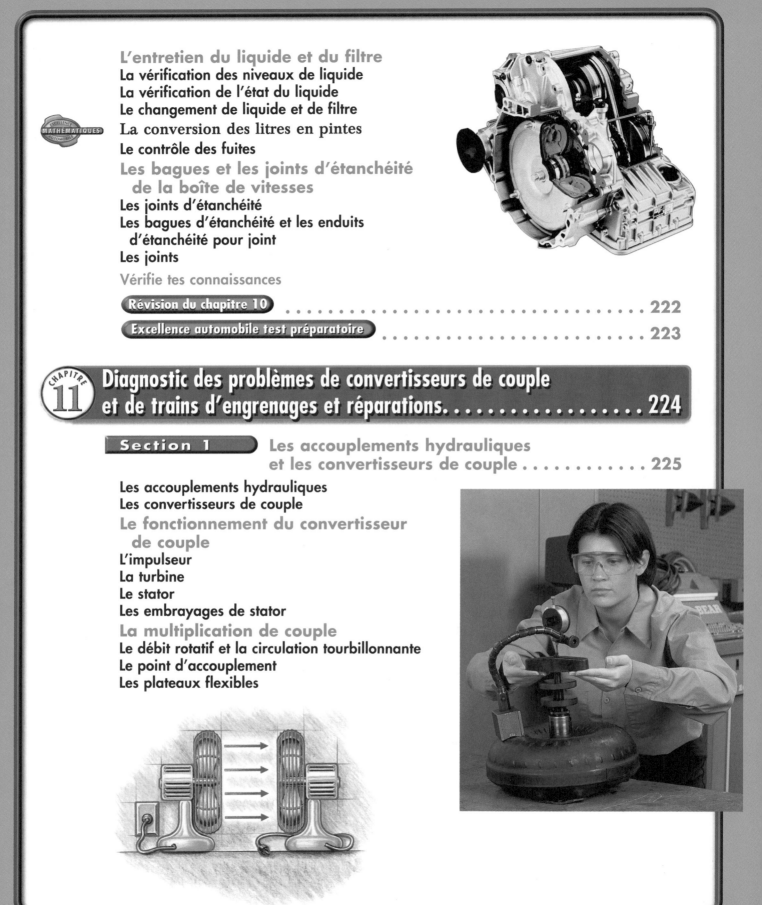

Le diagnostic des problèmes du convertisseur de couple
Le bruit du convertisseur de couple
La défaillance de l'embrayage à roue libre du stator
Le déséquilibre du convertisseur de couple
Le gonflement du convertisseur de couple
L'usure de la butée de palier du vilebrequin
L'usure du moyeu
L'essai et la réparation du convertisseur de couple
L'essai de blocage
L'essai au banc
La transmission du couple

Vérifie tes connaissances

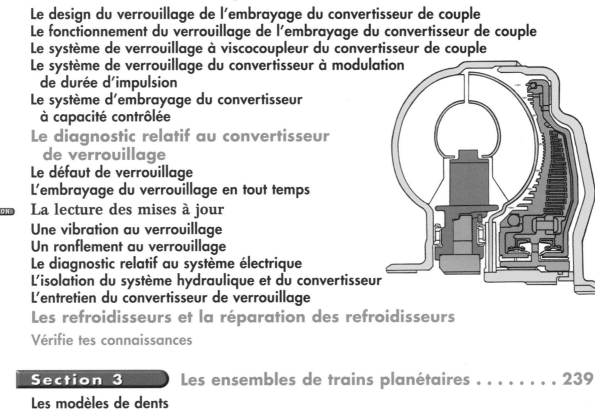

Section 2   **Le système de verrouillage de l'embrayage du convertisseur de couple** **233**

Le design du verrouillage de l'embrayage du convertisseur de couple
Le fonctionnement du verrouillage de l'embrayage du convertisseur de couple
Le système de verrouillage à viscocoupleur du convertisseur de couple
Le système de verrouillage du convertisseur à modulation de durée d'impulsion
Le système d'embrayage du convertisseur à capacité contrôlée
Le diagnostic relatif au convertisseur de verrouillage
Le défaut de verrouillage
L'embrayage du verrouillage en tout temps
La lecture des mises à jour
Une vibration au verrouillage
Un ronflement au verrouillage
Le diagnostic relatif au système électrique
L'isolation du système hydraulique et du convertisseur
L'entretien du convertisseur de verrouillage
Les refroidisseurs et la réparation des refroidisseurs

Vérifie tes connaissances

Section 3   **Les ensembles de trains planétaires** **239**

Les modèles de dents
Le rapport d'engrenage et la sortie de couple
L'ensemble d'engrenages Simpson
Le calcul des rapports d'engrenages
L'ensemble d'engrenages Ravigneaux

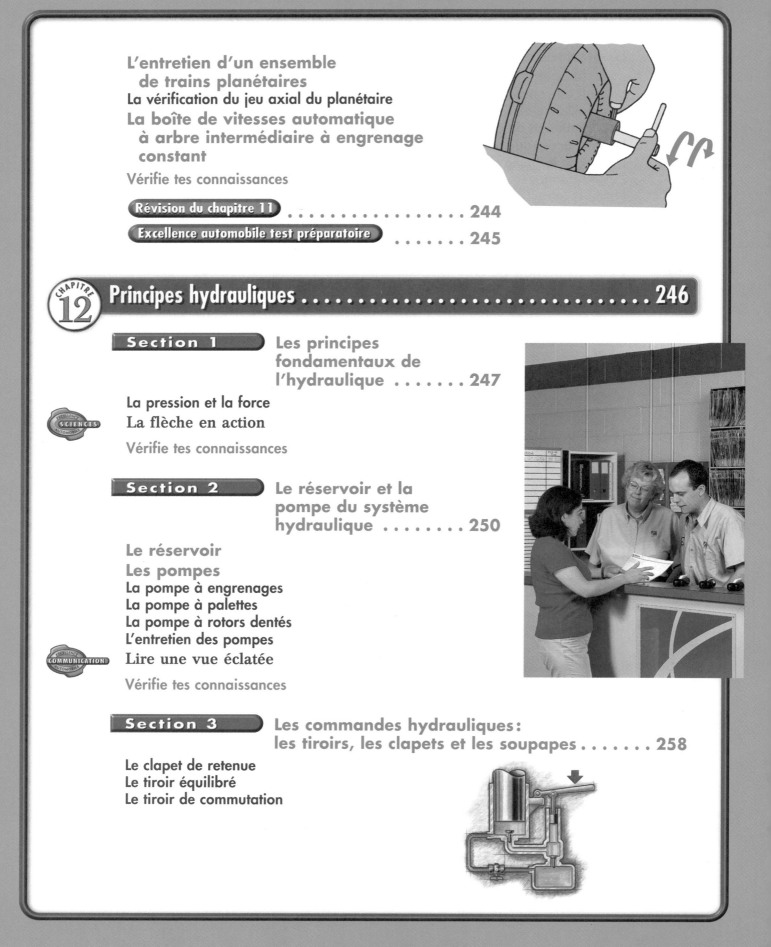

L'entretien d'un ensemble
de trains planétaires
La vérification du jeu axial du planétaire
La boîte de vitesses automatique
à arbre intermédiaire à engrenage
constant

Vérifie tes connaissances

Révision du chapitre 11 244

Excellence automobile test préparatoire 245

CHAPITRE 12   Principes hydrauliques 246

Section 1   Les principes
fondamentaux de
l'hydraulique 247

La pression et la force
La flèche en action

Vérifie tes connaissances

Section 2   Le réservoir et la
pompe du système
hydraulique 250

Le réservoir
Les pompes
La pompe à engrenages
La pompe à palettes
La pompe à rotors dentés
L'entretien des pompes
Lire une vue éclatée

Vérifie tes connaissances

Section 3   Les commandes hydrauliques:
les tiroirs, les clapets et les soupapes 258

Le clapet de retenue
Le tiroir équilibré
Le tiroir de commutation

Le bloc hydraulique
La plaque d'espacement
Les orifices
L'entretien des commandes hydrauliques
L'agrandissement de l'orifice

Vérifie tes connaissances

Révision du chapitre 12 264

Excellence automobile test préparatoire 265

CHAPITRE **13**

Diagnostic des problèmes du système de commandes hydrauliques et réparations 266

Section 1 La pression et les commandes hydrauliques 267

La pression
Les types de tiroirs d'accélération
La vérification du modulateur à dépression
Le vocabulaire de l'automobile
Le solénoïde de contrôle de pression
La vérification de la pression du solénoïde

Vérifie tes connaissances

Section 2 Le régulateur centrifuge 275

Les types de régulateurs centrifuges
Pourquoi se cramponne-t-on dans les courbes ?
La vérification du régulateur centrifuge

Vérifie tes connaissances

Section 3 Les tiroirs de passage de vitesse 279

Le passage en vitesse supérieure
Le calcul des forces
La rétrogradation
Les tiroirs de passages de vitesse à solénoïde
Les diagnostics d'anomalie du solénoïde
Le modèle de tiroir de passage de vitesse
Les tiroirs de commande manuelle

Vérifie tes connaissances

Révision du chapitre 13 284

Excellence automobile test préparatoire 285

CHAPITRE 14

Diagnostic et réparation des composants d'application 286

Section 1 Les composants d'application 287

SCIENCES
L'embrayage à disques multiples
Le glissement et le coefficient de frottement par glissement
L'embrayage à roue libre
MATHÉMATIQUES
L'augmentation de la capacité du couple
Les bandes d'embrayage
L'accumulateur
Le piston accumulateur
Le servo-accumulateur
La soupape d'accumulateur

Vérifie tes connaissances

Section 2 L'entretien des composants d'application 298

L'entretien du tambour d'embrayage
L'entretien du piston d'embrayage
L'entretien des disques d'embrayage
  et des plateaux d'embrayage en acier
COMMUNICATION
Le vocabulaire de l'automobile
L'entretien du ressort de rappel du piston
L'entretien des bandes, des servos et des accumulateurs

Vérifie tes connaissances

Révision du chapitre 14 304

Excellence automobile test préparatoire 305

CHAPITRE 15

Diagnostic et réparation des commandes électroniques 306

Section 1 Les systèmes à commande électronique 307

Les capteurs du système à commande électronique
Les capteurs à aimant permanent
Les capteurs à thermistance
MATHÉMATIQUES
Lire une échelle logarithmique
Les capteurs à potentiomètre
Les commutateurs
Les signaux de capteurs
Les microprocesseurs
L'entretien du module de gestion du groupe
  motopropulseur
**Les actionneurs du système
  à commande électronique**
Les solénoïdes

Vérifie tes connaissances

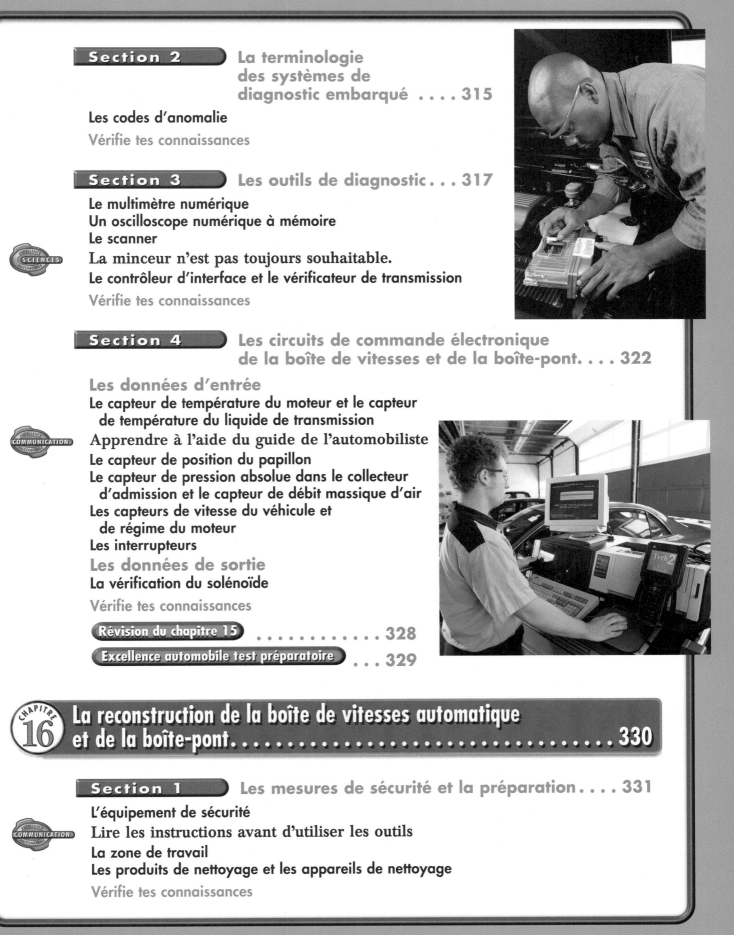

Section 2 La terminologie
des systèmes de
diagnostic embarqué 315

Les codes d'anomalie

Vérifie tes connaissances

Section 3 Les outils de diagnostic. . . 317

Le multimètre numérique
Un oscilloscope numérique à mémoire
Le scanner
La minceur n'est pas toujours souhaitable.
Le contrôleur d'interface et le vérificateur de transmission

Vérifie tes connaissances

Section 4 Les circuits de commande électronique
de la boîte de vitesses et de la boîte-pont. . . . 322

Les données d'entrée
Le capteur de température du moteur et le capteur
de température du liquide de transmission
Apprendre à l'aide du guide de l'automobiliste
Le capteur de position du papillon
Le capteur de pression absolue dans le collecteur
d'admission et le capteur de débit massique d'air
Les capteurs de vitesse du véhicule et
de régime du moteur
Les interrupteurs
Les données de sortie
La vérification du solénoïde

Vérifie tes connaissances

Révision du chapitre 15 328
Excellence automobile test préparatoire . . . 329

CHAPITRE 16 La reconstruction de la boîte de vitesses automatique
et de la boîte-pont. 330

Section 1 Les mesures de sécurité et la préparation. . . . 331

L'équipement de sécurité
Lire les instructions avant d'utiliser les outils
La zone de travail
Les produits de nettoyage et les appareils de nettoyage

Vérifie tes connaissances

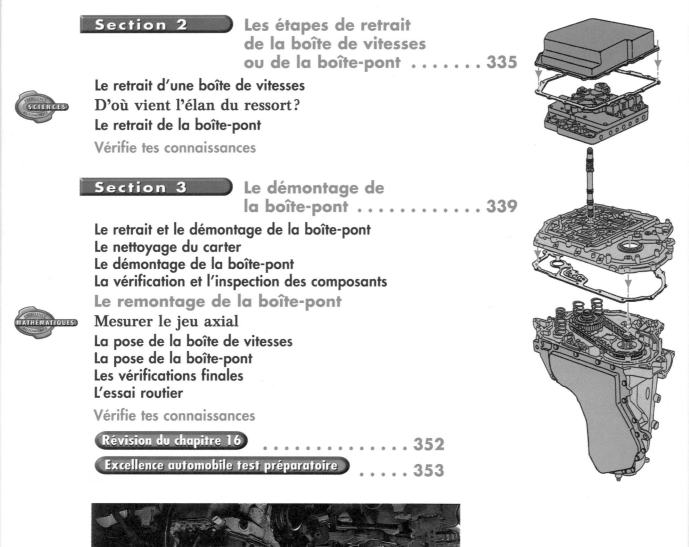

Section 2 Les étapes de retrait de la boîte de vitesses ou de la boîte-pont 335

Le retrait d'une boîte de vitesses
D'où vient l'élan du ressort ?
Le retrait de la boîte-pont
Vérifie tes connaissances

Section 3 Le démontage de la boîte-pont 339

Le retrait et le démontage de la boîte-pont
Le nettoyage du carter
Le démontage de la boîte-pont
La vérification et l'inspection des composants
Le remontage de la boîte-pont
Mesurer le jeu axial
La pose de la boîte de vitesses
La pose de la boîte-pont
Les vérifications finales
L'essai routier
Vérifie tes connaissances

Révision du chapitre 16 352
Excellence automobile test préparatoire 353

La boîte de vitesses manuelle et les essieux

CHAPITRE 17 Diagnostic et réparation du système d'embrayage............356

Section 1 Le système d'embrayage.................357

Les composants de l'embrayage
Le volant-moteur
Le plateau de pression
Le disque d'embrayage

MATHÉMATIQUES Déterminer la pression des ressorts
La butée de débrayage
La fourchette d'embrayage
Le roulement-pilote et la bague-pilote

La tringlerie d'embrayage
La tringlerie mécanique
La tringlerie à câble
La tringlerie hydraulique

Le fonctionnement de l'embrayage manuel
Le débrayage
L'embrayage

SCIENCES Choisir entre l'aluminium et l'acier

Vérifie tes connaissances

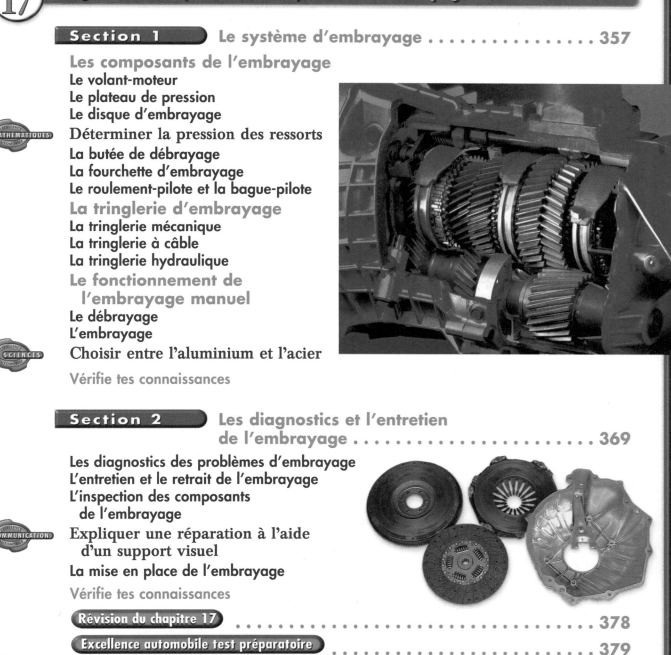

Section 2 Les diagnostics et l'entretien de l'embrayage........................369

Les diagnostics des problèmes d'embrayage
L'entretien et le retrait de l'embrayage
L'inspection des composants de l'embrayage

COMMUNICATION Expliquer une réparation à l'aide d'un support visuel
La mise en place de l'embrayage

Vérifie tes connaissances

Révision du chapitre 17 378

Excellence automobile test préparatoire 379

CHAPITRE 18

Diagnostic et réparation de la boîte de vitesses manuelle d'un véhicule à propulsion **380**

Section 1 La constitution de la boîte de vitesses manuelle **381**

Les composants de la boîte de vitesses manuelle
Le fonctionnement de la boîte de vitesses
Le rapport de démultiplication
La multiplication du couple
Augmenter les rapports de démultiplication
La surmultiplication
L'action du synchroniseur
La marche arrière
La tringlerie de changement de rapport
La tringlerie mécanique
La tringlerie à câble
Les rapports de démultiplication
La tringlerie électrique

Vérifie tes connaissances

Section 2 Les diagnostics de la boîte de vitesses **391**

L'entretien de la boîte de vitesses
La lubrification de la boîte de vitesses
Expliquer la «magie» de la boîte de vitesses

La réparation de la boîte de vitesses
Le retrait de la boîte de vitesses
Le démontage de la boîte de vitesses
L'inspection des composants
Le montage de la boîte de vitesses
L'installation de la boîte de vitesses

Vérifie tes connaissances

Révision du chapitre 18 . . . . **398**

Excellence automobile test préparatoire **399**

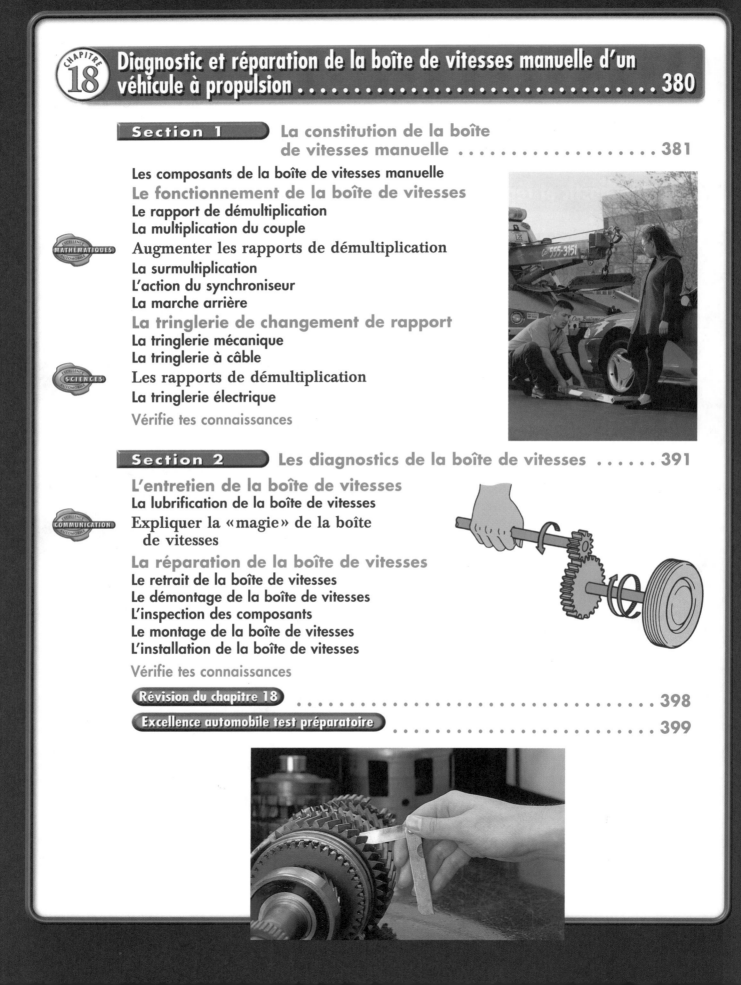

CHAPITRE 19 Diagnostic et réparation des organes de transmission des véhicules à propulsion 400

Section 1 Les organes de transmission. 401

L'arbre d'entraînement
L'entretien des arbres d'entraînement
MATHÉMATIQUES La mesure des angles de fonctionnement de l'arbre d'entraînement

Les joints universels
Le joint de cardan simple
Le double joint de cardan
L'entretien des joints universels
SCIENCES Tourner à toute vitesse

Le montage du pont arrière
Le différentiel
Le différentiel libre classique
Le différentiel autobloquant

Vérifie tes connaissances

Section 2 Les diagnostics et l'entretien des essieux moteurs. 412

Les diagnostics des essieux bruyants
L'entretien du différentiel
Le porte-différentiel
La précharge de roulement du pignon d'attaque
Le jeu entre-dents de la couronne
La profondeur du pignon d'attaque
Le remplacement du joint de pignon d'attaque
L'entretien des arbres d'essieu
Le retrait des arbres d'essieu
COMMUNICATION Traduire le langage technique
L'entretien des roulements

Vérifie tes connaissances

Révision du chapitre 19 420
Excellence automobile test préparatoire 421

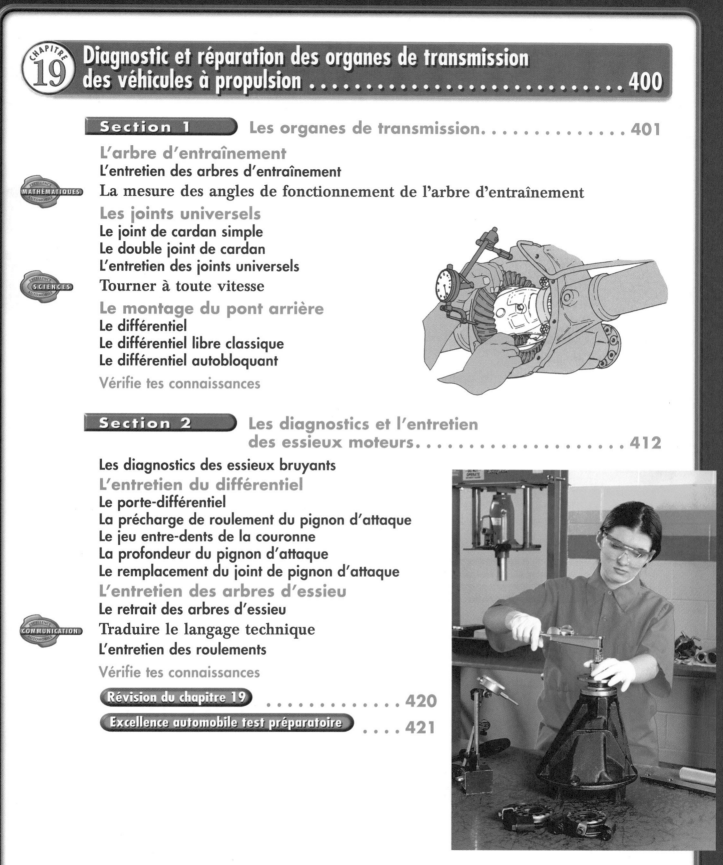

CHAPITRE 20 — Diagnostic et réparation de la boîte-pont manuelle 422

Section 1 — La constitution et le fonctionnement de la boîte-pont 423

EXCELLENCE AUTOMOBILE — SCIENCES

Les plans inclinés

Les composants de la boîte-pont
Le fonctionnement de la boîte-pont manuelle
La tringlerie de changement de vitesse
 de la boîte-pont manuelle

EXCELLENCE AUTOMOBILE — MATHÉMATIQUES

Compter les tours-moteur

Les commutateurs et les capteurs

Vérifie tes connaissances

Section 2 — Les diagnostics, l'entretien et la réparation de la boîte-pont 430

Des bruits dans la boîte-pont manuelle
 et dans la transmission
L'entretien de la boîte-pont
Le retrait de la boîte-pont
Le démontage de la boîte-pont

EXCELLENCE AUTOMOBILE — COMMUNICATION

La justification des coûts de réparation

L'inspection des composants internes
Le montage de la boîte-pont
La mise en place de la boîte-pont

Vérifie tes connaissances

Révision du chapitre 20 442

Excellence automobile test préparatoire 443

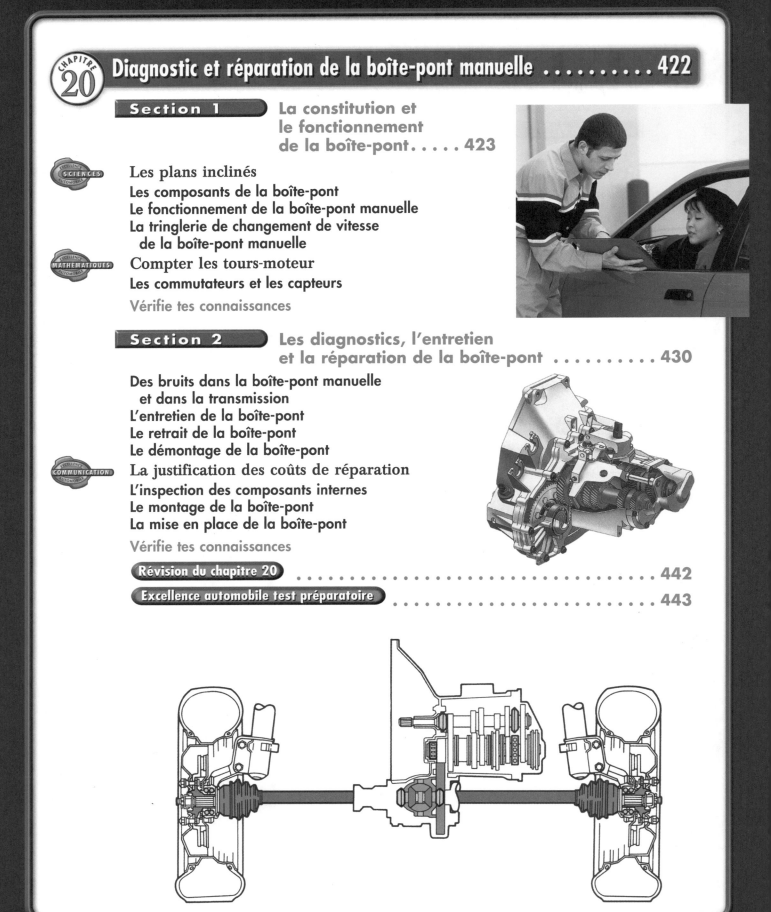

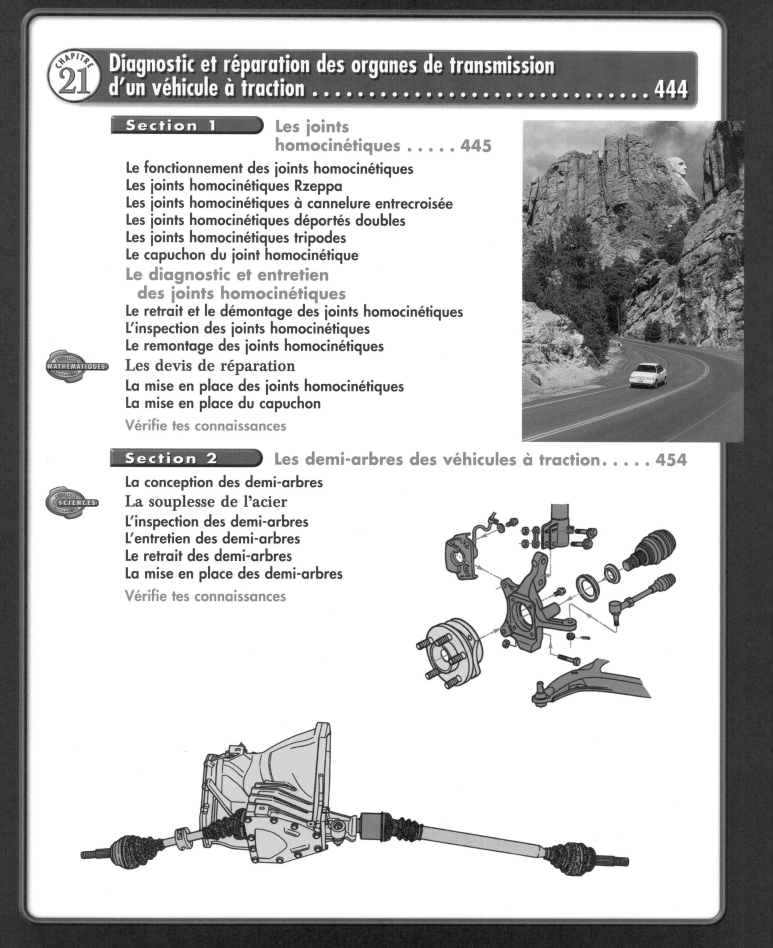

CHAPITRE 21 **Diagnostic et réparation des organes de transmission d'un véhicule à traction** **444**

Section 1 Les joints homocinétiques **445**

Le fonctionnement des joints homocinétiques
Les joints homocinétiques Rzeppa
Les joints homocinétiques à cannelure entrecroisée
Les joints homocinétiques déportés doubles
Les joints homocinétiques tripodes
Le capuchon du joint homocinétique
Le diagnostic et entretien des joints homocinétiques
Le retrait et le démontage des joints homocinétiques
L'inspection des joints homocinétiques
Le remontage des joints homocinétiques
Les devis de réparation
La mise en place des joints homocinétiques
La mise en place du capuchon
Vérifie tes connaissances

Section 2 Les demi-arbres des véhicules à traction **454**

La conception des demi-arbres
La souplesse de l'acier
L'inspection des demi-arbres
L'entretien des demi-arbres
Le retrait des demi-arbres
La mise en place des demi-arbres
Vérifie tes connaissances

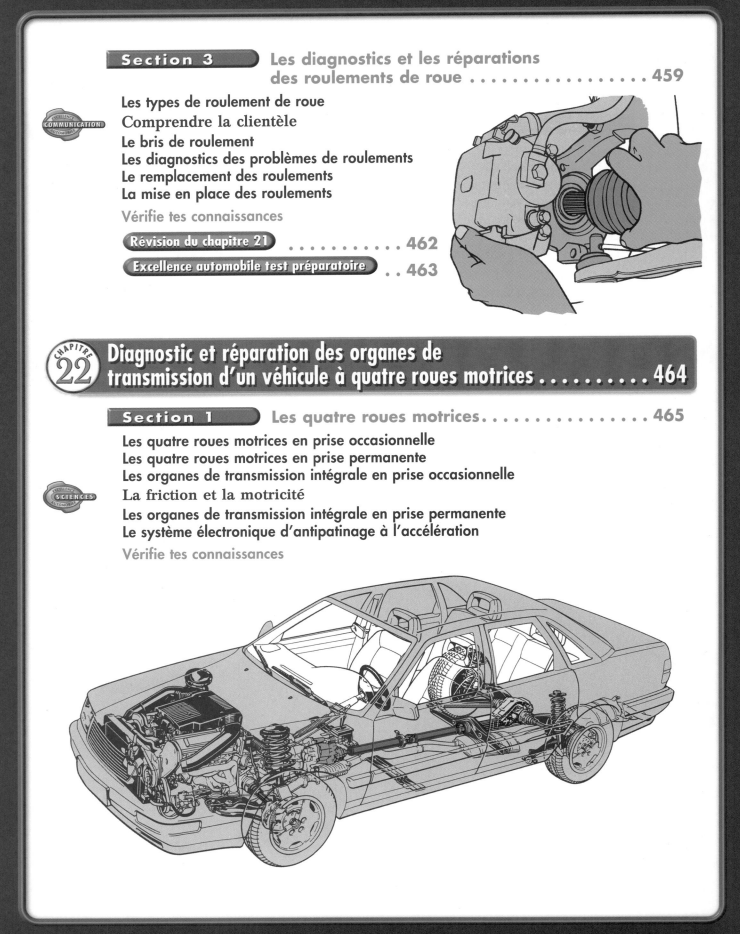

Section 3 Les diagnostics et les réparations
des roulements de roue 459

Les types de roulement de roue
Comprendre la clientèle
Le bris de roulement
Les diagnostics des problèmes de roulements
Le remplacement des roulements
La mise en place des roulements

Vérifie tes connaissances

Révision du chapitre 21 462

Excellence automobile test préparatoire . . 463

22 **Diagnostic et réparation des organes de
transmission d'un véhicule à quatre roues motrices 464**

Section 1 Les quatre roues motrices 465

Les quatre roues motrices en prise occasionnelle
Les quatre roues motrices en prise permanente
Les organes de transmission intégrale en prise occasionnelle
La friction et la motricité
Les organes de transmission intégrale en prise permanente
Le système électronique d'antipatinage à l'accélération

Vérifie tes connaissances

Section 2   Le boîtier de transfert. 470

Le boîtier de transfert à engrenages
Le boîtier de transfert à engrenages planétaires
Les commandes du boîtier de transfert
Le diagnostic du boîtier de transfert
Le retrait du boîtier de transfert
Le démontage du boîtier de transfert

Savoir poser les bonnes
  questions à clientèle

Le nettoyage et l'inspection
  du boîtier de transfert
Le remontage du boîtier de transfert
La pose du boîtier de transfert

Vérifie tes connaissances

Section 3   Les essieux propulsifs avant auxiliaires 483

Les moyeux de blocage
Le désaccoupleur d'essieu propulsif avant
Le différentiel central

Calculer les variations d'angles des organes de transmission
Les différentiels avant et arrière

Vérifie tes connaissances

Révision du chapitre 22 488

Excellence automobile test préparatoire 489

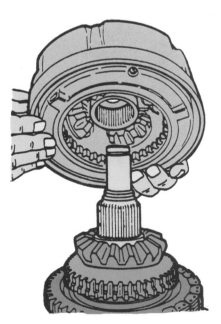

Ton parcours vers l'excellence

La sécurité d'abord

Cette rubrique attire ton attention sur les mesures de sécurité **personnelle** et **matérielle** à mettre en œuvre quand tu travailles sur des véhicules.

Pensons-carrière

Cette rubrique figure au début de chacune des parties du livre (ex. : Les freins). On te propose trois activités reliées à des offres d'emplois. Ces activités te donnent la chance d'explorer des possibilités de carrières dans l'industrie de l'automobile.

CONSEIL TECHNIQUE Les petits conseils techniques te faciliteront la tâche quand tu effectueras des diagnostics et des réparations.

EXCELLENCE AUTOMOBILE
COMMUNICATION

Les articles sous cette rubrique mettent en lumière des normes de l'EDU qui ont trait à la communication. Tu y trouveras des renseignements ou des situations à partir desquels on t'invite à appliquer tes connaissances en répondant à des questions.

EXCELLENCE AUTOMOBILE
MATHÉMATIQUES

Les articles sous cette rubrique mettent en lumière des normes de l'EDU qui ont trait aux mathématiques. Tu y trouveras des renseignements à partir desquels on t'invite à appliquer tes connaissances en répondant à des questions.

EXCELLENCE AUTOMOBILE
SCIENCES

Les articles sous cette rubrique mettent en lumière des normes de l'EDU qui ont trait aux sciences. Tu y trouveras des renseignements précieux à partir desquels on t'invite à appliquer tes connaissances par l'entremise de travaux pratiques.

EXCELLENCE AUTOMOBILE
INTERNET

Tu trouveras dans Internet de l'information détaillée concernant la mécanique automobile.

La réparation du moteur

CHAPITRE 1
Diagnostic et réparation
des systèmes de
lubrification et de
refroidissement

CHAPITRE 2
L'inspection et
le mesurage des
composants du moteur

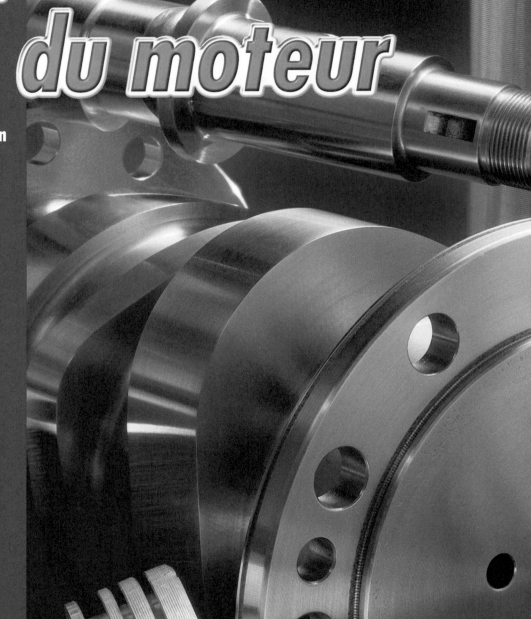

Formatrice ou formateur dans l'industrie automobile

Les formateurs dans l'industrie automobile offrent une formation technique aux techniciens qui travaillent pour des concessionnaires automobiles. La postulante ou le postulant travaillera sur la route. Les candidats devraient :

- Posséder une bonne connaissance technique des véhicules motorisés.
- Faire preuve de leadership et d'entregent.
- Avoir de très bonnes compétences en informatique et en communication orale et écrite.
- Posséder au moins trois années d'expérience en formation pratique dans l'industrie automobile.
- Posséder au moins deux années d'expérience chez les concessionnaires automobiles.
- Posséder une attestation ASE et, de préférence, un baccalauréat.

Opératrice ou opérateur dans l'industrie automobile

Nous recherchons une opératrice ou un opérateur d'usinage par laser de pièces automobiles. La candidate ou le candidat doit avoir de trois à cinq années d'expérience avec les appareils d'usinage par laser. Des semaines de 40 heures avec heures supplémentaires à l'occasion. Une bonne aptitude à communiquer est souhaitable. Le programme d'avantages sociaux comprend les soins médicaux, dentaires, de la vue ainsi qu'un régime 401.

Ingénieure ou ingénieur qualité

Notre entreprise fabrique des appareils électroniques utilisés dans l'industrie automobile. Nous fabriquons une vaste gamme de produits, dont des alarmes de voiture, des portes commandées, des boîtes de vitesses automatiques et des circuits d'alimentation.

Nous recherchons une ingénieure ou un ingénieur qualifié qui fera équipe avec notre directeur de qualité. Vos fonctions consisteront à développer des systèmes de qualité, préparer les rapports du service de qualité et diriger les analyses de dé-faillance ainsi que des projets spéciaux relatifs à l'amélioration constante des produits.

Technicienne ou technicien à l'entretien

Nous sommes à la recherche de candidats brillants, énergiques, désireux de faire carrière dans le domaine de l'entretien. La candidate ou le candidat doit avoir un diplôme d'études secondaires ou l'équivalent. Une attestation ASE est souhaitable. Nos techniciens doivent effectuer un travail d'entretien et de réparation en tenant compte des normes des concessionnaires et des fabricants.

Les avantages sociaux comprennent un plan d'assurance médicale et dentaire, un régime 401k, des vacances, des congés de maladie et des rabais d'achat et d'entretien de véhicule. Programme de remboursement pour les cours de formation et de perfectionnement.

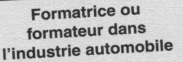

Pensons-carrière

Lis les offres d'emploi ci-dessus et fais les activités suivantes :

- Imagine que tu désires postuler pour l'emploi de technicienne ou de technicien à l'entretien. Rédige un courriel exprimant ton intérêt pour le poste.
- Effectue une recherche afin de connaître les possibilités de carrière et la croissance prévue en ce qui a trait aux formateurs dans l'industrie automobile de ta province.
- Supposons que tu veuilles travailler comme opératrice ou opérateur dans l'industrie automobile et étudier au collège à temps partiel. En quoi le poste que tu occupes à temps partiel te sera-t-il utile pour obtenir ton attestation ASE en réparation de moteur ?

CHAPITRE 1

Diagnostic et réparation des systèmes de lubrification et de refroidissement

Tu seras en mesure :

- de décrire le fonctionnement du système de refroidissement ;
- d'effectuer un essai de pression du système de refroidissement ;
- de tester le liquide de refroidissement pour t'assurer qu'il est protégé contre le gel ;
- de décrire le fonctionnement du système de lubrification ;
- de déterminer l'huile appropriée pour le moteur ;
- de vidanger et de remplacer l'huile à moteur ;
- de remplacer le filtre.

Le vocabulaire :

Système de lubrification à passage total

Bouchon de radiateur

Contrôleur de pression

Pyromètre

Radiateur

Thermostat

Viscosité

Le problème

Le véhicule de Marie Gauthier a été remorqué à ton centre d'entretien. Elle explique qu'en conduisant sur l'autoroute le témoin de température sur le tableau de bord s'est allumé. Lorsqu'elle s'est arrêtée sur le bord de la route et a ouvert le capot, de la fumée s'en est échappée. Madame Gauthier t'indique également qu'elle a senti une odeur inhabituelle provenant du moteur.

Dès que tu as ouvert le capot, tu as senti l'odeur d'antigel. Tu as remarqué aussi que le réservoir de trop-plein était sec. Lorsque tu as enlevé le bouchon du radiateur, tu n'as pas vu de liquide de refroidissement dans le radiateur.

Ton défi

À titre de technicienne ou de technicien, tu dois répondre aux questions suivantes :

1. D'où provient la fuite du liquide de refroidissement ?
2. Les boyaux ont-ils été remplacés récemment ?
3. Des bruits inhabituels provenaient-ils du moteur ?

Les systèmes de refroidissement

La chaleur provenant du moteur est causée par la combustion et le frottement. Les températures maximales de combustion dans un moteur peuvent varier de 2 206 °C à 3 318 °C (4 000 °F à 6 000 °F). Si elle n'est pas contrôlée, la température du moteur pourrait atteindre un point où il pourrait se produire des dommages irréversibles à des pièces importantes. En raison de la chaleur des pièces, le moteur peut caler ou gripper.

Le fonctionnement du système de refroidissement

La majorité des moteurs d'automobiles sont refroidis à l'aide de liquide de refroidissement. Ce liquide de refroidissement consiste habituellement en un mélange 50/50 d'eau et d'*antigel*. Le moteur fait tourner la pompe à eau qui fait circuler le liquide de refroidissement à travers des *chemises d'eau* dans le moteur et le reste du système. À mesure qu'il circule dans le système, le liquide de refroidissement absorbe la chaleur du moteur. Habituellement, le liquide de refroidissement circule par le bloc-moteur, les culasses, les boyaux et le radiateur dans un circuit continu. La chaleur absorbée par le liquide de refroidissement est relâchée dans l'atmosphère par le radiateur (*voir la figure 1-1*).

Le transfert de chaleur

Le transfert de chaleur est effectif lorsque la chaleur se déplace d'un secteur ou d'un composant à l'autre. Il existe trois types de transfert de chaleur : la convection, la conduction et le rayonnement. Les trois types se produisent pendant le refroidissement et le fonctionnement du moteur.

La convection   Le transfert de chaleur par convection s'opère lorsqu'un objet est chauffé par une chaleur avoisinante. Pendant la combustion, la chaleur générée réchauffe les pistons, les soupapes et les surfaces métalliques avoisinantes.

La conduction   Le transfert de chaleur par conduction se produit lorsque la chaleur est transférée d'un objet à un

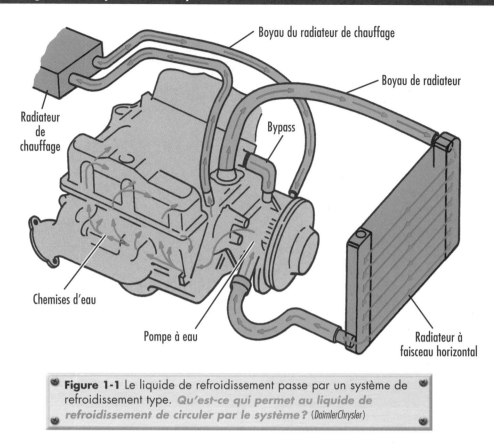

Figure 1-1 Le liquide de refroidissement passe par un système de refroidissement type. *Qu'est-ce qui permet au liquide de refroidissement de circuler par le système ?* (*DaimlerChrysler*)

autre par contact direct. Dans un moteur, le frottement entre les pièces en mouvement génère de la chaleur. Cette chaleur est transférée à d'autres pièces par conduction.

Le rayonnement   Le transfert de chaleur par rayonnement se réalise lorsqu'une surface chauffée transmet de la chaleur par l'air. La chaleur produite par le liquide de refroidissement se mélange à l'air passant par le radiateur, ce qui réduit la température du liquide de refroidissement. Une certaine chaleur émet des radiations directement du moteur pour se diriger dans l'air avoisinant.

Les composants du système de refroidissement

Dans la plupart des moteurs à refroidissement par eau, les principaux composants du système de refroidissement sont les suivants :
- le radiateur ;
- les ventilateurs ;
- la pompe à eau ;
- les boyaux ;
- les courroies et les poulies ;
- le thermostat ;
- le bouchon de radiateur ;
- le réservoir d'expansion ou de trop-plein ;
- le liquide de refroidissement.

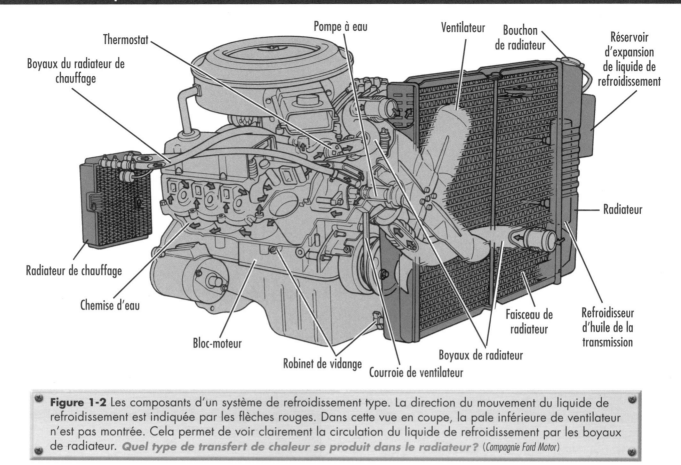

Thermostat

Boyaux du radiateur de chauffage

Pompe à eau

Ventilateur

Bouchon de radiateur

Réservoir d'expansion de liquide de refroidissement

Radiateur

Refroidisseur d'huile de la transmission

Boyaux de radiateur

Faisceau de radiateur

Courroie de ventilateur

Robinet de vidange

Bloc-moteur

Chemise d'eau

Radiateur de chauffage

Figure 1-2 Les composants d'un système de refroidissement type. La direction du mouvement du liquide de refroidissement est indiquée par les flèches rouges. Dans cette vue en coupe, la pale inférieure de ventilateur n'est pas montrée. Cela permet de voir clairement la circulation du liquide de refroidissement par les boyaux de radiateur. *Quel type de transfert de chaleur se produit dans le radiateur?* (Compagnie Ford Motor)

Les principaux composants du système de refroidissement sont illustrés à la **figure 1-2**.

Le radiateur Le **radiateur** est un échangeur de chaleur qui enlève la chaleur du liquide de refroidissement qui passe par le radiateur. Ce dernier se trouve habituellement entre la calandre du véhicule et le moteur. Cet endroit permet une circulation d'air maximale par le faisceau de radiateur pour assurer un meilleur refroidissement. Le radiateur consiste en deux réservoirs reliés par une série de tubes munis d'ailettes. Certains radiateurs ont un refroidisseur de liquide de transmission automatique dans le réservoir de sortie. Ce refroidisseur est relié à la transmission par des boyaux.

Les réservoirs de liquide de refroidissement sont habituellement placés au-dessus et au-dessous du radiateur (faisceau vertical) ou sur les côtés (faisceau horizontal). La majorité des radiateurs sont du type faisceau horizontal. Le liquide de refroidissement chaud est pompé vers l'extérieur du moteur et il entre dans le radiateur par le boyau d'entrée. Le liquide de

refroidissement passe ensuite par les tubes à ailettes du radiateur. L'air qui passe entre les ailettes éloigne une grande partie de l'air. Il s'agit ici d'un exemple de transfert de chaleur à convection. Le liquide de refroidissement, qui a atteint une température plus basse, retourne au moteur en passant par le boyau de sortie.

Le radiateur est le principal dispositif de transfert de chaleur pour le moteur. Un radiateur partiellement bouché ou endommagé réduit le débit du liquide de refroidissement, ce qui fait que le moteur surchauffe. Il est possible de réparer les radiateurs bouchés ou endommagés dans un centre spécialisé en entretien des radiateurs.

CONSEIL TECHNIQUE   **La surchauffe**
Si un moteur surchauffe subitement, il est conseillé de faire fonctionner la chaufferette au maximum pour refroidir temporairement le moteur. Fais le diagnostic du problème et corrige-le au plus tôt.

Le *radiateur de chauffage* est en fait un petit radiateur situé dans l'habitacle. Il a pour but de chauffer l'intérieur du véhicule au besoin. Le transfert de chaleur qui en découle pendant le fonctionnement de la chaufferette aide à réduire la température du liquide de refroidissement.

Les ventilateurs Les ventilateurs sont conçus pour faire circuler l'air à travers le radiateur. Cette intervention est particulièrement importante lorsque le moteur tourne au ralenti ou que le véhicule roule au

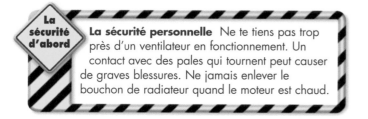

La sécurité d'abord

La sécurité personnelle Ne te tiens pas trop près d'un ventilateur en fonctionnement. Un contact avec des pales qui tournent peut causer de graves blessures. Ne jamais enlever le bouchon de radiateur quand le moteur est chaud.

Comment éviter la panique d'une conductrice ou d'un conducteur?

Le témoin de température sur le tableau de bord s'allume. De la vapeur sort du capot du véhicule. Une flaque se retrouve sous le véhicule. N'importe laquelle de ces situations peut faire paniquer les conducteurs puisqu'elles sont toutes liées au chauffage du moteur, ce qui suffit à empêcher le fonctionnement du véhicule. Cependant, dans la plupart des cas, la personne qui conduit aurait pu éviter ces problèmes si elle avait suivi le programme d'entretien recommandé pour le véhicule.

Étant donné qu'une chaleur excessive peut endommager un moteur, il est primordial de bien entretenir les systèmes de refroidissement et de lubrification pour assurer la longévité du moteur. Pour ce faire, il faut suivre les procédures d'entretien indiquées par le fabricant dans le manuel d'entretien du véhicule. Cependant, puisque beaucoup de conducteurs ne prennent pas la peine de lire ces informations, il en revient souvent aux techniciens de veiller à ce que ces entretiens soient faits. En tant que technicienne ou technicien, il peut t'arriver de remarquer des problèmes pendant un entretien périodique ou au cours de réparations non prévues. Tu peux alors avertir la personne responsable du véhicule des mesures à prendre. La capacité à faire part adéquatement des problèmes possibles nécessite de ta part la connaissance et la compétence qui te

permettront d'expliquer aux propriétaires les travaux à effectuer.

À toi de jouer !

Le respect des normes de l'EDU en communications pour regrouper l'information et déterminer les stratégies écrites.

① Divise une feuille de papier en trois colonnes égales. Inscris au haut de la première colonne «Pièces des systèmes de refroidissement/lubrification qui ont besoin d'un entretien périodique». Intitule la colonne du centre «Fonction de la pièce» et appelle la colonne de droite «Effet de l'usure ou de la défaillance».

② Remplis le tableau en énumérant des problèmes communs des systèmes de refroidissement/lubrification trouvés pendant les vérifications périodiques.

③ Utilise le tableau comme référence, écris un paragraphe qui pourrait expliquer à la clientèle l'importance d'un entretien périodique d'un composant en particulier. Assure-toi d'utiliser un vocabulaire que la clientèle peut comprendre et qui lui explique pourquoi les travaux sont nécessaires.

ralenti. Dans plusieurs cas, on utilise un déflecteur de ventilateur autour du ventilateur pour améliorer le débit d'air. Les ventilateurs peuvent fonctionner de façon mécanique ou électrique. Certains véhicules, particulièrement ceux munis d'un tracteur de remorque, ont un ventilateur de chaque type.

Un ventilateur mécanique est actionné par le moteur. Les pales du ventilateur sont fixées sur la poulie de la pompe à eau. Une courroie entraîne le ventilateur et la pompe. Un ventilateur mécanique fonctionne dès que le moteur tourne. Le fonctionnement du ventilateur n'est pas aussi important lorsque le véhicule roule à grande vitesse ou que le moteur est froid. Le contrôle de la quantité d'air déplacé par un ventilateur permet de réduire le bruit et la puissance nécessaire pour actionner le ventilateur.

Les ventilateurs contrôlent le déplacement de l'air de deux façons: soit par un embrayage d'entraînement de ventilateur, soit par des lames souples. Certains ventilateurs mécaniques fonctionnent à l'aide d'un

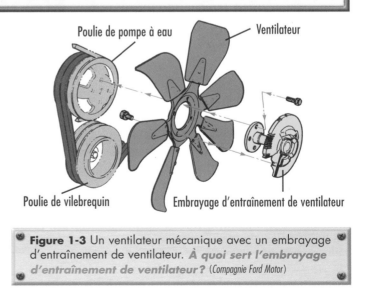

Poulie de pompe à eau   Ventilateur

Poulie de vilebrequin   Embrayage d'entraînement de ventilateur

Figure 1-3 Un ventilateur mécanique avec un embrayage d'entraînement de ventilateur. *À quoi sert l'embrayage d'entraînement de ventilateur?* (Compagnie Ford Motor)

embrayage d'entraînement de ventilateur (*voir la figure 1-3*). Cet embrayage est un coupleur hydraulique actionné en fonction de la température. Un liquide au silicium dans l'embrayage permet de contrôler la

La sécurité personnelle Dans plusieurs cas, un ventilateur peut fonctionner même si le contact est coupé. Fais preuve de prudence lorsque tu travailles près d'un ventilateur de n'importe quel type, même lorsque le moteur est arrêté.

vitesse du ventilateur selon la température de l'air qui passe par le radiateur. Le ventilateur tourne plus vite lorsque la température du débit d'air du radiateur est élevée. Certains ventilateurs et embrayages d'entraînement de ventilateur sont conçus pour tourner en sens inverse. L'installation d'un mauvais type de ventilateur ou d'embrayage d'entraînement de ventilateur cause une surchauffe.

Un autre type de ventilateur mécanique est muni de lames souples. À un régime de moteur plus élevé, la force centrifuge fait en sorte que les lames ont un tangage moins élevé (elles sont planes). La vitesse de la lame souple est déterminée par le régime du moteur, mais les lames déplacent moins d'air à des vitesses plus élevées.

Un ventilateur électrique est alimenté par un petit moteur électrique. Le ventilateur est fixé au radiateur au lieu d'être fixé au moteur. Le fonctionnement du ventilateur électrique est commandé par un thermostat ou un capteur de température du liquide de refroidissement. Cela permet au ventilateur de fonctionner uniquement au besoin et ce, en fonction de la température du liquide de refroidissement. Lorsque le liquide de refroidissement du moteur atteint une certaine température, le ventilateur s'active. Dans la plupart des cas, le ventilateur s'active aussi lorsque la climatisation est activée.

La pompe à eau La pompe à eau fait circuler le liquide de refroidissement dans tout le système de refroidissement. Les pompes à eau qui sont fixées à l'extérieur, sur la partie avant du moteur, sont habituellement entraînées par une courroie reliée à la poulie de vilebrequin. Sur certains moteurs, la pompe subit l'entraînement à engrenages du moteur. On retrouve sur l'arbre de pompe à eau une turbine avec aubes courbées (des pales) (*voir la figure 1-4*). Lorsque la turbine tourne, le liquide de refroidissement est aspiré et expulsé à l'extérieur. Si la pompe à eau ne fonctionne pas correctement, le liquide de refroidissement ne circule pas dans le système ou ne s'écoule

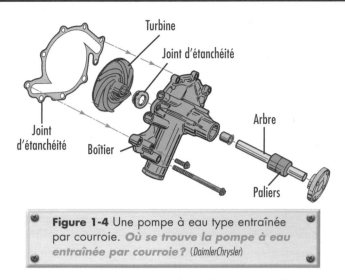

Figure 1-4 Une pompe à eau type entraînée par courroie. *Où se trouve la pompe à eau entraînée par courroie ?* (*DaimlerChrysler*)

pas correctement. Il est habituellement préférable de remplacer une pompe à eau qui fuit, qui est endommagée ou qui fait du bruit plutôt que de tenter de la réparer.

Les chambres d'eau Les chambres internes destinées au liquide de refroidissement dans le bloc-moteur et la culasse sont importants au bon refroidissement du moteur. Ces chambres sont souvent appelées *chemises d'eau*. Ces dernières sont conçues de façon à être le plus près des surfaces les plus chaudes dans le moteur. (*voir la figure 1-5*). Le liquide de refroidissement qui passe par les chemises d'eau absorbe et transporte la chaleur créée par la combustion et le frottement. Si de la corrosion ou des sédiments (petites particules métalliques) bloquent les chambres, le débit du liquide de refroidissement sera

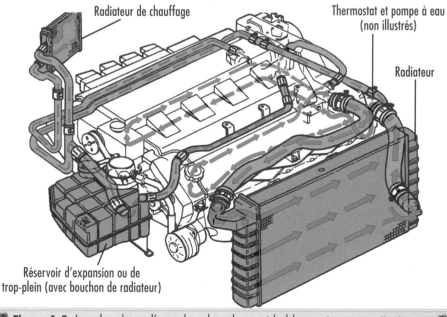

Radiateur de chauffage

Thermostat et pompe à eau (non illustrés)

Radiateur

Réservoir d'expansion ou de trop-plein (avec bouchon de radiateur)

Figure 1-5 Les chambres d'eau dans la culasse et le bloc moteur permettent au liquide de circuler autour des secteurs du moteur qui génèrent de la chaleur. Le liquide de refroidissement qui se rend au radiateur ou au radiateur de chauffage transporte plus de chaleur que le liquide de refroidissement qui passe ailleurs. *Quel autre nom donne-t-on aux chambres d'eau dans le moteur ?* (*Corporation General Motors*)

limité. Cela peut causer des points chauds dans le moteur. Ces points chauds peuvent endommager la culasse, le bloc moteur et d'autres pièces du moteur. Un joint de culasse mal installé peut bloquer les chambres d'eau entre la culasse et le bloc-moteur, causant ainsi la surchauffe du moteur et des dommages au moteur.

Les boyaux La plupart des systèmes de refroidissement se servent de deux boyaux de radiateur et de deux boyaux du radiateur de chauffage. Les boyaux de radiateur relient le radiateur au moteur. Dans un système type, le boyau supérieur de radiateur se fixe à une sortie sur le collecteur d'admission ou la culasse. Il est possible que le thermostat du système de refroidissement se retrouve dans le boîtier où le boyau est branché. Le liquide de refroidissement chaud qui quitte le moteur passe par le boyau supérieur pour atteindre le radiateur. Le boyau inférieur de radiateur relie habituellement le radiateur à la pompe à eau. La pompe fait circuler le liquide de refroidissement dans le moteur pour ensuite retourner au radiateur.

Les boyaux du radiateur de chauffage relient le moteur au radiateur de chauffage. Un boyau transporte le liquide de refroidissement du moteur au radiateur de chauffage. L'autre boyau renvoie le liquide de refroidissement du radiateur de chauffage au moteur.

Il faut inspecter les boyaux du système de refroidissement régulièrement ainsi que toutes les fois où le système est réparé. Ces boyaux s'usent souvent de l'intérieur. Lorsqu'ils sont débranchés, les parois intérieures doivent être vérifiées pour déceler des signes de dommages ou d'obstruction. Vérifie s'il y a indications de fissure, de gonflement, de ramollissement et de fragilité. Remplace les boyaux dès les premiers signes d'altération. Laisse le moteur se

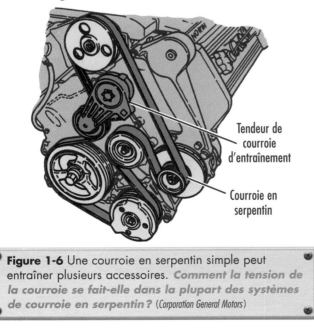

Tendeur de courroie d'entraînement

Courroie en serpentin

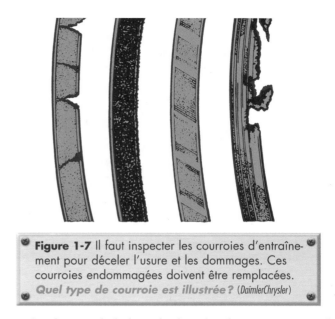

refroidir et vide le liquide de refroidissement avant de remplacer les boyaux.

Les courroies et les poulies La plupart des pompes à eau sont entraînées par une courroie provenant de la poulie de vilebrequin. Deux types de courroies sont fréquemment utilisés : les courroies en V et les courroies en serpentin. Les courroies en V ont une section transversale en V, qui s'ajuste à une cannelure en forme de V dans la poulie. Beaucoup de moteurs munis de courroies en V utilisent deux courroies distinctes. Une courroie peut entraîner l'alternateur et la pompe de servodirection. L'autre courroie peut entraîner la pompe à eau, le ventilateur et le compresseur de climatisation. Une courroie en serpentin est plate. Un côté de celle-ci est lisse alors que l'autre a des nervures. Une seule courroie en serpentin entraîne tous les accessoires nécessaires. La courroie en serpentin est acheminée sur toutes les poulies nécessaires dans une voie déterminée. Un tendeur de courroie d'entraînement supporte la courroie et garde la tension de la courroie (*voir la figure 1-6*).

Il faut inspecter régulièrement les courroies et les poulies. Si une courroie est fissurée, imbibée d'huile, glacée, fendue, usée ou présente tout autre dommage, tu dois la remplacer (*voir la figure 1-7*). Vérifie si la poulie est lâche, courbée ou endommagée. Assure-toi que l'alignement de la poulie est approprié et que la tension de la courroie est correcte. Un alignement incorrect ou des poulies endommagées peuvent causer du bruit et une défaillance prématurée de la courroie.

Il est important d'avoir une bonne tension de la courroie pour assurer un fonctionnement normal des composants et une durée de vie normale de la courroie. Une courroie desserrée peut se détacher, glisser et grincer, ou ne pas être en mesure d'entraîner adéquatement le dispositif. Une courroie trop serrée ajoute une

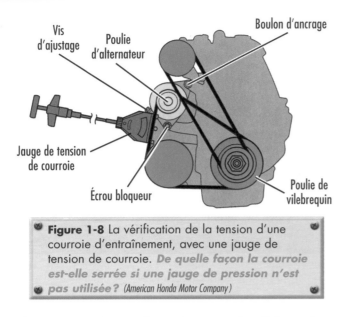

Vis d'ajustage
Poulie d'alternateur
Boulon d'ancrage
Jauge de tension de courroie
Écrou bloqueur
Poulie de vilebrequin

Figure 1-8 La vérification de la tension d'une courroie d'entraînement, avec une jauge de tension de courroie. *De quelle façon la courroie est-elle serrée si une jauge de pression n'est pas utilisée?* (American Honda Motor Company)

charge excessive sur la partie avant du vilebrequin et sur les roulements dans les dispositifs entraînés. Selon le système, la tension de la courroie peut être à réglage automatique ou manuel. Beaucoup de systèmes de courroie en serpentin sont munis d'un galet pour courroie à ressort. La tension du ressort sur le galet pour courroie garde la tension appropriée sur la courroie en serpentin. Lorsqu'un tendeur de courroie n'est pas utilisé, la tension appropriée de la courroie doit être réglée en suivant une procédure précise.

La meilleure façon de vérifier la tension est d'utiliser une jauge de tension de courroie (*voir la figure 1-8*). Dans l'exemple, la tension de la courroie est réglée en commençant par desserrer le boulon et l'écrou freiné. Le boulon de réglage est ensuite réglé pour obtenir la tension désirée. Certains véhicules ne sont pas munis de boulons de réglage. Dans ces véhicules, on change la tension en pressant sur un des composants entraînés. Desserre légèrement les boulons

de fixation, puis presse sur le composant jusqu'à ce que la tension soit bonne.

Le thermostat   Le thermostat contrôle le débit du liquide de refroidissement entre le moteur et le radiateur. Un **thermostat** est une soupape de contrôle de la température.

Lorsque le moteur est froid, la soupape du thermostat est fermée. La soupape fermée limite le débit du liquide de refroidissement provenant du moteur. Un passage de déviation autour du thermostat permet à une petite quantité de liquide de refroidissement de circuler autour de la soupape fermée. La déviation peut être interne (une chambre) ou externe (un boyau).

Lorsque le débit du liquide de refroidissement au radiateur est limité, le liquide de refroidissement reste plus longtemps dans le moteur. Il en résulte que le moteur atteint une température normale de fonctionnement plus rapidement. À mesure que se réchauffe le moteur, la soupape de thermostat commence à s'ouvrir. Cette ouverture permet le débit normal du liquide de refroidissement dans le système. Le thermostat n'affecte pas le débit du liquide de refroidissement qui passe par le radiateur de chauffage (*voir la figure 1-9*).

Les thermostats sont conçus pour s'ouvrir à une température précise. Un thermostat à 82 °C (180 °F), par exemple, commence à s'ouvrir lorsque le liquide de refroidissement atteint 82 °C (180 °F). Un thermostat à 91 °C (195 °F) commence à s'ouvrir à 91 °C (195 °F). Les thermostats devraient être entièrement ouverts à 11 °C (20 °F) au-dessus de la température d'ouverture. Utilise toujours le thermostat recommandé pour le véhicule.

Si le thermostat reste coincé en position fermée, le moteur surchauffe en raison d'un débit du liquide de refroidissement inadéquat. Si le thermostat reste coincé en position ouverte (ou s'il est enlevé) le

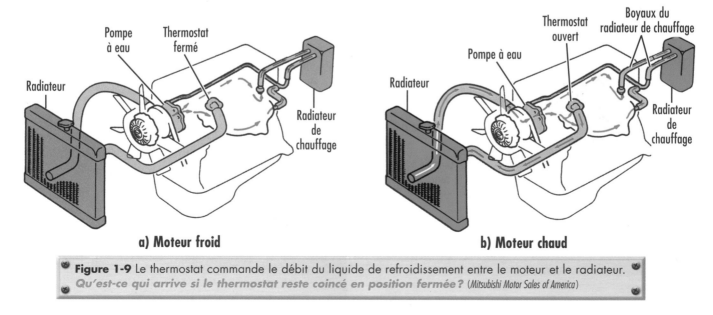

Pompe à eau
Thermostat fermé
Radiateur
Radiateur de chauffage
a) Moteur froid

Thermostat ouvert
Boyaux du radiateur de chauffage
Pompe à eau
Radiateur
Radiateur de chauffage
b) Moteur chaud

Figure 1-9 Le thermostat commande le débit du liquide de refroidissement entre le moteur et le radiateur. *Qu'est-ce qui arrive si le thermostat reste coincé en position fermée?* (Mitsubishi Motor Sales of America)

moteur ne se réchauffera pas aussi rapidement qu'il le devrait. Des périodes de réchauffement plus longues peuvent causer une consommation accrue de carburant, un niveau élevé de gaz polluants et des accumulations de dépôts dans le moteur.

Le bouchon de radiateur et le réservoir d'expansion ou trop-plein Le **bouchon de radiateur** maintient une pression dans le système de refroidissement. La mise sous pression du système de refroidissement augmente le point d'ébullition du liquide de refroidissement. Pour chaque 6,9 kPa (1 lb/po²) d'augmentation de pression, le point d'ébullition du liquide de refroidissement augmentera d'environ 1,6 °C (3 °F). Les pressions normales de fonctionnement, pour les systèmes de refroidissement d'aujourd'hui, varient d'environ 97 kPa à 124 kPa (14 lb/po² à 18 lb/po²). Au niveau de la mer, l'eau bout à 100 °C (212 °F). Sous une pression de 101 kPa (15 lb/po²), le point d'ébullition augmente jusqu'à 125 °C (257 °F). À la même pression, un mélange type d'eau et d'antigel bout à environ 132 °C (270 °F).

Il existe deux raisons pour lesquelles il faut faire fonctionner le système de refroidissement sous pression. D'abord, le point d'ébullition le plus élevé pour le liquide de refroidissement permet au moteur de fonctionner à une température plus efficace. Deuxièmement, le transfert de chaleur entre le liquide de refroidissement et l'air ambiant est plus efficace lorsque le liquide de refroidissement est plus chaud.

La pression du système de refroidissement est maintenue grâce au bouchon de radiateur muni d'une soupape à ressort (*voir la figure 1-10*). Selon le système, le bouchon du radiateur peut être posé sur le radiateur ou sur le réservoir d'expansion. Dans des conditions normales, le bouchon rend le système étanche. À mesure que le liquide de refroidissement se réchauffe, le système est mis sous pression. Lorsque la pression désirée est atteinte, la soupape à ressort sur le bouchon s'ouvre pour libérer le surplus de pression. Une soupape dans le bouchon s'ouvre également lorsqu'il y a accumulation de dépression dans le radiateur. Cela permet au liquide de refroidissement de retourner au radiateur. La pression de fonctionnement du bouchon est estampillée sur le bouchon. Ne pose jamais un bouchon qui a une pression nominale incorrecte.

Dans un système type, le goulot de remplissage du radiateur est branché par un tube de trop-plein à un réservoir de trop-plein. Le réservoir est habituellement fabriqué en plastique. L'aération du surplus de pression du système de refroidissement est le résultat de la décharge d'une partie du liquide de refroidissement. Ce liquide est recueilli et stocké dans le réservoir. Lorsque le moteur est éteint et qu'il a refroidi, le liquide

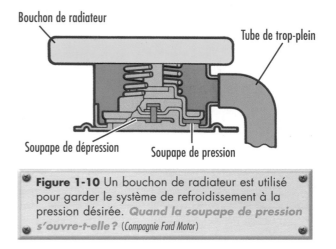

Bouchon de radiateur

Tube de trop-plein

Soupape de dépression   Soupape de pression

Figure 1-10 Un bouchon de radiateur est utilisé pour garder le système de refroidissement à la pression désirée. *Quand la soupape de pression s'ouvre-t-elle ?* (Compagnie Ford Motor)

se contracte. Cette situation crée une légère dépression dans le système. La dépression permet d'acheminer le liquide de refroidissement du réservoir de trop-plein pour le ramener dans le radiateur.

Le liquide de refroidissement De l'eau pure absorbe plus de chaleur que n'importe quel autre type de liquide de refroidissement pour automobile. L'eau, cependant, gèle à 0 °C (32 °F) et bout à 100 °C (212 °F). Elle ne peut pas protéger le système de refroidissement contre la rouille et la corrosion. Pour pallier ces problèmes, la plupart des liquides de refroidissement sont un mélange composé de 50 % d'eau et de 50 % d'antigel. Des inhibiteurs de rouille et de corrosion sont ajoutés à l'antigel. Ce mélange est le liquide de refroidissement recommandé toute l'année pour la majorité des véhicules.

Les types les plus répandus d'antigel utilisés de nos jours sont le glycol éthylique et le propylèneglycol. Un mélange 50/50 de glycol éthylique et d'eau gèle à −37 °C (−34 °F). Au niveau de la mer, le point d'ébullition de ce mélange est à 108 °C (226 °F). Il est à noter que 100 % de glycol éthylique gèle à une température plus élevée que le mélange recommandé (*voir la figure 1-11*). De plus, le liquide de refroidissement qui est constitué uniquement d'antigel a moins de capacité à absorber la chaleur que le mélange recommandé d'antigel et d'eau.

De l'antigel à base de propylèneglycol est aussi disponible. Lorsque l'on compare cet antigel avec une solution de glycol éthylique et d'eau dans les mêmes proportions, on constate que le mélange propylèneglycol et eau fonctionne efficacement à l'intérieur de limites de températures moins grandes. De plus, ce type d'antigel ne transfère pas la chaleur aussi bien que le fait le glycol éthylique. Le propylèneglycol est aussi moins toxique. Par conséquent, il respecte plus l'environnement.

Les systèmes de refroidissement sont conçus de façon à utiliser un type spécifique d'antigel. Les moteurs équipés de composants en aluminium peuvent avoir besoin d'additifs spéciaux dans le liquide de refroidissement.

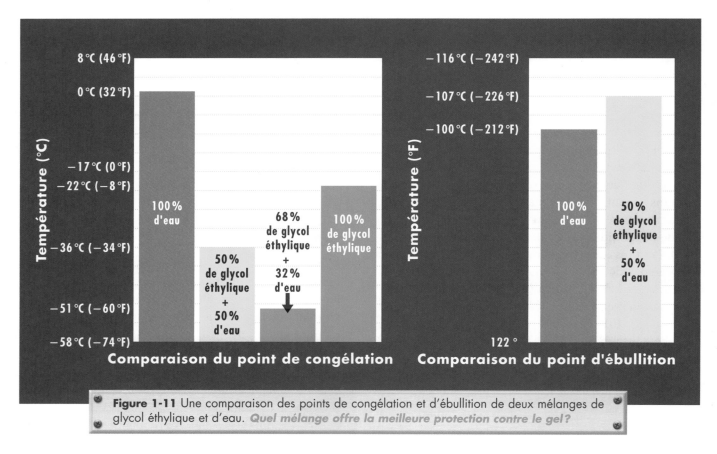

Figure 1-11 Une comparaison des points de congélation et d'ébullition de deux mélanges de glycol éthylique et d'eau. *Quel mélange offre la meilleure protection contre le gel?*

Utiliser le mauvais antigel pour son véhicule risque de créer des problèmes de surchauffe et des dommages aux composants du système. Il ne faut utiliser que le type d'antigel recommandé par le fabricant. Ne mélange jamais deux types d'antigel. Assure-toi que la quantité recommandée d'eau a été mélangée avec l'antigel.

Les essais du système de refroidissement

Des essais peuvent permettre de déceler les problèmes du système de refroidissement. Avant d'effectuer un essai, fais une inspection complète du système pour trouver des fuites ou voir si des composants ont été endommagés. Plusieurs problèmes liés au système de refroidissement sont causés par un manque de pression dans le système ou une mauvaise circulation du liquide de refroidissement. Lorsqu'on connait l'essai que l'on doit effectuer et le moment où l'on doit le faire, il est plus facile de diagnostiquer le problème.

L'essai de pression du système

Pour tester le système de refroidissement, on utilise un contrôleur de pression. Un **contrôleur de pression** est un outil qui sert à déterminer s'il y a des fuites dans le système (*voir la figure 1-12*). On peut se servir du même dispositif pour tester un bouchon de radiateur, en utilisant un adaptateur.

Pour effectuer un essai de pression du système de refroidissement:

1. Lorsque le moteur ne tourne pas et qu'il est froid, enlève le bouchon de radiateur.

2. Mets en place le contrôleur de pression en te servant, au besoin, d'adaptateurs.

3. Utilise la pompe à main sur le contrôleur afin de pomper la pression précisée. Il s'agit habituellement de la pression de fonctionnement normal du système. Reporte-toi aux renseignements fournis par le fabricant au besoin. Ne dépasse pas la pression précisée.

4. Si la pression se maintient, aucune fuite n'est présente. Si la pression chute, vérifie tout le système de refroidissement pour déceler la ou les fuites.

On peut pratiquer un autre essai lorsque le moteur chaud tourne à un régime de 3 000 tr/min. Si l'aiguille du manomètre du contrôleur balance, c'est que des

La sécurité d'abord

La sécurité personnelle Les systèmes de refroidissement fonctionnent à hautes températures et sous plusieurs kilogrammes de pression. Prends garde de ne pas te brûler. N'enlève pas le bouchon de radiateur du système de refroidissement si le moteur n'a pas refroidi.

gaz d'échappement sont entrés dans le système de refroidissement. Cela peut indiquer un joint de culasse qui fuit ou une culasse fissurée ou endommagée. À cause d'une telle fuite, une fumée blanche (ou de la vapeur) ou du liquide de refroidissement peuvent s'échapper du tuyau arrière.

Pour vérifier le bouchon de radiateur :

1. Lorsque le moteur ne tourne pas et qu'il est froid, enlève le bouchon de radiateur.

2. Suis les directives données avec le contrôleur et assemble le dispositif de fixation en te servant des bons adaptateurs.

3. Pose le bouchon de radiateur sur l'adaptateur.

4. Pose le contrôleur sur l'adaptateur.

5. En te servant de la pompe à main du contrôleur, augmente graduellement la pression sur le dispositif de fixation du contrôleur. Prends note de l'endroit où la pression arrête d'augmenter.

6. Relâche la pression. Répète la vérification à plusieurs reprises.

Le bouchon devrait permettre à la pression de s'accumuler jusqu'à ce qu'elle atteigne la valeur précisée. Si la pression ne s'accumule pas ou n'atteint pas la valeur précisée, remplace le bouchon.

L'inspection, la vérification et le remplacement du thermostat et du boîtier

Inspecte le thermostat et le boîtier pour déceler des dommages ou de la corrosion. Vérifie s'il y a des fissures, de la distorsion et de l'érosion. Remplace le thermostat ou le boîtier si l'un des deux est endommagé. Au moment de l'installation d'un ther-

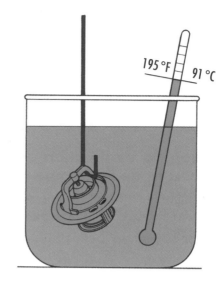

Figure 1-13 Il est possible de tester un thermostat dans un gobelet d'eau chaude. *Quand devrait s'ouvrir la soupape de thermostat ?* (Compagnie Ford Motor)

mostat et d'un boîtier, assure-toi que les surfaces de montage sont plates et propres. Des égratignures profondes sur ces surfaces causeront des fuites. La pointe thermosensible du thermostat doit faire face au moteur. N'utilise que le joint ou l'enduit d'étanchéité spécifié par le fabricant au cours de l'assemblage du boîtier sur l'emplacement de montage.

Pour tester un thermostat, il te suffit de le suspendre ainsi qu'un thermomètre dans un gobelet d'eau (*voir la figure 1-13*). Ne laisse pas le thermostat ou le thermomètre toucher aux côtés du gobelet. La soupape de thermostat devrait être fermée au début du test. Chauffe l'eau et observe la soupape. Elle devrait commencer à s'ouvrir à la température indiquée sur le thermostat. La soupape devrait être entièrement ouverte à 11 °C (20 °F) au-dessus de la température d'ouverture. Si le thermostat ne s'ouvre pas ou ne se ferme pas correctement, il faut le remplacer.

Il est aussi possible de vérifier le fonctionnement du thermostat au moyen d'un *analyseur-contrôleur*. Enregistre la température du liquide de refroidissement pendant le réchauffement du moteur. La température devrait augmenter graduellement. Lorsque le thermostat s'ouvre, le liquide de refroidissement devrait chuter d'environ 6 °C (10 °F). Si tu ne remarques aucune chute de température, c'est que le thermostat est peut-être coincé en position fermée.

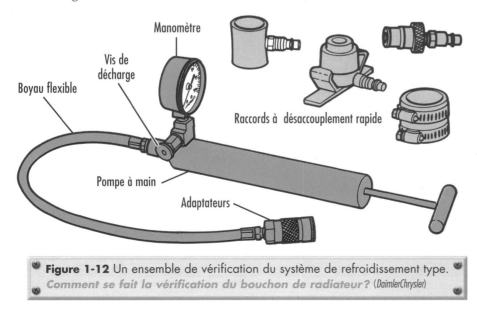

Manomètre

Vis de décharge

Boyau flexible

Raccords à désaccouplement rapide

Pompe à main

Adaptateurs

Figure 1-12 Un ensemble de vérification du système de refroidissement type. *Comment se fait la vérification du bouchon de radiateur ?* (DaimlerChrysler)

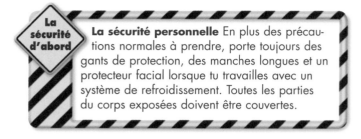

La sécurité personnelle En plus des précautions normales à prendre, porte toujours des gants de protection, des manches longues et un protecteur facial lorsque tu travailles avec un système de refroidissement. Toutes les parties du corps exposées doivent être couvertes.

L'inspection, la vérification et le remplacement de la pompe à eau

Inspecte la pompe à eau lorsque le moteur tourne. Prends note de tout signe de fuite autour de la pompe.

Pour vérifier la pompe à eau:

1. Coupe le contact.
2. Lorsqu'il est refroidi, enlève le bouchon de radiateur.
3. Mets le moteur en marche.
4. Observe le liquide de refroidissement dans le radiateur. Lorsque le thermostat s'ouvre, le liquide de refroidissement devrait circuler dans le radiateur, sans quoi la pompe à eau peut ne pas fonctionner correctement.
5. Éteins le moteur et laisse ce dernier ainsi que le radiateur se refroidir.
6. Purge le liquide de refroidissement.
7. Débranche les boyaux et enlève les boulons de montage.
8. Enlève la pompe.
9. Examine la pompe pour y déceler des signes d'usure ou des dommages. L'arbre devrait tourner sans à-coups et sans bruit ou ne pas être trop lâche. Beaucoup de boîtiers de pompe à eau sont équipés d'un orifice de purge. Si le liquide de refroidissement s'échappe de cet orifice, c'est que le joint est endommagé et qu'on doit remplacer la pompe.
10. Vérifie l'état dans lequel se trouve la surface de fixation de la pompe. Si elle a subi un gauchissement ou est endommagée, remplace la pompe.

Avant de poser une pompe à eau, vérifie la surface de fixation du bloc-moteur. Elle doit être propre, sèche et ne présenter aucune entaille ou autres dommages. N'utilise que le joint ou l'enduit d'étanchéité spécifié par le fabricant au cours de l'installation de la pompe. Serre les boulons de montage en fonction des valeurs de couple précisées dans le manuel du fabricant du véhicule.

L'inspection et la vérification des ventilateurs

Examine toutes les pales de ventilateur pour vérifier si elles sont desserrées ou endommagées. Remplace le ventilateur si tu y trouves des problèmes. Vérifie

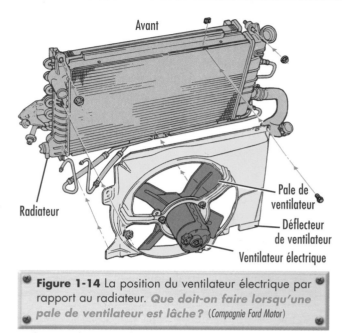

Avant

Radiateur

Pale de ventilateur

Déflecteur de ventilateur

Ventilateur électrique

Figure 1-14 La position du ventilateur électrique par rapport au radiateur. *Que doit-on faire lorsqu'une pale de ventilateur est lâche?* (Compagnie Ford Motor)

également l'embrayage d'entraînement de ventilateur, s'il y a lieu. Lorsque le moteur est éteint et refroidi, le ventilateur devrait tourner facilement à la main. Lorsque le moteur tourne et que la zone du ventilateur ne présente aucune obstruction, observe le ventilateur alors que la température du moteur augmente. Le ventilateur devrait commencer à augmenter de vitesse à la température de l'air donnée pour le radiateur. Reporte-toi au manuel du fabricant du véhicule pour obtenir de l'information précise à propos du fonctionnement de l'embrayage d'entraînement et à l'essai. Remplace l'embrayage d'entraînement s'il ne fonctionne pas correctement.

Il faut inspecter les ventilateurs électriques pour s'assurer qu'ils fonctionnent correctement (*voir la figure 1-14*). On peut tester certains circuits de ventilateurs au moyen d'un analyseur-contrôleur qu'on peut utiliser aussi pour surveiller la température du liquide de refroidissement. Si le relevé de température du liquide de refroidissement est plus bas qu'à l'habitude, vérifie le thermostat et le capteur de température pour voir si le fonctionnement est approprié. Si le fonctionnement est normal, vérifie s'il y a une interférence mécanique avec le moteur. Mesure le débit en ampères du moteur de ventilateur en marche. Remplace le moteur si l'appel de courant ne se fait pas selon les spécifications.

L'inspection du déflecteur de ventilateur et des répartiteurs d'air

Le déflecteur de ventilateur augmente la capacité du ventilateur à déplacer l'air. Assure-toi que le ventilateur est bien en place dans le déflecteur. Si le déflecteur a été endommagé ou est desserré, remplace-le ou répare-le, au besoin.

Les répartiteurs d'air se trouvent sous le radiateur. Ils aident à diriger l'air dans la zone du radiateur. Inspecte le répartiteur d'air pour déceler des dommages et t'assurer qu'il est bien installé. Fais les réparations ou les remplacements nécessaires.

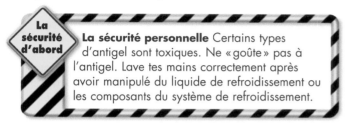

La sécurité d'abord

La sécurité personnelle Certains types d'antigel sont toxiques. Ne «goûte» pas à l'antigel. Lave tes mains correctement après avoir manipulé du liquide de refroidissement ou les composants du système de refroidissement.

La vérification du liquide de refroidissement

Il existe deux types d'instruments pour déterminer le point de congélation: un contrôleur optique (réfractomètre) et un hydromètre de liquide de refroidissement. Les deux instruments déterminent la densité de liquide à l'essai.

Le contrôleur optique Certains fabricants recommandent le contrôleur d'antigel optique pour déterminer la protection contre le gel des liquides de refroidissement (*voir la figure 1-15*). Certains contrôleurs optiques peuvent aussi tester un état de charge d'une batterie.

Pour utiliser un contrôleur d'antigel optique:

1. Lorsque le moteur est froid, utilise un compte-gouttes oculaire pour enlever quelques gouttes de liquide de refroidissement du radiateur ou du réservoir d'expansion ou de trop-plein.

2. Ouvre le couvercle du contrôleur et dépose plusieurs gouttes de liquide de refroidissement dans l'ouverture.

3. Ferme le couvercle sur les gouttes de liquide de refroidissement.

4. Tiens le contrôleur vers le haut au-dessus d'une source de lumière. Regarde dans l'oculaire.

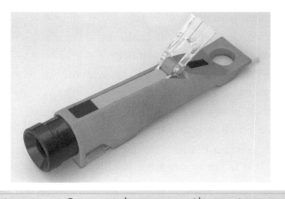

Figure 1-15 On peut utiliser un contrôleur optique pour déterminer la protection contre le gel des liquides de refroidissement. *Où doit-on placer l'échantillon de liquide de refroidissement?* (Tom Pantages)

Figure 1-16 Un pyromètre peut servir à observer les températures sur un moteur qui tourne. *Quelle est la différence entre un pyromètre de contact et un pyromètre sans contact?* (Tom Pantages)

5. Un relevé direct de la protection contre le gel (en degrés) sera visible.

La majorité des contrôleurs optiques peut mesurer de façon précise la protection contre le gel des deux types d'antigel. Certains relevés peuvent corriger la température du liquide de refroidissement. Pour ce faire, suis les directions fournies avec l'instrument.

L'hydromètre de liquide de refroidissement Un hydromètre de liquide de refroidissement peut aussi servir à mesurer la protection contre le gel des liquides de refroidissement. On emploie un hydromètre de liquide de refroidissement en grande partie de la même façon qu'un hydromètre de batterie. On achemine le liquide de refroidissement dans l'hydromètre jusqu'à ce que le liquide touche le flotteur calibré. Le point où le flotteur et la surface du liquide se rencontrent indique le point de congélation du liquide de refroidissement. Dans certains cas, le flotteur indique également le point d'ébullition du liquide de refroidissement. La plupart des hydromètres de liquide de refroidissement sont calibrés de façon à utiliser du glycol éthylique antigel. Les relevés pris sur les liquides de refroidissement à base de propylèneglycol, ou des mélanges des deux antigels, peuvent ne pas être précis.

La surveillance des températures

Il peut s'avérer nécessaire de mesurer les températures lorsque tu fais le diagnostic des problèmes liés au système de refroidissement. Les températures peuvent se mesurer de plusieurs façons.

Le pyromètre Un **pyromètre** est un instrument qui mesure la température. Il s'agit d'un thermomètre électronique à haute température. Deux types de pyromètres sont disponibles, un pyromètre avec contact et un pyromètre sans contact. Celui de type contact est muni d'un capteur qui doit toucher la surface de l'élément à tester. Un pyromètre à infrarouge, qui est de type sans contact, indique la température en mesurant la chaleur qui émane de la surface à l'essai. La température est affichée immédiatement (*voir la figure 1-16*).

On utilise le pyromètre pour un bon nombre de vérifications du système de refroidissement. Par exemple, lorsque le moteur tourne, il mesure la température à partir des boyaux de radiateur supérieurs et inférieurs. Si le boyau inférieur est plus froid que le boyau supérieur, il existe deux possibilités :

- Le thermostat s'est ouvert et le radiateur refroidit le liquide de refroidissement. Il s'agit ici d'un fonctionnement normal.
- Le radiateur est bloqué et le liquide de refroidissement ne peut pas circuler. On doit alors procéder à un autre essai.

Afin de déterminer ce qui en est de la situation, prends note des températures de chaque boyau. Dans des conditions normales, le boyau supérieur aura presque la même température que celle du thermostat. Le boyau inférieur sera un peu plus froid en raison de l'effet de refroidissement du radiateur. Si le radiateur est bloqué, le boyau supérieur sera plus chaud que la température du thermostat, et le boyau inférieur sera beaucoup plus froid étant donné que seule une petite quantité de liquide de refroidissement circule ou encore qu'il n'y a pas du tout de liquide qui circule.

Un pyromètre peut aussi servir à vérifier la température de surface d'une culasse, du bloc-moteur, des réservoirs de radiateur et du radiateur de chauffage. Toute déviation de la température normale indique un problème possible. Utilise l'information contenue dans le manuel du fabricant pour déterminer le sens de la circulation du liquide dans le système si un problème est trouvé dans un endroit particulier. Si cela est possible, compare les températures mesurées à celles d'un véhicule semblable.

L'analyseur-contrôleur En branchant un analyseur-contrôleur à un connecteur de diagnostic, une technicienne ou un technicien peut surveiller la température du liquide de refroidissement en tout temps. Entre l'information adéquate pour le véhicule à tester. Choisis l'affichage ENGINE COOLANT TEMPERATURE (température du liquide de refroidissement). Si la température affichée est trop élevée ou trop basse, compare le relevé de température du liquide de refroidissement avec un relevé provenant du capteur d'air d'admission lorsque le moteur a refroidi. Les deux sondes de température devraient afficher une température ambiante. Cette dernière température est celle qui entoure un composant. Si une des sondes n'affiche pas la température ambiante, répare le circuit ou remplace le capteur.

Le crayon thermosensible Un crayon thermosensible est un dispositif fait d'une cire spéciale qui sert à mesurer la température. La cire fond à une température précise. Par exemple, on peut frotter un crayon à 87°C (188°F) et un crayon à 97°C (206°C) sur une

sortie de liquide de refroidissement du moteur. Les marques fondent lorsque ces températures sont atteintes. Il s'agit des températures de fonctionnement normales pour certains thermostats.

CONSEIL TECHNIQUE **La surveillance des températures** Lorsque tu surveilles la température du liquide de refroidissement, compare-la avec celle qui est affichée sur la jauge de température du système de refroidissement, le cas échéant. Si cette température n'est pas près de la température surveillée, la jauge, le capteur de température ou le câblage peuvent être défaillants.

L'entretien du système de refroidissement

Il faut entretenir les systèmes de refroidissement de façon périodique pour minimiser les risques de surchauffe, de fuites et de défaillances. Lorsque cela est possible, vérifie le système après avoir coupé le contact et laissé le moteur refroidir. Inspecte tous les composants pour déceler des fuites. Vérifie les boyaux, les courroies et les poulies. Vérifie le niveau de carburant. S'il semble y avoir un problème de fonctionnement de la chaufferette, vérifie la sortie de la chaufferette lorsque le moteur est chaud et en marche.

La vidange du système

Il faut changer le liquide de refroidissement aussi souvent que le fabricant le recommande. Cela permettra de minimiser la corrosion dans les chemises d'eau. Le rinçage du système de refroidissement est requis lorsqu'il y a apparence de rouille et de sédiments dans le liquide de refroidissement.

Pour vidanger le système de refroidissement :

1. Stationne le véhicule sur une surface qui est de niveau.
2. Lorsque le moteur est froid, enlève le bouchon de radiateur.
3. Place le récipient approprié sous le véhicule pour recueillir le liquide de refroidissement usé.
4. Ouvre ou enlève le robinet de vidange sur le radiateur et le bloc-cylindres.
5. Ouvre la bouche d'air du système de refroidissement, le cas échéant.
6. Laisse le temps au liquide de refroidissement de se vider complètement.
7. Recycle ou dispose du liquide de refroidissement usé de façon appropriée.

Le rinçage du système

Au besoin, le rinçage du système de refroidissement devrait se faire dans le sens d'un écoulement inversé. C'est ce que l'on appelle un lavage avec jet (*voir la figure 1-17*). Cette méthode offre le meilleur moyen de nettoyer toutes les canalisations du système. Enlève le thermostat avant le rinçage. Assure-toi qu'on a rincé tout le système de refroidissement, y compris le radiateur de chauffage. Plusieurs types d'équipements de rinçage sont disponibles. Suis les directives du fabricant. Le manuel du fabricant du véhicule peut aussi comprendre une marche à suivre recommandée pour le rinçage.

Le remplissage du système

Il est essentiel de bien remplir le système de refroidissement, et ce, avec le bon mélange d'antigel et d'eau.

Pour remplir le système de refroidissement:

1. Reporte-toi au manuel d'entretien du véhicule pour connaître le mélange approprié antigel-eau et la quantité totale de liquide de refroidissement nécessaire. En cas de doute, il peut être préférable et sécuritaire d'utiliser un mélange 50/50.

2. Assure-toi qu'on a installé et serré les bouchons de vidange.

3. Ferme les robinets de vidange.

   Ouvre la soupape de purge sur le radiateur, s'il y a lieu.

4. Verse la quantité recommandée d'antigel avant d'ajouter de l'eau. Cela permettra de s'assurer qu'il y a une bonne quantité d'antigel dans le système. Dans la plupart des cas, le système se remplit par le goulot de remplissage.

5. Ajoute de l'eau lentement jusqu'à ce que le niveau atteigne le bas du goulot de remplissage. En général, on peut utiliser sans risque de l'eau du robinet. Il n'est pas recommandé d'utiliser l'eau provenant d'un puits ou de l'eau ayant une forte teneur en minéraux.

6. Ferme la soupape de purge, si tu l'as utilisée.

7. Attends plusieurs minutes et vérifie de nouveau le niveau.

8. Ajoute plus d'eau au besoin.

9. Replace le bouchon de radiateur.

La purge du système

Si on a vidé le liquide de refroidissement ou qu'il a baissé de façon significative, l'air sera emprisonné dans le système pendant le remplissage. L'air peut se trouver emprisonné dans le bloc moteur étant donné que le thermostat fermé ne permettra pas au liquide de refroidissement de passer.

La purge du système:

1. Après avoir rempli le système, démarre le moteur et laisse-le tourner. Lorsque le thermostat s'ouvre, la plus grande partie de l'air emprisonné passera dans le radiateur.

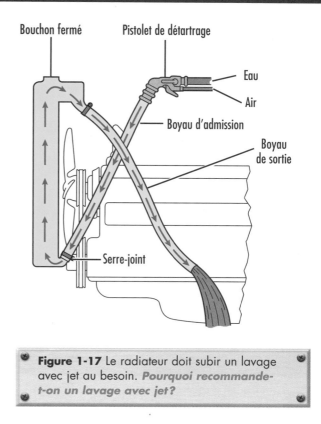

Figure 1-17 Le radiateur doit subir un lavage avec jet au besoin. *Pourquoi recommande-t-on un lavage avec jet?*

2. Coupe le contact et laisse le moteur se refroidir.

3. Vérifie et ajuste le niveau du liquide de refroidissement, au besoin.

4. Certains moteurs doivent être remplis et purgés selon une marche à suivre spéciale. Reporte-toi au manuel du fabricant du véhicule pour la connaître.

La dépose et la pose du radiateur

La dépose du radiateur se fait s'il y a une fuite et s'il a besoin d'être réparé ou remplacé. Laisse le temps au moteur et au radiateur de se refroidir. Enlève le bouchon de radiateur. Débranche le câblage électrique du ventilateur électrique, s'il a fonctionné. Vide le liquide de refroidissement. Débranche les boyaux supérieurs et inférieurs du radiateur. Enlève le déflecteur de ventilateur, au besoin. Enlève le boyau de trop-plein. Enlève les canalisations du liquide de refroidissement de la transmission automatique, au besoin. Retire ensuite les supports de montage. Enlève avec précaution le radiateur.

Avant d'installer le radiateur, vérifie les supports de montage inférieurs ou les isolants. Pose le radiateur, ainsi que le déflecteur de ventilateur et le ventilateur électrique, le cas échéant. Branche le câblage du ventilateur. Pose des boyaux et des colliers de serrage neufs, à moins que les pièces d'origine soient en très bon état.

Section 2

Les systèmes de lubrification

Afin d'assurer un fonctionnement normal et une longue vie au moteur, il faut lui procurer une bonne lubrification. Sans une circulation adéquate de l'huile à moteur, un moteur ne peut continuer à tourner. En plus de la lubrification, l'huile à moteur refroidit, étanchéise, nettoie et protège contre la rouille et la corrosion.

Le fonctionnement du système de lubrification

Le système de lubrification conserve et filtre l'huile à moteur et la fait circuler dans les pièces internes du moteur. Dans un système type, on pompe l'huile du carter à huile à travers le filtre à huile jusqu'à des canalisations percées ou coulées dans le moteur. Ces canalisations s'appellent des *canalisations de lubrification*. Des composants comme les coussinets et les poussoirs à commande hydraulique reçoivent de l'huile sous pression par ces canalisations. Les segments de piston et les parois de cylindre sont lubrifiés par de l'huile qui gicle des pièces en mouvement dans le carter. L'excès d'huile retourne au carter d'huile en raison de la gravité (*voir la figure 1-18*).

Le système de lubrification garde l'huile dans un carter à huile se trouvant au bas du moteur. Il s'agit du type le plus commun de système

installé sur presque tous les moteurs. La pompe à huile est entraînée par les engrenages de l'arbre à cames ou par le vilebrequin. Le tube plongeur est submergé dans l'huile contenue dans le carter. Étant donné que le réservoir d'huile est dans le carter d'huile, il est appelé *système de lubrification à carter humide.*

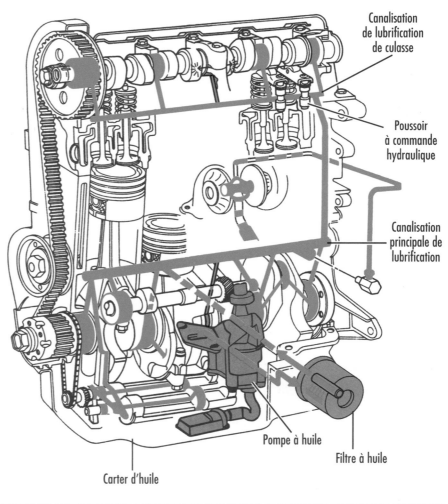

Canalisation de lubrification de culasse

Poussoir à commande hydraulique

Canalisation principale de lubrification

Pompe à huile

Filtre à huile

Carter d'huile

Figure 1-18 Un système de lubrification type pour un moteur à arbre à cames en tête à quatre cylindres avec turbocompresseur. *Quel autre nom donne-t-on aux passages d'huile percés ou coulés dans le moteur ?* (DaimlerChrylser)

Les composants du système de lubrification

Un système de lubrification type comprend ce qui suit :
- la pompe à huile ;
- la soupape de dérivation de pression ;
- le filtre à huile ;
- le capteur de pression d'huile ;
- le capteur de température d'huile (s'il est utilisé) ;
- le capteur de niveau d'huile (s'il est utilisé) ;
- le refroidisseur d'huile (s'il est utilisé).

La pompe à huile La pompe à huile fait circuler l'huile dans le moteur sous pression. Dans plusieurs moteurs, la pompe à huile est entraînée par un arbre sur un engrenage de l'arbre à cames. Sur d'autres moteurs, la courroie entraîne la pompe. L'huile est acheminée dans la pompe par une crépine et un tube plongeur.

Certaines pompes à huile sont munies d'engrenages pour pomper l'huile et d'autres de rotors (*voir la figure 1-19*). Une troisième sorte de pompe est de type à gerotor. Ce type de pompe est fixé sur la partie avant du moteur et le vilebrequin l'entraîne. Il fonctionne de la même façon qu'une

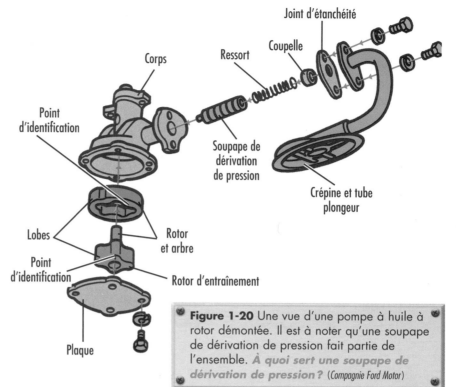

Figure 1-20 Une vue d'une pompe à huile à rotor démontée. Il est à noter qu'une soupape de dérivation de pression fait partie de l'ensemble. *À quoi sert une soupape de dérivation de pression ?* (Compagnie Ford Motor)

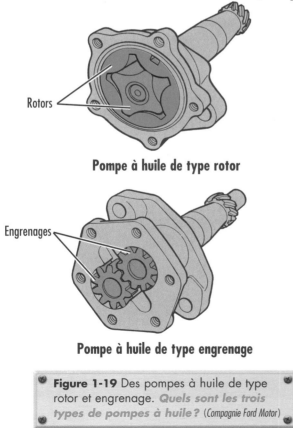

Pompe à huile de type rotor

Pompe à huile de type engrenage

Figure 1-19 Des pompes à huile de type rotor et engrenage. *Quels sont les trois types de pompes à huile ?* (Compagnie Ford Motor)

pompe à rotor conventionnelle. Le mouvement des engrenages ou du rotor fait couler le débit. L'huile est pompée à travers les passages d'huile.

La soupape de dérivation de pression La pompe à huile peut acheminer de l'huile à un volume plus élevé que ce que le moteur exige. Afin d'empêcher une pression excessive de l'huile, le système se sert d'une soupape de dérivation de pression. Cette soupape de dérivation peut se trouver dans le bloc-moteur ou faire partie de la pompe à huile (*voir la figure 1-20*). La soupape de dérivation de pression est munie d'une bille ou d'un plongeur à ressort qui se trouve dans le passage d'huile. Lorsque la pression d'huile dépasse une limite préétablie, elle pousse la bille ou le plongeur contre le ressort. Un orifice de décharge s'ouvre alors, permettant ainsi à l'huile de retourner au carter d'huile. Un clapet de décharge qui est coincé en position ouverte entraînera une basse pression d'huile. Un clapet de décharge qui est coincé en position fermée causera une pression élevée du niveau d'huile. Une telle pression élevée peut causer des fuites autour des surfaces de joint du moteur.

Le filtre à huile La crépine se trouvant sur le tube plongeur de pompe à huile filtre les débris qui peuvent s'être infiltrés dans le carter. Le filtre à huile est conçu pour enlever les particules abrasives plus petites suspendues dans l'huile. La plupart des moteurs utilisent un système de lubrification à passage total. Un **système de lubrification à passage total** est un système dans lequel toute l'huile qui quitte la pompe à huile passe par le filtre. Pour ce faire, le filtre doit être muni d'un clapet de décharge. On peut faire dériver l'huile du filtre seulement lorsque le matériau de filtrage est bouché. Si tel est le cas, la pression d'huile fait ouvrir le clapet. Une huile non filtrée passe par le clapet de décharge et retourne au moteur.

Sur la plupart des moteurs d'automobile, le filtre est relié au bloc-moteur. Le filtre est mis en place sur une monture qui a des ouvertures sur les passages d'huile dans le moteur. L'huile accède au filtre par un passage d'admission, passe par le filtre et le quitte par un passage de sortie. Un joint ou un joint torique sur le filtre est étanchéisé contre la monture de fixation (*voir la figure 1-21*).

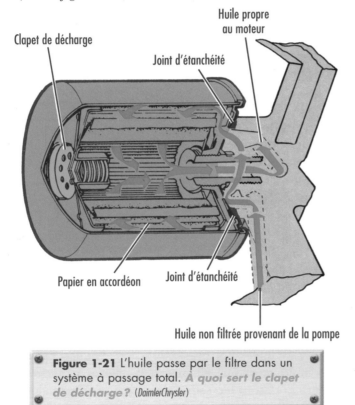

Clapet de décharge

Huile propre au moteur

Joint d'étanchéité

Papier en accordéon

Joint d'étanchéité

Huile non filtrée provenant de la pompe

Figure 1-21 L'huile passe par le filtre dans un système à passage total. *À quoi sert le clapet de décharge?* (DaimlerChrysler)

Le capteur de pression d'huile Un capteur de pression d'huile est installé dans un passage d'huile sur le bloc-moteur (*voir la figure 1-22*). Le capteur est de type à résistance variable ou de type commutateur. Les deux types répondent aux changements dans la pression d'huile pour moteur. On utilise un capteur à résistance variable avec une jauge de pression d'huile ou un affichage électronique sur le tableau de bord. Les changements de pression d'huile font changer la résistance du capteur. La résistance du capteur contrôle le débit du courant qui passe par le circuit d'affichage de pression d'huile. Le circuit de commande d'affichage peut se trouver dans le tableau de bord, le module de commande du groupe

Figure 1-22 Un capteur de pression se trouve dans un passage d'huile sur le bloc-moteur. *Quels sont les deux types de capteurs de pression d'huile qui sont utilisés?* (Corporation Beck/Arnley Worldparts)

motopropulseur ou le module confort/commodité. La quantité de courant qui passe dans le circuit entraîne l'affichage de la pression d'huile.

On utilise un manocontacteur avec un témoin de pression d'huile. Lorsque la pression d'huile est basse ou à zéro, le manocontacteur est fermé. Cela active le circuit du témoin et ce témoin s'allume. Lorsque la pression d'huile est supérieure à 28 kPa (4 lb/po^2), le manocontacteur s'ouvre et le témoin s'éteint.

Le capteur de température d'huile Certains véhicules sont équipés d'un capteur de température d'huile. Ce capteur est une *thermistance*. Les changements de température de l'huile du moteur touchent la résistance du thermistance. Tout comme dans le cas de l'affichage de la pression d'huile, c'est la résistance du capteur qui détermine la quantité de courant qui passe par le circuit d'affichage. Le tableau de bord affiche alors la température de l'huile au lieu de la pression.

Le capteur de niveau d'huile Certains moteurs sont munis d'un capteur de niveau d'huile dans le carter d'huile. Si le niveau d'huile baisse sous la limite donnée par le capteur, un témoin de bas niveau d'huile s'allume sur le tableau de bord.

Les refroidisseurs d'huile Certains véhicules conçus pour le transport de charges lourdes ou pour les remorques sont équipés d'un refroidisseur d'huile pour moteur. Les refroidisseurs d'huile sont de petits échangeurs thermiques. Les refroidisseurs d'huile sont souvent fixés en fonction du courant d'air pour le refroidissement. Les refroidisseurs fixés en fonction du courant d'air comprennent le type fixé sur le moteur et le type radiateur (*voir la figure 1-23*). Un autre type de refroidisseur comporte des tubes situés dans l'un des réservoirs du radiateur. Il est semblable au refroidisseur d'huile des transmissions automatiques. Les refroidisseurs d'huile sont habituellement branchés aux passages d'huile dans le moteur par des tubes.

On peut installer les refroidisseurs d'huile en usine ou les ajouter plus tard, au besoin. On devrait installer un refroidisseur d'huile de façon que l'huile passe par le filtre avant d'atteindre le refroidisseur, car de l'huile chaude cause moins de restriction dans le filtre que de l'huile froide. Les canalisations d'huile et les refroidisseurs d'huile doivent être inspectés lorsque les systèmes de refroidissement et de lubrification font l'objet d'un entretien. Répare ou remplace les composants au besoin.

L'huile à moteur

L'huile à moteur est l'élément vital d'un moteur. Sans une huile de bonne qualité, la durée de vie du moteur sera très courte. L'huile à moteur a cinq utilités, soit:

- **Graisser.** Elle empêche un frottement excessif entre les pièces en mouvement.
- **Refroidir.** L'huile qui circule éloigne la chaleur des composants à haute température, comme les pistons et les paliers.
- **Étanchéiser.** Une pellicule huileuse aide à rendre étanche la partie entre les segments de piston et les parois de cylindre.
- **Nettoyer.** Les additifs pour essence empêchent l'accumulation de dépôts sur les surfaces et les pièces du moteur.
- **Protéger.** Les additifs pour essence protègent contre la rouille, la corrosion et une usure anormale.

Une huile à moteur est composée d'une huile de base et d'additifs. Les huiles de base peuvent provenir du pétrole (huile minérale) ou être synthétiques (fabriquées). Les additifs améliorent les propriétés naturelles de l'huile pour en faire un meilleur lubrifiant.

La viscosité de l'huile L'eau et l'essence sont des liquides «fluides» qui coulent facilement. Ils ont une faible viscosité. La **viscosité** est une mesure de la résistance du liquide à couler. Les huiles à moteur et les huiles d'engrenages sont des liquides plus «épais» qui ont une plus grande résistance à l'écoulement. Elles ont un niveau plus élevé de viscosité. La viscosité de l'huile est affectée par la température. C'est pour cette raison que les mesures de viscosité sont faites à la température standard établie par la Society of Automotive Engineers (SAE).

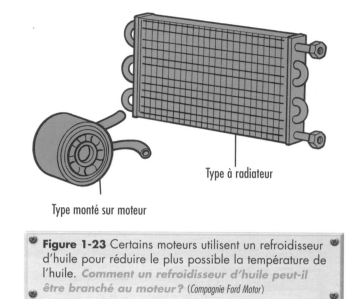

Type à radiateur

Type monté sur moteur

Figure 1-23 Certains moteurs utilisent un refroidisseur d'huile pour réduire le plus possible la température de l'huile. *Comment un refroidisseur d'huile peut-il être branché au moteur?* (Compagnie Ford Motor)

Une huile fluide à bas niveau de viscosité coule plus facilement à basse température. Cependant, elle est trop fluide pour assurer une bonne lubrification lorsque le moteur se réchauffe. Une huile plus épaisse à niveau de viscosité plus élevé coule plus lentement. Elle offre une bonne lubrification à température élevée, mais elle peut être trop épaisse pour passer par le moteur lorsqu'il est froid. Un niveau de viscosité approprié de l'huile est très importante pour assurer une bonne lubrification à toute température.

L'indice de viscosité Toutes les huiles deviennent plus fluides lorsqu'elles sont chaudes et elles s'épaississent lorsqu'elles sont froides. Cependant, le taux de variation de la viscosité, lorsque la température entre en ligne de compte, n'est pas le même pour toutes les huiles. Certaines huiles deviennent plus fluides ou s'épaississent davantage que d'autres au cours des changements de température. L'indice de viscosité est une mesure du taux de variation de la viscosité en fonction des changements de température. L'*indice de viscosité* d'une huile dépend de sa structure moléculaire. Les huiles qui ont de bas indices (moins de 50) deviennent plus fluides et s'épaississent plus qu'avec un indice élevé (plus de 100). Un additif connu pour ses propriétés d'amélioration de l'indice de viscosité peut être utilisé pour augmenter l'indice de viscosité d'une huile.

Les degrés de viscosité Les huiles à moteur sont dotées de plusieurs degrés de viscosité standard. C'est la Society of Automotive Engineer qui a établi ce système. Les degrés sont déterminés uniquement par la viscosité. On ne prend aucune autre caractéristique de l'huile en considération. Les huiles fluides à bas niveau de viscosité, qui sont utilisées par temps froid, sont classées à de basses températures. Ces huiles d'hiver sont: SAE 0W, SAE 5W, SAE 10W, SAE 15W

CONSEIL TECHNIQUE **Les huiles multigrades** Vérifie toujours le manuel du fabricant du véhicule pour déterminer le degré recommandé de viscosité à utiliser selon la température. Les huiles multigrades répondent aux exigences en matière de viscosité à haute et basse températures.

SCIENCES
EXCELLENCE
AUTOMOBILE

L'effet de l'écoulement

As-tu déjà remarqué que le sirop se verse plus facilement lorsqu'il est chaud ? Cela montre une propriété des liquides appelée *viscosité*. La viscosité est définie comme étant la résistance à l'écoulement. Pour la plupart des liquides, plus la température augmente, plus la viscosité diminue.

Dès qu'un liquide, comme l'huile, doit fonctionner dans une vaste gamme de températures, il doit être en mesure de passer par le système le plus facilement possible. À basse température, la plus grande viscosité

de l'huile la rend plus lente. Cela peut occasionner une usure plus importante et un mauvais rendement du système hydraulique.

La Society of Automotive Engineers (SAE) attribue des degrés aux huiles en fonction de leur viscosité. L'huile à code de qualité SAE 10W est une huile à bas niveau de viscosité (fluide). SAE 50 est une huile à haut niveau de viscosité (épaisse).

L'expérience suivante, qui est très simple, montre comment la température affecte la viscosité.

À toi de jouer !

La mesure de l'effet de la température sur la viscosité de l'huile

Le respect des normes de l'EDU en sciences pour l'explication de l'effet de la chaleur, la discussion portant sur le rôle de la lubrification, la description du débit et l'explication de la viscosité.

Matériel requis
- un échantillon d'huile SAE à degré simple (p. ex. : SAE 10W, SAE 50)
- une plaque chauffante
- un gobelet à mesurer en pyrex gradué en millilitres (mL)
- un entonnoir avec un tube d'environ 1/8 po de diamètre
- de la glace
- un thermomètre (degrés Celsius)
- un compteur

Au cours de cette expérience, tu devras mesurer la viscosité de l'huile à trois températures différentes. La technique à utiliser est simple mais efficace pour comparer des échantillons à différentes températures.

La sécurité d'abord — **La sécurité personnelle** Porte des lunettes de protection et fais preuve de prudence en travaillant avec des liquides inflammables et des plaques chauffantes. Manipule avec soin les produits en verre chauds. Élimine les produits de façon sécuritaire. Garde toujours la plaque chauffante réglée à basse température.

❶ Mets un échantillon de 20 mL d'huile dans le gobelet à mesurer en pyrex.

❷ Mets le thermomètre dans le gobelet.

❸ Verse toute l'huile dans l'entonnoir en plaçant un doigt au bout du tube. Assure-toi que toute l'huile tombe au bas du tube de l'entonnoir.

❹ Mets le gobelet vide sous l'entonnoir pour recueillir l'huile. Enlève doucement ton doigt et laisse l'huile couler dans le gobelet.

❺ En retirant ton doigt, déclenche le compteur. Enregistre le nombre de secondes nécessaires

pour que l'huile s'écoulant par l'entonnoir tombe. L'huile devrait alors dégoutter.

❻ Vérifie le gobelet pour t'assurer qu'il contient toujours 20 mL d'huile. Ajoutes-en au besoin.

❼ Place le gobelet dans de la glace jusqu'à ce qu'il atteigne une température de 5 °C.

❽ Reprends la procédure de comptage avec de l'huile froide.

❾ Place le gobelet, contenant 20 mL d'huile froide, sur la plaque chauffante. **Important : on doit régler la plaque chauffante à sa plus basse température. Laisse l'huile atteindre une température de 30 °C. Surveille-la attentivement, car la température peut augmenter rapidement.**

❿ Lorsque l'huile a atteint 30 °C, reprends les étapes de mesurage.

Les résultats et l'analyse

❶ À quelle température le débit de l'huile est-il le plus rapide ? le plus lent ?

❷ À quelle température la viscosité était-elle la plus élevée ?

❸ Qu'arrive-t-il au débit d'huile dans un moteur froid lorsqu'on vient de le mettre en marche ?

et SAE 20W. (La lettre W qui suit le chiffre vient de « winter » [hiver] et indique que l'huile est fabriquée pour une utilisation à basses températures.) On utilise les huiles plus épaisses et plus visqueuses par temps plus chaud et on les teste à une température de 100°C (212°F). Les degrés de viscosité prévus pour les températures plus chaudes sont les suivants : SAE 20, SAE 30, SAE 40 et SAE 50.

Les huiles ayant un indice de changement de viscosité élevé sont appelées des *huiles multigrades* étant donné qu'elles répondent aux deux exigences de viscosité à basse et à haute températures. Les huiles multigrades sont : SAE 0W30, SAE 5W30, SAE 10W40, SAE 15W50 et SAE 20W50. Une huile SAE 5W30 coule comme une huile SAE 5W lorsqu'elle est froide et comme une huile SAE 30 lorsqu'elle est chaude. La plupart des fabricants de moteurs recommandent maintenant une huile multigrade, particulièrement à basse température. En raison de ses meilleures propriétés en matière de viscosité, une huile multigrade donne habituellement une meilleure économie de carburant qu'une huile à un seul grade. Vérifie toujours les recommandations du fabricant en ce qui concerne la viscosité de l'huile aux températures prévues. Cette information se trouve dans le guide d'utilisation du véhicule (*voir la figure 1-24*).

Les additifs pour essence On a ajouté des composants chimiques aux huiles à base de pétrole et à base de produits synthétiques pour améliorer leurs propriétés de lubrification. Les additifs les plus répandus sont :

- Les additifs contre l'usure. Ils réduisent l'usure, particulièrement dans les régions lourdement chargées, par exemple entre les bossages de came et les poussoirs.
- Les protecteurs anti-rouille et inhibiteurs de corrosion. Ils protègent les pièces métalliques du moteur.
- Les améliorants de l'indice de viscosité. Ils augmentent l'indice de viscosité de l'huile.
- Les agents antimousse. Ils minimisent la formation de mousse pendant l'utilisation.
- Les inhibiteurs d'oxydation. Ils minimisent l'épaississement de l'huile et la formation de vernis à hautes températures.
- Les détergents et les agents dispersants. Ils minimisent l'accumulation de dépôts dans le moteur.
- Les abaisseurs du point d'écoulement. Ils permettent à l'huile de couler à une température plus basse.
- Les agents modifiant le coefficient de frottement. Ils réduisent le frottement et améliorent l'économie en carburant.

Les huiles synthétiques Les fournisseurs d'huile ont conçu des huiles à moteur synthétiques pures et des huiles avec des mélanges de produits synthétiques. Une

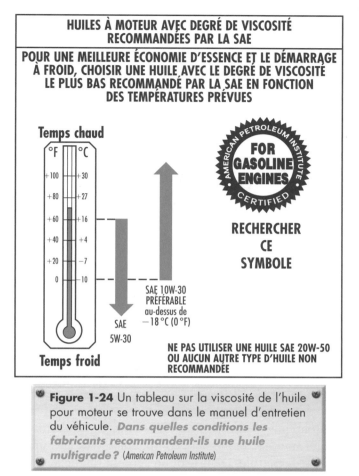

Figure 1-24 Un tableau sur la viscosité de l'huile pour moteur se trouve dans le manuel d'entretien du véhicule. *Dans quelles conditions les fabricants recommandent-ils une huile multigrade ?* (*American Petroleum Institute*)

huile synthétique pure contient seulement une huile dont la base est produite synthétiquement et d'une pré-formulation d'additifs. Les mélanges synthétiques sont un mélange d'huiles synthétiques et d'huiles à base de pétrole, plus des additifs. Étant donné qu'elles sont « fabriquées sur mesure », beaucoup d'huiles synthétiques possèdent certaines propriétés qui sont meilleures que celles qui existent dans la plupart des huiles à base de pétrole. En général, les huiles synthétiques ont un indice très élevé de viscosité naturelle ; elles coulent à des températures plus basses, peuvent être utilisées à des températures plus élevées, réduisent le frottement et laissent moins de dépôts. Certains fabricants de moteurs à haute performance utilisent une huile synthétique en usine et la recommandent pour l'entretien du véhicule.

Les huiles synthétiques coûtent plus cher que les huiles à base de pétrole. Certains fournisseurs prétendent que le coût plus élevé est compensé par les intervalles plus longs entre les changements d'huile. La meilleure chose à faire est d'utiliser le type d'huile et de suivre l'intervalle des changements d'huile recommandés par le fabricant du moteur. Le prix plus élevé de l'huile synthétique se justifie si l'on utilise un moteur à de très basses ou à de très hautes températures de fonctionnement. Un mélange d'huiles synthétiques et d'huiles à base de pétrole procure habituellement la plupart des avantages d'une huile

Figure 1-25 Un symbole sur un contenant désigne la viscosité, la classification prévue et les propriétés de conservation d'énergie de l'huile. *Que signifie « Energy Conserving » (économiseur d'énergie) ?* (Robert Hock American Petroleum Institute)

synthétique à un coût moindre. Les huiles synthétiques sont habituellement compatibles avec les huiles à base de pétrole. Dans le doute, communique avec le fabricant ou le fournisseur d'huile.

Les niveaux d'entretien de l'huile Un système a été développé pour décrire le type d'entretien adéquat pour une huile donnée. C'est ce que l'on appelle la classification prévue par l'API (American Petroleum Institute). Les niveaux prescrits pour les huiles qu'on doit utiliser dans les moteurs à essence (allumage par bougies) commencent par un S suivi de la lettre *A* à *K*. Une deuxième lettre plus grande indique une huile de meilleure qualité. Ces huiles répondent aux exigences de garantie des fabricants de véhicules automobiles pour certains modèles. Les anciens niveaux SA et SB sont des huiles sans détergent et on ne devrait pas les utiliser dans un moteur. Les niveaux actuels pour les moteurs à essence sont SJ et SK. On considère désuets les anciens modèles d'huile de type S. Suis toujours les recommandations du fabricant et sers-toi de la classification la plus récente.

Les huiles destinées aux moteurs diesels et certains moteurs à essence à haute tenue ont besoin de propriétés différentes de celles nécessaires pour les moteurs à essence à faible tenue. On reconnaît ces huiles à la lettre C suivie de la lettre A à H. Les huiles plus récentes dans cette catégorie sont les CG-4 et CH-4. Tout comme les huiles de type S, on considère désuètes les anciennes huiles de type C.

Étant donné que les huiles à moteur aident à minimiser le frottement, certaines huiles peuvent aider à améliorer l'économie en carburant. Les huiles qui ont montré au moins une amélioration minimale en matière d'économie de carburant avec une huile de base sont indiquées comme étant de type « économiseur d'énergie ». Ces huiles sont les SAE 5W-30 ou SAE 10W-30 (*voir la figure 1-25*).

L'entretien du système de lubrification

Un entretien périodique du système de lubrification est essentiel pour le fonctionnement normal du moteur et sa durée de vie. Si l'on n'a pas effectué l'entretien comme prévu, il peut se présenter des problèmes mécaniques dans l'avenir qui entraîneront des coûts importants de réparation.

La vérification du niveau d'huile

Tous les moteurs utilisent une tige en plastique ou métallique, appelée jauge de niveau d'huile, pour vérifier le niveau d'huile dans le moteur. La jauge de niveau d'huile s'ajuste dans un tube ou une autre ouverture qui mène au carter d'huile. Lorsqu'on a bien fixé la *jauge de niveau d'huile*, l'embout devrait atteindre l'huile du carter.

Au cours de la vérification du niveau d'huile:

1. Assure-toi que le véhicule est à niveau.
2. Coupe le contact et attends quelques minutes pour que l'huile se vide dans le carter.
3. Enlève la jauge de niveau d'huile et essuie-la avec un chiffon d'atelier.
4. Insère de nouveau la jauge de niveau d'huile en t'assurant qu'elle est bien enfoncée.
5. Enlève la jauge de niveau d'huile et prends note du niveau d'huile.

Vérifie s'il y a des traces d'huile. Habituellement, l'huile à moteur devient plus foncée avec l'usage. Cela se produit en raison des particules de saleté qui sont suspendues dans l'huile. Si tu remarques de la mousse, de l'eau, de la saleté ou encore une odeur d'essence, cela signifie qu'il faut changer l'huile. De plus, vérifie le moteur pour déceler la cause de la contamination.

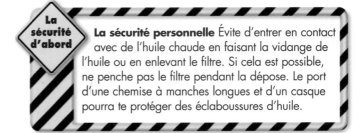

La sécurité d'abord

La sécurité personnelle Évite d'entrer en contact avec de l'huile chaude en faisant la vidange de l'huile ou en enlevant le filtre. Si cela est possible, ne penche pas le filtre pendant la dépose. Le port d'une chemise à manches longues et d'un casque pourra te protéger des éclaboussures d'huile.

MATHÉMATIQUES
EXCELLENCE AUTOMOBILE

Le déplacement de l'huile

Carole se plaint que le témoin d'huile s'allume lorsqu'elle conduit à grande vitesse. Tu effectues une inspection visuelle. Le bouchon de remplissage d'huile montre une grande quantité de boue. Cela est un signe d'un manque d'entretien. Tu recommandes de faire une vérification de pression d'huile, suivi de la dépose du carter d'huile pour une inspection plus approfondie.

Tu effectues la vérification de pression d'huile. À un régime ralenti, la pression d'huile est selon les spécifications. Le manuel d'entretien indique de la vérifier au régime recommandé pour le moteur. Lorsque tu atteins ce régime, la pression d'huile est plus basse que ce qui est conseillé. Tu te rappelles ensuite qu'une pompe à huile est une «pompe à cylindrée constante». Une pompe à cylindrée constante aspire la même quantité de liquide à chaque révolution. Ainsi, plus la pompe fait de révolutions, plus d'huile sera aspirée. Tu en conclus qu'il y a deux causes possibles au problème de Carole:

- une puissance absorbée inférieure, ce qui signifie que la crépine d'entrée de la pompe à huile est sale et couverte de boue;
- la capacité est réduite, ce qui indique un jeu excessif causé par l'usure de la pompe à huile.

Vitesse	Révolutions par minute	Litres par minute
Ralenti	1000	20
Croisière	2500	50
Dépassement	5150	103

Utilise l'information contenue dans le tableau et les formules suivantes pour calculer la capacité de la pompe à huile dans l'automobile de Carole.

Capacité = (Litres par minute/révolutions par minute) te donne une réponse en litres par révolution. La capacité est habituellement mesurée en litres par révolution par minute. Tu dois utiliser la formule suivante:

Capacité = litres par révolution/minute = Capacité litres par RPM

30 litres d'huile à 1000 RPM

À toi de jouer!

Le respect des normes de l'EDU en mathématiques pour la conversion de formules et la mesure des volumes.

❶ Trouve la capacité aux vitesses de ralenti, de croisière et de dépassement.

❷ Analyse tes réponses. À la lumière de cette information, laquelle, parmi les deux possibilités, serait le problème de Carole?

La dépose de l'huile et du filtre Il faut changer l'huile à moteur et le filtre aussi souvent que le fabricant le recommande. Les intervalles de changement d'huile varient de 4 828 à 12 070 kilomètres (3 000 à 7 500 milles) selon la température et le type d'entretien. Afin de changer l'huile et le filtre à huile, il faut placer le véhicule de façon à avoir accès au bouchon de vidange du carter d'huile et au filtre (*voir la figure 1-26*). Si une cuvette de lubrification n'est pas disponible, il est nécessaire de soulever et de supporter le véhicule sur un élévateur.

Une procédure suggérée:

1. Démarre le moteur et fais-le tourner jusqu'à ce qu'il ait atteint une température normale de fonctionnement, si possible. Tu peux maintenant arrêter le moteur.

2. Soulève et soutiens le véhicule avec l'équipement approprié; le manuel d'entretien du véhicule fournit de l'information sur les points de levage et les précautions à prendre.

3. Mets un récipient approprié sous le bouchon de vidange d'huile à moteur.

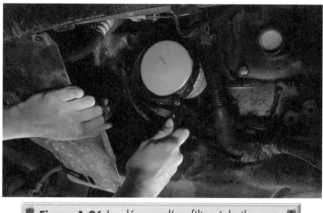

Figure 1-26 La dépose d'un filtre à huile avec une clé à filtre à huile. *Que devrait-on faire avec l'huile usée?* (David S. Hwang)

4. Enlève les bouchons de vidange; laisse le temps à l'huile de couler complètement.

5. Vérifie les filets des bouchons de vidange et les filets du carter d'huile pour déceler des dommages; remplace-les au besoin; remets les bouchons de

vidange; serre-les selon la spécification recommandée de couple.

6. Déplace le bac de récupération pour le mettre sous le filtre à huile.

7. Enlève le filtre. Il peut s'avérer nécessaire d'utiliser une clé spéciale. Verse l'huile du filtre dans le bac de récupération.

8. Nettoie et inspecte la monture de fixation du filtre pour déceler des dommages; remplace-la au besoin.

9. Jette l'huile usée et le filtre conformément aux règles en vigueur.

Le remplacement de l'huile et du filtre Lorsque tu suis une procédure standard, cela simplifie la procédure de remplacement et réduit les risques d'erreurs.

La liste qui suit donne la procédure générale:

1. Vérifie le numéro de pièce pour t'assurer que le bon filtre est utilisé.

2. Mets une fine couche d'huile à moteur propre sur le joint de filtre: cela assure que le filtre est bien posé lorsqu'il est serré.

3. Pose un filtre neuf; serre-le selon la manière recommandée; en général, tu dois tourner le filtre jusqu'à ce que le joint soit solidement en place, puis le tourner de nouveau d'environ 3/4 ou 1 tour complet.

4. Vérifie si l'on a posé et serré le bouchon de vidange selon les spécifications; enlève le bac de récupération; baisse le véhicule.

5. Enlève le bouchon de remplissage et remplis le moteur avec la quantité d'huile recommandée; reporte-toi au manuel du fabricant du véhicule pour connaître les spécifications sur l'huile et la capacité de l'huile à moteur.

6. Démarre le moteur; vérifie rapidement si la pression d'huile est normale et s'il y a des fuites; coupe le contact immédiatement si la pression d'huile est basse ou si tu as trouvé des fuites.

7. Si la pression d'huile est correcte, coupe le contact; laisse le moteur se refroidir quelques minutes; vérifie de nouveau le niveau d'huile; règle le niveau, au besoin.

La réparation et la lubrification du système

Certaines réparations du système de lubrification se font souvent pendant la remise à neuf d'un moteur. D'autres réparations se font au besoin, sans devoir démonter plusieurs pièces du moteur. Les réparations mineures du système de lubrification sont: le remplacement du carter d'huile, le remplacement du capteur, le remplacement du joint et l'entretien de la pompe à huile.

La sécurité d'abord

La sécurité matérielle Ne court-circuite pas ou ne mets pas à la masse un circuit si l'on ne t'a pas dit de le faire, sans quoi des dommages importants pourraient se produire sur des composants ou sur le câblage.

Le capteur de température d'huile et de pression

Si le relevé de la pression d'huile ou de la température est incorrect ou intermittent, vérifie le câblage du capteur approprié. Reporte-toi au manuel d'entretien du véhicule pour obtenir de l'information sur ce que le relevé devrait afficher si les fils du capteur sont débranchés ou mis à la masse.

Lorsqu'un vérificateur de jauge est disponible, il est possible de brancher celui-ci au lieu du capteur. Si l'affichage change lorsqu'on utilise le vérificateur, c'est que le capteur est défectueux; il est possible de tester certains capteurs au moyen d'un *multimètre*. Mesure la résistance du capteur et compare les résultats avec les recommandations du fabricant; remplace le capteur si la résistance n'est pas conforme.

Inspecte la température de l'huile et le capteur de pression pour déceler des fuites. Si une fuite se produit aux filets, serre le capteur ou étanchéise les filets. Si la fuite se trouve sur le corps du capteur, remplace-le.

Avant d'enlever un capteur, détermine son emplacement par rapport au niveau d'huile dans le carter (*voir la figure 1-27*). Dans certains cas, il peut s'avérer nécessaire de vider l'huile avant d'enlever le capteur. Au moment de la pose d'un capteur neuf, assure-toi que les filets se trouvant dans le moteur sont propres et ne présentent aucune trace de dommage. Certaines applications nécessitent l'utilisation d'un dispositif assurant l'étanchéité pour empêcher les fuites; ne serre pas trop le capteur.

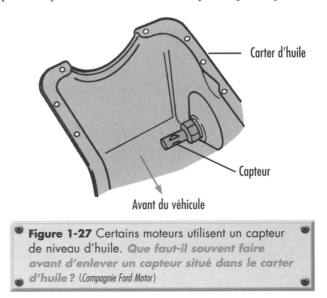

Carter d'huile

Capteur

Avant du véhicule

Figure 1-27 Certains moteurs utilisent un capteur de niveau d'huile. *Que faut-il souvent faire avant d'enlever un capteur situé dans le carter d'huile?* (Compagnie Ford Motor)

Le carter d'huile

Inspecte le carter d'huile à moteur afin de déceler des fuites, des enfoncements, des trous ou d'autres dommages. Les fuites peuvent se produire à partir du bouchon de vidange ou des joints; au besoin, tu peux enlever le carter après avoir vidé l'huile. Dans certains cas, il sera peut-être nécessaire d'enlever les composants du châssis pour pouvoir enlever le carter. Lorsque le carter est retiré, inspecte la région où se trouvait le carter pour déceler de la boue, des particules de métal et autres saletés.

Nettoie le carter à fond. S'il est muni de chicanes qui ne peuvent pas s'enlever pour le nettoyage, fais-le nettoyer par une technicienne ou un technicien qui a de l'expérience en remise à neuf des moteurs. Vérifie si les surfaces de contact du carter à huile au bloc-moteur présentent une distorsion ou si elles sont endommagées; on ne peut étanchéiser correctement des surfaces de contact du carter à huile gauchies ou endommagées. S'il est impossible de les redresser, remplace le carter.

Le remplacement des joints et des joints d'étanchéité

Lorsque tu fais une inspection ou que tu détectes une fuite d'huile par un joint ou un joint d'étanchéité, assure-toi que les surfaces d'ajustement sont correctement assemblées et serrées. Si tu ne trouves aucun problème, il te faudra vérifier les surfaces d'ajustement où se trouve le joint; assure-toi qu'elles sont propres et lisses; remplace les pièces dont les surfaces sont gauchies ou endommagées; pose un joint neuf en suivant les directives données dans le manuel d'entretien du véhicule. Certains joints sont conçus pour être utilisés avec un enduit d'étanchéité pour joint ou du ciment. N'utilise jamais un enduit d'étanchéité ou du ciment au moment de la pose d'un joint si on ne te l'a pas demandé.

Certaines surfaces sont étanchéisées au moyen de joint vulcanisé à température ambiante. Lorsque l'on prend ces matériaux dans un groupe, on les appelle des matériaux à joint «qui prennent forme sur place», c'est-à-dire qu'ils se fixent rapidement et durcissent en 24 heures. Dans la plupart des cas, on doit les utiliser entre les surfaces

Figure 1-28 On peut utiliser des bandes de joints en silicone jusqu'à dix minutes avant l'installation. *Avant d'installer un nouveau joint, que fait-on avec une pièce gauchie ou endommagée?* (3M Division Automotive Après Marché)

métalliques où aucun joint régulier n'est utilisé. Il faut enlever toute trace d'huile avant d'appliquer le matériau vulcanisé à température ambiante. Certains types de joint vulcanisé à température ambiante dégagent une vapeur qui peut endommager les capteurs d'oxygène; assure-toi que l'utilisation du type de joint d'étanchéité a été approuvée pour les composants du moteur; tous les types d'enduit d'étanchéité ne sont pas compatibles. Lorsque certains types sont mélangés, ils deviennent liquides et ne durcissent pas. Les bandes de joint en silicone sont des matériaux de joints préformés qui ont la même fonction qu'un enduit d'étanchéité (*voir la figure 1-28*). Suis toujours les directives contenues dans le manuel d'entretien du véhicule ou les directives fournies avec le joint.

On utilise des joints à lèvre autour des arbres rotatifs. Dans certaines fuites, ce type de joint est nécessaire pour graisser les surfaces de joint et d'arbre; les joints à lèvre ont tendance à durcir avec le temps. Dans plusieurs cas, le joint va éventuellement user une cannelure dans l'arbre. Lorsque tu replaces un joint à lèvre, mets en place le joint neuf de façon qu'il n'entre pas en contact avec l'arbre dans la cannelure usée. Dans certains modèles, une bague est fournie pour l'installation sur la cannelure usée.

VÉRIFIE TES CONNAISSANCES

1. Nomme cinq fonctions de l'huile à moteur.
2. Nomme les principaux composants du système de lubrification.
3. Explique comment fonctionne la soupape de dérivation de pression du système de lubrification.
4. Explique comment fonctionne le système avec témoin de pression d'huile.
5. Que peut-il se produire lorsqu'on mélange des enduits d'étanchéité non compatibles?

RÉVISION DU CHAPITRE 1

Notions importantes

Le respect des normes du MFCUO pour la réparation du moteur : vérifications du système de refroidissement, du bouchon et du système d'expansion ; les changements d'huile et de filtre.

- Le système de refroidissement fait circuler un liquide de refroidissement dans le moteur.
- Il existe trois types de transfert de chaleur.
- Les liquides de refroidissement des véhicules sont un mélange spécifique d'antigel et d'eau.
- Les fuites du système de refroidissement se détectent grâce à une vérification de pression du système.
- Un contrôleur d'antigel optique peut servir à déterminer la protection contre le gel d'un liquide de refroidissement.
- Les chambres internes pour le liquide de refroidissement dans le bloc-moteur et la culasse sont importantes pour assurer un refroidissement adéquat du moteur.
- La plupart des moteurs utilisent un système de lubrification de type passage total.
- Deux caractéristiques importantes des huiles à moteur sont la viscosité et l'indice de changement de viscosité.
- On devrait remplacer l'huile à moteur et le filtre à des intervalles réguliers.

Questions de révision

❶ Décris le fonctionnement du système de refroidissement, y compris le débit type du liquide.

❷ Quelle est la fonction du thermostat du système de refroidissement ?

❸ Comment se fait la vérification de pression du système de refroidissement ?

❹ Explique comment utiliser un contrôleur d'antigel optique pour déterminer la protection contre le gel d'un liquide de refroidissement.

❺ Décris à quoi sert le système de lubrification et son fonctionnement.

❻ Explique la différence entre les niveaux de viscosité SAE et le système de classification API.

❼ Décris les procédures pour vidanger et remplacer l'huile à moteur et pour remplacer le filtre.

❽ **Pensée critique** Que peut-il se produire si l'on utilise seulement de l'eau comme liquide de refroidissement ?

❾ **Pensée critique** Pourquoi la viscosité de l'huile à moteur est-elle importante en ce qui a trait à la durabilité du moteur ?

PRÉVISIONS TECHNOLOGIQUES
POUR L'EXCELLENCE EN MATIÈRE D'AUTOMOBILE

Les synthétiques sont ici pour rester !

Les propriétaires de véhicules qui n'aiment pas faire les changements d'huile tous les trois mois ou aux 4 800 km (3 000 milles) seront ravis d'apprendre ce qui suit : les constructeurs de véhicules automobiles tentent d'allonger les exigences en matière de changement d'huile pour passer à des changements une fois l'an ou tous les 24 000 km (15 000 milles).

Ces plus longs intervalles peuvent être dus en partie à une utilisation plus fréquente d'une huile synthétique. Elle remplace déjà l'huile à base de minéraux dans certains véhicules. Bien qu'elle soit plus dispendieuse, l'huile synthétique est préférable parce qu'elle ne s'oxyde pas et ne réagit pas de façon chimique.

Des améliorations dans la conception des cylindres du moteur contribueront à prolonger les intervalles de changement d'huile. Étant donné que moins de gaz résiduels et d'hydrocarbures peuvent fuir par les segments du piston et le cylindre, l'huile est en mesure de lubrifier et d'absorber la chaleur plus longtemps.

Lorsque les intervalles entre les changements d'huile s'allongent, il est important d'installer un filtre à huile neuf à chaque changement d'huile. Les filtres à huile enlèvent les contaminants et laissent aux nouvelles huiles synthétiques la possibilité d'être plus efficaces sur une plus longue période.

En plus du passage à l'huile synthétique, la Society of Automotive Engineers (SAE) songe à recommander l'utilisation d'une huile plus liquide. La première huile mise sur le marché avec ce niveau serait la 0W-20. Cette huile offre une vaste gamme de viscosités, ce qui signifie qu'elle ne deviendra pas trop épaisse par temps froid ou trop liquide à des températures élevées. Les ingénieurs croient que l'huile atteindra les pièces mobiles du moteur rapidement, réduisant ainsi le frottement et l'accumulation de chaleur.

EXCELLENCE AUTOMOBILE
TEST PRÉPARATOIRE

En répondant aux questions suivantes, tu pourras te préparer aux tests en vue d'obtenir la certification du MFCUO.

1. Laquelle des actions suivantes n'est pas une forme de transfert de chaleur ?
   - ⓐ Convection.
   - ⓑ Conduction.
   - ⓒ Réflexion.
   - ⓓ Radiation.

2. La technicienne ou le technicien A dit que le liquide de refroidissement qui passe par un radiateur circule de haut en bas. La technicienne ou le technicien B dit que le débit se fait d'un côté à l'autre. Qui a raison ?
   - ⓐ La technicienne ou le technicien A.
   - ⓑ La technicienne ou le technicien B.
   - ⓒ Les deux ont raison.
   - ⓓ Les deux ont tort.

3. La technicienne ou le technicien A dit qu'un ventilateur électrique ne peut être en marche que lorsque le contact est mis. La technicienne ou le technicien B dit que le ventilateur peut être en marche même si le contact est coupé. Qui a raison ?
   - ⓐ La technicienne ou le technicien A.
   - ⓑ La technicienne ou le technicien B.
   - ⓒ Les deux ont raison.
   - ⓓ Les deux ont tort.

4. Le fonctionnement du système de refroidissement lorsque le système est sous pression :
   - ⓐ baisse le point d'ébullition du liquide de refroidissement.
   - ⓑ augmente le point d'ébullition du liquide de refroidissement.
   - ⓒ augmente le régime de transfert de chaleur dans l'air.
   - ⓓ b et c.

5. Différents mélanges d'antigel et d'eau sont utilisés comme liquide de refroidissement. Le mélange d'antigel et d'eau le plus souvent recommandé comme liquide de refroidissement est le suivant :
   - ⓐ 25 % d'antigel, 75 % d'eau.
   - ⓑ 50 % d'antigel, 50 % d'eau.
   - ⓒ 75 % d'antigel, 25 % d'eau.
   - ⓓ Aucune de ces réponses.

6. La purge de l'air provenant du système de refroidissement pendant le remplissage est nécessaire pour la raison suivante :
   - ⓐ De l'air peut être emprisonné dans le système.
   - ⓑ Il peut y avoir une fuite du radiateur.
   - ⓒ Le bouchon de radiateur peut ne pas être étanche.
   - ⓓ Le thermostat peut rester coincé en position ouverte.

7. La technicienne ou le technicien A dit qu'un clapet dans un filtre à huile est un clapet de décharge de pression pour le système. La technicienne ou le technicien B dit qu'il s'agit d'un clapet de décharge pour le filtre. Qui a raison ?
   - ⓐ La technicienne ou le technicien A.
   - ⓑ La technicienne ou le technicien B.
   - ⓒ Les deux ont raison.
   - ⓓ Les deux ont tort.

8. La technicienne ou le technicien A dit que toutes les bornes du capteur de pression d'huile sont des résistances variables. La technicienne ou le technicien B dit que certaines bornes du capteur sont des manocontacteurs. Qui a raison ?
   - ⓐ La technicienne ou le technicien A.
   - ⓑ La technicienne ou le technicien B.
   - ⓒ Les deux ont raison.
   - ⓓ Les deux ont tort.

9. La technicienne ou le technicien A dit que les niveaux de viscosité SAE sont en fonction de la viscosité seulement. La technicienne ou le technicien B dit que les niveaux sont en fonction de la viscosité et de l'indice de viscosité. Qui a raison ?
   - ⓐ La technicienne ou le technicien A.
   - ⓑ La technicienne ou le technicien B.
   - ⓒ Les deux ont raison.
   - ⓓ Les deux ont tort.

10. Lequel des niveaux de viscosité énumérés n'est pas utilisé pour l'huile à moteur ?
   - ⓐ SAE 30.
   - ⓑ SAE 75W-90.
   - ⓒ SAE 5W-30.
   - ⓓ SAE 10W-40.

CHAPITRE 2

L'inspection et le mesurage des composants du moteur

Tu seras en mesure :

- ⊗ de prendre des mesures au moyen d'un micromètre extérieur ;
- ⊗ de prendre des mesures au moyen d'un vérificateur d'alésage à cadran ;
- ⊗ d'utiliser un pied à coulisse (Vernier) ;
- ⊗ de mesurer le tablier de culasse pour déceler une distorsion ;
- ⊗ de vérifier une culasse pour déceler des fissures ;
- ⊗ de mesurer le tablier de bloc-moteur pour déceler une distorsion.

Le vocabulaire :

Pied à coulisse Vernier

Jauge de profondeur

Vérificateur d'alésage à cadran

Comparateur à cadran

Jauge d'épaisseur

Micromètre

Jauge à petit diamètre

Jauge télescopique

Clé dynamométrique

Indicateur d'angle de charge

Le problème

Le véhicule de M. Dubois consomme beaucoup d'huile. Il est parfois difficile de le faire démarrer et il remarque, de plus, un manque de puissance du moteur. M. Dubois amène donc son véhicule à ton centre d'entretien.

Les essais effectués ont montré une faible compression dans tous les cylindres. Tu enlèves donc le moteur du véhicule. Tu mesures la dimension de l'alésage des cylindres au moyen d'un comparateur à cadran pour cylindre. Tu compares les résultats du diamètre du cylindre, de la conicité et de la déviation avec les spécifications provenant de l'usine. En te basant sur tes observations, tu indiques à M. Dubois que les alésages du cylindre doivent être réparés.

Ton défi

À titre de technicienne ou de technicien, tu dois répondre aux questions suivantes :

❶ Quelles sont les pièces qui peuvent être réutilisées ?

❷ Quelles sont les pièces qui doivent être remplacées ?

❸ Quelles sont les pièces qui doivent être réutilisées ou remplacées ?

Section 1

Les outils de mesure de précision

On mesure les composants du moteur à l'aide du système impérial ou du système métrique. Pour les travaux liés au moteur, l'unité de mesure est le millimètre (mm) si on se sert du système métrique, et le pouce (po) si on utilise le système impérial. Beaucoup de manuels d'entretien donnent les spécifications du moteur en millimètres et en pouces. Avant de mesurer les pièces du moteur, il te faut décider du système à utiliser et avoir les outils de mesure appropriés. On peut convertir les mesures d'un système à l'autre en se servant d'équivalents standards :

$$25,4 \text{ mm} = 1 \text{ po}$$

$$1 \text{ mm} = 0,0394 \text{ po}$$

Une remise à neuf réussie d'un moteur dépend de mesures précises. La précision d'une mesure dépend de la façon dont le dispositif de mesure est utilisé. Les techniciens doivent apprendre à utiliser et à lire les outils de mesure de précision.

Le micromètre

Les **micromètres** sont des instruments qui donnent des mesures linéaires. Un micromètre mesure les dimensions intérieures ou extérieures (*voir la figure 2-1*). Un micromètre extérieur sert à mesurer une dimension extérieure, comme le diamètre d'une tige de soupape. On place la partie à mesurer entre la touche mobile et l'enclume du micromètre. La tige graduée mobile sert à régler la touche mobile pour qu'elle soit en contact avec l'objet à mesurer.

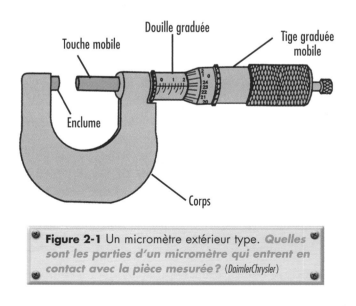

Figure 2-1 Un micromètre extérieur type. *Quelles sont les parties d'un micromètre qui entrent en contact avec la pièce mesurée ?* (*DaimlerChrysler*)

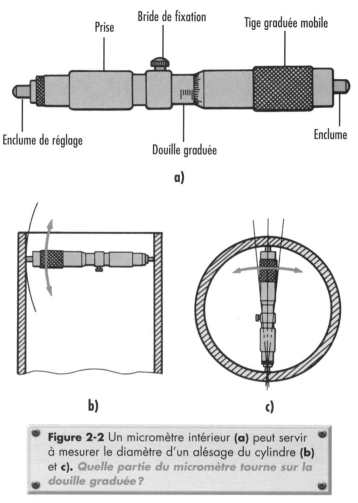

a)

b)   c)

Figure 2-2 Un micromètre intérieur (**a**) peut servir à mesurer le diamètre d'un alésage du cylindre (**b**) et **c**). *Quelle partie du micromètre tourne sur la douille graduée ?*

Les micromètres sont habituellement calibrés par incréments de 25,4 mm (1 pouce). Le plus petit micromètre utilisé pour des applications dans le domaine de l'automobile mesure de 0 à 25,4 mm (0 à 1 pouce). Le plus grand mesure de 125 à 150 mm (5 à 6 pouces).

Un micromètre intérieur peut servir à mesurer le diamètre d'un trou, comme un alésage de cylindre (*voir la figure 2-2a*). Mets en place un micromètre intérieur de façon à mesurer le diamètre réel du cylindre. Penche le micromètre vers le haut et le bas dans le cylindre pour trouver le plus petit diamètre (*voir la figure 2-2b*). Trace une ligne horizontale imaginaire jusqu'à ce que tu trouves le plus petit diamètre. Puis, déplace légèrement le micromètre vers l'arrière et l'avant pour trouver le plus grand diamètre (*voir la figure 2-2c*). Trace une ligne verticale imaginaire jusqu'à ce point. La mesure devrait se faire à l'endroit où les deux lignes imaginaires se croisent.

Les personnes qui utilisent les micromètres standards doivent calculer les mesures, alors que celles qui utilisent les micromètres numériques peuvent lire directement les mesures. Ces deux micromètres sont équipés d'une tige graduée dans la poignée.

Pour lire un micromètre standard, observe la ligne d'indice (révolution). Cette ligne se trouve sur la partie fixe (douille graduée) de l'outil. La ligne est juste à l'avant de la tige graduée mobile. Lis les repères inscrits sur la douille graduée fixe et sur l'extrémité de la tige graduée mobile.

Il existe deux types de micromètres standards, le micromètre métrique et le micromètre impérial. Les deux se lisent de la même façon. Les micromètres impériaux ont des graduations d'un millième (0,001) ou d'un dix millième (0,0001) de pouce. Les graduations sur un micromètre de système métrique sont habituellement un centième (0,01) ou un millième (0,001) de millimètre.

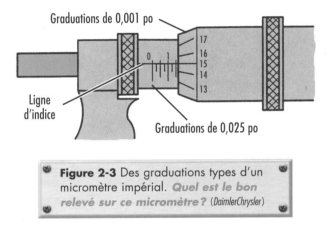

Figure 2-3 Des graduations types d'un micromètre impérial. *Quel est le bon relevé sur ce micromètre ?* (DaimlerChrysler)

Une révolution complète de la tige graduée mobile déplace celle-ci d'un repère incrémenté exactement sur la ligne de révolution. Sur un micromètre impérial, chaque petit repère sur cette ligne représente 0,025 po. Les repères sur la tige graduée mobile vont de 0 à 24. Lorsque la tige graduée mobile est tournée de façon que le repère suivant soit aligné avec la ligne de révolution fixe, cela signifie que la touche mobile s'est déplacée de 0,001 po. Lorsque la tige graduée mobile se déplace d'une révolution complète, elle se déplace de 25 repères, ou 0,025 po (*voir la figure 2-3*).

Un micromètre métrique est gradué en millimètres (*voir la figure 2-4*). Les repères au-dessus de la ligne de révolution sont en incréments de 1 millimètre. Les repères sous la ligne de révolution sont en incréments de 0,5 mm. Les repères sur la tige graduée mobile sont en incréments de 0,01 mm. Par exemple, si le

CONSEIL TECHNIQUE **L'entretien du micromètre** Une manipulation imprudente du micromètre risque de l'endommager; n'échappe jamais un micromètre et ne le range pas avec d'autres outils. Après chaque utilisation, essuie le micromètre avec un chiffon propre et range-le dans son boîtier.

troisième repère est exposé au-dessus de la ligne de révolution et que le repère 45 est aligné avec la ligne de révolution, le relevé est de 3,45 mm.

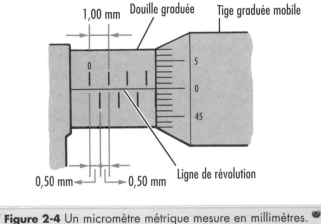

Figure 2-4 Un micromètre métrique mesure en millimètres. *Selon quelle fréquence d'incrément les repères sur la tige graduée mobile sont-ils déterminés ?*

Les micromètres numériques sont munis d'un affichage numérique imprimé ou d'un affichage numérique électronique. Ces instruments sont plus faciles à lire. Les techniciens devraient être capables d'utiliser autant les micromètres standards que les micromètres numériques (*voir la figure 2-5*).

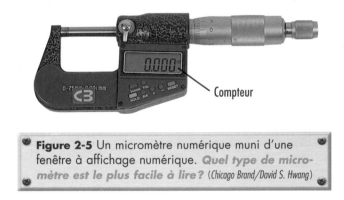

Figure 2-5 Un micromètre numérique muni d'une fenêtre à affichage numérique. *Quel type de micromètre est le plus facile à lire ?* (Chicago Brand/David S. Hwang)

Le comparateur à cadran

Les comparateurs à cadran servent à mesurer la déviation de l'arbre, la hauteur de bossage de came et le jeu axial de l'arbre. Un **comparateur à cadran** est un instrument de mesure qui utilise une jauge d'aiguille oscillante et un plongeur à ressort (bras mobile) pour afficher la valeur mesurée. L'aiguille indique la quantité de mouvements effectués par le plongeur (*voir la figure 2-6*). Le comparateur à cadran est fixé sur un support rigide de façon que le plongeur entre en contact avec la surface à mesurer. Le plongeur est légèrement enfoncé et le comparateur peut être équipé d'un compteur de révolutions. Il enregistre chaque fois que l'aiguille fait une révolution complète.

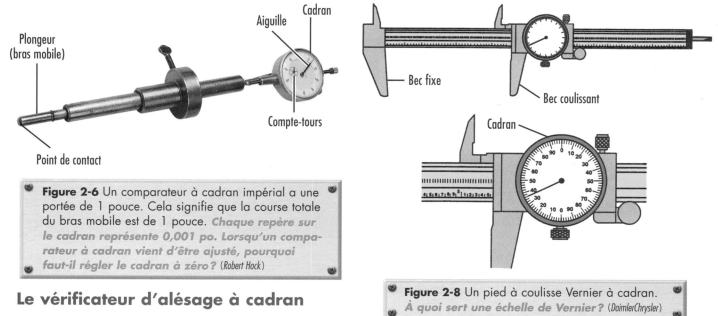

Plongeur
(bras mobile)

Aiguille

Cadran

Point de contact

Compte-tours

Figure 2-6 Un comparateur à cadran impérial a une portée de 1 pouce. Cela signifie que la course totale du bras mobile est de 1 pouce. *Chaque repère sur le cadran représente 0,001 po. Lorsqu'un comparateur à cadran vient d'être ajusté, pourquoi faut-il régler le cadran à zéro?* (Robert Hock)

Le vérificateur d'alésage à cadran

Quand on doit prendre les mesures d'un moteur, un vérificateur d'alésage à cadran peut servir à mesurer un alésage de cylindre, les alésages principaux ou la grosse extrémité d'une bielle. Le **vérificateur d'alésage à cadran** est un instrument qui sert à mesurer le diamètre d'un grand trou. Le vérificateur est équipé d'une tige à ressort qui entre en contact avec la surface de l'alésage et permet de centrer l'instrument. On se sert d'un jeu de tiges de rechange qui s'ajustent à différentes dimensions d'alésage. La mesure est inscrite sur un comparateur à cadran (*voir la figure 2-7*). Lorsque tu places cet instru-

Bec fixe

Bec coulissant

Cadran

Figure 2-8 Un pied à coulisse Vernier à cadran. *À quoi sert une échelle de Vernier?* (DaimlerChrysler)

ment dans le cylindre, balance-le doucement vers l'arrière et l'avant pour repérer le centre de l'alésage. Le vérificateur d'alésage à cadran sert souvent à vérifier la conicité d'un cylindre ou à déceler une ovalisation.

Le pied à coulisse Vernier

Un **pied à coulisse Vernier** est un instrument de mesure muni d'un bec fixe et d'un bec coulissant. Cet instrument sert à déterminer le diamètre intérieur ou extérieur. Il peut donner des mesures intérieures, extérieures ou de profondeur. Les mesures extérieures sont établies en fixant la partie à mesurer dans le bec. Les mesures intérieures sont prises en plaçant les embouts du bec dans la cavité et en écartant les becs. Une tige attachée au bec coulissant sert à mesurer la profondeur. La distance mesurée se lit à partir de l'échelle se trouvant sur le cadre fixe du pied à coulisse Vernier.

Un *pied à coulisse* est muni d'une échelle de Vernier (auxiliaire) sur un cadran (*voir la figure 2-8*). L'échelle de Vernier à cadran augmente la précision de la mesure. Pour prendre la lecture d'un pied à coulisse, il faut d'abord lire la mesure sur une échelle du pied à coulisse. Il faut ensuite ajouter le relevé sur le cadran. Les pieds à coulisse Vernier numériques affichent la mesure dans une fenêtre d'affichage.

La jauge télescopique

Une jauge télescopique ne mesure rien par elle-même. Une **jauge télescopique** est un instrument qui s'étire (télescope) vers le diamètre intérieur d'une ouverture ronde, comme un alésage de bielle ou un

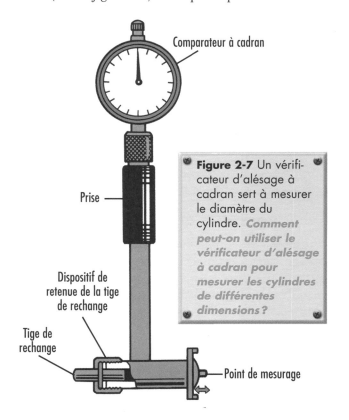

Comparateur à cadran

Prise

Dispositif de retenue de la tige de rechange

Tige de rechange

Point de mesurage

Figure 2-7 Un vérificateur d'alésage à cadran sert à mesurer le diamètre du cylindre. *Comment peut-on utiliser le vérificateur d'alésage à cadran pour mesurer les cylindres de différentes dimensions?*

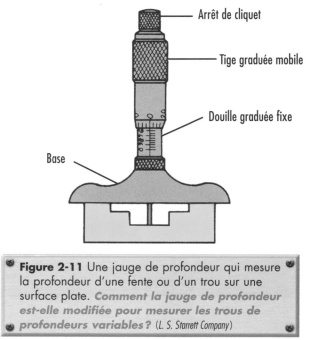

Jauge télescopique

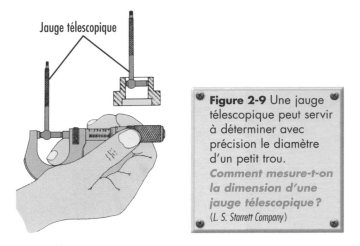

Figure 2-9 Une jauge télescopique peut servir à déterminer avec précision le diamètre d'un petit trou. *Comment mesure-t-on la dimension d'une jauge télescopique?* (L. S. Starrett Company)

alésage de palier. On utilise ensuite un micromètre extérieur pour mesurer la dimension saisie sur la jauge (*voir la figure 2-9*). Pour prendre une mesure, il te faut placer la jauge dans l'ouverture à mesurer. Relâche le verrou pour permettre à la jauge de toucher aux parois de l'alésage, puis verrouille la jauge. Retire la jauge de l'alésage et prends la mesure au moyen d'un micromètre extérieur. On utilise le plus souvent une jauge télescopique là où le vérificateur d'alésage à cadran ne s'insère pas.

La jauge à petit diamètre

Une **jauge à petit diamètre** est un instrument qui sert à mesurer le diamètre intérieur d'une petite ouverture, comme un guide de soupape. Une extrémité de la jauge est munie d'une tige divisée à embout sphérique. Lorsque tu tournes la poignée de la jauge, cela permet d'ajuster le diamètre de l'embout sphérique. Si tu désires utiliser la jauge à petit diamètre, règle l'embout sphérique pour qu'il soit plus petit que l'ouverture à mesurer. Mets l'embout sphérique dans l'ouverture et règle-le de façon qu'il soit en contact avec les côtés du canal. Verrouille la poignée dans cette

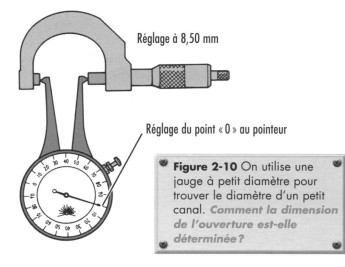

Réglage à 8,50 mm

Réglage du point « 0 » au pointeur

Figure 2-10 On utilise une jauge à petit diamètre pour trouver le diamètre d'un petit canal. *Comment la dimension de l'ouverture est-elle déterminée?*

position pour garder le réglage. Retire doucement la jauge de l'ouverture. Mesure la sphère au moyen d'un micromètre extérieur pour déterminer le diamètre du canal (*voir la figure 2-10*).

La jauge de profondeur

Une **jauge de profondeur** est un instrument qui mesure la profondeur d'une cannelure ou d'un trou sur une surface plate. Elle est munie d'une tige graduée mobile et d'une douille graduée semblables à celles d'un micromètre extérieur. La jauge a une base plate sur laquelle se trouve une tige de mesure en saillie. En utilisant des tiges de différentes longueurs, il est possible de mesurer des trous de profondeurs variables. On place l'instrument sur une surface plate au-dessus d'une fente ou d'un trou. La tige graduée mobile tourne jusqu'à ce que la tige de mesure soit en contact avec la partie inférieure de l'ouverture (*voir la figure 2-11*). Le relevé sur la douille, la tige graduée ainsi que la longueur de la tige donnent la profondeur du trou.

Arrêt de cliquet

Tige graduée mobile

Douille graduée fixe

Base

Figure 2-11 Une jauge de profondeur qui mesure la profondeur d'une fente ou d'un trou sur une surface plate. *Comment la jauge de profondeur est-elle modifiée pour mesurer les trous de profondeurs variables?* (L. S. Starrett Company)

Les jauges d'épaisseur

Une **jauge d'épaisseur** est un instrument de mesure fait de lames métalliques plates, chacune avec une épaisseur précise. La plupart des jauges sont en acier, mais il existe aussi des jauges non magnétiques en laiton. Un jeu type de jauges d'épaisseur possède des lames allant de 0,025 mm (0,001 po) à 0,625 mm (0,025 po) d'épaisseur. L'épaisseur est indiquée sur chaque lame.

Les jauges d'épaisseur servent à mesurer la distance entre deux composants. Les mesures types sont la coupe d'un segment de piston, le jeu latéral du segment de piston et le jeu du culbuteur (jeu de soupape). Les jauges d'épaisseur à fils servent à vérifier l'écartement des électrodes.

La règle rectifiée

Une *règle rectifiée* est une bande d'acier de précision. On l'utilise avec une jauge d'épaisseur pour déterminer la planéité des surfaces d'ajustement des composants du moteur. Il est possible que ces composants deviennent irréguliers en raison d'une chaleur excessive ou d'un serrage inapproprié des boulons qui joignent les composants. La règle rectifiée se place sur la surface à vérifier. En tenant fermement la règle, sers-toi d'une jauge d'épaisseur pour mesurer le jeu entre cette règle rectifiée et la surface. On doit prendre les mesures lorsque la règle est tenue dans diverses directions (*voir la figure 2-12*).

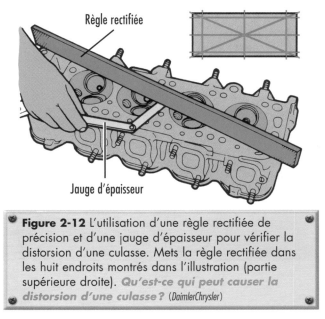

Figure 2-12 L'utilisation d'une règle rectifiée de précision et d'une jauge d'épaisseur pour vérifier la distorsion d'une culasse. Mets la règle rectifiée dans les huit endroits montrés dans l'illustration (partie supérieure droite). *Qu'est-ce qui peut causer la distorsion d'une culasse?* (DaimlerChrysler)

Il faut manipuler une règle rectifiée avec soin et la ranger avec d'autres instruments de mesure de précision. Cette règle ne doit servir que pour vérifier la distorsion.

La clé dynamométrique

Il faut souvent serrer les attaches selon le couple précisé. Une **clé dynamométrique** est un instrument de mesure servant à serrer une attache filetée selon un degré donné de couple. Trois types de clés dynamométriques de base sont disponibles : le comparateur à cadran, le micromètre à cliquet et la clé à lecture directe (*voir la figure 2-13*) ; les unités électroniques avec un affichage numérique sont disponibles mais ne sont pas très répandues.

C'est le fabricant du véhicule qui détermine les valeurs de couple de serrage appropriées pour les boulons et les écrous. La spécification de serrage donnée

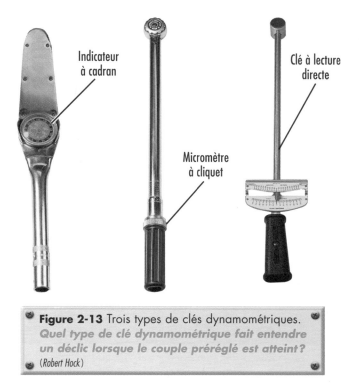

Figure 2-13 Trois types de clés dynamométriques. *Quel type de clé dynamométrique fait entendre un déclic lorsque le couple préréglé est atteint?* (Robert Hock)

dans le manuel d'entretien est le couple nécessaire pour fournir la bonne force de serrage entre deux composants. Une attache qui n'est pas suffisamment serrée peut provoquer une fuite ou vibrer. Un boulon trop serré peut s'étirer ou se briser, et les pièces jointes peuvent se briser ou se déformer.

Le couple renvoie à la quantité de force appliquée à une distance spécifique. Les clés dynamométriques calibrées selon le système impérial sont en livres-pied (lb-pi) ou en livres-pouce (lb-po). Les clés dynamométriques calibrées selon le système métrique sont souvent calibrées en newtons-mètre (n-m). Un relevé de couple de 20 livres-pied est égal à 20 livres de force appliquées à une distance d'un pied à partir de l'attache. Il est à noter qu'une clé dynamométrique n'a pas nécessairement une longueur d'un pied, mais on l'a calibrée de façon à lire comme si c'était le cas. Une clé dynamométrique livres- pouce indique les livres de force appliquées à un pouce de l'attache. Une clé dynamométrique métrique indique les newtons de force appliquées à un mètre de l'attache.

La façon dont le relevé de couple est affiché varie selon le type de clé. Une clé dynamométrique à lecture directe est munie d'une aiguille qui se déplace le long d'une échelle graduée lorsqu'une force est appliquée. L'aiguille affiche la force uniquement lorsque la force est appliquée. Lorsque la force est relâchée, l'aiguille retourne à zéro. Une clé à indicateur à cadran est semblable à une clé à lecture directe, mais le couple est appliqué sur une jauge à cadran. Une fois de plus, le relevé est affiché seulement lorsque le couple est appliqué.

Figure 2-14 Les clés dynamométriques à cliquet ont des repères pour le réglage de la valeur de couple. Les clés montrées ici sont calibrées selon le système impérial. La clé de gauche mesure en livres-pouce. La clé de droite mesure en livres-pied. *Quelle est l'unité de mesure la plus répandue pour une clé manométrique calibrée avec le système métrique?* (Birchwood Automotive)

Une clé à cliquet avec micromètre est munie d'une tête de cliquet semblable à celle de la clé à cliquet. La poignée permet un réglage de type micromètre. La valeur désirée de couple est réglée en faisant tourner la tige graduée mobile. Lorsque l'attache est serrée, on entend et on sent un déclic lorsque la valeur de couple préréglée est atteinte (*voir la figure 2-14*).

Les relevés de couple de serrage sont précis uniquement lorsque les filets sur l'attache sont propres et en bon état. Nettoie, répare ou remplace les filets endommagés avant d'utiliser une clé dynamométrique.

La sécurité d'abord

La sécurité matérielle Lorsque tu utilises une clé dynamométrique à cliquet, il est possible de trop serrer l'attache, puisque la clé ne se dégage pas automatiquement. Si tu serres l'attache après que le point de serrage a été atteint, l'attache risque de se briser ou des composants risquent d'être déformés.

Il faut traiter les clés dynamométriques avec le même soin que pour tout autre instrument de mesure de précision. N'utilise la clé que lorsque les valeurs de couple sont précisées. Entrepose la clé dans un endroit sûr et sec. Au besoin, on peut vérifier la précision de la clé en l'apportant chez le fabricant ou en se servant d'une fixation conçue à cet effet.

L'indicateur d'angle de charge

Un **indicateur d'angle de charge** est un instrument de mesure qui indique le nombre de degrés qu'un boulon ou un écrou a atteint lorsqu'il a été tourné (*voir la figure 2-15*). Beaucoup d'applications du moteur ont besoin d'une méthode de serrage d'attache qui utilise à la fois la force de couple et l'angle de mouvement. C'est ce que l'on appelle le serrage d'angle de charge. Ce processus implique deux étapes : d'abord, il te faut serrer l'attache selon la valeur du couple précisé au moyen d'une clé manométrique ; ensuite, tu dois observer le compteur d'angle de charge en tournant l'attache selon le nombre de degrés recommandé.

Le serrage de l'angle de charge demande l'utilisation de boulons de serrage au couple. Ces boulons sont légèrement plus étroits entre la tête du boulon et les filets. Lorsqu'il est bien serré, le boulon s'étire légèrement dans cette zone étroite. C'est pour cette raison que la plupart des fabricants précisent qu'on doit remplacer les boulons de serrage au couple après utilisation.

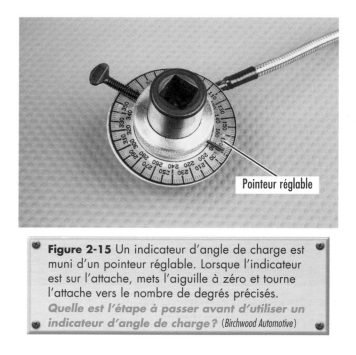

Pointeur réglable

Figure 2-15 Un indicateur d'angle de charge est muni d'un pointeur réglable. Lorsque l'indicateur est sur l'attache, mets l'aiguille à zéro et tourne l'attache vers le nombre de degrés précisés. *Quelle est l'étape à passer avant d'utiliser un indicateur d'angle de charge?* (Birchwood Automotive)

On doit souvent utiliser la méthode de serrage de l'angle de charge pour les boulons de culasse, de bielle et de chapeau de vilebrequin. Les spécifications relatives à l'angle de charge se trouvent dans le manuel d'entretien du véhicule. Une spécification type peut être, par exemple, « 1650 kPa (20 lb-pi) plus 90° ». Cela signifie que l'attache devrait d'abord être serrée avec un couple de 1650 kPa (20 lb-pi). Puis, en mesurant avec l'indicateur d'angle, tourne l'attache de 90°.

SCIENCES

Le cliquetis

« Quel est ce bruit ? » demande Karim alors qu'un bruit inhabituel se fait entendre en provenance du moteur de son véhicule. « Amenons l'auto au service de réparation du concessionnaire et faisons vérifier le bruit », répond Josée.

Ce même après-midi, Karim et Josée se sont rendus au service de réparation. Lucien, un technicien breveté, les a accueillis. Karim a décrit le bruit comme étant un cliquetis qui se produit lorsque le véhicule monte une côte. Josée fait remarquer que le cliquetis se fait entendre davantage lorsque le véhicule circule à pleins gaz. Lucien demande à Karim l'indice d'octane qu'il utilise habituellement pour l'essence. Karim répond : « le moins cher, bien sûr ! » Lucien lui recommande d'acheter de l'essence à un indice plus élevé pour voir si le cliquetis pourrait s'arrêter.

Une semaine plus tard, Karim et Josée retournent chez le concessionnaire. Le cliquetis ne se fait plus entendre, mais ils se demandent pourquoi. Lucien explique que l'indice d'octane indique sa qualité antidétonante, ou sa capacité à résister à la détonation pendant le processus de combustion. Au cours de la combustion, une réaction chimique se produit avec l'oxygène, ce qui fait brûler le carburant.

La détonation, parfois appelée *cliquetis,* peut se définir comme étant une explosion incontrôlable du mélange air/carburant. La détonation crée des ondes de pression et un cognement audible. En utilisant un carburant à indice d'octane élevé, il n'y a plus de détonation et la combustion se fait plus facilement.

À toi de jouer !

La lecture des indices d'octane

Le respect des normes de l'EDU en sciences pour l'application d'informations dans des graphiques, l'explication des réactions chimiques, les caractéristiques des carburants et les effets des différents carburants sur la combustion.

Étudie la figure ci-contre. Tu remarqueras que plus l'indice d'octane est élevé, plus le processus de combustion du carburant est lent. Cette lente combustion empêche l'évaporation des produits chimiques dans le mélange de carburant, ce qui est un avantage pour les moteurs à compression élevée.

❶ Qu'arriverait-il si l'on utilisait du carburant à faible indice d'octane dans un moteur à compression élevée ?

❷ Nomme certains des additifs utilisés pour changer l'indice d'octane dans le carburant.

❸ Pourquoi n'utilise-t-on plus de plomb dans les carburants ?

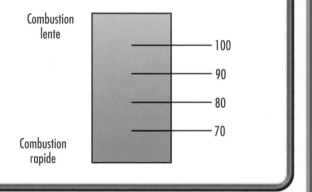

VÉRIFIE TES CONNAISSANCES

❶ Explique comment se fait la lecture d'un micromètre standard.

❷ Nomme trois composants du moteur que l'on peut mesurer au moyen d'un vérificateur d'alésage à cadran.

❸ Comment utilise-t-on une jauge télescopique pour mesurer le diamètre d'un trou ?

❹ Quels sont les deux instruments de mesure de précision utilisés ensemble pour vérifier s'il y a distorsion des composants du moteur ?

❺ Quelles sont les étapes du processus de serrage de l'angle de charge ?

Section 2

L'inspection des culasses et des composants

Une fois le moteur démonté et nettoyé, on doit en vérifier chacune des parties afin de déterminer si elles peuvent être réutilisées ou si l'on doit les réparer ou les remplacer. Ce processus implique l'inspection approfondie de tous les composants et le mesurage des pièces ayant des dimensions particulières. Certains des travaux décrits dans cette section sont plus susceptibles d'être entrepris dans un atelier d'usinage d'automobiles que par une technicienne ou un technicien d'entretien. Les réparations faites dans tout atelier dépendent de la formation et de l'expérience des techniciens et de l'équipement disponible.

L'inspection des culasses

Il est essentiel d'inspecter ou de mesurer les culasses pour déceler ce qui suit :
- une distorsion du tablier ;
- des fissures ;
- l'état des guides de soupapes ;
- l'état des soupapes ;
- l'état des sièges de soupapes ;
- l'état des ressorts de soupapes ;
- l'état des dispositifs de commande de soupapes.

> **CONSEIL TECHNIQUE** **La prise de notes**
> Au moment de l'inspection et de la mesure des pièces du moteur, prends des notes sur tes découvertes. Il te sera alors bien plus facile d'effectuer les réparations rapidement et correctement si tu as enregistré toute l'information pertinente. Cette information sera importante s'il te faut justifier pourquoi tu as effectué certaines tâches.

L'inspection pour déceler la distorsion du tablier de culasse

La planéité du tablier de la culasse (surface de joint) est très importante pour assurer une étanchéité appropriée de la culasse. On peut vérifier la planéité au moyen d'une règle rectifiée de précision et d'une jauge d'épaisseur (*voir la figure 2-16*). L'écart entre la règle rectifiée et le tablier représente le degré de distorsion.

Avant de prendre la mesure, la surface du tablier doit être propre. Elle ne doit présenter aucun produit d'étanchéité, aucune rouille, corrosion ou autre contaminant. Le produit d'étanchéité s'enlève avec un ciseau à racler. N'utilise jamais de tampon abrasif sur un foret ou une affûteuse pour nettoyer le tablier. Cela est particulièrement vrai si la culasse est en aluminium.

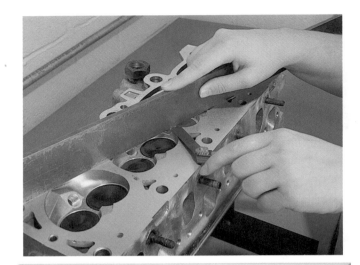

Figure 2-16 La mesure du tablier de culasse pour déceler de la distorsion. Reporte-toi au manuel d'entretien du véhicule pour connaître les limites acceptables. *Pourquoi faut-il vérifier le tablier de culasse pour déceler de la distorsion ?* (Birchwood Automotive)

Un nettoyage excessif à l'aide d'abrasif peut créer une surface irrégulière du tablier.

Mesure la distorsion avec une règle rectifiée à de nombreuses positions. Vérifie la culasse, d'un côté à l'autre, au centre et près de chacune de ses extrémités. Commence avec une jauge d'épaisseur de 0,050 mm (0,002 po). Si la lame de la jauge ne passe pas entre la règle et le tablier, déplace la règle et prends de nouveau la mesure. Si la première lame de la jauge passe entre la règle et le tablier, utilise une lame plus épaisse jusqu'à ce que le jeu exact soit déterminé. Le jeu maximum mesuré représente la distorsion de la culasse. Reporte-toi au manuel du fabricant pour connaître les limites de distorsion acceptables. Si la distorsion dépasse les limites précisées, on doit rectifier ou remplacer la culasse.

Certaines culasses à arbre à cames en tête se servent de tours supérieurs de came pour supporter l'arbre à cames. Il est important d'utiliser sur ces culasses une règle rectifiée et une jauge d'épaisseur pour mesurer la distorsion le long de la partie inférieure des corps de palier de l'arbre à cames. Si le tablier présente une distorsion, les alésages de came sont peut-être mal alignés. Une rectification du tablier ne corrige pas les alésages de came mal alignés.

L'inspection pour déceler des fissures sur la culasse

Il faut vérifier si la culasse présente des fissures. On les retrouve le plus souvent entre les sièges de soupape, entre et à côté des bossages du goujon de culbuteur et près des guides de soupape et des trous de boulon. Les informations provenant de l'industrie automobile comprennent souvent de l'information sur la remise en état des culasses, y compris les secteurs où l'on trouve le plus souvent des fissures. Reporte-toi aux bulletins techniques émis par les fabricants d'équipements et de pièces pour obtenir cette information.

Il existe plusieurs façons de vérifier la présence de fissures dans les culasses. Ces méthodes sont l'inspection par particules magnétiques, par pénétration de colorants et par essai sous pression.

L'inspection par particules magnétiques L'inspection par particules magnétiques implique l'application d'un champ magnétique le long de la culasse, dans la zone à vérifier. Une fois que la culasse est magnétisée, on lui applique une poudre métallique ou un liquide métallisé. La poudre ou le liquide sera concentré dans la fissure entre les pôles magnétiques, ce qui rendra la fissure plus visible. L'inspection par particules magnétiques peut se faire dans un vérificateur fixe ou un vérificateur portatif (*voir la figure 2-17*). Ce processus est aussi appelé *magnétoscopie*. Étant donné que la technique se base sur les champs magnétiques, on peut l'utiliser uniquement sur des pièces en fer et en acier, qui sont conductrices de magnétisme.

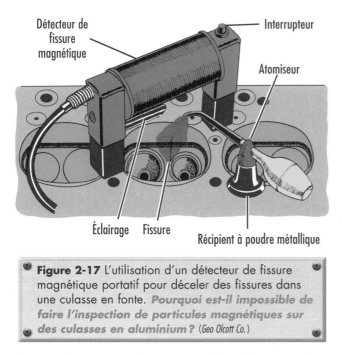

Détecteur de fissure magnétique — Interrupteur — Atomiseur — Éclairage — Fissure — Récipient à poudre métallique

Figure 2-17 L'utilisation d'un détecteur de fissure magnétique portatif pour déceler des fissures dans une culasse en fonte. *Pourquoi est-il impossible de faire l'inspection de particules magnétiques sur des culasses en aluminium?* (Geo Olcott Co.)

L'inspection par pénétration de colorants L'inspection par pénétration de colorants peut se faire sur des matériaux en aluminium et sur d'autres matériaux non magnétiques ainsi que sur des matériaux en fer et en acier. Il s'agit d'un processus en trois étapes : d'abord, il te faut nettoyer la surface à inspecter. Ensuite, tu vaporises un colorant rouge sur la culasse

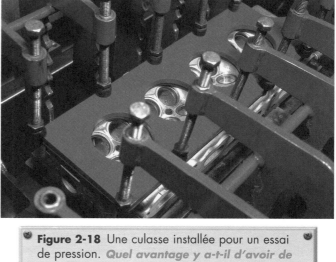

Figure 2-18 Une culasse installée pour un essai de pression. *Quel avantage y a-t-il d'avoir de l'eau chaude dans le réservoir?* (Birchwood Automotive)

que tu dois laisser sécher. Finalement, tu vaporises un révélateur à base de poudre blanche sur la zone à inspecter. Le révélateur réagit avec le colorant là où il y a une imperfection sur la surface.

Des défauts, comme des piqûres et des fissures, sont montrés sous forme de lignes ou de repères rouges. Dans la plupart des cas, les défauts sont visibles à l'œil nu. Au besoin, une lampe à ultraviolet peut aider à une détection plus rapide. Une fois la fissure trouvée, essuie la zone nettoyée et fais un repère à l'endroit où la peinture a détecté une défectuosité.

L'essai sous pression On utilise aussi un vérificateur de pression pour déceler des fissures ou des piqûres dans une culasse (*voir la figure 2-18*). Le vérificateur est muni d'un réservoir à eau et d'un support qui soutient la culasse. Une fois la culasse posée dans le support, tous les accès sont bouchés. Un tuyau flexible est fixé à une des ouvertures de la chemise d'eau. La culasse est ensuite submergée dans le réservoir à eau et une petite quantité d'air comprimé est injectée par le tuyau dans la chemise d'eau. Les fissures et les piqûres seront ciblées par une colonne de bulles d'air qui se soulève de la partie défaillante. L'essai sous pression est plus fiable si l'on a chauffé l'eau dans le réservoir. L'eau chauffée fait en sorte que la culasse s'étend légèrement, ce qui rend les défauts plus visibles. L'essai sous pression devrait servir à vérifier les réparations une fois qu'on les a effectuées.

Si tu trouves des fissures, il est possible de les réparer par un processus de blocage ou de soudure. Cette intervention doit être faite par des machinistes pour automobiles qui se spécialisent en réparation de fissures. Le coût des réparations doit se comparer au coût d'une culasse neuve ou remise en état.

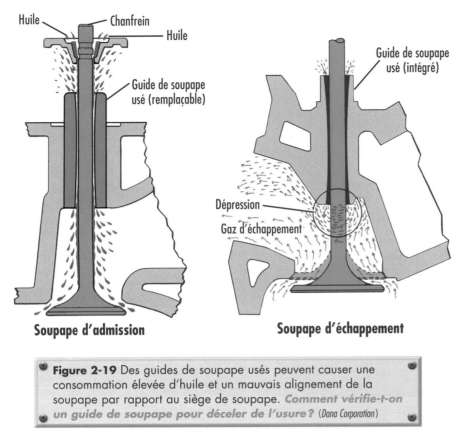

Soupape d'admission   **Soupape d'échappement**

Figure 2-19 Des guides de soupape usés peuvent causer une consommation élevée d'huile et un mauvais alignement de la soupape par rapport au siège de soupape. *Comment vérifie-t-on un guide de soupape pour déceler de l'usure ?* (Dana Corporation)

Le mesurage des guides de soupape

Il faut mesurer les guides de soupape pour déceler de l'usure. Les guides qui sont usés laissent la soupape osciller pendant son fonctionnement. Cette situation cause un mauvais alignement de la soupape sur le siège de soupape. Une usure excessive des guides entraîne également une consommation élevée d'huile. De l'huile provenant de la région du culbuteur sera acheminée par le guide et sera versée dans la chambre à combustion où elle sera brûlée (*voir la figure 2-19*).

L'usure du guide se mesure en insérant une classe de bille dans le guide. Détermine le diamètre près de la partie supérieure, du milieu ou du bas du guide. Utilise un micromètre extérieur pour mesurer la classe de bille.

La mesure de l'usure des guides peut aussi se faire au moyen d'un comparateur à cadran. Mets la soupape dans son guide et fixe le comparateur à angle droit sur la tige à une distance précise du siège de soupape. Mesure le mouvement alors que la soupape oscille d'un côté et de l'autre dans le guide. Reporte-toi à l'information fournie sur les dimensions de l'alésage de guide et les limites acceptables d'usure. Certaines culasses sont équipées de guides de soupape remplaçables. Si le guide n'est pas remplaçable, on peut le percer et poser un insert rapporté.

L'inspection des soupapes

Il est nécessaire d'effectuer plusieurs vérifications sur les soupapes s'il faut les réutiliser. Regarde s'il y a des dépôts de carbone sur la partie inférieure de la tête de soupape. Il faut enlever les dépôts si l'on doit réutiliser la soupape. Inspecte la tige de soupape, le bout et la face pour déceler de l'usure. Mesure le diamètre de la tige de soupape au moyen d'un micromètre. Compare les résultats avec les spécifications. Remplace les soupapes usées ou endommagées.

Vérifie la face de la soupape pour voir si elle présente une ovalisation (un faux-rond). Une ovalisation excessive fait que la soupape s'ajuste difficilement. Place celle-ci dans une rectifieuse de soupape ou dans un support d'essai. Fixe un comparateur à cadran de façon que le plongeur entre en contact avec la face de la soupape (*voir la figure 2-20*). Observe le comparateur à cadran tout en tournant la soupape à la main. Reporte-toi aux spécifications pour déterminer si l'ovalisation est excessive. Une trop grande ovalisation signifie habituellement que la tige de soupape est courbée et qu'on doit remplacer la soupape.

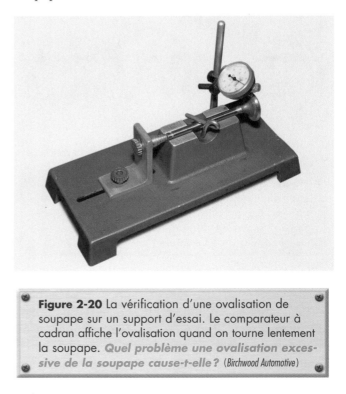

Figure 2-20 La vérification d'une ovalisation de soupape sur un support d'essai. Le comparateur à cadran affiche l'ovalisation quand on tourne lentement la soupape. *Quel problème une ovalisation excessive de la soupape cause-t-elle ?* (Birchwood Automotive)

À la recherche des spécifications

Un simple examen visuel n'est pas acceptable lorsqu'il s'agit de déterminer si un composant a la bonne dimension. Les *spécifications* définissent les tolérances acceptables, ou les limites à l'intérieur desquelles un composant fonctionne. Ces spécifications servent à déterminer si un composant peut être utilisé. Dans les anciens modèles de véhicules, ces tolérances n'étaient pas aussi importantes qu'elles le sont aujourd'hui. Cependant, toute l'attention pour les véhicules d'aujourd'hui porte sur le rendement qui assure que toutes les pièces de chaque système fonctionnent correctement.

Afin d'être en mesure de réparer les véhicules d'aujourd'hui, les techniciens de l'automobile doivent se familiariser avec les ressources qui fournissent les spécifications nécessaires pour permettre aux véhicules de rouler adéquatement. Les techniciens se fient aux manuels d'entretien des véhicules, aux bases de données des fabricants et aux bulletins d'entretien pour obtenir les renseignements dont ils ont besoin. Ces ressources sont très importantes. Mais il existe trop de spécifications pour que les techniciens puissent toutes les retenir.

Une des parties du véhicule qui demande une attention particulière relativement aux spécifications est le moteur. Pour s'assurer que les dimensions sont correctes, les techniciens doivent effectuer des mesures appropriées et vérifier les ressources disponibles pour être certains des tolérances. Une dimension mal lue peut s'avérer très coûteuse, autant pour les techniciens que pour les clients!

À toi de jouer !

Le respect des normes de l'EDU en communications pour l'application des habitudes relatives aux études et aux méthodes pour l'analyse de l'information, le suivi des directives et la consultation des tableaux, graphiques et diagrammes.

❶ Écris «Zones nécessitant une spécification» sur la partie supérieure d'une feuille de papier.

❷ Fais trois colonnes et nomme-les «Composant», «État du composant» et «Sources des spécifications».

❸ Lis le présent chapitre.

❹ Chaque fois que l'on te demande de consulter les spécifications, remplis ton tableau en donnant les renseignements requis.

❺ Le nombre de composants ayant besoin de spécifications te surprend-il? Le type de composants ayant besoin de spécifications te surprend-il? Pourquoi?

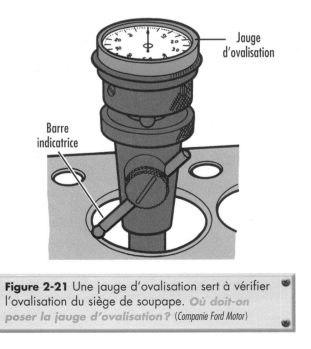

Figure 2-21 Une jauge d'ovalisation sert à vérifier l'ovalisation du siège de soupape. *Où doit-on poser la jauge d'ovalisation ?* (Companie Ford Motor)

Jauge d'ovalisation

Barre indicatrice

L'inspection des sièges de soupape

Inspecte les sièges de soupape pour déceler de l'usure ou des dommages. Certaines culasses en fonte ont le siège de soupape encastré dans la culasse. D'autres ont des sièges rapportés enfoncés en place. Les culasses en aluminium sont toujours munies de sièges rapportés. Dans un cas comme dans l'autre, on a durci le matériau du siège pour assurer une durée de vie plus longue.

On mesure l'ovalisation du siège de soupape avec une jauge d'ovalisation posée dans le guide de soupape (*voir la figure 2-21*). Lorsque la jauge est tournée, l'ovalisation s'affiche sur le comparateur à cadran.

L'inspection des ressorts de soupape

Les ressorts de soupape peuvent se déformer ou perdre leur tension. Il faut déceler et remplacer les ressorts de soupape fragiles, déformés ou brisés. Vérifie les ressorts de soupape pour déceler des

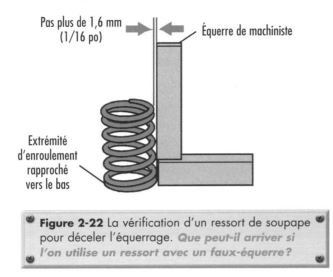

Pas plus de 1,6 mm (1/16 po)

Équerre de machiniste

Extrémité d'enroulement rapproché vers le bas

Figure 2-22 La vérification d'un ressort de soupape pour déceler l'équerrage. *Que peut-il arriver si l'on utilise un ressort avec un faux-équerre ?*

dommages. Remplace tout ressort qui n'est pas en bon état. Vérifie le ressort pour voir l'équerrage à l'aide d'un carré de mécanique sur une surface plate (*voir la figure 2-22*). Vérifie deux emplacements à 90° d'intervalle. Dans la plupart des cas, la limite maximale du faux-équerre est de 1,6 mm (1/16 po). Un ressort avec un faux-équerre entraîne une usure anormale du guide et de la tige de soupape.

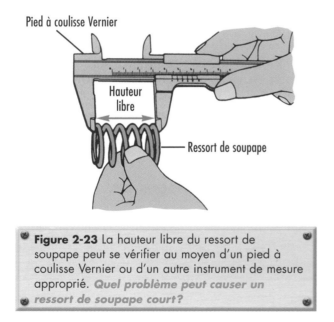

Pied à coulisse Vernier

Hauteur libre

Ressort de soupape

Figure 2-23 La hauteur libre du ressort de soupape peut se vérifier au moyen d'un pied à coulisse Vernier ou d'un autre instrument de mesure approprié. *Quel problème peut causer un ressort de soupape court ?*

Un ressort qui est plus court que la normale ne gardera pas la soupape correctement fermée. Vérifie la hauteur libre du ressort pendant qu'il est détendu. On prend cette mesure au moyen d'une jauge de hauteur sur un vérificateur de ressort de soupape. Cette mesure se prend également avec un pied à coulisse Vernier ou tout autre instrument conçu à cet effet (*voir la figure 2-23*). Compare la mesure avec les spécifications. Remplace les ressorts qui ne sont pas équerrés ou qui sont plus courts que ce qui est prévu.

Si un ressort réussit les essais d'équerrage et de hauteur, il faut vérifier sa tension. Utilise un vérificateur de tension de ressort (*voir la figure 2-24*). Reporte-toi à l'information sur l'entretien pour connaître les procédures d'essai et les spécifications. Mesure la tension aux hauteurs précisées. Remplace les ressorts fragiles. Trois mesures sont habituellement requises :
- la hauteur libre (si elle n'a pas été mesurée plus tôt) ;
- la tension à hauteur de soupape ouverte ;
- la tension à hauteur de soupape fermée.

L'inspection des composants du dispositif de commande des soupapes

Pour déceler de l'usure ou des dommages, on doit vérifier tous les composants du dispositif de commande des soupapes. Ces pièces comprennent l'arbre à cames, le palier de l'arbre à cames (lorsqu'il est utilisé), les poussoirs de soupape, les tiges de culbuteur, les culbuteurs et les axes de culbuteur. Il faut jeter les pièces endommagées.

Figure 2-24 La tension du ressort de soupape se vérifie à l'aide d'un vérificateur de ressort. La hauteur de ressort se lit sur une échelle qui se trouve sur le vérificateur. *À quelles hauteurs mesure-t-on la tension de ressort ?* (Robert Hock)

L'inspection de l'arbre à cames

Il te faut inspecter l'arbre à cames pour déceler de l'usure et des dommages, et vérifier la présence d'un faux-rond. Si les bossages de came montrent des signes d'usure excessive, de piqûres, d'éraflures ou d'autres dommages, remplace l'arbre à cames. Les arbres à cames utilisés avec des poussoirs sans roulement ont des bossages légèrement coniques. Cela permet au poussoir de tourner, ce qui empêche l'usure de se concentrer sur sa partie inférieure. La rotation du poussoir peut causer une légère décoloration d'un côté du bossage.

Afin de vérifier s'il y a un faux-rond, mets l'arbre à cames sur des blocs en V ou sur un support de vérification de cames. Mets en place un comparateur à cadran de façon que le plongeur entre en contact avec le tourillon de palier central de l'arbre à cames (*voir la figure 2-25*). Règle le comparateur à zéro et fais faire un tour complet à l'arbre à cames. Prends note du faux-rond. Mesure le diamètre de chaque tourillon au moyen d'un micromètre extérieur (*voir la figure 2-26*). Compare ces mesures avec les spécifications d'usine. Si le faux-rond est excessif ou que les diamètres de tourillon sont plus petits que ce qui est précisé, remplace l'arbre à cames.

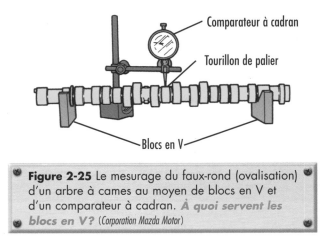

Figure 2-25 Le mesurage du faux-rond (ovalisation) d'un arbre à cames au moyen de blocs en V et d'un comparateur à cadran. *À quoi servent les blocs en V?* (Corporation Mazda Motor)

Mesure la hauteur de l'arbre à cames. La hauteur générale d'un bossage de came se mesure avec un micromètre extérieur. Prends la mesure à partir de la base jusqu'à la pointe du bossage. Afin de mesurer la hauteur du bossage, place l'arbre à cames sur des blocs en V avec le plongeur d'un comparateur à cadran contre le bossage à tester. Remets le comparateur à zéro sur le cercle du bossage de came (là où il n'y a pas de lobe). Fais tourner l'arbre à cames pour que le point le plus élevé sur le bossage soit appuyé contre le plongeur de comparateur. Le comparateur affiche alors la hauteur du lobe. Si la hauteur du lobe du bossage est inférieure au minimum donné en usine, remplace l'arbre à cames. Vérifie le pignon de commande de l'arbre à cames et, le cas échéant, l'engrenage du distributeur. Si un engrenage

Figure 2-26 La mesure des tourillons d'un arbre à cames avec un micromètre extérieur. *Comment mesure-t-on le diamètre du tourillon?* (Robert Hock)

ou un pignon montre des signes d'usure anormale ou de dommages, remplace l'arbre à cames.

L'inspection des poussoirs de soupape

Les poussoirs de soupape (aussi appelés simplement *poussoirs*) se trouvent contre les lobes d'arbre à cames. Les poussoirs transforment le mouvement rotatif des lobes de came en mouvement alternatif (vers le haut et le bas) nécessaire au fonctionnement des soupapes. Dans la plupart des cas, le bas du poussoir a une légère forme convexe (sphérique). Cela fait en sorte que le poussoir tourne lentement sur le bossage de came pour minimiser l'usure. On trouve habituellement trois types de poussoirs de soupape dans les moteurs d'automobiles: mécanique, hydraulique et à roulement.

Les poussoirs de soupape à commande mécanique Les poussoirs de soupape à commande mécanique sont des cylindres métalliques solides monoblocs qui n'ont aucune pièce amovible. Pour les moteurs munis de poussoirs à commande mécanique, il doit y avoir un certain jeu dans le dispositif de commande des soupapes pour permettre l'expansion causée par la chaleur. Ces moteurs doivent subir des réglages périodiques du jeu de soupapes pour palier l'usure du dispositif de commande des soupapes. Il faut vérifier les poussoirs à commande mécanique pour déceler des entailles, des éraflures et de l'usure, principalement sur la face qui entre en contact avec le bossage d'arbre à cames. Il faut remplacer les poussoirs endommagés ou très usés.

Les poussoirs de soupape à commande hydraulique Les poussoirs de soupape à commande hydraulique ont un corps creux et un plongeur intérieur très ajusté. L'ensemble se compose également d'un clapet, d'un ressort et d'autres petites pièces. Tout comme d'autres modèles du dispositif, le bas du poussoir entre en contact avec le bossage de came. La tige de culbuteur s'ajuste dans la coupelle à l'extrémité opposée du poussoir. Lorsque le dispositif fonctionne, la pression de l'huile à moteur dans le corps du poussoir met en place le plongeur pour enlever tout le jeu dans le dispositif de commande des soupapes. Étant donné que le plongeur se déplace au besoin pour palier l'usure, des réglages du jeu de soupape ne sont pas nécessaires.

Les poussoirs de soupape à roulement Les poussoirs de soupape à roulement sont des poussoirs à commande hydraulique avec un roulement fixé à leur base (*voir la figure 2-27*). Les poussoirs à roulement sont munis d'un dispositif de retenue pour empêcher la rotation du poussoir. Cela permet d'assurer un rapport approprié entre le roulement et le bossage de came. Étant donné que le roulement entre en contact avec le bossage, il y a moins de frottement qu'avec un poussoir à commande hydraulique conventionnel. Lorsque tu vérifies un poussoir de soupape à roulement, assure-toi que le roulement tourne en douceur et qu'il n'est ni piqué ni endommagé.

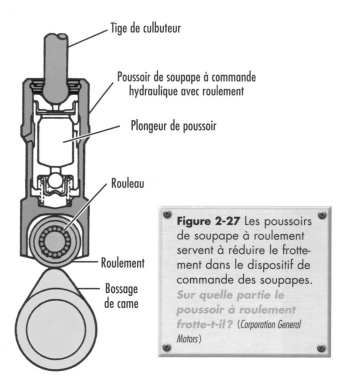

Tige de culbuteur

Poussoir de soupape à commande hydraulique avec roulement

Plongeur de poussoir

Rouleau

Roulement

Bossage de came

Figure 2-27 Les poussoirs de soupape à roulement servent à réduire le frotte-ment dans le dispositif de commande des soupapes. *Sur quelle partie le poussoir à roulement frotte-t-il ?* (Corporation General Motors)

L'inspection des tiges de culbuteur

Les culbuteurs peuvent être solides ou creux. Les tiges de culbuteur servent souvent à fournir de l'huile aux culbuteurs. Lorsque les tiges sont utilisées de cette façon, il y a un canal creux dans la tige. Étant donné que le petit canal est difficile à nettoyer, certains

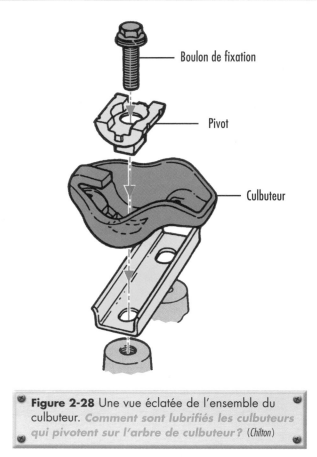

Boulon de fixation

Pivot

Culbuteur

Figure 2-28 Une vue éclatée de l'ensemble du culbuteur. *Comment sont lubrifiés les culbuteurs qui pivotent sur l'arbre de culbuteur ?* (Chilton)

reconstructeurs de moteur posent des tiges de culbuteur neuves lorsqu'ils remettent le moteur à neuf. Inspecte la tige de culbuteur pour déceler des dommages et de l'usure. Assure-toi de la rectitude de la tige en la roulant lentement le long d'une surface propre et plate. Remplace toutes les tiges de culbuteur qui sont endommagées ou courbées.

L'inspection des culbuteurs, des arbres et des pivots

Certains types de culbuteurs bougent sur un pivot (*voir la figure 2-28*). Ils sont habituellement graissés par une tige de culbuteur avec un canal creux. D'autres culbuteurs pivotent sur l'arbre de culbuteur et sont graissés par un canal qui se trouve dans l'arbre des

CONSEIL TECHNIQUE Le remplacement des composants du dispositif de commande des soupapes Selon le kilométrage (ou les heures d'usure) du moteur, il serait préférable de remplacer les composants dans un ensemble. Par exemple, s'il faut remplacer un ressort de soupape ou un poussoir, les autres peuvent aussi être usés ou défectueux. En remplaçant un ou plusieurs poussoirs, il faudra peut-être aussi remplacer l'arbre à cames. Inspecte et fais l'essai de chaque composant. Tu seras ensuite en mesure de prendre une décision quant aux composants à remplacer pour satisfaire la clientèle.

culbuteurs. Les culbuteurs à roulement peuvent être munis d'un roulement de pivot ou d'un roulement au bout de la tige de soupape. Quel que soit le type, vérifie tous les points de frottement sur les bras de culbuteurs, les pivots et les arbres pour déceler de l'usure et des dommages. Cela comprend les zones qui sont en contact avec la soupape, la tige de culbuteur ou le poussoir et le point de pivotement. Lorsqu'ils sont utilisés, vérifie les paliers et les bagues de culbuteur. Il est possible de réparer certains culbuteurs alors que d'autres doivent être remplacés. Reporte-toi au manuel d'entretien pour connaître les spécifications.

VÉRIFIE TES CONNAISSANCES

❶ Où trouve-t-on le plus souvent des fissures dans les culasses ?

❷ Quelles sont les procédures à suivre pour mesurer l'usure d'un guide de soupape ?

❸ Comment mesure-t-on la tension de ressort de soupape ?

❹ Comment vérifie-t-on la présence d'un faux-rond sur un arbre à cames ?

❺ Quels types de tiges de culbuteur utilise-t-on pour fournir de l'huile aux culbuteurs ?

Section 3

L'inspection du bloc-moteur et des composants

Il te faut inspecter le bloc-moteur pour déceler ce qui suit :
• la distorsion du tablier ;
• les fissures ;
• l'état de l'alésage du cylindre ;
• l'état de l'alésage du palier ;
• l'état du palier de l'arbre à cames ;
• l'état de l'alésage du poussoir de soupape ;
• l'état du canal de refroidissement et de lubrification.

L'inspection du tablier de bloc pour déceler de la distorsion et des fissures

Il faut vérifier le bloc pour déceler de la distorsion et des fissures. Suis les procédures utilisées pour vérifier la culasse. Si des réparations sont nécessaires, c'est aux machinistes spécialistes du domaine automobile de les effectuer.

Le mesurage de la dimension de l'alésage de cylindre

Au moyen d'un comparateur à cadran pour cylindre, mesure le diamètre du cylindre près de la partie supérieure, centrale et inférieure de l'alésage. Chaque mesure doit être reprise à des intervalles de 90° ou de 120° (*voir la figure 2-29*). Enregistre les résultats de chaque mesure. Tout mouvement de l'aiguille du comparateur à cadran, lorsque ce comparateur est tourné dans le cylindre, indique une ovalisation à ce point. On calcule la conicité du cylindre en soustrayant le plus petit relevé d'alésage du relevé le plus grand. Compare les mesures de diamètre, de conicité et d'ovalisation avec les spécifications établies en usine. Les résultats détermineront si les réparations aux alésages de cylindre sont nécessaires.

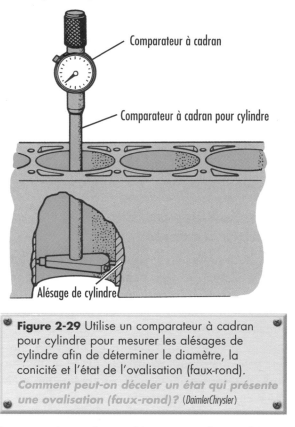

Comparateur à cadran

Comparateur à cadran pour cylindre

Alésage de cylindre

Figure 2-29 Utilise un comparateur à cadran pour cylindre pour mesurer les alésages de cylindre afin de déterminer le diamètre, la conicité et l'état de l'ovalisation (faux-rond). *Comment peut-on déceler un état qui présente une ovalisation (faux-rond) ? (DaimlerChrysler)*

L'inspection des alésages de palier

Inspecte les alésages de palier principal pour déceler des dommages. Vérifie l'alignement de l'alésage en plaçant une règle rectifiée le long des étriers de roulement. Utilise une jauge d'épaisseur pour mesurer le jeu entre la règle rectifiée et l'étrier (*voir la figure 2-30*). Si le jeu dépasse les spécifications, le bloc doit être alésé. Cette procédure permet de re-dimensionner et de réaligner les alésages de palier. Les alésages qui ne sont pas alignés font en sorte que le vilebrequin fléchit lorsqu'il est tourné. Cela peut occasionner une défaillance du palier ou le bris du vilebrequin.

Pose les chapeaux de palier principal et serre-les au couple selon les recommandations du fabricant. Mesure le diamètre de chaque alésage au moyen d'un vérifi-cateur d'alésage à cadran. Reporte-toi au manuel d'entre-tien pour avoir de l'information sur les spécifications.

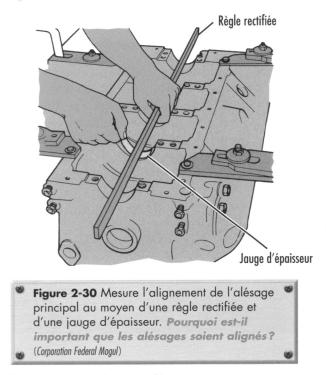

Règle rectifiée

Jauge d'épaisseur

Figure 2-30 Mesure l'alignement de l'alésage principal au moyen d'une règle rectifiée et d'une jauge d'épaisseur. *Pourquoi est-il important que les alésages soient alignés ?* (Corporation Federal Mogul)

L'inspection des paliers de l'arbre à cames

Dans les moteurs à soupapes en tête, les paliers de l'arbre à cames ont des paliers à douilles (rondes) monoblocs. Ils sont insérés dans des alésages, dans le bloc. Vérifie les paliers pour déceler de l'usure et des dommages. Dans la plupart des cas, il est conseillé de remplacer les paliers de l'arbre à cames lorsque les paliers principaux sont remplacés. Il te faut utiliser un outil de pose et de dépose de paliers lorsque vient le temps d'enlever les paliers de l'arbre à cames.

L'inspection des alésages de poussoir de soupape

Inspecte les alésages de poussoir sur les moteurs à soupapes en tête. Ils devraient être propres et ne présenter aucune bavure ni autre dommage. Mesure

le diamètre intérieur de l'alésage de poussoir au moyen d'une jauge à petit diamètre. Compare les résultats avec les spécifications en usine. S'ils sont très usés, on peut les usiner et les ajuster avec des bagues de poussoir en bronze.

L'inspection des canaux de refroidissement et de graissage

Inspecte les canaux de refroidissement et de graissage pour voir s'ils sont obstrués. Vérifie les petits canaux en soufflant de l'air comprimé par ces canaux. Il faut enlever toute saleté, rouille ou d'autres dépôts avant que le moteur ne soit assemblé à nouveau.

L'inspection du vilebrequin

Il faut inspecter le vilebrequin pour déceler tout ce qui suit :
• l'ovalisation ;
• le diamètre et l'état du tourillon principal ;
• le diamètre et l'état du maneton de bielle ;
• l'état de l'extrémité avant ;
• l'état de la monture du volant (ou du plateau flexi-ble) et du trou du roulement guide.

L'inspection pour déceler une ovalisation du vilebrequin

Afin de vérifier si le vilebrequin présente une ovalisation, mets-le sur les blocs en V ou sur un banc d'essai. Place le plongeur d'un comparateur à cadran sur le tourillon principal central. Tourne lentement le vilebrequin d'un tour complet tout en notant le relevé du comparateur (*voir la figure 2-31*). Compare les mesures d'ovalisation avec celles que le fabricant re-commande. Si l'ovalisation est excessive, il est possible

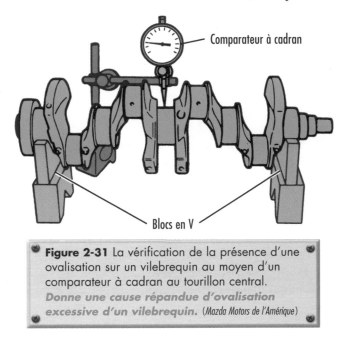

Comparateur à cadran

Blocs en V

Figure 2-31 La vérification de la présence d'une ovalisation sur un vilebrequin au moyen d'un comparateur à cadran au tourillon central. *Donne une cause répandue d'ovalisation excessive d'un vilebrequin.* (Mazda Motors de l'Amérique)

que le vilebrequin soit courbé. Des machinistes qui travaillent dans le domaine de l'automobile peuvent peut-être redresser le vilebrequin. S'ils ne le peuvent pas, il faut remplacer le vilebrequin. Un vilebrequin courbé entraînera une défaillance prématurée du palier principal.

L'inspection des tourillons de vilebrequin

Inspecte les tourillons principaux et les manetons de bielle pour déceler de l'usure et des dommages. Utilise un micromètre extérieur pour mesurer le diamètre des tourillons. Compare les résultats avec les spécifications en usine ; il est possible de réparer les tourillons usés ou endommagés par rectification, soudure, ou les deux. Des coussinets de bielle et des paliers sous-dimensionnés sont disponibles si les tourillons sont usinés à une dimension inférieure. Si une rectification s'avère nécessaire, on doit usiner tous les manetons de bielle à la même dimension. Cela s'applique également pour les tourillons de palier. La soudure du vilebrequin ne peut être faite que par des machinistes expérimentés.

L'inspection des extrémités du vilebrequin

Inspecte l'extrémité avant du vilebrequin pour déceler des dommages ou de l'usure aux filets, à la clé et à la rainure de clavette, le cas échéant. Il est possible de trouver une clé et une rainure de clavette entre une poulie, ou un autre dispositif semblable, et un arbre. Une *rainure de clavette* est une fente usinée dans un arbre. Une fente semblable est usinée dans le moyeu de la poulie. Une « clé » demi-circulaire ou en métal rectangulaire s'ajuste dans la fente entre l'arbre et la poulie. La clé empêche la poulie de glisser sur l'arbre.

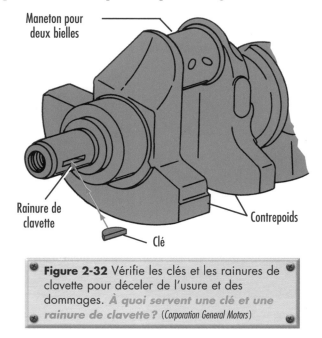

Maneton pour deux bielles

Rainure de clavette

Clé

Contrepoids

Figure 2-32 Vérifie les clés et les rainures de clavette pour déceler de l'usure et des dommages. *À quoi servent une clé et une rainure de clavette ?* (Corporation General Motors)

Figure 2-33 Les passages d'huile du vilebrequin doivent être propres et n'avoir aucune obstruction. *Quel problème peut se produire si un passage d'huile est bouché dans le vilebrequin ?* (Birchwood Automotive)

Une clé neuve de dimension appropriée devrait être ajustée serrée dans la rainure (*voir la figure 2-32*).

Si l'extrémité du vilebrequin présente un pignon ou un engrenage à pression, il faut vérifier la présence d'usure et de dommages. Ces pignons et engrenages se remplacent au besoin. Si un pignon ou un engrenage endommagé ou usé fait partie de la coulée du vilebrequin, il faut remplacer le vilebrequin.

Inspecte la bride à l'extrémité du volant (plateau flexible) du vilebrequin. Vérifie s'il y a des parties endommagées qui pourraient interférer avec le montage du volant. Vérifie les trous taraudés dans la bride. Au besoin, nettoie le filetage à l'aide d'un taraud. Inspecte le trou d'implantation dans la bride. Il s'agit d'un petit trou dans lequel s'ajuste l'arbre primaire de la boîte de vitesses ; le trou d'implantation doit être propre et sans bavure. Certains vilebrequins sont munis d'un roulement-guide ou d'une bague-guide pour supporter l'arbre primaire de la boîte de vitesses. Si un tel dispositif est utilisé, il faut le vérifier pour déceler toutes traces d'usure ou de dommages. Remplace le dispositif au besoin.

L'inspection des passages d'huile de vilebrequin

Les passages d'huile du vilebrequin acheminent l'huile aux coussinets de bielle et aux paliers. Si les passages ne sont pas ouverts, un manque d'huile causera une défaillance prématurée des paliers. Assure-toi que tous les trous sont propres et ne présentent aucune obstruction (*voir la figure 2-33*). Passe une petite brosse en soie dans chaque passage. Souffle le passage avec de l'air comprimé.

L'inspection du jeu des paliers

Un jeu approprié entre un tourillon et un palier est nécessaire pour laisser de l'espace à une fine couche d'huile. Cette huile permet de lubrifier le palier.

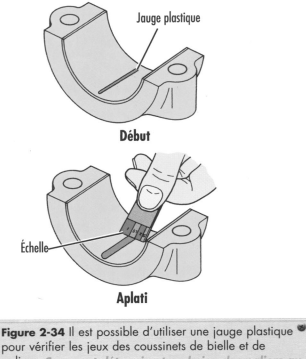

Début

Aplati

Échelle

Jauge plastique

Figure 2-34 Il est possible d'utiliser une jauge plastique pour vérifier les jeux des coussinets de bielle et de paliers. *Comment détermine-t-on le jeu des paliers au moyen d'une jauge plastique ?* (*DaimlerChrysler*)

Vérifie le jeu pour tous les coussinets de bielle et les paliers. Le jeu des paliers se mesure de deux façons : d'abord avec une jauge plastique pour déterminer le jeu des paliers après que les bielles et le vilebrequin ont été installés dans le bloc.

L'utilisation d'une jauge plastique L'utilisation de jauge plastique pour déterminer le jeu des paliers nécessite que le vilebrequin et les bielles soient placés dans le bloc. La jauge plastique est un composé semblable à un plastique souple placé entre un palier et son tourillon. Lorsque le chapeau du palier est serré, la *jauge plastique* s'étend de manière à indiquer le jeu entre le palier et le tourillon.

La jauge plastique est disponible dans plusieurs dimensions. La dimension de 0,0254 à 0,0762 mm (0,001 po à 0,003 po) est plus appropriée pour déterminer le jeu des paliers. Il faut que les surfaces de tourillon et de palier soient propres, sèches et à la température ambiante. Place une bande de jauge plastique sur la surface du palier. Place le chapeau de palier et serre-le avec le couple recommandé. Ne tourne pas l'arbre dans le palier. Enlève le chapeau de palier et le palier. Compare la largeur de la bande de jauge plastique comprimée avec l'échelle donnée sur l'emballage (*voir la figure 2-34*). Reporte-toi au manuel d'entretien pour obtenir de l'information sur le jeu précisé.

L'utilisation d'outils de mesure Il est possible de mesurer le jeu des paliers avec des instruments de mesure avant que les bielles et le vilebrequin ne

soient montés dans le bloc. Pendant la mesure du jeu de palier, l'alésage de palier doit être propre et en bon état. Mets un palier neuf dans l'emplacement qui lui est désigné. Pose le chapeau de palier et serre les boulons du chapeau selon les spécifications. Mesure le diamètre intérieur du palier au moyen d'une jauge d'alésage ou d'une jauge télescopique. La mesure doit être prise à un angle de 45° à l'endroit où les demi-coussinets se rencontrent. Prends deux mesures et fais une moyenne des deux. Utilise un micromètre extérieur pour prendre plusieurs mesures du diamètre du tourillon de palier. Soustrais le diamètre extérieur moyen du tourillon du diamètre intérieur moyen du palier pour déterminer le jeu des paliers.

L'inspection des pistons, des bielles et des paliers

Si les cylindres du moteur ne sont pas alésés à un diamètre surdimensionné, les pistons seront probablement réutilisés. Ils faut les inspecter pour déceler toutes traces de dommages et mesurer l'usure.

L'inspection des pistons

Inspecte avec soin les parties supérieures et inférieures des pistons pour déceler des dommages et des fissures. Vérifie aussi la jupe de piston pour trouver de l'usure et des éraflures. Une usure inhabituelle sur la jupe peut signifier que la bielle est courbée, qu'il y a un problème d'axe de piston ou un jeu d'alésage excessif. Mesure le diamètre du piston au moyen d'un micromètre. Prends la mesure à un point à 90° de l'emplacement de l'axe de piston, à l'endroit sur le piston précisé par le fabricant (*voir la figure 2-35*). Compare les résultats avec les spécifications en usine.

Mesure du piston : 46 mm sous la partie supérieure, de façon perpendiculaire à l'axe de piston

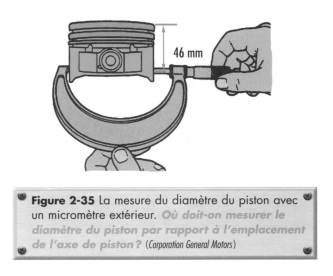

46 mm

Figure 2-35 La mesure du diamètre du piston avec un micromètre extérieur. *Où doit-on mesurer le diamètre du piston par rapport à l'emplacement de l'axe de piston ?* (*Corporation General Motors*)

Inspecte l'axe de piston et le bossage de piston. Si l'axe peut tourner librement dans son alésage (axe flottant), vérifie si les alésages d'axe sont usés. Établis le jeu entre l'alésage et l'axe de piston en mesurant le diamètre extérieur de l'axe et le diamètre intérieur de l'alésage. Vérifie le jeu mesuré par rapport aux spécifications. S'il y a un jeu excessif, remplace le piston et l'axe de piston.

Inspecte les gorges de segment de piston. Elles doivent être propres et ne présenter aucune distorsion. Lorsqu'un segment de piston neuf est installé dans la gorge, vérifie le jeu entre le segment et le flanc de la gorge au moyen d'une jauge d'épaisseur. Le *flanc de la gorge* est la partie surélevée de la paroi du piston d'un côté ou de l'autre d'une gorge (*voir la figure 2-36*). Si le segment s'ajuste mais qu'il est trop serré, c'est que les gorges commencent à s'effondrer. Cette situation fait en sorte que les segments de piston collent, occasionnant ainsi de hauts niveaux de fuites de gaz et

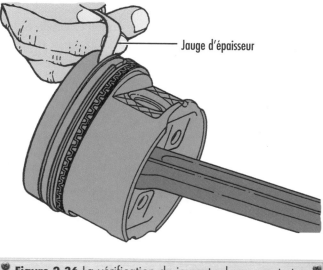

Jauge d'épaisseur

Figure 2-36 La vérification du jeu entre le segment et le flanc de la gorge. *Comment se mesure le jeu entre le segment et le flanc de la gorge ?* (*DaimlerChrysler*)

L'augmentation de la cylindrée

La vieille automobile de Cédric a besoin d'une remise en état générale. Pendant cette remise en état, Cédric surcalibre les cylindres. Il se demande comment cela affectera la cylindrée. La cylindrée est le volume total du cylindre décrit par le mouvement du piston entre le point mort haut et le point mort bas.

$$\text{E.D.} = \pi \times \left(\frac{4,00}{2}\right)^2 \times 3,00 \times 6 = 226,08 \text{ po}^3$$

$$\text{Cyl.} = \pi \times \left(\frac{101,6}{2}\right)^2 \times 76,2 \times 6 = 3\,726,13 \text{ cm}^3 \text{ ou } 3,7 \text{ L}$$

Formules

$\pi = 3,14$

Rayon d'un cercle : $r = \dfrac{d}{2}$

Zone d'un cercle : $A = \pi r^2 = \pi\left(\dfrac{d}{2}\right)^2$

Volume d'un cylindre : $V = \pi r^2 l$

Cylindrée = volume d'un cylindre × nombre de cylindres

1 po = 2,54 cm

1 po³ = (2,54 cm) = 16,39 cm³

En te servant des formules données, calcule la cylindrée d'origine de Cédric. Sa Grand Prix a un moteur V-6 avec un diamètre d'alésage de cylindre de 101,6 mm (4 po) et une course de piston de 76,2 mm (3 po).

À toi de jouer !

Le respect des normes de l'EDU en mathématiques pour la conversion des formules, l'interprétation des valeurs de position, le mesurage des volumes directs et la résolution de problèmes relatifs au volume.

❶ Quelle est la nouvelle cylindrée s'il surcalibre de 0,508 mm (0,020 po) ?

❷ Quelle est la cylindrée s'il surcalibre de 1,016 mm (0,040 po) ?

❸ Quelle est la cylindrée d'un moteur à six cylindres, avec un diamètre d'alésage de 108 mm (4,25 po) et une course de 95,3 mm (3,75 po) ? Quelle est la nouvelle cylindrée si tu fais un surcalibrage de 1,52 mm (0,06 po) ?

❹ Quelle est la cylindrée d'un moteur à huit cylindres, avec un diamètre d'alésage de 102,62 mm (4,040 po) et une course de 84,15 mm (3,313 po) ? Quelle est la nouvelle cylindrée si tu fais un surcalibrage de 0,508 mm (0,020 po) ?

vraisemblablement, des dommages à la paroi de cylindre. L'usure des gorges cause un jeu excessif. Si le jeu entre le segment et le flanc de la gorge n'est pas conforme aux spécifications, remplace le piston.

Il est possible de ne remplacer qu'un ensemble piston et axe, si les pièces de rechange ont le même numéro de pièce que les pièces d'origine. Si tu ne trouves pas une correspondance exacte, il serait préférable de remplacer tous les pistons et axes dans un ensemble et il te faudra rééquilibrer le moteur.

Dans la plupart des cas, les segments de piston seront remplacés au moment de l'assemblage du moteur. L'inspection des vieux segments, pour déceler de l'usure et des dommages avant de les jeter, peut indiquer des dommages au piston ou aux parois de cylindre. Si les segments sont assez neufs (bas kilométrage), il est possible de les réutiliser. Assure-toi de garder les segments en ordre et de les remettre sur les mêmes pistons et dans les mêmes alésages.

L'inspection des bielles

Il faut inspecter les bielles pour voir si elles sont courbées, tordues ou fissurées. Inspecte également l'état des petites et des grandes extrémités (alésages).

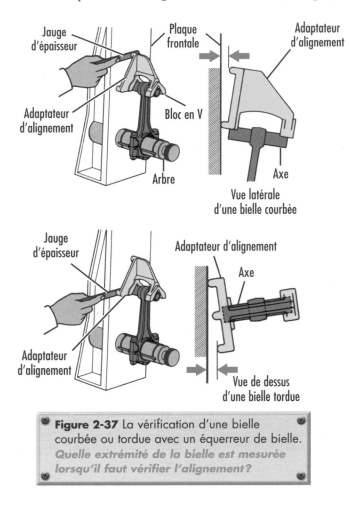

Jauge d'épaisseur
Plaque frontale
Adaptateur d'alignement
Adaptateur d'alignement
Bloc en V
Arbre
Axe
Vue latérale d'une bielle courbée

Jauge d'épaisseur
Adaptateur d'alignement
Axe
Adaptateur d'alignement
Vue de dessus d'une bielle tordue

Figure 2-37 La vérification d'une bielle courbée ou tordue avec un équerreur de bielle. *Quelle extrémité de la bielle est mesurée lorsqu'il faut vérifier l'alignement?*

Pose la bielle assemblée sur un équerreur de bielle (*voir la figure 2-37*). Sur certains équerreurs, la bielle se vérifie seule. Sur d'autres types d'équerreurs, la vérification du piston et de la bielle se fait en même temps. Vérifie la présence de courbure et de torsion avec une jauge d'épaisseur. Prends la mesure entre la plaque frontale sur le banc d'essai et l'embout de l'axe de piston de la bielle. Assure-toi de redresser ou de remplacer les bielles tordues ou courbées. Consulte le manuel d'entretien pour obtenir les spécifications et des recommandations.

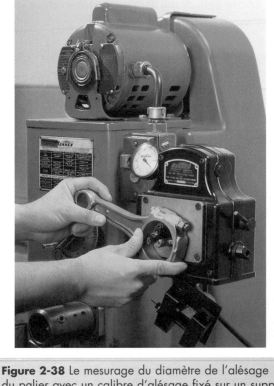

Figure 2-38 Le mesurage du diamètre de l'alésage du palier avec un calibre d'alésage fixé sur un support de remise en état de bielle. *Comment mesure-t-on l'alésage de l'axe de piston?* (Robert Hock)

Mesure les deux alésages sur les bielles pour déceler de l'usure, une conicité et une ovalisation. Pose les chapeaux de tête de bielle sur les bielles. Serre au couple les boulons selon la valeur appropriée. Utilise un calibre d'alésage pour mesurer le diamètre de l'extrémité de palier de la bielle (*voir la figure 2-38*). Sers-toi d'une jauge à petit diamètre pour mesurer l'alésage de l'axe de piston. Vérifie les spécifications pour analyser si la dimension, la conicité et le degré d'ovalisation sont acceptables. Il est possible de remettre en état et de réutiliser certaines bielles. D'autres doivent être remplacées.

Tu peux vérifier les bielles pour déceler des fissures en te servant d'un instrument d'inspection de particules magnétiques. La bielle est insérée dans un anneau qui crée un champ magnétique dans la bielle.

On applique une poudre métallique ou un liquide métallisé sur la bielle. La poudre ou le liquide s'accumule dans une fissure. Tu peux utiliser une lampe à infrarouge pour faciliter la détection des fissures (*voir la figure 2-39*).

Figure 2-39 L'essai d'une bielle pour déceler des fissures au moyen d'un appareil de vérification des particules magnétiques. *De quoi enduit-on la bielle pour faire cet essai ?* (Birchwood Automotive)

L'inspection des paliers

Habituellement, on remplace les paliers, comme les segments de piston, lorsqu'on assemble un moteur. Inspecte les paliers principaux et les coussinets de bielle pour trouver tous les problèmes qui doivent être abordés pendant la procédure de remise en état. Vérifie les paliers pour trouver toute trace de rupture par fatigue, de mauvaise conformité du coussinet, de dommages dus à la saleté, à un manque de lubrification, à un tourillon conique ou à un frottement sur le côté (*voir la figure 2-40*).

La rupture par fatigue Les dommages que subissent les coussinets supérieurs de bielle et les paliers principaux inférieurs sont souvent dus à une surcharge du moteur. C'est ce que l'on appelle la rupture par fatigue. Cette surcharge est souvent causée par un effort anormal du moteur. Cet effort anormal se produit lorsqu'un véhicule est conduit à une vitesse de la boîte de transmission supérieure à ce qu'elle devrait être. Ce problème se limite habituellement aux véhicules à boîte de vitesses à commande manuelle. Il est aussi

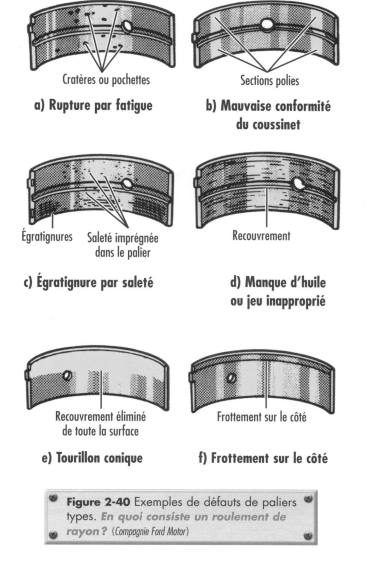

a) **Rupture par fatigue**

Cratères ou pochettes

b) **Mauvaise conformité du coussinet**

Sections polies

c) **Égratignure par saleté**

Égratignures — Saleté imprégnée dans le palier

d) **Manque d'huile ou jeu inapproprié**

Recouvrement

e) **Tourillon conique**

Recouvrement éliminé de toute la surface

f) **Frottement sur le côté**

Frottement sur le côté

Figure 2-40 Exemples de défauts de paliers types. *En quoi consiste un roulement de rayon ?* (Compagnie Ford Motor)

possible que le transport d'une remorque, la détonation du moteur et une avance à l'allumage excessive causent de la surcharge. La rupture par fatigue fait fissurer ou écailler le métal des paliers.

La mauvaise conformité du coussinet Une mauvaise conformité du coussinet résulte d'un palier mal fixé dans l'alésage. Cette situation peut être due à de la saleté ou à d'autres corps étrangers sous le palier. Des endroits clairs sur la surface de palier sont causés par un jeu insuffisant entre le palier et le tourillon, là où se trouvent les corps étrangers.

La saleté On observe la présence de particules de saleté imprégnées dans la surface de palier. Des égratignures, des rainures et des pochettes indiquent que les particules de saleté et de métal ont circulé dans le système de lubrification. Assure-toi que toutes les pièces et les canalisations sont correctement nettoyées et que la saleté ne peut pas pénétrer dans le moteur pendant qu'il est remonté.

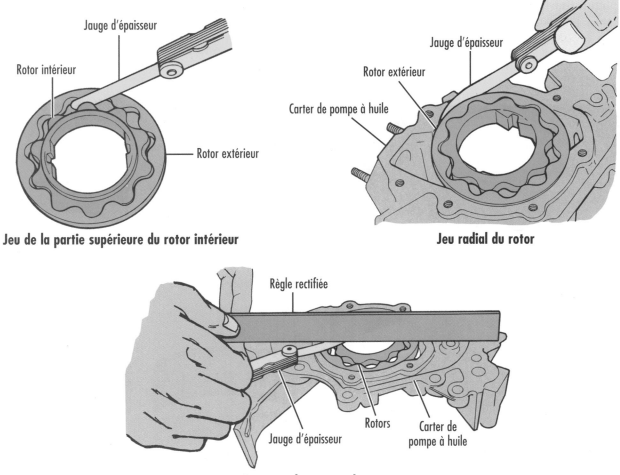

Jeu de la partie supérieure du rotor intérieur

Jeu radial du rotor

Jeu entre le rotor et le carter

Figure 2-41 Le mesurage des jeux sur une pompe à huile. *Que faut-il faire si le carter de pompe à huile présente des rainures ?* *(Compagnie Ford Motor)*

Le manque d'huile Il est possible que certains paliers qui sont sérieusement usés ou décolorés (bleu) se retrouvent dans cet état en raison d'un débit d'huile insuffisant sur les paliers. Il arrive souvent que la substance recouvrant les paliers (couche antifriction) soit enlevée du palier. Une mauvaise lubrification des paliers peut être causée par :
- un bas niveau d'huile dans le carter ;
- un jeu d'huile inadéquat dans les paliers ;
- un jeu d'huile excessif dans les paliers ;
- des passages d'huile bloqués ;
- une défaillance de la pompe à huile ;
- une installation inadéquate des paliers ;
- de l'huile diluée par le carburant.

Le tourillon conique Un tourillon conique causera une usure prématurée sur un côté des deux moitiés d'un palier. Cela résulte d'un jeu insuffisant entre le palier et le plus grand diamètre du tourillon conique.

Le frottement sur le côté Le frottement sur le côté est causé par un vilebrequin qui n'a pas été bien meulé ou par une bielle courbée. Cette situation se produit lorsque le tourillon de palier est monté sur le bord du palier au lieu de l'être sur toute la surface du palier. Un mauvais alignement des pièces peut aussi causer une usure inhabituelle des paliers. Cette situation est attribuable à une bielle courbée, à un alésage de bielle ou à un tourillon de bielle conique.

En plus des situations mentionnées ci-dessus, la corrosion peut aussi causer une défaillance de palier. Un tel type de corrosion est dû aux acides qui attaquent le palier et font des piqûres sur la surface du palier. Des dommages dus à la corrosion peuvent être causés par :
- des déplacements fréquents sur une courte distance ;
- une mauvaise qualité d'huile ;
- des intervalles de vidange d'huile prolongés ou irréguliers ;
- un fonctionnement à température élevée ;
- des périodes prolongées sans utilisation.

L'inspection de la pompe à huile

Si un essai de pression indique qu'il y a possibilité que la pompe à huile soit défectueuse, il faut alors enlever le carter d'huile. Lorsque ce carter est enlevé, inspecte la crépine d'huile et le tube plongeur. Si la crépine est bloquée en raison d'une accumulation de débris, il faut la nettoyer ou la remplacer. Pour ce qui est du tube plongeur d'huile, s'il n'est pas en état de marche, il faut alors remplacer le tube plongeur et la pompe. Il peut s'avérer nécessaire d'enlever la pompe du moteur pour réparer adéquatement le tube plongeur. Il est à noter que si le vilebrequin entraîne la pompe à huile, on doit enlever le carter de distribution et la courroie. Il est possible que la pompe soit boulonnée au bloc-moteur, obligeant ainsi à procéder à un démontage important du moteur pour arriver à enlever la pompe.

Après avoir enlevé la pompe à huile du moteur, enlève le couvercle de pompe. Vérifie le boîtier de pompe, le mécanisme d'engrenages ainsi que les engrenages et les rotors pour déceler de l'usure ou des dommages. Si tu ne remarques aucun dommage, utilise une jauge d'épaisseur pour mesurer les jeux dans la pompe (*voir la figure 2-41*). Les directives et les spécifications de jeux pour le mesurage se trouvent dans le manuel d'entretien du véhicule. Une pompe ayant des engrenages et des rotors usés peut être remise en état ou remplacée, selon la disponibilité des pièces. Si le boîtier de pompe ou l'entraînement de pompe est éraillé ou endommagé, il faut remplacer la pompe. Lorsque la pompe est démontée, vérifie le régulateur de pression pour t'assurer qu'il est libre de tout mouvement.

Avant d'installer une pompe à huile remise en état ou de rechange, injecte de l'huile à moteur propre dans la pompe. Plonge la pompe dans un récipient d'huile et tourne l'arbre d'entraînement pour faire entrer de l'huile dans le boîtier de pompe. Lorsque tu remets en place la pompe, assure-toi que l'entraînement de pompe est correctement aligné avec le distributeur ou l'autre arbre qui entraîne la pompe.

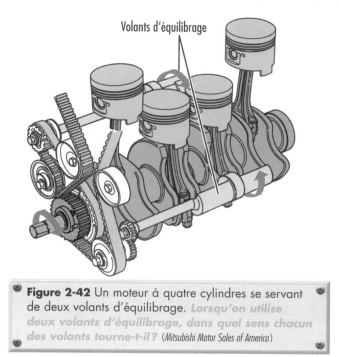

Volants d'équilibrage

Figure 2-42 Un moteur à quatre cylindres se servant de deux volants d'équilibrage. *Lorsqu'on utilise deux volants d'équilibrage, dans quel sens chacun des volants tourne-t-il ?* (Mitsubishi Motor Sales of America)

L'inspection des volants d'équilibrage du vilebrequin

Certains moteurs sont munis d'un ou de deux volants auxiliaires appelés *volants d'équilibrage du vilebrequin*. Ils aident à réduire les vibrations normales du moteur en équilibrant les impulsions d'allumage sur le vilebrequin. Habituellement, les volants d'équilibrage sont des volants en fonte fixés dans le bloc parallèle au vilebrequin. Ce sont généralement une courroie ou des engrenages du vilebrequin qui les entraînent. Si l'on utilise un seul volant, il tourne normalement dans le sens opposé du vilebrequin. Lorsqu'on utilise deux volants d'équilibrage, l'un tourne dans le même sens que le vilebrequin, alors que l'autre tourne en sens opposé (*voir la figure 2-42*).

Il faut inspecter les paliers d'équilibrage et les remplacer s'ils sont usés ou endommagés. Mesure les portées d'arbre au moyen d'un micromètre extérieur. Reporte-toi au manuel d'entretien pour avoir les spécifications. Vérifie l'entraînement des volants d'équilibrage pour déceler de l'usure ou des dommages aux pièces.

VÉRIFIE TES CONNAISSANCES

❶ Comment la conicité d'un cylindre est-elle déterminée ?

❷ Comment vérifie-t-on l'alignement de l'alésage du palier principal ?

❸ Que peut indiquer une ovalisation excessive du vilebrequin ?

❹ Quel est le jeu nécessaire approprié entre un tourillon et un palier ?

❺ Comment amorces-tu une pompe à huile remise en état avant de l'installer ?

RÉVISION DU CHAPITRE 2

Notions importantes

Le respect des normes du MFCUO pour la réparation du moteur: inspection du bloc-moteur pour déceler des fissures et vérifier l'état des passages, l'état d'obstruction et de distorsion de la surface, inspection des segments de piston.

- Un micromètre extérieur peut servir à mesurer le diamètre d'éléments comme les jupes de piston, les tourillons de vilebrequin et les tiges de soupape.
- Un vérificateur d'alésage à cadran peut servir à mesurer le diamètre d'alésage de cylindre, la conicité et l'ovalisation.
- Les pieds à coulisses Vernier peuvent servir à mesurer les dimensions extérieures et intérieures.
- Une jauge télescopique s'étend pour évaluer le diamètre intérieur d'une ouverture ronde.
- Une règle rectifiée de précision sert à vérifier si un tablier de bloc présente de la distorsion.
- Une règle rectifiée de précision sert à vérifier si une culasse présente de la distorsion.
- Il faut vérifier la culasse pour déceler des fissures.
- Le contrôle par pénétration de colorants peut se faire sur des matériaux magnétiques et non magnétiques.
- Il est possible de réutiliser les pièces du moteur qui réussissent une inspection et dont les mesures sont conformes aux tolérances précisées.
- Un jeu approprié entre un tourillon et un palier est nécessaire pour laisser suffisamment d'espace à une fine couche d'huile pour graisser le palier.

Questions de révision

❶ Explique la marche à suivre pour utiliser un micromètre extérieur.

❷ Explique la marche à suivre pour utiliser un vérificateur d'alésage à cadran.

❸ Explique la marche à suivre pour lire un pied à coulisse Vernier, un pied à coulisse à cadran et un pied à coulisse numérique.

❹ Explique comment inspecter un tablier de culasse pour déceler de la distorsion.

❺ Quelles méthodes peut-on utiliser pour vérifier si une culasse présente des fissures?

❻ Explique comment vérifier un tablier de bloc-moteur pour déceler de la distorsion.

❼ Explique comment se mesure le diamètre d'une jupe de piston.

❽ **Pensée critique** Explique les problèmes qui peuvent se produire si les guides de soupape sont trop usés. Dresse une liste des pièces du moteur susceptibles d'être endommagées et les types de dommage qui peuvent se produire.

❾ **Pensée critique** Si les alésages de vilebrequin ne sont pas alignés, quels problèmes peuvent survenir?

PRÉVISIONS TECHNOLOGIQUES
POUR L'EXCELLENCE EN MATIÈRE D'AUTOMOBILE

La conception d'un meilleur moteur en utilisant de l'air

L'air pourrait contribuer à concevoir des moteurs plus efficaces. Grâce à des jauges spéciales, les constructeurs de véhicules automobiles injectent de l'air dans un moteur et mesurent l'air qui s'en échappe. Cette information sert à connaître la cylindrée exacte. Ces données sont nécessaires, car les micromètres d'aujourd'hui ne sont pas toujours utilisés correctement. Les machines d'usinage de moteur s'usent à mesure qu'elles sont employées, c'est pour cette raison qu'il n'y a pas deux moteurs entièrement identiques.

Il est important pour les travailleurs en usine d'avoir les mesures exactes lorsqu'ils doivent jumeler un moteur avec de nombreux composants produits en masse. Il faut placer ces pièces avec le plus de précision possible. Lorsqu'on connaît les vraies dimensions du moteur, la tâche devient bien plus facile.

L'utilisation de cette nouvelle technique de mesurage permettrait de donner aux pistons un ajustement presque sur mesure. Les avantages sont un fonctionnement plus silencieux, une puissance de sortie en douceur et moins d'émissions de gaz polluants. De plus, un piston ayant des jeux serrés peut être équipé de segments de piston à basse tension. L'économie en carburant et la puissance seraient accrues et il y aurait moins d'usure du moteur.

Cette technique offrira un défi à l'industrie. Afin de remettre un moteur dans son état d'origine selon ses spécifications, les techniciens auront la même formation et se serviront des mêmes outils que les ouvriers en usine. Sans quoi un moteur serait remplacé dans son ensemble.

EXCELLENCE AUTOMOBILE
TEST PRÉPARATOIRE

En répondant aux questions suivantes, tu pourras te préparer aux tests en vue d'obtenir la certification du MFCUO.

1. La technicienne ou le technicien A dit que l'on peut ignorer les fissures dans la chambre de combustion d'une culasse. La technicienne ou le technicien B dit qu'on peut réparer les fissures avec un enduit d'étanchéité. Qui a raison ?
   - **ⓐ** La technicienne ou le technicien A.
   - **ⓑ** La technicienne ou le technicien B.
   - **ⓒ** Les deux ont raison.
   - **ⓓ** Les deux ont tort.

2. La technicienne ou le technicien A dit qu'il est possible de remettre en état et de réutiliser une culasse en aluminium d'arbre à cames en tête. La technicienne ou le technicien B dit que, même si on a remis le tablier en état, il faut vérifier les alésages de cames pour s'assurer du bon alignement et effectuer les correctifs nécessaires. Qui a raison ?
   - **ⓐ** La technicienne ou le technicien A.
   - **ⓑ** La technicienne ou le technicien B.
   - **ⓒ** Les deux ont raison.
   - **ⓓ** Les deux ont tort.

3. Quel outil de mesurage sert à mesurer le diamètre d'alésage de cylindre ?
   - **ⓐ** Un vérificateur d'alésage à cadran.
   - **ⓑ** Des jauges d'épaisseur.
   - **ⓒ** Un pied à coulisse Vernier.
   - **ⓓ** Un micromètre extérieur.

4. La technicienne ou le technicien A dit qu'on peut réutiliser un poussoir de soupape avec une face plate ou concave en autant qu'il soit propre et sans égratignure. La technicienne ou le technicien B dit qu'un poussoir de soupape plat ou concave indique que le poussoir est usé et qu'il faut remplacer les deux poussoirs et l'arbre à cames. Qui a raison ?
   - **ⓐ** La technicienne ou le technicien A.
   - **ⓑ** La technicienne ou le technicien B.
   - **ⓒ** Les deux ont raison.
   - **ⓓ** Les deux ont tort.

5. Il faut vérifier les ressorts de soupape pour vérifier :
   - **ⓐ** la tension.
   - **ⓑ** la hauteur libre.
   - **ⓒ** l'équerrage.
   - **ⓓ** Toutes ces réponses.

6. La technicienne ou le technicien A dit qu'il ne faut vérifier que les vilebrequins à haut rendement pour déceler une ovalisation ou un faux-rond. La technicienne ou le technicien B dit qu'il faut vérifier tous les vilebrequins pour déceler une ovalisation ou un faux-rond. Qui a raison ?
   - **ⓐ** La technicienne ou le technicien A.
   - **ⓑ** La technicienne ou le technicien B.
   - **ⓒ** Les deux ont raison.
   - **ⓓ** Les deux ont tort.

7. La technicienne ou le technicien A dit qu'un jeu excessif de la bielle cause une pression élevée de l'huile. La technicienne ou le technicien B dit qu'un jeu excessif de la bielle cause une basse pression de l'huile. Qui a raison ?
   - **ⓐ** La technicienne ou le technicien A.
   - **ⓑ** La technicienne ou le technicien B.
   - **ⓒ** Les deux ont raison.
   - **ⓓ** Les deux ont tort.

8. La technicienne ou le technicien A dit qu'une inspection de particules magnétiques peut se faire sur toutes les culasses. La technicienne ou le technicien B dit que des culasses en aluminium peuvent être vérifiées pour déceler des fissures par pénétration de colorants ou par un vérificateur de pression. Qui a raison ?
   - **ⓐ** La technicienne ou le technicien A.
   - **ⓑ** La technicienne ou le technicien B.
   - **ⓒ** Les deux ont raison.
   - **ⓓ** Les deux ont tort.

9. À quel élément suivant un micromètre extérieur peut-il servir de mesure ?
   - **ⓐ** Le diamètre du piston.
   - **ⓑ** L'alésage de poussoir.
   - **ⓒ** La conicité de l'alésage de cylindre.
   - **ⓓ** Le jeu de segment de piston.

10. Avec quoi peut-on vérifier l'ovalisation du siège ?
    - **ⓐ** Un pied à coulisse.
    - **ⓑ** Une jauge à petit diamètre.
    - **ⓒ** Un comparateur à cadran.
    - **ⓓ** Une règle rectifiée.

Chauffage et climatisation

CHAPITRE 3

Le fonctionnement du système de chauffage et de climatisation

CHAPITRE 4

Diagnostic et réparation des systèmes de chauffage et de refroidissement du moteur

CHAPITRE 5

Diagnostic des systèmes de climatisation

CHAPITRE 6

Récupération et recharge des systèmes de climatisation

CHAPITRE 7

Réparation des composants du système de climatisation

CHAPITRE 8

Diagnostic et réparation des systèmes de commande

Postes dans le domaine de l'automobile

- Spécialistes en motricité
- Spécialistes en alignement
- Spécialistes en technique générale
- Spécialistes en CVC

Spécialistes motivés et fiables demandés pour un important concessionnaire. Salaire et avantages sociaux intéressants. Pas de travail le samedi. Posez votre candidature immédiatement.

Chef du service après-vente

Les tâches reliées à ce poste sont :

- embaucher, former et superviser le personnel œuvrant dans la division des services ;
- assurer la satisfaction de la clientèle ;
- gérer l'inventaire des pièces.

Les candidats qualifiés doivent détenir un certificat MFCUO, ainsi qu'un permis de conduire valide et avoir deux ans d'expérience dans le domaine de l'automobile.

Nous souscrivons au principe de l'égalité d'accès à l'emploi.

Spécialiste en matières dangereuses

Un important fabricant de véhicules automobiles est à la recherche d'une personne spécialisée en manipulation de matières dangereuses pour travailler dans son usine de fabrication. Cette personne devra s'assurer que l'usine se conforme aux règlements S.I.M.D.U.T., DOT et à tous les règlements provinciaux applicables.

La personne choisie devra avoir deux ans d'expérience en gestion de matières dangereuses ainsi qu'un baccalauréat en sciences de l'environnement ou autre domaine connexe. Elle doit aussi être prête à effectuer beaucoup de déplacements.

L'entreprise offre d'excellents avantages sociaux et la possibilité d'avancement tout en ayant une formation continue.

SPÉCIALISTE EN ESSAI DE CLIMATISATION POUR AUTOMOBILE

Si vous êtes une professionnelle ou un professionnel recherchant une carrière motivante, nous avons besoin de vous ! En tant que membre de notre équipe, vous aurez à faire l'essai de sous-systèmes et de compresseurs de climatisation. La personne idéale doit pouvoir interpréter des données et compiler des rapports de tests avec précision.

Vous devez détenir un diplôme et posséder deux ans d'expérience dans le domaine, ainsi qu'une connaissance de base en climatisation et une connaissance théorique en réfrigération, électronique et instrumentation. Vous devez être à l'aise avec l'utilisation d'un multimètre et des outils de mesure de température et de pression.

Pensons-carrière

Lis les offres d'emplois ci-dessus et fais les activités suivantes :

- Imagine que tu étudies pour obtenir un certificat MFCUO en entretien d'automobile ou d'électronique d'automobile ou en camion et transport en commun. Prépare une liste des étapes nécessaires à l'obtention de ce certificat.

- Consulte Internet pour trouver une carrière dans le domaine de l'automobile. Dresse une liste des mots clés de recherche en automobile qui pourraient t'être utiles.

- Quel type de formation S.I.M.D.U.T. pourrait t'aider à te préparer à occuper un poste de spécialiste en matières dangereuses ?

CHAPITRE 3

Le fonctionnement du système de chauffage et de climatisation

Tu seras en mesure:

- de décrire comment le système de ventilation et de chauffage fait circuler l'air contrôlé dans un véhicule;
- d'expliquer le fonctionnement du cycle frigorifique de l'air climatisé;
- de reconnaître les principaux composants du système de climatisation de base;
- de décrire le fonctionnement du système de refroidissement;
- d'expliquer les fonctions des composants du système de refroidissement.

Le vocabulaire:

Accumulateur

Unité thermique britannique U.T.B.
(British Thermal Unit B.T.U.)

Compression

Condensation

Condenseur

Conduction

Convection

Évaporation

Radiation

Le problème

Le système de chauffage et de climatisation est important pour assurer le confort de la personne qui conduit et des passagers du véhicule. Le fonctionnement de ce système repose sur plusieurs principes scientifiques. On pense entre autres au transfert de chaleur, au débit d'air et à la réfrigération.

Les techniciens doivent comprendre les phénomènes comme la conduction, la convection et la radiation. Ils doivent être en mesure d'expliquer comment la compression, la condensation et l'évaporation touchent le cycle de réfrigération.

Ton défi

À titre de technicienne ou de technicien, tu dois répondre aux questions suivantes:

1. Comment le transfert de chaleur se fait-il dans le système de chauffage d'une automobile?

2. Qu'est-ce qu'un fluide frigorigène et comment fonctionne-t-il?

3. Quel est le rapport entre le système de refroidissement et le système de chauffage?

Le transfert de chaleur

Le système de chauffage et de climatisation a pour but de déplacer la chaleur d'une zone à une autre. Ce processus se fait lorsque le système absorbe la chaleur d'une zone pour ensuite la libérer dans une autre zone.

La chaleur est une forme d'énergie. Elle résulte de la vibration et du mouvement continus des molécules. Plus les molécules d'une substance se déplacent rapidement, plus il y a de chaleur dans cette substance. Plus les molécules se déplacent lentement, moins la substance contient de chaleur. Tant qu'il y a un mouvement moléculaire, il y a aussi de la chaleur.

La mesure de la chaleur

La quantité de chaleur se mesure au moyen de deux instruments : l'unité thermique britannique (U.T.B.), aussi connue sous l'acronyme BTU, et la calorie. Une **U.T.B.** (B.T.U.) est la quantité de chaleur requise pour augmenter la température de 454 grammes (1 lb) d'eau de 0,56 °C (1 °F). Une *calorie* représente la quantité de chaleur requise pour soulever 1 gramme (0,04 oz) d'eau de 1 °C (1,8 °F) (*voir la figure 3-1*). Dans la climatisation des véhicules automobiles, l'U.T.B. (B.T.U.) est l'unité de mesure de chaleur que l'on utilise.

La température mesure l'intensité de la chaleur. Un objet dont la température est plus élevée ne contient cependant pas nécessairement plus de chaleur qu'un objet ayant une température plus basse. La dimension et le type de matériau, ainsi que sa température, déterminent le *contenu calorifique.*

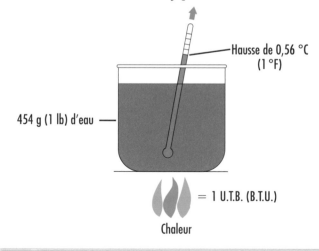

454 g (1 lb) d'eau

Hausse de 0,56 °C (1 °F)

= 1 U.T.B. (B.T.U.)

Chaleur

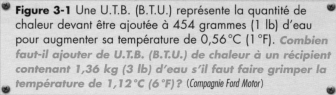

Figure 3-1 Une U.T.B. (B.T.U.) représente la quantité de chaleur devant être ajoutée à 454 grammes (1 lb) d'eau pour augmenter sa température de 0,56 °C (1 °F). *Combien faut-il ajouter de U.T.B. (B.T.U.) de chaleur à un récipient contenant 1,36 kg (3 lb) d'eau s'il faut faire grimper la température de 1,12 °C (6 °F)?* (Compagnie Ford Motor)

Sens du transfert de chaleur

Figure 3-2 On place une cuillère dans une tasse de chocolat chaud. Le transfert de chaleur du bout de la cuillère jusqu'à l'extrémité du manche s'appelle la conduction. *Pendant combien de temps ce transfert de chaleur durera-t-il ?*

Par exemple, imagine l'air contenu dans un pneu de bicyclette et l'air contenu dans un pneu d'automobile. Suppose que les deux aient 241 kPa (35 lb/po²) de pression. Cette pression est semblable à la température. Cependant, le pneu de l'automobile contient plus d'air que celui de la bicyclette. Cet exemple est semblable au contenu calorifique mesuré en U.T.B. (B.T.U.).

Le débit d'énergie thermique

Le débit d'énergie thermique ne se fait que dans un sens, soit du chaud au froid. Le transfert de l'énergie thermique se fait toujours d'une température élevée à une température basse, jusqu'à ce que le contenu calorifique s'équilibre. C'est ce que l'on appelle le principe du transfert thermique. Lorsqu'il est question du système de chauffage et de climatisation, ce principe s'appelle *échange de chaleur.*

Un récipient froid contenant du liquide perd de l'énergie thermique lorsque l'air ambiant est plus froid. Le transfert de chaleur permet de réchauffer l'air. Éventuellement, la température du liquide et celle de l'air deviennent égales. Par exemple, une tasse de chocolat chaud qui reste sur une table perd de la chaleur jusqu'à ce qu'elle soit à la température de l'air ambiant.

Le transfert de chaleur se produit par une ou plusieurs des trois méthodes de base : la conduction, la convection ou la radiation. Les trois méthodes servent au système de climatisation du véhicule et au système de refroidissement du moteur.

La conduction La **conduction** est le transfert de chaleur qui se fait par des corps solides. Cette situation se produit lorsqu'il y a collision moléculaire. Par exemple, un manche de cuillère métallique dans une tasse de chocolat chaud finit par devenir chaud. La conduction thermique commence par un mouvement accru des molécules métalliques sur l'extrémité chauffée de la cuillère (*voir la figure 3-2*).

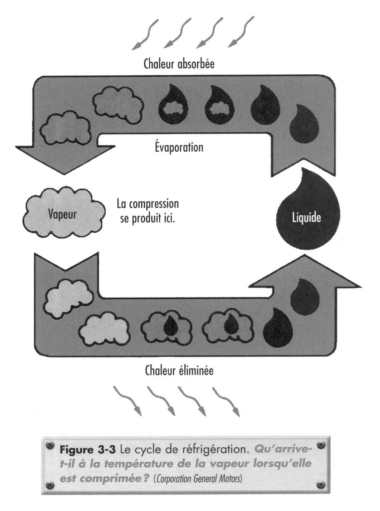

Chaleur absorbée

Évaporation

La compression
se produit ici.

Vapeur

Liquide

Chaleur éliminée

> **Figure 3-3** Le cycle de réfrigération. *Qu'arrive-t-il à la température de la vapeur lorsqu'elle est comprimée ?* (Corporation General Motors)

Les molécules qui vibrent sur l'extrémité de la cuillère entrent en collision avec d'autres molécules. Ce processus fait passer l'énergie thermique le long de la cuillère. Ce processus continue, molécule par molécule, aussi longtemps qu'il y a un écart de température entre les deux extrémités.

La convection La conduction implique le transfert d'énergie sur une échelle microscopique. Le transfert d'énergie par convection, par contre, résulte du mouvement sur une plus grande échelle. La **convection** est le transfert de chaleur par le mouvement d'un liquide. Cela signifie que la convection permet de transférer la chaleur d'un endroit à un autre lorsque des gaz ou des liquides de différentes températures se mélangent les uns aux autres. Par exemple, la convection se produit dans une casserole d'eau que l'on chauffe sur une cuisinière. L'eau plus chaude près du bas de la casserole se dilate. Elle va ensuite vers le haut et est remplacée par l'eau plus froide se trouvant sur le dessus. De cette façon, toute l'eau de la casserole finit par se réchauffer.

La radiation La radiation est le transfert de chaleur d'une source, comme le soleil, à un objet éloigné, comme la terre. Le transfert de chaleur par radiation

est le débit d'énergie thermique par ondes infrarouges. La **radiation** diffère de la conduction et de la convection dans le sens où elle ne dépend pas de la présence de la matière pour transférer la chaleur. La radiation peut se produire dans une dépression.

La réfrigération

Les systèmes de climatisation des automobiles se servent des principes du transfert de chaleur en plus des principes de la réfrigération.

Les principes de réfrigération

Le processus de réfrigération implique trois étapes de base : la compression, la condensation et l'évaporation (*voir la figure 3-3*). Le transfert de chaleur et le refroidissement se produisent par les changements d'état qui s'effectuent lorsque le liquide se change en vapeur pour retourner ensuite en liquide dans un système fermé. L'effet combiné de ces trois principes permet de refroidir et de déshumidifier l'air entrant dans l'habitacle du véhicule. La personne qui conduit le véhicule contrôle ce processus par les réglages du tableau de bord. Cette personne n'a qu'à sélectionner la température désirée et les réglages du mouvement de l'air.

La compression La **compression** est la réduction du volume de gaz, ou de vapeur, causée par l'application d'une pression. Dans la réfrigération d'une automobile, la pression sur la vapeur augmente par des moyens mécaniques. Le dispositif qui permet d'augmenter la pression s'appelle un compresseur.

Le fait de comprimer l'air ou toute autre vapeur augmente sa température. Le processus de compression fait appel à une entrée d'énergie mécanique à partir des pièces en mouvement du compresseur. Cette énergie s'ajoute à celle de la vapeur à mesure qu'il y a compression. L'énergie ajoutée active le mouvement des molécules de vapeur. Le résultat est une augmentation de la température.

La condensation Lorsque la vapeur change d'état pour devenir liquide, le processus s'appelle la **condensation.** Cette situation se produit en raison d'un changement de température ou de pression. Lorsqu'il n'y a plus de chaleur, les molécules de vapeur ralentissent et se rapprochent les unes des autres. Elles finissent par se souder et se condenser pour former des gouttelettes liquides (*voir la figure 3-4a*).

Tu peux voir cette réaction sur un verre contenant de l'eau glacée au cours d'une journée humide. L'air ambiant, qui contient des vapeurs d'eau, est refroidi par le verre froid. Ce phénomène explique qu'il y ait des gouttelettes d'eau qui se forment sur l'extérieur du verre.

À la recherche de la chaleur

Tu fais bouillir de l'eau dans une casserole sur la cuisinière. Quel rapport cela a-t-il avec le système de chauffage et de climatisation de ton véhicule ? C'est le même principe scientifique qui permet au liquide de refroidir un moteur chaud et qui permet au fluide frigorigène de rafraîchir l'habitacle du véhicule.

L'énergie thermique provient du mouvement des molécules. Sur ta cuisinière, les atomes d'hydrogène et d'oxygène qui forment les molécules d'eau sont constamment en mouvement. La chaleur peut se mesurer en calories. Une *calorie* est la quantité de chaleur nécessaire pour augmenter la température de 1 gramme d'eau de 1 °C.

Pour mesurer la vitesse moyenne des molécules en mouvement, il faut mesurer la température en degrés Celsius (°C) ou en degrés Fahrenheit (°F). Par exemple, si tu places 1 gramme d'eau dans une éprouvette que tu fais chauffer jusqu'à ce que sa température monte à 1 °C, l'eau aura absorbé 1 calorie de chaleur. Tu peux continuer à ajouter de la chaleur pour augmenter la température jusqu'à ce que l'eau bout à 100 °C. De 0 °C à 100 °C, l'eau est un liquide. À moins de 0 °C, elle devient de la glace, donc un solide. Au-dessus de 100 °C à une pression normale, elle devient de la vapeur, donc un gaz.

Lorsqu'une substance change d'état, l'énergie thermique s'ajoute ou s'élimine. Tu te souviens de la casserole d'eau sur la cuisinière ? La température de l'eau bouillante monte-t-elle à plus de 100 °C ? Faisons l'expérience.

À toi de jouer !

La mesure du changement de température

Conforme aux normes de l'EDU en sciences pour l'application des méthodes scientifiques et la description de l'effet de la chaleur sur les systèmes automobiles.

Matériel requis
- un gobelet en pyrex de 500 mL contenant 250 mL d'eau
- une plaque chauffante
- un thermomètre en degrés Celsius

❶ Mets l'eau et le gobelet sur la plaque chauffante.

❷ Règle la température de la plaque chauffante entre moyenne et élevée.

❸ Tiens le thermomètre dans l'eau de façon que la base ne touche pas le fond du gobelet.

❹ Sur une feuille de papier séparée en colonnes, prends en note la température de l'eau, comme l'indique le tableau ci-dessous.

Temps écoulé	Température en °C
0 minute	
1 minutes	
2 minutes	
3 minutes	
4 minutes	
5 minutes	
6 minutes	
7 minutes	
8 minutes	
9 minutes	
10 minutes	

La sécurité d'abord

La sécurité personnelle Retire le gobelet de la source de chaleur avant que toute l'eau se soit évaporée. Porte des gants et des lunettes de protection.

Les résultats et l'analyse

❶ La température de l'eau a-t-elle augmenté du même nombre de degrés à chaque minute ?

❷ Quelle a été la température la plus élevée que tu as enregistrée ?

❸ Qu'est-il arrivé à l'eau lorsque la température était la plus élevée ?

❹ Quels étaient les états de l'eau lorsque cette température a été atteinte ?

❺ Lorsque l'eau s'est mise à bouillir, la température a-t-elle continué à monter ?

❻ Qu'est-il arrivé à la chaleur absorbée par l'eau après que l'eau a bouilli ?

❼ Si tu enlèves l'eau bouillante de la source de chaleur et que tu la laisses refroidir, qu'arrive-t-il à la chaleur que l'eau a absorbée lorsque l'eau s'est changée en vapeur ?

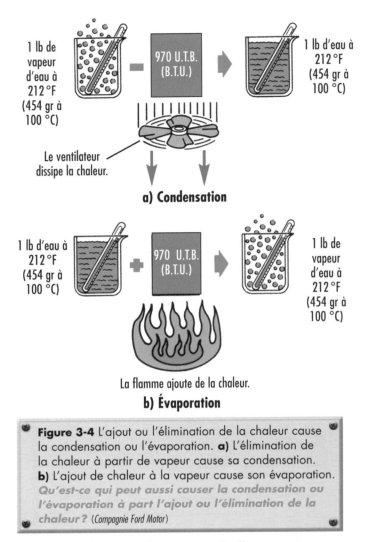

1 lb de vapeur d'eau à 212 °F (454 gr à 100 °C)

970 U.T.B. (B.T.U.)

1 lb d'eau à 212 °F (454 gr à 100 °C)

Le ventilateur dissipe la chaleur.

a) Condensation

1 lb d'eau à 212 °F (454 gr à 100 °C)

970 U.T.B. (B.T.U.)

1 lb de vapeur d'eau à 212 °F (454 gr à 100 °C)

La flamme ajoute de la chaleur.

b) Évaporation

Figure 3-4 L'ajout ou l'élimination de la chaleur cause la condensation ou l'évaporation. **a)** L'élimination de la chaleur à partir de vapeur cause sa condensation. **b)** L'ajout de chaleur à la vapeur cause son évaporation. *Qu'est-ce qui peut aussi causer la condensation ou l'évaporation à part l'ajout ou l'élimination de la chaleur ?* (Compagnie Ford Motor)

L'évaporation Le phénomène de l'évaporation est l'opposé de la condensation. Lorsque le liquide change d'état pour devenir de la vapeur, on appelle ce processus l'**évaporation** (*voir la figure 3-4b*). Lorsqu'un liquide s'évapore, il absorbe cette chaleur et refroidit les surfaces avoisinantes.

Si un liquide se trouve dans un récipient fermé et qu'un espace ouvert est disponible, certaines molécules se vaporiseront. Elles quittent le liquide et se déplacent dans l'espace ouvert. Ce processus se poursuit jusqu'à ce qu'un équilibre soit atteint dans lequel les molécules de vapeur se transforment en liquide au même rythme qu'elles s'évaporent. La pression exercée par la vapeur équilibrée avec son liquide s'appelle la *pression de vapeur*.

Les fluides frigorigènes Certaines substances gazeuses, sous l'effet de la pression atmosphérique et à température ambiante, deviennent liquides une fois comprimées. Le propane en est un exemple. Une fois comprimé, un tel liquide occupe beaucoup moins de volume qu'avant. Une telle substance reste à l'état liquide si elle est gardée dans un récipient étanche et sous pression. Lorsque tu libères le liquide du récipient, la chute subite de pression fait que le liquide se dilate rapidement et se change en

gaz. À mesure que la substance change d'état, elle absorbe beaucoup de chaleur et produit un effet de refroidissement rapide. Lorsqu'une substance agit de cette façon, on l'appelle un *fluide frigorigène*.

Les fluides frigorigènes des automobiles comprennent aussi une variété de substances synthétiques. Le type R12, aussi appelé Freon^MD (une marque de commerce de DuPont), était installé en usine dans les systèmes de climatisation des automobiles. Le R12 (dichlorodifluorométhane) est non inflammable et non toxique, mais il contient du chlore. Le R12 ainsi que d'autres substances synthétiques qui contiennent du chlore (appelées *chlorofluores de carbone,* ou CFC) représentent un danger pour la couche d'ozone, dont le but est de bloquer les rayons ultraviolets nocifs du soleil. La fabrication de plusieurs produits à base de CFC (y compris le R12) n'est plus autorisée pour cette raison. Depuis 1996, tous les fabricants de véhicules automobiles sont passés à un nouveau fluide frigorigène, le R134a. On appelle ce fluide Suva^MD (marque de commerce de DuPont). Le R134a (tétrafluoréthane) est non inflammable, non toxique et ne contient pas de chlore pouvant endommager la couche d'ozone.

Au Canada, les fluides frigorigènes sont réglementés par le gouvernement fédéral. Tous les fluides frigorigènes destinés aux automobiles doivent respecter des normes environnementales et de sécurité. Il est interdit d'utiliser des substances inflammables (comme le propane, le butane et d'autres hydrocarbures) comme fluides frigorigènes dans les automobiles.

Le cycle de réfrigération

Un climatiseur d'automobile est un système étanche et sous pression qui permet la circulation du fluide frigorigène dans une boucle continue (*voir la figure 3-5*). La vapeur R12 ou R134a est mise sous pression par un compresseur, qui augmente la pression et la température du fluide frigorigène. Ce fluide quitte le compresseur sous forme de vapeur à haute pression. Il s'agit du côté haute pression du cycle de réfrigération. Il pénètre ensuite dans le condenseur.

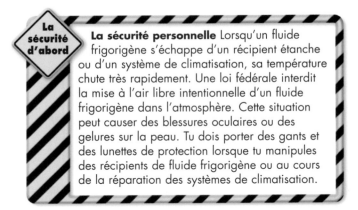

La sécurité d'abord

La sécurité personnelle Lorsqu'un fluide frigorigène s'échappe d'un récipient étanche ou d'un système de climatisation, sa température chute très rapidement. Une loi fédérale interdit la mise à l'air libre intentionnelle d'un fluide frigorigène dans l'atmosphère. Cette situation peut causer des blessures oculaires ou des gelures sur la peau. Tu dois porter des gants et des lunettes de protection lorsque tu manipules des récipients de fluide frigorigène ou au cours de la réparation des systèmes de climatisation.

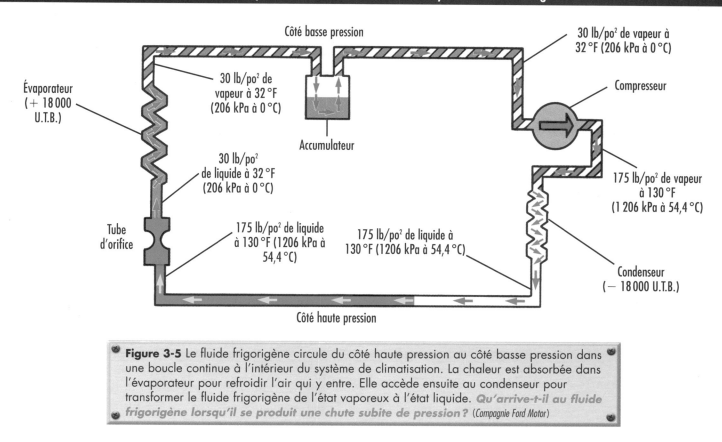

Figure 3-5 Le fluide frigorigène circule du côté haute pression au côté basse pression dans une boucle continue à l'intérieur du système de climatisation. La chaleur est absorbée dans l'évaporateur pour refroidir l'air qui y entre. Elle accède ensuite au condenseur pour transformer le fluide frigorigène de l'état vaporeux à l'état liquide. *Qu'arrive-t-il au fluide frigorigène lorsqu'il se produit une chute subite de pression ?* (Compagnie Ford Motor)

Le **condenseur** est un dispositif semblable à un radiateur dans lequel la vapeur du fluide frigorigène perd de sa chaleur et revient à un état liquide. L'air qui passe par des ailettes du condenseur refroidit le fluide frigorigène. Le fluide frigorigène se condense ensuite pour devenir liquide. À partir de là, le fluide passe par un dispositif de pression différentielle (un tube de coulée ou une vanne thermique de détente) avant d'accéder à l'évaporateur. D'un côté du dispositif, le liquide est sous haute pression. De l'autre côté de ce dispositif, le côté basse pression du cycle subit une diminution de pression.

Le fluide frigorigène froid se dilate pendant qu'il se dirige dans l'évaporateur. L'air qui passe par l'évaporateur se refroidit. La changement brusque de température fait aussi en sorte que l'humidité dans l'air se condense sur la surface extérieure de l'évaporateur. L'air est alors déshumidifié et les passagers du véhicule ressentent l'air plus froid. Le fluide frigorigène quitte alors l'évaporateur par un tuyau d'aspiration pour retourner au compresseur. Le cycle se répète par la suite.

Il est important de noter que le liquide frigorigène ne s'épuise jamais. Il passe par une étape de recyclage dans une boucle continue à l'intérieur du système. Ce fluide ne se consume pas entièrement. Il n'a pas à être remplacé à moins qu'une certaine quantité ait été perdue en cas de fuite. Il faut alors en ajouter pour garder un niveau approprié. Une perte du fluide frigorigène ou un manque de fluide réduit son efficacité. Par contre, une trop grande quantité de fluide (surcharge du système) peut aussi réduire le rendement de refroidissement. Le chapitre 4 de la présente section traite de la façon de charger le système.

VÉRIFIE TES CONNAISSANCES

❶ Que signifie U.T.B. ?

❷ Quel processus déplace la chaleur par une matière solide ?

❸ Qu'arrive-t-il pendant le cycle de réfrigération ?

❹ Qu'est-ce que la condensation et dans quelle partie du cycle de réfrigération la condensation se produit-elle ?

❺ Qu'est-ce qu'un fluide frigorigène ?

Section 2

Les composants du climatiseur

Un système de climatisation comporte cinq composants principaux. Chaque composant a une tâche spécifique (*voir les figures 3-6 et 3-7*). En plus de ces composants, les systèmes de climatisation ont aussi des dispositifs de sécurité et utilisent du fluide frigorigène.

Les six principaux composants d'un système de climatisation sont les suivants :
- le compresseur ;
- l'embrayage du compresseur ;
- le condenseur ;
- le dispositif de pression différentielle (vanne de détente thermostatique ou tube de coulée) ;
- l'évaporateur ;
- le récepteur/déshydrateur de fluide frigorigène ou l'accumulateur/déshydrateur de fluide frigorigène.

Le compresseur

Le compresseur est l'élément principal du circuit de climatisation. Ce compresseur est fixé sur le moteur et il fonctionne à l'aide d'une courroie branchée à la poulie de vilebrequin. Un embrayage magnétique permet d'embrayer et de débrayer le compresseur. Lorsqu'il y a embrayage, la courroie fait tourner l'arbre de compresseur et les composants de la pompe interne. Cette situation met le fluide frigorigène sous pression, ce qui entame le cycle de réfrigération.

La sécurité d'abord

La sécurité personnelle Ne touche jamais au compresseur ou au tuyau de sortie lorsque le compresseur est en marche. Le compresseur génère des températures élevées. Désactive le système et attends qu'il se refroidisse sans quoi tu risques de te brûler gravement.

Les compresseurs sont des pompes à vapeur. Dans les automobiles, on trouve habituellement un modèle en forme de piston, d'aube ou de spirale. On peut assembler les pistons et les cylindres de différentes façons :
- Les pistons verticaux. Ce modèle présente habituellement deux pistons entraînés par un vilebrequin.
- Le type en V. Ce modèle présente généralement aussi deux pistons entraînés par un vilebrequin.
- Le type axial. Ce modèle est muni habituellement de quatre à six pistons placés dans un cercle autour de l'arbre de compresseur et parallèlement à celui-ci. Les pistons se déplacent dans le sens de la longueur dans le boîtier de compresseur et ils sont entraînés par une *lame plate de compresseur* que l'on appelle aussi un *plateau oscillant de compresseur*.
- Le type radial. Ce modèle est généralement pourvu de quatre pistons qui font face à l'extérieur dans un cercle autour de l'arbre de compresseur. Les pistons se déplacent vers l'intérieur et l'extérieur en fonction de l'arbre de compresseur et ils sont entraînés par un excentrique.

Le fonctionnement du compresseur de piston La plupart des compresseurs de piston fonctionnent de la même façon. À mesure que tournent l'arbre de compresseur et l'excentrique ou le compresseur à plateau oscillant, les pistons alternatifs se déplacent vers le haut et le bas, de l'arrière à l'avant dans leurs cylindres respectifs. Le mouvement vers le bas du piston crée une dépression partielle qui tire la vapeur du fluide frigorigène dans le cylindre. C'est ce que l'on appelle la course d'admission (*voir la figure 3-8*).

La soupape d'admission se ferme ensuite pour emprisonner la vapeur. Le piston commence à se déplacer vers le haut dans le cylindre. C'est ce que l'on appelle la course de compression. Le piston presse la vapeur et la force à se déverser dans l'orifice de décharge. Un clapet de non-retour

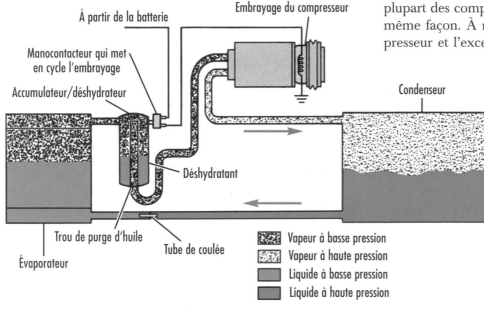

À partir de la batterie

Embrayage du compresseur

Manocontacteur qui met en cycle l'embrayage

Accumulateur/déshydrateur

Déshydratant

Condenseur

Trou de purge d'huile

Tube de coulée

Évaporateur

- Vapeur à basse pression
- Vapeur à haute pression
- Liquide à basse pression
- Liquide à haute pression

Figure 3-6 Un système de climatisation à tube de coulée type. Il s'agit d'un système à embrayage cyclique muni d'un compresseur qui est activé et désactivé pour régulariser la pression de l'évaporateur. *À quel point le fluide frigorigène devient-il une vapeur à haute pression ?* (Corporation General Motors)

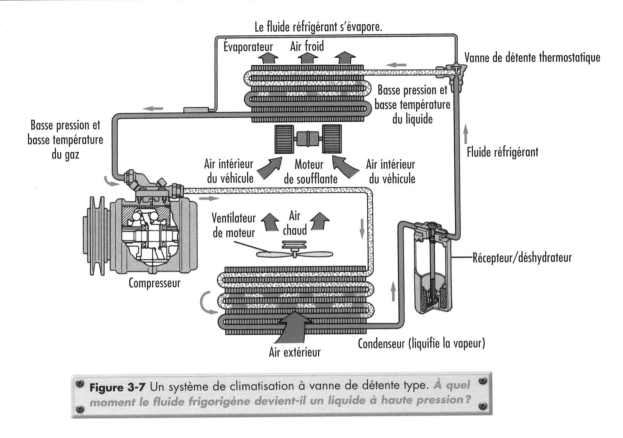

Figure 3-7 Un système de climatisation à vanne de détente type. *À quel moment le fluide frigorigène devient-il un liquide à haute pression?*

empêche le fluide frigorigène sous pression de retourner dans le cylindre à la prochaine course d'admission.

Il existe deux types de compresseurs : variable et à cylindrée fixe. Les dispositifs à cylindrée variable se servent d'un compresseur à lame oscillante pour changer la course de piston (*voir la figure 3-9*). L'angle du compresseur à lame oscillante s'ajuste automatiquement

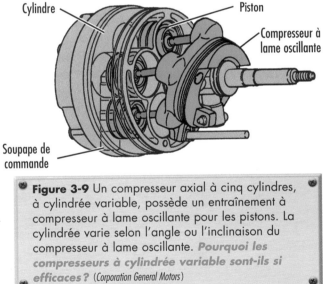

Figure 3-9 Un compresseur axial à cinq cylindres, à cylindrée variable, possède un entraînement à compresseur à lame oscillante pour les pistons. La cylindrée varie selon l'angle ou l'inclinaison du compresseur à lame oscillante. *Pourquoi les compresseurs à cylindrée variable sont-ils si efficaces?* (Corporation General Motors)

pour répondre aux besoins du système. Ces compresseurs sont très efficaces. Seule la quantité d'énergie nécessaire est utilisée. Il n'est pas nécessaire d'activer et de désactiver l'embrayage du compresseur pour contrôler le débit du fluide frigorigène.

Un compresseur à cylindrée fixe n'est pas équipé d'une lame oscillante. Il est plutôt muni d'un disque appelé excentrique, qui est fixé à son arbre. L'*excentrique* est un mécanisme de rotation qui n'occupe pas la partie centrale de l'arbre, ce qui lui permet d'imprimer un

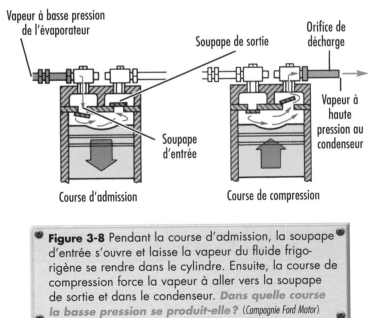

Figure 3-8 Pendant la course d'admission, la soupape d'entrée s'ouvre et laisse la vapeur du fluide frigorigène se rendre dans le cylindre. Ensuite, la course de compression force la vapeur à aller vers la soupape de sortie et dans le condenseur. *Dans quelle course la basse pression se produit-elle?* (Compagnie Ford Motor)

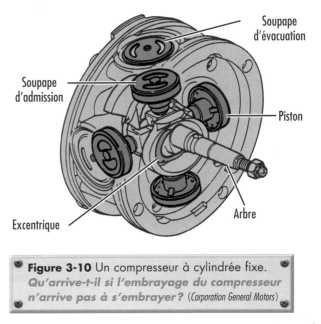

Figure 3-10 Un compresseur à cylindrée fixe. *Qu'arrive-t-il si l'embrayage du compresseur n'arrive pas à s'embrayer?* (Corporation General Motors)

mouvement alternatif régulier sur les pistons (*voir la figure 3-10*). La course du piston reste toujours la même en tout temps. Le compresseur est activé et désactivé pour assurer une meilleure économie en carburant et pour régulariser le refroidissement.

Le fonctionnement du compresseur à aubes Les compresseurs à aubes comportent plusieurs aubes ou pales (*voir la figure 3-11*). Les aubes sont des palettes plates entraînées par un disque d'arbre d'entrée. Les aubes tournent en rond dans un boîtier à forme excentrique (œuf). Lorsque chaque aube tourne et passe au-delà de l'orifice d'admission (d'aspiration), elle emprisonne la vapeur du fluide frigorigène. Un clapet se trouvant dans l'orifice d'admission permet à la vapeur du fluide frigorigène de bouger dans une direction pour se rendre dans le compresseur. La vapeur du fluide frigorigène est emprisonnée dans une chambre entre le disque, la bague extérieure de la chambre et l'aube précédente. Lorsque

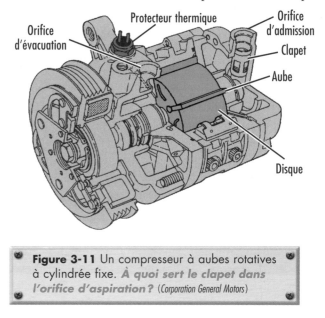

Figure 3-11 Un compresseur à aubes rotatives à cylindrée fixe. *À quoi sert le clapet dans l'orifice d'aspiration?* (Corporation General Motors)

le disque tourne, il presse la vapeur dans une série de chambres de plus en plus petites afin d'augmenter la pression de la vapeur du fluide frigorigène. Par la suite, à mesure que chaque pale atteint la soupape d'évacuation, la vapeur du fluide frigorigène sous pression s'achemine vers la chambre à excentrique. La vapeur du fluide frigorigène sort de la soupape de décharge et de l'orifice.

Le fonctionnement du compresseur à spirales Un compresseur à spirales se sert d'une paire de spirales métalliques pour comprimer la vapeur du fluide frigorigène (*voir la figure 3-12*). Une spirale est fixe alors que l'autre tourne. Cela forme une chambre qui diminue régulièrement en volume alors que la spirale fait un raclage autour d'une orbite excentrique. Les billes à clapet dans les orifices d'admission ont la même fonction que le clapet dans le compresseur à aubes. Elles permettent à la vapeur du fluide frigorigène de bouger en direction du compresseur. Étant donné qu'il n'y a pas de vibration, comme dans les compresseurs de type piston, ce modèle permet un fonctionnement très doux et silencieux. Ce modèle se trouve sur certains modèles fabriqués à l'extérieur du Canada.

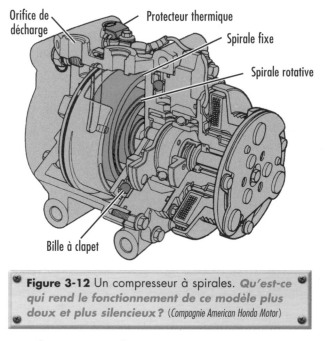

Figure 3-12 Un compresseur à spirales. *Qu'est-ce qui rend le fonctionnement de ce modèle plus doux et plus silencieux?* (Compagnie American Honda Motor)

L'embrayage du compresseur

Le fait de faire fonctionner le compresseur en tout temps gaspille de l'énergie et augmente la consommation en carburant. Le compresseur se sert d'un embrayage magnétique pour permettre l'embrayage et le débrayage au besoin. Le disque d'embrayage se trouve à l'avant de la poulie de compresseur. Au moment du débrayage, la poulie tourne en roue libre et le compresseur ne tourne pas. L'embrayage possède une bobine fixe qui devient magnétisée lorsqu'un courant électrique passe par celle-ci et alimente le disque d'embrayage (*voir la figure 3-13*).

Le condenseur

Une fois que la vapeur du fluide frigorigène quitte le compresseur, il accède au condenseur. Un tuyau à haute pression relie le compresseur et le condenseur. Le tuyau peut aussi contenir un silencieux pour amortir le bruit que fait le compresseur. Le condenseur refroidit graduellement la vapeur du fluide frigorigène sous sa température de condensation. Ainsi, lorsque la vapeur du fluide frigorigène atteint la sortie du condenseur, la vapeur est passée à l'état liquide.

Le condenseur se trouve habituellement dans le débit d'air devant le radiateur. L'air extérieur circule le long de tubes de refroidissement à ailettes, alors que la vapeur du fluide frigorigène chaud et comprimé circule par les tubes. Ces tubes et les ailettes de refroidissement éloignent la chaleur de la vapeur du fluide frigorigène pour se diriger vers l'air extérieur.

Une fois condensé, le réfrigérant liquide sous haute pression se dirige vers l'évaporateur. La conduite à haute pression qui relie le condenseur et l'évaporateur peut contenir un filtre ou un récepteur/déshydrateur qui emprisonne tous les débris et les contaminants dans le fluide frigorigène.

Les dispositifs de pression différentielle

Avant que le fluide frigorigène entre dans l'évaporateur, il doit passer par un instrument de commande appelé dispositif de pression différentielle. Le

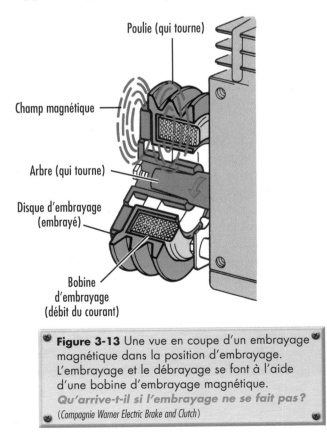

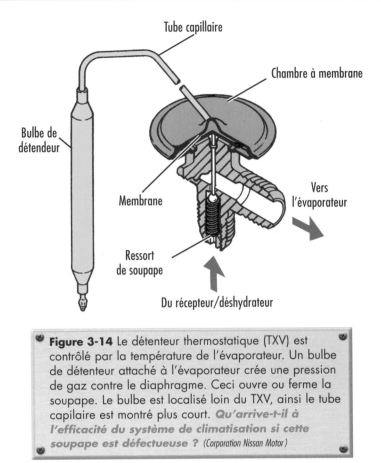

dispositif sépare les côtés haute et basse pressions du circuit de réfrigération. Il garde la pression du côté haute pression du circuit et contrôle le refroidissement dans l'évaporateur. Les deux dispositifs de commande les plus répandus sont les suivants :
- le détendeur thermostatique,
- le tube à orifice.

Le détendeur thermostatique Le détendeur thermostatique s'ouvre et se ferme pour compter ou mesurer une petite quantité de fluide frigorigène dans l'évaporateur (*voir la figure 3-14*). Cela permet au fluide de passer d'un liquide chaud à haute pression à une vapeur froide à basse pression, dans l'évaporateur.

Pour empêcher un engorgement de fluide frigorigène dans l'évaporateur, le détendeur thermostatique s'ouvre et se ferme. Un tube capillaire (muni d'un bulbe de détection thermique à son extrémité) est relié à la sortie de l'évaporateur. Ce tube contrôle le fonctionnement du détendeur thermostatique. Lorsque le gaz se dilate dans le bulbe, il exerce une pression contre une membrane dans le détendeur thermostatique, ce qui le force à s'ouvrir. Cette action permet au fluide frigorigène de couler dans l'évaporateur. Lorsque l'évaporateur devient plus froid, le gaz qui se trouve dans le bulbe se contracte, causant ainsi une diminution de la pression contre la membrane. Le détendeur thermostatique se ferme et limite le débit du fluide frigorigène.

Des fuites dans le tube de capillaire, des débris dans le fluide frigorigène ou une formation de givre causée par de l'humidité dans le fluide, empêchent le détendeur thermostatique de fonctionner correctement. Une soupape bloquée entraîne une perte du refroidissement. Un détendeur thermostatique qui reste ouvert permet quand même au système de se refroidir, mais avec moins d'efficacité.

Le tube à orifice Le tube à orifice se trouve dans le conduit du liquide à haute pression entre le condenseur et l'évaporateur. Le tube à orifice est muni d'un petit trou. Celui-ci agit comme dispositif de restriction dans le conduit. Ce dispositif garde la pression dans le côté haute pression du circuit de réfrigération. Il contrôle également l'entrée du fluide frigorigène dans l'évaporateur en ne laissant qu'une petite quantité de fluide passer par le trou.

La plupart des tubes à orifice ont un orifice à diamètre fixe (*voir la figure 3-15*). Certains ont une soupape à orifice variable. L'orifice peut alors changer de dimension par rapport à la sortie du compresseur. Sur certains modèles, un commutateur de commande à la sortie de l'évaporateur peut contrôler le cycle du compresseur. C'est ce que l'on appelle souvent un *système de tube d'orifice à embrayage cyclique*. D'autres modèles ont un compresseur à cylindrée variable pour empêcher l'évaporateur de geler.

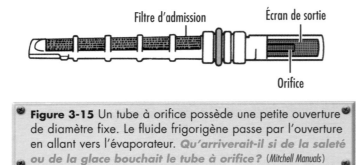

Figure 3-15 Un tube à orifice possède une petite ouverture de diamètre fixe. Le fluide frigorigène passe par l'ouverture en allant vers l'évaporateur. *Qu'arriverait-il si de la saleté ou de la glace bouchait le tube à orifice ?* (Mitchell Manuals)

Les tubes à orifice ont un filtre qui empêche les débris de boucher le trou. Malgré tout, le tube à orifice peut quand même se boucher s'il y a une accumulation de débris sur le filtre ou si de l'humidité dans le fluide frigorigène gèle et cause la formation de glace. Un tube à orifice bloqué interrompt le débit du fluide frigorigène et cause une perte du refroidissement. Cela peut aussi entraîner une défaillance du compresseur puisque beaucoup de compresseurs sont lubrifiés par l'huile que transporte le fluide frigorigène.

L'évaporateur

L'évaporateur est un échangeur thermique. Il refroidit l'air qui entre dans l'habitacle par le système de

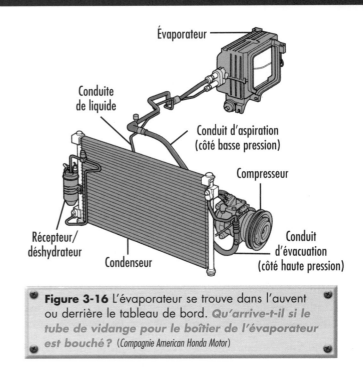

Figure 3-16 L'évaporateur se trouve dans l'auvent ou derrière le tableau de bord. *Qu'arrive-t-il si le tube de vidange pour le boîtier de l'évaporateur est bouché ?* (Compagnie American Honda Motor)

ventilation (*voir la figure 3-16*). L'évaporateur se trouve dans un boîtier dans l'auvent ou derrière le tableau de bord. Dans certains fourgons ou fourgonnettes, le système de climatisation est équipé de deux évaporateurs. Le deuxième évaporateur sert au refroidissement de l'arrière de l'habitacle.

Lorsque le fluide frigorigène entre dans l'évaporateur, la pression baisse. Cela permet au fluide de se dilater et de se changer en vapeur. Le changement subit d'état cause une soudaine chute de la température dans l'évaporateur. L'air qui passe sur les tubes d'évaporateur se refroidit alors que la vapeur du fluide absorbe sa chaleur. L'humidité de l'air se condense sur la partie extérieure de l'évaporateur. La vapeur à basse pression s'échappe de l'évaporateur pour se rendre vers le compresseur.

L'humidité qui se condense sur l'extérieur de l'évaporateur dégoutte au bas du boîtier de l'évaporateur. Cela permet de garder l'eau hors de l'habitacle. L'eau est déversée dans un tuyau d'évacuation et tombe au sol sous le véhicule. Il peut arriver que l'humidité permette la formation de microbes sur la surface de l'évaporateur. Dans ce cas, une odeur désagréable se dégage lorsque l'on vient de mettre en marche le climatiseur. Pour empêcher la formation de microbes, certains évaporateurs sont enduits d'un produit spécial.

Si la température de l'évaporateur chute sous le point de congélation 0°C (32°F), il est possible que la condensation sur les ailettes se transforme en glace. Cela bloque le débit d'air. L'habitacle ne peut donc plus être refroidi.

La vérification de la climatisation

Ton client te dit que le système de climatisation de son véhicule ne fonctionne pas. Ce jour-là, l'air d'entrée (c'est-à-dire, l'air à l'extérieur du véhicule) est de 30 °C (86 °F), température au thermomètre sec. L'air de sortie dans le véhicule est de 20 °C (68 °F). La température humide extérieure est mesurée à 22 °C (71,6 °F).

En te basant sur ces informations, il te faut déterminer si le système de climatisation a besoin d'être réparé ou s'il fonctionne selon les spécifications du fabricant.

Les étapes nécessaires à la vérification du rendement d'un système de climatisation sont les suivantes :

1. Calcule l'humidité relative à partir du graphique psychométrique (**figure 1**) en comparant les relevés de températures humide et sèche du psychomètre à l'entrée d'air.

2. Mesure la température sèche à la sortie d'air froid et calcule la différence entre les températures sèches d'entrée et de sortie.

3. Assure-toi que l'intersection de l'humidité relative et de la différence de température (**figure 2**) est dans la zone rouge. Si l'intersection est dans cette zone rouge, le refroidissement est satisfaisant.

Dans la situation décrite ci-dessus, tu peux déterminer que l'humidité relative est d'environ 50 %. Cette conclusion est basée sur l'intersection de la température humide et de la température sèche, tel qu'illustré dans la **figure 1**. La différence entre les températures sèches d'air d'entrée et de sortie est 30 °C − 20 °C = 10 °C.

Et l'intersection de 10 °C à 50 % tombe sous la zone rouge de la **figure 2**. Reporte-toi au point rouge qui se trouve dans le coin inférieur gauche. Par conséquent, le système ne fonctionne pas bien et on devra le réparer.

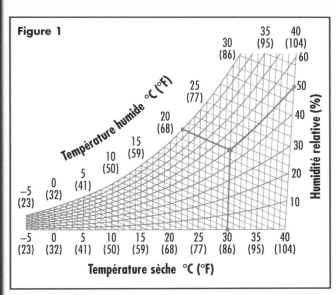

Figure 1

Température humide °C (°F)

Humidité relative (%)

Température sèche °C (°F)

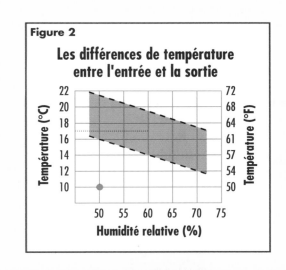

Figure 2

Les différences de température entre l'entrée et la sortie

Température (°C)

Température (°F)

Humidité relative (%)

À toi de jouer !

Conforme aux normes de l'EDU en mathématiques pour l'interprétation des graphiques et la mesure de la température.

Essaie maintenant d'appliquer ce que tu as appris dans la situation suivante. Une cliente dit que le système de climatisation de son véhicule ne fonctionne pas. L'air d'entrée est de 30 °C (86 °F), la température humide est de 24 °C (77,2 °F). La température de l'air de sortie mesurée à l'intérieur du véhicule est de 13 °C (55,4 °F).

❶ Quelle est l'humidité relative ?

❷ Le rendement du système de refroidissement est-il satisfaisant ?

❸ Une différence accrue entre les températures humide et sèche indique-t-elle une humidité relative élevée ou basse ?

Le récepteur/déshydrateur et l'accumulateur/déshydrateur

Plusieurs systèmes de climatisation pour automobiles sont munis d'un récepteur/déshydrateur dans le conduit à haute pression entre le condenseur et le détendeur (*voir la figure 3-17*). D'autres systèmes ont un récepteur/déshydrateur qui se trouve près de la sortie de l'évaporateur, du côté basse pression du système. Un **accumulateur** est un dispositif qui reçoit le fluide frigorigène de l'évaporateur et sépare le liquide de la vapeur (*voir figure 3-18*).

Les deux dispositifs servent de réservoirs pour le surplus de fluide frigorigène et l'huile de compresseur. Ils contiennent également un filtre qui emprisonne les contaminants ainsi qu'une substance chimique qui absorbe l'humidité que l'on appelle *déshydratant*. L'humidité peut devenir très nocive dans un système de climatisation. Elle réagit avec le fluide frigorigène pour former des acides corrosifs et des boues.

Le récepteur/déshydrateur, que l'on trouve dans beaucoup de véhicules, est équipé d'un *voyant* qui permet de voir le liquide frigorigène. (Un voyant peut aussi se trouver dans le conduit de liquide à haute pression.) Le fluide frigorigène est habituellement propre. Lorsque tu observes des bulles dans le voyant, c'est que le niveau du fluide est bas. Les systèmes munis

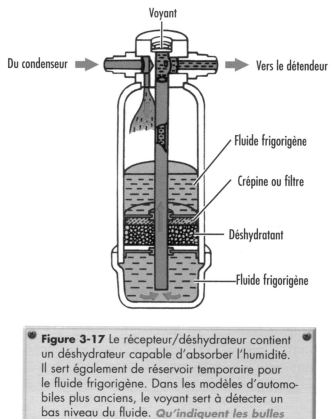

Voyant

Du condenseur → → Vers le détendeur

Fluide frigorigène

Crépine ou filtre

Déshydratant

Fluide frigorigène

Figure 3-17 Le récepteur/déshydrateur contient un déshydrateur capable d'absorber l'humidité. Il sert également de réservoir temporaire pour le fluide frigorigène. Dans les modèles d'automobiles plus anciens, le voyant sert à détecter un bas niveau du fluide. *Qu'indiquent les bulles dans un voyant ?* (Corporation Nissan Motor)

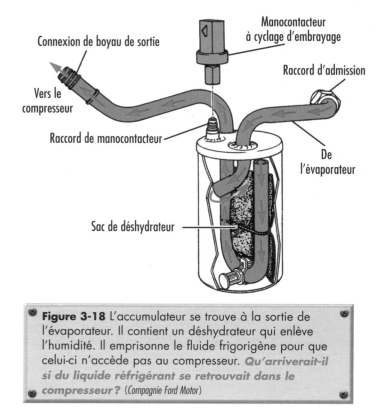

Connexion de boyau de sortie

Manocontacteur à cyclage d'embrayage

Raccord d'admission

Vers le compresseur

Raccord de manocontacteur

De l'évaporateur

Sac de déshydrateur

Figure 3-18 L'accumulateur se trouve à la sortie de l'évaporateur. Il contient un déshydrateur qui enlève l'humidité. Il emprisonne le fluide frigorigène pour que celui-ci n'accède pas au compresseur. *Qu'arriverait-il si du liquide réfrigérant se retrouvait dans le compresseur ?* (Compagnie Ford Motor)

d'un détendeur thermostatique sont habituellement équipés de récepteurs déshydrateurs.

L'accumulateur que l'on trouve dans un système de climatisation avec tube à orifice a une fonction autre que le filtrage et l'entreposage du fluide frigorigène et l'absorption de l'humidité. Il empêche le réfrigérant liquide de se retrouver dans le compresseur. En récupérant le fluide frigorigène à sa sortie de l'évaporateur, l'accumulateur emprisonne le liquide qui ne s'est pas encore évaporé. Le réfrigérant liquide peut causer des dommages au compresseur, étant donné qu'il est impossible de comprimer les liquides.

Les dispositifs de sécurité et de commande

Un système de climatisation comporte divers dispositifs de sécurité et de commande. Ils protègent le compresseur si le système fonctionne mal ou s'il perd sa charge de fluide frigorigène. Ils peuvent également empêcher certaines blessures. Beaucoup de ces dispositifs se trouvent dans le circuit d'embrayage du compresseur. Ils permettent le débrayage de l'embrayage si le degré de pression n'est pas acceptable.

Les dispositifs de sécurité du système comprennent ce qui suit :

• Un *contacteur du papillon en position plein gaz*. Ce contacteur désactive le compresseur pour qu'une puissance maximale du moteur soit possible afin de permettre l'accélération.

- Un *disjoncteur de basse pression*. Ce disjoncteur détecte la pression de l'évaporateur. Il coupe la tension à l'embrayage du compresseur si la pression baisse trop. Cette intervention protège le compresseur en cas de perte de fluide frigorigène.
- Un *disjoncteur de haute pression*. Ce disjoncteur coupe la tension à l'embrayage du compresseur si la pression du système monte trop.
- Un *interrupteur de température ambiante*. Cet interrupteur se trouve dans le conduit d'air et détecte la température de l'air extérieur. Si la température baisse sous un niveau préétabli, comme 0°C (35°F), l'interrupteur ouvre le circuit à l'embrayage du compresseur.
- Un *interrupteur thermostatique*. Cet interrupteur détecte la température de l'évaporateur et met en action l'embrayage du compresseur si la température de surface de l'évaporateur chute à moins de 0°C (32°F). Cela est nécessaire pour empêcher la condensation de l'humidité sur la partie extérieure de l'évaporateur, et de geler ou de bloquer le débit d'air.
- Un *contacteur à cycle de pression*. Ce contacteur se trouve sur l'accumulateur et a la même fonction que l'interrupteur thermostatique mais se base sur la pression de l'évaporateur.

Les conduits, raccords et robinets de service

Le compresseur, le condenseur et l'évaporateur sont reliés l'un à l'autre par des tuyaux métalliques (en aluminium) et des tuyaux flexibles. Ces derniers sont nécessaires pour certaines sections afin de faciliter le mouvement du moteur. On trouve sur les modèles de véhicules les plus récents qui ont un système de climatisation R134a, des boyaux de style «barrière» en nylon avec des raccords à extrémités gaufrées.

À l'endroit où les boyaux et les conduits sont branchés les uns aux autres, on utilise des joints toriques dans les raccords de compression et entre les raccords de style blocage pour former un joint étanche. Le diamètre, la forme et le type de matériau qui composent les joints toriques varient selon l'application. Il faut remplacer les joints toriques au cours de l'entretien des composants du système. Il est essentiel d'utiliser les bons joints toriques de rechange. Certains matériaux de joints toriques ne sont pas compatibles avec le fluide 134a.

Les raccords de service se trouvent des côtés haute et basse pressions du système de climatisation. Les raccords servent à récupérer le fluide frigorigène, à diagnostiquer et à recharger le système. Les ensembles de jauges de tubulure et l'équipement de récupération et de charge sont reliés à ces raccords au moment de l'entretien du système.

Habituellement, le raccord de service de haute pression se trouve sur la sortie de compresseur ou dans le conduit de haute pression entre le compresseur et le condenseur. Quant au raccord de service de basse pression, il se loge habituellement sur l'accumulateur ou dans le tuyau d'aspiration, entre l'évaporateur et le compresseur. Dans la plupart des systèmes, les raccords des côtés haute et basse pressions sont de dimensions différentes pour faciliter leur repérage.

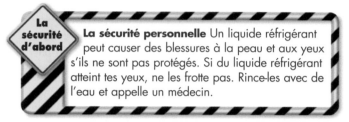

La sécurité d'abord

La sécurité personnelle Un liquide réfrigérant peut causer des blessures à la peau et aux yeux s'ils ne sont pas protégés. Si du liquide réfrigérant atteint tes yeux, ne les frotte pas. Rince-les avec de l'eau et appelle un médecin.

L'huile frigorigène

L'*huile frigorigène* est une huile hautement raffinée et non moussante. Elle graisse les pièces du compresseur en mouvement. Elle conditionne également les joints.

Les anciens modèles de compresseurs sont munis de bassins collecteurs. Le *bassin collecteur* est l'endroit on l'on entrepose l'huile. Cependant, les plus récents modèles de compresseurs sont lubrifiés avec de l'huile frigorigène, qui circule dans le circuit avec du fluide frigorigène. On utilise trois types d'huile frigorigène dans les automobiles :

- Huile minérale. Elle est utilisée uniquement avec du fluide frigorigène R12.
- Polyalkylèneglycol. Ce produit ne s'emploie qu'avec le R134a. Il est possible d'utiliser plusieurs niveaux ou types de viscosités selon le modèle du compresseur.
- Ester à base de polyol. Ce produit s'emploie avec le R134a, principalement pour les systèmes de transformation dans les anciens modèles de véhicules allant du R12 au R134a.

Ces huiles ne doivent pas être mélangées les unes avec les autres. Elles ont des propriétés qui ne leur permettent pas de se mélanger. L'huile minérale ne se mélange pas avec le R134a, et les huiles à base de polyalkylèneglycol ne sont pas compatibles avec le R12. Les huiles avec ester à base de polyol, cependant, se mélangent avec n'importe quel type de fluide frigorigène.

Les types de fluide frigorigène pour les automobiles

Les deux types de fluide frigorigène utilisés dans les systèmes de climatisation pour automobiles sont le R12 et le R134a. On ne fabrique plus le fluide frigorigène R12 au Canada en raison de son effet sur la couche

Tableau 3-A	UNE COMPARAISON DES SYSTÈMES FRIGORIGÈNES	
Équipement requis	R12	R134a
Dimension d'instrument	Norme américaine	Métrique
Réservoir d'entreposage	Blanc	Bleu
Raccords de service	Mâle, fileté	Mâle, raccord rapide

d'ozone. Au début des années 1990, les constructeurs de véhicules automobiles ont commencé à répartir l'utilisation du R12 dans les systèmes de climatisation. À la fin de 1995, on avait équipé tous les nouveaux véhicules de systèmes de climatisation avec le R134a. Il en résulte que tous les véhicules fabriqués au Canada ou aux États-Unis depuis 1996 ont des systèmes de climatisation R134a.

Il est encore possible de se procurer du R12 pour les anciens véhicules. Quand les stocks de R12 seront épuisés, on devra cependant les modifier de façon qu'ils acceptent le R134a.

Les fluides frigorigènes R12 et R134a ont différentes compositions chimiques, différentes propriétés physiques et différentes caractéristiques de refroidissement. Le R12 contient du chlore alors que le R134a n'en contient pas. Les deux fluides frigorigènes sont non inflammables et non toxiques. La température de vaporisation du R134a est de $-26,15\,°C$ $(-15,07\,°F)$, comparativement à $-29,79\,°C$ $(-21,61\,°F)$, pour le R12. Le fluide R134a produit également une pression légèrement plus haute à des températures élevées que le R12.

Chaque type de fluide frigorigène a aussi besoin d'un type différent d'huile de compresseur. C'est pour cette raison qu'il ne faut pas mélanger le R12 et le R134a. Un fluide frigorigène avec intercontamination augmente la pression de fonctionnement du système et affecte la durabilité du compresseur. En raison de l'intercontamination, il est aussi impossible d'arriver à une récupération et à un recyclage normaux du fluide frigorigène. Le recyclage des fluides frigorigènes est requis par la loi.

La sécurité d'abord

La sécurité personnelle Garde toujours le fluide frigorigène dans des récipients appropriés. Garde le fluide loin des sources de chaleur. La chaleur augmente la pression de la vapeur. Si la pression dépasse la capacité du récipient d'entreposage, il risque d'exploser. Des fragments métalliques qui s'envolent et le fluide réfrigérant qui s'échappe peuvent causer des blessures.

VÉRIFIE TES CONNAISSANCES

❶ Par quel processus commence le cycle de fonctionnement de la climatisation ?

❷ Quel est le principal problème lié à la sécurité associé à l'entretien d'un compresseur ?

❸ Quel est l'état du fluide frigorigène lorsqu'il atteint la sortie du condenseur ?

❹ À quoi sert le détendeur thermostatique ou le tube à orifice dans le circuit de réfrigération ?

❺ Quels sont les deux types de fluide frigorigène que l'on trouve dans les systèmes de climatisation des véhicules d'aujourd'hui ?

Section 3

Le fonctionnement du système de refroidissement du moteur

Le système de refroidissement du moteur transfère la chaleur du moteur dans l'air extérieur. Bien que la plus grande partie de la chaleur de combustion passe par le système d'échappement, le système de refroidissement est aussi primordial pour dissiper la chaleur. Le système de refroidissement évacue environ un tiers de la chaleur produite par le moteur (*voir la figure 3-19*).

Le fluide du système de refroidissement s'appelle *liquide de refroidissement*. Dans les automobiles, le liquide de refroidissement est un mélange d'eau et d'antigel. Ce liquide sert à transporter la chaleur à l'extérieur du moteur. Le liquide de refroidissement ne peut pas bouillir en été par temps chaud et il ne peut pas geler par temps froid ; il protège également contre la corrosion toute l'année.

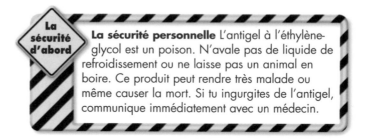

La sécurité d'abord

La sécurité personnelle L'antigel à l'éthylène-glycol est un poison. N'avale pas de liquide de refroidissement ou ne laisse pas un animal en boire. Ce produit peut rendre très malade ou même causer la mort. Si tu ingurgites de l'antigel, communique immédiatement avec un médecin.

Le liquide de refroidissement

L'eau est le liquide de refroidissement le plus efficace et le moins cher pour transporter la chaleur hors du moteur. Si, par contre, elle est utilisée seule, elle peut causer de la rouille et de la corrosion. Elle bout à une température trop basse et gèle facilement.

L'ajout d'antigel baisse le point de congélation de l'eau. Son point d'ébullition augmente également. L'antigel contient aussi des inhibiteurs de corrosion (silicates, phosphates ou acides organiques) et des lubrifiants. Les ensembles d'additifs varient selon l'antigel et son application. C'est pour cette raison que certains antigels contiennent un colorant pour les distinguer d'autres types d'antigel. Il ne faut pas mélanger les différents types d'antigel.

Un antigel ne s'épuise pas, mais les substances chimiques anticorrosion qu'il contient finissent par se décomposer. La corrosion peut endommager les radiateurs, les radiateurs de chauffage et d'autres composants du système de refroidissement. C'est pourquoi il faut changer le liquide de refroidissement ou le recycler périodiquement pour rétablir la protection contre la corrosion. Les intervalles de remplacement varient selon les additifs dans l'antigel.

La pompe à eau

La *pompe à eau* permet de faire circuler le liquide de refroidissement lorsque le moteur tourne. Le liquide de refroidissement est pompé dans le bloc-moteur et il entoure les parois extérieures du cylindre. Le mélange d'air et de carburant qui brûle dans les cylindres du moteur atteint souvent des températures supérieures à 2204 °C (4000 °F). Les parois du cylindre, par contre, ne peuvent pas atteindre une température supérieure à 260 °C (500 °F). Il faut éloigner la chaleur puisque les pièces du moteur peuvent fondre à ces températures.

Étant donné que la chaleur passe naturellement de chaud à froid, le liquide de refroidissement prend la chaleur de la combustion lorsqu'elle passe sur les surfaces internes du bloc-moteur. Une fois chauffé, le liquide de refroidissement passe par la culasse. C'est à cet endroit qu'il refroidit le métal autour des chambres de combustion, des soupapes et des sièges de soupape. C'est aussi l'endroit où la chaleur du moteur atteint sa température la plus élevée. Si l'on n'assure pas la qualité, les niveaux de pression et la vitesse de circulation du liquide de refroidissement, il peut se produire une ébullition dans les canalisations des culasses. Il se forme alors une cavitation de vapeur.

La *cavitation* est la formation de bulles ou de poches de vapeur dans le liquide. Ce terme se rapporte

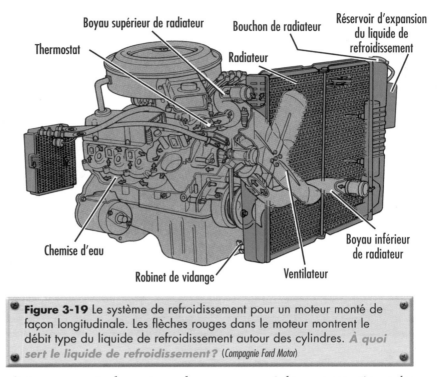

Figure 3-19 Le système de refroidissement pour un moteur monté de façon longitudinale. Les flèches rouges dans le moteur montrent le débit type du liquide de refroidissement autour des cylindres. *À quoi sert le liquide de refroidissement?* (Compagnie Ford Motor)

également aux dommages causés lorsque ces minuscules bulles en ébullition explosent. La cavitation creuse des cavités dans le métal et elle peut causer une défaillance du joint de culasse. Elle peut également endommager la culasse, la pompe à eau et le bloc-moteur.

Le thermostat

Le thermostat est le dispositif de commande de la température (*voir la figure 3-20*). Le thermostat bloque le débit du liquide de refroidissement au radiateur jusqu'à ce que le moteur ait atteint une température normale de fonctionnement.

Tout au long du réchauffement du moteur, le thermostat reste fermé. Le liquide de refroidissement revient par le bloc-moteur en empruntant le passage de

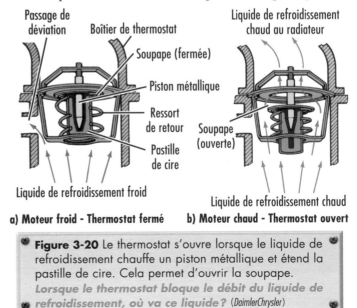

a) Moteur froid - Thermostat fermé   b) Moteur chaud - Thermostat ouvert

Figure 3-20 Le thermostat s'ouvre lorsque le liquide de refroidissement chauffe un piston métallique et étend la pastille de cire. Cela permet d'ouvrir la soupape. *Lorsque le thermostat bloque le débit du liquide de refroidissement, où va ce liquide?* (DaimlerChrysler)

CONSEIL TECHNIQUE **Le thermostat est-il coincé?** Le thermostat reste parfois coincé en position fermée ou est installé à l'envers. Il est possible que la personne qui conduit remarque un réchauffement normal, mais par la suite une surchauffe et l'ébullition du liquide de refroidissement. Vérifie l'installation du thermostat.

déviation de la pompe à eau. Par conséquent, le liquide de refroidissement circule au-delà des cylindres, une fois de plus sans bénéficier de l'aide du refroidissement du radiateur. Ainsi, le moteur se réchauffe rapidement et de façon uniforme.

Lorsque la température monte pour atteindre un point préétabli par l'étalonnage du thermostat, ce dernier commence à s'ouvrir. Le liquide de refroidissement coule ensuite par le thermostat. Le débit se poursuit par le boyau supérieur du radiateur. Le liquide de refroidissement entre ensuite dans le réservoir d'admission du radiateur. À partir de là, il passe par les tubes de refroidissement du radiateur.

Le bouchon du radiateur

Le bouchon du radiateur s'ajuste dans le réservoir d'admission du radiateur (*voir la figure 3-21*). Il bouche le goulot de remplissage. On retrouve également, attaché au goulot, un boyau de petit diamètre (le tube de transfert). Il se connecte au réservoir de trop-plein du liquide de refroidissement ou au réservoir d'expansion.

Lorsque le liquide de refroidissement se réchauffe, il s'étend. La pression du système de refroidissement monte par la suite. Selon le volume du liquide de refroidissement et le rendement du moteur demandé par la personne qui conduit, il est possible que la capacité du système entraîne un débordement. Par conséquent, à un niveau de pression indiqué sur le bouchon du réservoir, une partie du liquide reçoit un espace additionnel pour circuler. Le liquide passe par le tube de transfert et se rend dans le réservoir d'expansion ou dans le réservoir de trop-plein.

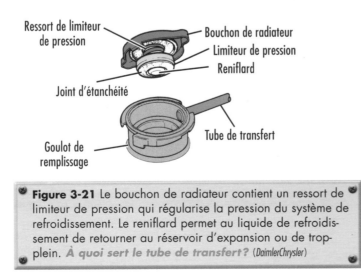

Figure 3-21 Le bouchon de radiateur contient un ressort de limiteur de pression qui régularise la pression du système de refroidissement. Le reniflard permet au liquide de refroidissement de retourner au réservoir d'expansion ou de trop-plein. *À quoi sert le tube de transfert?* (DaimlerChrysler)

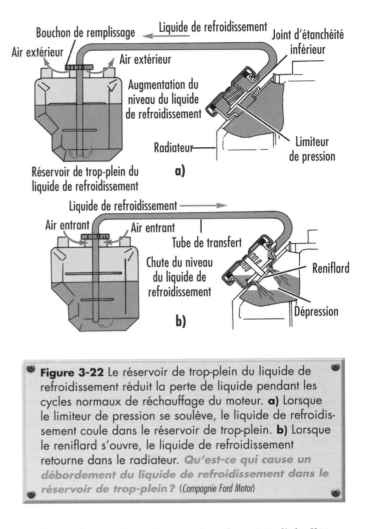

Figure 3-22 Le réservoir de trop-plein du liquide de refroidissement réduit la perte de liquide pendant les cycles normaux de réchauffage du moteur. **a)** Lorsque le limiteur de pression se soulève, le liquide de refroidissement coule dans le réservoir de trop-plein. **b)** Lorsque le reniflard s'ouvre, le liquide de refroidissement retourne dans le radiateur. *Qu'est-ce qui cause un débordement du liquide de refroidissement dans le réservoir de trop-plein?* (Compagnie Ford Motor)

Pour chaque livre de pression, le point d'ébullition à la pression atmosphérique (niveau de la mer) augmente de 1,68 °C (3 °F). Un bouchon classé à 103 kPa (15 lb/po²) augmente le point d'ébullition de 100 °C à 125 °C (212 °F à 257 °F).

Au moment de la conception du moteur, les ingénieurs ont déterminé la pression dont a besoin le système de refroidissement. La force mécanique du ressort de bouchon de radiateur détermine la pression. Lorsque la pression du système dépasse la force du ressort, le liquide de refroidissement passe par le tube de transfert pour aller jusqu'au réservoir de trop-plein (*voir la figure 3-22*).

Lorsque la pression chute, la tension du ressort ferme le limiteur de pression. La pression désirée reste dans le système pendant le fonctionnement du moteur. Lorsque le moteur s'arrête, la pompe à eau arrête de tourner. Le liquide de refroidissement devient alors très chaud. Ce chauffage intense du liquide de refroidissement se poursuit pendant un court moment. C'est ce que l'on appelle la période de surchauffe du moteur. Au cours de celle-ci, le liquide de refroidissement s'étend pour atteindre son volume maximal. Le liquide peut s'étendre pour remplir le réservoir de trop-plein jusqu'au niveau «chaud» ou «maximum».

À mesure que le moteur se refroidit, le liquide de refroidissement commence à se contracter dans le moteur. La pression du système chute et une faible dépression se produit, ce qui attire le liquide pour qu'il revienne au boyau de trop-plein. Il passe par le reniflard, un clapet de non-retour intégré dans le bouchon. Le niveau du liquide de refroidissement dans le réservoir de trop-plein baisse, mais il ne devrait pas être plus bas que le niveau minimum ou minimum-froid.

CONSEIL TECHNIQUE **Le débordement par bouillonnement** Si le système de refroidissement du liquide de refroidissement du véhicule bouillonne et perd du liquide, cela peut indiquer que le bouchon du réservoir ne conserve pas la pression du système. Il est très important d'avoir un bouchon de réservoir approprié pour assurer un fonctionnement adéquat du système de refroidissement.

Le réservoir de trop-plein du liquide de refroidissement

Le réservoir de trop-plein du liquide de refroidissement est un récipient, habituellement en plastique. Il a deux fonctions. D'abord, il emmagasine le liquide de refroidissement chaud qui s'étend et circule hors du radiateur. Ensuite, il sert de réservoir pour contenir le liquide de refroidissement du moteur lorsqu'il se contracte. Il fournit également du liquide de refroidissement en cas de pertes légères.

Le réservoir de trop-plein est, en général, transparent. Cela permet de bien voir le niveau de liquide de l'extérieur. On retrouve sur le réservoir des repères qui indiquent les niveaux «minimum-froid» et «maximum-chaud». Dans des conditions de fonctionnement normal, le niveau devrait se maintenir entre les deux repères.

Certains systèmes sont munis d'une *chambre d'expansion*. Il ne faut pas confondre cette chambre avec le réservoir de trop-plein, même si leur fonction est identique. Dans les systèmes qui ont une chambre d'expansion, le bouchon du réservoir se trouve sur la

La sécurité d'abord **La sécurité personnelle** N'enlève jamais le bouchon de radiateur d'un système de refroidissement chaud. La libération subite de pression fait gicler le liquide de refroidissement, qui peut t'asperger et te causer de graves blessures. Vérifie le niveau du liquide de refroidissement dans le système seulement lorsqu'il est froid. En faisant le remplissage, verse le liquide de refroidissement dans la partie supérieure du goulot de remplissage. Par la suite, ajuste le niveau du liquide jusqu'au niveau minimum-froid dans le réservoir d'expansion. Replace le bouchon sur le radiateur avant de démarrer le moteur.

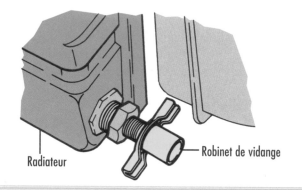

Figure 3-23 La vidange du liquide de refroidissement se fait à partir du robinet de vidange pour permettre la réparation des composants du moteur. *Pourquoi faut-il vidanger le système au radiateur sans enlever tout le liquide de refroidissement du moteur?* (Corporation General Motors)

chambre d'expansion plutôt que sur le radiateur. N'enlève jamais un bouchon de réservoir d'une chambre d'expansion chaude.

Une expansion appropriée du système de refroidissement et une bonne contraction dépendent de l'état du bouchon du radiateur et d'un circuit étanche à l'air. Le bouchon qui assure l'étanchéité et le système d'expansion doivent toujours être en bon état.

Le radiateur

Le *radiateur* transfère la chaleur du moteur dans l'air extérieur. Le liquide de refroidissement réchauffé passe par les tubes de radiateur. L'air plus froid provenant de l'extérieur passe par les tubes. Le transfert de la chaleur se fait du liquide de refroidissement chaud aux tubes métalliques et, par la suite, vers l'extérieur. Pour aider au transfert de la chaleur, chaque tube est muni d'ailettes fixées à la surface extérieure. Les ailettes s'ajoutent à la surface métallique exposée à l'air.

Il peut survenir des problèmes lorsque le débit d'air est insuffisant, que les tubes sont bouchés ou que le radiateur n'a pas la capacité suffisante pour le transfert de chaleur nécessaire. Le débit d'air qui passe par les ailettes ne doit pas être limité. Des corps étrangers comme des insectes, des feuilles et des débris peuvent causer une surchauffe.

Le débit d'air du radiateur est un facteur à prendre en considération dans la conception de la partie avant du véhicule, incluant le pare-chocs et la calandre. Il ne faut pas que l'air qui passe par le radiateur soit ralenti par des obstructions. Si le véhicule est équipé d'une boîte de vitesses automatique, le réservoir de sortie du radiateur loge habituellement le refroidisseur du liquide de la transmission.

Le réservoir de sortie est souvent muni d'un robinet de vidange pour purger le système (*voir la figure 3-23*). Il est possible que la purge du radiateur n'enlève pas tout l'antigel du moteur.

La moitié du liquide de refroidissement peut toujours se trouver dans le moteur. Il faut habituellement effectuer un rinçage ou une procédure d'échange du liquide de refroidissement pour le remplacer entièrement.

Le ventilateur

Au cours d'une conduite à vitesse modérée ou rapide, le mouvement avant du véhicule fait que l'air circule par le radiateur. Le débit de l'air s'appelle *débit d'air dynamique*. Cependant, un véhicule ralentit souvent ou s'arrête pour des périodes de temps variées. Cette situation implique que le débit d'air dynamique soit diminué ou arrêté. Si la température de l'air autour des ailettes de refroidissement augmente suffisamment, il en résulte un mauvais transfert de chaleur du radiateur.

Le ventilateur permet au débit d'air de passer par les ailettes lorsque le véhicule se déplace lentement ou s'arrête. Le déflecteur de ventilateur contrôle le débit d'air par le ventilateur pour assurer une efficacité maximale du ventilateur (*voir la figure 3-24*).

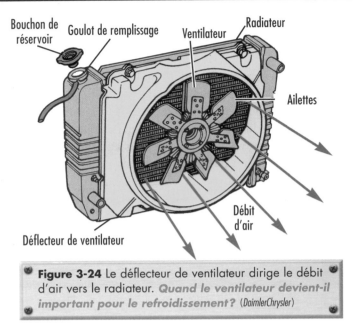

Figure 3-24 Le déflecteur de ventilateur dirige le débit d'air vers le radiateur. *Quand le ventilateur devient-il important pour le refroidissement?* (*DaimlerChrysler*)

Dans les dispositifs d'entraînement mécaniques, une courroie permet de faire tourner le mécanisme des ventilateurs. La courroie d'entraînement peut être une courroie en V ou une courroie en serpentin. La courroie,

COMMUNICATION AUTOMOBILE
EXCELLENCE

Le suivi d'un ordinogramme

Il est important de savoir lire les diagrammes et les ordinogrammes pour comprendre le fonctionnement du système. Ceux-ci permettent aux techniciens de suivre des lignes de courant électrique, de carburant et de liquide de refroidissement. Par conséquent, ils aident les techniciens à expliquer aux clients le fonctionnement des systèmes reliés au véhicule.

« Pourquoi y a-t-il toujours des flaques d'eau sous mon véhicule ? » est une question souvent posée par les clients. Une technicienne ou un technicien qui peut facilement lire un diagramme ou un ordinogramme illustrant le chemin du fluide frigorigène dans le système de climatisation, sera plus en mesure de répondre à cette question. En se servant d'une telle « image », les techniciens peuvent informer la clientèle de ce qui a trait à son fonctionnement. L'information qu'ils donnent demande cependant aux techniciens de « traduire » les termes techniques et les nombres. Bien que les techniciens comprennent ces termes, ils doivent s'assurer d'employer un niveau de langue que la clientèle peut comprendre.

À toi de jouer !

Conforme aux normes de l'EDU en communications pour l'adoption d'une stratégie écrite et parlée et la transmission d'informations.

❶ Reporte-toi à la figure 3-5 du présent chapitre.

❷ Lis les diagrammes en suivant les flèches qui représentent le débit du fluide frigorigène. Tout en portant une attention particulière aux nombreux termes techniques contenus dans le diagramme, pense à ces termes en fonction d'exemples que tu peux donner aux clients pour qu'ils comprennent mieux. Par exemple, pour simplifier une explication sur la condensation, tu pourrais parler de la façon dont l'humidité se forme sur la glace extérieure.

❸ Plie une feuille de papier en deux. Inscris en en-têtes « Langage technique » dans la première colonne et « Langage du client » dans la deuxième. Suis le débit du fluide frigorigène sur le diagramme. Énumère tous les termes techniques et les mesures de la première colonne. Dans la deuxième colonne, donne une explication des termes de la première colonne. Assure-toi d'utiliser des termes que les clients vont comprendre.

❹ Partage tes données avec ton équipe, ta classe ou ton enseignante ou ton enseignant. Demande-leur d'évaluer la précision des termes techniques et de vérifier s'ils sont faciles à comprendre.

entraînée par la poulie de vilebrequin avant, peut aussi entraîner plusieurs autres dispositifs, y compris:
- l'alternateur,
- la pompe à servodirection,
- le compresseur de climatisation,
- la pompe à eau.

L'utilisation de la courroie en serpentin est plus répandue que la courroie en V. Elle peut fonctionner à des vitesses supérieures à celles de la courroie en V. Les courroies en serpentin permettent l'utilisation de poulies d'entraînement ayant des diamètres beaucoup plus petits. Des plus petites poulies permettent des vitesses d'accessoires plus élevées. Cela signifie une plus grande efficacité, même à gaz réduit. Les courroies en serpentin sont plus plates et plus souples que les courroies en V. Elles produisent moins de chaleur interne, ce qui leur assure une plus longue durée de vie.

Qu'elles soient entraînées par une courroie en V ou par une courroie en serpentin, les pales de ventilateur déplacent l'air. Les pales sont rigides ou souples. Les pales souples changent d'intensité lorsque le ventilateur tourne à grande vitesse. Lorsque le régime du moteur est élevé, les pales s'aplatissent. Le ventilateur est alors moins efficace. Cette situation agit sur la puissance du moteur puisque le ventilateur fonctionne lorsque son utilisation n'est pas nécessaire.

Certains moteurs sont munis d'un embrayage de ventilateur entraîné par une courroie. Un thermostat qui se trouve dans l'embrayage déclenche l'embrayage et le débrayage du ventilateur. Lorsque le moteur est chaud, il y a débrayage du ventilateur pour augmenter le débit d'air. Lorsque le moteur est froid, l'embrayage du ventilateur glisse pour permettre au moteur de se réchauffer. Lorsque l'embrayage glisse, il y a moins de résistance de frottement et de bruit, ainsi qu'une meilleure économie en carburant.

Certains embrayages de ventilateur ne sont pas thermosensibles mais fonctionnent selon la vitesse du ventilateur. Après qu'une vitesse prédéterminée ait été atteinte, que l'on appelle parfois *vitesse terminale,* il y a débrayage du ventilateur.

Dans les véhicules à traction avec moteur transversal, la plupart des ventilateurs sont entraînés par un moteur électrique. Un *moteur transversal* est un moteur posé dans

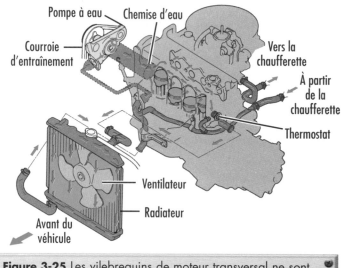

Figure 3-25 Les vilebrequins de moteur transversal ne sont pas alignés avec le radiateur. Les ventilateurs ne sont pas entraînés par une courroie, mais le sont plutôt de façon électrique. Le moteur de ventilateur se trouve derrière le ventilateur. Dans certains véhicules, le module de commande du groupe motopropulseur commande le ventilateur. *Nomme un avantage à utiliser un ventilateur.* (Compagnie Ford Motor)

le sens côté à côté dans le compartiment moteur. Cela signifie que les poulies et les courroies font face au côté du véhicule au lieu du devant. Le radiateur, cependant, fait toujours face à l'avant du véhicule (*voir la figure 3-25*). L'utilisation d'un ventilateur entraîné par courroie serait quelque peu difficile avec cet arrangement. Dans ce genre de modèle, l'énergie électrique entraîne le ventilateur par un relais. Une sonde de température du liquide de refroidissement dans le radiateur ou la chemise d'eau indique le fonctionnement du ventilateur directement ou par le module de commande du groupe motopropulseur.

Tu peux activer et désactiver automatiquement les ventilateurs électriques à l'aide d'un contacteur thermosensible qui éteint le ventilateur lorsque la température du liquide de refroidissement est basse. Le ventilateur fonctionne continuellement lorsque le climatiseur est en marche. Lorsque le climatiseur est éteint, le ventilateur fonctionne uniquement lorsque le liquide de refroidissement atteint une température prédéterminée. À des vitesses supérieures à 56 km/h (35 mi/h), le ventilateur n'est pas nécessaire. Le débit d'air causé par la vitesse avant du véhicule, que l'on appelle *écoulement d'air dynamique,* est suffisant.

VÉRIFIE TES CONNAISSANCES

❶ Quels sont les deux composants que l'on trouve dans le liquide de refroidissement?

❷ Qu'est-ce que la cavitation et que peut-elle causer?

❸ Qu'est-ce qui détermine la pression du bouchon de réservoir?

❹ À quoi sert la pale de ventilateur?

❺ Dans les véhicules à traction avec moteur transversal, pourquoi un moteur électrique entraîne-t-il habituellement le ventilateur?

RÉVISION DU CHAPITRE 3

Notions importantes

Conforme aux normes du MFCUO pour le chauffage et la climatisation: connaissance du fonctionnement des systèmes de chauffage et de climatisation.

- Le système de chauffage et de climatisation fait circuler l'air climatisé dans le véhicule.
- Le chauffage et la climatisation agissent sur le principe d'échange thermique.
- La climatisation des automobiles suit un cycle de réfrigération, qui est un système sous pression étanche permettant la circulation du fluide frigorigène dans une boucle continue.
- Le processus de réfrigération implique trois étapes de base.
- Le cycle de climatisation de base utilise du fluide frigorigène pour refroidir l'air.
- On a recours à deux types de fluide frigorigène dans la plupart des systèmes de climatisation des automobiles.
- Il existe six composants de base du système de climatisation.
- Le système de refroidissement transfère la chaleur du moteur vers l'extérieur.
- Le fonctionnement du système de refroidissement dépend de l'air acheminé par le radiateur.
- Le ventilateur d'un véhicule à traction fonctionne habituellement grâce à un moteur électrique.

Questions de révision

❶ Comment le système de chauffage et de climatisation fait-il circuler l'air climatisé dans le véhicule ?

❷ Quel est le principe du transfert de chaleur et comment appelle-t-on ce principe dans les systèmes de chauffage et de climatisation ?

❸ Explique le cycle de base du fluide frigorigène de climatisation.

❹ Nomme les principaux composants du système de climatisation.

❺ Décris le fonctionnement du système de refroidissement et dis pourquoi il est important pour le bon fonctionnement du moteur.

❻ Explique brièvement la fonction des composants du système de refroidissement.

❼ Qu'est-ce qu'un écoulement d'air dynamique et comment affecte-t-il le système de refroidissement du moteur ?

❽ **Pensée critique** Explique comment la chaleur se déplace d'un endroit à un autre et pourquoi la chaleur se déplace seulement dans une direction.

❾ **Pensée critique** Qu'est-ce qui fait que de l'humidité s'accumule sur l'évaporateur ?

PRÉVISIONS TECHNOLOGIQUES

POUR L'EXCELLENCE EN MATIÈRE D'AUTOMOBILE

La climatisation de l'air

La climatisation implique bien plus que le simple fait de garder l'habitacle d'un véhicule au frais lorsqu'il fait chaud. L'air climatisé doit aussi permettre de conditionner l'air. Des nouveaux filtres à air sont à l'étape de développement. Ils auront pour tâche d'éliminer le pollen, la poussière et d'autres débris microscopiques qui peuvent déclencher des allergies chez certaines personnes. Contrairement aux filtres traditionnels utilisés dans les automobiles et les camions d'aujourd'hui, ces éléments fonctionnent au sein d'un système électrostatique.

Ce nouveau principe de conditionnement de l'air implique l'implantation d'un système électrique de 42 volts, lequel doit être mis sur le marché sous peu. Les filtres électrostatiques sont plus efficaces que les filtres actuels en papier dont l'emploi est limité. Les filtres électrostatiques peuvent bloquer l'accès à de très petites particules dans l'habitacle sans pour autant réduire le débit d'air.

Les ingénieurs s'emploient également à trouver d'autres façons d'améliorer le conditionnement de l'air et le fonctionnement du chauffage. Pour ce faire, ils commencent par un endroit inhabituel, soit les glaces. C'est ce que l'on appelle le principe du verre énergétique, ce qui signifie que la glace réduit l'émission de chaleur. L'utilisation de ce type de verre est maintenant répandue dans la construction résidentielle en raison de sa capacité à fournir un confort à l'année. Les constructeurs de véhicules automobiles croient que cette technologie pourrait aussi rendre leurs véhicules plus confortables. Lorsque la glace est traitée avec une couche transparente et fine d'oxyde de métal, le verre énergétique permet de garder la chaleur à l'intérieur et le froid à l'extérieur en hiver, alors qu'il fait sortir la chaleur et refroidit l'intérieur en été.

EXCELLENCE AUTOMOBILE
TEST PRÉPARATOIRE

En répondant aux questions suivantes, tu pourras te préparer aux tests en vue d'obtenir la certification du MFCUO.

1. La technicienne ou le technicien A dit que le fluide frigorigène donne une sensation de fraîcheur lorsqu'il touche la peau. La technicienne ou le technicien B dit que la vaporisation peut geler la peau et causer des blessures. Qui a raison ?
   - **a** La technicienne ou le technicien A.
   - **b** La technicienne ou le technicien B.
   - **c** Les deux ont raison.
   - **d** Les deux ont tort.

2. La technicienne ou le technicien A dit que la mise en cycle de l'embrayage du compresseur contrôle le débit du fluide frigorigène. La technicienne ou le technicien B dit que le changement de cylindrée du compresseur peut contrôler le débit du fluide frigorigène. Qui a raison ?
   - **a** La technicienne ou le technicien A.
   - **b** La technicienne ou le technicien B.
   - **c** les deux ont raison.
   - **d** Les deux ont tort.

3. La technicienne ou le technicien A dit qu'une trop petite quantité de fluide frigorigène dans un système de climatisation réduit l'efficacité du refroidissement. La technicienne ou le technicien B dit que trop de fluide frigorigène dans le système réduit le rendement du système de refroidissement. Qui a raison ?
   - **a** La technicienne ou le technicien A.
   - **b** La technicienne ou le technicien B.
   - **c** Les deux ont raison.
   - **d** Les deux ont tort.

4. Une courroie en serpentin ou une courroie en V entraîne :
   - **a** le compresseur.
   - **b** la pompe à eau.
   - **c** l'alternateur.
   - **d** Toutes ces réponses.

5. La technicienne ou le technicien A dit qu'un thermostat coincé en position ouverte fait en sorte que le moteur se réchauffe lentement. La technicienne ou le technicien B dit que le moteur surchauffera. Qui a raison ?
   - **a** La technicienne ou le technicien A.
   - **b** La technicienne ou le technicien B.
   - **c** Les deux ont raison.
   - **d** Les deux ont tort.

6. La technicienne ou le technicien A dit que les ventilateurs dans les véhicules à moteur transversal sont entraînés de façon électrique. La technicienne ou le technicien B dit que les véhicules à moteur transversal sont entraînés de façon mécanique. Qui a raison ?
   - **a** La technicienne ou le technicien A.
   - **b** La technicienne ou le technicien B.
   - **c** Les deux ont raison.
   - **d** Les deux ont tort.

7. La technicienne ou le technicien A dit que le réservoir de trop-plein ou d'expansion du liquide de refroidissement doit être au niveau maximal lorsque le moteur est froid. La technicienne ou le technicien B dit que le niveau devrait être légèrement au-dessus du minimum lorsque le moteur est froid. Qui a raison ?
   - **a** La technicienne ou le technicien A.
   - **b** La technicienne ou le technicien B.
   - **c** Les deux ont raison.
   - **d** Les deux ont tort.

8. La technicienne ou le technicien A dit que le condenseur transforme le liquide chaud en vapeur fraîche. La technicienne ou le technicien B dit qu'il transforme la vapeur chaude en liquide chaud. Qui a raison ?
   - **a** La technicienne ou le technicien A.
   - **b** La technicienne ou le technicien B.
   - **c** Les deux ont raison.
   - **d** Les deux ont tort.

9. Lorsque des feuilles sont emprisonnées entre le condenseur et le radiateur, cela cause :
   - **a** un mauvais fonctionnement du système de climatisation.
   - **b** une surchauffe du moteur.
   - **c** a et b.
   - **d** Aucune de ces réponses.

10. La technicienne ou le technicien A dit que certains systèmes ont une chambre d'expansion au lieu d'un réservoir de trop-plein. La technicienne ou le technicien B dit qu'il ne faut pas enlever le bouchon du réservoir lorsque la chambre d'expansion est chaude. Qui a raison ?
   - **a** La technicienne ou le technicien A.
   - **b** La technicienne ou le technicien B.
   - **c** Les deux ont raison.
   - **d** Les deux ont tort.

Diagnostic et réparation des systèmes de chauffage et de refroidissement du moteur

Tu seras en mesure :

- ⊗ d'inspecter et de déterminer l'état du liquide de refroidissement ;
- ⊗ de faire une inspection visuelle du système de refroidissement et de chauffage ;
- ⊗ de vérifier le radiateur pour t'assurer qu'il fonctionne bien et diagnostiquer ses problèmes connexes ;
- ⊗ d'effectuer un essai de pression du bouchon de radiateur et du système de refroidissement ;
- ⊗ d'inspecter et de tester le système de chauffage et de refroidissement pour déceler des fuites internes et externes.

Le vocabulaire :

Liquide de refroidissement

Pyromètre numérique

Déflecteur de ventilateur

Radiateur de chaufferette

Faisceau de radiateur

Poids spécifique

Interrupteur thermostatique

Le problème

M. Richard amène son véhicule au garage en raison d'un problème de surchauffe. Il dit qu'à chaque fois qu'il vérifie le niveau de liquide de refroidissement, celui-ci est bas. Lorsqu'il ajoute du liquide de refroidissement, l'automobile fonctionne bien pour une courte période mais elle recommence à surchauffer peu après. Lorsqu'il vérifie le niveau du liquide de refroidissement, il remarque qu'il a de nouveau baissé. Il n'a jamais remarqué une fuite et il n'a jamais vu de vapeur s'échapper du capot.

Lorsque tu ouvres le capot, tu ne remarques aucun signe de fuite. Tu remarques, cependant, que le niveau du liquide de refroidissement est sous la normale.

Ton défi

À titre de technicienne ou de technicien, tu dois répondre aux questions suivantes :

1. Le moteur fonctionne-t-il sans vibrations ?
2. La présence d'une fuite externe est-elle évidente pendant un essai de pression ?
3. Un essai de pression montre-t-il une chute de pression lorsque le moteur est froid, mais pas lorsqu'il est chaud ?

Les éléments de base du système de refroidissement et de chauffage

L'objectif principal d'un système de refroidissement d'automobile est de garder la température du moteur à un niveau qui assure au moteur un meilleur rendement. Un moteur trop chaud risque de s'endommager. S'il est trop froid, il ne tournera pas adéquatement et il y aura un gaspillage de carburant.

La plupart des véhicules d'aujourd'hui utilisent du liquide de refroidissement. Cette méthode nécessite la présence d'un système de boyaux, de cavités et parfois des tubes qui permettent de déplacer le liquide de refroidissement dans les pièces du moteur et autour de celles-ci (*voir la figure 4-1*). Le système a ensuite besoin d'amener le liquide dans un secteur où l'on peut éliminer la chaleur recueillie du moteur. À ce point, il est possible de transférer la chaleur vers l'extérieur ou de la diriger dans l'habitacle pour réchauffer celui-ci ou pour dégivrer les glaces.

Le liquide utilisé dans un système de refroidissement n'est pas de l'eau. L'eau pourrait geler à de basses températures et fissurer le radiateur et le bloc moteur. Pour éviter ces inconvénients, un produit chimique appelé *antigel* est ajouté à l'eau. C'est ce que l'on appelle le **liquide de refroidissement,** un mélange d'eau et d'antigel qui circule dans le système de refroidissement.

Les vérifications initiales du système de refroidissement

Il est facile de faire l'inspection du système de refroidissement tout en effectuant d'autres travaux dans le compartiment moteur. Certaines vérifications rapides peuvent s'effectuer sous le capot du véhicule. Cependant, pour effectuer une analyse plus approfondie, le système doit avoir eu le temps de se refroidir.

Afin de laisser le système de refroidissement se refroidir, il te faut éteindre le moteur. Lorsque le système a refroidi, prends note du kilométrage sur le compteur. Vérifie si des entretiens périodiques sont indiqués sur le

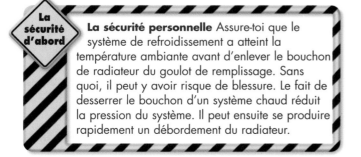

La sécurité d'abord **La sécurité personnelle** Assure-toi que le système de refroidissement a atteint la température ambiante avant d'enlever le bouchon de radiateur du goulot de remplissage. Sans quoi, il peut y avoir risque de blessure. Le fait de desserrer le bouchon d'un système chaud réduit la pression du système. Il peut ensuite se produire rapidement un débordement du radiateur.

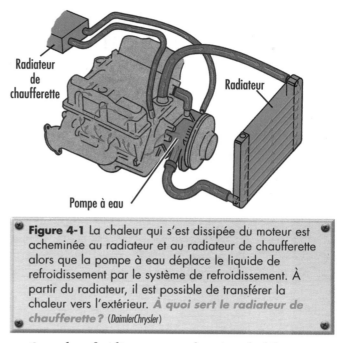

Radiateur de chaufferette

Radiateur

Pompe à eau

Figure 4-1 La chaleur qui s'est dissipée du moteur est acheminée au radiateur et au radiateur de chaufferette alors que la pompe à eau déplace le liquide de refroidissement par le système de refroidissement. À partir du radiateur, il est possible de transférer la chaleur vers l'extérieur. *À quoi sert le radiateur de chaufferette ?* (DaimlerChrysler)

système de refroidissement en fonction du kilométrage enregistré. Consulte les dossiers du véhicule ou renseigne-toi auprès de la cliente ou du client.

Dès que le système est froid, vérifie la quantité et la qualité du liquide de refroidissement en observant le liquide dans le réservoir. Le réservoir de liquide de refroidissement garde le liquide alors qu'il se produit une expansion et une contraction de celui-ci avec le chauffage et le refroidissement du moteur.

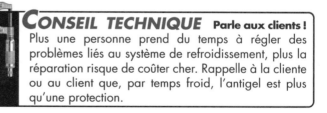

CONSEIL TECHNIQUE **Parle aux clients !** Plus une personne prend du temps à régler des problèmes liés au système de refroidissement, plus la réparation risque de coûter cher. Rappelle à la cliente ou au client que, par temps froid, l'antigel est plus qu'une protection.

Fais une inspection visuelle du radiateur, de la chaufferette et du moteur pour déceler des fuites. Si le liquide de refroidissement présente des traces de rouille, a une couleur brun-noir ou gris-noir, cela peut être dû à de la corrosion. Il est possible que le radiateur soit bouché par de la rouille ou de la corrosion. Les radiateurs peuvent se boucher bien longtemps avant qu'ils ne se décolorent. Vérifie s'il y a une accumulation de sédiments dans le liquide de refroidissement. Prends un échantillon et mets-le de côté dans un récipient transparent. Vérifie l'échantillon après une heure. Si des sédiments s'installent dans le récipient, c'est que le système de refroidissement a besoin d'un bon entretien.

La vérification de l'antigel

Tu peux vérifier l'antigel en déposant une petite quantité de liquide de refroidissement dans un hydromètre ou un réfractomètre. Un *hydromètre* sert à

Le bon choix du liquide de refroidissement

Pendant des décennies, l'*antigel* était le nom donné au produit chimique servant à empêcher les radiateurs de sauter. De nos jours, le nom n'est pas précis pour le produit chimique utilisé dans les systèmes de refroidissement. Le produit chimique maintenant utilisé empêche non seulement le liquide de geler mais, de plus, il augmente le point d'ébullition. Par conséquent, le terme utilisé est maintenant *liquide de refroidissement*. En plus d'effectuer ces tâches, le liquide de refroidissement empêche aussi la corrosion et l'accumulation de rouille. Il en résulte que le liquide de refroidissement est devenu un mélange de produits chimiques dangereux pour l'environnement.

Les liquides de refroidissement peuvent être nocifs pour le système de refroidissement du véhicule si on ne les utilise pas correctement. Les fabricants de ces produits préviennent de ne jamais mélanger différents types de liquides de refroidissement. Ils préviennent aussi de ne pas traiter les systèmes de refroidissement avec un liquide autre que celui recommandé par le fabricant du véhicule. Certains systèmes ne fonctionnent qu'avec un type de liquide de refroidissement particulier. Si les conducteurs ne se plient pas à ces recommandations, ils risquent sérieusement d'endommager le système de refroidissement du véhicule. Par conséquent, les techniciens doivent savoir quel liquide de refroidissement est conçu pour chaque type de véhicule.

À toi de jouer !

Conforme aux normes de l'EDU en communications pour l'adoption d'une stratégie de lecture, l'analyse de l'information des fabricants et l'emploi des manuels d'entretien.

❶ Inscris sur une feuille de papier le titre : «Liquides de refroidissement». Divise la feuille en trois dans le sens de la longueur. Inscris dans la colonne de gauche «Source», pour indiquer de quel récipient provient le liquide de refroidissement. Inscris dans la colonne du milieu «Renseignements importants». Il te faut expliquer dans cette colonne comment utiliser le liquide, selon quelle fréquence le changer et dans quel véhicule il faut l'utiliser. Inscris dans la colonne de droite «Ce qu'il ne faut pas faire».

❷ Fais une recherche de différentes sources d'information sur les liquides de refroidissement. Inscris tes notes dans la bonne colonne sur la feuille de papier.

❸ Quelles conclusions peux-tu tirer à partir de ces renseignements ?

vérifier le mélange dans le système en mesurant le poids spécifique. Le **poids spécifique** d'un liquide est son poids comparativement au poids de l'eau seule. Le liquide de refroidissement qui contient de l'antigel a un poids spécifique supérieur à l'eau. À mesure que la concentration en antigel change, il en est de même pour son poids spécifique.

Un *réfractomètre* est un instrument qui mesure l'angle auquel un rayon lumineux se courbe ou les indices de réfraction qui passent par le liquide de refroidissement.

La concentration d'antigel dans l'échantillon de liquide de refroidissement affecte l'angle de réfraction. Une petite quantité de liquide de refroidissement se retrouve dans la surface de mesure du réfractomètre. Il faut ensuite tenir l'instrument vers une source de lumière. Une échelle qui se trouve dans le voyant indique la température à laquelle le liquide de refroidissement assure toujours une protection contre le gel.

Les plus récents modèles de véhicules qui utilisent de nouveaux liquides de refroidissement peuvent ne pas donner de relevé précis sur des anciens hydromètres. Dans ce cas, utilise le réfractomètre de liquide de refroidissement. Le compteur mesure la quantité de lumière réfractée par le mélange. Lis l'échelle selon les directives du fabricant de l'instrument.

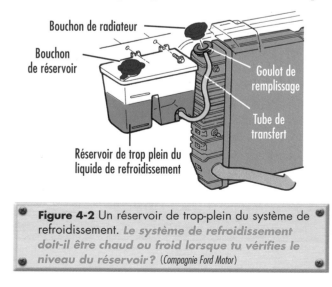

Bouchon de radiateur
Bouchon de réservoir
Goulot de remplissage
Tube de transfert
Réservoir de trop plein du liquide de refroidissement

Figure 4-2 Un réservoir de trop-plein du système de refroidissement. *Le système de refroidissement doit-il être chaud ou froid lorsque tu vérifies le niveau du réservoir ?* (Compagnie Ford Motor)

L'ajout de liquide de refroidissement

Reporte-toi à la **figure 4-2**. S'il faut ajouter du liquide de refroidissement, évite d'utiliser de l'eau seulement. Elle dilue le mélange. De la même façon, n'utilise pas de l'antigel seul. Il faut que l'eau soit mélangée avec l'antigel (habituellement un mélange 50/50) avant de la verser dans le radiateur. La protection de glycol éthylique antigel atteint son maximum lorsque le mélange est d'environ 70 % d'éthylèneglycol et de 30 % d'eau. Si on dépasse le niveau, la protection est moindre.

Une fois le liquide de refroidissement ajouté, il faut purger l'air à partir du système de refroidissement. Certains véhicules sont équipés d'une soupape de purge conçue à cet effet. Sur ces véhicules, fais tourner le moteur jusqu'à ce qu'il atteigne une température normale de fonctionnement. Utilise ensuite la soupape de purge pour purger le système.

> **CONSEIL TECHNIQUE** **L'hydromètre de poche** Un instrument de mesure très utile du système de refroidissement est l'hydromètre de poche. Ce petit hydromètre contient des billes colorées qui flottent selon la force de protection de la solution. Bien qu'il ne soit pas précis pour des mesures importantes, l'hydromètre de poche est facile à utiliser pour des vérifications rapides.

Si le véhicule n'est pas équipé d'une soupape de purge d'air, vérifie si le bouchon du radiateur est le point le plus élevé du système de refroidissement. Si c'est le cas, démarre le moteur lorsque le bouchon du radiateur est enlevé. Lorsque le moteur se réchauffe et que le niveau du liquide de refroidissement chute, ajoute plus de liquide de refroidissement jusqu'à ce que le niveau approprié ait été atteint. Si le bouchon du radiateur n'est pas le point le plus élevé, soulève l'avant du véhicule jusqu'à ce qu'il soit à ce point. Répète ensuite cette marche à suivre.

VÉRIFIE TES CONNAISSANCES

❶ Qu'est-ce que l'antigel ?

❷ Quelle vérification préliminaire permet de détecter des sédiments dans le système de refroidissement ?

❸ Que vérifie un hydromètre ?

❹ À quoi peut servir un réfractomètre ?

❺ S'il faut ajouter du liquide de refroidissement, comment peux-tu t'assurer que l'air est purgé du système ?

Section 2

L'inspection et l'essai du système de refroidissement

Il te faut vérifier le système de refroidissement pendant le dépannage d'un problème avec le système de chauffage et de refroidissement. Il faut également l'inspecter au cours d'un entretien préventif périodique. Il faut commencer l'inspection par une vérification visuelle rapide du radiateur pour déceler une cause possible de restriction du débit d'air, comme des feuilles et des débris coincés sur la surface du radiateur.

L'inspection des composants

Écoute tourner le moteur avant de commencer ton inspection des diverses pièces du système de refroidissement. Il est possible que les paliers, les coussinets, les courroies et les poulies fassent du bruit, ce qui pourrait indiquer la présence d'un problème dans le système. Tu peux localiser la provenance du bruit pendant cette inspection.

Afin d'inspecter le système de refroidissement il te faut :

1. Vérifier les boyaux pour déterminer s'ils ont durci, gonflé ou s'ils se sont détériorés.

2. Vérifier la connexion aux boyaux. Il faut que les colliers de serrage soient assez serrés pour être bien étanches, mais pas trop serrés jusqu'à couper les boyaux. S'il y a une fuite à la connexion, serre le

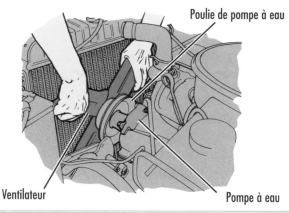

Poulie de pompe à eau

Ventilateur

Pompe à eau

Figure 4-3 Lorsque le moteur ne tourne plus, vérifie la présence d'usure sur les paliers de pompe à eau sur un moteur placé de façon longitudinale en tentant de faire osciller les pales de ventilateur. *Que survient-il lorsque tu enlèves la clé du commutateur d'allumage pendant l'essai du ventilateur ?* (*DaimlerChrysler*)

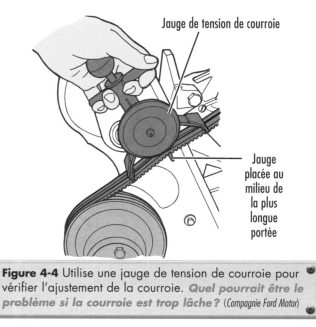

Jauge de tension de courroie

Jauge placée au milieu de la plus longue portée

Figure 4-4 Utilise une jauge de tension de courroie pour vérifier l'ajustement de la courroie. *Quel pourrait être le problème si la courroie est trop lâche?* (Compagnie Ford Motor)

collier de serrage s'il s'agit d'un collier à vis. S'il s'agit d'un collier à ressort, remplace le collier.

3. Vérifier les courroies. Remplace-les si elles sont usées, fissurées, effilochées ou imbibées d'huile.

4. Si le moteur est placé de façon longitudinale et que le ventilateur se fixe sur l'arbre de pompe à eau, il faut inspecter la pompe à eau et les paliers d'embrayage du ventilateur (*voir la figure 4-3*). Tiens deux pales de ventilateur. Essaie de faire osciller le ventilateur vers l'avant et l'arrière. Il ne doit pas y avoir un jeu excessif. Secoue le moyeu de ventilateur. Prends note de toute oscillation dans l'embrayage.

La sécurité d'abord — **La sécurité personnelle** Afin d'éviter des blessures pouvant être causées par un démarrage accidentel du moteur pendant la vérification d'un palier ou d'un ventilateur, assure-toi que le moteur est éteint et que d'autres personnes n'ont pas accès à la clé de contact. Pendant l'entretien des courroies, il serait souhaitable que tu gardes la clé dans ta poche.

5. Vérifier la tension de courroie de la pompe à eau au moyen d'une jauge de tension de courroie (*voir la figure 4-4*). Tiens la jauge sur la portée la plus longue de la courroie et relâche le ressort. Vérifie la tension sur l'échelle de la jauge. Si elle n'est pas correcte, fais le réglage approprié ou remplace la courroie.

CONSEIL TECHNIQUE **L'embrayage du ventilateur** Lorsque le moteur est coupé, fais tourner le ventilateur. Prends note du mouvement de roue libre de l'embrayage. Un embrayage de ventilateur devrait avoir une trajectoire d'environ un tour et demi à deux tours lorsqu'il est froid.

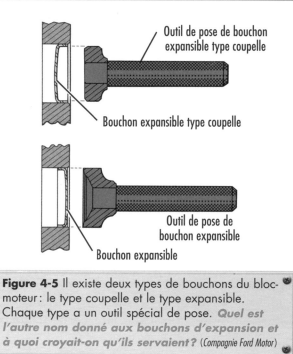

Outil de pose de bouchon expansible type coupelle

Bouchon expansible type coupelle

Outil de pose de bouchon expansible

Bouchon expansible

Figure 4-5 Il existe deux types de bouchons du bloc-moteur : le type coupelle et le type expansible. Chaque type a un outil spécial de pose. *Quel est l'autre nom donné aux bouchons d'expansion et à quoi croyait-on qu'ils servaient?* (Compagnie Ford Motor)

6. Si le ventilateur est alimenté de façon électrique, ce qui est chose courante dans les véhicules à traction avant, il faut prendre note de l'état du ventilateur, de son câblage et de la façon dont le ventilateur est fixé.

7. Vérifier les bouchons expansibles du bloc-moteur. Les *bouchons expansibles* sont les bouchons circulaires insérés dans le bloc pour remplir les orifices qui restent après la coulée du disque métallique. On les appelle aussi parfois *bouchons contre le gel,* parce que autrefois, on croyait qu'ils pouvaient se déclencher automatiquement et empêcher des dommages au bloc-moteur si le liquide de refroidissement venait à geler. En fait, il est vrai que ces bouchons se déclenchent automatiquement mais ils n'empêchent pas les dommages au bloc-moteur si le liquide de refroidissement gèle. Si les bouchons fuient, vidange le liquide dans un récipient approprié et remplace les bouchons (*voir la figure 4-5*).

La sécurité d'abord — **La sécurité personnelle** Ne verse jamais de liquide de refroidissement dans l'égout. Il pourrait contaminer la nappe d'eau souterraine et possiblement s'infiltrer dans les réserves d'eau potable. L'antigel est un produit chimique toxique dont on doit se débarrasser adéquatement.

8. Vérifier le robinet de vidange du bloc-moteur. Si les bouchons fuient, c'est qu'ils peuvent être desserrés. Si, même lorsque tu serres légèrement le robinet, la fuite persiste, enlève le robinet et laisse le liquide de refroidissement se vider dans un récipient approprié. Si les filets sur le robinet sont endommagés, remplace le robinet. Sinon, utilise un enduit d'étanchéité pour joint ou un mastic d'étanchéité, et remets le robinet en place.

La vérification du radiateur

Un thermomètre sert à prendre les températures de fonctionnement du système de refroidissement. Le type le plus commun est un thermomètre à cadran avec jauge. Le deuxième type est une unité électronique appelée pyromètre numérique. Un **pyromètre numérique** est un instrument qui convertit la mesure de la température en lecture de mesure électronique. Ce type mesure les températures par contact. Beaucoup de pyromètres numériques ont différentes sondes pour les essais humides ou secs. Il est aussi possible de mesurer la température au moyen de crayons thermosensibles ou d'un analyseur-contrôleur.

La sortie du radiateur devrait être plus froide que l'entrée d'environ 20 %. Si la température semble trop froide, on peut souvent soupçonner un ventilateur d'embrayage dans lequel l'embrayage ne glisse pas et ne laisse pas le ventilateur embrayer en roue libre. Un tel ventilateur attire constamment de l'air par le radiateur, même lorsque son capteur interne lui dit d'embrayer en roue libre (*voir la figure 4-6*).

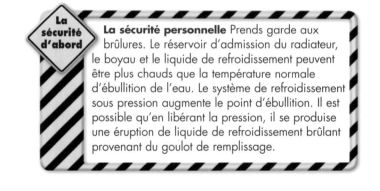

> **La sécurité d'abord**
>
> **La sécurité personnelle** Prends garde aux brûlures. Le réservoir d'admission du radiateur, le boyau et le liquide de refroidissement peuvent être plus chauds que la température normale d'ébullition de l'eau. Le système de refroidissement sous pression augmente le point d'ébullition. Il est possible qu'en libérant la pression, il se produise une éruption de liquide de refroidissement brûlant provenant du goulot de remplissage.

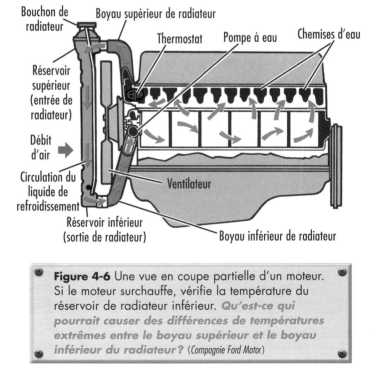

Figure 4-6 Une vue en coupe partielle d'un moteur. Si le moteur surchauffe, vérifie la température du réservoir de radiateur inférieur. *Qu'est-ce qui pourrait causer des différences de températures extrêmes entre le boyau supérieur et le boyau inférieur du radiateur?* (Compagnie Ford Motor)

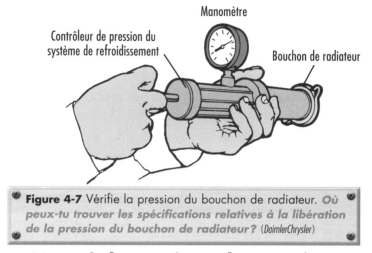

Figure 4-7 Vérifie la pression du bouchon de radiateur. *Où peux-tu trouver les spécifications relatives à la libération de la pression du bouchon de radiateur?* (DaimlerChrysler)

L'essai du système de pression

Avec le contrôleur de pression, tu peux faire le diagnostic du bouchon de radiateur, du radiateur, du radiateur de chaufferette, des boyaux et du moteur pour déceler des fuites externes et internes.

L'essai du bouchon de radiateur

Avant de faire l'essai du bouchon de radiateur, raccorde le contrôleur de pression à l'adaptateur pour le fixer au bouchon (*voir la figure 4-7*).

Afin de faire l'essai du bouchon de radiateur, il te faut:

1. Enlever le bouchon du radiateur.
2. Établir la pression d'ouverture du bouchon. La spécification relative à la pression se trouve habituellement estampillée sur le bouchon. Si elle ne l'est pas, reporte-toi aux spécifications du fabricant. La pression est donnée en livres par pouce carré (lb/po²). Il s'agit de la pression à laquelle le liquide de refroidissement coule par le bouchon et dans le réservoir du système.
3. Humidifier le joint dans le bouchon. Au moyen d'un adaptateur approprié, branche le contrôleur de pression sur le bouchon. Serre le bouchon sur le contrôleur.
4. Pomper le contrôleur à la pression d'essai. La pression doit augmenter jusqu'à ce que le bouchon libère la pression.
5. Prendre note de la pression indiquée sur la jauge d'essai lorsque le bouchon libère la pression. Si le bouchon ne garde pas la pression à son niveau approprié, il faut remplacer le bouchon de radiateur.
6. Si le bouchon réussit l'essai de pression initial, il faut le laisser au repos sur l'adaptateur du contrôleur. Le bouchon doit garder la pression pendant plusieurs minutes. S'il perd de la pression, vérifie s'il y a une défaillance du joint du bouchon, un faible ressort de pression, un bouchon déformé ou des tenons de verrouillage de bouchon déformés.

EXCELLENCE
SCIENCES
AUTOMOBILE

Trouver la bonne quantité de liquide de refroidissement

Le liquide de refroidissement est habituellement un mélange de deux liquides : l'eau et l'éthylèneglycol.

Lorsque tu mélanges deux liquides, celui qui est prédominant s'appelle le *solvant*. L'autre liquide est le *soluté*.

Afin de mesurer la protection contre le gel dans le système de refroidissement, une technicienne ou un technicien se sert d'un instrument appelé *hydromètre de liquide de refroidissement*. Fais l'expérience suivante pour vérifier la protection contre le gel de divers liquides de refroidissement.

À toi de jouer !

La vérification des niveaux de protection contre le gel

Conforme aux normes de l'EDU en sciences pour la démonstration et la compréhension de l'effet de la chaleur sur le système automobile.

Matériel requis
- des lunettes de protection
- une éprouvette graduée de 500 mL
- 4 gobelets en plastique
- un hydromètre de liquide de refroidissement
- de l'éthylèneglycol (non dilué)

Prépare 500 mL de concentrations antigel-eau. Mets chaque solution dans un des gobelets en plastique.

❶ 100 % – 500 mL d'éthylèneglycol, sans eau

❷ 80 % – 400 mL d'éthylèneglycol, 100 mL d'eau

❸ 50 % – 250 mL d'éthylèneglycol, 250 mL d'eau

❹ 10 % – 50 mL d'éthylèneglycol, 450 mL d'eau

Pour chaque solution à tester, il te faut :

❶ Mettre un échantillon dans l'hydromètre et le remettre par jet dans son récipient d'origine deux fois.

❷ Mettre un échantillon dans l'hydromètre une troisième fois et le garder ainsi.

❸ Secouer l'hydromètre pour enlever l'air emprisonné à l'intérieur.

❹ T'assurer que le flotteur ne reste pas au bas du tube ou n'est pas collé sur la partie supérieure.

❺ Enregistrer la lettre du flotteur qui se trouve le plus près de la surface de la solution et éloignée des côtés du tube. Les hydromètres sont munis d'un thermomètre pour mesurer la température du mélange. La température affecte la précision du relevé. Il est possible que la protection contre le gel soit montrée dans différentes couleurs pourindiquer des températures en degrés Celsius supérieurs ou inférieurs à 0.

❻ Au moyen du tableau sur l'hydromètre, enregistrer la protection contre le gel sur l'échelle de données comme celui illustré ci-dessous.

Les résultats et l'analyse

❶ Une solution à 50 % d'éthylèneglycol et d'eau serait-elle plus efficace pour les véhicules roulant à Key West en Floride ? Explique ta réponse.

❷ Si un système de refroidissement a une capacité de 14 litres, quelle quantité d'éthylène glycol serait nécessaire pour avoir une solution à 50 pour cent si tu utilises des récipients d'éthylène glycol gradués en litres ? Comment ferais-tu la solution ?

❸ Lorsque la concentration d'un soluté dans un solvant baisse le point de congélation, il augmente également le point d'ébullition. Comment une solution concentrée de liquide de refroidissement affecte-t-elle le rendement du moteur par temps chaud ?

Concentration d'une solution	Température d'une solution	Protection (pourcentage) contre le gel
100 %		
80 %		
50 %		
10 %		

La vérification du goulot de remplissage du radiateur

Examine la surface de contact du bouchon dans le goulot de remplissage du radiateur (*voir la figure 4-8*). Cette surface de contact doit offrir une bonne étanchéité du bouchon sans déformation du métal ou du plastique, et sans corps étrangers empêchant un contact étanche approprié.

Pose le bouchon. La forme du goulot de remplissage et les tenons de blocage doivent permettre de serrer le bouchon correctement. La majorité des goulots de remplissage fournissent un processus de serrage en deux étapes. À mesure que tu serres le bouchon, les pattes de sécurité sur le goulot de remplissage s'engrènent au bouchon. Par la suite, un deuxième serrage complet met en place le bouchon. Au cours de cette deuxième étape, le plus petit joint intérieur se fixe de façon étanche contre la surface étanche inférieure du goulot, et le joint extérieur le plus grand contre la surface étanche supérieure.

L'essai du clapet

Si le véhicule est muni d'un système de récupération ou d'un réservoir de trop-plein du liquide de refroidissement, fais l'essai du bouchon de radiateur pour vérifier le fonctionnement du clapet. Il faut que le bouchon du radiateur laisse le liquide de refroidissement retourner au radiateur par le clapet du bouchon à mesure que le moteur refroidit.

Pour vérifier le clapet, il te faut poser le bouchon dans le goulot du radiateur. Ensuite, enlève le boyau à petit diamètre du goulot de radiateur et pose un morceau de boyau transparent à sa place. Souffle doucement dans le boyau. À une pression minimum, l'air devrait circuler du boyau au radiateur.

Le liquide de refroidissement retourne au système en coulant dans le bouchon entre les joints supérieur et inférieur. Si l'un des joints ne peut être étanchéisé correctement, la dépression du système se perd. Le liquide de refroidissement ne revient pas du réservoir de trop-plein. Le moteur risque alors de surchauffer étant donné que le liquide de refroidissement n'est pas récupéré après être allé au réservoir de trop-plein.

L'essai de pression du système de refroidissement

Après avoir fait l'essai du bouchon de radiateur, fais l'essai de tout le radiateur et du circuit de refroidissement. Pose le contrôleur de pression sur le radiateur au moyen d'un adaptateur qui s'adapte adéquatement entre le contrôleur et le goulot de remplissage du radiateur. Une autre méthode est de débrancher le boyau d'admission supérieur du radiateur lorsque le moteur est froid.

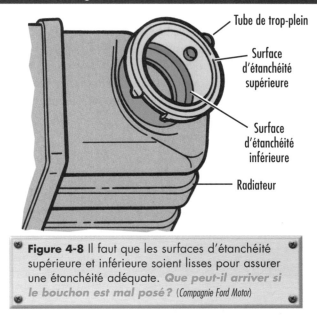

Tube de trop-plein

Surface d'étanchéité supérieure

Surface d'étanchéité inférieure

Radiateur

Figure 4-8 Il faut que les surfaces d'étanchéité supérieure et inférieure soient lisses pour assurer une étanchéité adéquate. *Que peut-il arriver si le bouchon est mal posé ?* (Compagnie Ford Motor)

Raccorde l'adaptateur de contrôleur de pression approprié et branche le contrôleur. Mets du liquide de refroidissement dans le système de refroidissement, puis pose le bouchon de radiateur.

Les fuites externes Mets sous pression le système selon la pression spécifiée. Ne dépasse pas cette pression par plus de 34,5 kPa (5 psi). Examine les boyaux, le radiateur et les tubes du radiateur de chaufferette et d'autres composants pour déceler des signes de fuite du liquide de refroidissement.

Si tu ne trouves pas de fuite sous le capot, vérifie l'intérieur de l'habitacle. Observe avec attention le bas du boîtier de l'appareil de chauffage (ou chaufferette) pour déceler des traces de liquide de refroidissement. Si tu remarques du liquide, c'est qu'il y a une fuite. Vérifie également le tapis dans l'habitacle sous la boîte du radiateur de chaufferette pour voir s'il y a de l'humidité. Le **radiateur de chaufferette** est l'unité derrière le tableau de bord qui transfère la chaleur du moteur à l'air de l'habitacle.

Ne confonds pas le liquide de refroidissement avec l'eau provenant de l'évaporateur du climatiseur. Il arrive souvent qu'une accumulation d'eau provenant d'un boyau bouché laisse échapper des gouttes d'eau dans l'habitacle en provenance de la chaufferette et de la boîte de l'évaporateur. L'eau formée par la condensation ne contient pas de liquide de refroidissement. Dans la même veine, il peut se trouver du liquide de refroidissement dans le boyau de condensation du climatiseur. Vérifie tout liquide douteux pour déceler des traces d'antigel.

CONSEIL TECHNIQUE Comment trouver une fuite de liquide de refroidissement Tout en cherchant de l'humidité et des signes de fuite, cherche aussi à voir s'il y a une accumulation de saleté collante et humide. La plupart des mélanges de liquide de refroidissement sont collants et attirent la poussière et la saleté.

Soulève le véhicule. Examine attentivement les bouchons expansibles du moteur. Certains de ces bouchons se trouvent à l'arrière du moteur et cachés par le carter d'embrayage de la transmission. D'autres se retrouvent derrière les supports du moteur ou le démarreur.

Vérifie s'il y a des signes de fuite du liquide de refroidissement par le trou d'aération de la pompe à eau. La chaleur du moteur peut causer l'évaporation du liquide de refroidissement avant qu'il s'égoutte. Lorsque cela se produit, il laisse habituellement une tache blanche sur l'extérieur de la pompe à eau.

Les fuites internes Vérifie la présence de fuites internes. Examine d'abord la jauge d'huile à moteur. Remarque s'il y a un résidu laiteux qui pourrait indiquer la présence de liquide de refroidissement dans l'huile.

Souviens-toi que l'huile peut contenir de l'humidité qui n'est pas causée par une fuite du système de refroidissement. Les véhicules qui ne sont conduits que sur de courtes distances peuvent avoir une accumulation de condensation dans l'huile. Cette accumulation peut indiquer que le moteur n'a pas assez de temps pour se réchauffer et ainsi faire évaporer la condensation du carter. La condensation s'accumule et l'eau contamine l'huile. Cette situation est particulièrement vraie si la conductrice ou le conducteur du véhicule n'a pas suivi le programme d'entretien.

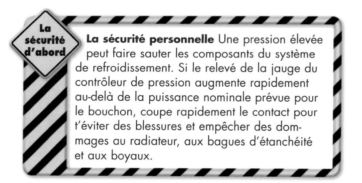

La sécurité d'abord

La sécurité personnelle Une pression élevée peut faire sauter les composants du système de refroidissement. Si le relevé de la jauge du contrôleur de pression augmente rapidement au-delà de la puissance nominale prévue pour le bouchon, coupe rapidement le contact pour t'éviter des blessures et empêcher des dommages au radiateur, aux bagues d'étanchéité et aux boyaux.

Sur certains moteurs en V, le collecteur d'admission peut laisser fuir du liquide de refroidissement à partir de la bague d'étanchéité du collecteur d'admission jusque dans le carter. Il est aussi possible que le liquide de refroidissement s'écoule par la bague d'étanchéité pour ensuite entrer dans le courant d'air. Si cela se produit, il peut être difficile de retracer le liquide de refroidissement. Si la fuite est minime, le liquide de refroidissement peut se consumer au cours du processus de combustion du cylindre et sortir par le tuyau arrière.

Afin de vérifier la présence de telles fuites, laisse le véhicule au repos pendant au moins une heure en laissant le contrôleur de pression sur le système de refroidissement. En cas de fuite interne, la pression diminuera graduellement.

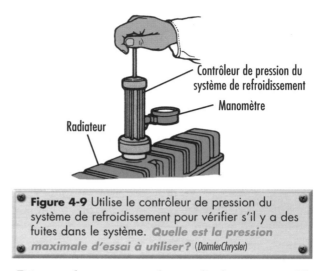

Figure 4-9 Utilise le contrôleur de pression du système de refroidissement pour vérifier s'il y a des fuites dans le système. *Quelle est la pression maximale d'essai à utiliser?* (DaimlerChrysler)

Démarre le moteur et observe l'échappement. Une vapeur blanche peut s'échapper du tuyau arrière pendant une ou deux minutes par un temps frais matinal. Mais si la vapeur sort du tuyau arrière pendant plusieurs minutes, tu peux soupçonner la présence d'une fuite interne du liquide de refroidissement. Cette fuite peut être causée par un joint de culasse défaillant ou un bloc ou une culasse fissurés.

S'il y a défaillance du joint de culasse, du liquide de refroidissement peut couler là où s'adaptent le bloc et la culasse. Le liquide de refroidissement va habituellement dans les cylindres. Lorsque le moteur tourne, le liquide de refroidissement se transforme en vapeur et sort de l'échappement. Lorsque le moteur est éteint, le liquide de refroidissement passe par les segments de piston pour se déverser dans le carter d'huile à moteur. Si tu soupçonnes qu'il y a des fuites du joint de culasse ou de la chambre à combustion, effectue un essai de pression lorsque le moteur est en marche.

Pour effectuer un essai de pression avec le moteur en marche, il te faut:

1. Fixer un contrôleur de pression à l'entrée du radiateur sur un moteur entièrement refroidi (*voir la figure 4-9*). N'applique pas de pression.

2. Demander à quelqu'un de mettre le moteur en marche et de le faire révolutionner à plusieurs reprises.

3. Observer de près le relevé du manomètre de contrôleur pendant les 30 premières secondes.

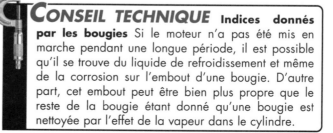

CONSEIL TECHNIQUE **Indices donnés par les bougies** Si le moteur n'a pas été mis en marche pendant une longue période, il est possible qu'il se trouve du liquide de refroidissement et même de la corrosion sur l'embout d'une bougie. D'autre part, cet embout peut être bien plus propre que le reste de la bougie étant donné qu'une bougie est nettoyée par l'effet de la vapeur dans le cylindre.

Si la compression fuit dans le système, le relevé du manomètre de contrôleur augmente rapidement. Des fuites de compression ou de combustion peuvent causer une importante surchauffe.

L'essai de compression

En mesurant la pression dans chaque cylindre pendant la course de compression, tu peux aussi détecter la présence d'une fuite interne. Habituellement, il est nécessaire de vérifier la compression lorsque le moteur est chaud. Cependant, il est préférable de tester les fuites du liquide de refroidissement avant qu'il y ait expansion du métal dans le collecteur, les culasses ou le bloc-cylindres. L'essai donnera de meilleurs résultats si tu le fais lorsque le moteur est à la température ambiante (*voir la figure 4-10*).

Pour vérifier la compression des cylindres, il te faut :

1. Enlever toutes les bougies du moteur.

2. Comparer les dépôts sur l'embout des bougies.

3. Brancher le compressiomètre au cylindre au moyen d'un adaptateur à filetage pour bougie.

4. Démarrer le moteur pour activer le compressiomètre.

Il faut que plusieurs coups de compression entrent dans le compressiomètre. Donne à tous les cylindres le même nombre de coups, trois ou quatre compressions,

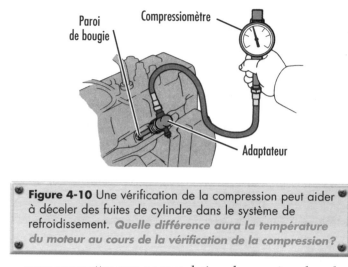

Figure 4-10 Une vérification de la compression peut aider à déceler des fuites de cylindre dans le système de refroidissement. *Quelle différence aura la température du moteur au cours de la vérification de la compression ?*

pour permettre une accumulation de pression dans le compressiomètre.

Prends note de la compression à partir de chaque cylindre et compare-la avec les autres. Les relevés devraient être de moins de 20 pour cent pour chaque cylindre. Si, après l'essai, un cylindre ou un groupe de cylindres présentent un relevé trop bas comparativement aux spécifications en usine, tu peux soupçonner une perte de compression. La perte peut se trouver dans le système de refroidissement. Rappelle-toi qu'un essai fait à une basse température du moteur produit des relevés de compression légèrement plus bas que lorsque l'essai se fait avec une température plus chaude du moteur.

VÉRIFIE TES CONNAISSANCES

❶ Quand dois-tu remplacer les courroies ?

❷ Comment peux-tu déterminer la pression d'ouverture du bouchon de radiateur ?

❸ Comment dois-tu fixer le contrôleur de pression au radiateur ?

❹ Que signifie habituellement une vapeur blanche dans l'échappement ?

❺ Nomme deux instruments qui servent à retracer une fuite de compression.

Section 3

L'entretien du système de refroidissement

L'entretien le plus courant du système de refroidissement touche la vidange, le rinçage et le remplissage de tout le système. Cependant, selon les problèmes décelés au cours de tes inspections, il est possible que l'entretien comprenne également le remplacement des courroies, des boyaux ou même de la pompe à eau ou du thermostat.

Le radiateur

Si l'inspection révèle que le radiateur est légèrement obstrué, il te suffit de le nettoyer et de le rincer.

Ce processus peut se faire pendant que le radiateur est dans le véhicule et souvent aucune autre intervention n'est nécessaire. Avant de commencer, laisse le système se refroidir.

La vidange

Avant que tu puisses nettoyer et rincer le radiateur, il te faut le vidanger. Une fois le liquide de refroidissement purgé du radiateur, tu dois t'en débarrasser d'une façon sécuritaire et conforme aux lois en vigueur dans ta région. Le liquide de refroidissement est une matière dangereuse qui doit être traitée comme telle.

Dans certaines conditions, l'éthylèneglycol contenu dans le liquide de refroidissement peut s'avérer inflammable. Assure-toi qu'il n'entre pas en contact

CONSEIL TECHNIQUE L'ouverture du **robinet de vidange** Certains robinets de vidange ont des pattes de fixation en forme d'ailes de papillon qui servent d'ouverture. Ce type de robinet de vidange présente parfois un filetage à la gauche. Pour ouvrir le robinet, fais des essais pour voir de quel côté il s'ouvre.

avec le collecteur d'échappement ou d'autres pièces du moteur chaud. Rappelle-toi aussi que l'éthylèneglycol est un poison qui, s'il est ingurgité, peut rendre sérieusement malade ou même causer la mort.

Pour vidanger le radiateur, il te faut :

1. Enlever avec soin le bouchon de radiateur pour qu'il n'y ait pas d'accumulation de dépression dans le système pendant la vidange.

2. Placer un bac de récupération sous le robinet de vidange du radiateur, aussi appelé robinet de petit diamètre.

3. Ouvrir le robinet de vidange. S'il n'y a pas de robinet de vidange, desserre légèrement le boyau inférieur du radiateur pour vider le système.

Pendant la vidange du système, utilise une lampe pour regarder l'intérieur du radiateur. Le **radiateur** contient les tubes de refroidissement et les ailettes. Vérifie le radiateur pour déceler de la corrosion et voir si des tubes de refroidissement sont bouchés. Ce type de vérification ne se fait que pour un radiateur à faisceau vertical. Tu ne peux pas faire l'inspection d'un radiateur à faisceau horizontal au moyen d'une lampe.

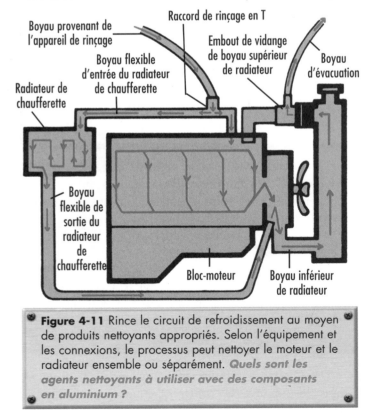

Boyau provenant de l'appareil de rinçage
Raccord de rinçage en T
Boyau flexible d'entrée du radiateur de chaufferette
Embout de vidange de boyau supérieur de radiateur
Boyau d'évacuation
Radiateur de chaufferette
Boyau flexible de sortie du radiateur de chaufferette
Bloc-moteur
Boyau inférieur de radiateur

Figure 4-11 Rince le circuit de refroidissement au moyen de produits nettoyants appropriés. Selon l'équipement et les connexions, le processus peut nettoyer le moteur et le radiateur ensemble ou séparément. *Quels sont les agents nettoyants à utiliser avec des composants en aluminium ?*

Le rinçage

Utilise un produit de rinçage commercial pour rincer le système (*voir la figure 4-11*). Il est à noter que certains produits sont plutôt corrosifs. Ils peuvent endommager les pièces en aluminium du moteur. Nettoie ces systèmes avec de l'eau et un détergent doux ou avec un agent de rinçage qui n'endommage pas l'aluminium.

Lorsqu'un moteur se refroidit normalement au ralenti mais surchauffe sur la route, il y a de fortes chances que ce soit parce que le radiateur est bouché, que la pompe à eau est défectueuse ou qu'une courroie de la pompe glisse. Tu peux diagnostiquer une restriction du radiateur au moyen d'un pyromètre. Les relevés externes donnent des données très élevées aux endroits on l'on retrouve des restrictions.

Si le radiateur n'est que partiellement bouché, rince-le. Pose un circuit de dérivation de nettoyage de radiateur sur le bouchon de radiateur conçu pour rincer tout le système de refroidissement du moteur, y compris le radiateur de chaufferette. Tu peux rincer séparément le circuit de chauffage.

Pour rincer le système de refroidissement, il te faut :

1. Enlever le thermostat du moteur pour qu'il ne gêne pas le rinçage du système.

2. Remettre en place le boîtier du thermostat et le boyau.

3. Vider le système de refroidissement.

4. Poser l'adaptateur du boyau d'appareil de rinçage.

5. En passant par le bouchon de boyau de rinçage, vider la solution nettoyante.

6. Faire circuler la solution nettoyante pour la durée demandée.

7. Ouvrir le bouchon de radiateur et le robinet de vidange pour rincer la solution nettoyante.

8. Enlever les adaptateurs et remettre en place les boyaux.

Le rinçage à circulation inversée

Change les adaptateurs au besoin et prépare-toi à faire un rinçage à circulation inversée du système. Utilise de l'eau propre. Le principe du rinçage à circulation inversée force les corps étrangers et les incrustations à circuler en sens inverse.

En d'autres mots, la solution nettoyante corrosive détache les saletés. Le rinçage à circulation inverse les enlève.

Dans la plupart des procédures de rinçage à circulation inversée, le débit d'eau va dans le bloc-moteur à partir du boîtier de thermostat et passe ensuite par le moteur dans une circulation inversée.

Le débit passe par la pompe à eau et sort du boyau inférieur de radiateur. Rince le moteur et les unités du radiateur séparément pour que les contaminants du moteur ne bouchent pas le radiateur.

Pour faire un rinçage à circulation inversée, il te faut :

1. Commencer le rinçage à circulation inversée en utilisant un adaptateur spécial pour brancher un boyau d'eau propre (réglé à basse pression) au boîtier du thermostat du moteur.

2. Laisser l'eau circuler en sens inverse dans le moteur et la pompe à eau.

3. Continuer à faire couler l'eau lentement jusqu'à ce qu'elle soit propre et claire.

4. Brancher l'appareil de rinçage à circulation inversée au radiateur. L'entrée de rinçage doit s'adapter au boyau inférieur.

5. Rincer les contaminants détachés du radiateur de chaufferette de bas en haut.

La dépose du radiateur pour son entretien

Si le radiateur est gravement bouché ou s'il y a des fuites pendant l'essai ou le rinçage, enlève le radiateur pour en faire l'entretien (*voir la figure 4-12*). C'est à une technicienne ou à un technicien d'expérience que revient la décision de remplacer ou de réparer un radiateur.

Pour enlever le radiateur du véhicule, il te faut :

1. Placer un bac de récupération sous le véhicule et vidanger le radiateur.

2. Débrancher le boyau supérieur en desserrant les colliers de serrage. Tords le boyau en direction du radiateur pour le libérer de l'entrée du radiateur. Enlève le boyau de l'entrée du radiateur.

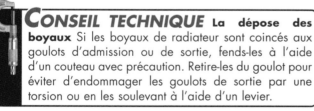

CONSEIL TECHNIQUE La dépose des boyaux Si les boyaux de radiateur sont coincés aux goulots d'admission ou de sortie, fends-les à l'aide d'un couteau avec précaution. Retire-les du goulot pour éviter d'endommager les goulots de sortie par une torsion ou en les soulevant à l'aide d'un levier.

3. Placer un bac de récupération de liquide de refroidissement sous la connexion du boyau inférieur de radiateur. Desserre le collier de serrage inférieur.

4. En faisant un mouvement de torsion, enlever le boyau inférieur de sa connexion au radiateur.

5. Enlever les conduits de refroidissement de transmission, le cas échéant.

6. Enlever les boulons de fixation du déflecteur de ventilateur. (Souvent, le déflecteur de ventilateur peut rester dans le véhicule.)

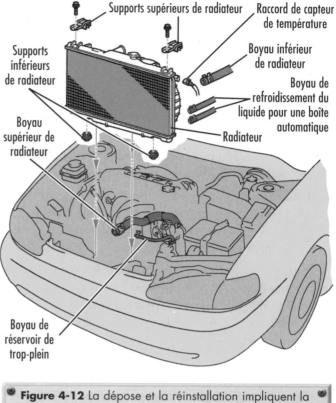

Supports supérieurs de radiateur

Raccord de capteur de température

Supports inférieurs de radiateur

Boyau inférieur de radiateur

Boyau de refroidissement du liquide pour une boîte automatique

Boyau supérieur de radiateur

Radiateur

Boyau de réservoir de trop-plein

Figure 4-12 La dépose et la réinstallation impliquent la vidange et le débranchement des composants connexes. *Quels composants empêchent le radiateur de vibrer ?*

7. Enlever les boulons de fixation du support de radiateur. Soulève ensuite le radiateur du véhicule.

8. Vidanger le reste du liquide de refroidissement du radiateur au bac de récupération.

9. Inspecter les supports inférieurs du radiateur.

Le remplissage du système de refroidissement

Pour installer le radiateur, suis la procédure de dépose en sens inverse. Assure-toi que le radiateur s'ajuste correctement dans les supports. Serre au couple tous les boulons au besoin. Il est recommandé de remplacer les boyaux, colliers de serrage et courroies pendant la réparation du radiateur.

Pour remplir le système de refroidissement avec du liquide de refroidissement, il te faut :

1. Faire un mélange à 50 % d'eau et 50 % d'antigel.

2. Si le système est muni d'une soupape de purge d'air, l'ouvrir.

3. Vider le mélange de liquide de refroidissement dans le radiateur jusqu'à ce qu'il atteigne la soupape de purge d'air.

4. Fermer la soupape de purge d'air et continuer à remplir le radiateur jusqu'à ce que les tubes du radiateur soient couverts.

5. Démarrer le moteur.

6. Lorsque le thermostat s'ouvre, le niveau du liquide de refroidissement chute. Parfois, du liquide de refroidissement va déborder du goulot de remplissage lorsque l'air emprisonné s'échappe.

7. Continuer à ajouter du liquide de refroidissement jusqu'à ce que le radiateur soit de nouveau rempli.

8. Poser le bouchon de radiateur.

9. Remplir le réservoir de trop-plein de liquide de refroidissement jusqu'au niveau approprié.

Une certaine quantité de liquide hydraulique de la transmission automatique a peut-être été perdue au cours de l'entretien. Au besoin, ajoute du liquide selon les procédures recommandées.

Une fois le système refroidi, refais les vérifications de température et de pression du radiateur pour t'assurer du bon fonctionnement du système de refroidissement. Ajuste le niveau du liquide de refroidissement, au besoin.

Les courroies d'entraînement

Examine de près les courroies d'entraînement. Vérifie la tension de la courroie au moyen d'une jauge de tension de courroie. Si la courroie est trop lâche, elle peut glisser. Il est possible que la pompe à eau et le compresseur de climatiseur ne fonctionnent pas au bon régime. Si la courroie est trop serrée, la pompe à eau et les roulements de compresseur risquent d'être endommagés. Si la courroie entraîne d'autres composants, leur rendement risque aussi d'être touché.

Un grincement aigu signifie que la courroie est lâche et qu'elle glisse. Une courroie qui glisse risque de surchauffer. Une surchauffe cause des dommages à la surface de traction de la courroie.

La vérification de l'usure des courroies en serpentin

Pour vérifier une courroie en serpentin, il te faut examiner la surface de frottement intérieure pour déceler la présence de fissures, de graisse, de glaçage, de gravelures, de déchirures, de fendillements ou de décollements des plis.

Examine jusqu'à quelle profondeur la courroie passe par la poulie. Une courroie en serpentin qui descend trop dans la poulie perd sa traction. Si la courroie en serpentin est accompagnée d'une autre courroie, remplace les deux courroies en même temps.

CONSEIL TECHNIQUE **L'usure normale de la courroie** Les courroies en serpentin présentent souvent de minuscules fissures en surface. Cette situation est normale et ne nécessite pas un remplacement.

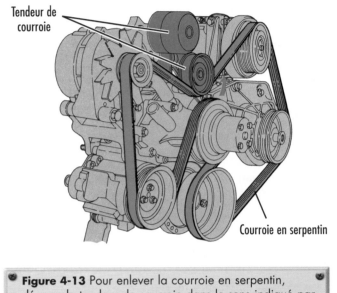

Tendeur de courroie

Courroie en serpentin

Figure 4-13 Pour enlever la courroie en serpentin, dégage le tendeur de courroie dans le sens indiqué par la flèche rouge. *Qu'arrive-t-il si tu tournes trop la courroie pendant l'inspection ?* (Corporation General Motors)

Ne tourne pas une courroie en serpentin plate de plus de 90 degrés pour examiner la surface de traction de la courroie. Une rotation excessive risque d'endommager les cordes internes de la courroie. La majorité des courroies en serpentin sont munies d'un tendeur de courroie automatique. Le tendeur est une poulie à ressort qui se trouve contre la courroie pour assurer un réglage adéquat (*voir la figure 4-13*). À mesure que la courroie s'use et s'étire, le tendeur se déplace pour pallier l'usure. Cependant, si la courroie s'use trop, le tendeur atteint la limite de sa course. La courroie commence à glisser et fait défaut. Dégage le tendeur pour que tu puisses vérifier la surface de traction de la courroie. Inspecte avec soin la courroie en serpentin.

Vérifie la courroie en serpentin pour déceler une usure excessive, des fendillements, du glaçage, des arrachements et des bris de cordon.

Remplace la courroie si tu rencontres une de ces conditions.

Après l'installation d'une courroie neuve, utilise un gabarit de tension approprié et règle la tension de la courroie. Assure-toi que la courroie se positionne correctement et qu'elle s'aligne bien avec les poulies.

Des courroies en serpentin striées fonctionnent avec les stries de la courroie qui s'engagent avec les cannelures sur la poulie. Vérifie la position de la poulie pour t'assurer que la courroie se fixe en place et est droite sur les cannelures de poulie. Si la courroie est mal alignée, elle risque de s'user ou de se déplacer vers l'avant ou l'arrière de la poulie lorsque celle-ci tourne. Il peut y avoir un frottement du rebord de la courroie, ce qui peut occasionner des dommages.

Si les poulies ne sont pas bien alignées, cale les supports des composants pour aligner les poulies avec la courroie. Les courroies en serpentin neuves se positionnent et deviennent lâches après le premier démarrage du moteur. Par conséquent, après l'installation d'une courroie en serpentin, tu dois vérifier la tension après que le système ait été en fonction pendant plusieurs minutes.

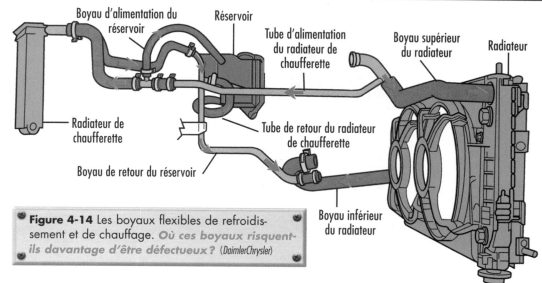

Figure 4-14 Les boyaux flexibles de refroidissement et de chauffage. *Où ces boyaux risquent-ils davantage d'être défectueux ?* (DaimlerChrysler)

Pour assurer une tension de courroie appropriée après l'installation d'une courroie en serpentin, il te faut :

1. Démarrer le moteur.

2. Faire fonctionner tous les systèmes entraînés par courroie.

3. Laisser le moteur tourner pendant plusieurs minutes pour positionner la courroie.

4. Arrêter le moteur.

5. Vérifier de nouveau la tension de courroie.

6. Régler la tension de la courroie, au besoin.

Les boyaux

Inspecte les boyaux supérieur et inférieur du radiateur et les boyaux du radiateur de chaufferette (*voir la figure 4-14*). Vérifie si les boyaux sont gonflés en raison de la pression et de la chaleur. Il peut arriver qu'un boyau s'use prématurément et éclate sous l'effet de la pression du système parce qu'il a été trop frotté contre les pièces adjacentes du moteur. L'abrasion peut aussi user un boyau en raison d'un composant qui se frotte à ce boyau.

Tâte les boyaux pour vérifier s'ils sont mous, ce qui est un signe de faiblesse. La majorité des défaillances des boyaux se produisent près des embouts. Porte une attention particulière à ces endroits.

Inspecte les tubes du système. Dans beaucoup de systèmes de refroidissement, on utilise des tubes plutôt que des boyaux. Souvent, les tubes ont, sur leurs extrémités, des joints toriques ou des bagues d'étanchéité.

Si l'inspection initiale ou le kilométrage du véhicule indique qu'il est nécessaire de réparer les joints ou les boyaux, tu dois plutôt recommander le remplacement des boyaux.

Pour remplacer un boyau, n'essaie pas de les tirer de leur raccord. Un boyau aura tendance à se contracter si tu agis ainsi. Il te faut plutôt pousser le boyau en le tordant. Si le joint du boyau ne se desserre pas, il peut s'avérer nécessaire de couper le boyau de son raccord. Dans un tel cas, utilise un couteau tranchant pour couper avec précaution la zone de connexion du boyau, à un angle de 45 degrés autour du joint.

Un boyau inférieur de radiateur contient souvent un ressort hélicoïdal intérieur. Ce ressort empêche l'effondrement du boyau qui pourrait se produire en raison de la succion de la pompe à eau. Vérifie l'état du ressort de soutien. Si le ressort est endommagé, remplace le boyau. Assure-toi que le ressort ne s'étend pas dans la pompe à eau. Si le ressort est en saillie dans la pompe, il risque de causer de l'interférence.

Pour installer un boyau neuf, il te faut :

1. T'assurer que le boyau s'ajuste à l'application. Compare sa forme et sa longueur à celles de l'ancien boyau.

2. Faire glisser le collier neuf de façon lâche sur le boyau.

3. Faire glisser l'extrémité du boyau pour la mettre en place. La plupart des goulots récepteurs font gonfler légèrement les boyaux.

4. Serrer les colliers de fixation.

La sécurité d'abord **La sécurité personnelle** Un couteau tranchant peut causer de graves blessures si la lame glisse en coupant le boyau. Travaille avec beaucoup de précaution et protège tes mains et tes bras.

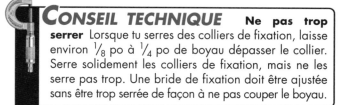

CONSEIL TECHNIQUE **Ne pas trop serrer** Lorsque tu serres des colliers de fixation, laisse environ $\frac{1}{8}$ po à $\frac{1}{4}$ po de boyau dépasser le collier. Serre solidement les colliers de fixation, mais ne les serre pas trop. Une bride de fixation doit être ajustée sans être trop serrée de façon à ne pas couper le boyau.

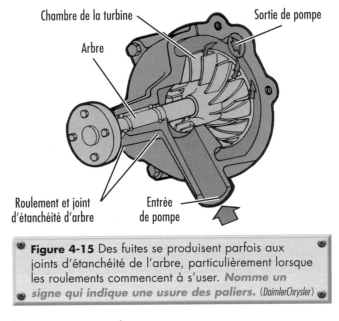

Chambre de la turbine

Sortie de pompe

Arbre

Roulement et joint d'étanchéité d'arbre

Entrée de pompe

Figure 4-15 Des fuites se produisent parfois aux joints d'étanchéité de l'arbre, particulièrement lorsque les roulements commencent à s'user. *Nomme un signe qui indique une usure des paliers.* (DaimlerChrysler)

La pompe à eau

L'entretien de la pompe à eau implique l'inspection pour détecter une fuite et la vérification des roulements ainsi qu'un essai du débit de la pompe.

La première étape est de mettre sous pression le système de refroidissement. Branche un contrôleur de pression sur le goulot de remplissage du radiateur. Pompe la pression pour qu'elle atteigne le niveau normal du système. Maintiens la pression pendant l'inspection de la pompe.

La détection des fuites et la vérification des roulements

Vérifie s'il y a des fuites. En général, des fuites se produisent là où se trouvent les joints de l'arbre d'entraînement de la pompe et les surfaces d'ajustement. Les fuites peuvent également se produire dans la chambre de roue à ailettes de la pompe.

Si le roulement d'arbre est défaillant, l'arbre de la pompe vacille (*voir la figure 4-15*). Cela finit par endommager le joint d'étanchéité de l'arbre.

Pour inspecter le joint d'étanchéité de l'arbre, il te faut:

1. Desserrer la courroie d'entraînement. L'entraînement de la pompe à eau peut se faire par différents moyens. Certains ont recours à un entraînement avec serpentin ou courroie en serpentin. D'autres utilisent une courroie d'allumage.

2. Tenter de faire bouger l'arbre de la pompe. Les roulements de l'arbre de la pompe ne doivent faire qu'un mouvement latéral limité. Vérifie les spécifications provenant de l'usinage pour connaître les jeux appropriés.

3. Enlever les couvercles, les bouchons ou les glaces d'inspection pour avoir accès au moyeu d'entraînement de la pompe à eau.

4. Trouver le trou d'aération. S'il y a une fuite des joints de la pompe, le liquide de refroidissement va s'échapper du trou d'aération pour qu'il ne contamine pas le roulement de la pompe.

5. Examiner le trou d'aération pour le liquide de refroidissement. Vérifie s'il y a de l'humidité ou s'il y a une perte de lubrification. Souvent, les fuites laissent une tache sous le trou d'aération.

L'essai du débit de la pompe

Un essai de débit de la pompe évalue la quantité de liquide de refroidissement que la turbine déplace à un régime de moteur donné.

Pour tester le débit de la pompe, il te faut:

1. Enlever les boyaux supérieur et inférieur du radiateur des connexions au radiateur. Enlève aussi temporairement le thermostat.

2. Brancher le boyau d'admission de la pompe à un grand réservoir d'eau.

3. Placer le boyau de sortie dans un réservoir vide pour recueillir l'eau.

4. Remplir le réservoir avec de l'eau.

5. Démarrer le moteur. Laisse le moteur tourner jusqu'à ce que l'eau commence à couler du boyau de sortie. Fais tourner le moteur au régime recommandé.

6. Chronométrer le débit. Mesure la quantité d'eau de pompe acheminée à partir de la sortie. Cette quantité devrait dépasser le taux de litres par minute précisé par les constructeurs de véhicules automobiles. Si les résultats de l'essai sont mauvais, prends note que ce qui suit peut causer un débit insuffisant:
   - des obstructions du système de refroidissement;
   - une mauvaise traction de la courroie d'entraînement de pompe;
   - une turbine usée;
   - un glissement de la turbine sur l'arbre de la pompe;
   - une cavitation à l'intérieur de la pompe.

Le remplacement de la pompe à eau

Le remplacement de la pompe à eau se fait de façon directe. Lorsque tu enlèves la vieille pompe, utilise un crayon feutre ou un marqueur pour indiquer la place précise de chacun des boulons de la pompe. Après avoir enlevé la vieille pompe, nettoie à fond le produit d'étanchéité du moteur. À moins que les surfaces soient propres et lisses, il y a risque de fuites. Au moment de la pose de la pompe neuve, assure-toi que les boulons sont insérés au même endroit qu'ils étaient à la dépose.

Le thermostat

Vérifie la température d'ouverture du thermostat. Si tu vérifies la température avec un pyromètre à sonde humide ou un thermomètre, prends note que le relevé peut indiquer une différence de quelques degrés comparativement à la température réelle d'ouverture du thermostat. Au besoin, tu peux régler le relevé de température pour pallier la distance entre l'entrée du radiateur et le thermostat.

Démarre le moteur et laisse-le tourner. Lorsqu'il se réchauffe, observe l'entrée du radiateur pour déceler des signes d'ouverture du thermomètre. Lorsque le liquide de refroidissement commence à circuler, lis le relevé sur le thermomètre. Si les températures ne sont pas conformes aux spécifications, fais l'essai du thermostat (*voir la figure 4-16*).

L'essai du thermostat

Pour vérifier le fonctionnement du thermostat, il te faut d'abord l'enlever du système. Tu as accès au thermostat en vidangeant une petite quantité de liquide de refroidissement dans un récipient et en enlevant le boyau supérieur du radiateur et le boîtier du thermostat.

Pour faire l'essai du thermostat, il te faut :

1. Placer le thermostat dans un seau d'eau. Assure-toi que le thermostat est fermé.
2. Mettre un thermomètre dans l'eau.
3. Utiliser une plaque chauffante ou le brûleur d'un poêle pour chauffer l'eau d'essai.
4. Observer le thermomètre. Prends note de la température à laquelle le thermostat commence à s'ouvrir lorsque l'eau chauffe.
5. Prendre note de la température qui entraîne l'ouverture complète du thermostat. La température du thermostat devrait être égale à l'indice du thermostat.
6. Mesurer la distance d'ouverture et la comparer avec les spécifications.

Il est à noter que certains thermostats ont des soupapes accessoires. Ces dernières peuvent permettre la circulation du liquide de refroidissement par une déviation. Elles peuvent aussi vidanger l'air provenant

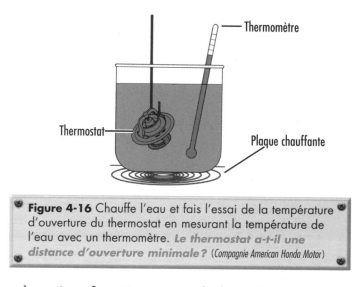

Figure 4-16 Chauffe l'eau et fais l'essai de la température d'ouverture du thermostat en mesurant la température de l'eau avec un thermomètre. *Le thermostat a-t-il une distance d'ouverture minimale ?* (*Compagnie American Honda Motor*)

du système. La petite soupape de dérivation peut avoir un indice de température d'ouverture différent de la soupape principale de débit du radiateur. Consulte le manuel d'usinage pour avoir plus de détails.

Le remplacement du thermostat

Si le thermostat ne s'ouvre pas à la bonne température ou ne s'ouvre pas assez, tu dois le remplacer. Il te faut remplacer par la même occasion la bague d'étanchéité ou le joint torique.

Pour remplacer le thermostat, il te faut :

1. Nettoyer à fond le support du thermostat. Enlève l'ancienne bague d'étanchéité ou le matériel d'étanchéité.
2. Inspecter les trous des boulons filetés. Nettoie le liquide de refroidissement ou la saleté des trous. Vérifie si le filetage est usé dans les trous, sur les goujons ou les boulons.
3. Déterminer le sens auquel le thermostat doit faire face. La pastille en cire thermosensible doit faire face au débit entrant du liquide de refroidissement chaud. Beaucoup de thermostats ont des repères qui facilitent l'installation.
4. Nettoyer et inspecter le boîtier.
5. Placer le thermostat dans son support. Assure-toi de bien localiser les pattes de mise en place. Utilise une bague d'étanchéité neuve ou un joint torique neuf.
6. Ajuster les boulons et les écrous. Si le boîtier ne s'ajuste pas solidement dans le chambrage, ne serre pas les boulons. Si le thermostat glisse pendant son installation, enlève le boîtier et remets en place le thermostat.
7. Serrer les boulons ou les écrous du boîtier selon les spécifications appropriées si le thermostat est placé correctement.

CONSEIL TECHNIQUE **La mise en place des thermostats** Certains thermostats sont très difficiles à placer correctement dans leurs supports. Ce problème dépend de l'emplacement du thermostat. Tu pourrais avoir besoin de placer d'abord le thermostat dans le boîtier. Fixe en place le thermostat avec une bague d'étanchéité, un joint torique ou du ciment souple. Laisse l'enduit d'étanchéité durcir dans l'ensemble avant l'installation. Assure-toi que le joint ou le ciment ne dérange pas le fonctionnement du thermostat.

MATHÉMATIQUES
EXCELLENCE AUTOMOBILE

Le calcul mental

On amène à ton garage un véhicule ayant des problèmes de système de climatisation. La cliente te dit que son mari ajoute de temps en temps du fluide frigorigène dans le système du véhicule pour le garder en bon état de fonctionner.

Tu inspectes le système et découvres une fuite. Après avoir réparé la fuite, tu vérifies les spécifications du fabricant et tu détermines que 1,6 kg (3,5 lb) de

fluide frigorigène sont nécessaires pour remplir le système. Tu peux te procurer du fluide frigorigène dans des contenants de 340 g ou 12 oz.

Tu peux développer de bonnes aptitudes en mathématiques en faisant des calculs mentaux. En effectuant des calculs mentaux, tu apprends de nouvelles façons de résoudre des problèmes rapidement. Essaie ce qui suit. Fais ensuite les vérifications nécessaires pour résoudre le problème sur papier.

À toi de jouer !

Conforme aux normes de l'EDU en mathématique pour le calcul mental, soit la multiplication et la division des nombres, la division et la multiplication des décimales, la mesure du volume et l'utilisation des formules.

Combien de contenants de fluide frigorigène sont nécessaires pour remplir un système qui contient 1,6 kg (3,5 lb)? La première étape est de convertir 1,6 kg (3,5 lb) de fluide frigorigène en grammes (onces). Pour le faire en grammes, multiplie 1,6 kg par 1 000. Pour le faire en onces, multiplie 3,5 lb par 16, ce qui représente le nombre d'onces dans une livre.

Tu peux trouver le nombre de contenants en continuant le problème. L'important est de se rappeler que ta réponse finale sera le nombre de contenants. Pour y arriver, tu dois diviser par 340 gr ou 12 oz. Comme auparavant, fais les calculs dans ta tête. Vérifie ensuite tes résultats en faisant le problème sur papier.

Les résultats et l'analyse

❶ Tu as reçu du fluide frigorigène dans des contenants de 340 grammes. Le système a besoin de 3,5 lb de fluide frigorigène. Il y a 454 grammes dans une livre. De combien de récipients de fluide frigorigène auras-tu besoin pour remplir le système de refroidissement?

❷ Suppose que le système contient 4,2 lb de fluide frigorigène. Suppose aussi que le fluide frigorigène est disponible en contenants de 350 grammes. Combien de contenants de fluide frigorigène seront nécessaires pour remplir le système?

Le radiateur de chaufferette

Le radiateur de chaufferette contrôle la chaleur disponible pour assurer le confort des passagers ainsi que le dégivrage et le désembuage des glaces. Le radiateur de chaufferette est un composant à faisceau tubulaire semblable au radiateur. Placé à l'arrière du tableau de bord, le radiateur de chaufferette reçoit du liquide de refroidissement chauffé par des boyaux.

Dans certains modèles de véhicules, le radiateur de chaufferette reçoit le liquide de refroidissement à plein débit pendant le fonctionnement du moteur. Dans d'autres véhicules, une soupape commande le débit du liquide de refroidissement. Si tel est le cas, il te faut vérifier le fonctionnement de la soupape de commande de chauffage. La plupart des soupapes fonctionnent au moyen d'un câble mécanique ou d'un signal de dépression. Dans le cas d'une soupape à câble, compare la position du levier de commande de soupape avec la commande de température sur le panneau de l'appareil de chauffage ou du climatiseur. Y a-t-il concordance

entre les positions? Sinon, tu peux régler le câble sur certains systèmes pour t'assurer que la soupape de l'appareil de chauffage reçoit une gamme complète de course. Si le système le permet, règle le câble pour que le levier de commande se recoupe avec le panneau de commande de la température.

Si une soupape fonctionne par dépression, vérifie le débit de la soupape en fonction du signal de dépression reçu. Certaines soupapes permettent le débit de liquide de refroidissement lorsqu'il y a une dépression. D'autres soupapes permettent le débit lorsqu'il y a coupure de la dépression. Dans un cas comme dans l'autre, il est possible de vérifier le fonctionnement de la soupape au moyen d'une pompe à vide manuelle.

Fais la vérification pendant que le moteur est chaud. Lorsque le moteur se réchauffe, mais n'est pas encore chaud, fais passer la commande de température de froid à chaud. Il devrait en résulter l'ouverture de la soupape de commande de chauffage. Le liquide de refroidissement à l'entrée et à la sortie de la soupape devrait être chaud. Tourne ensuite la commande de température à froid.

Il faudrait ici que la soupape de commande de chauffage se ferme. Le boyau de sortie doit se refroidir.

Il est possible qu'il y ait défaillance des soupapes à dépression si :
- le diaphragme de dépression de soupape n'est plus fonctionnel ;
- le mécanisme de soupape est coincé ;
- le signal de commande est défectueux.

Utilise une pompe à vide pour vérifier l'état et le fonctionnement de la soupape de commande de chauffage. Si le diaphragme de dépression échoue un essai de fonctionnement de la dépression ou si la soupape ne change pas de mode, remplace la soupape.

Le réservoir de trop-plein du liquide de refroidissement et le système de récupération

Inspecte le réservoir de trop-plein de liquide de refroidissement et le système de récupération. Le réservoir se doit d'être solidement placé et ne présenter aucune fuite ou fissure. Il faut que le bouchon soit serré.

Vérifie le boyau de trop-plein qui mène du réservoir au goulot de remplissage du radiateur. Il ne devrait y avoir aucune interférence causée par des obstructions, un pincement ou des faux plis. Assure-toi que le boyau de trop-plein ne fuit pas ou n'est pas troué et ce, aux deux extrémités. Souviens-toi que le liquide de refroidissement ne peut revenir dans le radiateur si de l'air est admis au lieu du liquide de refroidissement. La connexion entre le réservoir et le radiateur doit être serrée sans quoi le radiateur ne pourra se remplir après la période de réchauffement.

VÉRIFIE TES CONNAISSANCES

❶ Qu'est ce qu'un radiateur de chaufferette ?

❷ Quels produits chimiques servent à nettoyer les radiateurs en aluminium ?

❸ Que dois-tu faire lorsque tu remplaces une courroie en serpentin tandem ?

❹ À quoi sert l'insertion d'un ressort hélicoïdal de boyau inférieur de radiateur ?

❺ Que faut-il faire lorsque l'on remarque du liquide de refroidissement ou des taches sur le boyau de ventilation de palier de pompe à eau ?

Section 4

L'entretien du ventilateur

Il existe plusieurs modèles et fonctionnements de ventilateurs. La recherche pour une plus grande économie de carburant a entraîné une évolution des ventilateurs. Les grands ventilateurs à prise directe requièrent une trop grande puissance. Les véhicules modernes utilisent maintenant des embrayages de ventilateur thermique ou des ventilateurs à moteur. Ces ventilateurs s'activent et se désactivent au besoin.

Les ventilateurs mécaniques

La plupart des ventilateurs mécaniques fabriqués pour les véhicules à propulsion fonctionnent avec des courroies. La courroie d'entraînement de pompe à eau active le moyeu d'embrayage de ventilateur. Le carter d'embrayage active le ventilateur seulement lorsque le radiateur a besoin d'être refroidi. Après le refroidissement de l'embrayage, le ventilateur débraye.

La plupart des embrayages de ventilateurs ont des coupleurs hydrauliques (*voir la figure 4-17*). Le coupleur a un organe de commande (le carter). La pompe à eau se fixe au moyeu, et les pales de ventilateurs se fixent au

carter. Un thermostat, qui est une bobine bimétallique dans l'embrayage de ventilateur du coupleur hydraulique, est chauffé par l'air provenant du radiateur. De cette façon, l'embrayage détecte la température de l'air qui passe par le faisceau de radiateur.

Lorsqu'elle est chauffée, la bobine tourne et fait tourner la soupape de commande d'embrayage. Lorsque la soupape bouge, du fluide silicone se trouvant dans l'embrayage passe du réservoir d'embrayage à la

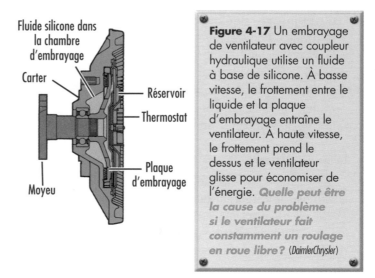

Fluide silicone dans la chambre d'embrayage

Carter

Réservoir

Thermostat

Plaque d'embrayage

Moyeu

Figure 4-17 Un embrayage de ventilateur avec coupleur hydraulique utilise un fluide à base de silicone. À basse vitesse, le frottement entre le liquide et la plaque d'embrayage entraîne le ventilateur. À haute vitesse, le frottement prend le dessus et le ventilateur glisse pour économiser de l'énergie. *Quelle peut être la cause du problème si le ventilateur fait constamment un roulage en roue libre ?* (*DaimlerChrysler*)

chambre d'embrayage. Le ventilateur s'active alors que le fluide donne un frottement liquide entre la plaque d'embrayage et le carter. À partir de ce moment, le carter actionne le ventilateur.

Quand le ventilateur fonctionne, le fluide d'embrayage produit beaucoup de chaleur. Cette chaleur se dissipe par les ailettes qui sont moulées dans le corps d'embrayage extérieur en aluminium. Lorsque le ventilateur se déplace suffisamment pour refroidir le radiateur, le capteur tourne la soupape de commande d'embrayage pour que le fluide retourne au réservoir d'embrayage. L'embrayage débranche le ventilateur de la puissance à l'arbre de la pompe à eau.

Il y a maintenant débrayage du ventilateur mais il ne tourne pas entièrement en roue libre. Si le ventilateur tourne en roue libre, cela signifie que l'embrayage est complètement défaillant puisqu'il y a une fuite de liquide.

Rappelle-toi qu'un bon embrayage de ventilateur dans un moteur très froid émet un léger grondement pendant un court instant lorsque l'on fait démarrer le moteur. Le fluide d'embrayage épais active temporairement le ventilateur. Cela se poursuit seulement jusqu'à ce que le fluide se soit légèrement réchauffé et se soit éclairci.

Les vérifications du fonctionnement de l'embrayage font habituellement partie de la liste suivante de vérification d'entretien du système de refroidissement.

• Détecte la présence de traînées d'huile et de traces d'accumulation de saleté sortant du moyeu d'embrayage du ventilateur. Lorsqu'il y a des traînées d'huile, remplace l'embrayage de ventilateur.

• Balance le bout de la pale vers le radiateur et à l'opposé de celui-ci tout en observant s'il y a un jeu au moyeu. Un balancement excessif dans le carter d'embrayage signifie que le roulement est usé. Remplace l'embrayage.

• Si un ventilateur d'embrayage ne tourne pas à la main ou si, lorsque tu le tournes, il se produit un grondement, remplace l'embrayage. L'embrayage a un roulement défaillant. Si le roulement d'embrayage est grippé, le ventilateur se bloque habituellement.

Les ventilateurs électriques

Les ventilateurs électriques permettent une meilleure économie de carburant que les ventilateurs mécaniques. Habituellement fait en plastique, le ventilateur est alimenté à l'aide d'un moteur à courant continu (c.c.). Selon la dimension du ventilateur, le moteur peut tirer 6 à 10 ampères. Tu peux mettre le ventilateur sous tension et hors tension au besoin pour assurer une meilleure économie.

Les ventilateurs électriques fonctionnent avec une variété d'interrupteurs de commande. Ils ont habituellement un **interrupteur thermostatique.** Il s'agit d'un interrupteur qui répond aux changements de températures. La plupart des interrupteurs thermostatiques acheminent un faible courant par un relais. Les contacts du relais sont conçus pour transporter la forte charge de courant électrique du moteur de ventilateur.

L'interrupteur de ventilateur thermostatique contient une bande de capteur bimétallique située dans un boîtier d'interrupteur fileté. L'interrupteur se fixe dans le réservoir de sortie du radiateur ou le collecteur d'admission du moteur ou le boîtier du thermostat. Pour trouver l'interrupteur, utilise un schéma de câblage de circuits de ventilateur.

Le deuxième signal de commande de ventilateur peut venir d'un interrupteur se trouvant dans le système de climatisation ou dans un ordinateur de commande du moteur. Il est possible que l'ordinateur contrôle le relais. Le circuit de relais a habituellement une diode qui protège les pièces électroniques sensibles contre les surtensions transitoires. Une surtension transitoire se produit lorsqu'un relais magnétique se coupe. Le champ magnétique qui alimente le relais s'effondre et une surtension transitoire à polarité inverse retourne en passant par le circuit de relais.

CONSEIL TECHNIQUE **L'utilisation d'un ohmmètre** Souviens-toi que l'ohmmètre fait partie de la fonction du multimètre. Cependant, son utilisation demande un débranchement du composant à tester à partir du circuit. Il peut arriver que le courant électrique passant par l'ohmmètre endommage le compteur.

Certains systèmes sont pourvus d'un interrupteur thermostatique à une borne pour fournir une prise de masse interne à une température donnée. On les utilise là où les supports d'interrupteur sont en métal. Les interrupteurs à deux bornes, cependant, complètent le circuit à l'extérieur plutôt qu'à l'intérieur. Ces interrupteurs se trouvent dans des radiateurs à réservoir en plastique. Le câblage de mise à la masse peut s'avérer élaboré puisque le moteur de ventilateur se fixe sur le bâti en plastique ou le déflecteur. Le **déflecteur de ventilateur** est la structure qui entoure le ventilateur et qui dirige le débit d'air par les pales du ventilateur.

Un relais peut contenir un retardateur. Ce dispositif continue à faire tourner le ventilateur après que le contact ait été coupé. Cela empêche une expansion excessive du liquide de refroidissement pendant la période de trempage à chaud du moteur. Cependant, si les contacts de relais collent en raison d'une haute intensité, il est possible que le ventilateur continue à fonctionner plus longtemps qu'il ne le devrait, ce qui pourrait causer la décharge de la batterie.

Le diagnostic du ventilateur électrique

Avant de vérifier le ventilateur ou le circuit de ventilateur, assure-toi que le problème n'est pas simplement un fusible ou un fil fusible à remplacer. Si le ventilateur électrique ne fonctionne pas, vérifie la continuité par le fusible au moyen d'un multimètre ou d'une lampe témoin de 12 volts. Lorsque tu as la certitude qu'il y a alimentation du circuit de ventilateur, vérifie les composants du circuit de ventilateur. Utilise un ohmmètre pour tester la continuité de l'interrupteur.

Pour faire l'essai du circuit de ventilateur, il te faut :

1. Brancher le faisceau électrique d'interrupteur thermostatique avec un fil d'essai électrique.
2. Mettre le contact et démarrer le moteur. Si le problème est l'interrupteur thermostatique, le ventilateur fonctionne.
3. Enlever le fil volant.
4. Mettre en marche le climatiseur et actionner l'embrayage du compresseur pour voir si le ventilateur fonctionne.

Si le ventilateur tourne lorsque le climatiseur est en marche ou lorsque tu branches l'interrupteur thermostatique, c'est que le moteur, le relais de ventilateur et le circuit de commande de relais sont fonctionnels. Le problème est sans doute l'interrupteur. Tu peux vérifier avec un multimètre la gamme de températures de l'interrupteur thermostatique et la continuité (*voir la figure 4-18*).

Pour vérifier l'interrupteur thermostatique, il te faut :

1. Enlever l'interrupteur.
2. Brancher un ohmmètre à ses bornes.
3. Le mettre dans de l'eau avec le thermomètre.
4. Chauffer l'eau.
5. À la température précisée, les contacts devraient se fermer.

Une pompe à eau en mauvais état peut causer une surchauffe. Une telle pompe à eau ne permet pas au liquide de refroidissement de sortir du radiateur. Si l'interrupteur du ventilateur se trouve au bas du réservoir du radiateur, le liquide de refroidissement reste trop froid. Le moteur surchauffe avant que le liquide de refroidissement se réchauffe assez pour fermer l'interrupteur du ventilateur. Le ventilateur se met en marche trop tard pour garder le moteur frais. Vérifie ensuite le moteur de ventilateur.

Pour vérifier le moteur de ventilateur, il te faut :

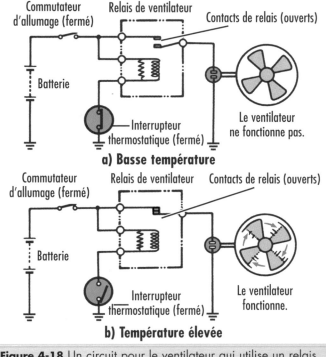

a) Basse température

b) Température élevée

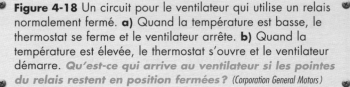

Figure 4-18 Un circuit pour le ventilateur qui utilise un relais normalement fermé. **a)** Quand la température est basse, le thermostat se ferme et le ventilateur arrête. **b)** Quand la température est élevée, le thermostat s'ouvre et le ventilateur démarre. *Qu'est-ce qui arrive au ventilateur si les pointes du relais restent en position fermées ?* (Corporation General Motors)

1. Débrancher le raccord de faisceau électrique du moteur.
2. Vérifier s'il y a une tension d'alimentation avec un multimètre ou une lampe témoin. Si la tension ne se rend pas au moteur de ventilateur ou si le ventilateur ne fonctionne que sur un mode, tu peux soupçonner un problème du circuit de commande de relais. Les circuits de commande varient du plus simple au plus complexe. Utilise l'information pertinente à ce sujet dans le manuel d'entretien du véhicule pour vérifier les codes d'anomalie du système informatique.
3. Brancher la borne de masse à une prise de masse en bon état de fonctionner. Si le moteur démarre, vérifie si le problème se trouve dans le circuit de masse. Si le ventilateur ne tourne toujours pas, vérifie le câblage du moteur pour déceler des faux contacts. Si le câblage est en bon état, remplace le moteur de ventilateur.
4. Débrancher le câblage de ventilateur et vérifier le ventilateur pour déceler des égratignures, des fissures, un relâchement ou s'il manque des pales.

VÉRIFIE TES CONNAISSANCES

❶ Qu'est-ce qui active l'embrayage de ventilateur ?

❷ Comment se dissipe la chaleur à partir du fluide d'embrayage de ventilateur ?

❸ Que faut-il d'abord vérifier si le ventilateur électrique ne fonctionne pas ?

❹ Quel peut être le problème si le ventilateur électrique continue à fonctionner après que le moteur ait été coupé ?

❺ Quels sont les contrôles qui permettent de vérifier le fonctionnement d'un interrupteur thermostatique ?

RÉVISION DU CHAPITRE 4

Notions importantes

Conforme aux normes du MFCUO pour le chauffage et la climatisation : diagnostic des problèmes de contrôle de température, exécution des essais de fuite de pression et de combustion, inspection des boyaux et des courroies, vérification du fonctionnement des thermostats, entretien du liquide de refroidissement, vérification du ventilateur et de l'appareil de chauffage.

- L'état du liquide de refroidissement se détermine par une inspection visuelle.
- Il est possible d'effectuer certaines vérifications visuelles rapides du système de refroidissement pendant que la technicienne ou le technicien fait d'autres réparations.
- Plusieurs instruments servent à la vérification du radiateur.
- La vérification du bouchon de radiateur se fait avec un outil d'essai spécial.
- La vérification de tout le système de refroidissement peut se faire avec un outil d'essai spécial.
- Plusieurs instruments servent à tester les fuites dans le système de refroidissement.
- Il est possible de rincer le radiateur lorsque celui-ci est toujours dans le véhicule.
- Une inspection visuelle permet de déceler des problèmes de boyaux et de courroies.
- Plusieurs types de ventilateurs servent à faire passer l'air par le radiateur.

Questions de révision

❶ Que peut indiquer l'aspect du liquide de refroidissement sur le système de refroidissement ?

❷ Quelles sont certaines des inspections visuelles rapides qu'une technicienne ou un technicien peut faire pendant les réparations ?

❸ Quels types d'instruments servent à vérifier le radiateur ?

❹ Quel peut être le problème si le bouchon du réservoir ne garde pas la pression pendant plusieurs minutes lorsqu'on utilise le contrôleur de pression du bouchon de radiateur ?

❺ À quoi sert un instrument d'essai de pression de système ?

❻ Que signifie la présence d'un dépôt laiteux sur la jauge d'huile pour moteur ?

❼ Comment s'ajuste habituellement la tension d'une courroie en serpentin ?

❽ **Pensée critique** Que peut être le problème si un grincement ne se fait plus entendre lorsque la courroie d'entraînement est enlevée ?

❾ **Pensée critique** Quel problème se produit si le ventilateur ne fonctionne pas comme prévu après que le contact ait été coupé ?

PRÉVISIONS TECHNOLOGIQUES

POUR L'EXCELLENCE EN MATIÈRE D'AUTOMOBILE

Les moteurs se réchauffent

Si l'on dit que plus c'est gros, mieux c'est, alors disons la même chose pour la chaleur. Afin d'améliorer le rendement du moteur, les constructeurs de véhicules automobiles étudient la possibilité de se servir de températures plus élevées pour le fonctionnement des véhicules. Selon certaines études, le réglage normal pourrait augmenter de 40 pour cent. Dans un tel cas, la température de fonctionnement serait de 121 degrés. Toute une augmentation comparativement aux températures de 82 à 90 degrés employées de nos jours !

Pourquoi cette différence ? Avec des températures plus élevées, le carburant ne se condense pas sur les parois des cylindres lorsque le mélange air-carburant entre dans la chambre à combustion. Le carburant est correctement allumé, il ne fait pas que passer par l'échappement sous forme d'hydrocarbures nocifs. L'efficacité augmente lorsque les gaz polluants diminuent.

Il risque d'y avoir un problème à ce niveau. En effet, certains ingénieurs craignent qu'il n'y ait pas suffisamment de « rejets thermiques » pour que l'appareil de chauffage fournisse l'eau chaude nécessaire. Une solution au problème serait la création de systèmes de refroidissement plus petits et entièrement étanches. Ils pourraient fonctionner aux températures plus élevées désirées, tout en fournissant chaleur et refroidissement adéquats.

Un autre changement se dessine avec le thermostat du moteur. Lorsque l'on déplace le dispositif du côté de l'entrée de la pompe à eau, le liquide de refroidissement chaud passe par le moteur. Cette configuration réduit les risques de choc thermique au moteur.

EXCELLENCE AUTOMOBILE
TEST PRÉPARATOIRE

En répondant aux questions suivantes, tu pourras te préparer aux tests en vue d'obtenir la certification duMFCUO.

1. La technicienne ou le technicien A dit que l'on peut ajouter n'importe quelle sorte de liquide de refroidissement pourvu qu'il soit de la même couleur que le liquide de refroidissement se trouvant actuellement dans le système. La technicienne ou le technicien B dit que la couleur du liquide de refroidissement n'est pas un signe de compatibilité. Qui a raison ?
   ⓐ La technicienne ou le technicien A.
   ⓑ La technicienne ou le technicien B.
   ⓒ Les deux ont raison.
   ⓓ Les deux ont tort.

2. La technicienne ou le technicien A dit que si le liquide de refroidissement gèle, les bouchons expansibles du bloc-moteur sautent pour empêcher le bloc-moteur de se fissurer. La technicienne ou le technicien B dit qu'ils sautent probablement, mais pas assez rapidement pour empêcher des dommages au bloc-moteur. Qui a raison ?
   ⓐ La technicienne ou le technicien A.
   ⓑ La technicienne ou le technicien B.
   ⓒ Les deux ont raison.
   ⓓ Les deux ont tort.

3. Lorsqu'un radiateur perd de la pression, c'est peut-être à cause :
   ⓐ d'un joint de bouchon défectueux.
   ⓑ d'un couvercle déformé.
   ⓒ a et b.
   ⓓ Aucune de ces réponses.

4. La technicienne ou le technicien A dit qu'un rinçage à circulation inversée nettoie le système de refroidissement. La technicienne ou le technicien B dit qu'il faut utiliser des acides organiques pour nettoyer le système de refroidissement. Qui a raison ?
   ⓐ La technicienne ou le technicien A.
   ⓑ La technicienne ou le technicien B.
   ⓒ Les deux ont raison.
   ⓓ Les deux ont tort.

5. La technicienne ou le technicien A dit qu'il est possible de vérifier la température du liquide de refroidissement avec un pyromètre. La technicienne ou le technicien B dit qu'il faut vérifier la température du liquide de refroidissement avec un analyseur-contrôleur. Qui a raison ?
   ⓐ La technicienne ou le technicien A.
   ⓑ La technicienne ou le technicien B.
   ⓒ Les deux ont raison.
   ⓓ Les deux ont tort.

6. La technicienne ou le technicien A dit qu'un récipient métallique empêche le boyau inférieur de radiateur de s'effondrer. La technicienne ou le technicien B dit qu'un ressort hélicoïdal empêche le boyau inférieur de radiateur de s'effondrer. Qui a raison ?
   ⓐ La technicienne ou le technicien A.
   ⓑ La technicienne ou le technicien B.
   ⓒ Les deux ont raison.
   ⓓ Les deux ont tort.

7. La technicienne ou le technicien A dit de vérifier la compression lorsque le moteur est chaud. La technicienne ou le technicien B dit qu'il est préférable de vérifier la présence de fuites du liquide de refroidissement avant que le moteur se réchauffe et que les pièces prennent de l'expansion. Qui a raison ?
   ⓐ La technicienne ou le technicien A.
   ⓑ La technicienne ou le technicien B.
   ⓒ Les deux ont raison.
   ⓓ Les deux ont tort.

8. La technicienne ou le technicien A dit que le liquide de refroidissement est toujours vert. La technicienne ou le technicien B dit qu'il est toujours orange. Qui a raison ?
   ⓐ La technicienne ou le technicien A.
   ⓑ La technicienne ou le technicien B.
   ⓒ Les deux ont raison.
   ⓓ Les deux ont tort.

9. La technicienne ou le technicien A dit qu'il faut remplacer un embrayage de ventilateur si les ailettes sont brisées. La technicienne ou le technicien B dit qu'il faut remplacer l'embrayage de ventilateur si le ventilateur est bloqué ou que l'embrayage n'offre pas de résistance de rotation. Qui a raison ?
   ⓐ La technicienne ou le technicien A.
   ⓑ La technicienne ou le technicien B.
   ⓒ Les deux ont raison.
   ⓓ Les deux ont tort.

10. La technicienne ou le technicien A dit que les interrupteurs thermostatiques commandent les ventilateurs électriques. La technicienne ou le technicien B dit que les circuits de climatiseur commandent les ventilateurs électriques. Qui a raison ?
   ⓐ La technicienne ou le technicien A.
   ⓑ La technicienne ou le technicien B.
   ⓒ Les deux ont raison.
   ⓓ Les deux ont tort.

CHAPITRE 5

Diagnostic des systèmes de climatisation

Tu seras en mesure:

- d'effectuer l'essai fonctionnel et de température du circuit de réfrigération;

- de faire le dépannage des composants mécaniques et électriques du climatiseur;

- de diagnostiquer les problèmes en te servant de tes sens;

- de diagnostiquer les problèmes et de trouver des fuites en te servant d'outils et d'équipements spéciaux;

- d'utiliser un ensemble de jauges combinées comme outil de diagnostic.

Le vocabulaire:

Poste de charge

Manomètre combiné

Vibration en résonnance

Plénum

Commutateurs de protection

Soupape Schrader

Voyant

Le problème ⟩⟩⟩⟩⟩ Ton défi

Paul Langlois amène son véhicule au garage. Il précise que son système de climatisation ne refroidit pas assez l'air. Il ajoute que le compresseur s'arrête et se remet en marche trop souvent. Il dit aussi que ce problème a commencé graduellement mais qu'il semble s'aggraver.

Au cours de ton examen initial, tu confirmes que la température de l'air n'est pas assez froide. Le compresseur semble s'activer et se désactiver trop rapidement. Tu crois qu'un examen plus approfondi à l'aide d'un ensemble de jauges combinées serait nécessaire.

À titre de technicienne ou de technicien, tu dois répondre aux questions suivantes:

1. Y a-t-il une obstruction, quelque part dans le conduit de frigorigène?

2. Le système a-t-il besoin de plus de fluide frigorigène?

3. L'interrupteur de fonctionnement cyclique de pression du compresseur fonctionne-t-il comme il le devrait?

Figure 5-1 Mesure la température de l'air à la sortie du tableau de bord. *Quelle devrait être la gamme des températures ?* (Jack Holtel)

Section 1

Les éléments de base du dépannage

Un climatiseur est défaillant lorsqu'il ne refroidit plus l'intérieur du véhicule. Il est rare qu'un climatiseur ne fonctionne plus en raison d'un kilométrage élevé du véhicule. Le problème est habituellement d'ordre mécanique, en raison d'un manque de circulation du fluide frigorigène, d'une perte de fluide frigorigène ou de la contamination du système.

Certains problèmes pouvant être causés par une contamination du système sont énumérés au **tableau 5-A.**

Tableau 5-A
DES PROBLÈMES DUS À LA CONTAMINATION DU SYSTÈME

L'humidité fait geler les soupapes de commande. L'humidité produit également des acides qui contribuent à la corrosion et à la rouille.

De l'air dans le fluide frigorigène cause une haute pression sur la tête du compresseur ainsi que des températures élevées. L'air réduit la capacité de refroidissement du système. L'air oxyde ou brûle l'huile frigorigène, ce qui entraîne une accumulation de vernis. De plus, étant donné que l'air contient de l'humidité, il en apporte dans le système.

La saleté bouche les filtres et les orifices. Elle peut faire en sorte que les réactifs forment des acides corrosifs. La saleté peut entraîner de l'abrasion et une usure prématurée du compresseur de climatiseur.

Les produits chimiques peuvent provoquer un bris du système. Par exemple, on se sert souvent d'alcool pour nettoyer des pièces, mais il attaque le zinc et l'aluminium. Ils peuvent alors s'éroder.

Une détérioration du caoutchouc L'intérieur des vieux tuyaux s'écaille souvent, et des particules de caoutchouc peuvent boucher les soupapes de commande du fluide frigorigène.

Des particules métalliques peuvent contaminer et boucher les filtres et les soupapes. Ces particules proviennent des roulements du compresseur, des soupapes flexibles et d'autres pièces en mouvement.

Du fluide frigorigène qui n'a pas été conçu pour un système en particulier n'offrira qu'une faible lubrification. Les fluides qui contiennent de la cire peuvent former des boues. La cire et les boues peuvent boucher les conduits et rendre les soupapes collantes. Range d'une manière appropriée le fluide frigorigène et assure-toi qu'il ne prend pas l'humidité.

L'humidité, la saleté et l'air n'entrent pas dans un système en bon état. Cependant, on peut en trouver dans le système si les pièces se détériorent. Ils peuvent aussi s'y infiltrer lorsque des dommages surviennent par suite d'un accident ou d'une collision. De plus, un entretien inadéquat peut permettre aux contaminants d'entrer dans le système de réfrigération.

La température de sortie

La première chose à vérifier dans un système de refroidissement est la température de l'air aux sorties du tableau de bord. D'abord, laisse le système fonctionner pendant quelques minutes. Place ensuite un thermomètre dans une bouche d'air du climatiseur du tableau de bord (*voir la figure 5-1*). Si la température de l'air s'échelonne entre 1,7 °C et 7,2 °C (35 °F et 45°), le système de réfrigération est probablement en bon état. Essaie les divers modes de fonctionnement du climatiseur, du système de chauffage et du dégivreur. Assure-toi que l'ouverture et la fermeture de la bouche d'air se font adéquatement.

Si l'intérieur du véhicule ne se refroidit pas et que le relevé du thermomètre le confirme, il peut y avoir plusieurs causes au problème. Certaines ne sont pas liées au fluide frigorigène. Le problème peut être causé par une mauvaise distribution d'air. Par exemple, il est possible qu'une fissure dans le volet d'aération laisse entrer l'air extérieur par les conduits d'air. Lorsque les volets d'aération extérieurs se ferment, ils doivent le faire de façon étanche. À la position de refroidissement maximal, tout l'air devrait recirculer par l'évaporateur.

Si un volet de désembuage et de soufflage laisse passer de l'air par le radiateur de chaufferette quand on sélectionne une position de refroidissement, la température de sortie d'air sera trop élevée. L'air chauffé circulera dans l'habitacle du véhicule. Bien que cela semble provenir d'une défaillance du climatiseur, le problème réside en fait ailleurs.

Une soupape de commande de chaufferette en mauvais état peut s'avérer être le problème. Dans ce cas, l'air provenant de la bouche d'air du tableau de bord sera plus chaud. Le système de climatisation, cependant, fonctionnera normalement.

EXCELLENCE MATHÉMATIQUES AUTOMOBILE

La mesure de la pression et de la dépression

Lorsque tu te sers d'une pompe à vide pour évacuer l'air d'un système de climatisation, l'action de pompage crée une pression qui est inférieure à la pression atmosphérique. En d'autres termes, il y a création d'une «pression négative» ou d'une dépression partielle. Cette dépression se mesure en millimètres de mercure (mm Hg), en pouces de mercure (po Hg), en pression absolue en kPa [livres par pouce carré (lb/po²a)] ou en pression différentielle en livres par pouce carré (lb/po²).

Tu connais déjà bien la pression positive en kPa (lb/po²). La pression atmosphérique standard est, par exemple, 0 mm Hg (14,7 lb/po²). Cela signifie que le poids de l'atmosphère au niveau de la mer exerce une force de 0 mm Hg (14,7 lb/po²). Cette pression s'exerce sur tout ce qui se trouve sur la surface de la terre, même ton corps. Tu ne remarques pas cette force puisqu'une pression égale s'exerce dans ton corps et pousse vers l'extérieur. Une mesure qui représente la différence entre ces deux pressions est celle de la pression différentielle (lb/po²). Dans le cas de ton corps et de l'atmosphère, la pression différentielle est égale à zéro.

La pression manométrique (à la jauge) est la pression en kPa (lb/po²) que mesure le manomètre. Étant donné que le manomètre devrait être étalonné (ou mis à zéro) dans l'atmosphère, la mesure kPa (lb/po²) calcule la pression relative à la pression atmosphérique locale. Tout comme dans le cas de ton corps et l'atmosphère, si la pression dans un réservoir de fluide frigorigène est égale à la pression à l'extérieur du réservoir, la pression différentielle est de zéro. Un manomètre sur le réservoir devrait indiquer une pression différentielle de zéro. Mais le réservoir n'est pas vraiment vide. Il y a quand même du gaz dans le réservoir à une pression égale à la pression atmosphérique 0 po Hg (14,7 lb/po²a). La valeur lb/po² est par conséquent de 14,7 inférieure à la valeur de la pression différentielle, pour un manomètre étalonné à une pression atmosphérique standard.

Si tu fixes une pompe au réservoir et que tu commences à pomper le gaz qui reste vers l'extérieur, tu crées une pression négative, ou une dépression. Au lieu de lire une pression négative en nombres négatifs, un manomètre de dépression lit une dépression en millimètres de mercure (po Hg). Rappelle-toi que l'on utilise aussi la mesure mm Hg pour la pression atmosphérique. Lorsqu'on parle uniquement de mesures de dépression, 14,7 lb/po²a égale zéro en dépression Hg, et zéro lb/po²a égale 760 mm (29,92 po) en dépression po Hg.

Observe le tableau ci-dessous. À une pression atmosphérique standard (14,7), un cylindre de fluide frigorigène vide indique 0 lb/po². Il indique aussi 0 po Hg sur un manomètre de dépression.

À toi de jouer !

Conforme aux normes de l'EDU en mathématiques pour la soustraction des nombres qui incluent des décimales; l'estimation des résultats d'opérations arithmétiques de base; l'arrondissement à la hausse ou à la baisse; l'interprétation des tableaux, des diagrammes et des graphiques.

Lis le tableau et détermine ce qui suit :

❶ 69 kPaa (10,0 lb/po²a) = dépression de ―― mm Hg ―― (po Hg).

❷ 14,0 lb/po²a correspond à une dépression de ―― mm Hg ―― (po Hg).

❸ 14,5 lb/po²a équivaut à une dépression de ―― mm Hg ―― (po Hg).

❹ La pression atmosphérique en dépression 0 mm Hg (0 po Hg) est de ――.

❺ Une dépression de 343 mm Hg (13,5 po Hg) = ―― kPaa ―― (lb/po²a).

Les résultats et l'analyse Tu sais maintenant que la valeur manométrique (à la jauge) est de 101 kPa (14,7 lb/po²) de moins que la valeur de pression différentielle (lb/po²a), et qu'une autre façon de mesurer la pression est en mm Hg (po Hg) de mercure.

Remplis le tableau suivant en calculant les mesures de pression correspondantes en kPaj (kilo Pascal jauge).

Mm Hg	kpaa	kPaj
381	48	
347	55	
295	62	
244	69	
192	76	
140	83	
114	86	
88	90	
62	93	
36	97	
10	100	
0	101	

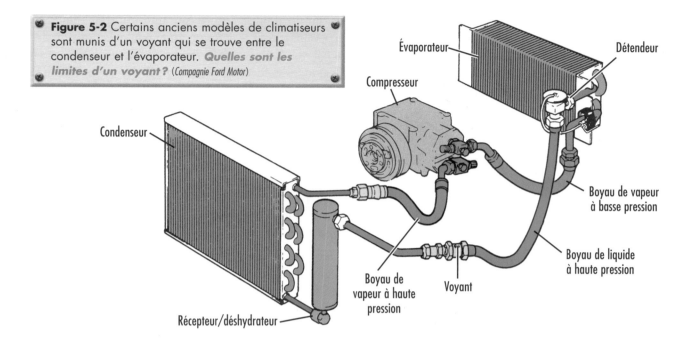

Figure 5-2 Certains anciens modèles de climatiseurs sont munis d'un voyant qui se trouve entre le condenseur et l'évaporateur. *Quelles sont les limites d'un voyant ?* (Compagnie Ford Motor)

Le diagnostic initial

Il est important de suivre chacune des étapes d'un diagnostic. Si la température de sortie du climatiseur indique que le système fonctionne mal, commence ton examen. Sous le capot et dans le véhicule, sers-toi de tes sens : la vue, l'ouïe et le toucher. Observe bien afin de détecter des problèmes. Cherche des bruits inhabituels. Vérifie si la température est correcte. Vois si tu sens des vibrations ou la présence de liquide.

CONSEIL TECHNIQUE **Un voyant sur un système de conversion** Ne te fie pas au voyant du système de conversion pour indiquer un niveau approprié de fluide frigorigène R134a. Le voyant a été conçu pour un fluide de type R12.

L'inspection visuelle

Au cours d'une inspection visuelle, rappelle-toi ce qui suit :
• le boyau à haute pression et les tubes ont souvent un plus petit diamètre que les conduits à basse pression ;
• par temps humide, des gouttelettes ou du givre peuvent se former sur l'évaporateur et sur une partie du boyau à basse pression et des tubes du circuit de fluide frigorigène.

Lorsque le compresseur fonctionne, il devrait y avoir une différence de température entre les conduits à basse pression et à haute pression. S'il n'y a pas de différence, le niveau du fluide frigorigène est peut-être bas. Après que le climatiseur a fonctionné pendant plusieurs minutes, le conduit du côté de l'admission doit être froid. Il se peut même que par temps humide, il y ait du givre sur le conduit à la sortie de l'évaporateur. Dans

certains systèmes, une mise en cycle particulièrement fréquente de l'embrayage du compresseur indique un bas niveau de fluide frigorigène.

S'il y a de la condensation ou du givre sur l'évaporateur mais que l'air de sortie dans le véhicule est chaud, le problème peut venir de la position des volets de commande de la climatisation ou du fonctionnement de la soupape de commande de chaufferette.

Le voyant Certains systèmes requérant du fluide R12 sont parfois munis d'un voyant (*voir la figure 5-2 et la figure 5-3*). Le **voyant** est une fenêtre placée dans le circuit du fluide frigorigène. On s'en sert pour le diagnostic, mais sa fonction est limitée. En raison des difficultés d'interprétation que le voyant peut causer, la plupart des fabricants préfèrent ne pas en offrir. Un système entièrement rempli de fluide frigorigène laisse

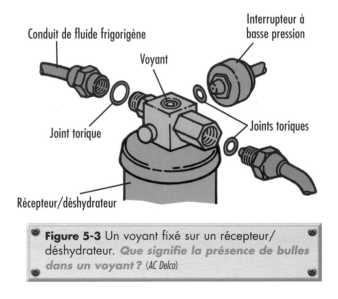

Figure 5-3 Un voyant fixé sur un récepteur/déshydrateur. *Que signifie la présence de bulles dans un voyant ?* (AC Delco)

voir des bulles dans la fenêtre seulement lorsqu'on vient de mettre en marche le système ou par temps froid. Le système de réfrigération doit fonctionner à pleine capacité (haute pression) pour éliminer les bulles de la fenêtre. Cela ne se produit que par temps chaud. Le voyant est utile dans les situations suivantes :

- la température extérieure est inférieure à 35 °C (95 °F);
- l'humidité est inférieure à 70 %;
- le régime du moteur est d'au moins 1500 tr/min;
- le climatiseur est réglé à COLD (froid) ou à RECIRCULATE (recirculation);
- le ventilateur de chaufferette est réglé à la puissance maximale.

Si tu remarques un flot constant de bulles dans le voyant, le niveau de remplissage du fluide frigorigène est bas. S'il n'y a pas de bulles, c'est que le niveau est trop élevé. Si tu remarques que le voyant est embué ou qu'il est taché d'huile, c'est peut-être parce qu'il y a un mauvais type d'huile dans le système.

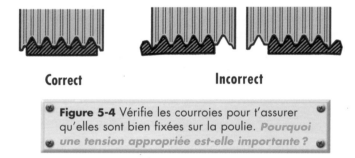

Correct   **Incorrect**

Figure 5-4 Vérifie les courroies pour t'assurer qu'elles sont bien fixées sur la poulie. *Pourquoi une tension appropriée est-elle importante ?*

La courroie Fais une inspection visuelle de la courroie du compresseur. Remarque la présence de fissures, de fentes, de déchirures, de séparations des plis et de cordons brisés. L'usure des courroies est difficile à voir. Pour déceler de l'usure sur une courroie en serpentin, examine l'ajustement de la poulie. Une courroie en serpentin doit s'ajuster à la rainure de sa poulie dépassant de la bride d'environ 1/16 po.

Pour examiner l'usure sur une courroie plate en serpentin, examine le fonctionnement et la position des poulies tendeuses (*voir la figure 5-4*). Vérifie l'apparence des poulies guides. Observe la zone du roulement de la poulie centrale pour déceler des fragments métalliques. La présence de fragments métalliques indique souvent que le roulement est endommagé.

Vérifie si tu vois une fente intermittente ou des traces de brûlures sur la surface de traction de la courroie. Il est possible qu'un compresseur qui se bloque occasionnellement, en raison d'une défaillance mécanique ou d'une charge excessive, fasse glisser de façon temporaire la courroie.

Un compresseur grippé cause de façon instantanée un glissement de la courroie et une brûlure au moment de l'embrayage du compresseur. La courroie grince jusqu'à ce qu'elle se brise.

La tension de la courroie doit être adéquate, de façon à assurer une traction et un transfert de puissance appropriés. Une courroie trop lâche glisse, fond, se fissure et se brise. Une courroie trop serrée déforme les roulements de poulie et l'arbre de compresseur.

L'embrayage du compresseur La poulie d'embrayage entraînée par courroie, se branche à l'arbre d'entrée du compresseur par l'embrayage électromagnétique (*voir la figure 5-5*). Pour embrayer le compresseur, il faut que la bobine tire de façon électromagnétique un plateau de pression. Ce plateau embraye l'arbre du compresseur avec la poulie. Utilise une jauge d'épaisseur pour vérifier le jeu d'embrayage.

Le signal d'activation de l'embrayage provient des commandes électriques du climatiseur. Au moment de l'embrayage, la surface de frottement entre le plateau de pression et la poulie transmet le couple moteur au compresseur.

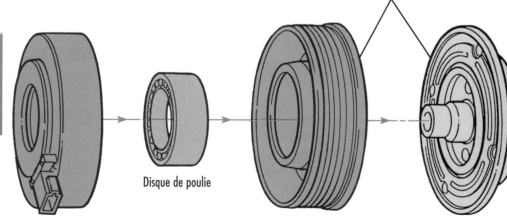

Figure 5-5 Les composants d'un embrayage électromagnétique. *Que peut-il se produire si le contact du connecteur électrique n'est pas bon ?* (Compagnie Ford Motor)

Surfaces de frottement

Plateau de pression et moyeu   Disque de poulie   Roulement   Bobines magnétiques

Vérifie l'état du raccord électrique à l'embrayage du compresseur. Si la connexion semble en bon état, mets en marche le climatiseur. L'embrayage devrait se faire immédiatement.

Si l'embrayage ne se fait pas, vérifie le câblage du système d'embrayage et les commutateurs de protection du système. Les **commutateurs de protection** sont des dispositifs de sécurité qui se trouvent dans le câblage d'embrayage et qui s'ouvrent dans des conditions anormales pour empêcher des dommages au compresseur. Les commutateurs de protection sont aussi appelés disjoncteurs. Ils empêchent le compresseur de fonctionner par temps froid. Ils empêchent aussi le fonctionnement du compresseur lorsque la pression dans le système est trop élevée ou trop basse (*voir la figure 5-6*). S'il n'y a pas de circulation du fluide frigorigène, il n'y a pas de circulation d'huile. Sans huile, le compresseur risque d'être endommagé. Suis les directives du fabricant pour faire l'essai de ces commutateurs.

Certains systèmes sont munis d'un commutateur de protection à basse pression fixé sur le récepteur/ déshydrateur. Ce commutateur est monté en série avec l'embrayage du compresseur. Si la pression du fluide frigorigène chute, le commutateur s'ouvre et fait déclencher l'embrayage. Lorsque la pression est rétablie, le commutateur se ferme et l'embrayage reçoit du courant. Vérifie le câblage du commutateur. Vérifie si le courant électrique passe par le commutateur.

Lorsque l'embrayage du compresseur ne reçoit pas de courant quand le climatiseur est en marche, vérifie le circuit principal d'alimentation électrique. Un fusible protège tout le système de climatisation et le circuit d'alimentation. Fais une vérification visuelle du fusible ou utilise un dispositif d'essai de la continuité électrique.

Tu dois ensuite couper le contact et desserrer la courroie. Vérifie l'embrayage pour voir s'il y a une

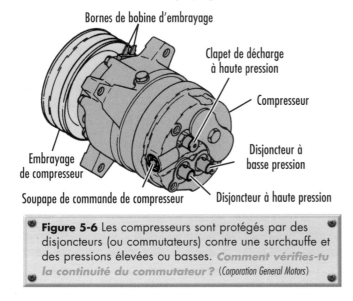

Figure 5-6 Les compresseurs sont protégés par des disjoncteurs (ou commutateurs) contre une surchauffe et des pressions élevées ou basses. *Comment vérifies-tu la continuité du commutateur ?* (Corporation General Motors)

Bornes de bobine d'embrayage
Clapet de décharge à haute pression
Compresseur
Disjoncteur à basse pression
Embrayage de compresseur
Soupape de commande de compresseur
Disjoncteur à haute pression

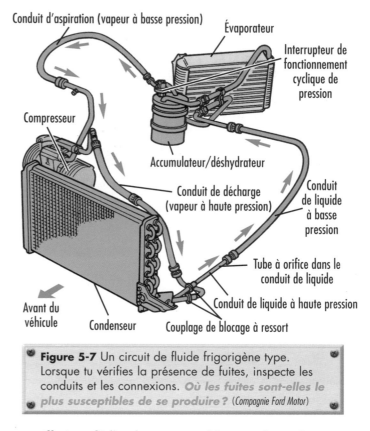

Conduit d'aspiration (vapeur à basse pression)
Évaporateur
Interrupteur de fonctionnement cyclique de pression
Compresseur
Accumulateur/déshydrateur
Conduit de décharge (vapeur à haute pression)
Conduit de liquide à basse pression
Tube à orifice dans le conduit de liquide
Avant du véhicule
Condenseur
Conduit de liquide à haute pression
Couplage de blocage à ressort

Figure 5-7 Un circuit de fluide frigorigène type. Lorsque tu vérifies la présence de fuites, inspecte les conduits et les connexions. *Où les fuites sont-elles le plus susceptibles de se produire ?* (Compagnie Ford Motor)

oscillation. Si l'embrayage est libre sur le roulement, l'embrayage oscille lorsqu'il y a débrayage du plateau.

Examine les supports du compresseur. Les supports sont-ils fixés solidement ou sont-ils brisés ? Les boulons et les écrous sont-ils serrés ? Examine l'angle de support du compresseur par rapport à la courroie d'entraînement. La poulie est-elle bien alignée avec la courroie d'entraînement du compresseur ? Souvent, le compresseur est déplacé au cours d'autres procédures de réparation sous le capot.

La vérification du débit d'air Vérifie l'air qui passe par le condenseur et le radiateur. Assure-toi que la voie qu'emprunte le débit d'air n'est pas obstruée. Examine le ventilateur et le déflecteur pour déceler des dommages.

Prends note des problèmes que tu crois être liés au ventilateur. Une surchauffe du moteur causée par une défaillance du ventilateur peut interrompre complètement le fonctionnement du climatiseur. Le radiateur fait surchauffer le condenseur, et le circuit de fluide frigorigène tombe en panne.

Inspecte le condenseur. Aucune feuille ne doit être présente sur les ailettes, ni aucun autre débris, afin de permettre à l'air de passer librement. Examine les ailettes. Il ne faut pas qu'elles soient courbées. Redresse les ailettes courbées à l'aide d'un peigne de radiateur.

Les conduits du fluide frigorigène et les soupapes Examine les conduits du circuit de fluide frigorigène (*voir la figure 5-7*). De l'huile ainsi que du fluide frigorigène

Figure 5-8 Il peut être difficile de trouver la provenance d'un bruit. Utilise un stéthoscope pour isoler les bruits. *Un bruit de grincement du compresseur pendant l'embrayage et qui s'arrête pendant le débrayage tend à signifier une défaillance de quel bloc ?* (David S. Hwang)

s'écouleront. Vérifie la présence d'un résidu huileux à l'endroit où se situe la fuite. Une accumulation de poussière et de saleté qui se mélange à l'huile donne vraiment l'impression que l'huile est sale. Vérifie bien toutes les fuites suspectes à l'aide d'un appareil d'essai d'étanchéité.

Examine tous les conduits. Inspecte toutes les connexions. Les fuites se produisent habituellement là où se rejoignent les tubes métalliques. Les fuites résultent souvent de joints toriques endommagés, manquants ou inappropriés. Il est possible que les joints toriques se ressemblent, mais ils peuvent différer légèrement par la dimension, la forme et le matériau. Au cours de la réparation d'un système, n'utilise que des joints toriques conçus pour ce système.

Vérifie soigneusement les soupapes de service de fluide frigorigène. Le fluide frigorigène peut fuir de la pièce intérieure d'une soupape. De plus, si le bouchon de soupape manque, il est possible que le fluide frigorigène fuie. Sans le bouchon, de la saleté entre dans la soupape de service, laquelle ne pourra redevenir étanche après l'utilisation de la jauge.

Si tu fixes le conduit de service à une soupape de service sale, la saleté se glisse dans le siège de soupape, ce qui détruit le joint étanche. S'il n'y a pas de bouchon de soupape, nettoie la soupape de service et la surface de la partie intérieure de la soupape. Installe ensuite un bouchon neuf et serre-le.

Le système de commandes Les manuels d'entretien des véhicules comportent habituellement des schémas de câblage du système électrique du climatiseur ainsi que les procédures de diagnostic à suivre. Ils contiennent également des schémas de dépression des volets et des servos du système de ventilation. Suis ces schémas au cours du dépannage du système de commande CVC.

Vérifie les connexions électriques :
- observe le bloc fusibles pour voir si des fusibles ont sauté ;
- inspecte les fils fusibles pour voir s'ils ont sauté ;
- recherche des fils et des raccords débranchés ou endommagés ;

Fais une inspection visuelle du système de dépression pour déceler :
- des signes d'abrasion de la canalisation de dépression sur des rebords coupants ;
- des connexions de conduits desserrés, particulièrement sur des raccords à conduits multiples et des contacteurs de dépression ;
- des fuites au réservoir de dépression, le cas échéant.

Beaucoup de systèmes de climatisation sont pourvus de volets de dépression, de conduits et de commandes complexes. Tu peux trouver l'acheminement des conduits de dépression et les procédures de diagnostic dans le manuel d'entretien du véhicule. Pour déceler des fuites de dépression, utilise une pompe de dépression. Tu peux aussi te servir d'un générateur de fumée pour souffler la fumée par un circuit de dépression afin de localiser la source de la fuite.

L'écoute des problèmes

Vérifie s'il y a des bruits inhabituels sous le capot et dans le véhicule. Il est difficile d'entendre correctement les bruits sourds. Après un autoguidage dans la zone générale, utilise un *stéthoscope* ou une tige d'écoute pour isoler la source (*voir la figure 5-8*). Un tel diagnostic de bruit indique habituellement si le problème est dans le compresseur. L'absence de bruit, cependant, ne veut pas dire que le compresseur est en bon état. Certains compresseurs s'usent sans faire de bruit.

Les bruits de compresseur Un embrayage du compresseur doit être silencieux au débrayage. S'il y a un bruit de grincement ou de frottement au débrayage, la surface de frottement d'embrayage ou le roulement d'embrayage sont probablement en cause. S'il y a un bruit de grincement à l'embrayage, c'est sans doute parce que le compresseur est endommagé.

Des dommages internes peuvent rendre le compresseur bruyant. Dans ce cas, il faut remplacer le compresseur. (La plupart des ateliers de réparation ne remettent pas en état les compresseurs.)

Des roulements en mauvais état font un bruit de cognement. Il ne faut pas confondre le cognement d'un fluide frigorigène à haute pression avec un cognement de roulement du compresseur. Un cognement de roulement produit un son plus profond et plus dur.

Il est aussi possible que les poulies d'embrayage, les roulements de poulie ou les courroies d'entraînement fassent des bruits de cognement, de sifflements ou autres. Le compresseur grince ou siffle ? Tout compresseur, avec ou sans carter d'huile, peut gripper en raison d'un manque de lubrification causé par une perte de fluide frigorigène. L'huile passe dans le compresseur avec le fluide frigorigène. Il faut remplacer le fluide et l'huile s'il y a eu une perte à la suite de la rupture du système ou au cours du remplacement des pièces.

Les vibrations Écoute attentivement les vibrations dans le conduit du fluide frigorigène. Parfois, le rythme normal du fonctionnement du compresseur établit une vibration en résonance dans le conduit du fluide frigorigène.

Une **vibration en résonance** est une vibration ou un son provenant d'une autre vibration ou d'un autre son, souvent lointain. Dans le système de climatisation, cela cause souvent un bourdonnement ou un grondement. Ce son change fréquemment avec le régime du moteur et la vitesse du compresseur. Il se produit de temps à autre, seulement à une certaine vitesse du compresseur ou à un certain régime du moteur. C'est ce que l'on appelle la *fréquence de résonance*.

Pour isoler le son, fais fonctionner le compresseur à la vitesse nécessaire pour émettre un bruit. Une fois que le bruit est évident, sers-toi d'un stéthoscope pour trouver sa source. Le problème peut souvent se régler simplement en ajoutant une bride de fixation ou en déplaçant le conduit du fluide frigorigène.

Une courroie d'entraînement lâche peut aussi causer une vibration et du bruit. Si le bruit change lorsque la courroie est aspergée d'eau, pose une courroie neuve avant de mettre en cause d'autres composants.

Tends l'oreille à l'intérieur du véhicule pour entendre les bruits provenant du moteur de ventilateur de chaufferette ou d'un autre ventilateur. Tu peux les distinguer en faisant tourner le moteur de ventilateur de chaufferette à différentes vitesses. Il te suffit de mettre la commande de vitesse du ventilateur en position élevée et basse. Écoute le bruit. Si la vitesse et le bruit changent en même temps que la position de la commande, tu peux soupçonner des problèmes de ventilateur de chaufferette ou de ventilateur (*voir la figure 5-9*).

Un sifflement du moteur de ventilateur de chaufferette provient habituellement d'un palier défectueux, mais une armature en mauvais état peut aussi en être la cause. Si tu entends un cliquetis provenant du moteur de ventilateur de chaufferette, tu peux soupçonner une défaillance du palier de moteur, à moins que le ventilateur se soit desserré de l'arbre de moteur.

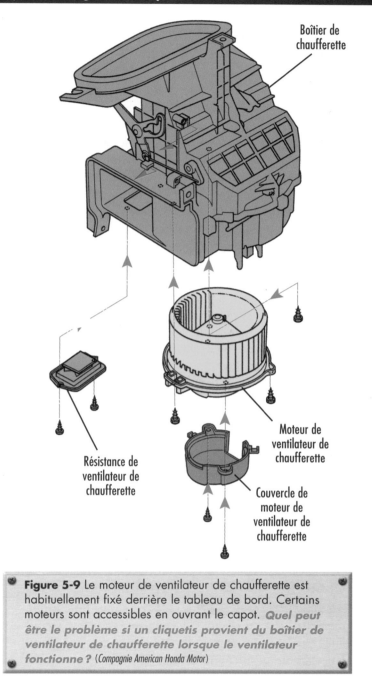

Figure 5-9 Le moteur de ventilateur de chaufferette est habituellement fixé derrière le tableau de bord. Certains moteurs sont accessibles en ouvrant le capot. *Quel peut être le problème si un cliquetis provient du boîtier de ventilateur de chaufferette lorsque le ventilateur fonctionne ?* (Compagnie American Honda Motor)

Un déséquilibre du ventilateur de chaufferette est aussi une cause de vibration. Il peut cependant arriver, à l'occasion, qu'un cliquetis ou un bruit de raclage vienne du plénum si des corps étrangers entrent dans le boîtier.

Un **plénum** est une chambre dans laquelle l'air est à une pression plus élevée (ou moins élevée) que l'air extérieur. Les feuilles et les brindilles présentes dans le boîtier font du bruit lorsque le ventilateur tourne. Les souris et d'autres rongeurs aiment bâtir des nids ou cacher de la nourriture dans le plénum si on n'utilise pas le véhicule pendant une longue période. Pour nettoyer le plénum, enlève le ventilateur et le moteur du plénum. L'ouverture est habituellement assez grande pour laisser passer un bras ou le tuyau d'un aspirateur.

Sentir le problème

La climatisation n'a pas toujours été un accessoire standard dans les véhicules ni même une option sur certains autres. Pour rafraîchir l'intérieur des automobiles il y a 50 ans, les gens conduisaient les glaces entièrement baissées et les bouches d'aération tournées de façon à diriger le débit d'air. Cependant, les années 1950 ont marqué une étape importante vers un confort accru. Il y a alors eu la mise sur le marché de véhicules munis de bouches d'aération sous le tableau de bord qui étaient contrôlées par des tiges de culbuteur. Ces bouches d'aération ont permis aux personnes voyageant dans le véhicule d'y contrôler le débit d'air. De nos jours, les gens ne dépendent plus de ces méthodes pour être à l'aise dans leur véhicule. Ils comptent plutôt sur un système de climatisation d'avant-garde et complexe.

Bien que sa mission soit tout simplement de rafraîchir, le système comprend plusieurs fonctions mécaniques. Il est muni de connexions électriques ainsi que de conduits, de courroies, de volets et d'ordinateurs. La défectuosité d'un seul de ces composants peut entraîner la défaillance du système. Pour effectuer le diagnostic d'un système aussi complexe, les techniciens utilisent leurs sens ainsi que de l'équipement technique. Avec leurs yeux, les techniciens peuvent voir s'il y a des connexions lâches, des pièces usées et des fuites. Grâce au toucher, ils peuvent sentir des différences de températures et des variations d'humidité. L'ouïe leur permet d'entendre les bruits de courroies qui glissent ou un compresseur usé. Pour tous les bons techniciens, une observation approfondie est la clé du succès.

À toi de jouer !

Conforme aux normes de l'EDU en communication pour l'organisation de l'information écrite.

❶ Inscris sur une feuille de papier «Utilisation des sens pour le diagnostic». Plie la feuille pour présenter trois colonnes. Inscris sur la première colonne «Vue», sur la deuxième «Ouïe» et sur la troisième «Toucher».

❷ Pour connaître la fréquence à laquelle on utilise les sens pour diagnostiquer les problèmes, relis la rubrique intitulée «Le diagnostic initial» au début de ce chapitre. Les trois sens dont il est question ci-dessus y sont mentionnés.

❸ En relisant la rubrique, inscris dans la colonne appropriée le composant et le problème pour lequel tu fais une vérification.

Le diagnostic par le toucher

Lorsque le système de réfrigération fonctionne normalement, le circuit de haute pression est chaud au toucher et le circuit de basse pression est froid. Une simple vérification manuelle de la température des conduits peut permettre de détecter un problème. Il faut que le conduit de fluide frigorigène à haute pression, allant du condenseur à l'évaporateur, donne une sensation de chaleur avant d'atteindre la soupape de commande de fluide frigorigène. Le conduit à basse pression, qui va de la soupape de commande à l'évaporateur, doit procurer une sensation de froid. Le conduit de sorties qui va du retour de l'évaporateur au compresseur doit apporter une sensation de fraîcheur.

La sécurité d'abord **La sécurité personnelle** Prends garde de ne pas te brûler avec des équipements chauds. Les têtes et les conduits de condenseur atteignent des températures relativement élevées pendant le fonctionnement normal du système de fluide frigorigène.

Si un conduit flexible ou un conduit rigide de fluide frigorigène change de température sur sa longueur, il est peut-être obstrué.

Le diagnostic par l'odorat

Au cours des diagnostics, il te faut utiliser tous tes sens. Une bobine d'embrayage brûlée dégage une odeur âcre et aigre. Pour certaines personnes, cette odeur rappelle celle de chiffons qui brûlent. Elle est semblable à celle de freins qui surchauffent.

Une courroie d'entraînement du compresseur qui glisse répand une odeur de caoutchouc brûlé. Souvent, la courroie commencera à dégager une légère fumée, ce qui indique un réglage lâche et des problèmes de compresseur.

Si l'air qui sort des bouches d'aération du climatiseur au tableau de bord exhale une odeur de moisissure, tu risques de trouver de la moisissure dans les conduits d'air. Tu peux traiter le système avec des biocides chimiques pour nettoyer les conduits et l'évaporateur et, ainsi, éliminer l'odeur.

VÉRIFIE TES CONNAISSANCES

❶ Quelle devrait être la température de sortie d'air de ventilation lorsque le climatiseur est en marche ?

❷ Dans un système qui fonctionne normalement, quel conduit situé sous le capot se doit d'être froid ?

❸ Quel est le premier signe qui indique qu'un embrayage de compresseur est grippé ?

❹ Lorsque tu fais le diagnostic du système de climatisation en te servant de ton ouïe, qu'indique un grondement qui change de tonalité avec les changements de vitesse du ventilateur de chaufferette ?

❺ Quel peut être le problème si une odeur âcre provient des bouches d'aération ?

Section 2

Le diagnostic avec outils et équipements

Après avoir fait un diagnostic sans outil pour déceler des problèmes évidents liés à la climatisation, la technicienne ou le technicien doit se servir d'outils et d'équipements spécialisés. Un diagnostic approfondi peut empêcher des erreurs de réparation coûteuses et peut aussi faire gagner du temps.

Avant d'effectuer toute autre réparation au système de climatisation, il faut identifier le fluide frigorigène qui est utilisé. Un fluide frigorigène peut être contaminé par d'autres fluides frigorigènes. Il ne faut jamais les mélanger. Étant donné qu'il faut enlever le fluide frigorigène avant d'effectuer d'autres travaux, l'identification du fluide frigorigène est la première étape.

L'identification des fluides frigorigènes

La façon la plus sûre d'identifier les fluides frigorigènes est d'utiliser un appareil d'identification électronique du fluide frigorigène (*voir la figure 5-10*). Il en existe principalement deux types : celui à conductivité thermique et celui à infrarouge non dispersif.

La façon la plus rapide d'identifier un fluide frigorigène dans le système est de consulter l'étiquette sous le capot. Cependant, la bonne étiquette a pu tomber ou être enlevée. Il est aussi possible qu'une nouvelle étiquette n'ait pas été posée lorsqu'il y a eu conversion du système afin qu'il accepte un nouveau type de fluide frigorigène. Il se peut également que certains anciens modèles de véhicules n'aient pas d'étiquettes. Dans ce cas, on peut supposer que le système fonctionne au R12.

Une autre façon d'identifier le fluide frigorigène est d'examiner les raccords. Ces raccords diffèrent selon chaque sorte de fluide frigorigène. Utilise des ensembles distincts de manomètres de pression d'admission ou

d'équipements d'entretien pour chaque fluide. Cela comprend l'équipement pour la récupération.

L'appareil d'identification à conductivité thermique coûte moins cher et offre une précision d'environ 95 %. Cependant, il ne permet pas de détecter de l'air ou des hydrocarbures dans le fluide frigorigène. L'appareil d'identification à infrarouge non dispersif est précis à 98 %, ce qui, pour la SAE, est une norme de pureté. La plupart ont aussi un avertisseur à hydrocarbures qui émet un avertissement sonore pour aviser la technicienne ou le technicien qu'une substance, comme du propane ou du butane, est présente.

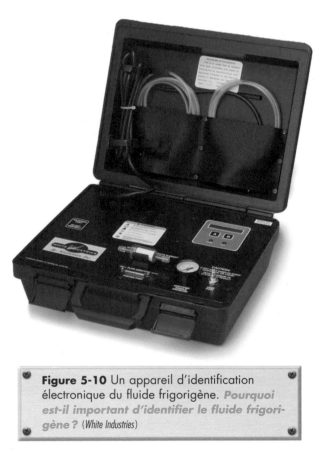

Figure 5-10 Un appareil d'identification électronique du fluide frigorigène. *Pourquoi est-il important d'identifier le fluide frigorigène ?* (White Industries)

Les essais pour déceler des fuites

La cause la plus répandue d'un mauvais rendement du système de climatisation est le manque de fluide frigorigène. Un tel manque peut aussi causer des dommages au compresseur.

La plupart des fuites se produisent aux connexions, ce qui comprend les connexions au compresseur, au condenseur, à l'évaporateur et aux connexions des conduits flexibles vers les conduits rigides. D'autres sources de fuites sont les connexions du tube à orifice ou à la soupape de dilatation thermique. Les fuites peuvent aussi se produire dans l'évaporateur ou le condenseur. Il peut aussi y avoir des fuites aux joints d'étanchéité et des fuites attribuables à la porosité des conduits et à la défaillance de certaines pièces. Les soupapes de service, particulièrement la **soupape Schrader,** peuvent fuir (*voir la figure 5-11*). Une soupape Schrader est semblable à une soupape de chambre à air. Elle est munie d'une broche à ressort (obus) dans la partie centrale qui ouvre et ferme la soupape. Un bouchon empêche la perte de fluide frigorigène.

Il existe plusieurs méthodes qui permettent de détecter des fuites. Ces méthodes sont l'utilisation d'un détecteur électronique de fuite, d'un colorant de rayonnement visible, d'une lampe à ultraviolets et d'une solution de marquages, ainsi que d'une solution de bulles liquides. Suis les procédures contenues dans le manuel d'entretien du véhicule.

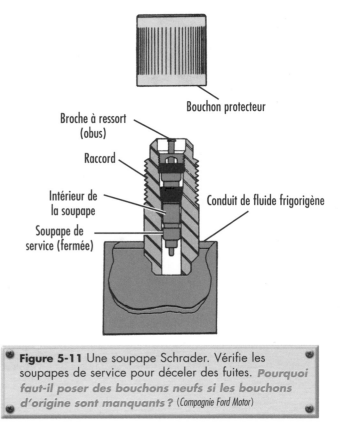

Broche à ressort (obus)

Raccord

Intérieur de la soupape

Soupape de service (fermée)

Bouchon protecteur

Conduit de fluide frigorigène

Figure 5-11 Une soupape Schrader. Vérifie les soupapes de service pour déceler des fuites. *Pourquoi faut-il poser des bouchons neufs si les bouchons d'origine sont manquants ?* (Compagnie Ford Motor)

La sécurité d'abord

La sécurité personnelle Certains fabricants de véhicules automobiles déconseillent l'utilisation de colorant pour fluide frigorigène, sauf pour le colorant de marquage utilisé avec une lampe à ultraviolet. Le colorant de fluide frigorigène peut gêner le transfert thermique.

Fais toujours les essais lorsque le contact est coupé. Assure-toi que l'endroit est bien aéré. Il ne doit pas y avoir de fluide frigorigène ou de fumée à l'endroit où se fait l'essai. De petites traces de contaminants dans l'air peuvent affecter la plupart des détecteurs de fuites.

Les fluides frigorigènes sont plus lourds que l'air. Le fluide frigorigène qui fuit se détecte souvent sous le composant, même si la fuite se trouve au-dessus. Par conséquent, il te faut toujours inspecter la partie sous les connexions ou sous les composants soupçonnés d'être défectueux.

Pour pouvoir détecter une fuite, il faut une pression d'au moins 344 kPa (50 lb/po²) dans le système. Au besoin, ajoute du fluide frigorigène pour augmenter temporairement la pression. Pour t'assurer que le système est sous pression, laisse le manomètre branché pendant l'essai de fuite. Si la pression chute à moins de 344 kPa (50 lb/po²), ajoute du fluide frigorigène pour augmenter la pression.

Le détecteur électronique de fuites Les détecteurs électroniques de fuites (ou à halogène) indiquent la présence de fluide frigorigène à l'aide d'un son, d'un témoin lumineux ou des deux. Les détecteurs électroniques ont habituellement un réglage de sensibilité. À la position la plus sensible, ils détectent des fuites si petites qu'elles pourraient prendre des années avant de vider le système.

Par exemple, le joint d'étanchéité du compresseur derrière l'embrayage montre presque tout le temps une fuite sur le détecteur électronique. Fais des essais pour connaître les fuites qui sont assez importantes pour nécessiter une réparation.

Passe la sonde détectrice lentement sur les pièces et les connexions ainsi qu'autour et sous celles-ci (*voir la figure 5-12*). Le détecteur possède un témoin ou émet un bip (ou les deux) pour indiquer la présence de vapeur de fluide frigorigène. Lorsque le détecteur remarque une grande quantité de vapeur de fluide qui s'échappe, le son s'intensifie et devient rapide.

La lampe à ultraviolet Un colorant de marquage qui luit sous un éclairage ultraviolet peut indiquer des fuites. Ajoute un colorant de marquage de fuite au système au moyen d'un injecteur de colorant et d'une jauge. Après avoir fait tourner le moteur et le

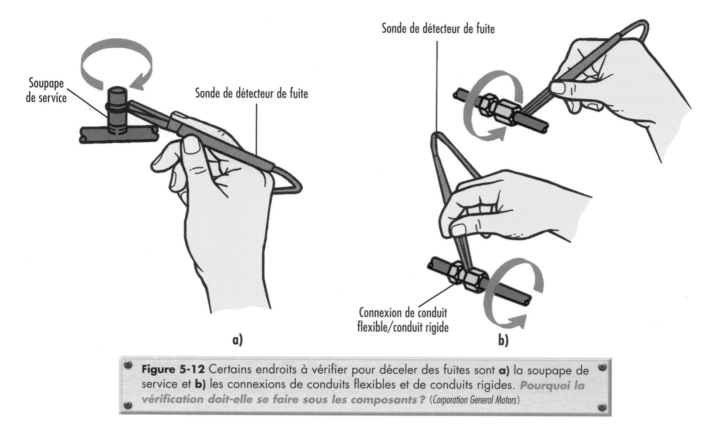

Soupape de service

Sonde de détecteur de fuite

Sonde de détecteur de fuite

Connexion de conduit flexible/conduit rigide

a)

b)

Figure 5-12 Certains endroits à vérifier pour déceler des fuites sont **a)** la soupape de service et **b)** les connexions de conduits flexibles et de conduits rigides. *Pourquoi la vérification doit-elle se faire sous les composants ?* (*Corporation General Motors*)

climatiseur pendant environ 15 minutes, coupe le contact. Fais le balayage des zones soupçonnées d'avoir des fuites avec une lampe à ultraviolets. Tout colorant qui fuit sera d'une couleur jaune-verte brillante au point de fuite du fluide frigorigène.

Le colorant à rayonnement visible Les colorants à rayonnement visible sont habituellement des huiles réfrigérantes teintées. Il faut les utiliser avec modération. Une trop grande quantité d'huile dans le système réduit le transfert de chaleur.

Tu peux ajouter une petite quantité de colorant pour fluide frigorigène à la partie basse pression du système. Tu n'as pas besoin de détecteurs pour déceler les fuites importantes. Les petites fuites ne sont pas faciles à déceler.

Utilise l'équipement approprié et ajoute du colorant dans le système. Enlève toute trace d'huile ou de saleté de toutes les sources de fuites possibles. Active le climatiseur pendant plusieurs minutes ou plusieurs jours.

Vérifie la présence de colorant près de toutes les sources possibles de fuites. Essuie, à l'aide d'un chiffon blanc, le contour des endroits où tu soupçonnes une fuite. Vérifie s'il y a des traces de colorant sur le chiffon.

La solution à bulles liquides Isole les fuites importantes de fluide frigorigène avec une solution à bulles liquides ou avec de l'eau savonneuse. Mets le mélange sur les raccords, connexions de conduits, joints et autres zones possibles de fuite. Les bulles indiquent la présence d'une fuite.

VÉRIFIE TES CONNAISSANCES

❶ Quelles sont les deux façons rapides d'identifier le fluide frigorigène dans le système ?

❷ Quels sont les deux types d'appareils d'identification électroniques de fluide frigorigène ?

❸ Quelle devrait être la pression du système avant de le vérifier pour y déceler des fuites ?

❹ Quels types d'avertissements donnent les détecteurs électroniques de fuite lorsqu'ils captent la présence de vapeurs de fluide frigorigène ?

❺ Que sont les colorants à rayonnement visible et pourquoi faut-il les utiliser avec modération ?

Section 3

Le diagnostic au moyen d'un ensemble de manomètres de pression d'admission

Le manomètre de pression d'admission est le meilleur instrument permettant de diagnostiquer le système de climatisation.

L'ensemble de manomètres de pression d'admission consiste en deux manomètres :
• un manomètre combiné basse pression ;
• un manomètre haute pression.

Une codification de couleur distingue les deux manomètres et les conduits qui les relient. Le manomètre bleu se branche du côté basse pression. Le manomètre rouge se branche du côté haute pression.

Le manomètre basse pression est un manomètre combiné. Un **manomètre combiné** est un instrument de mesure qui calcule la pression et la dépression. Par exemple, un manomètre pour système R12 peut indiquer de 0 à 1 035 kPa (0 à 150 lb/po²) de pression.

La partie dépression du manomètre indique les données en pouces ou en millimètres de dépression de mercure (Hg) allant de 0 à 762 mm (0 à 30 po). L'échelle du manomètre haute pression varie de 0 à 3 450 kPa (0 à 500 lb/po²). Les manomètres pour systèmes R134a ont habituellement des repères de pression différents.

Il arrive parfois que les manomètres fassent partie du **poste de charge.** Le poste de charge est un chariot à roues qui combine habituellement l'ensemble de manomètres de pression d'admission, un récipient de fluide frigorigène, un cylindre de charge et une pompe à vide. Un poste de service portatif s'utilise avec un ensemble de manomètres de pression d'admission distinct. L'équipement de recyclage et de recharge peut contenir des manomètres de pression d'admission sur le tableau de bord.

Lorsqu'on utilise le conduit du côté basse pression pour le fluide R12, ce conduit est bleu ou noir avec une bande bleue. Le conduit du côté haute pression est rouge ou noir avec une bande rouge. Les conduits de service pour le R134a sont bleus avec une bande noire pour le côté basse pression et rouges avec une bande noire pour le côté haute pression. Cette codification de couleur permet de mesurer rapidement les conduits et les connexions à faire.

Lorsqu'ils sont branchés aux orifices de service de la climatisation, les manomètres indiquent la pression du système, même lorsque les soupapes à commande

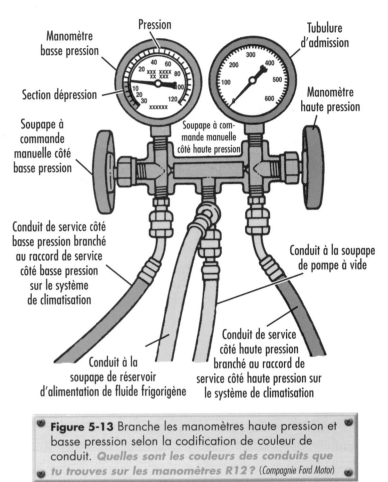

Manomètre basse pression — Pression — Tubulure d'admission — Manomètre haute pression — Section dépression — Soupape à commande manuelle côté basse pression — Soupape à commande manuelle côté haute pression — Conduit de service côté basse pression branché au raccord de service côté basse pression sur le système de climatisation — Conduit à la soupape de pompe à vide — Conduit à la soupape de réservoir d'alimentation de fluide frigorigène — Conduit de service côté haute pression branché au raccord de service côté haute pression sur le système de climatisation

Figure 5-13 Branche les manomètres haute pression et basse pression selon la codification de couleur de conduit. *Quelles sont les couleurs des conduits que tu trouves sur les manomètres R12 ?* (Compagnie Ford Motor)

manuelle sont fermées. S'il y a ouverture d'une des soupapes à commande manuelle, la canalisation s'ouvre entre ce côté du système de fluide frigorigène et le raccord central de l'ensemble de manomètres de pression d'admission. Le conduit provenant du raccord central est habituellement jaune et se branche à l'unité de recyclage ou au récipient de fluide frigorigène.

> **La sécurité d'abord**
>
> **La sécurité personnelle** N'ouvre jamais la soupape à commande manuelle côté haute pression lorsque le climatiseur est en marche. Le système va se décharger par l'ensemble de manomètres, ce qui peut endommager l'équipement et éventuellement causer des blessures.

La vérification de la pression du système

Afin de vérifier la pression du système de climatisation, branche un ensemble de manomètres aux soupapes de service du système (*voir la figure 5-13*). Pour brancher les manomètres aux soupapes de service du système, suis les étapes données dans le manuel d'entretien du véhicule. Suis également les indications données sur l'ensemble de manomètres ou les indications sur la station de charge.

Des vapeurs fraîches

Rappelle-toi tes baignades de l'été dernier. La sensation dans l'eau était merveilleuse. Lorsque tu sortais de l'eau, tu sentais qu'il faisait un peu froid, particulièrement si le temps était venteux. Lorsque l'eau s'évapore sur ta peau, elle se change en gaz. Lorsqu'un liquide s'évapore pour devenir gazeux, il absorbe la chaleur. Par conséquent, le corps absorbe la chaleur, ce qui te donne une sensation de fraîcheur.

Plusieurs facteurs entrent en ligne de compte lorsqu'il est question de quantité de chaleur absorbée. Un de ces facteurs est une propriété physique d'une substance appelée la *chaleur de vaporisation*. Il s'agit de la quantité de chaleur absorbée par une substance alors qu'elle passe de l'état liquide à l'état gazeux sans changer de température. Du point de vue chimique, les processus d'ébullition et d'évaporation sont les mêmes. Les molécules d'un liquide sont plus près l'une de l'autre en raison des forces d'attraction entre les molécules. Si autant d'énergie s'ajoute au liquide en le réchauffant, les molécules prennent le dessus sur ces forces d'attraction et sortent de l'état liquide pour passer à l'état gazeux.

Le fluide frigorigène du système de climatisation d'un véhicule suit les mêmes principes. Si un fluide frigorigène a un haut niveau de vaporisation de chaleur, il absorbe plus de chaleur de ses zones avoisinantes alors qu'il passe de l'état liquide à l'état gazeux. Lorsque vient le temps de choisir des fluides frigorigènes, le point d'ébullition est aussi important parce que plus le point d'ébullition est bas, plus la température à laquelle peut se produire l'absorption de chaleur est basse. À un point d'ébullition de 100 °C (212 °F), l'eau absorbe 1023,4 kilojoules (970 B.T.U.) par livre. Le fluide frigorigène R12 absorbe 166,7 kilojoules (158 B.T.U.) à son point d'ébullition de −29,8 °C (−21,6 °F), alors que le plus récent fluide frigorigène R134a absorbe 221,56 kilojoules (210 B.T.U.) à son point d'ébullition de −26,5 °C (−15,7 °F). L'expérience suivante te montrera jusqu'à quel point la chaleur de vaporisation affecte le refroidissement.

À toi de jouer !

La production de la chaleur de vaporisation

Conforme aux normes de l'EDU en sciences pour la démonstration et la compréhension de l'effet de la chaleur dans les systèmes automobiles, et l'explication des trois états de la matière.

Matériel requis
- de l'eau
- de l'alcool à friction
- des tampons d'ouate

---

❶ Mets un peu d'eau sur un tampon d'ouate et frotte-le sur ton avant-bras gauche.

❷ Mets une petite quantité d'alcool à friction sur un tampon d'ouate et frotte-le sur ton avant-bras droit.

Les résultats et l'analyse

❶ Une substance donne-t-elle une plus grande sensation de fraîcheur que l'autre ?

❷ Daprès toi, quel liquide a la plus faible chaleur de vaporisation ?

❸ Explique comment un fluide tel le R134a peut bouillir à une température inférieure à −17 °C.

❹ Serait-il possible de vider du fluide R134a sur un établi dans ton laboratoire ? Explique ta réponse.

❺ Partant de ce que tu sais au sujet du processus d'ébullition, comment pourrais-tu augmenter le point d'ébullition du R134a dans le système de climatisation d'un véhicule ?

❻ D'où provient la chaleur qui fait passer le fluide frigorigène de l'état liquide à l'état gazeux ?

❼ Dans quel composant du système de climatisation ce changement se produit-il ?

Tableau 5-B	LES FACTEURS INFLUANT SUR LA PRESSION								
Humidité relative (pourcentage)	Température de l'air ambiant		Pression maximale côté basse pression		Régime du moteur (tr/m)	Température maximale d'aération au tableau de bord		Pression maximale côté haute pression	
	°C	°F	kPa	lbs/po²		°C	°F	kPa jauge	lb/po² jauge
20	21	70	255	37	2000	8	46	1 551	225
	27	80	255	37		8	47	1 896	275
	32	90	255	37		12	53	2 241	325
	38	100	262	38		12	54	2 241	325
30	21	70	255	37	2000	9	48	1 655	240
	27	80	255	37		10	50	1 965	285
	32	90	269	39		14	57	2 344	340
	38	100	296	43		16	60	2 482	360
40	21	70	255	37	2000	9	49	1 793	260
	27	80	255	37		12	53	2 103	305
	32	90	290	42		16	60	3 137	355
	38	100	338	49		19	66	2 724	395
50	21	70	255	37	2000	11	51	1 896	275
	27	80	269	39		13	56	2 206	320
	32	90	317	46		17	63	2 586	275
	38	100	379	55		22	72	2 965	430

Rappelle-toi que les relevés des manomètres couvrent une vaste gamme de données. La température ambiante (c'est-à-dire la température de l'air ambiant), l'humidité ainsi que le débit d'air qui passent par le condenseur et l'évaporateur affectent les pressions. Consulte toujours un tableau de pressions qui correspond au système que tu répares. Le **tableau 5-B** en est un exemple. Le tableau affiche les pressions maximales et la température pour les conditions en cours.

Les conduits de service ou les conduits de charge permettent de fixer les manomètres aux soupapes de service du système de fluide frigorigène du véhicule. Les manomètres mesurent ensuite la pression lorsque le système est en marche.

Les types de soupape de service varient selon le fluide frigorigène utilisé. Il est possible que tu aies à utiliser différents adaptateurs et raccords.

Pour raccorder l'ensemble de manomètres de pression d'admission et mesurer les pressions du système, tu dois :

1. Porter des lunettes de protection. Lorsque le contact est coupé, enlève les bouchons des soupapes de service du système. À l'aide d'une buse d'air d'atelier, souffle de l'air dans les soupapes pour les nettoyer.

2. Fermer les soupapes sur les côtés haute pression et basse pression de l'ensemble de manomètres de pression ou de la station de charge. Tu dois alors tourner la molette vers la droite jusqu'à ce que la soupape soit bien en place.

3. Brancher les raccords de conduit aux soupapes de service en prenant bien soin de les raccorder correctement pour éviter d'endommager les manomètres (*voir la figure 5-14*).

4. Mettre un grand ventilateur à l'avant du véhicule pour fournir un débit d'air suffisant sur le condenseur.

5. Mettre la boîte de vitesses à la position point mort (ou stationnement pour les boîtes de vitesses à commande automatique) et serrer le frein de stationnement. Mets le contact et fais tourner le moteur à un régime de 1500 tr/min.

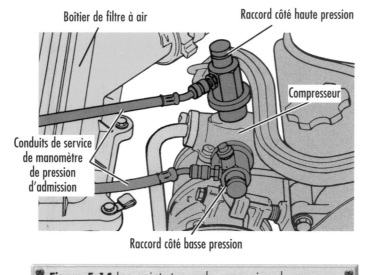

Boîtier de filtre à air

Raccord côté haute pression

Compresseur

Conduits de service de manomètre de pression d'admission

Raccord côté basse pression

Figure 5-14 Les points types de connexion de manomètre de fluide frigorigène d'admission. *Comment peut-on différencier les raccords du côté haute pression des raccords du côté basse pression ?* (*DaimlerChrysler*)

Tableau 5-C LA PRESSION ET LA TEMPÉRATURE DE RENDEMENT					
Température ambiante	21 °C (70 °F)	26,5 °C (80 °F)	32,5 °C (90 °F)	37 °C (100 °F)	43 °C (110 °F)
Temp. max. aux bouches d'aération du tableau de bord	6 °C (42 °F)	7 °C (45 °F)	10 °C (50 °F)	12 °C (54 °F)	15 °C (59 °F)
Pression de décharge de compresseur (côté haute pression)	1 379–1 585 kPa (200–230 lb/po²)	1 448–1 723 kPa (210–250 lb/po²)	1 654–1 930 kPa (240–280 lb/po²)	1 930–2 206 kPa (280–320 lb/po²)	2 206–2 516 kPa (320–365 lb/po²)
Pression d'aspiration de compresseur (côté basse pression)	103–172 kPa (15–25 lb/po²)	139–208 kPa (23–30 lb/po²)	172–241 kPa (25–35 lb/po²)	208–276 kPa (30–40 lb/po²)	241–310 kPa (35–45 lb/po²)

6. Mettre le climatiseur à la position maximale (mets le système à RECIRCULATE [recirculation] et la température à COLD [froid]).

7. Dès que le système se stabilise, lire les pressions côtés haute pression et basse pression sur les manomètres.

Compare les relevés de pressions avec les recommandations du fabricant pour le système. Le **tableau 5-C** est un exemple de tableau de pression et de température de rendement. Pour les systèmes à cyclage d'embrayage, prends note du temps de cyclage. Lorsque se fait le cyclage de l'embrayage, note les haute et basse pressions. La pression doit augmenter et baisser selon les recommandations.

Pour les systèmes qui ne mettent pas en cycle le compresseur, les relevés de pression doivent être stables et constants. Note les recommandations du fabricant pour les relevés de manomètres. Ajuste l'humidité et la température ambiantes.

L'interprétation des relevés de manomètres

Les relevés de manomètres peuvent donner beaucoup d'information sur le système de climatisation. Fais tourner le moteur au régime recommandé. Il ne faut pas que les conduits des manomètres d'essai soient bouchés, pliés ou serrés. Dès que tu obtiens les relevés précis, évalue l'état de fonctionnement du système de climatisation et les pressions des manomètres.

Les côtés haute pression normale et basse pression normale (*voir la figure 5-15*). Le relevé indique des pressions normales, mais de minuscules bulles circulent dans le voyant (si le système en possède un) et le refroidissement est inadéquat. Il est possible que le compresseur se mette en cycle trop rapidement ou trop lentement. Voici certaines des causes possibles :
- de l'air dans le fluide frigorigène ;
- de l'humidité dans le système ;
- une défectuosité de l'interrupteur de fonctionnement cyclique de pression ;

- trop de chaleur, en raison du volet de désembuage et de soufflage d'air ;
- une défectuosité du détendeur ;
- un mauvais réglage du détendeur.

Vérifie s'il y a des fuites dans le système. Si tu en trouves, récupère le fluide frigorigène et fais les réparations nécessaires. Rappelle-toi aussi que le déshydratant peut contenir de l'humidité. Au besoin, remplace le récepteur/déshydrateur ou l'accumulateur/déshydrateur avant de recharger le système. Ajoute du fluide frigorigène au besoin.

Si l'interrupteur de fonctionnement cyclique ou thermostatique du système est défectueux, il est possible que le compresseur se mette en cycle trop rapidement. S'il y a une mise en cycle rapide du relevé de manomètre côté basse pression et que les pressions haute et basse suivent l'action du compresseur, il est possible que l'interrupteur de fonctionnement cyclique ou thermostatique soit réglé à un niveau trop élevé, ou qu'un tube capillaire ne soit pas bien placé dans les ailettes de l'évaporateur.

Il se peut également qu'un interrupteur de fonctionnement cyclique ou thermostatique défectueux

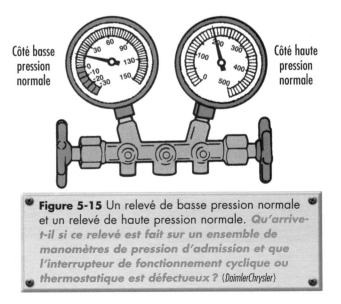

Côté basse pression normale

Côté haute pression normale

Figure 5-15 Un relevé de basse pression normale et un relevé de haute pression normale. *Qu'arrive-t-il si ce relevé est fait sur un ensemble de manomètres de pression d'admission et que l'interrupteur de fonctionnement cyclique ou thermostatique est défectueux ?* (DaimlerChrysler)

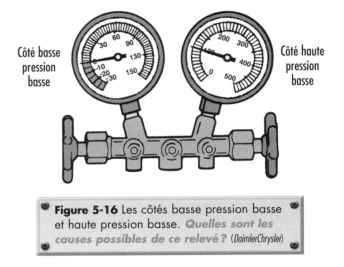

Figure 5-16 Les côtés basse pression basse et haute pression basse. *Quelles sont les causes possibles de ce relevé ?* (DaimlerChrysler)

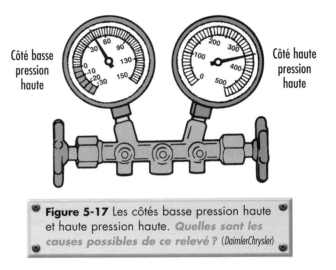

Figure 5-17 Les côtés basse pression haute et haute pression haute. *Quelles sont les causes possibles de ce relevé ?* (DaimlerChrysler)

entraîne aussi un temps de fonctionnement du compresseur plus long que la normale. Cette situation cause le gel de l'évaporateur.

Remplace l'interrupteur que tu crois être défectueux par un dispositif en bon état de fonctionnement pour diagnostiquer la défaillance.

Les côtés haute pression basse et basse pression basse (*voir la figure 5-16*). Le relevé indique des pressions anormales et on note que l'air est légèrement frais en entrant dans le véhicule et on aperçoit des bulles dans le voyant (si le véhicule en possède un). Voici les causes possibles :
• une courroie d'entraînement glissante ;
• un embrayage glissant ;
• un bas niveau de fluide frigorigène ;
• une fuite du fluide frigorigène ;
• un détendeur coincé en position fermée.
• une obstruction du côté haute pression.

Si les courroies glissent, ajuste-les ou remplace-les.

Vérifie la présence de fuites. Vérifie avec soin les connexions et les raccords. Si la fuite n'est pas importante, il suffit parfois de serrer légèrement les connexions pour remédier au problème. Ajoute une charge partielle de fluide pour faire l'essai de fuites si la pression du système est extrêmement basse. Remplace les composants qui fuient et que tu n'arrives pas à serrer.

Si le détendeur reste coincé en position fermée ou est sérieusement obstrué, remplace la vanne. S'il y a une obstruction du côté haute pression, examine le circuit de mise en cycle du fluide frigorigène. Un anneau de givre autour du conduit de fluide frigorigène se forme souvent à l'endroit obstrué.

Après les réparations, ajoute du fluide frigorigène au besoin et remplis de nouveau le système.

Les côtés haute pression haute et basse pression haute (*voir la figure 5-17*). Le relevé indique des pressions anormales et de l'air chaud qui entre dans l'habitacle. On note aussi des bulles dans le voyant et les conduits du côté haute pression sont très chauds. Voici les causes possibles :
• une défaillance du compresseur ;
• une obstruction du débit d'air du condenseur ;
• un ventilateur défectueux ;
• une surcharge de fluide frigorigène ;
• un détendeur coincé en position ouverte.

Si les soupapes de compresseur sont endommagées, il est possible que le compresseur fasse du bruit. Un grondement peut se produire dans les conduits de fluide frigorigène haute pression s'il y a une surcharge du système. Un bruit sourd peut provenir du compresseur en raison de la surcharge de liquide. Pour corriger la situation, récupère une partie du fluide frigorigène pour purger le système jusqu'à ce que les relevés des manomètres reviennent à la normale. Attends que le système se stabilise. Ajoute ensuite 226 grammes (0,5 lb) de fluide frigorigène.

Vérifie s'il manque d'air de refroidissement dans le condenseur. Enlève les insectes, la boue, les feuilles et tous les autres corps étrangers qui peuvent obstruer les ailettes du condenseur. Redresse les ailettes endommagées à l'aide d'un peigne de radiateur. Remplace le condenseur s'il est endommagé.

Assure-toi que le ventilateur du moteur fonctionne bien. Vérifie l'embrayage du ventilateur. Lorsque le contact est coupé, examine les pales de ventilateur.

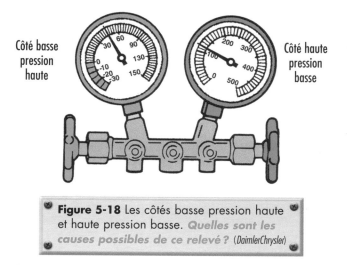

Côté basse pression haute

Côté haute pression basse

Figure 5-18 Les côtés basse pression haute et haute pression basse. *Quelles sont les causes possibles de ce relevé ?* (*DaimlerChrysler*)

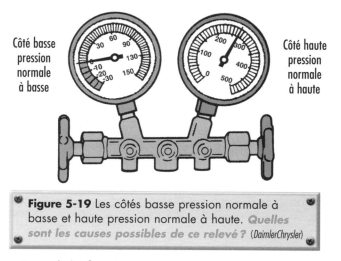

Côté basse pression normale à basse

Côté haute pression normale à haute

Figure 5-19 Les côtés basse pression normale à basse et haute pression normale à haute. *Quelles sont les causes possibles de ce relevé ?* (*DaimlerChrysler*)

Assure-toi également que le système de refroidissement ne surchauffe pas.

Si le détendeur reste coincé en position ouverte, le côté basse pression sera plus élevé que la normale, l'évaporateur sera noyé et il n'y aura que peu ou pas de refroidissement. Vérifie si le bulbe thermostatique est bien en place. Si nécessaire, remets le bulbe en place, fixe-le et isole-le.

Les côtés haute pression basse et basse pression haute (*voir la figure 5-18*). Le relevé indique des pressions anormales et on entend des bruits provenant du compresseur. Il n'y a aucune bulle dans le voyant. Voici les causes possibles :

• une courroie d'entraînement lâche ;

• un compresseur endommagé ;

• un bas niveau de fluide frigorigène.

Si tu n'entends pas le bruit du compresseur, vérifie si les courroies d'entraînement sont lâches. Ajuste ou remplace les courroies au besoin. Si le niveau du fluide frigorigène est bas, examine le système pour y déceler des fuites et répare-le au besoin. Si le système contient la bonne quantité de fluide frigorigène, le compresseur est peut-être défectueux.

Les côtés haute pression normale à haute et basse pression normale à basse (*voir la figure 5-19*). Le relevé indique des pressions anormales et l'air qui entre dans l'habitacle peut être légèrement frais et devenir graduellement plus chaud. De plus, le compresseur peut se mettre en cycle trop rapidement. Voici les causes possibles :

• une obstruction du conduit côté haute pression ;

• une défaillance de l'interrupteur thermostatique ;

• une panne de l'interrupteur de fonctionnement cyclique de pression ;

• un détendeur coincé.

Si les conduits de fluide frigorigène côté haute pression semblent généralement chauds, mais sont froids à des endroits précis, il y a une obstruction au point où la température change. Un anneau de givre se forme habituellement au point de l'obstruction. Pour réparer le système, élimine l'obstruction.

Si l'interrupteur thermostatique ou l'interrupteur de fonctionnement cyclique de pression fonctionne mal, le compresseur se met peut-être en cycle trop rapidement. Remplace l'interrupteur défectueux.

VÉRIFIE TES CONNAISSANCES

❶ Que mesure un manomètre combiné ?

❷ Quels sont les deux facteurs météorologiques qui influent sur les relevés de pression du circuit de fluide frigorigène ?

❸ Quelles couleurs servent à reconnaître le côté haute pression et le côté basse pression des manomètres et du poste de charge ?

❹ De quoi dépend le type de raccord de soupape de service dont est muni le système ?

❺ Quand on fait le diagnostic d'un problème dans un système de climatisation à manomètres de pression d'admission, à quelle position devraient se trouver les soupapes à commande manuelle du côté haute pression ?

RÉVISION DU CHAPITRE 5

Notions importantes

Ces notions sont conformes aux normes du MFCUO pour le chauffage et la climatisation : diagnostic des bruits inhabituels ; identification des types de fluides frigorigènes ; essai de fuites ; inspection de la courroie d'entraînement ; embrayage du compresseur ; silencieux de climatiseur ; conduits, raccords, joints toriques, joints d'étanchéité, soupapes de service et débit d'air du condenseur.

- La première étape du diagnostic est de vérifier la performance du climatiseur.
- Une inspection visuelle peut servir à diagnostiquer certains problèmes du circuit de réfrigération.
- Le diagnostic de certains problèmes de circuit de réfrigération et de composants connexes peut se faire à l'aide de la vue, de l'odorat, de l'ouïe et du toucher.
- Il est possible d'utiliser des outils et de l'équipement pour diagnostiquer le système, trouver des fuites de fluide frigorigène et identifier le fluide frigorigène.
- Le plus souvent, c'est un mauvais rendement du système de climatisation qui cause un manque de fluide frigorigène.
- Les manomètres de pression d'admission servent d'outils de diagnostic du système de climatisation.

Questions de révision

❶ Décris les premières vérifications à faire pour tester le rendement d'un climatiseur.

❷ Décris certaines vérifications visuelles à faire sur le système de climatisation.

❸ Comment fais-tu la vérification d'une courroie en serpentin pour y déceler de l'usure ?

❹ Quel outil sert à vérifier le jeu de l'embrayage du compresseur ?

❺ Lorsque tu fais un diagnostic par l'écoute, que peut signifier un grondement provenant du compresseur au moment de l'embrayage ?

❻ Comment te sers-tu d'un détecteur de fuite pour trouver des fuites de fluide frigorigène ?

❼ Si le système contient trop de fluide frigorigène, qu'indiqueront les relevés sur le manomètre de pression d'admission ?

❽ **Pensée critique** Quelle peut être la cause possible d'un tube à orifice bouché ?

❾ **Pensée critique** Quelles sont les causes possibles de la mise en cycle trop fréquente d'un embrayage du compresseur ?

PRÉVISIONS TECHNOLOGIQUES
POUR L'EXCELLENCE EN MATIÈRE D'AUTOMOBILE

Un concept rafraîchissant dans le domaine de la climatisation

Une technologie développée pour garder les boissons froides dans les refroidisseurs électroniques peut jouer le même rôle dans les automobiles. Connus sous le nom de modules à effet Peltier, ces dispositifs pourraient bientôt être installés dans les habitacles des véhicules et des camions.

Les modules à effet Peltier sont de petites dimensions. Ils sont fabriqués en carrés de 25,4 mm (1 po) d'une épaisseur de 3,81 mm (0,15 po). Ils fonctionnent à l'aide d'un courant continu de 3 à 12 volts. Au moment de l'application de ce courant sur les modules, il y a production de chaleur d'un côté, alors que du froid est généré de l'autre côté. Il peut y avoir une différence de température de plus de 66 °C (150 °F) entre les deux côtés.

On utiliserait de petits ventilateurs pour faire circuler de l'air froid dans le véhicule. Contrairement aux climatiseurs d'aujourd'hui qui utilisent de gros ventilateurs bruyants, les systèmes à effet Peltier se serviraient de ventilateurs plus petits et plus silencieux. Commandés par ordinateur, les modules à effet Peltier peuvent produire plus ou moins de fraîcheur, au besoin, selon les différents secteurs.

Les avantages de cette technologie vont du diagnostic et de la réparation des composants du climatiseur, à une efficacité accrue. De plus, il ne serait plus nécessaire d'utiliser l'équipement de climatisation et les fluides frigorigènes que l'on utilise aujourd'hui. Les véhicules seront moins lourds pour offrir une meilleure économie de carburant.

Les modules à effet Peltier pourraient même être installés dans la boîte à gants. Tu pourrais même y garder les boissons froides et la nourriture chaude. Ne serait-ce pas génial quand tu pars en voyage ?

EXCELLENCE AUTOMOBILE TEST PRÉPARATOIRE

En répondant aux questions suivantes, tu pourras te préparer aux tests en vue d'obtenir la certification du MFCUO.

1. La technicienne A dit qu'un fusible qui a sauté peut empêcher le fonctionnement du compresseur. Le technicien B dit qu'une courroie d'entraînement usée fait glisser l'embrayage du compresseur. Qui a raison ?
   - ⓐ La technicienne A.
   - ⓑ Le technicien B.
   - ⓒ Les deux ont raison.
   - ⓓ Les deux ont tort.

2. Le technicien A dit qu'une courroie d'entraînement trop serrée peut détruire un roulement d'embrayage. La technicienne B dit qu'une courroie en serpentin peut être munie d'un dispositif de réglage automatique. Qui a raison ?
   - ⓐ Le technicien A.
   - ⓑ La technicienne B.
   - ⓒ Les deux ont raison.
   - ⓓ Les deux ont tort.

3. Une oscillation de l'embrayage du compresseur se produit probablement :
   - ⓐ à l'embrayage.
   - ⓑ au débrayage.
   - ⓒ s'il y a un bas niveau du fluide frigorigène.
   - ⓓ s'il y a une charge élevée du compresseur.

4. La technicienne A dit que les conduits du côté haute pression et les tubes ont souvent un diamètre plus petit que les conduits du côté basse pression et les tubes. Le technicien B dit qu'il devrait y avoir une différence de température entre les conduits à basse pression et ceux à haute pression. Qui a raison ?
   - ⓐ La technicienne A.
   - ⓑ Le technicien B.
   - ⓒ Les deux ont raison.
   - ⓓ Les deux ont tort.

5. Le technicien A dit qu'une vibration des conduits peut causer un grondement. La technicienne B dit qu'il faut toujours remplacer un conduit lorsque cela se produit. Qui a raison ?
   - ⓐ Le technicien A.
   - ⓑ La technicienne B.
   - ⓒ Les deux ont raison.
   - ⓓ Les deux ont tort.

6. Qu'est-ce qui peut causer des cliquetis du moteur du ventilateur de chaufferette ?
   - ⓐ Une cage de ventilateur desserrée.
   - ⓑ Un palier de moteur en mauvais état.
   - ⓒ Des corps étrangers dans le plénum.
   - ⓓ Toutes ces réponses.

7. La technicienne ou le technicien A dit qu'il doit y avoir au moins 23 kilogrammes (50 livres) de pression dans le système avant de pouvoir détecter une fuite. La technicienne ou le technicien B dit qu'il est possible d'ajouter du fluide frigorigène pour augmenter la pression de façon temporaire. Qui a raison ?
   - ⓐ La technicienne A.
   - ⓑ Le technicien B.
   - ⓒ Les deux ont raison.
   - ⓓ Les deux ont tort.

8. Le technicien A dit que l'utilisation d'un colorant rouge est le meilleur moyen de déceler des fuites du fluide frigorigène. La technicienne B dit que des détecteurs électroniques peuvent déceler de très petites fuites. Qui a raison ?
   - ⓐ Le technicien A.
   - ⓑ La technicienne B.
   - ⓒ Les deux ont raison.
   - ⓓ Les deux ont tort.

9. La technicienne A dit que des fuites à des connexions de conduits sont difficiles à déceler étant donné que le fluide frigorigène est plus léger que l'air. Le technicien B dit que la cause la plus répandue d'un mauvais fonctionnement du climatiseur est un trop-plein de fluide frigorigène dans le système. Qui a raison ?
   - ⓐ La technicienne A.
   - ⓑ Le technicien B.
   - ⓒ Les deux ont raison.
   - ⓓ Les deux ont tort.

10. Le technicien A dit que les relevés des jauges d'admission peuvent révéler un problème du détendeur. La technicienne B dit que les relevés de jauges d'admission peuvent révéler un problème de courroie qui glisse. Qui a raison ?
    - ⓐ Le technicien A.
    - ⓑ La technicienne B.
    - ⓒ Les deux ont raison.
    - ⓓ Les deux ont tort.

CHAPITRE 6

La récupération et la recharge des systèmes de climatisation

Tu seras en mesure :

- de nommer l'équipement de récupération et de recyclage autorisé ;
- de décrire les principales étapes du processus de récupération ;
- de faire l'essai du fluide frigorigène récupéré pour déceler les gaz non condensables ;
- d'étiqueter et d'entreposer correctement les fluides frigorigènes récupérés ;
- de montrer les procédures d'évacuation et de recharge ;
- d'expliquer la modification du système.

Le vocabulaire :

Chlorofluocarbures

Hydrocarbures

Gaz non condensables

Ozone

Polyalkylèneglycol

R134a

Modification

Le problème

Le climatiseur du véhicule de Marie Richard ne souffle pas d'air froid. Cela fait plusieurs fois qu'elle amène son véhicule à un centre de service. La technicienne ou le technicien a ajouté du fluide frigorigène au système à chacune de ses visites. Chaque fois, le climatiseur s'est remis à fonctionner pendant une ou deux semaines, pour ensuite arrêter de nouveau de souffler de l'air froid. Le compresseur fait maintenant du bruit.

Après avoir discuté du problème avec madame Richard, tu inspectes le système. Tu remarques plusieurs endroits où il pourrait y avoir des fuites. Le bruit que fait le compresseur semble être interne.

Ton défi

À titre de technicienne ou de technicien, tu dois répondre aux questions suivantes :

1 A-t-on utilisé le bon type de fluide frigorigène ?

2 Y a-t-il eu contamination du système ?

3 Faut-il réparer le système ou devrait-on le modifier ?

La récupération du fluide frigorigène

Autrefois, la réparation des systèmes de climatisation était beaucoup plus simple qu'elle ne l'est aujourd'hui. Quand une technicienne ou un technicien devait réparer un système, il vidait tout simplement le fluide frigorigène dans l'atmosphère. À l'époque, personne ne croyait que le fluide frigorigène pouvait affecter l'environnement. La plupart des gens croyaient que le fluide R12 était parfaitement inoffensif. Plus tard, les scientifiques ont remarqué que la couche d'ozone dans la haute atmosphère devenait plus mince. En fait, des images satellites ont révélé un vaste trou dans la couche d'ozone au-dessus de l'Antarctique.

La couche d'ozone

L'**ozone** est une molécule composée de trois atomes d'oxygène. L'ozone se forme lorsqu'une molécule normale d'oxygène, 0_2, absorbe des rayons ultraviolets et se divise en deux atomes distincts. Ces atomes individuels se joignent ensuite à d'autres molécules d'oxygène pour former l'ozone, 0_3.

Au niveau du sol, l'ozone est une forme nocive de pollution. Cependant, l'ozone de l'atmosphère supérieure est un protecteur important pour la planète. Il agit comme bouclier contre les rayons ultraviolets du Soleil. On croit que ces rayons causent le cancer de la peau et des problèmes de cataracte chez les humains et les animaux.

Il y a eu dépôt d'un rapport, en 1974, dans lequel on établissait un lien entre l'appauvrissement de la couche d'ozone et les chlorofluocarbures. Les **chlorofluocarbures,** ou CFC, sont un groupe de composés organiques auxquels des atomes de chlore et de fluor sont fixés. Le fluide frigorigène R12 est un chlorofluocarbure. C'était le fluide le plus utilisé dans les climatiseurs mobiles.

Dans ce même rapport, il était indiqué que les molécules de CFC pourraient s'élever dans la stratosphère où elles pourraient causer la désintégration des molécules d'ozone. Le rapport allait plus loin en indiquant que les molécules de CFC pourraient rester dans la stratosphère et continuer d'endommager la couche d'ozone sur une période allant jusqu'à 120 ans. Les CFC qui étaient utilisés dans les fluides frigorigènes pourraient bien mettre en danger toutes les formes de vie sur notre planète (*voir la figure 6-1*).

Pour prévenir les dommages que la couche d'ozone peut subir en raison des CFC, le Canada a signé, en 1987, l'accord que l'on appelle le Protocole de Montréal relatif

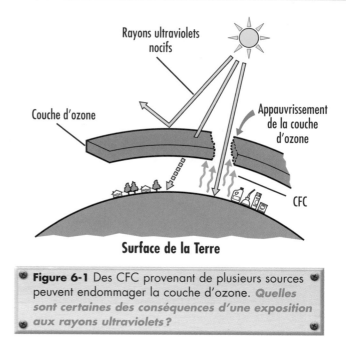

Figure 6-1 Des CFC provenant de plusieurs sources peuvent endommager la couche d'ozone. *Quelles sont certaines des conséquences d'une exposition aux rayons ultraviolets?*

à des substances qui appauvrissent la couche d'ozone. Cet accord demandait l'arrêt de toute la production de CFC d'ici l'an 2000. Le Canada applique des restrictions depuis 1990 dans sa lutte contre la pollution atmosphérique, en appui au Protocole de Montréal. Depuis 1989, il est interdit de produire du CFC. Le but était de bannir entièrement ce produit d'ici l'an 2000. Le Protocole de Kyoto ira encore plus loin, afin de freiner l'effet de serre sur notre planète.

Des recherches ultérieures ont montré que les dommages étaient bien plus importants que ce que l'on croyait. C'est pour cette raison que la plupart des pays ont révisé leurs échéanciers pour bannir le produit plusieurs années plus tôt. Depuis 1993, les climatiseurs des automobiles et des camions construits au Canada et aux États-Unis utilisent du fluide R134a. Le **R134a** est beaucoup plus sécuritaire et moins nocif pour la couche d'ozone.

En 1996, la dernière année cible de fabrication du R12, des millions d'anciens modèles de véhicules utilisaient toujours du R12 dans leurs systèmes de climatisation. Si rien n'avait été fait pour recycler le R12, ces systèmes auraient vite été inutilisables.

La loi sur la lutte contre la pollution atmosphérique oblige à récupérer, à recycler et à réutiliser les fluides frigorigènes. Cela a été fait pour garder les CFC hors de l'atmosphère et pour qu'on puisse utiliser les systèmes de climatisation avec R12 le plus longtemps possible.

La *récupération* est le processus par lequel on recouvre et on entrepose le fluide frigorigène utilisé dans un système de climatisation. Le fluide frigorigène récupéré est ensuite recyclé. Il est filtré, et l'humidité en est extraite. Après cela, il est possible de réutiliser le fluide dans un système de climatisation.

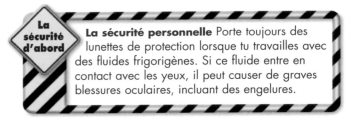

Figure 6-2 Du fluide R12 contaminé est récupéré à l'aide d'un appareil de récupération. *Que fait-on avec le R12 que l'on récupère ?* (*RTI Technologies, Inc.*)

La certification

La loi sur la lutte contre la pollution atmosphérique établit les normes pour la récupération et le recyclage des équipements. Les amendements à la loi exigent que toutes les installations qui offrent des services liés à la climatisation soient munies d'équipements qui permettent la récupération et le recyclage, et qu'elles aient reçu une certification des Laboratoires des Assureurs du Canada (ULC).

> **La sécurité d'abord**
>
> **La sécurité personnelle** Porte toujours des lunettes de protection lorsque tu travailles avec des fluides frigorigènes. Si ce fluide entre en contact avec les yeux, il peut causer de graves blessures oculaires, incluant des engelures.

Cette même loi sur la lutte contre la pollution atmosphérique établit aussi des normes pour les techniciennes et les techniciens qui doivent avoir les connaissances nécessaires pour effectuer les travaux de récupération, de recyclage et de réparation. Ces normes sont suivies par le ministère de la Formation des Collèges et des Universités (MFCUO), le ministère de l'Environnement de l'Ontario, la Technical standard and safety authority (TSSA) et par d'autres aux États-Unis comme la Mobile Air Conditioning Society (MACS) et la International Mobile Air Conditioning Association (IMACA).

La charte des droits environnementaux (CDE), qui est à l'origine de la loi sur l'environnement de l'Ontario, a été encore amendée en juillet 2001. Cet amendement force une personne qui travaille dans le secteur de la climatisation en Ontario à se procurer un certificat de manipulation des liquides frigorigènes. D'autre part, il est interdit d'utiliser les gaz CFC tels que le R12 pour la réparation depuis janvier 2002.

On devra retirer les vieux CFC des systèmes et s'en débarasser de façon à ne pas nuire à l'environnement. Les techniciens doivent recevoir une nouvelle certification tous les trois ans. Leur programme de certification couvre les procédures à suivre pour assurer un entretien non polluant des systèmes de climatisation. Il faut se rappeler qu'une partie de CFC détruit 100 000 parties de la couche d'ozone.

Les techniciens brevetés du domaine de la climatisation ont certains droits et responsabilités. Seuls les techniciens brevetés peuvent acheter des fluides frigorigènes causant l'appauvrissement de la couche d'ozone. Ces techniciens doivent s'assurer que les réparations et l'entretien des climatiseurs respectent la charte des droits environnementaux CDE.

Tous les centres de service devraient avoir les systèmes agréés suivants :
* un appareil de récupération et de recyclage pour fluide frigorigène R12 ;
* un appareil de récupération et de recyclage pour fluide frigorigène R134a.

Les appareils pour récupération seulement sont optionnels. L'appareil pour récupération seulement sert à recueillir le R12 contaminé (*voir la figure 6-2*). Par mesure de sécurité, utilise un équipement d'essai pour identifier le fluide frigorigène et vérifier la présence de contaminants. Beaucoup de centres de service envoient le fluide contaminé à un centre extérieur. Certains ateliers refusent même de réparer les systèmes qui contiennent du fluide frigorigène contaminé.

Tous les équipements de récupération et de recyclage doivent recevoir la certification ULC. Ils doivent porter une étiquette indiquant qu'ils sont conformes aux règles gouvernementales. On peut lire sur ces étiquettes : « Conception certifiée par l'ULC et conforme au SAEJ-1991 ». Le SAEJ-1991 est le document qui fournit les normes de conception adoptées par la Society of Automotive Engineers (SAE) pour l'équipement d'entretien des systèmes de climatisation.

Tous les boyaux doivent être munis de soupapes d'arrêt situées à moins de 30 cm (12 po) des extrémités des boyaux. Il est ainsi possible d'éviter une fuite non nécessaire de fluide frigorigène lorsque les boyaux sont déconnectés. Les boyaux ont des raccords de service unique. Ils ont aussi un code couleur avec des bandes de différentes couleurs pour le R12 et le R134a.

L'identification du fluide frigorigène

Avant de connecter un équipement de récupération ou de recyclage, identifie le fluide utilisé dans le système. Dans la plupart des véhicules, il y a une étiquette sous le capot qui indique le fluide frigorigène recommandé par le fabricant pour le système (*voir la figure 6-3*).

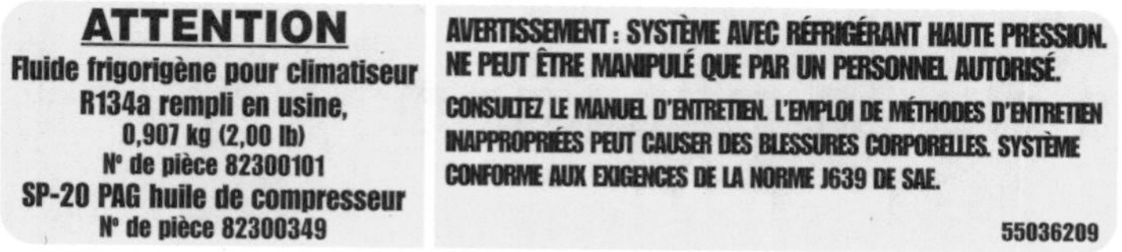

ATTENTION
Fluide frigorigène pour climatiseur
R134a rempli en usine,
0,907 kg (2,00 lb)
N° de pièce 82300101
SP-20 PAG huile de compresseur
N° de pièce 82300349

AVERTISSEMENT: SYSTÈME AVEC RÉFRIGÉRANT HAUTE PRESSION. NE PEUT ÊTRE MANIPULÉ QUE PAR UN PERSONNEL AUTORISÉ.
CONSULTEZ LE MANUEL D'ENTRETIEN. L'EMPLOI DE MÉTHODES D'ENTRETIEN INAPPROPRIÉES PEUT CAUSER DES BLESSURES CORPORELLES. SYSTÈME CONFORME AUX EXIGENCES DE LA NORME J639 DE SAE.

55036209

Figure 6-3 Vérifie l'étiquette située sous le capot pour connaître le fluide frigorigène approprié et la quantité à mettre. *Quel autre indice peut t'aider à déterminer le type de fluide frigorigène qu'on doit utiliser dans le système?*

Examine aussi les raccords de service du climatiseur. Pour éviter la confusion entre les fluides, chacun nécessite des raccords particuliers. Les raccords de service pour le R134a sont à débranchement rapide alors que ceux destinés au R12 sont filetés. Les techniciens peuvent toujours différencier les raccords en observant l'appareil de récupération.

CONSEIL TECHNIQUE **La vérification d'un fluide frigorigène neuf** Il est possible d'utiliser l'appareil d'identification du fluide frigorigène pour vérifier les systèmes de climatisation. Il sert aussi à vérifier les nouveaux fluides frigorigènes. Il permet de déceler si le fluide est contaminé. Il faut toujours acheter du fluide frigorigène d'un centre reconnu.

Dans plusieurs véhicules munis de systèmes R12, il est possible qu'on ait ajouté les produits R22, R134a ou autres au système. Cela contamine le fluide frigorigène. Le fluide contaminé qui en est extrait pour être mis ensuite dans le système de recyclage contaminera à son tour les réserves de fluides frigorigènes.

Il existe deux types principaux d'appareils d'identification du fluide frigorigène. L'un fonctionne simplement comme un testeur « entre-n'entre pas » pour le fluide. L'autre analyse la composition du fluide frigorigène. Les deux types d'appareils d'identification vérifient la présence de contamination.

Certains appareils d'identification de fluide frigorigène vérifient également la présence d'hydrocarbures dans le fluide (*voir la figure 6-4*). Les **hydrocarbures** sont des

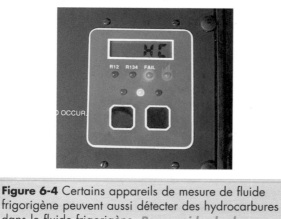

Figure 6-4 Certains appareils de mesure de fluide frigorigène peuvent aussi détecter des hydrocarbures dans le fluide frigorigène. *Pourquoi les hydrocarbures sont-ils dangereux?* (Bob Freudenberger)

Figure 6-5 Ne te fie pas à l'étiquette ou à tes clients pour donner des renseignements précis sur le type de fluide frigorigène. *Pourquoi est-il important d'identifier le fluide frigorigène?* (Bob Freudenberger)

molécules constituées principalement d'hydrogène et de carbone. L'essence, l'huile, le propane et le kérosène sont des hydrocarbures.

Un appareil d'identification électronique du fluide frigorigène peut aussi servir à identifier le fluide frigorigène dans le système. Il faut toujours utiliser un tel appareil d'identification (*voir la figure 6-5*).

Il existe beaucoup de mélanges de fluides frigorigènes vendus comme des « remplacements au R12 ». Malheureusement, beaucoup de ces mélanges sont à base d'hydrocarbures, comme le propane ou le butane. Comme tous les hydrocarbures, ils sont hautement inflammables. L'utilisation d'un appareil d'identification du fluide frigorigène qui vérifie la présence d'hydrocarbures empêchera de contaminer accidentellement le système de recyclage de l'atelier avec un mélange inflammable.

Les procédures de récupération

Une fois le fluide frigorigène identifié, tu dois le récupérer. Il faut recueillir l'ancien fluide pour l'empêcher de s'échapper dans l'atmosphère. Il doit ensuite être recyclé afin d'être réutilisé. Cette marche à suivre requiert un équipement particulier et des procédures précises selon le système dont il s'agit.

EXCELLENCE
SCIENCES
AUTOMOBILE

L'augmentation de la pression élève le point d'ébullition

As-tu déjà fait bouillir de l'eau en montagne ? Elle bout beaucoup plus vite et à une température plus basse. Lis les directives sur presque n'importe quel emballage d'aliment destiné à être bouilli ou cuit. Elles indiqueront que dans les endroits plus élevés en altitude, le temps de cuisson sera légèrement plus long. Cela se produit parce que la pression atmosphérique normale est de 101 kPa atmosphère (14,7 lb/po²) au niveau de la mer. Dans les hauteurs, la pression atmosphérique normale est plus basse. Les points d'ébullition des liquides s'établissent à une *pression atmosphérique normale,* soit la pression type que l'on trouve dans l'atmosphère.

Rappelle-toi que l'ébullition est un processus physique par lequel les molécules provenant d'un liquide obtiennent une énergie accrue de la chaleur ajoutée au liquide. Cela permet aux molécules de « sauter » hors du liquide dans l'espace au-dessus de la surface liquide. Le fait d'augmenter la pression autour d'un liquide augmente son point d'ébullition. Le fait de baisser la pression autour d'un liquide baisse son point d'ébullition. Toutes les substances à l'état liquide ont une température atmosphérique normale à laquelle elles bouillent.

- L'eau bout habituellement à 100 °C (212 °F).
- Le fréon (R12) bout à –29,8 °C (–21,6 °F).
- Le fluide frigorigène R134a bout à –26,5 °C (–15,7 °F).
- Le graphite, comme celui utilisé dans les crayons, bout à 4 200 °C (7 592 °F).

À toi de jouer !

Faire bouillir de l'eau avec des cubes de glace

Conforme aux normes de l'EDU en sciences pour un suivi des règles de sécurité, la compréhension de l'effet de la chaleur sur les systèmes automobiles et de la manière dont la chaleur cause et fait changer l'état de la matière, et l'explication des états de la matière.

Matériel requis
- une fiole conique de 500 ml
- une butée en néoprène pour la fiole
- des cubes de glace
- une plaque chauffante
- de l'eau
- une mitaine ou un gant protège-chaleur

La sécurité d'abord — **La sécurité personnelle** Porte des lunettes de protection lorsque tu manipules de la verrerie chaude et du liquide chaud. Porte une mitaine protège-chaleur lorsque tu manipules la verrerie chaude.

① Mets environ 200 mL d'eau dans la fiole.

② Mets la fiole sur la plaque chauffante. Porte l'eau à ébullition.

③ Lorsque l'eau bout, enlève la fiole de la source de chaleur.

④ Lorsque l'ébullition arrête, fixe la butée en néoprène dans la fiole. Tu devras peut-être attendre 1 ou 2 minutes avant que l'ébullition arrête.

⑤ Tourne doucement la fiole à l'envers au-dessus de l'évier (le côté plat est maintenant vers le haut).

⑥ Place deux ou trois cubes de glace sur la surface plate et observe ce qui se produit.

Les résultats et l'analyse

① Qu'as-tu observé ?

② Comment expliquerais-tu ce que tu as observé ?

③ Qu'as-tu observé dans la fiole au-dessus de l'eau ?

④ Si le fluide frigorigène R134a bout à −26,5 °C (−15,7 °F), il serait déjà un gaz à la température qui règne dans l'habitacle de ton véhicule pendant une journée d'été. Il ne pourrait absorber beaucoup de chaleur étant donné que l'évaporation ou l'ébullition se serait déjà produite. *Comment ton système de climatisation permet-il d'assurer que le R134a reste liquide à des températures plus élevées ?*

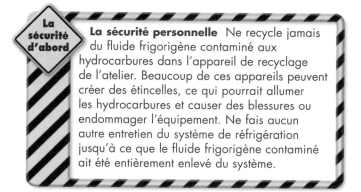

La sécurité d'abord

La sécurité personnelle Ne recycle jamais du fluide frigorigène contaminé aux hydrocarbures dans l'appareil de recyclage de l'atelier. Beaucoup de ces appareils peuvent créer des étincelles, ce qui pourrait allumer les hydrocarbures et causer des blessures ou endommager l'équipement. Ne fais aucun autre entretien du système de réfrigération jusqu'à ce que le fluide frigorigène contaminé ait été entièrement enlevé du système.

Pour récupérer le fluide frigorigène en toute sécurité, tu dois:

1. Identifier le fluide frigorigène. Afin d'empêcher la contamination des approvisionnements de frigorigènes, sépare les fluides R12 des R134a. Une fois le fluide identifié, choisis l'équipement de récupération et de recyclage approprié pour le système.

2. Connecter les boyaux de service aux orifices du système. Ouvre les soupapes d'arrêt qui se trouvent à moins de 30 cm (12 po) de l'extrémité de chaque tuyau (*voir la figure 6-6*). Il est à noter que certains boyaux de service sont munis de soupapes d'arrêt automatique intégrées dans les raccords.

3. Faire fonctionner l'appareil de récupération. Suis les directives du fabricant de l'équipement pour récupérer le fluide.

4. Laisser le système se vider. Les systèmes munis d'accumulateurs peuvent emprisonner une partie du fluide frigorigène dans l'huile au bas de l'accumulateur. Donne assez de temps au système pour qu'il se réchauffe. Cela permet à l'huile de libérer le fluide emprisonné. Pour forcer l'huile à libérer plus rapidement le fluide emprisonné, réchauffe l'accumulateur avec un séchoir à cheveux. La chaleur que produit un séchoir à cheveux n'est pas assez importante pour causer des problèmes de sécurité.

5. Mettre hors service l'appareil de récupération et ne pas toucher au système pendant 5 minutes.

6. Revérifier le système pour déceler des signes de pression. Si une pression s'est accumulée dans le système, c'est qu'il y a toujours du fluide frigorigène emprisonné à l'intérieur. Reprends le processus de récupération. Lorsque le système maintient une dépression constante pendant 2 minutes, c'est que la récupération a réussi. **Note:** Même si le système ne maintient pas une dépression constante pendant 2 minutes, il ne devrait pas indiquer une pression positive. Si la dépression n'est pas constante et qu'il y a une pression positive, reprends le processus de récupération.

Boyaux de service

Soupapes d'arrêt

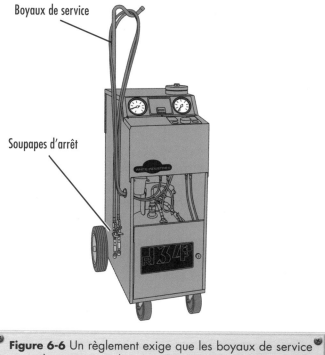

Figure 6-6 Un règlement exige que les boyaux de service aient des soupapes d'arrêt à 30 cm (12 po) des raccords au maximum. *Comment les soupapes d'arrêt réduisent-elles la quantité de fluide frigorigène qui s'échappe dans l'atmosphère?* (White Industries)

7. Fermer les soupapes d'arrêt et débrancher l'appareil de récupération du système.

8. Vérifier la bouteille de récupération d'huile et enregistrer la quantité d'huile enlevée pendant la récupération. Cela équivaut habituellement à la quantité d'huile à ajouter au système pendant sa recharge.

9. Une fois le fluide frigorigène récupéré, ouvrir le système et effectuer les réparations nécessaires.

Si un appareil d'identification du fluide frigorigène a permis de déceler des hydrocarbures dans le fluide, récupère le fluide. Sers-toi d'un appareil de récupération alimenté en air comprimé. Inscris sur une étiquette à apposer sur le réservoir que le fluide est contaminé. Envoie le réservoir à un centre de recyclage de fluide frigorigène pour qu'il soit converti ou détruit.

La sécurité d'abord

La sécurité personnelle Afin de te protéger, de protéger tes clients et ton équipement, ne remplis jamais un réservoir de récupération à plus de 60 % de sa capacité. Par exemple, ne mets jamais plus de 8,2 kg (18 lb) de fluide frigorigène dans un réservoir ayant une capacité de 30 lb, ou pas plus de 13,6 kg (30 lb) dans un réservoir ayant une capacité de 22,7 kg (50 lb). Il y a expansion du fluide frigorigène avec la température. Un réservoir trop rempli peut exploser.

La vérification des gaz non condensables

Un gaz non condensable est un autre contaminant qui peut se trouver dans le fluide frigorigène. Un **gaz non condensable** est simplement de l'air. Les gaz dans l'air (principalement le nitrogène et l'oxygène) ne se condensent pas dans un système de climatisation.

Il peut parfois arriver qu'il soit nécessaire de tester le fluide récupéré ou recyclé pour y déceler des gaz non condensables ou de l'air. L'air réduira l'efficacité du système. Il est important d'enlever autant d'air que possible du fluide frigorigène recyclé.

Deux méthodes peuvent servir à détecter l'air dans le réfrigérant. Il y a l'appareil d'identification du fluide frigorigène qui donne des relevés de mesures de contamination. Si un tel appareil n'est pas disponible, tu peux détecter la présence d'air dans le système de climatisation en te servant de la relation entre la température et la pression.

Avant de prendre des mesures, donne le temps au réservoir de frigorigène de rester à une température stable, de préférence supérieure à 18,3 °C (65 °F), pendant au moins 12 heures. Cela permettra à la température du fluide frigorigène de se stabiliser.

Pour mesurer la relation entre la température et la pression, tu dois :

1. Brancher un manomètre précis au réservoir de fluide frigorigène. Il faut que ce manomètre soit étalonné en divisions d'au moins 6,9 kPa (1 lb/po²).

2. Utiliser un thermomètre ou un pyromètre numérique précis pour mesurer la température de l'air à moins de 10 cm (4 po) du réservoir.

3. Comparer les relevés avec les températures et les pressions données dans le tableau approprié étant donné que les tableaux de températures et de pressions sont spécifiques au type de fluide frigorigène à tester. Le **tableau 6-A** n'est utile que pour le R12.

Tableau 6-A	TEMPÉRATURES ET PRESSIONS STANDARDS POUR R12	
°C/°F	kPa	lb/po²
18,3/65	511	74
18,9/66	518	75
19,4/67	524	76
20,0/68	538	78
20,6/69	545	79
21,1/70	552	80
21,7/71	566	82
22,2/72	573	83
22,8/73	580	84
23,3/74	593	86
23,9/75	600	87
24,4/76	607	88
25,0/77	621	90
25,6/78	635	92
26,1/79	649	94
26,7/80	662	96
27,2/81	676	98
27,8/82	683	99
28,3/83	690	100
28,9/84	697	101
29,4/85	704	102

Si la pression du réservoir correspond ou est inférieure à la pression indiquée dans la liste pour la température donnée, le fluide frigorigène est utilisable à moins qu'il ne soit contaminé. S'il est contaminé par autre chose que de l'air, appose sur le réservoir une étiquette sur laquelle tu auras écrit « contaminé ». Envoie ensuite le réservoir à un centre de recyclage pour qu'il soit converti ou détruit.

Si l'air est le seul contaminant, il est possible de le retirer du frigorigène. Suis les directives du manuel d'instruction qui accompagne l'appareil de recyclage. Tu devras peut-être faire plusieurs cycles de purge pour enlever tout l'air. Une fois qu'on a purgé le fluide de son air, il peut être utilisable.

VÉRIFIE TES CONNAISSANCES

1. Qu'est-ce qui cause la formation d'ozone (O_3) à partir de l'oxygène (O_2) ?

2. Qu'est-ce que la récupération du fluide frigorigène ?

3. Quel organisme indépendant certifie tous les équipements de récupération et de recyclage ?

4. Pourquoi les techniciennes et les techniciens qui réparent des climatiseurs doivent-ils être brevetés en récupération et en recyclage ?

5. Lorsque tu répares un système de climatisation, comment peux-tu identifier le fluide frigorigène utilisé dans le système ?

Section 2

Le recyclage du fluide frigorigène

Une fois le fluide frigorigène retiré du système de climatisation du véhicule, il faut le recycler. Dans la plupart des cas, il suffit simplement de filtrer le fluide frigorigène et d'en enlever l'humidité et l'huile.

Le document J-1991, préparé par la *Society of Automotive Engineers* (SAE), établit les normes quant aux niveaux acceptables de contamination dans le fluide frigorigène recyclé. Si on respecte ces normes, le fluide frigorigène recyclé sera aussi efficace qu'un fluide neuf dans un système courant de climatisation d'automobile.

Voici les normes maximales permises :
• Humidité : 15 parties par million par poids.
• Huile frigorigène : 4 000 parties par million par poids.
• Gaz non condensables (air) : 330 parties par million par poids.

Il existe deux choix de recyclage :
• le recyclage du fluide frigorigène récupéré sur place à l'aide d'un appareil de recyclage approuvé ;
• l'envoi du fluide frigorigène récupéré à un centre spécialisé pour qu'il y soit converti ou détruit.

Le recyclage sur place

Le recyclage sur place se fait simplement en filtrant et en enlevant l'huile et l'humidité du fluide frigorigène à l'aide d'un appareil de recyclage qui se trouve déjà dans l'atelier (*voir la figure 6-7*). La méthode utilisée dépend de l'appareil de recyclage. Le recyclage sur place est relativement bon marché.

Certains appareils de recyclage filtrent le fluide frigorigène et séparent l'huile pendant la récupération. D'autres requièrent une procédure spéciale pour préparer le fluide frigorigène afin qu'on puisse l'utiliser de nouveau.

De plus, certains appareils purgent le fluide automatiquement pendant la procédure de recyclage. Dans le cas d'autres appareils, il faut purger le fluide manuellement. Lis attentivement les directives du fabricant et suis-les à la lettre. Si tu ne les suis pas correctement, le fluide frigorigène sera contaminé et mal filtré.

Le recyclage sur place a ses limites. Tu ne peux éliminer que la saleté, l'huile, l'air et l'eau. La dépose d'autres contaminants, comme les hydrocarbures ou les fluides frigorigènes inadéquats, doit se faire avec d'autres équipements de recyclage utilisés dans les centres spécialisés.

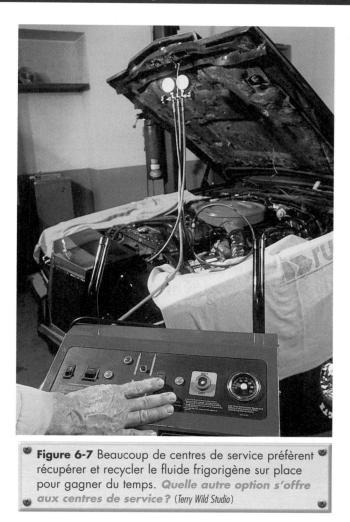

Figure 6-7 Beaucoup de centres de service préfèrent récupérer et recycler le fluide frigorigène sur place pour gagner du temps. *Quelle autre option s'offre aux centres de service ?* (Terry Wild Studio)

Tous les appareils de recyclage requièrent un entretien périodique, comme la purge de séparateur d'huile et le remplacement des filtres. Suis les directives du fabricant pour les entretiens périodiques. La plus grande partie des coûts liés à l'entretien concerne les filtres et le dessiccateur. Certains dispositifs comportent des filtres à huile standards pour filtrer les particules du fluide frigorigène.

Le recyclage à l'extérieur

Les centres de service choisissent habituellement de ne pas faire l'acquisition d'équipements de recyclage coûteux. Ils préfèrent envoyer le fluide frigorigène récupéré à l'extérieur pour qu'il soit recyclé. Tout ce dont un centre de service a besoin, c'est d'un appareil de récupération. Cet appareil coûte bien moins cher qu'un appareil de recyclage.

Il y a un avantage à envoyer le fluide frigorigène à l'extérieur pour qu'on le recycle. La plupart des recycleurs ne font pas que filtrer et sécher le frigorigène. Ils prennent également des échantillons du fluide pour vérifier s'il est conforme au composé d'origine. Ils revendent ensuite le fluide frigorigène recyclé aux centres de réparation.

CONSEIL TECHNIQUE **Les matières dangereuses** Assure-toi que le recycleur avec lequel tu fais affaire a une bonne réputation. Ta responsabilité ne s'arrête pas au moment où tu lui remets le réservoir de fluide frigorigène. Par le passé, des centres de service ont été tenus responsables de déversement illégal lorsqu'une entreprise de « recyclage » ne remplissait pas ses obligations.

Le fluide frigorigène recyclé coûte habituellement moins cher que le fluide neuf. Consulte les pages jaunes de ta région ou le ministère de l'Environnement pour connaître le nom d'une entreprise de recyclage près de chez toi.

L'étiquetage et l'entreposage du fluide frigorigène

Des certifications et exigences d'étiquetage particulières s'appliquent aux récipients de fluide frigorigène. Elles concernent les nouveaux réservoirs de fluides frigorigènes et de récupération. Les récipients de fluide frigorigène sont étiquetés et portent des codes de couleurs :
• R12, blanc.
• R134a, bleu.

Tous les réservoirs de fluide frigorigène, qu'ils soient conçus pour du fluide neuf ou du fluide récupéré, doivent porter une étiquette indiquant le type de fluide frigorigène qu'ils contiennent. Par exemple, si le réservoir contient du R12, il doit porter une étiquette le spécifiant (*voir la figure 6-8*).

Il ne faut jamais se servir de réservoirs jetables pour entreposer du fluide frigorigène récupéré ou recyclé. On doit vidanger ces réservoirs à l'aide d'un équipement de récupération et il faut y inscrire le mot « vide » avant de le jeter.

Le centre spécialisé dans la réparation des climatiseurs doit avoir des réservoirs de récupération de fluide frigorigène vides à sa disposition. Ils peuvent servir à entreposer d'autres fluides frigorigènes ou à stocker des fluides contaminés. Ces réservoirs portent une étiquette avec la mention *DOT CFR – 49*. Recherche les étiquettes

qui désignent le réservoir comme étant de type CSA B339-96. L'une ou l'autre de ces désignations indique que le ministère des Transports approuve l'utilisation du réservoir.

Si le fluide frigorigène dans le réservoir est contaminé, il faut le désigner comme tel. Cela avertira toute personne qui aurait l'intention de recycler ou de réutiliser ce fluide de ne pas le faire.

Il faut récupérer le fluide frigorigène contaminé ou le fluide dont l'état est incertain dans un réservoir de récupération approuvé par le ministère des Transports. Un tel réservoir est habituellement gris avec un dessus jaune.

Il y a expansion massive du fluide frigorigène lorsque la température augmente. Entrepose toujours les réservoirs de fluide frigorigène à la température ambiante ou à une température s'y rapprochant, loin d'une flamme nue ou d'autres sources de chaleur. Une chaleur extrême peut causer l'expansion du fluide frigorigène au-delà de la capacité de charge du réservoir et entraîner une explosion.

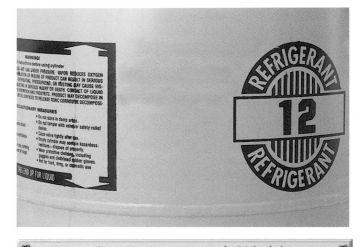

Figure 6-8 Si un réservoir contient du R12, il doit porter une étiquette de mise en garde le spécifiant *Pourquoi un réservoir de R12 doit-il porter une étiquette de mise en garde plutôt qu'une simple étiquette nommant son contenu ?* (Bob Freudenberger)

VÉRIFIE TES CONNAISSANCES

❶ Qui établit les normes concernant le fluide frigorigène recyclé ?

❷ Quelle est la quantité d'humidité acceptable dans le fluide frigorigène recyclé ?

❸ Les hydrocarbures peuvent-ils être enlevés sur place, à l'atelier ?

❹ Qu'implique le processus de reconstitution du fluide frigorigène ?

❺ Comment s'appelle l'organisme gouvernemental qui établit les normes pour l'entreposage des réservoirs de fluide frigorigène ?

L'évacuation

Une fois le système de climatisation réparé, ajoute de l'huile frigorigène selon les recommandations du fabricant. Avant d'ajouter du fluide frigorigène dans le système, enlève l'humidité et l'air emprisonnés à l'intérieur. Ce processus s'appelle *évacuation*. Au cours de l'évacuation, le système est vidé. Cette opération permet d'enlever l'air qui y est emprisonné ainsi que l'humidité.

Rappelle-toi qu'un des types de contamination est causé par des gaz non condensables dans le système. L'air déplace le fluide frigorigène et réduit l'efficacité du système. De plus, l'air contient de l'humidité, laquelle peut affecter le rendement du système et endommager celui-ci.

L'évacuation permet d'enlever l'humidité en suspension seulement. Elle ne chasse pas l'humidité emprisonnée dans le réservoir déshydrateur ou l'accumulateur. Si l'humidité cause un problème dans le système, remplace le réservoir déshydrateur ou l'accumulateur, selon le type d'appareil dont est muni le système. Procède ensuite à l'évacuation et recharge le système.

L'évacuation est efficace pour enlever l'humidité, puisque le fait de baisser la pression diminue le point d'ébullition de l'eau. L'eau bout à 100 °C (212 °F) au niveau de la mer, où la pression atmosphérique est habituellement de 101,3 kPa (14,7 lb/po²). À mesure que chute la pression atmosphérique, le point d'ébullition baisse avec elle. Par exemple, 91 kPa (13,2 lb/po²) d'eau bout à 97,7 °C (208 °F). S'il était possible de faire baisser la pression jusqu'à environ 3,15 kPa (0,5 lb/po²) à l'aide d'une pompe à vide, de l'eau pourrait bouillir à la température ambiante, soit à environ 25 °C (77 °F). Le fait de baisser la pression permettrait de continuer à faire baisser le point d'ébullition (*voir le tableau 6-B*).

Pourquoi est-il si important de faire baisser la température d'ébullition de l'eau ? Lorsque l'eau bout, elle change d'état pour passer de liquide à gazeux. Sous sa forme gazeuse, l'eau fait partie de l'air à évacuer du système. Ainsi, l'évacuation tire non seulement de l'air hors du système mais elle permet aussi d'en enlever l'humidité.

CONSEIL TECHNIQUE **La réparation par temps froid** Si tu répares un système de climatisation par temps froid, il est possible que tu sois incapable de créer assez de dépression pour faire bouillir l'eau dans le système. Si tel est le cas, fais tourner le moteur. Cela réchauffera le secteur autour du climatiseur. La température augmentera assez pour faire bouillir l'eau dans le système.

Tableau 6-B		LE POINT D'ÉBULLITION DE L'EAU SOUS DÉPRESSION	
Dépression		**Point d'ébullition**	
Pouces de mercure	**(kPa)**	**(°C)**	**°F**
24,04	(19,66)	(60,0)	140
25,39	(15,61)	(54,4)	130
26,45	(12,02)	(48,8)	120
27,32	(9,07)	(43,3)	110
27,99	(6,80)	(37,8)	100
28,50	(5,08)	(32,2)	90
28,89	(3,75)	(26,7)	80
29,18	(2,77)	(21,1)	70
29,40	(2,03)	(15,5)	60
29,66	(1,15)	(10,0)	50
29,71	(0,98)	(4,4)	40
29,76	(0,81)	(−1,1)	30
29,82	(0,60)	(−6,7)	20
29,86	(0,47)	(−12,2)	10
29,87	(0,44)	(−15,0)	5
29,88	(0,40)	(−17,8)	0
29,90	(0,33)	(−23,3)	−10
29,91	(0,30)	(−28,9)	−20

La marche à suivre pour procéder à l'évacuation est habituellement toujours la même, peu importe l'équipement utilisé.

Pour évacuer l'air et l'humidité d'un système de climatisation, tu dois :

1. Brancher la pompe à vide aux orifices de service de climatisation.

2. Ouvrir entièrement les deux soupapes de service.

3. Démarrer la pompe à vide. Laisser évacuer l'air et l'humidité pendant 30 minutes. Idéalement, il faudrait pomper le système à une dépression de 760 mm (29,9 po) de mercure, réglée pour l'altitude. Cependant, ce ne sont pas toutes les pompes qui peuvent produire un tel niveau de dépression.

4. Fermer le robinet de service. Arrête la pompe à vide. Vérifie les relevés du manomètre sur l'ensemble des collecteurs ou sur l'appareil de récupération et de recharge. Ensuite, ne touche pas au système de climatisation pendant 5 minutes.

Après 5 minutes, vérifie les relevés du manomètre. Si le système perd plus de 50 mm Hg (2 po) de dépression en 5 minutes, vérifie de nouveau le système pour déceler la présence d'une fuite. Si le système de climatisation retient correctement la dépression, il est prêt à être rechargé.

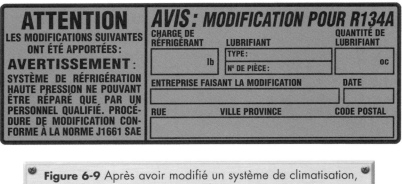

ATTENTION
LES MODIFICATIONS SUIVANTES ONT ÉTÉ APPORTÉES :
AVERTISSEMENT :
SYSTÈME DE RÉFRIGÉRATION HAUTE PRESSION NE POUVANT ÊTRE RÉPARÉ QUE PAR UN PERSONNEL QUALIFIÉ. PROCÉDURE DE MODIFICATION CONFORME À LA NORME J1661 SAE

AVIS : MODIFICATION POUR R134A
CHARGE DE RÉFRIGÉRANT   LUBRIFIANT   QUANTITÉ DE LUBRIFIANT
lb   TYPE :
          Nº DE PIÈCE :   OC
ENTREPRISE FAISANT LA MODIFICATION   DATE
RUE   VILLE PROVINCE   CODE POSTAL

Figure 6-9 Après avoir modifié un système de climatisation, pose une nouvelle étiquette sur l'ancienne. *Pourquoi cette information est-elle importante ?* (White Industries)

La recharge du système

Une fois que tu as évacué l'humidité et l'air du système et que tu as vérifié la présence de fuites, recharge-le de nouveau.

Le choix du fluide frigorigène

Vérifie d'abord le type de fluide frigorigène que nécessite le système. Il porte une étiquette qui indique le fluide requis. Si le système a été conçu pour du R134a, utilise ce type pour le recharger.

Si l'étiquette indique R12, vérifie les orifices de service. Les orifices R12 sont petits et filetés. Dans certains véhicules, l'orifice supérieur est plus petit que l'orifice inférieur. Si le système a été *modifié* de façon qu'il contienne du R134a, on devrait avoir remplacé les orifices par des orifices R134a à ouverture rapide. Il

devrait aussi y avoir une nouvelle étiquette indiquant que le système a été modifié (*voir la figure 6-9*). Si tu remarques d'autres orifices que ceux qui proviennent du fabricant ou si tu vois une étiquette qui indique que le système a été modifié, recharge-le avec du R134a. Autrement, utilise du R12 ou suggère à ta cliente ou à ton client de faire modifier le système.

Pendant que tu vérifies le type de fluide frigorigène qu'utilise le système, consulte sur la même étiquette la capacité du système. S'il y a eu une modification du système pour qu'il passe de R12 à R134a, il devrait prendre de 10 à 20 % moins de R134a que de R12.

L'équipement de charge

Il existe plusieurs types de postes de charge. Certains nécessitent de mesurer la quantité de fluide frigorigène nécessaire pour remplir le système, d'autres sont simplement programmés pour la quantité requise. Il y en a aussi qui sont pourvus d'une balance. Dans le cas des postes avec balance, les techniciens commencent par peser le réservoir. Ils chargent ensuite le système jusqu'à ce que le poids du réservoir chute d'une quantité équivalente à la charge (*voir la figure 6-10*).

Tous ces procédés sont efficaces. Il n'y en a pas un qui fonctionne mieux que les autres. La seule différence est le temps et l'attention nécessaires pour effectuer la charge.

Par exemple, sur les appareils à cadran ou à bouton-poussoir, une technicienne ou un technicien n'a qu'à régler la quantité de charge et à activer l'appareil. Il n'est même pas nécessaire de démarrer le véhicule.

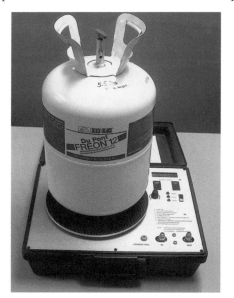

Figure 6-10 L'utilisation d'une balance électronique est une façon plus économique de mettre la charge appropriée de fluide frigorigène. *Comment fonctionne cette méthode ?* (Tom Pantages)

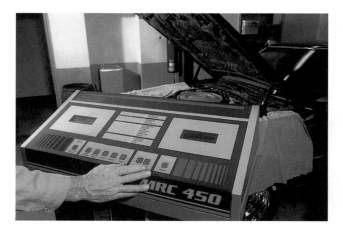

Figure 6-11 Un poste de recharge automatique permet aux techniciens de régler la quantité à charger. L'appareil s'occupe du reste. *Le système de climatisation doit-il être en marche pendant la recharge ?* (Terry Wild Studio)

COMMUNICATION

La clarification de l'information sur l'environnement

Une partie importante du travail des techniciennes et des techniciens est d'expliquer les nouvelles procédures et politiques environnementales qui touchent la clientèle. Cela n'est pas toujours chose facile. Plus tu en sauras, plus ton travail sera simple.

Lorsque tu fais des réparations sur un système de climatisation, il se peut que tu aies une cliente ou un client qui possède un modèle plus ancien de véhicule qui requiert du fluide frigorigène R12. Par le passé, remplacer ce fluide frigorigène était un travail que n'importe qui pouvait faire. La ou le propriétaire du véhicule n'avait qu'à acheter un contenant de fluide frigorigène et à le verser dans le climatiseur. De nos jours, les lois environnementales exigent que les fluides frigorigènes soient ajoutés dans les ateliers de réparation d'automobiles uniquement par des techniciennes et des techniciens certifiés. Par la même occasion, il faut vérifier le système pour y déceler des fuites.

Comment pourrais-tu expliquer cette politique environnementale (et la facture qui s'y rattache) à une personne qui a l'habitude de ne dépenser que quelques dollars pour remplacer son fluide frigorigène ? Voici quelques trucs :

- **Sympathiser.** Fais savoir à ta clientèle que tu comprends ce qu'elle ressent. Tu n'aimerais pas non plus avoir à payer pour faire faire quelque chose que tu pourrais facilement faire toi-même.
- **Se renseigner.** Lis tout ce que tu trouves sur les fluides frigorigènes et conserve des articles que tu montreras aux clients.
- **Expliquer les avantages.** Un environnement propre est à l'avantage de tous. Sois prêt à expliquer au moins un avantage environnemental à utiliser ce fluide frigorigène.

À toi de jouer !

Conforme aux normes de l'EDU en communications pour la clarification de l'information transmise aux clients et l'analyse de bases de données pour trouver de l'information spécifique.

❶ Relis la section du présent chapitre qui explique les différences entre le fluide frigorigène R12 et le plus récent fluide frigorigène R134a.

❷ Utilise Internet et d'autres sources pour chercher les caractéristiques des fluides frigorigènes R12 et R134a.

❸ Écris un court paragraphe expliquant les avantages du fluide frigorigène R134a.

L'appareil de charge préchauffe le fluide frigorigène, lui permettant de s'infiltrer directement dans le système (*voir la figure 6-11*).

Si tu utilises un poste avec balance, l'opération prendra plus de temps. Dans la plupart des cas, il est nécessaire de charger au moins une partie du fluide frigorigène par le côté inférieur du système lorsque le moteur tourne.

Dans tous les cas, le poste de charge peut approvisionner correctement le système de climatisation. Suis attentivement les directives fournies avec le poste de charge. Ne fais jamais fonctionner le système de charge autrement que de la façon indiquée par le fabricant.

Le chargement d'huile

S'il te faut ajouter de l'huile frigorigène au système, fais-le pendant la recharge du système (*voir la figure 6-12*). Si le poste de charge offre cette possibilité, programme la quantité appropriée d'huile à ajouter. Si le poste de charge ne le permet pas, tu dois ajouter manuellement l'huile frigorigène au système avant d'ajouter le fluide frigorigène. Tu ajoutes l'huile à l'aide d'une bouteille ou d'un adaptateur de charge.

Figure 6-12 Il est important de mesurer et d'ajouter la bonne quantité d'huile dans le système. *Que peut-il se produire si tu ajoutes trop d'huile ?* (Bob Freudenberger)

La sécurité matérielle Ne tente jamais de charger un système de climatisation par l'orifice du côté haute pression lorsque le système est en marche. De ce côté, la pression peut atteindre plus de 2413 kPa (350 lb/po²). Une telle pression est assez élevée pour endommager ton équipement ou causer l'explosion du réservoir de fluide frigorigène.

Ne surcharge pas le système d'huile. Trop d'huile dans un système laisse un enduit sur l'évaporateur et sur les enroulements de condenseur. Cela réduit la capacité du système à transférer la chaleur.

Sers-toi de l'huile appropriée pour le système. Assure-toi d'utiliser l'huile recommandée par le fabricant. Les systèmes R12 requièrent de l'huile frigorigène, tandis que le fluide **polyalkylèneglycol** est une huile synthétique conçue pour être utilisée avec des fluides frigorigènes R134a.

De l'ester à base de polyol (une huile à base d'ester) peut se trouver dans les systèmes modifiés. Il s'agit d'une huile synthétique semblable au polyalkylène-glycol. Cependant, étant donné qu'elle se mélange aux huiles minérales, elle fonctionne bien avec toute huile minérale qui peut être restée dans le système après la modification. Vérifie les recommandations du fabricant avant d'ajouter de l'huile dans le système.

L'essai du système

Après avoir chargé le système de climatisation, effectue les vérifications suivantes avant de remettre le véhicule à ta cliente ou à ton client.

Pour tester le système, tu dois:

1. Fermer les soupapes des conduits de service et débrancher les conduits du véhicule.

2. Remplacer tous les bouchons des orifices de service pour éviter des fuites du système. Une fuite permet au fluide frigorigène de s'échapper, ce qui empêche le système de fonctionner correctement.

3. Effectuer une dernière vérification de fuite. En suivant les directives du fabricant, fais fonctionner le testeur de fuite le long des conduits, des raccords et des orifices de service pour t'assurer qu'il n'y a pas de fuite dans le système (*voir la figure 6-13*).

4. Faire l'essai du rendement du système en le mettant en marche et en effectuant un essai fonctionnel.

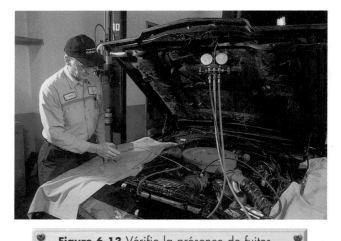

Figure 6-13 Vérifie la présence de fuites après avoir réparé des composants du climatiseur. *Que se produira-t-il s'il y a une fuite dans le système?* (Terry Wild Studio)

VÉRIFIE TES CONNAISSANCES

❶ Qu'est-ce qui rend l'évacuation si efficace pour enlever l'humidité du système?

❷ Combien de temps devrait durer l'évacuation?

❸ Comment détermines-tu la capacité de charge du véhicule en fluide frigorigène?

❹ Une charge d'huile excessive affectera-t-elle le système de refroidissement?

❺ Quel type d'huile frigorigène utilise-t-on dans un système R12?

Section 4

La modification

Compte tenu du fait que le fluide R12 est de plus en plus difficile à obtenir, tu pourrais envisager de modifier les systèmes R12 après y avoir effectué une réparation.

Il existe plusieurs avantages à la modification du système. Le fluide R134a coûte moins cher et se trouve plus facilement que le R12. La **modification** est le processus de mise à niveau des composants du système de climatisation en vue de l'utilisation d'un nouveau type de fluide frigorigène. Il te faut cependant prendre en considération plusieurs points avant de tenter de modifier le système.

Comment effectuer la modification

Vérifie les recommandations du fabricant avant de commencer une modification.

La plupart de ces fabricants donnent des recommandations sur la modification des systèmes pour chacun des véhicules vendus sur le marché depuis les 20 dernières années. Ces recommandations dressent la liste des composants et indiquent s'il faut les remplacer, les ajuster ou les laisser tels quels. Les recommandations indiquent aussi la quantité de R134a à ajouter au système.

Après avoir effectué la modification, tu dois poser une nouvelle étiquette sur l'ancienne. Cette nouvelle étiquette indique le nouveau fluide frigorigène à utiliser ainsi que la quantité dont le système a besoin.

Les joints d'étanchéité et les boyaux en caoutchouc

Une des principales préoccupations en ce qui concerne le fluide R134a est de le conserver. Le R134a contient de très petites molécules qui sont au moins deux fois plus petites que les molécules de R12. Cela signifie que les boyaux et les joints d'étanchéité d'un système R12 peuvent laisser fuir le R134a hors du système. C'est la raison pour laquelle la plupart des composants en caoutchouc dans les systèmes de climatisation ont changé au cours des dernières années.

La plupart des joints d'étanchéité sont en néoprène ou en nitrile hydrogéné. Ces deux composés sont compatibles avec le R12 et le R134a, mais les joints d'étanchéité dans certains anciens systèmes ne le sont pas. Ils peuvent fuir après une modification.

Les systèmes R134a doivent être munis d'un tuyau barrière. Ce type de tuyau possède un revêtement spécial, habituellement en nylon. Le tuyau doit être fixé au raccord ou au conduit avec une doublure à plis de type bulles. Les boyaux en caoutchouc et les plis de type doigts, qui étaient adéquats dans les systèmes R12, ne le sont pas dans les systèmes R134a (*voir la figure 6-14*).

Les dispositifs de commande

Les dispositifs suivants servent à contrôler le débit et la pression :
- les manocontacteurs d'évaporateur ;
- les interrupteurs thermostatiques ;
- les interrupteurs de fonctionnement cyclique de pression ;
- les soupapes de détente ;
- les tubes à orifice ;
- les régulateurs ;

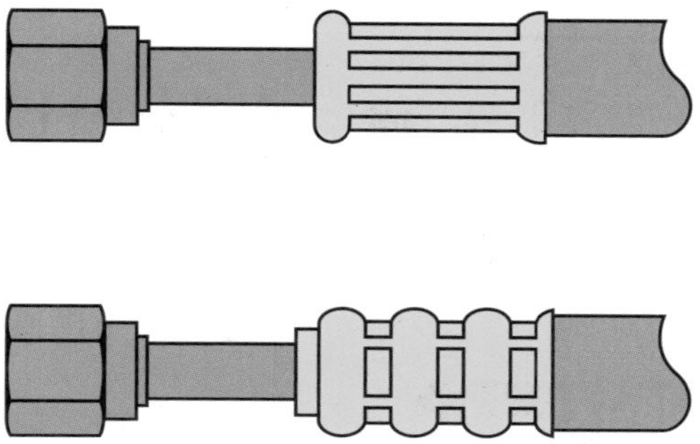

Figure 6-14 On doit fixer les raccords avec un système de plis de type bulles sur les boyaux servant au fluide R134a. *D'autres styles de plis sont-ils adéquats ?*

- les soupapes de commande ;
- les interrupteurs de coupure haute pression.

Les gammes de pression du R12 et du R134a sont passablement rapprochées au bas de l'échelle de température. À des températures plus élevées, cependant, la différence de pression entre le R12 et le R134a est plus grande (*voir le tableau 6-C*).

Il ne sera probablement pas nécessaire de remplacer les indicateurs de température. Cependant, si le système est muni de manocontacteurs pour contrôler la température de l'évaporateur ou pour protéger le système, il pourra s'avérer nécessaire de remplacer les indicateurs.

Si le système est muni d'une soupape de décharge haute pression mais ne comporte pas d'interrupteur de coupure haute pression, il faut en poser un. L'interrupteur de coupure empêche l'aération du fluide frigorigène dans l'atmosphère à des températures extrêmes ou dans des conditions de fonctionnement extrêmes. Certains manocontacteurs sont réglables. Il peut s'avérer nécessaire de les régler pour qu'ils fonctionnent dans les nouvelles gammes de pressions.

Il faut remplacer ou étalonner de nouveau beaucoup de soupapes de détente ou de tubes à orifices afin qu'ils fonctionnent avec le nouveau fluide frigorigène. Suis les recommandations du fabricant pour connaître les procédures de modification.

Tableau 6-C	LA COMPARAISON DE PRESSION ET DE TEMPÉRATURE ENTRE LE R12 ET LE R134A	
Température (°F/°C)	Pression du R12 (lb/po²/kPa)	Pression du R134a (lb/po²/kPa)
30/−1,1	28/193	26/179
60/15,5	58/400	57/393
90/32,2	100/689	104/717
120/48,9	158/1089	170/1172
150/65,5	235/1620	261/1800
160/71,1	265/1765	298/2055

La modification d'une Camaro

Le climatiseur du véhicule Camaro de ta cliente tombe en panne. Tu lui expliques que le système du véhicule utilisait du fluide R12, mais que ce type de fluide n'est plus sur le marché. Pour effectuer correctement les travaux de réparation, il faudra modifier le système pour qu'il accepte du fluide R134a.

À toi de jouer !

Conforme aux normes de l'EDU en mathématiques pour la division et la multiplication des nombres décimaux et l'utilisation de formules.

Détermine d'abord la quantité de fluide frigorigène R12 qui reste dans le système. Il te faudra ensuite extraire, étiqueter et entreposer ce fluide en suivant les lignes directrices du CDE.

Effectue les réparations au système. Modifie-le de façon qu'il accepte le fluide frigorigène R134a. Remplace les orifices par les nouveaux orifices à desserrage rapide. Assure-toi d'étiqueter le système pour qu'on sache qu'il a été modifié.

Le système d'origine contenait 2 kg (4,5 lb) de R12. La conversion au R134a présente quelques problèmes. D'abord, le cadran du poste de charge R134a est gradué en kilogrammes et non pas en livres. Deuxièmement, en raison des différentes caractéristiques de la température et de la pression du R134a, tu ne pourras charger le système qu'à 80 % de la capacité du système R12.

Pour calculer le réglage du poste de charge, commence avec la capacité connue du système R12, qui est de 4,5 lb. Fais la conversion en kilogrammes.

$$4,5 \text{ lb} \times \frac{1 \text{ kg}}{2,2 \text{ lb}} = 2,0 \text{ kg}$$

Voici une formule facile à mémoriser :

Portion = base × taux, ou **P = BT**

La *portion* est la pièce d'origine représentée par un pourcentage. C'est ce que tu cherches. Il s'agit de la portion de la capacité R12 qui sera remplie avec le R134a.

La *base* est la quantité d'origine. Ici, elle est de 2,0 kg, ce qui correspond à la capacité R12 d'origine du système.

Le *taux* est exprimé comme une décimale. Dans le présent problème, 80 % devient 0,80.

Les résultats et l'analyse

❶ Suppose que la capacité d'origine du système R12 est de 2,27 kg (5 lb) et qu'on conseille d'utiliser 20 % moins de R134a que la charge R12 d'origine. Comment peux-tu déterminer la quantité de R134a à utiliser ?

Les condenseurs et les ventilateurs

Étant donné que le R134a fonctionne à une pression beaucoup plus élevée que le R12, il demande plus au condenseur. Les côtés hautes pressions, qui atteignent leur sommet à 2 588 kPa (375 lb/po²) avec le R12, peuvent facilement augmenter de 690 kPa (100 lb/po²) ou plus avec le R134a. Les compresseurs, les boyaux et les composants du système ne peuvent contenir trop longtemps ces pressions élevées.

La solution est d'enlever la chaleur de manière plus efficace. Moins de chaleur signifie une pression plus basse. Dans certains cas, cela peut nécessiter le remplacement du condenseur par un modèle plus efficace. Dans d'autres cas, la solution est d'avoir un meilleur débit d'air en ajoutant des ventilateurs électriques, en installant de meilleurs déflecteurs de ventilateur ou des ventilateurs plus larges avec plus de pales.

Les orifices de service

Les systèmes R12 et R134a utilisent des types d'orifices de service complètement différents afin d'empêcher une intercontamination entre les systèmes.

Dès que tu modifies un système R12, remplace les orifices de service. Des orifices de services spécialement conçus pour la conversion sont disponibles. Ils s'adaptent aux orifices R12 existants pour les convertir en orifices R134a. Un enduit pour filets empêche les orifices neufs de se desserrer lorsqu'il y a de la vibration (*voir la figure 6-15*).

Le déshydratant

De l'humidité peut s'infiltrer dans le système de climatisation au moment de sa fabrication ou de sa réparation. Les composants du climatiseur peuvent s'endommager facilement s'il y a de l'humidité dans le système. L'eau agit sur les surfaces en fer pour former de l'oxyde de fer ou de la rouille. L'eau change l'aluminium en hydroxyde d'aluminium. Ces deux formes de corrosion finissent par s'accumuler dans le système pour former une boue qui obstrue les soupapes et les passages dans les conduits.

L'humidité peut aussi former de l'acide lorsqu'elle se mélange avec du fluide frigorigène. Cet acide s'attaque aux composants du climatiseur, causant encore plus de dommages.

Tout système de climatisation contient un déshydratant. Un *déshydratant* est une substance qui permet d'éliminer l'humidité du système.

Le déshydratant ne garde que de petites quantités d'humidité. La quantité de déshydratant présente dans la plupart des systèmes, par exemple, absorbera seulement environ une cuillère à table d'eau. C'est la raison pour laquelle la plupart des fabricants recommandent que le dessiccateur soit remplacé si le système reste ouvert pendant une période prolongée. Le système peut devenir saturé en absorbant l'humidité de l'air. Voilà aussi pourquoi il est préférable de boucher les conduits de fluide frigorigène lorsque l'on enlève un composant pendant l'entretien du système. Cela empêchera l'humidité d'y entrer.

Il existe trois types de déshydratants :
- XH-5. Conçu pour les systèmes R12 exclusivement. Le déshydratant XH-5 ne fonctionnera pas dans un système qui utilise un autre type de fluide frigorigène.
- XH-7. Conçu pour les systèmes fonctionnant au R12 ou au R134a. Si le système utilise ce type de déshydratant, la modification ne posera pas de problèmes.
- XH-9. Conçu pour tous les systèmes. Il fonctionnera dans les systèmes qui utilisent les

Figure 6-15 Dès que tu modifies un système R12, remplace les orifices de service. Avant d'installer un raccord de conversion, il faut enlever la pièce intérieure de la soupape de service. *Qu'est-ce qui empêche les nouveaux orifices de service de se desserrer lorsqu'il y a de la vibration ?* (Terry Wild Studio)

fluides R12, R134a et même des mélanges de fluides frigorigènes contenant du R22.

La compatibilité de l'huile

L'huile minérale utilisée dans les systèmes R12 se mélange avec le fluide frigorigène et passe à travers le système en même temps que lui. L'huile fournit la lubrification nécessaire à toutes les pièces mobiles. Les huiles minérales ne se mélangent pas avec le R134a ou avec des huiles synthétiques. Plusieurs fabricants recommandent les huiles à base d'ester pour les modifications. Les huiles de type ester à base de polyol se mélangent avec des huiles minérales. Elles offrent une lubrification adéquate pour un système qu'on n'a pas entièrement purgé de son ancienne huile.

CONSEIL TECHNIQUE N'utilise pas de R22 Le fluide frigorigène R22 est très répandu dans les systèmes de climatisation résidentiels et industriels. Ne l'utilise pas dans les automobiles.

VÉRIFIE TES CONNAISSANCES

❶ Pourquoi le fluide R134a est-il difficile à garder dans le système ?

❷ Quel type de tuyau est nécessaire pour le R134a ?

❸ Quand on modifie un système, pourquoi faut-il installer un interrupteur de coupure d'embrayage haute pression ?

❹ À quoi sert le déshydratant dans le système ?

❺ Quelle est la façon la plus facile de déterminer ce qu'il faut remplacer pendant la modification ?

RÉVISION DU CHAPITRE 6

Notions importantes

Ces notions sont conformes aux normes du MFCUO et du TSSA pour le chauffage et la climatisation : récupération, recyclage et manipulation des fluides frigorigènes.

- On a remplacé le fluide frigorigène R12 par le fluide frigorigène R134a qui, lui, est sans danger pour la couche d'ozone.
- La loi exige de récupérer tout fluide frigorigène avec un équipement approuvé.
- Des étiquettes portant la mention ULC et SAE signifient qu'un équipement est approuvé pour la récupération et le recyclage.
- Le processus de récupération permet d'enlever le fluide frigorigène du système et de l'entreposer dans un contenant approuvé ou de le recycler.
- Il faut tester le fluide frigorigène pour déceler des gaz non condensables.
- Il faut étiqueter et entreposer le fluide frigorigène récupéré dans des récipients approuvés.
- Il faut suivre à la lettre les procédures d'évacuation et de recharge.
- Il est possible de modifier les anciens systèmes de climatisation pour qu'ils acceptent les nouveaux fluides frigorigènes.
- Tout système de climatisation contient un déshydratant qui enlève l'humidité du système.

Questions de révision

❶ Décris la réaction chimique que produisent les CFC dans la stratosphère et qui rend la récupération du fluide frigorigène nécessaire.

❷ Explique comment déterminer qu'un équipement de récupération et de recyclage a été approuvé.

❸ Quelle étape dois-tu effectuer avant de brancher ton équipement de récupération ?

❹ Explique la procédure nécessaire pour tester un gaz non condensable dans le fluide frigorigène récupéré.

❺ Comment peux-tu déterminer qu'un récipient d'entreposage a été approuvé pour le fluide frigorigène récupéré ?

❻ Comment peux-tu évacuer l'humidité et l'air d'un système ?

❼ Comment fais-tu la recharge d'un système ?

❽ **Pensée critique** Pourquoi est-il nécessaire de récupérer et de recycler les fluides frigorigènes du système de climatisation ?

❾ **Pensée critique** Explique la modification et ce qui se produit si les composants du climatiseur ne sont pas mis à niveau avant de passer à un fluide frigorigène de rechange.

PRÉVISIONS TECHNOLOGIQUES

POUR L'EXCELLENCE EN MATIÈRE D'AUTOMOBILE

Les techniciennes et les techniciens améliorent leurs techniques

Les techniciens aptes à réparer les systèmes de climatisation se divisent en deux groupes : les techniciens brevetés, qui peuvent ajouter du fluide frigorigène au besoin, et ceux qui font la réparation des composants.

L'inquiétude grandissante au sujet de l'environnement et de la sécurité au travail oblige à faire des changements dans les systèmes de chauffage et de climatisation. Des réglementations professionnelles sont à prévoir bientôt. Ces réglementations obligeront sans doute bientôt les techniciennes et les techniciens à suivre une formation poussée et spécifique.

Les techniciens devront améliorer leurs compétences en mathématiques pour peser adéquatement les récipients de fluide frigorigène à ajouter dans les systèmes de climatisation. Le personnel d'entretien devra savoir calculer la pression et la dépression dans les systèmes métrique et impérial, étalonner un équipement de climatisation élaboré.

La connaissance scientifique est aussi importante. Les responsables des centres de réparation s'attendent à ce que les techniciens comprennent l'aspect chimique des divers fluides frigorigènes utilisés dans les nouveaux et les anciens modèles. Cette connaissance sera particulièrement utile quand les techniciens utiliseront l'équipement électronique pour mesurer un fluide frigorigène particulier dans un véhicule en réparation. Cette information permet aux techniciens de récupérer adéquatement tout fluide frigorigène à recycler. Ils seront aussi en mesure de savoir quand les fluides frigorigènes n'ont pas été bien mélangés au cours de réparations antérieures et de prendre les dispositions nécessaires pour une mise au rebut sécuritaire.

EXCELLENCE AUTOMOBILE
TEST PRÉPARATOIRE

En répondant aux questions suivantes, tu pourras te préparer aux tests en vue d'obtenir la certification TSSA et MFCUO.

1. La technicienne A dit que tu peux utiliser n'importe quel appareil de récupération et de recyclage pour faire l'entretien des systèmes R12 et R134a. Le technicien B dit que tu peux utiliser un appareil de récupération et de recyclage pour récupérer le fluide frigorigène contaminé, en autant que tu changes les réservoirs d'entreposage. Qui a raison ?

   a La technicienne A.

   b Le technicien B.

   c Les deux ont raison.

   d Les deux ont tort.

2. Le technicien A dit que tu dois consulter l'étiquette du système pour connaître le type de fluide frigorigène avant de brancher un appareil de récupération et de recyclage. La technicienne B dit que tu devrais utiliser un appareil d'identification du fluide frigorigène. Qui a raison ?

   a Le technicien A.

   b La technicienne B.

   c Les deux ont raison.

   d Les deux ont tort.

3. En supposant que le système ne fuit pas, combien de temps le système doit-il maintenir une dépression après que tu as récupéré le fluide frigorigène et éteint la pompe à vide ?

   a 2 minutes.

   b 3 minutes.

   c 5 minutes.

   d 6 minutes.

4. Les réservoirs de fluide frigorigène pour le R134a ont un code de couleurs. Quelle est la couleur utilisée ?

   a Gris.

   b Blanc.

   c Vert.

   d Bleu.

5. Lequel, parmi ces déshydratants, est le meilleur pour modifier un système ?

   a X-H8.

   b X-H7.

   c X-H5.

   d Gel de silice.

6. Un système a été contaminé par des hydrocarbures. La technicienne A dit que tu peux récupérer le fluide frigorigène au moyen d'un équipement de récupération et de recyclage, en autant que tu l'entreposes dans un récipient gris au dessus jaune bien étiqueté. Le technicien B dit que tu devrais utiliser un appareil de récupération alimenté seulement en air comprimé. Qui a raison ?

   a La technicienne A.

   b Le technicien B

   c Les deux ont raison.

   d Les deux ont tort.

7. Le type d'huile à utiliser dans un système R134a est :

   a de l'huile minérale.

   b de l'huile polyalkylèneglycol.

   c de l'huile de castor.

   d de l'huile de pétrole.

8. Le technicien A dit que l'huile frigorigène synthétique se mélange avec de l'huile minérale. La technicienne B dit que les huiles minérales ne se mélangent pas avec du R134a. Qui a raison ?

   a Le technicien A.

   b La technicienne B.

   c Les deux ont raison.

   d Les deux ont tort.

9. On doit fixer les boyaux de R134a à un raccord ou à un conduit à l'aide :

   a d'un dispositif à plis de type bulles.

   b d'un dispositif à plis de type doigts.

   c de trois coupleurs de raccord cannelé.

   d des vis de serrage.

10. Un système est modifié pour accepter le R134a. La technicienne A dit que les systèmes sont munis d'un interrupteur de coupure haute pression. Le technicien B dit qu'on devra éventuellement remplacer le condenseur ou qu'il est nécessaire d'ajouter des ventilateurs. Qui a raison ?

    a La technicienne A.

    b Le technicien B.

    c Les deux ont raison.

    d Les deux ont tort.

CHAPITRE 7

La réparation des composants du système de climatisation

Tu seras en mesure :

- de décrire les quatre étapes de base de la réparation et du remplacement des composants du système de climatisation ;

- d'enlever et de remplacer les conduits de fluide frigorigène et leurs composants ;

- de déterminer quand un système a besoin d'être rincé ;

- d'enlever et de remplacer un condenseur ;

- d'enlever et de remplacer un évaporateur ;

- de réparer le compresseur et l'embrayage du compresseur.

Le vocabulaire :

Rinçage à circulation inversée

Diode d'embrayage

Déshydratant

Couplage de verrou à ressort

Piquetage

Le problème

M. Plouffe amène son véhicule à ton centre de service. Il dit que chaque fois qu'il met en marche le climatiseur, ce dernier fait un bruit de raclage. Le bruit cesse pendant un certain temps après qu'il a mis le climatiseur en marche, mais il recommence par la suite. Le bruit reprend et s'arrête lorsqu'il conduit, jusqu'à ce que le climatiseur soit éteint.

M. Plouffe affirme que ce bruit se fait aussi entendre lorsqu'il active le dégivreur. Il s'inquiète du fait qu'un élément est peut-être lâche ou que le problème pourrait s'aggraver s'il continue à utiliser le climatiseur.

Ton défi

À titre de technicienne ou de technicien, tu dois répondre aux questions suivantes :

❶ Le climatiseur fonctionne-t-il correctement ?

❷ L'alternateur, la pompe à eau et le volant de direction fonctionnent-ils correctement ?

❸ Des odeurs accompagnent-elles le bruit ?

La réparation du circuit de réfrigération

Avant de commencer à diagnostiquer ou à réparer un circuit de réfrigération, il est important d'avoir le plus d'informations possible sur la nature du problème. La technicienne ou le technicien devrait essayer de savoir si le système a déjà été réparé et ce qui a pu être effectué au cours de réparations antérieures. Plus la technicienne ou le technicien possédera d'informations, plus le diagnostic sera facile.

Une fois le diagnostic posé, tu dois suivre quatre étapes de base au cours de la réparation et du remplacement des composants du système de climatisation.

Pour réparer le circuit de réfrigération, tu dois :

1. Déterminer s'il est nécessaire de récupérer le fluide frigorigène. Le cas échéant, assure-toi de suivre les procédures appropriées de récupération et d'utiliser l'équipement adéquat.

2. Remplacer le composant et ajouter la quantité appropriée de fluide, ainsi que d'huile frigorigène, au besoin.

3. Évacuer l'air et l'humidité du système et le remplir de la bonne quantité de fluide frigorigène.

4. Vérifier le rendement du système après avoir terminé la réparation.

> **La sécurité d'abord**
>
> **La sécurité personnelle** Porte des lunettes et des vêtements de protection lorsque tu fais l'entretien et la réparation du système de réfrigération du climatiseur.

Les conduits et les soupapes

Les conduits de circulation du fluide frigorigène sont en métal et en caoutchouc (*voir la figure 7-1*). Un *conduit* peut être un tuyau ou un tube métallique, mais le plus souvent, il comporte les deux. Il est possible de fabriquer les conduits de rechange dans un centre de service ou de les faire confectionner par un fournisseur. Pour assurer le meilleur ajustement possible, beaucoup de techniciennes et de techniciens préfèrent utiliser l'équipement d'origine ou des composants fabriqués ou recommandés par le constructeur du véhicule.

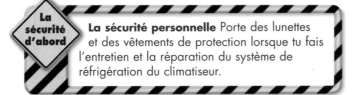

CONSEIL TECHNIQUE **Garder le bouchon**
La plupart des conduits de rechange sont vendus avec des bouchons aux deux extrémités pour empêcher que de l'humidité ou des débris ne s'infiltrent. Garde les bouchons en place jusqu'à ce que tu sois prête ou prêt à brancher le conduit.

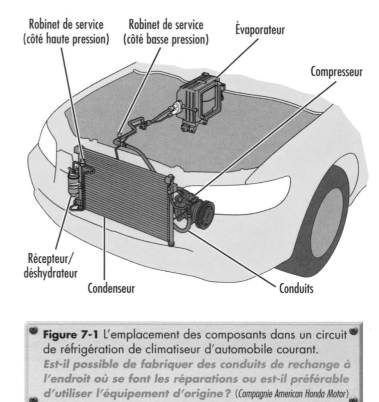

Figure 7-1 L'emplacement des composants dans un circuit de réfrigération de climatiseur d'automobile courant. *Est-il possible de fabriquer des conduits de rechange à l'endroit où se font les réparations ou est-il préférable d'utiliser l'équipement d'origine ?* (*Compagnie American Honda Motor*)

Pour remplacer un conduit de fluide frigorigène, tu dois d'abord récupérer le frigorigène en te servant de l'équipement approuvé. Sélectionne un conduit de rechange compatible avec le fluide frigorigène et les exigences en matière de pression du système.

La dépose du conduit de décharge

Le conduit de décharge connecte le compresseur à l'entrée du condenseur (*voir la figure 7-2*). Pour enlever, réinstaller ou remplacer le conduit de décharge, utilise des clés de dimensions appropriées.

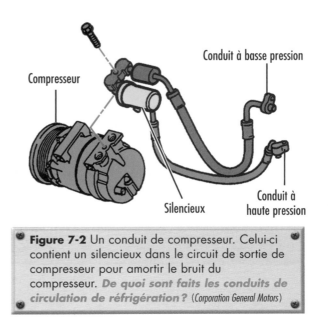

Figure 7-2 Un conduit de compresseur. Celui-ci contient un silencieux dans le circuit de sortie de compresseur pour amortir le bruit du compresseur. *De quoi sont faits les conduits de circulation de réfrigération ?* (*Corporation General Motors*)

EXCELLENCE COMMUNICATION AUTOMOBILE

Les outils spécialisés

Étant donné que les anciens modèles de véhicules étaient d'une conception assez simple, il était possible de les réparer et d'en faire l'entretien avec de simples outils comme des clés ou des tournevis. Cependant, l'utilisation de ces outils est bel et bien révolue.

De nos jours, le nombre d'outils à main nécessaires pour la réparation d'un véhicule est si important que l'on peut en remplir une armoire à tiroirs. Les tiroirs inférieurs contiennent des outils lourds, comme des leviers et des marteaux. Les tiroirs supérieurs logent des douilles, des tournevis et des clés plus petites. Ces armoires renferment aussi des outils spécialisés exigés par les fabricants pour réparer des composants spécifiques.

Les outils spécialisés sont ceux qui sont conçus pour aider les techniciennes et les techniciens à effectuer un travail spécialisé. La meilleure façon de déterminer quels outils spécialisés on devrait utiliser est de consulter le manuel d'entretien. Les outils sont souvent illustrés dans la rubrique qui leur est consacrée. On peut aussi y lire un avertissement qui indique que si on ne les utilise pas, le véhicule risque d'être endommagé pendant la réparation. Bien que ces outils soient parfois dispendieux, les techniciennes et les techniciens ont intérêt à se les procurer. Cela est particulièrement vrai si le technicien répare souvent le même modèle. Un outil spécialisé est alors plus que rentable.

À toi de jouer !

Conforme aux normes de l'EDU en communication pour l'organisation de l'information et l'utilisation des ressources du texte.

❶ Relis la rubrique traitant de l'entretien de l'embrayage de compresseur. Écris sur un morceau de papier «Entretien de l'embrayage de compresseur». Plie le papier en trois. Inscris en haut de la première colonne «Outil», en haut de la deuxième, «Fonction de l'outil» et en haut de la troisième, «Outil spécialisé du fabricant».

❷ Pendant ta lecture, prends note de tous les outils et de la façon de les utiliser. Inclus également les outils électroniques de diagnostic. Inscris dans chaque colonne les renseignements appropriés. Mets une étoile à côté des outils qui semblent être conçus pour une tâche précise.

❸ Réfère-toi au manuel du fabricant et lis la rubrique traitant de l'entretien du compresseur de climatiseur. Le manuel donne-t-il de l'information sur ces outils ou sur des outils semblables? Dans la troisième colonne, inscris les noms et les numéros des outils mentionnés.

❹ Ce que tu as trouvé te surprend-il? Explique ta réponse.

Pour débrancher le conduit de décharge, tu dois:

1. Utiliser la ou les clés conçues pour débrancher les deux conduits au compresseur.

2. Débrancher le conduit de décharge à l'entrée du condenseur.

3. Boucher le compresseur ouvert et les raccords du condenseur.

4. Desserrer et enlever les dispositifs de retenue des conduits.

5. Enlever le conduit du véhicule.

Enlève le conduit neuf de son emballage. N'enlève pas les bouchons de rechange tant que le conduit n'est pas prêt à être installé. Le conduit peut contenir un tube à gaz sous pression antibuée.

CONSEIL TECHNIQUE Le débranchement de conduit Sur les raccords, utilise des clés pour conduits appropriées. N'utilise pas de clés à extrémités ouvertes régulières. Certains couplages nécessitent deux clés. Sers-toi d'une clé pour les retenir et utilise la deuxième pour les desserrer.

Les joints Certains couplages de conduits sont étanchéisés à l'aide de joints mandrinés. Pour d'autres, on utilise des joints toriques. D'autres couplages de conduits sont étanchéisés à l'aide de raccords filetés et de brides de fixation.

Pour réparer une fuite à une connexion de joint torique, récupère le fluide frigorigène et démonte le joint pour remplacer le joint torique. Assure-toi de te procurer un joint torique de la bonne dimension et fait du bon matériau. Suis bien les recommandations du fabricant en remplaçant les joints toriques. Certains fabricants se servent de codes de couleur. Le rouge indique habituellement un joint torique captif qui est utilisé avec un raccord mâle à cannelure. Le bleu indique un joint torique non captif, utilisé avec un raccord mâle droit. Le jaune indique des joints toriques faits pour divers types d'interrupteurs de climatiseur.

Nettoie le joint à fond. Graisse légèrement le joint torique neuf avec de l'huile frigorigène neuve. Fais la connexion. Serre la connexion selon les recommandations du fabricant.

Certaines canalisations de fluide frigorigène ont des couplages à ressort (*voir la figure 7-3*). Un **couplage à ressort** est un raccord mâle contenant un ressort à jarretière qui s'encliquète et s'étanchéise lorsqu'il est inséré dans le raccord. Une fois assemblé, le ressort s'étend pour glisser sur la lèvre du raccord femelle. Cela permet de verrouiller le conduit. Le joint contient des joints toriques qui empêchent les fuites de fluide frigorigène.

Lorsque tu déconnectes un couplage à ressort, utilise un outil spécial conçu pour débrancher ce type de raccord.

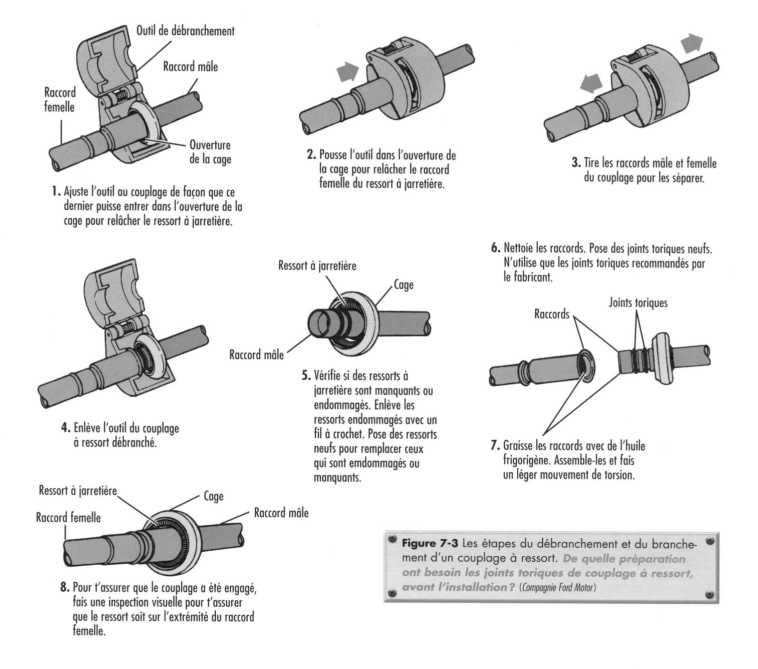

1. Ajuste l'outil au couplage de façon que ce dernier puisse entrer dans l'ouverture de la cage pour relâcher le ressort à jarretière.

2. Pousse l'outil dans l'ouverture de la cage pour relâcher le raccord femelle du ressort à jarretière.

3. Tire les raccords mâle et femelle du couplage pour les séparer.

4. Enlève l'outil du couplage à ressort débranché.

5. Vérifie si des ressorts à jarretière sont manquants ou endommagés. Enlève les ressorts endommagés avec un fil à crochet. Pose des ressorts neufs pour remplacer ceux qui sont emdommagés ou manquants.

6. Nettoie les raccords. Pose des joints toriques neufs. N'utilise que les joints toriques recommandés par le fabricant.

7. Graisse les raccords avec de l'huile frigorigène. Assemble-les et fais un léger mouvement de torsion.

8. Pour t'assurer que le couplage a été engagé, fais une inspection visuelle pour t'assurer que le ressort soit sur l'extrémité du raccord femelle.

Figure 7-3 Les étapes du débranchement et du branchement d'un couplage à ressort. *De quelle préparation ont besoin les joints toriques de couplage à ressort, avant l'installation ?* (Compagnie Ford Motor)

L'installation du conduit de décharge

Assure-toi que le modèle du nouveau conduit est identique à celui du conduit enlevé. Il est à noter que la longueur du tuyau doit laisser un jeu suffisant pour le mouvement du moteur.

Pour installer un conduit de décharge, tu dois:

1. S'il faut fixer le conduit de décharge à l'aide de joints toriques, les graisser avec l'huile frigorigène appropriée. Poser les brides de fixation pour qu'elles glissent librement sur le conduit.

2. Enlever les bouchons protecteurs.

3. Poser un raccord d'extrémité du conduit, et t'assurer que le joint et les joints toriques sont bien fixés.

4. Ajuster le raccord à la main jusqu'à ce qu'il soit fixé.

5. Ajouter de l'huile au besoin sur l'extrémité lâche du conduit. Poser cette extrémité du conduit à l'aide des joints appropriés.

6. Ajuster le raccord à la main.

7. Poser les brides de fixation et serrer au couple selon les recommandations du fabricant.

8. Serrer au couple les raccords de conduit selon les normes recommandées.

L'entretien du conduit de vapeur

Rappelle-toi que le circuit de réfrigération se divise en un côté haute pression et un côté basse pression. Les conduits de ces deux côtés peuvent contenir du fluide frigorigène sous forme de liquide ou de vapeur, selon leur emplacement dans le circuit. Bien que le conduit de vapeur du côté basse pression ne soit pas sujet à l'usure à cause d'une pression interne élevée, il peut s'user en raison d'une flexion causée par les réactions du couple moteur.

Pour remplacer le conduit de vapeur basse pression, tu dois:

1. Desserrer l'écrou qui retient le conduit de vapeur basse pression à l'accumulateur/déshydrateur, à la soupape de commande ou à la sortie d'évaporateur. Utilise deux clés, au besoin.

2. Boucher la sortie de l'accumulateur ou de l'évaporateur pour empêcher une contamination due à l'humidité.

3. Enlever les écrous ou les boulons qui fixent le conduit au compresseur. Utilise deux clés, au besoin.

4. Brancher l'entrée du compresseur.

5. Enlever les brides de fixation.

6. Enlever le conduit de vapeur basse pression.

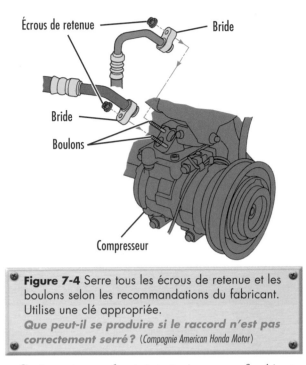

Figure 7-4 Serre tous les écrous de retenue et les boulons selon les recommandations du fabricant. Utilise une clé appropriée.

Que peut-il se produire si le raccord n'est pas correctement serré? (Compagnie American Honda Motor)

Graisse et pose les joints toriques neufs. Ajoute de l'huile au besoin. Assure-toi de faire un ajustement libre de toutes les pièces et conduits avant de les serrer. Serre ensuite au couple tous les raccords de plomberie selon les recommandations du fabricant (*voir la figure 7-4*).

L'entretien des conduits de liquide

Lorsque tu fais l'entretien des conduits de liquide, il peut s'avérer nécessaire de déplacer les éléments sous le capot qui nuisent à la dépose des conduits. Une fois ces éléments déplacés, tu peux enlever et remplacer les conduits.

Pour enlever et remplacer les conduits de liquide, tu dois:

1. Utiliser deux clés. Avec l'une de ces clés, retiens la connexion de l'évaporateur ou de la soupape de commande. Avec l'autre clé, desserre l'écrou du conduit. Enlève le conduit de l'évaporateur ou de la soupape de commande.

2. Boucher l'entrée de la soupape de commande ou de l'évaporateur.

3. Si le système est équipé d'un récepteur/déshydrateur, il y aura deux conduits de liquide sur le dispositif. S'il faut remplacer les deux conduits, débrancher les deux à partir du récepteur/déshydrateur.

4. Enlever le conduit des brides de retenue.

5. Au moyen de deux clés, desserrer l'écrou du conduit à partir de la sortie de condenseur. Enlever la connexion du conduit.

6. Boucher la sortie de condenseur pour garder l'humidité à l'extérieur.

Avant de poser le conduit, graisse et pose des joints toriques neufs. Ajoute de l'huile, au besoin. Assure-toi de faire un ajustement libre de toutes les pièces et conduits avant de serrer individuellement les connexions. Serre ensuite les raccords au couple selon les normes du fabricant.

L'entretien des clapets de valve

Habituellement, les clapets de valve de port de service se trouvent sur la partie supérieure de la tubulure de compresseur ou sur le conduit de liquide (côté haute pression) et le conduit de vapeur (côté basse pression). Si tu peux faire l'entretien du clapet de valve et que c'est nécessaire, remplace le clapet de valve.

Pour remplacer un clapet de valve de port, tu dois:

1. Enlever les bouchons de valve.

2. Récupérer le fluide frigorigène au moyen d'un appareil de récupération de frigorigène.

3. Enlever le clapet de valve à l'aide d'un outil de dépose. Assure-toi que de la saleté et des débris n'entrent pas dans l'ouverture du clapet.

4. Poser le clapet de valve de rechange. Lorsque tu places le clapet de valve neuf dans la tubulure ou le raccord, graisse le clapet avec une huile frigorigène propre.

CONSEIL TECHNIQUE Les recommandations pour le rinçage Certains constructeurs de véhicules automobiles ne recommandent pas le rinçage. Cependant, on trouve sur le marché des appareils pour le rinçage. Si tu en utilises un, assure-toi que les produits chimiques utilisés sont non polluants. Suis attentivement les recommandations du fabricant.

Le rinçage du circuit

Il est possible que les conduits et les composants dans le circuit de réfrigération soient bouchés. Les composants qui sont les plus susceptibles de se boucher sont l'évaporateur ou le condenseur. Les matériaux qui peuvent boucher le circuit sont:

• le caoutchouc à l'intérieur des tuyaux de réfrigération;

• des particules déshydratantes qui proviennent de trappes déchirées dans le récepteur/déshydrateur ou dans l'accumulateur/déshydrateur;

• des copeaux métalliques qui proviennent d'un compresseur endommagé;

• de la boue qui se forme quand l'humidité se mélange avec le fluide frigorigène et des particules de caoutchouc.

Rince le système avant de remplacer un condenseur ou un évaporateur contaminé. Il est possible que ce nettoyage, en plus de la pose d'un filtre neuf, élimine les problèmes du système. Branche l'équipement de

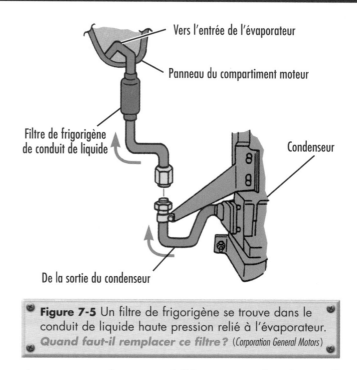

Figure 7-5 Un filtre de frigorigène se trouve dans le conduit de liquide haute pression relié à l'évaporateur. *Quand faut-il remplacer ce filtre?* (Corporation General Motors)

Vers l'entrée de l'évaporateur

Panneau du compartiment moteur

Filtre de frigorigène de conduit de liquide

Condenseur

De la sortie du condenseur

rinçage au condenseur ou à l'évaporateur. Le **rinçage à circulation inversée** est un procédé qui consiste à injecter une solution nettoyante dans les principaux composants du système, en sens inverse. Rince le système ou le composant à fond en suivant les directives.

Examine les débris et les résidus recueillis à la suite du rinçage. Si tu trouves des morceaux de caoutchouc, de métaux ou d'autres corps étrangers, tente de savoir d'où ils proviennent. Une plus grande détérioration peut entraîner d'autres problèmes d'obstruction si tu n'arrives pas à trouver la source du problème et que celui-ci n'est pas réglé. Il faut habituellement remplacer les soupapes de commande bouchées au lieu de les nettoyer et de les réutiliser.

Le changement du filtre

Le rinçage du système permet d'enlever des contaminants comme l'eau, la boue et les particules métalliques. Cependant, beaucoup de climatiseurs ont un filtre de frigorigène dans le conduit de liquide, entre le condenseur et l'évaporateur (*voir la figure 7-5*).

Le filtre contient un écran et un disque filtrant. Le filtre emprisonne et garde les contaminants. Remplace le filtre de frigorigène si les composants du système

CONSEIL TECHNIQUE Les conduits de fluide frigorigène Certains véhicules sont munis de tuyaux individuels et de conduits métalliques. Les plus récents modèles de véhicules utilisent une combinaison de conduits avec plusieurs composants assemblés, pour éliminer des points de fuite potentiels. Dans ces conduits, lorsqu'un dispositif doit être remplacé, c'est tout l'ensemble qu'il faut remplacer.

montrent des signes de contamination, si la soupape de commande ou le tube à orifice se bouche, ou si le compresseur tombe en panne ou grippe. Des filtres de rechange sont disponibles pour les systèmes qui n'ont pas de filtre d'origine. Suis les directives du fabricant pour installer le filtre.

Le remplacement du silencieux

Certains systèmes sont munis d'un silencieux pour amortir les bruits de pompage que fait le compresseur. Le silencieux se trouve habituellement dans le conduit de décharge, près du compresseur. Si le silencieux est indépendant du conduit de décharge, il est possible de le remplacer.

Pour remplacer le silencieux, tu dois :

1. Récupérer le fluide frigorigène. Cette étape n'est pas nécessaire si le fluide frigorigène a déjà coulé du système en raison d'une défaillance du silencieux ou du conduit du silencieux.

2. Débrancher le conduit de décharge du silencieux.

3. Boucher le conduit pour empêcher l'humidité de s'infiltrer.

4. Débrancher le silencieux du compresseur.

5. Boucher la sortie du compresseur.

6. Graisser les joints et les bagues d'étanchéité appropriés. Pose-les sur le silencieux neuf.

7. Déboucher la sortie du compresseur. Pose le conduit du silencieux sur la sortie du compresseur. Place les boulons et les écrous sans les serrer complètement.

8. Déboucher le conduit de décharge. Ajoute la quantité appropriée d'huile dans le système, au besoin. Pose le conduit de décharge sur la sortie du silencieux.

9. Serrer au couple tous les raccords de conduit ou les boulons selon les recommandations du fabricant.

VÉRIFIE TES CONNAISSANCES

❶ Pourquoi est-il préférable d'utiliser un équipement d'origine comme conduit de rechange ?

❷ Que signifient les diverses couleurs des joints toriques ?

❸ De quoi a-t-on besoin pour faire l'entretien des couplages à ressort ?

❹ Quelle méthode de nettoyage peux-tu utiliser, pour un système légèrement contaminé, avant de penser à remplacer le condenseur ou l'évaporateur ?

❺ À quoi sert le silencieux dans le circuit de réfrigération ?

Section 2

Le condenseur, l'évaporateur et les dispositifs de commande

L'état du fluide frigorigène change dans le condenseur et dans l'évaporateur. Dans le condenseur, la vapeur de fluide frigorigène passe à l'état liquide. Dans l'évaporateur, le fluide frigorigène liquide passe à l'état de vapeur.

Le circuit de réfrigération doit aussi être muni d'un dispositif pour commander la quantité de fluide frigorigène qui entre dans l'évaporateur. Il s'agit des soupapes de commande. Il en existe deux types, selon le système de réfrigération dont est équipé le véhicule.

L'entretien du condenseur

Le condenseur se trouve entre le radiateur et la calandre (*voir la figure 7-6*). Dans plusieurs véhicules, la technicienne ou le technicien peut nettoyer ou réparer le condenseur sans vidanger le système de refroidissement ou enlever le radiateur. Cependant, il peut parfois arriver qu'il faille enlever le condenseur du véhicule.

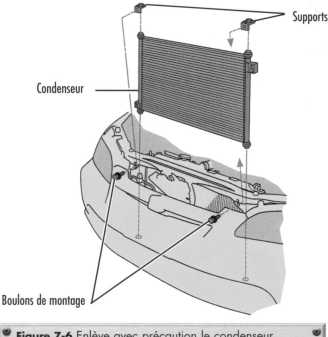

Supports

Condenseur

Boulons de montage

Figure 7-6 Enlève avec précaution le condenseur des supports de maintien. Prends garde de ne pas endommager les ailettes du condenseur ou du radiateur. *Quel changement subit le fluide frigorigène dans le condenseur ?* (Compagnie American Honda Motor)

Pour enlever le condenseur, tu dois :

1. Débrancher la borne de tension négative de la batterie concernée.

2. Récupérer le fluide frigorigène à l'aide d'un appareil de récupération de fluide.

3. Enlever la connexion de conduit de décharge de vapeur du condenseur. Boucher l'extrémité du conduit.

4. Enlever le conduit de liquide haute pression. Boucher le connecteur du conduit.

5. Enlever les pièces de la calandre.

6. Enlever le support supérieur de radiateur.

7. Au besoin, si un jeu est nécessaire, enlever les conduits de refroidisseur du refroidisseur d'huile à moteur ou du refroidisseur de liquide hydraulique.

8. Au besoin, vidanger le liquide de refroidissement, débrancher les boyaux de radiateur et enlever le radiateur. Dans certains véhicules, il suffit d'enlever le déflecteur de ventilateur. Il est ensuite possible de déplacer le radiateur pour laisser assez de jeu pour enlever le condenseur.

9. Enlever le condenseur.

L'entretien de l'évaporateur

Il peut s'avérer nécessaire d'enlever le climatiseur et le boîtier du radiateur de chauffage pour avoir accès à l'évaporateur. Cette procédure est souvent la même que celle utilisée pour remplacer le radiateur de chauffage.

Pour enlever l'évaporateur, tu dois :

1. Débrancher le câble de tension négative de la batterie.

2. Récupérer le fluide frigorigène.

3. Vérifier l'huile frigorigène pour déceler des débris ou d'autres contaminants. Si tu remarques de la contamination pendant l'entretien de l'évaporateur, rince le système et remplace le récepteur/déshydrateur

ou l'accumulateur/déshydrateur. Remplace le filtre s'il y en a un.

4. Débrancher les conduits de fluide frigorigène de l'évaporateur ou des soupapes de commande.

5. Débrancher tous les fils électriques du boîtier de l'évaporateur.

6. Boucher les conduits pour empêcher qu'il y ait contamination du système.

7. Si l'évaporateur et le radiateur de chauffage se trouvent au même endroit dans le boîtier, vidanger le système de refroidissement.

8. Au besoin, débrancher les boyaux de radiateur.

9. Enlever le boîtier du véhicule. La procédure varie selon le modèle du véhicule. Certains boîtiers s'enlèvent de la partie située sous le capot. D'autres s'enlèvent de l'arrière du tableau de bord. Reporte-toi aux procédures du constructeur du véhicule automobile pour obtenir plus de détails (*voir la figure 7-7*).

10. Vider le boîtier de l'eau qui s'y est accumulée.

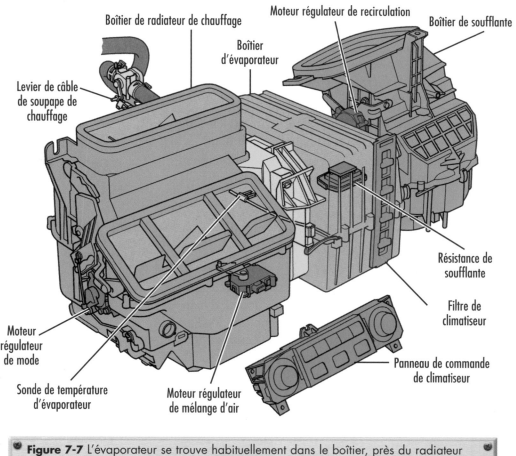

Figure 7-7 L'évaporateur se trouve habituellement dans le boîtier, près du radiateur de chauffage et du moteur de soufflante. *S'il est impossible d'enlever l'évaporateur de sous le capot, comment peut-on y accéder ?* (Compagnie American Honda Motor)

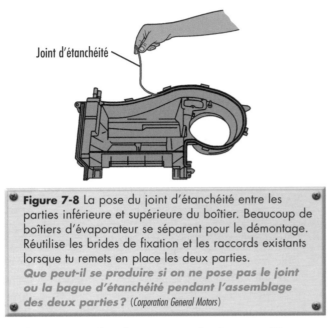

Joint d'étanchéité

Figure 7-8 La pose du joint d'étanchéité entre les parties inférieure et supérieure du boîtier. Beaucoup de boîtiers d'évaporateur se séparent pour le démontage. Réutilise les brides de fixation et les raccords existants lorsque tu remets en place les deux parties. *Que peut-il se produire si on ne pose pas le joint ou la bague d'étanchéité pendant l'assemblage des deux parties?* (Corporation General Motors)

Commence le démontage du boîtier. Plusieurs unités se séparent en deux. L'évaporateur est alors exposé, ainsi que le radiateur de chauffage et le moteur de soufflante. Un joint d'étanchéité s'ajuste entre les deux parties pour empêcher une fuite d'air, qui pourrait affecter les systèmes de chauffage et de refroidissement (*voir la figure 7-8*).

Le remplacement de l'évaporateur Déboulonne l'évaporateur du boîtier et enlève-le. Cela peut demander un démontage poussé du boîtier. Suis les directives du fabricant. Voici un exemple de marche à suivre.

Pour remplacer l'évaporateur, tu dois:

1. Enlever les filtres d'évaporateur et les attaches de fixation ou les boulons. Enlève l'évaporateur.

2. Vidanger l'huile d'évaporateur dans un récipient gradué pour calculer la quantité totale d'huile nécessaire à la recharge.

3. Poser des joints toriques neufs sur l'évaporateur neuf. Enduis les connexions de conduit d'huile frigorigène propre.

4. Poser l'évaporateur neuf.

5. Poser les joints d'étanchéité nécessaires et assembler le boîtier. Assure-toi que les joints d'étanchéité sont en bon état. S'ils ne le sont pas, de l'air peut contourner l'évaporateur et entrer dans l'habitacle sans avoir été refroidi (*voir la figure 7-9*).

6. Poser le boîtier d'évaporateur.

CONSEIL TECHNIQUE La protection du manocontacteur Si le système contient un manocontacteur de pression d'embrayage fixé près du tube à orifice, enlève le manocontacteur pour éviter de l'endommager.

7. T'assurer que le tuyau d'évacuation de condensation est ouvert.

8. Ajouter la quantité nécessaire d'huile frigorigène. Remplace la quantité perdue pendant l'entretien et ajoutes-en assez pour remplacer l'huile qui reste dans l'ancien évaporateur.

9. Poser et serrer les connexions de conduit de fluide frigorigène.

10. Rebrancher au besoin les tuyaux du radiateur de chauffage. Remplis le système de refroidissement.

L'entretien de la soupape de commande

Le système de réfrigération est muni d'un des deux types de soupapes de commande suivants: soupape à tube à orifice ou à détendeur thermostatique. Les deux ont la même utilité. Ils contrôlent le débit du fluide frigorigène dans l'évaporateur en fournissant une restriction dans le conduit de réfrigération entre le condensateur et l'évaporateur. Cette restriction se trouve là où le côté haute pression prend fin et où le côté basse pression commence.

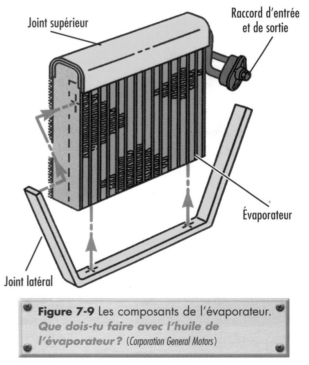

Joint supérieur

Raccord d'entrée et de sortie

Évaporateur

Joint latéral

Figure 7-9 Les composants de l'évaporateur. *Que dois-tu faire avec l'huile de l'évaporateur?* (Corporation General Motors)

Le remplacement du tube à orifice Un tube à orifice est un simple dispositif de commande. Il s'agit d'un tube qui contient un petit orifice de diamètre fixe.

Pour remplacer le tube à orifice, tu dois:

1. Nettoyer l'extérieur des raccords.

2. Débrancher le raccord du conduit de liquide à l'entrée de l'évaporateur au moyen de deux clés, au besoin.

3. Boucher le conduit haute pression.

CONSEIL TECHNIQUE **La localisation du tube à orifice** Sur les plus anciens modèles de véhicules, le tube à orifice se trouve habituellement à l'entrée de l'évaporateur. Sur les modèles plus récents, le tube à orifice peut se trouver n'importe où entre le condenseur et l'évaporateur. S'il survient des problèmes, suis les directives appropriées du manuel d'entretien du véhicule.

4. Utiliser un outil spécialisé ou une pince pour extraire le tube à orifice du tuyau d'entrée de l'évaporateur. Si le tube à orifice est coincé, applique de la chaleur en prenant des précautions. Utilise un pistolet thermique et place-le à environ 7 mm des crans d'arrêt, sur le tuyau d'entrée de l'évaporateur. Ne surchauffe par le tuyau.

5. Après avoir appliqué de la chaleur, saisir le tube à orifice avec l'outil spécialisé ou la pince. Fais un mouvement de rotation ainsi qu'un mouvement de traction pour desserrer le tube à orifice. Enlève le tube du tuyau. Note quelle extrémité du tube est en direction de l'évaporateur. Cela permettra l'installation du tube neuf dans le bon sens.

6. Ajouter de l'huile au système, au besoin.

7. Graisser le tube à orifice neuf et le joint torique.

8. Graisser le tube à orifice neuf. Assure-toi de l'installer dans le bon sens (*voir la figure 7-10*).

9. Rebrancher le conduit haute pression et serrer à la main la connexion du joint du conduit.

10. Serrer au couple le raccord en suivant les directives du fabricant et en te servant d'une clé pour tenir le raccord opposé.

Le remplacement du détendeur thermostatique
Contrairement au tube à orifice, le trou dans le détendeur est de dimension variable. Sa dimension est commandée par un bulbe thermostatique (*voir la figure 7-11*).

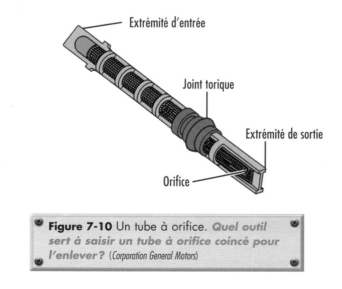

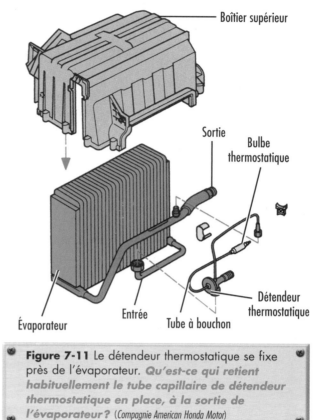

Figure 7-11 Le détendeur thermostatique se fixe près de l'évaporateur. *Qu'est-ce qui retient habituellement le tube capillaire de détendeur thermostatique en place, à la sortie de l'évaporateur ?* (*Compagnie American Honda Motor*)

Pour remplacer un détendeur thermostatique, tu dois :

1. Enlever les conduits d'entrée et de sortie du détendeur.

2. Boucher les extrémités ouvertes des conduits de fluide frigorigène.

3. Enlever les boulons qui retiennent le détendeur à l'évaporateur.

4. Enlever le détendeur.

5. Graisser et poser les joints toriques neufs sur le détendeur.

6. Ajouter de l'huile au système, au besoin.

7. Poser les boulons qui retiennent le détendeur sur l'évaporateur.

8. Au moyen d'une bride de fixation, fixer le capillaire de détente ou le bulbe thermostatique à la sortie de l'évaporateur, au besoin.

9. Isoler le capillaire ou le bulbe thermostatique avec une bande isolante spéciale ou un enduit d'étanchéité.

10. Enlever les bouchons des extrémités ouvertes des conduits de fluide frigorigène.

11. Brancher les conduits au détendeur.

12. Serrer à la main les conduits sur le détendeur.

13. Au moyen de deux clés, serrer au couple les raccords de conduit selon les recommandations du fabricant.

EXCELLENCE
SCIENCES
AUTOMOBILE

Le choix du boulonnage

Tu as sûrement déjà posé une pièce pour laquelle il t'a fallu remplacer le dispositif de fixation. Tu as alors peut-être fouillé dans ta boîte à outils pour trouver le dispositif approprié. En effet, tu peux parfois réussir à dénicher le bon boulon, mais tu dois savoir qui si tu te trompes et qu'il finit par se briser, tu risques d'avoir de sérieux problèmes.

Tous les boulons de qualité sont classés selon leur résistance à la traction. Ce classement est soit métrique, soit SAE *(Society of Automotive Engineers)*. La résistance à la traction des boulons métriques est indiquée par un chiffre sur la tête du boulon. La résistance peut varier de 4,6 (faible résistance) à 10,9 (très grande résistance). Il s'agit du degré de contrainte qu'un boulon peut subir sans briser. Les classes de résistance standards de la SAE sont 1, 2, 5, 6 et 8. Plus le chiffre est élevé, plus la résistance du boulon à la traction est grande.

La *résistance à la traction* est le degré de force de traction et d'extension que le dispositif de fixation peut supporter avant de se déformer ou de se briser.

Pour aider les techniciens, les classes de boulons standards sont habituellement indiquées par des repères sur la tête. On utilise des repères différents pour les boulons métriques.

Certains repères de classes se trouvent dans l'illustration ci-dessous. Plus la classe est élevée, plus grande est la force que le boulon peut supporter avant de se déformer ou de se briser. Les fabricants donnent habituellement les normes de couple pour des applications précises. Assure-toi de bien les suivre.

Rappelle-toi que le *couple* est une force appliquée dans un mouvement de rotation. Dès que tu serres un dispositif de fixation fileté, la clé applique le couple.

À toi de jouer !

Classer un boulon pour connaître sa résistance

Conforme aux normes de l'EDU en sciences pour l'explication de la criticité des métaux de différentes duretés et la démonstration du couple.

Matériel requis
- une clé dynamométrique muni d'un comparateur à cadran en NM ou pi-lb
- 3 boulons à tête hexagonale 10 mm × 25 mm de long (3/8 po de diamètre par 1 po) avec écrous et assez de rondelles plates

pour laisser assez de place pour fixer les clés. Un boulon devrait être de classe 4,6, 5,8, et 9,8 (1 ou 2 ; un de classe 5 ; et un de classe 8)
- une clé fermée
- des lunettes de protection

Faisons notre propre essai des boulons. Tu devras fabriquer une plaque en acier pour retenir le boulon dont tu fais l'essai. La plaque peut être en acier de 3 mm (1/8 po) percée d'un trou permettant d'insérer un boulon à tête hexagonale de 10 mm (3/8 po) de diamètre. Il faut que le bord de la plaque soit plat pour qu'on puisse le monter dans un étau.

❶ Mets le boulon à tester dans le trou de la plaque. Ajoute autant de rondelles qu'il est nécessaire pour laisser un jeu aux clés.

❷ Règle à zéro le comparateur à cadran sur la clé dynamométrique.

❸ Tiens l'écrou avec la clé fermée et place la clé dynamométrique sur la tête du boulon.

❹ Augmente graduellement la force sur la clé dynamométrique. Prends note du couple au moment où le boulon se brise.

❺ Remets à zéro le comparateur et reprends la procédure avec les autres boulons à tester.

Les résultats et l'analyse

❶ Quel dispositif de fixation se brise au couple le plus faible ? Quel dispositif se brise au couple le plus élevé ?

❷ Les valeurs obtenues pour les points de rupture seraient-elles les mêmes si tu répétais l'essai en te servant d'un deuxième boulon de la même classe ? Pourquoi ? Sinon, explique la différence.

❸ Devrais-tu remplacer un boulon de classe 5,8 (5 SAE) par un boulon de classe 9,8 (8 SAE) ? Explique ta réponse. Devrais-tu remplacer un boulon de classe 5,8 (5 SAE) par un boulon de classe 4,6 (2 SAE) ? Explique ta réponse.

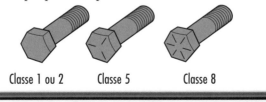

Classe 1 ou 2   Classe 5   Classe 8

Le contrôle de l'humidité

L'eau provenant de l'humidité peut geler et bloquer les soupapes de commande. Lorsque l'eau est combinée au fluide R12, un acide se forme. Pour enlever l'humidité du système, le circuit de réfrigération est muni d'un dispositif qui contient un déshydratant. Un **déshydratant** est une substance qui enlève ou emprisonne l'humidité. Le déshydratant est contenu dans des sacs situés dans le récepteur/déshydrateur ou l'accumulateur/déshydrateur. Dès que le système de réfrigération est ouvert pendant une période prolongée ou est contaminé, il faut remplacer le récepteur/déshydrateur ou l'accumulateur/déshydrateur. La quantité d'humidité qu'il absorbe dépend de l'humidité relative et de la durée de l'ouverture du système.

L'accumulateur/déshydrateur

L'accumulateur/déshydrateur est une zone de stockage du côté basse pression dans les systèmes de climatisation de type tube à orifice fixe. L'accumulateur/déshydrateur se trouve habituellement à la sortie de l'évaporateur. Le dispositif contient un sac de déshydratant et un orifice de mesure de niveau d'huile. Tu dois remplacer l'accumulateur/déshydrateur quand le système est chargé d'humidité ou contaminé. Si l'accumulateur/déshydrateur fuit, tu dois aussi le remplacer.

L'accumulateur/déshydrateur est un dispositif étanche. Il ne peut pas être remis à neuf. Le remplacement de l'accumulateur/déshydrateur se fait dans un ensemble (*voir la figure 7-12*). Bien qu'il y ait différents types d'accumulateurs/déshydrateurs, les méthodes de remplacement sont toujours les mêmes.

Pour remplacer l'accumulateur/déshydrateur, tu dois :

1. Récupérer le fluide frigorigène.
2. Enlever les conduits de l'ensemble accumulateur/déshydrateur.
3. Boucher les conduits du reste du système.
4. Débrancher les capteurs ou les intérupteurs d'accumulateur/déshydrateur.
5. Desserrer les boulons de l'accumulateur/déshydrateur du véhicule.
6. Enlever l'accumulateur/déshydrateur.
7. Purger l'huile de l'accumulateur/déshydrateur. Observe l'huile. Si elle semble contaminée, rince le système.

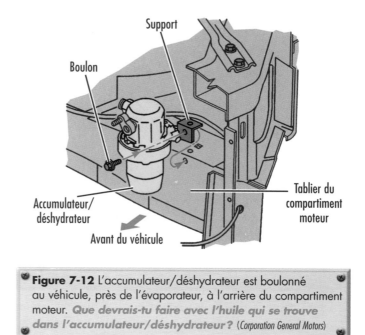

Figure 7-12 L'accumulateur/déshydrateur est boulonné au véhicule, près de l'évaporateur, à l'arrière du compartiment moteur. *Que devrais-tu faire avec l'huile qui se trouve dans l'accumulateur/déshydrateur ?* (*Corporation General Motors*)

8. Mesurer la quantité d'huile enlevée de l'accumulateur/déshydrateur. Cette quantité, plus la quantité d'huile perdue pendant la récupération, est celle qui est nécessaire à l'assemblage.
9. Transférer le capteur, l'interrupteur et les connexions à l'accumulateur/déshydrateur de rechange. Consulte les directives données pour connaître les recommandations de serrage. Si le contacteur comporte une base en plastique, pose-le en le serrant à la main.
10. Ajouter la quantité nécessaire d'huile frigorigène.
11. Mettre l'accumulateur/déshydrateur neuf en place.
12. Enduire les raccords de conduit d'huile frigorigène.
13. Brancher les conduits à l'accumulateur/déshydrateur.
14. Serrer les connexions de conduits selon les normes de couple recommandées.

Le récepteur/déshydrateur

Le récepteur/déshydrateur est un dispositif de stockage du fluide frigorigène haute pression que l'on trouve principalement dans un système muni d'un détendeur thermostatique. Il est situé habituellement entre la sortie du condenseur et l'entrée du détendeur thermostatique. Un sac de déshydratant placé dans le récepteur/déshydrateur emprisonne l'humidité. Tu dois remplacer le récepteur/déshydrateur quand se produisent les situations suivantes :

• une contamination ;
• une fuite du récepteur/déshydrateur ;
• une infiltration d'humidité ;
• une ouverture du système de réfrigération d'une durée assez longue.

CONSEIL TECHNIQUE **L'accumulateur déshydrateur** Certains accumulateurs/déshydrateurs sont intégrés au conduit de circuit basse pression. Quand tu les remplaces, tu dois donc aussi remplacer le conduit basse pression, puisqu'ils forment un ensemble.

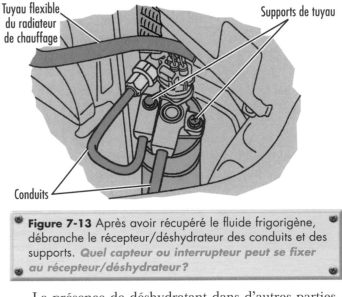

Tuyau flexible
du radiateur
de chauffage

Supports de tuyau

Conduits

Figure 7-13 Après avoir récupéré le fluide frigorigène, débranche le récepteur/déshydrateur des conduits et des supports. *Quel capteur ou interrupteur peut se fixer au récepteur/déshydrateur ?*

La présence de déshydratant dans d'autres parties du système de réfrigération, par exemple le filtre, peut indiquer la défaillance d'un sac de déshydratant. Vérifie les températures de fonctionnement des entrées et des sorties. Un écart important de température indique un blocage. Quand il fonctionne, le récepteur/déshydrateur doit être chaud au toucher. S'il est froid, cela peut signifier un blocage. Il est alors nécessaire de remplacer le récepteur/déshydrateur.

Pour remplacer le récepteur/déshydrateur, tu dois :

1. Récupérer le fluide frigorigène. Garde l'huile qui coule au cours de la procédure de récupération et mesures-en la quantité. Tu devras remplacer cette quantité d'huile.

2. Débrancher les conduits d'entrée et de sortie du composant (*voir la figure 7-13*).

3. Boucher les conduits.

4. Enlever l'ancien récepteur/déshydrateur.

5. Interchanger les interrupteurs et les capteurs de l'ancien récepteur/déshydrateur au nouveau dispositif. (Beaucoup de récepteurs/déshydrateurs sont munis d'un interrupteur ou d'un capteur basse pression.)

6. Vidanger l'huile de l'ancien récepteur/déshydrateur et mesurer la quantité.

7. Poser le dispositif neuf. Ajoute au système la même quantité d'huile qui a été perdue pendant la récupération et qui a été enlevée de l'ancien dispositif.

8. Poser et serrer les conduits selon les normes de couple recommandées. Consulte le manuel pour t'aider.

9. Rebrancher le câblage électrique, au besoin.

VÉRIFIE TES CONNAISSANCES

❶ De quoi dois-tu t'assurer lorsque tu installes un tube à orifice ?

❷ Que faut-il utiliser pour isoler un bulbe thermostatique de détendeur thermostatique ?

❸ Quels composants un déshydrateur contient-il habituellement ?

❹ Où se trouve habituellement l'accumulateur/déshydrateur dans le circuit de réfrigération ?

❺ Où se trouve habituellement un récepteur/déshydrateur dans le circuit de réfrigération ?

Section 3

Le compresseur et l'embrayage

Un compresseur de climatiseur est un dispositif entraîné par courroie. La courroie transmet la puissance de la poulie de vilebrequin à la poulie du compresseur. Pour empêcher le compresseur de fonctionner tout le temps, il faut désengager le système d'entraînement du véhicule par un embrayage électromagnétique.

L'embrayage du compresseur branche ou débranche le compresseur de la poulie du vilebrequin. Dans certains systèmes, l'embrayage sert à faire débrayer le compresseur au cours des périodes où la demande est intensive, par exemple lorsque le véhicule accélère ou

monte une côte. Dans d'autres systèmes, l'embrayage sert à mettre le compresseur en cycle pendant le fonctionnement normal du climatiseur.

En faisant l'inspection de l'embrayage, vérifie s'il y a un embrayage adéquat et un jeu de l'embrayage. Utilise un voltmètre numérique pour tester la tension, la résistance et l'appel de courant. Vérifie également les interrupteurs de protection.

L'inspection de l'embrayage

L'inspection de l'embrayage comprend une vérification de la courroie d'entraînement du compresseur et de la zone de frottement de l'embrayage. Fais tourner le moteur à un régime de 1500 tr/min avec la commande du climatiseur réglée à la position MAX pour vérifier l'entraînement du compresseur. Assure-toi que l'embrayage se fait et que l'axe d'entrée du compresseur tourne. Lorsqu'il y a embrayage, débranche et branche le conducteur électrique. Lorsqu'on applique une tension, l'embrayage s'active avec peu ou pas de glissement. L'embrayage doit aussi se déconnecter rapidement et sans à-coup lorsque tu coupes l'alimentation.

S'il y a un glissement de l'embrayage, tu dois :
• Vérifier la tension de l'embrayage à l'aide d'un multimètre à courant continu. Tu dois aussi utiliser le multimètre pour mesurer l'appel de courant de l'embrayage et la résistance de l'embrayage. Compare les relevés avec les recommandations du fabricant.
• Vérifier la présence d'une course inadéquate du disque d'embrayage. Assure-toi que le disque d'embrayage ne colle pas.
• Vérifier si l'embrayage est huileux. L'huile peut provenir d'un joint de compresseur défectueux.
• Vérifier si l'embrayage est usé. Un embrayage peut s'user prématurément si les pressions du système sont trop élevées.
• Vérifier si le compresseur est grippé. Le grippage peut se produire en raison d'un manque de lubrification ou à cause de la présence de corps étrangers.

Les interrupteurs d'embrayage et le circuit de câblage

Si le circuit électrique de l'embrayage ne fournit pas de tension à l'embrayage électromagnétique, vérifie les interrupteurs d'embrayage avec un multimètre numérique. Beaucoup de systèmes de climatisation sont munis d'interrupteurs de pression et de position du papillon. Il s'agit des interrupteurs de commande qui contrôlent l'embrayage.

Le manocontacteur est aussi un interrupteur de protection qui empêche le fonctionnement du compresseur quand d'autres systèmes tombent en panne. Si l'embrayage fonctionne lorsqu'il est directement alimenté en tension, mais ne fonctionne pas quand le système est en marche, vérifie les commandes électriques. Reporte-toi au schéma de câblage du fabricant qui montre les interrupteurs dans le circuit.

La bobine d'embrayage La bobine d'embrayage est un électro-aimant. Lorsque la bobine est alimentée, la poulie de compresseur active l'embrayage. Utilise un ohmmètre pour mesurer la résistance de la bobine (*voir la figure 7-14*). On doit mesurer la résistance en suivant les recommandations du fabricant. Si la résistance de la bobine n'est pas conforme aux recommandations du fabricant, remplace la bobine d'embrayage.

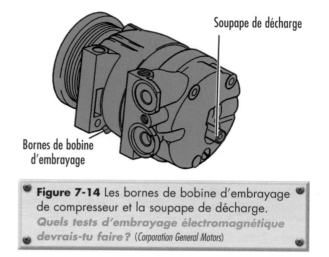

Figure 7-14 Les bornes de bobine d'embrayage de compresseur et la soupape de décharge. *Quels tests d'embrayage électromagnétique devrais-tu faire ?* (Corporation General Motors)

La diode d'embrayage La **diode d'embrayage,** aussi appelée diode de protection, est une soupape électrique qui empêche la bobine d'embrayage d'endommager des circuits électriques sensibles. Des dommages peuvent survenir lorsque le champ magnétique de la bobine se resserre alors que l'embrayage est désactivé. Le champ magnétique induit alors la tension dans une polarité inverse pour la ramener par le circuit électrique. Pour empêcher des dommages, la diode laisse le courant passer dans une seule direction, vers l'embrayage. Si la diode ne fonctionne pas, elle peut s'ouvrir et empêcher l'alimentation de l'embrayage. Dans certains systèmes, l'embrayage continuera à fonctionner, mais sans cette protection.

Vérifie la diode d'embrayage. Débranche la diode du circuit. Utilise un ohmmètre pour vérifier la résistance de la diode. La diode devrait avoir peu de résistance lorsqu'elle circule dans une direction, mais une résistance infinie dans l'autre direction.

L'entretien de l'embrayage du compresseur

Les surfaces de frottement de l'embrayage peuvent s'érafler pendant un fonctionnement normal. Si l'embrayage du compresseur glisse, il peut s'y former beaucoup de rayures. Lorsque tu enlèves un embrayage, vérifie s'il présente des fissures, des points chauds et des rayures profondes. Remplace-le s'il est endommagé. La marche à suivre habituelle pour l'entretien de l'embrayage est :
• la dépose et le remplacement de l'embrayage ;
• le remplacement de la bobine d'induction ;
• le remplacement du roulement.

Tu dois te munir des outils spécialisés et des extracteurs nécessaires. Souvent, ces outils sont spécifiques au type de compresseur sur lequel tu travailles. Ne pas utiliser les outils adéquats peut entraîner des dommages coûteux et importants.

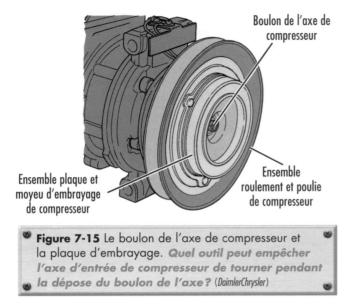

Boulon de l'axe de compresseur

Ensemble plaque et moyeu d'embrayage de compresseur

Ensemble roulement et poulie de compresseur

Figure 7-15 Le boulon de l'axe de compresseur et la plaque d'embrayage. *Quel outil peut empêcher l'axe d'entrée de compresseur de tourner pendant la dépose du boulon de l'axe?* (DaimlerChrysler)

La dépose de l'embrayage

Souvent, il n'est pas nécessaire d'enlever le compresseur du véhicule pour réparer l'embrayage. Vérifie les recommandations du fabricant. Certains embrayages s'enlèvent dans un ensemble, d'autres en deux morceaux. Les embrayages en deux morceaux sont munis d'un moyeu et d'une plaque, en plus d'un ensemble de poulie et de roulement.

Pour enlever l'embrayage du compresseur, tu dois:

1. Desserrer et enlever les courroies d'entraînement de la poulie de compresseur.

2. Enlever l'écrou ou le boulon de l'axe du compresseur (*voir la figure 7-15*). Utilise un outil de maintien ou une clé de serrage spéciale pour immobiliser le moyeu d'embrayage.

3. Pour certains types d'embrayage, tarauder légèrement le moyeu d'embrayage et la plaque avec un marteau en plastique et enlever les cales et la plaque d'embrayage. D'autres ensembles peuvent nécessiter un extracteur spécial.

4. Enlever l'anneau élastique et utiliser l'outil ou l'extracteur approprié pour enlever l'ensemble poulie d'embrayage et roulement (*voir la figure 7-16*).

5. Enlever la vis retenant le support de bobine et l'attache de masse au faisceau de câblage.

6. Enlever l'anneau élastique ou les vis qui retiennent la bobine d'induction au boîtier du compresseur.

7. Faire glisser la bobine d'induction du boîtier du compresseur.

Examine les surfaces de frottement de la plaque d'embrayage pour en vérifier l'usure. Remplace la poulie et la plaque si tu constates une usure excessive ou de nombreuses éraflures. Si la surface est enduite d'huile, vérifie la zone de l'axe du compresseur pour déterminer s'il y a une fuite du joint d'étanchéité.

CONSEIL TECHNIQUE La dépose de l'embrayage Suis les procédures recommandées par le fabricant et utilise les outils appropriés. Ne mets pas de tournevis entre la plaque d'embrayage et la poulie pour enlever la plaque.

Le remplacement du roulement

La plupart des roulements d'embrayage sont ajustés par serrage. Il faut en piqueter certains pour aider à les maintenir en place. Le **piquetage** est une technique qui consiste à donner de légers coups de marteau et de poinçon pour gonfler un métal autour de la circonférence du roulement. Ce gonflement aide à garder le roulement en place. On retient d'autres roulements à l'aide d'un anneau élastique.

Si le roulement de poulie d'embrayage est usé ou défectueux, tu dois le remplacer.

Pour remplacer le roulement de poulie d'embrayage, tu dois:

1. Enlever le moyeu d'embrayage et la plaque.

2. Enlever l'anneau élastique de la poulie d'embrayage.

3. Enlever la poulie et le roulement.

4. Utiliser un ciseau à bout rond pour enlever le matériau piqueté.

5. Pousser le roulement pour le sortir de la poulie.

6. Pousser le roulement neuf dans la poulie.

7. Utiliser l'outil approprié pour piqueter le métal autour du roulement à plusieurs endroits.

8. Appuyer sur l'ensemble poulie et roulement pour l'ajuster sur le compresseur.

9. Poser l'anneau élastique de la poulie.

10. Poser le moyeu d'embrayage et la plaque. Vérifie si l'entrefer est correct (*voir la figure 7-17*).

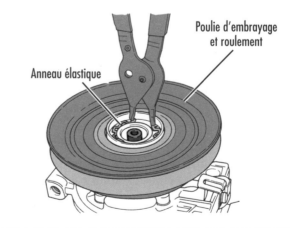

Poulie d'embrayage et roulement

Anneau élastique

Figure 7-16 Enlève l'anneau élastique. Assure-toi de mettre correctement en place le biseau de l'anneau élastique et les œillets au remontage. *Que peut-il se produire si on ne fixe pas l'anneau élastique correctement pendant le remontage?* (DaimlerChrysler)

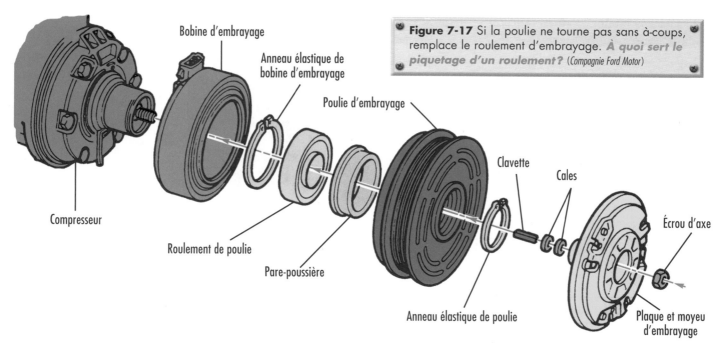

Compresseur

Bobine d'embrayage

Anneau élastique de
bobine d'embrayage

Poulie d'embrayage

Roulement de poulie

Pare-poussière

Clavette

Cales

Écrou d'axe

Anneau élastique de poulie

Plaque et moyeu
d'embrayage

> **Figure 7-17** Si la poulie ne tourne pas sans à-coups, remplace le roulement d'embrayage. *À quoi sert le piquetage d'un roulement?* (*Compagnie Ford Motor*)

Le remplacement de la bobine d'embrayage

Une bobine d'embrayage manque quand les bobinages s'ouvrent ou sont court-circuités, ou encore lorsque les connexions du faisceau de câblage sont défectueuses. Si les vérifications du multimètre montrent que la bobine est défectueuse, il faut la remplacer.

Pour remplacer la bobine d'embrayage, tu dois :

1. Enlever l'anneau élastique ou les vis qui fixent la bobine au compresseur.
2. Observer l'emplacement des fils de la bobine pour bien positionner la bobine neuve. Enlève l'ancienne bobine.
3. Aligner la broche à l'arrière de la nouvelle bobine d'induction neuve avec le trou de positionnement dans le compresseur.
4. Insérer la bobine.
5. T'assurer que les fils de la bobine sont correctement acheminés.
6. Attacher la diode et les fils de la bobine.
7. Poser l'anneau élastique qui retient la bobine (*voir la figure 7-18*). Assure-toi qu'il est correctement fixé dans sa rainure. Sinon, il peut se desserrer et causer une défaillance électrique et des dommages aux composants.

L'installation de l'embrayage

Prends garde de ne pas endommager la surface de frottement de l'embrayage pendant son installation. S'il s'avère nécessaire de tarauder l'embrayage pour le mettre en place, mets un bloc de bois sur la surface de frottement de l'embrayage.

Pour installer l'embrayage, tu dois :

1. Tarauder doucement pour installer la poulie, au besoin. Utilise une pince pour anneau élastique afin de poser l'anneau élastique, le cas échéant.
2. Utiliser l'ancien bloc de calage si les ensembles plaque avant et poulie d'origine sont installés. Si les pièces d'origine ne sont pas réutilisées, place un bloc de cales d'essai sur l'axe du compresseur contre l'épaulement (*voir la figure 7-19*). Dans certains cas, seules les cales sont nécessaires.

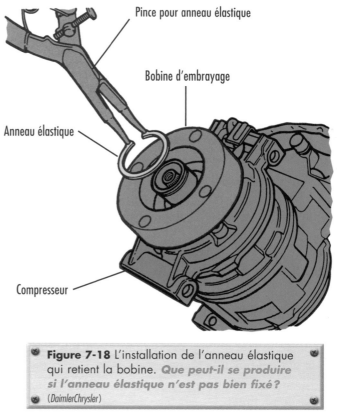

Pince pour anneau élastique

Bobine d'embrayage

Anneau élastique

Compresseur

> **Figure 7-18** L'installation de l'anneau élastique qui retient la bobine. *Que peut-il se produire si l'anneau élastique n'est pas bien fixé?* (*DaimlerChrysler*)

3. Poser la plaque avant et la serrer selon les normes de couple appropriées.

4. Utiliser des jauges d'épaisseur pour mesurer l'entrefer à au moins trois emplacements autour de la plaque.

5. Si l'entrefer est incorrect, enlever la plaque avant et régler les cales, au besoin.

Une fois l'embrayage installé, mets en cycle plusieurs fois l'embrayage et observes-en le fonctionnement. Règle le système à la position la plus froide. Fais tourner le moteur à un régime de 1 500 à 2 000 tr/min. Règle le ventilateur à la vitesse de soufflante la plus élevée. La mise en cycle de l'embrayage permet de fixer les surfaces de frottement d'embrayage opposées.

 **CONSEIL TECHNIQUE** **Un ajustement serré des plaques** Certaines plaques d'embrayage ne sont pas munies de cale, mais sont plutôt ajustées par serrage. La plaque avant s'ajuste avec un outil spécial jusqu'à ce que l'entrefer soit correct. Puis on serre l'écrou de l'axe selon les normes recommandées, au moyen d'une clé dynamométrique.

L'entretien du compresseur

Les importants travaux de réparation liés au compresseur demandent des méthodes et des outils spéciaux. Bien qu'une remise en état importante ne soit pas recommandée, à moins que les pièces nécessaires soient disponibles, il est possible d'effectuer certaines réparations mineures telles que :
- le remplacement d'un manocontacteur de sûreté ou d'une soupape de décharge ;
- le remplacement du joint d'étanchéité ;
- la réparation du support du compresseur ;
- la réparation de l'entraînement du compresseur.

Le remplacement du manocontacteur de sûreté ou de la soupape de décharge

Avant de remplacer un manocontacteur de sûreté ou une soupape de décharge, récupère le fluide frigorigène à l'aide de l'équipement de récupération approprié.

Pour remplacer un manocontacteur de sûreté ou une soupape de décharge, tu dois :

1. Enlever le manocontacteur ou la soupape de décharge du compresseur.

2. Poser un manocontacteur neuf ou une soupape neuve. Il faut le faire rapidement pour minimiser la perte d'huile de compresseur.

3. Ajouter de l'huile au système si on a perdu une partie de l'huile.

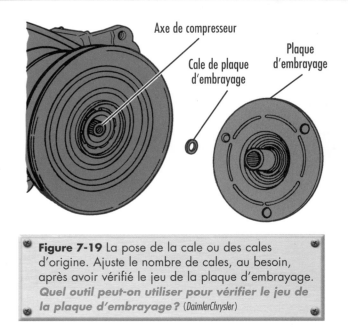

Axe de compresseur

Cale de plaque d'embrayage

Plaque d'embrayage

Figure 7-19 La pose de la cale ou des cales d'origine. Ajuste le nombre de cales, au besoin, après avoir vérifié le jeu de la plaque d'embrayage. *Quel outil peut-on utiliser pour vérifier le jeu de la plaque d'embrayage ?* (*DaimlerChrysler*)

En t'exerçant bien, tu devrais être en mesure de remplacer un manocontacteur ou une soupape sans causer de perte importante d'huile de compresseur.

Le remplacement du joint d'étanchéité

Lorsque l'axe de compresseur tourne, le joint de l'axe du compresseur avant retient l'huile frigorigène et le fluide frigorigène dans le circuit. Presque tous les joints fuient. Cela est nécessaire pour en garder la lubrification. Certains détecteurs de fuites très sensibles permettent de déceler les fuites légères de fluide frigorigène au joint. Les très petites fuites sont rarement assez graves pour nécessiter une réparation. Vérifie les recommandations du fabricant.

On peut remplacer le joint d'étanchéité de certains compresseurs sans les enlever du véhicule.

Pour enlever le joint d'étanchéité, tu dois :

1. Récupérer le fluide frigorigène du système.

2. Enlever le compresseur, au besoin.

3. Boucher l'entrée et la sortie du compresseur et des conduits.

4. Tenir le moyeu d'embrayage du compresseur à l'aide d'un outil approprié. Enlève l'écrou de l'axe.

5. Enlever le moyeu de plaque d'embrayage au moyen des outils appropriés.

 **CONSEIL TECHNIQUE** **L'installation de l'anneau élastique** Mets en place le côté biseauté de l'anneau élastique vers l'extérieur. Si l'anneau élastique est mal placé, une défaillance de l'embrayage et des dommages au compresseur peuvent se produire.

6. Enlever la clavette de position du moyeu d'embrayage de l'axe du compresseur.

7. Nettoyer la zone qui entoure le joint d'étanchéité.

8. Enlever le dispositif de retenue du joint d'étanchéité et l'anneau élastique.

9. Enlever le joint d'étanchéité en utilisant la méthode et les outils spécialisés recommandés (*voir la figure 7-20*). Si l'on se sert d'un joint torique, il faut l'enlever.

10. Nettoyer la zone d'étanchéité une fois le joint d'étanchéité enlevé.

11. Inspecter soigneusement l'axe et les surfaces de fixation du joint pour vérifier s'ils sont endommagés.

12. Utiliser de l'huile frigorigène pour nettoyer la zone entourant le siège du joint d'étanchéité.

Certains compresseurs sont munis d'un joint d'étanchéité en deux morceaux. Avant de les installer, examine toutes les pièces neuves pour vérifier si elles sont contaminées. Enduis toutes les pièces d'huile frigorigène.

Pour installer le joint d'étanchéité, tu dois :

1. Enduire d'huile frigorigène le joint torique, si le compresseur en est pourvu. Pose le joint torique

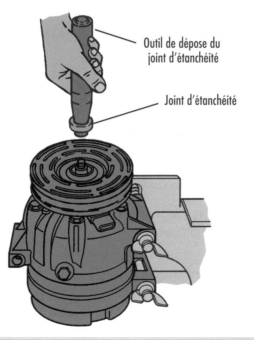

Figure 7-20 Dépose et installe de nouveau le joint d'étanchéité au moyen de l'outil approprié. *Que dois-tu utiliser pour graisser le joint d'étanchéité avant de l'installer ?* (Corporation General Motors)

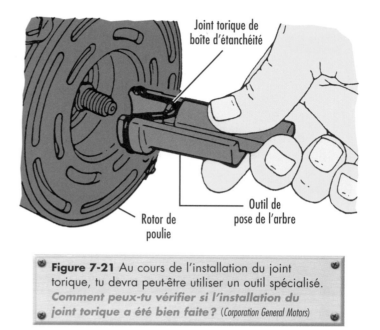

Figure 7-21 Au cours de l'installation du joint torique, tu devra peut-être utiliser un outil spécialisé. *Comment peux-tu vérifier si l'installation du joint torique a été bien faite ?* (Corporation General Motors)

dans la rainure près de l'emplacement du joint d'étanchéité. Pour certains compresseurs, tu auras besoin d'un outil spécialisé pour poser le joint torique (*voir la figure 7-21*).

2. Fixer le joint d'étanchéité à l'outil.

3. Poser le joint d'étanchéité en te servant d'un manchon de protection sur les filets de l'axe, au besoin.

4. Utiliser la méthode appropriée pour fixer le joint d'étanchéité en place.

5. Enlever l'outil et le manchon de protection.

6. Poser le dispositif de retenue de joint, les anneaux élastiques, les couvre-joints, les rondelles feutres, les bagues d'étanchéité et les autres éléments que tu as enlevés. Assure-toi que les anneaux élastiques sont bien en place.

Une fois le joint d'étanchéité remplacé, tourne plusieurs fois l'embrayage et l'axe du compresseur à la main pour t'assurer que le joint d'étanchéité est solidement fixé. Il est aussi possible qu'il y ait eu une perte d'huile frigorigène du compresseur pendant le remplacement du joint d'étanchéité. Mesure la quantité perdue. Remplace l'huile perdue. Après avoir chargé le système, fais fonctionner le compresseur pendant 10 à 15 minutes pour permettre au joint d'étanchéité de bien prendre sa place. Vérifie le joint à l'aide d'un détecteur de fuite de fluide frigorigène.

La compensation de l'écart

On apporte un véhicule qui a des problèmes de climatisation à ton centre de service. Tu l'inspectes et poses des questions à la propriétaire. Le diagnostic indique qu'il faut remplacer l'embrayage du compresseur. Une fois les réparations faites, tu vérifies le jeu de la plaque d'embrayage. Le relevé initial indique 0,30 mm. Une vérification des caractéristiques techniques du véhicule indique que la gamme de jeu correcte devrait être de 0,50 mm plus ou moins 0,15 mm (0,50 ± 0,15 mm).

À toi de jouer !

Conforme aux normes de l'EDU en mathématiques pour la soustraction des décimales, la conformité aux normes à l'aide d'instruments de mesure métrique et la résolution de problèmes au moyen des nombres décimaux.

La première chose à faire est de déterminer si ton relevé initial est conforme à la tolérance établie. Étant donné que le relevé de 0,30 mm est inférieur à la norme de 0,50 mm, soustrais la tolérance de l'objectif, ou 0,15 mm de 0,50 mm.

$$\begin{array}{r} 0,50 \\ -\ 0,15 \\ \hline \end{array}$$

Quand tu ajoutes ou soustrais des nombres décimaux, souviens-toi d'aligner les décimales et de placer correctement chaque valeur. Il peut s'avérer pratique d'ajouter un zéro pour remplir un espace vide.

$$\begin{array}{r} 0,50 \\ -\ 0,15 \\ \hline \end{array}$$

Ajoute ou soustrais toujours les chiffres de droite à gauche lorsque tu additionnes ou soustrais des décimales.

$$\begin{array}{r} 0,50 \\ -\ 0,15 \\ \hline 0,35 \end{array}$$

Par conséquent, 0,35 mm est la tolérance la plus basse. Ainsi, tu dois ajouter au moins une cale. Les cales sont disponibles par épaisseur de 0,2 mm, 0,3 mm ou 0,5 mm. Si tu ajoutes une cale de 0,2 mm à un espace de 0,3 mm, l'espace sera de 0,5 mm. Si tu n'as à ta disposition qu'une ancienne jauge d'épaisseur, convertis les millimètres en millièmes de pouce. Rappelle-toi que 10 mm = 1 cm et que 1 po = 2,54 cm.

$$0,5 \text{ mm} \times \frac{1 \text{ cm}}{10 \text{ mm}} \times \frac{1 \text{ po}}{2,54 \text{ cm}} = 0,020 \text{ po}$$

Les résultats et l'analyse

❶ Suppose que l'on donne les caractéristiques techniques du véhicule dans le système impérial, 0,020 po plus ou moins 0,006 po (0,020 po ± 0,006 po), et que le jeu initial mesuré est de 0,012 po. Ce jeu est-il conforme à la tolérance ?

❷ Si des cales sont disponibles en dimensions de 0,008 po, 0,014 po et 0,020 po, combien de cales devrais-tu utiliser et quelles seraient leurs dimensions pour que le jeu soit conforme aux normes ?

L'entretien du support du compresseur

Vérifie les supports du compresseur. En raison de la demande de couple de serrage du compresseur, tu dois fixer et serrer solidement les supports. Vérifie les supports de fixation pour déceler des fissures et voir s'ils sont pliés. Remplace les supports endommagés ou défectueux (*voir la figure 7-22*). Assure-toi que tous les boulons et écrous sont en bon état. Tous les boulons et écrous doivent avoir des rondelles de freins adéquates. Serre-les au couple, en suivant les recommandations du fabricant.

L'entretien de l'entraînement du compresseur

Dans un véhicule, le compresseur est habituellement entraîné par courroie. Il existe deux types de courroies : la courroie trapézoïdale et la courroie en serpentin. Un système à courroie trapézoïdale est souvent pourvue de deux boulons, en raison des exigences élevées du compresseur en matière de couple. Même si une seule courroie trapézoïdale est endommagée, remplace les deux, étant donné qu'elles composent un ensemble.

Le remplacement des poulies libres ou de tendeur Si une poulie est endommagée, elle oscille ou tourne difficilement. Remplace la poulie et, au besoin, son support. Il est souvent possible de remplacer un roulement de poulie en appuyant sur celui-ci à partir du moyeu de poulie. En cas de doute, consulte les directives du fabricant.

Le remplacement des courroies Pose les courroies de façon lâche sur les poulies d'entraînement. Après avoir vérifié que les courroies sont bien en place dans les rainures de poulie de la courroie trapézoïdale ou en serpentin, serre la courroie selon les méthodes qu'indique le fabricant. Utilise une jauge de tension de courroie pour vérifier ou régler la courroie.

Si le véhicule n'est pas équipé d'un dispositif de réglage automatique, soumets la courroie à une charge pour la fixer en place dans les poulies. Ensuite, vérifie de nouveau la tension. Fais les ajustements nécessaires.

L'essai du rendement

Vérifie le fonctionnement du climatiseur lorsque les réparations sont terminées. Suis les directives du fabricant. Mets un ventilateur à l'avant du véhicule pour assurer un débit d'air adéquat pour le condenseur et le radiateur. Branche un tachymètre sur le moteur, s'il n'y en a pas déjà un sur le tableau de bord.

L'essai de rendement comporte :
* la prise de la température de l'air ambiant ;
* la prise de la température de ventilation ;
* la prise des pressions de fonctionnement du système de climatisation.

Pour vérifier le rendement du climatiseur, tu dois :

1. Mettre un thermomètre dans une sortie du tableau de bord. Place aussi un thermomètre à l'extérieur du véhicule. Branche les manomètres de pression d'admission au système, afin de mesurer les pressions des côtés haute pression et basse pression.
2. Démarrer le moteur. Fais-le chauffer. Assure-toi que la température de l'atelier est de 21 °C (70 °F) ou plus. Règle ensuite la commande de mode pour un fonctionnement du climatiseur à la position

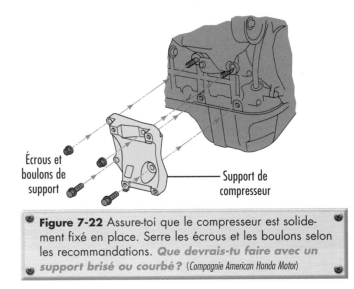

Écrous et boulons de support

Support de compresseur

Figure 7-22 Assure-toi que le compresseur est solidement fixé en place. Serre les écrous et les boulons selon les recommandations. *Que devrais-tu faire avec un support brisé ou courbé ?* (Compagnie American Honda Motor)

MAX. Règle la commande de température à la position la plus froide possible. Règle aussi la vitesse de soufflante au niveau élevé.

3. Augmenter le régime du moteur jusqu'à 1 500 tr/min. Dans les systèmes munis de tube à orifice à régulation d'embrayage, l'embrayage du compresseur s'active et se désactive. Lorsqu'il y a débrayage, la pression du côté bas doit augmenter alors que la pression du côté haut diminue.

4. Après 5 minutes, lire le thermomètre à la sortie du tableau de bord alors que le compresseur est embrayé. Compare la température avec celle du tableau fourni dans le manuel d'entretien du véhicule.

Les véhicules munis d'un système de diagnostic embarqué peuvent afficher des codes d'anomalie et des données obtenues par balayage. Un code d'anomalie définit le problème et t'incite à examiner le tableau de diagnostic du manuel. Vérifie l'information donnée par le fabricant pour connaître les méthodes de lecture et l'interprétation des codes.

CONSEIL TECHNIQUE **Rappelle-toi !** La pression des systèmes varie selon la température et l'humidité de l'air ambiant. Une pression peut être élevée les jours chauds et humides, et légèrement plus basse les jours plus frais.

VÉRIFIE TES CONNAISSANCES

❶ Quels essais électriques fait-on à l'embrayage du compresseur ?

❷ Quels outils peux-tu utiliser pour tenir l'axe du compresseur à la dépose de l'embrayage ou de la plaque d'embrayage ?

❸ Que peux-tu utiliser pour vérifier le jeu de l'embrayage ?

❹ Que peux-tu utiliser pour régler ou tester l'étanchéité de la courroie du compresseur ?

❺ Une fois les réparations du climatiseur terminées, combien de temps faut-il attendre avant de prendre des relevés d'essai de rendement ?

RÉVISION DU CHAPITRE 7

Notions importantes

Conforme aux normes du MFCUO pour le chauffage et la climatisation : dépose et inspection des silencieux, des tuyaux, des conduits, des raccords, des joints toriques, des joints d'étanchéité, des robinets de service, du compresseur, de l'embrayage du compresseur, des supports du compresseur, de la vanne de détente et du tube à orifice, du réservoir/déshydrateur et de l'accumulateur/déshydrateur.

- Il existe quatre étapes de base pour l'entretien, la réparation ou le remplacement des composants du climatiseur.
- Les conduits de circulation de réfrigérant sont fabriqués en tubes métalliques et en tuyaux de caoutchouc remplaçables.
- Il existe deux types principaux de soupapes de commande de pression dans le circuit de réfrigération.
- Il est possible de rincer un système si le circuit se bouche.
- Dans le cas de certains systèmes, il est possible de remplacer le silencieux dans un bloc.
- Le condenseur et l'évaporateur sont deux pièces importantes du circuit de réfrigération qu'il est possible de réparer ou d'enlever.
- L'inspection et la réparation du compresseur et de l'embrayage sont réalisables.
- Il faut effectuer une vérification du rendement du système après sa réparation.

Questions de révision

❶ Quelles sont les quatre étapes de base pour l'entretien, la réparation ou le remplacement des composants du système de climatisation ?

❷ Lorsque tu enlèves et remplaces les conduits, comment peux-tu choisir les bons joints toriques ?

❸ Comment une technicienne ou un technicien peut-il savoir qu'il est nécessaire de rincer le système ?

❹ Lorsque tu enlèves le condenseur, que dois-tu faire avec le conduit de décharge de vapeur ?

❺ Que faut-il faire si l'huile frigorigène s'avère contaminée ?

❻ Que faut-il vérifier au cours de la réparation de l'embrayage du compresseur ?

❼ Dans un essai de rendement du système, quelles sont les procédures à suivre ?

❽ **Pensée critique** Que peut-il arriver si l'on ne remplace pas l'accumulateur/déshydrateur ou le réservoir/déshydrateur dans un système ouvert, pendant une période prolongée ?

❾ **Pensée critique** Pourquoi faut-il prendre en considération tous les composants du système de climatisation pendant la réparation d'un composant ?

PRÉVISIONS TECHNOLOGIQUES

POUR L'EXCELLENCE EN MATIÈRE D'AUTOMOBILE

Les capteurs dans les diagnostics du climatiseur

Le diagnostic des problèmes dans les systèmes de climatisation des automobiles sera sans doute beaucoup plus facile un jour. Les constructeurs de véhicules automobiles ajoutent plus de capteurs au système et espèrent ainsi automatiser le processus de diagnostic.

Les automobiles et les camions haut de gamme sont présentement munis de deux capteurs. Ces capteurs aident l'ordinateur de bord à réguler le fonctionnement du climatiseur. Un dispositif se trouve du côté basse pression du système, alors que l'autre est situé du côté haute pression.

Les ingénieurs croient que ces nouveaux capteurs permettront à l'ordinateur de fournir une information qui sera plus utile pour les techniciens. Lorsqu'un problème se produit, l'ordinateur peut déterminer des zones précises ou des composants qui doivent être réparés. Grâce aux capteurs, le travail de recherche des techniciens ne sera pas aussi intense.

Ces nouveaux capteurs permettront à l'ordinateur de diagnostiquer les défaillances des composants que l'on ne peut vérifier immédiatement. Par exemple, lorsque l'ordinateur envoie une commande qui demande d'activer le moteur de soufflante, il suppose que le dispositif fonctionne. Les données qui proviennent des autres capteurs vont confirmer le diagnostic à l'ordinateur.

Cette nouvelle technologie peut même servir à éviter des problèmes. Par exemple, lorsqu'il y a une accumulation de moisissure, le capteur peut indiquer au ventilateur d'enlever l'humidité non désirée.

EXCELLENCE AUTOMOBILE
TEST PRÉPARATOIRE

En répondant aux questions suivantes, tu pourras te préparer aux tests en vue d'obtenir la certification du MFCUO.

1. La technicienne A dit que le conduit de décharge relie le compresseur à l'embrayage du compresseur. Le technicien B dit que le conduit de décharge contient toujours un silencieux qui fait partie du conduit. Qui a raison ?
   - **a** La technicienne A.
   - **b** Le technicien B.
   - **c** Les deux ont raison.
   - **d** Les deux ont tort.

2. Le technicien A dit que les conduits de climatiseur peuvent être pourvus de joints toriques captifs. La technicienne B dit que les joints toriques sont colorés. Qui a raison ?
   - **a** Le technicien A.
   - **b** La technicienne B.
   - **c** Les deux ont raison.
   - **d** Les deux ont tort.

3. La technicienne A dit qu'il faut garder les bouchons sur les extrémités du conduit de rechange en place, jusqu'à ce que les conduits soient installés, pour que le gaz reste dans les conduits. Le technicien B dit qu'il faut garder en place les bouchons pour garder l'humidité à l'extérieur. Qui a raison ?
   - **a** La technicienne A.
   - **b** Le technicien B.
   - **c** Les deux ont raison.
   - **d** Les deux ont tort.

4. Le technicien A dit qu'il faut enlever le tube à orifice avec une pince à bec effilé. La technicienne B dit qu'il est possible de changer le diamètre d'ouverture du tube à orifice. Qui a raison ?
   - **a** Le technicien A.
   - **b** La technicienne B.
   - **c** Les deux ont raison.
   - **d** Les deux ont tort.

5. La technicienne A dit qu'il est normal qu'il y ait de l'huile sur le raccord du côté haute pression du détendeur thermostatique. Le technicien B dit qu'il est normal qu'il y ait de l'huile sur un joint d'étanchéité de compresseur. Qui a raison ?
   - **a** La technicienne A.
   - **b** Le technicien B.
   - **c** Les deux ont raison.
   - **d** Les deux ont tort.

6. Le technicien A dit qu'un accumulateur/ déshydrateur peut contenir un déshydratant à l'intérieur et un manocontacteur à l'extérieur. La technicienne B dit qu'un accumulateur/déshy- drateur peut contenir une charge d'huile. Qui a raison ?
   - **a** Le technicien A.
   - **b** La technicienne B.
   - **c** Les deux ont raison.
   - **d** Les deux ont tort.

7. La technicienne A dit qu'un mauvais rendement du compresseur peut être dû à une courroie qui glisse. Le technicien B dit qu'un glissement de l'embrayage peut en être la cause. Qui a raison ?
   - **a** La technicienne A.
   - **b** Le technicien B.
   - **c** Les deux ont raison.
   - **d** Les deux ont tort.

8. Le technicien A dit qu'il faut utiliser un tuyau de climatiseur approuvé pour le côté basse pression. La technicienne B dit qu'on peut fabriquer les conduits de climatiseur en atelier. Qui a raison ?
   - **a** Le technicien A.
   - **b** La technicienne B.
   - **c** Les deux ont raison.
   - **d** Les deux ont tort.

9. Quels autres composants peut-on trouver dans le boîtier de l'évaporateur ?
   - **a** Un moteur de soufflante.
   - **b** Un volet de mélange d'air.
   - **c** Un radiateur de chauffage.
   - **d** N'importe lequel de ces composants.

10. La technicienne A dit qu'il est toujours possible d'enlever le boîtier d'évaporateur de sous le capot. Le technicien B dit qu'il peut s'avérer nécessaire de l'enlever de l'arrière du tableau de bord. Qui a raison ?
    - **a** La technicienne A.
    - **b** Le technicien B.
    - **c** Les deux ont raison.
    - **d** Les deux ont tort.

Diagnostic et réparation des systèmes de commande

Tu seras en mesure :

- ⊗ d'expliquer l'utilité du système de commande ;
- ⊗ de décrire le fonctionnement approprié des actionneurs et des volets de commande du débit d'air ;
- ⊗ d'expliquer la différence entre les deux principaux systèmes de commande ;
- ⊗ d'effectuer les essais de fonctionnement du système de climatisation ;
- ⊗ de diagnostiquer les défaillances du circuit de moteur de soufflante ;
- ⊗ de diagnostiquer les pannes du système de dépression.

Le vocabulaire :

Aspirateur

Module d'alimentation du moteur de soufflante

Ensemble de résistances de souffrante

Essai de fonctionnement

Thermistance (CTN)

Plénum

Capteur d'ensoleillement

Thermistance

Le problème

Le climatiseur du véhicule de M. Louis se comporte bien dans des conditions normales de fonctionnement. L'air est assez froid et il semble sortir des bons conduits, au moment adéquat.

Mais lorsqu'il roule le long de la colline de la rue des Pivoines, chaque jour lorsqu'il va travailler, l'air arrête de souffler à mi-chemin sur la colline.

Lors d'un essai routier au cours duquel tu reproduis les mêmes conditions, tu réalises que l'air est réacheminé aux sorties du dégivreur. Ton inspection visuelle ne révèle aucun problème.

Ton défi

À titre de technicienne ou de technicien, tu dois répondre aux questions suivantes :

❶ Comment le système de chauffage et de climatisation commande-t-il le débit de l'air vers les conduits ?

❷ Comment la charge du moteur peut-elle affecter le fonctionnement du système ?

❸ Quels essais devrais-tu effectuer pour trouver la cause du problème ?

Les systèmes de commande

Lorsqu'un système de chauffage et de climatisation ne fonctionne pas correctement, beaucoup de mécaniciens pensent automatiquement à tester le système de réfrigération du climatiseur ou le système de refroidissement du moteur. Un autre système que l'on oublie souvent peut aussi affecter le fonctionnement. Il s'agit du système de commande.

Le système de commande consiste en une série d'interrupteurs, de leviers, de moteurs et de volets. Ils fonctionnent tous pour permettre un mélange approprié d'air climatisé dans l'habitacle. Tout l'air est acheminé dans le système, soit par la prise d'air frais soit par l'entrée qui se trouve dans l'habitacle (*voir la figure 8-1*).

Les composants communs

Il existe deux principaux types de systèmes de commande qui sont le système à commande manuelle et le système à commande automatique. Ces deux systèmes présentent beaucoup de similitudes. La différence principale est que dans un système à commande manuelle, la personne qui conduit doit commander de façon manuelle les réglages pour assurer une température confortable dans l'habitacle.

Dans un système à commande automatique, la personne qui conduit n'a qu'à régler la température au degré désiré. Le système s'occupe de surveiller la

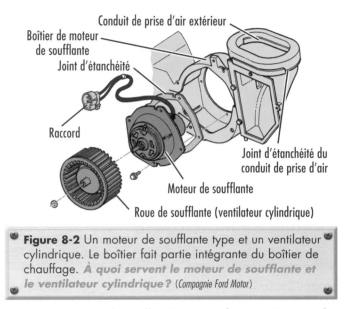

Figure 8-2 Un moteur de soufflante type et un ventilateur cylindrique. Le boîtier fait partie intégrante du boîtier de chauffage. *À quoi servent le moteur de soufflante et le ventilateur cylindrique?* (*Compagnie Ford Motor*)

température et de veiller à ce que la température de l'habitacle soit confortable.

Presque tous les systèmes de climatisation ont les mêmes composants de base. Ils comportent le moteur de soufflante, l'interrupteur de soufflante, le plénum d'évaporateur et de chauffage et le système de conduits d'air. Le **plénum** est une chambre dans laquelle l'air est à une pression supérieure à l'air extérieur.

L'interrupteur et le moteur de soufflante

Le moteur de soufflante est un moteur à axe rotatif simple. Une roue de soufflante de type ventilateur cylindrique se fixe sur une extrémité du moteur de soufflante. Lorsque le moteur tourne, le ventilateur cylindrique génère un débit d'air pour forcer l'air à aller au-delà de l'évaporateur et du radiateur de chauffage. Ce processus refroidit ou réchauffe l'air qui entre dans l'habitacle. La conductrice ou le conducteur commande la vitesse de la soufflante au moyen d'un interrupteur de soufflante qui se trouve sur le tableau de bord.

Le système de conduits d'air et le plénum d'évaporateur et de chauffage

Le moteur de soufflante et la roue de soufflante, ou le ventilateur cylindrique, se trouvent dans le plénum d'évaporateur et de chauffage.

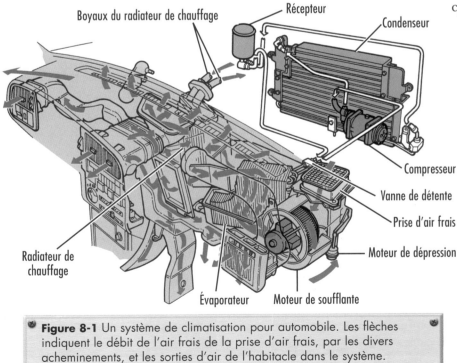

Figure 8-1 Un système de climatisation pour automobile. Les flèches indiquent le débit de l'air frais de la prise d'air frais, par les divers acheminements, et les sorties d'air de l'habitacle dans le système. *De quelles zones l'air est-il attiré dans le système?* (*Volkswagen of America, Inc.*)

Certains des éléments que l'on trouve dans le plénum d'évaporateur et de chauffage sont illustrés dans la *figure 8-2*. Le plénum d'évaporateur et de chauffage est un boîtier qui contient le radiateur d'évaporation, le radiateur de chauffage et une série de conduits et de volets d'aération conçus pour contrôler le débit d'air qui passe par le système. Les conduits fonctionnent avec des volets mobiles pour acheminer l'air d'entrée (air frais ou recyclé). Ils contribuent également au contrôle de la température de l'air et à diriger l'air au système de chauffage, au climatiseur ou aux sorties de dégivrage.

Le volet de recirculation

Le premier volet qui contrôle le débit d'air dans le plénum est le volet de recirculation. Ce volet achemine l'air frais de l'extérieur du véhicule ou l'air recyclé de l'intérieur de l'habitacle.

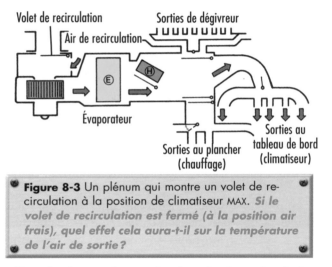

Figure 8-3 Un plénum qui montre un volet de recirculation à la position de climatiseur MAX. *Si le volet de recirculation est fermé (à la position air frais), quel effet cela aura-t-il sur la température de l'air de sortie?*

Dans la plupart des modes, le volet de recirculation reste fermé. Cela permet à l'air frais d'accéder au plénum, de l'extérieur du véhicule. La seule fois où le volet de recirculation s'ouvre c'est lorsqu'on choisit MAX AC sur le tableau de bord. Il s'agit du réglage maximal de la climatisation. Il est conçu pour refroidir l'air le plus possible. Lorsque le volet est ouvert, l'air dans l'habitacle recircule continuellement par le système de climatisation. Cet air se refroidit davantage que l'air frais qui va dans l'évaporateur une seule fois (*voir la figure 8-3*).

Certains systèmes interrompent le débit du fluide de refroidissement par le radiateur de chauffage en se servant d'une soupape de commande de chauffage. Cette soupape s'active lorsque les commandes du tableau de bord sont réglées à MAX AC. Certains véhicules permettent à la personne qui conduit de choisir l'air frais ou l'air recyclé. Cela peut causer des problèmes si le climatiseur ne fonctionne pas. Par exemple, de l'air recyclé humide peut causer de la buée sur les glaces par temps froid.

CONSEIL TECHNIQUE **L'odeur de l'évaporateur** Il ne faut pas faire fonctionner le système en mode recirculation (MAX AC) pendant une longue période. Sans la recirculation de l'air frais, il se produit un développement bactérien, ce qui cause des odeurs dans le boîtier de l'évaporateur. Ces odeurs sont parfois appelées «odeur de réévaporation».

Une fois que l'air passe par le volet de recirculation, il circule par l'évaporateur. Si le compresseur de climatiseur est éteint, la température de l'air ne change pas. Mais si le compresseur fonctionne, l'évaporateur est froid. L'évaporateur élimine ensuite l'humidité et la chaleur de l'air.

Le volet de mélange

Après être passé par l'évaporateur, l'air se déplace jusqu'au volet de mélange. La position du volet de mélange détermine la quantité d'air qui passe par le radiateur de chauffage, là où l'air est réchauffé.

Ces systèmes sont appelés des *systèmes à air mélangé*. Lorsque le volet de mélange est à la position de chauffage maximal, tout l'air qui passe par le système passe aussi par le radiateur de chauffage. Cela permet de chauffer l'air, ce qui réchauffe l'habitacle (*voir la figure 8-4*).

Lorsque le volet de mélange est à la position de refroidissement maximal, l'air ne passe pas par le radiateur de chauffage. Cela empêche le système de chauffer l'air. Ainsi, l'air qui passe par le système reste froid. En position médiane, l'air chaud et l'air froid se mélangent pour produire la température désirée.

La commande de volet de mélange

Il existe trois méthodes principales de commande du fonctionnement des volets de mélange:
- mécanique (par un câble ou une tringlerie);
- à dépression;
- électrique.

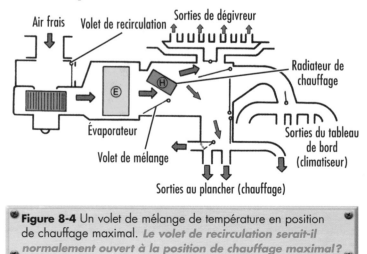

Figure 8-4 Un volet de mélange de température en position de chauffage maximal. *Le volet de recirculation serait-il normalement ouvert à la position de chauffage maximal?*

Un clic, et la noirceur fut !

Cela t'est sûrement déjà arrivé. Tu entres dans une pièce sombre et tu allumes la lumière. Il se produit un clignotement ainsi qu'un bruit «pop». L'ampoule est alors brûlée. T'es-tu déjà trouvé dans une pièce où l'ampoule fonctionne et que tout à coup, il se produit un «pop»? Peut-être pas. Normalement, une ampoule ne saute jamais après qu'elle ait été allumée pendant un certain temps. Il y a une explication scientifique à ce phénomène.

Certaines études nous ont démontré qu'il y a trois composants de base dans un courant électrique. La force électromotrice est la poussée qui fait circuler les électrons. Cette force provient d'une batterie ou d'une génératrice et elle se mesure en *volts*.

Le nombre d'électrons qui passent par un point donné par unité de temps se mesure en *ampères*. La résistance à ces électrons en mouvement dans le conducteur ou le fil se mesure en *ohms*.

Alors, quelle est la différence pour un circuit lorsqu'une ampoule saute? La tension dans le circuit n'a pas changé. À moins qu'il y ait un court-circuit dans le circuit de la lampe, le débit de l'ampérage n'a pas changé. La seule différence possible dans le circuit, c'est la résistance. La résistance dans le circuit change-t-elle lorsqu'on allume la lampe? Souviens-toi que tu ne peux pas mesurer les ohms dans un circuit si celui-ci est fermé (lampe allumée).

À toi de jouer !

Le rapport entre la température et la résistance

Conforme aux normes de l'EDU en sciences pour la démonstration de la compréhension de l'électricité et l'utilisation d'équipement d'essai électrique.

Matériel requis
- une ampoule d'auto à filament simple avec fils (un soudé à l'entrée et l'autre à la masse)
- un bloc d'alimentation c.c.
- un multimètre numérique avec fils pinces alligators.

Étant donné qu'il est impossible de mesurer la résistance d'une ampoule lorsqu'elle est allumée, il faudra donc travailler à l'inverse. Essayons l'expérience suivante.

La sécurité d'abord
La sécurité personnelle Ne mesure la résistance que sur un circuit débranché. Souviens-toi aussi que les ampoules deviennent très chaudes.

❶ Branche l'ampoule au bloc d'alimentation et règle-la à 12 volts.

❷ Active le bloc d'alimentation et laisse l'ampoule allumée pendant 3 ou 4 minutes.

❸ Débranche l'ampoule et fixe immédiatement le fil de compteur sur les pinces alligators. (Note : le compteur doit être réglé à «ohms» et à «auto ranging» (gamme automatique) ou à «R X 1».

❹ Observe les changements de résistance.

Les résultats et l'analyse

❶ Quand la résistance est-elle à son niveau le plus élevé? Quand la résistance est-elle la plus basse?

❷ Sers-toi de la loi d'Ohm et calcule l'ampérage dans le circuit lorsque l'ampoule est chaude et lorsqu'elle est froide. Indice : souviens-toi de la tension que tu as utilisée sur le bloc d'alimentation :

$$I = \frac{E}{R}$$

❸ L'ampérage qui passe par l'ampoule est-il à son niveau le plus élevé lorsque l'ampoule est chaude ou lorsqu'elle est froide?

❹ Si l'ampérage change dans une ampoule, pourquoi le fusible qui contrôle ce circuit de lampe ne saute-t-il pas dans ton véhicule?

❺ Pourquoi toutes les ampoules ne sautent-elles pas lorsqu'on vient de les allumer?

La plupart des véhicules utilisent une combinaison de ces systèmes. Les systèmes à commande manuelle sont munis d'un câble ou d'une tringlerie pour contrôler le fonctionnement du volet de mélange. Cela permet à la personne qui conduit de contrôler avec plus de précision la position du volet de mélange. Il est ainsi possible d'avoir un meilleur contrôle de la température. Le câble est muni d'un boîtier flexible qui contient un fil en acier solide, relié au levier de commande du volet de mélange (*voir la figure 8-5*).

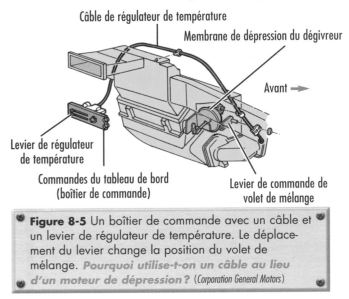

Figure 8-5 Un boîtier de commande avec un câble et un levier de régulateur de température. Le déplacement du levier change la position du volet de mélange. *Pourquoi utilise-t-on un câble au lieu d'un moteur de dépression ?* (Corporation General Motors)

Les volets de mode

Les derniers volets dans le système sont les volets de mode. Ces volets servent à diriger le débit de l'air vers les sorties du climatiseur ou vers les sorties du système de chauffage et de dégivrage (*voir la figure 8-6*).

Un positionnement approprié des volets de mode permet au système d'envoyer l'air à plus d'un ensemble de sorties en même temps. Le système peut ainsi fournir un débit d'air aux sorties de dégivreur et au plancher, ou aux sorties du panneau de climatisation et au plancher en même temps.

Certains volets sont conçus de façon à n'être que partiellement étanches. Une faible purge est alors possible. Par exemple, un volet de recirculation à la position de recirculation peut quand même permettre l'admission d'environ 20 % d'air frais dans le plénum pour réduire l'air vicié et assurer le confort des passagers. Lorsqu'un volet chauffage-dégivrage est ouvert, cela permet à un faible pourcentage du débit d'air d'aller vers les conduits de dégivreur pour éliminer la buée sur le pare-brise.

L'actionneur de dépression

Un actionneur de dépression, aussi appelé parfois moteur de dépression, commande habituellement les

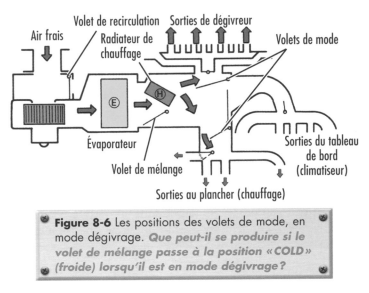

Figure 8-6 Les positions des volets de mode, en mode dégivrage. *Que peut-il se produire si le volet de mélange passe à la position «COLD» (froide) lorsqu'il est en mode dégivrage ?*

volets de recirculation et de mode. Étant donné que beaucoup de ces volets restent ouverts ou fermés, il est possible d'utiliser une membrane unique simple avec actionneur à deux positions (*voir la figure 8-7*).

Le dispositif à deux positions consiste en un absorbeur de vapeurs, séparé par une membrane de dépression à ressort et un arbre. Le côté arbre de la membrane reste ouvert à la pression atmosphérique. L'arbre reste allongé jusqu'à ce que la dépression soit appliquée sur le côté étanche de la membrane. Cela permet à la pression atmosphérique de pousser la membrane et l'arbre à la position rétractée. Ainsi, le volet reste dans la même position sans qu'une dépression ne soit appliquée. Le volet se déplace à une autre extrémité lorsqu'il y a application de la dépression.

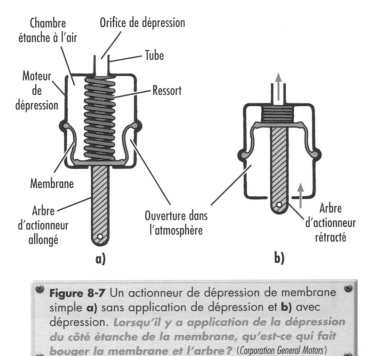

Figure 8-7 Un actionneur de dépression de membrane simple **a)** sans application de dépression et **b)** avec dépression. *Lorsqu'il y a application de la dépression du côté étanche de la membrane, qu'est-ce qui fait bouger la membrane et l'arbre ?* (Corporation General Motors)

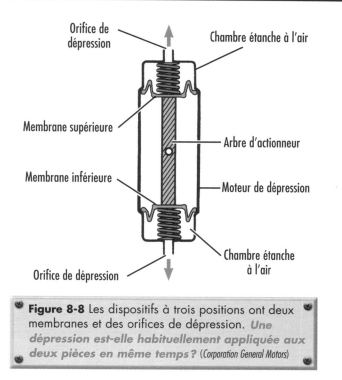

Figure 8-8 Les dispositifs à trois positions ont deux membranes et des orifices de dépression. *Une dépression est-elle habituellement appliquée aux deux pièces en même temps?* (Corporation General Motors)

Le contacteur de dépression au boîtier de commande fournit la dépression nécessaire au fonctionnement de l'actionneur. Les dispositifs à trois positions sont munis de deux membranes et de deux orifices de dépression, ce qui assure un contrôle bidirectionnel (*voir la figure 8-8*).

Certains fabricants utilisent un servomoteur lorsqu'un contrôle plus précis est souhaitable. Le servomoteur est un actionneur à membrane simple qui reçoit un signal de dépression variable pour commander l'étendue de la rétraction de l'arbre pour mettre en place le volet.

L'alimentation de la dépression

Les actionneurs de dépression doivent avoir une alimentation en dépression constante et régulière pour garder la position du volet dans tous les modes de

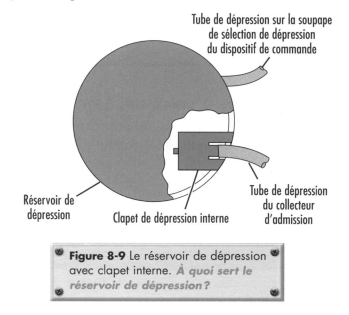

Figure 8-9 Le réservoir de dépression avec clapet interne. *À quoi sert le réservoir de dépression?*

fonctionnement du système et pendant la conduite. La dépression est habituellement fournie par une dépression d'admission au moteur. Un réservoir de dépression assure la dépression lors des fluctuations momentanées, comme lorsque d'autres volets du système fonctionnent ou lorsque la position du papillon change pendant des conditions normales de conduite (*voir la figure 8-9*).

Pour assurer la dépression au moment d'une accélération brusque, alors que la dépression est très faible ou même inexistante, tu dois te servir d'un clapet de dépression (*voir la figure 8-10*). Pendant une accélération brusque, le réservoir de dépression peut se vider. Les volets peuvent facilement passer à la position «sans dépression». Le clapet permet à l'air de circuler dans une seule direction. Lorsque la dépression d'admission chute, le clapet rend le conduit étanche, ce qui permet de garder la dépression dans le réservoir, les conduits et les actionneurs.

Il est possible que le clapet soit intégré dans le réservoir ou qu'il puisse se trouver dans le conduit, entre le collecteur d'admission et le réservoir. Beaucoup de contrôleurs de régulateur de température sont munis d'un clapet qui offre une protection additionnelle contre la perte de dépression.

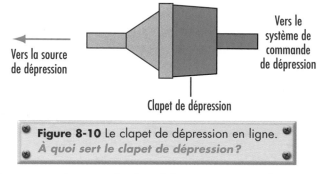

Figure 8-10 Le clapet de dépression en ligne. *À quoi sert le clapet de dépression?*

Les systèmes à double commande

De nombreux véhicules offrent des commandes de climatiseur et de chauffage. Ces commandes doubles permettent à la personne qui conduit et à la passagère ou au passager de régler la température de manière autonome.

Les systèmes à double commande n'utilisent qu'un évaporateur et un radiateur de chauffage. La seule différence est que chaque zone de commande est pourvue d'un jeu distinct de volets de commande.

CONSEIL TECHNIQUE **Les systèmes jumelés** Il ne faut pas confondre les systèmes à double commande avec les systèmes jumelés sur certaines fourgonnettes ou certains autobus. Les systèmes jumelés ont des évaporateurs, des radiateurs de chauffage et des moteurs de soufflante distincts pour chaque zone. Les systèmes jumelés doivent subir des procédures de diagnostic différentes.

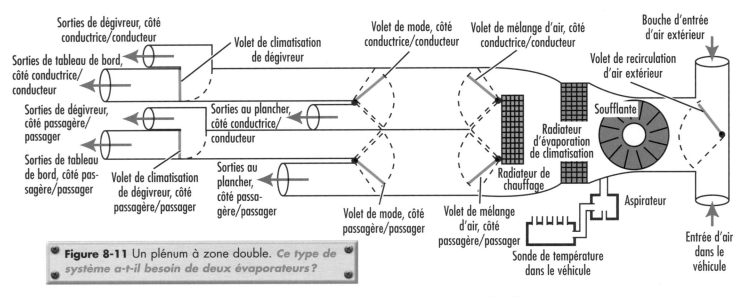

Figure 8-11 Un plénum à zone double. *Ce type de système a-t-il besoin de deux évaporateurs?*

Grâce à des volets de réglage pour la personne qui conduit et pour les passagers, le système fournit avec efficacité deux zones régulatrices de température. La personne qui conduit et celle qui l'accompagne peuvent ainsi être confortables en même temps (*voir la figure 8-11*).

Le filtre à air dans l'habitacle

Pour répondre à la demande en matière de qualité de l'air dans les véhicules, beaucoup de systèmes sont maintenant munis d'un filtre à air dans l'habitacle, à partir du système de distribution. Le filtre à air dans l'habitacle purifie l'air qui entre dans le système de

distribution. Selon la construction, il est possible que ces filtres retiennent le pollen et les particules dans l'air. Certains filtres peuvent même éliminer les odeurs.

Ces filtres se remplacent à un intervalle régulier qui varie selon le fabricant, l'année et le modèle du véhicule. Vérifie le guide d'entretien pour connaître les recommandations d'entretien. Il est même possible de trouver dans ce guide des directives sur les procédures de remplacement du filtre.

Dans certains cas, le remplacement nécessite d'enlever les raclettes d'essuie-glace et la calandre à l'entrée du plénum.

VÉRIFIE TES CONNAISSANCES

❶ Nomme deux types de systèmes de conditionnement d'air.

❷ Quels composants retrouve-t-on dans le plénum d'évaporateur/chauffage ?

❸ Quel volet d'air sert à passer du chauffage au dégivrage ?

❹ Quel volet d'air sert à régler la température ?

❺ Si un volet ne peut être commandé que dans deux positions (ouverte ou fermée), quel type d'actionneur dois-tu utiliser ?

Section 2

Le fonctionnement du système et l'essai de fonctionnement

Les essais de fonctionnement vérifient le fonctionnement de tout le système de chauffage, de ventilation et de climatisation. Ce qui comprend le système de dépression, le système de distribution d'air, le système de réfrigération et le système électrique.

Les systèmes à commande manuelle

La plupart des systèmes de climatisation et de chauffage sont des systèmes à commande manuelle. Avec un système à commande manuelle, la personne qui conduit et sa passagère ou son passager doivent régler la vitesse de la soufflante, choisir les sorties, activer et désactiver le système, et régler manuellement le volet de mélange d'air. Ces réglages se font au boîtier de commande sur le tableau de bord dans l'habitacle. Tout ce qui reste à faire est de tourner un bouton, de pousser sur un levier ou un bouton.

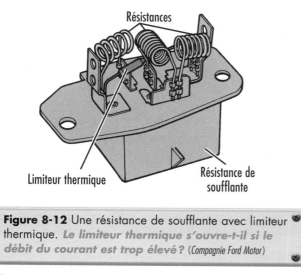

Résistances

Limiteur thermique

Résistance de soufflante

Figure 8-12 Une résistance de soufflante avec limiteur thermique. *Le limiteur thermique s'ouvre-t-il si le débit du courant est trop élevé ?* (Compagnie Ford Motor)

L'interrupteur de soufflante et la résistance

L'interrupteur de soufflante se fixe dans le boîtier de commande sur le tableau de bord et permet à la personne qui conduit de commander la vitesse de la soufflante. Quand tu règles la position de l'interrupteur de soufflante, tu achemines le courant électrique par la résistance de la soufflante. L'**ensemble de résistances de soufflante** est une série de résistances qui commande la tension qui atteint le moteur de soufflante. Ce qui, à son tour, commande la vitesse de la soufflante et contrôle le débit du courant. L'ensemble de résistances de soufflante se fixe dans le plénum, là où le débit d'air garde les résistances au frais.

Certains ensembles de résistances de soufflante comportent un ou plusieurs limiteurs thermiques non remplaçables. Les limiteurs thermiques sont conçus pour s'ouvrir comme un disjoncteur si un manque de débit d'air qui passe par le plénum cause la surchauffe de l'ensemble de résistances. Ces limiteurs thermiques invalident le circuit de soufflante s'ils sont ouverts (*voir la figure 8-12*).

Beaucoup de véhicules se servent aussi d'un relais de soufflante. Il s'agit d'un relais à contact double. Un jeu de contacts est habituellement fermé. L'autre jeu est habituellement ouvert. À des vitesses faibles, le courant nécessaire apte à commander la soufflante passe par l'ensemble de résistances de soufflante et les contacts habituellement fermés dans le relais de soufflante au moteur de soufflante (*voir la figure 8-13*). Dans ce mode, il y a une résistance en série avec le moteur de soufflante. L'appel de courant est réduit, ce qui fait en sorte que le moteur fonctionne à une vitesse moindre que la vitesse maximale.

Lorsque tu optes pour une grande vitesse aux commandes sur le tableau de bord, le relais de soufflante s'alimente. Cette situation ouvre les contacts habituel-

lement fermés et ferme les contacts habituellement ouverts. Les contacts qui viennent d'être fermés contournent l'ensemble de résistances. Ils dirigent la pleine tension du système au moteur de soufflante, ce qui permet son fonctionnement à grande vitesse. Lorsqu'une pleine tension est disponible, le moteur fonctionne à sa vitesse maximale et appelle un ampérage beaucoup plus élevé. Ce circuit nécessite un câblage plus solide et des fusibles de plus grande capacité.

Le boîtier de commande

Le boîtier de commande est un contrôleur mixte sur le tableau de bord qui permet à la personne qui conduit de choisir :
• si le compresseur est activé ou désactivé ;
• les conduits qui doivent acheminer l'air ;
• la température de l'air.

La commande de mode fait fonctionner un commutateur pour activer et désactiver le compresseur. Lorsque la personne qui conduit met le système à la position AC, MAX AC ou DEFROST (dégivrage), le commutateur se ferme. Cette situation permet d'activer le compresseur, alors que le reste des commandes du compresseur permet le fonctionnement du compresseur.

Sur la plupart des véhicules, la commande de mode fait aussi fonctionner un sélecteur de dépression. Ce sélecteur commande les signaux de dépression aux actionneurs des volets.

Le boîtier de commande comprend un bouton ou un levier de curseur de température, habituellement branché au câble. Cette commande permet à la personne qui conduit de contrôler la position du volet de mélange. Lorsqu'on déplace le levier à la position COOL (refroidissement), le volet de mélange se ferme, ce qui empêche l'air de passer par le radiateur de chauffage. Lorsque le levier est mis à la position WARM (chaud), le volet de mélange s'ouvre et force la totalité de l'air à passer par le radiateur de chauffage. Le fait de déplacer le levier de régulateur de température permet de régler ou de mélanger la température de l'air.

L'essai de fonctionnement d'un système à commande manuelle

Afin de diagnostiquer un problème dans le système de climatisation, tu dois d'abord en déterminer la

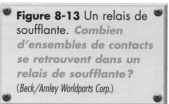

Figure 8-13 Un relais de soufflante. *Combien d'ensembles de contacts se retrouvent dans un relais de soufflante ?* (Beck/Arnley Worldparts Corp.)

nature. La première étape est toujours de demander à tes clients de t'expliquer le problème. Tu dois ensuite faire un essai de fonctionnement du système.

Un **essai de fonctionnement** est un essai opéré dans des conditions semblables aux conditions normales d'exploitation pour vérifier si un système est en état de fonctionnement. Consulte le manuel d'entretien du fabricant pour connaître les conditions et les procédures d'essai propres au véhicule sur lequel tu travailles. Les fabricants présentent habituellement un essai de fonctionnement développé pour le système, sous forme d'un tableau. Un essai de fonctionnement type est montré dans le **tableau 8-A.**

Pour effectuer un essai de fonctionnement d'un système à commande manuelle, tu dois:

1. Démarrer le moteur et le faire tourner à une température normale de fonctionnement.

2. Régler le système de climatisation à VENT (aération).

3. Vérifier le débit d'air par les sorties du tableau de bord en faisant passer l'interrupteur de soufflante

par chaque gamme de vitesse.

4. T'assurer que chaque vitesse fonctionne correctement.

5. T'assurer qu'il y a un débit d'air suffisant qui provient des sorties.

6. Faire passer la commande de mode entre les sorties du tableau de bord, du système de chauffage et du dégivreur.

7. T'assurer que l'air passe correctement entre les sorties.

8. Veiller à ce que le compresseur s'active lorsque tu mets la commande sur le tableau de bord aux positions AC, MAX AC et DEFROST (dégivreur).

9. T'assurer que le ventilateur du condenseur s'active même lorsqu'il y a embrayage du compresseur.

10. Faire passer le régulateur de température de COOL (froid) à WARM (chaud) en alternance.

11. T'assurer que le régulateur se déplace librement et atteint bien les positions COOL et WARM.

Tableau 8-A — **UN TABLEAU TYPE D'ESSAI DE FONCTIONNEMENT**

	Réglage de l'ensemble de commandes de chauffage et de climatisation				Réponses du système				
Étape	Réglage de levier de commande de mode	Réglage de levier de régulateur de température	Interrupteur de moteur de soufflante	Vitesse de moteur de soufflante	Sorties de chauffage	Sorties de climatiseur	Sorties de dégivreur	Commentaires	Température de sortie
1	Arrêt	Froid	Bas	Arrêt	Aucun débit d'air	Aucun débit d'air	Aucun débit d'air		Ambiante
2	MAX AC	Froid	Bas	Basse	Aucun débit d'air	Débit d'air	Aucun débit d'air	A, E	Au moins 11 °C (20 °F) plus froide que la température ambiantet
3	MAX AC	Froid	Bas à élevé	Basse à élevée	Aucun débit d'air	Débit d'air	Aucun débit d'air	B, E	Au moins 11 °C (20 °F) plus froide que la température ambiante
4	AC normal	Gamme moyenne	Élevé	Élevée	Aucun débit d'air	Débit d'air	Aucun débit d'air	A	Légèrement plus chaude
5	AC deux niveaux	Froid	Élevé	Élevée	Débit d'air	Débit d'air	Débit d'air minimum	A	Au moins 11 °C (20 °F) plus froide que la température ambiante
6	Aération	Froid	Élevé	Élevée	Aucun débit d'air	Débit d'air	Aucun débit d'air	A	Ambiante
7	Chauffage	Chaud	Élevé	Élevée	Débit d'air	Aucun débit d'air minimum	Débit d'air	A, C, D	Au moins 49 °C (120 °F)
8	Dégivreur	Chaud	Élevé	Élevée	Débit d'air	Aucun débit d'air	Débit d'air	A, D	Au moins 49 °C (120 °F)
9	Dégivreur	Chaud	Élevé	Élevée	Débit d'air minimum	Aucun débit d'air	Débit d'air	A, D	Au moins 49 °C (120 °F)

A Tu dois ressentir la détente dans chaque réglage de levier de commande de mode.
B Tu dois obtenir une augmentation perceptible de la vitesse de soufflante si tu passes d'une vitesse basse à une vitesse plus élevée.
C Le levier de température doit passer de la position la plus froide à la plus chaude.
D Le débit d'air doit aussi se faire sentir dans les sorties de dégivrage des glaces latérales.
E Les sorties du tableau de bord doivent garder leur position lorsque le moteur de soufflante est à grande vitesse mais elles doivent pouvoir se déplacer manuellement.

MATHÉMATIQUES
EXCELLENCE AUTOMOBILE

Le soufflage d'air chaud et froid

Rolande Baptiste conduit son véhicule à ton centre de réparation. Elle dit que la soufflante de son système de chauffage et de climatisation ne fonctionne pas correctement. La technicienne ou le technicien sait que la vitesse de la soufflante se contrôle en changeant la tension appliquée au moteur. Cela se fait en plaçant un réseau de résistances en série avec le moteur de soufflante.

Lorsque la vitesse de l'interrupteur de soufflante est basse, le chemin d'accès du courant passe par toutes les résistances, ainsi que par le moteur. Ce qui signifie qu'une tension moindre est appliquée sur le moteur.

Lorsque la vitesse de l'interrupteur de soufflante est élevée, le chemin d'accès du courant ne passe pas par des résistances. Il en résulte une tension accrue sur le moteur.

À toi de jouer !

Conforme aux normes de l'EDU en mathématiques pour la reconnaissance et l'utilisation de la loi d'Ohm.

Utilise le diagramme et la loi d'Ohm pour résoudre les problèmes. La loi d'Ohm exprime $E = I \times R$, là où E représente les volts, I, les ampères et R, les ohms.

Les résultats et l'analyse

❶ Combien de ohms de résistance y a-t-il dans le circuit lorsque tu conduis à basse vitesse ? Combien y a-t-il d'ampères ?

❷ Combien de ohms de résistance y a-t-il dans le circuit lorsque tu conduis à grande vitesse ? Combien y a-t-il d'ampères ?

❸ Si R_2 est défectueux alors qu'il est ouvert, quelles vitesses fonctionnent ?

❹ Si R_2 est défectueux alors qu'il est court-circuité, quelles vitesses fonctionnent ?

$R_1 = 0,25$ ohm $R_2 = 0,25$ ohm $R_3 = 1,5$ ohm

Moteur de soufflante

Batterie (12 volts)

$R_{moteur} = 4$ ohms

Bas M_1 M_2 Haut

Interrupteur de soufflante

Circuit en série
$E = I \times R$
$R_T = R_1 + R_2 + R_3 + R_{moteur}$
$I_T = I_1 = I_2 = I_3 = I_{moteur}$

12. T'assurer que la température des sorties change correctement alors que le réglage passe du froid au chaud.

Si le système de commande fonctionne mais que la température de sortie n'est pas dans les spécifications, il peut y avoir un problème avec le système de chauffage ou de climatisation. Dans un tel cas, effectue un essai de fonctionnement sur les systèmes de chauffage et de climatisation pour déterminer si ces systèmes fonctionnent correctement.

Les systèmes de régulateur de température automatique

La plupart des véhicules luxueux sont équipés d'un régulateur de température automatique de leur système de climatisation et de chauffage. Ces systèmes fonctionnent comme un système de chauffage ou de climatisation pour la maison. Une fois que la personne qui conduit règle la température, le système fait les ajustements nécessaires pour garder cette température. La personne qui conduit ne doit régler que certains modes, comme le dégivreur.

Les systèmes de régulateur de température automatique se servent d'une série de capteurs pour mesurer la température à des endroits clés du véhicule. Les capteurs envoient leurs relevés à un contrôleur principal, lequel règle la vitesse de la soufflante, l'état du compresseur et la position des volets pour pallier aux variations de température.

On parle ici d'un système de « rétroaction à boucle fermée ». Le contrôleur ajuste le système afin de contrôler la température dans l'habitacle. Par la suite, il vérifie la température pour voir comment les ajustements ont réagi. Il continue ses vérifications et apporte des ajustements, au besoin dans une série continue de cycles de vérifications-réglages.

Le système à commande semi-automatique

Un système à commande semi-automatique ne contrôle pas toutes les fonctions du climatiseur. Avec un tel système, la température de l'air de sortie peut être automatiquement contrôlée. Cependant, la personne qui opère doit contrôler manuellement tous les modes de fonctionnement ainsi que les vitesses de la soufflante. Beaucoup de systèmes entièrement automatiques permettent le contrôle du système en mode semi-automatique ou même manuel. Cette façon peut s'avérer utile pendant un diagnostic. Si le système fonctionne adéquatement en mode manuel mais pas en mode automatique, il est plus facile de localiser le composant ou le circuit défectueux.

Le système à commande automatique

Le contrôleur du système de régulateur de température automatique est le cerveau de ce système de régulateur. Il reçoit les données d'entrée du tableau de bord et des capteurs du système. Il fournit ensuite les signaux de commande nécessaires pour contrôler la vitesse de la soufflante et la position des volets. La fonction du contrôleur peut se trouver dans le boîtier de commande ou dans un dispositif fixé à distance, que l'on appelle parfois *programmeur*. Le module confort/commodité ou le module de commande du groupe motopropulseur peut partager certaines fonctions du régulateur de température automatique, comme la commande de la soufflante et le fonctionnement de l'embrayage du compresseur (*voir la figure 8-14*).

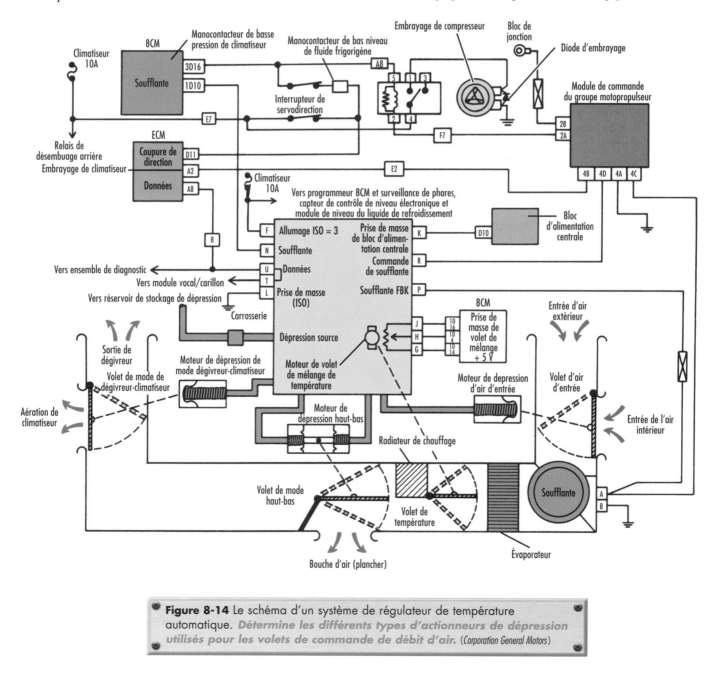

Figure 8-14 Le schéma d'un système de régulateur de température automatique. *Détermine les différents types d'actionneurs de dépression utilisés pour les volets de commande de débit d'air.* (Corporation General Motors)

Le boîtier de commande de système à commande automatique

Le boîtier de commande du système de régulateur de température automatique est la commande qui se trouve sur le tableau de bord et qui laisse la personne qui conduit choisir la température, la vitesse du ventilateur et les sorties à activer. Certains dispositifs sont munis d'un curseur ou d'un cadran pour sélectionner la température. D'autres dispositifs sont équipés de boutons et d'un afficheur numérique. Ces afficheurs numériques permettent souvent au système d'afficher des codes d'anomalie ou d'autres données.

Contrairement aux systèmes à commande manuelle, le boîtier de commande de régulateur de température automatique n'a habituellement aucune connexion directe avec les volets d'air, l'embrayage du compresseur ou le moteur de soufflante. Ces panneaux sont plutôt de simples interfaces qui servent à transmettre les données au contrôleur du système. Le contrôleur combine la demande de la personne qui conduit avec les données qui proviennent des sondes de température et achemine les signaux nécessaires pour commander le fonctionnement du système.

Des autodiagnostics

La plupart des contrôleurs du système fournissent un certain degré d'autodiagnostic. Selon le système, tu peux avoir accès à ces autodiagnostics par le boîtier de commande sur le tableau de bord ou par le biais d'un analyseur-contrôleur.

Ces systèmes peuvent offrir simplement des codes d'anomalie pour indiquer la zone qui présente un problème. Ils peuvent aussi offrir des données réelles de série qui proviennent des capteurs (ou des sondes) et des actionneurs. Certains systèmes de régulateur de température automatique permettent d'obtenir de l'information diagnostic sur la commande du moteur par le boîtier de commande, en suivant une procédure établie pour entrer le mode de diagnostic.

Sur les systèmes qui fournissent des données en série, un analyseur-contrôleur permet d'accéder à des valeurs réelles de capteurs et d'obtenir une interprétation informatique de ces valeurs. L'analyseur-contrôleur peut même fournir de l'information sur les signaux de sortie que développe l'ordinateur et qui résultent de ces entrées de capteurs. Certains analyseurs-contrôleurs sont munis de capacités bidirectionnelles qui te permettent d'activer certains systèmes et composants pour tester leur fonctionnement (*voir la figure 8-15*).

Pour déterminer le niveau d'autodiagnostic dans le système que tu répares, consulte toujours le manuel d'entretien du véhicule pour obtenir de l'information.

Figure 8-15 Les analyseurs-contrôleurs peuvent accroître l'efficacité de tes diagnostics. *Quelles données, à part les codes d'anomalie, sont disponibles sur certains systèmes ?* (Actron Manufacturing/AutoXray)

Le module d'alimentation du moteur de soufflante

Plusieurs systèmes utilisent un module d'alimentation du moteur de soufflante. Le **module d'alimentation du moteur de soufflante** est un dispositif électronique qui remplace la résistance de soufflante. Le module d'alimentation commande la vitesse du moteur de soufflante et se sert d'un transistor de puissance au lieu de plusieurs résistances (*voir la figure 8-16*).

Afin de dissiper la grande quantité de chaleur qu'a produit la résistance de puissance, le module est logé dans un grand puits thermique en aluminium fixé dans le plénum. Cela permet au débit d'air qui provient de la soufflante de refroidir le module. Le contrôleur envoie une tension variable ou un signal de modulation de durée d'impulsion pour ajuster la vitesse de la soufflante. Le transistor de module active et désactive le moteur de soufflante à un rythme qui permet de contrôler la vitesse désirée du moteur. Certains systèmes ont plus de 50 réglages distincts de vitesse de soufflante. Il est possible que le module d'alimentation se trouve sur le côté alimentation ou mise à la masse du circuit de soufflante.

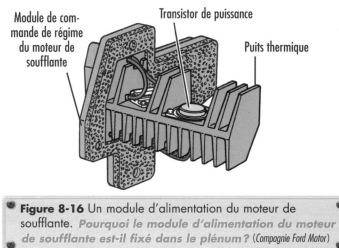

Module de commande de régime du moteur de soufflante

Transistor de puissance

Puits thermique

Figure 8-16 Un module d'alimentation du moteur de soufflante. *Pourquoi le module d'alimentation du moteur de soufflante est-il fixé dans le plénum ?* (Compagnie Ford Motor)

Les sondes de température

Afin de contrôler la température dans l'habitacle, le contrôleur doit être en mesure de surveiller cette température. Tous les systèmes de régulateur de température automatique surveillent la température de l'habitacle. Selon le système, le régulateur de température automatique peut aussi surveiller la température de l'air de sortie, la température de l'air ambiant et la température de l'évaporateur.

La plupart des sondes de température sont des thermistances. Une **thermistance** est une résistance qui fait varier la quantité de courant en fonction de la température. Les résistances les plus souvent utilisées sont les thermistances à coefficient de température négatif (CTN). Une **thermistance CTN** est une résistance qui diminue lorsque la température diminue (*voir la figure 8-17*).

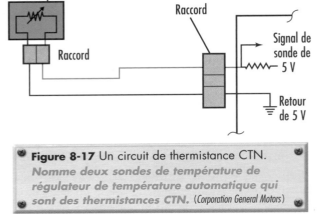

Figure 8-17 Un circuit de thermistance CTN. *Nomme deux sondes de température de régulateur de température automatique qui sont des thermistances CTN.* (Corporation General Motors)

L'aspirateur

Un **aspirateur** est un tube qui a une dépression partielle qui attire l'air sur la sonde. Un aspirateur sert à assurer un débit d'air constant sur la sonde de température dans le véhicule. Dans certains systèmes la sonde est fixée dans un diffuseur sur le tableau de bord. Le débit d'air sur la sonde est produit par l'air qui passe par les conduits, en provenance de la soufflante. D'autres systèmes consistent en un petit moteur à courant continu et d'un ventilateur fixé dans le boîtier de la sonde. Le moteur est alimenté chaque fois que l'on met le contact (*voir la figure 8-18*).

Le capteur d'ensoleillement

Certains systèmes sont aussi munis d'un capteur d'ensoleillement pour mesurer l'intensité de la lumière du soleil sur le véhicule. Un **capteur d'ensoleillement** est une cellule photoélectrique qui répond à l'intensité lumineuse, et non à la température. À partir de son signal, le contrôleur calcule le refroidissement né-

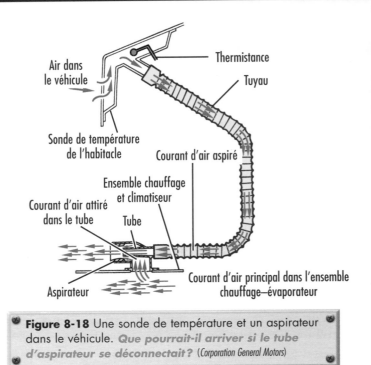

Figure 8-18 Une sonde de température et un aspirateur dans le véhicule. *Que pourrait-il arriver si le tube d'aspirateur se déconnectait?* (Corporation General Motors)

cessaire pour garder la température désirée dans l'habitacle (*voir la figure 8-19*).

Les actionneurs de volets

Les systèmes de régulateur de température automatique sont munis de deux types de moteurs pour contrôler la position des volets: les moteurs de dépression et les moteurs électriques.

Les moteurs de dépression tendent à fournir un contrôle moins précis que les moteurs à commande électrique. On s'en sert habituellement là où la position des volets est ouverte ou fermée. Lorsqu'on se sert d'un moteur de dépression pour commander un volet de mélange, un potentiomètre mesure la position du volet. Avec cette information, le contrôleur règle la force du signal de dépression pour commander, à sa guise, la position des volets.

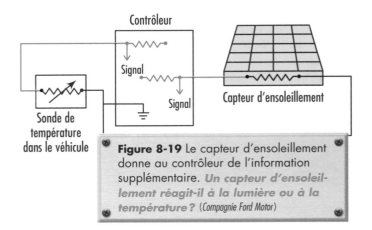

Figure 8-19 Le capteur d'ensoleillement donne au contrôleur de l'information supplémentaire. *Un capteur d'ensoleillement réagit-il à la lumière ou à la température?* (Compagnie Ford Motor)

Beaucoup de systèmes de conditionnement d'air automatique se servent de moteurs électriques pour commander la position des volets. Ces moteurs de volets ont besoin de deux circuits électriques, l'un pour faire fonctionner le moteur et l'autre pour activer un potentiomètre. Le potentiomètre est un capteur de position électronique qui fournit une rétroaction au système sur la position de volet. Cela permet au contrôleur de fournir des commandes précises de commande de position de volet (*voir la figure 8-20*).

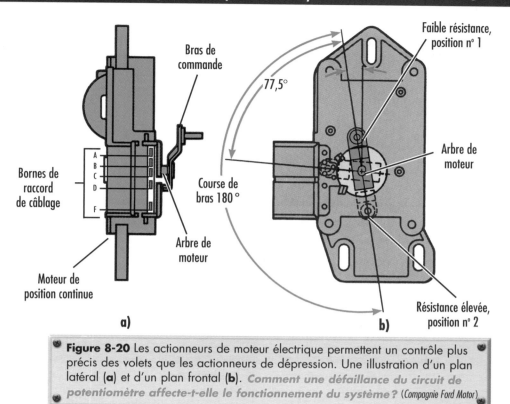

Figure 8-20 Les actionneurs de moteur électrique permettent un contrôle plus précis des volets que les actionneurs de dépression. Une illustration d'un plan latéral (**a**) et d'un plan frontal (**b**). *Comment une défaillance du circuit de potentiomètre affecte-t-elle le fonctionnement du système ?* (Compagnie Ford Motor)

L'essai de fonctionnement d'un système automatique

Un essai de fonctionnement est un essai qui fait passer un système de commande par une gamme particulière de conditions d'essai et vérifie si le système répond bien. Vérifie l'information contenue dans le manuel d'entretien du véhicule pour connaître les conditions et les procédures d'essai propres au véhicule sur lequel tu travailles. Habituellement, les fabricants présentent un essai de fonctionnement développé pour leur système, sous la forme d'un tableau. Pendant l'essai, enregistre les résultats de chaque procédure d'essai et recherche tous les problèmes ou les situations inhabituelles.

Pour effectuer un essai de fonctionnement d'un système à commande automatique, tu dois :

1. Démarrer le moteur et le faire tourner à une température normale de fonctionnement.

2. Régler le système de climatisation à VENT (aération).

3. Vérifier le débit d'air par les sorties du tableau tout en faisant passer l'interrupteur de soufflante par chaque gamme de vitesse.

4. T'assurer que chaque vitesse fonctionne correctement.

5. T'assurer qu'il y a un débit d'air adéquat qui provient des sorties.

6. Régler le système à AUTO et régler la température 3° à 6°C (5° à 10°F) au-dessus de la température ambiante.

7. T'assurer que l'air passe par les sorties de chauffage.

8. T'assurer que l'air est chaud.

9. Régler la température 3° à 6°C (5° à 10°F) sous la température ambiante.

10. T'assurer que l'air passe par les sorties du tableau de bord.

11. T'assurer que l'air est froid.

12. Régler le système à DEFROST (dégivrage).

13. T'assurer que l'air passe par les sorties de dégivreur.

14. T'assurer que le ventilateur de compresseur et de condenseur reste en marche.

15. Vérifier chaque commande pour t'assurer qu'elle fonctionne bien.

16. Vérifier les sorties du climatiseur au tableau de bord pour t'assurer qu'il fonctionne bien.

17. T'assurer que les fentes restent en place, même si la soufflante fonctionne à grande vitesse.

Si le système de commande semble fonctionner normalement, il pourrait quand même y avoir un problème concernant les systèmes de chauffage et de climatisation. Dans ce cas, effectue un essai de fonctionnement sur le système de climatisation et sur le système de chauffage pour déterminer s'ils fonctionnent correctement.

VÉRIFIE TES CONNAISSANCES

❶ À quoi sert la résistance de soufflante ?

❷ À quoi sert le relais de soufflante à grande vitesse ?

❸ Explique à quoi sert un essai de fonctionnement d'un système.

❹ Comment le système peut-il dissiper une grande quantité de chaleur produite par le transistor de puissance dans le module d'alimentation de moteur de soufflante ?

❺ Quel capteur détecte l'intensité de la lumière dans les systèmes de régulateur de température automatique ?

Section 3

Le diagnostic de défaillance et la réparation

Ce qui suit donne une approche générale aux diagnostics des systèmes et aux réparations qui peuvent s'appliquer à la plupart des systèmes.

La plupart des véhicules sont équipés d'une soufflante multivitesse commandée par un sélecteur de mode à partir de l'habitacle. Le régime du moteur de soufflante se commande en changeant le chemin d'accès du courant au moteur par des résistances de dimensions variées.

Plusieurs plaintes sont rapportées à propos de la soufflante, entre autres :
• la soufflante ne fonctionne à aucune vitesse ;
• la soufflante fonctionne à toutes les vitesses, sauf celles élevées ;
• la soufflante fonctionne seulement à grande vitesse, peu importante la vitesse sélectionnée.

CONSEIL TECHNIQUE **Le tableau de diagnostics** Les procédures de diagnostic pour un système de commande de climatiseur varient selon le type de système. Vérifie l'information contenue dans le manuel d'entretien du véhicule pour connaître les spécifications relatives au système et voir des schémas. Utilise un tableau de diagnostics, s'il y en existe un pour le système que tu répares.

Aucun fonctionnement de la soufflante

Si la soufflante ne fonctionne pas du tout, il se peut que le problème se trouve dans le bloc d'alimentation mais pas dans le moteur.

Pour diagnostiquer un disfonctionnement de la soufflante, tu dois :
1. Vérifier si un fusible a sauté dans le bloc-fusibles.
2. T'assurer que tous les connecteurs de câblage sont en place.
3. Si le fusible a sauté, vérifier les fils pour déceler un court-circuit et vérifier le moteur pour déceler un court-circuit ou une reliure mécanique.
4. Vérifier le moteur de soufflante pour t'assurer de la présence de l'alimentation et de la prise de masse.
5. Vérifier la résistance de la soufflante : lorsque le contact est mis et que le chauffage ou le climatiseur sont allumés, fais un essai inversé des bornes. Il faut que toutes les bornes sur la résistance soient alimentées.
6. Si une ou plusieurs bornes ne sont pas alimentées, remplace la résistance.

Si les vérifications de tension indiquent que la résistance n'est pas alimentée, vérifie :
• si l'interrupteur de soufflante est défaillant ;
• si l'interrupteur de soufflante est non alimenté ;
• si le circuit est ouvert entre l'interrupteur de soufflante et la résistance.

Si toutes les bornes de résistance sont alimentées, vérifie s'il y a une coupure entre la résistance et le moteur de soufflante. Si le véhicule est muni d'un relais de soufflante, les contacts habituellement fermés dans le relais sont probablement brûlés ou endommagés (*voir la figure 8-21*).

Une soufflante sans vitesse élevée

Si l'on utilise un relais pour une vitesse élevée, et que la soufflante à grande vitesse est défectueuse, le problème est généralement le relais lui-même ou l'alimentation au relais.

Ces relais ont habituellement des fils de forte épaisseur.
• Un fil alimente le moteur de soufflante.
• Un fil provient de la résistance de soufflante.
• Un fil contourne le système pour fournir une tension sur tout le système pour une vitesse élevée de la soufflante.

Toutes les vitesses, sauf la vitesse élevée, fonctionnent normalement ; par conséquent, les deux premiers fils doivent être branchés correctement. Vérifie le fil de dérivation du système. Une tension doit y être appliquée en tout temps. Si le fil de dérivation n'est pas alimenté ou perd de la puissance lorsque la soufflante est réglée à une vitesse élevée, vérifie si la connexion est défectueuse dans le fil.

Le fil de dérivation est habituellement un fil fusible. Recherche un fusible en ligne entre le relais et le bloc de jonction, là où se branche le fil.

Si le fil de déviation ne présente aucun dommage, il pourrait quand même y avoir un mauvais relais ou un interrupteur de soufflante défectueux. Tu dois d'abord vérifier le relais. Vérifie s'il se produit un déclic lorsque l'interrupteur de soufflante est placé à une position élevée. Si le déclic se fait entendre, l'interrupteur de soufflante fonctionne. Remplace le relais.

Si le relais ne clique pas, vérifie l'alimentation et la prise de masse aux fils de bobine de relais. Il s'agit des petits fils jauges qui sont branchés au relais. Si le relais est alimenté et a une prise de masse, la défaillance se trouve dans le relais même.

Si le relais n'est ni alimenté ni mis à la masse, vérifie si la prise de masse est défectueuse, si l'interrupteur est défectueux ou s'il y a présence d'une coupure entre l'interrupteur de soufflante et le relais.

Une soufflante avec vitesse élevée seulement

Vérifie la résistance de la soufflante. Lorsque le contact est mis et que le système de chauffage ou de climatisation est activé, fais un test inversé des bornes. Toutes les bornes devraient être alimentées sur la résistance. S'il n'y a aucune alimentation sur une ou plusieurs bornes, remplace l'ensemble de résistances.

Si l'ensemble de résistances n'est pas alimenté, vérifie :
- si l'interrupteur de la soufflante est défectueux ;
- s'il y a coupure entre l'interrupteur de soufflante et l'ensemble de résistances.

Si toutes les bornes de l'ensemble de résistances sont alimentées, vérifie le relais de soufflante. Les contacts habituellement fermés dans le relais sont peut-être brûlés ou endommagés.

CONSEIL TECHNIQUE **Le remplacement du module d'alimentation** Lors du remplacement d'un module d'alimentation de moteur de soufflante, mesure l'appel de courant du moteur de soufflante. Si l'appel de courant est trop élevé, cela risque d'endommager le module d'alimentation neuf. Dans certains systèmes, le module d'alimentation de la soufflante active également l'embrayage du compresseur. Lorsque tu remplaces un module d'alimentation défectueux dans l'un de ces systèmes, mesure le débit en ampères de la bobine d'embrayage. Assure-toi aussi de bien vérifier le fonctionnement de la diode de niveau dans le circuit d'embrayage du compresseur.

Une vitesse élevée de soufflante à toutes les positions de l'interrupteur

Assure-toi que le système n'est pas réglé à la position MAX AC. Certains systèmes sont conçus de façon à passer à une vitesse élevée de soufflante dès que tu sélectionnes MAX AC.

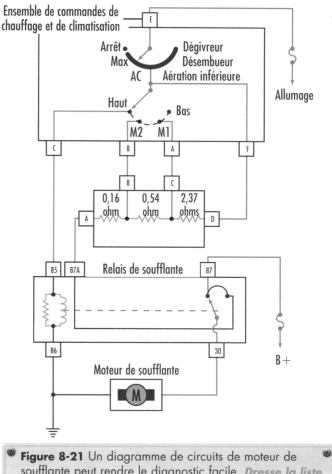

Figure 8-21 Un diagramme de circuits de moteur de soufflante peut rendre le diagnostic facile. *Dresse la liste des principaux composants dans ce diagramme.*

Si le système est muni d'un relais de soufflante, vérifie si le relais est court-circuité ou endommagé. Si les contacts habituellement ouverts sont coincés à la position fermée, le relais permet de garder la soufflante à une position élevée en tout temps.

Le diagnostic du système de dépression

Des canalisations pincées ou bouchées et des fuites dans les boyaux, connecteurs ou membranes d'actionneur, peuvent causer des défaillances au système de dépression. Effectue toujours une inspection visuelle en commençant par la source, soit le collecteur d'admission.

Inspecte les canalisations. Lorsque le moteur tourne, vérifie si tu entends des fuites provenant du raccord, de la soupape de refoulement du collecteur ou de l'absorbeur. Si tout semble correct, fais un essai de l'alimentation en dépression.

L'essai du réservoir de dépression

Branche un manomètre de dépression sur le côté système (et non sur le moteur) du réservoir d'absorbeur de dépression. Lorsque le moteur tourne, le manomètre doit indiquer au moins 381 mm (15 po) de mercure (Hg). Sers-toi d'une pince à bec effilé pour

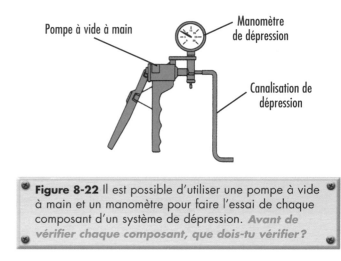

Pompe à vide à main

Manomètre de dépression

Canalisation de dépression

> **Figure 8-22** Il est possible d'utiliser une pompe à vide à main et un manomètre pour faire l'essai de chaque composant d'un système de dépression. *Avant de vérifier chaque composant, que dois-tu vérifier?*

serrer le boyau d'admission. Observe le manomètre. Si la dépression chute lorsque le moteur est coupé, remplace le réservoir de dépression car il fuit.

Tu peux faire l'essai de chaque composant d'un système de dépression en te servant d'une pompe à vide à main et d'un manomètre (*voir la figure 8-22*).

L'essai de la soupape de refoulement

Assure-toi d'abord que le réservoir garde correctement la dépression. Si le réservoir fuit, l'essai échouera.

Branche un manomètre à dépression du côté réservoir de la soupape de refoulement. Lorsque le moteur tourne, le manomètre devrait indiquer une dépression d'au moins 381 mm (15 po) de mercure (Hg). Dans le cas contraire, vérifie la présence de restriction dans le collecteur d'admission, le raccord ou la canalisation. Coupe le contact et observe le manomètre. Si la dépression reste la même, c'est que la soupape de refoulement fonctionne correctement. S'il y a une chute de dépression, remplace la soupape de refoulement.

Le diagnostic d'un débit d'air inadéquat

Certains véhicules sont munis d'un filtre à air dans le système de distribution d'air. Il est possible que le filtre se bouche et réduise le débit d'air qui passe par le système.

Si tu débouches le filtre ou si le véhicule ne contient pas de filtre, assure-toi que tous les volets fonctionnent adéquatement. Un volet coincé peut affecter le débit d'air qui circule dans le système.

Un débit d'air réduit peut aussi causer un blocage dans le système de distribution d'air. Des particules peuvent tomber dans les sorties du dégivreur ou être aspirées par les entrées d'air. Les particules que l'on retrouve le plus souvent sont des petits morceaux de papier ou de plastique. Des plaques en caoutchouc mousse ou des joints d'étanchéité peuvent tomber des volets d'air et bloquer ainsi le radiateur de chauffage. Des feuilles peuvent également se retrouver dans le système de distribution d'air.

Enlève le moteur de la soufflante ou le bloc de résistance et sers-toi d'une lampe torche pour regarder dans le boîtier de l'évaporateur. Dans certains cas, la seule façon de trouver la cause du blocage du système est d'ouvrir le système de conduits d'air.

Le diagnostic du débit d'air à partir des mauvaises sorties

Un débit d'air mal dirigé peut prendre trois formes principales :
- le débit d'air provient toujours des sorties du dégivreur (ou du chauffage ou du tableau de bord), peu importe le réglage choisi ;
- le débit d'air ne sort pas des sorties du dégivreur (ou du chauffage ou du tableau de bord), peu importe le réglage choisi ;
- le débit d'air sort des bonnes sorties mais il passe d'une sortie à une autre (ou s'arrête) pendant une accélération brusque.

Un problème de dépression peut être à l'origine de toutes ces défaillances.

Le débit d'air sort d'un seul ensemble de sorties Si le débit d'air sort des mêmes sorties et ne change pas lorsque les commandes sont déplacées, vérifie si la source de dépression est défectueuse. Il peut s'agir simplement d'une canalisation de dépression brisée ou débranchée du réservoir de dépression. Vérifie si tu entends le bruit d'une fuite de dépression et retraces-en la source. Lorsque tu rebranches la canalisation de dépression, le problème devrait être corrigé. Rappelle-toi qu'il est normal d'entendre un sifflement pendant un court instant, lorsque tu changes de mode.

Si la dépression est acceptable, vérifie si un volet de distribution est coincé. Si l'on utilise des moteurs pour volets électriques, vérifie s'il y a un problème de moteur ou de circuit.

Aucun débit d'air ne sort d'un ensemble de sorties Tu peux entendre dire que l'air ne sort pas uniquement du dégivreur ou uniquement du chauffage ou uniquement des sorties au tableau de bord, mais que tout le reste fonctionne normalement. Le problème peut être causé par un moteur de dépression défectueux, une canalisation de dépression défectueuse au volet de distribution ou il se peut qu'il y ait un problème avec le contacteur de dépression qui commande le système.

CONSEIL TECHNIQUE **Le diagnostic à l'aide d'une pompe électrique** Une pompe à vide électrique peut s'avérer utile pour diagnostiquer les commandes et les actionneurs. Si tu branches la pompe au système après l'absorbeur de dépression, tu peux vérifier si tu entends des fuites, lorsque le contact est coupé, en faisant fonctionner la commande de modes et en observant le fonctionnement des actionneurs.

EXCELLENCE
COMMUNICATION
AUTOMOBILE

Suivre une « recette »

Lorsque les gens cuisinent, ils suivent une recette qui leur indique les ingrédients à utiliser et comment les mélanger. Ces directives sont utiles pour préparer un mets qui a bon goût. Cependant, si tu ne suis pas les directives ou si tu oublies un ingrédient ou que tu en changes un, ou encore si tu modifies les quantités, le goût risque d'être différent.

Les techniciens doivent aussi suivre une « recette » lorsqu'ils réparent un système de chauffage et de climatisation complexe qui comporte des interrupteurs, des leviers, des moteurs et des volets. Il en résulte un mélange d'air chaud et d'air froid qui crée une atmosphère confortable dans le véhicule. Pour y arriver, ils doivent utiliser les outils adéquats et suivre les directives particulières. Si les techniciens ne suivent pas ces directives, ils risquent d'endommager le système ou d'avoir de la difficulté à diagnostiquer le problème. Il est important de suivre la procédure dans le bon ordre.

La « recette » des techniciens se trouve dans le manuel d'entretien du véhicule. Ce manuel donne les procédures particulières à suivre. Dans ce guide, les techniciens peuvent trouver des diagrammes et des procédures d'essai de fonctionnement. Ils pourront aider à diagnostiquer le problème. Ces procédures donnent les méthodes exactes de diagnostic et de réparation pour le système de chauffage et de climatisation.

À toi de jouer !

Conforme aux normes de l'EDU en communications pour la consultation de l'information écrite, la présentation des directives écrites et l'application de l'information écrite.

❶ Relie le problème donné à la première page du présent chapitre au problème qu'éprouve le véhicule de M. Louis.

❷ Consulte un manuel d'entretien. Trouve l'information dont tu as besoin pour diagnostiquer le problème.

Si ces composants fonctionnent correctement, vérifie si un volet n'est pas coincé. Si le système utilise des commandes de volets électriques, vérifie si une commande ou un moteur de volet de distribution est défectueux. Vérifie aussi s'il y a des tubes de conduits manquants ou déconnectés.

Les changements de débit d'air pendant l'accélération Le problème peut être que le débit d'air passe d'une sortie à l'autre ou cesse de fonctionner pendant l'accélération. Ce problème, très commun, est habituellement causé par une soupape de refoulement défectueuse dans le réservoir de dépression du système de climatisation. Lors d'une accélération brusque, la dépression du moteur chute à près de zéro. Pour garder la dépression pendant l'accélération, le système de climatisation a un absorbeur de dépression muni d'une soupape de refoulement.

S'il y a une défaillance de la soupape de refoulement, la dépression du système chute pendant l'accélération. Cela permet aux volets de commande du système de climatisation de revenir à la position par défaut (habituellement dégivrage). Pour corriger le problème, détermine le composant défectueux. Remplace la canalisation de dépression, l'absorbeur ou la soupape de refoulement.

La réparation des câbles de commande

Les câbles de commande sont branchés au boîtier de commande et, habituellement, au volet de mélange.

Le câble s'ajuste pour fournir le bon rapport entre le boîtier de commande et le levier du volet. Lorsque le câble est bien ajusté, tu devrais entendre et sentir le volet se bloquer aux deux extrémités de la course.

Le remplacement du câble À part un câble mal ajusté, une âme de câble courbée est le problème de câble le plus fréquent. Si l'âme du câble est courbée, remplace le câble.

Pour remplacer le câble, tu dois:

1. Enlever le boîtier de commande et les ensembles de conduits inférieurs pour avoir accès aux deux extrémités du câble.

2. Enlever le câble des supports au boîtier de commande et au boîtier de plénum. La fixation peut se faire simplement avec une vis de retenue ou par connexion rapide.

3. Prendre garde de ne pas endommager le point de fixation du boîtier de commande en enlevant le câble.

4. Examiner la façon dont l'ancien câble était acheminé. Ne fais pas de coudes courts dans le câble pendant son installation. Assure-toi que le câble neuf peut bouger librement.

5. Vérifier le fonctionnement du volet d'air avant de connecter le câble neuf.

Le réglage du câble Certains câbles se servent d'un câble à une fente, fixé à l'aide d'une vis. Déplace le câble jusqu'à ce qu'il soit ajusté correctement. Puis serre la vis.

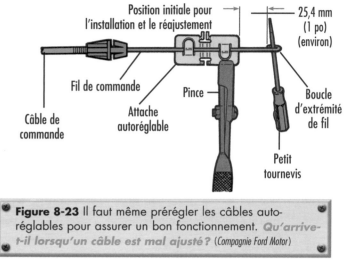

Position initiale pour l'installation et le réajustement

25,4 mm (1 po) (environ)

Fil de commande

Câble de commande

Attache autoréglable

Pince

Boucle d'extrémité de fil

Petit tournevis

Figure 8-23 Il faut même prérégler les câbles auto-réglables pour assurer un bon fonctionnement. *Qu'arrive-t-il lorsqu'un câble est mal ajusté ?* (Compagnie Ford Motor)

Certains câbles sont munis d'un manchon en plastique sur le boîtier. Le fait de tourner le manchon raccourcit ou allonge le boîtier, ce qui change le réglage.

D'autres câbles sont munis d'un réglage automatique. Il faut que le dispositif d'autoréglage soit préréglé avant l'installation (*voir la figure 8-23*).

Le remplacement des composants électroniques

Lors du remplacement de composants électroniques, tu dois porter une attention particulière aux points suivants :

• Suis les directives d'installation. Beaucoup de composants électroniques sont sensibles à l'électricité statique. Tu dois porter une bande de poignet pour mise à la masse.

• Débranche la batterie.

• Enlève les raccords. On les maintient souvent en place avec des dispositifs de retenue en plastique.

• Ne tire que sur le corps du raccord, pas sur les fils ;

• Évite d'endommager les joints étanches lorsque tu enlèves ou installes un connecteur. L'humidité entraîne la corrosion des connecteurs.

• Assure-toi que les câbles et les faisceaux électriques sont dirigés correctement pour empêcher des dommages.

CONSEIL TECHNIQUE La localisation des pièces Il arrive souvent que des pièces que l'on retrouve dans les systèmes de climatisation ne puissent être réparées individuellement. Le remplacement de certaines petites pièces dans le plénum ou dans le boîtier de commande nécessite l'achat d'un ensemble complet. Souviens-t-en lorsque tu donnes aux clients une estimation du temps et des coûts de réparation.

L'essai de la thermistance

La thermistance est un capteur à deux fils. Elle est branchée en série entre une tension de référence qui provient d'un module de commande et la masse. Lorsque tu vérifies une thermistance, laisse assez de

temps au dispositif pour qu'il se stabilise. Lorsque le dispositif passe du chaud au froid ou du froid au chaud, il prend un certain temps avant de se stabiliser.

Pour faire l'essai d'une thermistance à cœfficient de température négatif (CTN), tu dois :

1. Utiliser un analyseur-contrôleur ou un tableau de diagnostics pour vérifier les données de température lorsqu'on travaille sur un système CTN avec capacités de données en série. La température devrait être près de la normale pour les conditions de fonctionnement impliquées.

2. Utiliser un ohmmètre pour mesurer la résistance d'une borne de capteur à une autre. Compare ce relevé avec les spécifications pour le capteur à la température d'essai.

3. Remplacer le capteur si la résistance n'est pas dans la gamme précisée. Utilise toujours les spécifications du système sur lequel tu travailles.

Le diagnostic d'un refroidissement inadéquat

Les plaintes relatives à un refroidissement inadéquat peuvent résulter d'un problème dans le système de climatisation ou d'un volet de mélange qui n'est pas entièrement fermé.

Dans des conditions très chaudes et humides, le système fonctionne peut-être correctement. Cependant, il peut être incapable de pallier les températures et l'humidité extrêmement élevées.

• Tu dois toujours effectuer un essai de performance lorsque tu fais face à une plainte relative à un refroidissement inadéquat.

• Si un essai de performance montre que le système ne se refroidit pas correctement, mais que le système de climatisation fonctionne adéquatement, vérifie le fonctionnement du volet de mélange. Assure-toi qu'il se ferme complètement.

• Si tu ne sais pas si le volet de mélange fonctionne bien, essaie de pincer les boyaux flexibles du radiateur de chauffage. Cette intervention interrompt le débit du liquide de refroidissement par le radiateur de chauffage. Si la température du système chute de plus de quelques degrés, tu peux supposer que le volet de mélange n'est pas fermé correctement.

• Sur la plupart des systèmes, la soupape de commande de chauffage ne se ferme pas lorsque le climatiseur est réglé à la position normale. Elle se ferme seulement lorsque tu choisis MAX AC. Si tel est le cas, la soupape de commande de chauffage ne peut affecter le refroidissement du système à la position NORMAL AC (climatisation normale).

• Si le système est muni d'une commande de température automatique, il peut y avoir un problème

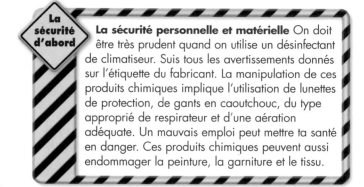

La sécurité personnelle et matérielle On doit être très prudent quand on utilise un désinfectant de climatiseur. Suis tous les avertissements donnés sur l'étiquette du fabricant. La manipulation de ces produits chimiques implique l'utilisation de lunettes de protection, de gants en caoutchouc, du type approprié de respirateur et d'une aération adéquate. Un mauvais emploi peut mettre ta santé en danger. Ces produits chimiques peuvent aussi endommager la peinture, la garniture et le tissu.

d'étalonnage ou une sonde de température défectueuse. Si le système permet d'avoir des codes d'anomalie, vérifie s'il y en a un d'affiché.

Le diagnostic d'une chaleur inadéquate

Une chaleur inadéquate est généralement due à l'un des trois problèmes suivants :
- le thermostat du moteur ne fonctionne pas ou s'ouvre trop vite ;
- le radiateur de chauffage est bouché et ne permet pas un débit adéquat ;
- le volet de mélange ne s'ouvre pas correctement.

Commence par vérifier la température du liquide de refroidissement. Si la température du liquide de refroidissement n'est pas assez élevée, le système de chauffage ne fournit pas suffisamment de chaleur.

Assure-toi que le thermostat convient au véhicule. La plupart des véhicules ont besoin d'un thermostat qui monte à 190 °C (195 °F). N'utilise jamais un thermostat à température plus faible que celle qui est recommandée pour le véhicule. Tu risquerais alors d'affecter le rendement du moteur et les émissions, ainsi que la chaleur. Assure-toi que le thermostat ne s'ouvre pas trop vite. Si tu soupçonnes un problème de thermostat, tu dois tester

CONSEIL TECHNIQUE **Les joints d'étanchéité pour conduit** Il est possible de connecter et de rendre des conduits et des sorties étanches au moyen d'une bague d'étanchéité en caoutchouc ou en caoutchouc mousse. S'ils ne sont pas correctement posés, les volets risquent d'être coincés. S'il n'y a pas d'étanchéité, ils peuvent causer un manque de débit d'air aux grilles à registre et un fonctionnement bruyant du système.

celui-ci. S'il est défectueux, remplace-le.

Si la température du moteur est assez élevée, vérifie le débit du liquide de refroidissement qui passe par le système de chauffage. Dans la plupart des cas, tu peux le savoir en touchant les boyaux flexibles du radiateur de chauffage. Les deux boyaux ne doivent pas être chauds. Si un tuyau est beaucoup plus chaud que l'autre, vérifie si un tuyau est obstrué, si une soupape de commande de chauffage est défectueuse ou si le radiateur de chauffage est restreint.

Si tout le reste semble en bon état, vérifie le volet de mélange. Assure-toi qu'il est bien réglé et qu'il s'ouvre entièrement.

Si le système est muni d'un régulateur de température automatique, il pourrait y avoir un problème d'étalonnage ou une sonde de température défectueuse. Si le système donne des codes d'anomalie, vérifie s'il y a un code qui indique un problème de système.

Le diagnostic des problèmes d'odeur

Des odeurs peuvent se développer dans le système de climatisation. On les remarque davantage lorsque le système vient d'être mis en marche et par temps chaud et humide. Plusieurs éléments peuvent aggraver le problème :
- un tube d'écoulement restreint de l'évaporateur ;
- de la saleté et des feuilles dans le plénum ;
- un manque de circulation d'air frais en raison de périodes prolongées en mode de fonctionnement MAX AC ;
- un développement bactérien.

Il est parfois possible d'éliminer ou de réduire les odeurs jusqu'à un niveau acceptable en se servant d'un désinfectant en aérosol. On asperge le désinfectant dans l'admission du plénum avec la soufflante réglée à basse vitesse.

Dans des cas plus sérieux, les constructeurs de véhicules automobiles mettent à la disposition des consommateurs un désinfectant puissant. Une fois les débris enlevés du plénum, l'intérieur de l'évaporateur et les ailettes de radiateur d'évaporation doivent être aspergés de désinfectant et purgés. Un démontage peut s'avérer nécessaire.

VÉRIFIE TES CONNAISSANCES

❶ Qu'est-ce qui peut causer une vitesse élevée de la soufflante, dans toutes les positions de l'interrupteur de soufflante ?

❷ À quelles vitesses de soufflante l'ensemble de résistances de soufflante est-il utilisé ?

❸ Quelle situation peut causer un filtre restreint ?

❹ Quel pourrait être le problème si une fuite de dépression momentanée se produisait ou si un sifflement se faisait entendre lors d'un changement de mode ?

❺ Quel symptôme une soupape de refoulement à dépression défectueuse amène-t-elle ?

RÉVISION DU CHAPITRE 8

Notions importantes

Conforme aux normes du MFCUO pour le chauffage et la climatisation: diagnostic des commandes électriques de chauffage et de climatisation; inspection, essai et exécution des interventions nécessaires sur les composants électriques; vérification du fonctionnement des commandes du système de chauffage et de climatisation automatiques et semi-automatiques.

- Le système de commande fonctionne de façon à fournir le bon mélange d'air climatisé dans l'habitacle.
- Les volets de commande de débit d'air déterminent d'où provient l'air (frais et air recyclé) et où il sort (sorties de climatiseur, de chauffage ou de dégivreur).
- Il existe deux types principaux de systèmes de commande: manuel et automatique.
- Un essai de fonctionnement fait passer le système de commande par plusieurs conditions d'essai, tout en vérifiant si le système répond adéquatement.
- Le moteur de soufflante crée le débit d'air nécessaire pour forcer le passage de l'air dans l'évaporateur et les ailettes du radiateur de chauffage.
- La dépression sert à faire fonctionner les actionneurs de dépression et de moteurs dans le système de commande.
- Les systèmes automatiques de régulateur de température se servent d'une série de capteurs pour mesurer l'environnement à des emplacements clés du véhicule.

Questions de révision

1. À quoi sert le système de commande et quels sont ses principaux composants?

2. Explique ce qui actionne les volets de commande et comment ces volets contrôlent le débit d'air.

3. Quelle est la différence entre un système de contrôle à commande manuelle et un système à commande automatique?

4. Explique comment se fait un essai de fonctionnement du système de climatisation.

5. Nomme le principal composant qui se trouve dans le circuit du moteur de soufflante.

6. Quels sont certains symptômes qui peuvent se produire si le système de dépression de chauffage et de climatisation est défectueux?

7. Quels sont certains des capteurs utilisés dans le système de régulateur de température automatique?

8. **Pensée critique** Quel effet peut avoir une défaillance dans le moteur sur le système de commande de chauffage et de climatisation?

9. **Pensée critique** Pourquoi un analyseur-contrôleur est-il plus pratique que les codes d'anomalie, quand on effectue un diagnostic des problèmes?

PRÉVISIONS TECHNOLOGIQUES
POUR L'EXCELLENCE EN MATIÈRE D'AUTOMOBILE

L'entretien périodique facilité

Place l'équipement. Pousse un bouton. Ces deux étapes pourraient bientôt constituer les étapes à suivre pour un entretien périodique du climatiseur. Un appareil qui fonctionne à l'aide d'un ordinateur pourrait récupérer le vieux fluide frigorigène du climatiseur et le remplacer par un fluide neuf.

Voilà comment cette méthode fonctionnerait. L'ordinateur lirait un code à barres du numéro d'identification du véhicule (NIV) qui détermine l'année de construction, la marque et le modèle du véhicule. Ces informations serviraient ensuite à indiquer le type approprié et la quantité de fluide frigorigène nécessaire pour un véhicule ou un camion particulier.

L'ordinateur serait même capable de déterminer s'il s'agit d'une fourgonnette ou d'un fourgon qui comporte un climatiseur auxiliaire ayant besoin de plus de fluide frigorigène. Ainsi, il n'y aurait plus de risque d'ajouter trop de fluide frigorigène dans le système.

Il y aurait en plus d'autres avantages. Avant que le dispositif ajoute du fluide frigorigène, l'ordinateur pourrait effectuer un essai de pression du système de climatisation pour déceler des fuites. De plus, l'ordinateur indiquerait aux techniciens, de façon approximative, la largeur de la fuite et l'endroit où se situe cette fuite. Il serait alors possible d'effectuer rapidement les réparations nécessaires.

Un autre avantage de ce dispositif assisté par ordinateur, serait de permettre un accès à Internet pour obtenir des mises à jour du système. Lorsque les constructeurs de véhicules automobiles apportent des améliorations à leurs systèmes de climatisation, le nouveau logiciel pourrait automatiquement être téléchargé et installé.

EXCELLENCE AUTOMOBILE
TEST PRÉPARATOIRE

En répondant aux questions suivantes, tu pourras te préparer aux tests en vue d'obtenir la certification du MFCUO.

1. La technicienne ou le technicien A dit qu'il est possible de remplacer le limiteur thermique dans l'ensemble de résistances de soufflante. La technicienne ou le technicien B dit que le limiteur thermique empêche un débit excessif du courant dans le circuit. Qui a raison ?
   - **ⓐ** La technicienne ou le technicien A.
   - **ⓑ** La technicienne ou le technicien B.
   - **ⓒ** Les deux ont raison.
   - **ⓓ** Les deux ont tort.

2. La technicienne ou le technicien A dit que le module d'alimentation de la soufflante se fixe dans le plénum pour permettre le refroidissement. La technicienne ou le technicien B dit que le module d'alimentation de la soufflante reçoit une tension variable ou un signal de modulation de durée d'impulsion du contrôleur pour régler la vitesse de la soufflante. Qui a raison ?
   - **ⓐ** La technicienne ou le technicien A.
   - **ⓑ** La technicienne ou le technicien B.
   - **ⓒ** Les deux ont raison.
   - **ⓓ** Les deux ont tort.

3. Un aspirateur est utilisé dans le système de régulateur de température automatique pour :
   - **ⓐ** refroidir le module de la soufflante.
   - **ⓑ** assurer un débit constant de l'air dans l'habitacle par la sonde de température dans le véhicule.
   - **ⓒ** fournir au contrôleur une rétroaction sur le fonctionnement de la soufflante.
   - **ⓓ** mesurer la vitesse de l'air d'une cage d'écureuil.

4. La technicienne ou le technicien A dit qu'un capteur d'ensoleillement fournit au contrôleur de l'information supplémentaire sur la température. La technicienne ou le technicien B dit que les capteurs d'ensoleillement sont un type de cellule photoélectrique. Qui a raison ?
   - **ⓐ** La technicienne ou le technicien A.
   - **ⓑ** La technicienne ou le technicien B.
   - **ⓒ** Les deux ont raison.
   - **ⓓ** Les deux ont tort.

5. Lequel parmi les problèmes suivants est dû à une soupape de refoulement défectueuse dans le réservoir de dépression ?
   - **ⓐ** L'air de sortie est trop chaud.
   - **ⓑ** L'air de sortie est trop froid.
   - **ⓒ** La soupape de chauffage ne s'ouvre pas lorsque le climatiseur est réglé à MAX.
   - **ⓓ** L'air passe à la position DEFROST (dégivreur) lorsque le véhicule monte une côte.

6. Un volet de mélange mal ajusté pourrait faire en sorte que :
   - **ⓐ** l'air extérieur soit trop froid.
   - **ⓑ** l'air extérieur sorte des mauvaises sorties.
   - **ⓒ** la soufflante ne fonctionne pas à vitesse élevée.
   - **ⓓ** la position NORMAL AC (climatisation normale) soit la même que MAX AC.

7. La technicienne ou le technicien A dit qu'il est possible de tester une sonde de température dans le véhicule au moyen d'un ohmmètre. La technicienne ou le technicien B dit que la résistance de la thermistance à coefficient de température négatif augmente lorsque la température augmente. Qui a raison ?
   - **ⓐ** La technicienne ou le technicien A.
   - **ⓑ** La technicienne ou le technicien B.
   - **ⓒ** Les deux ont raison.
   - **ⓓ** Les deux ont tort.

8. La technicienne ou le technicien A dit que les systèmes de régulateur de température automatique effectuent des autodiagnostics et qu'il est possible de lire les codes d'anomalie par le boîtier de commande. La technicienne ou le technicien B dit que certains systèmes permettent de lire les données du système de commande du moteur par le boîtier de commande du régulateur de température automatique. Qui a raison ?
   - **ⓐ** La technicienne ou le technicien A.
   - **ⓑ** La technicienne ou le technicien B.
   - **ⓒ** Les deux ont raison.
   - **ⓓ** Les deux ont tort.

9. Laquelle, parmi ces plaintes, serait causée par un volet de recirculation coincé ?
   - **ⓐ** L'air extérieur est trop chaud lorsque le climatiseur est réglé à la position NORMAL.
   - **ⓑ** L'air extérieur sort des mauvaises sorties.
   - **ⓒ** La soufflante fonctionne seulement à vitesse élevée.
   - **ⓓ** Il n'y a aucun changement entre les positions NORMAL AC et MAX AC.

10. La technicienne ou le technicien A dit que si la soufflante ne fonctionne pas à vitesse élevée, c'est peut-être en raison de contacts de relais de soufflante brûlés. La technicienne ou le technicien B dit que si la soufflante fonctionne seulement à vitesse élevée, c'est peut-être en raison de contacts de relais de soufflante brûlés. Qui a raison ?
    - **ⓐ** La technicienne ou le technicien A.
    - **ⓑ** La technicienne ou le technicien B.
    - **ⓒ** Les deux ont raison.
    - **ⓓ** Les deux ont tort.

Le châssis et la carrosserie

CHAPITRE 9
Le châssis et
la carrosserie

PRÉPOSÉ À L'ESTIMATION

Notre atelier de carrosserie est à la recherche d'une personne capable de remplir un formulaire d'estimation selon les normes de l'industrie des assureurs du Canada.

La personne doit connaître le maniement des appareils photo numériques ainsi que des logiciels d'interactions afin de pouvoir envoyer les formulaires d'estimation et les photos par courrier électronique.

La personne doit être capable de lire et d'écrire de courtes descriptions en français et en anglais. La personne doit aussi avoir au moins 3 ans d'expérience dans le domaine de la réparation de carrosserie d'auto.

La rémunération offerte est de 40,000 $ à 50,000 $

Technicienne ou technicien en carrosserie d'automobile:

Notre entreprise de carrosserie d'auto est à la recherche d'une personne qui désire se joindre à son équipe à titre de technicienne ou technicien en carrosserie.

La personne qui pose sa candidature possède un minimum de trois années d'expérience dans le domaine, un diplôme d'études secondaires ou l'équivalent. Cette personne doit montrer de bonnes aptitudes en carrosserie et en soudure au MIG. La personne doit être en mesure d'aider à faire l'estimation du temps requis pour effectuer une réparation.

Une expérience en peinture de carrosserie serait un atout.

Nous offrons un salaire et des avantages sociaux compétitifs.

PEINTRE DE VÉHICULE

Notre atelier est à la recherche d'une personne capable de faire la préparation finale et la peinture d'un véhicule.

La personne qui pose sa candidature possède un minimum de trois années d'expérience dans le domaine et un diplôme d'études secondaires. Cette personne doit montrer de bonnes aptitudes dans le domaine de la peinture.

La personne doit avoir une connaissance en chimie et dans les mélanges de la peinture sur place pour l'agencement des couleurs.

Le salaire suivra les normes de l'industrie. Certains bonis de qualité et production peuvent être ajoutés.

Pensons-carrière

Lis les offres d'emplois ci-dessus et fais les activités suivantes :

- Imagine que tu désires poser ta candidature à l'un de ces postes. Rédige une lettre de présentation dans laquelle tu donnes tes qualifications.
- Choisis l'un des postes et vérifie les offres d'emploi dans ta région, ta province ou ton pays.
- Quelles sont les entreprises locales qui pourraient te permettre d'acquérir deux années d'expérience dans le domaine du transport ?

CHAPITRE 9

Le châssis et la carrosserie

Tu seras en mesure :

- de déterminer le modèle de châssis d'un véhicule ;
- de déceler les endroits susceptibles d'être rouillés ;
- d'établir si un véhicule a subi des dommages à la suite d'un accident ;
- de savoir si on a déjà appliqué un protecteur antirouille ;
- de déterminer la valeur d'un véhicule ;
- d'entretenir la carrosserie.

Le vocabulaire :

- Cadre de châssis
- Carrosserie monocoque
- Dommages ou dégâts directs
- Dommages ou dégâts indirects
- Interchangeabilité des pièces
- Contre-rail
- Zone de pliage
- Corrosion par la rouille
- Garde-boue
- Capot
- Pare-brise
- Lunette arrière
- Essuie-glace et lave-glace
- Vérification de sécurité

Le problème

Dominique Guilbeault désire acheter une voiture d'occasion. Il se présente à ton centre de service et te demande comment procéder pour trouver le véhicule désiré. Il veut également savoir comment vérifier l'état de la carrosserie.

Il mentionne aussi qu'il y a de l'eau dans le fond du coffre arrière. Il dit que le vendeur lui a dit que c'était la peinture originale et que l'auto n'avait pas eu de traitement antirouille. Il veut aussi une idée de la valeur marchande de l'auto.

Ton défi

À titre de technicienne ou de technicien, tu dois répondre aux questions suivantes :

❶ Où conseillerais-tu à M. Guilbeault d'entreprendre des recherches pour connaître le marché des voitures d'occasion ?

❷ Avant d'acheter le véhicule, quels éléments devrait-il vérifier, notamment sur l'état de la carrosserie ?

❸ Où peut-il se procurer le certificat de sécurité exigé pour l'immatriculation d'un véhicule d'occasion en Ontario ?

Le châssis

Autrefois, le châssis était constitué d'une structure en acier qui supportait toutes les pièces de l'automobile. On y attachait les ressorts et les essieux, et la carrosserie était indépendante du cadre de châssis. Les premières carrosseries étaient faites de bois recouvert de tôle. Par la suite, grâce aux presses à emboutir (*voir la figure 9-1*), on a donné forme à la tôle pour obtenir les ailes et les portes. Cette technologie a permis de créer des formes plus esthétiques, de diminuer le poids de la carrosserie et les coûts de production.

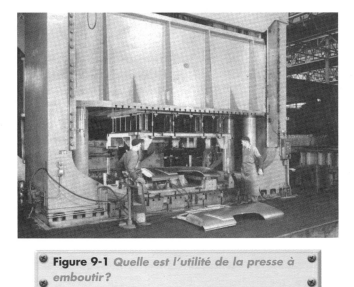

Figure 9-1 *Quelle est l'utilité de la presse à emboutir ?*

La plupart des nouvelles automobiles n'ont plus de **cadre de châssis** séparé (*voir la figure 9-2*). Pour arriver à un tel résultat, on a renforcé l'infrastructure de la carrosserie. Cette conception sans cadre séparé est appelée **carrosserie monocoque,** ce qui signifie que la carrosserie est maintenant attachée aux ressorts et aux pièces de la suspension et de la direction. La **figure 9-3** montre une carrosserie construite séparément du cadre du châssis et la **figure 9-4** une carrosserie monocoque.

La plupart du temps, la carrosserie est réparée par des techniciens spécialisés en carrosserie ou en débosselage. Ensuite, des spécialistes en finissage la peignent. Ils s'assurent notamment de la compatibilité des produits chimiques contenus dans la peinture. De plus, ils possèdent les connaissances et l'habileté pour appliquer la peinture à l'aide d'un pistolet. La ou le peintre en voitures, qui s'occupe aussi du débosselage, est appelé peintre-débosseleur.

Dans ce chapitre, on étudiera surtout l'entretien préventif de la carrosserie et du châssis. Comme tu le sais déjà, la corrosion par la rouille est la source principale des problèmes liés à la durabilité et à la sécurité. On décrira donc la façon de vérifier les endroits susceptibles d'être rouillés avant d'acheter un véhicule d'occasion. Cette vérification de sécurité permet de s'assurer que la carrosserie peut supporter les organes mécaniques et les éléments de liaison au sol.

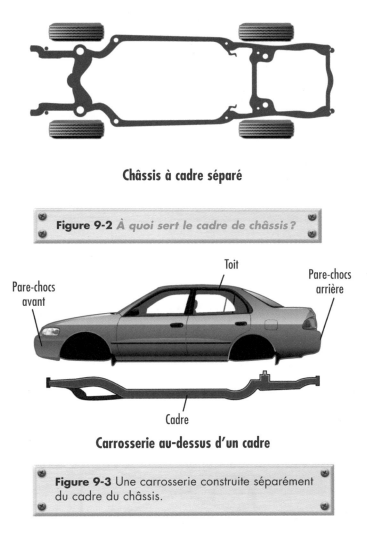

Châssis à cadre séparé

Figure 9-2 *À quoi sert le cadre de châssis ?*

Carrosserie au-dessus d'un cadre

Figure 9-3 Une carrosserie construite séparément du cadre du châssis.

Le cadre de châssis en acier

Le cadre de châssis en acier doit être très solide pour supporter la carrosserie, le moteur, le train de roulement, la suspension et la direction. On a modifié la forme de ces cadres afin qu'ils soient plus sécuritaires, plus légers et plus résistants. Il existe quatre sortes de cadres : le cadre en échelle, le cadre saillant, le cadre avec traverses en X et le cadre périmétrique (*voir la figure 9-5*).

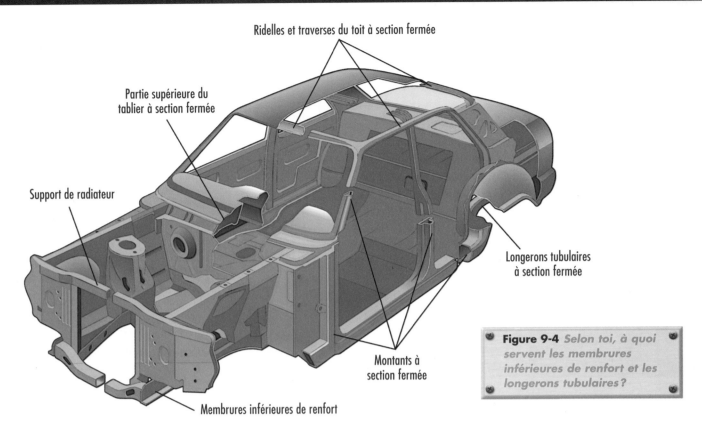

Ridelles et traverses du toit à section fermée

Partie supérieure du tablier à section fermée

Support de radiateur

Longerons tubulaires à section fermée

Montants à section fermée

Membrures inférieures de renfort

Figure 9-4 *Selon toi, à quoi servent les membrures inférieures de renfort et les longerons tubulaires?*

On construit le cadre de châssis en utilisant des formes de base. Celles-ci permettent de renforcer la

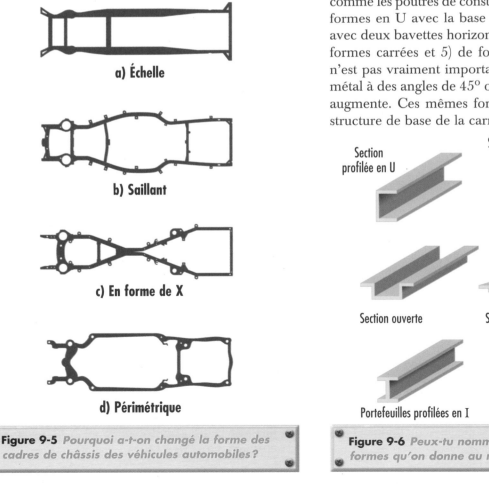

a) Échelle

b) Saillant

c) En forme de X

d) Périmétrique

Figure 9-5 *Pourquoi a-t-on changé la forme des cadres de châssis des véhicules automobiles?*

structure métallique des longerons et des traverses du cadre (*voir la figure 9-6*). Il peut s'agir 1) de formes en I comme les poutres de construction des bâtiments, 2) de formes en U avec la base carrée, 3) de formes en U avec deux bavettes horizontales de chaque côté, 4) de formes carrées et 5) de formes tubulaires. La forme n'est pas vraiment importante mais, lorsqu'on plie le métal à des angles de 45° ou de 90°, la force du métal augmente. Ces mêmes formes se retrouvent dans la structure de base de la carrosserie monocoque.

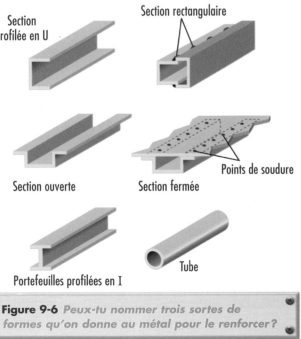

Section profilée en U

Section rectangulaire

Section ouverte

Section fermée

Points de soudure

Portefeuilles profilées en I

Tube

Figure 9-6 *Peux-tu nommer trois sortes de formes qu'on donne au métal pour le renforcer?*

La protection contre la rouille

Pour empêcher les pièces de rouiller, on vaporise un protecteur antirouille. Celui-ci permet de prévenir la corrosion par la rouille ou de la ralentir, outre le fait qu'il résiste à la combustion. Puisque l'huile ordinaire brûle facilement, son utilisation pourrait être une source d'incendie.

Pour vaporiser le protecteur antirouille, tu perces des trous afin d'introduire une tige qui permettra la vaporisation à l'intérieur des portes et des endroits difficiles d'accès. Tu n'auras donc pas besoin de démonter le véhicule. Après la vaporisation, tu insères des bouchons de caoutchouc pour empêcher l'eau et le sel de pénétrer par ces orifices. La présence de ces bouchons te permet de savoir si le véhicule a déjà reçu ou non un traitement antirouille.

Du fait que le cadre de châssis se situe près du sol, il est plus sujet à recevoir l'eau, la neige et le sel provenant de la chaussée. De plus, les formes de métal de sa structure font en sorte que le mélange d'eau et de sel a tendance à se loger dans les coins et recoins. L'eau s'évapore mais le sel y demeure. Dès que l'eau retourne à ces endroits, le sel recommence à réagir. Un autre facteur à considérer est la chaleur. En effet, la température idéale favorisant la rouille se situe entre 0 °C et 21 °C. Par conséquent, si tu abrites ton véhicule dans un garage chauffé, la corrosion par la rouille se fera plus rapidement que si ton véhicule est dans un garage non chauffé ou à l'extérieur. Pour éviter les problèmes causés par la chaleur, les entreprises de transport par autobus, qui abritent les autobus à l'intérieur pour que les moteurs diesel démarrent par temps froid, doivent souvent les laver.

À toi de jouer !

Faire une expérience de corrosion par la rouille

Conforme aux normes de l'EDU en sciences pour comprendre le phénomène de la rouille sur les métaux ferreux.

Matériel requis
- 7 contenants en verre de 1 kg ou de près de 1 L avec couvercles (propres)
- une mesure de 15 mL ou une cuillère à soupe
- 240 mL de sel
- 4 laines d'acier ordinaires n° 001 non enduites de produit antirouille ou de savon
- 1 L d'huile antirouille de trois fabricants différents comme Crown, Rustcheck et Métropolitain
- un espace d'entreposage à 21 °C

❶ Commence par numéroter les sept contenants de 1 à 7.
  a) Sur les contenants 1 à 3, inscris le nom d'un des trois fabricants, puis écris « avec l'antirouille » ;
  b) sur les contenants 4 à 6, inscris le nom d'un des trois fabricants, puis écris « avec l'eau et le sel » ;
  c) sur le contenant 7, écris « eau et sel ».

❷ Dans les contenants 1 à 3, verse l'antirouille correspondant au nom de chaque fabricant. Ensuite, trempe une laine d'acier n° 001 dans chacun des contenants. Laisse l'huile antirouille bien pénétrer la laine d'acier. Garde les contenants ouverts.

❸ Remplis les contenants 4 à 7 avec de l'eau jusqu'à 25 mm du bord. Avec la mesure, verse 120 mL ou 8 cuillères à soupe de sel dans chacun des contenants et remue bien pour dissoudre le sel.

❹ Retire les laines d'acier des contenants 1 à 3 et place-les dans les contenants 4 à 6 avec le nom du fabricant correspondant.

❺ Place une laine d'acier non encore utilisée dans le contenant 7 qui ne contient que de l'eau et du sel. Ce mélange te servira de référence.

❻ Ferme les quatre contenants avec les couvercles. Dispose des contenants 1 à 3 (avec l'antirouille) selon les indications de ton enseignante ou de ton enseignant. Place les contenants 4 à 7 dans l'espace d'entreposage à 21 °C.

❼ Remue les contenants, matin et soir.

❽ Après deux semaines, observe la rouille qui se forme dans chacun des contenants. Y a-t-il une différence entre les laines d'acier traitées avec les produits antirouille (4 à 6) et la laine d'acier sans antirouille (7) ?

❾ Continue à remuer les solutions matin et soir pendant deux mois. Maintenant, selon tes observations, quel est le meilleur antirouille ?

VÉRIFIE TES CONNAISSANCES

❶ Explique pourquoi la laine d'acier non enduite de produit antirouille ou de savon change de couleur.

❷ Pour quelle raison est-il important de maintenir une température de 21 °C ?

❸ Pourquoi faut-il remuer le pot matin et soir ?

❹ Pourquoi le produit antirouille doit-il résister au feu ?

❺ Dans le cas d'une carrosserie monocoque, pour quelle raison doit-on conserver le dessous de l'auto en bon état ?

Section 2

La carrosserie dans le temps

La carrosserie est la structure d'un véhicule automobile, portée par le châssis, qui forme le compartiment du moteur, l'habitacle et le coffre. Au début de l'ère de l'automobile, la carrosserie servait simplement au confort des personnes utilisant le véhicule. Dans l'habitacle, l'un des deux sièges offrait à la conductrice ou au conducteur l'accès à la direction et aux commandes d'accélération et de freinage. La première automobile n'avait pas de pare-brise, car la vitesse de déplacement n'était guère plus rapide que celle du cheval. Avec l'évolution de l'automobile, on a ajouté un pare-brise, des portes et des fenêtres, un coffre pour les bagages ainsi qu'un siège arrière pour d'autres passagères et passagers (*voir la figure 9-7*). De plus, on a remplacé la structure de bois recouverte de tôle et on a modifié les formes et les couleurs. Grâce aux chaînes de montage, la production d'automobiles a connu un essor important. Le nombre d'automobiles est passé de quelques-unes dans un village à une ou deux voitures par maison.

Avec l'arrivée des nouvelles technologies en dessin assisté par ordinateur et les machines à contrôle numérique, on peut maintenant fabriquer des pièces ayant des formes plus aérodynamiques. L'aérodynamisme contribue à diminuer la consommation d'essence. En outre, la crise du pétrole est à l'origine d'autres changements qui ont entraîné la réduction de la consommation d'essence. L'habitacle a aussi évolué grâce à l'utilisation de produits en plastique, plus colorés et attrayants. Le souci de l'apparence et du confort s'est ajouté aux besoins d'utilité et de performance.

Non seulement la peinture sur la carrosserie permet-elle d'améliorer l'apparence des véhicules, mais elle préserve aussi la tôle de la **corrosion par la rouille.** Cependant, l'intérieur et le dessous de la carrosserie ne sont pas nécessairement peints. Pour cette raison, on doit protéger certains points stratégiques à l'aide d'un protecteur antirouille. Il faut noter que, lorsqu'on parle du côté gauche ou droit d'une automobile, on définit ce côté par rapport à la personne qui conduit. En général, le côté droit avant correspond au côté de la passagère ou du passager, et le côté gauche correspond au côté de la conductrice ou du conducteur.

Partie arrière   Habitacle   Partie avant (train de puissance)

Figure 9-7 *Peux-tu nommer quatre composants de la carrosserie ?*

La carrosserie

Les composants

L'aile avant gauche Il s'agit d'un morceau de tôle dont la forme est obtenue grâce à la presse à emboutir. L'aile enveloppe la roue de l'automobile. En général, l'aile avant est boulonnée, et tu peux la remplacer facilement. Lorsque tu veux remplacer l'aile avant, tu fais l'alignement à l'aide de cales (*voir la figure 9-8*) spéciales et de trous de boulons en fente pour permettre l'ajustement. Les pièces de la carrosserie sont interchangeables. Toutefois, tu dois faire l'alignement et l'ajustement, car aucune pièce n'est construite au millimètre près.

L'aile avant droite Elle correspond à l'aile située du côté de la passagère ou du passager.

La sous-aile Il s'agit de la forme intérieure de l'aile. La sous-aile, souvent faite de plastique ou de fibre de verre, empêche les éclaboussures de la roue

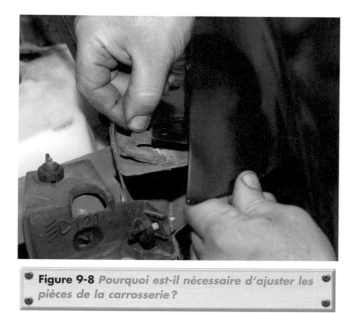

d'atteindre l'aile. La sous-aile est boulonnée à l'aile. Les véhicules munis de sous-ailes ont tendance à moins rouiller. Les sous-ailes ont une forme ronde afin qu'elles s'agencent à la roue et facilitent l'écoulement de l'eau, du sel et de la neige. La sous-aile est fabriquée de manière à créer un espace entre le pneu et la sous-aile. Cet espace permet alors à la suspension de bouger lorsque le véhicule rebondit.

L'aile arrière gauche ou droite Cette aile est constituée d'une tôle préformée comme l'aile avant. Elle est soudée au toit, au panneau arrière et au plancher du véhicule. Le remplacement d'une aile arrière est beaucoup plus long que celui d'une aile avant, cette dernière étant simplement boulonnée. Non seulement tu dois aligner l'aile arrière avec les autres pièces et agencer le tout, mais tu dois aussi appliquer un fini. Après avoir soudé l'aile avec le panneau arrière, le fini permettra d'égaliser les deux surfaces.

Le garde-boue Le garde-boue est une pièce rectangulaire de matériau flexible et résistant (caoutchouc ou polymère). Il empêche la roue de projeter par exemple du sel, de l'eau et des petites roches au bas des ailes et des portes.

Le capot Le **capot** est un élément en tôle préformée qui protège le compartiment moteur. Il permet donc l'accès aux organes mécaniques. Il est muni de pentures à une extrémité et de deux systèmes de verrouillage. Dans le cas de réparations majeures au moteur, par exemple s'il faut le démonter, on peut enlever complètement le capot. On place souvent un déflecteur d'air à l'avant du capot pour forcer l'air à changer de direction. Ainsi,

on évite que de petites roches et d'autres débris marquent la peinture et causent éventuellement de la corrosion par la rouille. Le capot comporte deux systèmes de verrouillage : le levier d'ouverture et le crochet de sécurité. Le levier d'ouverture du capot est situé sous la planche de bord du véhicule, ce qui permet à la conductrice ou au conducteur de déverrouiller le capot de l'intérieur. Lorsqu'on a actionné le premier système de verrouillage de l'intérieur, on peut actionner le second système de l'extérieur. Ce dernier a été ajouté au cas où le premier ne fonctionnerait pas et pour des raisons de sécurité. En effet, si le capot s'ouvrait à une vitesse supérieure à 50 km/h, les dangers pour les passagères et les passagers ainsi que pour les autres automobilistes seraient très importants. En outre, ces systèmes de verrouillage protègent le véhicule du vol de pièces de moteur ou d'éventuels dommages.

Le toit Le toit est la pièce de carrosserie qui recouvre l'habitacle. En général, le toit est rigide, à moins qu'il ne s'agisse d'un modèle décapotable. Le toit est muni de barres transversales afin de renforcer sa structure. Plusieurs véhicules ont un porte-bagages sur le toit, qui permet de fixer des objets tels que des bicyclettes ou des skis. Le désavantage de ces porte-bagages est qu'ils augmentent la résistance au vent et créent un bruit semblable à celui d'un différentiel défectueux. Lorsqu'on achète un modèle familial, on peut demander que le toit soit équipé d'un déflecteur d'air. Celui-ci permet de garder la lunette (vitre arrière) exempte de poussière et de saleté. On peut aussi faire installer un tel déflecteur après l'achat. Le déflecteur d'air protège la portière arrière du sel et de l'eau et, par conséquent, fait en sorte de diminuer la corrosion par la rouille.

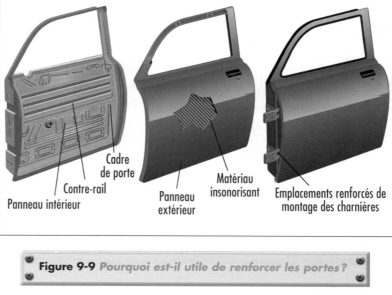

Contre-rail

Cadre de porte

Panneau intérieur

Panneau extérieur

Matériau insonorisant

Emplacements renforcés de montage des charnières

Les portes ou portières Les portes ont pour fonction de permettre aux personnes d'entrer et de sortir des véhicules. Les voitures deux portes sont moins chères, mais l'accès à l'arrière de l'habitacle est plus difficile. Les portes des nouvelles voitures sont souvent équipées de barres spéciales appelées **contre-rails** en acier ondulé (*voir la figure 9-9*). Les contre-rails servent à renforcer les portes en cas d'accident. Les portes contiennent aussi les commandes et les mécanismes permettant de les fermer et de les ouvrir, en plus du mécanisme pour actionner les fenêtres.

Le pare-brise Le **pare-brise,** placé à l'avant du véhicule, permet une bonne visibilité et offre une protection efficace. Le pare-brise est fait de verre feuilleté (*voir la figure 9-10*). Ce verre est constitué de trois parties: deux couches de verre séparées par un film résistant et transparent. La caractéristique du verre feuilleté est de plier et de s'étoiler sous un choc percutant, sans créer d'éclats pouvant provoquer de graves blessures. On ajoute parfois des accessoires au pare-brise: une bande pare-soleil, placée dans la partie supérieure de la vitre, pour empêcher les rayons du soleil d'aveugler les personnes assises à l'avant; une antenne de radio située sur le pourtour; un fil chauffant, placé dans le bas du pare-brise vis-à-vis de l'essuie-glace, pour empêcher la glace de s'y accumuler.

Figure 9-10 *Pourquoi utilise-t-on le verre feuilleté dans la fabrication des vitres?*

La lunette arrière La **lunette** est la vitre **arrière** du véhicule automobile. Elle permet donc la visibilité arrière. La lunette est souvent munie d'un dégivreur chauffant pour garder la vitre propre en hiver. Parfois, elle comporte un essuie-glace et même un lave-glace.

Les fenêtres latérales Les fenêtres latérales permettent la visibilité sur les côtés du véhicule. Comme on peut les ouvrir ou les fermer, elles permettent aussi de ventiler l'habitacle. Pour contrôler l'ouverture ou la fermeture, elles sont munies d'un mécanisme manuel ou électrique. Le principal ennemi des fenêtres est la glace en hiver. Avant d'ouvrir ou de fermer une fenêtre, tu dois t'assurer que la vitre est exempte de glace.

Le marchepied Le marchepied est un accessoire fixé à la carrosserie, à la hauteur du seuil de la portière, qui facilite l'accès au siège du véhicule. Il offre une surface pour poser le pied au moment de la montée à bord.

Le couvercle de coffre Comme le capot, le couvercle de coffre est monté avec des pentures et une serrure permettant le verrouillage. Sur certains modèles, il est muni de lampes. Le couvercle de coffre donne accès à un espace aménagé pour le rangement.

La boîte à gants Ce petit compartiment, muni d'une porte avec serrure, se situe dans le tableau de bord, du côté de la passagère ou du passager. Il permet de ranger des objets de petite taille tels que le guide d'entretien du véhicule.

Les feux de signalisation, les feux arrière, les feux de route et les feux de croisement Les feux sont des faisceaux lumineux émis par les phares d'un véhicule automobile. Les phares sont attachés aux ailes à l'avant ou à l'arrière. Les nouveaux véhicules sont munis de feux qui éclairent davantage et qui n'aveuglent pas les autres conductrices et conducteurs. Les voitures sont presque toutes équipées d'un système de signalisation et d'un système d'arrêt séparés.

L'essuie-glace et le lave-glace L'**essuie-glace** est un dispositif destiné à essuyer le pare-brise ou la lunette arrière. Le **lave-glace** est un appareil qui arrose de liquide le pare-brise ou la lunette arrière afin de faciliter le travail de l'essuie-glace. En hiver, on utilise un antigel de lave-glace, c'est-à-dire une solution antigel à base d'alcool (qui diffère de l'antigel à moteur). Pendant l'été, certains préfèrent utiliser une solution qui peut geler, mais qui a la propriété d'enlever les moustiques et les traces laissées par leur passage. Dans ce cas, dès l'automne, tu dois t'assurer de purger le système avec de l'antigel. Par contre, d'autres personnes préfèrent utiliser l'antigel durant toute l'année; ainsi, ils évitent que le liquide gèle et endommage les conduits et le moteur de la pompe de lave-glace au début de l'hiver.

Il existe des essuie-glaces toutes saisons ou spécialement conçus pour l'hiver. En outre, le caoutchouc de certains essuie-glaces est recouvert d'un enduit de téflon, ce qui facilite le nettoyage tout en réduisant la friction. La glace en hiver, l'effet de la chaleur sur le pare-brise et le sable sont les ennemis de ce dispositif. Pour que ton essuie-glace fonctionne correctement, tu dois toujours t'assurer de le fermer avant de couper le contact, surtout en hiver. Ce geste est d'autant plus important que, dans le cas des démarreurs automatiques à distance, tu risquerais d'endommager le moteur et les bras d'essuie-glaces. Avant de monter en voiture, soulève l'essuie-glace pour t'assurer qu'il n'est pas pris dans la neige ou la glace.

Figure 9-11 *Peux-tu expliquer l'utilité des amortisseurs de pare-chocs?*

Le pare-chocs À l'origine, le pare-chocs servait surtout à soulever le véhicule afin de réparer les crevaisons ainsi qu'à diminuer le choc au moment d'une collision. Toutefois, avec les nouvelles normes qui stipulent que les pare-chocs doivent être munis d'amortisseurs de pare-chocs (*voir la figure 9-11*), il n'est plus conseillé de soulever un véhicule par le pare-chocs. En effet, ces amortisseurs ont une force de poussée horizontale, mais ils ne sont pas conçus pour être soulevés verticalement. Les amortisseurs de pare-chocs sont hydrauliques ou à ressort en boudin. Avec ce type d'amortisseurs, une légère collision entre deux pare-chocs n'occasionne pas trop de dommages. D'un autre côté, les essais prouvent qu'avec les pare-chocs en plastique, même si le moindre contact provoque des dommages, la partie renforcée de la carrosserie monocoque demeure intacte.

La ceinture de sécurité La ceinture de sécurité est un dispositif de protection qui maintient les personnes attachées à leur siège et diminue les effets des accidents. L'utilité de la ceinture de sécurité étant maintenant prouvée, son port est obligatoire. Au cours des essais dynamiques de chocs avec impact à haute vitesse, on a prouvé que les dommages subis

Figure 9-12 *Dans le cas des automobiles plus anciennes, pourquoi doit-on vérifier les attaches des ceintures de sécurité?*

par des mannequins étaient moindres lorsque ceux-ci étaient maintenus par une ceinture de sécurité. Dans le cas des véhicules plus anciens, il est très important de vérifier les attaches des ceintures (*voir la figure 9-12*) pour s'assurer qu'elles ne sont pas trop rouillées et que la boucle fonctionne bien. Les fabricants construisent les automobiles afin que l'habitacle soit protégé, autrement dit la partie de la carrosserie où prennent place la conductrice ou le conducteur, les passagères et les passagers. Les ceintures de sécurité

Figure 9-13 *Quelle est la fonction du coussin gonflable?*

permettent de s'assurer que les personnes resteront dans l'habitacle au moment d'une collision. Ainsi, elles bénéficieront de la protection de l'habitacle.

Le coussin gonflable Le coussin gonflable (qu'on appelle aussi sac gonflable) permet aussi de protéger les personnes assises à l'avant du véhicule. Le coussin gonflable (*voir la figure 9-13*) est un dispositif constitué de capteurs de chocs et d'une enveloppe souple. Celle-ci, au moment d'une collision frontale ou oblique, se gonfle instantanément et s'interpose entre les personnes et le volant ou le tableau de bord. Les capteurs de chocs, parfois placés à l'avant du véhicule, sont des mécanismes qui commandent le déclenchement du coussin gonflable au moment d'un impact. Son déploiement peut provoquer des ecchymoses. Toutefois, ces blessures légères sont un moindre mal si on les compare aux graves lésions qu'une personne pourrait subir sans ce moyen de protection. Après le déploiement d'un coussin gonflable, il est important de le remplacer par un coussin neuf. L'efficacité des coussins remis à neuf n'a pas été, jusqu'ici, très concluante.

La sécurité d'abord

La sécurité personnelle On vaporise souvent les produits antirouille pour s'assurer qu'ils pénètrent dans les endroits difficiles d'accès, par exemple à l'intérieur des portes et du hayon. Lorsque tu procèdes à une vaporisation, deux mesures de sécurité sont importantes : choisir un lieu bien aéré et porter des lunettes de protection en cas d'éclaboussures.

L'entretien de la carrosserie

De nos jours, l'achat d'une automobile est plus dispendieux que celui d'une maison il y a une trentaine d'années. Toutefois, on peut prolonger la durée de vie des véhicules actuels grâce à un minimum d'entretien. Cet entretien porte sur les éléments suivants :

1. La peinture de la carrosserie. L'extérieur du véhicule est peint avec une peinture de très haute qualité. Pour préserver cette peinture des rayons ultraviolets du soleil, du sel et des intempéries, on applique une couche de cire sur la peinture deux fois par année, à l'automne et au printemps. Ainsi, on contribue à préserver la carrosserie de la corrosion par la rouille.

2. Les garde-boue. On s'assure que le véhicule est muni de **garde-boue** afin d'empêcher les roues de projeter du sel, de l'eau et des petites roches sur la partie inférieure de la carrosserie (bas des portes

et des ailes avant et arrière). L'installation de ces garde-boue est simple. Certains modèles se moulent au bas de l'ouverture de la roue, sur la partie inférieure de l'aile. Tu dois te rappeler que les roues sont responsables de la projection du sel et de l'eau qui favorisent la corrosion par la rouille.

3. Le protecteur antirouille. Chaque année, on vaporise un protecteur antirouille à l'intérieur des portes, sur la partie inférieure de la carrosserie, à l'intérieur des ailes, sur le tour de l'intérieur des phares, à l'intérieur du coffre arrière, dans le couvercle du coffre ou le hayon arrière ainsi qu'à l'intérieur du capot.

4. Les déflecteurs d'air. La présence de déflecteurs d'air sur le capot et à l'arrière font en sorte de diriger la poussière, le sel et l'eau vers l'extérieur de l'automobile.

5. La propreté. Durant l'hiver, il importe de laver le véhicule dans un endroit où l'eau est renouvelée à chaque lavage. On applique ensuite une cire chaude.

Une meilleure connaissance de la carrosserie

Depuis le début des automobiles, le poids de la carrosserie a beaucoup diminué. Cette modification a permis d'augmenter la sécurité et de réduire la consommation d'essence. Par exemple, le plastique a contribué à alléger les automobiles et à réduire les coûts de production. En plus de ces améliorations, les recherches sur les impacts à basse et à haute vitesse et les normes à respecter ont entraîné la mise au point des pare-chocs amortisseurs. Ceux-ci empêchent l'endommagement du véhicule en cas de choc à 16 km/h. Pour encore augmenter la protection des personnes à l'intérieur de l'habitacle, on a construit la carrosserie de manière telle qu'elle présente des points faibles appelés **zones de pliage.**

Les zones de pliage Les zones de pliage se situent juste à l'arrière des ailes avant et à l'avant des ailes arrière. Ces zones (*voir la figure 9-14*) sont stratégiquement plus faibles. Elles sont conçues pour absorber le coup en cas de choc. Ainsi, au cours d'essais destructifs avec impact à haute vitesse, des mannequins attachés par des ceintures de sécurité n'ont subi presque aucun dommage majeur. Sous l'impact, les ailes avant ou arrière se plissent comme un accordéon et laissent

CONSEIL TECHNIQUE **Le perçage des trous pour vaporiser l'antirouille** Avant de percer les trous pour vaporiser le produit antirouille, vérifie qu'aucun fil ne passe à ces endroits.

l'intérieur de l'habitacle peu endommagé. Toutefois, pour la ou le propriétaire de la voiture, cette mesure de sécurité présente un sérieux inconvénient. En effet, la carrosserie du véhicule subit davantage de dommages au moment d'un impact.

Figure 9-14 *À quoi servent les zones de pliage ?*

Les techniciens qui font l'estimation et les réparations doivent prendre en considération les dommages directs et indirects.

Les dommages directs Les **dommages ou dégâts directs** ont pour origine le point de contact au moment de l'accident. Par exemple, si l'aile avant droite est le point de contact de la collision, l'aile avant et le pare-chocs peuvent se bosseler. Dans ce cas, tu peux devoir les remplacer. Cependant, par suite de ces dommages directs, il est possible que le plancher de l'auto soit bombé et que les portières ferment mal. Ces dommages sont alors appelés dommages indirects (*voir la figure 9-15*). Quand il y a impact, la force créée est d'abord absorbée par le

point de contact. Si la force est assez importante, la tôle pliera et, dans certains cas, les plis la renforceront. Cette zone renforcée exercera une force sur les pièces adjacentes, qui vont alors absorber le reste de l'impact. Les nouveaux plis qui en résulteront sont appelés dommages ou dégâts indirects.

Les dommages indirects Comme on vient de le décrire ci-dessus, les **dommages ou dégâts indirects** sont provoqués par la force de l'impact qui s'exerce sur les pièces adjacentes à la pièce ayant d'abord subi les dommages directs. À la suite d'un petit accrochage, quand on mesure la partie inférieure d'une carrosserie monocoque, il n'est pas rare de déceler des dommages indirects (*voir la figure 9-16*). Par exemple, le cadre (sur les voitures anciennes) et les tôles doubles du dessous (sur les voitures actuelles) peuvent ne plus être parallèles et doivent alors être redressés. Après un accident, si la voiture roule mal en ligne droite et que les roues arrière ne fonctionnent pas avec les roues avant dans un parallélisme parfait, il est possible qu'on doive redresser la structure de la carrosserie monocoque et corriger la géométrie des roues. Ces sujets seront de nouveau abordés un peu plus loin dans le chapitre. Les dommages indirects sont les plus difficiles à déceler, car ils peuvent se situer à l'intérieur d'une porte ou dans la partie inférieure du véhicule, dans la zone de plancher et de renfort. Pour apprendre à connaître la nature des dommages subis par un véhicule accidenté, si tu en as l'occasion, visite un établissement de recyclage des véhicules routiers.

Figure 9-16 *D'où proviennent les dommages indirects ?*

Figure 9-15 *D'où proviennent les dommages directs ?*

L'interchangeabilité des pièces Les pièces formant la carrosserie ne répondent pas aux mêmes critères de précision que les pièces du moteur. C'est pourquoi on peut remplacer les pièces de la carrosserie par des pièces interchangeables. Par exemple, une aile d'un certain modèle et d'une certaine année conviendra à un modèle différent d'une autre année à la condition qu'elle provienne du même fabricant. Cependant, les techniciens en mécanique automobile devront apporter certaines modifications afin que les pièces s'adaptent bien les unes aux autres. On peut remplacer les pièces de la carrosserie pour deux raisons.

1. Le véhicule a subi un accident. Dans le cas d'un véhicule accidenté, les compagnies d'assurance ont des critères précis en ce qui concerne le remplacement des pièces. En effet, un véhicule neuf peut recevoir des pièces originales et neuves, alors qu'un véhicule plus ancien ne peut recevoir que des pièces de remplacement usagées mais en bon état ou encore des pièces neuves de remplacement plutôt que des pièces originales. Les pièces de remplacement ne sont pas d'aussi bonne qualité, mais elles peuvent souvent avoir une durée de vie aussi longue que celle du véhicule.

2. Une ou des pièces de la carrosserie sont rouillées. Dans ce cas, on peut remplacer les pièces rouillées par des pièces usagées provenant d'un établissement de recyclage des véhicules routiers, des pièces de remplacement, des pièces partielles préformées provenant des fabricants (*voir la figure 9-17*) et, finalement, des pièces d'origine. Puisque la rouille n'apparaît qu'après plusieurs années, les nouvelles pièces, si elles sont de bonne qualité, peuvent durer le reste de la vie du véhicule. Si le véhicule a quatre ans et que la ou le propriétaire veut régler le problème pour une durée de trois ans, il ne sera pas intéressé à acheter une pièce ayant une durée de vie de cinq ans. Quand on parle de pièces partielles, il s'agit de pièces servant à remplacer une partie de pièce, par exemple le bas de la jupe extérieure de la porte. Ces pièces préformées sont fabriquées

pour remplacer les pièces les plus sujettes à la corrosion par la rouille. Parmi ces pièces, mentionnons les panneaux latéraux, le bas des ailes arrière et le bas des portes. On peut acheter les ailes avant et le capot comme pièces de remplacement non originales à un prix très bas. Par conséquent, cela ne vaut pas la peine de procéder au soudage des pièces partielles et d'appliquer le fini exigé par ces pièces. Il est plus rapide et moins coûteux de remplacer l'aile au complet, notamment parce que les ailes avant sont déjà boulonnées.

La réparation de la carrosserie à la suite d'une collision

À la suite d'une collision, la première étape consiste à faire une estimation. Ne signe aucun document autre que l'autorisation de faire les travaux avant que ceux-ci et le véhicule ne soient vérifiés par un essai routier. Même après l'estimation, tu peux déceler des pièces abîmées à la suite de dommages indirects. Dans ce cas, tu devras peut-être changer ces pièces. Dans le but de diminuer le prix des réparations, les compagnies d'assurance essaient parfois de faire valoir que le changement de pièces augmentera la valeur du véhicule et que les dommages sont plus grands à cause de la rouille. S'il y a lieu, demande l'opinion d'une autre personne, même si cela signifie que tu devras payer une évaluatrice ou un évaluateur indépendant. Après avoir enlevé la tôle endommagée, tu redresses les tôles en bon état qui devront être soudées ou boulonnées aux nouvelles tôles. Souvent, tu dois redresser les renforts, les longerons et les traverses du dessous de la carrosserie monocoque. Pour cette opération, tu peux utiliser une machine à étirer. Le dessous de toute la carrosserie doit être fixé sur un support spécial pour retenir une partie de celle-ci pendant que tu déplies l'autre partie.

Figure 9-17
Pourquoi est-il plus avantageux de changer seulement une partie de la carrosserie ?

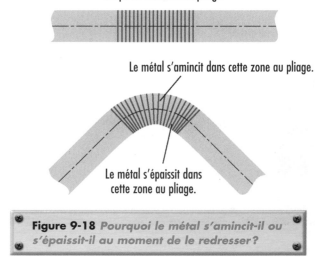

Coupe de métal avant pliage

Le métal s'amincit dans cette zone au pliage.

Le métal s'épaissit dans cette zone au pliage.

Figure 9-18 *Pourquoi le métal s'amincit-il ou s'épaissit-il au moment de le redresser ?*

Le débosselage de la tôle On redresse la tôle bosselée à l'aide d'une machine à étirer et par martelage. Une fois la tôle redressée, la technicienne ou le technicien en carrosserie l'examine afin de déterminer les dommages restants et la façon de procéder. D'abord, tu vérifies si la tôle s'est raccourcie ou allongée (*voir la figure 9-18*). Si la tôle s'est raccourcie, elle est plus épaisse. Le travail de préparation avant la finition sera plus difficile, mais la résistance du métal sera meilleure. Si la tôle s'est allongée, elle est plus mince (*voir la figure 9-20*). Dans ce cas, la tôle est plus facile à redresser. Toutefois, la finition sera plus difficile, car la tôle peut percer facilement.

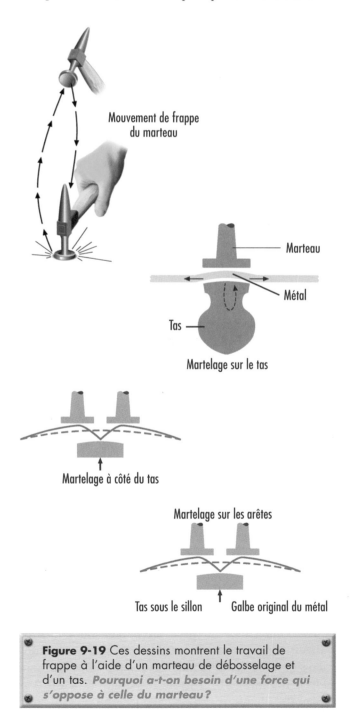

Mouvement de frappe du marteau

Marteau

Métal

Tas

Martelage sur le tas

Martelage à côté du tas

Martelage sur les arêtes

Tas sous le sillon   Galbe original du métal

Figure 9-19 Ces dessins montrent le travail de frappe à l'aide d'un marteau de débosselage et d'un tas. *Pourquoi a-t-on besoin d'une force qui s'oppose à celle du marteau ?*

La prochaine opération consiste à donner forme à la tôle pour que celle-ci s'approche le plus possible de sa forme originale. La technicienne ou le technicien utilise un marteau et un tas (*voir la figure 9-19*). Un tas est un outil constitué par une masse d'acier forgé dont la surface est finement polie. Il est destiné à servir de forme pour le travail d'une pièce de métal par un outil de frappe manuel.

Quand l'espace le permet, la technicienne ou le technicien qui utilise le débosselage au moyen du marteau et du tas peut enlever les plis de la tôle. À cause du manque d'espace, il faut souvent percer des petits trous et utiliser un tireur pour enlever les gros plis. Une fois le débosselage à l'aide du marteau et du tas terminé, tu dois remplir les petits interstices afin d'éliminer les imperfections. Avant de les remplir, tu nettoies la peinture avec un solvant spécial pour enlever la cire et les graisses.

Deux méthodes permettent de remplir les petits interstices avant d'entreprendre l'étape de la peinture.

1. Cette première méthode n'est presque plus utilisée. Elle consiste à chauffer le métal redressé à l'aide du marteau et du tas, à le nettoyer et à fondre le métal de plomb dans l'interstice de la tôle. Après avoir appliqué le plomb, tu utilises une grande lime pour la carrosserie afin de niveler les surfaces. Si tu veux que le plomb adhère à la surface, n'oublie pas d'enlever toute trace de peinture et de meuler jusqu'au métal.

2. Cette méthode consiste à appliquer une mince couche de mastic plastique pour carrosserie. Ce mastic colle à la surface et permet de compenser les imperfections d'étanchéité ou d'aspect. Il se

Figure 9-20 *Pourquoi doit-on utiliser une grande lime pour la carrosserie ?*

compose de deux parties : le mastic et le durcis-
seur. La technicienne ou le technicien devra utiliser
le bon mélange afin de concilier des qualités
d'adhérence, de durcissement et une certaine flexibilité. Cette dernière qualité est importante, car la
tôle réparée doit bouger de la même façon que la
tôle du reste de la carrosserie. Une fois le mastic
plastique un peu durci, tu dois le limer avec une
grande lime pour la carrosserie (*voir la figure 9-20*).

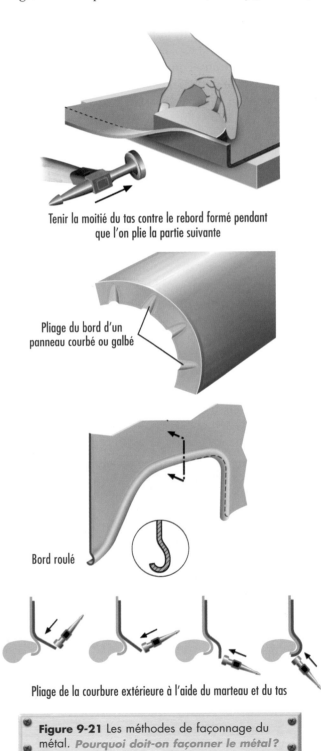

Tenir la moitié du tas contre le rebord formé pendant
que l'on plie la partie suivante

Pliage du bord d'un
panneau courbé ou galbé

Bord roulé

Pliage de la courbure extérieure à l'aide du marteau et du tas

Figure 9-21 Les méthodes de façonnage du
métal. *Pourquoi doit-on façonner le métal ?*

La réparation de la tôle percée par la rouille La
tôle rouillée est très difficile à réparer. Tu dois d'abord
enlever toute la rouille, sinon celle-ci réapparaîtra peu
de temps après. Les techniciens expérimentés utilisent
souvent un jet de sable sous haute pression afin de
s'assurer d'enlever toute la rouille. Ensuite, tu détermines si la tôle est assez épaisse pour passer l'épreuve
du temps. Tu remplaces les tôles trop minces par de
nouvelles tôles que tu dois former (*voir la figure 9-21*)
ou que tu achètes déjà formées. On a déjà parlé de
pièces préformées partielles (bas d'ailes arrière) et de
pièces de remplacement non originales.

En général, on soude les nouvelles pièces par soudage
sous gaz inerte (MIG) sur les anciennes tôles fraîche-
ment décapées au jet de sable. Au préalable, tu peux
légèrement meuler les anciennes tôles. Il est très
important de faire la finition immédiatement après un
décapage au jet de sable, car des trous d'air se forment
et la tôle peut rouiller très vite, surtout par temps très
humide. Les réparateurs de carrosserie amateurs
utilisent souvent des rivets ou de la fibre de verre pour
réparer la tôle percée et rouillée. Cette dernière
méthode est inefficace, car le résultat final manque de
solidité. La fibre de verre se détache souvent après que
la tôle adjacente a commencé à rouiller. Le remplacement des tôles endommagées et la soudure au MIG
(*voir la figure 9-22*) connaissent un meilleur succès.
Après l'étape de la soudure et du meulage, tu remplis
les petits interstices avec du mastic plastique, comme
on l'a décrit précédemment.

Figure 9-22 *Pour quelle raison
doit-on souder les panneaux ?*

Le ponçage Le ponçage de la carrosserie se fait par
étapes. D'abord, tu utilises du papier sablé à gros
grains, puis tu passes à des papiers sablés ayant des
grains de plus en plus fins. Le papier sablé est coté
selon le nombre et la grosseur des grains de sable. Un
papier 400 veut dire 400 petits morceaux de sable très

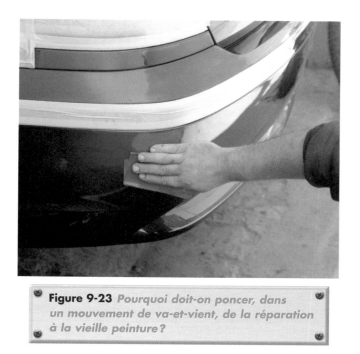

Figure 9-23 *Pourquoi doit-on poncer, dans un mouvement de va-et-vient, de la réparation à la vieille peinture?*

fins dans un espace de 25,4 mm carré (1 pouce carré). La technicienne ou le technicien en carrosserie utilise toujours le papier le plus fin pour ne pas laisser de marques sur le fini. Celles-ci pourraient demeurer visibles après l'application de la couche de peinture finale.

Pour poncer ou sabler, tu peux utiliser une ponceuse électrique ou pneumatique. Tu peux aussi sabler à la main, surtout pour la finition. Les ponceuses électriques et à air fonctionnent dans un mouvement de rotation (ponceuse à disque) ou de va-et-vient (ponceuse à bande). La ponceuse à disque sert surtout à enlever le surplus de soudure. On l'utilise aussi pour préparer la tôle avant de la souder ou de la traiter avec le plomb ou le mastic plastique. Dans le cas du plomb, tu dois nettoyer la surface avec soin, car le plomb n'adhère qu'au métal. Dans le cas du mastic plastique, celui-ci n'adhère au métal et à la peinture que si la surface poncée est très propre, exempte de cire ou de graisse. Par ailleurs, le mouvement circulaire de la ponceuse à disque laisse des traces à la surface. Pour les enlever, utilise du papier sablé avant de commencer à peindre. Afin d'obtenir une peinture d'apparence égale, tu utilises un papier sablé fin dans un mouvement rectiligne qui suit les lignes de contour de la carrosserie. C'est pourquoi la sableuse à bande est préférable quand tu arrives à l'étape consistant à appliquer la couche de finition et la peinture. Tu dois te rappeler que l'apparence de la couche de peinture ne sera impeccable que si la finition préalable est parfaite. Si la peinture n'est pas complètement enlevée, il faut recourir au biseautage (ou chan-freinage) pour aplanir le point de rencontre entre

l'ancienne peinture et le métal. La largeur de ce biseautage doit être d'au moins 7 millimètres (*voir la figure 9-23*) pour chaque couche de peinture. Le sablage entre la couche de peinture et la dernière couche de préparation se fait souvent manuellement avec un papier sablé. Toute la surface de l'ancienne peinture doit être poncée avant que la couche de fond (apprêt) ou la peinture ne soit appliquée. Dans le cas d'une peinture émail ordinaire, le papier n° 320 est conseillé. Pour l'acrylique et la laque acrylique, tu utilises du papier n° 320-400 et n° 600 sec ou humide. En général, on utilise le papier humide parce qu'avec cette méthode on produit moins de poussière. Le désavantage de l'utilisation du papier humide est que tu dois veiller à ce que la carrosserie soit parfaitement sèche avant d'appliquer la peinture. Tu évites ainsi la formation de rouille entre le métal de la carrosserie et la couche de fond. La méthode illustrée à la **figure 9-24** consiste à plier le papier pour le ponçage à la main. Avec cette méthode, tu peux utiliser toute la surface du papier.

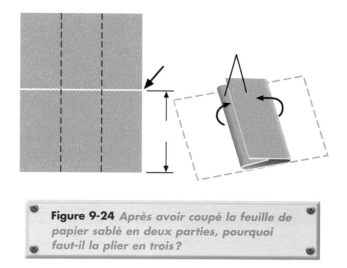

Figure 9-24 *Après avoir coupé la feuille de papier sablé en deux parties, pourquoi faut-il la plier en trois?*

Les matériaux de finition Tu dois peindre les nouvelles tôles et la partie des ailes arrière et avant pour leur donner une belle apparence et empêcher ces pièces de rouiller à nouveau. Les fabricants de véhicules utilisent de nombreux produits chimiques dans les apprêts à peinture et les peintures, ce qui en fait un sujet complexe. Le but de ce chapitre n'étant que de donner un aperçu général de la carrosserie, on n'approfondira pas ce sujet ici. Néanmoins, voici quelques principes de base. D'abord, tu détermines la sorte de peinture qu'on a posé à la dernière application. Tu trouves ensuite un apprêt et une peinture qui sont compatibles avec la peinture déjà posée. Assure-toi que la surface est propre et ne présente aucune trace de cire, de graisse ou de saleté.

Pour appliquer la peinture, choisis un endroit exempt de poussière et bien ventilé. La meilleure façon de peindre un véhicule est la vaporisation au pistolet. Cependant, cette méthode est très nocive pour la santé et pour l'environnement. L'application de peinture au pistolet sans protection adéquate n'est plus acceptée. D'abord, tu poses une couche d'apprêt. Ensuite, tu remplis les petits interstices avec un mastic spécial conçu pour éliminer les imperfections, et tu ponces la surface avec un papier sablé très fin. Finalement, tu appliques la peinture. Autrefois, on cuisait la peinture sous des lampes spéciales. Aujourd'hui, des durcisseurs ajoutés à la peinture permettent à celle-ci de durcir et de sécher rapidement, sans devoir recourir à la cuisson. Au cours des premières semaines, la peinture fraîche n'étant pas complètement durcie, il faut la traiter avec précaution. Maintenant, il ne reste qu'à disposer de la peinture restante en respectant les consignes indiquées sur les contenants et les règles du SIMDUT.

L'achat d'une automobile et la vérification de la carrosserie

Avant d'acheter un véhicule automobile, il est important de déterminer, d'une part, si la carrosserie a subi ou non un accident et, d'autre part, si on l'a repeinte à cause d'un problème de corrosion par la rouille. Avant d'entreprendre toute démarche, lis des revues de consommateurs ou des revues automobiles. Une fois par année, ces revues relèvent les défauts des véhicules d'occasion. Par ailleurs, il convient de s'informer auprès d'une compagnie d'assurance afin de connaître les primes à payer pour un véhicule précis. En effet, les primes d'assurance varient en fonction du modèle, de la marque et de l'âge du véhicule. L'inspection visuelle étant très importante, il peut être utile de se faire accompagner par une personne expérimentée et de faire l'inspection en plein jour.

Première étape. Pour savoir si on a déjà repeint une voiture, vérifie si les caoutchoucs, les moulures chromées ou les vitres ont gardé des traces de peinture. Quand le véhicule a sa peinture d'origine, il n'y a aucune trace de peinture. Lorsqu'on applique une peinture, on masque toutes les parties qu'on veut protéger. Toutefois, il est très rare qu'on réussisse à coller parfaitement le ruban cache sur le bord des parties protégées. Comme on applique la peinture par vaporisation, il est difficile de ne pas laisser de petites traces sur le bord des parties protégées. Par ailleurs, vérifie si la peinture est exactement de la même couleur sur toutes les pièces de la carrosserie. Si l'aile avant d'un véhicule a été endommagée, la compagnie d'assurance n'acceptera de payer que pour la peinture de cette partie de la carrosserie. Tu peux donc déceler la différence de couleur parce que la couleur d'origine, qui a subi les effets du soleil et des intempéries, ne sera pas exactement la même que celle de la nouvelle peinture.

Deuxième étape. Vérifie si on a redressé certaines parties de la carrosserie et si on a appliqué du mastic plastique. Pour y arriver, un moyen efficace consiste à utiliser un petit aimant sur les parties sujettes à la corrosion par la rouille. Si on a appliqué une importante couche de mastic plastique, l'aimant ne subira pas l'attraction du métal ferreux. De plus, la carrosserie ne doit pas présenter d'ondulations.

Troisième étape. Inspecte l'intérieur du coffre arrière pour vérifier les endroits où la tôle est apparente. Le techniciens consacrent beaucoup de temps à la finition extérieure de la carrosserie, mais ils laissent généralement les parties non apparentes telles quelles. Ainsi, la personne intéressée à acheter une voiture d'occasion peut déceler si la voiture a subi ou non un accident à l'arrière. Afin de vérifier si un véhicule a exigé une réparation d'une partie avant du véhicule, demande l'aide d'une technicienne ou d'un technicien. Pour l'examen, il faut soulever le véhicule au moyen d'un appareil de levage. Dans certains cas, tu peux examiner les sous-ailes et les ailes en bougeant le plastique, au besoin. Il est peu coûteux de demander à un centre de service indépendant ou à un centre de diagnostic d'inspecter le véhicule afin de déterminer d'éventuels problèmes de carrosserie ou de mécanique. Sans soulever le véhicule, cet examen s'avère très difficile. De plus, il est important d'examiner le bas des portes, le dessous du plancher et le fond du coffre arrière pour voir les indices de corrosion par la rouille. Ces endroits sont souvent les premiers à rouiller.

Quatrième étape. Pour terminer l'inspection, tu dois t'accroupir à côté de la voiture afin de vérifier l'alignement des pièces. Après un accident grave, si la réparation de la carrosserie n'a pas été soignée, tu peux voir une différence d'alignement des pièces d'un côté par rapport à l'autre. On conseille aussi de faire un essai routier. Demande à une personne de confiance de te suivre en voiture afin d'observer si les quatre roues s'alignent parfaitement durant le déplacement. Par la même occasion, cette personne peut prêter attention à la couleur des gaz d'échappement. Bien que ce dernier élément ne soit pas lié à la carrosserie, une fumée bleue indique qu'il faudra faire des réparations coûteuses au moteur. Durant la conduite, vérifie aussi si la carrosserie vibre ou bouge de façon normale. À la suite de l'inspection par un garage indépendant, tu peux demander à la vendeuse ou au vendeur de faire réparer le véhicule avant de l'acheter.

En plus de la carrosserie, voici une liste de quelques éléments à vérifier avant d'acheter un véhicule automobile d'occasion : les freins, la direction, l'échappement, le moteur, les lumières, les ceintures de sécurité, les sacs gonflables, les pneus et le kilométrage. Par exemple, des pédales de frein et d'accélérateur neuves peuvent indiquer un véhicule très utilisé.

Enfin, après réflexion, si tu décides d'acheter le véhicule, vérifie d'abord le prix de vente. Le *Canadian Red Book,* guide d'évaluation des voitures d'occasion, donne la valeur d'un véhicule d'occasion selon sa condition (parfaite, passable ou mauvaise). Le *Canadian Red Book* est le manuel de référence des concessionnaires d'automobiles, des compagnies d'assurance et des gouvernements provinciaux.

Le certificat de sécurité

En Ontario, lorsque tu achètes un véhicule, en plus du certificat d'émission de gaz valide pour deux ans, tu dois posséder un certificat de sécurité émis par une technicienne ou un technicien autorisé. Le ministère des Transports de l'Ontario exige un tel certificat pour l'immatriculation d'un véhicule d'occasion. Ce certificat atteste que le véhicule est en état de circuler au moment de son inspection. On peut l'obtenir auprès de n'importe quel centre d'inspection des véhicules automobiles autorisé, moyennant des frais. Ce certificat est valable pendant 36 jours à compter de la date d'inspection et doit être signé par une technicienne ou un technicien autorisé. Les autres provinces ont des lois similaires. Si le certificat de sécurité recommande des réparations, il est nécessaire de les faire. Ensuite, tu peux demander l'émission d'un nouveau certificat de sécurité avant d'acheter le véhicule.

RÉVISION DU CHAPITRE 9

Notions importantes

Ces notions sont conformes aux normes du MFCUO en ce qui concerne la carrosserie : la sécurité, l'alignement du cadre de châssis ou du bas de la carrosserie monocoque, les lumières, les sacs gonflables et les ceintures de sécurité.

- La carrosserie sert à protéger les conductrices et les conducteurs ainsi que les passagères et les passagers. Les normes du gouvernement exigent que l'habitacle soit résistant. En conséquence, les fabricants de véhicules automobiles l'ont amélioré, en autant que les personnes sont maintenues attachées à leur siège à l'aide des ceintures de sécurité.

- La carrosserie est aussi la partie qui différencie le plus les marques de véhicules. Avec ses couleurs variées et ses nombreux modèles, la carrosserie donne de la valeur au véhicule. Quand elle est rouillée ou endommagée, le véhicule perd alors une grande partie de sa valeur. On répare la carrosserie pour deux raisons : afin de réparer les dommages à la suite d'un accident ou de la corrosion par la rouille.

- La carrosserie peut être réparée avec des pièces neuves d'origine, des pièces usagées, des pièces partielles, des pièces neuves non originales et des morceaux de tôle façonnée par la technicienne ou le technicien.

- La rouille est le principal ennemi de la carrosserie. Pour empêcher la carrosserie de rouiller, on lave l'auto plus souvent en hiver, on la cire deux fois par année et on la traite avec un protecteur antirouille chaque année.

- Grâce au *Canadian Red Book*, on peut connaître la valeur des véhicules au prix du gros et du détail. La personne désirant acheter une voiture d'occasion peut s'y référer pour connaître la valeur exacte du véhicule selon le modèle, l'âge et l'état. Elle peut aussi consulter des revues de consommateurs, par exemple *Consommateur averti*, et des revues d'automobiles. Il est aussi important de se renseigner auprès d'une compagnie d'assurance afin de connaître le montant des primes exigées pour un véhicule en particulier.

Questions de révision

❶ Comment peux-tu déterminer la valeur d'un véhicule automobile d'occasion ?

❷ On peut faire réparer la carrosserie d'un véhicule par une technicienne ou un technicien pour deux raisons. Quelles sont-elles ?

❸ Pour savoir si un véhicule a été accidenté, quelles étapes d'inspection dois-tu suivre ?

❹ Tu veux acheter une voiture d'occasion. Comment peux-tu vérifier les effets de la corrosion par la rouille ?

❺ Comment peux-tu t'assurer que le véhicule est conforme aux normes de sécurité de l'Ontario ?

❻ Comment procèdes-tu pour réparer les effets de la corrosion par la rouille sur le bas d'une porte ?

❼ Définis l'expression « carrosserie monocoque ».

❽ **Pensée critique** Pourquoi les véhicules ayant reçu un traitement antirouille chaque année semblent-ils garder une plus grande valeur ? Explique ta réponse.

❾ **Pensée critique** Tu décides d'acheter une pièce de remplacement non originale, par exemple une aile ou le capot. Explique pourquoi tu as pris cette décision.

PRÉVISIONS TECHNOLOGIQUES
POUR L'EXCELLENCE EN MATIÈRE D'AUTOMOBILE

La carrosserie

Dans le futur, la carrosserie des véhicules automobiles connaîtra de grandes améliorations. Ces changements commenceront par une plus large utilisation des panneaux construits avec des matériaux non métalliques. On fabrique déjà les panneaux de la Saturn et d'autres modèles avec hayon avec des matériaux plus résistants qui ne rouillent pas. Dans le but de respecter l'Accord de Kyoto, on fabriquera des pièces de véhicules qui, durant leur fabrication et leur recyclage, produiront moins de pollution. Par ailleurs, le nombre de véhicules hybrides augmentera. La production d'énergie de ces véhicules étant assurée par l'association d'un moteur thermique et d'un moteur électrique, leur popularité grandira. L'habitacle sera plus grand, et on diminuera le poids et la puissance requise pour les faire avancer. Enfin, les fabricants de peinture amélioreront la composition et la résistance de leurs apprêts et de leurs finis tout en éliminant les produits chimiques nocifs. Grâce à ces améliorations, la carrosserie gardera un bel aspect plus longtemps sans nuire à la santé et à l'environnement.

EXCELLENCE AUTOMOBILE
TEST PRÉPARATOIRE

En répondant aux questions suivantes, tu pourras te préparer aux tests en vue d'obtenir la certification du MFCUO.

1. La technicienne A dit que le dessous de la carrosserie peut plier au moment d'un impact. Le technicien B dit que le dessous de la carrosserie ne peut jamais plier. Qui a raison ?

   ⓐ La technicienne A.

   ⓑ Le technicien B.

   ⓒ Les deux ont raison.

   ⓓ Les deux ont tort.

2. Le technicien A dit que les ailes avant d'une auto sont boulonnées. La technicienne B dit que les ailes avant sont plus faciles à remplacer que les ailes arrière. Qui a raison ?

   ⓐ Le technicien A.

   ⓑ La technicienne B.

   ⓒ Les deux ont raison.

   ⓓ Les deux ont tort.

3. La technicienne A dit que l'antirouille n'est pas efficace pour les parties intérieures et cachées des véhicules. Le technicien B dit le contraire. Qui a raison ?

   ⓐ La technicienne A.

   ⓑ Le technicien B.

   ⓒ Les deux ont raison.

   ⓓ Les deux ont tort.

4. Les trois parties de la carrosserie sont :

   ⓐ les ailes, le toit et les portes.

   ⓑ les ailes, le toit et les étriers.

   ⓒ les ailes, la crémaillère et le pare-chocs.

   ⓓ les portes, les fenêtres et les pneus.

5. Que faut-il d'abord vérifier au moment d'acheter un véhicule automobile d'occasion ?

   ⓐ La rouille, la valeur dans le catalogue du fabricant, le coût des primes d'assurance et la beauté.

   ⓑ La rouille, les sous-ailes, les dommages par suite d'un accident et la couleur du moteur.

   ⓒ La rouille, la tenue de route, la valeur dans le *Canadian Red Book* et le coût des primes d'assurance.

   ⓓ La rouille, la tenue de route, le coût des pneus neufs et la possibilité d'obtenir du crédit.

6. Pour fixer les portes avant à la carrosserie, tu dois utiliser :

   ⓐ un support pour former la tôle chaude.

   ⓑ une soudure au MIG.

   ⓒ des pentures de plastique.

   ⓓ des pentures boulonnées à la porte et à la carrosserie.

7. Pourquoi les produits à base de peinture sont-ils très nocifs pour la santé ?

   ⓐ Parce qu'il n'y a pas de réaction chimique dans la peinture.

   ⓑ Parce que les peintures se mélangent toutes ensemble.

   ⓒ Pour ces deux raisons.

   ⓓ Aucune de ces réponses.

8. Pourquoi doit-on confier la tâche de redresser le cadre de la carrosserie à une technicienne ou à un technicien ?

   ⓐ Pour s'assurer que le véhicule ne rouillera pas.

   ⓑ Pour s'assurer que la carrosserie est bien alignée, que les soudures sont impeccables et que les dommages directs et indirects sont réparés.

   ⓒ Pour garder le moteur en bon état.

   ⓓ Aucune de ces réponses.

9. Avant d'acheter un véhicule automobile, tu examines la carrosserie pour t'assurer :

   ⓐ du parallélisme.

   ⓑ de l'état de corrosion par la rouille.

   ⓒ de l'existence d'un certificat de sécurité afin de faire la demande de transfert.

   ⓓ Toutes ces réponses sont bonnes.

10. Le technicien A dit que les accidents ne causent pas de dommages indirects. La technicienne B dit que les dommages par suite d'un accident n'influent pas sur la corrosion par la rouille. Qui a raison ?

    ⓐ Le technicien A.

    ⓑ La technicienne B.

    ⓒ Les deux ont raison.

    ⓓ Les deux ont tort.

La boîte de vitesses automatique et la boîte-pont

CHAPITRE 10

Les composants fondamentaux de la boîte de vitesses automatique et de la boîte-pont

CHAPITRE 11

Diagnostic et réparation des convertisseurs de couple et des trains d'engrenages

CHAPITRE 12

Les principes hydrauliques

CHAPITRE 13

Diagnostics et réparations du système de commandes hydrauliques

CHAPITRE 14

Diagnostic et réparation des composants d'application

CHAPITRE 15

Diagnostic et réparation des commandes électroniques

CHAPITRE 16

Remise en état d'une boîte de vitesses automatique ou d'une boîte-pont

Spécialiste des boîtes de vitesses

Nous sommes à la recherche de techniciens pour notre atelier très achalandé. Nous demandons aux intéressés au moins une année d'expérience dans le domaine des boîtes de vitesses automatiques. Un certificat d'études secondaires et une certification MFCUO sont obligatoires. Superbe occasion pour la personne recherchée ! Excellents avantages sociaux et salaire dans les 50 000 $. Vacances et congés payés. Nous souscrivons au principe de l'égalité d'accès à l'emploi.

Ingénieure ou ingénieur en techniques de fabrication

Doit assurer la conception, le développement et la planification de nouveaux sacs gonflables. Doit aussi mettre à profit son expérience, sa connaissance et son expertise en analyse de la valeur pour évaluer les produits.

La certification en génie industriel, de fabrication ou mécanique, est exigée. Un minimum de 5 ans d'expérience, englobant les domaines du profilage du métal, de la fabrication et de la menuiserie métalliques ainsi qu'une connaissance éprouvée, dans les domaines de la formation de pièces métalliques d'avant-garde et des applications de soudage, sont souhaitables.

Spécialiste de la reconstruction des boîtes de vitesses

Si vous désirez travailler dans le domaine de la réparation des boîtes de vitesses automatiques et possédez un bon sens de l'éthique ainsi que de l'expérience en mécanique, ce poste est pour vous !

Nous sommes un distributeur de boîtes de vitesses et de moteurs diesels. Nous cherchons des candidats qualifiés qui seront formés pour cette carrière intéressante et bien rémunérée. Un diplôme d'études secondaires est obligatoire. Une expérience dans un atelier de réparation d'automobiles serait souhaitée. Travail dans un environnement sans fumée et salaire concurrentiel.

Directrice ou directeur des ventes – domaine de l'automobile

Nous sommes un fournisseur de composants assemblés et usinés pour les automobiles. Nous sommes à la recherche d'une directrice ou d'un directeur des ventes possédant une expérience éprouvée de plus de trois ans dans la vente de composants d'automobile. Nous offrons un salaire qui se situe entre 50 000 et 70 000 $, selon l'expérience. Véhicule fourni ainsi que bonus. Appelez dès aujourd'hui pour obtenir plus de renseignements.

Pensons-carrière

Lis les offres d'emplois ci-dessus et procède de la façon suivante :

- Imagine que tu fais passer une entrevue pour le poste de spécialiste des boîtes de vitesses mentionné ci-dessus. Prépare une liste de questions à poser.
- Consulte Internet pour trouver un endroit où tu aimerais vivre et travailler. Serais-tu en mesure de trouver le poste qui t'intéresserait dans le domaine de l'automobile ?
- Fais une recherche pour connaître la formation dont tu aurais besoin pour devenir une directrice ou un directeur des ventes dans le domaine de l'automobile.

CHAPITRE 10

Les composants fondamentaux de la boîte de vitesses automatique et de la boîte-pont

Tu seras en mesure :

⊗ de reconnaître les trois types de boîtes de vitesses automatiques ;

⊗ de reconnaître les deux types de supports de boîte de vitesses ;

⊗ de déterminer les types et les modèles de diverses boîtes de vitesses ;

⊗ de connaître le type de liquide nécessaire pour une boîte de vitesses déterminée ;

⊗ d'expliquer les procédures appropriées d'entretien du liquide.

Le vocabulaire :

Composant d'application

Bande

Joint à poignée-étrier

Joint à lèvre

Montage longitudinal

Joint d'étanchéité

Bande de puissance

Joint équarri

Élément thermique

Boîte-pont

Montage transversal

Le problème

La boîte de vitesses automatique est le système le plus complexe d'un véhicule. L'utilisation d'une boîte de vitesses automatique signifie que la personne qui conduit ne change pas de vitesse pour accélérer ou ralentir le véhicule. La vitesse appropriée ou la demande de puissance pour le véhicule se sélectionne automatiquement.

Une boîte de vitesses automatique garde le moteur embrayé avec la transmission, même lorsque le véhicule n'est plus en mouvement. Cela signifie que la personne qui conduit n'a pas à débrayer mécaniquement chaque fois que le véhicule s'arrête.

Ton défi

À titre de technicienne ou de technicien, tu dois répondre aux questions suivantes :

❶ Combien existe-t-il de types de boîtes de vitesses automatiques ?

❷ Comment la boîte de vitesses automatique transfère-t-elle le couple du moteur ?

❸ À quoi sert le liquide hydraulique dans une boîte de vitesses automatique ?

La boîte-pont et la boîte de vitesses automatique

Une boîte-pont ou une boîte de vitesses automatique est l'une des pièces les plus complexes d'un véhicule. La première boîte de vitesses entièrement automatique a été conçue il y a plus de 60 ans. Cependant, la fonction de base est restée la même.

Boîte-pont et *boîte de vitesses* sont des termes de l'industrie qui décrivent deux concepts distincts. Une **boîte-pont** est une boîte de vitesses qui comporte une transmission finale et l'ensemble du différentiel dans un dispositif. Les véhicules avec boîte de vitesses ont une transmission finale et l'ensemble du différentiel dans des dispositifs distincts.

Les fonctions principales d'une boîte-pont ou d'une boîte de vitesses automatique sont les suivantes :
- Permettre au moteur d'alimenter et de fournir le couple aux roues motrices et à la transmission.
- Permettre à la personne qui conduit de changer la direction du véhicule (marche avant ou marche arrière).
- Fournir divers rapports de marche avant pour s'assurer que le moteur offre un rendement adéquat et une bonne économie de carburant.
- Fournir automatiquement une rétrogradation ou le passage à une vitesse supérieure.

Les types de boîtes de vitesses automatiques

On trouve trois types de boîtes de vitesses automatiques sur le marché. Elles sont classées selon leur mode de commandement.

Il s'agit des :
- boîtes de vitesses à commande classique ;
- boîtes de vitesses à commande électronique ;
- boîtes de vitesses à rapports variables de façon continue.

Une boîte de vitesses à commande classique est munie d'un système hydraulique complexe pour régler le passage des vitesses et pour contrôler les changements de vitesses.

Une boîte de vitesses à commande électronique est réglée par un ordinateur de bord. Les solénoïdes commandés électroniquement dans la boîte de vitesses reçoivent des signaux de l'ordinateur pour contrôler le passage du point de changement de vitesse. L'ordinateur peut aussi contrôler la pression du liquide hydraulique. Un actionneur de commande de pression, appelé solénoïde, contrôle la pression du liquide.

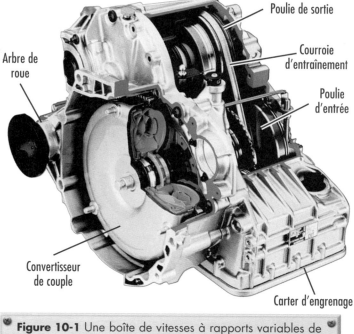

Poulie de sortie

Arbre de roue

Courroie d'entraînement

Poulie d'entrée

Convertisseur de couple

Carter d'engrenage

Figure 10-1 Une boîte de vitesses à rapports variables de façon continue est munie d'une courroie d'entraînement en acier, passant par une paire de poulies à largeur variable, qui fournit un rapport de démultiplication variable. Les poulies à largeur variable sont les poulies d'entrée primaire et de sortie secondaire. *Quel est l'avantage d'une boîte de vitesses à rapports variables de façon continue ?* (Companie Ford Motor)

L'utilisation de commandes électroniques a réduit la complexité hydraulique des dispositifs. Les types de boîtes de vitesses automatiques électroniques et classiques diffèrent par rapport à :
- la commande du passage du point de changement de vitesse ;
- la commande de la pression hydraulique.

Une boîte de vitesses à rapports variables de façon continue est semblable aux autres types de boîtes de vitesses automatiques. Cependant, une telle boîte de vitesses ne sélectionne pas des vitesses en particulier. Elle fait plutôt varier continuellement le rapport de démultiplication (*voir la figure 10-1*).

Une boîte de vitesses à rapports variables de façon continue est munie d'une courroie d'entraînement en acier et d'un mécanisme de poulies. Cette boîte de vitesses permet de modifier le rapport de démultiplication en faisant varier la largeur des poulies. Lorsque la largeur des poulies change, la position de la courroie d'entraînement change aussi. Lorsque la position de la courroie d'entraînement change, il en est de même pour le rapport de démultiplication.

La largeur des poulies change selon le régime du moteur et de sa charge. Un système à commandes électronique et hydraulique fait varier la largeur. Lorsque la courroie d'entraînement passe près du centre des poulies d'entrée et de sortie, le rapport de

EXCELLENCE
COMMUNICATION
AUTOMOBILE

L'examen « médical » d'un véhicule

Les techniciens se comportent de plus en plus comme des médecins. De quelle façon ? C'est simple, les médecins reconnaissent la valeur de l'expérience et de la connaissance lorsque vient le temps de diagnostiquer des maladies. Ils savent que les meilleurs renseignements viennent des patients. Par conséquent, les médecins les écoutent attentivement lorsqu'ils décrivent leurs symptômes. Ensuite, les médecins se servent de leur propre expérience. Ils lisent de l'information connexe et utilisent de nouvelles technologies médicales pour comprendre des symptômes, dont ils n'auraient pas tenu compte il y a plusieurs années. Les médecins consultent aussi d'autres professionnels de la médecine pour profiter d'une plus vaste étendue de connaissances.

Tout comme les médecins, les techniciens doivent s'en remettre à l'expérience et à la connaissance. Comme les médecins, tu obtiens aussi une connaissance de base sur un problème que peut éprouver un véhicule en écoutant les clients décrire les symptômes du véhicule. Sers-toi ensuite de tes propres expériences pour diagnostiquer le problème. Les techniciens lisent aussi de l'information connexe qu'ils trouvent dans les manuels d'entretien. Tu peux aussi avoir recours à la technologie moderne pour diagnostiquer les problèmes. Finalement, tu peux consulter d'autres techniciens pour vérifier la solution que tu as trouvée au problème de la cliente ou du client.

À toi de jouer !

Conforme aux normes de l'EDU en communication pour l'adoption d'une stratégie de lecture et l'utilisation d'habitudes d'études.

❶ Choisis le véhicule que tu souhaites examiner. La personne qui t'enseigne doit approuver ton choix.

❷ Détermine le modèle et l'année de ce véhicule.

❸ Trouve un manuel d'entretien correspondant à l'année et à ce modèle de véhicule. Repère la section qui traite du diagnostic des problèmes de la boîte de vitesses automatique.

❹ Choisis deux symptômes qui indiqueraient un problème de la boîte de vitesses automatique. Reporte-toi à ces symptômes lorsque tu lis l'arbre de diagnostic. Lorsque tu trouves la nature du problème, écris le diagnostic sur une feuille de papier.

❺ Fais part de ton diagnostic à la personne qui t'enseigne.

❻ Justifie oralement la méthode que tu as utilisée pour arriver à ton diagnostic.

---

démultiplication est faible. Lorsque la courroie d'entraînement passe près de la partie extérieure de la poulie d'entrée et près de la partie centrale de la poulie extérieure, le rapport de démultiplication est élevé (*voir la figure 10-2*).

Ce concept permet au moteur de rester dans sa bande de puissance. La **bande de puissance** est la gamme de régimes du moteur dans laquelle le moteur produit un couple maximal. L'économie de carburant et la qualité de conduite sont à leur meilleur lorsque le moteur fonctionne dans sa bande de puissance. Le profil d'arbre à cames du moteur, le système de débit de combustible et le concept de la culasse déterminent la bande de puissance.

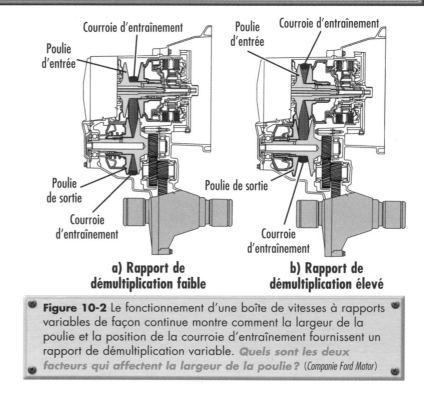

a) Rapport de démultiplication faible

b) Rapport de démultiplication élevé

Figure 10-2 Le fonctionnement d'une boîte de vitesses à rapports variables de façon continue montre comment la largeur de la poulie et la position de la courroie d'entraînement fournissent un rapport de démultiplication variable. *Quels sont les deux facteurs qui affectent la largeur de la poulie ?* (*Compagnie Ford Motor*)

VÉRIFIE TES CONNAISSANCES

❶ Quelle est la fonction principale d'une boîte de vitesses automatique ?

❷ Quelles sont les principales différences entre une boîte de vitesses classique et une boîte de vitesses à commande électronique ?

❸ Dans une boîte de vitesses à commande électronique, qu'est-ce qui contrôle le point de changement de vitesse et la pression hydraulique ?

❹ Qu'est-ce qu'il y a de particulier dans une boîte de vitesses à rapports variables de façon continue ?

❺ Qu'est-ce qu'une bande de puissance ?

Section 2

Les composants de la boîte-pont et de la boîte de vitesses

Une boîte-pont ou une boîte de vitesses type comporte les pièces suivantes (*voir la figure 10-3*).
- un convertisseur de couple ;
- une transmission, y compris un engrenage planétaire ;
- un système de commande hydraulique, y compris un boîtier de soupapes et une pompe à liquide hydraulique ;
- les composants d'application, y compris les embrayages ;
- la transmission finale et l'ensemble du différentiel.

D'autres pièces importantes, selon le type, peuvent comporter des composants électroniques, des chaînes et des roues d'entraînement.

Le convertisseur de couple

Le couple est un mouvement de torsion qui produit une rotation autour d'un axe. Le *convertisseur de couple* est un dispositif qui relie le vilebrequin du moteur à l'arbre d'entrée de la transmission. La fonction principale du convertisseur de couple est de multiplier le couple du moteur. Certains convertisseurs de couple contiennent un dispositif de friction appelé embrayage. On appelle ce type de convertisseur de couple « embrayage du convertisseur de couple » ou « embrayage à verrouillage ».

Le train d'engrenages

Le train d'engrenages est un ensemble d'engrenages dans de différentes combinaisons. Chaque combinaison fournit un rapport de démultiplication de faible à élevé.

Dans une boîte-pont, un ensemble d'engrenages de sortie fournit la transmission finale et le rapport du différentiel. Ces engrenages sont en prise constante. Ils alimentent les roues d'entraînement.

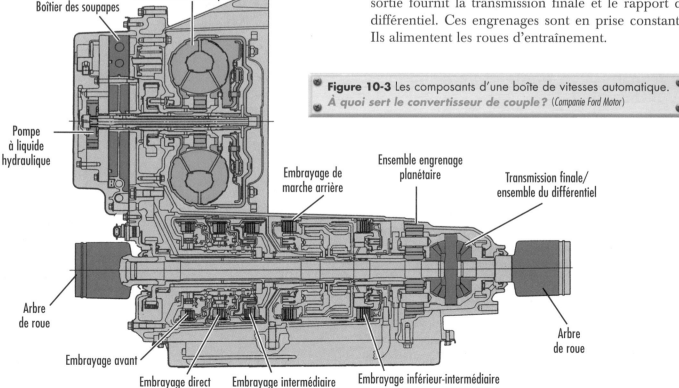

Boîtier des soupapes

Convertisseur de couple

Pompe à liquide hydraulique

Embrayage de marche arrière

Ensemble engrenage planétaire

Transmission finale/ ensemble du différentiel

Arbre de roue

Arbre de roue

Embrayage avant

Embrayage direct

Embrayage intermédiaire

Embrayage inférieur-intermédiaire

Figure 10-3 Les composants d'une boîte de vitesses automatique. *À quoi sert le convertisseur de couple ?* (Companie Ford Motor)

Le système hydraulique

Le système hydraulique consiste en diverses pompes, un boîtier de soupapes, des ressorts et des canalisations de liquide. Dans une boîte de vitesses classique, le système hydraulique commande la pression hydraulique et les points de changement de vitesse de la boîte de vitesses.

Les composants d'application

Un **composant d'application** est un dispositif comme une bande ou un embrayage. Une **bande** est une courroie de matière souple autour d'un tambour qui active ou arrête la rotation du tambour. Un *embrayage* est un dispositif qui permet d'embrayer ou de débrayer deux pièces fonctionnelles d'un mécanisme, par exemple un moteur et une boîte de vitesses. Ces dispositifs sont embrayés et débrayés de façon hydraulique.

Les composants d'application servent à commander les points de changement de vitesse. L'embrayage ou le débrayage des composants d'application permet de sélectionner la première vitesse, puis la deuxième vitesse et ensuite la troisième vitesse.

La transmission finale et l'ensemble du différentiel

La transmission finale et l'ensemble du différentiel sont fixés dans la boîte-pont. La transmission finale transmet le couple de la boîte de vitesses aux roues motrices du véhicule. Un ensemble de différentiel à propulsion sert à la même chose.

Certains types de boîte-pont sont munis de réservoirs de liquide distincts pour la boîte de vitesses et la transmission finale. Dans d'autres types, le liquide est partagé entre les deux sections.

Les composants électroniques

Les composants électroniques sont les actionneurs de solénoïdes, les sondes de température, les contacteurs de position de gamme, les capteurs de vitesse et les câblages connexes. Dans une boîte de vitesses

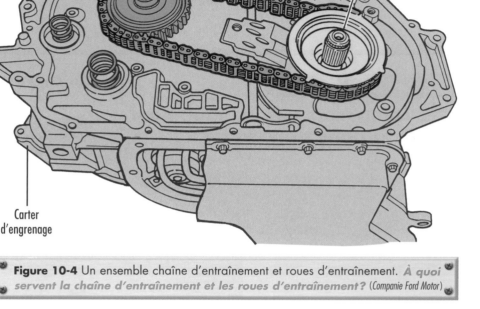

Entrée de transmission finale

Roues d'entraînement

Chaîne d'entraînement

Sortie de la boîte de vitesses

Carter d'engrenage

Figure 10-4 Un ensemble chaîne d'entraînement et roues d'entraînement. *À quoi servent la chaîne d'entraînement et les roues d'entraînement?* (Companie Ford Motor)

électronique, ces pièces commandent les points de changement de vitesse de la boîte de vitesses et la pression du liquide hydraulique.

Les chaînes d'entraînement et les roues d'entraînement

Les chaînes d'entraînement et les roues d'entraînement permettent à la boîte-pont ou à la boîte de vitesses de transmettre le couple du moteur ou la force de rotation. Le couple est acheminé aux composants d'application et au train d'engrenages. La plupart des boîtes-ponts à traction sont actionnées par des chaînes d'entraînement et des roues d'entraînement. Ces composants permettent à la boîte-pont d'alimenter à un angle. Par exemple, la transmission de sortie finale peut s'appliquer à un angle de 180° de l'angle de la sortie de la transmission (*voir la figure 10-4*).

Les arbres de roues

Les arbres de roues transmettent la puissance de la transmission finale de la boîte-pont aux roues motrices. Les modèles à traction actionnent les roues grâce à une paire de demi-arbres et des joints homocinétiques. Les ensembles de demi-arbres ont des cannelures sur les arbres d'entraînement de sortie. Les arbres d'entraînement alimentent chaque roue avant.

Le fonctionnement de la boîte-pont et de la boîte de vitesses

Une boîte-pont est une transmission dont la transmission finale et l'ensemble du différentiel se trouvent dans le même boîtier. La plupart des véhicules à traction avant et certains modèles plus récents à propulsion sont équipés d'une boîte-pont. Une boîte-pont élimine le besoin d'une connexion d'arbre d'entraînement entre la transmission et le différentiel.

Une boîte de vitesses n'a pas de transmission finale ni de différentiel dans le boîtier de la boîte de vitesses. Certains véhicules à traction avant et la plupart des véhicules à propulsion ont une boîte de vitesses. Les véhicules équipés d'une boîte de vitesses ont un différentiel distinct de la boîte de vitesses.

Les fonctions de base d'une boîte-pont et d'une boîte de vitesses sont les mêmes. La plupart sont conçues avec trois, quatre, cinq ou six vitesses avant et une vitesse pour la marche arrière. Chaque modèle est pourvu d'un sélecteur de vitesses que la personne qui conduit utilise pour sélectionner la direction dans laquelle ira le véhicule (avant ou arrière) et la position engagée des vitesses.

Les positions du sélecteur de vitesses

Les positions engagées de la boîte-pont ou de la boîte de vitesses pour un véhicule à commande automatique sont les suivantes :

PARK (stationnement) Cette position n'est utilisée que lorsque le véhicule est immobilisé. À la position PARK, les composants d'entraînement de la transmission sont débrayés. La plupart des boîtes de vitesses automatiques sont munies d'un cliquet de verrouillage pour aider le frein de stationnement à garder le véhicule immobilisé.

Le cliquet de verrouillage est un levier métallique qui s'enclenche ou se déclenche à l'aide d'un engrenage. Lorsque le sélecteur est mis à la position PARK, le cliquet s'enclenche avec un engrenage de verrouillage fixé à l'arbre de sortie de la boîte de vitesses (*voir la figure 10-5*).

REVERSE (marche arrière) Cette position permet au véhicule de se déplacer en marche arrière.

NEUTRAL (point mort) Cette position fait débrayer les composants d'entraînement dans la boîte de vitesses.

La sécurité d'abord

La sécurité personnelle Au cours de l'entretien d'un véhicule, ne compte pas seulement sur le cliquet de verrouillage de la boîte de vitesses pour empêcher le véhicule de rouler. Utilise toujours le frein de stationnement et coince les roues.

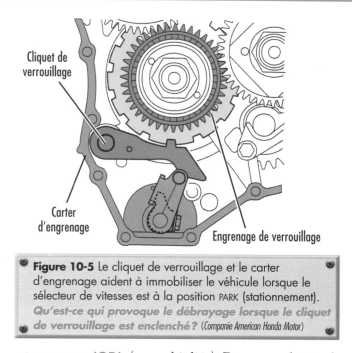

Cliquet de verrouillage

Carter d'engrenage

Engrenage de verrouillage

Figure 10-5 Le cliquet de verrouillage et le carter d'engrenage aident à immobiliser le véhicule lorsque le sélecteur de vitesses est à la position PARK (stationnement). *Qu'est-ce qui provoque le débrayage lorsque le cliquet de verrouillage est enclenché ?* (Compagnie American Honda Motor)

OVERDRIVE (OD) (surmultipliée) Dans une boîte de vitesses à quatre rapports, la quatrième vitesse est habituellement la vitesse surmultipliée. Dans la position OVERDRIVE, le véhicule démarre en première vitesse, passe automatiquement à la deuxième, puis à la troisième et finalement à la quatrième. La vitesse surmultipliée permet un passage de vitesse en avant ou une rétrogradation automatique.

DRIVE (D) (marche) Lorsque le véhicule est en position DRIVE, il démarre d'abord en première vitesse, passe à la deuxième et ensuite à la troisième. La position DRIVE permet d'effectuer un passage de vitesse en avant ou une rétrogradation automatiques. Les boîtes de vitesses à quatre rapports de surmultiplication ne permettent pas les passages à la quatrième vitesse. Beaucoup de boîtes de vitesses rétrogradent pendant la décélération, lorsque le véhicule est en position DRIVE.

MANUAL SECOND (M2) (deuxième manuelle) Lorsque le véhicule est en position MANUAL SECOND, la boîte de vitesses peut réagir d'une ou de deux façons, selon le modèle dont il s'agit.

• La boîte de vitesses peut passer en mode de passage de vitesse en avant ou en mode rétrogradation. Dans la position MANUAL SECOND, le véhicule démarre en première vitesse et passe automatiquement à la deuxième.

• La boîte de vitesses démarre en deuxième vitesse. Il ne se produit aucun passage de vitesse en avant ou aucune rétrogradation. La rétrogradation est habituellement possible en position MANUAL SECOND. Le fait de démarrer le véhicule en mettant la boîte de vitesses à une vitesse supérieure transfère moins de couple aux roues motrices. Ceci permet une meilleure traction sur les chaussées glissantes.

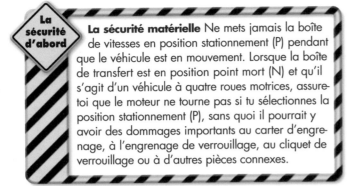

La sécurité d'abord

La sécurité matérielle Ne mets jamais la boîte de vitesses en position stationnement (P) pendant que le véhicule est en mouvement. Lorsque la boîte de transfert est en position point mort (N) et qu'il s'agit d'un véhicule à quatre roues motrices, assure-toi que le moteur ne tourne pas si tu sélectionnes la position stationnement (P), sans quoi il pourrait y avoir des dommages importants au carter d'engrenage, à l'engrenage de verrouillage, au cliquet de verrouillage ou à d'autres pièces connexes.

MANUAL LOW **(M1)** (première manuelle) La position MANUAL LOW a été conçue pour la conduite à basse vitesse dans des conditions de couple élevé. Beaucoup de boîtes de vitesses embrayent des composants d'applications additionnels pour accroître la capacité du couple. Dans la position MANUAL LOW, les passages de vitesse avant ne se font généralement pas.

Les types de montage

Il existe deux types de montage de la boîte de vitesses et de la boîte-pont (*voir la figure 10-6*). Il s'agit du :
- montage transversal ;
- montage longitudinal.

Le montage transversal Dans un **montage transversal,** la boîte-pont ou la boîte de vitesses est fixée sur le côté, dans le compartiment moteur. On trouve principalement ce type de montage dans les véhicules à traction avant dans lesquels le moteur est aussi monté sur le côté.

Le montage longitudinal Dans un **montage longitudinal,** la boîte de vitesses ou la boîte-pont est fixée de l'avant à l'arrière. On trouve ce type de montage dans la plupart des véhicules à propulsion dans lesquels le moteur est aussi monté de l'avant à l'arrière.

Déterminer le modèle de boîte de vitesses

Les techniciens doivent être en mesure de déterminer le modèle de boîte-pont ou de boîte de vitesses installé dans le véhicule qu'ils réparent. Pour ce faire, ils peuvent :
- consulter le code d'options de production ;
- consulter l'étiquette apposée sur la boîte de vitesses ou le numéro estampillé ;
- examiner la forme du carter de liquide ;
- vérifier le code de date.

Les codes d'option de production

L'étiquette de code d'options de production donne les caractéristiques du véhicule à sa sortie de l'usine. L'emplacement de l'étiquette et les renseignements

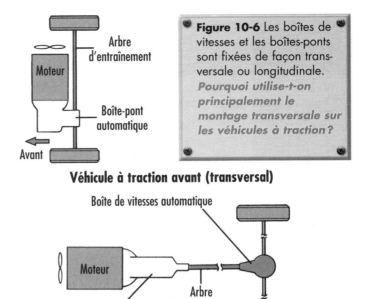

Figure 10-6 Les boîtes de vitesses et les boîtes-ponts sont fixées de façon transversale ou longitudinale. *Pourquoi utilise-t-on principalement le montage transversale sur les véhicules à traction ?*

Véhicule à traction avant (transversal)

Véhicule à propulsion (longitudinal)

donnés varient selon le fabricant. Consulte le manuel du fabricant pour obtenir des renseignements relatifs à l'étiquette (*voir la figure 10-7*).

L'étiquette ou le numéro

Une étiquette ou un numéro estampillé sur le boîtier peut aussi révéler le modèle de boîte de vitesses (*voir la figure 10-8*). Ce numéro permet d'accéder à de l'information technique et de savoir quand commander des pièces. L'étiquette ou le numéro estampillé peut comprendre :
- le numéro d'assemblage de la boîte de vitesses ;
- le numéro du modèle ;
- la date de fabrication ;
- le numéro de série.

Reporte-toi à l'information donnée dans le manuel d'entretien du véhicule pour connaître l'emplacement de l'étiquette ou du numéro estampillé.

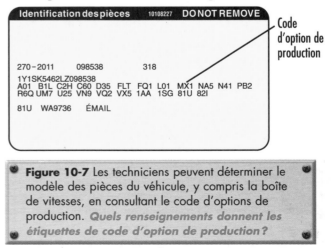

Figure 10-7 Les techniciens peuvent déterminer le modèle des pièces du véhicule, y compris la boîte de vitesses, en consultant le code d'options de production. *Quels renseignements donnent les étiquettes de code d'option de production ?*

SCIENCES AUTOMOBILE EXCELLENCE

La vérification de la température du liquide

L'un des éléments clés d'une boîte de vitesses automatique est le liquide. Le liquide transmet une pression qui permet aux différentes combinaisons d'engrenages de produire couple et vitesse. Pour qu'il offre une pleine efficacité, le liquide doit être propre et à un niveau approprié.

Pour vérifier le niveau du liquide, la plupart des fabricants recommandent de faire tourner le moteur jusqu'à ce que le liquide soit chaud. Tu peux ensuite vérifier le niveau du liquide. Tu y arriveras en simulant des conditions normales de fonctionnement. Ceci te donnera les mesures les plus précises pour le liquide. Au moment de l'évaluation du niveau du liquide, tu mesures, en fait, le volume.

Tentons une expérience simple. Voyons si la température du liquide hydraulique affecte son volume.

À toi de jouer !

La température affecte-t-elle le volume du liquide hydraulique ?

Conforme aux normes de l'EDU en sciences pour la compréhension de l'effet de la chaleur.
Conforme aux normes de l'EDU en mathématiques pour la mesure de la température.

Matériel requis
- des lunettes de protection
- environ 15 mL de liquide hydraulique
- un gobelet en pyrex de 25 mL
- une éprouvette graduée de 10 mL
- un thermomètre en degrés Celsius
- un bol d'eau chaude
- une poignée isolante

La sécurité d'abord

La sécurité personnelle Porte des lunettes de protection lorsque tu travailles avec des liquides inflammables. Tu dois te débarrasser du liquide de façon appropriée.

❶ Mets 15 mL de liquide hydraulique dans le gobelet de 25 mL.

❷ Mets le gobelet dans un bol d'eau chaude.

❸ Place le thermomètre dans le liquide et utilise-le pour remuer lentement le liquide.

❹ Lorsque le liquide atteint 35 °C, verse 10 mL de liquide dans l'éprouvette graduée et laisse-le refroidir pendant 30 minutes.

Les résultats et l'analyse

❶ Quel est le volume du liquide hydraulique dans l'éprouvette après qu'il ait refroidi pendant 30 minutes ?

❷ Si tu avais mesuré le niveau du liquide hydraulique dans ton véhicule lorsque le moteur était froid, le niveau du liquide serait-il bas ou normal ?

❸ Si tu ajoutais plus de liquide hydraulique lorsque le moteur est froid, que se produirait-il au niveau du liquide, après que le moteur aurait tourné et se serait réchauffé ?

❹ Quelles procédures d'entretien suivrait une technicienne ou un technicien qui se servirait de l'information sur le niveau du liquide ?

La forme du carter de liquide

L'examen de la forme du carter de liquide est la méthode la plus répandue pour reconnaître le modèle d'une boîte de vitesses. La forme du carter varie d'un modèle à l'autre. Il est possible que l'on ait besoin de la forme du carter et du numéro d'identification pour déterminer, sans doute possible, le modèle d'une boîte de vitesses.

La plupart des entreprises qui vendent des accessoires et des pièces de rechange publient des tableaux qui donnent les modèles de boîtes de vitesses automatiques en fonction de la forme du carter.

Les codes de date

Beaucoup de fabricants utilisent des codes de date pour indiquer la date de fabrication de la boîte de vitesses. Ces codes de date peuvent aussi servir à indiquer quand des mises à jour particulières ont été faites dans un modèle donné de boîte de vitesses.

Le code de date comprend le jour et l'année de fabrication de la pièce. Trois chiffres du code de date représentent le jour de l'année. Par exemple, certains fabricants utilisent un système dans lequel 001 signifie que la boîte de vitesses a été fabriquée le 1er janvier.

Un code 365 signifie qu'elle a été fabriquée le 31 décembre. Dans l'exemple montré à la **figure 10-8,** *BD* signifie « *build date* » (date de fabrication), le 3 dans *3H26* indique le mois, le *H* indique l'année et le *26* indique le jour du mois.

Il est important de connaître la date de fabrication étant donné qu'une boîte de vitesses dans un véhicule 2000 peut avoir été fabriquée à la fin de 1999. C'est pourquoi les techniciens qui commandent des pièces pour une boîte de vitesses, doivent connaître « l'année automobile » de la boîte de vitesses et non pas l'année du modèle du véhicule.

La date de fabrication est habituellement inscrite sur l'étiquette ou sur l'estampille d'identification.

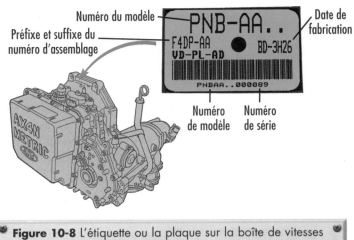

Figure 10-8 L'étiquette ou la plaque sur la boîte de vitesses donne d'importants renseignements sur le dispositif. *Pourquoi l'information est-elle importante ?* (Compagnie Ford Motor)

VÉRIFIE TES CONNAISSANCES

❶ Comment appelle-t-on l'embrayage dans un convertisseur de couple pourvu d'un embrayage ?

❷ Qu'est-ce qu'une boîte-pont ?

❸ Quel est le schéma du changement de vitesse dans la position 3D ?

❹ Quels renseignements peut-on trouver sur les étiquettes de la boîte de vitesses ?

❺ Quelle est la méthode la plus répandue pour contrôler une boîte de vitesses ?

Section 3

Le liquide hydraulique

Le liquide hydraulique est à base de pétrole. Il s'agit d'un liquide exposé à une pression afin de transférer une force ou un mouvement. Le liquide hydraulique pour boîtes de vitesses automatiques est souvent appelé ATF (*Automatic Transmission Fluid*).

Bien que la plupart des liquides hydrauliques soient à base de pétrole, des ATF synthétiques sont aussi disponibles. Ces liquides offrent une meilleure durabilité par températures chaudes ainsi qu'une résistance supérieure et de meilleures qualités de graissage que les liquides naturels. Par contre, ils coûtent très cher.

Les fonctions du liquide

Un ATF fonctionne dans un environnement de tolérance serrée, de charge calorifique élevée et de pièces rotatives. La température des surfaces d'embrayage et de friction de bande peut dépasser 370° C (700°F). Un ATF doit permettre le graissage des pièces en mouvement dans une vaste gamme de températures, pour empêcher que des dommages se produisent.

Si la température du liquide reste trop élevée, le liquide s'oxydera et brûlera. L'oxydation du liquide cause la formation de vernis, de boue et d'acides. Cela peut entraîner la défaillance de la boîte de vitesses. Les inhibiteurs d'oxydation ou les additifs réduisent la tendance du liquide à s'oxyder.

La chaleur est le facteur qui endommage le plus l'environnement de fonctionnement de l'ATF. Le **tableau 10-A** montre comment la durée de vie du liquide hydraulique est directement liée à sa température de fonctionnement. Remarque à quel point la durée de vie raccourcit lorsque la température grimpe à plus de 149°C (300°F).

Les fonctions de l'ATF sont les suivantes :

- transmettre le couple de la roue à la turbine dans le convertisseur de couple ;
- contrôler la boîte de vitesses par le système hydraulique ;
- activer les embrayages et les bandes par le système hydraulique ;
- graisser les pièces mobiles ;
- dissiper la chaleur des composants internes ;
- nettoyer les pièces de la boîte de vitesses.

Les préformulations d'additifs

Les additifs ATF améliorent le rendement du liquide (*voir le tableau 10-B*). Les préformulations d'additifs permettent :

Le contrôle de la viscosité La viscosité est la mesure de la résistance d'un liquide à couler. Un liquide à haut niveau de viscosité coule plus lentement qu'un liquide à bas niveau de viscosité. La viscosité d'un liquide peut changer selon la température. L'ATF fonctionne à des températures allant de −62°C à 177°C (−80°F à 350°F). On doit inclure des additifs à contrôle de viscosité pour empêcher l'ATF de devenir trop épais à basses températures et trop fluide à températures élevées.

La stabilité à la chaleur ou à l'oxydation Les températures de fonctionnement de la boîte de vitesses s'échelonnent habituellement entre 77°C et 104°C (170°F et 220°F). Les additifs à stabilité à la chaleur ou à l'oxydation réduisent la tendance du liquide à brûler et à se décomposer à des températures élevées.

Le contrôle des agents moussants L'aération, ou la formation de mousse, se produit lorsque l'air se mélange à l'ATF. L'aération peut se produire dans le convertisseur de couple, le train planétaire et la pompe. L'aération réduit la capacité du liquide à graisser et à transmettre de la force. Les agents antimousse réduisent ou empêchent l'aération du liquide.

Le contrôle de la corrosion L'eau et l'oxygène peuvent causer la formation de rouille et de stries sur le métal. Les inhibiteurs de corrosion empêchent l'humidité de causer des dommages.

Le contrôle de la friction statique et de la friction dynamique La friction statique est une mesure de friction au repos. La friction dynamique est une mesure de friction en mouvement. Les ATF limitent la friction statique et la friction dynamique.

Tableau 10-A LA DURÉE DE VIE DU LIQUIDE (LIQUIDE À BASE DE PÉTROLE)	
Liquide hydraulique Températures constantes	Liquide hydraulique Durée de vie prévue en kilomètres
79°C (175°F)	160 000
91°C (195°F)	80 000
102°C (215°F)	40 000
113°C (235°F)	20 000
124°C (255°F)	10 000
135°C (275°F)	5 000
146°C (295°F)	2 500
157°C (315°F)	1 250
168°C (335°F)	625
179°C (355°F)	313
191°C (375°F)	155
216°C (420°F)	Moins de 20 minutes

Tableau 10-B	LES LIQUIDES HYDRAULIQUES		
Type de liquide	**Offert par**	**Description**	
Type F	Ford	Fabriqué par Ford pour ses boîtes de vitesses automatiques. D'autres constructeurs automobiles, comme Toyota, utilisaient le type F.	
Dexron	General Motors	Aide à pallier les charges de chaleur accrues déclenchées par des moteurs plus puissants.	
Dexron II	General Motors	Conçu pour améliorer le produit Dexron. Possède un contrôle de la viscosité accru et des inhibiteurs d'oxydation additionnels.	
Type CJ	Ford	Conçu pour la boîte de vitesses C-6 redessinée. Les caractéristiques de friction sont semblables à celles du Dexron II. Le Dexron II et le type CJ sont interchangeables.	
Type H	Ford	Offre différentes caractéristiques de friction comparativement à celles qu'offrent le Dexron ou le type F.	
Dexron IIE	General Motors	Remplace le produit Dexron II. Contient des additifs de viscosité qui améliorent le fonctionnement des boîtes de vitesses commandées de façon électronique.	
Dexron III	General Motors	Remplace le produit Dexron IIE. Offre un contrôle accru de l'oxydation et de la corrosion.	
Dexron III Saturn	General Motors Saturn	Une variante du liquide Dexron III standard. Formule conçue pour la Saturn. Les limites de friction sont légèrement différentes de celles du Dexron III standard.	
Type T	Toyota	Spécialement formulé pour les boîtes-ponts All Trac de Toyota.	
Genuine Honda ATF	Honda	Conçu spécialement pour les véhicules Honda et Acura. Ses limites de friction sont très différentes de celles des autres liquides.	
Mercon 5	Ford	Formulé pour certains modèles récents de Ford. Il est arrivé à Ford de ne pas donner priorité aux liquides de type Dexron pour ses véhicules. Il préconisait plutôt Mercon. De nos jours, Ford préconise Mercon et Dexron dans ses manuels d'entretien des véhicules.	
Chrysler 7176	Chrysler	Conçu pour certaines applications à traction avant de Chrysler.	

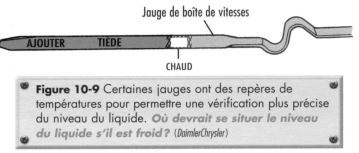

Figure 10-9 Certaines jauges ont des repères de températures pour permettre une vérification plus précise du niveau du liquide. *Où devrait se situer le niveau du liquide s'il est froid?* (DaimlerChrysler)

Les caractéristiques quant aux limites de friction sont l'un des facteurs qui déterminent les applications du liquide. Le produit Dexron III possède des caractéristiques différentes de celles du Mercon 5. Le Dexron III Saturn possède des caractéristiques différentes de celles du Dexron III. C'est la raison pour laquelle les différents modèles de boîtes-ponts et de boîtes de vitesses ont besoin d'un liquide spécialement conçu pour eux.

Les types de liquides

La composition de l'ATF a changé au cours des ans, au fil des améliorations apportées aux additifs. La plupart des liquides hydrauliques contiennent un colorant qui permet de les reconnaître plus facilement quand on fait un diagnostic de fuite.

Reporte-toi toujours à l'information donnée dans le manuel d'entretien pour déterminer l'ATF à utiliser. Certains fabricants de boîtes de vitesses inscrivent le type d'ATF sur la jauge. L'utilisation du mauvais liquide peut occasionner des problèmes de changement de vitesse ou de glissement.

Dans certaines boîtes-ponts à traction avant, le liquide est partagé entre la boîte de vitesses et la transmission finale. D'autres boîtes-ponts sont munies d'un réservoir distinct pour chaque section. Certaines boîtes-ponts peuvent exiger l'emploi de liquides différents pour la boîte de vitesses et la transmission finale. Consulte toujours le manuel d'entretien du véhicule.

L'entretien du liquide et du filtre

Le liquide hydraulique est l'élément vital de n'importe quelle boîte de vitesses automatique. Si le liquide est en mauvais état, il se produira des dommages aux composants d'application. Il est donc primordial de bien faire l'entretien du liquide hydraulique.

Tous les manuels d'entretien du véhicule comportent une section sur les entretiens périodiques. Ces entretiens comprennent souvent un programme d'entretien pour conditions de conduite «normales» et un programme d'entretien pour conditions de conduite «exigentes». Certains constructeurs conseillent un intervalle de 160 000 km (100 000 milles) entre les entretiens pour conditions normales. Des conditions de conduite dites «exigentes» peuvent nécessiter un entretien à 30 000 km

ou 50 000 km (20 000 ou 30 000 milles). Les véhicules touchés par les conditions de conduite exigentes sont ceux qui roulent en ville et dans un trafic discontinu. Reporte-toi au manuel d'entretien pour déterminer quand l'entretien d'une boîte de vitesses doit être fait.

Beaucoup de modèles récents de véhicules sont munis d'un programme de diagnostic dans leur propre ordinateur pour déterminer quand le liquide hydraulique doit être changé. L'ordinateur fait le suivi de la température du liquide hydraulique et de la quantité de couple appliquée à la boîte de vitesses. Des températures élevées et basses de la boîte de vitesses ainsi que des charges élevées de couple nécessitent des changements du liquide à intervalles plus rapprochés. Lorsque l'ordinateur détermine que le liquide est à changer, un voyant lumineux ou un message en avertit la personne qui conduit.

Un filtre empêche les impuretés d'entrer dans le système hydraulique de la boîte-pont ou de la boîte de vitesses. Certaines boîtes-ponts comportent de multiples filtres. Il faut changer le filtre chaque fois que l'on fait un changement de liquide. Si le filtre est bouché, cela peut occasionner la défaillance de la boîte de vitesses.

CONSEIL TECHNIQUE **Des indices dans le filtre** Au moment du démontage d'une boîte-pont ou d'une boîte de vitesses endommagée, examine l'intérieur du filtre. Les corps étrangers présents dans le filtre peuvent te donner un indice de ce qui cause la défaillance.

La vérification des niveaux de liquide

Afin qu'une boîte de vitesses automatique fonctionne correctement, il faut que le niveau du liquide soit maintenu au niveau approprié. Reporte-toi au manuel d'entretien du véhicule pour connaître la façon de vérifier adéquatement le niveau.

Pour vérifier le niveau du liquide hydraulique, tu dois:

1. Faire tourner le moteur jusqu'à ce que la transmission soit à une température normale de fonctionnement (82 °C ou 180 °F). Cela prend, en général, environ 15 minutes de conduite.

2. Stationner le véhicule, mettre la boîte de vitesses en position stationnement (P) (ou en position point mort pour certains véhicules) et serrer le frein de stationnement.

3. Laisser le moteur tourner au ralenti.

4. Nettoyer toute saleté se trouvant dans la zone de la jauge.

5. Enlever la jauge, la nettoyer et la remettre en place.

6. Enlever la jauge et noter le niveau du liquide indiqué sur la jauge (*voir la figure 10-9*). Note

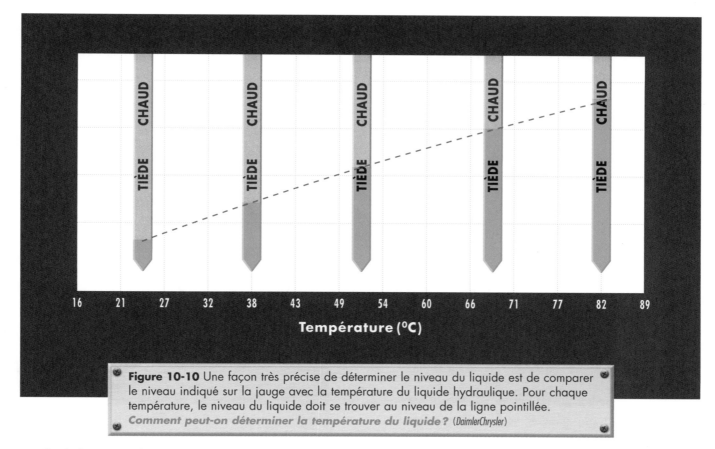

Figure 10-10 Une façon très précise de déterminer le niveau du liquide est de comparer le niveau indiqué sur la jauge avec la température du liquide hydraulique. Pour chaque température, le niveau du liquide doit se trouver au niveau de la ligne pointillée. *Comment peut-on déterminer la température du liquide ?* (*DaimlerChrysler*)

l'échelonnage des températures marqué sur la jauge. Si le liquide est froid, le niveau du liquide devrait se situer sous le repère « plein » de la jauge. Si le liquide est chaud, le niveau du liquide devrait être égal au repère « plein ». Certaines boîtes de vitesses, comme les modèles 4L30E et 4T40E, ne possèdent pas de jauge. Elles sont plutôt pourvues d'un bouchon qui se trouve sur le côté. Le niveau est correct lorsque le liquide est à égalité avec les repères marqués sur le bouchon.

7. Ajouter du liquide, au besoin, à l'aide d'un entonnoir propre.

8. Vérifier la présence de fuites.

Les boîtes de vitesses à commande électronique
Il existe une autre méthode qui permet de déterminer le niveau du liquide dans beaucoup de boîtes de vitesses à commande électronique.

Pour déterminer le niveau du liquide, tu dois :

1. Faire tourner le moteur jusqu'à ce que la transmission soit à une température normale de fonctionnement (82 °C ou 180 °F). Cela prend, en général, environ 15 minutes de conduite.

2. Stationner le véhicule, mettre la boîte de vitesses en position stationnement (P) (ou en position point mort pour certains véhicules) et serrer le frein de stationnement.

3. Laisser le moteur tourner au ralenti pendant au moins une minute.

4. Brancher un analyseur-contrôleur au connecteur de l'appareil de diagnostic.

5. Surveiller le relevé de température de liquide hydraulique.

6. Te reporter au tableau de niveau et de température de l'ATF dans le manuel d'entretien du véhicule pour connaître le niveau approprié (*voir la figure 10-10*).

L'élément thermique Certains véhicules de marque Ford et General Motors avec boîtes-ponts à traction avant sont munis d'un élément thermique pour aider à régulariser le niveau du liquide. Un **élément thermique** est un capteur qui contient une bande bimétallique appelée élément thermostatique. L'élément se courbe lorsque la température change. Lorsqu'il est courbé, il agit sur la plaque d'élément, qui permet ou empêche le passage du liquide.

Lorsque la boîte-pont est froide, l'élément thermostatique permet au liquide de couler dans le réservoir inférieur de la boîte-pont. Cela augmente le niveau du liquide dans le réservoir. Le niveau ainsi accru aide à réduire le risque d'aération du liquide.

Cette augmentation du niveau du liquide est indiquée sur la jauge. Lorsque le liquide est froid, le niveau du liquide semble être à environ 1,27 cm (1/2 po) au-dessus du repère « plein ». Lorsque le liquide de la boîte-pont se réchauffe, le niveau du liquide chute. Cela se produit parce que l'élément thermique réduit

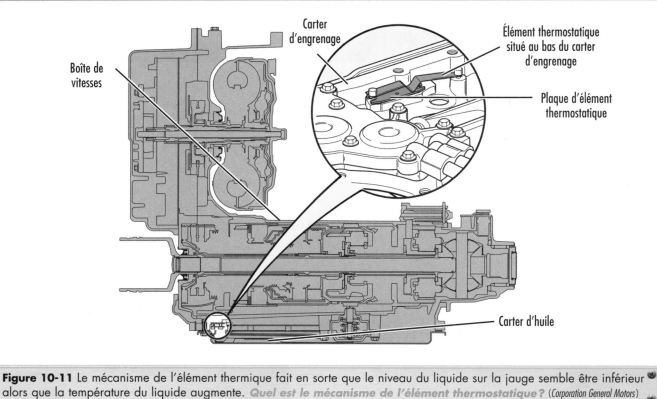

Boîte de vitesses

Carter d'engrenage

Élément thermostatique situé au bas du carter d'engrenage

Plaque d'élément thermostatique

Carter d'huile

Figure 10-11 Le mécanisme de l'élément thermique fait en sorte que le niveau du liquide sur la jauge semble être inférieur alors que la température du liquide augmente. *Quel est le mécanisme de l'élément thermostatique ?* (Corporation General Motors)

le débit du liquide dans le réservoir inférieur. Le liquide est emprisonné du côté du couvercle latéral, là où il procure un graissage supplémentaire de la chaîne d'entraînement (*voir la figure 10-11*).

Lorsque tu inspectes le niveau du liquide sur une boîte-pont avec un élément thermique, prends conscience du fait que lorsque la température de la boîte-pont augmente, le niveau du liquide chute (*voir la figure 10-12*). Si la boîte-pont était à sec comme s'il s'agissait d'une boîte de vitesses sans un élément thermique, le niveau du liquide chuterait à un niveau dangereusement bas pendant que la boîte-pont se réchauffe, ce qui pourrait amener les situations suivantes :
• la boîte-pont semble embrayer dans la position point mort, particulièrement dans les virages ;
• la pompe fait des bruits d'aération (bourdonnement ou stridulation) ;
• la boîte de vitesses semble glisser à certaines vitesses.

La vérification de l'état du liquide

Au cours de la vérification des niveaux du liquide, il faut toujours contrôler l'état du liquide. Remarques-en la couleur. L'ATF est habituellement coloré en rouge.

Un liquide foncé L'ATF peut devenir légèrement plus foncé à force d'être utilisé. Si le liquide semble très foncé ou brun, c'est qu'il est oxydé et sale. L'oxydation provoque la formation d'un vernis. Ce vernis peut faire en sorte que les soupapes dans la

boîte de vitesses collent, ce qui peut causer une mauvaise qualité des changements de vitesse, un graissage inapproprié et des dommages aux pièces.

Contrôle l'odeur du liquide. Un liquide endommagé a tendance à sentir le brûlé (odeur de pop-corn brûlé). Le liquide brûlé est habituellement foncé et il peut contenir des morceaux usés provenant des embrayages et des bandes. Cela indique que la boîte de vitesses a besoin d'une remise en état.

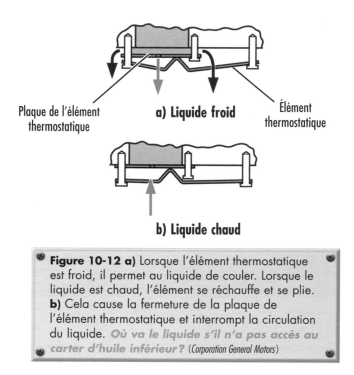

Plaque de l'élément thermostatique

a) Liquide froid

Élément thermostatique

b) Liquide chaud

Figure 10-12 a) Lorsque l'élément thermostatique est froid, il permet au liquide de couler. Lorsque le liquide est chaud, l'élément se réchauffe et se plie. **b)** Cela cause la fermeture de la plaque de l'élément thermostatique et interrompt la circulation du liquide. *Où va le liquide s'il n'a pas accès au carter d'huile inférieur ?* (Corporation General Motors)

Certains liquides, comme le Dexron II, IIE et III peuvent sentir le brûlé même s'ils ne le sont pas. Si le liquide n'est pas foncé, il y a de bonnes chances qu'il ne soit pas brûlé. Dans le doute, sens du liquide Dexron neuf et compares-en ensuite l'odeur avec celle de l'autre liquide.

Vérifie s'il n'y aurait pas de particules métalliques ou de morceaux provenant de l'embrayage ou de la garniture. La présence de tels corps étrangers signifie qu'il faut enlever le carter de liquide pour l'inspecter plus à fond.

Un liquide brun laiteux Si du liquide de refroidissement (antigel) se mélange à de l'ATF oxydé, celui-ci semble brun laiteux (*voir la figure 10-13a*). Cela signifie qu'il y a probablement une fuite dans le refroidisseur du liquide hydraulique qui se trouve dans le radiateur du véhicule.

L'antigel attaque le liant ou la colle qui relie les coussinets de friction au métal des bandes et des disques d'embrayage. Le métal se délamine ou s'enlève. Lorsqu'il contient de l'antigel, l'ATF est un très mauvais lubrifiant. Les rondelles de butée, les roulements et les coussinets de la boîte de vitesses peuvent être endommagés.

CONSEIL TECHNIQUE **Le nettoyage** Les pièces de la boîte de vitesses où s'est infiltré l'antigel peuvent s'avérer difficiles à nettoyer avec des solvants traditionnels. Essaie d'utiliser de l'eau chaude et du savon. Rappelle-toi de sécher à fond toutes les parties que tu as nettoyées, sans quoi il risque de se former de la rouille.

Si l'ATF a été contaminé par l'antigel, il faut remettre en état la boîte-pont ou la boîte de vitesses. Il faut aussi remplacer, le cas échéant, le convertisseur de couple de verrouillage.

Au cours d'une remise en état, on doit nettoyer à fond toutes les pièces de la boîte-pont ou de la boîte de vitesses. Il faut remplacer tous les embrayages et les bandes, les joints et tous les composants endommagés ou usés.

CONSEIL TECHNIQUE **Une fuite dans le refroidisseur** Il faut également remplacer ou réparer le refroidisseur s'il y a une fuite dans le refroidisseur de liquide hydraulique. Il faut alors rincer correctement les conduits du refroidisseur.

Un liquide rosé ou laiteux Du liquide de refroidissement ou une contamination par l'humidité dans le liquide hydraulique qui n'est pas oxydé donne au liquide une apparence laiteuse ou rosée (*voir la figure 10-13b*) plutôt que claire et rouge (*voir la figure 10-13c*).

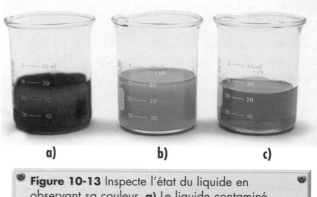

a)   b)   c)

Figure 10-13 Inspecte l'état du liquide en observant sa couleur. **a)** Le liquide contaminé oxydé est d'un brun laiteux. **b)** Le liquide contaminé avec de l'eau ou du liquide de refroidissement a un aspect laiteux et rosé. **c)** L'ATF normal est clair et rouge. *Que faut-il inspecter si le liquide est rose ?* (David S. Hwang)

L'eau qui entre par le système d'aération de la boîte de vitesses ou par le tube de la jauge peut causer une contamination par l'humidité. Contrôle l'auvent ou le joint du capot pour t'assurer que l'eau ne passe pas par le joint et ne coule pas dans le tube de la jauge.

Examine les buses de liquide lave-glace pour t'assurer qu'elles ne créent pas de fuite dans le tube de la jauge. De plus, vérifie la bouche d'air de la bouteille de liquide lave-glace. Lorsque la température du compartiment-moteur augmente, le liquide lave-glace s'étend. Si la bouche d'air de la bouteille est manquante ou bouchée, le liquide lave-glace s'égouttera par les buses et pourra s'infiltrer dans le tube de la jauge.

De l'humidité peut pénétrer dans la boîte de vitesses si le véhicule roule dans de mauvaises conditions atmosphériques. L'humidité cause la formation de rouille sur les biellettes d'entraînement de la chaîne. Cela entraîne de l'usure.

Habituellement, une légère humidité n'endommagera pas une boîte de vitesses. L'eau va bouillir et s'évaporer à mesure que la température augmentera. S'il y a beaucoup d'humidité, toute la vapeur d'eau risque de ne pas s'échapper de la bouche d'air de la boîte de vitesses. Lorsqu'elle refroidit, la vapeur d'eau se condense à l'intérieur de la boîte-pont ou de la boîte de vitesses. Il en résulte une contamination à répétition.

Un liquide mousseux L'aération donne un aspect mousseux au liquide. L'aération peut mener à une défaillance de la boîte de vitesses, à la formation de vernis ou à une ventilation excessive du liquide hydraulique.

Contrairement à un liquide normal, un liquide aéré peut être comprimé. Cela signifie qu'il y a moins de pression hydraulique sur les composants d'application. Une basse pression hydraulique peut causer la défaillance des composants, en raison d'un glissement, d'une usure ou de la chaleur.

L'aération résulte habituellement de ce qui suit :
• un remplissage excessif – un niveau de liquide trop élevé permet au liquide d'entrer en contact avec les pièces en mouvement dans la boîte de vitesses ;
• l'utilisation d'un mauvais liquide ;
• l'utilisation d'un liquide contaminé.

Une entrée d'air de boîte de vitesses obstruée peut occasionner une pression interne excessive de la boîte de vitesses. Si la pression accumulée est suffisante, le liquide peut être éjecté du tube de la jauge. Si tu soupçonnes un problème d'entrée d'air, vérifie-la.

La sécurité d'abord

La sécurité personnelle et matérielle
L'échappement peut être chaud lorsque tu répares un véhicule. Ne touche pas à l'échappement et ne verse pas de liquide sur ce dernier. Si la boîte de vitesses laisse échapper du liquide, celui-ci peut entrer en contact avec l'échappement chaud. Dans un tel cas, le liquide peut prendre feu. Assure-toi que le niveau du liquide est correct, qu'il n'y a pas surchauffe de la boîte de vitesses et que la bouche d'air est propre et bien dégagée.

Le changement de liquide et de filtre

Reporte-toi au manuel d'entretien du véhicule pour avoir des détails sur l'entretien du liquide et du filtre.

Pour changer le liquide et le filtre, tu dois :

1. Réchauffer le véhicule en laissant tourner le moteur pendant plusieurs minutes.

2. Sélectionner les outils appropriés. Ceux-ci peuvent comprendre des douilles, des clés, des tournevis, un marteau et un plateau de vidange.

3. Soutenir correctement le véhicule. Si le véhicule n'est pas sur un élévateur, coince les roues et serre le frein de stationnement.

4. Mettre en place un plateau de vidange pour recueillir le liquide. Enlève le bouchon de vidange si le dispositif en possède un. Si le dispositif n'a pas de bouchon de vidange, enlève tous les boulons sauf deux ou trois dans une extrémité du plateau. Cela empêchera le plateau de tomber.

5. Desserrer légèrement le reste des boulons et séparer un coin du carter de la boîte de vitesse pour permettre la vidange.

6. Vider le liquide dans le plateau de récupération de liquide (*voir la figure 10-14*). Fais attention en

Figure 10-14 S'il n'y a pas de plateau de récupération, vide l'ATF en desserrant le carter de la boîte de vitesses. *Pourquoi deux ou trois boulons doivent-ils rester en place ?* (David S. Hwang)

enlevant le plateau. Il est lourd et les rebords peuvent être très tranchants. De plus, il est possible que le liquide soit assez chaud pour causer des brûlures.

7. Enlever le reste des boulons. Enlève le plateau et la bague d'étanchéité.

8. Enlever le filtre et son joint.

9. Inspecter le plateau pour déceler un excès de débris. Une petite quantité de débris et de particules métalliques est normal. Il s'agit ici du résultat d'une usure normale des composants d'application. Une friction métallique excessive peut indiquer un problème à régler.

10. Poser un filtre et un joint neufs. Graisse le joint avant d'installer le filtre. Sur certaines boîtes de vitesses, le filtre peut sembler lâche lorsqu'il est bien installé. C'est le cas des boîtes de vitesses GM 3L80 et THM 400. Sur ces modèles, le filtre flotte lorsque le liquide se déplace dans le plateau de récupération.

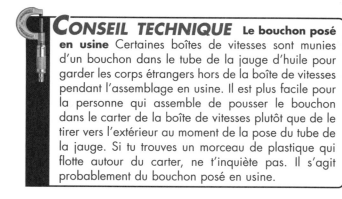

CONSEIL TECHNIQUE **Le bouchon posé en usine** Certaines boîtes de vitesses sont munies d'un bouchon dans le tube de la jauge d'huile pour garder les corps étrangers hors de la boîte de vitesses pendant l'assemblage en usine. Il est plus facile pour la personne qui assemble de pousser le bouchon dans le carter de la boîte de vitesses plutôt que de le tirer vers l'extérieur au moment de la pose du tube de la jauge. Si tu trouves un morceau de plastique qui flotte autour du carter, ne t'inquiète pas. Il s'agit probablement du bouchon posé en usine.

La conversion des litres en pintes

Cédric effectue un entretien périodique sur un véhicule Grand Prix qui présente un kilométrage de 80 000 kilomètres (50 000 milles). Il doit changer le filtre et le liquide hydraulique de la boîte automatique. Cédric lit le manuel d'entretien pour connaître la quantité de liquide nécessaire pour un remplissage à sec. On indique qu'il faut 8 litres. Au magasin de pièces et d'accessoires pour automobile, Cédric se rend compte que les contenants vendus dans ce magasin sont en pintes. Combien de pintes devra-t-il acheter?

Pour convertir 8 pintes impériales en litres, sers-toi de ce facteur de conversion:

1 pinte impériale = 1,14 litre

Étant donné qu'il est difficile de mesurer 1,14, assure-toi d'en acheter un peu plus et d'arrondir à l'unité suivante:

8 pintes impériales = 8 × 1,14 litre = 9,12 litres

Cédric devra donc en acheter 10 litres.

Après avoir rempli la boîte de vitesses, il inspecte la jauge d'huile et remarque que les mesures y sont inscrites en millilitres (ml). Si elle indiquait d'ajouter 500 ml, combien de pintes devrait-il ajouter?

Utilise ce facteur de conversion:

1 000 mL = 1 litre

$$500 \text{ mL} = \frac{1\,000}{2} \text{ mL} = 0,50 \text{ litre}$$

$$0,50 \text{ litre} = 0,50 \text{ pinte}$$

Il devrait ajouter 0,50 litre.

À toi de jouer!

Conforme aux normes de l'EDU en mathématiques pour la conversion de mesures, la multiplication de nombres décimaux, l'utilisation des systèmes anglais et métrique, et la mesure et la détermination du volume.

❶ Convertis 5 pintes en litres.

❷ La boîte de vitesses d'un camion nécessite le remplissage à sec de 9 pintes de liquide hydraulique. Tu vas à un magasin qui vend du liquide dans des contenants de 5 litres. Combien de contenants dois-tu acheter? Quelle quantité de liquide (en pintes) penses-tu qu'il restera?

---

11. Installer la bague d'étanchéité du plateau ainsi que le plateau lui-même et serrer correctement les boulons. Beaucoup de boîtes de vitesses sont munies de bagues d'étanchéité pour le plateau. Ces bagues sont rigides, avec un renfort dans les zones du trou de passage. Reporte-toi au manuel d'entretien du véhicule pour savoir si la bague est réutilisable.

12. Poser le bon type et verser la bonne quantité d'ATF en utilisant un entonnoir propre.

13. Démarrer le véhicule et contrôler le niveau du liquide. S'il est bas, ajoute lentement plus de liquide, en prenant soin de ne pas le faire déborder. En cas de débordement, baisse le niveau du liquide en suivant une des méthodes suivantes:

CONSEIL TECHNIQUE **L'échange de liquide** Beaucoup de constructeurs ont mis sur le marché un dispositif qui permet l'échange de tout le liquide dans la boîte de vitesses. Si tu te sers d'un tel dispositif, il te faut quand même changer le filtre. C'est ce qu'on appelle parfois la «vidange de la transmission».

- Desserre légèrement les boulons du plateau. Si le dispositif est muni d'un bouchon de vidange, desserre-le légèrement. Laisse un peu de liquide s'échapper.

- Enlève le conduit de retour et mets-le dans un récipient adéquat. Démarre le véhicule et laisse le moteur tourner jusqu'à ce que la bonne quantité de liquide soit enlevée.

14. Contrôler la présence de fuites.

15. Contrôler le dispositif pour t'assurer qu'il fonctionne bien.

Le contrôle des fuites

Il existe deux méthodes pour trouver la source d'une fuite de l'ATF. Il s'agit des méthodes suivantes:

- Lumière noire. Une lumière noire est un rayonnement qui émet une lumière ultraviolette. On ajoute un colorant pour essai d'étanchéité à l'ATF. On nettoie à fond la boîte de vitesses, on la fait fonctionner puis on l'examine à la lumière noire. S'il y a une fuite, elle devient brillante lorsqu'elle est exposée à la lumière ultraviolette.

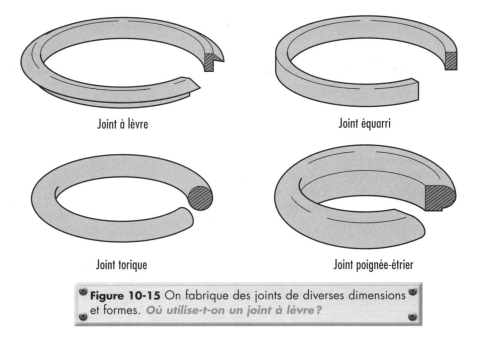

Joint à lèvre   Joint équarri

Joint torique   Joint poignée-étrier

Figure 10-15 On fabrique des joints de diverses dimensions et formes. *Où utilise-t-on un joint à lèvre ?*

• Poudre de repérage. Pour cette méthode, il est possible d'utiliser de la poudre médicamenteuse pour les pieds. Nettoie à fond la boîte de vitesses et laisse-la sécher. Dépose ensuite de la poudre dans les endroits susceptibles de présenter une fuite et mets le véhicule en marche. La poudre devient rouge lorsqu'il y a des fuites.

Les bagues et les joints d'étanchéité de la boîte de vitesses

Un joint ou une bague d'étanchéité est un dispositif qui empêche une fuite à un point où deux surfaces se rencontrent. La plupart des joints sont faits de matières synthétiques comme le néoprène. Les bagues sont habituellement en matière semblable à du papier.

Les joints d'étanchéité

Il existe plusieurs genres de joints selon l'utilisation qu'on en fera et les surfaces à étanchéiser (*voir la figure 10-15*).

Le joint à lèvre Le **joint à lèvre** est l'un des joints les plus souvent utilisés dans les boîtes de vitesses automatiques. Ces joints servent à étanchéiser les surfaces où se trouvent des forces axiales ou rotatives. L'avantage d'un joint à lèvre est qu'il fournit une meilleure étanchéité lorsque la pression augmente (dans des limites raisonnables). Contrairement à beaucoup d'autres joints, les joints à lèvre sont directifs. Cela signifie qu'il faut placer la lèvre du joint face à la source de pression.

Le joint torique Un **joint torique** se trouve entre les surfaces fixes. Le joint torique est coincé entre les cannelures peu profondes et les surfaces à étanchéiser. La compression du joint torique forme un joint serré entre deux surfaces.

Le joint équarri Un **joint équarri** sert à étanchéiser les zones et les surfaces sujettes au mouvement axial. Le mouvement axial est un mouvement intérieur et extérieur et non pas un mouvement rotatif. Les joints équarris ne servent pas à rendre étanches les composants rotatifs.

Le joint poignée-étrier Un **joint poignée-étrier** sert à étanchéiser les surfaces sujettes à un mouvement axial. Le fonctionnement de ce joint combine celui du joint torique et du joint équarri.

Les bagues d'étanchéité et les enduits d'étanchéité pour joint

Une bague est un dispositif qui sert à occuper l'espace entre deux surfaces irrégulières. La bague se place entre deux surfaces. On utilise souvent des bagues en papier dans la zone du boîtier de soupapes, des boîtiers d'accumulateur et de la pompe à liquide avant.

La plupart des bagues d'étanchéité dans une boîte de vitesses automatique sont conçues pour être assemblées à sec. N'utilise pas un enduit d'étanchéité pour joint, si cette façon de faire n'est pas recommandée dans le manuel d'entretien du véhicule.

Certaines surfaces nécessitent un enduit d'étanchéité pour joint, plutôt qu'une bague d'étanchéité. On utilise souvent un mastic anaérobie ou aérobie. Les mastics anaérobies sèchent lorsqu'ils ne sont pas exposés à l'air. Les mastics aérobies sèchent à l'air. Assure-toi d'utiliser le bon enduit ou mastic. Le manuel d'entretien du véhicule indique le type recommandé.

CONSEIL TECHNIQUE Pas de graisse N'utilise pas de graisse à roulement pour châssis pour lubrifier les composants ou pour garder en place une bague d'étanchéité. Les graisses régulières ont un point de fusion élevé et elles risquent d'obstruer les tamis et les filtres. N'utilise que du liquide hydraulique propre ou de la vaseline.

Les joints

Les joints servent à étanchéiser la plupart des pièces rotatives de la boîte de vitesses. Il existe quatre types de joints (*voir la figure 10-16*).

Le joint solide Les joints solides sont confectionnés en téflon ou dans une matière semblable. Il faut les poser avec des outils spéciaux. Ces outils sont spécialement conçus pour le diamètre du joint à installer.

Les joints solides peuvent facilement s'endommager. Un joint endommagé risque de fuir. Prends soin de ne pas appuyer un objet pointu contre la surface du joint. Ceci inclut les tournevis et même les ongles. Reporte-toi au manuel d'entretien du véhicule pour connaître les directives d'installation et les outils à utiliser.

Le joint en biseau Un joint en biseau est semblable au joint solide à la différence que le joint en biseau est coupé en angle. Les joints en biseau ne nécessitent pas d'outil de pose particulier. Cependant, il faut prendre soin de ne pas les endommager en les posant.

Le joint de blocage en acier Le joint de blocage en acier est très répandu dans les anciens modèles de boîtes de vitesses. Il faut t'assurer que les extrémités du joint sont bien bloquées avant de poser les composants.

Le joint d'about en acier Les joints d'about en acier sont identiques aux joints de blocage, mais sans les extrémités de blocage.

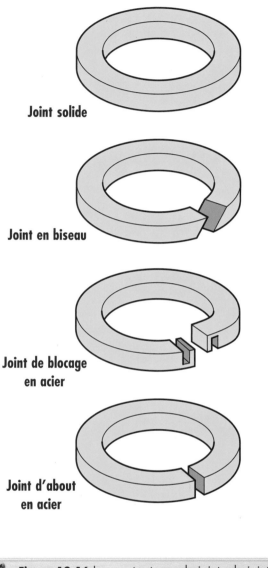

Joint solide

Joint en biseau

Joint de blocage en acier

Joint d'about en acier

Figure 10-16 Les quatre types de joints : le joint solide, le joint en biseau, le joint de blocage en acier et le joint d'about en acier. *Quel type de joint nécessite des outils de pose spéciaux ?*

VÉRIFIE TES CONNAISSANCES

❶ Nomme les trois fonctions de l'ATF.

❷ Quel type de contamination indique un liquide rosé ou laiteux ?

❸ Quel est le danger d'un remplissage excessif d'une boîte de vitesses ?

❹ À quoi sert un joint d'étanchéité ou une bague d'étanchéité ?

❺ Que faut-il utiliser pour garder en place les joints d'étanchéité et les bagues d'étanchéité pendant l'installation ?

RÉVISION DU CHAPITRE 10

Notions importantes

Ces notions sont conformes aux normes du MFCUO pour la boîte de vitesses ou la boîte-pont automatique : inspection et remplacement des joints d'étanchéité et des bagues d'étanchéité, changement du liquide hydraulique et du filtre, diagnostic du niveau du liquide et détermination des mesures à prendre.

- Il existe trois types de boîtes de vitesses automatiques.
- On utilise deux types de conception de configuration pour fixer les boîtes-ponts et les boîtes de vitesses.
- On peut reconnaître les modèles et les types de boîtes de vitesses à l'aide de plusieurs méthodes.
- Les fabricants de boîtes de vitesses se servent d'un code pour indiquer la date de fabrication.
- Les exigences en matière de liquide hydraulique varient d'un fabricant à l'autre.
- Les additifs améliorent le rendement du liquide hydraulique.
- La contamination du liquide hydraulique est évidente lorsqu'on regarde l'apparence du liquide.
- Certains constructeurs de véhicules automobiles se servent d'un élément thermostatique dans leurs boîtes-ponts.
- Les procédures et les intervalles de changement du liquide varient selon le véhicule.
- Il faut placer le levier de la boîte de vitesses en position PARK (stationnement) (NEUTRAL [point mort] sur certains véhicules) lorsque tu contrôles le niveau du liquide.

- Tu peux localiser les fuites de liquide à l'aide d'une lumière noire et d'un colorant de repérage.

Questions de révision

1. Quels sont les trois types de boîtes de vitesses automatiques utilisés de nos jours ?
2. Quels sont les deux types de configuration utilisés ?
3. Quelles méthodes permettent de reconnaître le modèle et le type de boîte de vitesses ?
4. Quelle est la meilleure façon de reconnaître le liquide nécessaire pour un modèle de boîte de vitesses en particulier ?
5. Pourquoi est-il important d'avoir de l'information sur la date de fabrication d'une boîte de vitesses ?
6. Comment une boîte de vitesses à rapports variables de façon continue diffère-t-elle d'autres types de boîtes automatiques ?
7. Comment l'aération du liquide hydraulique peut-elle causer des problèmes dans le système hydraulique d'une boîte de vitesses automatique ?
8. **Pensée critique** Que peut-il se produire si le mauvais liquide est utilisé dans une boîte de vitesses automatique ?
9. **Pensée critique** À quoi sert un élément thermostatique de boîte-pont ? Que peut-il arriver si une technicienne ou un technicien n'est pas au courant du fait que le dispositif est équipé d'un élément thermique ?

PRÉVISIONS TECHNOLOGIQUES

POUR L'EXCELLENCE EN MATIÈRE D'AUTOMOBILE

En préparation pour les boîtes de vitesses à rapports variables de façon continue

La majorité des boîtes de vitesses sont à quatre ou cinq rapports. Dans un avenir rapproché, une nouvelle série de boîtes de vitesses, à rapports variables de façon continue donnera aux consommateurs une plus vaste sélection de rapports et une conduite plus douce. Tout comme pour une boîte automatique, la personne qui conduit déplace le sélecteur de vitesse en position DRIVE (marche avant) ou REVERSE (marche arrière) pour faire fonctionner le véhicule. Mais contrairement à une boîte automatique, la boîte à changement de vitesse continu est munie de poulies et d'une courroie d'entraînement au lieu d'engrenages mécaniques. Cela permet à la boîte de vitesses de créer un nombre presque infini de « vitesses », ce qui assure un mélange parfait d'économie et de puissance.

Bien que la boîte de vitesses à rapports variables de façon continue existe depuis plusieurs années, on ne l'a installée que sur une poignée de véhicules. Certains problèmes importants se sont posés. Les transmissions par courroie n'étaient pas conçues pour les moteurs de plus de 1,5 litre. Les anciens modèles de boîte de vitesses à rapports variables de façon continue ne pouvaient pas supporter un couple de plus de 200 lb/pi.

À mesure que l'industrie concevra de nouvelles courroies et commandes électroniques, les boîtes à rapports variables seront de plus en plus utilisées. Au moins un constructeur de véhicule automobile a prouvé qu'elles peuvent fonctionner avec un moteur V-6 de 3 litres. Une étude a révélé qu'avant 2004, l'utilisation de ces boîtes de vitesses aura augmenté de près de 63 %.

EXCELLENCE AUTOMOBILE
TEST PRÉPARATOIRE

En répondant aux questions suivantes, tu pourras te préparer aux tests en vue d'obtenir la certification du MFCUO.

1. Les techniciens A et B discutent des types d'ATF. La technicienne A dit que le liquide Dexron III convient à toutes les boîtes de vitesses. Le technicien B dit qu'il faut toujours se reporter à l'information donnée par le fabricant pour déterminer le type d'ATF à utiliser. Qui a raison ?

   ⓐ La technicienne A.
   ⓑ Le technicien B.
   ⓒ Les deux ont raison.
   ⓓ Les deux ont tort.

2. Les techniciens A et B discutent de l'entretien de l'ATF. Le technicien A dit qu'on doit changer le liquide en fonction du programme d'entretien périodique du constructeur automobile. La technicienne B dit que le liquide est bon pour la durée de vie du véhicule. Qui a raison ?

   ⓐ Le technicien A.
   ⓑ La technicienne B.
   ⓒ Les deux ont raison.
   ⓓ Les deux ont tort.

3. L'ATF sert à :

   ⓐ graisser et transmettre une force.
   ⓑ enlever la chaleur.
   ⓒ a et b.
   ⓓ Ni a ni b.

4. La technicienne A dit que la seule façon de trouver une fuite est d'utiliser la lumière noire. Le technicien B dit que la seule façon de trouver une fuite est d'utiliser une poudre de repérage. Qui a raison ?

   ⓐ La technicienne A.
   ⓑ Le technicien B.
   ⓒ Les deux ont raison.
   ⓓ Les deux ont tort.

5. Le technicien A dit qu'il est possible de reconnaître la boîte de vitesses par la forme du carter de liquide. La technicienne B dit que tous les carters de liquide ont la même forme. Qui a raison ?

   ⓐ Le technicien A.
   ⓑ La technicienne B.
   ⓒ Les deux ont raison.
   ⓓ Les deux ont tort.

6. Quel type de joint est le joint principal pour les axes rotatifs ?

   ⓐ Le joint équarri.
   ⓑ Le joint à lèvre.
   ⓒ Le joint torique.
   ⓓ Le joint en biseau.

7. Les techniciens A et B discutent de la vérification des niveaux de liquide hydraulique. La technicienne A dit que la boîte de vitesses doit toujours être en position PARK (stationnement) pour vérifier le niveau du liquide. Le technicien B dit que certaines boîtes de vitesses doivent être placées en position NEUTRAL (point mort). Qui a raison ?

   ⓐ La technicienne A.
   ⓑ Le technicien B.
   ⓒ Les deux ont raison.
   ⓓ Les deux ont tort.

8. Le technicien A dit qu'en position MANUAL SECOND (deuxième manuelle), toutes les boîtes de vitesses sont en première vitesse au départ et passent ensuite à la deuxième à mesure que la vitesse augmente. La technicienne B dit que certaines boîtes de vitesses sont en première vitesse au départ pour ensuite passer à la deuxième. Qui a raison ?

   ⓐ Le technicien A.
   ⓑ La technicienne B.
   ⓒ Les deux ont raison.
   ⓓ Les deux ont tort.

9. En enlevant le carter de fluide pour faire l'entretien du dispositif, il faut que la technicienne ou le technicien :

   ⓐ enlève tous les boulons en même temps.
   ⓑ enlève tous les boulons sauf deux ou trois.
   ⓒ enlève seulement les boulons avant.
   ⓓ enlève seulement les boulons arrière.

10. La technicienne A dit qu'il faut remplacer le filtre de la boîte de vitesses pendant le changement de liquide hydraulique. Le technicien B dit qu'il faut changer le filtre seulement au moment d'une remise en état importante. Qui a raison ?

    ⓐ La technicienne A.
    ⓑ Le technicien B.
    ⓒ Les deux ont raison.
    ⓓ Les deux ont tort.

Diagnostic des problèmes de convertisseurs de couple et de trains d'engrenages et réparations

Tu seras en mesure :

- de décrire le fonctionnement du convertisseur de couple ;
- de nommer les composants du convertisseur de couple ;
- de décrire le fonctionnement du verrouillage ;
- de reconnaître les types de trains planétaires ;
- de repérer les défaillances des trains planétaires.

Le vocabulaire :

Plateau flexible

Engrenage à dents hélicoïdales

Impulseur

Engrenage à dents droites

Stator

Convertisseur de couple

Refroidisseur de boîte de vitesses

Turbine

Le problème ⟩⟩⟩⟩⟩ Ton défi

M. Lussier s'est acheté un camion neuf. Lorsque le camion a atteint 19 000 km (12 000 milles), M. Lussier a commencé à entendre un grondement en provenance de la boîte de vitesses. Le bruit semble se produire quand le camion est arrêté et qu'une vitesse est toujours embrayée. S'il met son camion en position point mort (N), le bruit disparaît.

M. Lussier s'est rendu à plusieurs occasions à ton centre de réparations. Au cours d'une de ces visites, on a remplacé la boîte de vitesses, mais le bruit revient toujours. Tu soupçonnes que le problème provient du convertisseur de couple.

À titre de technicienne ou de technicien, tu dois répondre aux questions suivantes :

1. Le camion semble-t-il perdre de la puissance juste avant un changement de vitesse ?
2. Quelles sortes de réparations ont déjà été faites par le passé ?
3. Y a-t-il des bulletins d'entretien qui traitent de ce problème ?

Les accouplements hydrauliques et les convertisseurs de couple

Les accouplements hydrauliques et les convertisseurs de couple sont des organes qui transmettent le couple. Ils relient le vilebrequin du moteur à l'axe d'entrée de la boîte-pont ou de la boîte de vitesses.

Les accouplements hydrauliques

Les anciens modèles de boîtes de vitesses automatiques étaient munis d'un accouplement hydraulique. Un accouplement hydraulique est un organe qui utilise un liquide pour transmettre le couple du moteur au groupe motopropulseur. L'accouplement hydraulique permettait au véhicule de rester immobile même si le moteur était en marche et qu'une vitesse était engagée. Il permettait au véhicule de se déplacer dès que l'accélérateur était enfoncé, ce qui augmentait le régime du moteur.

L'accouplement hydraulique est simple (*voir la figure 11-1*). Il s'agit d'un boîtier fait de deux organes identiques. Chaque organe ressemble à la moitié d'un beignet, et il est creusé. On trouve des aubes autour de la section creuse de chacune des moitiés.

L'organe d'entraînement de l'accouplement hydraulique est l'impulseur ou la pompe. L'impulseur est fixé au boîtier de l'accouplement hydraulique et au moteur. Il est entraîné par le vilebrequin du moteur. L'action de pompage envoie le liquide dans la turbine.

La turbine est l'organe d'entraînement. Elle est fixée à l'axe d'entrée de la boîte de vitesses. La force du liquide qui provient de l'impulseur actionne la turbine. La turbine qui tourne fournit le couple à la boîte-pont ou à la boîte de vitesses. Un accouplement hydraulique n'augmente pas ou ne multiplie pas le couple. Il est plus efficace lorsque la turbine tourne approximativement à la même vitesse que l'impulseur. Contrairement à l'accouplement hydraulique, un convertisseur de couple multiplie le couple.

Les convertisseurs de couple

Dans les boîtes de vitesses automatiques d'aujourd'hui, le convertisseur de couple remplace l'accouplement hydraulique. Un **convertisseur de couple** est un accouplement hydraulique qui agit comme un embrayage dans une boîte de vitesses automatique. Un *embrayage* est un mécanisme qui permet d'embrayer et de débrayer deux pièces mobiles d'un mécanisme d'entraînement.

Un convertisseur de couple ressemble beaucoup à un accouplement hydraulique par sa conception et

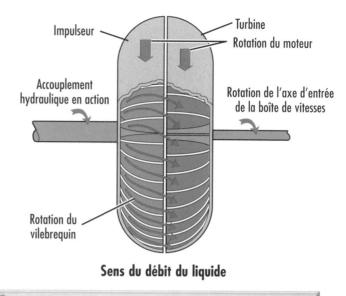

Sens du débit du liquide

Figure 11-1 Une vue en coupe partielle d'un accouplement hydraulique. Il comporte deux parties : l'impulseur et la turbine. *Qu'est-ce qui fait tourner la turbine ?*

son fonctionnement. La principale différence est l'ajout d'un stator. Un **stator** est un organe qui multiplie le couple dans un convertisseur de couple.

Le convertisseur de couple a plusieurs fonctions :
- multiplier le couple du moteur ;
- agir comme un embrayage automatique. Cela permet au véhicule de rester immobile lorsque le moteur tourne et qu'une vitesse est passée ;
- adoucir les impulsions du moteur et absorber les vibrations du moteur et du groupe motopropulseur ;
- entraîner la pompe hydraulique pour la boîte de vitesses.

Le fonctionnement du convertisseur de couple

Le convertisseur de couple est boulonné au plateau flexible et cannelé à l'axe d'entrée de la boîte de vitesses. Le **plateau flexible** est un plateau d'entraînement fixé au vilebrequin du moteur à l'aide de boulons.

Le convertisseur de couple est rempli de liquide provenant de la pompe hydraulique de la boîte de vitesses. Une fois le moteur en marche, l'impulseur se met à tourner en laissant la roue de la turbine fixe pendant un instant. Alors que le liquide est acheminé à l'aide de l'impulseur, il est envoyé par la force centrifuge dans la roue de la turbine. Le liquide frappe alors les aubes de cette roue.

À mesure que le régime du moteur augmente, la force du liquide provenant de l'impulseur augmente et fait tourner la turbine. Cette rotation de la turbine fait alors tourner l'axe d'entrée de la boîte de vitesses.

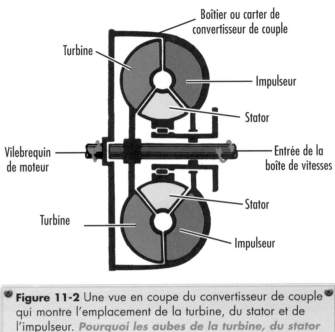

Figure 11-2 Une vue en coupe du convertisseur de couple qui montre l'emplacement de la turbine, du stator et de l'impulseur. *Pourquoi les aubes de la turbine, du stator et de l'impulseur sont-elles courbées ?* (Corporation General Motors)

L'impulseur

L'**impulseur** est une aube qui agit comme organe d'entraînement dans un convertisseur de couple. Il est branché au plateau flexible par le boîtier du convertisseur de couple. L'impulseur tourne au régime du moteur. L'impulseur est aussi appelé *pompe*.

La turbine

La **turbine** est l'organe d'entraînement du convertisseur de couple. Une turbine est aussi une aube. Elle est fixée à l'axe d'entrée de la boîte de vitesses. Les aubes de turbine sont courbées du côté entrée vers les aubes de l'impulseur. Les aubes courbées permettent à la turbine d'absorber une grande quantité d'énergie.

Le stator

Le **stator** est un moyeu à aube qui améliore le débit du liquide dans le convertisseur de couple. Le stator est fixé à un axe de support entre l'impulseur et la turbine. Cet axe fait partie de la moitié du carter avant. Les aubes de stator sont courbées dans le sens opposé à la turbine et aux aubes de l'impulseur. Les aubes de stator recueillent le liquide lorsqu'il quitte la turbine. Le liquide est dirigé vers l'impulseur. Le liquide frappe le bord d'attaque des aubes de l'impulseur, ce qui accroît la force projetée sur l'impulseur. Cette force se dirige dans le sens de la rotation du moteur.

Le stator contient un embrayage à roue libre intermédiaire. L'embrayage permet au stator de tourner dans une seule direction. Pendant l'accélération,

l'impulseur et la turbine tournent à des vitesses différentes. Le liquide frappe l'avant du stator, ce qui entraîne le verrouillage de l'embrayage à roue libre intermédiaire. L'embrayage verrouille le stator à son axe de support. Une fois verrouillé, le stator dirige le liquide sur les aubes de l'impulseur.

Lorsque l'impulseur et la turbine tournent presque à la même vitesse, le liquide frappe l'arrière du stator. Ce processus cause le déverrouillage de l'embrayage. Le stator peut désormais agir en roue libre. Lorsqu'il est en roue libre, il a moins d'effet sur le liquide qui coule. Le liquide passe directement de l'impulseur à la turbine.

Les embrayages de stator

Les embrayages de stator sont des embrayages à roue libre intermédiaire. Lorsqu'il est verrouillé, l'embrayage de stator permet au stator de tourner dans une seule direction. Lorsqu'il est déverrouillé, il lui permet de tourner en roue libre.

Il existe deux types d'embrayages à roue libre intermédiaire de stator :
• l'embrayage à béquilles ;
• l'embrayage à roue libre intermédiaire.

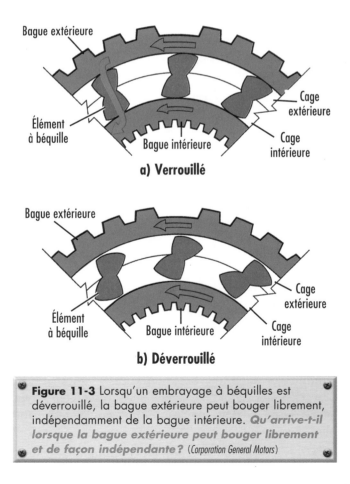

Figure 11-3 Lorsqu'un embrayage à béquilles est déverrouillé, la bague extérieure peut bouger librement, indépendamment de la bague intérieure. *Qu'arrive-t-il lorsque la bague extérieure peut bouger librement et de façon indépendante ?* (Corporation General Motors)

L'embrayage à béquilles Un embrayage à roue libre intermédiaire à béquilles comporte une bague intérieure, une bague extérieure, une cage intérieure, une cage extérieure ainsi qu'un ensemble de béquilles. Les éléments à béquilles sont des pièces métalliques en forme de S ou de came. L'ensemble à béquilles comprend de nombreux éléments à béquilles et une cage pour maintenir les éléments en place (*voir la figure 11-3*).

Lorsque l'impulseur et la turbine tournent à différentes vitesses, la bague extérieure tourne plus vite que la bague intérieure. Ce mouvement met les béquilles dans une position où elles bloquent simultanément la bague intérieure et la bague extérieure (*voir la figure 11-3a*). Lorsque l'impulseur et la turbine tournent presque à la même vitesse, la bague intérieure tourne plus vite que la bague extérieure. Les béquilles sont alors placées de façon à déverrouiller la bague intérieure et la bague extérieure (*voir la figure 11-3b*).

L'embrayage à roue libre intermédiaire Un embrayage à roue libre comporte une bague intérieure, une bague extérieure et un ensemble de rouleaux (*voir la figure 11-4*). La bague extérieure est munie d'encoches ou de rampes intégrées. Les encoches sont étroites à une extrémité. Les rouleaux sont situés entre la bague intérieure et la bague extérieure. Ils ressemblent beaucoup à ceux que l'on trouve dans un roulement à rouleaux type. Des ressorts précontraints sont derrière les rouleaux.

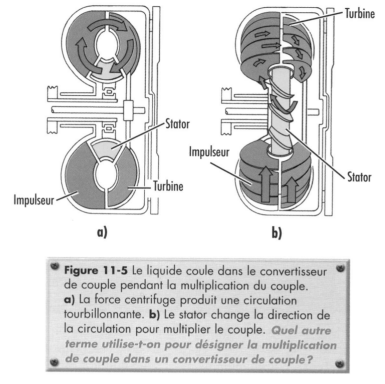

Figure 11-5 Le liquide coule dans le convertisseur de couple pendant la multiplication du couple. **a)** La force centrifuge produit une circulation tourbillonnante. **b)** Le stator change la direction de la circulation pour multiplier le couple. *Quel autre terme utilise-t-on pour désigner la multiplication de couple dans un convertisseur de couple ?*

Lorsque l'impulseur et la turbine tournent presque à la même vitesse, le liquide frappe l'arrière des aubes de stator. La pression du liquide sur le stator est alors réduite. Les rouleaux se déplacent ensuite dans la vaste zone des encoches. L'embrayage se déverrouille, ce qui permet au stator de tourner en roue libre.

La multiplication de couple

La tâche principale du convertisseur de couple est de multiplier le couple. La multiplication du couple se produit lorsqu'un véhicule accélère. Lorsque la vitesse de l'impulseur augmente, la force centrifuge agit sur le liquide. Le liquide passe du centre vers l'extérieur des aubes de l'impulseur. Lorsque le liquide quitte l'impulseur, il entre dans les aubes de la turbine. Une fois que le liquide est en mesure de distribuer son énergie, il coule vers le centre des aubes de la turbine, où il frappe les aubes du stator (*voir la figure 11-5*).

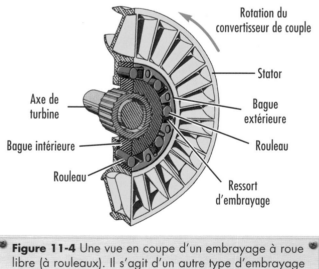

Figure 11-4 Une vue en coupe d'un embrayage à roue libre (à rouleaux). Il s'agit d'un autre type d'embrayage à roue libre. *À quoi servent les ressorts ?* (*DaimlerChrysler*)

Lorsque l'impulseur et la turbine tournent à des vitesses différentes, le liquide pousse sur la partie avant des aubes de stator. Les rouleaux se déplacent alors dans la zone étroite des encoches. Ils se calent dans les encoches, verrouillant la bague intérieure et la bague supérieure. L'embrayage verrouille et immobilise le stator.

Au cours de l'accélération, l'embrayage du stator est verrouillé. Le stator verrouillé renvoie le liquide vers l'impulseur. Trois choses se produisent par la suite :
- le liquide frappe les aubes de l'impulseur dans le sens de la rotation du moteur, ce qui fournit une poussée additionnelle sur l'impulseur. Cette poussée aide le moteur à faire tourner l'impulseur ;
- le volume et la force du liquide qui passent dans l'impulseur augmentent ;
- le stator accroît l'angle du liquide qui entre dans l'impulseur.

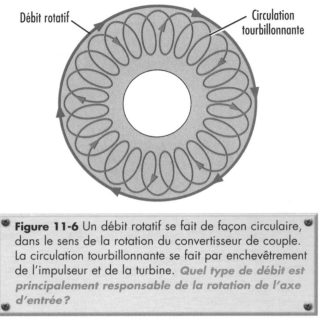

Débit rotatif

Circulation tourbillonnante

Figure 11-6 Un débit rotatif se fait de façon circulaire, dans le sens de la rotation du convertisseur de couple. La circulation tourbillonnante se fait par enchevêtrement de l'impulseur et de la turbine. *Quel type de débit est principalement responsable de la rotation de l'axe d'entrée?*

Lorsque le débit du liquide augmente, le couple appliqué à l'axe d'entrée de la boîte de vitesses augmente considérablement. La multiplication du couple peut donner un rapport aussi élevé que 3 pour 1 dans certains convertisseurs de couple. La multiplication de couple est aussi connue sous le nom de rapport de couple au blocage.

Le débit rotatif et la circulation tourbillonnante

On trouve deux types de débits de liquide dans un convertisseur de couple : le débit rotatif et le débit de la circulation tourbillonnante (*voir la figure 11-6*).

Le *débit rotatif* circule avec le boîtier de convertisseur. Il va dans le sens de la rotation du boîtier de convertisseur et de l'impulseur.

La *circulation tourbillonnante* se produit lorsque le liquide coule de l'impulseur à la turbine. La circulation tourbillonnante est responsable de la rotation de la turbine et de l'axe d'entrée de la boîte de vitesses. La force appliquée sur l'axe d'entrée dépend de deux facteurs :
• la vitesse de la circulation tourbillonnante ;
• la friction du liquide sur l'impulseur et la turbine.

C'est la combinaison du débit rotatif et de la circulation tourbillonnante qui fait fonctionner le convertisseur de couple.

La turbulence du liquide dans un convertisseur de couple peut provoquer une inefficacité et une surchauffe. Afin de réduire la turbulence, tu dois poser un *anneau-guide divisé* dans chaque moitié du convertisseur. L'anneau-guide ressemble à un petit beignet creux tranché en deux. Lorsque l'anneau-guide est en place, la turbulence du liquide est fortement réduite.

Le point d'accouplement

Lorsque la vitesse de la turbine augmente, le convertisseur de couple atteint le *point d'accouplement*. Cela se produit lorsque la vitesse de l'impulseur et celle de la turbine varient d'environ 10 % l'une par rapport à l'autre. Au point d'accouplement, il n'y a que très peu de circulation tourbillonnante ou de couple de multiplication. Le liquide tourne alors avec l'impulseur et la turbine (*voir la figure 11-7*).

Le point d'accouplement se produit juste avant le point de changement de vitesse à chaque rapport, ainsi qu'à la vitesse de croisière. À mesure que le convertisseur s'approche du point d'accouplement, le liquide qui quitte la roue de turbine frappe l'arrière des aubes du stator. Cela fait tourner le stator en roue libre. Le stator n'affecte plus le mouvement du convertisseur de couple.

Certains convertisseurs de couple contiennent deux stators. On les appelle *convertisseurs de couple multistators*. Lorsque les exigences de couple sont basses, le stator principal tourne en roue libre. Avec un stator en roue libre, la multiplication du couple est basse. Pendant l'accélération et la charge du moteur, les deux stators sont verrouillés. Une complète multiplication de couple survient alors.

L'utilisation d'un convertisseur multistators prolonge la durée de la multiplication du couple. Cela signifie que la durée du couple sur l'axe d'entrée de la boîte de vitesses est aussi prolongée. Par conséquent, les petits moteurs volumétriques peuvent offrir un meilleur rendement.

Les plateaux flexibles

Le convertisseur de couple est branché au moteur par un plateau flexible ou un plateau d'entraînement. Le plateau flexible permet au convertisseur de couple de se déplacer vers le moteur ou la boîte de vitesses quand la pression du liquide change dans le convertisseur. Le plateau flexible contient l'engrenage mené ou la couronne dentée associé au démarrage du moteur.

Dans certains véhicules, les couronnes dentées du démarreur sont fixées au diamètre extérieur du boîtier du convertisseur de couple. Cependant, on utilise toujours un plateau flexible pour brancher le convertisseur au moteur.

CONSEIL TECHNIQUE **Un plateau flexible fissuré** Un plateau flexible fissuré peut produire un bruit de cognement. La gravité du cognement peut varier selon la charge et le régime du moteur. Vérifie la couronne dentée du plateau flexible pour déceler des fissures, particulièrement près des trous de boulon.

Le diagnostic des problèmes du convertisseur de couple

Les problèmes de convertisseur de couple peuvent être :
- un bruit du convertisseur de couple ;
- une défaillance de l'embrayage à roue libre de stator ;
- un déséquilibre du convertisseur de couple ;
- un gonflement du convertisseur de couple ;
- une usure de la butée de palier du vilebrequin ;
- une usure du moyeu.

Le bruit du convertisseur de couple

Il est habituellement possible de lier une défaillance de palier au convertisseur de couple. Des roulements à aiguilles servent à séparer le stator de l'impulseur, le stator de la turbine et la turbine du boîtier de convertisseur.

Le bruit provenant des roulements se produit habituellement lorsque le véhicule est en position de marche avant et qu'il est immobile. Dans ce mode, la turbine est immobilisée, et le boîtier du convertisseur tourne. Lorsque le levier de vitesses est en position point mort, le bruit ne se fait habituellement plus entendre. Cela indique un problème aux roulements.

La défaillance de l'embrayage à roue libre du stator

Il est possible qu'il y ait défaillance de l'embrayage à roue libre du stator dans deux situations :
- l'embrayage est constamment verrouillé ;
- l'embrayage est constamment en mode roue libre.

L'embrayage est constamment verrouillé Un embrayage à roue libre constamment verrouillé peut entraîner de graves problèmes de conduite. Dans des conditions normales de fonctionnement, le stator tourne en roue libre lorsque le liquide frappe l'arrière du stator. C'est ce que l'on appelle le point d'accouplement.

Un stator verrouillé pendant le point d'accouplement nuit au débit du liquide. Au lieu de passer de l'impulseur à la turbine, le liquide coule en direction du liquide qui provient de l'impulseur.

Cette situation ralentit la turbine et cause une turbulence dans le convertisseur. Il en résulte un manque de puissance lorsque le véhicule roule sur une autoroute. Il est aussi possible que la personne qui conduit remarque un manque de puissance juste avant d'atteindre chaque point de changement de vitesse de la boîte de vitesses.

Un stator verrouillé peut causer la surchauffe du moteur quand le véhicule roule à la vitesse de croisière (légère et constante activation du papillon des gaz à vitesse élevée sur l'autoroute). La turbulence excessive dans le convertisseur de couple peut entraîner des températures très élevées de la boîte de vitesses.

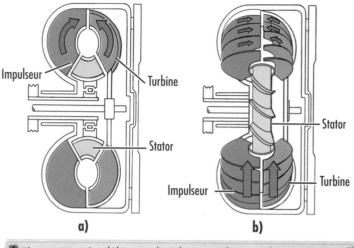

Figure 11-7 Le débit pendant le point d'accouplement dans un convertisseur de couple. **a)** Les forces centrifuges opposées arrêtent la circulation tourbillonnante. **b)** Le stator tourne en mode roue libre ; il n'y a alors aucune multiplication de couple. *Qu'arrive-t-il au stator pendant le point d'accouplement ?*

Un refroidisseur rafraîchit le liquide de transmission dans le radiateur. Si le liquide de transmission automatique devient chaud, sa température excessivement élevée peut générer des températures plus élevées dans le radiateur et dans le système de refroidissement.

L'embrayage est constamment en mode roue libre Si le mouvement de roue libre du stator se fait dans les deux sens, le liquide qui passe dans la turbine frappe le stator et le fait tourner vers l'arrière. Le stator ne peut plus rediriger son débit dans l'impulseur. Toute multiplication de couple se perd. Le véhicule perd de la puissance pendant l'accélération. À moins haut régime, le rendement est aussi affecté. Cependant, le rendement à la vitesse de croisière sur l'autoroute semble normal.

Le déséquilibre du convertisseur de couple

Des problèmes de vibration sont habituellement causés par un déséquilibre du convertisseur de couple. Cette vibration est perceptible, en général, à un régime précis du moteur.

Pour localiser ce problème, débranche le convertisseur de couple du plateau flexible, mets-le de côté et démarre le véhicule. Fais tourner le moteur à un régime précis en position de stationnement (P) ou de point mort (N). S'il n'y a plus de vibration, le convertisseur de couple est la cause possible du problème.

Le gonflement du convertisseur de couple

Le gonflement se produit lorsque la pression interne force le boîtier du convertisseur à s'étendre. La pression provient habituellement d'une vitesse de rotation très élevée qui crée une forte force centrifuge. Le convertisseur se gonfle là où se trouvent le moyeu entraîneur et le pilote. La source du problème est un trop grand jeu axial dans le convertisseur.

L'usure de la butée de palier du vilebrequin

Une pression hydraulique élevée dans la boîte de vitesses peut endommager le moteur. Une pression élevée peut causer la défaillance du palier, ce qui peut entraîner un trop grand jeu axial du vilebrequin et un cognement du moteur.

L'usure du moyeu

Si le moyeu et la bague de palier sont usés, tu peux soupçonner la présence d'un problème d'alignement du côté du carter, de la pompe avant ou du plateau flexible. Il est aussi possible que l'usure soit causée par un manque de graissage de la bague de palier. S'il y a usure du moyeu d'un seul côté, c'est peut-être parce que le moyeu n'a pas été centré correctement sur le convertisseur pendant le montage. Si le moyeu de convertisseur est usé, tu dois le remplacer et remplacer la bague de pompe.

Certains moyeux de convertisseur provenant d'équipementiers sont en matériaux trempés. Remplace la bague de palier par une pièce respectant les normes de ces fournisseurs. Les moyeux des convertisseurs réusinés sont parfois faits d'un matériau plus souple que l'original. Ce matériau convient bien aux bagues achetées sur le marché des accessoires et des pièces de rechange.

L'essai et la réparation du convertisseur de couple

Les essais portant sur un convertisseur de couple se classent en deux catégories :
• les essais de blocage ;
• les essais au banc.

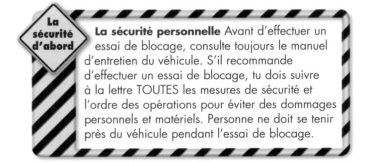

La sécurité d'abord **La sécurité personnelle** Avant d'effectuer un essai de blocage, consulte toujours le manuel d'entretien du véhicule. S'il recommande d'effectuer un essai de blocage, tu dois suivre à la lettre TOUTES les mesures de sécurité et l'ordre des opérations pour éviter des dommages personnels et matériels. Personne ne doit se tenir près du véhicule pendant l'essai de blocage.

L'essai de blocage

Le type d'essai le plus répandu est l'essai de blocage. Un *essai de blocage* détermine l'état de la boîte de vitesses en faisant tourner le moteur alors que le papillon est en position pleins gaz, que le frein est serré et que les roues

La sécurité d'abord **La sécurité matérielle** Ne fais pas durer l'essai de blocage plus de 5 secondes à la fois. Il se produit une chaleur extrême. Pour effectuer un essai de blocage, tu dois mettre la boîte de vitesses en position point mort (N) et augmenter le régime du moteur pour permettre au liquide de refroidir.

sont bloquées pour garder le véhicule immobile. L'essai de blocage n'est pas recommandé par tous les fabricants. Tu ne dois effectuer un essai de blocage que si tu soupçonnes un problème de défaillance de l'embrayage à roue libre du stator (l'embrayage du stator n'est pas constant).

Pour effectuer un essai de blocage, tu dois:

1. trouver les recommandations relatives à l'essai par blocage dans le manuel d'entretien du véhicule ;
2. vérifier et inspecter le niveau et l'état du liquide hydraulique ;
3. bloquer toutes les roues et serrer le frein de stationnement ;
4. fixer un tachymètre sur le véhicule ;
5. appuyer sur le frein de service et le maintenir enfoncé en appuyant sur la pédale de frein ;
6. démarrer le véhicule et mettre la boîte de vitesses en position de marche avant ;
7. augmenter le régime du moteur à pleins gaz et prendre note du régime du moteur maximal indiqué.

Effectue l'essai dans toutes les gammes des vitesses avant et de la vitesse arrière. Il faut que le régime du moteur indiqué soit le même dans tous les rapports.

Si le régime du moteur est inférieur à celui précisé dans le manuel d'entretien, le problème peut être le suivant :
• la mise au point du moteur est inadéquate ;
• l'embrayage à roue libre du stator du convertisseur de couple patine.

Si le régime du moteur est plus élevé que ce qui est précisé dans le manuel d'entretien du véhicule, le problème peut être le suivant :
• un niveau de liquide bas ;
• un filtre à liquide bouché ;
• une soupape régulatrice de pression coincée ;
• des embrayages, des bandes, des arbres cannelés ou un embrayage à roue libre qui patinent.

L'essai au banc

Certains fabricants donnent des recommandations relatives aux essais au banc du convertisseur de couple. Les essais au banc habituels comprennent :
• les mesures des jeux axiaux ;
• les essais de fuite du convertisseur ;
• les essais d'embrayage à roue libre du stator.

EXCELLENCE SCIENCES AUTOMOBILE

La transmission du couple

Tu conduis un véhicule équipé d'une boîte de vitesses automatique. Tu t'arrêtes à un feu de circulation. Une automobile s'immobilise à côté de toi. Lorsque le feu passe au vert, tu appuies sur l'accélérateur. Tu vois l'automobile te dépasser, même si les deux véhicules sont partis du même point d'arrêt et que tu as gardé une pression constante sur l'accélérateur. Le conducteur de l'autre automobile change de vitesse dans sa boîte de vitesses à commande manuelle. En quoi les deux véhicules diffèrent-ils ?

Les deux boîtes de vitesses ont la même fonction : elles transmettent le couple du moteur, par les organes de transmission, aux roues du véhicule. Cependant, dans le cas d'une boîte de vitesses à commande manuelle, c'est la personne qui conduit qui engage les différents rapports de l'embrayage.

Dans une boîte de vitesses automatique, on n'utilise pas un embrayage à commande mécanique. On se sert plutôt d'un accouplement hydraulique, appelé convertisseur de couple, pour faire la connexion. Lorsque la personne qui conduit met la boîte de vitesses en position de marche avant (D) ou de marche arrière (R), le moteur est connecté par le convertisseur de couple à la boîte de vitesses. La connexion n'est pas mécanique. Le convertisseur de couple est rempli de liquide de transmission automatique. L'impulseur dans le convertisseur de couple se branche à la sortie du moteur. L'impulseur qui tourne transmet le couple ou la force au liquide en faisant tourner le liquide. Ce mouvement de rotation atteint une turbine qui, elle, est dans le convertisseur de couple. La turbine est reliée à l'entrée de la boîte de vitesses. Lorsque le régime du moteur est faible, comme c'est le cas lorsque le moteur tourne au ralenti, la force appliquée sur le liquide est faible et ne suffit pas à faire déplacer le véhicule. Lorsque le régime du moteur augmente, l'impulseur tourne plus vite. La force appliquée sur le liquide augmente aussi. Le liquide transmet alors une plus grande force à la turbine, à l'entrée de la boîte de vitesses.

Mais comment un liquide peut-il transmettre une force entre l'impulseur et la turbine ? L'expérience suivante décrit ce processus.

À toi de jouer !

La fabrication d'un modèle de convertisseur de couple

Conforme aux normes de l'EDU en sciences pour la compréhension de la force, l'explication de la transmission d'une force appliquée et l'explication des propriétés des commandes dynamique d'un système hydraulique.

1 Mets les 2 ventilateurs sur une surface de travail, comme le montre l'illustration. Place les ventilateurs de façon qu'un espace d'un pied les sépare.

2 Place le ventilateur à vitesses variables du côté gauche.

3 Branche le ventilateur à vitesses variables. Ne branche pas l'autre ventilateur.

Matériel requis
• 2 petits ventilateurs électriques, dont un à vitesses variables

4 Règle le ventilateur à vitesses variables à sa vitesse la plus basse. Que remarques-tu ?

5 Règle à la deuxième vitesse le ventilateur à vitesses variables. Que remarques-tu ?

Les résultats et l'analyse

1 Quel ventilateur est semblable à l'impulseur dans un convertisseur de couple ?

2 Quel ventilateur est semblable à la turbine dans un convertisseur de couple ?

3 Par quel moyen transmet-on la force entre les deux ventilateurs ?

4 Les deux ventilateurs tournent-ils à la même vitesse ?

5 Qu'arrive-t-il lorsque la vitesse du ventilateur à vitesses variables change ?

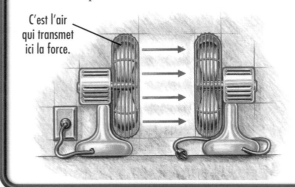
C'est l'air qui transmet ici la force.

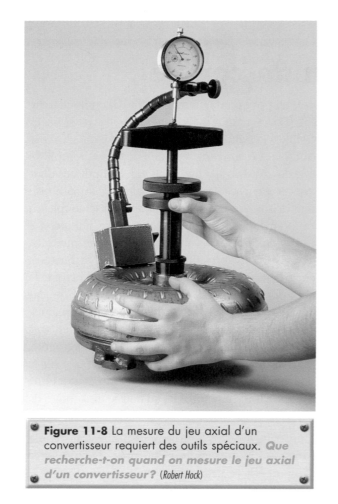

Figure 11-8 La mesure du jeu axial d'un convertisseur requiert des outils spéciaux. *Que recherche-t-on quand on mesure le jeu axial d'un convertisseur ?* (Robert Hock)

Les mesures du jeu axial Des outils spéciaux servent à mesurer le jeu axial dans le convertisseur de couple. Les outils utilisés peuvent varier selon le manufacturier et les ateliers (*voir la figure 11-8*). Cette vérification aide à repérer les dommages au palier et les problèmes de gonflement.

L'essai de fuite du convertisseur Des outils spéciaux sont nécessaires pour faire un essai au banc d'un convertisseur de couple afin de déceler des fuites. Une fois les outils installés, le boîtier du convertisseur est mis sous pression, ce qui permet de localiser le point de fuite.

L'essai d'un embrayage à roue libre inter-médiaire Tu dois te servir d'outils spéciaux pour effectuer un essai au banc d'un embrayage à roue libre intermédiaire afin de vérifier s'il tient bien.

Pour effectuer un essai au banc du convertisseur de couple, tu dois:

1. placer le convertisseur sur le côté et utiliser un butoir de sécurité de stator pour bloquer le boîtier du convertisseur ;

2. tourner l'outil d'essai vers la droite et ensuite vers la gauche.

Si le stator tourne en roue libre dans les deux sens, c'est la preuve que l'embrayage à roue libre est défectueux. Remplace le convertisseur de couple. Si, au contraire, l'embrayage à roue libre semble être en parfait état, assure-toi qu'il fonctionne correctement dans le véhicule dans des conditions normales (*voir la figure 11-9*).

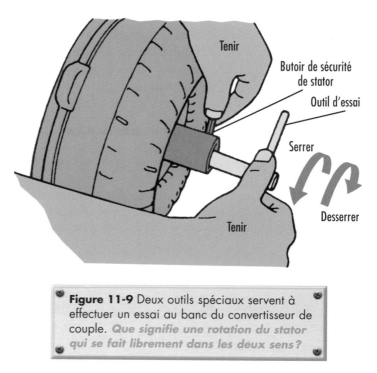

Figure 11-9 Deux outils spéciaux servent à effectuer un essai au banc du convertisseur de couple. *Que signifie une rotation du stator qui se fait librement dans les deux sens ?*

VÉRIFIE TES CONNAISSANCES

❶ Quels sont les deux types d'embrayages de stator ?

❷ Quel type de débit de liquide trouve-t-on dans un convertisseur de couple ?

❸ Quand le point d'accouplement se produit-il ?

❹ Quels sont les essais à effectuer pendant un essai au banc d'un convertisseur de couple ?

❺ Quelles sont les précautions à prendre avant d'effectuer un essai de blocage ?

Section 2

Le système de verrouillage de l'embrayage du convertisseur de couple

Au point d'accouplement, l'impulseur et la turbine tournent à peu près à la même vitesse (l'écart est de moins de 10 %). Cette différence s'appelle le *patinage du convertisseur de couple*. Elle entraîne une perte de puissance et elle affecte la consommation de carburant d'un véhicule.

La plupart des boîtes de vitesses automatiques sont équipées d'un embrayage de verrouillage dans le convertisseur de couple. L'*embrayage du convertisseur de couple* est un embrayage qui verrouille mécaniquement le convertisseur de couple au point d'accouplement. Il empêche le patinage, améliore l'économie de carburant et abaisse la température de la boîte de vitesses.

Comme dans le cas du convertisseur de couple non verrouillé, la turbine est fixée à l'axe d'entrée de la boîte de vitesses. Dans un convertisseur de couple avec verrouillage, la turbine peut être attachée au boîtier du convertisseur de couple au moyen d'une plaque d'embrayage. Lorsque le verrouillage se fait, 100 % de la puissance qui provient du moteur est transférée à la boîte de vitesses.

Le système de verrouillage est commandé par des soupapes hydrauliques dans la boîte de vitesses. Dans plusieurs cas, un système électronique sert à contrôler les soupapes. Ce système dépend de l'ordinateur de bord du véhicule pour commander le verrouillage.

Le design du verrouillage de l'embrayage du convertisseur de couple

L'embrayage à verrouillage est muni de cannelures à l'avant de la turbine. L'ensemble se compose d'un piston de verrouillage et d'un jeu de ressorts d'amortissement. Ces ressorts sont conçus pour absorber le choc produit par l'enclenchement du verrouillage.

Dans la plupart des véhicules, le produit à friction est collé au piston de verrouillage (*voir la figure 11-10a*). L'avant du boîtier du convertisseur est usiné, ce qui donne une surface plate contre laquelle le piston de verrouillage est appliqué.

Le piston de verrouillage du convertisseur de couple est étanche. Le liquide ne peut donc pas aller du côté embrayage au côté débrayage. Habituellement, le joint d'étanchéité se trouve à l'extrémité de l'axe d'entrée de la boîte de vitesses. Dans certains cas, le joint est placé dans le convertisseur.

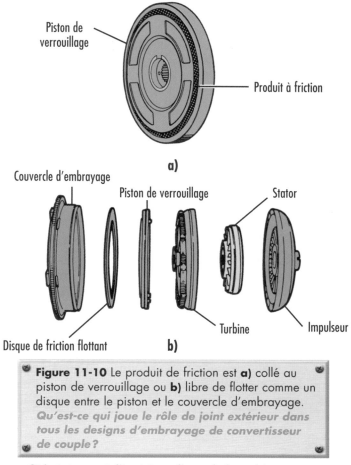

a)

b)

Figure 11-10 Le produit de friction est **a)** collé au piston de verrouillage ou **b)** libre de flotter comme un disque entre le piston et le couvercle d'embrayage. *Qu'est-ce qui joue le rôle de joint extérieur dans tous les designs d'embrayage de convertisseur de couple?*

Si le joint est à l'intérieur, l'axe de la turbine présente une surface usinée contre laquelle le joint peut être posé. Le joint extérieur, dans tous les designs d'embrayage de convertisseur de couple, est le produit à friction, qui est habituellement collé au piston de verrouillage.

Certains fabricants ne collent pas le produit de friction au piston de verrouillage. Ils le laissent plutôt flotter entre le couvercle d'embrayage et le piston (*voir la figure 11-10b*). Certains fabricants se servent même de disques à friction multiple dans leurs convertisseurs de verrouillage.

Le fonctionnement du verrouillage de l'embrayage du convertisseur de couple

La direction dans laquelle le liquide entre dans le convertisseur de couple détermine l'embrayage et le débrayage du verrouillage de l'embrayage du convertisseur de couple. Le liquide peut entrer dans le convertisseur en venant de la turbine, ou il peut entrer par l'avant du piston de serrage.

Le mode de débrayage du convertisseur de couple Les soupapes hydrauliques commandent le système de verrouillage du convertisseur. Il existe une soupape (ou un relais) d'embrayage du verrouillage et une soupape de signalisation. En mode de débrayage, les deux soupapes sont en position de débrayage.

La plupart des fabricants se servent d'une électrovalve pour commander les soupapes de verrouillage. Les électrovalves que l'on trouve sur tous les nouveaux modèles sont commandées par un système informatique. L'ordinateur est habituellement aussi l'ordinateur de gestion du moteur. Certains fabricants installent un module de commande de boîte de vitesses distinct.

La soupape de signalisation contrôle la pression du liquide au bas de la soupape de relais, ce qui permet de contrôler la position de la soupape de relais. Cette soupape commande l'embrayage et le débrayage du système de verrouillage.

Le liquide coule par la soupape de relais et par un axe d'entrée creux vers la partie avant de l'embrayage de verrouillage. Le liquide qui coule entre le piston de verrouillage et l'avant du couvercle d'embrayage pousse le piston vers la turbine. La pression du liquide est égale des deux côtés (embrayage et débrayage) du piston de verrouillage. Le piston reste en position débrayage. Dans cette position, le convertisseur fonctionne comme un convertisseur sans verrouillage standard (*voir la figure 11-11*).

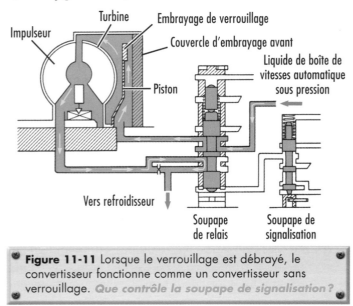

Figure 11-11 Lorsque le verrouillage est débrayé, le convertisseur fonctionne comme un convertisseur sans verrouillage. *Que contrôle la soupape de signalisation?*

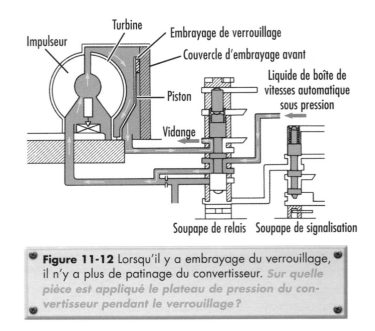

Figure 11-12 Lorsqu'il y a embrayage du verrouillage, il n'y a plus de patinage du convertisseur. *Sur quelle pièce est appliqué le plateau de pression du convertisseur pendant le verrouillage?*

Le mode d'embrayage du convertisseur de couple
La soupape de signalisation fournit une pression à la base de la soupape de relais. La soupape de relais se déplace vers sa position d'embrayage. La pression est transférée par la soupape de relais à l'embrayage du piston de verrouillage. Le côté débrayage du piston de verrouillage s'ouvre pour laisser échapper le liquide. Cette situation permet d'actionner le système de verrouillage.

Lorsque la pression ne se produit que du côté embrayage du piston de verrouillage, le piston se trouve contre le couvercle de l'embrayage avant, ce qui crée un joint étanche entre le couvercle d'embrayage et le piston de verrouillage. Le piston de verrouillage est bien fixé au boîtier du convertisseur. La turbine et le boîtier de convertisseur tournent alors ensemble, comme s'ils formaient une seule pièce. Il en résulte l'absence de patinage du convertisseur (*voir la figure 11-12*).

Le système de verrouillage à viscocoupleur du convertisseur de couple

Certains fabricants utilisent un système de verrouillage à *viscocoupleur du convertisseur de couple* (*voir la figure 11-13*). Dans un tel embrayage, on se sert d'un piston rempli de liquide au lieu d'un ensemble de ressorts pour absorber le verrouillage. Le fonctionnement du viscocoupleur et de ses systèmes de contrôle est identique à celui d'un embrayage de verrouillage standard.

Le système de verrouillage du convertisseur à modulation de durée d'impulsion

Le système informatique contenu dans la plupart des récents modèles de véhicules sert à commander le verrouillage de l'embrayage du convertisseur de couple.

Un *système de verrouillage de convertisseur à modulation de durée d'impulsion* est un système qui commande la force de serrage appliquée sur l'embrayage de verrouillage.

La force de serrage est contrôlée par l'embrayage et le débrayage rapides de l'électrovalve. La modulation de durée d'impulsion sert à contrôler la durée de l'activation de l'électrovalve de verrouillage.

Plus l'électrovalve est actionnée longtemps, plus une pression ferme est appliquée sur l'embrayage de verrouillage. Ainsi, on peut ajuster avec précision la pression sur le verrouillage en contrôlant la durée de l'activation de l'électrovalve.

Une pression variable du liquide alimente certaines soupapes de commande de verrouillage. Au lieu d'être simplement activées ou désactivées, les soupapes sont placées en position d'embrayage partiel. Ceci permet au système informatique du véhicule de commander avec précision la force avec laquelle le système de verrouillage est embrayé et débrayé.

Le système d'embrayage du convertisseur à capacité contrôlée

L'électrovalve du système de verrouillage à modulation de durée d'impulsion commande l'embrayage et le débrayage de l'embrayage de verrouillage. Un système d'embrayage du convertisseur à capacité contrôlée permet d'aller plus loin.

Le système informatique du véhicule régularise la pression, une fois que l'embrayage de verrouillage est engagé. Ce type de système de verrouillage a été conçu pour réduire les vibrations opérationnelles.

Habituellement, le convertisseur de verrouillage à capacité contrôlée peut «patiner légèrement» dans la plupart des conditions de vitesse de croisière. L'ordinateur du véhicule contrôle l'électrovalve de verrouillage pour créer une légère condition de patinage. Cette condition dure en général jusqu'à 60 tr/minutes, à vitesse de croisière.

Ce patinage ne produit pas une chaleur additionnelle. Pour réduire l'accumulation de chaleur dans le piston de verrouillage, on se sert d'un matériau de friction spécial.

Le diagnostic relatif au convertisseur de verrouillage

Le convertisseur de verrouillage peut avoir les mêmes problèmes qu'un convertisseur de couple standard. Il peut aussi avoir des problèmes au niveau de l'assemblage de l'embrayage de verrouillage.

Ces problèmes se traduisent par un verrouillage qui ne se fait pas ou qui se fait en tout temps. D'autres problèmes se présentent sous forme de vibrations ou de ronflements lors du verrouillage.

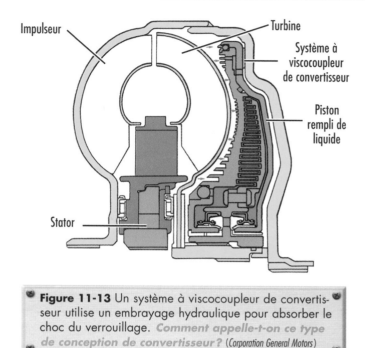

Figure 11-13 Un système à viscocoupleur de convertisseur utilise un embrayage hydraulique pour absorber le choc du verrouillage. *Comment appelle-t-on ce type de conception de convertisseur?* (Corporation General Motors)

Le défaut de verrouillage

Si le verrouillage ne se fait pas, la boîte de vitesses risque de surchauffer. Une surchauffe peut se produire si le véhicule fonctionne en quatrième ou en cinquième vitesse pendant de longues périodes. Une surchauffe peut entraîner une défaillance de l'embrayage interne de la boîte de vitesses ou de la bande, et aussi des problèmes d'économie de carburant.

Si le verrouillage ne se fait pas, il pourrait y avoir un problème électrique. Les problèmes électriques peuvent être :
- le fonctionnement inadéquat de l'électrovalve de verrouillage ;
- l'information incorrecte du capteur d'entrée ;
- des problèmes du système de commande hydraulique ;
- des problèmes du convertisseur de verrouillage.

Reporte-toi au manuel d'entretien du véhicule pour connaître la marche à suivre pour effectuer des réparations.

L'embrayage du verrouillage en tout temps

Un verrouillage constant cause habituellement le calage du moteur lorsque le véhicule ralentit pour arrêter. De plus, la qualité de la conduite peut être grandement perturbée à basse vitesse.

Un verrouillage constant peut être causé par une électrovalve de verrouillage défectueuse, une soupape de verrouillage collante, un câblage d'électrovalve mis à la masse ou un tamis de plaque d'écartement manquant.

COMMUNICATION

La lecture des mises à jour

Attention! Il s'est produit un autre changement, et il n'a rien à voir avec la température. Il s'agit plutôt d'une mise à jour relative à l'entretien des véhicules.

Bien que ces changements ne soient généralement pas majeurs, ils sont quand même assez importants pour susciter l'intérêt des techniciens. Les constructeurs de véhicules automobiles publient des bulletins d'entretien sous forme de notes d'informations.

Les *bulletins d'entretien* proposent des mises à jour et de l'information pertinente sur l'entretien des véhicules. Ils sont publiés lorsqu'une personne trouve de l'information dans le domaine. Cette information peut comprendre les changements apportés pour améliorer le rendement du véhicule et une liste des pièces pour corriger un problème.

Pour toi, en tant que technicienne ou technicien, ces bulletins sont très importants : ils te tiennent au courant de ce qui se produit dans ton domaine. Par conséquent, tu dois considérer les bulletins d'entretien comme une bonne ressource lors de la réparation d'un véhicule.

À toi de jouer !

Conforme aux normes de l'EDU en communications pour l'évaluation de l'utilité de l'information écrite, l'adoption d'une stratégie de lecture, l'utilisation d'habitudes d'étude et l'exploitation de l'information écrite.

1. Procure-toi un bulletin d'entretien et lis-le. Tu peux en trouver à l'école, dans une entreprise ou chez un concessionnaire.

2. Dresse la liste des sujets traités sur une feuille.

3. En quelques lignes, explique pourquoi il est important pour le constructeur d'informer les techniciennes et les techniciens sur les sujets couverts par ce bulletin.

Une vibration au verrouillage

Une *vibration au verrouillage* réfère à une vibration qui se produit pendant l'embrayage ou le débrayage de l'embrayage de verrouillage, ou après que le verrouillage se soit produit. Si la vibration se produit après qu'on a appliqué le verrouillage, le problème n'est sûrement pas dans la boîte de vitesses ou dans l'embrayage de verrouillage.

L'embrayage de verrouillage augmente la charge sur le moteur et la transmission. N'importe quelle partie du groupe motopropulseur peut causer une vibration. Il peut s'agir d'un élément qui manque dans le moteur. Il peut s'agir d'un composant dans la transmission. Vérifie les éléments suivants, qui pourraient être des causes possibles de la vibration :
• les bougies, les fils de bougies et le système d'allumage ;
• les injecteurs de carburant, la contamination du carburant et la gestion du carburant ;
• du carbone sur les soupapes d'admission ;
• les bossages de came ;
• les sondes d'oxygène, le capteur de débit d'air ou le capteur de pression absolue du collecteur, ou la soupape de recirculation des gaz d'échappement ;
• des cylindres déséquilibrés, des cylindres faibles ou des fuites de dépression ;
• des supports de moteur défectueux ;
• les demi-arbres, essieux, joints universels et joints homocinétiques.

Si la vibration se produit pendant l'embrayage ou le débrayage de l'embrayage de verrouillage, le problème est probablement lié à la transmission ou à l'embrayage de verrouillage. Vérifie les zones qui peuvent limiter la quantité de pression dans l'embrayage de verrouillage (par exemple, les joints d'étanchéité, les bagues d'étanchéité, les électrovalves, les paliers ou les soupapes) avant de remplacer le convertisseur.

Dans certains véhicules, le convertisseur est muni de bossages filetés pour boulonner le convertisseur au plateau flexible. Ces boulons ont une longueur précise. Si l'on utilise des boulons de la mauvaise longueur, ils risquent de toucher le fond de l'alésage et de former un creux sur la surface d'embrayage de l'embrayage du convertisseur. Cette situation provoque une vibration et une défaillance du convertisseur. La remise à neuf des convertisseurs usent parfois les bossages filetés. Le problème peut survenir même si on utilise les bons boulons. Avant de faire un serrage du couple des boulons selon les normes prévues, serre-les toujours à la main pour t'assurer qu'ils ne tombent pas.

Un ronflement au verrouillage

Le *ronflement au verrouillage* est une situation de pompage qui se produit après le verrouillage. Ce problème est habituellement relié à l'embrayage du verrouillage lorsque le véhicule roule trop lentement.

Vérifie s'il y a présence d'une électrovalve défectueuse ou de soupapes de verrouillage collantes. Reporte-toi aux bulletins d'entretien technique pour obtenir l'information relative aux changements d'étalonnage de l'ordinateur de bord.

Le diagnostic relatif au système électrique

Lorsqu'une électrovalve commande le verrouillage du convertisseur de couple, tu dois effectuer des vérifications de base du système électrique (*voir la figure 11-14*).

Pour effectuer un diagnostic des problèmes électriques de verrouillage d'un véhicule General Motors de type diagnostic embarqué 2, tu dois:

1. brancher un voltmètre entre les bornes A et F du connecteur de diagnostic;
2. lorsque le verrouillage est désactivé, le compteur devrait indiquer une tension de la batterie (environ 12 volts). S'il ne peut lire la tension de la batterie, vérifie le circuit pour déceler une coupure ou un court-circuit à la masse;
3. lorsque le verrouillage est activé, la tension devrait chuter pour atteindre près de 0 volt (habituellement 0,5 à 0,7 volt). Si la tension ne chute pas, vérifie les capteurs d'entrée, le capteur de position du papillon, le capteur de pression absolue du collecteur d'admission et le capteur de vitesse du véhicule pour voir s'ils fonctionnent bien.

Si les relevés du système électrique sont corrects, effectue la procédure relative à l'isolation du système hydraulique et du convertisseur.

L'isolation du système hydraulique et du convertisseur

Certains essais se font pour déterminer si c'est un convertisseur défectueux ou un manque de pression du liquide qui fait problème.

Pour déterminer la source du problème, tu dois:

1. brancher un manomètre au refroidisseur du liquide de la boîte de vitesses. Le manomètre se branche par un raccord en T du côté pression du refroidisseur de liquide (le manomètre est branché parallèlement au refroidisseur);
2. noter le relevé de pression du manomètre lorsqu'un verrouillage se produit. Le relevé devrait changer. Il peut ne pas rester à une pression précise, mais il devrait changer au point où se produit le verrouillage.

Si la pression change, les soupapes qui commandent le convertisseur de verrouillage fonctionnent. La pression du liquide nécessaire à l'embrayage de verrouillage du convertisseur doit être disponible.

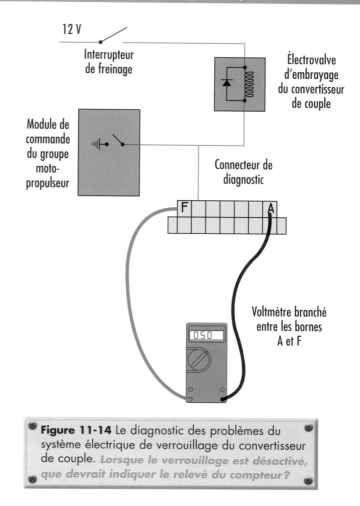

Figure 11-14 Le diagnostic des problèmes du système électrique de verrouillage du convertisseur de couple. *Lorsque le verrouillage est désactivé, que devrait indiquer le relevé du compteur?*

Si le verrouillage ne se produit pas et que la pression du liquide change, le problème pourrait être:
- une fuite du joint d'axe d'entrée de verrouillage;
- une fuite du coussinet de support du stator;
- un convertisseur défectueux.

Si le verrouillage ne se produit pas et que la pression du liquide ne change pas, le problème pourrait être:
- une électrovalve défectueuse;
- des soupapes de commande de verrouillage coincées.

L'entretien du convertisseur de verrouillage

Toutes les étapes d'entretien que l'on suit pour vérifier l'état d'un convertisseur sans verrouillage peuvent aussi servir pour évaluer un convertisseur de verrouillage (par exemple, vérification du jeu axial, des essais de fuite, du stator).

La méthode de nettoyage varie selon qu'il s'agit d'un convertisseur sans verrouillage ou d'un convertisseur avec verrouillage. La plupart des fabricants ne recommandent pas le rinçage des convertisseurs de verrouillage. Le solvant risque de s'attaquer au produit à friction. Il est possible de rincer les convertisseurs sans verrouillage avec un appareil de rinçage spécial.

Certains problèmes du convertisseur de verrouillage exigent un remplacement du convertisseur. Les situations types qui demandent un remplacement du convertisseur sont les suivantes :

- une fuite du convertisseur ;
- un problème d'équilibrage du convertisseur ;
- une contamination d'antigel ;
- une contamination du métal qui provient de l'intérieur du convertisseur ;
- une vibration reliée au convertisseur de couple ;
- une défaillance de l'embrayage à roue libre du stator ;
- un jeu axial excessif ;
- un moyeu de convertisseur très rayé ou usé.

La sécurité d'abord **La sécurité matérielle** Remplis toujours partiellement le convertisseur avec du liquide pour boîte de vitesses automatique avant de l'installer. Cette précaution empêchera des dommages possibles causés par un manque de liquide.

Les refroidisseurs et la réparation des refroidisseurs

Les boîtes de vitesses produisent de la chaleur pendant leur fonctionnement. Le niveau de chaleur augmente lorsque le véhicule monte une pente ou qu'il se trouve dans la circulation dense. Un **refroidisseur de boîte de vitesses** est un dispositif qui refroidit le liquide dans la boîte de vitesses. Le refroidisseur principal pour la boîte de vitesses se trouve dans le radiateur.

Un refroidisseur inefficace peut causer une augmentation de la pression et de la température du liquide. Dans certains véhicules, cela peut occasionner un calage du moteur lorsque la boîte de vitesses est en mode marche avant. Si l'efficacité du refroidisseur est affectée d'une façon ou d'une autre, un problème de boîte de vitesses risque de se produire.

Le refroidisseur joue un rôle vital dans la durée de vie de la boîte de vitesses. Tu dois le réparer ou le remplacer chaque fois que la boîte de vitesses est remplacée ou réparée.

Bien que l'entretien type d'un refroidisseur inclue un rinçage à l'aide d'un outil de rinçage spécial, certains refroidisseurs ne peuvent être rincés. Tu dois remplacer

CONSEIL TECHNIQUE **Les conduits de refroidisseur en caoutchouc** Certains véhicules sont équipés de conduits de refroidisseur en caoutchouc. Ces conduits peuvent paraître en bon état de l'extérieur, mais ils peuvent être détériorés à l'intérieur. Les conduits en caoutchouc se détériorent de l'intérieur vers l'extérieur, et non l'inverse.

ces refroidisseurs. Reporte-toi au manuel d'entretien pour obtenir de l'information sur le rinçage.

Lors du rinçage d'un refroidisseur, il est important d'utiliser un savon ou un solvant approuvé. Reporte-toi au manuel d'entretien pour connaître les directives relatives au rinçage.

Pour rincer un refroidisseur de boîte de vitesses, tu dois :

1. débrancher la pression et les conduits de retour à la boîte de vitesses. Si la boîte n'a pas de conduits à déconnexion rapide, sers-toi d'une clé polygonale ouverte pour travailler sur les connexions. Cela t'évitera d'endommager les écrous. De plus, prends bien soin de ne pas tordre les conduits pour ne pas les fissurer ou les courber ;

2. poser l'outil de rinçage du refroidisseur sur le conduit de retour. Place le conduit de pression dans un contenant approuvé. Remplis l'outil de rinçage avec un solvant approuvé ou une solution savonneuse ;

3. faire un rinçage en sens inverse du refroidisseur jusqu'à ce que tu vois un jet régulier et propre couler du conduit. Enlève l'outil de rinçage et souffle de l'air comprimé par le conduit de refroidisseur jusqu'à ce que toute trace du nettoyant soit éliminée ;

4. brancher le conduit de pression et le conduit de retour sur la boîte de vitesses. Si les conduits ne sont pas du type à déconnexion rapide, utilise une clé polygonale ouverte pour serrer les écrous ;

5. vérifier le niveau du liquide de la boîte de vitesses et verser 2,25 litres de liquide dans le réservoir ;

6. placer le conduit de retour dans un contenant approuvé et démarrer le moteur ;

7. mesurer le volume qui sort du conduit de retour et le comparer aux normes du fabricant.

Si le volume de retour est faible, le refroidisseur est altéré. Il faut le remplacer.

VÉRIFIE TES CONNAISSANCES

❶ Qu'est qu'un verrouillage du convertisseur de couple ?

❷ Qu'est-ce qui peut empêcher l'embrayage du verrouillage ?

❸ Qu'est-ce qu'une vibration au verrouillage ?

❹ Qu'est-ce qu'un ronflement au verrouillage ?

❺ Où se trouve le refroidisseur de boîte de vitesses principal ?

Les ensembles de trains planétaires

Les ensembles de trains planétaires présentent un design unique. Ils comportent trois types d'engrenages ou d'organes :
- le planétaire ;
- des satellites ou des pignons et un porte-satellites ;
- un engrenage interne ou une couronne dentée.

Le planétaire se fixe à un arbre au centre de l'ensemble d'engrenages. Une série de satellites ou de pignons s'engage dans le planétaire. Un engrenage interne (ou une couronne dentée) s'entremêle aux pignons ou aux satellites. Étant donné que l'ensemble d'engrenages ressemble à notre système solaire, avec un soleil et des planètes, on l'appelle train planétaire (*voir la figure 11-15*).

N'importe quelle partie de l'engrenage peut rester fixe ou être commandée, et selon qu'elle est fixe ou commandée, le reste de l'engrenage devient l'organe commandé. C'est ce qui compose l'ensemble d'engrenages qui peut fournir un rapport d'engrenage variable.

Ce qu'il est important de comprendre à propos du fonctionnement du train planétaire, c'est le rôle du *porte-satellites*. Si le porte-satellites s'immobilise, on se trouve en marche arrière. Si le porte-satellites est l'organe de sortie, il se produit une démultiplication, alors que si le porte-satellites est l'organe d'entrée, il se produit une surmultiplication.

Les modèles de dents

On trouve deux types d'engrenages à dents dans les boîtes de vitesses automatiques :
- des engrenages à dents droites ;
- des engrenages à dents hélicoïdales.

Les engrenages à dents droites Ce type d'engrenage se nomme aussi engrenage à pignon droit. Un **engrenage à dents droites** est un engrenage dont les dents sont parallèles à l'axe central de l'engrenage. L'avantage d'un tel engrenage est qu'il a une faible poussée axiale sous l'effet du couple. Cette situation réduit la charge sur les rondelles qui supportent l'engrenage. Son désavantage est qu'il est bruyant.

Les engrenages à dents hélicoïdales Ce type d'engrenage est beaucoup plus silencieux que l'engrenage à dents droites. Un **engrenage à dents hélicoïdales** est un engrenage dont les dents sont placées en angle. Le désavantage est que l'engrenage à dent hélicoïdale a tendance à se déplacer lorsqu'il est sous l'effet du couple. Cette situation entraîne des poussées axiales accrues sur

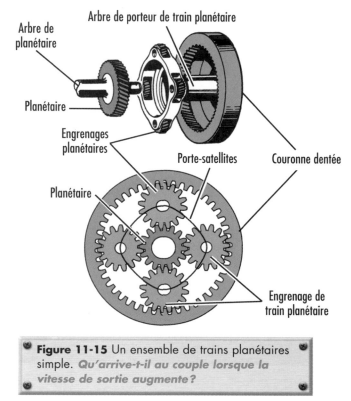

Figure 11-15 Un ensemble de trains planétaires simple. *Qu'arrive-t-il au couple lorsque la vitesse de sortie augmente ?*

les rondelles qui supportent l'engrenage. L'engrenage à dents hélicoïdales est le type d'engrenage le plus commun dans les boîtes de vitesses automatiques.

Le rapport d'engrenage et la sortie de couple

Les engrenages engagés dans d'autres engrenages fournissent trois sorties distinctes de couple et de vitesse :
- la diminution de la vitesse d'engrenage et l'augmentation du couple ;
- l'augmentation de la vitesse d'engrenage et la réduction du couple ;
- la transmission directe.

La sortie de vitesse et de couple dépend du nombre de dents des engrenages. Si un large engrenage entraîne un petit engrenage, la vitesse de sortie augmente. Si la vitesse de sortie augmente, le couple produit par l'ensemble d'engrenages diminue.

Si un petit engrenage entraîne un gros engrenage, la vitesse de sortie diminue. Si la vitesse de sortie diminue, le couple produit par l'ensemble d'engrenages augmente. La règle est assez simple. Ce qui est acquis en couple est perdu en vitesse.

Le nombre de rotations que fait l'engrenage d'entrée par rapport à l'engrenage de sortie constitue ce que l'on appelle le rapport d'engrenage. Un rapport de 2 pour 1 signifie que l'engrenage d'entrée tourne 2 fois pour faire tourner une fois l'engrenage de sortie, ce qui fournit une diminution de la vitesse de sortie ou une démultiplication. Dans ces conditions,

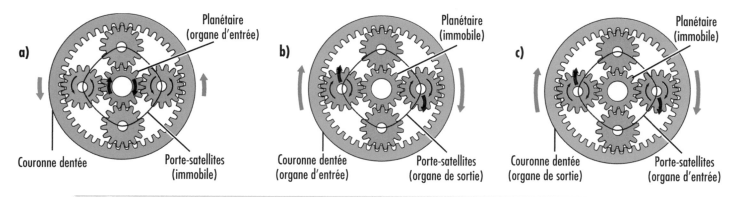

Figure 11-16 a) Si le porte-satellites s'immobilise, on se trouve en marche arrière. **b)** Si le porte-satellites est l'organe de sortie, il en résulte une réduction d'engrenage et une démultiplication. **c)** Si le porte-satellites est l'organe d'entrée, il en résulte une surmultiplication. Le tableau 11-A donne les règles d'un ensemble de trains planétaires. *Qu'est-ce qui garde les organes du planétaire immobilisés ?*

Tableau 11-A		**LES RÈGLES D'UN ENSEMBLE DE TRAINS PLANÉTAIRES SIMPLE**			
Planétaire	**Couronne**	**Porte-satellites***	**Vitesse**	**Couple**	**Direction**
Entrée	Immobile	Sortie	Réduction maximale	Augmentation	Même que pour entrée
Immobile	Entrée	Sortie	Réduction minimale	Augmentation	Même que pour entrée
Immobile	Sortie	Entrée	Augmentation minimale	Diminution	Même que pour entrée
Sortie	Immobile	Entrée	Augmentation maximale	Diminution	Même que pour entrée
Entrée	Sortie	Immobile	Diminution	Augmentation	Marche arrière
Sortie	Entrée	Immobile	Augmentation	Diminution	Marche arrière

* Si le porte-satellites constitue la sortie, il en résulte une réduction d'engrenage. Si le porte-satellites est l'entrée, il en résulte une augmentation de l'engrenage. Si le porte-satellites est immobile, on se trouve en marche arrière.

le couple de sortie augmente. Lorsque l'engrenage d'entrée tourne plus vite que l'engrenage de sortie, une réduction de vitesse se produit.

Un rapport 0,7 : 1 signifie que l'engrenage d'entrée tourne 0,7 fois pour faire tourner une fois l'engrenage de sortie. L'engrenage de sortie tourne donc plus vite que l'engrenage d'entrée. Cette situation permet une augmentation de la vitesse de sortie ou une surmultiplication. Dans ces conditions, le couple de sortie diminue (*voir la figure 11-16 et le tableau 11-A*).

Les engrenages à pignons qui se trouvent dans le porte-satellites sont responsables du mouvement entre le planétaire et la couronne dentée. Ils ne participent pas de façon individuelle aux rapports d'engrenage. Par conséquent, le nombre de dents des engrenages à pignons n'est pas lié au rapport d'engrenage de l'ensemble du train planétaire. Le nombre de dents du porte-satellites, de la couronne dentée et du planétaire détermine le rapport d'engrenage de cet ensemble. Étant donné que le porte-satellites n'est pas un engrenage, il

n'a pas de dents. Par conséquent, on attribue au porte-satellites un certain nombre de dents.

Pour faire cette attribution, utilise la formule suivante :

$$T_P = T_C + T_{PL}$$

où T_P = nombre de dents du porte-satellites
T_C = nombre de dents de la couronne dentée
T_{PL} = nombre de dents du planétaire

On trouve deux types d'ensembles de trains planétaires dans la plupart des boîtes de vitesses automatiques. Il s'agit de :
• l'ensemble d'engrenages Simpson ;
• l'ensemble d'engrenages Ravigneaux.

L'ensemble d'engrenages Simpson

L'ensemble d'engrenages Simpson est l'ensemble le plus utilisé. Il comporte un planétaire au centre. Une série de satellites se trouvent au centre et sont réunis par un porte-satellites autour du planétaire.

Le calcul des rapports d'engrenages

Lucie veut changer la boîte de vitesses de sa voiture de course. Elle décide d'aller dans un chantier de ferraille pour trouver une boîte de vitesses avec le rapport d'engrenage qui lui convient. Pour s'assurer que les engrenages neufs conviendront et qu'ils comporteront le bon nombre de dents, elle doit d'abord calculer son rapport d'engrenage actuel. Elle doit ensuite calculer ce que serait le rapport avec des engrenages neufs.

Rappelle-toi que le nombre de «dents» du porte-satellites est le nombre de dents de la couronne plus le nombre de dents du planétaire. Par conséquent, le rapport d'engrenage entre le porte-satellites et la couronne de train planétaire s'obtient de cette façon :

$$\frac{T_P}{T_C} \qquad \frac{79 + 42}{79} = \frac{121}{79} = \frac{1,532}{1}$$

La plupart des boîtes de vitesses automatiques d'aujourd'hui ont trois ensembles de trains planétaires qui fonctionnent de concert : avant, arrière et surmultiplication. Les formules suivantes sont valides pour la plupart des boîtes de vitesses automatiques. La formule la plus compliquée se trouve à la première vitesse, parce qu'en première, les ensembles d'engrenages avant et arrière sont utilisés. Dans tous les autres engrenages, seul un engrenage est utilisé. Rappelle-toi de commencer par les opérations entre parenthèses. Continue à travailler de l'intérieur vers l'extérieur. Reporte-toi au tableau pour trouver le nombre de dents par engrenage.

Première $\left(\dfrac{A}{B} + \dfrac{D}{C}\right) \times 1,00$

Deuxième $\dfrac{(A + B)}{B} \times 1,00$

Troisième $1,00 \times 1,00$

Surmultiplication $1,00 \times \dfrac{F}{E + F}$

Marche arrière $\dfrac{D}{C} \times 1,00$

ENGRENAGES PLANÉTAIRES		NOMBRE DE DENTS
Ensemble planétaire avant	Planétaire (A)	42
	Engrenage à satellites ou pignons	19
	Couronne dentée	79
Ensemble planétaire arrière	Planétaire (C)	33
	Engrenage à satellites ou pignons	23
	Couronne dentée	79
Ensemble planétaire	Planétaire (E) de surmultiplication	33
	Engrenage à satellites ou pignons	23
	Couronne dentée	79

À toi de jouer !

Conforme aux normes de l'EDU en mathématiques pour l'addition, la division et la multiplication de nombres entiers ; la conversion de nombres décimaux en rapports ; la distinction des tolérances qui ne se trouvent pas dans les normes et la coïncidence des tolérances mesurées en fonction de tolérances précises, et l'utilisation de formules.

❶ Quel est le rapport d'engrenage de l'ensemble planétaire arrière ?

❷ Quel est le deuxième rapport d'engrenage ?

❸ Quel est le rapport d'engrenage de surmultiplication ?

❹ Quel est le rapport pour la marche arrière ?

Une couronne dentée interne (ou couronne) entoure les satellites.

Le planétaire s'engage constamment dans les satellites, alors que les satellites s'engagent constamment dans le planétaire et la couronne dentée.

Les ensembles de planétaires exigent qu'un organe de l'ensemble soit immobile et qu'un organe soit entraîné. Des embrayages à disques multiples servent à l'entraînement et au maintien des organes planétaires. Des bandes et des embrayages à roue libre gardent immobiles les organes planétaires.

L'ensemble d'engrenages planétaires Simpson peut fournir huit différents rapports d'engrenage dans un ensemble d'engrenages. Ceci a eu un effet révolutionnaire sur la conception des boîtes de vitesses automatiques.

Les engrenages planétaires fonctionnent comme les autres engrenages actionnés. Si la vitesse de sortie de l'ensemble d'engrenages augmente, le couple produit par cet ensemble diminue. Si la vitesse de sortie diminue, le couple de sortie augmente (*voir le tableau 11-A*).

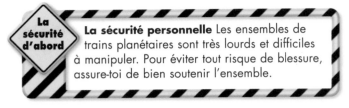

L'ensemble d'engrenages Ravigneaux

Dans l'ensemble d'engrenages Ravigneaux, on trouve une couronne dentée, des satellites ou pignons longs et courts, un porte-satellites et deux planétaires, un avant et l'autre arrière (*voir la figure 11-17*). Son fonctionnement est le même que celui de l'ensemble Simpson. Des directions et des rapports multiples sont disponibles à partir de ce type d'ensemble d'engrenages.

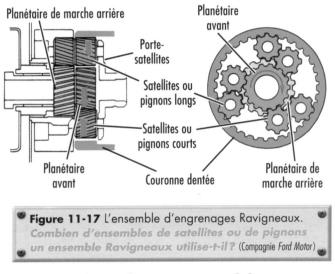

Planétaire de marche arrière

Porte-satellites

Satellites ou pignons longs

Satellites ou pignons courts

Planétaire avant

Couronne dentée

Planétaire avant

Planétaire de marche arrière

Figure 11-17 L'ensemble d'engrenages Ravigneaux. *Combien d'ensembles de satellites ou de pignons un ensemble Ravigneaux utilise-t-il ?* (Compagnie *Ford Motor*)

L'entretien d'un ensemble de trains planétaires

Les ensembles de trains planétaires sont bruyants si les dents d'engrenage sont endommagées ou usées. Il est possible d'isoler le bruit des engrenages en localisant l'ensemble d'engrenages utilisé lorsque le bruit se fait entendre.

Les causes possibles du bruit et des dommages aux ensembles de trains planétaires sont les suivantes :

- des dents d'engrenages ébréchées. Cette situation résulte habituellement de l'action de corps étrangers entre les dents d'engrenage ;
- un manque de lubrification. Cette situation est habituellement due à une anomalie dans le refroidisseur de liquide ou dans le système de lubrification. Un manque de lubrification cause une usure aux satellites et à leurs rondelles de butée. L'ensemble d'engrenages peut devenir noir ou bleu, en raison de la chaleur ;
- une déformation à dent trapézoïdale. Cette situation est causée par des roulements à aiguilles mal placés dans l'engrenage à satellites ou à pignons pendant l'assemblage. Les satellites ou les pignons créent

une poussée axiale lorsqu'ils tournent. Cette situation use la rondelle de butée. Si un satellite, ou pignon, est endommagé ou donne trop d'espace à la rondelle de butée, il est probable qu'il y a un problème de déformation à dent trapézoïdale ;

- un alignement planétaire. La défaillance est plus répandue dans des applications avec quatre roues motrices. Les satellites développent des méplats sur les dents d'engrenage. Ceci se remarque par un bruit excessif des engrenages. On trouve alors des lignes foncées sur les dents d'engrenage. Il arrive souvent que le problème se reproduise une fois que les satellites sont remplacés. Le problème se situe au niveau de l'alignement de la bague de palier ou de l'alignement de l'adaptateur de la boîte de transfert.

CONSEIL TECHNIQUE **Des trains planétaires synchronisés** Certains ensembles de trains planétaires sont synchronisés. Cela signifie que les ensembles d'engrenages ont des marques qui doivent être alignées lors de l'assemblage de l'ensemble d'engrenages. Si l'ensemble n'est pas bien synchronisé, tu risques d'éprouver des problèmes d'assemblage, d'entendre un bruit provenant du planétaire et de causer des dommages.

N'importe laquelle de ces situations nécessite le remplacement de l'ensemble d'engrenages. Assure-toi de bien connaître la cause du problème avant de remplacer un ensemble.

La vérification du jeu axial du planétaire

La plupart des vérifications de trains planétaires sont de simples inspections visuelles pour déceler des dommages et de l'usure. La vérification du jeu axial donne de l'information sur l'état des rondelles de butée. Utilise une jauge d'épaisseur ou un comparateur à cadran comme on l'indique dans le manuel d'entretien du véhicule. On peut remplacer les rondelles de butée dans certains trains planétaires.

Figure 11-18 La vérification de l'espace libre de l'engrenage à pignons. *Que permet de vérifier l'inspection du jeu axial des satellites ou des pignons ?* (Tom Pantages)

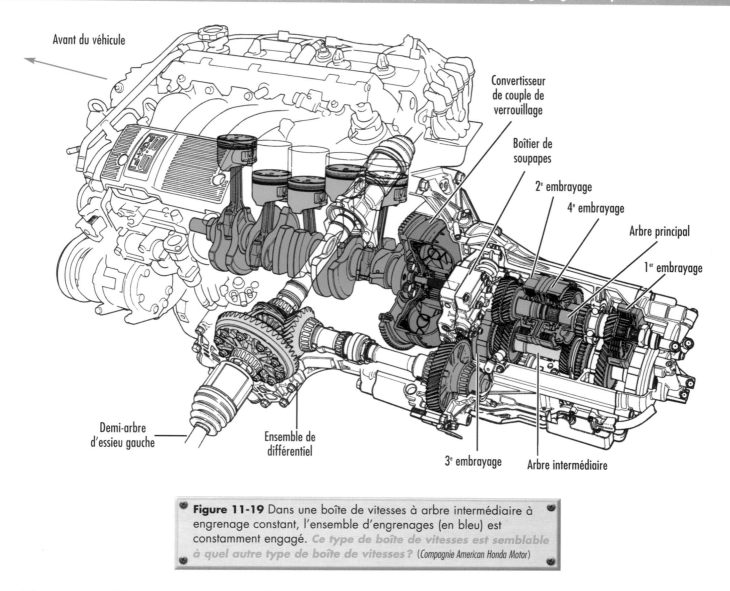

Avant du véhicule

Convertisseur de couple de verrouillage

Boîtier de soupapes

2ᵉ embrayage

4ᵉ embrayage

Arbre principal

1ᵉʳ embrayage

Demi-arbre d'essieu gauche

Ensemble de différentiel

3ᵉ embrayage

Arbre intermédiaire

Figure 11-19 Dans une boîte de vitesses à arbre intermédiaire à engrenage constant, l'ensemble d'engrenages (en bleu) est constamment engagé. *Ce type de boîte de vitesses est semblable à quel autre type de boîte de vitesses ?* (*Compagnie American Honda Motor*)

D'autres ensembles peuvent nécessiter le remplacement du porteur planétaire (*voir la figure 11-18*).

La boîte de vitesses automatique à arbre intermédiaire à engrenage constant

Certains fabricants, comme Saturn et Honda, utilisent un concept semblable à celui de la boîte de vitesses à commande manuelle. Au lieu de se servir d'ensembles de trains planétaires, ils utilisent un arbre principal standard et des arbres intermédiaires conventionnels pour assurer les rapports d'engrenage de la boîte de vitesses. Les ensembles d'engrenages sont à engrenage constant. Au lieu de synchroniseurs, on utilise des embrayages à disques multiples et des bandes, tout comme dans une boîte de vitesses automatique type (*voir la figure 11-19*).

VÉRIFIE TES CONNAISSANCES

❶ Quels sont les trois organes d'un ensemble de trains planétaires ?

❷ Quels sont les deux modèles de dents d'engrenage ?

❸ Qu'est-ce qui détermine la vitesse et la sortie de couple d'un ensemble d'engrenages ?

❹ Combien de rapports d'engrenages différents peut fournir un ensemble de trains planétaires Simpson ?

❺ À quel autre type de boîte de vitesses la boîte de vitesses automatique à arbre intermédiaire est-elle identique ?

RÉVISION DU CHAPITRE 11

Notions importantes

Conforme aux normes du MFCUO relatives à la boîte de vitesses automatique et à la boîte-pont: essai du système de verrouillage, diagnostic des problèmes de vibrations, reconnaissance et interprétation des problèmes de boîte de vitesses, inspection et rinçage du refroidisseur, remplacement des conduits, inspection et mesure des composants des ensembles de trains planétaires, essais de pression, inspection du plateau flexible du convertisseur, vérification du jeu axial du convertisseur de couple et inspection de l'embrayage du stator.

- Un convertisseur de couple obéit aux principes hydrauliques pour transmettre un couple moteur.
- Un convertisseur de couple possède trois composants principaux.
- Pendant le verrouillage du convertisseur, il ne se produit aucune multiplication de couple.
- Le système de verrouillage se sert de soupapes pour commander le débit de l'embrayage de verrouillage.
- Un refroidisseur de liquide doit subir un rinçage inverse.
- Le débit atténué du refroidisseur diminue le volume de lubrification.
- Il existe deux types d'ensembles de trains planétaires pour les boîtes de vitesses automatiques.
- Une défaillance d'un ensemble de trains planétaires est une cause majeure de problèmes de boîtes de vitesses.

Questions de révision

❶ Quelles sont les fonctions d'un convertisseur de couple ?

❷ Quels sont les principaux composants d'un convertisseur de couple ?

❸ À quoi sert le verrouillage du convertisseur ?

❹ Quels sont les deux types de systèmes de verrouillage du convertisseur ?

❺ Quand faut-il réparer ou remplacer un refroidisseur de liquide ?

❻ Quels sont les deux types d'ensembles de trains planétaires que l'on trouve dans une boîte de vitesses automatique ?

❼ Quelles sont les deux causes de défaillance d'un ensemble de trains planétaires ?

❽ **Pensée critique** Lorsque l'on met une boîte de vitesses automatique en position de marche avant (D), la boîte semble changer de rapport lorsque le régime du moteur augmente. Qu'est-ce qui pourrait causer ce problème ?

❾ **Pensée critique** Qu'indique une boîte de vitesses qui fait un bruit provenant de l'engrenage seulement lorsqu'elle est en deuxième vitesse ?

PRÉVISIONS TECHNOLOGIQUES

POUR L'EXCELLENCE EN MATIÈRE D'AUTOMOBILE

Les rapports inférieurs pour une meilleure économie de carburant

Dans les boîtes de vitesses automatiques d'aujourd'hui, l'embrayage du convertisseur de couple aide à améliorer l'économie de carburant lorsque le véhicule roule en troisième ou en quatrième vitesse. Cette situation est idéale pour la conduite sur les autoroutes, mais qu'arrive-t-il quand on se trouve aux vitesses inférieures ?

Les ingénieurs sont sur le point de concevoir un embrayage du convertisseur de couple qui pourra être activé en première et en deuxième vitesse. Ceci pourrait accroître l'économie de carburant et aider à diminuer les gaz polluants lors de la conduite à basse vitesse sur une période prolongée, comme lors d'embouteillages.

L'ordinateur de bord du véhicule commande l'embrayage du convertisseur de couple, aussi appelé verrouillage du convertisseur de couple, en fonction de données provenant de capteurs. Ces informations indiquent comment on conduit le véhicule et dans quelles conditions. De telles données signaleraient à l'ordinateur quand actionner l'embrayage du convertisseur de couple.

Comme dans le cas du convertisseur de couple de la boîte de vitesses automatique, les changements se font plus lentement. Les dispositifs hydrauliques actuels ont fait leurs preuves et sont efficaces lorsque vient le temps de multiplier la puissance du moteur et de le faire tourner au ralenti. Comme ils l'ont fait pour les autres pièces hydrauliques du véhicule, les ingénieurs cherchent à améliorer les dispositifs électromagnétiques, qui pourraient ainsi mieux effectuer leurs tâches.

Chaque année, de plus en plus de dispositifs électroniques sont ajoutés aux véhicules standard comme équipements de série. Ces dispositifs, en plus d'autres appareils d'appoint, comme les cellulaires ou les ordinateurs personnels, demandent plus aux anciens systèmes électroniques standard de 12 volts. Pour remédier au problème, les fabricants pensent adopter une norme qui serait de 42 volts. Ce changement permettrait d'ajouter une plus grande variété de technologies, ce qui pourrait améliorer l'embrayage du convertisseur de couple.

EXCELLENCE AUTOMOBILE
TEST PRÉPARATOIRE

En répondant aux questions suivantes, tu pourras te préparer aux tests en vue d'obtenir la certification du MFCUO.

1. La technicienne A dit que l'utilité principale du stator est d'augmenter l'économie de carburant. Le technicien B dit que l'utilité principale du stator est de multiplier le couple moteur. Qui a raison ?

   ⓐ La technicienne A.

   ⓑ Le technicien B.

   ⓒ Les deux ont raison.

   ⓓ Les deux ont tort.

2. Le technicien A dit qu'une des fonctions du système de verrouillage est d'augmenter l'économie de carburant. La technicienne B dit que le piston de verrouillage est fixé à la roue de turbine. Qui a raison ?

   ⓐ Le technicien A.

   ⓑ La technicienne B.

   ⓒ Les deux ont raison.

   ⓓ Les deux ont tort.

3. Le convertisseur de couple contient :

   ⓐ un impulseur, un rouleau, un embrayage et une bande.

   ⓑ un impulseur, un stator et une turbine.

   ⓒ une pompe, un impulseur et une turbine.

   ⓓ Aucune de ces réponses.

4. La technicienne A dit qu'un embrayage à roue libre de stator défectueux peut amener un mauvais rendement du véhicule à haute vitesse sur les autoroutes. Le technicien B dit qu'un embrayage à roue libre de stator défectueux peut créer des problèmes d'accélération à basse vitesse. Qui a raison ?

   ⓐ La technicienne A.

   ⓑ Le technicien B.

   ⓒ Les deux ont raison.

   ⓓ Les deux ont tort.

5. Le technicien A dit qu'un refroidisseur de liquide de boîte de vitesses altéré peut endommager la boîte de vitesses. La technicienne B dit qu'un refroidisseur altéré rend le moteur plus chaud lorsqu'il est en marche. Qui a raison ?

   ⓐ Le technicien A.

   ⓑ La technicienne B.

   ⓒ Les deux ont raison.

   ⓓ Les deux ont tort.

6. Il faut inspecter l'ensemble de trains planétaires pour repérer :

   ⓐ son manque de lubrification.

   ⓑ sa déformation à dent trapézoïdale.

   ⓒ ses dents endommagées.

   ⓓ Toutes ces réponses.

7. La technicienne A dit que si le porteur est maintenu par l'ensemble de trains planétaires Simpson, seuls les rapports de démultiplication sont possibles. Le technicien B dit que si le planétaire est l'organe d'entrée et que la couronne est l'organe immobile, un rapport de démultiplication est possible. Qui a raison ?

   ⓐ La technicienne A.

   ⓑ Le technicien B.

   ⓒ Les deux ont raison.

   ⓓ Les deux ont tort.

8. Le technicien A dit que certains systèmes de verrouillage se servent d'une électrovalve pour contrôler les soupapes de commande. La technicienne B dit que si le système de verrouillage est défectueux, il peut y avoir une défaillance de la bande ou de l'embrayage de la boîte de vitesses. Qui a raison ?

   ⓐ Le technicien A.

   ⓑ La technicienne B.

   ⓒ Les deux ont raison.

   ⓓ Les deux ont tort.

9. Pendant le verrouillage, la pression du liquide de refroidisseur :

   ⓐ change.

   ⓑ reste la même.

   ⓒ a et b.

   ⓓ Aucune de ces réponses.

10. La technicienne A dit que tous les systèmes de verrouillage éliminent le glissement. Le technicien B dit que les systèmes de verrouillage n'éliminent pas le glissement. Qui a raison ?

   ⓐ La technicienne A.

   ⓑ Le technicien B.

   ⓒ Les deux ont raison.

   ⓓ Les deux ont tort.

CHAPITRE 12

Principes hydrauliques

Tu seras en mesure :

- de reconnaître les principaux composants d'un système hydraulique ;
- de reconnaître les trois types de pompes utilisées dans les systèmes hydrauliques ;
- d'effectuer l'inspection et l'entretien des pompes ;
- de reconnaître les composants d'un tiroir de commande à boisseau ;
- de décrire la fonction des commandes hydrauliques dans le contrôle des liquides et de la circulation de la pression.

Le vocabulaire :

Tiroir équilibré

Clapet de retenue

Orifice

Pompe

Réservoir

Tiroir de commutation

Soupape

Bloc hydraulique

Le problème

Anne Campeau a confié son véhicule à ton centre de service pour un problème récurrent de boîte de vitesses. Elle dit qu'elle a parfois de la difficulté à embrayer. L'apparition du problème remonte à quelques milliers de kilomètres.

Elle s'est déjà rendue trois fois dans un autre garage pour ce même problème. À chaque occasion, on a fait des réparations, mais le problème réapparaissait quelques jours plus tard. Anne Campeau est maintenant très frustrée. Elle veut que la boîte de vitesses soit réparée et que le problème cesse une bonne fois pour toutes.

Ton défi

À titre de technicienne ou de technicien, tu dois répondre aux questions suivantes :

1. Quelles sont les réparations qui ont déjà été effectuées ?

2. Le problème diminue-t-il ou s'aggrave-t-il lorsque le moteur est chaud ?

3. La boîte de vitesses cogne-t-elle lorsqu'on embraie ?

Section 1

Les principes fondamentaux de l'hydraulique

L'*hydraulique* est l'étude de la mécanique des liquides ou des fluides. On y traite, entre autres, de l'application d'une pression sur un liquide pour transférer une force ou un mouvement. Un liquide ne se comprime pas. Un liquide prend toujours la forme de son contenant. Ainsi, si on applique une pression sur un liquide, il est possible de transférer un mouvement ou une force.

Dans une boîte de vitesses ou une boîte-pont automatique, la force hydraulique sert à engager les embrayages ou les bandes. Elle fait fonctionner les commandes hydrauliques du système et permet de transférer le couple du moteur à la boîte de vitesses. Cette action est un élément majeur du contrôle et du fonctionnement des boîtes de vitesses automatiques. L'utilisation de systèmes hydrauliques procure plusieurs avantages dont :

- la flexibilité. Un liquide est flexible ; il peut circuler dans les angles et les courbes. Il a aussi la capacité de transmettre de la force aussi efficacement et également qu'un levier d'acier.
- la multiplication de la force. Un système hydraulique est capable d'utiliser une faible force pour contrôler une grande force.
- la simplicité. Un système hydraulique comporte moins de composants mobiles et moins de points d'usure qu'un autre système, et il s'autolubrifie.
- la compacité. Ce système ne requiert pas de tringleries mécaniques complexes.
- la sécurité. Comme il y a moins de composants mobiles, la sécurité est plus grande.

Les systèmes hydrauliques comportent aussi quelques désavantages, dont :

- une pression élevée. La pression peut facilement atteindre plusieurs centaines de kilopascals ou livres au pouce carré lorsque le système hydraulique est en fonction.
- la possibilité de contamination. Les systèmes hydrauliques sont sensibles à la saleté, à la rouille, à la corrosion, à la chaleur et aux pannes de liquide. Le nettoyage est une tâche essentielle dans le programme d'entretien.

La pression et la force

La pression est la force exercée par un système hydraulique sur une surface active donnée, comme une soupape ou un piston. La pression se mesure en kilo-

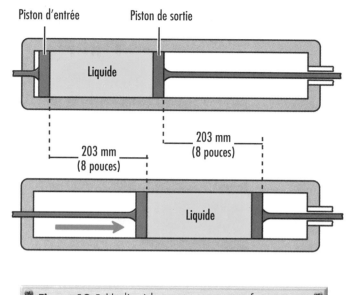

Figure 12-1 Un liquide peut transmettre force et mouvement. Lorsque le piston d'entrée se déplace, le piston de sortie se déplace sur une même distance et dans la même direction. *Quels sont les avantages d'utiliser un liquide plutôt qu'un raccord solide ?*

pascals (kPa) ou en livres par pouce carré (psi). La force est la quantité de poussée ou de tirage qui produit le mouvement. La force se mesure en kilogrammes ou en livres.

La loi de Blaise Pascal Pascal est un physicien français du dix-septième siècle. Il a découvert que les liquides ne pouvaient être comprimés. Il a aussi découvert qu'un liquide peut transmettre force et mouvement dans un système hydraulique. Selon la loi de Pascal, si on applique une force sur un liquide dans une chambre fermée, la pression sera distribuée avec la même ampleur dans toutes les directions. Cela signifie que la pression est partout égale dans une chambre hydraulique fermée. Il s'agit d'un principe fondamental dans les systèmes hydrauliques.

Le transfert de mouvement Un cylindre peut servir d'exemple de chambre hydraulique fermée (*voir la figure 12-1*). L'illustration montre un piston d'application, ou piston d'entrée, ainsi qu'un piston de sortie. Il y a du liquide entre les pistons. Lorsque la pression est appliquée pour déplacer de 203 mm (8 po) le piston d'entrée, le piston de sortie se déplace sur une même distance et dans la même direction.

Une tige métallique entre les deux pistons peut aussi transférer force et mouvement. Toutefois, la tige métallique ne peut multiplier la vitesse et la force, et elle ne peut transférer mouvement et force dans les angles et les courbes.

Les pistons d'entrée et de sortie doivent être dans le même cylindre. La pression hydraulique peut être

La flèche en action

As-tu déjà vu une pelle rétrocaveuse en action ? L'opérateur ou l'opératrice de la pelle rétrocaveuse manœuvre la flèche avec précision pour déplacer de gros amas de terre. Comment cette grosse pièce de machinerie parvient-elle à effectuer la tâche ? Grâce au liquide hydraulique que l'on contrôle pour manipuler le godet situé au bout de la flèche.

Qu'est-ce qu'une pelle rétrocaveuse et une boîte de vitesses peuvent-elles bien avoir en commun ? C'est l'*hydraulique,* qui est l'étude de la mécanique des liquides ou des fluides et de leur utilisation pour contrôler la machinerie. L'une des caractéristiques importantes des liquides est qu'ils ne peuvent pas être comprimés. Cette propriété permet aux liquides, comme le liquide de transmission, de transférer la force d'un point à un autre dans un système automobile, la boîte de vitesses automatique, par exemple. L'une des premières lois

scientifiques qui portent sur les liquides fut énoncée par Pascal en 1647. Il a découvert que la pression appliquée sur un liquide dans un contenant fermé est transmise avec la même ampleur dans toutes les directions.

On définit la pression comme une force exercée sur une surface active donnée. Par exemple, supposons que tu places du liquide dans un cylindre qui a une section transversale d'une superficie de 645 mm² (1 po²) et que tu utilises 2 kg de force pour pousser un piston dans le cylindre contre le liquide. La force exercée au bout du cylindre sera de 2 kg. Par contre, si tu utilises le même liquide dans un cylindre qui a une section transversale dont la superficie est deux fois plus grande, soit 1 290 mm² (2 po²), et que tu exerces la même force (2 kg), la force au bout du cylindre sera de 1 kg, soit la moitié de la force initiale !

À toi de jouer !

Utiliser l'hydraulique pour transférer la force

Conforme aux normes de l'EDU pour expliquer les propriétés de contrôle d'un système hydraulique et comprendre la force appliquée.

Matériel requis
• des gants de caoutchouc
• du liquide

1. Remplis un gant de caoutchouc d'un liquide semblable à un liquide hydraulique.

2. Ferme l'ouverture du gant en le tournant.

3. Continue de tourner le gant pour appliquer de la pression. Remarque comme les doigts du gant grossissent tous de façon égale.

On utilise couramment les crics hydrauliques pour faire l'entretien des véhicules. Ces crics, qui obéissent à la loi fondamentale de l'hydraulique, existent en différentes grandeurs. Les crics rouleurs servent à soulever une roue pour réparer un pneu. Un pont élévateur peut soulever un véhicule en entier. Ces crics hydrauliques portent un collant ou une plaque qui indique leur force de levage maximale ; on ne peut dépasser cette force sans risquer d'endommager le cric. Compare les forces de levage de plusieurs crics de différentes grandeurs au diamètre des pistons de levage. Énonce tes conclusions et demande à la personne qui t'enseigne de les vérifier.

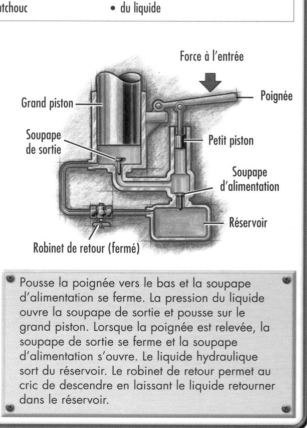

Force à l'entrée
Poignée
Grand piston
Petit piston
Soupape de sortie
Soupape d'alimentation
Réservoir
Robinet de retour (fermé)

Pousse la poignée vers le bas et la soupape d'alimentation se ferme. La pression du liquide ouvre la soupape de sortie et pousse sur le grand piston. Lorsque la poignée est relevée, la soupape de sortie se ferme et la soupape d'alimentation s'ouvre. Le liquide hydraulique sort du réservoir. Le robinet de retour permet au cric de descendre en laissant le liquide retourner dans le réservoir.

transférée d'un cylindre à l'autre dans un passage ou un tube (*voir la figure 12-2*). L'application de la force sur le piston d'entrée transfère la pression hydraulique dans le passage menant au cylindre de sortie. La pression dans le cylindre de sortie contraint le piston à se déplacer. Si les deux pistons ont le même diamètre, la force et le mouvement seront égaux dans les deux cylindres. Ni la longueur ni le diamètre du passage n'influencent l'amplitude du déplacement du piston de sortie.

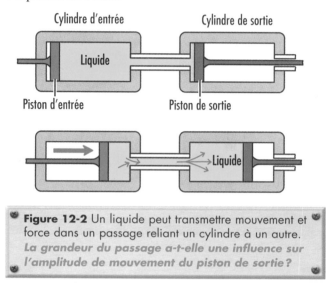

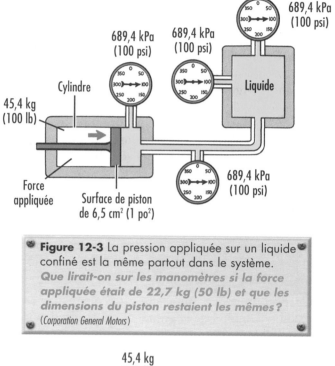

Figure 12-3 La pression appliquée sur un liquide confiné est la même partout dans le système. *Que lirait-on sur les manomètres si la force appliquée était de 22,7 kg (50 lb) et que les dimensions du piston restaient les mêmes?* (*Corporation General Motors*)

Figure 12-2 Un liquide peut transmettre mouvement et force dans un passage reliant un cylindre à un autre. *La grandeur du passage a-t-elle une influence sur l'amplitude de mouvement du piston de sortie?*

Dans le système hydraulique d'une boîte de vitesses, l'accumulateur, les servos et les pistons d'embrayage jouent le rôle des pistons hydrauliques. L'accumulateur amortit la première application d'une bande ou d'un embrayage. Un servo est un piston d'entrée ou d'application qui commande une bande.

Le transfert de force Lorsque l'on applique une force sur un liquide dans une chambre fermée, la pression créée par la force est transmise de façon égale dans toutes les directions.

Observe la *figure 12-3*. Le piston a une surface active de 6,5 cm² (1 po²). Une force de 45,4 kg (100 lb) est appliquée sur le piston. Le piston, quant à lui, applique une pression de 689,4 kPa (100 psi) sur le liquide. Tu remarqueras que tous les manomètres indiquent la même pression.

La dimension du piston est un facteur dont tu dois tenir compte dans l'évaluation de la pression produite. Si la surface active du piston d'entrée est doublée et que la force appliquée demeure la même, la pression est réduite de moitié. Par exemple, disons qu'une force de 45,4 kg (100 lb) est appliquée sur une surface active de 12,9 cm² (2 po²). La pression qui en résulte, soit 344,7 kPa (50 psi), est la pression d'entrée (*voir la figure 12-4*).

Dans un système hydraulique muni de cylindres distincts de même grandeur, la force appliquée et le

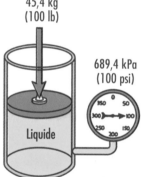

a) Surface active du piston de 6,5 cm² (1 po²)

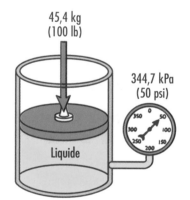

b) Surface active du piston de 12,9 cm² (2 po²)

Figure 12-4 On peut calculer la pression d'un système hydraulique en divisant la force appliquée par la surface active du piston. *Quelle serait la pression de liquide si la force était de 45,4 kg (100 lb) et que la surface active du piston était de 3,2 cm² (0,5 po²)?* (*Corporation General Motors*)

mouvement sont également distribués. Lorsque les cylindres ne sont pas tous de la même dimension, il y a inégalité dans la force et le mouvement obtenus.

Les lois hydrauliques de la force et du mouvement

Dans un système hydraulique, il ne peut y avoir à la fois une augmentation de la force et une augmentation de la vitesse et de la distance. Une augmentation de la force engendre une perte de vitesse et de distance de parcours du piston. Une augmentation de la vitesse et de la distance de parcours du piston engendre une perte de force. Les gains et les pertes de force sont toujours proportionnels aux gains et aux pertes de vitesse et de distance.

Un piston distinct qui a une surface active de même grandeur que celle du piston d'entrée fournit la même force. Il parcourt la même distance que le piston d'entrée, et à la même vitesse.

Un piston distinct qui a une surface active correspondant à la moitié de la grandeur du piston d'entrée fournit une force de sortie qui représente la moitié de la force initialement appliquée. Son parcours est deux fois plus grand et deux fois plus rapide que celui du piston d'entrée.

Un piston distinct qui a une surface active deux fois plus grande que celle du piston d'entrée fournit deux fois plus de force que la force initiale. La distance qu'il

parcourt et sa vitesse correspondent à la moitié de celles du piston d'entrée (*voir la figure 12-5*).

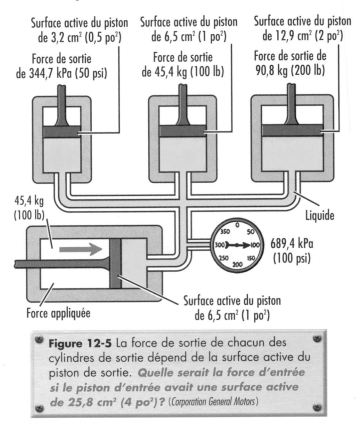

Figure 12-5 La force de sortie de chacun des cylindres de sortie dépend de la surface active du piston de sortie. *Quelle serait la force d'entrée si le piston d'entrée avait une surface active de 25,8 cm² (4 po²)?* (Corporation General Motors)

VÉRIFIE TES CONNAISSANCES

❶ Décris le processus d'application de pression sur un liquide pour transférer un mouvement ou une force.

❷ Pourquoi utilise-t-on des liquides dans les systèmes hydrauliques?

❸ Quelle est la loi de Pascal?

❹ Dans un système hydraulique comprenant des pistons distincts de même dimension, comment le mouvement et la force sont-ils distribués?

❺ Qu'advient-il de la force de sortie si le piston de sortie est plus petit que le piston d'entrée?

Section 2

Le réservoir et la pompe du système hydraulique

Tous les systèmes hydrauliques ont les mêmes pièces de base (*voir la figure 12-6*). Un système hydraulique type comporte:

• un réservoir muni d'un évent ou d'un fond de carter, pour emmagasiner le liquide;

• une pompe pour faire circuler le liquide;

• des passages pour transmettre le liquide et la force;

• des commandes hydrauliques pour contrôler la pression et le débit du liquide;

• un mécanisme, un piston par exemple, pour transférer la force appliquée.

De plus, le système peut être muni de filtres pour éviter la contamination du liquide. Dans les applications contrôlées électroniquement, on utilise des solénoïdes pour contrôler les différents composants.

Le réservoir

Un **réservoir** est un contenant qui permet d'emmagasiner le liquide de transmission (*voir la figure 12-7*). Dans une boîte de vitesses automatique, le carter est le réservoir. Le réservoir contribue aussi à refroidir le liquide de transmission.

Un évent permet l'application de pression atmosphérique sur le liquide dans le réservoir. Sans évent fonctionnel, la pompe ne pourrait pas fonctionner correctement. Pendant que la pompe tourne, la pression atmosphérique dirige le liquide du côté de la basse pression (aspiration), à l'entrée de la pompe. Si l'évent est bloqué, la pompe forme une dépression dans le réservoir. Le liquide ne peut alors plus circuler dans l'entrée de la pompe et la pompe cesse de fonctionner.

Le système hydraulique doit aussi avoir une canalisation de retour pour que le liquide puisse regagner le réservoir. Dans le cas contraire, le manque de liquide provoquerait l'arrêt du système.

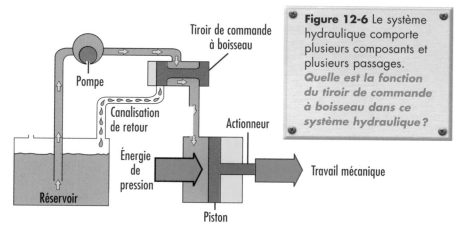

Figure 12-6 Le système hydraulique comporte plusieurs composants et plusieurs passages. *Quelle est la fonction du tiroir de commande à boisseau dans ce système hydraulique?*

Les pompes

Une **pompe** est un dispositif mécanique qui provoque le débit du liquide ou son mouvement. Les pompes ne créent pas la pression par liquide. C'est la résistance au débit du liquide qui crée la pression. Sans résistance au liquide qui circule dans la pompe, la pression serait très faible ou inexistante.

Dans la boîte de vitesses, les soupapes, les tiroirs et les étranglements créent la résistance au débit du liquide. C'est une soupape régulatrice de pression qui contrôle la quasi-totalité de la pression du système.

Les pompes de boîtes de vitesses automatiques sont conçues pour fournir :
- le liquide pour lubrifier les pièces de boîtes de vitesses, comme les trains planétaires, les rondelles de butée, les roulements, les bagues, les embrayages, les bandes et les embrayages à roue libre ;
- le liquide pour la conversion du couple ;
- le liquide pour le fonctionnement des embrayages et des bandes ;
- le liquide pour le système des commandes hydrauliques ;
- un support au stator du convertisseur de couple, que l'on appelle un support de stator. Le support de stator fait partie de l'assemblage de la pompe dans la plupart des boîtes de vitesses et dans certaines boîtes-ponts.

Toutes les pompes provoquent une circulation de liquide. Elles fonctionnent selon un principe de déplacement. Le liquide est attiré à l'intérieur, puis redirigé ailleurs dans le système. Le *déplacement* est le volume de liquide déplacé durant chacun des cycles de la pompe.

Les pompes sont classées en fonction de leur déplacement. Elles peuvent avoir :
- un déplacement positif ou constant. Une pompe à déplacement constant déplace la même quantité de volume de liquide lors de chacune de ses rotations. Le volume varie uniquement s'il y a une variation de la vitesse de rotation de la pompe.

- un déplacement variable. Une pompe à déplacement variable peut faire varier le volume de sortie. Le volume produit peut varier même si la vitesse de la pompe demeure la même.

La pompe de boîte de vitesses principale est commandée par le moyeu du convertisseur de couple. Certaines boîtes-ponts ont une pompe à arbre d'entraînement qui raccorde l'engrenage intérieur au carter de convertisseur de couple. La plupart des boîtes de vitesses utilisent une seule pompe. Cependant, il existe des boîtes de vitesses qui peuvent comporter jusqu'à trois pompes différentes.

On trouve trois types de pompes dans les boîtes de vitesses automatiques :
- la pompe à engrenages à déplacement constant ;
- la pompe à palettes à déplacement constant et à déplacement variable ;
- la pompe à rotors dentés à déplacement constant.

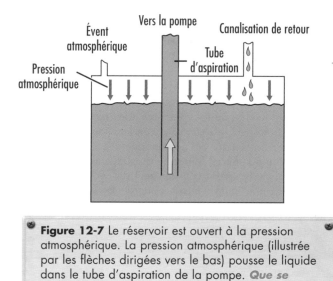

Figure 12-7 Le réservoir est ouvert à la pression atmosphérique. La pression atmosphérique (illustrée par les flèches dirigées vers le bas) pousse le liquide dans le tube d'aspiration de la pompe. *Que se produit-il si l'évent est bloqué?*

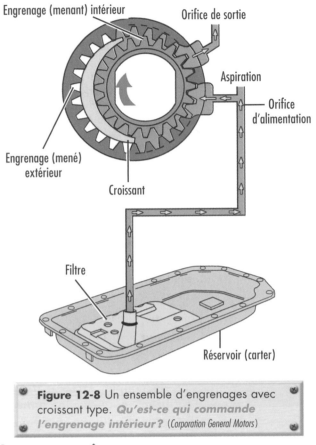

Engrenage (menant) intérieur

Orifice de sortie

Aspiration

Orifice d'alimentation

Engrenage (mené) extérieur

Croissant

Filtre

Réservoir (carter)

Figure 12-8 Un ensemble d'engrenages avec croissant type. *Qu'est-ce qui commande l'engrenage intérieur ?* (Corporation General Motors)

La pompe à engrenages

La *pompe à engrenages* est le type de pompe le plus courant dans les boîtes de vitesses automatiques (*voir la figure 12-8*). Elle contient les pièces suivantes :
• un engrenage intérieur (menant) ;
• un engrenage extérieur (mené) ;
• un croissant ;
• un corps de pompe ;
• un couvercle de pompe.

Les engrenages de la pompe sont logés dans le corps de pompe. L'engrenage intérieur est entraîné

La sécurité d'abord

La sécurité matérielle Dans les pompes de boîtes de vitesses, il arrive fréquemment que les engrenages ou que les rotors soient direction- nels. Dans plusieurs cas, les dents de l'engrenage intérieur ou du rotor intérieur sont excentrées. On ne peut les installer qu'en fonction d'une seule direction. Si l'engrenage ou le rotor est posé à l'envers, le moyeu du convertisseur de couple poussera constamment sur l'engrenage ou sur le rotor intérieur. L'engrenage exercera alors une pression sur le couvercle de pompe, causant ainsi des dommages à la pompe. Si la pompe est endommagée, la boîte de vitesses ne fonctionnera plus. Tu dois consulter le guide d'entretien du véhicule afin de connaître la marche à suivre appropriée pour la pose des engrenages et des rotors.

par le carter du convertisseur de couple. Il tourne à la même vitesse que le moteur. L'engrenage intérieur entraîne l'engrenage extérieur. Les engrenages intérieur et extérieur sont séparés par le croissant, une pièce de métal en forme de croissant. Le croissant sépare l'orifice d'alimentation de l'orifice de sortie de la pompe.

Près de l'orifice d'alimentation, l'espace entre les engrenages intérieur et extérieur augmente. Une zone de basse pression (dépression) se forme près du croissant où les engrenages commencent à se séparer. C'est le côté aspirateur de la pompe. La pression y est plus basse que la pression atmosphérique. La pression atmosphérique dirige le liquide du réservoir vers le filtre, puis dans cette zone de basse pression de la pompe.

Avec la rotation des engrenages, le liquide est transporté autour du croissant. Près de l'orifice de sortie de la pompe, l'espace entre les engrenages intérieur et extérieur diminue. C'est le côté sortie de la pompe. Le rétrécissement fait en sorte que le liquide se dirige vers l'orifice de sortie.

CONSEIL TECHNIQUE L'engrenage est inversé.
Lors de la mise en place d'une boîte de vitesses, tu dois tirer le convertisseur de couple vers l'avant pour qu'il s'emboîte dans la plaque flexible. S'il n'y a pas l'espace nécessaire entre la plaque flexible et le convertisseur, c'est que le convertisseur de couple n'est pas engagé dans l'engrenage intérieur de la pompe ou que l'on a posé l'engrenage intérieur à l'envers.

La pompe à palettes

Une *pompe à palettes* peut être conçue de façon à avoir un déplacement constant ou un déplacement variable (*voir la figure 12-9*). Le volume de production est constant s'il s'agit d'une pompe à palettes à déplacement constant. Le volume de production d'une pompe à déplacement variable varie en fonction de la charge du moteur.

Une pompe à palettes comporte les pièces suivantes :
• un rotor ;
• un ensemble de palettes ;
• une glissière (dans les pompes à déplacement variable) ou une came (dans les pompes à déplace- ment constant) ;
• un corps de pompe ;
• un couvercle de pompe.

Le rotor, la glissière et les palettes sont logés dans le corps de pompe. Le couvercle de pompe est boulonné au corps de pompe. Le rotor tourne à la même vitesse que le moteur.

Tandis que le rotor et les palettes tournent, l'espace entre les palettes augmente. Il se forme une zone de basse pression (dépression). C'est le côté aspirateur de la pompe. La pression y est plus basse que la pression atmosphérique. La pression atmosphérique dirige le liquide du réservoir vers le côté de l'alimentation de la pompe.

Pendant que le liquide s'infiltre autour de la surface de la glissière intérieure, l'espace entre les palettes diminue. Cette diminution de l'espace entre les palettes contraint le liquide à se diriger vers l'orifice de sortie de la pompe.

Dans le cas d'une pompe à palettes à déplacement variable, le volume de production est contrôlé par la position de la glissière. La glissière pivote sur un axe de pivotement monté sur l'un des côtés.

Un ressort est attaché à l'arrière de la glissière, du côté opposé au pivot. La glissière peut ainsi se déplacer. Le ressort de glissière assure la précharge de la glissière afin qu'elle soit en position de déplacement maximal. Une chambre de refoulement est créée entre la glissière et les palettes.

Le déplacement est contrôlé par la pression du liquide sur la glissière. Le déplacement augmente lorsque la glissière pivote et agrandit la chambre de

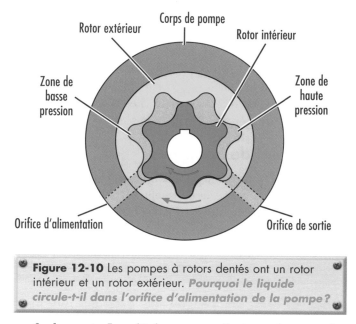

Figure 12-10 Les pompes à rotors dentés ont un rotor intérieur et un rotor extérieur. *Pourquoi le liquide circule-t-il dans l'orifice d'alimentation de la pompe ?*

refoulement. Le déplacement diminue lorsque la pression du liquide est appliquée au joint et au point de pivotement à l'arrière de la glissière. La chambre de refoulement devient plus petite.

Dans une pompe à déplacement constant, une came remplace la glissière. La came et le rotor forment la chambre de refoulement. Contrairement à la glissière, la came est en position fixe. Cette position fixe maintient la constance du déplacement.

La pompe à rotors dentés

Le fonctionnement de la *pompe à rotors dentés* est semblable à celui de la pompe à engrenages. Les pompes à rotors dentés n'ont pas de croissant. Des rotors dentés remplacent les engrenages intérieur et extérieur (*voir la figure 12-10*).

Les rotors sont logés dans le corps de pompe. Le rotor intérieur comporte une série de dents externes. Il est entraîné par le carter du convertisseur de couple. Le rotor intérieur est constamment engrené au rotor extérieur. Pour sa part, le rotor extérieur comporte une série de dents internes. Il est constamment engrené au rotor intérieur et tourne avec lui.

Le rotor intérieur tourne à la même vitesse que le moteur. Le rotor intérieur entraîne le rotor extérieur. À proximité de l'orifice d'alimentation de la pompe, tandis que les rotors tournent, l'espace entre les rotors intérieur et extérieur augmente. Une zone de basse pression (dépression) se forme là où les rotors commencent à se séparer. C'est le côté aspirateur de la pompe.

La pression du côté aspirateur de la pompe est plus basse que la pression atmosphérique, laquelle dirige le liquide du réservoir vers le filtre et dans le côté aspirateur de la pompe.

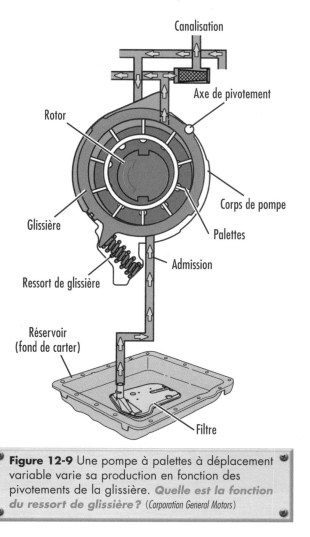

Figure 12-9 Une pompe à palettes à déplacement variable varie sa production en fonction des pivotements de la glissière. *Quelle est la fonction du ressort de glissière ?* (Corporation General Motors)

Le liquide s'infiltre autour de la pompe par les chambres formées entre les dents internes et externes du rotor. Pendant que les rotors tournent, l'espace entre les dents du rotor intérieur et du rotor extérieur diminue près de l'orifice de sortie. C'est le côté sortie de la pompe. Le rétrécissement d'espace contraint le liquide à se diriger vers l'orifice de sortie de la pompe.

L'entretien des pompes

Lorsque tu retires une pompe pour en faire l'entretien, tu dois faire une inspection visuelle. Avant de démonter la pompe, consulte le guide d'entretien du véhicule pour connaître la marche à suivre. Inspecte la pompe pour repérer les problèmes suivants :

- des rayures sur l'engrenage ou sur les dents de rotor, ou d'autres dommages ;
- des rayures sur l'engrenage extérieur ou des dommages à la glissière ou son alésage dans le corps de pompe ;

- un gauchissement du couvercle ou du corps de la pompe ;
- des dommages aux palettes ou aux rainures de rotor. Les palettes collent alors dans les rainures ;
- une usure ondulatoire de l'intérieur de la glissière où il y a contact entre les palettes ;
- des dommages au joint de glissière ;
- des rayures sur la pompe, là où la glissière pivote. L'usure se situera dans la région du ressort de glissière. C'est le point de contact avec le couvercle de pompe. Des rayures dans cette région pourraient coincer la glissière ;
- des dommages au ressort de glissière.

La vérification des jeux d'engrenages On doit aussi vérifier les jeux des pompes à engrenages et à rotors (*voir la figure 12-11*). La vérification comprend le jeu d'extrémité, ou jeu de hauteur d'engrenage. Consulte le guide d'entretien pour connaître les caractéristiques du véhicule.

EXCELLENCE COMMUNICATION AUTOMOBILE

Lire une vue éclatée

La vue éclatée d'un composant illustre les différentes pièces dans des positions qui révèlent leur relation avec les autres pièces et avec le composant dans son entier. Les vues éclatées sont utiles lorsque l'on désire commander des pièces de remplacement. Tu dois souvent connaître l'agencement des pièces afin de commander la bonne pièce.

En suivant les quatre étapes suivantes, tu peux visualiser la façon dont les différentes pièces peuvent former un seul composant.

1re étape Regarde l'illustration dans son entier.

2e étape Identifie les pièces en suivant les lignes qui relient les noms aux pièces.

3e étape Observe les lignes pointillées qui indiquent la façon dont les pièces sont agencées.

4e étape Suis les lignes pointillées jusqu'aux points où les pièces s'insèrent dans le composant.

À toi de jouer !

Conforme aux normes de l'EDU relatives à l'adoption d'une stratégie de lecture, à l'application de méthodes d'étude, à la compréhension d'informations écrites et au recours à des ressources écrites.

❶ Observe la vue éclatée de la pompe présentée ci-dessous. Explique en une phrase la façon dont se raccordent l'engrenage mené et l'engrenage menant.

❷ Explique en une phrase comment les différentes pièces de la pompe se joignent les unes aux autres.

❸ L'une des deux phrases était-elle plus facile à rédiger que l'autre ? Explique ta réponse.

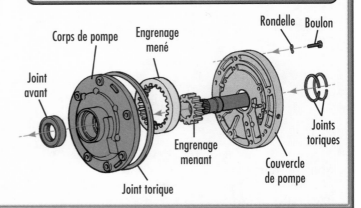

Dans certains véhicules, un jeu d'extrémité de l'engrenage excessif ou un gauchissement du corps de pompe peut faire caler le moteur lorsque la boîte de vitesses est mise en marche arrière. Le problème provient d'une fuite de liquide en sens contraire dans la pompe. La boîte de vitesses pourrait se bloquer. La condition empire avec le réchauffement du liquide. Un jeu d'extrémité de l'engrenage excessif peut aussi diminuer la production de la pompe.

Pour vérifier le jeu d'extrémité de l'engrenage :

1. place une règle droite sur le carter de pompe avec les engrenages et les rotors en place ;

2. à l'aide d'une lame calibrée, mesure le jeu entre la règle et chacun des engrenages.

Si le jeu ne se situe pas dans les normes prévues, le corps de pompe ou les engrenages sont usés. Il faut remplacer les engrenages, les rotors ou l'ensemble de la pompe.

Pour vérifier le jeu entre l'engrenage et le croissant :

1. place une lame calibrée entre l'engrenage ou le rotor extérieur et l'alésage du corps de pompe (*voir la figure 12-12a*) ;

Figure 12-11 La vérification du jeu d'extrémité, ou jeu de hauteur de l'engrenage. *Pourquoi mesure-t-on le jeu d'extrémité de l'engrenage ?* (Tom Pantages)

CONSEIL TECHNIQUE **La direction du rotor de pompe** Il y a des rotors et des engrenages sur lesquels on trouve des repères qui indiquent la direction de pose dans le corps de pompe. Si les rotors ou les engrenages n'ont pas ces repères du fabricant, marque-les toi-même avec un marqueur feutre. Ne trace aucun repère dans les pièces de la pompe, tu risquerais de les endommager. Observe les repères pour t'assurer que les rotors ou les engrenages sont remis dans la bonne position.

2. place une lame calibrée entre le croissant et les dents de l'engrenage extérieur (*voir la figure 12-12b*) ;

3. place une lame calibrée entre le croissant et les dents de l'engrenage intérieur (*voir la figure 12-12c*).

Si le jeu n'est pas conforme aux normes prévues, il faut remplacer l'ensemble de la pompe.

La vérification de la pression dans la canalisation principale On vérifie la pression dans la canalisation principale pour connaître l'état de fonctionnement de la pompe, de la soupape régulatrice de pression et du papillon des gaz.

a)

b)

c)

Figure 12-12 La vérification du jeu entre l'engrenage et le croissant. *Quel outil devrait-on utiliser pour vérifier le jeu entre l'engrenage et le croissant ?* (Tom Pantages)

Dans le cas d'une pompe à déplacement constant, la vérification de la pression dans la canalisation principale peut permettre de repérer des fuites provenant du piston d'embrayage, du joint d'accumulateur ou du joint de servopiston. Les effets de ces fuites sont habituellement perçus lors d'un changement de vitesse, alors que la pression de la canalisation principale chute de façon substantielle. Une fois le changement de vitesse effectué, la pression peut revenir à un niveau légèrement plus faible que la normale.

Les ouvertures ou les orifices dans le système hydraulique sont conçus pour éviter une grande chute de pression dans la canalisation principale. Si la pression de la canalisation principale chute et demeure basse durant un changement de vitesse, les bandes ou les embrayages engagés dans ce rapport pourraient être endommagés.

Il est très difficile de repérer des fuites de joints ou de circuits par une vérification de la pression dans la canalisation principale, et il faut avoir une certaine expérience. Avant de poser un diagnostic sur une boîte de vitesses en vérifiant les chutes anormales de pression, les techniciens devraient être en mesure de reconnaître les chutes normales de pression.

Les systèmes à déplacement variable peuvent corriger la plupart des fuites de joint. Or, la pression de la canalisation principale peut sembler normale même si le joint est très endommagé. Il peut donc être difficile de diagnostiquer une fuite de joint.

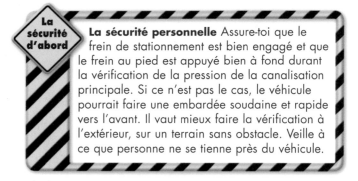

La sécurité d'abord

La sécurité personnelle Assure-toi que le frein de stationnement est bien engagé et que le frein au pied est appuyé bien à fond durant la vérification de la pression de la canalisation principale. Si ce n'est pas le cas, le véhicule pourrait faire une embardée soudaine et rapide vers l'avant. Il vaut mieux faire la vérification à l'extérieur, sur un terrain sans obstacle. Veille à ce que personne ne se tienne près du véhicule.

Tu dois vérifier la pression de la canalisation principale si:
- la boîte de vitesses glisse à tous les rapports;
- le véhicule ne se déplace pas lorsqu'il est en marche;
- tous les rapports de la boîte de vitesses répondent lentement et difficilement (dans le cas des boîtes de vitesses qui ne sont pas commandées électroniquement);
- tous les rapports de la boîte de vitesses répondent mollement et trop vite (dans le cas des boîtes de vitesses qui ne sont pas commandées électroniquement).

Consulte le tableau 12-A. Pour vérifier la pression de la canalisation principale:

1. respecte la marche à suivre et les normes du guide d'entretien du véhicule;

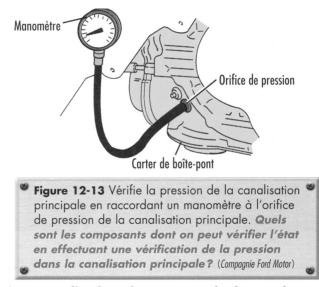

Manomètre

Orifice de pression

Carter de boîte-pont

Figure 12-13 Vérifie la pression de la canalisation principale en raccordant un manomètre à l'orifice de pression de la canalisation principale. *Quels sont les composants dont on peut vérifier l'état en effectuant une vérification de la pression dans la canalisation principale?* (Compagnie Ford Motor)

2. trouve l'orifice de pression de la canalisation principale sur la boîte de vitesses;

3. le moteur étant arrêté, retire le bouchon de pression et raccorde un manomètre à l'orifice de pression de la canalisation principale (*voir la figure 12-13*). Assure-toi qu'il n'y a pas d'obstacles qui nuisent au manomètre, comme le ventilateur ou l'échappement. Le tuyau du manomètre doit être en bon état. Le tuyau devrait être suffisamment long pour que le manomètre puisse être lu depuis le siège de la conductrice ou du conducteur;

4. actionne le frein de stationnement et le frein au pied. Mets le sélecteur de la boîte de vitesses en position stationnement (P). Démarre le moteur et note les lectures de pression. Mets le sélecteur aux positions des différents rapports et note, chaque fois, la pression. Les pressions obtenues correspondent aux pressions de base. Compare les lectures obtenues aux normes du fabricant;

5. actionne le frein de stationnement et appuie sur le frein au pied. Mets le sélecteur en position de marche avant (D). Alors que le frein de stationnement et le frein au pied sont bien engagés, ouvre grand le papillon (pas plus de 5 secondes). Note la lecture du manomètre dans ces conditions. Il s'agit de la pression de suralimentation. La pression dans la canalisation devrait être à la pression de suralimentation maximale. Compare tes lectures aux normes du fabricant.

La sécurité d'abord

La sécurité matérielle Ne laisse pas le papillon en position grand ouvert pendant plus de 5 secondes à la fois. Des températures très élevées sont générées. Après la vérification de la pression de la canalisation principale, mets la boîte de vitesses au point mort (N) et augmente le régime du moteur pour refroidir le liquide.

Certains fabricants suggéreront plutôt de vérifier les pressions de suralimentation de la canalisation principale comme suit :
- dans le cas d'un système de commande par câble, tire le câble à sa position maximale en notant la pression maximale obtenue ;
- dans le cas d'un système de commande à modulateur de dépression, disjoins la source de dépression du modulateur et note la pression maximale obtenue ;
- dans le cas d'un système de commande électronique, débranche le fil du solénoïde de la boîte de vitesses et note la pression maximale obtenue.

Si la lecture du manomètre change rapidement, le problème peut être une cavitation dans la pompe. Il y a cavitation lorsque le liquide ne remplit pas l'espace du côté de l'alimentation de la pompe. Il se forme des bulles d'air.

Durant la cavitation, il y a une vaporisation de liquide du côté de l'alimentation de la pompe. Les dommages surviennent lorsque les cavités remplies de vapeur arrivent du côté de la pompe où il y a une haute pression. Il se produit alors un phénomène semblable à une explosion avec projection de petites particules de métal qui proviennent des engrenages, des carters et de la glissière de pompe.

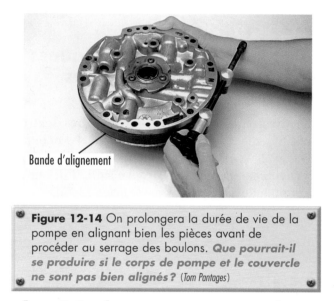

Bande d'alignement

Figure 12-14 On prolongera la durée de vie de la pompe en alignant bien les pièces avant de procéder au serrage des boulons. *Que pourrait-il se produire si le corps de pompe et le couvercle ne sont pas bien alignés ?* (Tom Pantages)

La cavitation dans une pompe peut causer de graves dommages et des irrégularités de fonctionnement. La cavitation s'accompagne habituellement d'un bourdonnement provenant de la boîte de vitesses.

Parmi les causes de cavitation, on trouve :
- une fuite d'air du côté de l'alimentation de la pompe ;
- une obstruction du filtre ou de l'orifice d'alimentation de la pompe ;
- un niveau de liquide incorrect ;
- une pompe ou une soupape régulatrice de pression usée.

L'alignement de la pompe Dans le cas de certaines pompes, le corps et le couvercle de pompe doivent être alignés avant d'être montés. Si le corps et le couvercle ne sont pas alignés, la boîte d'engrenage, les engrenages et la bague de pompe pourraient subir des dommages.

On utilise une bande d'alignement pour aligner le corps et le couvercle de pompe (*voir la figure 12-14*). Une fois la bande d'alignement serrée autour des deux pièces, les boulons sont serrés selon les normes prévues.

Certaines pompes ont une surface en échelon ou un rebord pour aligner les pièces. Il n'est pas nécessaire d'utiliser une bande d'alignement avec ces types de pompes.

Tableau 12-A	**LES PROBLÈMES DE PRESSION**
Pression basse dans la canalisation principale	• Filtre encombré • Pompe usée ou bas niveau de liquide • Soupape régulatrice de pression coincée • Fuite entre la pompe et l'orifice de pression
Pression élevée dans la canalisation principale	• Soupape régulatrice de pression coincée • Glissière de pompe coincée • Papillon des gaz coincé
Pression de suralimentation basse	• Papillon des gaz coincé • Régulateur de pression coincé ou soupape de suralimentation coincée • Glissière de pompe coincée • Solénoïde de contrôle de pression, circuit de solénoïde ou capteur d'alimentation informatisé coincé ou défectueux • Tringlerie de papillon gauchie

VÉRIFIE TES CONNAISSANCES

❶ Quelle est la fonction de l'évent dans le réservoir ?

❷ Quelle est la principale fonction de la pompe ?

❸ Quels sont les trois types de pompes de boîtes de vitesses automatiques ?

❹ Quelle est la fonction du croissant dans une pompe à engrenages ?

❺ Quels sont les facteurs qui peuvent causer une cavitation dans la pompe ?

Section 3

Les commandes hydrauliques : les tiroirs, les clapets et les soupapes

Les **tiroirs,** les **clapets** et les **soupapes** sont des dispositifs mécaniques qui contrôlent le débit, la direction et la pression du liquide. Dans une boîte de vitesses automatique, on trouve surtout des tiroirs de commande à boisseau (*voir la figure 12-15*).

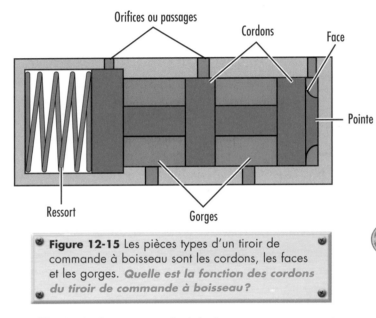

Figure 12-15 Les pièces types d'un tiroir de commande à boisseau sont les cordons, les faces et les gorges. *Quelle est la fonction des cordons du tiroir de commande à boisseau ?*

Un tiroir de commande à boisseau type comporte les éléments suivants :

- **des cordons.** Les cordons sont les parties de la paroi du cylindre comprises entre les gorges. Les cordons glissent dans l'alésage du bloc hydraulique pour couvrir et découvrir les orifices. Le nombre de cordons aménagés peut varier.
- **des gorges.** Les gorges sont les parties situées entre les cordons. Le liquide parcourt les gorges pour se rendre au bloc hydraulique.
- **des faces.** Les faces sont les surfaces plates des cordons sur lesquelles la pression hydraulique est appliquée. Plusieurs tiroirs ont une pointe qui sort du centre de la dernière face. Cette pointe empêche le tiroir de toucher le fond et de coller sur l'alésage. La dernière face peut ainsi subir la pression hydraulique.
- **un ressort.** Le ressort est situé à l'une des extrémités du tiroir et exerce son action sur la première face du tiroir de commande. Le ressort garde le tiroir ouvert ou fermé lorsqu'il n'y a pas de pression hydraulique.

Dans une boîte de vitesses, les trois principaux types de commandes du système hydraulique sont :

- les clapets de retenue ;
- les tiroirs équilibrés ;
- les tiroirs de commutation.

Le clapet de retenue

Un **clapet de retenue** est un clapet qui permet au liquide de circuler dans une seule direction. La forme la plus simple de clapet de retenue est le *clapet à bille*. Le clapet à bille a son assise dans une ouverture ou un passage circulaire situé dans une plaque d'espacement. La pression du liquide d'un côté de la bille contraint cette dernière à bloquer le passage. Le liquide ne peut donc circuler dans le passage. Lorsque le liquide circule dans le sens contraire, la pression écarte la bille de la plaque d'espacement. Le liquide peut alors circuler dans le passage. Un clapet de retenue bloque un passage. Un clapet de retenue à double voie bloque plus d'un passage.

Certains clapets de retenue sont connus sous le nom de distributeurs à clapet. Dans ce système, on utilise une plaque à ressort au lieu d'une bille. Cette plaque bloque la plaque d'espacement. Le fonctionnement est le même que dans le cas d'un clapet à bille.

CONSEIL TECHNIQUE **Vérifier l'emplacement du clapet à bille** Consulte toujours la plus récente information sur le véhicule pour connaître l'emplacement des clapets à bille. Il arrive souvent que le fabricant élimine un clapet ou qu'il en modifie l'emplacement. Si un clapet à bille est posé à un endroit inapproprié ou s'il en manque un, des problèmes de glissement ou d'embrayage pourraient affecter la boîte de vitesses.

Un clapet de retenue à double voie couvre et découvre plus d'un passage (*voir la figure 12-16*). La pression appliquée au fond du clapet déplace la bille vers l'extrémité supérieure du clapet. Le passage supérieur est couvert et le passage inférieur est découvert. Si la pression est appliquée au-dessus de la bille, la bille retourne au bas du clapet. Le passage supérieur est découvert et le passage inférieur est couvert. Le clapet de retenue à double voie permet de diriger la pression vers un passage de sortie grâce à deux sources différentes.

Le tiroir équilibré

Le **tiroir équilibré** est un tiroir de commande à boisseau contrôlé par la pression hydraulique, par un ressort ou par une combinaison des deux. Le tiroir équilibré se déplace vers une position précise, établie en fonction des pressions du liquide ou du ressort appliquées sur le tiroir. Ainsi, la position du tiroir variera en fonction des variations de pression.

On utilise souvent le tiroir équilibré comme :
- tiroir régulateur de pression ;
- tiroir d'accélération ;
- tiroir de distribution ;
- tiroir régulateur centrifuge.

Le tiroir équilibré à ressort Ce type de tiroir équilibré utilise la force d'un ressort à l'une de ses extrémités et la pression hydraulique à l'autre (*voir la figure 12-17*). Lorsque la pression hydraulique augmente, elle surpasse la pression exercée par le ressort. Le tiroir se déplace vers le ressort. Ce déplacement du tiroir découvre les passages dans l'alésage du tiroir.

Un clapet à bille avec ressort est une forme de tiroir équilibré à ressort. Ce clapet est souvent utilisé pour contrôler la pression hydraulique. La bille couvre un passage jusqu'à ce que la pression du liquide surpasse la pression du ressort. La pression contraint alors la bille à se déplacer et le ressort à se comprimer. Tandis que la bille se déplace, le passage se découvre et permet à la pression excédentaire de s'échapper. Plus la force du ressort est grande, plus il faut de pression pour déplacer la bille.

Le tiroir équilibré par hydraulique On trouve deux grandeurs différentes de cordons dans ce type de tiroir. La pression du liquide s'exerce sur la face de chacun des cordons. Lorsque la pression augmente, le tiroir se déplace vers le plus large cordon. Tandis que le tiroir se déplace, les cordons couvrent ou découvrent les passages dans l'alésage du tiroir.

Le tiroir équilibré à pression de ressort et à pression hydraulique Ce type de tiroir est une combinaison du tiroir équilibré à ressort et du tiroir équilibré par hydraulique. C'est ce tiroir équilibré qu'on utilise le plus souvent. La position du tiroir est déterminée par la pression à chacune des extrémités.

L'une des extrémités subit la pression hydraulique et celle du ressort. L'autre extrémité subit uniquement

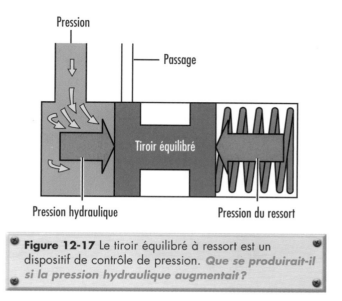

Figure 12-17 Le tiroir équilibré à ressort est un dispositif de contrôle de pression. *Que se produirait-il si la pression hydraulique augmentait ?*

la pression hydraulique. La grandeur des cordons peut varier d'une extrémité à l'autre. Lorsque la pression du liquide augmente à l'extrémité sans ressort, le tiroir se déplace vers le ressort. Lorsque la pression du liquide augmente à l'extrémité munie du ressort, le tiroir se déplace dans l'autre sens (*voir la figure 12-18*). Le tiroir effectue un mouvement de va-et-vient constant qui équilibre les variations de pression sur les cordons. Si la force appliquée aux deux extrémités est égale, il y a équilibre. Le tiroir ne se déplace pas.

Le tiroir de commutation

Le **tiroir de commutation** est un tiroir qui commande le sens dans lequel le liquide circule. Le liquide est dirigé vers des orifices précis selon la position du tiroir.

On utilise souvent le tiroir de commutation comme :
- tiroir de passage de vitesse ;
- tiroir de commande manuelle ;
- tiroir relais ;

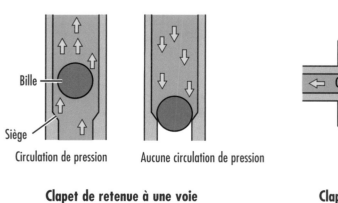

Clapet de retenue à une voie

Clapet de retenue à double voie

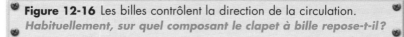

Figure 12-16 Les billes contrôlent la direction de la circulation. *Habituellement, sur quel composant le clapet à bille repose-t-il ?*

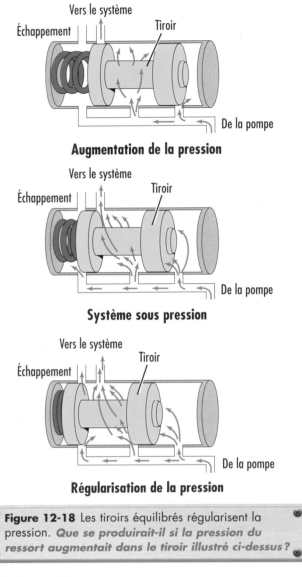

Augmentation de la pression

Système sous pression

Régularisation de la pression

Figure 12-18 Les tiroirs équilibrés régularisent la pression. *Que se produirait-il si la pression du ressort augmentait dans le tiroir illustré ci-dessus?*

- tiroir navette ;
- tiroir de rétrogradation ;
- clapet de retenue à double voie.

Un tiroir de commutation type utilise la pression pour commander l'ouverture et la fermeture des passages. Le tiroir de passage de vitesse d'une boîte de vitesses conventionnelle en est un bon exemple (*voir la figure 12-19*).

Le régulateur centrifuge situé à l'une des extrémités du tiroir de passage de vitesse applique une pression mécanique. L'autre extrémité du tiroir subit la pression du papillon et la pression du ressort. Le cordon à l'extrémité du régulateur centrifuge est plus large que le cordon à l'extrémité du papillon. La pression du régulateur augmente avec la vitesse du véhicule. La pression du papillon augmente proportionnellement à l'ouverture du papillon.

Un tiroir de passage de vitesse comporte plusieurs cordons. Lorsque la pression augmente, le tiroir se déplace lentement jusqu'à ce que les cordons commencent à découvrir les orifices pour le liquide.

La pression du liquide est exercée sur les faces du cordon. La pression du liquide amène le tiroir en position de vitesse supérieure ou en rétrogradation.

La pression du régulateur centrifuge doit suffisamment augmenter pour contraindre le tiroir à se déplacer dans le sens contraire à celui de la pression du ressort et du papillon. À ce stade, le tiroir de passage de vitesse se mettra en position de vitesse supérieure. La pression du liquide pourra alors parcourir la gorge pour permettre le passage de la vitesse. La pression commande les composants d'application des embrayages et des bandes qui permettent le changement de vitesse.

Il y a rétrogradation forcée lorsque la pression du papillon est plus élevée que la pression du régulateur centrifuge. À ce stade, le tiroir s'ouvre pour laisser échapper la pression du liquide. Les composants d'application ne sont plus sous pression. Le cordon du tiroir empêche la pression de circuler dans la gorge ou le tiroir.

Le bloc hydraulique

La plupart des commandes hydrauliques sont logées dans un même bloc hydraulique (*voir la figure 12-20*).

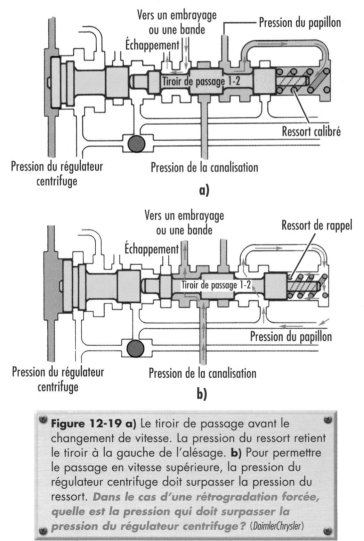

a)

b)

Figure 12-19 a) Le tiroir de passage avant le changement de vitesse. La pression du ressort retient le tiroir à la gauche de l'alésage. **b)** Pour permettre le passage en vitesse supérieure, la pression du régulateur centrifuge doit surpasser la pression du ressort. *Dans le cas d'une rétrogradation forcée, quelle est la pression qui doit surpasser la pression du régulateur centrifuge?* (DaimlerChrysler)

Le **bloc hydraulique** est un moule en métal qui contient la plupart des commandes hydrauliques de la boîte de vitesses automatique. Les blocs sont en aluminium ou en acier moulé. Des passages moulés dans le bloc raccordent les circuits hydrauliques aux orifices.

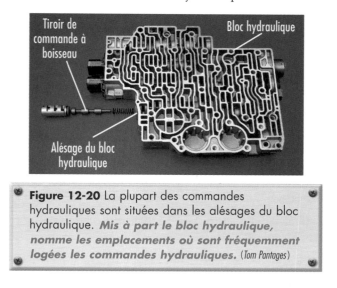

Figure 12-20 La plupart des commandes hydrauliques sont situées dans les alésages du bloc hydraulique. *Mis à part le bloc hydraulique, nomme les emplacements où sont fréquemment logées les commandes hydrauliques.* (Tom Pantages)

Les *alésages* sont des cylindres usinés avec précision, coulés dans le bloc hydraulique. L'alésage est légèrement plus large que le tiroir de commande. Le tiroir glisse dans l'alésage. Parfois, les tiroirs sont logés dans des manchons ou dans des bagues. Les bagues et les manchons ne sont pas coulés dans le bloc. Ils sont montés dans le bloc, le carter ou la pompe.

La plaque d'espacement

Il arrive qu'une plaque d'espacement en acier sépare le bloc hydraulique du carter. Dans certains cas, la plaque d'espacement sépare les moitiés d'un bloc fait de deux pièces. Plusieurs plaques d'espacement ont des garnitures pour étanchéiser le bloc, le carter ou les moitiés de bloc.

La plaque d'espacement contient une série de passages. Les passages relient les différents systèmes hydrauliques dans la boîte de vitesses. Les fabricants modifient la disposition des passages de la plaque d'espacement pour améliorer le fonctionnement du bloc hydraulique. La dimension des passages peut être modifiée. Certains passages contiennent un orifice de régularisation du débit du liquide hydraulique.

Les orifices

Plusieurs passages dans la plaque d'espacement sont des orifices. Un **orifice** est un étranglement mécanique qui limite le débit du liquide (*voir la figure 12-21*). Un orifice est une soupape régulatrice de pression dans sa forme la plus simple. Il permet de restreindre le débit du liquide. Il crée une différence de pression entre les deux côtés du composant où il loge.

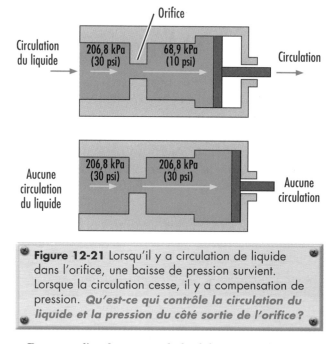

Figure 12-21 Lorsqu'il y a circulation de liquide dans l'orifice, une baisse de pression survient. Lorsque la circulation cesse, il y a compensation de pression. *Qu'est-ce qui contrôle la circulation du liquide et la pression du côté sortie de l'orifice ?*

Pour que l'orifice contrôle le débit ou qu'il régularise la pression, il faut qu'il y ait circulation de liquide. S'il y a circulation de liquide, une baisse de pression se produit. L'orifice crée une résistance à la circulation du liquide. La pression augmente du côté de l'alimentation de l'orifice lorsque le liquide arrive dans l'étranglement. Dans ce cas, la pression baisse du côté sortie de l'orifice.

La grandeur de l'orifice et la pression du côté de l'alimentation régularisent le débit et la pression du côté sortie. Lorsqu'il n'y a pas de circulation de liquide dans l'orifice, il y a compensation de pression des deux côtés de l'orifice.

CONSEIL TECHNIQUE **Conserver les arêtes vives** Les arêtes des tiroirs, qui correspondent au point de rencontre des cordons et de la face, sont vives. Ces arêtes sont conçues pour permettre un auto-nettoyage du tiroir et assurer l'étanchéité entre les pièces du tiroir et les passages dans l'alésage. Prends soin de ne pas égratigner une arête lorsque tu manipules le tiroir.

L'entretien des commandes hydrauliques

Consulte toujours le guide d'entretien du véhicule afin de connaître la marche à suivre dans l'entretien des commandes hydrauliques et du bloc hydraulique. En général, pour faire l'entretien du bloc hydraulique :
- aménage une aire de travail propre et organisée ;
- utilise uniquement des chiffons sans charpie ;
- consulte le guide d'entretien du véhicule pour connaître la marche à suivre et les normes relatives au bloc hydraulique;
- assure-toi d'avoir en main les bons joints statiques, un solvant ou un produit nettoyant approuvé et du

L'agrandissement de l'orifice

Sébastien est un technicien des nouveaux produits. Il tente de mettre sur le marché un nouveau dispositif d'embrayage. Sébastien a modifié l'orifice original de la plaque d'espacement en le faisant passer de 0,318 cm à 0,470 cm (0,125 po à 0,185 po). Lors du premier essai, il a remarqué que le passage des rapports s'effectuait beaucoup trop difficilement.

Sébastien se demande si les à-coups ressentis réduiront la durée de vie de la boîte de vitesses. Comment expliquer ce qui s'est produit ? Après tout, Sébastien a simplement agrandi le trou de 0,152 cm (0,060 po). Le liquide de transmission passe dans ce trou à 1 378 kPa (200 psi). Comment une si petite modification peut-elle faire une si grand différence ? Utilise la formule suivante pour obtenir la réponse.

$$P = \frac{F}{A}$$

P = Pression mesurée en livres par pouce carré

F = Force mesurée en kilogrammes ou en livres

A = Aire mesurée en centimètres carrés ou en pouces carrés

Tu connais la pression et l'aire. Tu veux trouver la force. Tu dois alors réorganiser la formule pour trouver **F**.

$$F = P \times A$$

Prends note que tu multiplies par des pouces carrés. Donc, lorsque le diamètre de l'orifice s'élargit, son aire s'accroît rapidement.

À toi de jouer !

Conforme aux normes de l'EDU en mathématiques l'ajout, relatives à la division et à la multiplication de décimales, et à l'utilisation de formules.

❶ Trouve la force du plus grand orifice dans la plaque d'espacement.

❷ Quelle est la différence entre la force de l'orifice original et la force de l'orifice modifié ?

❸ Disons que la pression est de 1 206 kPa (175 psi) et que le diamètre de l'orifice est de 0,318 cm (0,125 po). Trouve la force.

❹ Quelle serait la force si tu modifiais l'orifice en l'élargissant de 0,152 cm (0,060 po) ?

liquide de transmission. Tu dois savoir que plusieurs joints d'étanchéité statiques et joints d'étanchéité se ressemblent. Compare toujours les joints de remplacement avec ceux que tu remplaces pour t'assurer qu'ils sont pareils. Si tu utilises les mauvais joints, des problèmes de boîte de vitesses peuvent apparaître ;

- retire le bloc hydraulique de la boîte de vitesses. Pour certaines boîtes de vitesses, on doit suivre une séquence de déboulonnage pour enlever le bloc hydraulique. Les boulons peuvent être de différentes grandeurs. Note bien leur emplacement lorsque tu les enlèves ;

- purge le liquide du bloc hydraulique dans un contenant prévu à cet effet ;

- dépose le bloc sur une surface de travail propre et organisée. La plupart des commandes hydrauliques sont maintenues en place par des brides, des boulons ou des plaques. Retire soigneusement les commandes hydrauliques. N'exerce pas trop de force et n'utilise pas de levier pour les retirer. Étends les composants et leurs pièces en respectant l'ordre et la position de chaque élément ;

- nettoie les commandes hydrauliques et leurs pièces avec un nettoyant approuvé et laisse-les sécher à l'air libre ;

- nettoie et inspecte les composants hydrauliques, les orifices, les tiges, les plaques, les bagues ou les manchons ainsi que le bloc hydraulique et les alésages.

Place une règle droite sur la surface du bloc hydraulique pour repérer les déformations (*voir la figure 12-22*). Glisse une lame calibrée sous la règle. Note la grandeur de l'ouverture. Consulte le guide d'entretien du véhicule pour connaître la marche à suivre et les normes. Inspecte les alésages du bloc hydraulique pour repérer l'usure et les bavures. Inspecte l'assemblage pour repérer les fissures. Un bloc hydraulique fissuré ou déformé peut laisser fuir du liquide.

Inspecte les tiroirs pour repérer les bavures, les entailles ou les égratignures le long des arêtes du tiroir de commande où le cordon entre en contact avec la face. Vérifie le tiroir de commande à boisseau pour t'assurer qu'il n'est pas déformé.

Si un tiroir a des bavures, il est parfois possible de corriger la situation à l'aide d'un morceau de toile abrasive. Ce type de toile peut toutefois endommager le fini anodisé d'un tiroir en aluminium. Plusieurs fabricants recommandent l'utilisation d'une lime fine dans le cas des tiroirs en aluminium.

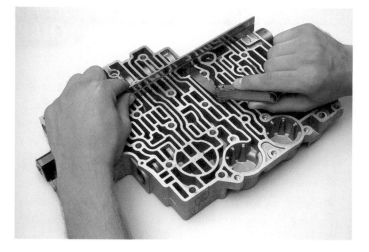

L'utilisation d'une toile abrasive pour dresser un tiroir :

1. mets la toile abrasive sur une plaque de verre ;
2. humidifie la toile avec du liquide de transmission automatique ;
3. mets le tiroir sur la toile abrasive ;
4. bouge le tiroir sur la toile abrasive en effectuant un mouvement circulaire.

Pour vérifier l'état d'un tiroir, retire-le, nettoie-le et lubrifie-le avec du liquide de transmission automatique. Remets-le en place sans le ressort. Incline le bloc hydraulique dans un mouvement de va-et-vient. Le tiroir devrait se déplacer de l'arrière à l'avant, par lui-même.

Les manchons, les bagues et les alésages de tiroir peuvent aussi s'user. Inspecte-les du côté du réservoir. La gravité tend à tirer les tiroirs vers le réservoir. Ainsi, l'usure survient habituellement au fond de l'alésage, du manchon ou de la bague. Inspecte tous les ressorts pour repérer les dommages. Inspecte la plaque d'espacement pour repérer les déformations et le durcissement des billes de clapets. Le durcissement est causé par le martèlement des billes dans les orifices de la plaque d'espacement. Ce durcissement provoque une déformation des orifices. Si un orifice est déformé, la bille ne bouchera pas bien l'orifice.

Figure 12-22 Vérifie le bloc hydraulique et le carter pour repérer le gauchissement en utilisant une règle droite et une lame calibrée. *Que peut-il se produire si le bloc hydraulique est fissuré ou gauchi ?* (Tom Pantages)

L'inspection de la plaque d'espacement :

1. mets la plaque sur une surface plane ;
2. aplatis l'orifice à l'aide d'un marteau en plastique ou en laiton ;
3. place la bille dans l'orifice et frappe-la légèrement à quelques reprises ;
4. vérifie l'étanchéité du système en plaçant une bille dans l'orifice de la plaque d'espacement. Prends la plaque avec la bille en place et soulève-la au-dessus de ta tête, face à la lumière. Si tu peux voir la lumière entre la plaque et la bille, la bille ne bouche pas bien l'orifice. Il faut corriger le problème, puis procéder à une nouvelle vérification.

Nettoie les tiroirs, les manchons, les bagues et le bloc hydraulique. Lubrifie les pièces avec du liquide de transmission automatique. Remets les composants en place dans le bloc hydraulique. Assure-toi que les composants sont dans le bon ordre et dans la bonne position. Pose les clapets à bille dans leurs emplacements, puis place les joints statiques et la plaque d'espacement. Serre les boulons sur le bloc hydraulique en respectant les normes établies.

VÉRIFIE TES CONNAISSANCES

❶ Quelle est la fonction d'un tiroir ?

❷ Définis ce qu'est un cordon dans un tiroir.

❸ Quels sont les trois principaux types de commandes hydrauliques utilisés dans une boîte de vitesses automatique ?

❹ Définis ce qu'est un clapet de retenue.

❺ Quelle est la cause de la déformation des orifices de la plaque d'espacement ?

RÉVISION DU CHAPITRE 12

Notions importantes

Conforme aux normes suivantes du MFCUO relatives aux boîtes de vitesses et aux boîte-ponts : l'inspection d'une pompe, les directives d'entretien d'une pompe, la pose d'une pompe, l'entretien et l'inspection du bloc hydraulique, l'inspection et le nettoyage des tiroirs, l'entretien des tiroirs, les directives de serrage et la vérification de la pression de la canalisation principale.

- Selon la loi de Pascal, dans un système hydraulique, le liquide se comporte de manière prévisible.
- Un système hydraulique comporte plusieurs pièces qui forment un système fermé.
- Les soupapes, les clapets et les tiroirs sont des composants essentiels du système hydraulique.
- On utilise trois types de pompes dans les systèmes hydrauliques.
- Les pompes ne créent pas de pression.
- Il y a trois types de composants hydrauliques dans une boîte de vitesses automatique.
- Il faut faire une inspection visuelle des pompes lors du démontage.
- La plupart des commandes hydrauliques d'une boîte de vitesses automatique sont des tiroirs de commande à boisseau.
- Un tiroir de commande à cylindre comporte quatre pièces.
- Un orifice est un étranglement mécanique servant à réguler le débit du liquide.

- Il faut toujours consulter le guide d'entretien du véhicule pour connaître la marche à suivre et les normes relatives à l'entretien des commandes hydrauliques et du bloc hydraulique.

Questions de révision

❶ Décris les principales pièces d'un système hydraulique et précise leurs fonctions.

❷ Quels sont les trois types de pompes utilisés dans les systèmes hydrauliques ?

❸ Que doit-il y avoir dans un système hydraulique pour créer de la pression ?

❹ Lors de l'inspection des pompes à engrenages et à rotors, que doit-on mesurer ?

❺ Décris les parties d'un tiroir de commande à boisseau et précise leurs fonctions.

❻ Quelle est l'utilité d'un tiroir équilibré dans une boîte de vitesses automatique ?

❼ Quelles sont les fonctions de base des commandes hydrauliques dans le système hydraulique ?

❽ **Pensée critique** Que se produirait-il si, au moment d'effectuer un passage de vitesse, le ressort d'un tiroir équilibré était faible ?

❾ **Pensée critique** Lors d'une vérification de pression dans la canalisation principale, la technicienne ou le technicien remarque que les données du manomètre changent rapidement. Que faut-il vérifier ?

PRÉVISIONS TECHNOLOGIQUES
POUR L'EXCELLENCE EN MATIÈRE D'AUTOMOBILE

La précision de l'embrayage

Dans les boîtes de vitesses automatique on trouve des commandes électroniques complexes qui fonctionnent avec un ordinateur afin de rendre les embrayages plus doux. Ces systèmes complexes reposent sur des pompes hydrauliques dont l'usage remonte aux années 1940, alors que les boîtes de vitesses automatiques étaient de plus en plus utilisées. La pompe hydraulique fait circuler le liquide de transmission dans la boîte de vitesses lorsque le moteur est en marche.

Bientôt, la pompe hydraulique ne sera peut-être plus nécessaire. Les ingénieurs pourraient plutôt utiliser de petits moteurs pas à pas pour assurer le passage des vitesses. Le liquide hydraulique qui applique la force nécessaire serait emmagasiné dans des réservoirs indépendants et distincts. Les bandes et les embrayages seraient alimentés individuellement.

À l'aide des informations reçues des capteurs des moteurs, l'ordinateur du véhicule commanderait ces moteurs afin de rendre les embrayages plus doux et plus précis. L'ordinateur surveillerait des données telles que la charge du moteur, la vitesse du moteur, la vitesse du véhicule, la température du moteur et la position du papillon.

Ces données indiqueraient à l'ordinateur les intentions de la personne qui conduit, ainsi que les mouvements du véhicule. L'ordinateur pourra alors s'assurer que les moteurs pas à pas effectuent les changements de vitesses au moment idéal. L'embrayage sera plus doux et les conducteurs et conductrices bénéficieront d'une économie d'essence et de la puissance des moteurs.

EXCELLENCE AUTOMOBILE
TEST PRÉPARATOIRE

En répondant aux questions suivantes, tu pourras te préparer aux tests en vue d'obtenir la certification du MFCUO.

1. La technicienne A dit qu'une pompe crée de la pression. Le technicien B dit qu'une pompe crée une circulation du liquide. Qui a raison ?
   - ⓐ La technicienne A.
   - ⓑ Le technicien B.
   - ⓒ Les deux ont raison.
   - ⓓ Les deux ont tort.

2. Le technicien A dit qu'un tiroir équilibré peut servir à réguler la pression du système. La technicienne B dit qu'on utilise surtout le tiroir équilibré comme soupape de décharge. Qui a raison ?
   - ⓐ Le technicien A.
   - ⓑ La technicienne B.
   - ⓒ Les deux ont raison.
   - ⓓ Les deux ont tort.

3. La technicienne A dit que les pompes à engrenages et les pompes à rotors dentés sont des pompes à déplacement constant. Le technicien B dit qu'une pompe à palettes peut être une pompe à déplacement constant ou une pompe à déplacement variable. Qui a raison ?
   - ⓐ La technicienne A.
   - ⓑ Le technicien B.
   - ⓒ Les deux ont raison.
   - ⓓ Les deux ont tort.

4. Le technicien A dit qu'on peut mesurer la pression de la canalisation principale dans la plupart des boîtes de vitesses. La technicienne B dit que les lectures de la pression dans les canalisations seront les mêmes dans toutes les boîtes de vitesses. Qui a raison ?
   - ⓐ Le technicien A.
   - ⓑ La technicienne B.
   - ⓒ Les deux ont raison.
   - ⓓ Les deux ont tort.

5. La technicienne A dit que les arêtes d'un cordon de tiroir devraient être arrondies pour obtenir un fonctionnement en douceur. Le technicien B dit que les arêtes devraient être vives ou arrondies. Qui a raison ?
   - ⓐ La technicienne A.
   - ⓑ Le technicien B.
   - ⓒ Les deux ont raison.
   - ⓓ Les deux ont tort.

6. Une boîte de vitesses commandée de façon conventionnelle devrait passer en vitesse supérieure lorsque :
   - ⓐ la pression de la canalisation excède la pression du régulateur centrifuge.
   - ⓑ la pression de la canalisation excède la pression du papillon.
   - ⓒ la pression du régulateur centrifuge excède la pression d'application.
   - ⓓ la pression du régulateur centrifuge excède la pression du papillon et la pression du ressort.

7. Le technicien A dit qu'on ne peut pas mal placer les engrenages d'une pompe. La technicienne B dit que les engrenages d'une pompe portent une marque qui sert de repère pour qu'on puisse les poser dans le bon sens. Qui a raison ?
   - ⓐ Le technicien A.
   - ⓑ La technicienne B.
   - ⓒ Les deux ont raison.
   - ⓓ Les deux ont tort.

8. La technicienne A dit que l'engrenage intérieur d'une pompe à engrenages est muni d'une série de dents externes qui sont constamment engrenées à l'engrenage extérieur. Le technicien B dit que l'engrenage intérieur entraîne le convertisseur de couple. Qui a raison ?
   - ⓐ La technicienne A.
   - ⓑ Le technicien B.
   - ⓒ Les deux ont raison.
   - ⓓ Les deux ont tort.

9. Détermine la ou les fonctions que l'on peut attribuer à une pompe de boîte de vitesses automatique.
   - ⓐ Fournir le liquide pour le fonctionnement du convertisseur de couple.
   - ⓑ Fournir le liquide pour le fonctionnement des embrayages et des bandes.
   - ⓒ Fournir le liquide pour le système de commande hydraulique.
   - ⓓ Toutes ces réponses sont bonnes.

10. Le technicien A dit qu'il faut utiliser des chiffons sans charpie pour l'entretien des composants hydrauliques. La technicienne B dit qu'il faut utiliser des chiffons industriels rouges. Qui a raison ?
    - ⓐ Le technicien A.
    - ⓑ La technicienne B.
    - ⓒ Les deux ont raison.
    - ⓓ Les deux ont tort.

CHAPITRE 13

Diagnostic des problèmes du système de commandes hydrauliques et réparations

Tu seras en mesure :

- ⊗ de reconnaître les trois types de régulateurs de pression ;
- ⊗ de décrire le fonctionnement du tiroir régulateur de pression ;
- ⊗ de reconnaître les trois types de régulateurs centrifuges et d'en décrire le fonctionnement ;
- ⊗ de décrire le fonctionnement du tiroir d'accélération ;
- ⊗ de décrire le fonctionnement du solénoïde de contrôle de pression ;
- ⊗ de régler les tiroirs d'accélération à tringlerie.

Le vocabulaire :

Tiroir amplificateur
Régulateur centrifuge
Pression de la canalisation principale
Solénoïde de contrôle de pression
Tiroir régulateur de pression
Tiroir de passage de vitesse
Pression d'accélération

Le problème

Le camion de M. Prud'Homme, dont le kilométrage est d'environ 290 000 km, a des problèmes d'embrayage. M. Prud'Homme a fait réparer son camion dans quatre centres de service différents avant de se présenter à ton centre. Il dit que son beau-frère a déjà eu un problème semblable qui avait été corrigé par le remplacement d'un tiroir de commande.

Lorsque tu as effectué les vérifications de pression, tous les résultats obtenus étaient normaux et il n'y avait aucun signe de contamination du liquide. Tu crois qu'un tiroir de commande à boisseau pourrait être collé. Tu retires le tiroir de passage de vitesse et tu l'examines pour repérer les égratignures ou les bavures qui pourraient empêcher le déplacement du tiroir.

Ton défi

À titre de technicienne ou de technicien, tu dois répondre aux questions suivantes :

❶ Les changements de vitesse sont-ils trop rapides, trop tardifs ou parfois impossibles à faire ?

❷ Le problème de changement de vitesse est-il pire lorsque le moteur est froid ?

❸ Quelles sont les réparations qui ont déjà été effectuées ?

Section 1

La pression et les commandes hydrauliques

Dans les boîtes de vitesses, on utilise la pression hydraulique pour contrôler :
- les points de passage des vitesses ;
- l'usage des embrayages et des bandes.

La pression

Dans la plupart des boîtes de vitesses automatiques, on utilise trois types de contrôle de pression. Bien que d'autres types de pression soient parfois utilisés, ils sont tous des dérivés de :
- la pression de la canalisation principale ;
- la pression d'accélération ;
- la pression du régulateur centrifuge.

La plupart des boîtes de vitesses électroniques sont contrôlées uniquement par la pression de la canalisation principale.

La pression de la canalisation principale La principale source de pression d'une boîte de vitesses automatique est connue sous le nom de **pression de la canalisation principale.** Il s'agit de la source produisant toutes les autres pressions hydrauliques. Elle fait fonctionner l'ensemble des embrayages et des bandes d'une boîte de vitesses automatique type. La pression de la canalisation principale porte aussi le nom de *pression principale.*

Avant qu'il puisse y avoir formation de pression, il doit y avoir une limitation à l'accès au passage de sortie de la pompe. Le tiroir régulateur de pression crée cette limitation. Le tiroir régulateur de pression est situé dans la pompe ou dans le bloc hydraulique (*voir la figure 13-1*).

Certaines boîtes de vitesses ont un tiroir régulateur de pression réglable, muni d'un manchon en escalier réglable. Le manchon contrôle le taux de compression du ressort du tiroir régulateur de pression.

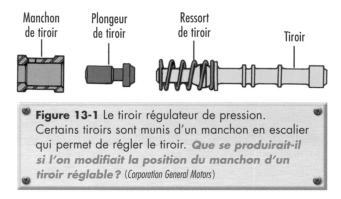

Figure 13-1 Le tiroir régulateur de pression. Certains tiroirs sont munis d'un manchon en escalier qui permet de régler le tiroir. *Que se produirait-il si l'on modifiait la position du manchon d'un tiroir réglable ?* (Corporation General Motors)

En modifiant la position du manchon, on modifie les valeurs de base de la pression. Lors de l'entretien, note toujours la position du manchon avant de le retirer de l'alésage.

Le **tiroir régulateur de pression** est le tiroir qui règle le volume de sortie de la pompe hydraulique lors des variations de demande de pression. C'est une forme de tiroir équilibré. Le mouvement et la position de la glissière de pompe contrôlent le volume de sortie de la pompe.

Le tiroir régulateur de pression contrôle aussi la pression du convertisseur de couple et du refroidisseur d'huile de la boîte de vitesses. La demande de pression de la canalisation principale, du convertisseur et du refroidisseur variera en fonction de la charge du moteur.

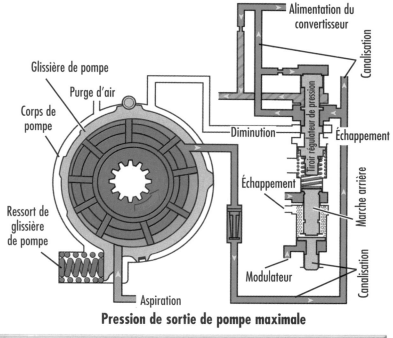

Pression de sortie de pompe maximale

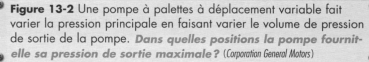

Figure 13-2 Une pompe à palettes à déplacement variable fait varier la pression principale en faisant varier le volume de pression de sortie de la pompe. *Dans quelles positions la pompe fournit-elle sa pression de sortie maximale ?* (Corporation General Motors)

La pompe alimente en liquide le tiroir régulateur de pression (*voir la figure 13-2*). Le liquide circule au sommet et dans la gorge du tiroir. La pression de liquide pousse le tiroir au fond de son alésage, contre le ressort de régulateur. Lorsque le volume de sortie de la pompe augmente, la pression au sommet du tiroir régulateur augmente. Le tiroir est contraint à descendre encore plus au fond de l'alésage.

Lorsque le tiroir descend dans l'alésage, le passage de *réduction* s'ouvre. Le liquide peut maintenant circuler dans ce passage, dans l'orifice d'alimentation de la pompe et dans le côté opposé de la glissière de la pompe. Un ressort sur la glissière la place en position

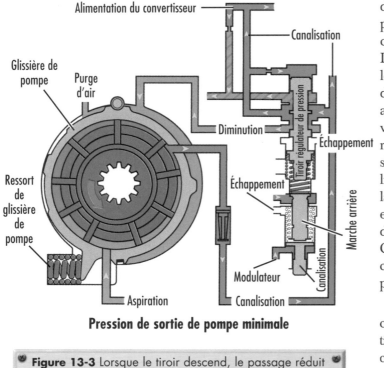

Pression de sortie de pompe minimale

Figure 13-3 Lorsque le tiroir descend, le passage réduit ouvre la pompe. *Que se produit-il lorsque la pression pousse sur la glissière de pompe?* (Corporation General Motors)

de sortie maximale. La pression pousse sur la glissière de la pompe. La pression hydraulique surpasse la force du ressort de la glissière de pompe. La glissière prend alors une position qui diminue le volume de sortie de la pompe (*voir la figure 13-3*). Lorsque le volume de la pompe diminue, la pression principale diminue aussi.

La pression principale augmente lorsque le tiroir régulateur de pression est poussé vers le haut, dans son alésage. Cette poussée vers le haut est obtenue par une augmentation de la tension du ressort du tiroir. Un tiroir amplificateur contrôle la tension du ressort. Un **tiroir amplificateur** est un tiroir qui amplifie la pression principale par le réglage de la tension du ressort du tiroir régulateur de pression.

La pression principale est amplifiée à deux occasions:

- lorsque le véhicule accélère. Le tiroir amplificateur du tiroir d'accélération accroît la pression de la canalisation, ce qui est nécessaire pour empêcher un glissement des embrayages et des bandes.

- lorsque le véhicule est mis en marche arrière. Il faut plus de pression, car la marche arrière a habituellement un rapport de démultiplication plus bas que la première vitesse. Afin d'éviter un glissement causé par l'augmentation du couple, la marche arrière fournit une pression plus élevée que tous les autres modes.

Un tiroir amplificateur type comporte deux régions d'application de la pression. La région d'amplification

du tiroir d'accélération reçoit la pression du liquide qui provient du tiroir d'accélération. On désigne parfois cette pression sous le nom de pression du modulateur. Lorsque la pression du tiroir d'accélération augmente, le tiroir amplificateur augmente la pression du ressort du tiroir régulateur de pression. La tension du ressort augmente. Le ressort pousse le régulateur de pression vers le haut, dans son alésage. Pendant la montée du régulateur, le passage réduit de la glissière de pompe s'ouvre en position d'échappement. La pression du liquide exercée sur la glissière est réduite. Le ressort de la glissière de la pompe contraint la glissière à se mettre en position de volume de sortie plus élevé. Le volume de sortie augmente ainsi que la pression principale. Certains tiroirs amplificateurs ont une surface de cordon additionnelle pour permettre l'amplification en petite vitesse ou en vitesse intermédiaire manuelle.

Le tiroir amplificateur de marche arrière fonctionne comme le tiroir amplificateur du tiroir d'accélération. Le tiroir amplificateur de marche arrière assure l'amplification de la pompe uniquement en marche arrière.

La pression d'accélération La pression d'accélération provient de la pression de la canalisation principale. La **pression d'accélération** est une pression hydraulique qui a un rapport avec la charge du moteur. Lorsque la charge du moteur augmente, la pression d'accélération augmente. Lorsque la charge du moteur diminue, la pression d'accélération diminue. La pression d'accélération contrôle les points de passage des vitesses et la pression de la canalisation principale.

On utilise deux types de tiroirs d'accélération:

- le tiroir d'accélération à tringlerie;
- le tiroir d'accélération à dépression.

CONSEIL TECHNIQUE **Le véhicule ne se déplace pas.** Si le véhicule ne se déplace pas vers l'avant ou vers l'arrière pendant quelques secondes après qu'on l'a fait démarrer, le problème pourrait être une fuite du convertisseur. Si le liquide de transmission s'échappe du convertisseur de couple durant la nuit, le système hydraulique prendra quelques secondes pour emplir à nouveau le convertisseur. Le problème pourrait provenir du tiroir régulateur de pression qui est usé ou coincé, ou des bagues qui n'assurent plus l'étanchéité de l'arbre primaire entre le régulateur de pression et le convertisseur de couple.

On trouve dans un tiroir d'accélération à tringlerie un câble ou une tringlerie entre le moteur et la boîte de vitesses. La tringlerie relie le tiroir d'accélération de la boîte de vitesses au corps du papillon dans le système d'alimentation par injection. La boîte de vitesses peut ainsi capter la charge du moteur. Les points de passage des vitesses et la pression principale peuvent varier en fonction de la charge du moteur.

La sécurité d'abord

La sécurité personnelle Avant d'effectuer un essai routier, assure-toi d'obtenir les autorisations écrites des autorités compétentes.

La plupart des ensembles de tiroirs d'accélération ont plusieurs tiroirs et ressorts (*voir la figure 13-4*). Le plongeur de tiroir d'accélération est commandé par la tringlerie de tiroir d'accélération. Lorsque le plongeur du tiroir d'accélération plonge dans l'alésage du bloc hydraulique, il comprime le ressort du tiroir d'accélération. Le ressort pousse le tiroir d'accélération dans son alésage. La pression hydraulique est envoyée par un orifice vers l'autre extrémité du tiroir d'accélération. Cette contre-pression sur le tiroir permet d'équilibrer sa position par rapport à la charge du moteur. Elle permet aussi de repousser le tiroir d'accélération vers le ressort lorsqu'il y a diminution de l'accélération.

La pression du régulateur centrifuge La pression du régulateur centrifuge sert à commander les points de passage. Le régulateur centrifuge réagit à la vitesse du véhicule et dirige la pression aux composants de la boîte de vitesses qui effectuent les changements de vitesse. La section 3 de ce chapitre traite davantage du régulateur de pression.

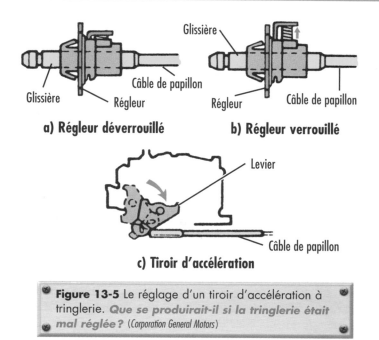

a) Régleur déverrouillé   **b) Régleur verrouillé**

c) Tiroir d'accélération

Figure 13-5 Le réglage d'un tiroir d'accélération à tringlerie. *Que se produirait-il si la tringlerie était mal réglée ?* (Corporation General Motors)

Les types de tiroirs d'accélération

La fonction d'un tiroir d'accélération est de réagir à la charge du moteur en dirigeant la pression qui permettra le passage à une vitesse plus ou moins élevée. On trouve deux principaux types de tiroirs d'accélération : les tiroirs d'accélération à tringlerie et les tiroirs d'accélération à dépression.

Le tiroir d'accélération à tringlerie La plupart des tiroirs d'accélération à tringlerie sont réglables (*voir la figure 13-5*). Le réglage permet d'assurer la synchronisation entre le tiroir d'accélération et l'ouverture du papillon. Un mauvais réglage causera des passages de vitesse tardifs ou difficiles, ou encore un glissement de l'embrayage. Consulte le guide d'entretien du véhicule pour connaître la marche à suivre et les normes.

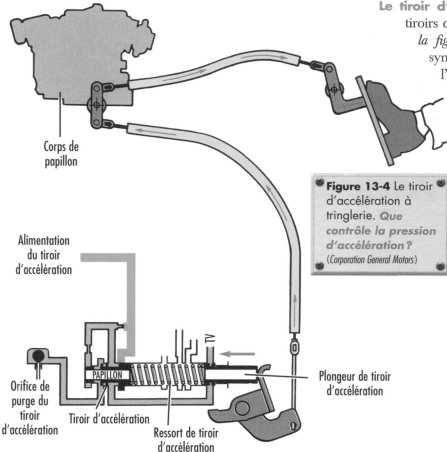

Corps de papillon

Alimentation du tiroir d'accélération

Figure 13-4 Le tiroir d'accélération à tringlerie. *Que contrôle la pression d'accélération ?* (Corporation General Motors)

Orifice de purge du tiroir d'accélération

Tiroir d'accélération

Ressort de tiroir d'accélération

PAPILLON

Plongeur de tiroir d'accélération

Pour régler le câble de tiroir d'accélération :

1. ferme le moteur ;
2. appuie sur le régleur et recule la glissière pour l'éloigner du corps de papillon, jusqu'à ce qu'elle s'arrête (*voir la figure 13-5a*) ;
3. relâche le régleur (*voir la figure 13-5b*) ;
4. déplace la tringlerie jusqu'à ce que le papillon soit en position de grande ouverture, puis relâche-la (*voir la figure 13-5c*). Le câble devrait se déplacer par cran. Si le câble ne se déplace pas ou sort complètement, il y a un problème de câble ou de support ;

5. vérifie le câble afin de t'assurer qu'il ne colle pas ou qu'il n'est pas déformé ;

6. effectue un essai routier.

Vérifie la tension du câble lorsque le moteur est arrêté et lorsqu'il est au ralenti. Dans les deux cas, le câble devrait être tendu. Si le câble est lâche lorsque le moteur tourne, le tiroir d'accélération peut être coincé ou usé. Il peut alors être poussé dans l'alésage par la force hydraulique. La pression d'accélération est alors élevée.

> **La sécurité d'abord**
>
> **La sécurité matérielle** Un mauvais réglage du câble ou de la tringlerie du tiroir d'accélération peut être à l'origine d'une panne de la boîte de vitesses. Si tu règles le câble d'un cran, la pression du tiroir amplificateur pourrait varier de 88,9 kPa (10 psi). Donc, si le câble est mal réglé de deux crans, la pression du tiroir amplificateur pourrait être trop basse ou trop élevée de 137,9 kPa (20 psi) par rapport à la charge du moteur. Consulte toujours le guide d'entretien du véhicule pour connaître la marche à suivre et les normes. Ne fais jamais une « mise au point » du câble de tiroir d'accélération dans le but de corriger un problème. Tu dois plutôt trouver l'origine du problème.

Certains fabricants disent de mesurer la distance parcourue par le câble du tiroir d'accélération entre la position de ralenti et la position grand ouvert du papillon (*voir la figure 13-6*). D'autres disent de mesurer la position du manchon cranté monté sur le câble du tiroir d'accélération.

Le tiroir d'accélération à dépression Un tiroir d'accélération à dépression est doté d'un *modulateur à dépression* qui lui permet de réagir à la charge du moteur. Au ralenti, la dépression dans la tubulure est élevée. Avec l'ouverture du papillon, la dépression dans la tubulure diminue. En position de papillon grand ouvert, la dépression dans la tubulure est très basse. En utilisant la

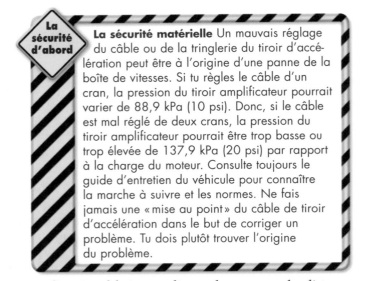

Câble du tiroir d'accélération

0–1 mm

Manchon

Support de câble

> **Figure 13-6** La mesure de la distance parcourue par le câble lorsque le papillon est fermé. *Où pourrais-tu trouver les normes de réglage de ce type de câble de tiroir d'accélération ?*

dépression de la tubulure comme indice de la charge du moteur, le modulateur peut commander avec précision les points de passage des vitesses et la pression principale.

Lorsque la pression chute dans la tubulure, la membrane et le plongeur du modulateur se déplacent. La membrane en mouvement pousse encore plus loin le plongeur du modulateur dans son alésage (*voir la figure 13-7a*).

L'alimentation de la pression principale s'effectue après le tiroir modulateur et dans le passage du modulateur. La position du tiroir modulateur dépend de l'effet de la dépression de la tubulure sur la membrane du modulateur. Plus la dépression est faible, plus le déplacement du tiroir est important. Le tiroir modulateur peut ainsi recevoir une pression plus importante, qui amplifie davantage la pression principale (*voir la figure 13-7b*).

>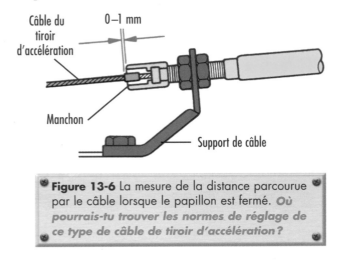
>
> **CONSEIL TECHNIQUE** **Le modulateur et le câble de tiroir d'accélération** Certains véhicules ont une combinaison de modulateur à dépression et de câble de tiroir d'accélération. Dans ces systèmes, le modulateur contrôle généralement l'amplification de la pression principale, et le câble de tiroir d'accélération contrôle les points de passage des vitesses.

La dépression dans la tubulure varie constamment en fonction des conditions de conduite. Lorsque la dépression de la tubulure augmente, la membrane du modulateur s'éloigne du tiroir modulateur. Le tiroir modulateur est alors contraint à prendre la position d'échappement et ouvre le passage de sortie du modulateur afin de faire baisser la pression du modulateur. Il se produit alors une diminution de l'amplification de la pression principale. Lorsque la dépression dans la tubulure varie, le modulateur fait varier la position du tiroir modulateur.

Il existe deux types de modulateurs.

- Le modulateur à soufflets anéroïdes. Ce type de modulateur corrige automatiquement les variations de pression atmosphérique. Des soufflets d'évacuation fixés dans le modulateur permettent les corrections d'altitude.
- Le modulateur à soufflets non anéroïdes. Ce type de modulateur ne corrige pas les variations d'altitude qui pourraient survenir, par exemple, lors de la conduite en région montagneuse. Les passages des vitesses risquent d'être plus difficiles s'il y a des variations de la pression atmosphérique.

La vérification du modulateur à dépression

On peut effectuer quatre vérifications de base sur les modulateurs à dépression :

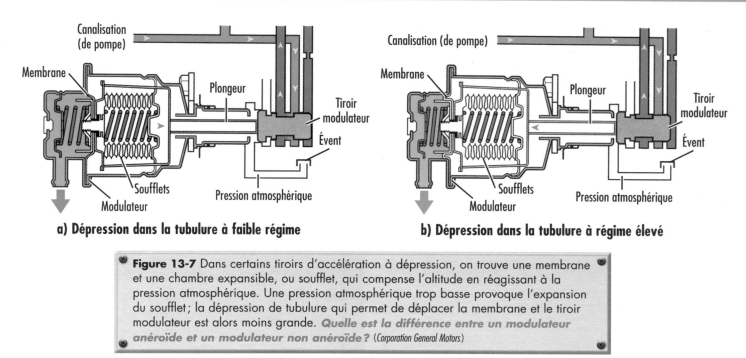

a) Dépression dans la tubulure à faible régime

b) Dépression dans la tubulure à régime élevé

Figure 13-7 Dans certains tiroirs d'accélération à dépression, on trouve une membrane et une chambre expansible, ou soufflet, qui compense l'altitude en réagissant à la pression atmosphérique. Une pression atmosphérique trop basse provoque l'expansion du soufflet; la dépression de tubulure qui permet de déplacer la membrane et le tiroir modulateur est alors moins grande. *Quelle est la différence entre un modulateur anéroïde et un modulateur non anéroïde?* (*Corporation General Motors*)

- un essai d'alimentation en dépression;
- un essai d'étanchéité de la membrane;
- une inspection visuelle de la membrane;
- une vérification du réglage du modulateur.

L'essai d'alimentation en dépression Cet essai d'alimentation en dépression est très important pour diagnostiquer des problèmes relatifs aux points de passage des vitesses ou au glissement de l'embrayage. Pour assurer le bon fonctionnement du modulateur, l'alimentation en dépression doit être adéquate.

On ne doit pas négliger l'importance de cet essai. Il est souvent arrivé que des boîtes de vitesses aient été remplacées ou reconstruites alors que le problème était, en fait, la source de dépression. N'oublie pas que si le moteur ne tourne pas régulièrement, la boîte de vitesses ne peut fonctionner correctement. Vérifie toujours l'alimentation en dépression avant de remplacer ou de reconstruire une boîte de vitesses.

Pour faire un essai d'alimentation en dépression:

1. actionne le frein de stationnement et mets la boîte de vitesses en position de stationnement (P);
2. débranche la canalisation de dépression du modulateur de la boîte de vitesses;
3. branche un manomètre à air comprimé à la canalisation de dépression à l'aide d'un raccord en T (*voir la figure 13-8*);
4. rebranche la canalisation de dépression au modulateur;
5. démarre le moteur;
6. au ralenti, la dépression du moteur devrait être de 110 à 144 kPa (16 à 21 psi). Consulte le guide d'entretien du véhicule pour connaître la marche à suivre et les normes. Si la dépression dans la tubulure

est plus faible que la valeur spécifiée, assure-toi qu'aucune canalisation de dépression n'est bouchée ou déformée. Si la canalisation semble en bonne condition, vérifie l'alimentation en dépression de la tubulure dans le moteur. Si elle est basse, il est possible que le moteur ait un problème de dépression;

7. si, au ralenti, la dépression dans la tubulure est conforme aux normes, ouvre complètement et rapidement le papillon. Regarde le manomètre à air comprimé pendant ta manœuvre. La dépression devrait chuter. Si ce n'est pas le cas, il y a un blocage dans la canalisation ou dans l'orifice de dépression.

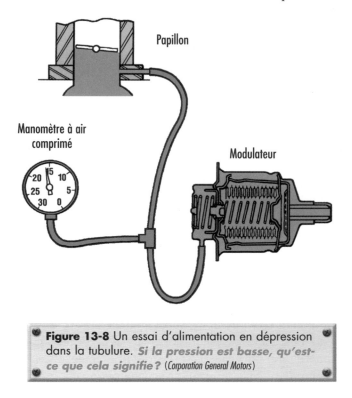

Figure 13-8 Un essai d'alimentation en dépression dans la tubulure. *Si la pression est basse, qu'est-ce que cela signifie?* (*Corporation General Motors*)

EXCELLENCE AUTOMOBILE COMMUNICATION

Le vocabulaire de l'automobile

Aimes-tu les changements ? L'industrie automobile vit beaucoup de changements. Si tu vas des débuts de l'automobile jusqu'à aujourd'hui, tu seras à même de constater tous les changements qui se sont produits. Les plus importants ont trait aux différents styles de carrosseries, aux nombreux modèles produits par un seul fabricant ainsi qu'aux nombreuses pièces et aux noms qu'elles portent. On peut ajouter à cette liste les nouvelles abréviations et les nouveaux termes qui désignent les versions améliorées de composants et de systèmes qui existaient auparavant sous d'autres noms.

Pour rester à jour, les techniciennes et les techniciens automobiles doivent s'informer. Tu auras du succès dans le domaine si tu développes l'habitude de consulter les plus récents manuels, les bulletins et d'autres documents de référence. Ces documents t'informeront des nouveaux termes, des termes qui désignent des composants améliorés et aussi des différents noms utilisés par les fabricants pour désigner une même chose.

L'industrie automobile est en constante évolution. Les variations du marché commandent les nouveaux développements. Le souci de sécurité et la protection de l'environnement ont aussi contribué à l'apport de changements.

À toi de jouer !

Conforme aux normes de l'EDU en communication pour développer des habitudes d'étude, organiser l'information, rédiger des résumés et présenter l'information sous forme d'abréviations et d'acronymes.

❶ Sur une feuille, inscris comme en-tête « Changement de noms ».

❷ Plie la feuille en deux dans le sens de la longueur. Intitule la colonne de gauche « Anciens noms ». Intitule la colonne de droite « Nouveaux noms ».

❸ Trouve les abréviations dans la section « Le solénoïde de contrôle de pression ». Inscris ces informations sur les solénoïdes de contrôle de pression (SCP) dans les bonnes colonnes.

❹ Intitule une seconde feuille « Noms équivalents ».

❺ Trouve les acronymes SIM et IMF. Sur la première ligne, écris SIM et ce que cet acronyme signifie. Sur la ligne suivante, écris IMF et ce que cet acronyme signifie.

❻ Ajoute de nouveaux termes à ta liste lorsque tu en trouves.

L'essai d'étanchéité de la membrane Pour effectuer un essai d'étanchéité de la membrane du modulateur, raccorde une pompe à vide manuelle au modulateur. Applique au moins 381 mm (15 po) de dépression au modulateur. Le modulateur devrait conserver cette dépression. Le cas échéant, remplace le modulateur.

L'inspection visuelle de la membrane Inspecte visuellement le modulateur pour détecter les fuites de dépression. En premier lieu, regarde la canalisation de dépression. S'il y a du liquide sur la canalisation, il y a probablement une fuite par la membrane du modulateur. Retire le modulateur de la boîte de vitesses. Tourne le modulateur de façon à ce que l'orifice de dépression soit face vers le bas. Il ne devrait pas y avoir de liquide qui s'échappe de l'orifice de dépression. S'il y a une fuite de liquide, remplace le modulateur.

La vérification additionnelle du modulateur Une autre méthode de vérification consiste à desserrer le boulon de fixation du modulateur et à glisser ce dernier vers l'extérieur de la boîte de vitesses. Pendant cette manœuvre, surveille la pression principale avec un manomètre. Si la pression de la canalisation chute à des valeurs normales lorsque le modulateur est déplacé vers l'extérieur, le bec de raccordement du modulateur est peut-être déformé. Si le bec est déformé et qu'il bloque le passage ou que sa déformation a provoqué une fissure, tu dois remplacer le modulateur.

La vérification du réglage du modulateur Certains modulateurs à dépression sont réglables. Consulte le guide d'entretien pour savoir comment régler le modulateur. Si le modulateur est mal réglé, il pourrait se produire une panne dans la boîte de vitesses.

Il existe un instrument spécialisé pour vérifier le réglage du modulateur. Afin de pouvoir effectuer la vérification du réglage, tu dois avoir un autre

CONSEIL TECHNIQUE **Le fonctionnement irrégulier du moteur** Une fuite de dépression dans la membrane du modulateur peut provoquer des irrégularités dans le fonctionnement du moteur. Il en est ainsi parce que le liquide de transmission est attiré dans la chambre à combustion du moteur. La présence de fumée blanche dans le tuyau d'échappement peut aussi indiquer une fuite de dépression par la membrane du modulateur.

modulateur à dépression, identique à celui que tu veux vérifier. Insère l'instrument entre les plongeurs des modulateurs et pousse les modulateurs l'un contre l'autre. Si une ligne blanche apparaît dans la fenêtre de l'instrument, le modulateur est bien réglé.

Le solénoïde de contrôle de pression

Le **solénoïde de contrôle de pression (SCP)** est un dispositif qui remplace le système de tiroir d'accélération dans les boîtes de vitesses à contrôle électronique. Le système de solénoïde de contrôle de pression contrôle électroniquement l'amplification de la pression principale.

Un contrôle de pression électronique comporte plusieurs avantages, dont les suivants :
- les changements de pression se font instantanément lorsqu'il le faut ;
- il n'y a aucun réglage à effectuer ;
- le fabricant peut programmer l'ordinateur pour faire varier le moment et le volume de l'amplification de la pression principale, en fonction des besoins ;
- tous les véhicules munis d'un solénoïde de contrôle de pression (SCP) ont le même système de contrôle de la pression. L'ordinateur est programmé pour répondre spécifiquement aux besoins des différents modèles de véhicules.

Le solénoïde de contrôle de pression (SCP) est commandé par l'un des ordinateurs du véhicule, soit le module de commande de la boîte de vitesses (MCBV), soit le module de gestion du groupe motopropulseur (MGGM).

Avant la réglementation de la version II des diagnostics embarqués (VIIDE), le solénoïde de contrôle de pression (SCP) était connu sous l'un des noms suivants :
- moteur force ;
- SCPE : solénoïde de contrôle de pression électronique ;
- SCPP : solénoïde de contrôle de pression de passage de vitesse ;
- SCPM : solénoïde de contrôle de pression majeur ;
- électrovanne régulatrice de pression.

Le solénoïde de contrôle de pression (SCP) est commandé par des signaux d'impulsions modulées (SIM) en durée ou d'impulsions modulées en fréquence (IMF). Un solénoïde modulé a un cycle rapide qui peut vite

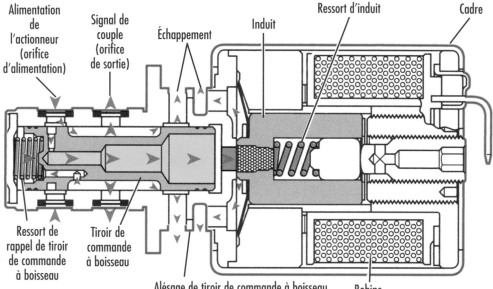

Figure 13-9 Un solénoïde de contrôle de pression contrôle l'amplification de la pression principale. L'illustration montre le solénoïde en position fermée. *Quelle est la pression disponible lorsqu'il n'y a pas de courant dans le solénoïde de contrôle de pression ?* (Corporation General Motors)

passer d'ouvert à fermé. Il est ainsi possible de contrôler la pression envoyée par le solénoïde. Les signaux d'impulsions modulées (SIM) et les impulsions modulées en fréquence (IMF) sont deux façons de contrôler le courant électrique qui circule dans le solénoïde. Le contrôle du flux de courant dans le solénoïde permet de contrôler la pression de sortie du solénoïde.

Le fonctionnement du solénoïde Un solénoïde de contrôle de pression comporte un induit, un ressort d'induit, une bobine, un tiroir de commande à boisseau, un alésage de tiroir de commande à boisseau et un ressort de rappel de tiroir de commande à boisseau (*voir la figure 13-9*). Le liquide passe dans l'orifice d'alimentation de l'actionneur pour alimenter le solénoïde. Le liquide se rend par la suite à l'orifice de sortie. L'orifice d'échappement sert à libérer l'excès de pression de l'orifice de sortie.

S'il n'y a pas de flux de courant dans le solénoïde de contrôle de pression, le ressort d'induit pousse le tiroir de commande à boisseau à sa position maximale. Le ressort de rappel du tiroir se trouve alors entièrement comprimé. L'orifice d'échappement est bloqué. L'orifice d'alimentation est raccordé à l'orifice de sortie. La pression dans l'orifice de sortie est à son maximum.

Au ralenti, le flux de courant est à son maximum dans le solénoïde de contrôle de pression. La force du champ magnétique de la bobine est accrue. Le champ magnétique tire l'induit contre le ressort de rappel. Lorsque l'induit recule, le ressort du tiroir de commande à boisseau pousse le tiroir vers la droite (*voir la figure 13-9*). L'orifice d'échappement s'ouvre et l'orifice d'alimentation se ferme. La pression dirigée dans l'orifice de sortie est éliminée, ce qui fait baisser la pression principale au minimum.

Lors de l'ouverture du papillon, le flux de courant dans le solénoïde de contrôle de pression diminue. Le ressort de rappel de l'induit pousse le tiroir de commande à boisseau contre le ressort de rappel du tiroir de commande à boisseau. Le tiroir se déplace, ce qui ouvre l'orifice d'alimentation et ferme l'orifice d'échappement. La pression augmente dans l'orifice de sortie.

La vérification du courant électrique L'intensité du flux de courant dans le solénoïde de contrôle de pression contrôle l'amplification de pression dans la canalisation principale. Le courant se mesure en ampères. Un courant élevé (environ 1 ampère) signifie qu'il n'y a pas d'amplification. Un courant faible (environ 0,5 ampère) signifie qu'il y a une grande amplification.

Utilise un scanner pour mesurer le flux de courant dans le solénoïde de contrôle de pression. Consulte le guide d'entretien du véhicule pour connaître la marche à suivre et les normes.

La vérification d'un solénoïde Bosch Les boîtes de vitesses munies d'un solénoïde de contrôle de pression Bosch auront des élévations de pression toutes les 10 secondes. Ces élévations sont programmées dans l'ordinateur de la boîte de vitesses. Elles ont été prévues pour éviter que le solénoïde reste pris. Toutes les 10 secondes, l'ordinateur ferme le solénoïde pendant une seconde. Si tu surveilles la pression principale, tu verras que la pression « saute » lorsque le solénoïde est fermé puis ouvert à nouveau. C'est un phénomène normal. Il ne s'agit pas d'un problème à corriger.

La vérification de la pression du solénoïde

Consulte le guide d'entretien du véhicule pour connaître les détails de la marche à suivre et les normes.

La vérification de la pression de la canalisation principale Tu dois vérifier la pression principale maximale et minimale à chacune des vitesses de la boîte de vitesses.

Pour vérifier la pression de la canalisation principale dans une boîte de vitesses munie d'un solénoïde de contrôle de pression:

1. arrête le moteur;
2. retire le raccordement de pression et fixe un manomètre haute pression à l'orifice de la canalisation. Assure-toi qu'il n'y a pas d'obstacles, comme le ventilateur ou

l'échappement, qui nuisent au manomètre et au flexible. Le flexible doit être suffisamment long pour permettre la lecture du manomètre à partir du siège de la personne qui conduit;

3. place un scanner et surveille le flux de courant dans le solénoïde de contrôle de pression. Compare le flux de courant aux normes qui figurent dans le guide d'entretien du véhicule. Le **tableau 13-A** te fournit un exemple de ces normes. (Le tableau s'applique à une boîte de vitesses de type 4L60E.)

La vérification de la pression de base Assure-toi que le manomètre haute pression est toujours fixé à l'orifice de la canalisation de pression.

Pour vérifier la pression de base:

1. actionne le frein de stationnement et le frein au pied;
2. démarre le moteur;
3. inscris la lecture de pression lorsque la boîte de vitesses atteint sa température de fonctionnement;
4. engage le sélecteur dans chacun des rapports, en notant la pression de chacun;
5. compare tes lectures aux normes recommandées dans le guide d'entretien du véhicule.

La vérification de la pression d'amplification Assure-toi que le manomètre haute pression est toujours fixé à l'orifice de canalisation de pression.

Pour vérifier la pression d'amplification:

1. actionne le frein de stationnement et le frein au pied;
2. fournis un bon support au véhicule;
3. débranche les connexions électriques de la boîte de vitesses;
4. engage le sélecteur dans chacun des rapports, en notant la pression de chacun. La pression principale devrait atteindre l'amplification maximale;

Tableau 13-A	LE COURANT ÉLECTRIQUE ET LA PRESSION PRINCIPALE
Flux de courant contrôlé par le solénoïde de contrôle de pression (en ampères)	**Pression principale en kPa (psi) du rapport Stationnement P/N (Stationnement/Point mort)**
0,00	1172-1310 kPa (170-190PSI)
0,10	1138-1276 (165-185)
0,20	1103-1241 (160-180)
0,30	1169-1207 (155-175)
0,40	1020-1158 (148-168)
0,50	965-1103 (140-160)
0,60	896-1000 (130-145)
0,70	758-1000 (110-130)
0,80	621-793 (90-115)
0,90	448-621 (65-90)
1,00	379-448 (55-65)

5. compare tes lectures aux normes recommandées dans le guide d'entretien du véhicule.

La pression principale en corrélation avec le courant électrique Consulte le guide d'entretien du véhicule pour connaître la marche à suivre détaillée et les normes.

Pour vérifier la pression principale en corrélation avec le courant:

1. fixe un manomètre et un scanner;

2. mets la boîte de vitesses en position de stationnement (P). Assure-toi que la boîte de vitesses a atteint sa température de fonctionnement;

3. utilise le scanner pour augmenter et diminuer le flux de courant envoyé au solénoïde de contrôle de pression;

4. inscris les lectures du manomètre.

Pendant les variations du flux de courant, la lecture de pression du manomètre devrait correspondre à la norme qui figure dans le guide d'entretien du véhicule. Pour en avoir un exemple, regarde le **tableau 13-A.**

Si les résultats des vérifications de la pression principale et du courant électrique ne sont pas conformes aux normes, vérifie le solénoïde de contrôle de pression, ses filtres et le tiroir régulateur de pression. Si tu ne trouves aucun problème, vérifie le faisceau de fils, les bornes et les raccords de la boîte de vitesses.

VÉRIFIE TES CONNAISSANCES

❶ Quel type de raccord le tiroir d'accélération mécanique fournit-il?

❷ Que contrôle la pression d'accélération?

❸ Définis ce qu'est la pression de la canalisation principale.

❹ Quelles sont les deux situations où la pression principale est amplifiée?

❺ À quel moment le flux de courant est-il à son maximum dans le solénoïde de contrôle de pression?

Section 2

Le régulateur centrifuge

Un **régulateur centrifuge** est un tiroir qui équilibre la pression hydraulique, la force du ressort et la force mécanique centrifuge (*voir la figure 13-10*). Une boîte de vitesses est équipée d'un régulateur centrifuge pour réagir à la vitesse de conduite.

Les types de régulateurs centrifuges

Le régulateur centrifuge commande les *points de passage des vitesses*. Le régulateur centrifuge réagit à la vitesse du véhicule et crée une pression basée sur la force centrifuge appliquée aux masselottes du régulateur. La pression du régulateur est envoyée à l'une des extrémités des tiroirs de passage de vitesse. Un **tiroir de passage de vitesse** est un tiroir utilisé pour commander les passages des vitesses automatiques supérieurs et inférieurs de la boîte de vitesses, soit les *passages en rapport supérieur et les rétrogradations*.

Il existe trois types de régulateurs centrifuges:
• le régulateur centrifuge à billes;
• le régulateur centrifuge à tiroir de commande;
• le régulateur centrifuge électronique.

Le régulateur centrifuge à billes Le régulateur centrifuge à billes comporte:
• un arbre de régulateur centrifuge;

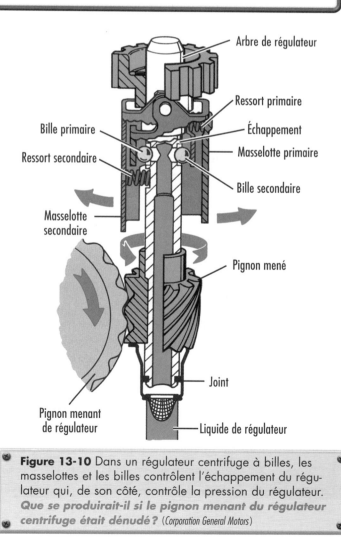

Arbre de régulateur
Ressort primaire
Bille primaire
Échappement
Ressort secondaire
Masselotte primaire
Bille secondaire
Masselotte secondaire
Pignon mené
Joint
Pignon menant de régulateur
Liquide de régulateur

Figure 13-10 Dans un régulateur centrifuge à billes, les masselottes et les billes contrôlent l'échappement du régulateur qui, de son côté, contrôle la pression du régulateur. *Que se produirait-il si le pignon menant du régulateur centrifuge était dénudé?* (Corporation General Motors)

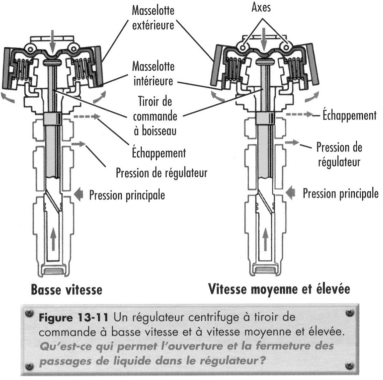

Basse vitesse   **Vitesse moyenne et élevée**

Figure 13-11 Un régulateur centrifuge à tiroir de commande à basse vitesse et à vitesse moyenne et élevée. *Qu'est-ce qui permet l'ouverture et la fermeture des passages de liquide dans le régulateur?*

- une masselotte primaire et une masselotte secondaire;
- une bille primaire et une bille secondaire;
- un joint étanche à l'huile;
- un pignon mené;
- un ressort primaire et un ressort secondaire.

Le régulateur tourne lorsque le véhicule est en mouvement. Il est mené par un pignon menant, qui est lui-même mené par l'arbre secondaire ou le bloc d'entraînement d'essieu de la boîte de vitesses. Lors de la rotation du régulateur, la force centrifuge écarte la plus lourde masselotte primaire.

La pression de liquide, qui provient du corps de pompe, est envoyée au régulateur. Le mouvement de la masselotte primaire attire la bille primaire plus près de son siège. La bille bloque alors l'échappement du régulateur. Lorsque l'échappement est bloqué, il se produit une augmentation de pression du liquide du régulateur.

Lorsque la vitesse du véhicule augmente, la masselotte secondaire commence à s'écarter. Son déplacement attire la bille secondaire plus près de son siège. La pression de liquide du régulateur augmente davantage.

Lorsque le véhicule est immobilisé, le régulateur ne tourne pas. Si le régulateur ne tourne pas, il ne se développe pas de pression dans le régulateur. La pression de liquide éloigne les billes de leurs sièges. La pression de liquide dans le régulateur est évacuée.

Le régulateur à tiroir de commande Un régulateur à tiroir de commande est entraîné par l'arbre secondaire ou par le bloc d'entraînement d'essieu de la boîte-

pont. Certains régulateurs sont fixés avec des goupilles ou montés sur l'arbre secondaire. Tout comme le régulateur à billes, le régulateur à tiroir de commande utilise deux masselottes et deux ressorts. Au lieu de billes, ce régulateur est muni d'un tiroir de commande à boisseau (*voir la figure 13-11*). Le tiroir de commande à boisseau ouvre et ferme les passages de liquide dans le régulateur.

Le régulateur centrifuge a un passage perforé, ce qui permet à la pression de liquide d'atteindre la base du régulateur. À des vitesses de conduite inférieures à 16,1 km/h (10 mi/h), la force centrifuge est faible. La pression de liquide, qui agit sur la base du régulateur, fait soulever le tiroir de commande à boisseau. Ce déplacement bloque l'orifice d'alimentation de la pression principale et ouvre l'orifice de purge au sommet du cordon de tiroir. Lorsque l'orifice de purge est ouvert, la pression du régulateur chute tout près de zéro. La boîte de vitesses rétrograde alors au premier rapport.

Lorsque la vitesse de conduite augmente, les masselottes intérieures commencent à s'écarter. Elles pivotent sur des axes. Tandis que les masselottes pivotent, elles contraignent le tiroir de commande à descendre dans son alésage, ce qui produit l'ouverture de l'orifice d'alimentation de la pression principale et la fermeture de l'orifice de purge. La pression du régulateur augmente au fur et à mesure que la vitesse de conduite augmente.

Le régulateur centrifuge électronique Un régulateur centrifuge électronique est un solénoïde à signaux d'impulsions modulées en durée, commandé par ordinateur. Il remplit les mêmes fonctions que les régulateurs centrifuges à billes ou à tiroir de commande.

Le tiroir de passage de vitesse dans une boîte de vitesses électronique type comporte un ressort de tiroir, un tiroir et un alésage de tiroir. Les cordons sur le tiroir contrôlent le flux de pression dans le tiroir, qui se dirige vers les composants appropriés.

L'ordinateur reçoit les données sur la vitesse de conduite qui proviennent du capteur de vitesse du véhicule. L'ordinateur utilise ces données pour contrôler le temps d'ouverture ou de fermeture du solénoïde. Le solénoïde applique la pression à l'extrémité du tiroir opposée au ressort. Le solénoïde contrôle la pression hydraulique qui peut circuler dans l'orifice d'échappement. Lorsque la vitesse de conduite augmente, la pression de sortie augmente. Lorsque la vitesse de conduite diminue, la pression de sortie diminue.

La pression de sortie alimente les tiroirs de passage de vitesse. Ils contrôlent les passages en vitesse supérieure ou inférieure de la même façon que dans une boîte de vitesses conventionnelle. Dans l'éventualité

EXCELLENCE
SCIENCES
AUTOMOBILE

Pourquoi se cramponne-t-on dans les courbes?

T'est-il déjà arrivé d'être assis à l'avant d'un véhicule, sur le siège du passager, et que le conducteur vire brusquement à gauche? Tu as l'impression d'être poussé dans la portière. Tu expérimentes la première loi du mouvement d'Isaac Newton. Cette loi dit que tout objet en mouvement aura tendance à se déplacer en ligne droite à moins qu'il ne soit soumis à une autre force. La force qui tente de ramener l'objet en ligne droite se nomme la force centripète. Tu as l'impression d'être poussé dans la portière. Alors, pour éviter cela, tu te penches vers le conducteur: tu appliques une force centrifuge. La force centrifuge est parfois nommée force «fictive» étant donné qu'elle n'existe que si l'objet suit une trajectoire circulaire. Lorsque le mouvement cesse, la force n'existe plus. Voyons une application pratique de la force centrifuge. L'expérience qui suit te fournira un bon exemple.

À toi de jouer!

Utiliser la force centrifuge pour rester au sec

Conforme aux normes de l'EDU en sciences pour expliquer la force centrifuge et expliquer la relation entre la pression et la force.

Matériel requis
• un petit pot de peinture en plastique muni d'une poignée • de l'eau

❶ Remplis à moitié d'eau le petit pot en plastique.

❷ Tiens le pot à côté de toi et balance-le du plancher au plafond. Si tu balances le pot rapidement, la force centrifuge devrait empêcher l'eau de t'atteindre. Si tu balances le pot trop lentement, une autre loi de Newton s'appliquera.

Les résultats et l'analyse

❶ Si l'eau est demeurée dans le pot, quelle est la force qui t'a évité d'en être aspergé?

❷ Disons que tu n'as pas balancé le pot assez rapidement. Si de l'eau s'est échappée du pot, quelle loi de Newton s'est alors appliquée?

d'un problème de fonctionnement, le système met par défaut la pression maximale. Ce mode par défaut fait en sorte que la boîte de vitesses demeure dans un rapport supérieur, habituellement au troisième rapport. Il est alors possible de conduire le véhicule, mais l'accélération sera affectée.

La vérification du régulateur centrifuge

Chaque type de régulateur centrifuge doit subir une vérification qui lui est propre. Tous les fabricants fournissent des directives de vérification. La marche à suivre peut varier selon le modèle de la boîte de vitesses. Consulte le guide d'entretien du véhicule pour connaître toute la marche à suivre et les normes.

Une vérification type comporte:
• un essai de pression du régulateur;
• un essai d'étanchéité du régulateur;
• un essai de pression d'air;
• une inspection visuelle.

L'essai de pression du régulateur Plusieurs boîtes de vitesses ont un orifice d'accès pour vérifier la pression du régulateur. On l'utilisera pour les diagnostics de problèmes relatifs à des passages tardifs en vitesse supérieure, à des passages en vitesse supérieure trop rapides ou à une incapacité de passer en vitesse supérieure.

Un véhicule type muni d'un moteur à essence développera environ 6,9 kPa (1 psi) de pression de régulateur chaque 1,6 km/h (1 mi/h) de vitesse de conduite. Cela signifie qu'un véhicule qui a roulé 32 km/h (20 mi/h) a environ 138 kPa (20 psi) de pression de régulateur.

Un véhicule équipé d'un moteur diesel développe une pression de régulateur encore plus rapide. Un moteur diesel développe la grande partie du couple à basse vitesse. Ainsi, la boîte de vitesses passe à un rapport supérieur à plus faible vitesse de conduite pour garder le moteur dans sa bande de puissance. Un régulateur type dans un moteur diesel développe environ 10,4 à 13,8 kPa (1,5 à 2 psi) chaque 1,6 km/h (1 mi/h) de vitesse de conduite.

Les régulateurs dans les véhicules à moteur diesel reposent sur des calibrations de masselottes et de ressorts différentes de celles des véhicules munis d'un moteur à essence. N'échange pas les régulateurs d'un

La sécurité d'abord

La sécurité personnelle Ne te place jamais sous un véhicule si les supports de sûreté ne sont pas en place. Tu pourrais subir de graves blessures. Installe les supports aux points de levage du véhicule.

type de moteur à l'autre. Les calibrations varient en fonction des usages. Si tu as des doutes à propos de la pression adéquate du régulateur, consulte le guide d'entretien du véhicule.

Pour effectuer un essai de pression du régulateur centrifuge :

1. soulève le véhicule et fournis un support adéquat ;
2. place un manomètre, de la façon spécifiée dans le guide d'entretien ;
3. démarre le véhicule et appuie sur le frein au pied ;
4. place le sélecteur en marche avant (D) ou en surmultiplication (OD). Relâche le frein au pied et note la lecture du compteur de vitesse et du manomètre ;
5. augmente graduellement la vitesse du moteur et laisse la boîte de vitesses effectuer les passages des vitesses ;
6. note les lectures du régulateur pendant que la vitesse du moteur augmente. Compare-les aux normes du guide d'entretien du véhicule.

Si les lectures sont plus basses que les normes recommandées, vérifie ce qui suit :

• les masselottes du régulateur ;
• l'ensemble tiroir régulateur ;
• les pignons menants et les pignons menés ;
• l'alésage du régulateur dans la boîte de vitesses ;
• la pression de l'alimentation du régulateur. Si la pression est basse, le filtre du régulateur pourrait être bouché.

CONSEIL TECHNIQUE Si tout semble être en ordre, la boîte de vitesses pourrait contenir un régulateur inadéquat, ou le régulateur pourrait contenir un pignon menant ou mené inadéquat. Si tu ne trouves toujours pas la cause du problème, assure-toi que ce n'est pas un problème de pression dans la canalisation principale.

Si les lectures sont plus élevées que les normes recommandées, vérifie les possibilités suivantes :

• le coincement du tiroir régulateur ou d'une masselotte ;
• la présence d'un régulateur inadéquat dans la boîte de vitesses ;
• la présence d'un pignon menant ou mené inadéquat ;
• une pression de la canalisation principale élevée.

L'essai d'étanchéité du régulateur centrifuge Un tiroir de régulateur centrifuge type peut s'user dans l'alésage ou le carter. Une usure excessive crée des problèmes de basse pression dans le régulateur, ce qui

peut mener à des problèmes de synchronisation des passages des vitesses. S'il y a un problème de synchronisation, il est possible que la boîte de vitesses effectue les passages des vitesses normalement pendant les premiers kilomètres. Une fois réchauffée, la boîte de vitesses peut tarder à changer de vitesse ou ne pas effectuer les passages de vitesses.

Si la boîte de vitesses est dans le véhicule, mesure :

• le diamètre intérieur de l'alésage du régulateur ;
• le diamètre extérieur du tiroir régulateur ;
• le diamètre du carter de régulateur.

Compare tes lectures aux normes recommandées dans le guide d'entretien du véhicule.

Si la boîte de vitesses est sortie du véhicule :

1. place la boîte de vitesses de façon que le côté du corps de pompe pointe vers le haut ;
2. trouve les orifices d'alimentation et de sortie du régulateur dans le corps de pompe ;
3. place le régulateur dans son alésage ;
4. remplis les orifices du régulateur de liquide de transmission ;
5. mesure le temps que prend le liquide de transmission pour tomber sous le niveau des orifices.

Compare le temps mesuré à celui recommandé par le fabricant. Si le liquide s'écoule rapidement, l'alésage de la boîte ou le carter du régulateur est usé. S'il y a usure, on peut corriger la plupart des alésages de boîte en installant une bague.

L'essai de pression d'air sur un régulateur centrifuge On réalise habituellement cet essai sur un banc.

Pour effectuer un essai de pression d'air :

1. trouve l'orifice d'alimentation du régulateur dans le carter ;
2. mets le régulateur en place puis applique une légère pression d'air dans l'orifice d'alimentation du régulateur ;
3. écoute le bruit. Si le régulateur fonctionne bien, il émettra un bourdonnement.

L'inspection visuelle La démarche de l'inspection visuelle du régulateur centrifuge comprend les étapes suivantes :

• l'inspection du carter et de l'alésage ainsi que du tiroir ou des billes pour repérer les rayures ou l'usure et pour voir si un composant est coincé ;
• l'inspection des masselottes pour voir si elles sont déformées ou usées ;
• la vérification de l'adéquation des masselottes, des ressort et des pignons. Ces trois composants peuvent varier en fonction des applications ;
• l'inspection et le nettoyage des écrans du filtre, des orifices et des joints du régulateur ;
• la vérification de la position des goupilles dans le cas des régulateurs centrifuges à tiroir de commande.

VÉRIFIE TES CONNAISSANCES

❶ Quels sont les trois types de régulateurs centrifuges que l'on trouve dans les boîtes de vitesses automatiques ?

❷ Lors d'un essai de pression du régulateur, quelles pourraient être les causes d'une lecture plus élevée que la norme recommandée dans le guide d'entretien du véhicule ?

❸ Quelle est la force qui fait déplacer les masselottes du régulateur ?

❹ Définis ce qu'est un régulateur centrifuge électronique. Quels sont les deux autres composants qui accomplissent les mêmes fonctions que ce régulateur ?

❺ Quel est le dispositif qui fournit l'information relative à la vitesse du véhicule dans le cas d'une boîte de vitesses à commande électronique ?

Section 3

Les tiroirs de passage de vitesse

Les tiroirs de passage de vitesse contrôlent les passages en vitesses supérieures et les rétrogradations de la boîte de vitesses. Un tiroir de passage de vitesse est une forme de tiroir de commutation. Le tiroir se déplace selon les variations de pression. Les cordons du tiroir contrôlent la pression. La pression est envoyée aux embrayages et aux bandes pour engager une vitesse précise.

Un tiroir de passage de vitesse conventionnel est un tiroir à plusieurs cordons. Le dispositif de commande de certains tiroirs se compose parfois de plusieurs pièces (*voir la figure 13-12*).

La pression du régulateur est appliquée sur le bouchon du régulateur qui pousse sur l'une des extrémités du tiroir de passage de vitesse. La pression d'accélération pousse sur le bouchon du tiroir d'accélération et sur l'extrémité du cordon 1. Le cordon 2 contrôle le flux de pression de la canalisation principale. La pression de la canalisation principale est envoyée à l'embrayage ou à la bande de la vitesse voulue.

Le passage en vitesse supérieure

Pour permettre à la boîte de vitesses de passer en vitesse supérieure, le régulateur doit surpasser la pression d'accélération et la pression du ressort.

Le cordon 2 bloque la pression principale et l'empêche de circuler dans le tiroir de passage de vitesse lorsqu'il est en position de rétrogradation. Lorsqu'il est dans cette position, la pression d'accélération circule entre les cordons 3 et 4 ainsi que dans la chambre de ressort, à l'extrémité du tiroir de passage de vitesse.

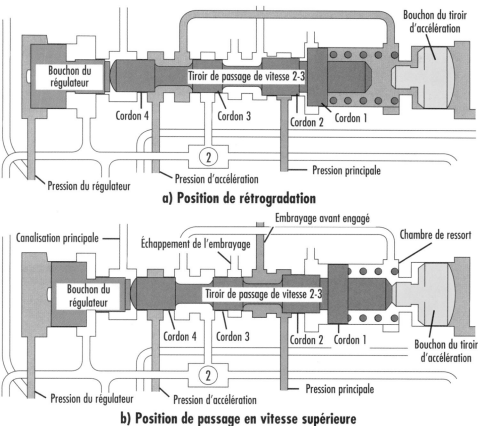

a) Position de rétrogradation

b) Position de passage en vitesse supérieure

Figure 13-12 Un tiroir de passage de vitesse contrôle l'engagement et le relâchement des embrayages et des bandes dans la boîte de vitesses. **a)** Lorsque le bouchon du régulateur se déplace vers la gauche, la pression d'accélération (en gris) peut passer dans le cordon 4 pour se rendre au cordon 1. Lorsque la pression du régulateur surpasse la pression d'accélération, le tiroir se déplace vers la droite. **b)** La pression d'accélération est alors bloquée et un orifice s'ouvre pour permettre à la pression principale (en rouge) d'atteindre l'embrayage avant. *Quand y a-t-il une rétrogradation à gaz partiels ?* (DaimlerChrysler)

MATHÉMATIQUES
EXCELLENCE AUTOMOBILE

Le calcul des forces

Amanda conduit son véhicule au garage. Elle dit que la boîte de vitesses de son véhicule ne rétrograde pas bien. Tu consultes ton tableau de diagnostics pour connaître les causes possibles de ce problème. Le tableau suggère de vérifier la pression du régulateur.

Le régulateur réagit à la vitesse de conduite et émet le signal de pression aux tiroirs de passage de vitesse.

Le signal de pression commande des passages automatiques en vitesse supérieure lorsque la vitesse de conduite augmente et commande des rétrogradations lorsque la vitesse de conduite diminue. Si les pressions sont conformes aux normes, la boîte de vitesses changera de vitesse selon les plages de passages de vitesses, la température du refroidisseur, le modulateur et la pression d'accélération.

À toi de jouer !

Conforme aux normes de l'EDU en mathématiques pour distinguer les mesures qui ne répondent pas aux normes, interpréter les tableaux et utiliser et respecter les normes.

Dans cet exercice, on te donne les données relatives à trois véhicules différents. Ton travail consiste à déterminer si la pression du régulateur est conforme aux normes qui figurent dans le tableau.

Pour chacun des véhicules, on te donne la vitesse de conduite et la pression du régulateur qui devrait être obtenue.

Choisis d'abord la rangée qui correspond au kilométrage du véhicule analysé. Regarde ensuite la colonne de droite pour voir si la pression du régulateur de ce véhicule se situe

dans les valeurs de lecture du fabricant. Si la pression du régulateur n'est pas conforme aux normes, indique si la pression est trop élevée ou trop basse.

Les résultats et l'analyse

❶ Le véhicule A a une vitesse de 52 km/h et une pression du régulateur de 91,7 kPa (13,3 psi). La pression du régulateur est-elle conforme aux normes, trop élevée ou trop basse ?

❷ Le véhicule B a une vitesse de 29 km/h et une pression du régulateur de 422,6 (61,3 psi). La pression du régulateur est-elle conforme aux normes, trop élevée ou trop basse ?

❸ Le véhicule C a une vitesse de 103 km/h et une pression du régulateur de 414,4 (60,1 psi). La pression du régulateur est-elle conforme aux normes, trop élevée ou trop basse ?

Vitesse du véhicule (km/h)	Pression du régulateur centrifuge
29	12,8 à 21,3 psi 88,2 à 146,9 kPa
52	22,8 à 31,3 psi 157,2 à 215,8 kPa
103	58,3 à 75,4 psi 401,9 à 519,9 kPa

Lors de l'augmentation de la pression du régulateur :
- la pression du régulateur pousse sur le bouchon du régulateur et ce dernier pousse sur le tiroir de passage de vitesse ;
- le tiroir amorce un déplacement vers la droite ;
- le cordon 4 commence à bloquer la pression d'accélération et l'empêche de circuler à l'extrémité de la chambre de ressort dans le tiroir ;
- la pression du régulateur contraint le tiroir de passage de vitesse à enclencher en position de vitesse supérieure ;
- le cordon 3 ouvre l'orifice d'alimentation de la canalisation principale ;
- la pression de la canalisation principale circule dans le tiroir et se dirige vers la bande ou l'embrayage approprié.

Chacune des vitesses utilise un tiroir de passage de vitesse pour commander les passages en vitesse supérieure et les rétrogradations. La dimension des cordons et les tensions de ressort varient selon les tiroirs. Les tiroirs peuvent ainsi se déplacer dans une séquence qui permet d'effectuer le passage de vitesse 1-2 avant le passage de vitesse 2-3.

La rétrogradation

Il peut se produire trois types de rétrogradations dans une boîte de vitesses automatique conventionnelle :
- une rétrogradation par gaz coupés ;
- une rétrogradation à gaz partiels ;
- une rétrogradation à pleins gaz.

La rétrogradation par gaz coupés Il y a rétrogradation par gaz coupés lorsque le papillon des gaz est relâché et que le véhicule est sur le point de s'immobiliser.

- La pression du régulateur chute lorsque la vitesse de conduite diminue.
- Le ressort à l'extrémité du tiroir de passage de vitesse surpasse la pression du régulateur, qui est basse. Le tiroir de passage de vitesse est contraint à se placer en position de rétrogradation.
- Le cordon 2 bloque la source de pression principale.
- Le cordon 3 ouvre l'orifice d'alimentation de l'embrayage ou de la bande pour permettre l'échappement de la pression et compléter la rétrogradation.

La rétrogradation à gaz partiels La rétrogradation à gaz partiels est aussi connue sous le nom de rétrogradation avant détente. Le terme **détente** fait référence à l'ouverture du papillon, ce qui implique une rétrogradation.

Il se produit une rétrogradation à gaz partiels lorsque la personne au volant ouvre le papillon jusqu'à un certain point.

- La pression d'accélération est envoyée à un autre cordon dans le tiroir d'accélération dans la région entre les cordons 2 et 3.
- La pression d'accélération est envoyée vers la chambre de ressort à l'extrémité du tiroir.
- Lorsque la pression d'accélération est suffisamment élevée, le tiroir d'accélération est contraint à se déplacer dans le sens contraire de la pression de régulateur, ce qui provoque une rétrogradation.

Une boîte de vitesses n'effectuera pas de rétrogradation à une vitesse trop élevée. S'il y avait rétrogradation à une vitesse très élevée, le moteur pourrait subir des dommages causés par la survitesse.

La rétrogradation à pleins gaz Une rétrogradation à pleins gaz est aussi connue sous le nom de rétrogradation de détente.

- Lorsque le papillon est en position de grande ouverture, un autre orifice s'ouvre dans le tiroir d'accélération.
- La pression est envoyée au bouchon du tiroir d'accélération, à l'extrémité du tiroir de passage de vitesse.
- La pression d'accélération est envoyée dans la région, entre les cordons 2 et 3 du tiroir de passage de vitesse.
- La pression combinée des cordons 2 et 3 excède la force appliquée sur le bouchon régulateur.
- Le tiroir se déplace en position de rétrogradation.

Les tiroirs de passage de vitesse à solénoïde

Les boîtes de vitesses à commande électronique utilisent des solénoïdes pour contrôler la position des tiroirs de passage de vitesse. La plupart des boîtes de

vitesses ont deux solénoïdes. Les solénoïdes sont nommés solénoïde 1-2 et solénoïde 2-3. Les deux solénoïdes contrôlent trois tiroirs de passage de vitesse. Une boîte de vitesses automatique à quatre rapports type est munie de trois tiroirs de passage de vitesse.

L'ordinateur de la boîte de vitesses ouvre et ferme les solénoïdes dans une séquence particulière. Le solénoïde 1-2 contrôle les passages de vitesse 1-2 et 3-4, et les rétrogradations 4-3 et 2-1. Le solénoïde 2-3 contrôle le passage de vitesse 2-3 et la rétrogradation 3-2.

L'ordinateur de la boîte de vitesses détermine le moment d'ouverture ou de fermeture du solénoïde 1-2. Dans l'exemple de la **figure 13-13 a)**, le solénoïde est normalement fermé. Cela signifie qu'au moment où le solénoïde est fermé, l'échappement est bloqué. La pression principale du tiroir de passage de vitesse 1-2 contraint le tiroir à descendre. Les cordons

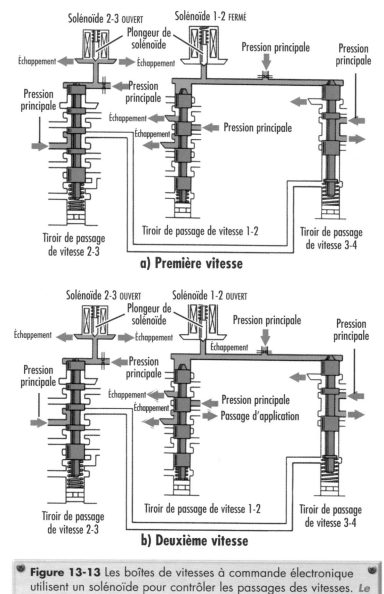

a) Première vitesse

b) Deuxième vitesse

Figure 13-13 Les boîtes de vitesses à commande électronique utilisent un solénoïde pour contrôler les passages des vitesses. *Le solénoïde illustré ici est-il normalement ouvert ou fermé?*

du tiroir de passage de vitesse ouvrent l'orifice d'échappement de la pression afin de permettre le relâchement de l'embrayage ou de la bande. La boîte de vitesses rétrograde.

Dans le cas d'un passage en vitesse supérieure, l'ordinateur ouvre le solénoïde1-2 (*voir la figure 13-13b*). Le plongeur du solénoïde est alors poussé, ce qui ouvre son orifice d'échappement. Le ressort du tiroir de passage de vitesse repousse le tiroir vers le haut. L'orifice d'échappement de l'embrayage ou de la bande se ferme et le passage d'application s'ouvre. Il y a engagement de l'embrayage ou de la bande. La boîte de vitesses passe en vitesse supérieure.

Tableau 13-B LE TABLEAU DE BOÎTE DE VITESSES EN SURMULTIPLICATION

Vitesse commandée	Solénoïde 1-2 Commande normale	Solénoïde 2–3 Commande normale	Vitesse réelle
Première	OUVERT	OUVERT	Première
Deuxième	FERMÉ	OUVERT	Deuxième
Troisième	FERMÉ	FERMÉ	Troisième
Quatrième	OUVERT	FERMÉ	Quatrième

Vitesse commandée	Solénoïde 1-2 défaillant, coincé «fermé»	Solénoïde 2–3 Commande normale	Vitesse réelle
Première	FERMÉ	OUVERT	Deuxième
Deuxième	FERMÉ	OUVERT	Deuxième
Troisième	FERMÉ	FERMÉ	Troisième
Quatrième	FERMÉ	FERMÉ	Troisième

Vitesse commandée	Solénoïde 1-2 coincé «ouvert»	Solénoïde 2–3 Commande normale	Vitesse réelle
Première	OUVERT	OUVERT	Première
Deuxième	OUVERT	OUVERT	Première
Troisième	OUVERT	FERMÉ	Quatrième
Quatrième	OUVERT	FERMÉ	Quatrième

Vitesse commandée	Solénoïde 1-2 Commande normale	Solénoïde 2–3 défaillant, coincé «ouvert»	Vitesse réelle
Première	OUVERT	OUVERT	Première
Deuxième	FERMÉ	OUVERT	Deuxième
Troisième	FERMÉ	OUVERT	Deuxième
Quatrième	OUVERT	OUVERT	Première

Vitesse commandée	Solénoïde 1-2 Commande normale	Solénoïde 2–3 défaillant coincé «fermé»	Vitesse réelle
Première	OUVERT	FERMÉ	Quatrième
Deuxième	FERMÉ	FERMÉ	Troisième
Troisième	FERMÉ	FERMÉ	Troisième
Quatrième	OUVERT	FERMÉ	Quatrième

Les diagnostics d'anomalie du solénoïde

Un solénoïde peut avoir une anomalie électrique ou mécanique. Un solénoïde qui présente un problème mécanique pourrait ne pas s'ouvrir ou se fermer. Donc, le solénoïde risque de demeurer collé dans l'une des deux positions.

Le **tableau 13-B** présente certaines caractéristiques d'une boîte de vitesses (boîte de vitesses automatique 4L60E de General Motors). Ce type de tableau montre ce qu'il doit se produire pour que certaines choses surviennent. En fonctionnement normal, observe ce qu'il se produit au moment où le solénoïde présente un problème mécanique. La première région ombragée du tableau t'indique ce qu'il se produit lorsque les deux solénoïdes fonctionnent normalement. Par exemple, si la première vitesse est commandée, la première vitesse s'engagera. Dans la seconde région ombragée, le solénoïde 1-2 n'a pas fonctionné parce qu'il est resté coincé en position fermée. Maintenant, lorsque la première vitesse est commandée, la vitesse engagée sera la deuxième vitesse, et lorsque la quatrième vitesse sera commandée, ce sera la troisième qui sera engagée. Les autres régions ombragées du tableau montrent les conséquences des autres problèmes qui ont trait au solénoïde.

Chaque fois qu'un solénoïde fait défaut, il y a deux vitesses hors d'usage. Les vitesses hors d'usage seront déterminées en fonction du solénoïde défaillant et de la position dans laquelle il est demeuré coincé. L'ordinateur commandera le passage de vitesse, mais les vitesses touchées par le problème de solénoïde ne s'engageront pas.

Pour connaître la vitesse engagée, surveille le rapport de démultiplication et les valeurs de la vitesse commandée à l'aide d'un scanner. Tu peux facilement établir un tableau de solénoïde pour tout véhicule, en suivant l'exemple du **tableau 13-B.** Un tableau de solénoïde peut t'aider à diagnostiquer les problèmes.

Le modèle de tiroir de passage de vitesse

Il est important de connaître le modèle du tiroir de passage de vitesse pour diagnostiquer des problèmes relatifs à ce tiroir. Dans les boîtes de vitesses automatiques, on trouve deux modèles de tiroirs de passage de vitesse :
• le modèle en série ;
• le modèle en parallèle.

Un bloc hydraulique en série est muni de tiroirs de passage de vitesse en série. La pression principale est transmise d'un tiroir à l'autre. Les tiroirs de passage de vitesse 1-2 et 2-3 sont en série. Le tiroir de passage de vitesse 1-2 doit donc fonctionner correctement pour que le passage de vitesse 2-3 puisse s'effectuer. Si le tiroir 1-2 reste coincé en position de rétrogradation, la pression principale n'atteindra pas l'orifice d'alimentation du tiroir 2-3. Le tiroir 2-3 effectuera un passage normal. Toutefois, la pression de liquide ne l'atteindra pas, et, ainsi, l'engagement de l'embrayage ou de la bande ne se fera pas. Seules la première vitesse et la marche arrière seront alors fonctionnelles.

Un bloc hydraulique parallèle alimente en pression principale chacun des tiroirs séparément. Donc, si un tiroir est coincé, il n'y aura que la vitesse commandée par ce tiroir qui sera touchée par le problème.

Certains blocs hydrauliques contiennent les deux modèles de tiroirs. Il peut, par exemple, y avoir un tiroir de passage de vitesse 1-2 parallèle et des tiroirs de passage de vitesse 2-3, 3-4 en série. Si le tiroir 2-3 demeure coincé en position de rétrogradation, les passages de vitesse 2-3 ou 3-4 ne s'effectueront pas, mais le passage de vitesse1-2 s'effectuera normalement. Si le tiroir de passage de vitesse 1-2 demeure coincé, il n'y aura que le passage 1-2 qui sera touché.

Les tiroirs de commande manuelle

La plupart des boîtes de vitesse ont un tiroir de commande manuelle. Au lieu de se fier à la sélection

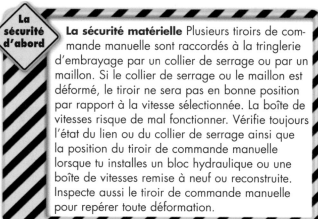

La sécurité d'abord

La sécurité matérielle Plusieurs tiroirs de commande manuelle sont raccordés à la tringlerie d'embrayage par un collier de serrage ou par un maillon. Si le collier de serrage ou le maillon est déformé, le tiroir ne sera pas en bonne position par rapport à la vitesse sélectionnée. La boîte de vitesses risque de mal fonctionner. Vérifie toujours l'état du lien ou du collier de serrage ainsi que la position du tiroir de commande manuelle lorsque tu installes un bloc hydraulique ou une boîte de vitesses remise à neuf ou reconstruite. Inspecte aussi le tiroir de commande manuelle pour repérer toute déformation.

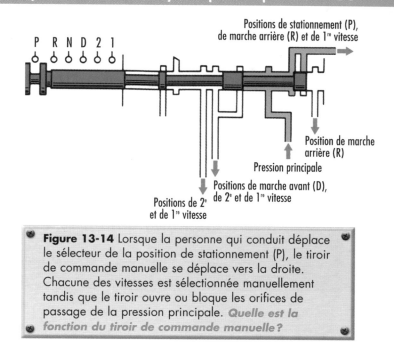

Figure 13-14 Lorsque la personne qui conduit déplace le sélecteur de la position de stationnement (P), le tiroir de commande manuelle se déplace vers la droite. Chacune des vitesses est sélectionnée manuellement tandis que le tiroir ouvre ou bloque les orifices de passage de la pression principale. *Quelle est la fonction du tiroir de commande manuelle?*

automatique, la personne qui conduit sélectionne elle-même la position. Le tiroir de commande manuelle est commandé par un câble ou une tringlerie ainsi que par le levier sélecteur. Le tiroir de commande manuelle est une forme de tiroir de commutation. Il contrôle l'ouverture et la fermeture des orifices de chacune des vitesses (*voir la figure 13-14*).

Si tu as retiré la boîte de vitesses ou la tringlerie du tiroir de commande manuelle, il faut régler à nouveau le tiroir de commande manuelle. Consulte le guide d'entretien du véhicule pour connaître la marche à suivre et les normes. Une mauvaise position du tiroir de commande manuelle peut provoquer un problème de boîte de vitesses.

Pour régler le tiroir de commande manuelle :

1. desserre le boulon de fixation de la tringlerie d'embrayage ;

2. mets la tringlerie de boîte de vitesses au point mort (N) ;

3. mets le levier sélecteur au point mort (N) ;

4. aligne le guide d'embrayage ;

5. serre le boulon de fixation de la tringlerie.

VÉRIFIE TES CONNAISSANCES

❶ Pour qu'une boîte de vitesses puisse effectuer un passage en vitesse supérieure, que doit surpasser le régulateur centrifuge ?

❷ Combien de tiroirs de passage de vitesse une boîte de vitesses à quatre rapports a-t-elle ?

❸ Quels sont les trois types de rétrogradation ?

❹ Si un solénoïde a une défaillance mécanique, le problème se produit-il en position ouverte ou fermée ?

❺ Qu'est-ce qui contrôle le tiroir de commande manuelle ? Quand faut-il régler de nouveau le tiroir de commande manuelle ?

RÉVISION DU CHAPITRE 13

Notions importantes

Conforme aux normes suivantes du MFCUO relatives à la boîte de vitesses automatique et à la boîte-pont: entretien du tiroir d'accélération; entretien du modulateur; réglage du câble de tiroir d'accélération; entretien du régulateur centrifuge; réglages du tiroir de commande manuelle; diagnostics des problèmes du solénoïde de tiroir de passage de vitesse, son remplacement, son entretien; vérification de la pression principale dans une boîte de vitesses équipée d'un solénoïde de contrôle de pression.

- Il y a trois types de pression utilisés pour contrôler le fonctionnement d'une boîte de vitesses.
- La pression de la canalisation principale est la source de pression du régulateur centrifuge et de la pression d'accélération.
- Le tiroir régulateur de pression est situé dans la pompe ou dans le bloc hydraulique.
- Il y a trois types de régulateurs centrifuges.
- La pression de sortie du régulateur centrifuge dépend de la vitesse de conduite.
- Certains tiroirs d'accélération sont raccordés au corps du papillon par une tringlerie.
- On utilise un solénoïde de contrôle de pression dans les boîtes de vitesses à commande électronique.
- Un tiroir d'accélération mal réglé produira des passages de vitesse tardifs et difficilement exécutables.
- Les tiroirs d'accélération à contrôle mécanique peuvent être réglés.

Questions de révision

❶ Quels sont les trois types de pression utilisés dans une boîte de vitesses automatique?

❷ Que contrôle le tiroir régulateur de pression?

❸ Quels sont les trois types de régulateurs centrifuges?

❹ Quelles sont les fonctions de la boîte de vitesses que le tiroir d'accélération permet de régler en réagissant à la charge du moteur?

❺ Quels composants mécaniques le solénoïde de contrôle de pression remplace-t-il?

❻ Que permet le réglage d'un tiroir d'accélération à tringlerie?

❼ Si l'un des deux solénoïdes des tiroirs de passage de vitesse en série ne fonctionne pas, que se produit-il avec le second solénoïde?

❽ **Pensée critique** Que pourrait-il se produire si la pression du régulateur centrifuge était trop basse?

❾ **Pensée critique** Si le premier de trois tiroirs en parallèle ne fonctionne pas, les autres tiroirs fonctionnent-ils correctement?

PRÉVISIONS TECHNOLOGIQUES
POUR L'EXCELLENCE EN MATIÈRE D'AUTOMOBILE

Le liquide hydraulique synthétique

On apportera plusieurs modifications aux automobiles et aux camions au cours du XXIe siècle. Toutefois, certaines choses resteront pratiquement les mêmes. Les fabricants d'automobiles continueront d'utiliser du liquide hydraulique dans les boîtes de vitesses automatiques. L'utilisation de liquide est une technologie qui a fait ses preuves quant à son efficacité dans les boîtes de vitesses.

C'est la composition du liquide hydraulique qui risque de changer. Les fabricants de véhicules étudient l'utilisation possible d'un liquide hydraulique synthétique dont l'efficacité serait supérieure à celle des liquides utilisés présentement. Les ingénieurs croient que le nouveau liquide améliorera l'embrayage par temps froid et résistera mieux à l'oxydation causée par la chaleur. Parmi les autres avantages, on pourrait mentionner le fonctionnement à des températures plus froides et la réduction de la friction.

Le prix élevé du liquide synthétique est un obstacle majeur. Le liquide hydraulique synthétique est quatre fois plus coûteux à produire que le liquide de transmission automatique à base de pétrole raffiné ou de minéral. Les fabricants de véhicules et les consommateurs devront payer des coûts de montage et d'entretien plus élevés.

Malgré ce désavantage, plusieurs compagnies d'automobiles vont de l'avant avec la production de liquide synthétique, qui sera standardisé dans leurs véhicules. On trouve déjà sur le marché des liquides hydrauliques semi-synthétiques.

On travaille aussi à apporter des modifications mécaniques dans les systèmes de commande des boîtes de vitesses du XXIe siècle. Les fabricants d'automobiles opteront pour la division des rapports dans le cas des petites vitesses. Avec un rapport différent entre les passages en vitesse supérieure et les rétrogradations, les passages de vitesse s'effectueront plus en douceur et il y aura réduction des charges par à-coups.

EXCELLENCE AUTOMOBILE
TEST PRÉPARATOIRE

En répondant aux questions suivantes, tu pourras te préparer aux tests en vue d'obtenir la certification du MFCUO.

1. La technicienne A dit que le solénoïde de contrôle de pression contrôle la pression de base. Le technicien B dit que le solénoïde de contrôle de pression contrôle l'amplification de la pression principale. Qui a raison ?
   - **a** La technicienne A.
   - **b** Le technicien B.
   - **c** Les deux ont raison.
   - **d** Les deux ont tort.

2. Le technicien A dit qu'il faut régler le câble du tiroir d'accélération pour que le solénoïde de contrôle de pression fonctionne bien. La technicienne B dit que l'on peut vérifier le modulateur à dépression à l'aide d'une pompe à vide manuelle. Qui a raison ?
   - **a** Le technicien A.
   - **b** La technicienne B.
   - **c** Les deux ont raison.
   - **d** Les deux ont tort.

3. Parmi les réponses suivantes, détermine celle ou celles qui désignent un type de rétrogradation :
   - **a** par gaz coupés.
   - **b** à gaz partiels.
   - **c** à pleins gaz.
   - **d** Toutes ces réponses sont bonnes.

4. La technicienne A dit que la pression d'accélération sert à contrôler la position des tiroirs de passage de vitesse. Le technicien B dit que le passage en vitesse supérieure s'effectuera lorsque la pression du régulateur centrifuge excédera la pression d'accélération. Qui a raison ?
   - **a** La technicienne A.
   - **b** Le technicien B.
   - **c** Les deux ont raison.
   - **d** Les deux ont tort.

5. Le technicien A dit que les solénoïdes des tiroirs de passage de vitesse ne peuvent avoir que des défaillances de nature électrique. La technicienne B dit que la plupart des solénoïdes de tiroirs de passage de vitesse sont contrôlés par l'ordinateur de la boîte de vitesses. Qui a raison ?
   - **a** Le technicien A.
   - **b** La technicienne B.
   - **c** Les deux ont raison.
   - **d** Les deux ont tort.

6. Les valeurs types de pression du régulateur centrifuge d'un véhicule muni d'un moteur à essence devraient être de :
   - **a** 68,9 kPa (10 psi) à 56,3 km/h (35 mi/h).
   - **b** 68,9 kPa (10 psi) à 72,4 km/h (45 mi/h).
   - **c** 151,6 kPa (22 psi) à 72,4 km/h (45 mi/h).
   - **d** 172,3 kPa (25 psi) à 40,2 km/h (25 mi/h).

7. La technicienne A dit qu'il faut régler le câble du tiroir d'accélération au point où la boîte de vitesses semble le mieux effectuer les passages de vitesse. Le technicien B dit qu'un passage en vitesse supérieure se produirait si la pression d'accélération excédait la pression du régulateur centrifuge. Qui a raison ?
   - **a** La technicienne A.
   - **b** Le technicien B.
   - **c** Les deux ont raison.
   - **d** Les deux ont tort.

8. Le technicien A dit que le solénoïde de passage de vitesse sert à contrôler la position du tiroir de passage de vitesse. La technicienne B dit qu'un câble de tiroir d'accélération contrôle la position du tiroir de passage de vitesse. Qui a raison ?
   - **a** Le technicien A.
   - **b** La technicienne B.
   - **c** Les deux ont raison.
   - **d** Les deux ont tort.

9. Le tiroir de commande manuelle :
   - **a** est contrôlé par les déplacements du levier sélecteur effectués par la personne qui conduit.
   - **b** distribue le liquide aux endroits appropriés dans la boîte de vitesses pour passer à la vitesse sélectionnée.
   - **c** Les réponses a et b sont bonnes.
   - **d** Aucune de ces réponses n'est bonne.

10. La technicienne A dit qu'un tiroir de passage de vitesse coincé dans un modèle en série peut faire perdre plusieurs vitesses dans la boîte de vitesses. Le technicien B dit que le tiroir de passage de vitesse n'a rien à voir dans la sélection de la vitesse. Qui a raison ?
    - **a** La technicienne A.
    - **b** Le technicien B.
    - **c** Les deux ont raison.
    - **d** Les deux ont tort.

CHAPITRE 14

Diagnostic et réparation des composants d'application

ARRÊT

Tu seras en mesure :

- ⊗ de différencier les disques d'embrayage et les plateaux d'embrayage en acier ;
- ⊗ de distinguer les trois types de bandes d'embrayage ;
- ⊗ de distinguer les quatre types de tringleries de servo ;
- ⊗ de décrire la fonction d'un accumulateur ;
- ⊗ de vérifier et de régler les jeux de l'embrayage à disques multiples.

Le vocabulaire :

Composant d'application

Accumulateur

Plaque Belleville

Bande d'embrayage

Disque d'embrayage

Piston d'embrayage

Plateaux d'embrayage en acier

Embrayage à roue libre

Servo

Plaque ondulée

Le problème ⟫⟫⟫⟫⟫⟫ Ton défi

Guillaume Brault se présente à ton centre de service. Il dit que la boîte de vitesses de son véhicule semble glisser, mais que le problème ne se produit qu'à l'occasion. Il désire faire vérifier son véhicule.

M. Brault précise aussi que le problème de glissement est apparu après avoir prêté son véhicule à son frère, il y a quelques semaines. Son frère est allé à une station-service pour faire vérifier le niveau de liquide de transmission. Le niveau de liquide était correct.

À titre de technicienne ou de technicien, tu dois répondre aux questions suivantes :

❶ Le problème de glissement est-il lié à la température de fonctionnement de la boîte de vitesses ?

❷ À quel rapport la boîte de vitesses commence-t-elle à glisser ?

❸ Le liquide est-il brûlé ?

Les composants d'application

Un **composant d'application** est un dispositif qui entraîne ou retient un membre du train planétaire dans une boîte de vitesses ou une boîte-pont. Parmi les composants d'application d'une boîte de vitesses automatique ou d'une boîte-pont automatique, on trouve :

- des embrayages à disques multiples ;
- des embrayages à roue libre ;
- des bandes d'embrayage.

L'embrayage à disques multiples

Un *embrayage* est un composant d'application qui entraîne ou retient un membre du train planétaire. Si l'embrayage retient un membre du train planétaire, on peut l'appeler *frein*. L'embrayage est logé dans le carter de la boîte de vitesses ou de la boîte-pont.

Le nom de l'embrayage en indique la fonction. Les principaux noms sont *marche avant, direct, avant, arrière, C1, C2, B1* et *B2*. On utilise un embrayage de marche avant pour les rapports avant. Les embrayages avant/arrière et C1/C2 indiquent la position de l'embrayage dans la boîte de vitesses ou la boîte-pont. L'embrayage C1 est situé plus près de l'avant que l'embrayage C2. Le frein B1 est plus près de l'avant que le frein B2.

Un tableau d'application permet de déterminer les composants qui sont appliqués pour sélectionner les modes et les rapports. Le tableau d'application peut aussi être appelé un «tableau des changements de rapports». Le **tableau 14-A** de la page suivante est un tableau d'application pour une boîte de vitesses 4T80E.

L'embrayage le plus courant est l'embrayage à disques multiples. Cet embrayage contient des disques d'embrayage ainsi que des plateaux en acier. On peut modifier l'embrayage à disques multiples en ajoutant ou en retirant des disques et des plateaux.

La **figure 14-1** présente les composants d'un embrayage fréquemment utilisé : l'embrayage à disques multiples. Toutefois, elle ne contient pas tous les composants qu'on pourrait trouver dans d'autres types d'embrayage. Parmi les composants d'un embrayage, on trouve :

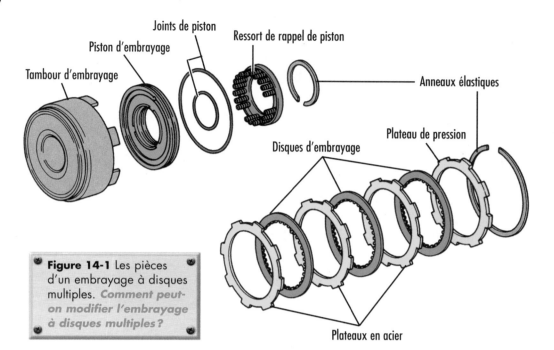

Figure 14-1 Les pièces d'un embrayage à disques multiples. *Comment peut-on modifier l'embrayage à disques multiples ?*

- le tambour d'embrayage ;
- les disques d'embrayage ;
- les plateaux en acier ;
- la plaque Belleville ;
- la plaque ondulée ;
- les plaques de renfort ;
- le plateau de pression ;
- le piston d'embrayage ;
- le clapet à bille ;
- le ressort de rappel de piston ;
- les anneaux élastiques ;
- les joints de piston ;
- les joints d'arbre ;
- les bagues.

Le tambour d'embrayage Le tambour ou le carter d'embrayage est fabriqué à partir d'aluminium ou d'un autre métal. Il peut être moulé ou estampé. Le tambour contient les autres composants de l'embrayage.

L'intérieur du tambour présente des cannelures. Une *cannelure* est une rainure creusée à la surface du tambour. Les cannelures s'accouplent aux plaques d'acier de l'embrayage à disques multiples dans le tambour. Dans certains cas, le tambour peut être cannelé à l'extérieur. Ces cannelures s'accouplent aux plaques d'un autre embrayage.

Les disques d'embrayage Un **disque d'embrayage** est un disque de métal muni de garnitures de friction. La plupart des disques d'embrayage ont des garnitures de friction des deux côtés. Certains disques d'embrayage sont en acier des deux côtés et n'ont pas de garniture de friction.

Tableau 14-A — LE TABLEAU DES CHANGEMENTS DE RAPPORTS

	Rapport*	Embrayage «A» Sol	Embrayage «B» Sol	1 Deuxième embrayage	2 Deuxième haricot	3 Embrayage Marche arrière	4 Troisième embrayage	5 Quatrième bande	6 Haricot avant	7 Embrayage avant	8 Embrayage en roue libre	9 Bande Gamme inférieure/ Marche arrière	10 Rouleau Gamme inférieure
STATIONNEMENT (P)	N	OUVERT	FERMÉ									Appliqué	
MARCHE ARRIÈRE (R)	R	OUVERT	FERMÉ			Appliqué						Appliqué	
POINT MORT (N)	N	OUVERT	FERMÉ									Appliqué	
SURMULTIPLIÉE 1	1	OUVERT	FERMÉ						Retenu	Appliqué		Appliqué	Retenu
SURMULTIPLIÉE 2	2	FERMÉ	FERMÉ	Appliqué	Retenu				Retenu	Appliqué			Roue libre
SURMULTIPLIÉE 3	3	FERMÉ	OUVERT	Appliqué	Roue libre		Appliqué		Retenu	Appliqué			Roue libre
SURMULTIPLIÉE 4	4	OUVERT	OUVERT	Appliqué	Roue libre		Appliqué	Appliqué	Roue libre	Appliqué			Roue libre
TROISIÈME 1	1	OUVERT	FERMÉ						Retenu	Appliqué		Appliqué	Retenu
TROISIÈME 2	2	FERMÉ	FERMÉ	Appliqué	Retenu				Retenu	Appliqué			Roue libre
TROISIÈME 3	3	FERMÉ	OUVERT	Appliqué	Roue libre		Appliqué		Retenu	Appliqué	Appliqué		Roue libre
DEUXIÈME 1	1	OUVERT	FERMÉ						Retenu	Appliqué	Appliqué	Appliqué	Retenu
DEUXIÈME 2	2	FERMÉ	FERMÉ	Appliqué	Retenu			Appliqué	Retenu	Appliqué	Appliqué		Roue libre
DEUXIÈME 3**	3**	FERMÉ	OUVERT	Appliqué	Roue libre		Appliqué		Retenu	Appliqué	Appliqué		Roue libre
PREMIÈRE 1	1	OUVERT	FERMÉ						Retenu	Appliqué	Appliqué	Appliqué	Retenu
PREMIÈRE 2	2	FERMÉ	FERMÉ	Appliqué	Retenu			Appliqué	Retenu	Appliqué	Appliqué		Roue libre
PREMIÈRE 3**	3**	FERMÉ	OUVERT	Appliqué	Roue libre		Appliqué		Retenu	Appliqué	Appliqué		Roue libre

Ouvert = Solénoïde sous tension

Fermé = Solénoïde hors tension

L'activité du solénoïde dépend d'une grille de changements de vitesses qui varie en fonction de la vitesse du véhicule et de la position du papillon. Elle ne dépend pas du rapport sélectionné.

   * Ces rapports peuvent être sélectionnés manuellement (M1, M2, M3 ou M4).

** Ces rapports ne sont pas habituels, mais ils sont offerts pour s'adapter aux conditions difficiles.

Condition de fonctionnement attendue si le composant dans la colonne de nombres est inopérant :

N° COLONNE	CONDITION DE FONCTIONNEMENT
1	Pas de deuxième vitesse en surmultipliée ou en troisième vitesse.
2	Pas de deuxième vitesse en surmultipliée ou en troisième vitesse.
3	Pas de marche arrière ; toutes les vitesses avant étant en opération.
4	Pas de troisième ou de quatrième vitesse.
5	Pas de quatrième vitesse ou de freinage moteur en deuxième manuelle (M2).
6	Pas de marche avant en surmultipliée ou en troisième vitesse. Possibilité de glissement dans les rapports manuels, d'accélération modérée à importante.
7	Pas de marche avant en surmultipliée ou en troisième vitesse. Possibilité de glissement dans les rapports manuels durant une accélération de modérée à importante.
8	Pas de freinage moteur en M1, en M2 ou en M3.
9	Pas de marche arrière ; pas de freinage moteur en M1, en M2 ou en première vitesse.
10	Glissement en première vitesse durant une accélération de modérée à importante.

Un tableau des changements de rapports permet de déterminer les composants en application dans chacun des rapports. Par exemple, en marche arrière, seuls l'embrayage de marche arrière et la bande inférieure/marche arrière sont appliqués. Le tableau peut aussi servir d'outil de diagnostic. Par exemple, si le troisième embrayage (colonne 4) ne fonctionne pas, la troisième ou la quatrième vitesse ne fonctionneront pas, peu importe le rapport sélectionné.

Corporation General Motors

Certains embrayages sont munis de disques d'embrayage à une seule surface de friction. Un côté est muni d'une garniture de friction et l'autre côté est en acier. Tu dois t'assurer de mettre le disque du bon côté ; sinon, l'embrayage ne fonctionnera pas. La couleur de la garniture de friction peut varier selon le matériau utilisé (*voir la figure 14-2*).

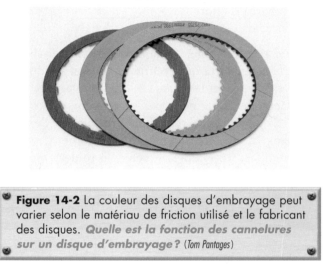

Figure 14-2 La couleur des disques d'embrayage peut varier selon le matériau de friction utilisé et le fabricant des disques. *Quelle est la fonction des cannelures sur un disque d'embrayage ?* (Tom Pantages)

Le disque d'embrayage est cannelé sur la surface intérieure. On l'appelle parfois la plaque cannelée *intérieure*. Les cannelures s'accouplent à un membre du train planétaire. Les disques d'embrayage sont intercalés entre les plateaux d'embrayage en acier.

Les disques d'embrayage peuvent être plats. Dans certains modèles de boîtes de vitesses, ils sont ondulés. Le disque d'embrayage ondulé s'aplatit à l'application de l'embrayage, ce qui procure une forme d'amortissement.

Les plateaux d'embrayage en acier Les **plateaux d'embrayage en acier** sont des plateaux de métal intercalés entre les disques d'embrayage. Le plateau métallique est cannelé sur le pourtour et la face extérieure. On l'appelle parfois le plateau cannelé extérieur. La surface intérieure du tambour est munie

de cannelures qui s'accouplent aux cannelures des plateaux d'acier.

Certains plateaux en acier ont des fentes à leur surface. On appelle ce type de plateau un *plateau turbulateur* (*voir la figure 14-3*). Les fentes permettent au liquide de transmission de circuler entre les plateaux plus rapidement que dans le cas d'une surface plate. Le débit du liquide modifie la vitesse de fonctionnement de l'embrayage.

La plaque Belleville Une **plaque Belleville** est une plaque en acier qui permet de contrôler la force d'embrayage. Ce type de plaque se nomme aussi ressort Belleville (*voir la figure 14-4*). Le centre de la plaque est plus élevé que le pourtour extérieur. La plaque Belleville est montée entre le piston et le premier plateau en acier, dans l'embrayage à disques multiples. Durant l'embrayage, la plaque Belleville sert à comprimer et à amortir.

Figure 14-4 La plaque Belleville. *Quelle est la fonction d'une plaque Belleville ?* (Tom Pantages)

La plaque ondulée Une **plaque ondulée** est une plaque en acier souple destinée à amortir la force d'embrayage. La plaque ondulée a la même fonction que la plaque Belleville. La plaque ondulée est habituellement montée entre le piston et le premier plateau en acier, dans l'embrayage à disques multiples. Durant l'embrayage, la plaque ondulée se comprime et amortit l'impact (*voir la figure 14-5*).

Figure 14-3 Certains plateaux en acier sont munis de fentes. *Quelle est la fonction des fentes en surface des plateaux en acier ?* (Tom Pantages)

Figure 14-5 La plaque ondulée. *Dans l'embrayage à disques multiples, quel autre composant a la même fonction que la plaque ondulée ?* (Tom Pantages)

**EXCELLENCE
SCIENCES
AUTOMOBILE**

Le glissement et le coefficient de frottement par glissement

Est-ce qu'il t'est déjà arrivé de glisser sur un plancher mouillé et de te retrouver sur le dos, les yeux rivés au plafond? Cette expérience montre bien l'effet des liquides sur la force de frottement (ou de friction) entre deux surfaces.

Lorsque deux surfaces frottent l'une contre l'autre, il y a friction entre les deux. Il est possible de calculer ce frottement en valeur numérique. Le nombre obtenu se nomme *coeficient de frottement par glissement*. On peut le calculer en divisant la force d'effort par la force de résistance. L'*effort* est la force exercée pour que deux surfaces en contact se déplacent à une vitesse constante. La *résistance* est la force qui pousse les deux surfaces l'une contre l'autre. S'il faut 1 kg de force pour déplacer un objet de 2 kg sur une surface, le coefficient de frottement par glissement se calcule comme suit:

Coefficient de frottement par glissement =

$$\frac{\text{Force d'effort}}{\text{Force de résistance}} = \frac{1\text{ kg}}{2\text{ kg}} = 0,5$$

L'une des fonctions du liquide de transmission est de faire en sorte que le frottement soit adéquat entre les disques et les plateaux d'embrayage. Si le coefficient de frottement par glissement est trop élevé, il y aura des réactions brusques à l'embrayage. Si le coefficient de frottement par glissement est trop faible, le véhicule roulera bien, mais il y aura glissement de la boîte de vitesses.

Tous les liquides de transmission réduisent-ils le frottement de façon égale? Fais l'expérience suivante.

À toi de jouer!

Trouver le coefficient de frottement par glissement

Conforme aux normes de l'EDU en sciences pour expliquer le frottement et son rôle, et à établir la relation entre la lubrification et le frottement.

Matériel requis
- 2 feuilles de papier ciré, 75 mm (3 po) × 75 mm (3 po)
- une feuille de papier ciré, 305 mm (12 po) × 305 mm (12 po)
- du ruban à masquer
- un carré de carton, 50 mm (2 po) × 50 mm (2 po)
- un morceau de corde, 152 mm (6 po) de longueur
- 2 échantillons de liquides de transmission (p. ex.: type F et Dexron II) à température ambiante
- une balance à ressort
- des masses d'équilibrage de 227 gr (8 onces)
- une cuiller à table

❶ À l'aide de ruban adhésif, colle la plus grande feuille de papier ciré sur la table de travail.

❷ Colle l'une des petites feuilles de papier ciré sur le carré de carton. Plie les bords vers le haut et colle-les dans cette position.

❸ Verse 1 cuiller à table d'une sorte de liquide de transmission sur un côté de la grande feuille de papier ciré.

❹ Place le carré de carton sur le liquide, puis les masses d'équilibrage dessus.

❺ Attache la corde au peson à ressort.

❻ Tire doucement sur la corde, et fais glisser le carton et les masses sur le liquide tout en observant le peson à ressort. Note l'*effort* nécessaire pour garder l'objet en mouvement.

❼ Replace le carton et les poids où ils étaient au départ et répète l'expérience.

❽ Calcule la moyenne des deux lectures obtenues pour connaître l'effort moyen.

❾ Répète les étapes 1 à 9 en utilisant l'autre liquide de transmission.

❿ Calcule le coefficient de frottement par glissement pour chacun des échantillons d'huile en utilisant la force d'effort (la moyenne des deux essais) et la force de résistance [227 gr (8 onces)], tel qu'on l'a expliqué ci-dessus.

Les résultats et l'analyse

❶ Les coefficients sont-ils les mêmes pour les deux échantillons?

❷ Si ce n'est pas le cas, quel échantillon a le coefficient le plus élevé?

La plaque de renfort Dans certains modèles, on utilise une plaque de renfort. Il s'agit d'une plaque d'acier, plus épaisse que les autres plaques, montée dans le fond de l'embrayage à disques multiples. Elle sert de renfort à l'embrayage à disques multiples. Parfois, ces plaques sont en escalier et doivent être posées dans une direction précise. Les fabricants offrent différentes épaisseurs de plaques de renfort (*voir la figure 14-6*).

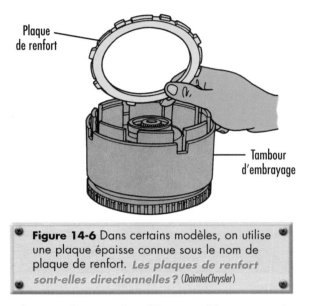

Figure 14-6 Dans certains modèles, on utilise une plaque épaisse connue sous le nom de plaque de renfort. *Les plaques de renfort sont-elles directionnelles ?* (DaimlerChrysler)

Le plateau de pression Plusieurs fabricants utilisent un plateau en acier épais, monté sur l'embrayage à disques multiples. Il s'agit du plateau de pression. Dans la plupart des cas, ces types de plateaux sont directionnels. Le plateau est monté entre la plaque du dessus et l'anneau élastique du tambour. Pour plusieurs modèles, il existe différentes épaisseurs de plateaux de pression qui permettent de régler la garde d'embrayage (*voir la figure 14-7*).

Figure 14-8 Certains pistons sont munis d'un orifice d'évacuation. *Quelle est la fonction de l'orifice d'évacuation ?* (Tom Pantages)

Le piston d'embrayage Le **piston d'embrayage** est un dispositif qui applique une force de serrage sur l'embrayage à disques multiples. Le piston d'embrayage est en acier ou en aluminium. Une pression hydraulique est appliquée sur le piston. Le piston pousse sur l'embrayage à disques multiples. La force exercée permet de serrer les plaques d'embrayage contre le plateau de pression et l'anneau élastique ou l'anneau de retenue. Lorsqu'on applique l'embrayage, les disques d'embrayage et les plaques en acier tournent ou retiennent le membre du train planétaire auquel ils sont accouplés.

Certains pistons sont munis d'un orifice d'évacuation qui règle la cadence d'embrayage. Ce type de piston permet l'alimentation et l'évacuation simultanée (*voir la figure 14-8*). Ce travail se fait conjointement avec celui de la plaque Belleville. Cette fonction remplace celle du clapet à bille. Au moment de l'embrayage, la

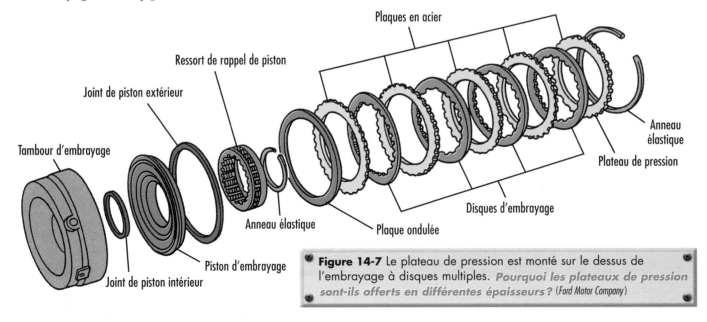

Figure 14-7 Le plateau de pression est monté sur le dessus de l'embrayage à disques multiples. *Pourquoi les plateaux de pression sont-ils offerts en différentes épaisseurs ?* (Ford Motor Company)

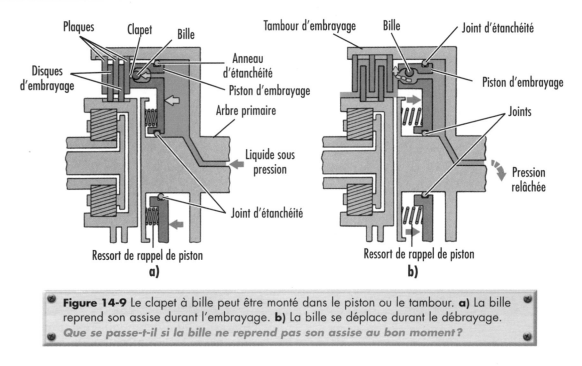

Figure 14-9 Le clapet à bille peut être monté dans le piston ou le tambour. **a)** La bille reprend son assise durant l'embrayage. **b)** La bille se déplace durant le débrayage. *Que se passe-t-il si la bille ne reprend pas son assise au bon moment?*

plaque Belleville règle la quantité de liquide qui s'échappe de l'orifice. Lorsque l'orifice se referme, la cadence d'embrayage varie. Ce système d'alimentation et d'évacuation contribue à régler la cadence d'embrayage.

Le clapet à bille Plusieurs tambours d'embrayage ou pistons d'embrayage contiennent des clapets à bille.

Le clapet à bille est conçu pour :
- évacuer l'air emprisonné dans le tambour ;
- permettre au liquide qui serait emprisonné entre le piston et le tambour de s'échapper durant le débrayage.

Pendant l'embrayage, le liquide sous pression pénètre dans le tambour. Lorsque le liquide entre dans le tambour, l'air est évacué par le clapet à bille. La bille reprend son assise une fois que l'air est complètement évacué. Le tambour s'étanchéise, ce qui permet une accumulation de pression. Si la bille ne reprend pas son assise, la pression peut être insuffisante pour actionner le piston (*voir la figure 14-9a*).

Durant le débrayage, le ressort de rappel de piston contraint le liquide à sortir du tambour. Si une certaine quantité de liquide demeure entre le piston et le tambour, le piston risque de s'enclencher partiellement, à cause de la force centrifuge. Par la force centrifuge du tambour en rotation, la bille quitte son siège. Le déplacement de la bille fait sortir le restant de liquide du tambour (*voir la figure 14-9b*).

Les boîtes de vitesses et les boîtes-ponts munies d'un piston d'alimentation et d'évacuation n'ont pas de clapet à bille. L'orifice du piston et de la plaque Belleville joue le même rôle que le clapet à bille.

Le ressort de rappel de piston Le ressort de rappel de piston (de type ressort hélicoïdal ou ressort Belleville), déplace le piston en position de relâchement. Le ressort est situé entre le piston d'embrayage et un anneau élastique ou un anneau de retenue (*voir la figure 14-10*). Dans certains modèles, on utilise des ressorts additionnels pour permettre un relâchement d'embrayage plus rapide, au cours d'une rétrogradation en rapports élevés. Les ressorts additionnels sont habituellement situés sur l'extérieur du piston. Ils poussent sur le plateau de pression de l'embrayage à disques multiples.

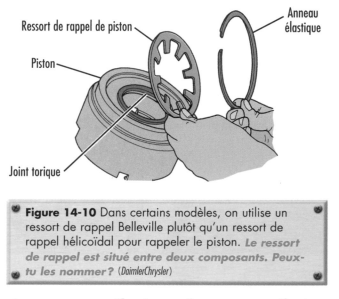

Figure 14-10 Dans certains modèles, on utilise un ressort de rappel Belleville plutôt qu'un ressort de rappel hélicoïdal pour rappeler le piston. *Le ressort de rappel est situé entre deux composants. Peux-tu les nommer?* (*DaimlerChrysler*)

Les anneaux élastiques Les anneaux élastiques maintiennent les composants d'embrayage en position. On utilise habituellement deux anneaux élastiques. L'un des anneaux permet de positionner le ressort de rappel de piston; l'autre de maintenir en place l'embrayage à disques multiples. L'anneau élastique qui maintient en place l'embrayage existe en différentes épaisseurs. Dans certains modèles, l'épaisseur de l'anneau élastique permet de régler la garde d'embrayage.

Les joints de piston Le joint de piston permet de réaliser l'étanchéité par rapport à l'alésage du tambour. Les pistons d'embrayage ont habituellement deux ou trois joints. Les joints toriques, les joints carrés, les joints à lèvres et les joints D sont les sortes les plus fréquemment utilisées.

Dans plusieurs modèles de boîtes de vitesses et de boîtes-ponts on utilise un piston moulé (*voir la figure 14-11*). Le joint de piston est moulé dans l'ensemble piston et ne peut être remplacé. Si le joint est défectueux, tu dois remplacer l'ensemble moulé au complet.

Les joints d'arbre En général, le liquide sous pression alimente les tambours d'embrayage par un passage dans un support ou un arbre de tambour. Le support ou l'arbre est scellé à la surface du tambour. Le joint empêche les fuites de liquide qui pourraient causer une perte de pression. On utilise habituellement des joints d'arbre en Téflon^MD plein, en Téflon coupé en biseau, en Téflon coupé à la souche. Ces joints sont moulés ou moulés et coupés à la souche.

Les bagues La plupart des tambours et des arbres d'embrayage sont supportés par des bagues. Une bague est une sorte de roulement. Elle remplace les billes ou les rouleaux, et sa surface de roulement intérieure est lisse et polie.

Certaines bagues sont remplaçables. Plusieurs bagues sont usinées avec les composants qu'elles supportent. Habituellement, les fabricants ne recommandent pas de

Figure 14-11 Un piston moulé comporte un joint qui est moulé avec le piston. *Comment remplace-t-on le joint de ce type de piston?* (Tom Pantages)

remplacer une bague usinée. Tu dois plutôt remplacer la bague et son ensemble de composants.

Le fonctionnement de l'embrayage L'embrayage est alimenté grâce à la pression hydraulique. Les soupapes de commande de vitesse alimentent l'embrayage approprié en passant par le conduit de pression principal (*voir la figure 14-12*). Lorsque la pression du liquide augmente, le piston appuie contre les plaques d'embrayage. La force du piston comprime le ressort de rappel et l'embrayage à disques multiples, ce qui comprime les plaques et les disques. Les disques et les plaques sont verrouillés ensemble dans l'embrayage à disques multiples. Le tambour peut ainsi entraîner ou retenir le membre du train planétaire avec lequel les disques d'embrayage sont accouplés.

Lorsque l'une des soupapes de changement de vitesse se déplace dans la direction opposée, la pression du conduit principal est retirée. La force de serrage sur l'embrayage à disques multiples disparaît. Le liquide est expulsé du tambour par le ressort de rappel de piston. Les disques d'embrayage et les plaques

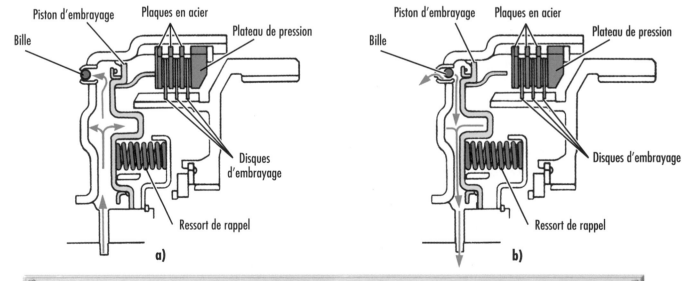

Figure 14-12 Le fonctionnement de l'embrayage. **a)** La pression hydraulique dans la chambre de piston pousse le piston contre l'embrayage à disques multiples. **b)** Une fois la pression de conduit principal relâchée, le piston est repoussé par le ressort de rappel. *Quelle est la fonction des ressorts de rappel?* (Corporation General Motors)

en acier sont déverrouillés. Le liquide, toujours emprisonné dans la chambre de piston, est évacué par le clapet à bille ou l'orifice d'évacuation.

L'embrayage à roue libre

Un **embrayage à roue libre** est un embrayage qui transmet le couple dans une seule direction.

Il existe deux types d'embrayage à roue libre :
* l'embrayage à haricots ;
* l'embrayage à rouleaux.

L'embrayage à haricots La roue libre à haricots est constituée de pièces de métal en forme de haricot ; elle est située entre une bague intérieure et une bague extérieure (*voir la figure 14-13*).

Lorsque l'embrayage tourne dans une direction, les haricots se coincent entre la bague intérieure et la bague extérieure. La bague intérieure se verrouille à la bague extérieure, ce qui bloque l'embrayage. Lorsque l'embrayage tourne dans la direction opposée, les haricots se déplacent pour déverrouiller les bagues. Les bagues intérieure et extérieure ne sont plus reliées par les rouleaux d'embrayage, ce qui débloque l'embrayage.

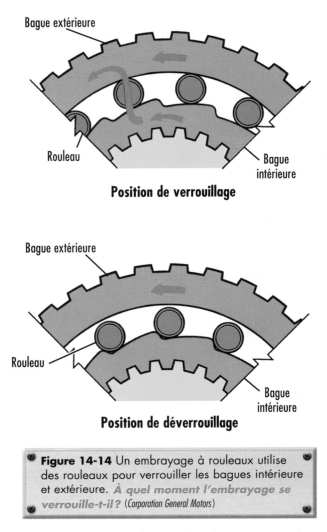

Position de verrouillage

Position de déverrouillage

Figure 14-14 Un embrayage à rouleaux utilise des rouleaux pour verrouiller les bagues intérieure et extérieure. *À quel moment l'embrayage se verrouille-t-il ?* (Corporation General Motors)

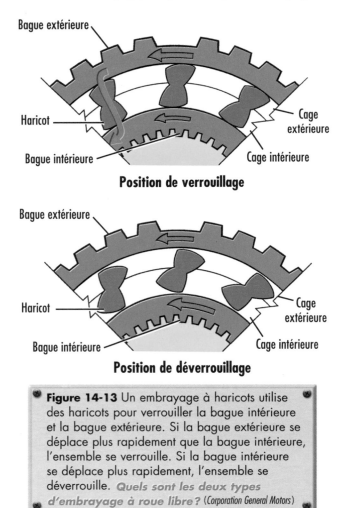

Position de verrouillage

Position de déverrouillage

Figure 14-13 Un embrayage à haricots utilise des haricots pour verrouiller la bague intérieure et la bague extérieure. Si la bague extérieure se déplace plus rapidement que la bague intérieure, l'ensemble se verrouille. Si la bague intérieure se déplace plus rapidement, l'ensemble se déverrouille. *Quels sont les deux types d'embrayage à roue libre ?* (Corporation General Motors)

L'embrayage à rouleaux L'embrayage à rouleaux est un type d'embrayage à roue libre très utilisé. Tout comme l'embrayage à haricots, l'embrayage à rouleaux est constitué d'une bague intérieure et d'une bague extérieure. Les rouleaux sont placés entre les bagues. La bague intérieure est usinée de façon que les rouleaux circulent sur une rampe.

Lorsque la bague intérieure tourne dans une direction, les rouleaux se coincent dans la portion la plus étroite de la rampe. Les bagues intérieure et extérieure se verrouillent et bloquent ainsi l'embrayage. Lorsque la bague intérieure est maintenue en place ou qu'elle tourne dans la direction opposée, les rouleaux se déplacent vers la portion plus large de la rampe. Les bagues intérieure et extérieure ne sont plus jointes. L'embrayage se déverrouille et peut fonctionner en roue libre (*voir la figure 14-14*).

La vérification d'un embrayage à roue libre Certains embrayages à roue libre ne peuvent être retirés de leur emplacement pour qu'on puisse les inspecter. Si un problème se pose à ce type d'embrayage à roue libre, tu dois remplacer l'embrayage au complet.

MATHÉMATIQUES

L'augmentation de la capacité du couple

Cédric aimerait augmenter la capacité de couple de la boîte de vitesses de son véhicule. Présentement, trois plaques font partie de l'embrayage à disques multiples. Pour accroître la capacité de serrage, il doit augmenter la surface de contact des plaques d'embrayage. Les plaques sont appuyées les unes contre les autres durant les changements de vitesses, et la surface de contact est la surface où les plaques s'appuient. Cédric aimerait faire installer un embrayage à disques multiples qui pourrait contenir plus de plaques.

Pour savoir si le nouvel embrayage augmentera la force de serrage, tu dois déterminer l'aire des plaques d'embrayage à partir du centre. Par la suite, tu dois soustraire l'aire du trou de la plaque. La formule suivante peut t'aider à trouver la réponse :

Formule pour calculer l'aire d'un cercle
$$= rayon^2 \times \pi \; \textit{(pi)}$$
$$= rayon^2 \times 3,14$$

La boîte de vitesses de Cédric sert ici d'exemple. Utilise les données suivantes pour déterminer si la force de serrage ou de la capacité de serrage a augmenté.

Étape 1 Le diamètre de la plaque d'embrayage du véhicule de Cédric est de 150 mm (6 po). Le rayon correspond à la moitié du diamètre; donc, le rayon est de 3 pouces.

$A = 150^2 \times 3,14 = 22,500 \times 3,14 = 70\,650$ mm²

Étape 2 Le diamètre intérieur est de 114 mm (4,5 po). Le rayon étant égal à la moitié du diamètre, le rayon est de 40 807 mm².

$A = 57^2 \times 3,14 = 3\,249 \times 3,14 = 10\,201 =$ 10 201 mm² **(arrondi à 2 décimales)**

Étape 3 Maintenant, calcule $70\,650$ mm² $- 40\,807$ mm² $= 29\,843$ mm². La surface d'un côté d'une plaque d'embrayage est de $29\,843$ mm².

Dans un embrayage à disques multiples qui contient trois plaques, les plaques se touchent des deux côtés. Donc, la capacité de serrage est de $29\,843$ mm² ($29\,843$ mm² $\times 59\,686$ mm²).

À toi de jouer !

Conforme aux normes de l'EDU en mathématiques pour la conversion de formules, la résolution de problèmes qui contiennent des décimales et l'estimation de rendements.

Pour résoudre les problèmes suivants, suis les étapes mentionnées ci-dessus :

❶ Quelle est la capacité de serrage d'un embrayage à disques multiples qui a trois plaques d'embrayage dont le diamètre est de 203 mm (8 po) et le diamètre intérieur, de 178 mm (7 po) ?

❷ Quelle est la capacité de serrage d'un embrayage à disques multiples qui a quatre plaques d'embrayage dont le diamètre est de 6 po et le diamètre intérieur, de 114 mm (4,5 po) ?

❸ Compare la capacité de serrage de l'embrayage 1 et de l'embrayage 2. Quel est l'embrayage à disques multiples qui a la plus grande capacité de serrage ?

Si tu peux retirer l'embrayage, tu dois l'inspecter pour repérer :
- les ressorts endommagés ;
- les rouleaux ou les haricots qui ont des portions aplaties ;
- les surfaces de chemins endommagées.

Les bandes d'embrayage

Une **bande d'embrayage** est une bande métallique souple dont la surface interne est munie d'une garniture de friction. Parfois, les bandes d'embrayage sont appelées *freins*. Ces bandes servent à maintenir les membres du train planétaire immobiles. Souvent, la bande est enroulée autour d'un *tambour d'embrayage*. Le tambour d'embrayage est fixé au membre du train planétaire qui est maintenu immobile.

On trouve trois grands types de bandes d'embrayage :
- *Double enveloppement.* Ce type de bande est composé de trois bandes. Les bandes ont trois surfaces de frottement distinctes. La bande centrale se déplace entre la bande intérieure et la bande extérieure. L'une des extrémités de la bande est fixée à un servo d'application. L'autre extrémité peut être fixée au carter ou à la tringlerie du servo d'application. Lorsque la pression est appliquée à l'extrémité fixée au servo d'application, le côté fixé se serre. On obtient ainsi une plus grande efficacité de force de serrage.

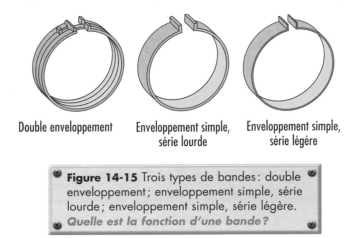

Double enveloppement

Enveloppement simple, série lourde

Enveloppement simple, série légère

> **Figure 14-15** Trois types de bandes : double enveloppement ; enveloppement simple, série lourde ; enveloppement simple, série légère. *Quelle est la fonction d'une bande ?*

- *Enveloppement simple, série lourde* On utilise cette bande pour les séries lourdes. Les points de fixation sont les mêmes que ceux de l'enveloppement simple, série légère.
- *Enveloppement simple, série légère* L'une des extrémités de la bande peut être fixée au carter de boîte de vitesses, et l'autre extrémité est fixée au servo d'application (*voir la figure 14-15*).

Ce sont des servos qui commandent les bandes. Un **servo** est un piston hydraulique qui applique et relâche la pression d'une bande. L'une des extrémités de la bande peut être fixée au carter de la boîte de vitesses. L'autre extrémité est fixée au servo d'application à l'aide d'une tige d'assemblage ou d'une tringlerie de servocommande. Une tige de servo est une pièce ronde en acier, fixée au servopiston. Le nombre de bandes utilisées peut varier selon le modèle et le type de boîte de vitesses ou de boîte-pont.

Lorsqu'une pression hydraulique s'exerce, le servopiston se déplace dans son alésage. Le servo est fixé à la bande par une tige d'assemblage ou une tringlerie de servocommande. Le piston applique une force sur la bande. Celle-ci se resserre et maintient le tambour.

Il existe quatre types de tringlerie de servocommande (*voir la figure 14-16*) :
- le type à serrage direct ;
- le type à tige évolutive ;
- le type à attache alignée ;
- le type à attache déportée.

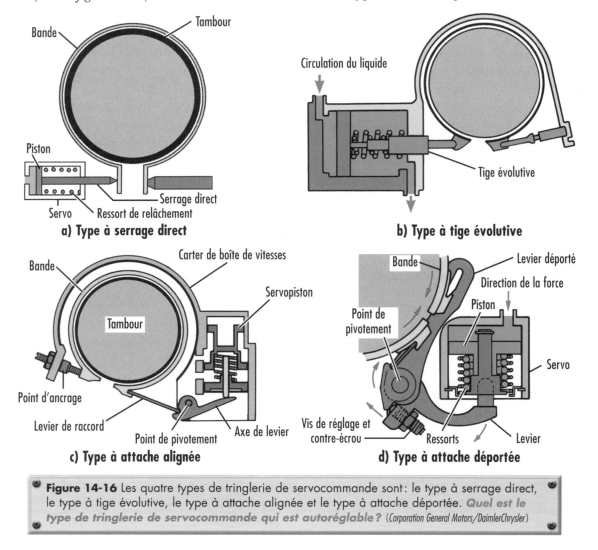

a) **Type à serrage direct**

b) **Type à tige évolutive**

c) **Type à attache alignée**

d) **Type à attache déportée**

> **Figure 14-16** Les quatre types de tringlerie de servocommande sont : le type à serrage direct, le type à tige évolutive, le type à attache alignée et le type à attache déportée. *Quel est le type de tringlerie de servocommande qui est autoréglable ?* (*Corporation General Motors/DaimlerChrysler*)

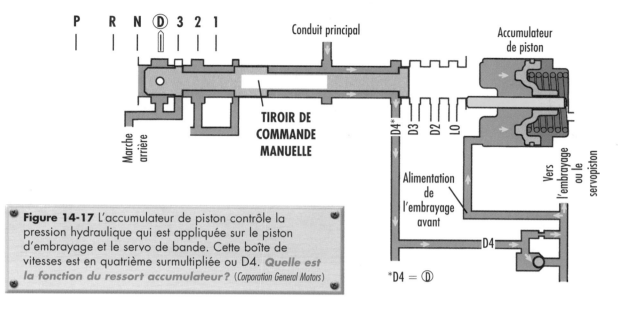

Figure 14-17 L'accumulateur de piston contrôle la pression hydraulique qui est appliquée sur le piston d'embrayage et le servo de bande. Cette boîte de vitesses est en quatrième surmultipliée ou D4. *Quelle est la fonction du ressort accumulateur?* (Corporation General Motors)

Le type à serrage direct On utilise un type à serrage direct lorsque le servo est placé de façon à pouvoir commander directement la bande. La tige de servo peut être fixée directement à une extrémité de la bande. Dans d'autres séries, la tige de servo est fixée à un raccord métallique droit. Le raccord est fixé à la bande.

Le type à tige évolutive Dans ce modèle, la tige de servo est fixée directement à la bande. La tige évolutive permet le réglage automatique de la bande au fil de l'usure. La grandeur de la tige est évolutive.

Le type à attache alignée On utilise un type à attache alignée dans les cas où la bande ne peut être alignée au servo. Le levier est fixé au servo et à la bande à l'aide d'un point de pivotement ou point d'appui. L'utilisation d'un levier augmente l'efficacité de la force exercée sur la bande.

Le type à attache déportée Le type à attache déportée utilise un raccord composé d'un levier et d'un levier déporté. Le levier est fixé au servo ainsi qu'à une extrémité de la bande. Le levier déporté est fixé au levier par un point de pivotement ainsi qu'à l'autre extrémité de la bande.

Le levier pousse sur une extrémité de la bande et tire sur le levier déporté. Le levier déporté presse la bande autour du tambour. Une vis de réglage permet de régler le jeu initial entre la bande et le tambour.

L'accumulateur

Un **accumulateur** est un dispositif qui emmagasine le liquide de transmission durant un embrayage ou l'application d'une bande. Il agit comme un amortisseur hydraulique. Les accumulateurs absorbent une quantité du liquide acheminé au piston d'embrayage ou à la bande de servo. Les trois types d'accumulateurs sont:

* le piston;
* le servo;
* la soupape.

Le piston accumulateur

Le piston accumulateur est muni d'un piston hydraulique. Le piston est raccordé en parallèle avec le piston d'embrayage ou le servo de bande dans le circuit hydraulique (*voir la figure 14-17*). Lorsque le liquide est appliqué au piston d'embrayage ou au servo, il est aussi appliqué à l'accumulateur. Le mouvement du piston absorbe une partie du liquide. Un ressort ainsi qu'une contre-pression hydraulique sur le piston contrôlent la vitesse de mouvement du piston. L'engagement de l'embrayage ou de la bande s'effectue plus lentement, ce qui permet des changements de vitesses plus doux.

Le ressort accumulateur qui contrôle la vitesse de mouvement du piston peut avoir un code couleur. Prends toujours en note la grandeur, la couleur, la direction et l'emplacement des ressorts. Leur emplacement varie selon le modèle, la série et la date de fabrication de la boîte de vitesses. Certains ressorts accumulateurs sont directionnels. Place toujours le ressort dans la même direction et la même position. La tension des ressorts peut aussi varier.

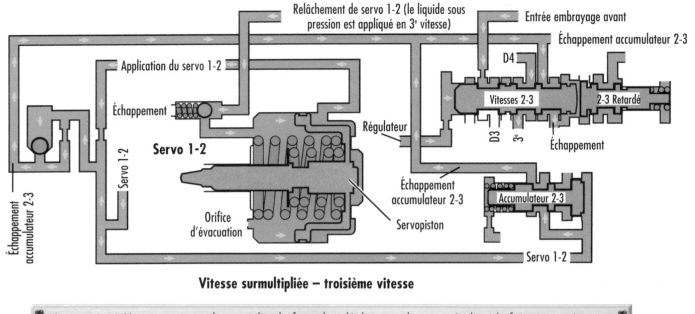

Figure 14-18 Un servo-accumulateur utilise la face de relâchement du servo. Le liquide fait son entrée et s'accumule derrière le piston dans le servo. *Quelle est la fonction d'un accumulateur?* (Corporation General Motors)

Le servo-accumulateur

Certains fabricants utilisent la face de relâchement du servo comme accumulateur. Au moment où le servo-piston est repoussé dans son alésage ou vers la droite à la **figure 14-18**, le mouvement du servopiston réduit la pression du liquide. Le liquide est attiré vers la face de relâchement du servo. La face de relâchement sert ainsi d'accumulateur pour le liquide qui s'achemine au piston ou au servo. Plusieurs fabricants utilisent la face de relâchement du servo comme accumulateur pour l'application d'un embrayage. Lorsque le servo est repoussé dans son alésage, le vide créé par le mouvement du servopiston sert d'accumulateur pour le liquide qui se rend à l'embrayage.

La soupape d'accumulateur

Une soupape d'accumulateur utilise une soupape à ressort. Au fur et à mesure que la pression hydraulique s'accumule, la soupape se déplace. La soupape fonctionne comme le piston dans le piston accumulateur. La différence est que le liquide s'accumule dans une soupape plutôt que dans un piston.

VÉRIFIE TES CONNAISSANCES

❶ Quelle est la fonction d'une plaque d'embrayage Belleville?

❷ Quels sont les deux types d'embrayage à roue libre?

❸ Quelle est la fonction d'un servo?

❹ Quel est le type de tringlerie de servocommande qui utilise un point de pivotement ou un point d'appui?

❺ Quels sont les trois types d'accumulateurs? Explique ce qui les différencie.

Section 2

L'entretien des composants d'application

L'entretien des composants d'application d'une boîte de vitesses doit s'effectuer en respectant des marches à suivre précises. Les directives de retrait et d'entretien de ces composants sont propres à l'unité sur laquelle tu dois travailler. Consulte le guide d'entretien du véhicule pour connaître la marche à suivre et les spécifications.

L'entretien du tambour d'embrayage

Le tambour d'embrayage contient les composants d'embrayage. Il est habituellement en acier. La surface externe du tambour est la surface d'application des bandes d'embrayage. Le tambour d'embrayage doit être inspecté pour repérer d'éventuels dommages.

Durant l'inspection, tu dois repérer les problèmes suivants :
- la surface d'application de la bande est gondolée ou usée ;
- les bagues sont endommagées ou la région des joints de piston est très usée ;
- l'arbre de support est endommagé ou fendu ;
- les butées d'entraînement sont endommagées ;
- l'alésage de piston est endommagé ;
- les conduits d'alimentation de liquide sont obstrués ;
- des cannelures sont usées ou endommagées ;
- les clapets à billes du tambour ou de l'arbre sont manquants, fuyants ou endommagés ;
- les anneaux élastiques et les rainures de verrouillage sont endommagés.

Une surface de tambour gondolée ou usée peut endommager les bandes. La surface d'application de la bande sur un tambour gondolé est plus basse au milieu qu'aux extrémités. Lorsque la bande est complètement appliquée, elle peut glisser sur la surface du tambour. Un glissement entraîne de l'usure et des dommages dus à la chaleur.

Ne te fie pas à une inspection visuelle. Utilise une règle de vérification et une jauge d'épaisseur à lames. Le tambour devrait être droit d'un côté à l'autre de la surface d'application de la bande. Si un tambour est endommagé ou très usé, tu dois le remplacer (*voir la figure 14-19*).

Figure 14-20 On peut facilement poser les joints de pistons à lèvre à l'aide d'outils pour la pose des joints. *Que se produirait-il si un joint était endommagé durant la pose ?* (*Tom Pantages*)

L'entretien du piston d'embrayage

Le piston d'embrayage procure la force de serrage à l'embrayage à disques multiples. Inspecte le piston pour repérer :
- le gauchissement. Place le piston sur une surface plate et inspecte-le visuellement pour voir s'il est gauchi ;
- des cannelures de joints endommagées ;
- des fissures, qui sont plus fréquentes sur les pistons en aluminium ;
- des dommages au siège de ressort.

Si un piston est endommagé ou qu'il présente une usure excessive, tu dois le remplacer.

Tu devras peut-être utiliser des outils spécialisés pour poser les joints dans le tambour ou sur le piston (*voir la figure 14-20*). Si ce n'est pas nécessaire, tu peux utiliser une lame calibrée ou une boucle de corde à piano pour poser le joint. Tu peux te procurer des outils de boucles métalliques dans plusieurs commerces où on vend des outils. Plusieurs boîtes de vitesses nécessitent l'utilisation d'outils spécialisés pour poser le piston dans le tambour. Consulte le guide d'entretien du véhicule pour connaître les directives.

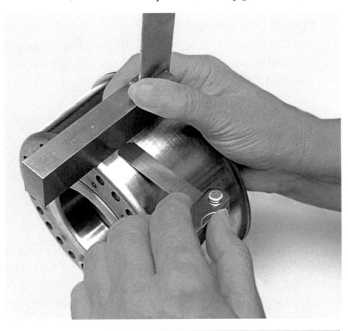

Figure 14-19 La vérification de la surface d'application de la bande pour voir si elle est gondolée. *Que se produirait-il si la surface d'application était gondolée et que le tambour était poncé et réutilisé ?* (*Tom Pantages*)

Pour poser le joint et le piston :

1. Assure-toi d'avoir les outils spécialisés et la documentation nécessaire pour effectuer le travail.

2. Nettoie et inspecte toutes les pièces avant de les poser.

3. Pendant que tu appliques une légère pression sur le piston pour le faire descendre, pousse le bout du joint de piston vers le bas.

4. Pousse le bout du joint vers l'intérieur avec un outil spécialisé ou une lame calibrée. Si tu utilises une lame calibrée, évite les mouvements de va-et-vient, car tu pourrais endommager le joint. Les embrayages à joints carrés, à joints toriques ou à joints D ne requièrent habituellement aucun outil spécialisé pour que tu puisses les poser. Lubrifie les joints et l'alésage avec une mince couche de gelée de pétrole ou de liquide de transmission.

5. Pose le piston dans l'alésage en appuyant légèrement dessus (*voir la figure 14-21*).

Si le tambour a des joints à lèvre, assure-toi que ceux-ci sont posés dans la bonne direction.

Figure 14-21 La pose d'un piston dans l'alésage. *Quels sont les types de joints qui ne requièrent habituellement pas d'outil spécialisé pour que tu puisses les poser ? (Robert Hock)*

L'entretien des disques d'embrayage et des plateaux d'embrayage en acier

On remplace habituellement les disques d'embrayage et les plateaux d'embrayage en acier au moment d'une révision de l'embrayage. Si les disques ou les plateaux sont réutilisés, inspecte les disques pour repérer :
- l'écaillage, les piqûres et l'usure ;
- les disques d'embrayage endommagés ou usés. Vérifie pour voir s'il s'est produit un délaminage de la garniture de friction.

Inspecte les plateaux pour repérer :
- des zones de surchauffe causée par un glissement, un gauchissement ou d'autres dommages provoqués par la chaleur (*voir la figure 14-22*) ;
- des cannelures ou des butées endommagées ou usées.

Figure 14-22 L'inspection d'un plateau en acier pour repérer les dommages. *Que faut-il vérifier lorsqu'on inspecte les plateaux en acier ? (Tom Pantages)*

La pose du plateau d'embrayage Consulte le guide d'entretien pour connaître la marche à suivre et les directives d'utilisation.

Pour poser le plateau d'embrayage :

1. Fais tremper les disques d'embrayage dans le liquide de transmission plusieurs minutes avant de les poser.

2. Pose le piston et le ressort de rappel.

3. Pose la plaque de renfort si l'embrayage en contient une.

4. Pose un plateau en acier. Certains plateaux en acier sont directionnels.

5. Pose un disque d'embrayage.

6. Pose les plateaux en acier et les disques d'embrayage en alternance. Certaines séries prévoient la pose de deux plateaux en acier ensemble, à certains endroits dans l'embrayage.

7. Pose le plateau de pression et l'anneau élastique du haut.

Le jeu des plateaux d'embrayage Le jeu des plateaux et la course du piston doivent être mesurés avant de monter l'embrayage. La mesure du jeu des plateaux permet de s'assurer que l'embrayage n'est ni trop serré ni trop lâche.

Pour vérifier le jeu des plateaux, place une lame calibrée entre l'anneau élastique et le plateau de pression (*voir la figure 14-23*). Certains fabricants suggèrent de placer la lame calibrée entre le disque d'embrayage et le plateau en acier.

On ne peut pas utiliser une lame calibrée dans les cas suivants :
- le plateau de pression est en escalier ;
- l'embrayage à disques multiples est muni d'une plaque ondulée ou d'une plaque Belleville.

Le vocabulaire de l'automobile

Comment peut-on expliquer la création d'un mot? Comment en vient-on à trouver de nouveaux sens à un mot qui permettront de créer de nouvelles définitions? Avec l'usage! Lorsqu'une personne commence à utiliser verbalement un nouveau groupe de syllabes pour représenter une chose, c'est la naissance d'un mot. Après un certain temps, lorsque le mot fait son apparition dans des écrits, il est alors reconnu comme un vrai mot. L'usage du mot dans de nouveaux contextes donnera de nouveaux sens au mot qui engendreront de nouvelles définitions.

Si tu avais cherché la définition du mot *bougie* en 1904, tu aurais déjà trouvé une définition pertinente dans le domaine des moteurs à essence. Les techniciens utilisent des mots qui ont plusieurs définitions. Si tu connais les mots ou les définitions propres au domaine de l'automobile, tu communiqueras plus facilement avec les clientes et les clients. Si tu es en mesure d'expliquer le sens d'un mot dans le contexte de l'automobile, les clients comprendront mieux.

À toi de jouer !

Conforme aux normes de l'EDU en communication pour l'adoption d'une stratégie d'expression orale, l'utilisation de définitions, l'organisation de l'information et la rédaction de notes.

❶ Plie une feuille de papier en deux, dans le sens de la longueur. Sur le côté gauche, intitule une colonne «Application» et, sur le côté droit, intitule une colonne «Définition».

❷ Repère tous les endroits dans ce chapitre où le mot *application* est utilisé.

❸ Écris le mot qui précède et celui qui suit le mot *application* dans la colonne de gauche (ex.: *composant d'application*). Dans la colonne de droite, définis le sens d'*application* dans le contexte.

❹ Trouve le mot *application* dans le dictionnaire. Y a-t-il une définition du mot *application* qui correspond à ta définition? Crois-tu que l'industrie automobile a créé une nouvelle définition pour ce mot? Explique ta réponse.

Figure 14-23 La vérification du jeu de plateau dans l'embrayage à disques multiples avec une lame calibrée. *À quel endroit place-t-on habituellement la lame calibrée pour vérifier le jeu d'embrayage?* (Robert Hock)

Dans ces cas, tu peux vérifier la course du piston d'embrayage. Pour effectuer la vérification, place un comparateur à cadran sur le piston d'embrayage. Applique une pression d'air dans le passage d'alimentation du liquide et note la mesure du comparateur à cadran (*voir la figure 14-24*).

La plupart des modèles sont munis d'anneaux élastiques ou de plateaux de pression amovibles de différentes épaisseurs. Tu peux utiliser des anneaux élastiques ou des plateaux de pression de différentes épaisseurs pour régler le jeu de l'embrayage ou la course du piston. Consulte le guide d'entretien du véhicule pour connaître les spécifications de jeu et l'épaisseur recommandée pour les plateaux de pression ou pour les anneaux élastiques.

Figure 14-24 La vérification de la course du piston avec un comparateur à cadran. *Où faut-il placer le comparateur à cadran pour vérifier la course du piston?* (Robert Hock)

L'entretien du ressort de rappel du piston

Tu dois enlever le ressort de rappel du piston avant de pouvoir travailler sur le piston. Tu dois également utiliser des outils spécialisés pour la compression de ressort (*voir la figure 14-25*).

La sécurité personnelle Utilise toujours un outil de compression de ressort pour poser le ressort de rappel du piston. Porte des lunettes de protection et des gants protecteurs. Pour éviter les blessures, veille à ce que l'outil de compression de ressort ne glisse pas.

Pour retirer le ressort de rappel du piston :

1. Installe l'outil de compression de ressort.
2. À l'aide de l'outil, comprime doucement le ressort de rappel.
3. Retire l'anneau élastique du ressort de rappel.
4. Relâche la pression de l'outil de compression et retire l'outil et le ressort.
5. Retire le piston.

Pour poser le ressort de rappel du piston :

1. Pose le piston et les joints.
2. Pose le ressort de rappel. Certains modèles n'utilisent pas tous les logements de ressorts. Si certains logements sont libres, dispose tous les ressorts à intervalles égaux autour du piston.
3. Comprime le ressort avec l'outil de compression et pose l'anneau élastique.
4. Relâche doucement l'outil de compression de ressort et enlève-le.

L'entretien des bandes, des servos et des accumulateurs

À l'occasion, au moment d'une révision ou d'un remontage de boîte de vitesses, tu peux réutiliser les bandes. Inspecte les bandes pour repérer :
- l'écaillage, les piqûres, l'usure et le délaminage de la garniture de friction – les bandes démontrent généralement de l'usure aux extrémités, donc tu dois porter une attention particulière à ces endroits ;
- des dommages aux points d'ancrage sur la bande et dans le carter.

Inspecte les servos et les accumulateurs pour repérer :
- le gauchissement. Si tu inspectes un piston en acier, place-le sur une surface plate. Fais rouler le piston et inspecte-le visuellement pour voir s'il est gauchi ;

CONSEIL TECHNIQUE **Précision d'usinage** Certains fabricants utilisent un procédé dont la marge de tolérance d'usinage est très restreinte. Par conséquent, le tambour et le piston sont usinés avec une très grande précision. Si on utilise les plaques et la garniture de friction du fabricant, le réglage n'est pas nécessaire. Avec un tel procédé, le guide d'entretien ne fait pas mention du jeu d'embrayage, des mesures de course ou des réglages.

- des cannelures de joints endommagées ;
- des fissures – les fissures sont plus courantes dans le cas de pistons en aluminium ;
- des dommages au siège de ressort.

Si un piston est endommagé ou qu'il présente une usure excessive, tu dois le remplacer. Vérifie aussi les alésages et les tiges d'assemblage de servo et d'accumulateur pour voir s'ils sont rayés ou endommagés. Inspecte aussi les ressorts d'accumulateur et de servo pour voir s'ils sont endommagés.

Le réglage de la longueur des tiges d'assemblage de servo Une tige d'assemblage évolutive de servo est une tige dont on peut régler la longueur.

Figure 14-25 Le retrait et la pose du ressort de rappel de piston. *Quelles mesures de sécurité faut-il prendre lorsqu'on travaille avec un outil de compression de ressort ?* (Tom Pantages)

Ce type de servo est conçu pour se régler automatiquement en fonction de l'usure de la bande. Tu devras peut-être effectuer un réglage si tu dois remonter la boîte de vitesses ou encore la boîte-pont. Il faut un outil spécialisé pour vérifier et régler la longueur de la tige (*voir la figure 14-26*).

Certains modèles ne nécessitent pas d'outil spécialisé. Tu peux, dans ce cas, vérifier la tige en mesurant la course du piston. Consulte le guide d'entretien du véhicule pour connaître les directives et les spécifications.

Dans le guide d'entretien, on trouve des tableaux qui présentent les différentes longueurs de tige. On détermine habituellement les longueurs de tiges en fonction du nombre et de la largeur des cannelures usinées dans la tige. Certaines sont déterminées d'après la longueur réelle de la tige.

Le réglage des bandes Dans le cas de certaines boîtes de vitesses et de certaines boîtes-ponts, le réglage des bandes fait partie du programme d'entretien périodique. Le guide d'entretien du véhicule fournit les spécifications détaillées de réglage et les directives.

La sécurité d'abord

La sécurité matérielle N'aplatis pas la bande durant l'inspection. Tu pourrais endommager la garniture de friction.

La pression d'essai à l'air du piston d'embrayage et du servopiston Un essai de pression à l'air permet de déterminer si le piston fonctionne bien. Utilise toujours une pression d'air régularisée. Avec une pression plus faible, la vérification est plus précise. Si la pression d'air n'est pas régularisée, les résultats pourraient être faussés et les joints de piston pourraient subir des dommages.

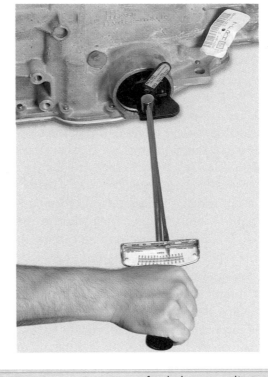

Figure 14-26 On peut vérifier la longueur d'une tige d'assemblage de servo à l'aide d'un outil spécialisé. *Où trouve-t-on les longueurs appropriées de tiges d'assemblage de servo ?* (TK)

Pour effectuer un essai de pression à l'air sur un piston d'embrayage ou un servopiston :

1. Porte des lunettes de protection et des gants protecteurs.

2. Trouve les passages d'alimentation de l'embrayage ou du servo.

3. Applique la pression d'air dans le passage d'alimentation du fluide pour vérifier le piston. N'utilise jamais plus de 620,5 kPa (90 psi).

4. Écoute pour voir si tu entends un bruit de martèlement. Ce bruit indique le déplacement du piston. Il est normal qu'une petite quantité d'air s'échappe.

VÉRIFIE TES CONNAISSANCES

❶ Comment répare-t-on un tambour d'embrayage endommagé ?

❷ Pour poser un certain type de joint de piston, on peut avoir besoin d'outils spécialisés. De quel type de joint s'agit-il ?

❸ Pourquoi faut-il vérifier les jeux de l'embrayage à disques multiples ?

❹ Quel est le type de tringlerie de servo conçu pour se régler automatiquement en fonction de l'usure de la bande ?

❺ Comment peut-on vérifier un piston d'embrayage et un servopiston ?

RÉVISION DU CHAPITRE 14

Notions importantes

Ces notions sont conformes aux normes du MFCUO concernant la boîte de vitesses automatique et la boîte-pont: mesurer le jeu de l'embrayage à disques multiples; inspecter les joints d'embrayage, les bagues, le tambour, le piston, les clapets à bille, les ressorts, les butées, les plaques d'embrayage et les plateaux de pression; effectuer un essai de pression à l'air sur l'embrayage et le servo; inspecter les embrayages à roue libre; régler et vérifier les bandes.

- Un embrayage à disques multiples contient des disques d'embrayage et des plaques en acier.
- Une boîte de vitesses (ou une boîte-pont) utilise trois types de bandes d'embrayage.
- Il y a quatre types de tringleries de servo.
- La longueur de la tige d'assemblage de servo est réglable dans certains types de tringleries.
- Un accumulateur est raccordé en parallèle à l'embrayage ou au servopiston dans un circuit hydraulique.
- La pose de certains ensembles de pistons d'embrayage peut nécessiter l'utilisation d'outils spécialisés.
- Tu dois vérifier et régler le jeu des plaques d'embrayage avant de poser l'embrayage.
- Tu dois comprimer les ressorts de rappel avec un outil de compression avant de retirer l'anneau élastique.
- Tu dois utiliser une pression d'air régularisée pour effectuer un essai de pression à l'air sur le piston d'embrayage ou le servopiston.

Questions de révision

❶ Comment peut-on différencier les disques d'embrayage et les plaques en acier?

❷ Quels sont les trois types de bandes d'embrayage, et qu'est-ce qui les différencie?

❸ Quels sont les quatre types de tringleries de piston hydraulique pour appliquer et relâcher une bande, et qu'est-ce qui les différencie?

❹ Qu'est-ce qu'un accumulateur et quelle est sa fonction?

❺ Comment vérifie-t-on le jeu des plaques d'embrayage et comment le règle-t-on?

❻ Deux outils sont souvent utilisés pour poser les joints à lèvres. Peux-tu les nommer?

❼ Quel outil utilise-t-on pour retirer un ressort de rappel de piston?

❽ **Pensée critique** Pourquoi un tambour d'embrayage gauchi peut-il nuire à la durée de vie d'une bande?

❾ **Pensée critique** Pourquoi est-il important d'avoir un orifice d'évacuation de piston pour contrôler le débit de liquide?

PRÉVISIONS TECHNOLOGIQUES
POUR L'EXCELLENCE EN MATIÈRE D'AUTOMOBILE

De nouveaux rapports avant

Il y a quelques années, les fabricants de véhicules automobiles ont commencé à produire des boîtes de vitesses automatiques à quatre rapports pour remplacer les modèles à trois rapports. L'ajout du quatrième rapport a permis au moteur de tourner à plus faible régime sur la grande route, ce qui réduit la consommation d'essence. Le quatrième rapport a aussi permis de rendre le moteur moins bruyant.

Pour des raisons semblables, les fabricants de véhicules automobiles ont commencé à équiper les boîtes de vitesses manuelles de cinq, voire de six rapports avant. Les concepteurs de boîtes de vitesses automatiques commencent à en tenir compte. Ils ont déjà conçu des boîtes de vitesses automatiques à cinq rapports pour des modèles haut de gamme. Il est fort probable que ces nouvelles boîtes de vitesses se retrouveront dans des modèles plus abordables d'automobiles et de camions.

Ces boîtes de vitesses automatiques à cinq rapports sont différentes des boîtes de vitesses manuelles traditionnelles à cinq rapports, car la cinquième vitesse est placée entre la deuxième vitesse et la troisième vitesse pour permettre un changement de vitesse plus doux. Parmi les avantages, on peut mentionner que le moteur tourne à plus faible régime lorsqu'il est en vitesse de croisière, ce qui réduit le bruit, la consommation d'essence et les émissions polluantes.

Dans cette lancée, on peut s'attendre à l'ajout d'un sixième rapport. En plus des nouveaux rapports, on trouvera aussi de nouveaux composants d'application de fabrication nouvelle. Puisque les rapports d'engrenage ne sont pas aussi grands, les composants d'application peuvent être plus petits. On pourra aussi fabriquer ces composants avec des matériaux plus légers que l'acier, tels que l'aluminium ou le plastique moulé par injection. Ces nouveaux matériaux ont pour avantage d'être plus légers et d'atteindre des températures de fonctionnement plus basses.

EXCELLENCE AUTOMOBILE
TEST PRÉPARATOIRE

En répondant aux questions suivantes, tu pourras te préparer aux tests en vue d'obtenir la certification du MFCUO.

1. La technicienne A dit qu'il faut toujours régler les bandes, peu importe le modèle de boîte de vitesses. Le technicien B dit que le réglage des bandes ne fait partie du programme d'entretien périodique que pour certains modèles de boîtes de vitesses. Qui a raison ?

   ⓐ La technicienne A.
   ⓑ Le technicien B.
   ⓒ Les deux ont raison.
   ⓓ Les deux ont tort.

2. Le technicien A dit que les bandes peuvent retenir et entraîner des membres du train planétaire. La technicienne B dit qu'un embrayage peut retenir et entraîner les membres du train planétaire. Qui a raison ?

   ⓐ Le technicien A.
   ⓑ La technicienne B.
   ⓒ Les deux ont raison.
   ⓓ Les deux ont tort.

3. La technicienne A dit qu'il faut inspecter le disque d'embrayage pour repérer l'écaillage, les piqûres et le délaminage. Le technicien B dit que les plaques d'embrayage devraient être inspectées pour repérer les dommages causés par la chaleur. Qui a raison ?

   ⓐ La technicienne A.
   ⓑ Le technicien B.
   ⓒ Les deux ont raison.
   ⓓ Les deux ont tort.

4. Le technicien A dit que l'on peut régler le jeu d'embrayage de certaines boîtes de vitesses. La technicienne B dit que l'on peut utiliser une lame calibrée pour régler le jeu d'embrayage de toutes les boîtes de vitesses. Qui a raison ?

   ⓐ Le technicien A.
   ⓑ La technicienne B.
   ⓒ Les deux ont raison.
   ⓓ Les deux ont tort.

5. Parmi les composants suivants, lequel ne fait pas partie d'un embrayage à disques multiples ?

   ⓐ Le piston accumulateur.
   ⓑ Le disque d'embrayage.
   ⓒ La plaque en acier.
   ⓓ Le ressort de rappel.

6. Parmi les choix suivants, lequel ne correspond pas à un type de bande ?

   ⓐ Le double enveloppement.
   ⓑ Le double enveloppement simple.
   ⓒ L'enveloppement simple, série légère.
   ⓓ L'enveloppement simple, série lourde.

7. La technicienne A dit que certains tambours d'embrayage ont des clapets à bille remplaçables. Le technicien B dit que certains pistons et tambours d'embrayage n'ont pas de clapet à bille. Qui a raison ?

   ⓐ La technicienne A.
   ⓑ Le technicien B.
   ⓒ Les deux ont raison.
   ⓓ Les deux ont tort.

8. Le technicien A dit que certains pistons d'embrayage utilisent des joints toriques. La technicienne B dit que certains pistons d'embrayage ont des joints coupés en biseau. Qui a raison ?

   ⓐ Le technicien A.
   ⓑ La technicienne B.
   ⓒ Les deux ont raison.
   ⓓ Les deux ont tort.

9. La technicienne A dit qu'un embrayage à roue libre transmet le couple dans une seule direction. Le technicien B dit que les embrayages à roue libre, à haricots et à rouleaux ont des composants différents, mais qu'ils ont la même fonction. Qui a raison ?

   ⓐ La technicienne A.
   ⓑ Le technicien B.
   ⓒ Les deux ont raison.
   ⓓ Les deux ont tort.

10. Le technicien A dit que tous les roulements peuvent être remplacés individuellement. La technicienne B dit que certaines bagues sont usinées avec leurs composants et qu'on doit les remplacer avec leur ensemble de composants. Qui a raison ?

    ⓐ Le technicien A.
    ⓑ La technicienne B.
    ⓒ Les deux ont raison.
    ⓓ Les deux ont tort.

CHAPITRE 15

Diagnostic et réparation des commandes électroniques

Tu seras en mesure :

- ⊗ de reconnaître les composants de base d'une boîte de vitesses à commande électronique ;

- ⊗ d'expliquer la différence entre les signaux analogiques et numériques ;

- ⊗ d'utiliser des outils spécialisés pour le diagnostic des problèmes de système ;

- ⊗ de définir des termes liés au diagnostic ;

- ⊗ de diagnostiquer les défaillances électriques et mécaniques d'un solénoïde.

Le vocabulaire :

Convertisseur analogique-numérique

Circuit résonnant

Ensemble de mano-interrupteurs

Capteur

Fréquence de signal

Le problème

Josée Francœur va faire du camping en montagne avec sa famille. Sa voiture remorque une caravane. Josée a remarqué que la boîte de vitesses automatique ne passait pas toujours en quatrième vitesse.

Le problème semble se produire plus souvent lorsque la température ambiante est d'environ 38 °C (100 °F). La boîte de vitesses rétrograde sans problème lorsque la voiture monte une pente mais, une fois au sommet, le passage en quatrième vitesse ne s'effectue pas.

Ton défi

À titre de technicienne ou de technicien, tu dois répondre aux questions suivantes :

❶ Après l'apparition du problème, la boîte de vitesses automatique recommence-t-elle à fonctionner normalement ?

❷ Y a-t-il eu déclenchement d'un code d'anomalie ?

❸ La boîte de vitesses a-t-elle toujours eu ce problème ?

La sécurité d'abord

La sécurité matérielle Prends garde lorsque tu manipules les cartes de circuits imprimés. Ne touche pas aux broches ou aux fils de connexion. Ils sont très sensibles à l'électricité statique. Porte un bracelet approuvé de mise à la masse.

Section 1

Les systèmes à commande électronique

Les systèmes automobiles à commande électronique ont fait leur apparition au début des années 1980. Ces systèmes utilisaient des ordinateurs pour surveiller, contrôler et diagnostiquer les systèmes du véhicule. Les premiers systèmes étaient connus sous le nom de systèmes de diagnostic intégré, version 1 (OBD-II). Ces systèmes pouvaient uniquement diagnostiquer et détecter les pannes du système. Ils ne pouvaient pas détecter la dégradation du système.

La version 2 des systèmes de diagnostic intégré a remplacé la version 1 au milieu des années 1990. En plus des fonctions du système de diagnostic intégré de la version 1, la version 2 peut aussi diagnostiquer et détecter la dégradation du système. La technologie de la version 2 du système de diagnostic intégré assure une surveillance et un contrôle précis du fonctionnement du véhicule et des dispositifs antipollution.

Un réseau de circuits de contrôle remplit les fonctions de surveillance et de contrôle (*voir la figure 15-1*). Bien qu'il existe plusieurs types de systèmes à commande électronique, leurs caractéristiques sont semblables. Un système type comprend :

- des données d'entrée, des capteurs et des commutateurs qui fournissent de l'information sur le fonctionnement du système à un microprocesseur ou au module de commande ;
- un microprocesseur (ordinateur) pour contrôler le système. Le microprocesseur principal du véhicule est le module de gestion du groupe motopropulseur ;
- des données de sortie, des actionneurs et des solénoïdes qui règlent le fonctionnement du système.

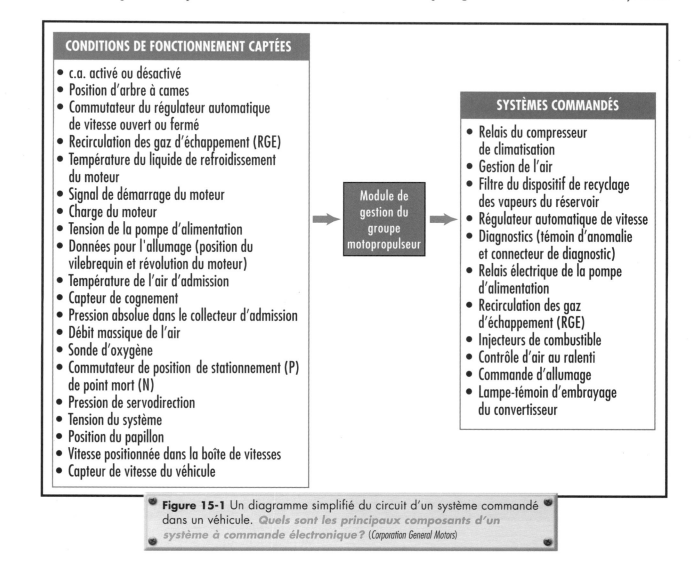

CONDITIONS DE FONCTIONNEMENT CAPTÉES

- c.a. activé ou désactivé
- Position d'arbre à cames
- Commutateur du régulateur automatique de vitesse ouvert ou fermé
- Recirculation des gaz d'échappement (RGE)
- Température du liquide de refroidissement du moteur
- Signal de démarrage du moteur
- Charge du moteur
- Tension de la pompe d'alimentation
- Données pour l'allumage (position du vilebrequin et révolution du moteur)
- Température de l'air d'admission
- Capteur de cognement
- Pression absolue dans le collecteur d'admission
- Débit massique de l'air
- Sonde d'oxygène
- Commutateur de position de stationnement (P) de point mort (N)
- Pression de servodirection
- Tension du système
- Position du papillon
- Vitesse positionnée dans la boîte de vitesses
- Capteur de vitesse du véhicule

Module de gestion du groupe motopropulseur

SYSTÈMES COMMANDÉS

- Relais du compresseur de climatisation
- Gestion de l'air
- Filtre du dispositif de recyclage des vapeurs du réservoir
- Régulateur automatique de vitesse
- Diagnostics (témoin d'anomalie et connecteur de diagnostic)
- Relais électrique de la pompe d'alimentation
- Recirculation des gaz d'échappement (RGE)
- Injecteurs de combustible
- Contrôle d'air au ralenti
- Commande d'allumage
- Lampe-témoin d'embrayage du convertisseur

Figure 15-1 Un diagramme simplifié du circuit d'un système commandé dans un véhicule. *Quels sont les principaux composants d'un système à commande électronique ?* (Corporation General Motors)

Les capteurs du système à commande électronique

Un **capteur** est un dispositif électronique qui mesure une valeur physique et qui transmet ce renseignement au microprocesseur sous forme de signaux électriques. Les signaux de capteurs sont les données d'entrée du microprocesseur.

Parmi les capteurs qui servent de dispositifs de données d'entrée dans les systèmes de commande de boîtes de vitesses automatiques ou de boîtes-pont, on trouve :

- les capteurs à aimant permanent ;
- les capteurs à thermistance ;
- les capteurs à potentiomètre ;
- les commutateurs.

Les capteurs à aimant permanent

Un *capteur à aimant permanent* est un petit alternateur de tension c.a. Le capteur à aimant permanent est un ensemble composé d'un déclencheur rotatif (roue à réluctance), d'un aimant permanent et d'une bobine détectrice.

Le déclencheur rotatif est monté sur une pièce mobile, tel l'arbre secondaire d'une boîte de vitesses ou d'une boîte-pont. Tandis que le déclencheur tourne, le champ magnétique de l'aimant permanent sur la roue atteint la bobine détectrice. Le champ magnétique crée une décharge électrique dans la bobine détectrice (*voir la figure 15-2*). La décharge

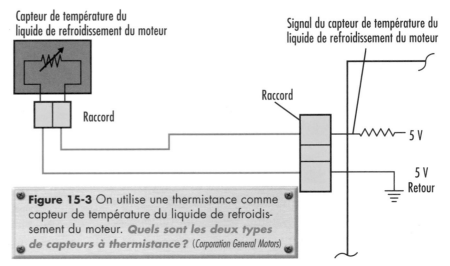

Figure 15-3 On utilise une thermistance comme capteur de température du liquide de refroidissement du moteur. *Quels sont les deux types de capteurs à thermistance ?* (*Corporation General Motors*)

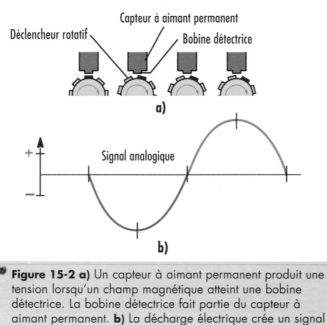

Figure 15-2 a) Un capteur à aimant permanent produit une tension lorsqu'un champ magnétique atteint une bobine détectrice. La bobine détectrice fait partie du capteur à aimant permanent. **b)** La décharge électrique crée un signal analogique. *Qu'est-ce qui produit le champ magnétique dans ce type de capteur ?* (*Corporation General Motors*)

électrique produit un signal analogique ou à variation continue. La synchronisation et la puissance du signal sont directement liées à la vitesse du déclencheur rotatif.

Les capteurs à aimant permanent mesurent la vitesse et la position des pièces rotatives. Dans le moteur, ils mesurent son régime. Ils peuvent surveiller la position du vilebrequin afin de fournir un point de déclenchement pour la séquence d'allumage. Lorsqu'ils sont placés sur l'arbre secondaire de la boîte de vitesses ou de la boîte-pont, ils peuvent mesurer le glissement de la boîte de vitesses et la vitesse du véhicule.

Les capteurs à thermistance

Une *thermistance* est un capteur qui mesure la température. La résistance électrique d'une thermistance varie en fonction des changements de température. Les thermistances servent à surveiller les systèmes sensibles à la température.

Il y a deux types de thermistances : la thermistance à coefficient de température positif et la thermistance à coefficient de température négatif.

La résistance d'une thermistance à coefficient de température positif augmente lorsque la température surveillée augmente. La résistance d'une thermistance à coefficient de température négatif augmente lorsque la température surveillée diminue.

Dans une boîte de vitesses ou une boîte-pont, une thermistance surveille la température du liquide de transmission. Dans un système de refroidissement du moteur, une thermistance sert à surveiller la température du moteur. Les signaux de ces deux capteurs permettent le calcul des points de passage de vitesse et la sélection des vitesses.

Une thermistance est reliée en série entre une tension de référence du module de commande et de la mise à la masse du système. La tension de référence est habituellement de 5 volts (*voir la figure 15-3*).

Lire une échelle logarithmique

Une cliente confie son véhicule à un atelier de réparation de boîtes de vitesses. Elle dit que la boîte de vitesses semble parfois forcer. Elle ajoute que le véhicule consomme de plus en plus d'essence et effectue lentement les passages en vitesse supérieure.

Elle a aussi remarqué que, lorsqu'elle conduit sur l'autoroute, le véhicule n'atteint pas la vitesse souhaitée, ce qui rend les dépassements impossibles. Elle se demande si le problème provient de la boîte de vitesses automatique.

À toi de jouer !

Conforme aux normes de l'EDU en mathématiques pour faire la distinction entre les mesures et les spécifications, la congruence des tolérances et les spécifications, et pour interpréter les graphiques.

Au cours d'un essai de conduite, le véhicule ne passe pas en vitesse surmultipliée, même lorsque l'indicateur de température du moteur atteint la gamme d'utilisation normale. Comme tu crois que les lectures de la sonde de température d'eau sont peut-être erronées, tu cherches les spécifications du capteur. Tu trouves alors le graphique suivant :

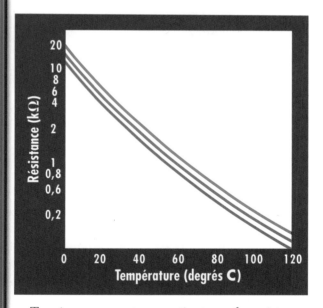

Tu sais que ce capteur contient une thermistance. Le graphique t'indique que la thermistance a un coefficient de température négatif parce que sa résistance diminue, tandis que la température du liquide de refroidissement augmente.

Les trois lignes du graphique indiquent que la thermistance a une tolérance d'un côté ou de l'autre d'une lecture normale. Par exemple, une température du liquide de refroidissement de

$-20\,°C\,(-4\,°F)$ devrait faire en sorte que la résistance de la thermistance se situe entre 12 et 20 kΩ. À l'autre extrême, une température de $120\,°C$ $(248\,°F)$ devrait faire en sorte que la résistance de la thermistance se situe entre 0,1 et 0,6 kΩ (100 et 600 Ω).

La variation de tolérance entre ces deux lectures, 8 kΩ à $-20\,°C\,(-4\,°F)$ et 0,5 kΩ à $120\,°C$ $(248\,°F)$, provient de la nature de l'axe des ordonnées. Cet axe est échelonné différemment de l'axe des abscisses. Les intervalles ne sont pas égaux et ne sont pas déterminés de la même façon.

À titre d'exemple, la distance entre 2 et 4 est plus grande que la distance entre 8 et 10, même si les deux distances représentent une différence de 2 kΩ. Les distances entre 0,6 et 1 et entre 6 et 10 sont environ les mêmes, bien qu'elles représentent des différences de 0,4 et de 4 kΩ. Il s'agit d'une caractéristique de l'échelle logarithmique. Une bande de tolérance peut sembler relativement uniforme sur ce type d'échelle. Toutefois, en réalité, les tolérances peuvent varier de façon importante selon leur emplacement sur l'échelle.

Les résultats et l'analyse

La voiture est restée au garage pour la nuit. Le lendemain matin, tu démarres le moteur alors que tu sais que la température du liquide refroidisseur devrait être approximativement de $20\,°C$ $(68\,°F)$.

❶ En te référant au graphique, quelle gamme de résistance crois-tu que la thermistance indiquera ?

❷ Quelle serait la gamme de résistance si la température était de $40\,°C$?

CONSEIL TECHNIQUE **Compter les dents**
Plusieurs boîtes de vitesses ou boîtes-pont ont des déclencheurs rotatifs de capteurs de vitesse dont le nombre de dents varie. Ce nombre variable de dents permet d'utiliser une même boîte de vitesses dans différents modèles de véhicules. Vérifie toujours le nombre de dents dans le capteur de vitesse pour t'assurer qu'il conviendra au modèle du véhicule si tu dois remplacer soit la boîte de vitesses ou la boîte-pont, soit le déclencheur rotatif du capteur de vitesse.

Les capteurs à potentiomètre

Un *potentiomètre* est un capteur qui mesure la position. La résistance électrique du potentiomètre varie avec le mouvement ou la position d'un composant.

Un potentiomètre possède une résistance bobinée et un balai. La résistance est connectée à une source de tension dans le module de gestion du groupe motopropulseur. Une des extrémités du balai touche à la résistance. L'autre extrémité du balai est électriquement connectée au module de gestion. Le balai est monté sur un arbre mobile, et la rotation de l'arbre fait bouger le balai devant la résistance. Le mouvement du balai modifie ensuite la résistance du potentiomètre.

On utilise, entre autres, le potentiomètre comme capteur de position du papillon sur le corps de papillon du moteur (*voir la figure 15-4*). Le capteur de position du papillon est monté sur l'axe du papillon. Le mouvement de l'axe du papillon fait bouger le balai. Celui-ci bouge devant la résistance bobinée. La résistance du capteur varie au moment de l'ouverture et de la fermeture du papillon. La variation de résistance du capteur engendre alors la variation de tension du capteur. Une tension de capteur de position du papillon de 0,5 volt indique que le papillon est fermé. En position de papillon grand ouvert, la tension peut atteindre jusqu'à 5 volts.

Les données de sortie du capteur de position du papillon peuvent servir à calculer la charge du moteur.

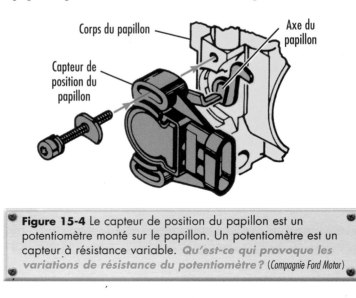

Figure 15-4 Le capteur de position du papillon est un potentiomètre monté sur le papillon. Un potentiomètre est un capteur à résistance variable. *Qu'est-ce qui provoque les variations de résistance du potentiomètre ?* (Compagnie Ford Motor)

La charge du moteur, en tant que donnée d'entrée pour le module de gestion du groupe motopropulseur, peut servir à calculer les points de passage de vitesse de la boîte de vitesses ou de la boîte-pont.

Les commutateurs

En tant que capteur, un commutateur produit un signal élevé ou bas, ou encore ouvert ou fermé. Dans une boîte de vitesses ou une boîte-pont, un commutateur peut indiquer la position du rapport sélectionné. Le commutateur des positions de stationnement et de point mort indique quand la boîte de vitesses ou la boîte-pont est en position de stationnement ou de point mort. Dans une boîte de vitesses automatique ou une boîte-pont, les commutateurs sont ouverts et fermés manuellement, mécaniquement ou par pression.

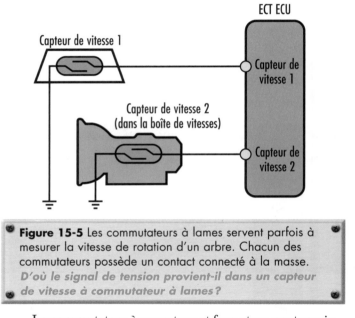

Figure 15-5 Les commutateurs à lames servent parfois à mesurer la vitesse de rotation d'un arbre. Chacun des commutateurs possède un contact connecté à la masse. *D'où le signal de tension provient-il dans un capteur de vitesse à commutateur à lames ?*

Le commutateur à ouverture et fermeture peut servir, dans certains modèles de boîtes de vitesses, à mesurer les vitesses d'entrée et de sortie. Ce type de capteur est connu sous le nom de commutateur à lames (*voir la figure 15-5*). Un *commutateur à lames* est un ensemble de points de contact. Un contact est connecté à la masse. L'autre contact est connecté à une source de tension du module de gestion du groupe motopropulseur.

Tout comme dans le cas du capteur à aimant permanent, un déclencheur rotatif est monté sur une pièce qui tourne. Tandis que le déclencheur tourne, un champ magnétique ouvre et ferme les points de contact du commutateur. Il se crée des décharges électriques élevées à basses et des décharges électriques basses à élevées. La synchronisation de ces décharges électriques est directement liée à la vitesse du déclencheur rotatif.

Les commutateurs peuvent être :
- d'alimentation ;
- de mise à la masse.

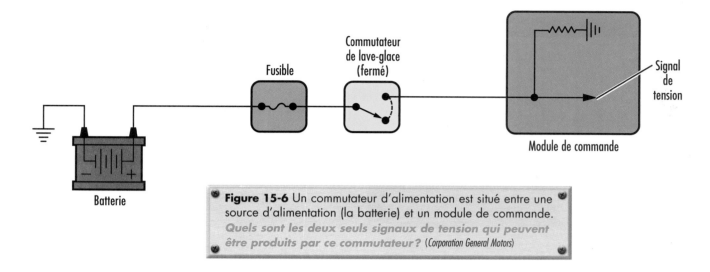

Figure 15-6 Un commutateur d'alimentation est situé entre une source d'alimentation (la batterie) et un module de commande. *Quels sont les deux seuls signaux de tension qui peuvent être produits par ce commutateur ?* (Corporation General Motors)

Les commutateurs d'alimentation Les commutateurs d'alimentation sont situés entre une source d'alimentation et un module de commande. Le commutateur complète l'alimentation du circuit.

Lorsque le commutateur d'alimentation est ouvert ou en position DÉSACTIVÉ, il n'y a pas de tension dans le circuit. Lorsque le commutateur est fermé ou en position ACTIVÉ, le circuit est alimenté en tension. Le commutateur d'alimentation porte aussi le nom de commutateur de polarisation à l'alimentation. Lorsque le commutateur se ferme, la tension part de zéro et est polarisée vers la source de tension (*voir la figure 15-6*).

Les commutateurs de mise à la masse Les commutateurs de mise à la masse sont connectés

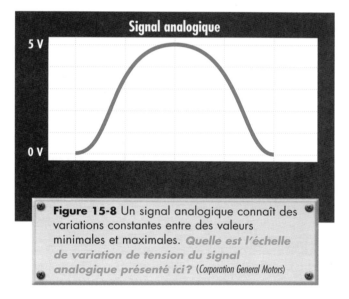

Figure 15-8 Un signal analogique connaît des variations constantes entre des valeurs minimales et maximales. *Quelle est l'échelle de variation de tension du signal analogique présenté ici ?* (Corporation General Motors)

entre la mise à la masse et un module de commande (*voir la figure 15-7*). Le commutateur complète le circuit de mise à la masse.

Lorsque le commutateur de mise à la masse s'ouvre, le circuit est incomplet. Sans circuit complet, il n'y a pas de flux de courant. Le module de commande capte la tension appliquée. Lorsque le commutateur est fermé, le circuit de mise à la masse est complet. La tension baisse à une valeur inférieure.

Les signaux de capteurs

Les capteurs de véhicules produisent un signal de sortie en réponse au composant ou au système qu'ils surveillent. Le signal de sortie peut être analogique ou numérique.

Un *signal analogique* est un signal dont l'amplitude varie de façon continue et constante (*voir la figure 15-8*). Sa tension varie entre un minimum (habituellement de 0 volt) et un maximum (habituellement de 5 volts).

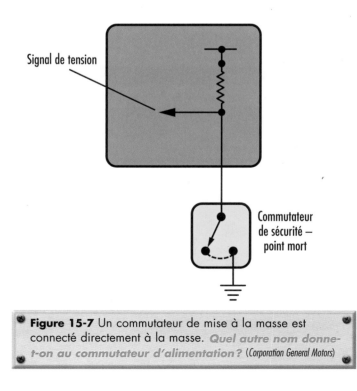

Figure 15-7 Un commutateur de mise à la masse est connecté directement à la masse. *Quel autre nom donne-t-on au commutateur d'alimentation ?* (Corporation General Motors)

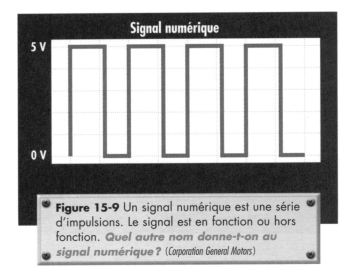

Figure 15-9 Un signal numérique est une série d'impulsions. Le signal est en fonction ou hors fonction. *Quel autre nom donne-t-on au signal numérique ?* (Corporation General Motors)

Un *signal numérique* est un signal en fonction ou hors fonction (*voir la figure 15-9*). Le signal est élevé ou bas, sans valeur entre les deux. On nomme aussi le signal numérique, une onde carrée. Une onde carrée connaît une élévation brusque, demeure à un niveau précis, puis chute brusquement à un niveau bas.

Les ordinateurs et les modules de commandes automobiles utilisent les signaux numériques. Les signaux de capteurs analogiques doivent être convertis en signaux numériques avant que l'ordinateur puisse les traiter. Les signaux analogiques peuvent être convertis en signaux numériques dans le capteur, le module de commande ou le module de gestion du groupe motopropulseur.

Un **convertisseur analogique-numérique** est un dispositif électronique qui convertit un signal c.a. en un signal numérique. Le convertisseur porte aussi les noms

de contrôleur d'adaptateur de rapport numérique, de tampon d'adaptateur de rapport numérique ou d'adaptateur de rapport numérique.

Certains signaux numériques fournissent l'information en faisant varier la fréquence des impulsions numériques. Il s'agit de la modulation de fréquence (MF). La **fréquence de signal** est le nombre de cycles complets du signal contenus en une seconde. La fréquence est exprimée en hertz (Hz), une unité de mesure des cycles par seconde (*voir la figure 15-10a*).

Les cycles de service ou les durées d'impulsions des signaux numériques peuvent varier. Il s'agit de la *modulation d'impulsions en durée*. Le signal demeure élevé ou bas pour des durées variables au cours du cycle. Seule la synchronisation d'ouverture et de fermeture du cycle varie (*voir la figure 15-10b*). La fréquence ou le cycle de service d'un signal à modulation d'impulsions en durée ne varie pas.

Les microprocesseurs

Un microprocesseur sert à surveiller les systèmes à commande électronique tels que :
- les points de passage de vitesse de la boîte de vitesses ou de la boîte-pont ;
- la performance du moteur ;
- les dispositifs antipollution.

Le microprocesseur qui contrôle la boîte de vitesses ou la boîte-pont peut porter les noms suivants :
- module de gestion du groupe motopropulseur ;
- système de régulation du moteur ;
- module de gestion du moteur ;
- module de commande de boîte de vitesses.

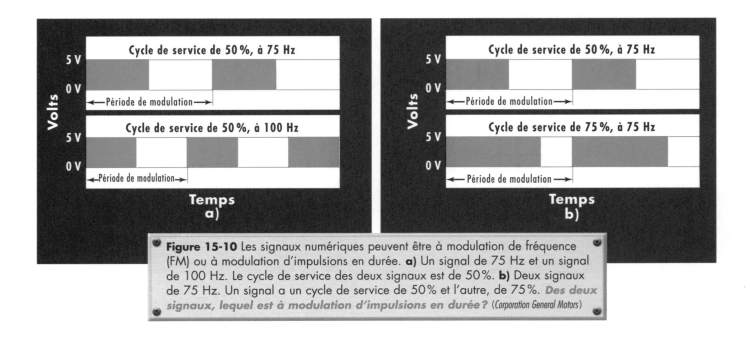

Figure 15-10 Les signaux numériques peuvent être à modulation de fréquence (FM) ou à modulation d'impulsions en durée. **a)** Un signal de 75 Hz et un signal de 100 Hz. Le cycle de service des deux signaux est de 50%. **b)** Deux signaux de 75 Hz. Un signal a un cycle de service de 50% et l'autre, de 75%. *Des deux signaux, lequel est à modulation d'impulsions en durée ?* (Corporation General Motors)

On utilise surtout le nom de module de gestion du groupe motopropulseur (*voir la figure 15-11*). Ce module de gestion est un microprocesseur qui:

- reçoit l'information en provenance d'un réseau de capteurs et de commutateurs;
- effectue des calculs à partir des données d'entrée des capteurs et des commutateurs;
- transmet les commandes de contrôle à partir des calculs effectués.

Les directives du programme du module de gestion du groupe motopropulseur sont emmagasinées dans une mémoire morte programmable (PROM). La PROM peut aussi porter le nom d'unité d'étalonnage mémoire.

Figure 15-12 Certains microprocesseurs ont une mémoire morte programmable que l'on peut remplacer. *Quel type d'information la mémoire morte programmable emmagasine-t-elle?* (Jack Holtel)

Figure 15-11 Le module de gestion du groupe motopropulseur est le cœur du système de diagnostic embarqué et de commande. *Où les directives du module de gestion du groupe motopropulseur sont-elles enregistrées?* (Terry Wild Studio)

L'entretien du module de gestion du groupe motopropulseur

Il arrive qu'un fabricant de véhicules automobiles désire apporter des changements sur un modèle de véhicule en particulier ou procéder à des actualisations. À cette occasion, tu devras peut-être actualiser ou changer le programme de la puce PROM. La mémoire morte (ROM) contient des renseignements permanents, et le microprocesseur peut y accéder en

tout temps. Les renseignements sont programmés par le fabricant durant la construction du véhicule.

La mémoire morte contient des renseignements sur les performances attendues du véhicule. Le microprocesseur reçoit des signaux qui proviennent de divers capteurs dans le véhicule. Il compare ces signaux aux renseignements contenus dans la mémoire morte et effectue, au besoin, les réglages de systèmes, tel l'embrayage du convertisseur de couple.

Le programme est modifié en utilisant l'une des méthodes suivantes:

- remplacer la mémoire morte programmable;
- remplacer le module de gestion du groupe motopropulseur;
- reprogrammer la mémoire morte programmable.

Le remplacement de la mémoire morte programmable (PROM) Certains fabricants utilisent des mémoires mortes programmables qu'on peut remplacer. Les actualisations des systèmes du véhicule sont programmées dans la puce PROM de remplacement par le fabricant du véhicule. Ces actualisations peuvent comprendre les améliorations d'étalonnage ou des modifications aux systèmes concernant des composants qui ont fait l'objet d'un rappel. La technicienne ou le technicien retire simplement l'ancienne puce et met en place la nouvelle (*voir la figure 15-12*).

La sécurité d'abord

La sécurité matérielle Débranche le câble de mise à la masse de la batterie avant de travailler sur le module de gestion du groupe motopropulseur ou sur tout autre composant électronique. Porte toujours un bracelet de mise à la masse. Cette mise à la masse te permet d'avoir le même potentiel électrique que le véhicule. La mise à la masse minimise les risques de dommages aux composants électroniques qui seraient provoqués par des décharges électrostatiques.

Figure 15-13 Certains microprocesseurs ont une puce PROM reprogrammable. *Comment appelle-t-on une puce PROM reprogrammable?* (Jack Holtel)

La reprogrammation de la puce PROM Une puce PROM reprogrammable se nomme une puce à mémoire morte programmable effaçable électriquement (EEPROM). Tous les systèmes de diagnostic intégré version II utilisent ce type de technologie. La reprogrammation peut se faire par une technicienne ou un technicien pendant que l'automobile est dans l'aire de service (*voir la figure 15-13*).

Le remplacement du module de gestion du groupe motopropulseur Certains véhicules n'ont pas de PROM remplaçable. Si tu dois procéder à un changement de programmation ou d'étalonnage, tu devras alors changer le module de gestion du groupe motopropulseur.

Les actionneurs du système à commande électronique

Les actionneurs sont des dispositifs de contrôle des données de sortie. Ils fonctionnent à partir de commandes envoyées par le module de gestion du groupe motopropulseur. Il existe une variété d'actionneurs permettant de contrôler les systèmes et les composants automobiles. Parmi les tâches accomplies par les actionneurs dans les boîtes de vitesses ou les boîtes-pont à commande électronique, on trouve:
- le contrôle des points de passage de vitesse dans la boîte de vitesses automatique ou la boîte-pont;
- le réglage de la pression hydraulique de canalisation principale.

Les solénoïdes

Les signaux de sortie du module de gestion du groupe motopropulseur les plus courants dans les boîtes de vitesses automatiques sont les signaux qui actionnent un ou plusieurs solénoïdes. Ces solénoïdes sont utilisés pour contrôler les points de passage de vitesse dans la boîte de vitesses, le déplacement du levier sélecteur et la pression hydraulique dans la canalisation principale.

Un *solénoïde* est un dispositif électromécanique qui sert de commutateur ou d'actionneur (*voir la figure 15-14*). Il est composé d'une bobine de fil entourée d'un plongeur métallique mobile. Les solénoïdes utilisent l'électromagnétisme pour produire le mouvement. Lorsqu'un courant est appliqué sur le fil de la bobine, un champ magnétique se crée autour du fil. La force du champ magnétique dépend du nombre de bobines. Un plus grand nombre de bobines produit un champ

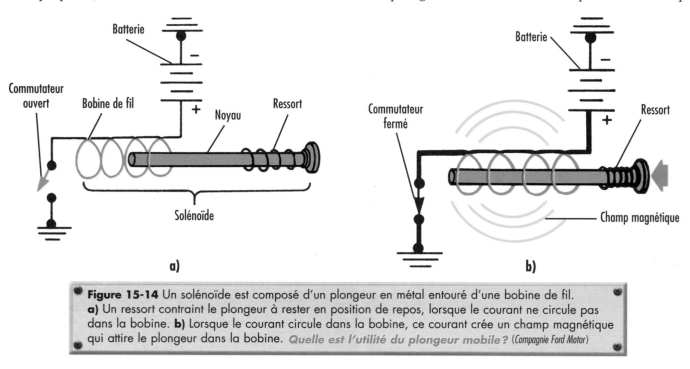

Figure 15-14 Un solénoïde est composé d'un plongeur en métal entouré d'une bobine de fil. **a)** Un ressort contraint le plongeur à rester en position de repos, lorsque le courant ne circule pas dans la bobine. **b)** Lorsque le courant circule dans la bobine, ce courant crée un champ magnétique qui attire le plongeur dans la bobine. *Quelle est l'utilité du plongeur mobile?* (Compagnie Ford Motor)

magnétique plus fort. Le champ magnétique attire le plongeur et le fait entrer dans la bobine.

Le plongeur provoque un mouvement de poussée ou d'attirance. Ce déplacement sert à ouvrir et à fermer les tiroirs hydrauliques. Plusieurs véhicules utilisent un solénoïde pour contrôler le mouvement du levier sélecteur. Un *solénoïde de verrouillage à l'embrayage* est un solénoïde qui empêche le déplacement de la tringlerie si le frein au pied n'est pas appliqué. Ce solénoïde fait en sorte d'éviter que la boîte de vitesses automatique ou la boîte-pont ne quitte accidentellement la position de stationnement pour se mettre en position de marche avant ou de marche arrière. Ce type de solénoïde n'est habituellement pas commandé par le module de gestion du groupe motopropulseur. L'interrupteur de freinage commande l'alimentation du solénoïde de verrouillage à l'embrayage.

VÉRIFIE TES CONNAISSANCES

❶ De quoi un système à commande électronique type est-il composé ?

❷ Quel type de signal un capteur à aimant permanent produit-il ?

❸ Explique la principale différence entre une onde carrée (numérique) et un signal analogique.

❹ Quelle est la fonction du module de gestion du groupe motopropulseur ?

❺ Quelles sont les deux fonctions des actionneurs dans une boîte de vitesses ou une boîte-pont à commande électronique ?

Section 2

La terminologie des systèmes de diagnostic embarqué

Quand on parle de systèmes de diagnostic embarqué, on utilise une terminologie normalisée bien précise. Il faut connaître cette terminologie lorsqu'on travaille avec les systèmes de diagnostic embarqué. Le **tableau 15-A** répertorie plusieurs termes normalisés.

Les codes d'anomalie

Un *code d'anomalie* permet de déterminer un trouble de fonctionnement ou une panne d'un système ou d'un composant. Le code est une désignation alphanumérique suivie d'un numéro de deux ou trois chiffres. On peut lire le code d'anomalie à l'aide d'un scanner. Le menu diagnostic du scanner affiche divers groupes de codes d'anomalie possibles.

Tableau 15-A LA TERMINOLOGIE DES SYSTÈMES DE DIAGNOSTIC EMBARQUÉ	
Termes	**Définitions**
Critère d'autorisation	Données d'entrée du capteur fournies durant des conditions de conduite particulières. Un module de commande doit recevoir ces données pour qu'il y ait déclenchement d'une surveillance de diagnostic.
Surveillance de diagnostic	Procédure qui permet de vérifier un système commandé électroniquement. Le module de commande doit recevoir un critère d'autorisation pour qu'il y ait surveillance. La plupart des surveillances s'accomplissent dans des conditions de fonctionnement précises.
Diagnostic exécutable	Programme qui contrôle la séquence des vérifications nécessaires dans le cadre de la surveillance de diagnostic. Le contrôle de séquence permet d'organiser et de mettre les vérifications par ordre de priorité.
Données d'image figée	Valeurs de données en série emmagasinées au moment du déclenchement des codes d'anomalie. Un code d'anomalie est un code émis lorsqu'un trouble de fonctionnement ou une défaillance d'un système ou d'un composant sont détectés. Les données d'image figée fournissent un instantané des conditions présentes au moment où survient le problème responsable du déclenchement du code d'anomalie.
Cycle de réchauffement	Période durant laquelle la température du liquide refroidisseur du moteur passe de la température ambiante à une température minimale de 70°C (160°F). Afin d'éliminer les lectures erronées de courts déclenchements, la température doit atteindre au moins 22°C (40°F) durant chacun des déclenchements.
Déclenchement	Un cycle d'activation et de désactivation au cours duquel tous les critères d'autorisation d'une surveillance de diagnostic sont présents.
Cycle d'entraînement	Un ensemble de conditions de conduite qui gère les diagnostics embarqués. Après une surveillance, le code d'état prêt de l'inspection et de l'entretien est déclenché.
État prêt de l'inspection et de l'entretien	Indique que tous les diagnostics embarqués pertinents ont été exécutés.
Essai actif	Oblige un composant à fonctionner d'une certaine façon. On peut utiliser un scanner pour effectuer un essai actif.
Essai passif	Vérifie la performance d'un système ou d'un composant du véhicule durant le fonctionnement normal.
Fiche de défaillance	Enregistre les codes d'anomalie. La fiche peut contenir jusqu'à cinq codes d'anomalie survenus en ordre chronologique.

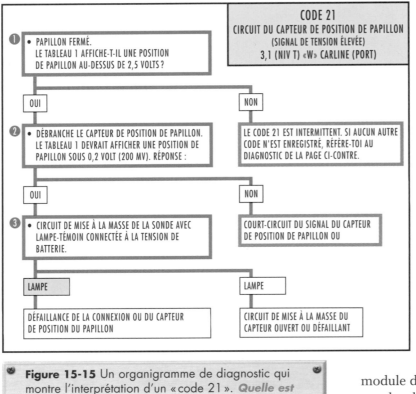

CODE 21
CIRCUIT DU CAPTEUR DE POSITION DE PAPILLON
(SIGNAL DE TENSION ÉLEVÉE)
3,1 (NIV T) «W» CARLINE (PORT)

❶ • PAPILLON FERMÉ.
LE TABLEAU 1 AFFICHE-T-IL UNE POSITION DE PAPILLON AU-DESSUS DE 2,5 VOLTS ?

OUI / NON

❷ • DÉBRANCHE LE CAPTEUR DE POSITION DE PAPILLON. LE TABLEAU 1 DEVRAIT AFFICHER UNE POSITION DE PAPILLON SOUS 0,2 VOLT (200 MV). RÉPONSE :

LE CODE 21 EST INTERMITTENT. SI AUCUN AUTRE CODE N'EST ENREGISTRÉ, RÉFÈRE-TOI AU DIAGNOSTIC DE LA PAGE CI-CONTRE.

OUI / NON

❸ • CIRCUIT DE MISE À LA MASSE DE LA SONDE AVEC LAMPE-TÉMOIN CONNECTÉE À LA TENSION DE BATTERIE.

COURT-CIRCUIT DU SIGNAL DU CAPTEUR DE POSITION DE PAPILLON OU

LAMPE / LAMPE

DÉFAILLANCE DE LA CONNEXION OU DU CAPTEUR DE POSITION DU PAPILLON

CIRCUIT DE MISE À LA MASSE DU CAPTEUR OUVERT OU DÉFAILLANT

Figure 15-15 Un organigramme de diagnostic qui montre l'interprétation d'un «code 21». *Quelle est l'utilité de l'organigramme ?* (Corporation General Motors)

Les groupes de codes d'anomalie sont désignés par des codes composés de lettres :
• B0, B1, B2 et B3 : codes de carrosserie ;
• C0, C1, C2 et C3 : codes de châssis ;
• P0, P1, P2 et P3 : codes du groupe motopropulseur ;
• U0, U1, U2 et U3 : codes de réseau.

Le premier chiffre suivant la lettre indique le code de classification.
• 0-a : code d'anomalie de la *Society of Automotive Engineers (SAE)*. Les codes SAE sont uniformes dans l'industrie automobile.
• 1-a : code d'anomalie non uniforme ou propre au fabricant. Consulte le guide d'entretien du véhicule pour interpréter ces codes.

Le second chiffre suivant la lettre indique le système touché.

Les codes du groupe motopropulseur se définissent comme suit :
• 1- dosage de carburant et d'air ;
• 2- circuits d'injecteur de carburant ;
• 3- système d'allumage ou raté ;
• 4- dispositifs antipollution auxiliaires ;
• 5- vérification du système de contrôle de vitesse du véhicule et du ralenti ;
• 6- circuits des données de sortie informatisées ;
• 7- boîte de vitesses ;
• 8- boîte de vitesses ;

Le déclenchement des codes d'anomalie Le module de gestion du groupe motopropulseur ou le module de commande qui surveille un circuit déclenche un code d'anomalie si le signal de capteur détecte une dégradation ou une défaillance du système. Le module de gestion du groupe motopropulseur enregistre le code d'anomalie dans sa mémoire de diagnostic.

Le module de gestion du groupe motopropulseur peut être conçu pour surveiller un système en comparant plusieurs signaux de capteurs. Le signal de chacun des capteurs indique la performance du circuit. Le module de gestion du groupe motopropulseur enregistrera un code d'anomalie si la performance du circuit ne correspond pas aux valeurs attendues.

Avant d'établir un code d'anomalie, le module de gestion du groupe motopropulseur comparera les données qui proviennent :
• du capteur de position de papillon ;
• du capteur de la pression absolue dans le collecteur d'admission ;
• du capteur de régime du moteur (tachymètre) ;
• du capteur de débit massique d'air ;
• du capteur de vitesse du véhicule.

Les données qui proviennent de ces capteurs doivent toutes indiquer que :
• le moteur tourne ;
• le véhicule est embrayé ;
• le véhicule se déplace.

Si l'un des capteurs ne reconnaît pas les mêmes données que les autres, le module de commande ne déclenchera pas de code d'anomalie de boîte de vitesses ou de boîte-pont.

L'extraction des codes d'anomalie La méthode la plus courante pour extraire les codes d'anomalie consiste à brancher un scanner au raccord de diagnostic. Afin de bien interpréter le code d'anomalie, le logiciel du scanner doit être compatible avec le véhicule vérifié.

L'interprétation des codes d'anomalie Un système électronique de contrôle et de diagnostic peut déclencher plusieurs codes d'anomalie. Le guide d'entretien du véhicule contient des directives pour le diagnostic et l'interprétation des codes d'anomalie.

Utilise toujours une stratégie efficace pour diagnostiquer la cause d'un code d'anomalie. Le code d'anomalie n'est pas toujours lié à un problème précis. Un capteur de position de papillon intermittent peut causer un problème de point de passage de vitesse. Le problème provient du capteur de position du papillon et non de la boîte de vitesses. Avant de déterminer la source du problème, tu dois d'abord évaluer l'ensemble des codes d'anomalie.

L'organigramme des codes d'anomalie Si plus d'un code d'anomalie est enregistré dans la mémoire, un organigramme de diagnostic permet de préciser l'ordre dans lequel les codes d'anomalie ont été diagnostiqués et corrigés (*voir la figure 15-15*). L'organigramme ou l'arbre de diagnostic précise toutes les étapes de diagnostic. Le guide d'entretien du véhicule contient un organigramme pour chacun des codes d'anomalie. L'organigramme peut indiquer les valeurs de tension et de résistance de chacun des capteurs ou des actionneurs dans le circuit.

L'effacement des codes d'anomalie Au moment de la détection d'un problème dans le système, un code d'anomalie est mis en mémoire. Certaines défaillances doivent survenir plusieurs fois avant le déclenchement du code d'anomalie. Tu ne dois pas effacer un code d'anomalie avant d'avoir suivi les étapes de diagnostic et de réparation. Il est préférable de laisser le code d'anomalie s'effacer de lui-même. Tu t'assures ainsi que le problème a bien été corrigé.

L'interprétation des données en série Les données en série sont un flux d'informations en temps réel (*voir la figure 15-16*). L'information peut représenter les conditions de fonctionnement du système au moment de l'apparition du problème. Parmi ces conditions, on trouve :
- les valeurs de tension ;
- les lectures de capteurs ;
- les paramètres des interrupteurs ;
- les paramètres des actionneurs ;
- les rapports.

Tu peux lire les données en série avec un scanner. Les données sont plus utiles dans le cas d'une condition sans code. Une condition sans code est une défaillance ou une panne du système qui ne déclenche pas de code d'anomalie. Une condition sans code peut se produire même si le problème est situé dans un circuit de capteur surveillé.

```
GM-DEMO1. SNP: 1991 GM 3.8L TPI S

Sensors: 62  Frames: -19 to 19          Current Frame: -19

        COOLANT TEMP:    14F      MASS AIR FLOW:      40 G/S
      02 CROSS COUNTS:    40         02 VOLTS:       0.17V
               RPM:      127     THROT POS SENSOR:    0.78V
   A/C HEAD PRESSURE:   NORM      BATTERY VOLTS:      4.00V
          BLM CELL:      40     BLOCK LEARN MULT:       40
     C/C BRAKE SWITCH:    ON        HOT LIGHT:          ON
     IDLE AIR CONTROL:    40      IDLE RPM X 10:        50
          INTEGRATOR:     40       KNOCK RETARD:     7 DEG
        KNOCK SIGNAL:    YES       LOOP STATUS:       OPEN
  LV8(FILTERED LOAD):     40    MANIFOLD AIR TEMP:     18F
      02 FUEL STATE:    LEAN   SPARK ADVANCE PROGRM:  90 DEG
     THROTTLE ANGLE %:   15%    TIME FROM START:  99.90 MIN
     2ND GEAR STATUS:     ON     3RD GEAR STATUS:       ON
     4TH GEAR STATUS:    OFF       BRAKE SWITCH:       OFF
        COMMAND GEAR:   NONE      CRUISE CONTROL:       ON
         CRUISE MODE:   IVLD     CRUISE RES/ACC:       OFF
     CRUISE SET SPEED:  1 MPH    CRUISE SET/CST:        ON
    CRUISE VACUUM SOL:    ON     CRUISE VENT SOL:       OFF
        DES SERVO POS:   15%      PARK/NEUTRAL:        OFF
        PRNDL SWITCH:   IVLD      RAW SERVO POS:        40
        SHIFT WIRE A:    Hi       SHIFT WIRE B:        LOW
        SHIFT WIRE C:   LOW       SHIFT WIRE P:        LOW
      TCC DUTY CYCLE:   15%         TCC MODE:          OFF
           TCC SLIP:   -176    TORQUE CONV CLUTCH:      ON
   VEHICLE SPEED SENS:  40 MPH    A/C CLUTCH:           ON
        A/C REQUEST:    YES       ACT SERVO POS:       15%
     AIR/FUEL RATIO:   0.10     CANISTER PURGE D/C:    15%
    CUR WEAK CYLINDER:    40        FAN HI (1):        OFF
       FAN LOW (2):     OFF      HEATED W/S REQ:       YES
          PROM ID:     3267    QUAD DRIVER 1 (A):       HI
     QUAD DRIVER 2 (B):   HI    VEH ANTI-THEFT SYS:    YES
```

Figure 15-16 Une sortie imprimée d'un flux de données en série. Les données indiquent l'état de différents composants à un moment précis. Par exemple, au moment de cette sortie de données, l'embrayage du convertisseur de couple était en position ouverte. *Dans quel cas les données en série sont-elles le plus utiles ?*

VÉRIFIE TES CONNAISSANCES

❶ Définis une surveillance de diagnostic.

❷ Définis un code d'anomalie.

❸ Comment extrait-on un code d'anomalie ?

❹ Définis les données en série.

❺ Lorsque tu lis des données en série avec un scanner, que signifie une condition sans code ?

Section 3

Les outils de diagnostic

Plusieurs outils de diagnostic servent à déterminer et à diagnostiquer les problèmes dans les systèmes de commande électronique. Parmi ces outils, on trouve :
- le multimètre numérique ;
- l'oscilloscope numérique à mémoire ;
- le scanner ;
- les contrôleurs d'interface et les appareils portatifs de vérification.

Le multimètre numérique

Le *multimètre numérique* mesure les valeurs électriques, par exemple :
- la tension ;
- le courant ;
- la résistance.

La tension est une mesure de la pression ou de la force électrique. L'unité de base de cette mesure est le volt. Le courant est la mesure du flux électrique dans un conducteur. L'unité de base de la mesure du courant est l'ampère. La résistance est la mesure de la

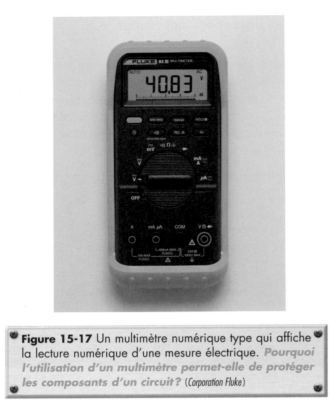

restriction du flux de courant. L'unité de base de la mesure de la résistance est le ohm. Un multimètre peut afficher les mesures électriques sous forme numérique ou graphique (*voir la figure 15-17*).

Un multimètre possède une résistance ou une impédance interne très élevée. L'impédance peut atteindre jusqu'à 10 millions de ohms. Cette impédance élevée réduit considérablement le flux de courant dans le multimètre. Un multimètre à impédance élevée a peu d'effet sur le fonctionnement du circuit.

Les multimètres à impédance élevée protègent les composants électriques des dommages qui peuvent être causés par un flux de courant élevé. Les multimètres assurent des lectures précises lorsqu'on mesure des composants à semi-conducteurs et des circuits électriques.

L'oscilloscope numérique à mémoire

L'*oscilloscope numérique à mémoire* est un instrument qui sert à observer et à mesurer la tension et la fréquence des signaux.

L'échelle verticale de l'oscilloscope indique la force ou l'amplitude de la tension. L'échelle horizontale indique la durée du cycle ou la fréquence du signal. Les deux échelles sont réglables de façon électronique afin de présenter le meilleur motif possible. Un changement d'échelle ne modifie pas le signal qui produit le motif. Il modifie uniquement l'apparence du motif à l'écran du multimètre.

Le motif affiché à l'écran du multimètre se nomme une forme d'onde. Une forme d'onde est la représentation d'un signal électrique. Elle illustre l'activité du circuit, ce qui indique l'amplitude et la fréquence du signal. Le motif de forme d'onde donne une vue plus précise de l'activité du circuit que le multimètre (*voir la figure 15-18*).

Pour bien utiliser le multimètre, il faut avoir reçu une formation et avoir acquis une certaine expérience. Le multimètre reproduit plusieurs types de formes d'onde. Les techniciens bien formés devraient être en mesure de déterminer et d'interpréter les formes d'onde.

Le scanner

Le *scanner* est un instrument portatif qui peut lire les données de l'ordinateur du véhicule. Branché au raccord de diagnostic, il peut servir dans l'atelier ou durant un essai routier.

L'utilisation du scanner durant un essai routier permet d'isoler un problème intermittent, c'est-à-dire un problème qui ne survient qu'à l'occasion. Un problème intermittent est habituellement le type de problème le plus difficile à diagnostiquer, car il ne survient pas toujours au moment où le véhicule est dans l'atelier de réparation. Un problème intermittent peut aussi survenir brièvement, et le scanner est alors très utile. Durant l'essai routier, lorsque le problème intermittent survient, l'information peut être enregistrée et interprétée plus tard.

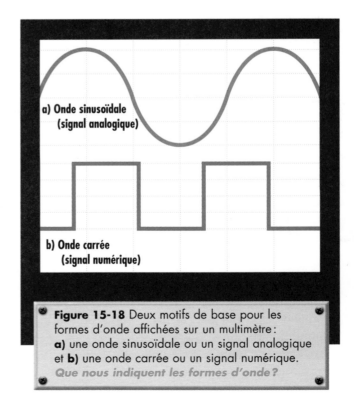

🔩 **Figure 15-18** Deux motifs de base pour les formes d'onde affichées sur un multimètre :
a) une onde sinusoïdale ou un signal analogique et **b)** une onde carrée ou un signal numérique. *Que nous indiquent les formes d'onde ?*

La minceur n'est pas toujours souhaitable.

Sébastien a posé une boîte de vitesses reconstruite dans l'automobile d'un client. Durant la vérification de performance, Sébastien obtient un rapport qui n'est pas celui qui est sélectionné. Le second rapport ne fonctionne absolument pas. Sébastien se souvient que, au moment de retirer la boîte de vitesses avant de la reconstruire, il a omis de débrancher tous les fils. Un des fils a été étiré quand il a actionné le cric pour transmission. Il ne croyait pas que le fil était endommagé mais, lorsqu'il l'a débranché, il a vu qu'il avait été étiré.

Maintenant, Sébastien soupçonne que plusieurs torons sont brisés dans l'isolant, ce qui ne laisse qu'un fil très mince. Comment cela pourrait-il être lié au problème ?

Comme tu as déjà des notions de base au sujet du courant électrique, tu les utiliseras pour répondre à la question. À titre de technicienne ou de technicien automobile, tu sais que le courant électrique est un flux d'électrons d'une extrémité à l'autre d'un fil. Les électrons entrent en contact les uns avec les autres tout le long du fil. Cependant, plusieurs facteurs peuvent causer des interférences dans le flux régulier des électrons. Un des facteurs est le diamètre ou le calibre du fil. Plus le numéro de calibre de fil est élevé, plus le fil est mince. Ainsi, un fil de calibre 18 est plus mince qu'un fil de calibre 12.

Fais l'expérience suivante. Tu découvriras que la minceur n'est pas toujours souhaitable.

À toi de jouer !

Mesurer la résistance dans des fils de différents calibres

Conforme aux normes de l'EDU en sciences pour comprendre et analyser les propriétés de l'électricité.

Matériel requis
- une longueur de 915 mm de fil de cuivre de calibre 20
- une longueur de 915 mm de fil de cuivre de calibre 24
- une longueur de 915 mm de fil de cuivre de calibre 8
- un multimètre

❶ Retire environ 13 mm d'isolant à chacune des extrémités des trois fils.

❷ Règle le multimètre pour qu'il mesure la résistance.

❸ Tiens solidement les fils de connexion du multimètre à chacune des extrémités du fil.

❹ Note le nombre de ohms pour chacun des fils.

Les résultats et l'analyse

❶ Quelle est la source de courant qui fait déplacer les électrons dans cette expérience ?

❷ Parmi les fils, lequel offre le plus de résistance ?

❸ Parmi les fils, lequel offre le moins de résistance ?

❹ Quel est le type de circuit électrique automobile dont le fil est de calibre 8 ou inférieur à 8 ?

❺ Le circuit est-il élevé ou faible (en ampères) ?

❻ Le flux d'ampères risque-t-il d'être plus élevé avec un fil de gros calibre ou avec un fil de petit calibre ? Explique ta réponse. Fonde tes explications sur les résultats de ton expérience.

Un scanner peut effectuer un diagnostic sur une boîte de vitesses automatique ou une boîte-pont à commande électronique. Les scanners affichent les codes d'anomalie et d'autres renseignements relatifs au diagnostic. Ils décodent les données du module de gestion du groupe motopropulseur et les affichent à l'écran.

Tu peux aussi brancher le scanner à une imprimante d'ordinateur afin d'obtenir une copie papier des données. Si le scanneur est utilisé après une réparation, tu peux imprimer une copie des données du module de gestion du groupe motopropulseur pour vérifier si le problème a été corrigé.

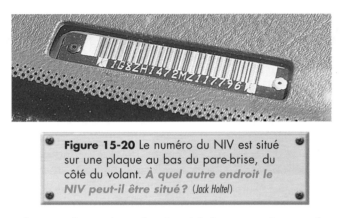

Figure 15-19 Le scanner sert à lire les codes d'ano-malie. On branche le scanner au raccord de diagnostic sous le tableau de bord. *Comment le scanner générique est-il programmé?* (Actron Manufacturing)

Figure 15-20 Le numéro du NIV est situé sur une plaque au bas du pare-brise, du côté du volant. *À quel autre endroit le NIV peut-il être situé?* (Jack Holtel)

Les scanners sont classés selon qu'ils sont génériques ou spécialisés (*voir la figure 15-19*).

• Les scanners génériques. Ces scanners sont conçus pour servir sur plusieurs modèles de véhicules, indépendamment des fabricants. Ils contiennent des cartouches de programmation amovibles. Les cartouches permettent de programmer le scanner pour qu'il effectue certaines tâches précises.

• Les scanners spécialisés. Ces scanners sont conçus pour servir sur certains modèles de véhicules. Ils ont normalement une plus grande capacité de diagnostic et plus de caractéristiques que les scanners génériques. Certains scanners spécialisés ont une base de données de diagnostic incorporée. La base de données contient des spécifications et des indications relatives au diagnostic de défaillances.

Un scanner doit pouvoir déterminer le type de véhicule sur lequel il est branché. Le numéro d'identification du véhicule (NIV) est un numéro de code unique. Le scanner peut avoir besoin de l'information contenue dans le NIV.

Le NIV contient de l'information précisant:
• la date de fabrication du véhicule;
• la couleur du véhicule;
• l'usine de fabrication du véhicule;
• la sorte, le modèle, la série et le style de carrosserie du véhicule;

• le type de système de sécurité des passagères et des passagers ou de retenue;
• le type de moteur et le modèle de celui-ci.

La plaque du NIV est fixée au bas du pare-brise, du côté du volant (*voir la figure 15-20*). Le NIV peut aussi se trouver sur une étiquette, dans la porte ou le montant de porte du côté du volant.

Le scanner est branché au véhicule au moyen du raccord de diagnostic. La plupart des raccords de diagnostic sont situés sous le tableau de bord, du côté du volant. Il est possible que le raccord de diagnostic soit placé à un autre endroit. Consulte le guide d'entretien du véhicule pour connaître l'emplacement du raccord de diagnostic. Celui-ci est claveté de façon à éliminer la possibilité d'une mauvaise insertion.

Le raccord de diagnostic pour la version 1 (OBD-II) des systèmes de diagnostic intégré est un raccord spécial à 12 broches (*voir la figure 15-21a*). Le raccord de diagnostic pour la version 2 des systèmes de diagnostic intégré est un raccord standard à 16 broches (*voir la figure 15-21b*). Les raccords de systèmes de diagnostic intégré de version 2 permettent l'utilisation de raccords à 4, à 5, à 7 et à 16 broches. Les raccords qui ont un autre nombre de broches peuvent servir dans le cas de certains véhicules ou de certaines applications, ou encore avec des scanners spécialisés. Chacun des types de raccords possède un câble spécial pour pouvoir brancher le scanner (*voir la figure 15-22*).

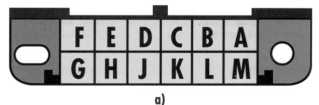

a)

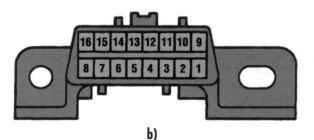

b)

Figure 15-21 a) Une vue agrandie d'un raccord de diagnostic à 12 broches que l'on trouve dans certains véhicules munis d'un système de diagnostic embarqué de version 1. b) Une vue agrandie d'un raccord de diagnostic à 16 broches d'un système de diagnostic intégré de version 2. *Détermine les raccords de diagnostic dont le nombre de broches est approprié pour un système de diagnostic intégré de version 2.*

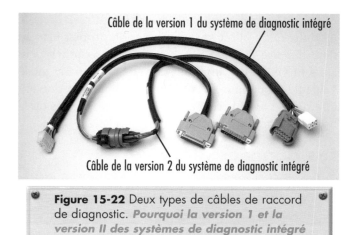

Figure 15-22 Deux types de câbles de raccord de diagnostic. *Pourquoi la version 1 et la version II des systèmes de diagnostic intégré nécessitent-elles des câbles différents?*

Le contrôleur d'interface et le vérificateur de transmission

Il existe des outils spécialisés qui permettent de vérifier et d'établir les diagnostics de la boîte de vitesses ou de la boîte-pont. Parmi ces outils, on trouve :
- le contrôleur d'interface ;
- le vérificateur de transmission.

Le contrôleur d'interface Un contrôleur d'interface est raccordé au faisceau de fils de la boîte de vitesses. Il peut être relié à la boîte de vitesses ou au module de gestion du groupe motopropulseur. Un contrôleur d'interface permet d'utiliser un multimètre ou un oscilloscope à mémoire numérique pour visualiser les signaux entre le module de gestion du groupe motopropulseur et la boîte de vitesses. Le guide d'entretien du véhicule indique la marche à suivre et les spécifications de vérification avec un contrôleur d'interface.

Le vérificateur de transmission Un vérificateur de transmission est raccordé au faisceau de fils relié à la boîte de vitesses ou à la boîte-pont (*voir la figure 15-23*). Le vérificateur permet à la technicienne ou au technicien de contrôler le fonctionnement de la boîte de vitesses ou de la boîte-pont à l'aide de commutateurs placés sur le vérificateur. Les vérificateurs sont munis de broches semblables à celles que l'on trouve dans le

contrôleur d'interface et qui permettent de raccorder le multimètre ou l'oscilloscope.

La plupart des vérificateurs de transmission font en sorte de retirer le module de gestion du groupe motopropulseur du circuit de contrôle. Le vérificateur peut isoler les problèmes électriques dans la boîte de vitesses ou la boîte-pont. Cependant, comme le module de gestion du groupe motopropulseur est retiré du circuit, le vérificateur n'est pas en mesure de vérifier les commandes de ce module.

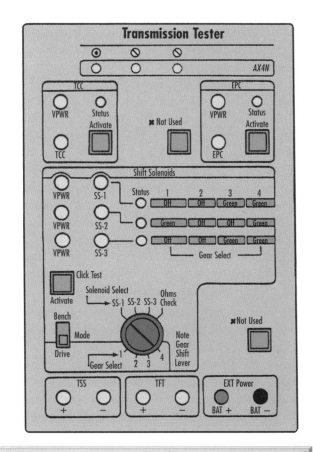

Figure 15-23 Un vérificateur de transmission peut aider à isoler les problèmes de nature électrique dans la boîte de vitesses ou la boîte-pont. *Pourquoi le vérificateur n'est-il pas en mesure de vérifier les données du module de gestion du groupe motopropulseur?* (Compagnie Ford Motor)

VÉRIFIE TES CONNAISSANCES

❶ Quelles sont les trois valeurs électriques mesurables à l'aide d'un multimètre ?

❷ Que représente la forme de l'onde sur un oscilloscope numérique à mémoire ?

❸ Comment le scanner générique est-il programmé ?

❹ Quelle est la différence entre un raccord de diagnostic du système de diagnostic intégré de version 1 et un raccord de diagnostic du système de diagnostic intégré de version 2 ?

❺ Pourquoi la plupart des vérificateurs de transmission ne sont-ils pas en mesure de vérifier les signaux de commande du module de gestion du groupe motopropulseur ?

Les circuits de commande électronique de la boîte de vitesses et de la boîte-pont

Les circuits de commande électronique des boîtes de vitesses commandées par ordinateur offrent plusieurs avantages qui n'existaient pas avec les boîtes de vitesses conventionnelles. Parmi ces avantages, on peut citer :

- *Une meilleure synchronisation des vitesses et une meilleure sensation d'embrayage.* La surveillance et le réglage sont constants afin d'assurer la meilleure performance possible à l'embrayage.
- *Une adaptabilité à différents véhicules et à différentes plates-formes.* Les paramètres d'étalonnage programmables font en sorte qu'un modèle de boîte de vitesses particulier peut être utilisé sur plusieurs plates-formes de véhicules.
- *Des capacités d'adaptation.* Plusieurs boîtes de vitesses et de boîtes-pont sont munies d'un programme d'adaptation. Ce programme d'adaptation est un programme du module de gestion du groupe motopropulseur. Il permet au module de gestion du groupe motopropulseur de surveiller, d'enregistrer et de régler la pression principale afin de compenser l'usure, les variantes de fabrication et les fuites de joints.

Les valeurs d'adaptation les plus courantes sont :

- *Les adaptations à l'embrayage.* Il s'agit de la capacité du module de gestion du groupe motopropulseur à assurer une bonne sensation d'embrayage. Le module de gestion du groupe motopropulseur est informé de la pression nécessaire pour conserver la synchronisation et la sensation d'embrayage dans la plage précisée.
- *Les adaptations de garage.* Il s'agit ici de la sensation d'embrayage lorsque le levier sélecteur se déplace entre les positions de stationnement (P) et de marche avant (D) ou de marche arrière (R). Le module de gestion du groupe motopropulseur mesure le temps d'engagement et règle la pression principale afin de compenser les engagements difficiles ou tardifs.
- *Les adaptations d'équilibre.* Dans ce cas, le module de gestion du groupe motopropulseur règle la pression principale s'il y a glissement de la boîte de vitesses ou de la boîte-pont.

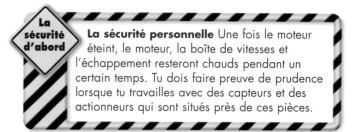

La sécurité d'abord

La sécurité personnelle Une fois le moteur éteint, le moteur, la boîte de vitesses et l'échappement resteront chauds pendant un certain temps. Tu dois faire preuve de prudence lorsque tu travailles avec des capteurs et des actionneurs qui sont situés près de ces pièces.

Les valeurs d'adaptation sont enregistrées dans le module de gestion du groupe motopropulseur. Tu peux les lire à l'aide d'un scanner. Le scanner peut aussi surveiller les variations de valeurs pendant que le véhicule fonctionne. Les valeurs d'adaptation doivent être réglées avec le scanner si la boîte de vitesses ou la boîte-pont a été reconstruite ou remplacée.

Les données d'entrée

Les données d'entrée qui proviennent d'un réseau de capteurs contrôlent le fonctionnement de la boîte de vitesses et de la boîte-pont. Les données d'entrée peuvent donner de l'information sur :

- le capteur de température du liquide refroidisseur du moteur ;
- le capteur de température du liquide de transmission ;
- le capteur de position du papillon ;
- le capteur de pression absolue dans le collecteur d'admission ;
- le capteur du débit massique d'air ;
- le capteur de vitesse du véhicule ;
- le capteur de régime de moteur (tachymètre) ou le capteur de position du vilebrequin ;
- le manocontact ;
- l'interrupteur hydraulique.

Le capteur de température du moteur et le capteur de température du liquide de transmission

L'information sur la température du moteur provient du capteur de température du moteur (*voir la figure 15-24*). Ce capteur est fixé sur le moteur, près du boîtier de thermostat.

L'information sur la température de la boîte de vitesses provient du capteur de température du liquide de transmission. Ce capteur est situé dans le carter de liquide ou le couvercle latéral. Les valeurs qui proviennent des capteurs de température du moteur et de température du liquide de transmission peuvent être lues avec un scanner.

Les températures du moteur et du liquide de transmission fournissent des données pour le fonctionnement de l'embrayage de prise directe. L'embrayage de prise directe est retardé jusqu'à ce que le moteur

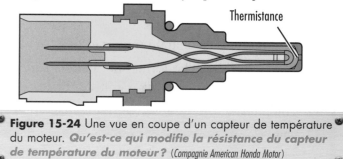

Thermistance

Figure 15-24 Une vue en coupe d'un capteur de température du moteur. *Qu'est-ce qui modifie la résistance du capteur de température du moteur ?* (Compagnie American Honda Motor)

Apprendre à l'aide du guide de l'automobiliste

Les guides d'entretien sont rédigés dans un langage technique utilisé par les techniciens lorsqu'ils travaillent sur des véhicules. Pour la plupart des automobilistes et des propriétaires de voitures, l'information que l'on trouve dans les guides d'entretien sont trop techniques. Toutefois, une ou un automobiliste ne peut pas faire fonctionner un véhicule sans directives.

Le guide de l'automobiliste fournit ces directives. Il comprend un index et une table des matières qui permettent à l'automobiliste de repérer facilement la section recherchée. Ces sections traitent de l'entretien du véhicule ainsi que du mode de fonctionnement des divers accessoires et dispositifs du véhicule. À la différence du guide d'entretien, le guide de l'automobiliste n'est pas rédigé dans un langage technique. Le guide explique en termes simples ce que l'automobiliste doit savoir.

À titre de technicienne ou de technicien, tu peux lire le guide de l'automobiliste et voir comment on y explique le fonctionnement de dispositifs, tel l'antiblocage de frein. À la lecture du guide de l'automobiliste, tu peux connaître le vocabulaire à utiliser pour être bien compris de ta clientèle.

À toi de jouer !

Conforme aux normes de l'EDU en communication pour l'adoption d'une stratégie de communication.

❶ Sur une feuille de papier, place le titre «Passage hors de la position «P» (Stationnement)».

❷ Consulte l'index d'un guide de l'automobiliste. Trouve et lis l'information qui porte sur le passage hors de la position «P».

❸ Plie la feuille en deux dans le sens de la longueur. Sur le côté gauche, intitule une colonne «Technique» et, sur le côté droit, intitule une colonne «Guide de l'automobiliste».

❹ À partir de l'information que tu as lue dans le guide de l'automobiliste, inscris dans la colonne de droite les renseignements sur le passage hors de la position «P». À partir de l'information puisée dans ton guide d'entretien, dans la colonne de gauche, explique comment un véhicule peut effectuer le passage hors de la position «P».

❺ Au dos de ta feuille, écris les différences que tu constates entre les renseignements qui figurent dans les deux colonnes.

atteigne sa température de fonctionnement. Si le blocage se produisait pendant que le moteur est froid, il pourrait survenir des problèmes de maniabilité du véhicule.

Le capteur de température de liquide de transmission fournit des données utiles pour le contrôle de la pression principale et le fonctionnement de l'embrayage de prise directe. Le programme du module de gestion du groupe motopropulseur modifiera les modes de fonctionnement afin d'empêcher la boîte de vitesses de fonctionner à des températures excessives.

Ces modes de protection peuvent se traduire par :
• L'application du blocage de couple dans un rapport inférieur ou le maintien du blocage de couple pendant que le papillon est en position grand

CONSEIL TECHNIQUE **Utiliser un fusil de température infrarouge** Une façon de vérifier la précision de température d'un capteur consiste à utiliser un fusil de température infrarouge pour mesurer la température dans la région du capteur. La température mesurée à l'aide du fusil de température infrarouge devrait se rapprocher de la température affichée par le scanner.

ouvert. Si tu réduis la chaleur produite par le convertisseur de couple, la température du liquide de transmission sera aussi réduite.

• La désactivation des rapports élevés au moment du blocage de couple en rapports bas. Il se produit alors une augmentation du régime du moteur et de la circulation du liquide de refroidissement. La température du liquide de refroidissement de moteur et la température du liquide de transmission diminuent.

Le capteur de position du papillon

Le capteur de position du papillon fixé sur le corps de papillon envoie un signal de tension variable au module de gestion du groupe motopropulseur. Ce signal est proportionnel à la position du papillon. Le capteur de position du papillon peut servir à calculer la charge du moteur. Tandis que le papillon s'ouvre pour augmenter la vitesse du véhicule, la tension du capteur de position du papillon augmente. Une augmentation de tension de position du papillon est perçue comme une augmentation de charge du moteur. Le module de gestion du groupe motopropulseur augmente alors la pression principale dans la boîte de vitesses ou la boîte-pont. Lorsque la pression augmente, les passages en

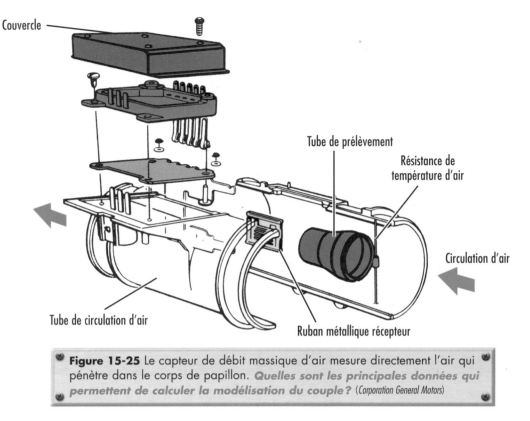

Couvercle

Tube de prélèvement

Résistance de température d'air

Circulation d'air

Tube de circulation d'air

Ruban métallique récepteur

Figure 15-25 Le capteur de débit massique d'air mesure directement l'air qui pénètre dans le corps de papillon. *Quelles sont les principales données qui permettent de calculer la modélisation du couple?* (Corporation General Motors)

vitesse supérieure sont retardés jusqu'à ce qu'il y ait diminution de la charge du moteur.

Lorsque l'ouverture du papillon diminue, la tension du capteur de position du papillon diminue. Une diminution de tension de position de papillon est perçue comme une diminution de charge du moteur. Le module de gestion du groupe motopropulseur diminue alors la pression principale. Lorsque la pression diminue, les passages en vitesse supérieure se produisent plus vite.

Le capteur de pression absolue dans le collecteur d'admission et le capteur de débit massique d'air

Un programme de modélisation du couple peut aussi permettre de calculer la charge du moteur. Les données du capteur de régime de moteur, du capteur de débit massique d'air et du capteur de pression absolue dans le collecteur d'admission constituent les principales données pour la modélisation du couple.

Le capteur de pression absolue mesure la pression absolue ou la dépression dans le collecteur d'admission. Les données indiquées par le capteur varieront en fonction de l'altitude et doivent être réglées en conséquence. Le capteur de débit massique d'air mesure l'air qui pénètre dans le corps de papillon (*voir la figure 15-25*). La modélisation du couple assure que les réglages des points de passage de vitesse dans la boîte de vitesses ou la boîte-pont, ainsi que ceux de la pression principale, correspondent avec précision à la charge du moteur.

Les capteurs de vitesse du véhicule et de régime du moteur

Certains véhicules peuvent être équipés de plusieurs capteurs de vitesse:
- un capteur de vitesse de sortie de boîte de vitesses ou un capteur de vitesse du véhicule;
- un capteur de régime du moteur;
- un capteur de vitesse d'entrée de la boîte de vitesses.

Les données fournies par les capteurs de vitesse peuvent servir à calculer:
- les points de passage en vitesse supérieure ou inférieure;
- le glissement du convertisseur de couple durant le blocage;
- le glissement de la boîte de vitesses ou de la boîte-pont.

Les points de passage en vitesse supérieure ou inférieure Les points de passage en vitesse supérieure ou inférieure sont calculés lorsque l'on compare la vitesse du véhicule et la charge du moteur. En fonction des variations de charge du moteur, le module de gestion du groupe motopropulseur transmet des commandes qui font varier les points de passage.

Le glissement du convertisseur de couple Le module de gestion du groupe motopropulseur calcule le glissement du convertisseur de couple en comparant le régime du moteur à la vitesse d'entrée de la boîte de vitesses. Si un glissement est détecté, le module de gestion du groupe motopropulseur peut commander une augmentation de la pression hydraulique vers le dispositif de blocage de couple. Un glissement excessif ou non contrôlé déclenchera un code d'anomalie.

Le glissement de la boîte de vitesses

Un glissement de la boîte de vitesses ou de la boîte-pont se calcule en comparant la vitesse d'entrée de la boîte de vitesses à la vitesse de sortie. Un glissement dans un rapport sélectionné peut faire en sorte que le module de gestion du groupe motopropulseur commande une augmentation de la pression principale. Cette augmentation de pression principale augmentera la pression appliquée. Un glissement excessif ou non contrôlé déclenchera un code d'anomalie.

Les interrupteurs

On trouve plusieurs types d'interrupteurs dans les boîtes de vitesses automatiques et les boîtes-pont. Les interrupteurs peuvent servir à indiquer la position :
- des tiroirs de passage de vitesse ;
- du levier sélecteur ;
- de la pédale de frein ;
- de l'interrupteur de position de stationnement (P) / de point mort (N).

Les interrupteurs d'une boîte de vitesses ou d'une boîte-pont à commande électronique sont positionnés ou contrôlés :
- par la pression hydraulique ;
- par une tringlerie ;
- de façon manuelle.

Dans une boîte de vitesses automatique ou une boîte-pont, les interrupteurs de pression servent de capteurs de position des tiroirs. Certains interrupteurs commandés par pression sont posés individuellement. D'autres sont incorporés à un carter ou à un collecteur de pression. Les interrupteurs placés dans un carter ou un collecteur peuvent porter l'un des noms suivants :
- un ensemble d'interrupteurs de pression ;

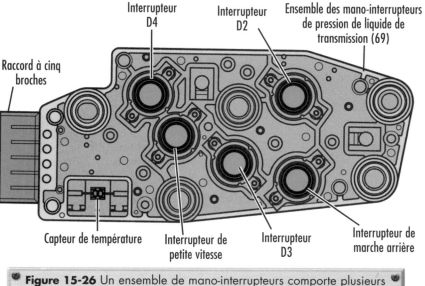

Figure 15-26 Un ensemble de mano-interrupteurs comporte plusieurs interrupteurs. Il est placé sur le bloc hydraulique. *Quelle est la fonction de l'ensemble de mano-interrupteurs ?* (Corporation General Motors)

- un collecteur d'interrupteurs de pression ;
- des mano-interrupteurs de gammes.

Tous ces termes signifient la même chose. Un **ensemble de mano-interrupteurs** est un groupe de mano-interrupteurs montés sur le bloc hydraulique. Chacun des mano-interrupteurs reçoit la pression hydraulique d'un seul tiroir. L'information de l'ensemble d'interrupteurs de pression sert de donnée au module de gestion du groupe motopropulseur. Le module de gestion du groupe motopropulseur utilise ces renseignements pour calculer et contrôler les passages en vitesse supérieure et les rétrogradations.

Un ensemble type d'interrupteurs peut comporter cinq interrupteurs de pression (*voir la figure 15-26*). Certains des interrupteurs sont en série, d'autres sont en parallèle. Trois fils partent du module de gestion du groupe motopropulseur et alimentent les cinq interrupteurs. Le rapport sélectionné fait ouvrir et fermer des tiroirs particuliers. Pendant l'ouverture et la fermeture des tiroirs, les interrupteurs de pression captent la position des tiroirs. Il se produit alors une hausse ou une baisse de tension dans un, deux ou trois des circuits. Le module de gestion du groupe motopropulseur lit la séquence de tension (connue sous le nom de code binaire numérique) des trois circuits pour indiquer le rapport sélectionné (*voir le tableau 15-B*).

Tableau 15-B	| **LES LECTURES DE PRESSION D'HUILE ET DU MODULE DE GESTION DU GROUPE MOTOPROPULSEUR**							
Indicateur de rapport	**Pression d'huile** (présente dans les portions ombrées)					**Lectures de tension escomptées du raccord de boîte de vitesses**		
	Marche arrière	**D4**	**D3**	**D2**	**Lo**	**Broche N**	**Broche R**	**Broche P**
STATIONNEMENT (P)						12	0	12
MARCHE ARRIÈRE (R)						0	0	12
POINT MORT (N)						12	0	12
VITESSE SURMULTIPLIÉE (O)						12	0	0
MARCHE AVANT (D)						12	12	0
DEUXIÈME						12	12	12
PREMIÈRE						0	12	12

Les données de sortie

Le module de gestion du groupe motopropulseur fournit des données de sortie à la boîte de vitesses ou à la boîte-pont à commande électronique. Les données de sortie sont calculées à partir des données d'entrée d'un réseau de capteurs.

Le plus courant des dispositifs de contrôle de données de sortie est le solénoïde. Le solénoïde est contrôlé grâce aux directives du module de gestion du groupe motopropulseur. À l'intérieur de la boîte de vitesses ou de la boîte-pont, les solénoïdes contrôlent l'ouverture et la fermeture des tiroirs hydrauliques.

Si un solénoïde est défaillant, plusieurs vitesses risquent de ne plus être fonctionnelles. Le module de gestion du groupe motopropulseur commandera le passage de vitesse, mais les vitesses touchées par la défaillance du solénoïde ne s'engageront pas. C'est le solénoïde défaillant et la position dans laquelle il est tombé en panne (activé ou désactivé) qui détermineront les vitesses qui ne s'engagent pas. Pour connaître la position de vitesse de la boîte de vitesses ou de la boîte-pont, vérifie le rapport de démultiplication et les valeurs de vitesse commandées à l'aide d'un scanner.

La vérification du solénoïde

Tu peux vérifier les solénoïdes de la façon suivante :
- Écoute le plongeur ou touche-le pour vérifier son mouvement. Le plongeur doit se déplacer librement, sans se déformer.

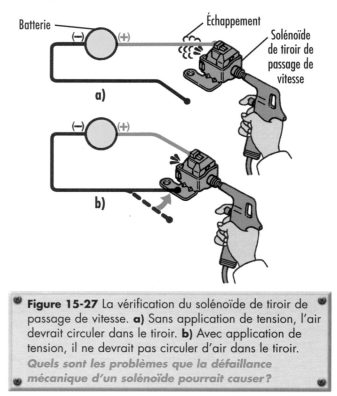

- Utilise un multimètre pour vérifier la résistance des enroulements. Si la bobine est ouverte ou court-circuitée, le solénoïde ne peut pas fonctionner.
- Utilise un multimètre pour vérifier la tension de la bobine de solénoïde. S'il n'y a pas de tension dans le solénoïde, le circuit pourrait être ouvert ou le module de commande pourrait mal fonctionner. Si les vérifications électriques sont acceptables mais que le solénoïde ne fonctionne pas, le solénoïde est défectueux et doit être remplacé.

Comme vérification additionnelle, certains solénoïdes peuvent être alimentés par un scanner. Consulte le guide d'entretien du véhicule ou le guide d'utilisation du scanner pour connaître la marche à suivre.

Si un solénoïde ne fonctionne pas bien, les causes pourraient être :
- une défaillance mécanique ou électrique ;
- un problème de filage entre le solénoïde et l'ordinateur ou entre le solénoïde et sa mise à la masse ou sa source d'alimentation ;
- un signal d'entrée erroné dans l'ordinateur ;
- un ordinateur défectueux.

Le diagnostic de défaillances mécaniques La défaillance mécanique d'un solénoïde peut causer plusieurs symptômes :
- un démarrage en mauvaise vitesse ;
- des vitesses manquantes ; certains passages de vitesse ne s'effectuent pas ;
- des rapports de codes d'anomalie erronés.

Certains modules de gestion du groupe motopropulseur peuvent uniquement diagnostiquer les défaillances électriques. Ils ne sont pas en mesure de diagnostiquer les défaillances mécaniques d'un solénoïde, d'un tiroir de passage de vitesse ou d'un composant d'application. Il ne se déclenchera donc aucun code d'anomalie pour indiquer une défaillance mécanique. Une défaillance mécanique peut être intermittente, tout comme une défaillance électrique. Toutefois, la défaillance peut causer d'autres problèmes qui peuvent déclencher un code d'anomalie.

Malgré l'absence de code d'anomalie, les valeurs du rapport de démultiplication peuvent servir à diagnostiquer la plupart des défaillances mécaniques. Pour déterminer la vitesse engagée, compare le rapport de démultiplication réel à celui qui est commandé. Le rapport de démultiplication est accessible en tant que paramètre de données et peut être lu à l'aide d'un scanner. Tu peux trouver les spécifications sur le rapport de démultiplication dans le guide d'entretien du véhicule.

Dans la démarche de diagnostic, certains fabricants recommandent d'effectuer un essai de pression à l'air sur le solénoïde (*voir la figure 15-27*).

	Normal			Défaillance du solénoïde de passage de vitesse n° 1			Défaillance du solénoïde de passage de vitesse n° 2			Défaillance des deux solénoïdes
Position	Solénoïde			Solénoïde			Solénoïde			Vitesse dans une sélection manuelle
	N° 1	N° 2	Vitesse	N° 1	N° 2	Vitesse	N° 1	N° 2	Vitesse	
D	Activé	Désactivé	Première	X	Activé	Première	Activé	X	Première	Quatrième
	Activé	Activé	Deuxième	X	Activé	Deuxième	Désactivé	X	Deuxième	Quatrième
	Désactivé	Activé	Troisième	X	Activé	Troisième	Désactivé	X	Troisième	Quatrième
	Désactivé	Désactivé	Quatrième	X	Désactivé	Quatrième	Désactivé	X	Quatrième	Quatrième
2	Activé	Désactivé	Première	X	Activé	Première	Activé	X	Première	Troisième
	Activé	Activé	Deuxième	X	Activé	Deuxième	Désactivé	X	Deuxième	Troisième
	Désactivé	Activé	Troisième	X	Activé	Troisième	Désactivé	X	Troisième	Troisième
L	Activé	Désactivé	Première	X	Désactivé	Première	Activé	X	Première	Première
	Activé	Activé	Deuxième	X	Activé	Deuxième	Activé	X	Deuxième	Première

Tableau 15-C — LA FONCTION À SÉCURITÉ INTÉGRÉE

Pour faire un essai de pression à l'air :

1. Retire le carter de liquide.

2. Retire le solénoïde de passage de vitesse du bloc hydraulique. Le solénoïde fait partie du mécanisme du tiroir de passage de vitesse. Lorsque l'on retire le solénoïde, on retire aussi le tiroir. Le composant dans son entier se nomme le *tiroir de passage de vitesse à solénoïde*.

3. Lorsque le solénoïde est hors tension, applique 490 kPa (71 psi) d'air comprimé (*voir la figure 15-27a*). Le tiroir à solénoïde devrait s'ouvrir. Il devrait y avoir de l'air en provenance de l'échappement du tiroir.

4. Refais l'essai avec le solénoïde sous tension (*voir la figure 15-27b*). Il ne devrait pas y avoir d'air en provenance de l'échappement du tiroir.

Le diagnostic de défaillances électriques La plupart des boîtes de vitesses et des boîtes-pont à commande électronique déclencheront un code d'anomalie en cas de défaillance électrique. Il peut se produire quatre types de défaillances :

- une ouverture ;
- un court-circuit à la masse ;
- un court-circuit ;
- un solénoïde court-circuité.

Le module de gestion du groupe motopropulseur commandera aussi une fonction à sécurité intégrée pour protéger la boîte de vitesses ou la boîte-pont. Le tableau 15-C présente un exemple des fonctions à sécurité intégrée pour une boîte-pont de modèle A245E de General Motors.

Les circuits résonnants Un **circuit résonnant** est un circuit électrique qui permet au module de gestion du groupe motopropulseur de diagnostiquer les défaillances électriques dans un solénoïde ou ses circuits. Un circuit résonnant surveille la tension du circuit. Il compare la tension surveillée à la tension qu'il devrait y avoir dans le circuit.

Lorsqu'un solénoïde est désactivé, la tension disponible dans le circuit du solénoïde du module de gestion du groupe motopropulseur devrait être la tension de la batterie. Si la tension est basse, il y a une ouverture dans le circuit. Lorsque le solénoïde est ouvert, la tension disponible dans le circuit du solénoïde du module de gestion du groupe motopropulseur devrait être de 0,5 volt ou moins. Si la tension est élevée, il y a une ouverture dans le circuit.

Pour connaître l'état d'un solénoïde et de son circuit électrique utilise un scanner. Les scanners comportent plusieurs formes d'affichage pour indiquer l'état du solénoïde et de son circuit.

VÉRIFIE TES CONNAISSANCES

1. Définis un programme d'adaptation.
2. Définis la modélisation du couple.
3. Définis un ensemble d'interrupteurs de pression.
4. Quelle est la principale fonction des solénoïdes dans une boîte de vitesses ou une boîte-pont à commande électronique ?
5. Définis un circuit résonnant.

RÉVISION DU CHAPITRE 15

Notions importantes

Ces notions sont conformes aux normes du MFCUO pour la boîte de vitesses automatique et la boîte-pont : les données d'entrée et de sortie pour les diagnostics et les capteurs de réglage.

- Une boîte de vitesses ou une boîte-pont à commande électronique peut s'adapter en fonction des conditions routières et du véhicule.
- Les capteurs produisent des signaux analogiques ou numériques.
- Un convertisseur analogique-numérique transforme les signaux du capteur analogique en signaux numériques.
- On utilise un scanner pour extraire les codes d'anomalie et les renseignements concernant les diagnostics.
- Dans la version 2 du système de diagnostic embarqué, on a normalisé la terminologie fréquemment utilisée en matière de diagnostic.
- Les données en série sont utiles pour diagnostiquer les conditions sans code.
- Les données du module de gestion du groupe motopropulseur transmises à la boîte de vitesses ou à la boîte-pont permettent de régler les points de passage de vitesse et la pression principale.
- Un capteur sur l'arbre secondaire de la boîte de vitesses surveille la vitesse du véhicule.
- On peut effectuer un essai de pression à l'air sur un solénoïde de passage de vitesse.

Questions de révision

❶ Quels sont les composants de base d'une boîte de vitesses et d'une boîte-pont à commande électronique ?

❷ Quelle est la différence entre un signal analogique et un signal numérique ?

❸ Quelle est la différence entre un scanner spécialisé et un scanner générique ?

❹ Mis à part le scanner, quels sont les deux outils spécialisés qui permettent de diagnostiquer les problèmes de boîtes de vitesses ?

❺ Quelles vérifications générales peut-on faire pour diagnostiquer les défaillances mécaniques et électriques d'un solénoïde ?

❻ Quels sont les problèmes qui pourraient survenir à la suite d'une défaillance de solénoïde ?

❼ Comment un circuit résonnant fonctionne-t-il ?

❽ **Pensée critique** Pendant que tu vérifies le fonctionnement de la boîte de vitesses, tu remarques que plusieurs vitesses ne fonctionnent pas. Quelle pourrait être l'origine du problème ?

❾ **Pensée critique** Quelle est l'utilité des données en série pour diagnostiquer des conditions sans code d'anomalie ?

PRÉVISIONS TECHNOLOGIQUES
POUR L'EXCELLENCE EN MATIÈRE D'AUTOMOBILE

Les boîtes de vitesses automatiques : un embrayage perfectionné

Les boîtes de vitesses automatiques « apprennent » à faire plus que de passer d'une vitesse à l'autre. À l'aide de commandes électroniques perfectionnées, elles seront bientôt en mesure de se protéger contre les dommages possibles. Elles pourront probablement fonctionner comme à l'état neuf, même après plusieurs années d'usage.

Une des situations courantes pour les automobilistes est celle de rester immobilisés à cause de la neige ou de la boue. La technique la plus souvent utilisée pour dégager le véhicule consiste à alterner rapidement la marche avant et la marche arrière. Cette technique peut endommager la boîte de vitesses. Dans ce cas, l'ordinateur pourrait mettre la première vitesse hors fonction afin de diminuer la charge de couple sur la boîte de vitesses.

Le comportement des automobilistes, lorsqu'ils reculent, pose aussi problème. Plusieurs conductrices ou conducteurs n'immobilisent pas complètement leur véhicule avant de passer en marche arrière ou en marche avant. Encore une fois, l'ordinateur pourrait être programmé pour retarder l'embrayage ou l'appliquer graduellement afin d'éviter les dommages.

Certaines conductrices ou certains conducteurs donnent des coups d'accélérateur en position de point mort avant d'embrayer en marche avant. Le départ peut être rapide, mais il peut provoquer des dommages permanents et coûteux. Un ordinateur pourrait éviter de tels problèmes.

Ces systèmes de commande perfectionnés peuvent être utiles lorsque la boîte de vitesses montre des signes d'usure. Lorsque l'ordinateur détecte un embrayage plus lent, il peut arriver à corriger le problème. De tels systèmes de commande informatisés contribuent à prolonger la durée de vie des boîtes de vitesses automatiques.

EXCELLENCE AUTOMOBILE
TEST PRÉPARATOIRE

En répondant aux questions suivantes, tu pourras te préparer aux tests en vue d'obtenir la certification du MFCUO.

1. La technicienne A dit que tous les scanners doivent être programmés avec une cartouche programmable. Le technicien B dit que seul un scanner générique utilise une cartouche programmable. Qui a raison ?

   ⓐ La technicienne A.
   ⓑ Le technicien B.
   ⓒ Les deux ont raison.
   ⓓ Les deux ont tort.

2. Le technicien A dit que les valeurs de pression absolue dans le collecteur d'admission varieront en fonction des variations d'altitude. La technicienne B dit que les variations d'altitude ont un effet sur les valeurs du capteur de position du papillon. Qui a raison ?

   ⓐ Le technicien A.
   ⓑ La technicienne B.
   ⓒ Les deux ont raison.
   ⓓ Les deux ont tort.

3. La technicienne A dit que les capteurs servent à surveiller les conditions de fonctionnement du véhicule. Le technicien B dit que les capteurs peuvent produire des signaux analogiques ou numériques. Qui a raison ?

   ⓐ La technicienne A.
   ⓑ Le technicien B.
   ⓒ Les deux ont raison.
   ⓓ Les deux ont tort.

4. Le type de capteur souvent utilisé pour mesurer la température du liquide de refroidissement de moteur se nomme :

   ⓐ la réluctance.
   ⓑ le potentiomètre.
   ⓒ la thermistance.
   ⓓ le solénoïde.

5. Le technicien A dit que le capteur de position du vilebrequin peut fournir des données qui permettent de calculer la charge du moteur. La technicienne B dit que le capteur de position du vilebrequin peut servir uniquement avec le capteur de vitesse du véhicule. Qui a raison ?

   ⓐ Le technicien A.
   ⓑ La technicienne B.

   ⓒ Les deux ont raison.
   ⓓ Les deux ont tort.

6. Une modulation d'impulsions en durée signifie :

   ⓐ un signal élevé qui devient faible.
   ⓑ une donnée qui permet de calculer le glissement de boîte de vitesses.
   ⓒ une variation du signal de cycle de service.
   ⓓ un signal en hertz (Hz) qui se transforme en cycles.

7. Le code d'anomalie P1870 d'un système de diagnostic embarqué de version II est déclenché. Que signifie le troisième chiffre du code ?

   ⓐ Un code d'anomalie de carrosserie.
   ⓑ Un code d'anomalie d'injecteur de carburant.
   ⓒ Un code d'anomalie d'allumage.
   ⓓ Un code d'anomalie de boîte de vitesses.

8. Une technicienne spécialisée ou un technicien spécialisé dans les boîtes de vitesses automatiques peut régler les valeurs d'adaptation avec :

   ⓐ un oscilloscope à mémoire numérique.
   ⓑ un scanner.
   ⓒ un multimètre.
   ⓓ une mémoire morte programmable.

9. La technicienne A dit que les fonctions de sécurité intégrée empêchent le véhicule de se déplacer. Le technicien B dit que les fonctions de sécurité intégrée évitent que la boîte de vitesses soit endommagée en cas de défaillance d'un solénoïde. Qui a raison ?

   ⓐ La technicienne A.
   ⓑ Le technicien B.
   ⓒ Les deux ont raison.
   ⓓ Les deux ont tort.

10. Le technicien A dit que les circuits résonnants surveillent le fonctionnement électrique du solénoïde et de son circuit. La technicienne B dit que les circuits résonnants servent à déterminer les points de passage de vitesse. Qui a raison ?

    ⓐ Le technicien A.
    ⓑ La technicienne B.
    ⓒ Les deux ont raison.
    ⓓ Les deux ont tort.

CHAPITRE 16

La reconstruction de la boîte de vitesses automatique et de la boîte-pont

Tu seras en mesure :

- ⊗ de déterminer les mesures de sécurité à respecter pour le retrait et la pose d'une boîte de vitesses automatique ;
- ⊗ d'effectuer les vérifications préalables au retrait d'une boîte de vitesses ;
- ⊗ de décrire les étapes de démontage d'une boîte de vitesses automatique ;
- ⊗ de décrire la reconstruction et la pose d'une boîte de vitesses automatique.

Le vocabulaire :

Cuve de nettoyage à froid

Fixation du moteur

Roulement à aiguilles

Support

Cric pour transmission

Élévateur

Cale de roue

Le problème »»»» Ton défi

M. Guertin a téléphoné à ton atelier de réparation de boîtes de vitesses parce que sa voiture est restée prise dans la neige. Il a tenté de se dégager en alternant la marche avant et la marche arrière.

Il t'explique qu'au cours de sa manœuvre il a entendu un bruit assez fort. Depuis, lorsqu'il tente d'embrayer un rapport avant, la boîte de vitesses fait un bruit bizarre. Comme il a peur de conduire sa voiture, il a fait venir une dépanneuse pour la faire remorquer jusqu'à ton atelier de réparation.

À titre de technicienne ou de technicien, tu dois répondre aux questions suivantes :

❶ Y a-t-il des pignons abîmés dans le train planétaire ?

❷ Y a-t-il des rainures du tambour d'embrayage qui ont été endommagées ?

❸ Faut-il effectuer une réparation mineure ou reconstruire la boîte de vitesses ?

Les mesures de sécurité et la préparation

Lorsque des clientes ou des clients entrent dans un centre de service automobile, ils ont des attentes. Les techniciens doivent donc avoir une bonne formation. Les lieux doivent être propres, et l'aire de travail doit être bien organisée. Ces premières impressions peuvent grandement influer sur la perception de la clientèle.

Les clientes et les clients ne veulent pas que leur automobile ou leur camion soit réparé par des personnes désordonnées ou négligentes. Ils regardent de près l'atelier de réparation. Ils pensent que la qualité du travail dépend de la formation que les techniciens ont reçue. Ils vérifient si l'atelier est propre.

Il est tout à fait vrai de dire qu'on n'a jamais une seconde chance de faire une première bonne impression. Dans un centre de service renommé, on est attentif à la première impression créée sur la clientèle. L'image, la formation et le professionnalisme sont des facteurs appréciables pour vendre des services de réparation de qualité.

L'équipement de sécurité

On ne met jamais trop l'accent sur la sécurité. Si tu dois retirer une boîte de vitesses ou une boîte-pont, donne une priorité à la sécurité. Plusieurs zones de réparation exigent des directives de sécurité précises. La réparation d'une boîte de vitesses automatique nécessite des règles de sécurité et d'entretien particulières.

Les lunettes et les gants de protection Lorsque tu répares une boîte de vitesses, tu travailles autour et sous le véhicule. Tu dois aussi travailler avec de l'air comprimé, des produits chimiques et des fluides. Protège toujours tes yeux et ta peau avec des lunettes et des gants de protection.

Le support Un **support** est une solide pièce métallique munie d'un poteau central dont la hauteur est réglable. On le nomme aussi *chandelle*. Les supports sont utiles lorsque tu dois travailler sous un véhicule. Plusieurs techniciens utilisent aussi des supports lorsque le véhicule est sur un élévateur. Ne te fie jamais uniquement à un cric rouleur pour soulever un véhicule. Ne prends pas de risques. Place des supports aux points de levage (*voir la figure 16-1*).

Les cales de roue Tu utilises les cales de roue lorsque les réparations s'effectuent au plancher. Une **cale de roue** est un morceau de bois, de caoutchouc ou de métal dont on se sert pour empêcher le véhicule de rouler.

Figure 16-1 Les supports doivent être bien positionnés afin d'assurer un bon support au véhicule. Place les supports aux points de levage recommandés par le fabricant. *Pourquoi est-il important de mettre des supports lorsque tu utilises un cric rouleur ?*

Utilise toujours les cales de roue. Place une cale à l'avant *et* une cale à l'arrière de la roue afin d'empêcher le véhicule de rouler dans une direction ou l'autre (*voir la figure 16-2*).

Les élévateurs Un **élévateur** est un dispositif à commande hydraulique qui permet de soulever le véhicule pour en faire l'entretien. Les élévateurs facilitent le retrait et la pose de la boîte de vitesses. Certains élévateurs sont souterrains. Leurs cylindres hydrauliques sont montés sous le mécanisme de levage (*voir la figure 16-3*). D'autres élévateurs sont

Figure 16-2 Place les cales pour empêcher le véhicule de rouler. Ne te fie jamais uniquement au frein de stationnement ou au cliquet de stationnement de la boîte de vitesses pour prévenir le déplacement du véhicule. *Comment dois-tu positionner les cales ?* (David S. Hwang)

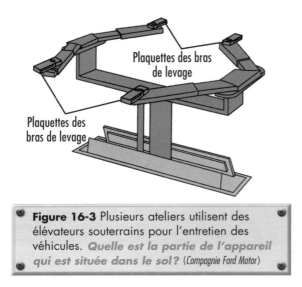

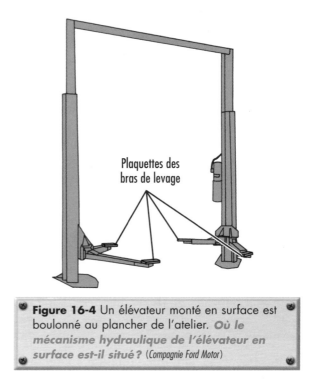

Figure 16-3 Plusieurs ateliers utilisent des élévateurs souterrains pour l'entretien des véhicules. *Quelle est la partie de l'appareil qui est située dans le sol?* (Compagnie Ford Motor)

Figure 16-4 Un élévateur monté en surface est boulonné au plancher de l'atelier. *Où le mécanisme hydraulique de l'élévateur en surface est-il situé?* (Compagnie Ford Motor)

montés en surface. Ils sont boulonnés au plancher. Le mécanisme hydraulique est en surface (*voir la figure 16-4*).

Tu dois soulever le véhicule et respecter des points de levage précis (*voir la figure 16-5*). Consulte le guide d'entretien du fabricant pour connaître les points de levage. Si tu soulèves le véhicule sans tenir compte des points de levage, tu risques d'endommager le châssis ou la carrosserie. Assure-toi que le véhicule est solidement supporté avant de le soulever.

Mets toujours le dispositif de verrouillage de l'élévateur. Si le dispositif est mal verrouillé, l'élévateur pourrait tomber et causer des blessures ou la mort. Assure-toi que l'élévateur est bien entretenu.

Les crics pour transmission Un **cric pour transmission** est un dispositif de levage et de support qui sert au retrait de la boîte de vitesses ou de la boîte-

pont (*voir la figure 16-6*). Il existe deux types de crics pour transmission:

- Un cric pour transmission au plancher. On utilise ce cric pour le retrait ou la mise en place de la boîte de vitesses d'un véhicule qui repose sur des chandelles.
- Un cric pour transmission à la verticale. On utilise ce cric lorsque le véhicule est sur un élévateur. On l'appelle parfois un cric télescopique pour transmission parce qu'il s'allonge pour se positionner sous le véhicule.

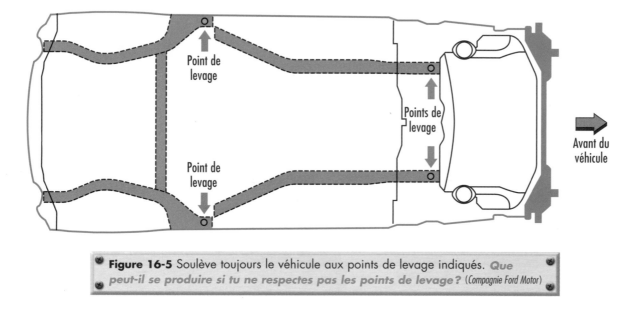

Figure 16-5 Soulève toujours le véhicule aux points de levage indiqués. *Que peut-il se produire si tu ne respectes pas les points de levage?* (Compagnie Ford Motor)

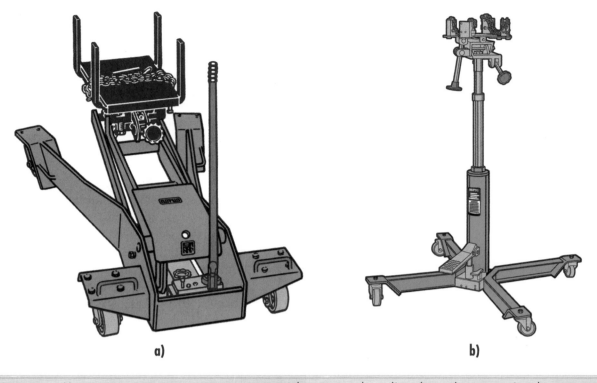

a)

b)

Figure 16-6 Un cric pour transmission sert au retrait et à la mise en place d'une boîte de vitesses. Les deux types de crics pour transmission sont **a)** le cric au plancher et **b)** le cric à la verticale. Ces deux types comportent une fixation qui maintient la boîte de vitesses sur le cric durant le retrait et la mise en place. *Pourquoi la boîte de vitesses doit-elle être fixée au cric avant d'enlever les derniers boulons de carter de boîte de vitesses ?* (Norco Industries, Inc.)

Il arrive que le moteur, la boîte de vitesses et le berceau doivent être retirés en bloc. On peut ajouter des adaptateurs à ces crics afin qu'ils puissent supporter une plus grande charge. Peu importe le type utilisé, assure-toi que la boîte de vitesses est bien attachée au cric avant d'enlever les boulons qui retiennent la boîte de vitesses au véhicule. Le cas échéant, la boîte de vitesses pourrait tomber du cric une fois les boulons retirés.

La fixation du moteur Une **fixation du moteur** est un dispositif qui sert à supporter le moteur au moment du retrait de la boîte de vitesses ou de la boîte-pont (*voir la figure 16-7*). De nos jours, plusieurs véhicules à traction avant utilisent la boîte-pont et ses supports pour positionner et supporter le moteur. On trouve des fixations spéciales où les traverses se rattachent à la carrosserie et au moteur.

Un moteur mal supporté risque de causer des dommages et des blessures. Consulte le guide d'entretien du véhicule pour connaître les outils à utiliser et la manière de les placer.

Les doublures d'aile Les doublures d'aile servent à protéger la peinture et la carrosserie. Utilise-les lorsque tu travailles sur un véhicule.

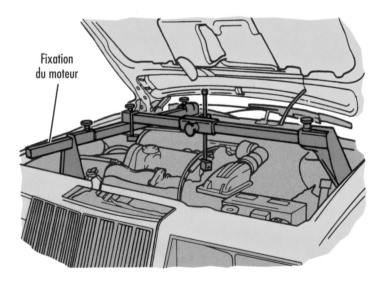

Fixation
du moteur

Figure 16-7 Certains moteurs doivent être supportés avant de retirer la boîte-pont du véhicule. *Que risque-t-il de se produire si on n'utilise pas de fixation de moteur ?* (DaimlerChrysler)

EXCELLENCE
COMMUNICATION
AUTOMOBILE

Lire les instructions avant d'utiliser les outils

Le coffre à outils d'une technicienne ou d'un technicien automobile contient une grande variété d'outils. Bien que certains outils soient plus faciles à manier que d'autres, tu dois être en mesure de bien les utiliser. Par exemple, maintenant, on utilise toujours les outils électroniques pour diagnostiquer les problèmes. Comme ces outils sont complexes, tu dois travailler avec méthode pour apprendre à t'en servir.

La meilleure façon de savoir comment t'en servir est de lire le guide d'instructions. Dans ce guide, le fabricant t'informe de la préparation nécessaire avant d'utiliser l'outil. Tu y trouveras aussi des mesures de sécurité et le mode d'emploi. Les directives sont parfois accompagnées d'illustrations. Certains manuels indiquent aussi les résultats que tu devrais obtenir lorsque tu utilises l'outil.

À toi de jouer !

Conforme aux normes de l'EDU en communication pour appliquer l'information et utiliser des structures de phrases conventionnelles.

❶ Lis le guide d'instructions qui accompagne un scanner.

❷ Sur une feuille de papier, inscris tes réponses aux questions suivantes : quelles sections trouves-tu dans le guide ? Y a-t-il des illustrations qui permettent de mieux comprendre les directives ? Lorsque tu inscris tes réponses, assure-toi de rédiger des phrases complètes. Vérifie l'orthographe, les majuscules et la ponctuation.

❸ Suis les directives d'utilisation indiquées dans le guide.

❹ Les directives sont-elles faciles à suivre ? Explique ta réponse.

La zone de travail

La zone prévue pour travailler sur les boîtes de vitesses doit être propre et bien organisée. Elle doit aussi être assez grande pour contenir l'ensemble des pièces que tu as démontées. Elle doit aussi être organisée de façon que les pièces puissent être disposées dans l'ordre du démontage. Mets les plus petites pièces sur des plateaux ou dans des sacs en plastique.

La plupart des ateliers de réparation de boîtes de vitesses ont un établi sur lequel se trouve une cuve de rétention et de purge. Si l'atelier n'a pas ce type d'établi, purge le plus de liquide possible de la boîte de vitesses avant de la démonter. Assure-toi de suivre une méthode pour nettoyer tout liquide renversé. Ne laisse pas de liquide par terre. Un plancher glissant est dangereux. Une personne pourrait glisser et se blesser en tombant.

Tu dois avoir en main le bon guide d'entretien avant de retirer une boîte de vitesses ou une boîte-pont. Ne tente jamais d'effectuer des réparations sans avoir pris connaissance de la documentation pertinente. Si tu utilises des guides d'entretien, assure-toi de les placer à l'abri du liquide de transmission. Trouve les outils spécialisés dont tu auras besoin avant de retirer la boîte de vitesses. Le guide d'entretien te fournira une liste détaillée.

Les produits de nettoyage et les appareils de nettoyage

Les pièces de boîte de vitesses doivent être très bien nettoyées avant de les remonter. Il existe plusieurs méthodes de nettoyage des pièces.

Les solvants Les solvants de type minéral sont efficaces pour enlever les accumulations de saleté et de graisse. Cependant, la plupart des solvants ne réussissent pas à enlever les accumulations de vernis sur les boîtes de vitesses. Les solvants sont habituellement entreposés et utilisés dans une cuve à solvant spéciale. Une cuve à solvant est généralement munie d'une pompe pour faire circuler le solvant.

Les pièces doivent sécher à l'air libre après le nettoyage. Enduis les pièces de métal avec du liquide de transmission ou une mince couche de lubrifiant afin de prévenir la formation de rouille.

La cuve de nettoyage à froid Une **cuve de nettoyage à froid** est une cuve qui sert à tremper les pièces dans un agent de nettoyage afin d'éliminer le vernis et les autres dépôts. Une fois les pièces retirées de la solution, tu dois les laver à l'eau et les laisser sécher à l'air libre. Enduis les pièces de métal avec du liquide à transmission ou une mince couche de lubrifiant afin de prévenir la formation de rouille.

La sécurité personnelle Les solutions de nettoyage froides et chaudes peuvent être caustiques et très toxiques. Elles peuvent causer de graves blessures à la peau et aux yeux. Porte des lunettes et des gants de protection lorsque tu travailles avec des solutions de nettoyage.

La cuve de nettoyage à chaud Les cuves de nettoyage à chaud sont les appareils de nettoyage les plus populaires dans les ateliers de réparation (*voir la figure 16-8*).

Une cuve de nettoyage à chaud ressemble à un lave-vaisselle. La cuve contient de l'eau chaude et une solution de nettoyage. Les cuves plus récentes ont souvent un cycle de séchage, ce qui permet d'éliminer l'étape de séchage à l'air libre.

Assure-toi que la solution de nettoyage est compatible avec les métaux que tu laves. Certaines solutions peuvent endommager les surfaces métalliques.

Les nettoyeurs à vapeur Les nettoyeurs à vapeur et à air comprimé sont efficaces pour le nettoyage de la surface du carter de boîte de vitesses. Ils ne nettoient cependant pas bien les composants internes.

Figure 16-8 On utilise souvent des cuves de nettoyage à chaud pour nettoyer les pièces de boîte de vitesses. *Pourquoi dois-tu faire attention au type de solution de nettoyage utilisé dans la cuve de nettoyage?* (David S. Hwang)

VÉRIFIE TES CONNAISSANCES

❶ Que pourrait-il se produire si on ne plaçait pas correctement les cales de roue ?

❷ Que pourrait-il se produire si le véhicule était soulevé sans tenir compte des points de levage ?

❸ Dans quelles circonstances utilise-t-on un cric télescopique ?

❹ Durant le démontage d'une grosse pièce automobile, telle une boîte de vitesses, décris une méthode pratique permettant de classer et de conserver les petites pièces.

❺ Définis une cuve de nettoyage à froid.

Section 2

Les étapes de retrait de la boîte de vitesses ou de la boîte-pont

Avant de retirer une boîte de vitesses ou une boîte-pont pour l'inspecter ou la remplacer, tu devras d'abord faire des vérifications et des essais. Ainsi, tu sauras si tu dois retirer la boîte de vitesses ou la boîte-pont du véhicule pour en faire l'entretien. Tu pourras aussi diagnostiquer le problème et connaître les composants qui doivent être réparés ou remplacés.

La première étape d'une vérification préalable est de savoir ce que tu cherches. Pour t'aider, consulte les spécifications du fabricant. Informe-toi pour connaître le moment où doivent s'effectuer l'embrayage, le blocage de couple ainsi que l'activation et la désactivation de certains composants. Sans ces renseignements, les essais routiers et les autres vérifications préalables ne seront pas utiles.

Une fois que tu sais ce que tu cherches, effectue les vérifications suivantes :

• Vérifie la description écrite de la cliente ou du client. Cette description écrite est ta plus importante source d'information pour déceler le problème. Elle doit contenir des renseignements tels que la description du problème par la cliente ou le client, le moment où le problème se produit, dans quel contexte, et toutes les réparations qui ont déjà été effectuées.

- Communique avec la cliente ou le client. Si sa description écrite n'est pas détaillée, il se peut que tu n'aies pas les renseignements nécessaires pour réparer le véhicule. Il est souvent utile de parler directement avec la cliente ou le client pour qu'il t'explique le problème.

- Effectue une inspection visuelle. Inspecte les tringleries, les canalisations de dépression, les supports et le filage pour repérer les dommages et l'usure excessive. Vérifie la présence de fuites. Vérifie si des pièces sont mal posées ou manquantes.

- Vérifie le liquide de transmission. Vérifie aussi le niveau de liquide et sa condition.

- Effectue un essai routier. Vérifie les points de passage en vitesse supérieure et inférieure. Vérifie la sensation d'embrayage. L'embrayage est-il trop difficile ou trop facile ? Y a-t-il des glissements ou des à-coups ? La boîte de vitesses glisse-t-elle sous une charge ? Le régime du moteur augmente-t-il sous une charge ?

La sécurité d'abord

La sécurité personnelle Avant d'effectuer un essai routier, assure-toi d'obtenir les autorisations écrites des autorités concernées.

- Effectue un essai de fonctionnement. Fais fonctionner le véhicule dans tous les modes de la boîte de vitesses ou de la boîte-pont. Vérifie le fonctionnement de la boîte de vitesses ou de la boîte-pont, à froid et à la température de fonctionnement. Sers-toi d'un tableau des embrayages et des bandes d'embrayage pour isoler l'embrayage ou la bande qui pourrait être à l'origine du problème.

- Effectue des essais de pression. Vérifie la pression principale si le véhicule ne réussit pas à avancer, à reculer ou qu'il glisse sur tous les rapports. Si la boîte de vitesses glisse ou ne s'engage pas dans un ou plusieurs rapports, vérifie la pression appliquée.

- Vérifie les codes d'anomalie. Un scanner peut afficher les codes d'anomalie mis en mémoire. La présence d'un code d'anomalie en mémoire indique une défaillance. Consulte le guide d'entretien pour connaître la marche à suivre et les spécifications qui se rapportent au diagnostic lié au code d'anomalie.

La sécurité d'abord

La sécurité personnelle Dispose des liquides, des graisses et des lubrifiants en respectant les règlements environnementaux municipaux, provinciaux ou fédéraux.

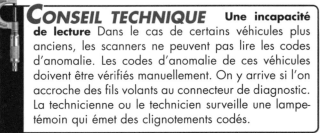

CONSEIL TECHNIQUE **Une incapacité de lecture** Dans le cas de certains véhicules plus anciens, les scanners ne peuvent pas lire les codes d'anomalie. Les codes d'anomalie de ces véhicules doivent être vérifiés manuellement. On y arrive si l'on accroche des fils volants au connecteur de diagnostic. La technicienne ou le technicien surveille une lampe-témoin qui émet des clignotements codés.

Après avoir déterminé si le problème vient de la boîte de vitesses ou de la boîte-pont, il peut être nécessaire de retirer l'ensemble pour effectuer le travail. La démarche de retrait et de mise en place d'une boîte de vitesses ou d'une boîte-pont variera en fonction du fabricant et du modèle.

Le retrait d'une boîte de vitesses

La démarche suivante est d'ordre général et ne s'applique pas à un véhicule en particulier. Consulte le guide d'entretien du fabricant pour connaître la marche à suivre et les spécifications propres au véhicule sur lequel tu dois travailler.

Pour retirer une boîte de vitesses :

1. Déconnecte la borne négative de batterie.

2. Place le véhicule sur un cric et fixe-le solidement. Soulève le véhicule à la hauteur appropriée.

3. Disjoins la tringlerie du papillon, l'arbre d'entraînement, le câble du compteur de vitesse et les fils de connecteurs reliés à la boîte de vitesses.

4. Disjoins les canalisations du refroidisseur qui relient la boîte de vitesses au refroidisseur dans le radiateur. Tu pourrais avoir besoin d'un outil spécialisé.

5. Mets la fixation du moteur tel qu'on le précise. La plupart des véhicules ont besoin d'un support pour le moteur durant le retrait de la boîte de vitesses. Positionne et règle bien la fixation.

6. Positionne le cric pour transmission et fixe-le à la boîte de vitesses. Règle le cric de façon que la boîte de vitesses soit bien équilibrée. Retire les boulons de carter de boîte de vitesses et les boulons de montage qui maintiennent la boîte de vitesses en place.

7. Retire les boulons du convertisseur de couple. Marque la position du convertisseur sur le plateau d'entraînement.

8. Retire les traverses ou les composants du système d'échappement qui pourraient nuire.

9. Éloigne la boîte de vitesses du moteur et abaisse-la lentement. Au besoin, incline la boîte de vitesses afin d'éviter les obstacles.

EXCELLENCE
SCIENCES
AUTOMOBILE

D'où vient l'élan du ressort ?

Toute substance est composée d'atomes. On pourrait croire qu'il existe des centaines de types d'atomes. Pourtant, il n'en existe qu'une centaine. Seulement 92 de ces types d'atomes se retrouvent hors du laboratoire. Il existe une grande variété de substances, car les différents types d'atomes peuvent se combiner.

L'un des types les plus courants de substance que l'on trouve dans une automobile est l'acier. L'acier est une combinaison d'au moins deux différents types d'atomes que les scientifiques appellent « éléments ». Ces éléments sont le fer et le carbone.

Durant le processus de fabrication de l'acier, les températures élevées permettent de mélanger ces éléments. Lorsque le mélange refroidit, les atomes se placent pour respecter des modèles microscopiques appelés *réseaux*. Il existe quatre grands types de réseaux : centré de corps, centré de face, hexagonal et quadratique. Le réseau formé dépend de la température du procédé de fabrication et du mode de refroidissement du mélange.

Lorsqu'un réseau est formé, la chaleur ou le refroidissement peut le modifier. L'effet de cette modification sur les propriétés physiques de l'acier est facilement démontrable.

À toi de jouer !

Modifier les propriétés physiques de l'acier

Conforme aux normes de l'EDU en sciences pour la compréhension de l'effet de la chaleur sur les systèmes automobiles.

Matériel requis
- un ressort hélicoïdal qui peut être tendu à la main
- une règle
- un poids (déterminé par la tension nécessaire pour produire une modification mesurable dans la longueur du ressort)
- un chalumeau au gaz propane
- une tige de métal à laquelle le ressort peut être fixé
- un étau pour serrer la tige
- des lunettes de protection
- des gants de protection

Lorsque tu reconstruis une boîte de vitesses automatique, tu dois vérifier les ressorts situés à l'intérieur. Si tu appliques plusieurs fois de la chaleur et du froid, la tension (l'étirement) du ressort est modifiée.

La sécurité d'abord — **La sécurité personnelle** Porte des lunettes et des gants de protection. Fais preuve de prudence lorsque tu utilises un chalumeau au gaz propane. Manipule le ressort avec soin.

❶ Attache une extrémité du ressort à une tige horizontale maintenue par un étau.

❷ Mesure la longueur du ressort. Note la mesure.

❸ Attache les poids à l'extrémité opposée du ressort.

❹ Mesure la longueur du ressort lorsque les poids sont attachés. Note la mesure.

❺ Retire les poids. Fais chauffer le ressort avec le chalumeau au gaz propane jusqu'à ce qu'il devienne orangé (approximativement 25 à 30 secondes).

❻ Laisse refroidir complètement le ressort. Mesure sa longueur.

❼ Ajoute les mêmes poids que précédemment. Mesure la longueur du ressort. Note la mesure.

Les résultats et l'analyse

❶ Quel effet la chaleur a-t-elle sur les propriétés de tension du ressort ?

❷ Après avoir fait chauffer le ressort, sans ajout de poids, la longueur du ressort est-elle modifiée ?

❸ Selon toi, que se produirait-il si le ressort était chauffé plus longtemps ?

Le retrait de la boîte-pont

La démarche suivante est d'ordre général et ne s'applique pas à un véhicule en particulier. Consulte le guide d'entretien du fabricant pour connaître la marche à suivre et les directives propres au véhicule sur lequel tu travailles. Dans le cas de certains véhicules, le moteur et la boîte-pont sont retirés comme une seule unité.

Pour retirer la boîte-pont :

1. Déconnecte la borne négative de batterie.

2. Place le véhicule sur un cric et fixe-le solidement. Soulève le véhicule à la hauteur appropriée.

3. Disjoins la tringlerie du papillon, l'arbre d'entraînement, le câble du compteur de vitesse et les fils de connecteurs reliés à la boîte de vitesses (*voir la figure 16-9*).

4. Disjoins les canalisations du refroidisseur qui relient la boîte de vitesses au refroidisseur dans le radiateur. Tu pourrais avoir besoin d'un outil spécialisé.

5. Mets la fixation du moteur tel qu'on le précise. La plupart des véhicules ont besoin d'un support pour le moteur durant le retrait de la boîte de vitesses. Positionne et règle bien la fixation.

6. Positionne le cric pour transmission et fixe-le à la boîte de vitesses. Règle le cric de façon que la boîte de vitesses soit bien équilibrée. Retire les boulons de carter de boîte de vitesses et les boulons de montage qui maintiennent la boîte de vitesses en place.

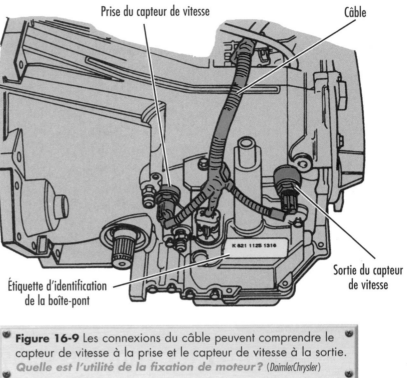

Prise du capteur de vitesse

Câble

Étiquette d'identification de la boîte-pont

K 821 1125 1316

Sortie du capteur de vitesse

Figure 16-9 Les connexions du câble peuvent comprendre le capteur de vitesse à la prise et le capteur de vitesse à la sortie. *Quelle est l'utilité de la fixation de moteur ?* (*DaimlerChrysler*)

7. Retire les boulons du convertisseur de couple. Marque la position du convertisseur sur le plateau d'entraînement.

8. Retire les boulons des roues avant et du berceau, au besoin. Tu peux ainsi déplacer le berceau afin qu'il ne gêne pas. Marque la position du berceau avant de le retirer. Le retrait du berceau peut aussi nécessiter le retrait ou le déplacement d'autres composants, tels que les barres stabilisatrices, les rotules d'articulation ou les traverses.

9. Retire les demi-arbres de la boîte-pont. Tu pourrais avoir besoin d'un outil spécialisé.

10. Retire soigneusement la boîte-pont du moteur et abaisse-la tranquillement. Il est possible que tu doives incliner la boîte-pont pour la dégager.

VÉRIFIE TES CONNAISSANCES

❶ Que cherches-tu dans une inspection visuelle qui précède le retrait de la boîte de vitesses ?

❷ Si le véhicule ne parvient pas à avancer, à reculer ou encore s'il glisse sur tous les rapports, que faut-il vérifier ?

❸ Quelle est la première étape à suivre lorsque tu retires une boîte de vitesses ou une boîte-pont ?

❹ Détermine deux composants qui sont reliés par les canalisations du refroidisseur.

❺ Lorsque tu retires la boîte-pont, comment dois-tu régler le cric pour transmission lorsqu'il est fixé à la boîte-pont ?

Le démontage de la boîte-pont

La démarche proposée ici est d'ordre général et s'applique à la boîte-pont. La **figure 16-10** présente une vue éclatée. Les étapes sont les mêmes pour une boîte de vitesses, à l'exception du montage du bloc d'entraînement d'essieu. Consulte le guide d'entretien du véhicule pour connaître la marche à suivre et les spécifications propres au véhicule sur lequel tu travailles.

Le retrait et le démontage de la boîte-pont

Tous les fabricants utilisent leur propre méthode pour raccorder, sur le véhicule ou autour de la boîte-pont, des pièces telles que les jambes de force, les essieux, les canalisations du refroidisseur ou encore des composants de frein. Avant de retirer quoi que ce soit, vérifie si certains composants risquent d'être replacés au mauvais endroit ou dans la mauvaise direction. Prends le temps de tracer des repères sur ces composants à l'aide d'un marqueur à pointe feutre afin d'éviter toute erreur de mise en place.

Pour retirer la boîte-pont:

1. Débranche la batterie.

2. Retire le démarreur.

3. Mets la boîte-pont sur un support et purge le liquide de transmission.

4. Débranche tous les composants externes tels que les capteurs de vitesse, le capteur de position et les canalisations de liquide.

5. Positionne le cric pour transmission sous la boîte-pont et attache bien la boîte-pont au cric.

6. Vérifie si d'autres composants ou pièces de quincaillerie doivent être retirés.

7. Retire les boulons qui fixent le moteur à la boîte-pont.

8. Retire les boulons du convertisseur de couple.

9. Disjoins la boîte-pont du moteur.

10. À ce stade, retire le convertisseur de couple ou fixe une courroie de retenue sur le convertisseur de couple afin de l'empêcher de tomber au moment de retirer la boîte-pont.

11. Abaisse tranquillement la boîte-pont à l'aide du cric. Si nécessaire, incline la boîte-pont pour éviter les jambes de force ou d'autres composants.

Le nettoyage du carter

Une fois la boîte-pont retirée du véhicule, il est recommandé de nettoyer l'extérieur du carter avant de procéder au démontage. Outre le fait de rendre la zone de travail plus propre, cette étape permet d'éviter que les composants internes de la boîte de vitesses ou de la boîte-pont soient exposés à des contaminants et à des débris.

Tout récemment encore, on privilégiait le nettoyage à la vapeur ou à l'eau chaude sous pression élevée. Les boîtes de vitesses et les boîtes-ponts plus récentes

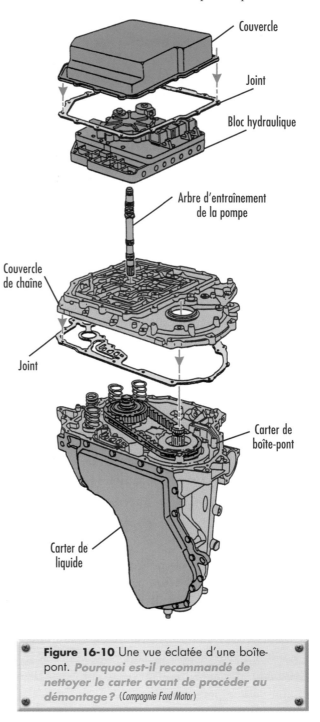

Couvercle

Joint

Bloc hydraulique

Arbre d'entraînement de la pompe

Couvercle de chaîne

Joint

Carter de boîte-pont

Carter de liquide

Figure 16-10 Une vue éclatée d'une boîte-pont. *Pourquoi est-il recommandé de nettoyer le carter avant de procéder au démontage?* (Compagnie Ford Motor)

peuvent contenir des dispositifs électroniques qui pourraient être endommagés par une telle méthode de nettoyage. Il est préférable d'utiliser un linge sec et un produit dégraissant. Les méthodes de nettoyage peuvent cependant varier d'un atelier à l'autre.

Avant de nettoyer le carter, assure-toi d'enlever tous les composants externes qui pourraient être endommagés durant le nettoyage, dont les connecteurs électriques.

L'étape de nettoyage comprend le retrait de tous les joints toriques, les joints et les autres types de joints de composants situés à l'extérieur du carter. Ne jette pas ces pièces. Conserve-les avec les composants sur lesquels ils étaient. Ils peuvent te servir pour vérifier si les nouveaux joints à poser sont bien comme les anciens.

Le démontage de la boîte-pont

Au moment de démonter la boîte-pont, il est préférable de ranger les pièces internes dans l'ordre où elles ont été retirées. Tu éviteras ainsi des problèmes durant le remontage. Une illustration « type » du guide d'entretien du fabricant ne montre pas toujours exactement la même boîte de vitesses ou boîte-pont que celle sur laquelle tu travailles. Ainsi, les techniciens ne peuvent pas toujours se fier à l'illustration pour repérer l'emplacement des petites pièces dans la boîte-pont.

La démarche suivante s'applique à une boîte-pont de modèle AX4N de Ford. D'autres boîtes-pont et d'autres boîtes de vitesses exigeront peut-être la même démarche. Consulte le guide d'entretien du fabricant pour connaître les procédures à suivre.

Pour démonter la boîte-pont :

1. Retire les boulons du couvercle de chaîne sur le côté du convertisseur de la boîte-pont.

2. Retire le couvercle, le bloc hydraulique, l'arbre d'entraînement de la pompe, le couvercle de chaîne et le joint.

3. Inspecte le couvercle pour repérer les dommages. Vérifie les trous de vis pour repérer les dommages et les filets arrachés. Il est souvent possible de réparer les filets arrachés ou endommagés en mettant des inserts. Si le couvercle n'est pas endommagé, mets-le de côté pour le nettoyer. S'il est endommagé, prends-en note et mets-le de côté afin de le réparer plus tard.

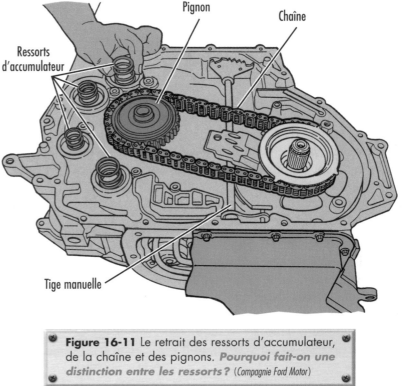

4. Retire et étiquette les ressorts d'accumulateur. Chacun des ressorts peut avoir une tension différente. Étiquette les ressorts de façon à te souvenir de leur emplacement. Tu pourras ainsi les reposer au bon endroit durant le remontage de la boîte-pont.

5. Pousse au centre de la chaîne, près de la tige manuelle, et vérifie si la chaîne est usée. Tire complètement la chaîne dans l'autre direction et mesure la totalité du mouvement. Si le mouvement excède les spécifications, remplace la chaîne d'entraînement (*voir la figure 16-11*).

6. Retire la chaîne et les pignons en soulevant les pignons à la même hauteur.

7. Retire le support du pignon mené, la tige manuelle, les rondelles de butée, le ou les roulements à aiguilles et la bande de surmultiplication (*voir la figure 16-12*). La tige manuelle déplace le tiroir

CONSEIL TECHNIQUE **La direction de la chaîne** Durant le retrait de la chaîne d'entraînement, note la direction des maillons. Plusieurs chaînes ont des maillons colorés afin d'en déterminer la direction. Dans plusieurs cas, ce sera le dessus ou le dessous des maillons qui sera coloré. Lorsque tu retires la chaîne, regarde si des maillons sont colorés sur le dessus ou le dessous de façon à les remettre dans le même sens lorsque tu reposeras la chaîne.

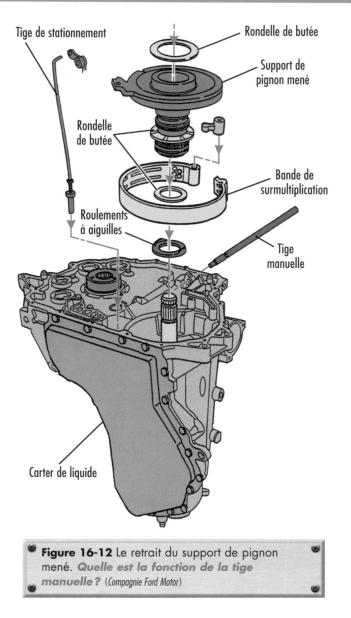

Tige de stationnement

Rondelle de butée

Support de pignon mené

Rondelle de butée

Bande de surmultiplication

Roulements à aiguilles

Tige manuelle

Carter de liquide

Figure 16-12 Le retrait du support de pignon mené. *Quelle est la fonction de la tige manuelle ?* (Compagnie Ford Motor)

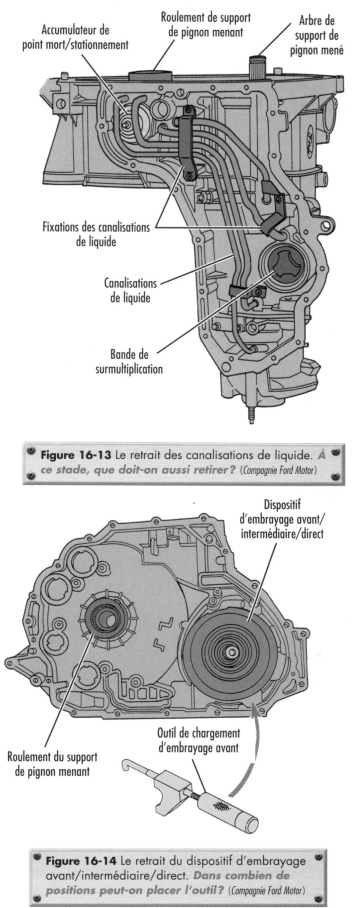

Accumulateur de point mort/stationnement

Roulement de support de pignon menant

Arbre de support de pignon mené

Fixations des canalisations de liquide

Canalisations de liquide

Bande de surmultiplication

Figure 16-13 Le retrait des canalisations de liquide. *À ce stade, que doit-on aussi retirer ?* (Compagnie Ford Motor)

Dispositif d'embrayage avant/intermédiaire/direct

Roulement du support de pignon menant

Outil de chargement d'embrayage avant

Figure 16-14 Le retrait du dispositif d'embrayage avant/intermédiaire/direct. *Dans combien de positions peut-on placer l'outil ?* (Compagnie Ford Motor)

manuel et la tringlerie de stationnement. (On ne peut pas voir le tiroir manuel dans l'illustration, car il est à l'intérieur du carter.)

8. Retire le carter de liquide, le joint et le filtre. Retire les canalisations de liquide, l'accumulateur de position point mort/stationnement et la bande de surmultiplication (*voir la figure 16-13*). Il est possible que tu doives utiliser un outil spécialisé pour retirer les canalisations de liquide. Consulte le guide d'entretien du fabricant pour connaître le type d'outil à utiliser.

9. Retire le dispositif d'embrayage avant/intermédiaire/direct à l'aide de l'outil de chargement de l'embrayage avant. Il n'y aura probablement qu'une seule façon de placer l'outil dans le carter (*voir la figure 16-14*).

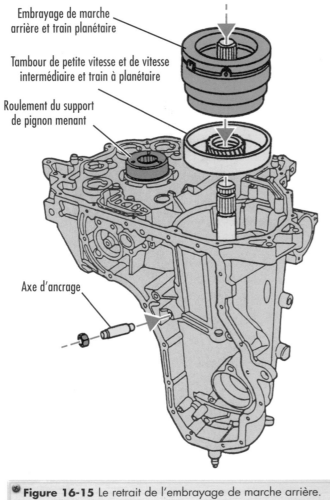

Embrayage de marche arrière et train planétaire

Tambour de petite vitesse et de vitesse intermédiaire et train à planétaire

Roulement du support de pignon menant

Axe d'ancrage

Figure 16-15 Le retrait de l'embrayage de marche arrière. *Pourquoi doit-on retirer l'axe d'ancrage?* (Compagnie Ford Motor)

La vérification et l'inspection des composants

Durant le démontage d'une boîte de vitesses ou d'une boîte-pont, tu peux vérifier et inspecter les composants démontés. Réfère-toi aux précédents chapitres de la présente section pour en savoir davantage sur les vérifications et les inspections de certains de ces composants. Consulte le guide d'entretien du fabricant pour connaître les procédures et les spécifications propres au véhicule.

Les composants d'application Parmi les composants d'application d'une boîte de vitesses automatique ou d'une boîte-pont, on trouve habituellement :
- des embrayages à disques multiples ;
- des bandes ;
- des embrayages à roue libre.

Bien que la plupart des embrayages et des bandes soient démontables aux fins d'inspection et de réparation, plusieurs embrayages à roue libre (soit des roues libres à haricots ou à rouleaux) ne peuvent pas être démontés. Dans ce cas, on peut tout de même vérifier la roue libre pour voir s'ils fonctionnent normalement. Si leur fonctionnement est anormal, il faut remplacer la roue libre au complet.

10. Retire l'axe d'ancrage de l'embrayage de marche arrière. L'axe d'ancrage relâche la tension de la bande de petite vitesse et de vitesse intermédiaire de façon à pouvoir facilement retirer le tambour. Retire l'embrayage de marche arrière et le train planétaire. Retire le tambour de petite vitesse et de vitesse intermédiaire ainsi que le manchon planétaire (*voir la figure 16-15*).

11. Retire l'anneau élastique chanfreiné. Note la direction dans laquelle l'anneau élastique est chanfreiné. Dans l'illustration de la boîte-pont présentée ici, le chanfrein fait face au bloc d'entraînement d'essieu. Ce n'est pas le cas de toutes les boîtes-pont. La plupart des anneaux élastiques sont munis d'encoches qui permettent d'utiliser une pince pour anneau élastique (*voir la figure 16-16*). Consulte le guide d'entretien du fabricant pour connaître l'outil à utiliser.

12. Retire le bloc d'entraînement d'essieu et la couronne sur la boîte-pont (*voir la figure 16-17*).

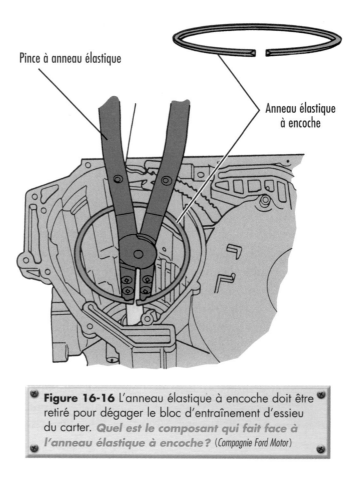

Pince à anneau élastique

Anneau élastique à encoche

Figure 16-16 L'anneau élastique à encoche doit être retiré pour dégager le bloc d'entraînement d'essieu du carter. *Quel est le composant qui fait face à l'anneau élastique à encoche?* (Compagnie Ford Motor)

À la section Boîte de vitesses automatique et boîte-pont du chapitre 14, on décrit la marche à suivre pour vérifier et inspecter les composants d'application suivants :

- l'embrayage ;
- le ressort de rappel du piston d'embrayage ;
- le piston d'embrayage ;
- le plateau d'embrayage ;
- l'embrayage à disques multiples ;
- les bandes, les servos et les accumulateurs ;
- la tige de commande ;
- les embrayages à haricots et à rouleaux.

Figure 16-18 On peut vérifier les jeux d'engrenage à l'aide d'une lame calibrée. *Quels sont les autres points à vérifier au moment d'une inspection visuelle ?* (David S. Hwang)

Les composants hydrauliques Lorsqu'on retire de la boîte de vitesses ou de la boîte-pont la pompe et ses composants ainsi que le bloc hydraulique, on peut en faire l'inspection visuelle. Il n'est pas recommandé de démonter le bloc hydraulique à des fins d'inspection, sauf si :

- le diagnostic ou l'essai routier indique un problème de passage de vitesse qui peut être causé par un tiroir coincé ;
- on trouve dans le carter de liquide une quantité excessive de particules métalliques ou d'autres contaminants.

Si tu dois démonter le bloc hydraulique, assure-toi de travailler sur une surface propre. Place les tiroirs sur la surface de travail, dans l'ordre où tu les as démontés. Tu pourras ainsi les replacer plus facilement au bon endroit après avoir terminé les réparations et l'inspection.

Pour en savoir davantage sur l'inspection et la réparation des composants hydrauliques, réfère-toi à la section Boîte de vitesses automatique et boîte-pont du chapitre 12. Ce chapitre contient des directives d'inspection et de réparation pour :

- les engrenages de pompe ;
- le corps de pompe ;
- le couvercle de pompe ;
- le bloc hydraulique.

Le train planétaire La plupart des vérifications de train planétaire consistent en des inspections visuelles pour repérer les dommages et l'usure. Ces inspections visuelles peuvent nécessiter l'utilisation d'outils simples, telle une lame calibrée, pour vérifier les jeux d'engrenage (*voir la figure 16-18*).

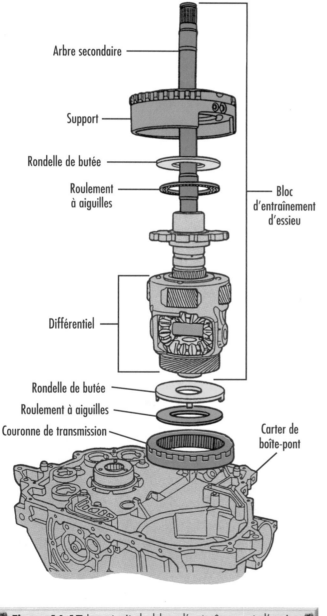

Arbre secondaire

Support

Rondelle de butée

Roulement à aiguilles

Bloc d'entraînement d'essieu

Différentiel

Rondelle de butée

Roulement à aiguilles

Couronne de transmission

Carter de boîte-pont

Figure 16-17 Le retrait du bloc d'entraînement d'essieu. *Que faut-il retirer avant de pouvoir dégager le bloc d'entraînement d'essieu du carter ?* (Compagnie Ford Motor)

Il n'est pas recommandé de démonter le train planétaire, à moins que l'inspection ne révèle un problème. À la section Boîte de vitesses automatique et boîte-pont du chapitre 11, ou explique plus en détail l'inspection des composants suivants du train planétaire :

• les satellites ;
• les pignons.

Au cours de l'inspection, le train planétaire devrait être nettoyé avec un produit nettoyant approprié, séché à l'air libre, puis enduit de liquide de transmission propre afin de prévenir la rouille.

Les bagues On trouve les bagues dans le tambour d'embrayage, le carter de boîte de vitesses, les alésages du bloc hydraulique, les trains planétaires et les arbres. Plusieurs bagues sont usinées en place avec le composant qu'elles supportent (*voir la figure 16-19*). La plupart des fabricants et des entreprises d'entretien et de réparation recommandent de ne pas remplacer ces bagues. Ils conseillent plutôt de remplacer le composant dans sa totalité.

Certains alésages de tiroirs sont en escalier. Sur ces modèles, la bague ne peut être retirée et posée que dans une seule direction. Consulte le guide d'entretien du véhicule pour en savoir davantage sur le remplacement des bagues.

Pour retirer et mettre en place une bague :

1. Trouve l'extracteur de bague approprié.
2. Extrais l'ancienne bague à l'aide d'un marteau ou d'une presse, ou utilise l'extracteur de bague (*voir la figure 16-19a*).
3. Pose la nouvelle bague avec l'extracteur de bague, un marteau ou une presse (*voir la figure 16-19b*). Prends soin de ne pas déplacer la bague durant sa mise en place.

Les roulements à aiguilles Les roulements à aiguilles sont souvent utilisés dans les boîtes de vitesses. Un **roulement à aiguilles** est un très petit roulement à rouleaux. En général, on utilise un roulement à aiguilles lorsque le composant est poussé

Figure 16-19 Les bagues remplaçables ne sont pas usinées sur place. **a)** Une vue rapprochée du retrait d'une bague dans un tambour d'embrayage. **b)** La pose d'une nouvelle bague dans une pompe de boîte de vitesses. *Quels outils dois-tu utiliser pour remplacer une bague ?* (David S. Hwang)

aux extrémités. Plusieurs roulements à aiguilles sont logés dans des cages. Ainsi, les roulements à aiguilles ont deux chemins et une cage pour les maintenir en place. Inspecte les roulements à aiguilles pour repérer toute inégalité, décoloration ou usure des chemins.

La plupart des roulements à aiguilles sont directionnels. La mise en place d'un roulement dans la mauvaise direction empêchera le roulement de fonctionner. Consulte le guide d'entretien pour connaître la marche à suivre et les spécifications propres au véhicule.

Les rondelles de butée Il est important de bien inspecter les rondelles de butée. Vérifie pour repérer toutes rayures et entailles excessives, l'usure sur un côté (appelée *usure de déport*), les problèmes de lubrification ou de surchauffe, et les arêtes endommagées.

> **CONSEIL TECHNIQUE** **Régler le jeu axial**
> Dans le cas de certaines boîtes de vitesses et de boîtes-pont, il est possible de régler le jeu axial. Sur ces modèles, on règle le jeu axial à l'aide de rondelles de butée de diverses épaisseurs.

Les fabricants précisent l'épaisseur de chacune des rondelles de butée. Si le fabricant fournit une spécification, mesure la rondelle de butée avec un micromètre d'extérieur (*voir la figure 16-20*). Un *micromètre d'extérieur* est un outil de précision qui sert à mesurer les dimensions extérieures et l'épaisseur. Remplace les rondelles de butée qui ne sont pas conformes aux spécifications.

Les ressorts Les ressorts internes, tels que ceux qui sont situés dans l'accumulateur et les clapets à bille, peuvent être abîmés par la chaleur. Les ressorts peuvent perdre de la tension. Une perte de tension aura un effet sur les plages de fonctionnement et les pressions. Vérifie la tension de tous les ressorts. Remplace les ressorts qui ne sont pas conformes aux spécifications.

Les composants du bloc d'entraînement d'essieu Inspecte le bloc d'entraînement d'essieu, y compris les rondelles de butée et les roulements à aiguilles. Consulte les spécifications du fabricant. Remplace les pièces qui ne sont pas conformes aux spécifications. L'inspection du différentiel est semblable à celle qui est effectuée sur le train planétaire. Par exemple, utilise une lame calibrée et le guide d'entretien du fabricant pour vérifier le jeu axial.

Le remontage de la boîte-pont

Les étapes qui suivent sont d'ordre général et ne s'appliquent pas à un véhicule en particulier. Consulte le guide d'entretien du fabricant pour connaître la marche à suivre et les spécifications.

1. Mets en place la couronne de transmission avec les cannelures externes qui font face vers le haut. Pose le bloc d'entraînement d'essieu.

Figure 16-20 On peut mesurer l'épaisseur des rondelles de butée à l'aide d'un micromètre d'extérieur. *Que dois-tu faire si une rondelle de butée n'est pas conforme aux spécifications ?* (David S. Hwang)

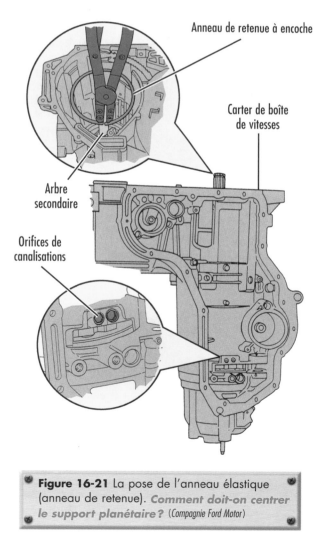

Anneau de retenue à encoche

Carter de boîte de vitesses

Arbre secondaire

Orifices de canalisations

Figure 16-21 La pose de l'anneau élastique (anneau de retenue). *Comment doit-on centrer le support planétaire ?* (Compagnie Ford Motor)

2. Centre les canalisations du support planétaire avec les orifices de canalisations dans le carter (*voir la figure 16-21*).

3. Place l'encoche vers le bas, dans la direction du différentiel et mets l'anneau de retenue à encoche.

4. Soulève le boîtier de différentiel avec un tournevis afin de t'assurer que l'anneau de retenue est bien assis dans la rainure du carter. L'anneau est bien placé si le support planétaire arrière est visible à l'intérieur du diamètre de l'anneau de retenue et que l'anneau n'est pas au même niveau que la paroi extérieure du carter (*voir la figure 16-22*). Si l'anneau n'est pas bien assis, il pourrait se déloger. Le différentiel pourrait alors se déplacer dans un mouvement de va-et-vient.

5. Vérifie le jeu axial de l'arbre secondaire. On règle le jeu axial à l'aide de rondelles de butée. Fixe un comparateur à cadran à l'extrémité de l'arbre secondaire. Mets le comparateur à zéro. Serre l'outil de jeu axial à l'extrémité du bloc d'entraînement d'essieu selon les spécifications. Note le jeu (*voir la figure 16-23*).

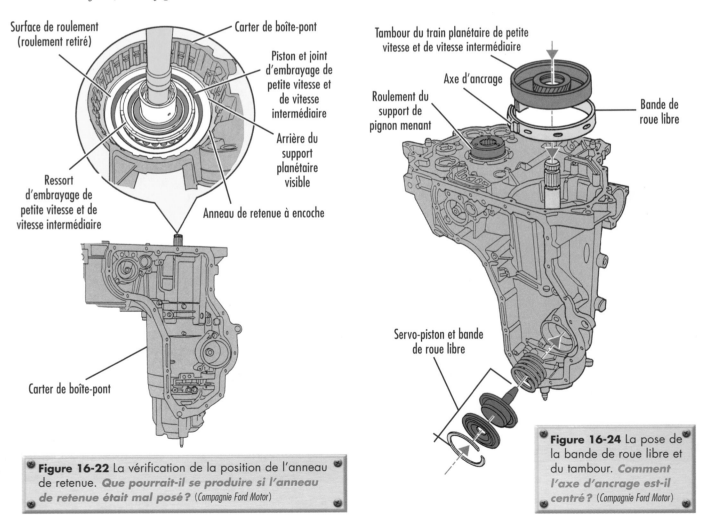

Comparateur à cadran

Arbre secondaire

Figure 16-23 La vérification du jeu axial de l'arbre secondaire. *Comment règle-t-on le jeu axial de l'arbre secondaire?* (*Compagnie Ford Motor*)

Outil de jeu axial

Surface de roulement (roulement retiré)

Carter de boîte-pont

Piston et joint d'embrayage de petite vitesse et de vitesse intermédiaire

Arrière du support planétaire visible

Ressort d'embrayage de petite vitesse et de vitesse intermédiaire

Anneau de retenue à encoche

Carter de boîte-pont

Figure 16-22 La vérification de la position de l'anneau de retenue. *Que pourrait-il se produire si l'anneau de retenue était mal posé?* (*Compagnie Ford Motor*)

Tambour du train planétaire de petite vitesse et de vitesse intermédiaire

Axe d'ancrage

Roulement du support de pignon menant

Bande de roue libre

Servo-piston et bande de roue libre

Figure 16-24 La pose de la bande de roue libre et du tambour. *Comment l'axe d'ancrage est-il centré?* (*Compagnie Ford Motor*)

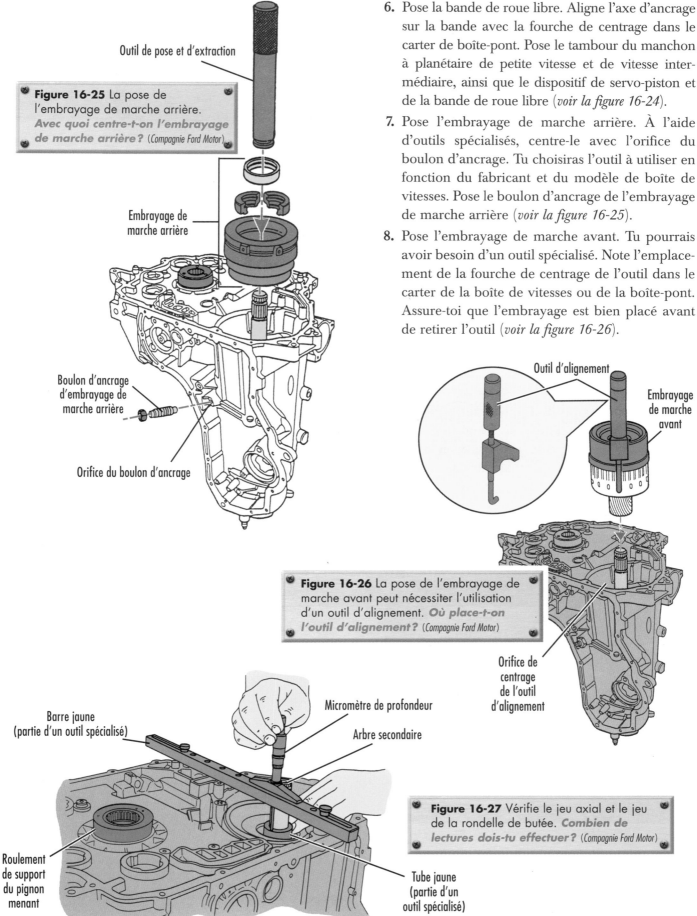

Outil de pose et d'extraction

Figure 16-25 La pose de l'embrayage de marche arrière. *Avec quoi centre-t-on l'embrayage de marche arrière ?* (Compagnie Ford Motor)

Embrayage de marche arrière

Boulon d'ancrage d'embrayage de marche arrière

Orifice du boulon d'ancrage

Outil d'alignement

Embrayage de marche avant

Figure 16-26 La pose de l'embrayage de marche avant peut nécessiter l'utilisation d'un outil d'alignement. *Où place-t-on l'outil d'alignement ?* (Compagnie Ford Motor)

Orifice de centrage de l'outil d'alignement

Barre jaune (partie d'un outil spécialisé)

Micromètre de profondeur

Arbre secondaire

Roulement de support du pignon menant

Tube jaune (partie d'un outil spécialisé)

Figure 16-27 Vérifie le jeu axial et le jeu de la rondelle de butée. *Combien de lectures dois-tu effectuer ?* (Compagnie Ford Motor)

6. Pose la bande de roue libre. Aligne l'axe d'ancrage sur la bande avec la fourche de centrage dans le carter de boîte-pont. Pose le tambour du manchon à planétaire de petite vitesse et de vitesse intermédiaire, ainsi que le dispositif de servo-piston et de la bande de roue libre (*voir la figure 16-24*).

7. Pose l'embrayage de marche arrière. À l'aide d'outils spécialisés, centre-le avec l'orifice du boulon d'ancrage. Tu choisiras l'outil à utiliser en fonction du fabricant et du modèle de boîte de vitesses. Pose le boulon d'ancrage de l'embrayage de marche arrière (*voir la figure 16-25*).

8. Pose l'embrayage de marche avant. Tu pourrais avoir besoin d'un outil spécialisé. Note l'emplacement de la fourche de centrage de l'outil dans le carter de la boîte de vitesses ou de la boîte-pont. Assure-toi que l'embrayage est bien placé avant de retirer l'outil (*voir la figure 16-26*).

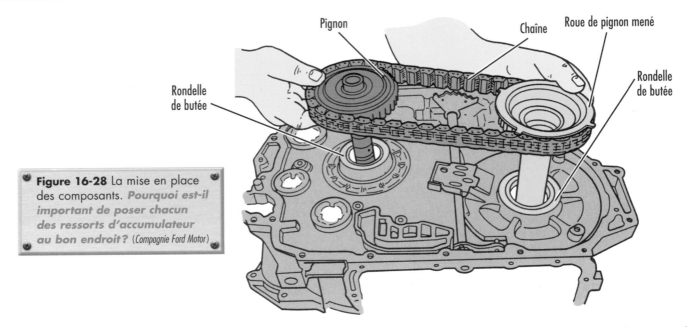

Pignon

Chaîne

Roue de pignon mené

Rondelle de butée

Rondelle de butée

Figure 16-28 La mise en place des composants. *Pourquoi est-il important de poser chacun des ressorts d'accumulateur au bon endroit?* (Compagnie Ford Motor)

9. Pose la bande de surmultiplication et le roulement à aiguilles. Place un outil spécialisé et vérifie le jeu de la rondelle de butée. Utilise une règle et un micromètre de profondeur pour mesurer la distance entre chacun des côtés de l'arbre secondaire. Fais la moyenne des deux lectures (*voir la figure 16-27*).

10. Pose le support de pignon mené. Utilise de la gelée de pétrole pour maintenir en place les rondelles de butée et le roulement à aiguilles.

11. Pose les canalisations, la tige de stationnement et l'accumulateur de point mort et de marche avant.

12. Serre le boulon d'ancrage de l'embrayage de marche arrière d'après les spécifications.

13. Pose les rondelles de butée, la chaîne et les pignons (*voir la figure 16-28*).

14. Place chacun des ressorts d'accumulateur à leur place respective.

15. Mets le couvercle de chaîne et les rondelles de butée en place. Serre en tenant compte des spécifications.

16. Vérifie la longueur de la tige de commande de vitesse surmultipliée avec un outil spécialisé. Serre l'outil tel qu'on le spécifie et mesure le déplacement de la tige de commande à l'aide d'un comparateur à cadran. Si le déplacement n'est pas le bon, pose une tige de commande de la bonne longueur (*voir la figure 16-29*).

17. On peut effectuer un essai de pression à l'air sur la boîte-pont à l'aide d'une plaque d'essai pour boîte-pont qui se boulonne au couvercle de chaîne (*voir la figure 16-30*). La pression devrait être réglée de façon à ne pas endommager les joints et à éviter que le piston soit rempli d'air.

18. Pose l'arbre d'entraînement de la pompe à huile, le bloc hydraulique et son couvercle ainsi que le joint statique.

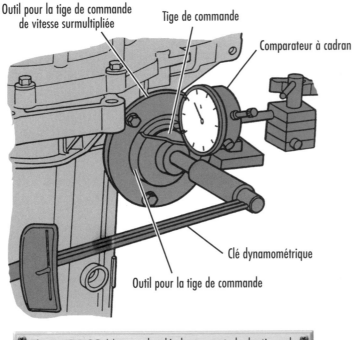

Outil pour la tige de commande de vitesse surmultipliée

Tige de commande

Comparateur à cadran

Clé dynamométrique

Outil pour la tige de commande

Figure 16-29 Mesure le déplacement de la tige de commande. *Que doit-on faire si le déplacement de la tige de commande ne correspond pas aux spécifications?* (Compagnie Ford Motor)

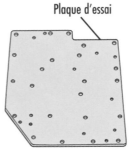

Plaque d'essai

Figure 16-30 La plaque pour effectuer un essai de pression à l'air sur la boîte-pont. Les trous permettent la circulation de l'air. *Pourquoi doit-on régler la pression durant un essai de pression à l'air?* (Compagnie Ford Motor)

Mesurer le jeu axial

Thomas conduit sa voiture jusqu'à l'atelier où tu travailles, car elle fait un bruit strident. Il t'explique que le bruit semble s'intensifier quand il accélère.

Alors que tu fais le diagnostic de sa voiture, le bruit semble provenir de la boîte-pont. Au cours d'un essai routier, tu remarques que le bruit se fait entendre lorsque tu accélères et qu'il disparaît lorsque tu ralentis.

Tu effectues d'autres vérifications. Tu trouves ainsi que le problème est causé par le jeu axial de l'arbre secondaire.

Un jeu axial excessif de l'arbre secondaire peut se corriger si tu ajoutes le bon nombre de cales. Le tableau ci-dessous indique les cales à ajouter si le jeu axial est incorrect.

Ce jeu est très important. Rappelle-toi qu'il faut toujours un certain surplus d'espace pour qu'un dispositif mécanique fonctionne bien. Cependant, si tu laisses trop d'espace, les roulements de l'arbre secondaire s'useront rapidement. Le nombre de cales ajoutées aura aussi un effet sur l'arbre de support des roulements, qui doit demeurer aligné. Si les roulements ne maintiennent pas correctement l'alignement, des problèmes d'engrenages se produiront.

À toi de jouer !

Conforme aux normes de l'EDU en mathématiques pour la lecture de tables, la conversion de mesures et l'utilisation d'instruments de mesure.

Lorsque tu ajoutes des cales, tu diminues le jeu. Tu remarqueras que toutes les cales sont mesurées en millimètre (mm). Même si tu mesures en pouces, tu ajouteras des cales en millimètres pour corriger le problème. C'est pourquoi tu dois être capable de comprendre les deux systèmes et de mesurer en millimètres comme en pouces.

À partir du tableau ci-dessous, résous les problèmes suivants. Chaque problème porte notamment sur le nombre de cales que tu devras ajouter pour corriger le problème.

❶ Tu mesures 0,50 mm. Qu'ajouteras-tu ? Quelle sera l'épaisseur au total ?

❷ Tu mesures 0,05 mm. Qu'ajouteras-tu ? Quelle sera l'épaisseur au total ?

❸ Tu mesures 0,051 po. Qu'ajouteras-tu ? Quelle sera l'épaisseur au total ?

❹ Tu mesures 0,020 po. Qu'ajouteras-tu ? Quelle sera l'épaisseur au total ?

Jeu axial (avec l'ajout de cales de 13,05 mm et de 1,34 mm)		Combinaison de cales requises	Épaisseur au total	
millimètres	pouces	millimètres	millimètres	pouces
0,00	0,00	13,65 + 1,34	14,99	0,590
0,05	0,002	13,65 + 1,24	14,89	0,586
0,10	0,004	13,65 + 1,19	14,84	0,584
0,20	0,008	13,65 + 1,09	14,74	0,580
0,35	0,014	13,65 + 0,94	14,59	0,574
0,50	0,020	13,15 + 1,29	14,44	0,568
0,60	0,024	13,15 + 1,19	14,34	0,564
0,70	0,028	13,15 + 1,09	14,24	0,560
0,85	0,034	13,15 + 0,94	14,09	0,554
0,90	0,036	12,65 + 1,39	14,04	0,552
1,00	0,040	12,65 + 1,29	13,94	0,548
1,10	0,044	12,65 + 1,19	13,84	0,545
1,20	0,048	12,65 + 1,09	13,74	0,541
1,30	0,051	12,65 + 0,99	13,64	0,537

La pose de la boîte de vitesses

Avant de poser la boîte de vitesses, inspecte visuellement les supports du groupe motopropulseur pour repérer les dommages. Les supports soutiennent la boîte de vitesses et empêchent que les bruits et les vibrations se fassent entendre dans l'habitacle. Si les supports sont endommagés, remplace-les. Assure-toi aussi que les supports sont bien alignés au moment de remettre la boîte de vitesses en place. La boîte de vitesses sera ainsi alignée avec le reste de la transmission et des tringleries reliées au carter de boîte de vitesses.

Pour poser une boîte de vitesses :

1. Purge le refroidisseur d'huile à transmission. La purge devrait éliminer tous les débris du refroidisseur.

2. Positionne la boîte de vitesses sur le cric pour transmission et fixe-la bien.

3. Fixe le véhicule sur l'élévateur et élève-le.

4. Positionne le cric pour transmission sous le véhicule et soulève la boîte de vitesses en position.

5. Fixe les boulons du carter d'embrayage et du convertisseur de couple. Assure-toi de laisser un espace entre le convertisseur et le plateau d'entraînement avant de fixer les boulons du convertisseur. Fixe les boulons de traverses et de supports.

6. Fixe les canalisations de refroidisseur, les connecteurs électriques, les tringleries d'embrayage et de papillon, l'arbre d'entraînement et l'échappement. Positionne bien la traverse et fixe-la. Fixe tous les composants de suspension qui avaient été retirés.

7. Retire le cric pour transmission et la fixation du moteur.

8. Règle les tringleries, les câbles et le commutateur de sécurité – point mort.

9. Remplis la boîte de vitesses d'un liquide de transmission approuvé.

10. Connecte le câble de batterie et effectue un essai routier.

11. Vérifie pour voir s'il y a des codes d'anomalie en mémoire.

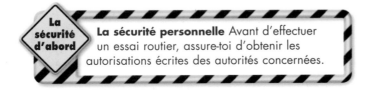

La sécurité d'abord

La sécurité personnelle Avant d'effectuer un essai routier, assure-toi d'obtenir les autorisations écrites des autorités concernées.

Figure 16-31 La pose d'une boîte-pont. *Pourquoi dois-tu faire une inspection visuelle avant de poser la boîte de vitesses ou la boîte-pont ?* (David S. Hwang)

La pose de la boîte-pont

Les étapes de pose d'une boîte-pont sont semblables à celles de la pose d'une boîte de vitesses. Respecte les mêmes mesures de sécurité pour inspecter et aligner les supports du groupe motopropulseur. Réfère-toi à la **figure 16-31.**

Pour poser une boîte-pont :

1. Purge le refroidisseur d'huile à transmission. La purge devrait éliminer tous les débris du refroidisseur.

2. Positionne la boîte de vitesses sur le cric pour transmission et fixe-la bien.

3. Fixe le véhicule sur l'élévateur et élève-le.

4. Positionne le cric pour transmission sous le véhicule et soulève la boîte de vitesses en position.

5. Fixe les boulons du carter d'embrayage et du convertisseur de couple. Assure-toi de laisser un espace entre le convertisseur et le plateau d'entraînement avant de fixer les boulons du convertisseur. Fixe les boulons de traverses et de supports.

6. Fixe les canalisations de refroidisseur, les connecteurs électriques, les tringleries d'embrayage et de papillon, les essieux moteurs et l'échappement. Positionne bien le berceau et fixe-le. Fixe tous les composants de la suspension qui avaient été retirés.

7. Retire le cric pour transmission et la fixation du moteur.

8. Règle les tringleries, les câbles et le commutateur de sécurité – point mort.

9. Remplis la boîte-pont d'un liquide de transmission approuvé.

10. Connecte le câble de batterie et effectue un essai routier.

11. Vérifie pour voir s'il y a des codes d'anomalie en mémoire.

Les vérifications finales

Avant de rendre le véhicule à la cliente ou au client, il est important d'effectuer certaines vérifications et inspections finales. Entre autres, tu dois :

- vérifier le niveau de liquide ;
- vérifier les tringleries et autres réglages ;
- faire une inspection pour repérer les fuites ;
- vérifier que tous les boulons ont été mis en place et bien serrés ;
- utiliser un scanner pour régler les mémoires d'adaptation dans le module de gestion du groupe motopropulseur ou de l'ordinateur du véhicule ;
- vérifier le filage pour t'assurer qu'il suit le bon trajet et qu'il est bien placé dans ses supports de fixation ;
- vérifier les canalisations de refroidisseur et les canalisations de dépression afin de t'assurer qu'elles sont bien fixées, bien placées et qu'elles ne fuient pas ;
- effectuer un essai routier pour t'assurer que la boîte de vitesses ou la boîte-pont fonctionne correctement.

La sécurité d'abord

La sécurité personnelle Avant d'effectuer un essai routier, assure-toi d'obtenir les autorisations écrites des autorités concernées.

L'essai routier

Avant d'effectuer un essai routier, planifie ton essai. Pense à ce que tu dois vérifier. Plutôt que de tenter de mémoriser les résultats obtenus durant l'essai, demande à une technicienne ou à un technicien de t'accompagner et de noter tes observations. Utilise un tableau des résultats escomptés. Si tu ne trouves pas de tableau dans le guide d'entretien du fabricant, prépare ton propre tableau à partir des spécifications du fabricant.

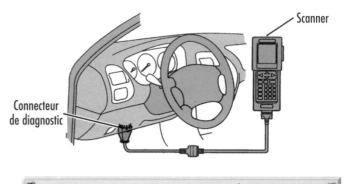

Figure 16-32 Le scanner peut servir durant un essai routier. *Où le connecteur de diagnostic est-il situé ?*

Pour effectuer un essai routier :

1. Réchauffe le moteur de façon à atteindre la température normale de fonctionnement.

2. Branche un scanner dans le connecteur de diagnostic (*voir la figure 16-32*).

3. Place le sélecteur en position de marche avant (D) et effectue l'essai routier sur une route plane.

4. Vérifie si les points de passage de vitesse s'effectuent assez près de la vitesse précisée dans le guide du fabricant.

5. Accélère jusqu'à ce que tu atteignes près de 57 km/h (35 mi/h) ou que la boîte de vitesses s'engage sur le prochain rapport. Déplace alors le sélecteur sur le deuxième rapport. Le véhicule devrait immédiatement commencer à ralentir grâce au freinage du moteur.

6. Vérifie les bruits inhabituels et le glissement d'embrayage sur chaque rapport.

Le suivi de la clientèle Avant de lui rendre le véhicule, dis à ta cliente ou à ton client que tu aimerais qu'il revienne après avoir roulé quelques milliers de kilomètres afin de vérifier si tout fonctionne bien. Lorsque le temps sera venu, effectue un essai routier pour voir si le véhicule fonctionne bien. De plus, inspecte les boulons pour voir s'ils sont bien serrés, puis le filage pour voir s'il est bien fixé. Vérifie le niveau et la condition du liquide.

VÉRIFIE TES CONNAISSANCES

❶ Comment dois-tu vérifier la chaîne d'entraînement pour savoir si elle est usée ?

❷ Pourquoi un roulement à aiguilles risque-t-il d'être mal posé ?

❸ Quand devrais-tu remplacer les anneaux élastiques ?

❹ Quel outil dois-tu utiliser pour mesurer une rondelle de butée ?

❺ Quelle est l'utilité des supports du groupe motopropulseur ?

RÉVISION DU CHAPITRE 16

Notions importantes

Ces notions sont conformes aux normes du MFCUO concernant la boîte de vitesses automatique et la boîte-pont : retirer, démonter et reposer une boîte de vitesses ou une boîte-pont et le convertisseur de couple ; démonter, nettoyer et inspecter les composants de la boîte de vitesses.

● Il faut respecter des directives de sécurité durant le retrait et le remplacement de la boîte de vitesses ou de la boîte-pont.

● Il faut divers outils spécialisés pour supporter le véhicule ainsi que pour retirer et remettre en place une boîte de vitesses automatique.

● Tu dois effectuer plusieurs vérifications préalables avant que la boîte de vitesses ou la boîte-pont soit retirée du véhicule.

● Tu peux réutiliser plusieurs composants une fois qu'ils ont été inspectés, mais certains doivent être remplacés dès qu'ils sont retirés de la boîte de vitesses.

● Tu dois inspecter les composants d'une boîte de vitesses lorsque tu la répares ou que tu la reconstruis.

● Certaines boîtes de vitesses nécessitent l'utilisation d'outils spécialisés pour le retrait, le remplacement et le réglage des composants.

● Vérifie toujours les canalisations hydrauliques et de dépression pour voir si elles sont bien placées et si elles ont des fuites.

Questions de révision

❶ Détermine les mesures de sécurité à respecter lorsque tu fais l'entretien d'une boîte de vitesses ou d'une boîte-pont.

❷ Quel est l'outil spécialisé qui maintient le moteur en place durant le retrait de la boîte de vitesses ou de la boîte-pont ?

❸ Quelles vérifications préalables dois-tu faire avant de retirer la boîte de vitesses ou la boîte-pont ?

❹ Quelle est la marche à suivre générale pour retirer une boîte de vitesses ?

❺ Dans quelles circonstances devras-tu peut-être retirer le berceau d'un véhicule à traction ?

❻ Au cours du démontage de la boîte de vitesses, pourquoi dois-tu séparer les ressorts d'accumulateur ?

❼ Durant la reconstruction de la boîte de vitesses, comment peux-tu vérifier son fonctionnement avant de la reposer dans le véhicule ?

❽ **Pensée critique** En quoi une perte de tension du ressort de clapet à bille peut-elle nuire au fonctionnement de la boîte de vitesses ou de la boîte-pont ?

❾ **Pensée critique** Pourquoi est-il important de purger le refroidisseur avant de poser la boîte de vitesses reconstruite ?

PRÉVISIONS TECHNOLOGIQUES

POUR L'EXCELLENCE EN MATIÈRE D'AUTOMOBILE

Les changements dans les mesures d'entretien

Les techniciens spécialisés dans les boîtes de vitesses automatiques muniront bientôt leur coffre à outils d'un ordinateur portatif. Comme ils ont une grande puissance informatique, les ordinateurs portatifs permettent de diagnostiquer les problèmes avec une plus grande précision que les scanners traditionnels. Les ordinateurs portatifs peuvent aussi accéder à Internet, une ressource qui permet d'obtenir facilement l'information voulue. Les techniciens peuvent obtenir les plus récentes données de diagnostic et de réparation, de même que les mises à jour des logiciels utilisés dans l'ordinateur du véhicule. En entrant le numéro d'identification du véhicule, les techniciens seront informés des plus récents bulletins de services techniques.

Les ordinateurs portatifs seront d'autant plus pratiques avec l'arrivée de modèles plus petits et plus récents. Les techniciens pourront peut-être même accrocher les ordinateurs à leur ceinture. Les renseignements seront affichés sur un écran incorporé aux lunettes de protection des techniciens.

L'usage plus répandu du liquide de transmission synthétique pourrait aussi modifier les mesures d'entretien. Bien que le liquide synthétique soit coûteux, il peut supporter les grandes charges exercées sur la boîte de vitesses. Le liquide synthétique permettrait aux automobilistes de changer leur dispositif pour un dispositif de liquide scellé. L'absence d'une jauge d'huile éviterait la pénétration de saleté et d'eau dans le liquide. Les propriétaires de véhicules ne risqueraient plus d'ajouter le mauvais liquide par erreur. Un tel concept pourrait réduire, voire éliminer les entretiens périodiques.

EXCELLENCE AUTOMOBILE
TEST PRÉPARATOIRE

En répondant aux questions suivantes, tu pourras te préparer aux tests en vue d'obtenir la certification du MFCUO.

1. La technicienne A dit qu'on doit mettre des tréteaux en tout temps lorsqu'on travaille sur un véhicule. Le technicien B dit qu'il est suffisant de mettre le frein de stationnement et de placer la boîte de vitesses automatique ou la boîte-pont en position de stationnement (P). Qui a raison ?
   - **ⓐ** La technicienne A.
   - **ⓑ** Le technicien B.
   - **ⓒ** Les deux ont raison.
   - **ⓓ** Les deux ont tort.

2. Le technicien A dit qu'on peut utiliser n'importe quel solvant ou nettoyant pour nettoyer les pièces de boîte de vitesses ou de boîte-pont. La technicienne B dit que certains produits nettoyants peuvent endommager les surfaces de métal. Qui a raison ?
   - **ⓐ** Le technicien A.
   - **ⓑ** La technicienne B.
   - **ⓒ** Les deux ont raison.
   - **ⓓ** Les deux ont tort.

3. La technicienne A dit que les ressorts internes peuvent être endommagés par la chaleur. Le technicien B dit que la chaleur peut faire perdre de la tension aux ressorts. Qui a raison ?
   - **ⓐ** La technicienne A.
   - **ⓑ** Le technicien B.
   - **ⓒ** Les deux ont raison.
   - **ⓓ** Les deux ont tort.

4. Le technicien A dit qu'on peut mesurer la pression principale dans la plupart des boîtes de vitesses. La technicienne B dit que la lecture de pression principale est toujours la même d'une boîte de vitesses à l'autre. Qui a raison ?
   - **ⓐ** Le technicien A.
   - **ⓑ** La technicienne B.
   - **ⓒ** Les deux ont raison.
   - **ⓓ** Les deux ont tort.

5. La technicienne A dit que plusieurs boîtes de vitesses nécessitent l'utilisation d'un outil spécialisé pour retirer les canalisations de refroidisseur. Le technicien B dit qu'on peut retirer les canalisations de refroidisseur avec une clé. Qui a raison ?
   - **ⓐ** La technicienne A.
   - **ⓑ** Le technicien B.
   - **ⓒ** Les deux ont raison.
   - **ⓓ** Les deux ont tort.

6. Le technicien A dit qu'on utilise une fixation de moteur pour bien aligner le moteur et la boîte de vitesses ou la boîte-pont. La technicienne B dit qu'une fixation de moteur sert uniquement à soulever le véhicule. Qui a raison ?
   - **ⓐ** Le technicien A.
   - **ⓑ** La technicienne B.
   - **ⓒ** Les deux ont raison.
   - **ⓓ** Les deux ont tort.

7. Habituellement, on peut régler le déplacement de la tige de commande :
   - **ⓐ** en posant des rondelles de butée.
   - **ⓑ** en coupant l'extrémité de la tige de commande.
   - **ⓒ** en choisissant une tige de commande de la bonne longueur.
   - **ⓓ** en ajoutant une combinaison de tiges de longueurs variables.

8. La technicienne A dit que la première étape dans la pose d'une boîte de vitesses ou d'une boîte-pont consiste à purger le refroidisseur. Le technicien B dit que la première étape consiste à fixer les boulons du convertisseur de couple. Qui a raison ?
   - **ⓐ** La technicienne A.
   - **ⓑ** Le technicien B.
   - **ⓒ** Les deux ont raison.
   - **ⓓ** Les deux ont tort.

9. Quelle vérification devrait-on faire avant de retirer la boîte de vitesses ou la boîte-pont du véhicule ?
   - **ⓐ** La vérification des réglages.
   - **ⓑ** Un essai routier.
   - **ⓒ** La vérification des codes d'anomalie.
   - **ⓓ** Toutes ces réponses sont bonnes.

10. Le technicien A dit que la mémoire d'adaptation se règle en ouvrant et en fermant trois fois le commutateur d'allumage. La technicienne B dit qu'on règle la mémoire d'adaptation à l'aide d'un scanner. Qui a raison ?
    - **ⓐ** Le technicien A.
    - **ⓑ** La technicienne B.
    - **ⓒ** Les deux ont raison.
    - **ⓓ** Les deux ont tort.

La boîte de vitesses manuelle et les essieux

CHAPITRE 17
Diagnostic et réparation du système d'embrayage

CHAPITRE 18
Diagnostic et réparation de la boîte de vitesses manuelle d'un véhicule à propulsion

CHAPITRE 19
Diagnostic et réparation des organes de transmission d'un véhicule à propulsion

CHAPITRE 20
Diagnostic et réparation de la boîte-pont manuelle

CHAPITRE 21
Diagnostic et réparation des organes de transmission d'un véhicule à traction

CHAPITRE 22
Diagnostic et réparation des organes de transmission d'un véhicule à quatre roues motrices

Scientifique des matériaux

Constructeur de véhicules automobiles recherche une ou un métallurgiste qualifié ou une ou un scientifique des matériaux pour son unité de recherche et développement. La candidate ou le candidat doit détenir un diplôme dans la discipline appropriée, de préférence en métallurgie, en génie des matériaux ou en science des matériaux. Une expérience de plusieurs années avec une spécialité dans les propriétés du métal ou des matériaux composites serait souhaitable. Le niveau du poste et le salaire iront en fonction de l'expérience et des compétences.

Analyste au contrôle de la qualité

Nous fabriquons des composants de plastique pour l'industrie automobile. Vous utiliserez vos compétences pour suggérer de nouvelles méthodes et procédures dans le but d'améliorer l'intégrité et la fabrication du produit. Vous devrez établir des politiques d'assurance de qualité et des procédures de fonctionnement.

Un baccalauréat en sciences avec spécialisation dans les systèmes de qualité est le minimum requis. Salaire compétitif et ensemble d'avantages sociaux.

Chauffeur professionnel

Nous sommes à la recherche de chauffeurs professionnels pour des postes temporaires sur nos pistes d'essai. Diplôme d'études secondaires, permis de conduire en règle et excellent dossier de conduite sont des prérequis. Les employés seront formés pour effectuer des essais sur piste. Expérience en essais ou en conduite commerciale et en connaissances en informatique sont des atouts. Doit être disponible pour travailler à différents quarts de travail et faire du temps supplémentaire. Nous souscrivons au principe de l'égalité d'accès à l'emploi.

Très bonne rémunération pour un(e) technicien(ne) spécialisé(e)

Notre centre de réparations mécaniques de véhicules automobiles est à la recherche d'une technicienne ou d'un technicien de transmissions de véhicules à quatre roues motrices. Doit être certifié(e) MFCUO en entretien d'auto avec expérience en boîtes de vitesses manuelles et essieux. Nous offrons une excellente rémunération, un très bon environnement de travail, 50 000 $ et des assurances. Faites-nous parvenir votre curriculum vitae.

Pensons-carrière

Lis les offres d'emploi ci-dessus et procède de la façon suivante:

- Imagine que tu rédiges une annonce classée. Le prix de ces annonces est déterminé en fonction du nombre de mots. Entraîne-toi à rédiger une annonce en ligne d'offre d'emploi.

- Les emplois sont souvent contractuels sans avantages sociaux ou des emplois à temps plein avec des avantages: salaire, assurances et vacances. Les travailleuses et les travailleurs contractuels reçoivent souvent des salaires plus élevés. Recherche les avantages et les inconvénients de ces deux formes de travail.

- Quels sont les cours qui t'aideraient à te préparer pour un emploi d'analyste au contrôle de la qualité?

Tu seras en mesure :

- d'expliquer la fonction de l'embrayage ;
- de définir les principaux composants d'un système d'embrayage ;
- de diagnostiquer les problèmes d'embrayage ;
- de diagnostiquer et de réparer la tringlerie d'embrayage ;
- d'enlever et de remettre un embrayage.

Le vocabulaire :

Embrayage

Disque d'embrayage

Fourchette d'embrayage

Tringlerie d'embrayage

Ressort-diaphragme

Volant-moteur

Roulement-pilote

Groupe motopropulseur

Plateau de pression

Butée de débrayage

Le problème

L'embrayage est une partie essentielle de la boîte de vitesses manuelle. Chacun des composants de l'embrayage est conçu d'après des caractéristiques techniques et un degré de tolérance bien précis. Une fabrication de qualité ainsi qu'un usage et un entretien appropriés de la part de la ou du propriétaire du véhicule permettront de conserver l'embrayage en bon état de fonctionnement. On évitera ainsi les problèmes de fonctionnement et l'on assurera une longue durée de vie à l'embrayage.

Il est important d'avoir de bonnes connaissances de base des différents systèmes d'embrayage. Tes connaissances te permettront d'assurer un bon entretien, de diagnostiquer les problèmes et d'effectuer les réparations appropriées.

Ton défi

À titre de technicienne ou de technicien, tu dois répondre aux questions suivantes :

❶ Quelles sont les plus importantes fonctions de l'embrayage ?

❷ En termes de constitution, qu'est-ce qui différencie les différents types d'embrayages ?

❸ Quel entretien faut-il effectuer sur un embrayage ?

Section 1

Le système d'embrayage

Tous les véhicules munis d'une boîte de vitesses manuelle ou d'une boîte-pont comportent un embrayage. L'**embrayage** est un dispositif qui permet à la personne qui conduit d'engager ou de désengager le moteur et la boîte de vitesses ou la boîte-pont. L'embrayage se trouve entre le moteur et la boîte de vitesses ou la boîte-pont. Il appartient au groupe motopropulseur. Le **groupe motopropulseur** est formé de composants comme le moteur, la boîte de vitesses ou la boîte-pont, le différentiel et les essieux, qui fournissent la puissance aux roues. Sur la plupart des véhicules, on active l'embrayage à l'aide de la pédale d'embrayage située à la gauche de la pédale de frein.

L'embrayage permet :
- de désengager ou de désaccoupler le moteur du groupe motopropulseur quand on immobilise le véhicule ;
- de coupler le moteur au groupe motopropulseur quand on conduit le véhicule ;
- d'amortir les vibrations du moteur qui se rendent jusqu'au groupe motopropulseur ;
- de désengager le moteur quand on change de rapport.

Les composants de l'embrayage

L'embrayage comporte plusieurs composants (*voir la figure 17-1*). Parmi ces composants, on retrouve :
- le volant ;
- le plateau de pression (l'ensemble plateau de pression) ;
- le disque d'embrayage ;
- la butée de débrayage ;
- la fourchette d'embrayage ;
- le roulement-pilote ou la bague-pilote.

Le volant-moteur

Le **volant-moteur** est un large et lourd volant de métal qui emmagasine l'énergie nécessaire provenant de la rotation du moteur. Il est fixé à l'arrière du vilebrequin du moteur. Le volant permet de régulariser la vitesse du vilebrequin.

La plupart des volants sont en fonte. D'autres sont en acier ou en aluminium. Le volant est entouré d'une couronne dentée de lancement. Le réducteur d'entraînement de démarreur tourne contre la couronne dentée pour démarrer le moteur.

Le volant sert de surface de montage au plateau de pression de l'embrayage. Il offre également une bonne surface de friction au disque d'embrayage.

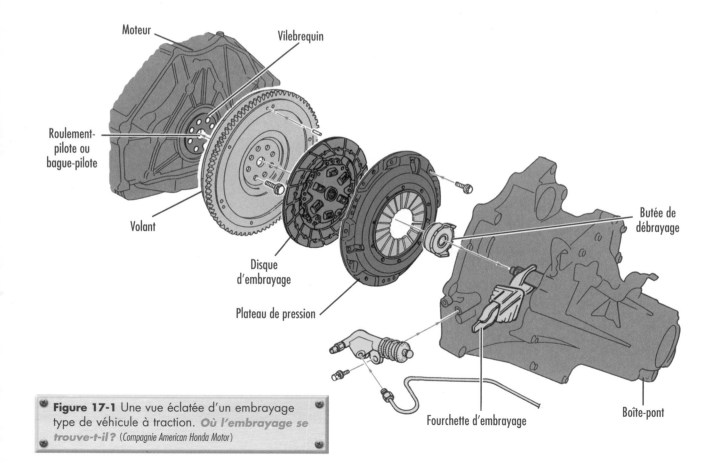

Moteur
Vilebrequin
Roulement-pilote ou bague-pilote
Volant
Disque d'embrayage
Plateau de pression
Fourchette d'embrayage
Butée de débrayage
Boîte-pont

Figure 17-1 Une vue éclatée d'un embrayage type de véhicule à traction. *Où l'embrayage se trouve-t-il ?* (Compagnie American Honda Motor)

Certains volants ont une surface de friction lisse. D'autres volants ont une surface munie de crans.

Certains embrayages comportent des *volants à double masse*. Ce type d'embrayage comporte un volant primaire et un volant secondaire. Le volant primaire est fixé au moteur. Il supporte la couronne dentée de lancement. Le volant secondaire est fixé à l'embrayage.

On joint les deux volants à l'aide de ressorts de torsion, de garnitures de friction et de roulements à billes. On peut ainsi amortir les vibrations du moteur et permettre un certain mouvement (*voir la figure 17-2*).

On utilise les volants à double masse sur certains camions et véhicules de haute performance. Dans les véhicules de haute performance, un volant à double masse réduit la charge dynamique. Il y a *charge dynamique* quand le couple du moteur s'applique subitement au groupe motopropulseur. La réduction de la charge dynamique diminue les risques de panne d'un des composants du groupe motopropulseur.

Le plateau de pression

Le **plateau de pression** est un dispositif qui exerce une force ou une pression sur le disque d'embrayage et appuie ce dernier sur le volant. La pression exercée par le plateau de pression dépend de la sorte de véhicule, de la grandeur et du modèle d'embrayage.

La pression exercée sur le disque d'embrayage peut jouer entre moins de 450 kg (1 000 lb) et 1 362 kg (3 000 lb). De plus gros et plus lourds véhicules, ainsi que ceux munis de moteurs à couple élevé, exigent une pression plus grande. On appelle un embrayage renforcé, un embrayage qui exerce une plus grande force. On utilise habituellement un embrayage renforcé pour les grosses charges.

Le plateau de pression fait partie de l'ensemble plateau de pression. L'ensemble plateau de pression, ou le couvercle d'embrayage, se fixe au volant. Il existe deux principaux types d'ensembles plateau de pression :
• l'ensemble à ressorts hélicoïdaux ;
• l'ensemble à ressort-diaphragme.

Les deux types d'ensembles comportent un plateau de pression en fonte ou en acier. Ils présentent un ou plusieurs ressorts qui exercent la force sur le plateau de pression. Un couvercle d'acier, qui supporte les ressorts, est boulonné au volant.

L'embrayage à ressorts hélicoïdaux On retrouve l'embrayage à ressorts hélicoïdaux dans les plus anciens modèles de véhicules et dans les camions de moyennes et de grandes dimensions. Ce type d'embrayage possède de neuf à douze ressorts hélicoïdaux placés directement sur le plateau de pression (*voir la figure 17-3*).

La pression exercée par les ressorts dépend de la grandeur, de la dureté et du nombre de ressorts. Au moment d'engager l'embrayage, le ressort pousse le plateau de pression sur le disque d'embrayage.

La pression appliquée est importante. Si la pression est trop faible, l'embrayage glissera. Si la pression est trop grande, l'embrayage pourrait s'agripper et ne pas s'engager en douceur.

C'est la pédale d'embrayage qui active l'embrayage. Quand on appuie sur la pédale, la tringlerie d'embrayage éloigne le plateau de pression du disque d'embrayage. Quand on relâche la pédale, le plateau

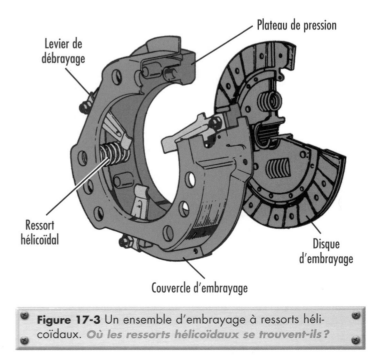

Levier de débrayage

Plateau de pression

Ressort hélicoïdal

Couvercle d'embrayage

Disque d'embrayage

Figure 17-3 Un ensemble d'embrayage à ressorts hélicoïdaux. *Où les ressorts hélicoïdaux se trouvent-ils ?*

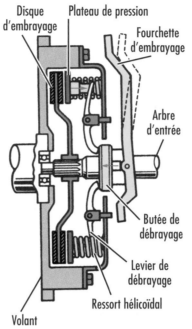

Figure 17-4 Une vue en coupe du ressort hélicoïdal en action durant le débrayage. Quand on appuie sur la pédale d'embrayage, la tringlerie tire la fourchette d'embrayage. La fourchette d'embrayage pousse la butée de débrayage contre les leviers de débrayage, sur le plateau de pression. Le plateau de pression est ainsi éloigné du volant pour désengager l'embrayage. *Qu'est-ce qui fournit la pression de serrage entre le plateau de pression et le disque d'embrayage?*

de pression se dirige vers le disque d'embrayage. Les ressorts hélicoïdaux exercent la pression nécessaire pour pousser le plateau de pression sur le disque d'embrayage (*voir la figure 17-4*).

L'embrayage à ressort-diaphragme On retrouve l'embrayage à ressort-diaphragme dans la plupart des véhicules de tourisme ainsi que dans les camionnettes. Un ressort-diaphragme remplace les ressorts hélicoïdaux (*voir la figure 17-5*). Un **ressort-diaphragme** est un ressort lisse et circulaire qui exerce une pression sur le plateau de pression. Ce ressort lisse a pour propriétés d'être compact et léger.

Les embrayages à ressort-diaphragme requièrent habituellement un moins grand effort et une moins grande course de pédale que les embrayages à ressorts hélicoïdaux. Contrairement à l'embrayage à ressorts

hélicoïdaux, l'embrayage à ressort-diaphragme peut compenser la perte d'épaisseur du disque d'embrayage causée par l'usure. Le fait que le ressort-diaphragme soit bombé permet d'exercer plus de pression sur le disque d'embrayage, malgré son usure. On prolonge ainsi la durée de vie de l'embrayage.

La paroi externe du ressort-diaphragme est pleine. Le centre est muni d'une fente avec des doigts coniques qui pointent vers l'intérieur. Le couvercle d'embrayage comprime le ressort. Le ressort exerce alors une pression sur le plateau de pression. Cette pression fait légèrement fléchir les doigts vers l'extérieur.

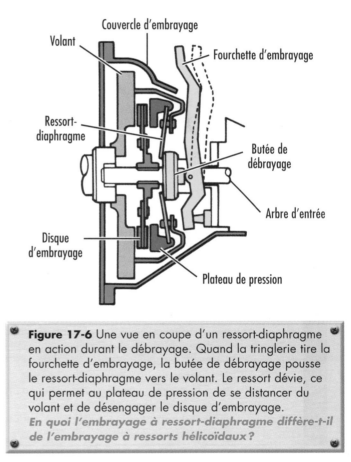

Figure 17-6 Une vue en coupe d'un ressort-diaphragme en action durant le débrayage. Quand la tringlerie tire la fourchette d'embrayage, la butée de débrayage pousse le ressort-diaphragme vers le volant. Le ressort dévie, ce qui permet au plateau de pression de se distancer du volant et de désengager le disque d'embrayage. *En quoi l'embrayage à ressort-diaphragme diffère-t-il de l'embrayage à ressorts hélicoïdaux?*

Des ressorts de rappel et des bandes, qui sont fixés au couvercle, retiennent le plateau de pression en position sous le ressort-diaphragme (*voir la figure 17-6*). Sur certains diaphragmes, le ressort-diaphragme est tenu en place grâce à des anneaux de pivotement. Ces anneaux de pivotement servent également de point de pivot au ressort, lors du débrayage.

Certains embrayages à ressort-diaphragme comportent un couvercle d'embrayage serti. Un couvercle serti élimine les goujons de pivotement. Le ressort-diaphragme s'insère à l'intérieur du couvercle. La partie insérée sert de pivot au ressort-diaphragme.

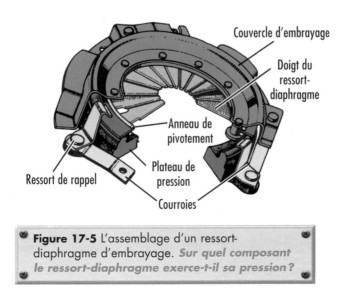

Figure 17-5 L'assemblage d'un ressort-diaphragme d'embrayage. *Sur quel composant le ressort-diaphragme exerce-t-il sa pression?*

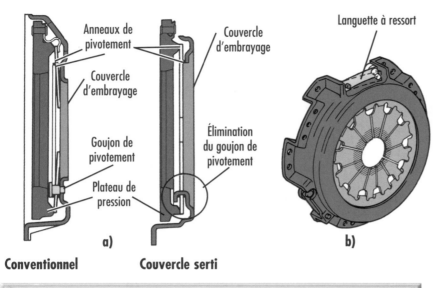

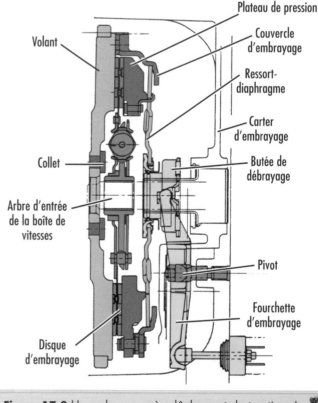

Figure 17-7 Des embrayages à ressort-diaphragme. **a)** Une vue en coupe qui compare les deux différents types d'embrayages à diaphragme; l'un avec des goujons de pivotement (à gauche) et l'autre sans goujons et un couvercle serti (à droite). **b)** La languette à ressort sur le couvercle serti dégage le plateau de pression du volant lors du débrayage. *Que peut-on éliminer grâce au couvercle serti?*

De petites languettes à ressort sur le couvercle positionnent le plateau de pression. Elles dégagent le plateau de pression du volant lors du débrayage (*voir la figure 17-7*).

CONSEIL TECHNIQUE **Le réglage de la garde à la pédale** Le réglage de la garde à la pédale d'un embrayage à diaphragme est plus difficile que celui d'un embrayage à ressorts hélicoïdaux. Des composants mal choisis, comme le disque d'embrayage, l'ensemble plateau de pression ou la butée de débrayage, pourraient nuire au réglage de la garde à la pédale. Un mauvais réglage nuira au fonctionnement de l'embrayage. Si la garde à la pédale est inférieure aux caractéristiques techniques, il est possible que le débrayage ne s'effectue pas complètement quand on appuie sur la pédale. Si la garde à la pédale est trop grande, l'embrayage peut glisser quand on relâche la pédale.

Quand il y a pression sur les doigts, le ressort se comprime. Le plateau de pression peut alors se rétracter et libérer l'embrayage. Certains embrayages à diaphragme sont conçus pour fonctionner comme des *embrayages à relâchement de traction*. Il y a débrayage quand les doigts sont tirés vers l'extérieur plutôt que poussés vers l'intérieur (*voir la figure 17-8*).

Le disque d'embrayage

Le **disque d'embrayage** est le disque d'accouplement entre le moteur et la boîte de vitesses. On l'appelle aussi le *disque de friction*. On l'intercale entre le volant et l'ensemble plateau de pression. On le

monte sur la boîte de vitesses ou sur l'arbre d'entrée de la boîte-pont.

Il existe deux grands types de disques d'embrayage:
- le disque d'embrayage à centre de moyeu atténuant;
- le disque d'embrayage à moyeu plein.

Un disque d'embrayage muni d'un ensemble de moyeu à centre atténuant comporte de quatre à six ressorts hélicoïdaux ou garnitures de caoutchouc. Le moyeu à centre atténuant sert à atténuer les vibrations qui proviennent de l'embrayage et du moteur. Le moyeu plein n'atténue pas les vibrations causées par l'embrayage.

Le disque possède des garnitures de friction des deux côtés. Les garnitures sont munies de fentes qui dissipent la chaleur. Les cannelures du moyeu de disque s'engagent à celles de l'arbre d'entrée (*voir la figure 17-9*).

Figure 17-8 Un embrayage à relâchement de traction. La fourchette d'embrayage éloigne la butée de débrayage du volant. Le ressort-diaphragme se dirige alors vers l'extérieur pour dégager le plateau de pression du volant, afin de libérer le disque d'embrayage. *En quoi le fonctionnement de l'embrayage à relâchement de traction diffère-t-il du fonctionnement des autres embrayages à diaphragme?* (Corporation General Motors)

Certains disques d'embrayage comportent un ressort circulaire d'amortissement qu'on nomme un *ressort Marcel*. Le ressort Marcel se trouve entre les garnitures de friction. Le ressort se compresse légèrement au moment de l'embrayage, ce qui permet un engagement en douceur.

Les garnitures de friction On utilise différentes matières pour fabriquer les garnitures de friction. Dans plusieurs anciens modèles de véhicules, on utilisait des garnitures tissées contenant des fibres d'amiante. Ces *garnitures tissées* avec des fibres d'amiante sont toujours présentes dans plusieurs poids lourds. Pour les véhicules de tourisme et les camionnettes, on utilise maintenant des *garnitures moulées* qui ne contiennent pas de fibres d'amiante (*voir la figure 17-10*).

On utilise les *garnitures céramique-métal* pour les poids-lourds. Ce composite résiste bien aux températures élevées et aux charges lourdes.

Les *garnitures carbone-métal* constituent un autre type de composite qui résiste bien aux températures élevées. On les utilise souvent dans les voitures de course. Les garnitures résistantes aux températures élevées réduisent l'usure et le glissement. Comme le glissement est

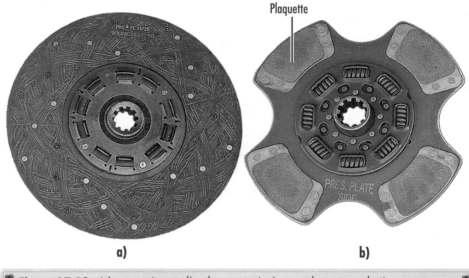

a)   b)

Figure 17-10 a) Les garnitures d'embrayage tissées ont la texture du tissu. **b)** Les garnitures céramique-métal sont habituellement sous forme de boutons ou de plaquettes au lieu d'une surface pleine. *Pourquoi les garnitures céramique-métal occupent-elles moins de surface que les garnitures traditionnelles?* (Tom Pantages)

moindre, elles n'ont pas à occuper une aussi grande surface que les garnitures traditionnelles. Certaines garnitures résistantes aux températures élevées sont sous forme de petits boutons ou de petites plaquettes plutôt que sous forme d'une surface pleine.

L'utilisation de matériaux qui résistent aux températures élevée, permet d'utiliser des ensembles plateau de pression et des ensembles disque d'embrayage de plus petit diamètre. De plus petits ensembles réduisent le poids. Les embrayages de petit diamètre sont populaires dans les voitures de course car ils réduisent l'*inertie*. L'inertie est la force qui conserve dans l'immobilité les objets déjà immobiles et qui conserve en mouvement les objets déjà en mouvement. La baisse d'inertie permet au moteur d'augmenter et de diminuer rapidement sa vitesse.

La plupart des garnitures se fixent au disque d'embrayage grâce à des rivets. Certaines sont collées directement sur le disque. La face externe de la garniture est habituellement pourvue de fentes. Ces fentes permettent à la chaleur et aux vapeurs de s'échapper, ce qui assure un meilleur refroidissement des garnitures. Des garnitures froides permettent d'éviter que le disque d'embrayage ne colle au volant et au plateau de pression lors du débrayage.

L'embrayage multidisque On trouve l'embrayage multidisque dans les poids lourds et les véhicules de course. Ces embrayages doivent être en mesure de supporter des températures et des torsions plus élevées que la normale. Le concept multidisque empile deux disques d'embrayage ou plus, entre le plateau de pression

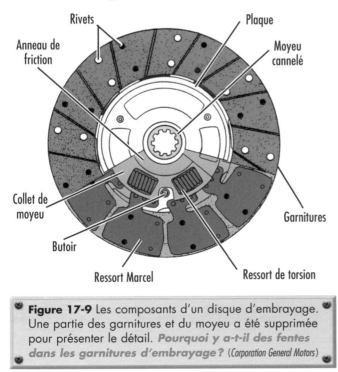

Rivets
Anneau de friction
Plaque
Moyeu cannelé
Collet de moyeu
Garnitures
Butoir
Ressort Marcel
Ressort de torsion

Figure 17-9 Les composants d'un disque d'embrayage. Une partie des garnitures et du moyeu a été supprimée pour présenter le détail. *Pourquoi y a-t-il des fentes dans les garnitures d'embrayage?* (Corporation General Motors)

MATHÉMATIQUES AUTOMOBILE — EXCELLENCE

Déterminer la pression des ressorts

Un client se plaint que l'embrayage glisse quand il conduit. Tu crois que l'usure du ressort-diaphragme pourrait être responsable du problème. Le graphique ci-dessous illustre la relation entre la charge du plateau de pression et le mouvement du plateau de pression.

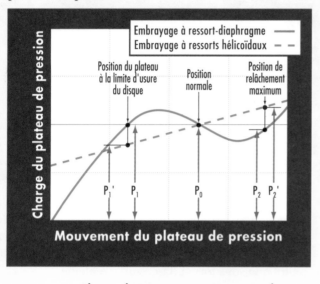

P_0 = Plateau de pression en position normale (quand le disque d'embrayage est neuf)

P_1 = Pression du ressort-diaphragme quand il est près de la limite d'usure

P_1' = Pression du ressort hélicoïdal quand il est près de la limite d'usure

P_2 = Plateau de pression en position maximum pour l'embrayage à ressort-diaphragme

P_2' = Plateau de pression en position maximum pour l'embrayage à ressorts hélicoïdaux

Dans le cas du ressort hélicoïdal, la ligne pointillée indique une relation linéaire (directe) entre ces caractéristiques. Dans le cas du ressort-diaphragme, la relation est non linéaire. La pression de serrage (la tension) du ressort varie selon la longueur du ressort. Le matériau de friction est épais quand il est nouveau et s'use avec l'âge. Éventuellement, cette usure provoquera le glissement de l'embrayage.

La différence entre les positions maximum et la limite d'usure des embrayages est la même pour chacun des embrayages. Les valeurs peuvent être formulées ainsi :

$$P = \text{pression}$$
$$P_2' - P_2 = P_1 - P_1'$$

Par exemple : l'embrayage à ressort-diaphragme a une pression maximale (P_2) de 173 kg (380 lb). L'embrayage à ressorts hélicoïdaux a une pression maximale (P_2') de 193 kg (425 lb) et une pression d'usure limite (P_1') de 150 kg (330 lb). Définis la valeur de la pression de l'embrayage à ressort-diaphragme quand il est près de la limite d'usure.

Place tes chiffres dans la formule :

$$193 - 173 = P_1 - 150$$

Replace les variables pour trouver P_1 :

$$P_1 = 193 - 173 + 150$$

Ainsi, la pression de l'embrayage à ressort-diaphragme est de 170 kg (375 lb) quand il est près de la limite d'usure.

À toi de jouer !

Conforme aux normes de l'EDU en mathématiques pour la conversion de formules et l'interprétation de graphiques.

❶ L'embrayage à ressort-diaphragme a une pression maximale de 168 kg (370 lb). L'embrayage à ressorts hélicoïdaux a une pression maximale de 186 kg (410 lb). La pression limite d'usure de l'embrayage à ressort-diaphragme est de 179 kg (394 lb). Définis la pression de l'embrayage à ressorts hélicoïdaux quand il est près de la limite d'usure.

❷ L'embrayage à ressort-diaphragme a une pression maximale de 196 kg (432 lb). L'embrayage à ressorts hélicoïdaux a une pression de limite d'usure de 185 kg (406 lb). La valeur de pression de l'embrayage à ressort-diaphragme près de la limite d'usure est de 190 kg (418 lb). Définis la valeur de la pression maximale de l'embrayage à ressorts hélicoïdaux.

et le volant. On place un plateau d'acier plat entre chacun des disques. Le plateau sert de surface de friction additionnelle. L'embrayage peut ainsi absorber plus de torsions et en appliquer plus graduellement.

La butée de débrayage

La **butée de débrayage** est une butée qui pousse ou qui tire le plateau de pression pour permettre le débrayage. La plupart des butées de débrayage contiennent des roulements à billes.

La butée de débrayage effectue un mouvement de va-et-vient sur un *arbre* ou un *manchon*. Le manchon se trouve sur la boîte de vitesses ou sur l'arbre d'entrée de la boîte-pont (*voir la figure 17-11*). C'est la fourchette d'embrayage qui fait bouger la butée. La fourchette traverse le carter d'embrayage pour aller se fixer à la tringlerie de la pédale d'embrayage.

Le côté de la butée d'embrayage qui fait face à l'embrayage et qui est en contact avec les doigts d'embrayage est plat ou courbé. En général, le côté de la butée sera plat si les doigts sont courbés. Le côté de la butée sera courbé si les doigts sont plats.

Certaines butées de débrayage entreront en contact avec les doigts d'embrayage uniquement lors du débrayage. On réduit ainsi l'usure de la butée. D'autres butées entrent légèrement en contact avec les doigts d'embrayage en tout temps.

Les butées de débrayage sont lubrifiées lors de la fabrication. Elles ne nécessitent habituellement aucun entretien. Si elles fonctionnent mal, on les remplace.

Pour certains embrayages de véhicules à traction, on utilise des butées de débrayage concentriques. Ce type d'embrayage ne comporte pas de roulement-pilote pour

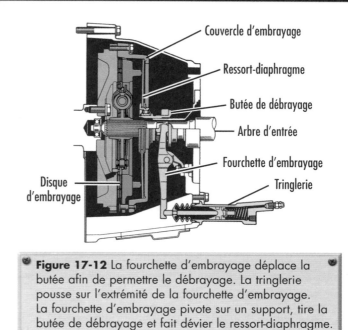

Figure 17-12 La fourchette d'embrayage déplace la butée afin de permettre le débrayage. La tringlerie pousse sur l'extrémité de la fourchette d'embrayage. La fourchette d'embrayage pivote sur un support, tire la butée de débrayage et fait dévier le ressort-diaphragme. *Quelle est la fonction du ressort de rappel?*

supporter et centrer l'arbre d'entrée de la boîte-pont et le vilebrequin. La butée concentrique compense le désaxage entre l'arbre d'entrée de la boîte-pont et le vilebrequin. La face de la butée est conçue de façon à permettre un mouvement latéral pour que la butée puisse se centrer avec les doigts d'embrayage.

La fourchette d'embrayage

La **fourchette d'embrayage** est un levier qui déplace la butée de débrayage dans un mouvement de va-et-vient afin de permettre l'embrayage et le débrayage (*voir la figure 17-12*). La fourchette d'embrayage peut être articulée à une extrémité ou elle peut pivoter sur une rotule. L'une des extrémités de la fourchette retient la butée de débrayage en place.

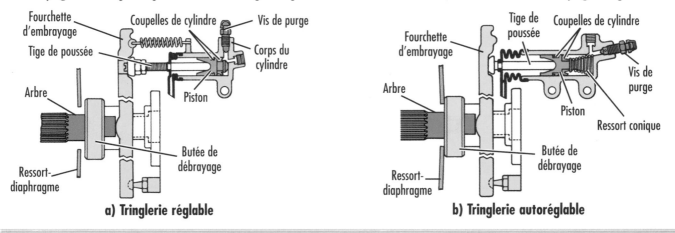

a) Tringlerie réglable   **b) Tringlerie autoréglable**

Figure 17-11 Les butées de débrayage. **a)** La butée de débrayage dans un embrayage à tringlerie hydraulique réglable. On remarque que la butée n'entre pas en contact avec le ressort-diaphragme au moment de l'embrayage. **b)** La butée de débrayage dans un embrayage à tringlerie hydraulique autoréglable. Ici, la butée entre légèrement en contact avec le ressort-diaphragme en tout temps. *Quel avantage tire-t-on du fait que, lors du débrayage, la butée de débrayage entre uniquement en contact avec le ressort-diaphragme?*

L'autre extrémité de la fourchette s'avance dans le carter d'embrayage ou la boîte-pont. Elle se fixe à la tringlerie d'embrayage. Il peut y avoir un ressort de rappel joint à la fourchette d'embrayage qui permet à cette dernière de revenir en position de repos lors du débrayage.

Le roulement-pilote et la bague-pilote

Le **roulement-pilote** est un composant qui supporte l'extrémité de l'arbre d'entrée de la boîte de vitesses et qui permet de centrer l'arbre d'entrée avec l'axe central du vilebrequin. Le roulement peut utiliser des rouleaux ou des billes. Une *bague-pilote* a la même fonction. Il s'agit tout simplement d'un manchon de glissement. La bague est faite de bronze ou de métal fritté (*voir la figure 17-13*).

Le roulement-pilote ou la bague-pilote se situe à l'extrémité du vilebrequin ou au centre du volant. On oublie souvent ce composant au moment de l'entretien de l'embrayage. Il peut causer des bruits et des problèmes d'embrayage s'il est usé ou s'il a saisi.

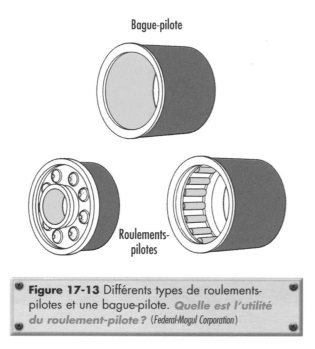

Figure 17-13 Différents types de roulements-pilotes et une bague-pilote. *Quelle est l'utilité du roulement-pilote ?* (*Federal-Mogul Corporation*)

La tringlerie d'embrayage

La **tringlerie d'embrayage** est la partie du système d'embrayage qui relie la pédale d'embrayage à l'embrayage. Elle permet à la pédale d'embrayage d'engager et de désengager l'embrayage. On retrouve trois principaux types de tringlerie d'embrayage :
- mécanique (tige et levier) ;
- câble ;
- hydraulique.

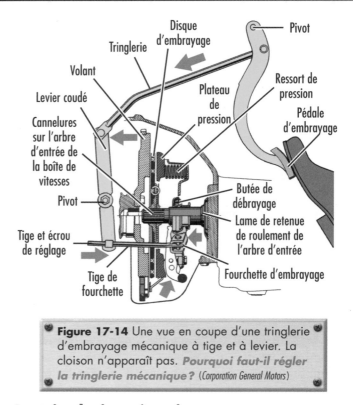

Figure 17-14 Une vue en coupe d'une tringlerie d'embrayage mécanique à tige et à levier. La cloison n'apparaît pas. *Pourquoi faut-il régler la tringlerie mécanique ?* (*Corporation General Motors*)

La tringlerie mécanique

Une tringlerie d'embrayage mécanique est une machine à leviers et points d'appui. La tringlerie utilise des tiges et des leviers pour engager et désengager l'embrayage.

Le fonctionnement de la tringlerie mécanique La pédale d'embrayage active l'embrayage. On retrouve une tige de tringlerie jointe à la pédale d'embrayage (*voir la figure 17-14*). La tige traverse la cloison et on peut la joindre au *levier coudé*. Le levier coudé se trouve entre le carter d'embrayage et le châssis du véhicule. Il fonctionne comme une seconde tige. Il est joint à la fourchette d'embrayage. Quand on pousse les leviers de débrayage en direction du volant, ces derniers tirent le plateau de pression et l'écartent du disque d'embrayage. On décrit parfois les leviers de débrayage comme des doigts.

La longueur des leviers et leurs points de pivot ou points d'appui définit l'importance du jeu des leviers. La longueur du levier et le rapport de multiplication définit aussi l'importance de l'effort à la pédale.

L'effort requis pour appuyer sur la pédale afin de débrayer, dépend :
- du bras de levier mécanique de la pédale d'embrayage (où la tige est reliée à la pédale par rapport au point de pivot de la pédale) ;
- du bras de levier mécanique du levier coudé et de la fourchette d'embrayage (la longueur relative entre les bras et la position du point d'appui de la fourchette) ;

• de la force nécessaire pour surmonter le ressort ou les ressorts de rappel sur la pédale d'embrayage, le levier coudé et la fourchette d'embrayage.

Le réglage de la tringlerie mécanique On trouve un écrou de réglage sur l'une des tiges fixées au levier coudé. L'écrou modifie la position de la butée de débrayage par rapport aux doigts d'embrayage. La position de la butée de débrayage définit la course de la pédale d'embrayage. La course est la distance entre le point d'embrayage complet et le point de débrayage complet.

Sur la plupart des véhicules à propulsion la butée de débrayage n'est pas conçue pour être constamment en contact avec l'embrayage. La pédale doit avoir une course morte, habituellement d'un demi-pouce. Reportez-vous aux caractéristiques d'entretien du véhicule pour régler la garde à la pédale.

Il faut régler périodiquement la tringlerie pour compenser l'usure du disque d'embrayage. Avec l'usure des garnitures de friction, le disque s'amincit. L'usure réduit la hauteur du plateau de pression. La hauteur des doigts d'embrayage augmente. On doit régler la tringlerie pour rétablir la garde à la pédale. Le réglage éloigne la butée de débrayage des leviers ou des doigts de débrayage.

La tringlerie à câble

On utilise fréquemment la tringlerie à câble dans les véhicules à traction et à propulsion. Ce type de tringlerie utilise un *câble Bowden* plutôt que les tiges et le levier coudé. L'une des extrémités du câble est jointe à la pédale d'embrayage. Le câble se fixe au-dessus du point d'articulation de la pédale. L'autre extrémité du câble se joint à la fourchette d'embrayage.

Le fonctionnement de la tringlerie à câble Dans le cas d'un embrayage poussé, le fait d'appuyer sur la pédale tire le câble. La fourchette se déplace vers le volant. La butée de débrayage est alors poussée sur les doigts d'embrayage, ce qui permet le débrayage (*voir la figure 17-15*).

Dans le cas d'un embrayage tiré, le câble se fixe du côté opposé de la fourchette. Il s'agit du côté qui est éloigné du volant. La fourchette retire la butée de débrayage des doigts d'embrayage, ce qui permet le débrayage.

Le réglage de la tringlerie à câble La plupart des tringleries à câble sont autoréglables. Il n'est donc pas nécessaire d'effectuer de réglage manuel de la tringlerie afin de compenser l'usure de l'embrayage. Un écrou de réglage sur le câble permet d'effectuer le

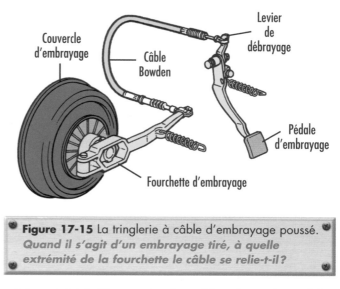

Figure 17-15 La tringlerie à câble d'embrayage poussé. *Quand il s'agit d'un embrayage tiré, à quelle extrémité de la fourchette le câble se relie-t-il?*

réglage initial. L'extrémité du câble reliée à la pédale d'embrayage est munie d'un mécanisme à cliquet denté. Le cliquet rattrape automatiquement le jeu qui s'est formé dans le câble (*voir la figure 17-16*).

Quand on appuie sur la pédale d'embrayage, le cliquet fait tourner un *secteur denté*. Le secteur denté tire sur le câble. Quand on relâche la pédale, le cliquet attrape la prochaine dent du secteur pour rattraper le jeu. La tringlerie peut ainsi maintenir de façon appropriée la course de pédale, la garde à la pédale et la précharge de la butée de débrayage.

Si la tringlerie à câble n'est pas autoréglable, tu dois la régler manuellement. Un écrou de réglage situé sur la tringlerie permet de changer la position de la fourchette d'embrayage. Le réglage rétablit la garde à la pédale, éliminée par l'usure de l'embrayage.

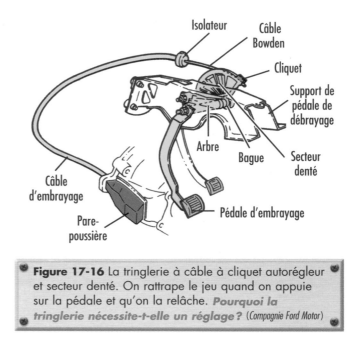

Figure 17-16 La tringlerie à câble à cliquet autorégleur et secteur denté. On rattrape le jeu quand on appuie sur la pédale et qu'on la relâche. *Pourquoi la tringlerie nécessite-t-elle un réglage?* (Compagnie Ford Motor)

Plusieurs tringleries à câble ont été conçues pour fonctionner avec une garde nulle à la pédale. Dans ce cas, on a prévu que la butée de débrayage demeure légèrement en contact avec les doigts d'embrayage.

La tringlerie hydraulique

On utilise la tringlerie hydraulique quand on ne peut pas utiliser les autres types de tringleries. On peut également utiliser la tringlerie hydraulique pour des embrayages à haute performance qui ont des ressorts d'embrayage relativement rigides. La tringlerie hydraulique réduit l'effort à la pédale requis pour le débrayage. Une tringlerie hydraulique comprend les composants suivants :
- un maître-cylindre ;
- un cylindre récepteur ;
- un conduit hydraulique.

Le maître-cylindre se relie à la pédale d'embrayage. Un cylindre récepteur se relie à la fourchette d'embrayage. Dans certains cas, le maître-cylindre peut se relier directement à la butée de débrayage. Un conduit hydraulique relie le maître-cylindre et le cylindre récepteur (*voir la figure 17-17*).

Le fonctionnement de la tringlerie hydraulique Quand on appuie sur la pédale d'embrayage, une tige de poussoir reliée à la pédale déplace un piston logé à l'intérieur du maître-cylindre. Le liquide hydraulique est alors poussé dans le conduit hydraulique jusqu'au cylindre récepteur. La pression du liquide active le piston du cylindre récepteur. Le piston s'éloigne en direction de la fourchette d'embrayage.

Le liquide hydraulique ne se comprime pas. Le liquide agit comme un lien mécanique solide entre la pédale d'embrayage et l'embrayage. Quand le piston du cylindre récepteur est plus gros que le piston du maître-cylindre, la force exercée par la pédale d'embrayage se trouve multipliée.

L'inspection et le réglage de la tringlerie hydraulique Dans le cas d'une tringlerie hydraulique, il n'est pas nécessaire d'effectuer des réglages périodiques. Tout comme plusieurs tringleries à câble, les tringleries hydrauliques sont habituellement conçues pour fonctionner avec une garde à la pédale nulle. La butée de débrayage demeure ainsi légèrement en contact avec les doigts d'embrayage. On retrouve habituellement un écrou de réglage sur la tige de poussoir du maître-cylindre qui permettra de régler la garde à la pédale.

Vérifie la présence de fuites dans le maître-cylindre, le cylindre récepteur ou le conduit de liquide hydraulique. Une fuite dans l'un des cylindres indique un manque d'étanchéité d'un joint de piston. Une fuite peut empêcher le débrayage tandis qu'on appuie sur la pédale. Si le niveau de liquide du réservoir fixé au maître-cylindre est bas, il y a possibilité d'une fuite dans le système. Ajoute la quantité de liquide précisée par le fabricant. Il peut s'agir de liquide de frein ou d'un liquide hydraulique spécial. N'utilise jamais d'huile à moteur. Fais fonctionner le système et vérifie s'il y a des fuites.

La pédale d'embrayage doit être ferme. Une pédale molle peut indiquer qu'une quantité d'air est emprisonnée dans le système. La présence d'air dans le système augmente la course de la pédale, ce qui peut empêcher le débrayage quand on appuie sur la pédale.

S'il y a présence d'air dans le maître-cylindre, le cylindre récepteur ou le conduit de liquide, consulte le guide du fabricant pour savoir comment purger le système. La purge s'effectue habituellement en ouvrant la vis de purge située sur le cylindre récepteur ; la gravité purge alors le liquide. Il existe aussi une technique de purge par air comprimé.

Pour effectuer la purge du système :

1. Raccorde un conduit flexible en plastique transparent à la vis de purge (*voir la figure 17-18*).

2. Insère l'autre extrémité du conduit flexible dans un contenant transparent.

3. Ouvre la vis de purge, appuie tranquillement sur la pédale d'embrayage jusqu'au plancher et maintiens-la dans cette position.

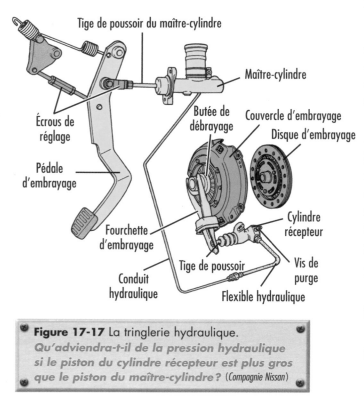

Tige de poussoir du maître-cylindre
Maître-cylindre
Écrous de réglage
Butée de débrayage
Couvercle d'embrayage
Disque d'embrayage
Pédale d'embrayage
Fourchette d'embrayage
Cylindre récepteur
Tige de poussoir
Conduit hydraulique
Vis de purge
Flexible hydraulique

Figure 17-17 La tringlerie hydraulique.
Qu'adviendra-t-il de la pression hydraulique si le piston du cylindre récepteur est plus gros que le piston du maître-cylindre ? (Compagnie Nissan)

4. Ferme la vis de purge afin d'empêcher l'air d'être siphonné à nouveau dans le système.

5. Relâche la pédale d'embrayage.

6. Refais les étapes 3, 4 et 5 jusqu'à ce qu'il n'y ait plus de bulles d'air dans le liquide du tube et du contenant.

7. Remplis le maître-cylindre au niveau approprié.

Le fonctionnement de l'embrayage manuel

Comme l'embrayage manuel fonctionne grâce à la personne qui conduit, il requiert une certaine habileté. Un embrayage et un débrayage mal effectués peuvent causer une friction excessive et l'usure de la boîte de vitesses.

Le débrayage

Tu dois débrayer dans les situations suivantes :
- au démarrage du moteur ;
- à l'arrêt du véhicule ;
- aux changements de rapports.

Le fonctionnement Quand le pied de la personne qui conduit appuie sur la pédale, celle-ci fait bouger la tringlerie d'embrayage. La tringlerie se raccorde à la fourchette d'embrayage. La fourchette d'embrayage déplace la butée de débrayage. Dans la plupart des embrayages, la butée de débrayage est poussée contre les doigts d'embrayage. Les doigts soulèvent le plateau de pression et dégagent le disque d'embrayage. Dans certaines applications, les doigts sont tirés vers l'extérieur pour soulever le plateau de pression.

Tandis que le plateau de pression s'éloigne du disque d'embrayage, il se crée un jeu entre les deux côtés du disque. Les garnitures d'embrayage ne sont plus en contact avec le volant ou le plateau de pression.

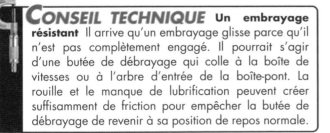

CONSEIL TECHNIQUE **Un embrayage résistant** Il arrive qu'un embrayage glisse parce qu'il n'est pas complètement engagé. Il pourrait s'agir d'une butée de débrayage qui colle à la boîte de vitesses ou à l'arbre d'entrée de la boîte-pont. La rouille et le manque de lubrification peuvent créer suffisamment de friction pour empêcher la butée de débrayage de revenir à sa position de repos normale.

L'interrupteur de sûreté d'embrayage Parmi les composants de la tringlerie d'embrayage, on retrouve l'interrupteur de sûreté d'embrayage. L'interrupteur est habituellement placé au-dessus de la pédale d'embrayage. Il empêche le démarrage du moteur si on n'a pas appuyé sur la pédale.

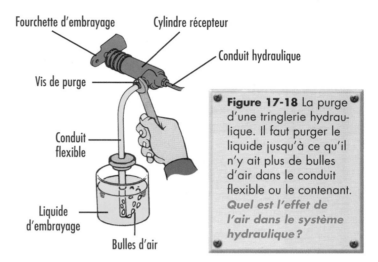

Fourchette d'embrayage Cylindre récepteur

Conduit hydraulique

Vis de purge

Conduit flexible

Liquide d'embrayage

Bulles d'air

Figure 17-18 La purge d'une tringlerie hydraulique. Il faut purger le liquide jusqu'à ce qu'il n'y ait plus de bulles d'air dans le conduit flexible ou le contenant. *Quel est l'effet de l'air dans le système hydraulique ?*

L'embrayage

La façon d'embrayer a une influence majeure sur la durée de vie du système d'embrayage. On doit relâcher la pédale d'embrayage graduellement pour effectuer un glissement graduel. Le cas échéant, l'embrayage sera brutal et pourra provoquer l'étouffement du moteur. La personne qui conduit et qui utilise la pédale avec exagération provoque un glissement excessif. Le glissement engendre une chaleur qui cause de l'usure.

Le fonctionnement Au moment de relâcher la pédale d'embrayage, le plateau de pression se déplace vers le volant. Le mouvement fait en sorte que le plateau de pression compresse le disque d'embrayage contre le volant. Le contact avec le volant augmente la vitesse du disque d'embrayage jusqu'à ce qu'elle corresponde à celle du moteur. Ainsi, le couple moteur peut entraîner la boîte de vitesses.

La chaleur L'embrayage est dans un carter et ne reçoit pas de ventilation externe. La friction entre le disque d'embrayage, le volant et le plateau de pression produit de la chaleur. La chaleur engendrée lors du fonctionnement normal n'est pas excessive et ne cause pas de problème. Le volant et l'ensemble plateau de pression absorbent la chaleur et l'élimine. Plusieurs facteurs peuvent causer une chaleur excessive. Parmi ces facteurs, on retrouve :
- de mauvaises techniques de conduite ;
- une poussée continue sur la pédale d'embrayage ;
- le transport de charges plus lourdes que la normale ;
- le fait de tirer un autre véhicule ou une remorque ;
- un mauvais réglage de tringlerie ;
- des ressorts d'embrayage affaissés ;
- la présence d'huile sur les garnitures d'embrayage.

Une surchauffe accélère le processus d'usure. Les garnitures peuvent même en venir à se désintégrer. Une surchauffe peut aussi gauchir et fêler le volant et le plateau de pression.

SCIENCES
EXCELLENCE AUTOMOBILE

Choisir entre l'aluminium et l'acier

Est-ce que tu t'es déjà demandé pourquoi tu pouvais facilement retirer la feuille d'aluminium qui recouvre une pomme de terre au four encore toute chaude sans te brûler les doigts? Parce que l'aluminium a une chaleur massique plus élevée. La chaleur massique se définit comme la quantité de chaleur requise pour élever de 1 degré Celsius 1 gramme d'une substance donnée.

La masse d'une substance et le matériel qui la compose ont aussi un effet sur la chaleur massique. Par exemple, une poutre d'acier a une chaleur massique beaucoup plus grande qu'un clou d'acier. De même, la chaleur massique d'un verre d'eau est plus grande que la chaleur massique d'une goutte d'eau. Donc, toute substance a sa propre chaleur massique.

D'après cette information, selon toi, quel est le meilleur métal pour fabriquer un volant de haute performance: l'aluminium ou l'acier? Approfondissons la question par la réalisation de l'expérience suivante.

À toi de jouer !

Mesurer le transfert de la chaleur

Conforme aux normes de l'EDU en sciences pour l'application de techniques de sécurité en laboratoire, l'application de méthodes scientifiques, l'explication de la chaleur et l'explication de la matière.

Matériel requis
- 2 sondes de température
- une tige d'aluminium de 305 mm (12 po)
- une tige d'acier de 305 mm (12 po)
- un bécher
- des pinces à bécher
- de l'eau
- une plaque chauffante

❶ Verse environ 101,6 mm (4 po) d'eau dans le bécher.

❷ Place le bécher sur une plaque chauffante et fais bouillir l'eau.

❸ Quand l'eau bout, utilise les pinces à bécher pour le retirer de la plaque chauffante. Place les deux tiges dans le bécher en même temps.

❹ Pour chacune des tiges, tiens une sonde de température sur la tige.

❺ Lis la température des sondes et compare la conductivité thermique des deux métaux. Trouve la tige qui devient la plus chaude et celle qui demeure la plus froide.

Les résultats et l'analyse

❶ Des deux métaux, l'aluminium ou l'acier, lequel a atteint la température la plus élevée?

❷ Quelle est la tige qui a transféré le moins de chaleur qui provient de l'eau bouillante?

❸ Quelle conclusion peux-tu tirer sur ces deux métaux pour volants?

La sécurité d'abord — **La sécurité personnelle** Retire prudemment le bécher de la plaque chauffante et utilise les pinces à bécher. N'essaie pas de retirer le bécher à mains nues.

VÉRIFIE TES CONNAISSANCES

❶ De nos jours, pourquoi retrouve-t-on fréquemment des embrayages à diaphragme dans les véhicules de tourisme et les camionnettes?

❷ Quel est le rôle du ressort Marcel dans un disque d'embrayage?

❸ Qu'advient-il du disque d'embrayage (qu'on nomme aussi disque de friction) quand il y a relâchement de la pédale?

❹ Que pourrait-il se produire en cas de défectuosité de l'interrupteur de sécurité d'embrayage?

❺ Quels sont les effets de l'usure de l'embrayage sur la tringlerie d'embrayage?

Section 2

Les diagnostics et l'entretien de l'embrayage

Dans des conditions normales, la plupart des embrayages de véhicules de tourisme et de camionnettes ont une durée de vie de 160 900 km (100 000 milles). Les embrayages des plus gros camions sont conçus pour durer encore plus longtemps.

Le fait d'engager et de désengager un embrayage crée de l'usure. Un mauvais usage de l'embrayage, comme le fait d'appuyer continuellement sur la pédale, peut accélérer l'usure. Éventuellement, même bien utilisé avec une usure normale, on doit remplacer l'embrayage. Toutefois, une défaillance prématurée de l'embrayage et d'autres problèmes peuvent survenir en tout temps. Le **tableau 17-A** (page 370) énumère les problèmes courants relatifs aux problèmes d'embrayage, les causes possibles et les vérifications et corrections qu'on devrait faire.

Les diagnostics des problèmes d'embrayage

Les problèmes d'embrayage peuvent causer des symptômes variés. Parmi ces symptômes, on retrouve :
- des pulsations de la pédale ;
- le glissement ;
- le broutement et le grippage ;
- un embrayage résistant et des problèmes de débrayage ;
- des bruits.

Ces symptômes peuvent être à l'origine de divers problèmes d'embrayage (*voir la figure 17-19*). Il est nécessaire d'apprendre à reconnaître ces symptômes afin de poser le bon diagnostic. Le fait de ne pas détecter un symptôme pourrait provoquer des dommages à long terme. La détection précoce d'un symptôme peut permettre de trouver un problème d'embrayage avant qu'il devienne sérieux. On peut ainsi réduire les coûts de réparation et éviter une défaillance de l'embrayage.

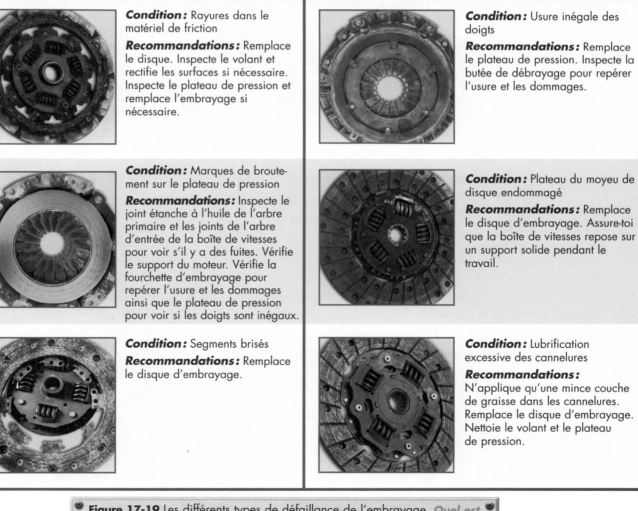

LES CAUSES DE DÉFAILLANCE DE L'EMBRAYAGE

Condition : Rayures dans le matériel de friction

Recommandations : Remplace le disque. Inspecte le volant et rectifie les surfaces si nécessaire. Inspecte le plateau de pression et remplace l'embrayage si nécessaire.

Condition : Usure inégale des doigts

Recommandations : Remplace le plateau de pression. Inspecte la butée de débrayage pour repérer l'usure et les dommages.

Condition : Marques de broutement sur le plateau de pression

Recommandations : Inspecte le joint étanche à l'huile de l'arbre primaire et les joints de l'arbre d'entrée de la boîte de vitesses pour voir s'il y a des fuites. Vérifie le support du moteur. Vérifie la fourchette d'embrayage pour repérer l'usure et les dommages ainsi que le plateau de pression pour voir si les doigts sont inégaux.

Condition : Plateau du moyeu de disque endommagé

Recommandations : Remplace le disque d'embrayage. Assure-toi que la boîte de vitesses repose sur un support solide pendant le travail.

Condition : Segments brisés
Recommandations : Remplace le disque d'embrayage.

Condition : Lubrification excessive des cannelures

Recommandations : N'applique qu'une mince couche de graisse dans les cannelures. Remplace le disque d'embrayage. Nettoie le volant et le plateau de pression.

Figure 17-19 Les différents types de défaillance de l'embrayage. *Quel est le symptôme le plus courant d'un problème d'embrayage ?* (Corporation LuK)

Tableau 17-A — LE TABLEAU DES DIAGNOSTICS RELATIFS À L'EMBRAYAGE

Problèmes	Causes possibles	Vérifications ou corrections
1. Pulsations de la pédale d'embrayage.	**a.** Le moteur et la boîte de vitesses ne sont pas centrés.	**a.** Centrer.
	b. Le volant n'est pas assis sur le collet du vilebrequin ou le volant est gauchi (ce qui cause aussi des vibrations du moteur).	**b.** Bien asseoir, redresser, remplacer le volant.
	c. Le carter d'embrayage est déformé.	**c.** Centrer ou remplacer.
	d. Les leviers de débrayage ne sont pas réglés également.	**d.** Régler ou remplacer l'ensemble plateau de pression.
	e. Le plateau de pression ou le disque de friction est gauchi.	**e.** Remplacer le plateau de pression ou le disque de friction.
	f. L'ensemble plateau de pression est décentré.	**f.** Centrer.
	g. Le ressort-diaphragme est brisé.	**g.** Remplacer l'ensemble plateau de pression.
2. Glissement au moment de l'embrayage.	**a.** Réglage incorrect de la tringlerie d'embrayage.	**a.** Centrer.
	b. Ressorts de pression brisés ou affaissés.	**b.** Remplacer l'ensemble plateau de pression.
	c. Déformation de la tringlerie d'embrayage.	**c.** Dégager, régler et lubrifier.
	d. Support du moteur brisé.	**d.** Remplacer le support.
	e. Faces du disque de friction usées.	**e.** Remplacer le disque.
	f. Graisse ou huile sur les faces du disque.	**f.** Remplacer le disque.
	g. Leviers de débrayage mal réglés.	**g.** Régler.
	h. Disque de friction gauchi.	**h.** Remplacer le disque.
3. Broutement ou grippage au moment de l'embrayage.	**a.** Déformation de la tringlerie d'embrayage.	**a.** Dégager, régler et lubrifier.
	b. Support de moteur brisé.	**b.** Remplacer le support.
	c. Huile ou graisse sur les faces du disque ou garnitures lâches ou trop lisses.	**c.** Remplacer le disque.
	d. Déformation du moyeu de disque de friction sur l'arbre d'embrayage.	**d.** Nettoyer et lubrifier les cannelures; remplacer les pièces défectueuses.
	e. Faces de disque, ressorts ou plateau de pression brisés.	**e.** Remplacer les composants brisés.
	f. Disque de friction gauchi.	**f.** Remplacer le disque.
4. Patinage ou résistance lors du débrayage.	**a.** Mauvais réglage ou mauvais fonctionnement de la tringlerie.	**a.** Régler, réparer ou remplacer.
	b. Disque de friction ou plateau de pression gauchi.	**b.** Remplacer la pièce défectueuse.
	c. Garnitures de disque de friction lâches.	**c.** Remplacer le disque.
	d. Mauvais réglage du levier de débrayage.	**d.** Régler.
	e. Moyeu du disque de friction déformé sur l'arbre d'embrayage.	**e.** Nettoyer et lubrifier les cannelures; remplacer les pièces défectueuses.
	f. Support de moteur brisé.	**f.** Remplacer le disque.
5. Bruit durant l'embrayage.	**a.** Moyeu de disque de friction lâche sur l'arbre d'embrayage.	**a.** Remplacer les pièces usées.
	b. Ressorts de torsion du disque de friction brisés ou affaissés.	**b.** Remplacer le disque.
	c. Décentrage du moteur et de la boîte de vitesses.	**c.** Centrer.
6. Bruit durant le débrayage.	**a.** Butée de débrayage usée, déformée ou insuffisamment lubrifiée.	**a.** Remplacer.
	b. Leviers de débrayage mal réglés.	**b.** Régler ou remplacer l'ensemble plateau de pression.
	c. Roulement-pilote du vilebrequin usé ou insuffisamment lubrifié.	**c.** Lubrifier ou remplacer.
	d. Ressort-diaphragme usé ou endommagé.	**d.** Remplacer l'ensemble plateau de pression.
7. Usure rapide des faces du disque de friction.	**a.** La personne qui conduit appuie continuellement sur la pédale d'embrayage.	**a.** Ne pas appuyer sur la pédale d'embrayage sauf si nécessaire.
	b. Utilisation excessive ou incorrecte de l'embrayage.	**b.** Réduire l'utilisation.
	c. Fissures dans le volant ou sur la face du plateau de pression.	**c.** Remplacer le volant ou le plateau de pression.
	d. Ressorts de pression affaissés ou brisés.	**d.** Remplacer l'ensemble plateau de pression.
	e. Plateau de pression ou disque de friction gauchi.	**e.** Remplacer la pièce défectueuse.
	f. Mauvais réglage de la tringlerie.	**f.** Centrer.
	g. Tringlerie d'embrayage déformée.	**g.** Dégager, régler et lubrifier.
8. Pédale d'embrayage dure.	**a.** Tringlerie d'embrayage insuffisamment lubrifiée.	**a.** Lubrifier.
	b. Composants de la tringlerie décentrés.	**b.** Centrer.
	c. Ressort bombé mal réglé.	**c.** Régler.
	d. Pédale d'embrayage déformée.	**d.** Remplacer la pédale d'embrayage.
9. Troubles d'embrayage hydraulique.	**a.** Les embrayages hydrauliques peuvent avoir les mêmes problèmes que ceux énumérés précédemment.	**a.** Inspecter le système hydraulique; vérifier la présence de fuites.
	b. Claquements d'embrayage et difficulté à changer de rapport.	**b.** Inspecter le système hydraulique; vérifier la présence de fuites.

Les pulsations de la pédale Les pulsations de la pédale sont des vibrations qui surviennent lors de l'enfoncement de la pédale d'embrayage. Des pulsations de pédale peuvent indiquer :
- un décentrage du moteur et de la boîte de vitesses ;
- un ressort-diaphragme d'embrayage brisé (*voir la figure 17-20*) ;
- un plateau de pression décentré ou gauchi ;
- un disque d'embrayage déformé ou gauchi.

Le glissement Le glissement est l'un des symptômes les plus fréquents. Il indique souvent que l'embrayage tire à sa fin. Parmi les causes de glissement, on retrouve :
- des garnitures d'embrayage usées, car des garnitures usées n'adhèrent pas bien ;
- des ressorts hélicoïdaux affaissés, car des ressorts affaissés réduisent la pression de serrage ;
- un ressort-diaphragme affaissé ;
- une tringlerie d'embrayage gauchie ou décentrée ;
- de la graisse ou de l'huile sur les garnitures d'embrayage, le volant ou le plateau de pression.

Le broutement et le grippage Le broutement et le grippage sont de fortes vibrations. Le broutement et le grippage sont souvent causés par des dépôts d'huile ou de graisse sur les garnitures d'embrayage. Les fuites d'huile peuvent provenir :
- des joints étanches à l'huile à l'arrière de l'arbre primaire ;
- des joints de l'arbre d'entrée de la boîte-pont ou de la boîte de vitesses.

Parmi les autres causes de broutement ou de grippage, il y a :
- une déformation de la tringlerie d'embrayage ;
- un bris dans le support du groupe motopropulseur ;
- une déformation ou de la rouille dans les cannelures de l'arbre d'entrée ;
- des dommages aux garnitures d'embrayage ou à l'ensemble plateau de pression ;
- un gauchissement du disque d'embrayage ;
- des ressorts de torsion, brisés dans le moyeu du disque d'embrayage ;
- l'affaissement d'un ressort Marcel dans le disque d'embrayage.

Les problèmes de glissement et de désengagement de l'embrayage Il y a glissement quand l'embrayage ne réussit pas à se désengager complètement. Le disque d'embrayage glisse contre le volant ou le plateau de pression. Les causes les plus probables sont :
- une course de tringlerie insuffisante ;
- un disque d'embrayage endommagé ;
- un levier de débrayage brisé ;
- des cannelures de l'arbre d'entrée déformées ou rouillées ;

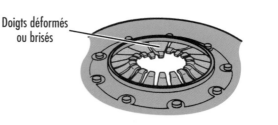

Doigts déformés ou brisés

Figure 17-20 La cause des pulsations de la pédale peut être le bris ou la déformation des doigts d'un ressort-diaphragme. *Dans quelles circonstances les pulsations de la pédale surviennent-elles ?* (Compagnie Ford Motor)

- le support du groupe motopropulseur brisé ;
- un roulement-pilote ou une bague-pilote défectueux.

Si l'embrayage demeure engagé, le câble d'embrayage, la fourchette d'embrayage ou la tringle peuvent être brisés.

Si la tringlerie est hydraulique :
- le niveau de liquide du maître-cylindre peut être bas ;
- le joint d'étanchéité du maître-cylindre ou du cylindre récepteur peut fuir ;
- un conduit hydraulique ou un raccord peut fuir.

Si l'effort à la pédale, la garde à la pédale et la course sont normaux mais que le débrayage ne s'effectue pas, le disque d'embrayage ou l'ensemble plateau de pression pourrait avoir subi des dommages.

Si l'embrayage glisse après le remplacement d'une pièce, les causes les plus probables sont :
- Le disque d'embrayage peut avoir été monté à l'envers. Ce n'est pas le bon côté qui fait face au volant.
- Le jeu entre les boulons du volant et le moyeu de disque est peut-être insuffisant.
- Les composants ne vont peut-être pas ensemble. Un disque d'embrayage qui provient d'un fabricant pourrait ne pas fournir la bonne hauteur de montage si on l'utilise avec un ensemble plateau de pression d'un autre fabricant.
- La butée de débrayage n'est pas la bonne.

Les bruits d'embrayage Les conditions dans lesquelles survient un bruit aident à diagnostiquer la source d'un problème. Si le bruit survient toujours et uniquement quand on appuie sur la pédale, il est possible que ce soit une butée de débrayage qui fonctionne mal.

CONSEIL TECHNIQUE **La vérification de la résistance d'embrayage** Si tu penses que le disque d'embrayage résiste, essaie ce test. Assure-toi que le moteur et la boîte de vitesses sont à une température de fonctionnement normale, appuie sur la pédale d'embrayage jusqu'au plancher, attends 5 à 6 secondes, puis mets la boîte de vitesses en position de marche arrière. Si la boîte de vitesses n'embraie pas doucement, le disque d'embrayage résiste.

Si le bruit survient uniquement quand on appuie sur la pédale et si la boîte de vitesses est embrayée, vérifie le roulement-pilote ou la bague-pilote qui pourrait avoir une défectuosité. On peut diagnostiquer le problème comme suit :

1. Mets la boîte de vitesses en position d'embrayage.

2. Appuie sur la pédale d'embrayage.

3. Démarre le moteur.

Si le bruit survient uniquement quand on engage l'embrayage, vérifie les éléments suivants :

- un jeu excessif entre les cannelures sur le moyeu du disque d'embrayage et sur l'arbre d'entrée ;
- un centre de moyeu atténuant endommagé ;
- un décentrage du moteur et de la boîte de vitesses.

L'entretien et le retrait de l'embrayage

Remplacer un embrayage est un travail majeur. Il est important de s'assurer que le problème est dans l'embrayage. La marche à suivre pour retirer l'embrayage varie selon les véhicules.

La marche à suivre pour retirer l'embrayage d'un véhicule à propulsion Il est important de consulter le guide d'entretien du véhicule pour savoir comment retirer l'embrayage d'un véhicule à propulsion.

Les étapes générales sont les suivantes :

1. Déconnecte la batterie.

2. Déconnecte le joint universel arrière du différentiel et retire l'arbre de la boîte de vitesses.

3. Place un cric sous le carter d'huile pour supporter l'arrière du moteur.

4. Disjoins la tringlerie d'embrayage et la tringlerie de commande de vitesse (si requis).

5. Disjoins le support à l'arrière de la boîte de vitesses.

6. Déboulonne la boîte de vitesses du carter d'embrayage et retire la boîte de vitesses.

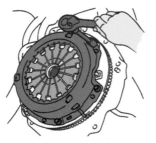

Figure 17-21 Pour retirer les composants d'embrayage, il faut déboulonner l'ensemble plateau de pression fixé au volant. *Sur quoi l'arrière du moteur repose-t-il pendant le retrait de l'embrayage ?*

7. Retire le démarreur si on l'a monté sur le carter d'embrayage, et déboulonne et retire le carter d'embrayage du moteur.

8. Déboulonne l'ensemble plateau de pression (le couvercle d'embrayage) du volant et enlève les composants de l'embrayage (*voir la figure 17-21*).

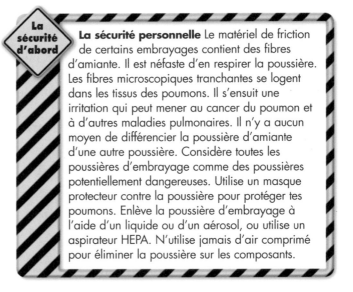

La sécurité d'abord

La sécurité personnelle Le matériel de friction de certains embrayages contient des fibres d'amiante. Il est néfaste d'en respirer la poussière. Les fibres microscopiques tranchantes se logent dans les tissus des poumons. Il s'ensuit une irritation qui peut mener au cancer du poumon et à d'autres maladies pulmonaires. Il n'y a aucun moyen de différencier la poussière d'amiante d'une autre poussière. Considère toutes les poussières d'embrayage comme des poussières potentiellement dangereuses. Utilise un masque protecteur contre la poussière pour protéger tes poumons. Enlève la poussière d'embrayage à l'aide d'un liquide ou d'un aérosol, ou utilise un aspirateur HEPA. N'utilise jamais d'air comprimé pour éliminer la poussière sur les composants.

La marche à suivre pour retirer l'embrayage d'un véhicule à traction Dans un véhicule à traction, les composants d'embrayage se trouvent entre le moteur et la boîte-pont. Il faut enlever le moteur ou la boîte-pont pour accéder à l'embrayage. Il est important de suivre les recommandations de démontage propres au véhicule.

Si le travail à faire nécessite le retrait du moteur :

1. Déconnecte la batterie.

2. Purge le système de refroidissement et déconnecte du moteur les flexibles du liquide refroidisseur.

3. Disjoins du moteur la tringlerie du papillon, les conduits de carburant, les faisceaux de fils et les câbles de masse.

4. Retire tout support de structure ou tout accessoire de montage du moteur qui nuirait au retrait du moteur.

5. Raccorde un appareil de levage au moteur afin de dégager ce dernier du compartiment moteur tout en lui assurant un support.

6. Disjoins les supports de moteur et tout support de la boîte-pont (si nécessaire).

7. Déboulonne la boîte-pont du moteur. Assure un support à la boîte-pont, tel que requis.

8. Sépare le moteur de la boîte-pont et soulève le moteur de façon qu'il ne gêne pas.

9. Retire les composants de l'embrayage du volant.

Figure 17-22 Des garnitures de disque d'embrayage à remplacer. **a)** Matériel de friction brisé. **b)** Le matériel de friction usé. **c)** La garniture souillée d'huile. *Quelle est l'utilité des garnitures?* (Corporation LuK)

Si le travail nécessite le retrait de la boîte-pont:

1. Déconnecte la batterie.
2. Retire les roues avant.
3. Retire les deux écrous de moyeu avant.
4. Disjoins les rotules inférieures pour séparer les bras de commande de fusée inférieurs (peut ne pas être nécessaire).
5. Retire les deux demi-arbres.
6. Soulève et supporte le moteur à l'aide d'un appareil de levage.
7. Disjoins l'embrayage et la tringlerie de la boîte-pont.
8. Disjoins les supports de la boîte-pont. Assure un support à la boîte-pont, tel que requis.
9. Disjoins le berceau du moteur ou une traverse, au besoin.
10. Déboulonne la boîte-pont du moteur et abaisse la boîte-pont du véhicule.
11. Retire les composants de l'embrayage du volant.

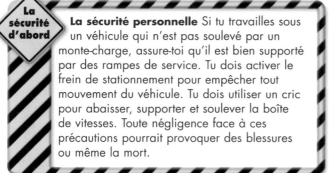

La sécurité personnelle Si tu travailles sous un véhicule qui n'est pas soulevé par un monte-charge, assure-toi qu'il est bien supporté par des rampes de service. Tu dois activer le frein de stationnement pour empêcher tout mouvement du véhicule. Tu dois utiliser un cric pour abaisser, supporter et soulever la boîte de vitesses. Toute négligence face à ces précautions pourrait provoquer des blessures ou même la mort.

L'inspection des composants de l'embrayage

Une fois l'embrayage retiré, il est possible d'inspecter les composants. Le remplacement de l'embrayage est un travail très complexe. Il est recommandé de remplacer le disque d'embrayage, l'ensemble plateau de pression et la butée de débrayage. On élimine ainsi des réparations trop fréquentes dans le futur.

Le disque d'embrayage On doit remplacer le disque d'embrayage si:
- l'usure des garnitures de friction a atteint la limite spécifiée ou les têtes de rivet;
- les garnitures sont brisées, usées ou souillées d'huile (*voir la figure 17-22*);
- les ressorts d'amortissement sont affaissés, brisés ou manquants;

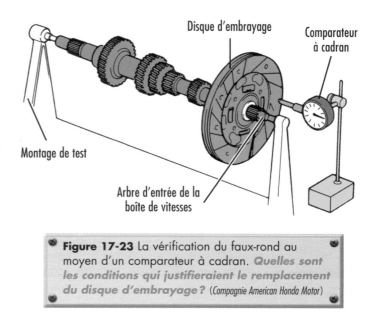

Figure 17-23 La vérification du faux-rond au moyen d'un comparateur à cadran. *Quelles sont les conditions qui justifieraient le remplacement du disque d'embrayage?* (Compagnie American Honda Motor)

Expliquer une réparation à l'aide d'un support visuel

Les médias reconnaissent qu'une image vaut mille mots. Les téléspectateurs et les lecteurs voient constamment des images de gens, d'endroits et d'événements qui n'ont pas besoin d'explication. De même, les techniciens automobiles peuvent utiliser le support visuel pour expliquer une réparation à leurs clientes et clients. Lors de la réparation ou du remplacement de pièces usées ou endommagées, il vaut mieux ne pas jeter les pièces retirées. On peut conserver les pièces pour montrer à la cliente ou au client le travail effectué.

À l'aide de ces pièces, il est parfois possible de créer une image qui enseignera rapidement quelque chose à la cliente ou au client. Par exemple, un disque d'embrayage usé pourrait permettre d'expliquer à la cliente ou au client la raison pour laquelle il ne faut plus faire reposer son pied sur la pédale d'embrayage. La pression excédentaire placée sur la pédale cause une usure excessive du disque d'embrayage. À l'aide des anciennes pièces, la technicienne ou le technicien peut encourager la cliente ou le client à changer ses coûteuses habitudes !

À toi de jouer !

Conforme aux normes de l'EDU en communication pour adopter une stratégie d'écoute, utiliser des indices verbaux et non verbaux, organiser l'information et comprendre l'information orale.

❶ Écris au moins trois questions que tu peux poser à la cliente ou au client qui vient porter son véhicule au centre de service afin de le faire réparer.

❷ Pose-lui les questions et inscris les réponses.

❸ Consulte le guide d'entretien pour t'aider à diagnostiquer le problème.

❹ Quelle est la question qui t'a fourni le plus de renseignements ? Pourquoi ?

❺ Quelle pièce réparée ou changée pourrais-tu lui montrer pour lui présenter un bon portrait de la cause du problème ? Pourquoi ?

• le disque ou le moyeu est gauchi (*voir la figure 17-23*) ;
• le disque ou le moyeu est déformé ou fendu ;
• les cannelures de moyeu sont endommagées ou très corrodées.

Le plateau de pression Tu dois remplacer l'ensemble plateau de pression si l'une des conditions suivantes est présente :
• La surface de friction du plateau de pression est gauchie (*voir la figure 17-24*).
• La surface de friction du plateau de pression est rayée, fissurée ou endommagée.
• Le couvercle du plateau de pression est fissuré, déformé ou endommagé.
• Les ressorts hélicoïdaux sont affaissés, brisés ou endommagés.
• Les doigts de débrayage sont usés, déformés ou brisés.
• Le ressort-diaphragme est brisé ou endommagé.
• Les doigts du ressort-diaphragme sont usés, déformés, endommagés ou brisés.

Le volant Inspecte les dents de la couronne de lancement sur le volant. S'il y a des dents brisées ou endommagées, tu dois remplacer le volant. Si les dents brisées ou endommagées sont sur une couronne séparée, tu dois remplacer la couronne.

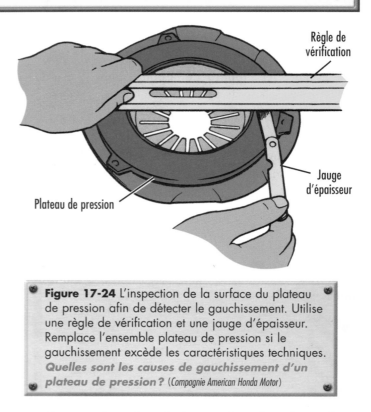

Règle de vérification

Jauge d'épaisseur

Plateau de pression

Figure 17-24 L'inspection de la surface du plateau de pression afin de détecter le gauchissement. Utilise une règle de vérification et une jauge d'épaisseur. Remplace l'ensemble plateau de pression si le gauchissement excède les caractéristiques techniques. *Quelles sont les causes de gauchissement d'un plateau de pression ?* (Compagnie American Honda Motor)

Inspecte la surface de friction du volant. La surface doit être lisse et plate pour fournir un bon contact au disque d'embrayage. Si l'une des conditions suivantes se présente, tu dois rectifier la surface du volant ou le remplacer :

- Fissures, gauchissement, rayures ou autres dommages à la surface. La surface de friction doit être en bonne condition pour que l'embrayage fonctionne en douceur et que sa durée de vie soit la plus longue possible.
- Le faux-rond du volant excède approximativement 0,13 mm (0,005 po) ou les caractéristiques indiquées dans le guide d'entretien du véhicule. Mesure le faux-rond sur la face du volant avec un comparateur à cadran fixé au bloc-moteur. Positionne la pointe du comparateur sur la surface de friction du volant. Fais tourner le volant sur un tour complet (*voir la figure 17-25*). Compare les lectures du comparateur à cadran aux valeurs fournies dans le guide d'entretien du véhicule.
- Le faux-rond du volant jusqu'au bloc-moteur excède les caractéristiques précisées dans le guide d'entretien du véhicule. Place le comparateur à cadran sur le bloc-moteur pour mesurer le faux-rond. Positionne la pointe du comparateur sur le côté interne arrière du volant. Fais tourner le volant sur un tour complet. Si le faux-rond excède les caractéristiques, il pourrait y avoir déformation ou gauchissement du volant ou du collet du vilebrequin.

Si le volant est fissuré, tu dois le remplacer. Si la surface de friction est usée, il est possible de rectifier la surface de certains volants. La rectification du volant en réduit quelque peu l'épaisseur. La garde à la pédale d'embrayage et la course de la butée de débrayage seront touchées. La rectification peut enlever trop de métal et causer des problèmes de fonctionnement. Dans ce cas, il ne reste plus qu'à remplacer le volant.

Certains véhicules ont un volant à crans. La surface de friction se trouve sous la surface de montage du couvercle d'embrayage. Ce concept requiert une rectification particulière pour maintenir les dimensions

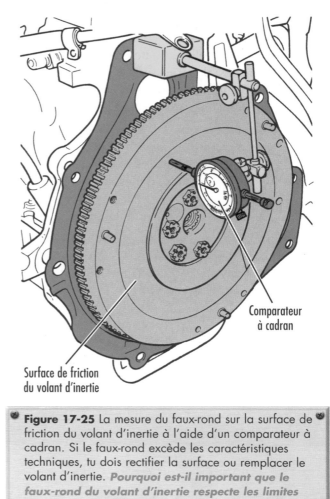

Figure 17-25 La mesure du faux-rond sur la surface de friction du volant d'inertie à l'aide d'un comparateur à cadran. Si le faux-rond excède les caractéristiques techniques, tu dois rectifier la surface ou remplacer le volant d'inertie. *Pourquoi est-il important que le faux-rond du volant d'inertie respecte les limites prescrites ?* (*Compagnie Ford Motor*)

Comparateur à cadran

Surface de friction du volant d'inertie

relatives entre la surface de friction et la surface de montage du couvercle d'embrayage.

Sur certains véhicules, dont certains modèles de General Motors, il n'est pas recommandé de rectifier un volant à crans. La surface de friction a une légère conicité qui ne peut pas être reproduite par un équipement de rectification traditionnel. À moins que le guide d'entretien du véhicule ne fournisse des directives de rectification bien précises, remplace le volant.

À cette étape, tu devrais vérifier le jeu axial du vilebrequin. Le jeu axial du vilebrequin doit être conforme aux caractéristiques techniques avant de procéder au réassemblage de l'embrayage.

La marche à suivre pour vérifier le jeu axial du vilebrequin est la suivante :

1. Place un comparateur à cadran sur la face du volant.

2. Pousse sur le volant, vers l'intérieur et vers l'extérieur. Mesure le mouvement ou le jeu axial du vilebrequin.

CONSEIL TECHNIQUE **Le marquage du volant d'inertie** Avant de retirer les attaches, tu dois marquer la position du volant d'inertie par rapport au vilebrequin. Le fait de marquer le volant d'inertie contribue à maintenir un bon équilibre du moteur. Si le volant d'inertie a des encoches utilisées par un capteur de position de vilebrequin, les marques maintiennent le calage. Au moment d'installer le volant d'inertie, serre les boulons en suivant le modèle d'étoile et en respectant les caractéristiques techniques.

Si le jeu axial excède les caractéristiques techniques du fabricant, il pourrait y avoir usure du coussinet-butée ou de la rondelle de butée du vilebrequin. Sur certains véhicules, il est possible d'installer des cales derrière le volant, afin de réduire le jeu axial et de respecter les caractéristiques techniques.

La butée de débrayage La butée de débrayage doit tourner sans à-coup (*voir la figure 17-26*). Tu dois la remplacer dans les situations suivantes :

- détection de déformation, d'inégalité ou de bruit ;
- butée lâche ;
- butée usée, rayures ou autres dommages.

Vérifie la fourchette d'embrayage afin de voir s'il y a des dommages. Assure-toi qu'elle maintient et supporte bien la butée. Vérifie le pivot afin de voir s'il est usé, rouillé ou endommagé.

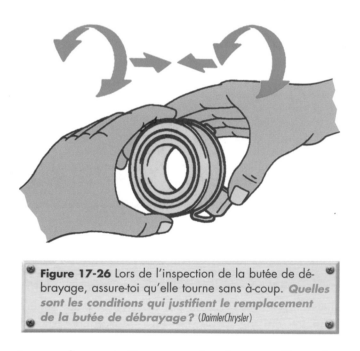

> **Figure 17-26** Lors de l'inspection de la butée de débrayage, assure-toi qu'elle tourne sans à-coup. *Quelles sont les conditions qui justifient le remplacement de la butée de débrayage ?* (*DaimlerChrysler*)

Le roulement-pilote ou la bague-pilote Le roulement-pilote ou la bague-pilote doit tourner sans à-coup. Tu dois les remplacer en cas de déformation, d'inégalité ou de bruit.

On peut enlever le roulement-pilote avec un extracteur. Une autre façon de procéder consiste à remplir de graisse le centre de la butée. Dans l'ouverture, fais bouger un arbre d'un diamètre extérieur égal au diamètre intérieur de la butée. La force de l'arbre sur la graisse crée une force hydraulique qui fait sortir la butée.

S'il s'agit d'une bague-pilote, mesure le diamètre intérieur à l'aide d'une jauge à petit orifice ou d'un étrier. Si la mesure excède les caractéristiques techniques, tu dois la remplacer.

Le joint étanche à l'huile de l'arbre primaire Si les garnitures d'embrayage sont souillées d'huile et s'il y a une fuite d'huile à l'arrière du moteur, remplace le joint étanche à l'huile de l'arbre primaire. Dans les moteurs dont les joints sont en deux pièces, il n'est pas nécessaire de retirer le volant. Tu dois retirer le carter d'huile et le chapeau de paliers de vilebrequin.

Si le moteur a un joint composé d'une seule pièce, retire le volant. Si la surface étanche du vilebrequin est usée, il existe des joints spécialement conçus à cet effet. Un joint usé peut provoquer l'usure de la surface étanche du vilebrequin.

Le carter d'embrayage et les surfaces de contact Inspecte les surfaces de contact du carter d'embrayage, du bloc-moteur et du boîtier de la boîte de vitesses pour repérer les dommages. Tout dommage peut causer un décentrage des composants. Assure-toi que les goupilles qui servent à trouver et à centrer le carter d'embrayage sur le bloc-moteur ne sont pas endommagées, déformées ou manquantes. Vérifie aussi la présence de fissures à l'intérieur et autour des trous de boulons du carter d'embrayage et des supports de la boîte de vitesses. Des supports brisés ou fissurés affaibliront le raccord entre le bloc-moteur et le carter d'embrayage.

CONSEIL TECHNIQUE **Les supports de la boîte de vitesses brisés ou fissurés** Il est souvent possible de réparer un support brisé sur un boîtier de boîte de vitesses en aluminium à l'aide de soudage TIG. On peut effectuer des réparations semblables sur un carter d'embrayage qui a des trous de boulons brisés ou fissurés. Il est beaucoup plus économique de réparer ces composants que de les changer.

La mise en place de l'embrayage

Avant de mettre en place l'embrayage, tu dois nettoyer la surface du volant et du plateau de pression. Élimine toute trace de graisse et d'huile. La présence de graisse ou d'huile pourrait causer un glissement entre le volant, l'embrayage et le plateau de pression. Utilise un nettoyant qui ne laisse pas de résidus, comme l'alcool ou un nettoyant pour frein.

Tu dois appliquer une mince couche de graisse résistante aux températures élevées au bout de l'arbre d'entrée de la boîte de vitesses ou du roulement-pilote. Les cannelures de l'arbre d'entrée et du moyeu de disque d'embrayage doivent aussi être légèrement graissées. N'utilise pas de graisse à roulements ordinaire, car elle risque de durcir si on la soumet à des températures élevées.

Tu dois aussi lubrifier les points de pivot de la fourchette d'embrayage. Pour éviter d'éclabousser de graisse le disque d'embrayage, tu ne dois pas trop lubrifier.

L'utilisation d'un appareil de guidage Pour centrer le disque d'embrayage sur le volant, tu dois utiliser un centreur d'embrayage. L'appareil de guidage doit être de la bonne grandeur et s'insérer parfaitement dans le moyeu. La pointe de l'appareil de guidage s'insère dans le roulement-pilote ou dans le centre du volant afin de centrer le disque d'embrayage (*voir la figure 17-27*).

Trouve le côté du disque d'embrayage qui fait face au volant (il est peut-être marqué). Utilise l'appareil de guidage pour positionner le disque d'embrayage contre le volant. Place l'ensemble plateau de pression sur le disque d'embrayage. Place les boulons qui fixent le couvercle au volant.

Tu dois serrer lentement et également le couvercle. Tu minimises ainsi le risque de gauchissement ou de déformation du couvercle. Serre les boulons graduellement, environ un demi-tour à la fois, en suivant un modèle d'étoile. Continue à serrer graduellement jusqu'à ce que le couvercle s'appuie bien sur le volant. Tu peux alors serrer tous les boulons, conformément aux caractéristiques techniques, en suivant un modèle d'étoile.

Le remontage des composants Une fois l'embrayage monté sur le volant, remonte les autres composants. Prends les précautions suivantes :
- Assure-toi que le carter d'embrayage est bien centré. Vérifie s'il manque des goupilles.
- Assure-toi que les surfaces de contact sont propres et intactes. Si les surfaces ne sont pas bien centrées, ne force pas excessivement. Vérifie pour voir ce qui cause l'obstruction, puis essaie à nouveau de centrer les surfaces.
- Ne laisse pas la boîte de vitesses suspendue uniquement par son arbre d'entrée. S'il s'agit d'une boîte

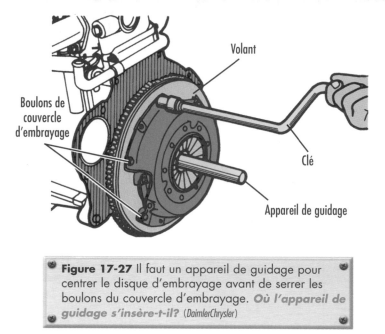

Figure 17-27 Il faut un appareil de guidage pour centrer le disque d'embrayage avant de serrer les boulons du couvercle d'embrayage. *Où l'appareil de guidage s'insère-t-il ?* (DaimlerChrysler)

de vitesses de véhicule à propulsion, tu dois la supporter au moyen d'un cric jusqu'à son boulonnage au carter d'embrayage. Si la boîte de vitesses est suspendue et sans support, le moyeu du disque d'embrayage pourrait se déformer ou se fissurer.
- Si l'arbre d'entrée de la boîte de vitesses ne glisse pas au complet dans le disque d'embrayage ou si la boîte de vitesses ne se boulonne pas complètement au carter d'embrayage, ne force pas trop. Le disque d'embrayage peut s'être décentré. Insère l'appareil de guidage afin de vérifier et centre à nouveau si nécessaire.
- Pour les véhicules à traction, tu dois mettre de nouveaux écrous de moyeu si tu as enlevé les demi-arbres.
- Vérifie le niveau de lubrifiant dans la boîte de vitesses ou la boîte-pont. Ajoute le lubrifiant recommandé au besoin.
- Règle la tringlerie et la garde à la pédale selon les caractéristiques techniques.

VÉRIFIE TES CONNAISSANCES

❶ Quels sont les symptômes les plus fréquents d'un problème d'embrayage ?

❷ Pourquoi un embrayage peut-il brouter quand on l'engage ?

❸ Quand devrait-on remplacer le volant ?

❹ Quelle est la recommandation habituellement apportée si le faux-rond de la face du volant excède les caractéristiques techniques ?

❺ Si un bruit se produit uniquement au moment où l'on appuie sur la pédale d'embrayage, quelle pourrait en être la cause ?

RÉVISION DU CHAPITRE 17

Notions importantes

Ces notions sont conformes aux normes du MFCUO pour la boîte de vitesses manuelle et les essieux : diagnostics et réparations de l'embrayage.

- L'embrayage se trouve entre le moteur et la boîte de vitesses.
- L'embrayage contribue à l'amortissement de certaines vibrations du moteur.
- Un embrayage de base est constitué de cinq principaux composants.
- Il existe deux grands types d'ensembles plateau de pression.
- Il existe trois grands types de tringleries d'embrayage.
- Il y a cinq symptômes importants qui permettent de cerner des problèmes d'embrayage. Pour diagnostiquer un problème d'embrayage, tu dois savoir reconnaître et identifier les symptômes.
- Pour que l'embrayage fonctionne correctement, tous les composants du système doivent être en bon état, conformes aux caractéristiques et bien réglés.
- Pour inspecter les composants de l'embrayage, tu dois habituellement retirer d'autres assemblages dans le véhicule.
- Il ne faut pas que la boîte de vitesses soit uniquement suspendue par son arbre d'entrée.

Questions de révision

1. Explique la fonction de l'embrayage.
2. Quels sont les principaux composants de l'embrayage ?
3. Quels sont les principaux symptômes qui permettent de trouver un problème d'embrayage ?
4. Quelles sont les étapes de diagnostics, de réparations et de réglages de l'embrayage ?
5. Pourquoi est-il important de bien régler la tringlerie d'embrayage ?
6. Pourquoi l'usure du disque d'embrayage a-t-elle un effet sur la capacité de torsion de l'embrayage ?
7. Quelle est la marche à suivre pour retirer et remettre en place un embrayage ?
8. **Pensée critique** Tu découvres que l'embrayage glisse parce que les garnitures sont souillées d'huile. Que devrais-tu faire avant de retirer et de remplacer le disque ?
9. **Pensée critique** Un embrayage qui a beaucoup de kilométrage à son actif est très usé. Tu as le choix d'installer un nouvel embrayage ou un embrayage réusiné. Quel serait ton choix ? Pourquoi ?

PRÉVISIONS TECHNOLOGIQUES
POUR L'EXCELLENCE EN MATIÈRE D'AUTOMOBILE

Opter pour une boîte de vitesses semi-automatique

Les fabricants d'automobiles et les consommateurs optent pour une nouvelle sorte de boîte de vitesses, soit la boîte de vitesses semi-automatique. La boîte de vitesses semi-automatique offre aux personnes qui conduisent le contrôle de la boîte de vitesses manuelle avec les avantages de la boîte de vitesses automatique. On retrouve la boîte de vitesses semi-automatique dans les modèles de luxe et les voitures sport.

Les conductrices et les conducteurs apprécient la boîte de vitesses semi-automatique, car elle fonctionne sans pédale. Il s'agit simplement de choisir le mode semi-automatique et de changer de vitesses en poussant le sélecteur de vitesses de haut en bas ou de gauche à droite. Une fois le système remis en mode automatique, la boîte de vitesses change de vitesse elle-même.

La boîte de vitesses semi-automatique est idéale dans la plupart des situations. Elle est simple à utiliser, et l'engrenage s'effectue en douceur. Les conductrices et conducteurs débutants peuvent s'en servir facilement. Si la circulation est dense, ou si des travaux causent un ralentissement, ils n'ont pas la frustration de changer constamment de vitesse. Quand la voie est libre, il est aussi plaisant de pouvoir changer librement de rapport.

Malgré sa popularité grandissante, il ne faut pas s'attendre à ce que la boîte de vitesses semi-automatique remplace la boîte de vitesses manuelle. Bien que les véhicules à boîte de vitesses manuelle ne représentent que 10 % des véhicules vendus aux États-Unis, la pédale d'embrayage est ici pour rester. Plusieurs conductrices et conducteurs, dont les fanatiques de voitures sport, insistent pour avoir une boîte de vitesses manuelle. La boîte de vitesses manuelle offre un meilleur contrôle et une performance inégalée.

EXCELLENCE AUTOMOBILE
TEST PRÉPARATOIRE

En répondant aux questions suivantes, tu pourras te préparer aux tests en vue d'obtenir la certification du MFCUO.

1. Il se produit un bruit au moment d'appuyer sur la pédale et le moteur est en marche. La technicienne A dit qu'il faut régler la tringlerie. Le technicien B dit que la butée de débrayage est usée. Qui a raison ?

   ⓐ La technicienne A.
   ⓑ Le technicien B.
   ⓒ Les deux ont raison.
   ⓓ Les deux ont tort.

2. Un véhicule qui a 136 765 kilomètres (85 000 milles) a un embrayage qui broute et qui s'engage difficilement. Le technicien A dit que le problème pourrait venir d'une fuite d'huile sur les garnitures d'embrayage. La technicienne B dit que le problème pourrait venir d'un roulement-pilote figé. Qui a raison ?

   ⓐ Le technicien A.
   ⓑ La technicienne B.
   ⓒ Les deux ont raison.
   ⓓ Les deux ont tort.

3. Les ressorts du moyeu de disque d'embrayage :

   ⓐ amortissent les vibrations de torsion du moteur.
   ⓑ ramènent le disque en place lors du débrayage.
   ⓒ appliquent une pression sur le disque lors de l'embrayage.
   ⓓ rétractent la butée de débrayage.

4. L'engrenage grince au moment du changement de rapport, mais il ne se produit aucun bruit quand on appuie sur la pédale d'embrayage. La technicienne A dit que la butée de débrayage est peut-être collée. Le technicien B dit que le disque d'embrayage est peut-être gauchi. Qui a raison ?

   ⓐ La technicienne A.
   ⓑ Le technicien B.
   ⓒ Les deux ont raison.
   ⓓ Les deux ont tort.

5. Les faces du disque d'embrayage sont brûlées et très usées. Le technicien A dit qu'il y a trop de jeu dans la tringlerie. La technicienne B dit que le moteur et le carter d'embrayage sont décentrés. Qui a raison ?

   ⓐ Le technicien A.
   ⓑ La technicienne B.
   ⓒ Les deux ont raison.
   ⓓ Les deux ont tort.

6. Parmi ces composants, lequel ne bouge pas quand on appuie sur la pédale d'embrayage ?

   ⓐ Le disque d'embrayage.
   ⓑ Le plateau de pression.
   ⓒ La butée de débrayage.
   ⓓ La bague-pilote.

7. Un embrayage récemment installé refuse de se désengager quand on appuie sur la pédale d'embrayage. La technicienne A dit qu'il faut peut-être régler la tringlerie. Le technicien B dit que le disque d'embrayage peut avoir été posé à l'envers. Qui a raison ?

   ⓐ La technicienne A.
   ⓑ Le technicien B.
   ⓒ Les deux ont raison.
   ⓓ Les deux ont tort.

8. Un bruit de claquement se fait entendre au moment de relâcher la pédale durant l'accélération. Le technicien A dit qu'il y a peut-être un support de moteur brisé. La technicienne B dit que les ressorts de torsion du disque d'embrayage sont peut-être endommagés. Qui a raison ?

   ⓐ Le technicien A.
   ⓑ La technicienne B.
   ⓒ Les deux ont raison.
   ⓓ Les deux ont tort.

9. Si on n'utilise pas d'appareil de guidage pour centrer le disque d'embrayage lors de l'installation, que peut-il se produire ?

   ⓐ Il est possible que la marche arrière ne s'engage pas.
   ⓑ L'embrayage peut ne pas se désengager.
   ⓒ L'embrayage peut glisser.
   ⓓ L'arbre d'entrée de la boîte de vitesses peut ne pas rentrer dans le moyeu de disque.

10. La lecture la plus élevée du faux-rond sur un comparateur à cadran est de 0,381 mm (0,015 po). Le faux-rond du volant jusqu'au bloc-moteur est de 0,0254 mm (0,001 po). La technicienne A dit qu'il faut rectifier ou remplacer le volant. Le technicien B dit que le couvercle d'embrayage est gauchi et qu'il faudrait le remplacer. Qui a raison ?

    ⓐ La technicienne A.
    ⓑ Le technicien B.
    ⓒ Les deux ont raison.
    ⓓ Les deux ont tort.

CHAPITRE 18

Diagnostic et réparation de la boîte de vitesses manuelle d'un véhicule à propulsion

Tu seras en mesure:

- ☒ de décrire la fonction de la boîte de vitesses manuelle ;
- ☒ de déterminer les principaux composants de la boîte de vitesses manuelle ;
- ☒ d'expliquer le lien entre le rapport de démultiplication et la multiplication du couple dans le fonctionnement de la boîte de vitesses ;
- ☒ de diagnostiquer des problèmes fréquents relatifs à la boîte de vitesses manuelle ;
- ☒ de vérifier l'état des composants internes de la boîte de vitesses manuelle.

Le vocabulaire:

Pignon intermédiaire

Arrêt de cran

Enclenchement

Rapport de démultiplication

Verrouillage

Surmultiplication

Train planétaire

Synchroniseur

Le problème

Chantal Labelle conduit une automobile équipée d'une boîte de vitesses manuelle à quatre rapports. Il y a un peu plus d'un mois, la boîte de vitesses s'est mise à émettre des bruits lors des embrayages. Environ une semaine plus tard, pendant que Chantal conduisait, la boîte de vitesses se désengrenait quand elle était en rapport supérieur. Maintenant, la boîte de vitesses se désenclenche dès que l'embrayage s'engage.

On a remorqué la voiture de Chantal à ton centre de service. Elle dit ne pas pouvoir conduire en sécurité, car elle doit tenir le levier de vitesses pour maintenir la boîte de vitesses engagée. Elle entend aussi des grincements.

Ton défi

À titre de technicienne ou de technicien, tu dois répondre aux questions suivantes:

❶ Y a-t-il une fuite d'huile visible qui provient de la boîte de vitesses ?

❷ S'agit-il d'un problème sérieux ou d'un simple réglage à effectuer ?

❸ Quelles indications peux-tu tirer de la sorte de bruit et du fait que le problème se soit développé progressivement ?

Section 1

La constitution de la boîte de vitesses manuelle

Dans un véhicule, la boîte de vitesses manuelle fournit la puissance et le couple du moteur à la transmission et aux roues motrices. Une boîte de vitesses manuelle peut :

- faire avancer ou reculer le véhicule ;
- changer manuellement de rapport ;
- adapter les réglages aux charges et aux conditions routières variables ;
- dissocier le moteur de la boîte de vitesses pour le démarrage et le ralenti.

Les rapports font varier le couple transmis à la boîte de vitesses. Le choix du bon rapport permet au moteur de fonctionner dans sa gamme d'utilisation. Cette gamme d'utilisation se nomme la bande de puissance du moteur.

La boîte de vitesses manuelle se trouve entre l'embrayage et l'arbre d'entraînement (*voir la figure 18-1*).

Il existe divers types de boîtes de vitesses manuelles pour supporter des niveaux de puissance et de couple spécifiques. Tous les composants de la boîte de vitesses ont une limite de puissance et de couple. Par exemple, la boîte de vitesses manuelle d'un camion est plus grosse que la boîte de vitesses manuelle d'une automobile. Les composants de la boîte de vitesses manuelle du camion sont aussi plus gros que ceux de l'automobile. Il en est ainsi parce que la boîte de vitesses manuelle du camion doit supporter des niveaux de couple du moteur plus élevés. La boîte de vitesses manuelle du camion doit aussi avoir la puissance nécessaire pour déplacer des charges plus lourdes.

On distingue souvent les boîtes de vitesses manuelles d'après le nombre de rapports avant qu'elles comportent. Par exemple, une boîte manuelle à quatre rapports comporte quatre rapports avant. Une boîte manuelle à cinq rapports comporte cinq rapports avant. La plupart des boîtes manuelles ont un minimum de quatre rapports avant. Toutes les boîtes de vitesses manuelles ont une position de point mort et une position de marche arrière.

Les composants de la boîte de vitesses manuelle

Une boîte de vitesses manuelle contient de nombreux composants. Les composants de base sont :
- le carter ;
- les pignons ;
- les synchroniseurs ;
- les roulements et les bagues ;
- les joints ;
- les arbres ;
- le pignon entraîneur du compteur de vitesse ;
- les fourchettes de changement de rapports ;
- les tringles de commande de vitesse et les leviers sélecteurs.

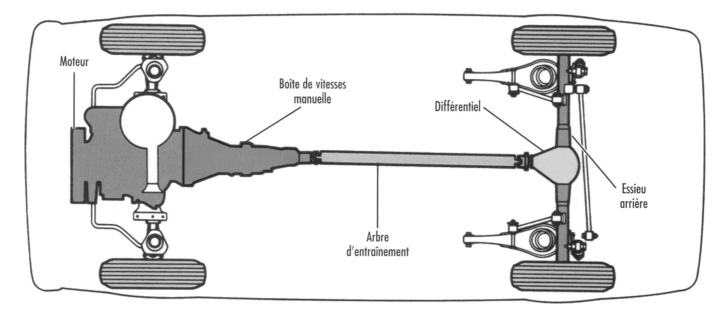

Moteur

Boîte de vitesses manuelle

Différentiel

Essieu arrière

Arbre d'entraînement

Figure 18-1 L'emplacement de la boîte de vitesses manuelle dans un véhicule à propulsion avec le moteur à l'avant. *Pourquoi est-il avantageux de sélectionner le bon rapport ?* (Compagnie Mazda Motor)

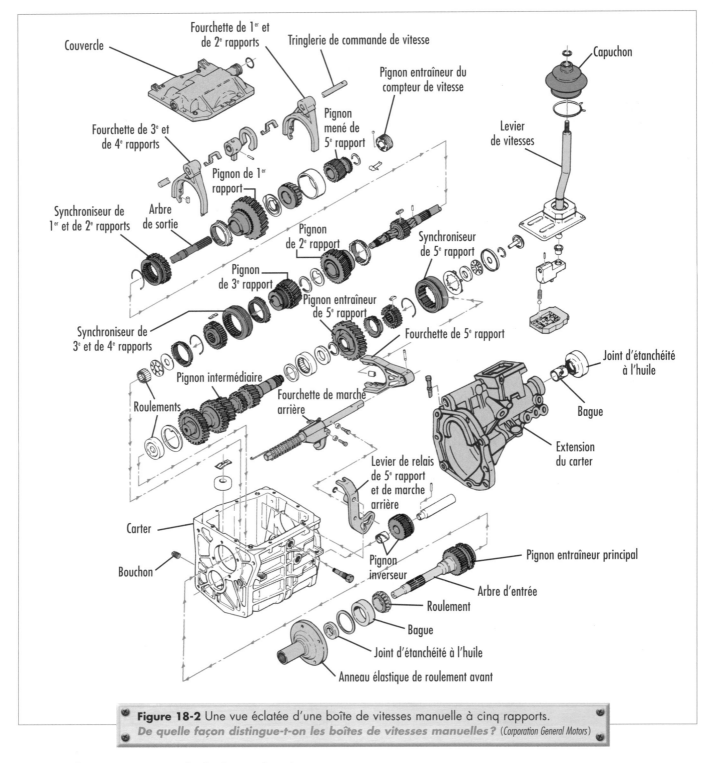

Figure 18-2 Une vue éclatée d'une boîte de vitesses manuelle à cinq rapports. *De quelle façon distingue-t-on les boîtes de vitesses manuelles ?* (*Corporation General Motors*)

Le carter Les composants de la boîte de vitesses manuelle logent dans un carter (*voir la figure 18-2*). Le carter est en fonte ou en aluminium. Il est conçu de façon à maintenir centrés les arbres et les roulements.

Le carter est isolé pour empêcher l'infiltration de contaminants. Un petit orifice sur le dessus assure le refroidissement et permet à la pression causée par l'expansion de la chaleur de s'échapper.

CONSEIL TECHNIQUE **Les tubes d'aération** Si tu constates une fuite du joint d'étanchéité d'huile dans un véhicule tout terrain, tu dois vérifier s'il y a de la boue ou d'autres débris qui recouvrent ou qui bloquent le tube d'aération du carter. Si le tube est bloqué, la pression peut faire fuir le lubrifiant à transmission autour des joints.

Les pignons Un pignon est une roue dentée. Les dents du pignon peuvent se trouver à l'extérieur, sur le côté ou à l'intérieur de la roue. Les pignons transmettent la puissance. Pour transmettre la puissance, un pignon s'enclenche avec un autre pignon. L'**enclenchement** signifie que les dents d'un pignon s'insèrent dans les espaces entre les dents de l'autre pignon (*voir la figure 18-3*). Lorsqu'un pignon tourne, il oblige l'autre pignon à tourner. Le pignon qui fournit la force d'entraînement est le *pignon entraîneur*. Le pignon qui est tourné par le pignon entraîneur est le *pignon mené*.

On trouve différents types de pignons dans les boîtes de vitesses manuelles (*voir la figure 18-4*). Leur denture varie. Le type de pignon le plus simple a des dents taillées perpendiculairement à ses faces. Il s'agit du *pignon à denture droite*. Lorsque les pignons tournent, les dents s'enclenchent et se désenclenchent une à une. C'est d'ailleurs pour cela que ce type de pignon est bruyant.

Le *pignon à denture hélicoïdale* est plus silencieux. Les dents du pignon sont taillées en angle. La coupe en angle permet à une dent de s'enclencher avant que la dent précédente ne soit complètement désengrenée. Ce concept adoucit l'enclenchement et en réduit le bruit.

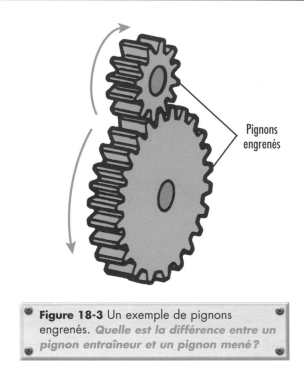

Pignons engrenés

Figure 18-3 Un exemple de pignons engrenés. *Quelle est la différence entre un pignon entraîneur et un pignon mené ?*

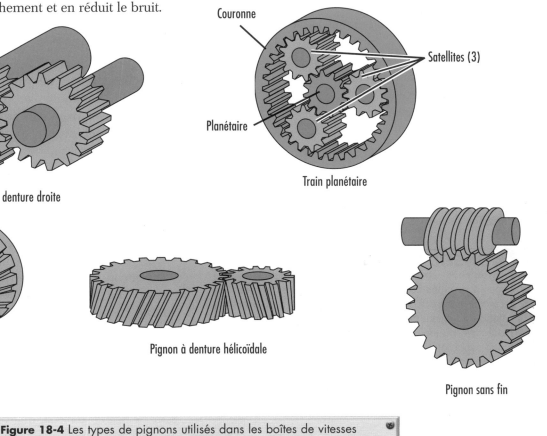

Couronne

Satellites (3)

Planétaire

Train planétaire

Pignon à denture droite

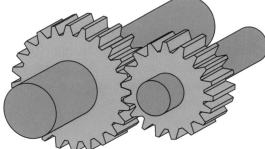

Pignon à denture hélicoïdale

Pignon conique

Pignon sans fin

Figure 18-4 Les types de pignons utilisés dans les boîtes de vitesses manuelles. *Pourquoi les pignons à denture droite sont-ils bruyants ?*

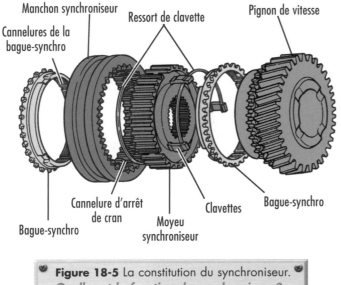

Manchon synchroniseur — Ressort de clavette — Pignon de vitesse

Cannelures de la bague-synchro

Cannelure d'arrêt de cran — Moyeu synchroniseur — Clavettes — Bague-synchro

Bague-synchro

Figure 18-5 La constitution du synchroniseur.
Quelle est la fonction du synchroniseur ?

Le synchroniseur Un **synchroniseur** est un ensemble composé d'un moyeu, d'un manchon et de composants connexes qui bloquent le pignon du rapport sélectionné dans un arbre de sortie. Le pignon s'enclenche sans bruit (*voir la figure 18-5*). Lors du changement de vitesse, les pignons doivent tourner à la même vitesse pour accomplir un enclenchement en douceur.

Les synchroniseurs contiennent habituellement les composants suivants :
• une bague-synchro ;
• un manchon synchroniseur ;
• des ressorts de clavettes ;
• un moyeu synchroniseur ;
• des clavettes ;
• un pignon de vitesse.

On insère trois clavettes dans les fentes du moyeu synchroniseur. Le moyeu est cannelé jusqu'à l'arbre de sortie. Une paire de ressorts de clavettes en forme d'anneau exerce une légère pression sur les clavettes.

CONSEIL TECHNIQUE **L'usure du synchroniseur** La paroi interne de la bague-synchro est munie de fines cannelures. Ces cannelures percent la couche de lubrifiant de transmission afin de permettre l'enclenchement des engrenages. Si ces cannelures sont usées, la bague-synchro n'est plus efficace. Elle ne peut pas synchroniser la vitesse des deux pignons, ce qui cause des changements de rapports difficiles et l'entrechoquement des pignons.

Le manchon synchroniseur est placé au-dessus du moyeu synchroniseur. Il est muni de cannelures à l'intérieur qui s'enclenchent avec les cannelures extérieures du moyeu. Les clavettes ont une partie élevée qui s'insère dans une fente d'arrêt de cran à l'intérieur du manchon.

Un **arrêt de cran** est un espace légèrement creusé dans lequel le déplacement d'une autre pièce en assure le verrouillage.

L'enclenchement et le désenclenchement des pignons ne peut pas s'effectuer sans la synchronisation. Les pignons synchronisés sont constamment engrenés et sont « verrouillés » et « déverrouillés » sur l'arbre de sortie avec les bagues-synchro. Seuls les pignons non synchronisés, comme c'est le cas pour les pignons de marche arrière, coulissent pour s'enclencher et se désenclencher.

Une boîte de vitesses à synchroniseurs se nomme une boîte de vitesses synchronisée à engrenage constant. Les synchroniseurs permettent de synchroniser un arbre et un pignon avant leur enclenchement.

Les roulements et les bagues Les boîtes de vitesses manuelles utilisent une grande variété de roulements. Les types de roulement sont choisis en fonction des charges que la boîte de vitesses doit supporter.

On utilise les ensembles de roulements à billes sur les arbres d'entrée et de sortie. Les pignons peuvent utiliser des roulements à rouleaux, des roulements à aiguilles ou des bagues en bronze.

Les joints Les boîtes de vitesses sont isolées afin d'empêcher l'infiltration de lubrifiant et de contaminants. On utilise des joints d'étanchéité à l'huile, des joints toriques et des joints d'étanchéité.

Les arbres On retrouve les mêmes arbres dans la plupart des boîtes de vitesses manuelles (*voir la figure 18-6*). Le nombre d'arbres ne dépend pas du nombre de vitesses avant. Les arbres souvent utilisés sont :
• l'arbre d'entrée ;
• l'arbre de sortie ;
• l'arbre intermédiaire ;
• l'arbre inverseur.

L'arbre d'entrée sort du moyeu d'embrayage pour se rendre directement à la boîte de vitesses. Le pignon entraîneur, connu aussi comme le pignon d'embrayage, est usiné à l'une de ses extrémités. Le pignon entraîneur s'enclenche au pignon intermédiaire dans la boîte de vitesses. Le **pignon intermédiaire** est un pignon qui tourne en dessous et s'enclenche avec les pignons de l'arbre primaire.

L'arbre de sortie est aussi connu sous le nom d'arbre primaire. L'*arbre primaire* est un arbre cannelé sur lequel sont montés les pignons et les synchroniseurs coulissants. Il ressort de l'arrière de la boîte de vitesses. L'arbre primaire est cannelé à l'arrière pour recevoir la bride de l'arbre d'entraînement.

L'arbre intermédiaire est entièrement logé dans le carter de boîte de vitesses. Il est situé sous l'arbre primaire. L'arbre intermédiaire supporte le pignon intermédiaire.

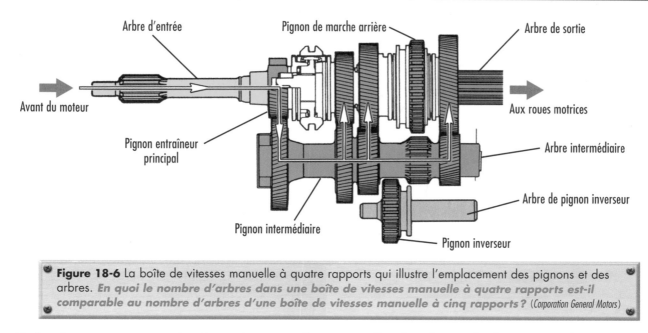

Avant du moteur — Arbre d'entrée — Pignon de marche arrière — Arbre de sortie — Aux roues motrices — Pignon entraîneur principal — Arbre intermédiaire — Arbre de pignon inverseur — Pignon intermédiaire — Pignon inverseur

Figure 18-6 La boîte de vitesses manuelle à quatre rapports qui illustre l'emplacement des pignons et des arbres. *En quoi le nombre d'arbres dans une boîte de vitesses manuelle à quatre rapports est-il comparable au nombre d'arbres d'une boîte de vitesses manuelle à cinq rapports?* (Corporation General Motors)

L'arbre inverseur supporte le pignon inverseur. Le *pignon inverseur* change la direction de rotation des pignons pour que le véhicule puisse faire marche arrière.

La prise du compteur de vitesse Les anciens véhicules utilisaient un câble flexible de compteur de vitesse mécanique. Le câble flexible est joint au pignon entraîneur dans la boîte de vitesses et au compteur de vitesse dans le tableau de bord.

Les compteurs de vitesse des véhicules plus récents, munis d'un module de gestion du groupe motopropulseur, sont contrôlés électroniquement. Un circuit de *capteur de vitesse du véhicule* remplace le joint mécanique. Le capteur de vitesse du véhicule crée un signal électrique de vitesse du véhicule. Ce signal permet de déterminer la lecture analogique ou numérique du compteur de vitesse.

Le capteur de vitesse du véhicule est inséré dans un trou situé dans l'extension du carter de boîte de vitesses. L'assemblage est maintenu en place à l'aide d'un boulon et est isolé par des joints toriques. L'extension du carter supporte le pignon entraîneur du compteur de vitesse. Le pignon du capteur de vitesse du véhicule est mené à la vitesse de l'arbre d'entraînement.

Les fourchettes de changement de rapport Les *fourchettes de changement de rapport* se déplacent dans le carter de boîte de vitesses pour changer de rapport (*voir la figure 18-7*). Les fourchettes de changement de rapport sont jointes à l'arbre de fourchette de changement de rapport. L'arbre de fourchette de changement de rapport est joint au levier sélecteur qui passe par un logement de billes. Quand la personne qui conduit sélectionne un rapport, l'arbre de fourchette de changement de rapport fait bouger la fourchette de changement de rapport.

Les fourchettes de changement de rapport sont en forme de croissant. Les fourchettes s'insèrent autour du pignon ou encore dans la cannelure externe du manchon synchroniseur. La fourchette fait bouger le pignon ou le manchon synchroniseur. Le pignon du rapport sélectionné s'enclenche avec un autre pignon. Un manchon synchroniseur bloque le pignon du rapport sélectionné dans l'arbre de sortie.

Les tringles de commande de vitesse et les leviers de vitesses Les tringles de commande de vitesse traversent le carter de boîte de vitesses. Elles sont isolées afin de prévenir l'infiltration de contaminants. La tringlerie de commande de vitesse est raccordée à l'une des extrémités des tringles ou des leviers. Les fourchettes de changement de rapport se raccordent à l'autre extrémité.

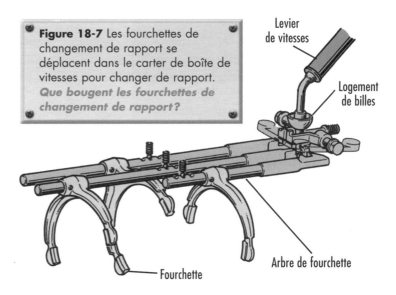

Figure 18-7 Les fourchettes de changement de rapport se déplacent dans le carter de boîte de vitesses pour changer de rapport. *Que bougent les fourchettes de changement de rapport?*

Levier de vitesses — Logement de billes — Arbre de fourchette — Fourchette

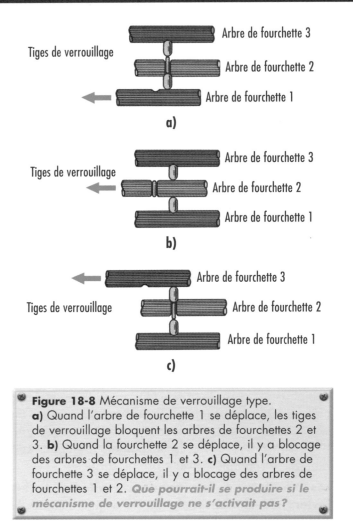

Tiges de verrouillage — Arbre de fourchette 3

Arbre de fourchette 2

Arbre de fourchette 1

a)

Tiges de verrouillage — Arbre de fourchette 3

Arbre de fourchette 2

Arbre de fourchette 1

b)

Arbre de fourchette 3

Tiges de verrouillage — Arbre de fourchette 2

Arbre de fourchette 1

c)

Figure 18-8 Mécanisme de verrouillage type.
a) Quand l'arbre de fourchette 1 se déplace, les tiges de verrouillage bloquent les arbres de fourchettes 2 et 3. **b)** Quand la fourchette 2 se déplace, il y a blocage des arbres de fourchettes 1 et 3. **c)** Quand l'arbre de fourchette 3 se déplace, il y a blocage des arbres de fourchettes 1 et 2. *Que pourrait-il se produire si le mécanisme de verrouillage ne s'activait pas ?*

Un mécanisme de verrouillage dirige le mouvement des tringles et des leviers. Le **verrouillage** est un mécanisme qui empêche la boîte de vitesses d'enclencher plus d'un rapport à la fois. Si le mécanisme de verrouillage est endommagé ou qu'il ne fonctionne pas, la boîte de vitesses pourrait enclencher deux vitesses en même temps. La boîte de vitesses pourrait alors se bloquer, ce qui causerait de sérieux dommages aux pignons et au carter.

Le mécanisme de verrouillage peut se composer simplement d'une bille et d'un poussoir, ou de tiges de tringlerie interne. Lors de l'enclenchement d'un pignon, le verrouillage force les autres tiges d'embrayage à demeurer bloquées en position de point mort (*voir la figure 18-8*).

Le fonctionnement de la boîte de vitesses

Une boîte de vitesses manuelle remplit plusieurs fonctions, dont :
- la sélection manuelle des rapports avant ;
- la multiplication du couple ;
- la surmultiplication ;

- l'action du synchroniseur ;
- la marche arrière.

Le rapport de démultiplication

Le **rapport de démultiplication** est une comparaison entre le nombre de dents du pignon entraîneur et le nombre de dents du pignon mené. Le rapport de démultiplication indique le nombre de tours que doit faire un pignon entraîneur pour faire tourner une fois le pignon mené (*voir la figure 18-9*). Quand le pignon entraîneur possède moins de dents que le pignon mené, le pignon mené tourne plus lentement que le pignon entraîneur. Quand le pignon entraîneur possède plus de dents que le pignon mené, le pignon mené tourne plus rapidement que le pignon entraîneur.

Si les deux pignons engrenés ont le même nombre de dents, ils tourneront tous deux à la même vitesse. Leur rapport de démultiplication sera de 1 à 1. Si le pignon entraîneur a 12 dents et que le pignon mené a 24 dents, le pignon entraîneur doit effectuer deux rotations pour faire faire un tour au pignon mené. Le rapport de démultiplication entre les deux pignons est de 2 à 1. Si un pignon entraîneur de 12 dents est engrené à un pignon mené de 36 dents, le rapport de démultiplication est de 3 à 1.

Il est nécessaire de sélectionner des rapports de démultiplication pour que le moteur puisse demeurer dans sa bande de puissance. Le moteur doit demeurer dans sa bande de puissance pour fournir le couple.

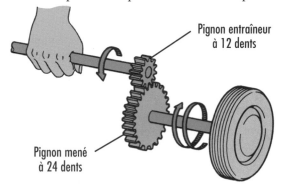

Pignon entraîneur à 12 dents

Pignon mené à 24 dents

Figure 18-9 Un exemple d'un rapport de démultiplication. Les pignons ont un rapport de démultiplication de 2 à 1. Le pignon entraîneur doit effectuer deux rotations pour faire faire un tour au pignon mené. *Combien faudrait-il de dents au pignon entraîneur pour que le rapport de démultiplication soit de 3 à 1 ?*

La multiplication du couple

Le *couple* est une force de torsion ou de rotation autour d'un axe. On calcule le couple autour de l'axe ou de la ligne centrale d'un objet en multipliant la force par la distance entre la force et l'axe (*voir la figure 18-10*). Le couple s'accroît avec la distance de

MATHÉMATIQUES
EXCELLENCE AUTOMOBILE

Augmenter les rapports de démultiplication

Tu désires accroître la puissance de ton véhicule et augmenter le rapport de démultiplication. Pour y arriver, tu décides d'acheter une boîte de vitesses dans un service de recyclage. Tu sais qu'il faut plus de puissance au moteur quand le véhicule est en accélération que si sa vitesse est constante. La boîte de vitesses, qui contribue à fournir cette puissance, est contrôlée par un ensemble de pignons engrenés.

Dans le rapport de démultiplication suivant, il y a une combinaison de quatre pignons engrenés. L'illustration présente l'enclenchement des quatre pignons identifiés *A, B, C* et *D*. Le rapport de démultiplication se calcule comme suit :

$$\frac{B}{A} \times \frac{D}{C}$$

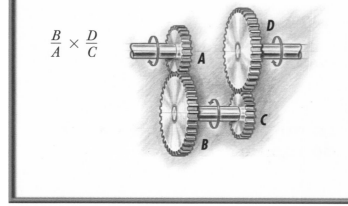

Par exemple, si les pignons A, B, C et D ont respectivement 40, 50, 44 et 48 dents, le rapport de démultiplication sera :

$$\frac{50}{40} \times \frac{48}{44} = \frac{2\,400}{1\,760} = \frac{15}{11} \text{ ou } \mathbf{15 \text{ à } 11}$$

À toi de jouer !

Conforme aux normes de l'EDU en mathématiques pour la conversion de formules et la résolution de problèmes avec des rapports.

❶ Les pignons d'origine dans ton véhicule ont, dans l'ordre, 44, 42, 60 et 50 dents. Quel est le rapport de démultiplication d'origine ?

❷ Maintenant, remplace le pignon B qui a 42 dents par un pignon de 36 dents. Que devient le rapport de démultiplication une fois que tu as remplacé B ?

❸ La nouvelle combinaison fournira-t-elle plus ou moins de puissance que le rapport de démultiplication d'origine ?

---

la force par rapport à l'axe. Par exemple, un gros volant est plus facile à tourner autour de l'arbre de direction, son axe, que ne l'est un petit volant. Une clé munie d'un long manche exerce sa force à une distance plus éloignée par rapport à l'axe. Une longue clé augmente le couple à l'axe. De même, un pignon qui a un large rayon exerce sa force à une distance plus éloignée par rapport à l'axe. Plus le rayon du pignon est grand, plus le couple à l'axe est élevé.

Il existe un lien entre le rapport de démultiplication et la multiplication du couple. Un grand rapport de démultiplication multiplie le couple. Un petit rapport de démultiplication réduit le couple.

À basse vitesse, le pignon entraîneur a moins de dents que le pignon mené. Il y a ainsi augmentation du couple et réduction de la vitesse aux roues motrices. Le rapport inférieur est idéal pour faire déplacer un véhicule immobilisé, car il faut une grande force de couple.

Quand le véhicule se déplace, le couple est moins sollicité. La priorité consiste alors à maintenir le moteur dans sa bande de puissance. Quand la personne qui conduit passe le second rapport, la vitesse du moteur diminue. La vitesse du véhicule augmente. La multiplication du couple est réduite.

Quand la personne qui conduit passe le rapport le plus élevé, la vitesse du moteur est encore plus réduite. Si le rapport de démultiplication est de 1 à 1, la multiplication du couple n'est plus possible. Le véhicule est propulsé directement par le couple de sortie du moteur.

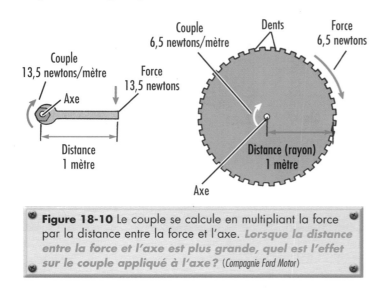

Figure 18-10 Le couple se calcule en multipliant la force par la distance entre la force et l'axe. *Lorsque la distance entre la force et l'axe est plus grande, quel est l'effet sur le couple appliqué à l'axe ?* (Compagnie Ford Motor)

La surmultiplication

Dans certaines boîtes de vitesses, le rapport le plus élevé n'est pas un entraînement direct. C'est une **surmultiplication.** La surmultiplication est la sélection des vitesses où l'arbre de sortie de la boîte de vitesses tourne à une vitesse plus élevée que celle du vilebrequin. Le rapport de démultiplication d'une surmultiplication est moins de 1 à 1. Les rapports de surmultiplication ne s'expriment donc pas en nombres entiers. Par exemple, on retrouve souvent le rapport de surmultiplication de 0,8 à 1.

Il y a deux types d'unités de surmultiplication. Le type le plus courant ajoute une vitesse avant. Le rapport le plus élevé est un rapport de surmultiplication. On retrouve souvent ce type d'unité dans les boîtes de vitesses à cinq et à six rapports.

Le second type est un train planétaire distinct. Un **train planétaire** est constitué d'un planétaire entouré de deux satellites ou plus qui tournent autour d'une couronne. On retrouve ce type de surmultiplication dans les anciens modèles de véhicules. Ce type est moins courant dans les véhicules plus récents. Le train planétaire est logé dans un carter d'engrenage distinct. Le carter est joint à l'arrière de la boîte de vitesses.

L'action du synchroniseur

La bague-synchro agit comme un embrayage. Elle règle la vitesse des pignons pour qu'ils puissent s'enclencher en douceur. La synchronisation des pignons se compose de trois étapes :

1. Le manchon synchroniseur et la bague-synchro se déplacent vers le pignon mené (*voir la figure 18-11a*).
2. La paroi interne de la bague-synchro entre en contact avec la surface conique du pignon mené

(*voir la figure 18-11b*). La friction entre la bague-synchro et le pignon les entraîne dans une rotation synchronisée.
3. Le moyeu synchroniseur s'engage sur les dents externes du pignon mené (*voir la figure 18-11c*). Le pignon est bloqué sur l'arbre et complète le changement de rapport.

La marche arrière

Le passage en marche arrière engage le pignon inverseur. Toutes les bagues-synchro sont placées au point mort. En position de point mort, tous les moyeux synchroniseurs se désengagent.

Le pignon inverseur s'enclenche au pignon de marche arrière sur le pignon intermédiaire. Le pignon intermédiaire s'enclenche aussi à l'un des manchons synchroniseurs. Bien que le manchon synchroniseur soit au point mort, il reste bloqué à l'arbre de sortie par le moyeu cannelé.

Le pignon de marche arrière est rarement synchronisé. Le véhicule doit être complètement immobilisé avant de pouvoir passer en marche arrière sinon les pignons s'entrechoqueront.

La tringlerie de changement de rapport

La boîte de vitesses est contrôlée par une tringlerie de changement de rapport. La *tringlerie de changement de rapport* relie la boîte de vitesses au levier de vitesses sur le plancher du véhicule. Le mécanisme du levier de vitesses peut se boulonner au plancher ou à un support de fixation situé sur le côté de la boîte de vitesses.

Dans certains cas, on retrouve un mécanisme au plancher, sur le dessus de la boîte de vitesses. Dans ce

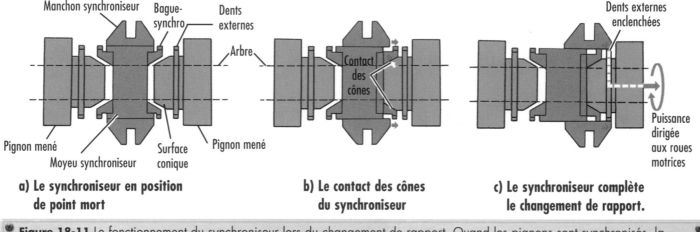

a) **Le synchroniseur en position de point mort**

b) **Le contact des cônes du synchroniseur**

c) **Le synchroniseur complète le changement de rapport.**

Figure 18-11 Le fonctionnement du synchroniseur lors du changement de rapport. Quand les pignons sont synchronisés, la puissance du pignon passe par le manchon synchroniseur et le moyeu synchroniseur pour se rendre à l'arbre de sortie. *Quel est l'élément de la bague-synchro qui lui permet de percer le lubrifiant et d'entrer en contact avec la surface ?* (*Deere & Compagnie*)

cas, il n'y a pas de tringlerie externe. Il y a trois types de tringlerie de changement de rapport :
- mécanique ;
- à câble ;
- électrique.

La tringlerie mécanique

Le type de tringlerie de changement de rapport le plus courant est le type mécanique. Il s'agit d'une tringlerie simple et fiable. La tringlerie mécanique se compose de leviers et de tiges qui vont du mécanisme d'embrayage jusqu'à la boîte de vitesses (*voir la figure 18-12*). Chacune des tiges possède un manchon fileté de réglage à l'une de ses extrémités.

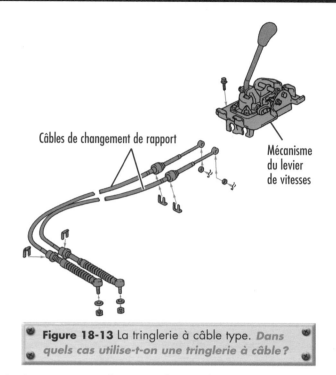

Câbles de changement de rapport

Mécanisme du levier de vitesses

Figure 18-13 La tringlerie à câble type. *Dans quels cas utilise-t-on une tringlerie à câble ?*

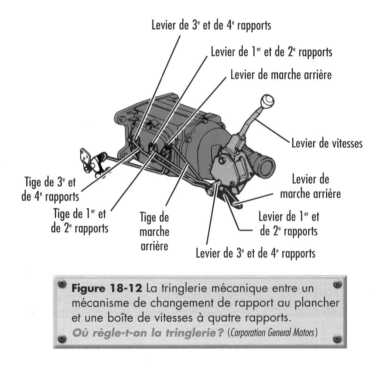

Levier de 3ᵉ et de 4ᵉ rapports

Levier de 1ᵉʳ et de 2ᵉ rapports

Levier de marche arrière

Levier de vitesses

Levier de marche arrière

Tige de 3ᵉ et de 4ᵉ rapports

Tige de 1ᵉʳ et de 2ᵉ rapports

Tige de marche arrière

Levier de 1ᵉʳ et de 2ᵉ rapports

Levier de 3ᵉ et de 4ᵉ rapports

Figure 18-12 La tringlerie mécanique entre un mécanisme de changement de rapport au plancher et une boîte de vitesses à quatre rapports. *Où règle-t-on la tringlerie ?* (Corporation General Motors)

Pour assurer le bon fonctionnement de la tringlerie mécanique, il est nécessaire d'en effectuer le réglage. Il est important de bien lire le guide du fabricant du véhicule pour connaître la marche à suivre et les caractéristiques techniques à respecter.

La marche à suivre générale pour régler une tringlerie mécanique est la suivante :

1. Assure-toi que la boîte de vitesses est au point mort.

2. Disjoins les tiges de tringlerie de changement de rapport aux extrémités filetées et retire les goupilles fendues ou les brides de ressort.

3. Si le levier de vitesses est muni d'un trou d'orientation du point mort, insère un boulon ou une mèche de perceuse pour les maintenir en position.

4. Assure-toi que les tiges de tringlerie ne se sont pas déformées. Remplace les pièces déformées ou usées avant d'effectuer le réglage. Remplace les rondelles ou les bagues usées.

5. Assure-toi que chacun des leviers est en position centrale de point mort. Tourne le dispositif de réglage pour positionner l'axe de charnière par rapport au trou du levier de vitesses.

6. Replace les tiges à l'extrémité filetée. Remets la goupille fendue ou la bride de ressort. Retire le boulon ou la mèche de perceuse.

7. Vérifie le réglage en passant d'un rapport à l'autre avec le moteur éteint.

La tringlerie à câble

On utilise la tringlerie à câble quand il n'est pas possible de mettre une tringlerie mécanique ou s'il y a des contraintes relatives à la longueur ou à l'acheminement de la tringlerie. La tringlerie par câble se compose de gaines de câble rigides à l'intérieur desquelles on retrouve des câbles d'acier. Les câbles ont un œillet à une extrémité et une tige filetée de réglage à l'autre extrémité. Le levier de vitesses fait bouger les câbles dans un mouvement de va-et-vient. Les câbles agissent directement sur les leviers de vitesses (*voir la figure 18-13*).

Tout comme dans le cas de la tringlerie mécanique, il faut effectuer le réglage de la tringlerie à câble. Pour connaître la marche à suivre et les caractéristiques techniques d'un modèle de véhicule en particulier, consulte le guide d'entretien fourni par le fabricant.

La marche à suivre générale pour régler une tringlerie à câble est la suivante :

1. Assure-toi que la boîte de vitesses est au point mort.

2. Si le mécanisme du levier de vitesses est muni d'un trou d'orientation du point mort, insère un goujon ou une mèche de perceuse pour le maintenir en position.

3. Disjoins les câbles à l'extrémité filetée et retire les goupilles fendues ou les brides de ressort.

4. Assure-toi que les câbles de changement de rapport ne sont pas pliés dans leurs carters. Répare les câbles pliés ou les pièces usées avant d'effectuer le réglage. Remplace les rondelles ou les bagues usées.

5. Tourne le dispositif de réglage pour positionner l'axe de charnière par rapport au trou du levier de vitesses.

6. Remets les câbles en place. Replace les goupilles fendues ou les brides de ressort.

7. Vérifie le réglage en passant d'un rapport à l'autre avec le moteur coupé.

EXCELLENCE SCIENCES AUTOMOBILE

Les rapports de démultiplication

As-tu déjà eu à pousser ta voiture le long de la route ? Si c'est le cas, tu dois avoir remarqué qu'il était beaucoup plus difficile de commencer à faire avancer la voiture que de la maintenir en mouvement. Une fois que la voiture a son élan, il faut moins de force pour la faire bouger. L'élan correspond à la masse d'un objet multipliée par sa vélocité.

Dans la boîte de vitesses d'un véhicule, le premier rapport a le plus grand rapport de démultiplication et le plus haut pignon, tandis que le quatrième et le cin-quième rapports ont le plus petit rapport de démulti-plication. Les pignons régularisent la force requise dans les pentes ascendantes et descendantes ou tout simplement pour maintenir une vitesse de croisière sur une route plate. Le plus grand rapport de démultiplication du premier rapport fournit plus de force ou de couple dans les virages et permet au véhicule de se déplacer après avoir été immobilisé. Les rapports les plus élevés ont le plus petit rapport de démultiplication. Ils fournissent moins de couple, mais plus de vitesse.

À toi de jouer !

Comparer des rapports de vitesse à des leviers

Conforme aux normes de l'EDU en sciences pour expliquer la force sous forme de pression, expliquer la relation entre le couple moteur et la performance du véhicule et expliquer la façon d'utiliser les leviers pour accroître et appliquer la force.

Matériel requis
- un petit levier
- un grand levier
- un bloc de ciment
- un morceau de bois de 50,8 mm (2 po) × 101,6 mm (4 po) ×152,4 mm (6 po)

Il est possible de comparer les rapports de vitesse à des leviers grâce à l'expérience suivante :

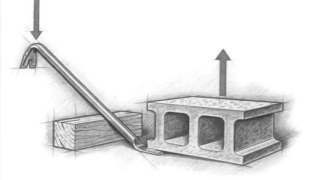

❶ Place le matériel tel qu'il est illustré. Utilise le petit levier.

❷ Pousse le levier vers le bas pour soulever le bloc de ciment.

❸ Répète l'opération avec le long levier.

Les résultats et l'analyse

❶ Quel est le levier qui permet de soulever le plus facilement le bloc de ciment ? Pourquoi ?

❷ Maintenant, établis un lien entre la grandeur des leviers dans cette expérience et les rapports de démultiplication. Quelle sera l'influence du rapport de démultiplication dans le déplacement du véhicule ?

❸ Peux-tu maintenant conclure qu'un rapport de vitesse peut être comparé à un levier ? Explique.

La tringlerie électrique

La sélection électrique des rapports ne requiert pas de tringlerie mécanique ou à câble. Elle est dotée d'un circuit composé d'un interrupteur et d'un solénoïde. Le solénoïde contrôle les soupapes hydrauliques.

L'unité de surmultiplication électrique en est un exemple. La personne qui conduit utilise l'interrupteur pour allumer ou éteindre le rapport de surmultiplication. Quand la surmultiplication est allumée, le solénoïde s'active. Le solénoïde ouvre une soupape hydraulique. La soupape alimente en pression hydraulique, ce qui active l'unité de surmultiplication. Quand l'unité de surmultiplication est fermée, le solénoïde est au repos. La pression de ressort fait fermer la soupape. La soupape fermée

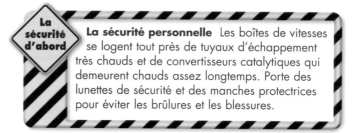

La sécurité personnelle Les boîtes de vitesses se logent tout près de tuyaux d'échappement très chauds et de convertisseurs catalytiques qui demeurent chauds assez longtemps. Porte des lunettes de sécurité et des manches protectrices pour éviter les brûlures et les blessures.

coupe la pression hydraulique et désengage l'unité de surmultiplication.

Ce système permet d'adapter facilement l'unité de surmultiplication à différents modèles de véhicules. L'unique lien entre la personne au volant et l'unité de surmultiplication est le câblage. On élimine ainsi les problèmes d'acheminement de la tringlerie, de centrage et de réglage.

VÉRIFIE TES CONNAISSANCES

❶ Quand tu conduis, pourquoi faut-il changer de rapport?

❷ Quelle est la fonction des rapports dans une boîte de vitesses?

❸ En quoi consiste une boîte de vitesses synchronisées?

❹ Détermine les quatre arbres internes dans une boîte de vitesses manuelle.

❺ Comment calcule-t-on le couple?

Section 2

Les diagnostics de la boîte de vitesses

Les boîtes de vitesses manuelles sont robustes et fiables. Toutefois, il peut survenir des problèmes. Les problèmes de boîte de vitesses manuelles et leurs causes sont variés. Il faut respecter des démarches précises pour diagnostiquer et corriger les problèmes. Il est important de consulter le guide d'entretien du véhicule pour bien connaître la marche à suivre. Le **tableau 18-A** présente des problèmes courants relatifs aux boîtes de vitesses manuelles ainsi que les causes possibles et les corrections à apporter.

L'entretien de la boîte de vitesses

Il est extrêmement important de bien entretenir la boîte de vitesses. L'entretien variera en fonction du modèle et du type de boîte de vitesses. Il est important de consulter le guide d'entretien du véhicule pour respecter la marche à suivre et les caractéristiques techniques.

La lubrification de la boîte de vitesses

Les lubrifiants de boîte de vitesses répondent à des exigences dont:
- la lubrification des engrenages;
- la réduction de la friction et de la perte de puissance;
- la protection contre la rouille et la corrosion;
- le refroidissement des roulements et des pignons;
- le rejet des particules de métal;
- la réduction du bruit dans la boîte de vitesses.

La plupart des lubrifiants sont constitués d'huile raffinée à partir d'huile brute. D'autres sont des huiles synthétiques. On mélange les additifs chimiques à une huile de base afin d'obtenir un lubrifiant qui peut supporter une pression extrême. Un lubrifiant extrême pression améliore la capacité de charge. D'autres additifs réduisent l'effet dommageable de la chaleur et préviennent les dommages de moussage, de rouille, de corrosion et d'étanchéité.

L'huile pour engrenages qu'on utilise dans les véhicules a pour propriété d'être très *visqueuse* ou épaisse. La viscosité de l'huile pour engrenages varie entre SAE 75W et SAE 140. On utilise aussi des huiles

Tableau 18-A	**LES DIAGNOSTICS DE LA BOÎTE DE VITESSES**	
Problèmes	**Causes possibles**	**Vérifications ou corrections**
1. Bruit.	**a.** Manque de lubrifiant.	**a.** Remettre le lubrifiant au bon niveau.
	b. Mauvais lubrifiant.	**b.** S'assurer que le lubrifiant est conforme aux caractéristiques du fabricant; changer le lubrifiant, au besoin.
	c. Jeu dans le carter de boîte de vitesses ou d'embrayage.	**c.** Vérifier s'il y a des écrous manquants ou mal serrés.
	d. Tringlerie de changement de rapport pliée, déformée ou décentrée.	**d.** Vérifier si la tringlerie comporte des pièces usées ou si elle est déformée ou décentrée.
	e. Roulements, rondelles de butée, pignons ou composants du synchroniseur usés, effrités ou brisés.	**e.** Inspecter les pièces internes pour repérer l'usure et les dommages; remplacer les pièces si nécessaire.
2. Entrechoquement des pignons aux changements de rapports.	**a.** L'embrayage n'est pas complètement désengagé.	**a.** Vérifier si la tringlerie d'embrayage est déformée et si elle est bien réglée; régler et remplacer, au besoin.
	b. La tringlerie de changement de rapport est pliée, déformée ou décentrée.	**b.** Vérifier la tringlerie pour repérer les pièces usées, la déformation ou le décentrage.
	c. Composants du synchroniseur ou rondelles de butée usés, effrités ou brisés.	**c.** Inspecter les composants du synchroniseur pour repérer l'usure et les dommages; comparer le jeu axial aux caractéristiques techniques du fabricant.
3. Changement de rapport difficile.	**a.** L'embrayage n'est pas complètement désengagé.	**a.** Vérifier si la tringlerie d'embrayage est déformée et si elle est bien réglée; régler et remplacer les pièces, au besoin.
	b. La tringlerie de changement de rapport est pliée, déformée ou décentrée.	**b.** Vérifier si la tringlerie comporte des pièces usées ou si elle est déformée ou décentrée.
	c. Mauvais lubrifiant.	**c.** Si le problème diminue quand la boîte de vitesses se réchauffe, le lubrifiant est peut-être trop visqueux; changer pour un lubrifiant pour temps froid recommandé par le fabricant.
	d. Composants du synchroniseur usés, effrités ou brisés, ou mécanisme de verrouillage usé.	**d.** Inspecter les composants du synchroniseur pour repérer l'usure et les dommages; vérifier si des composants du mécanisme de verrouillage sont brisés ou usés.
4. Les pignons ne se désenclenchent pas.	**a.** Tringlerie de changement de rapport pliée, déformée ou décentrée.	**a.** Vérifier si la tringlerie comporte des pièces usées ou si elle est déformée ou décentrée.
	b. Levier de vitesses lâche ou qui tourne sur l'arbre de changement de rapport.	**b.** Vérifier si le raccord du levier de vitesses est bien serré ou si le trou d'arbre est usé; serrer le levier ou remplacer les composants, au besoin.
	c. Panne de l'axe de fourchette ou du verrouillage.	**c.** Vérifier l'axe de fourchette et les mécanismes de verrouillage.
	d. Dents brisées sur le pignon entraîneur, le pignon intermédiaire ou le pignon inverseur.	**d.** Inspecter si les pignons ont des dents brisées ou endommagées; remplacer les pignons, au besoin.
5. Les pignons ne demeurent pas engrenés.	**a.** Tringlerie de changement de rapport pliée, déformée ou décentrée.	**a.** Vérifier si la tringlerie comporte des pièces usées ou si elle est déformée ou décentrée.
	b. Carter de boîte de vitesses ou d'embrayage mal serré.	**b.** Vérifier si des écrous sont mal serrés ou manquants.
	c. Roulements de l'arbre d'entrée usés ou endommagés.	**c.** Vérifier les roulements de l'arbre d'entrée pour repérer une usure ou des dommages excessifs.
	d. Support du moteur brisé.	**d.** Inspecter le support du moteur; remplacer s'il est fendu ou brisé.
	e. Dents d'engrenage ou cannelures du moyeu synchroniseur effilées ou usées.	**e.** Inspecter les dents de pignon et les moyeux synchroniseurs pour repérer l'usure excessive; remplacer, au besoin.
	f. Fourchette d'embrayage ou axe de fourchette mal serré, ou pièces du verrouillage brisées ou manquantes.	**f.** Inspecter la fourchette d'embrayage ou les axes pour repérer un jeu excessif; vérifier le fonctionnement des pièces de verrouillage.
	g. Jeu axial ou faux-rond excessif de l'arbre de sortie ou du pignon intermédiaire.	**g.** Vérifier les roulements de l'arbre de sortie (avant et arrière) pour repérer l'usure ou les dommages excessifs; vérifier les rondelles de butée pour voir si le jeu axial excède les caractéristiques techniques du fabricant.
6. Sélection des rapports impossible.	**a.** La tringlerie de changement de rapport s'est disjointe.	**a.** Réparer l'extrémité de la tringlerie; raccorder et régler la tringlerie.
	b. Les dents du pignon entraîneur ou du pignon intermédiaire sont abîmées.	**b.** Inspecter et remplacer les pignons, au besoin.
7. Fuites d'huile.	**a.** Surplus de lubrifiant pour boîte de vitesses.	**a.** Retirer les bouchons de remplissage et laisser l'excès de lubrifiant s'échapper jusqu'à l'atteinte du bon niveau.
	b. Arrêtoir de l'arbre d'entrée lâche, couvercle ou extension de carter mal serré.	**b.** Vérifier les écrous et les attaches; serrer si nécessaire.
	c. Boîtier fendu.	**c.** Inspecter le carter de la boîte de vitesses pour repérer les dommages; remplacer s'il est fendu.
	d. Bagues de boîte de vitesses usées.	**d.** Inspecter les arbres d'embrayage, les axes de fourchette et les bagues de l'extension de carter de la boîte de vitesses pour repérer l'usure excessive.
	e. Joints d'étanchéité à l'huile usés.	**e.** Remplacer les joints usés ou durcis.
	f. Trous d'aération du boîtier obstrués.	**f.** Dégager le trou d'aération de toute matière obstruante.
	g. Joints toriques usés.	**g.** Remplacer les joints toriques.

Expliquer la « magie » de la boîte de vitesses

Le moteur rugit. Vous passez d'un rapport à l'autre. Le véhicule accélère à 96 km/h (60 mi/h), et vous atteignez votre vitesse de croisière. Quelle magie ! Les pignons de la boîte de vitesses ont pris la puissance du moteur et l'ont transformée en mouvement de rotation des pneus.

Les techniciens automobiles apprécient la magie mécanique qui survient dans la boîte de vitesses d'un véhicule. Ils comprennent le couple, le rapport de démultiplication et la raison pour laquelle les conductrices et les conducteurs doivent passer d'un rapport à l'autre. À titre de technicienne ou de technicien, tu devras expliquer ces termes et ces concepts techniques à tes clientes et clients. Tu devras simplifier et expliquer clairement un savoir technique afin qu'ils te comprennent. Ainsi, ils seront en mesure d'obtenir une performance maximale du moteur sans endommager la boîte de vitesses.

À toi de jouer !

Conforme aux normes de l'EDU en communication pour adopter une stratégie d'expression verbale, composer des paragraphes et fournir de l'information.

❶ Explique les fonctions que la boîte de vitesses accomplit pour faire avancer le véhicule. Il pourrait t'être utile d'écrire tes pensées avant de les expliquer oralement.

❷ Explique les changements de rapport suivants à une personne qui conduit :
- Passer d'un arrêt complet au second rapport.
- Passer d'un arrêt complet au troisième rapport.
- Passer du premier rapport au troisième rapport.

❸ Demande à la personne qui conduit si elle remarque une différence dans la sonorité du moteur et les déplacements du véhicule au moment de passer d'un rapport à l'autre.

❹ Demande à la personne qui conduit de décrire ce qu'elle entend ou ressent durant le changement de rapport. Note ses observations.

❺ À l'aide des observations notées, rédige ce qui s'est produit. Assure-toi de préciser tout bruit qui indique un effort du moteur et les mouvements du véhicule qui démontrent un manque de douceur dans le changement de couple. Explique de quelle façon le transfert de puissance s'effectue.

❻ Résume tes observations et tes explications dans un rapport écrit. Présente tes observations avec précision, dans des paragraphes complets. Compare tes observations à celles des autres. Détermine des façons grâce auxquelles tu aurais pu t'exprimer encore plus clairement.

---

pour engrenages à multiviscosité, comme la SAE 75W-90. Certains fabricants préciseront qu'il faut utiliser, pour les boîtes de vitesses manuelles et les essieux, un fluide pour boîte de vitesses synchronisées. D'autres préconisent d'utiliser un fluide pour boîte de vitesses automatique. Certains modèles à rapport surmultiplié automatique utilisent une combinaison d'huile pour boîte de vitesses et de fluide de boîte de vitesses automatique dans l'unité de surmultiplication.

La vérification du niveau de lubrifiant et de son état
Assure-toi que le véhicule est sur une surface de niveau, et que le lubrifiant de la boîte de vitesses est réchauffé.

Pour vérifier le niveau de lubrifiant et son état :
1. Retire le bouchon de remplissage. Le niveau de lubrifiant devrait se situer à la hauteur de l'ouverture ou légèrement en dessous.
2. Si le niveau est en dessous de l'ouverture, plie en forme de « L » une goupille fendue et utilise-la comme jauge. Le lubrifiant devrait être à moins de 13 mm (1/2 po) du trou.
3. Il ne devrait pas y avoir de particules métalliques dans le lubrifiant. S'il y a des particules métalliques dans le lubrifiant, tu devras le changer.
4. Si nécessaire, ajoute du lubrifiant pour corriger le niveau.
5. Remets en place le bouchon de remplissage.

On verse le lubrifiant d'une boîte de vitesses manuelle dans l'ouverture du bouchon de remplissage.

CONSEIL TECHNIQUE **Prélever facilement un échantillon de lubrifiant** Pour vérifier la présence de particules métalliques dans le lubrifiant, insère un petit boyau flexible à dépression ou une paille pliable dans le lubrifiant. Bouche l'extrémité ouverte avec ton doigt. Retire le boyau flexible ou la paille, et tiens l'autre extrémité au-dessus d'une feuille blanche. Retire ton doigt. Un petit échantillon de lubrifiant tombera sur la feuille.

Cette ouverture est située sur le côté du carter à la limite supérieure du niveau de lubrifiant. À moins que le fabricant ne recommande un intervalle de changement, le lubrifiant est habituellement bon pour toute la durée de vie de la boîte de vitesses.

La vidange du lubrifiant Vidange le lubrifiant dans un contenant prévu à cet effet. Certaines boîtes de vitesses ont un orifice de vidange. Dans certains modèles, on vidange le lubrifiant à l'emplacement du boulon qui raccorde l'extension de carter au carter. Dans d'autres modèles, on vidange le lubrifiant par le trou de remplissage.

Certains bouchons de vidange de boîte de vitesses sont magnétiques. Inspecte soigneusement le bouchon pour voir si des fragments de métal s'y seraient collés. Ces fragments peuvent indiquer des problèmes dans la boîte de vitesses.

Avant d'ajouter du nouveau lubrifiant, assure-toi que le lubrifiant a la bonne viscosité. Certains fabricants préconisent une viscosité pour un fonctionnement à température normale et une autre pour un fonctionnement à températures extrêmes.

CONSEIL TECHNIQUE **Vérifier l'huile de vidange** Place un filtre fin sur le contenant de vidange avant de vidanger l'huile. Si le bouchon de vidange n'est pas magnétique, l'écran peut filtrer les débris de l'huile. Tout fragment suffisamment gros pour être retenu par le filtre mérite d'approfondir l'inspection.

La réparation de la boîte de vitesses

Le retrait de la boîte de vitesses peut être une opération difficile qui requiert beaucoup de temps. Assure-toi que les réparations à effectuer nécessitent le retrait de la boîte de vitesses. La marche à suivre pour retirer la boîte de vitesses d'un certain modèle de véhicule figure dans le guide d'entretien du véhicule.

Le retrait de la boîte de vitesses

Il peut être difficile et long de retirer la boîte de vitesses. Assure-toi que la réparation exige le retrait de la boîte de vitesses. La procédure de retrait de la boîte de vitesses d'un véhicule figure dans le guide d'entretien du véhicule.

En général, tu dois suivre les étapes suivantes :
1. Retire le câble négatif de la batterie. Retire le démarreur si nécessaire.
2. Purge le lubrifiant de la boîte de vitesses.
3. Disjoins les bras de la tringlerie de changement de rapport, déconnecte le câblage et le câble du compteur de vitesse, s'il y en a un.

4. Si le levier de vitesses est boulonné sur le côté de l'extension de carter, retire en entier le mécanisme du levier de vitesses.
5. Si le levier passe directement par le couvercle, retire le levier de vitesses qui se rend dans le compartiment passager. Retire le bouton du levier, la coiffe et la plaque d'accès au plancher.
6. Marque le joint universel par rapport à la fourche de l'essieu arrière en faisant une tache de peinture (*voir la figure 18-14*). Ces *repères* t'aideront au moment du réassemblage.
7. Déboulonne le joint universel arrière. Retire l'arbre d'entraînement en le glissant vers l'arrière pour le faire sortir de l'extension de carter de la boîte de vitesses.
8. Déboulonne le bras de torsion s'il y en a un.
9. Procure un support à l'arrière du moteur.
10. Supporte la boîte de vitesses à l'aide d'un cric de boîte (*voir la figure 18-15*). Si tu ne supportes pas la boîte de vitesses, la plaque d'embrayage se décentrera. Le moyeu central du disque d'embrayage pourrait se déformer ou se fendre, et la bague-pilote, la fourchette d'embrayage ou d'autres composants pourraient subir des dommages.
11. Retire la traverse de la boîte de vitesses et le support arrière de la boîte de vitesses.
12. Retire les boulons du carter de boîte de vitesses jusqu'à l'embrayage.
13. Maintiens le support de la boîte de vitesses et glisse la boîte vers l'arrière jusqu'à ce que l'arbre d'entrée libère l'embrayage et le carter d'embrayage. Par la suite, baisse la boîte de vitesses jusqu'au plancher ou à la surface de travail.

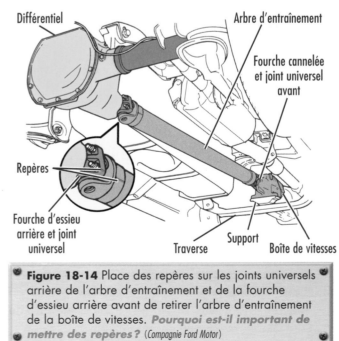

Figure 18-14 Place des repères sur les joints universels arrière de l'arbre d'entraînement et de la fourche d'essieu arrière avant de retirer l'arbre d'entraînement de la boîte de vitesses. *Pourquoi est-il important de mettre des repères ?* (Compagnie Ford Motor)

Tableau 18-B	L'INSPECTION DES COMPOSANTS INTERNES	
Composants	**Inspection**	**Correction**
Fourchettes de changement de rapport.	Vérifier la présence d'usure là où elles engagent les manchons synchroniseurs et où elles sont reliées à l'arbre de fourchette de changement de rapport.	Remplacer les fourchettes usées si nécessaire.
Arbres de fourchette de changement de rapport.	Vérifier la présence d'usure dans les alésages où ils passent dans le couvercle sur le côté.	Remplacer les arbres de fourchette très usés si nécessaire.
Mécanisme de verrouillage de changement de rapport.	Vérifier le bon fonctionnement en bougeant une fourchette dans un cran d'arrêt et en tentant de dégager l'autre fourchette du point mort.	Réparer ou remplacer au besoin.
Interrupteurs.	Vérifier à l'aide d'un ohmmètre ; s'assurer que les contacteurs des feux de recul s'ouvrent et se ferment correctement.	Remplacer les contacteurs défectueux si nécessaire.
Logement et billes du levier de vitesses.	Vérifier l'usure, l'état des ressorts et des axes de charnière.	Remplacer les pièces usées.

> **CONSEIL TECHNIQUE** **Une réparation connexe** Une fois la boîte de vitesses retirée, retire et vérifie toujours la butée de débrayage. Fais tourner le roulement dans ta main. Remplace-le s'il est difficile à tourner ou s'il est lâche. Vérifie aussi l'état de la bague-pilote et de la bille ou de l'axe de rotation pour repérer toute usure excessive.

Le démontage de la boîte de vitesses

La marche à suivre pour démonter une boîte de vitesses dépend du modèle de véhicule. Consulte le guide d'entretien du véhicule pour connaître la bonne marche à suivre.

Une fois que la boîte de vitesses est sur un banc de montage ou qu'on l'a bien attachée à un bâti, tu peux procéder au démontage. Respecte attentivement la marche à suivre. Les roulements, les arbres et les pignons sont retenus par des joncs de blocage ou des colliers de serrage.

L'inspection des composants

Nettoie et inspecte chacun des composants pour repérer les dommages et l'usure. Porte une attention particulière aux endroits qui ont un lien avec la panne qui a nécessité le retrait de la boîte de vitesses.

Le couvercle latéral ou supérieur Retire le couvercle latéral ou supérieur. Le **tableau 18-B** énumère les composants internes que tu devrais inspecter une fois le couvercle retiré et indique les corrections possibles aux problèmes découverts durant l'inspection.

Les joints Il faut inspecter les lèvres des joints d'étanchéité à l'huile pour voir si elles sont usées. Vérifie s'il y a perte de flexibilité causée par l'âge et le contact avec les lubrifiants. Inspecte les éléments suivants :

- Le couvercle latéral du levier de vitesses et les joints d'étanchéité à l'huile de l'arbre.
- Le joint d'étanchéité à l'huile de l'extension de carter. Plusieurs techniciens remplacent ce joint peu coûteux quand ils procèdent à un travail dans la boîte de vitesses.
- Les joints d'arbre. Quand les joints durcissent, ils peuvent user une cannelure de l'arbre. La cannelure ne peut plus recevoir correctement un nouveau joint. Tu dois remplacer l'arbre.

Figure 18-15 On supporte la boîte de vitesses à l'aide d'un cric de boîte. Il est important de bien attacher la boîte de vitesses au cric. La boîte de vitesses est glissée vers l'arrière jusqu'à ce que l'arbre d'entrée ne soit plus dans le carter d'embrayage, puis on abaisse la boîte de vitesses. *Quels dommages risque-t-on de causer si on n'utilise pas de cric ?* (David S. Hwang)

La sécurité d'abord

La sécurité personnelle Quand tu utilises un marteau pour retirer les pièces, porte des lunettes de protection pour te protéger des particules de métal.

La sécurité matérielle Utilise uniquement un marteau en laiton ou en plomb si tu travailles sur une boîte de vitesses. Ces marteaux minimisent les dommages qui pourraient être causés aux pièces de la boîte de vitesses.

Le pignon entraîneur du compteur de vitesse
Remplace le pignon si les dents sont usées ou effritées. Le montage du pignon est isolé à l'extérieur et à l'intérieur avec des joints toriques. Tu dois remplacer les deux joints en cas de fuite.

Dans les boîtes de vitesses plus anciennes, le pignon entraîneur est habituellement en plastique. La couleur du pignon peut en indiquer le nombre de dents. Si le pignon est usé ou effrité, tu dois en connaître la couleur pour obtenir le bon pignon de remplacement. Si tu utilises un mauvais pignon, le compteur de vitesse ne fonctionnera pas bien.

La bague de l'extension de carter Les fourches avant de l'arbre d'entraînement utilisent un joint coulissant cannelé dans une bague en bronze. Cette bague est appuyée à l'arrière de l'extension de carter. Inspecte la bague pour voir si elle est piquée, écorchée ou si elle présente des marques d'usure. Remplace la bague et le joint, si nécessaire.

Les pignons Les marques d'usure sur la surface des dents sont normales. Les dents effritées, craquelées ou brisées ne sont pas réparables.

Inspecte soigneusement l'intérieur du chemin de roulement du pignon entraîneur et du pignon intermédiaire. Le pignon entraîneur est muni de roulements à galets qui supportent l'avant de l'arbre principal. Le pignon intermédiaire et le pignon inverseur tournent sur des roulements à aiguilles ou sur des bagues en bronze. Les chemins de bagues et de roulements doivent être lisses et sans défaut.

CONSEIL TECHNIQUE **Le marquage des pièces** Les pignons, les bagues-synchro, les moyeux et les manchons peuvent se ressembler. Quand tu retires ces pièces, marque-les pour bien déterminer leur position, leur orientation et leur point de centrage. Ces marques te seront utiles lors du remontage.

Les arbres Certains arbres ont des ensembles de roulements fixés sur eux. D'autres arbres servent de guide à la course des roulements à rouleaux ou à aiguilles. Parmi les points d'usure fréquents, on retrouve :

• L'arbre d'entrée où les cannelures s'engagent dans le moyeu du disque d'embrayage. L'arbre cannelé pourrait développer une usure à l'épaule qui empêcherait le débrayage en douceur.

• La bague-pilote. Vérifie les marques d'usure ou les rayures.

• Les arbres inverseur et intermédiaire, surtout quand les pignons utilisent des bagues en bronze.

• Le devant de l'arbre de sortie. Vérifie s'il y a une réduction du diamètre à l'avant. Cet endroit sert de guide à la course des roulements à rouleaux dans le pignon entraîneur. Assure-toi que les portions

cannelées de l'arbre ne présentent pas d'usure d'épaulement.

Les roulements et les rondelles de butée Les arbres d'entrée et de sortie utilisent des roulements à billes. Ces roulements doivent tourner sans à-coups et librement.

Figure 18-16 Tu dois mesurer les rondelles de butée à l'aide d'un micromètre avant de les installer dans la boîte de vitesses. *Pourquoi les rondelles de butée sont-elles offertes en différentes épaisseurs ?* (Robert Hock)

Assure-toi de compter les roulements qui supportent les pignons et les arbres. Certains roulements ne sont pas en cage. Les roulements sont libres. Ils se répandront dans le carter au moment du retrait des arbres qui leur servent de guide. Le guide d'entretien du véhicule indique habituellement le nombre de roulements dans un jeu complet.

Il est important de marquer les *rondelles de butée* quand on les retire. Il est nécessaire de les marquer afin de pouvoir les remettre au bon endroit et dans la bonne direction.

Tu dois aussi mesurer les rondelles de butée à l'aide d'un micromètre (*voir la figure 18-16*). Tu ne dois jamais tenir pour acquis qu'une rondelle de butée est de la bonne épaisseur. L'usure pourrait avoir changé l'épaisseur de la rondelle. Mesure l'épaisseur et suis les directives d'entretien. S'il faut une nouvelle rondelle de butée, assure-toi que l'épaisseur est conforme aux caractéristiques techniques. Les rondelles de butée sont offertes en différentes épaisseurs qui tiennent compte de l'usure et des tolérances d'usinage dans le train d'engrenages.

Les synchroniseurs Les moyeux et les manchons synchroniseurs vont ensemble. Assure-toi que les pièces sont marquées avant de les démonter.

Les bagues-synchro en bronze sont sujettes à beaucoup de pression et d'usure. Inspecte chacune des bagues pour voir si elles sont brisées ou si des dents sont brisées ou manquantes. Regarde si les cannelures sont usées autour de la surface interne de l'embrayage.

Vérifie si des clavettes ou des ressorts de clavettes sont brisés ou manquants. Fais glisser le manchon dans un mouvement de va-et-vient au-dessus du moyeu et vérifie s'il glisse bien. Tu dois remplacer les composants déformés ou endommagés.

Le montage de la boîte de vitesses

La marche à suivre pour monter une boîte de vitesses varie selon le modèle de véhicule. Consulte le guide d'entretien du véhicule pour connaître la marche à suivre et les caractéristiques techniques.

Le guide d'entretien du véhicule est très important, car le montage d'une boîte de vitesses est comparable à un casse-tête. Le remontage doit s'effectuer conformément à une marche à suivre précise. Le remontage implique la vérification de jeux importants à l'aide d'une jauge d'épaisseur, d'un micromètre ou d'un comparateur à cadran (*voir la figure 18-17*).

En général, tu devras effectuer les étapes suivantes :
- Fais retenir en place les roulements à rouleaux ou à aiguilles à l'aide de graisse de châssis. Utilise juste assez de graisse pour maintenir les roulements en place. Ne remplis pas les ouvertures avec la graisse. La graisse peut empêcher le passage de l'huile.
- Certaines boîtes de vitesses utilisent des rondelles de butée à plusieurs épaisseurs et des joncs de blocage à interchangeabilité sélective pour régler certains jeux. Suis bien les directives du guide d'entretien.
- Observe attentivement les caractéristiques techniques de couple.

L'installation de la boîte de vitesses

La marche à suivre pour installer la boîte de vitesses varie d'un véhicule à l'autre. Consulte le guide d'entre-

Figure 18-17 Il est très important de s'assurer de l'exactitude des jeux lors du montage de la boîte de vitesses. Tu dois vérifier que les jeux sont conformes aux caractéristiques techniques à l'aide d'une jauge d'épaisseur, d'un micromètre ou d'un comparateur à cadran. *Pourquoi est-il important de se conformer aux caractéristiques techniques indiquées dans le guide d'entretien du véhicule lors du montage de la boîte de vitesses ?* (Robert Hock)

tien du véhicule pour connaître la marche à suivre et les caractéristiques techniques.

En général, les étapes de l'installation sont les mêmes qu'au démontage, mais dans l'ordre inverse. Bien que les étapes de l'installation varient d'un modèle à l'autre, tu devras effectuer, en général, les étapes suivantes :
- Avant l'installation, vérifie l'état des supports de la boîte de vitesses. Si le caoutchouc est brisé ou usé, remplace les supports. Des supports brisés ou affaiblis peuvent causer des bruits d'embrayage. Ils risquent de déformer la tringlerie ou de causer d'autres problèmes de changement de rapport.
- Utilise des axes de guidage filetés pour centrer et guider la boîte de vitesses par rapport au carter d'embrayage.
- Le joint universel de l'arbre d'entraînement est aligné à la fourche arrière. Assure-toi que le joint universel arrière est bien orienté par rapport à l'arbre d'entraînement.

VÉRIFIE TES CONNAISSANCES

1. Quelle est la première étape à respecter quand on travaille sur une boîte de vitesses ?
2. Que dois-tu faire aux pièces internes de la boîte de vitesses avant de procéder au démontage ?
3. Au moment du démontage de la boîte de vitesses, qu'est-ce qui devrait principalement attirer ton attention ?
4. Au moment du démontage, pourquoi dois-tu faire attention aux roulements à aiguilles et à rouleaux ?
5. Quelles sont les pièces du synchroniseur les plus sujettes à la pression et à l'usure ?

RÉVISION DU CHAPITRE 18

Notions importantes

Ces notions sont conformes aux normes du MFCUO pour la boîte de vitesses manuelle et les essieux : diagnostics et inspection des boîtes de vitesses manuelles des véhicules à propulsion, des pièces internes et des tringleries.

- Une boîte de vitesses manuelle permet à la personne qui conduit de faire varier manuellement le couple et la puissance de la boîte de vitesses.
- Les composants d'une boîte de vitesses manuelle peuvent varier selon le type de véhicule et la grosseur de la boîte de vitesses.
- Le rapport de démultiplication est la comparaison entre le nombre de dents d'un pignon entraîneur et le nombre de dents du pignon mené.
- Le couple est la force de torsion exercée sur un objet.
- Parmi les problèmes de boîte de vitesses, il y a le bruit, un changement de rapport difficile, le désenclenchement involontaire d'un rapport à l'autre, l'impossibilité de changer de rapport et les fuites d'huile.
- Le type de lubrifiant et sa consistance jouent un rôle important dans la performance et la fiabilité de la boîte de vitesses.
- Il y a des pièces non réparables qui peuvent être visiblement endommagées et dont l'usure peut dépasser le niveau de tolérance précisé par le fabricant.

Questions de révision

❶ Quelle est l'utilité de la boîte de vitesses manuelle ?

❷ Quels sont les principaux composants de la boîte de vitesses manuelle ?

❸ Quel est le lien entre le rapport de démultiplication et la multiplication du couple ?

❹ Quel est le problème mécanique de la boîte de vitesses qui pourrait empêcher le passage d'un rapport à l'autre ?

❺ Quelles sont les conditions qui pourraient justifier de remplacer des composants de la boîte de vitesses ?

❻ Pourquoi les guides d'entretien indiquent-ils habituellement le nombre de roulements dans chacun des emplacements ?

❼ Quels sont les instruments de mesure utilisés fréquemment pour vérifier les jeux importants ?

❽ **Pensée critique** Si des améliorations de performance du moteur ont permis d'améliorer la puissance HP et le couple, cela aurait-il un effet sur la fiabilité de la boîte de vitesses ? Justifie ta réponse.

❾ **Pensée critique** Que se produirait-il si on utilisait le mauvais pignon entraîneur du compteur de vitesse ?

PRÉVISIONS TECHNOLOGIQUES
POUR L'EXCELLENCE EN MATIÈRE D'AUTOMOBILE

L'ordre des rapports de vitesse

La plupart des véhicules modernes, et particulièrement les voitures de luxe, sont équipés de boîtes de vitesses automatiques. Comme certaines personnes préfèrent la boîte de vitesses manuelle, les fabricants continuent d'en fabriquer.

La boîte de vitesses manuelle est populaire pour des véhicules comme les camionnettes et les voitures sport très coûteuses. Les boîtes de vitesses manuelles sont appréciables dans ces types de véhicules, car elles exploitent bien la puissance du moteur. Elles peuvent aussi agrémenter la conduite.

Les fabricants d'automobiles qui envisagent l'avenir modifient le mode de fonctionnement des boîtes de vitesses manuelles. L'une des nouveautés est la venue des boîtes à six rapports plutôt que cinq, ce qui permet une économie d'essence. Le changement de rapport progressif plutôt que sélectif est aussi nouveau.

Grâce au changement de rapport progressif, la personne qui conduit doit respecter le bon ordre pour effectuer les changements de rapport. Le but est de réduire les risques de dommages au moteur ou au jeu axial qui pourraient être causés par un entrechoquement au cours d'un mauvais changement de rapport. Par exemple, le passage du cinquième rapport au troisième rapport dans le but de ralentir met beaucoup de pression sur les composants de boîte. Il y aura moins d'usure si la personne au volant doit passer au quatrième rapport avant de pouvoir passer au troisième.

Parmi les changements, on note aussi l'élimination du rapport de surmultiplication. Les fabricants ont plutôt opté pour un rapport supérieur de 1 à 1 afin de réduire la résistance et l'usure dans la boîte de vitesses. On utilise alors un rapport plus élevé dans le différentiel et l'essieu arrière pour assurer une bonne consommation d'essence.

EXCELLENCE AUTOMOBILE
TEST PRÉPARATOIRE

En répondant aux questions suivantes, tu pourras te préparer aux tests en vue d'obtenir la certification du MFCUO

1. Sur un camion qui a un kilométrage élevé, le changement de rapport est difficile et bruyant. La technicienne A croit qu'il s'agit de dents endommagées sur un pignon et qu'il faut le remplacer. Le technicien B dit que les pignons ne quittent pas leur engrenage au moment du changement de rapport et qu'ils n'ont probablement pas subi de dommages. Qui a raison ?
   ⓐ La technicienne A.
   ⓑ Le technicien B.
   ⓒ Les deux ont raison.
   ⓓ Les deux ont tort.

2. Un bruit de roulement survient quand la boîte de vitesses est au point mort en embrayage. Le technicien A dit que le problème peut venir des roulements de l'arbre de pignon intermédiaire. La technicienne B dit que le problème peut venir des roulements de l'arbre d'entrée. Qui a raison ?
   ⓐ Le technicien A.
   ⓑ La technicienne B.
   ⓒ Les deux ont raison.
   ⓓ Les deux ont tort.

3. Qu'est-ce qui pourrait faire en sorte qu'une boîte de vitesses se désenclenche ?
   ⓐ Une tringlerie mal centrée.
   ⓑ Un support de moteur brisé.
   ⓒ Des roulements usés.
   ⓓ Toutes ces réponses sont bonnes.

4. Le rapport de marche arrière est plus bruyant que les rapports avant dans un modèle de camion récent. La technicienne A dit que la boîte de vitesses est défectueuse ou qu'un pignon s'est effrité. Le technicien B dit qu'un pignon à denture droite cause ce bruit. Qui a raison ?
   ⓐ La technicienne A.
   ⓑ Le technicien B.
   ⓒ Les deux ont raison.
   ⓓ Les deux ont tort.

5. Le technicien A dit que le passage à des rapports supérieurs fait diminuer le couple aux roues arrière. La technicienne B dit que le couple appliqué aux roues arrière dans des rapports supérieurs doit être augmenté pour que le véhicule roule plus vite. Qui a raison ?
   ⓐ Le technicien A.
   ⓑ La technicienne B.
   ⓒ Les deux ont raison.
   ⓓ Les deux ont tort.

6. Tous les pignons d'une boîte à vitesses synchronisées sont constamment engrenés à l'exception :
   ⓐ du pignon intermédiaire.
   ⓑ du pignon entraîneur.
   ⓒ du pignon inverseur.
   ⓓ du pignon de 2ᵉ rapport.

7. Une cliente ou un client tente de réparer la boîte de vitesses de sa voiture et oublie de remettre la bille de verrouillage lors du remontage. La technicienne A dit qu'il n'y a pas de problème. Le sélecteur ne vous permet pas d'enclencher plus d'un rapport à la fois. Le technicien B dit que la bille de verrouillage est un composant important. Qui a raison ?
   ⓐ La technicienne A.
   ⓑ Le technicien B.
   ⓒ Les deux ont raison
   ⓓ Les deux ont tort.

8. On en est au remontage d'une boîte de vitesses. Le technicien A s'apprête à mesurer le jeu axial de pignon intermédiaire et de l'arbre primaire. La technicienne B dit que la rondelle de butée et les roulements semblent corrects. Il n'est donc pas nécessaire d'approfondir la vérification. Qui a raison ?
   ⓐ Le technicien A.
   ⓑ La technicienne B.
   ⓒ Les deux ont raison.
   ⓓ Les deux ont tort.

9. Le lubrifiant de boîte de vitesses manuelle approprié est :
   ⓐ une huile motrice 5W-30.
   ⓑ un lubrifiant pour engrenages 75W-90 EP.
   ⓒ un liquide de boîte de vitesses automatique conforme aux normes Dexron-II.
   ⓓ le produit recommandé par le fabricant.

10. Une automobile émet des vibrations quand elle atteint une vitesse approximative de 50 km/h (30 mi/h). Les vibrations sont apparues immédiatement après un remontage de la boîte de vitesses. La technicienne A dit que le jeu axial du pignon intermédiaire est incorrect. Le technicien B dit que l'arbre d'entraînement a été mal placé par rapport à la fourche du joint universel. Qui a raison ?
    ⓐ La technicienne A.
    ⓑ Le technicien B.
    ⓒ Les deux ont raison.
    ⓓ Les deux ont tort.

Diagnostic et réparation des organes de transmission d'un véhicule à propulsion

Tu seras en mesure :

- ⊗ de diagnostiquer des problèmes de vibration dans les organes de transmission ;
- ⊗ de retirer et de remplacer des joints universels ;
- ⊗ d'identifier les principaux composants d'un différentiel ;
- ⊗ de diagnostiquer et de réparer des problèmes de différentiel ouvert ;
- ⊗ de diagnostiquer et de réparer des problèmes de différentiel autobloquant ;
- ⊗ de retirer et de remplacer un essieu.

Le vocabulaire :

Essieu

Différentiel

Arbre d'entraînement

Organes de transmission

Vibration en résonance

Suspension arrière à roues indépendantes

Joint coulissant

Tourillon

Joint universel

Le problème

Josée Pellerin se présente à ton centre de service dans un ancien modèle de véhicule à propulsion. Elle t'explique que, depuis quelque temps, elle entend un cognement très fort quand elle passe du point mort à un rapport avant ou en marche arrière. Elle dit avoir l'impression que la boîte de vitesses est sur le point de tomber.

Josée désire aussi faire vérifier l'équilibrage des pneus. Elle a remarqué une vibration quand le véhicule roule entre 50 et 58 km/h (30 et 35 mi/h). Un voisin lui a dit qu'il s'agissait peut-être d'une masse d'équilibrage qui serait tombée.

Ton défi

À titre de technicienne ou de technicien, tu dois répondre aux questions suivantes :

1. Qu'est-ce qui peut causer du bruit dans les organes de transmission ?

2. Pourquoi le problème est-il survenu soudainement ?

3. Les vibrations peuvent-elles être reliées au problème qui cause le bruit de transmission ?

Les organes de transmission

Les **organes de transmission** sont une série de composants qui relient la sortie de la boîte de vitesses à l'entrée du différentiel. Un **différentiel** est un engrenage qui permet à deux essieux de tourner à des vitesses différentes. Un **essieu** est un arbre qui transmet le couple du différentiel à chacune des roues arrière. Les organes de transmission sont :
- un ou plusieurs arbres d'entraînement ;
- des joints universels ;
- des joints coulissants ;
- un pont arrière ;
- un différentiel ;
- des essieux et des demi-arbres.

L'arbre d'entraînement

Un **arbre d'entraînement** est un arbre creux qui transmet la puissance de rotation. L'arbre d'entraînement va de l'arbre de sortie de la boîte de vitesses jusqu'au porte-différentiel sur le pont arrière. Il s'agit d'un assemblage qui est rectifié et équilibré afin de fonctionner sans émettre de vibrations.

Les arbres d'entraînement sont en acier, en aluminium ou en matériau composite de fibres de carbone. L'arbre d'entraînement creux peut contenir un matériau d'absorption du bruit. Ce matériau élimine les vibrations en résonance des organes de transmission. Une **vibration en résonance** est une vibration qui survient quand un composant vibre à une fréquence précise.

Les arbres d'entraînement longs utilisent un arbre d'entraînement à relais (*voir la figure 19-1*). La division de l'arbre en deux évite la cambrure de l'arbre qui peut se produire avec les arbres d'une seule pièce. L'avant de l'arbre d'entraînement se trouve entre la fourche du joint universel sur l'arbre de sortie de la boîte de vitesses et un roulement de support central. L'arrière de l'arbre d'entraînement est situé entre le roulement de support central et le joint universel arrière, sur le porte-différentiel du pont arrière. Un **joint universel** est un joint qui s'articule dans tous les sens, et qui est placé entre les sections de l'arbre d'entraînement.

Le roulement de support central supporte le centre de l'arbre d'entraînement à relais. Les roulements de support central sont montés dans un carter boulonné à une traverse du châssis.

Certains véhicules à propulsion ont une suspension à roues arrière indépendantes. Ces véhicules n'ont pas un carter de pont arrière solide. Une **suspension arrière à roues indépendantes** est un concept de suspension qui fournit à chacune des roues sa propre suspension. Chacune des roues peut ainsi avoir son propre débattement de suspension, séparément des autres roues. Le différentiel est fixé au châssis sur des coussins caoutchoutés. Il ne répond pas au débattement de suspension comme le fait un pont arrière traditionnel. Les roues motrices sont jointes au différentiel par de petits arbres d'entraînement nommés demi-arbres. Chacun des demi-arbres est muni d'un joint universel aux deux extrémités (*voir la figure 19-2*).

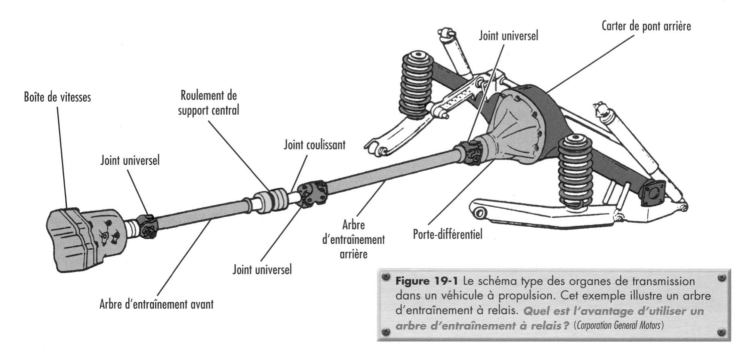

Figure 19-1 Le schéma type des organes de transmission dans un véhicule à propulsion. Cet exemple illustre un arbre d'entraînement à relais. *Quel est l'avantage d'utiliser un arbre d'entraînement à relais ?* (*Corporation General Motors*)

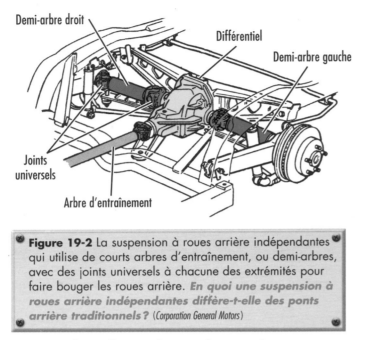

Demi-arbre droit

Différentiel

Demi-arbre gauche

Joints universels

Arbre d'entraînement

Figure 19-2 La suspension à roues arrière indépendantes qui utilise de courts arbres d'entraînement, ou demi-arbres, avec des joints universels à chacune des extrémités pour faire bouger les roues arrière. *En quoi une suspension à roues arrière indépendantes diffère-t-elle des ponts arrière traditionnels?* (Corporation General Motors)

L'entretien des arbres d'entraînement

Le problème le plus fréquent en matière de transmission est l'apparition de vibrations. Les vibrations peuvent survenir si l'arbre d'entraînement est déformé, si son angle de fonctionnement est trop grand ou s'il est déséquilibré.

On peut isoler les problèmes de vibration en réalisant des tests diagnostiques. Ces tests sont:
• le test de faux-rond de l'arbre d'entraînement;
• le test d'angle de fonctionnement de l'arbre de transmission;
• le test d'équilibrage de l'arbre d'entraînement.

Le faux-rond de l'arbre d'entraînement Le faux-rond vérifie si la rotation de l'arbre s'effectue sans à-coup ou irrégularité. Un faux-rond excessif peut provenir d'un arbre d'entraînement déformé ou des joints universels usés. On vérifie le faux-rond à l'aide d'un comparateur de faux-rond. Consulte le guide d'entretien du véhicule pour connaître la marche à suivre et les caractéristiques techniques.

En général, la marche à suivre pour vérifier le faux-rond de l'arbre d'entraînement est la suivante:

1. Élève le véhicule pour que les roues arrière puissent tourner librement et place les supports de sécurité (chandelles).

2. Fixe un comparateur de faux-rond perpendiculairement à l'arbre d'entraînement.

3. Mets la boîte de vitesses au point mort.

4. Fais tourner manuellement l'arbre d'entraînement.

5. Mesure le faux-rond à l'avant, au centre et à l'arrière de l'arbre d'entraînement.

6. Compare tes lectures aux caractéristiques fournies dans le guide d'entretien du véhicule.

L'angle de fonctionnement de l'arbre de transmission Les arbres d'entraînement et les joints universels doivent fonctionner à l'intérieur de certaines limites. Si la limite des angles de fonctionnement n'est pas respectée, le joint universel peut se déformer. Il peut alors se produire des vibrations et des dommages aux joints. Des vibrations ou des défaillances répétées des joints universels peuvent indiquer un problème d'angle des organes de transmission. Pour réduire le problème, les organes de transmission sont conçus pour fonctionner pratiquement au même niveau.

Pour vérifier l'angle des organes de transmission:

1. Gare le véhicule sur une surface de niveau.

2. Mets le frein de stationnement et bloque bien les roues.

3. Assure-toi que le véhicule est à sa hauteur normale par rapport au sol. Ainsi, il faut retirer tout contenu qui n'est habituellement pas rangé dans le coffre à bagages ou dans le compartiment utilitaire.

4. Place un inclinomètre au bas de l'arbre d'entraînement. Le niveau à bulle de l'instrument indique, en degrés, l'angle de l'arbre d'entraînement.

5. Compare la lecture obtenue à la mesure précisée dans le guide d'entretien du véhicule.

Tu peux régler l'angle de fonctionnement comme suit:
• Si tu ajoutes ou retires des cales du support arrière de la boîte de vitesses.
• Si tu ajoutes ou retires des cales entre les ressorts arrière et le carter de pont arrière.
• Si tu règles les bras de commande arrière sur les véhicules munis de ressorts hélicoïdaux arrière.

L'équilibrage de l'arbre d'entraînement La moindre petite bosselure peut déséquilibrer un arbre d'entraînement. Fais toujours preuve de prudence quand tu manipules un arbre d'entraînement. Dépose-le dans un endroit sûr après l'avoir retiré du véhicule.

On peut équilibrer l'arbre d'entraînement en soudant des masses d'équilibrage sur l'arbre. Il faut

La sécurité d'abord

La sécurité personnelle Prends garde de ne pas travailler près de pièces qui tournent rapidement, comme les arbres d'entraînement et les roues. Porte un casque antichoc pour éviter les blessures à la tête et pour empêcher que tes cheveux ne se prennent dans les composants en rotation.

MATHÉMATIQUES

La mesure des angles de fonctionnement de l'arbre d'entraînement

Janice perçoit une vibration quand sa voiture est en accélération. Cependant, la vibration vient à cesser quand elle atteint une certaine vitesse. Quand Janice apporte sa voiture au centre de service, la technicienne ou le technicien vérifie les angles des organes de transmission à l'aide d'un inclinomètre. La technicienne ou le technicien sait que les angles doivent être pratiquement égaux, sans quoi ils ne seront plus en *synthèse*. La synthèse est la combinaison d'ondes sinusoïdales nivelées en ligne droite sans variation de vélocité (vibration). Pour être plus clair, on peut dire qu'il se produira des vibrations si deux parties ne sont pas synchronisées l'une avec l'autre.

En géométrie, deux lignes parallèles coupées par une transversale, ou ligne d'intersection, ont des angles intérieurs alternes. Ces angles sont égaux (déterminés visuellement sous forme de Z). Dans l'illustration, on peut voir que l'angle avant et l'angle arrière sont des angles intérieurs alternes. L'arbre d'entraînement correspond à la transversale.

Après avoir mesuré les deux angles, tu dois soustraire la mesure d'un angle de la mesure de l'autre angle pour déterminer la différence. Une différence supérieure à 0,5 degré est trop grande et causera des vibrations.

À toi de jouer !

Conforme aux normes de l'EDU en mathématiques pour la vérification des angles, la mesure de l'angle direct et la compréhension des relations entre les lignes et les angles.

Respecte la démarche suivante pour mesurer l'angle de travail d'un joint universel:

❶ Place un inclinomètre sur le chapeau du joint universel. Mets la bulle de niveau et enregistre la mesure de l'angle.

❷ Fais tourner l'arbre d'entraînement de 90 degrés et enregistre la mesure de l'angle de la fourche arrière.

❸ Soustrais le plus petit angle du plus grand angle pour obtenir l'angle de travail du joint.

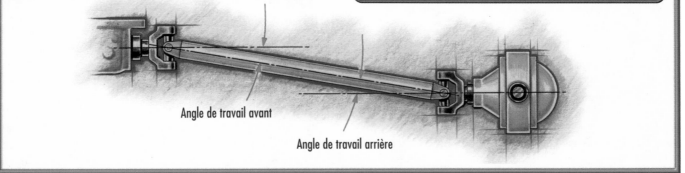

Angle de travail avant

Angle de travail arrière

un équipement spécialisé pour équilibrer un arbre d'entraînement. On ne retrouve pas fréquemment ce type d'équipement dans les ateliers de réparation ou les centres de service des concessionnaires. S'il manque une masse d'équilibrage, on envoie habituellement l'arbre d'entraînement dans un atelier spécialisé pour le faire réparer. S'il s'agit de vibrations mineures, on peut alors les éliminer en ajoutant des colliers de tuyau qui serviront de masses d'équilibrage.

Pour mettre des colliers de tuyau afin de remplacer les masses d'équilibrage:

1. Positionne solidement le véhicule sur un cric à deux pistons pour soutenir le pont arrière. Les roues arrière doivent pouvoir tourner librement.

2. Démarre le véhicule, embraye la boîte de vitesses et fais tourner les roues à une vitesse qui varie entre 64 et 81 km/h (40 et 50 mi/h).

3. Place un repère du côté élevé de l'arbre d'entraînement et touche l'arbre en mouvement avec une craie, un crayon ou un stylo.

4. Laisse l'arbre de transmission s'immobiliser. Place la boîte de vitesses au point mort et coupe le moteur.

5. Retrouve le repère sur l'arbre d'entraînement. Il s'agit du côté élevé.

6. Place un collier de tuyau autour de l'arbre d'entraînement et mets la tête de vis à l'opposé du repère.

7. Répète l'étape 2. Note les changements de vibrations.

S'il se produit encore des vibrations, coupe le moteur, fais tourner de 45 degrés le collier de tuyau et répète l'étape 2. Si les vibrations causées par le déséquilibre de l'arbre d'entraînement persistent toujours, il faut alors un équipement spécialisé pour procéder à l'équilibrage.

Les joints universels

Le pont arrière d'un véhicule à propulsion traditionnel est solide. Le pont en entier suit les mouvements de la suspension arrière. Le pont arrière parcourt un arc plus large que l'arbre de transmission. La longueur et l'angle de travail de l'arbre de transmission varient avec les mouvements du pont arrière.

Quand la suspension prend de l'expansion, le châssis du véhicule est élevé. L'arbre de transmission entre la boîte de vitesses et l'essieu atteint sa longueur maximale (*voir la figure 19-3a*). L'angle de travail de l'arbre de transmission est élevé. Pendant la compression de la suspension, le châssis du véhicule est bas. L'arbre de transmission entre la boîte de vitesses et l'essieu atteint sa longueur minimale (*voir la figure 19-3b*). L'angle de travail de l'arbre de transmission est petit. La longueur et l'angle de travail varient grâce à des joints coulissants et des joints universels.

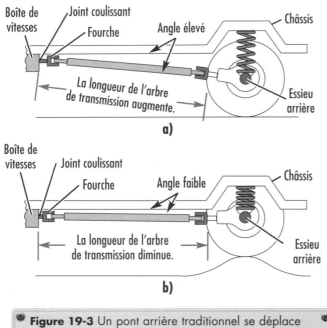

Figure 19-3 Un pont arrière traditionnel se déplace avec la suspension. **a)** Quand le châssis du véhicule est élevé, la fourche glisse à l'extérieur du joint coulissant pour augmenter la longueur de l'arbre de transmission et l'angle. **b)** Quand le châssis du véhicule est bas, la fourche glisse dans le joint coulissant pour diminuer la longueur de l'arbre de transmission et l'angle.
Pourquoi y a-t-il des variations d'angle et de longueur dans l'arbre de transmission ?

Un **joint coulissant** est un joint qui peut entrer et sortir par glissement. La moitié du joint coulissant est la fourche d'un joint universel. La fourche a un creux cannelé pour un arbre à l'une de ses extrémités. L'arbre correspondant est muni de cannelures externes. Le joint, qui est cannelé à l'intérieur, glisse sur l'arbre qui est cannelé à l'extérieur. L'arbre cannelé permet un mouvement de va-et-vient. C'est ce principe de coulissement qui permet de faire varier la longueur de l'arbre de transmission.

Le clavetage ou le marquage permet l'alignement des parties du joint coulissant. Les joints coulissants sont parfois clavetés avec une cannelure manquante sur l'arbre et sur la fourche. Une autre méthode de clavetage consiste à mettre un repère sur l'arbre et sur la fourche. Avant de désassembler un joint coulissant, tu dois toujours indiquer un repère sur les deux pièces du joint afin de pouvoir l'assembler de nouveau correctement.

Les joints qui nécessitent un entretien périodique sont munis d'un raccord de graissage à l'extérieur de la fourche coulissante. Le joint coulissant sur l'arbre de sortie est lubrifié par le lubrifiant de la boîte de vitesses.

Un joint universel n'est pas un joint coulissant. C'est un joint flexible entre les sections d'un arbre d'entraînement. Le joint permet de faire varier l'angle de travail de l'arbre de transmission. Il existe plusieurs types de joints universels. Les deux types les plus courants sont :
- le joint de cardan simple ;
- le double joint de cardan.

Le joint de cardan simple

Le joint de cardan simple est pourvu d'un croisillon au centre avec quatre tourillons. Un **tourillon** est un bras cylindrique dont la surface est finement usinée. Chacun des tourillons comporte un ensemble de roulement à aiguilles. L'ensemble de roulement est composé d'un joint d'étanchéité, d'un roulement et d'un chapeau. Les chapeaux sont ajustés à la presse dans une fourche de joint coulissant, une fourche d'arbre d'entraînement ou une fourche de pignon d'attaque du différentiel. Des joncs de blocage tiennent les chapeaux en place. Le roulement se loge dans le chapeau. Les tourillons peuvent ainsi bouger dans la fourche (*voir la figure 19-4*).

La plupart des joints universels sont étanches. Les joints permettent de conserver le lubrifiant à l'intérieur et d'empêcher l'infiltration de contaminants. On lubrifie les joints pour conditions extrêmes et les joints de remplacement au moyen d'un raccord graisseur. Le raccord se trouve dans le croisillon ou dans l'un des chapeaux de roulement. Certaines fourches peuvent aussi comporter un raccord graisseur pour lubrifier les cannelures internes du joint coulissant. Au moment d'installer un joint universel avec un raccord graisseur, vérifie bien si le raccord graisseur fait face ou non au centre de l'arbre d'entraînement.

Quand l'angle de travail de l'arbre de transmission augmente, l'angle d'un joint universel de cardan simple augmente. Les quatre extrémités de la croix centrale ne tournent plus dans le même plan géométrique. Les deux extrémités du centre de la croix, qui sont jointes à la fourche et à l'arbre de sortie, tournent dans un plan. Les extrémités de la croix centrale, qui sont jointes à la fourche et à l'arbre de transmission, tournent dans un autre plan. Ainsi, la vitesse de l'arbre d'entraînement accélère et ralentit deux fois par révolution. Plus l'angle est grand, plus la vitesse varie. Si l'angle devient trop grand, il se crée un mouvement de vibration. Les roulements et les engrenages de l'essieu peuvent alors subir des dommages.

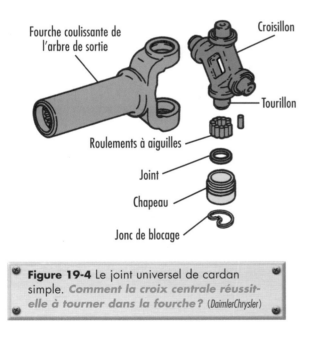

Figure 19-4 Le joint universel de cardan simple. *Comment la croix centrale réussit-elle à tourner dans la fourche?* (DaimlerChrysler)

Le double joint de cardan

Un *double joint de cardan* se compose de deux joints universels de cardan simple assemblés l'un contre l'autre (*voir la figure 19-5*). Il s'agit d'un type de joint à vélocité constante utilisé dans les boîtes de vitesses de véhicules à propulsion où les angles de travail peuvent être extrêmes. Un joint à vélocité constante est un joint qui permet aux arbres d'entrée et de sortie de tourner à la même vitesse. L'arbre d'entrée et l'arbre de transmission fonctionnent dans le même plan.

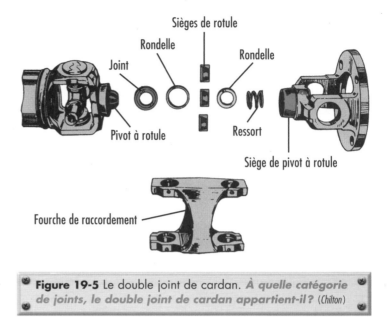

Figure 19-5 Le double joint de cardan. *À quelle catégorie de joints, le double joint de cardan appartient-il?* (Chilton)

Les deux joints sont centrés grâce à un pivot à rotule et à un siège de pivot à rotule. Le pivot à rotule et le siège de pivot à rotule séparent l'angle de travail du joint. Les joints sont raccordés par une fourche de raccordement. Chacun des joints fonctionne à la moitié de l'angle total. Les variations de vitesse sont ainsi éliminées. L'accélération d'un joint est annulée par le ralentissement du second joint.

La sécurité d'abord

La sécurité personnelle Porte toujours des lunettes de protection si tu utilises des appareils de forte pression, comme une presse hydraulique, afin d'exercer une force sur un composant. Le composant peut se briser en éclats ou se détacher subitement et causer des blessures.

L'entretien des joints universels

On peut vérifier les joints universels quand ils sont en place dans le véhicule. Si le pont arrière supporte une charge normale, pousse et fais tourner l'arbre d'entraînement aux deux extrémités. Vérifie si des pièces sont lâches ou s'il y a du jeu. Repère des signes d'usure ou de poussière de rouille. La rouille indique une défaillance possible des roulements à aiguilles.

Si le joint universel est sorti du véhicule, retire les chapeaux de roulement. Examine les roulements et les tourillons pour repérer l'usure. Consulte le guide d'entretien du véhicule pour connaître les caractéristiques techniques et la bonne marche à suivre. En cas d'usure excessive, tu dois remplacer le joint universel.

EXCELLENCE
SCIENCES
AUTOMOBILE

Tourner à toute vitesse

Ton disque compact favori qui tourne dans ton lecteur CD, la terre qui tourne autour de son axe et les plongeuses et plongeurs qui réalisent des sauts périlleux ont une vitesse angulaire. La *vitesse angulaire* est le rapport de l'angle avec le temps. En d'autres termes, il s'agit d'une mesure de la vitesse de rotation. Tout ce qui tourne continuera de tourner jusqu'à ce que quelque chose l'arrête. Ce mouvement se nomme l'*inertie de rotation*. L'ampleur de l'inertie de rotation dépend du point de concentration de la masse sur l'objet. Plus la distance est grande entre le plus important point de masse et l'axe de rotation, plus l'inertie de rotation est grande.

Un exemple de vélocité angulaire en technologie automobile est l'accélération et le ralentissement d'un arbre d'entraînement à relais raccordé par un joint universel. Pendant la rotation de l'arbre d'entrée, l'arbre de sortie accélère et ralentit deux fois par révolution. La vitesse varie davantage dans les grands angles que dans les petits angles. Les organes de transmission d'un véhicule sont conçus pour minimiser les angles de travail de l'arbre de transmission. Le joint universel flexible placé sur les extrémités de l'arbre compense les variations d'angles de l'arbre de transmission causées par les mouvements de haut en bas de la suspension arrière.

À toi de jouer !

Observer la vitesse de rotation

Conforme aux normes de l'EDU en sciences pour démontrer et comprendre la friction et expliquer le rôle de la friction dans l'accélération et le ralentissement.

Matériel requis
• une planche de 1 mètre, lisse et à coefficient de frottement réduit
• un support pour la planche (pour construire une rampe)
• une boîte de soupe en conserve non ouverte
• une boîte de soupe en conserve vide avec le couvercle et le fond retirés

❶ À l'aide de la planche et d'un support, construis un plan, ou une rampe, qui a une inclinaison de 10 degrés.

❷ Place et tiens les deux boîtes de conserve en haut de la rampe.

❸ Laisse aller la boîte vide et la boîte pleine en même temps et laisse-les rouler jusqu'au bas de la rampe.

❹ Observe le temps qu'il faut à chacune des boîtes pour se rendre au bas de la rampe.

Les résultats et l'analyse

❶ Laquelle des deux boîtes atteint la première le bas de la rampe ? Pourquoi ?

❷ Laquelle des deux boîtes peut avoir la plus grande inertie de rotation ? Pourquoi ?

❸ Si tu changes l'angle d'inclinaison du plan, le résultat sera-t-il différent ?

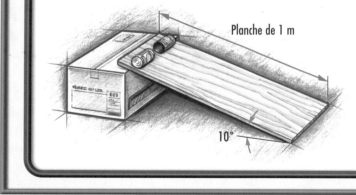

Planche de 1 m

10°

On peut utiliser un étau ou un outil pour joint universel afin de séparer un joint. L'outil pour joint universel ressemble à un grand serre-joint en C. Il est muni d'une grosse vis filetée à l'une de ses extrémités qui permet d'exercer une pression sur les chapeaux de roulement. Une enclume en U, située à l'autre extrémité, supporte le croisillon. On obtient ainsi un jeu pour le chapeau de roulement quand il sort de la fourche.

En général, pour retirer et remplacer un joint universel :

1. Marque la position et l'alignement de l'arbre de transmission et de la fourche.

2. Retire l'arbre de transmission et place-le sur la surface protégée du banc de montage.

3. Retire les joncs de blocage des chapeaux de roulement. Si le jonc de blocage du chapeau de

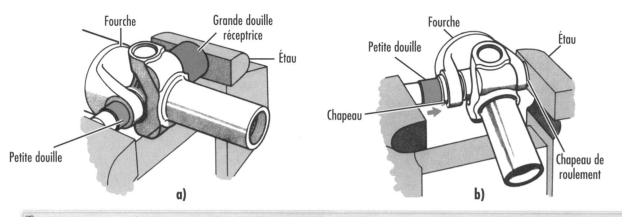

Fourche · Grande douille réceptrice · Étau · Petite douille

a)

Fourche · Petite douille · Étau · Chapeau · Chapeau de roulement

b)

Figure 19-6 a) Utilise un étau et des douilles pour retirer un joint universel de l'extrémité d'un arbre de transmission. **b)** Parmi les étapes de remontage, frappe légèrement les chapeaux de roulement dans la fourche pour maintenir le croisillon en place. *Qu'est-ce qui maintient les chapeaux de roulement en place ?* (*DaimlerChrysler*)

roulement est difficile à retirer, frappe légèrement l'extrémité du chapeau à l'aide d'un marteau en plastique.

4. Utilise une presse, un étau ou un outil pour joint universel afin de pousser un des chapeaux de roulement sur le croisillon. Le mouvement du croisillon central fait sortir l'autre chapeau de la fourche. Les guides d'entretien peuvent suggérer d'utiliser une douille de clé et un gros étau pour faire entrer et sortir les chapeaux de roulements de joint universel situés dans la fourche. On peut utiliser une petite douille pour pousser le chapeau de roulement dans la fourche. On utilise une plus grosse douille pour recevoir le chapeau à l'autre extrémité (*voir la figure 19-6a*).

5. Repositionne l'arbre de transmission et retire le dernier chapeau de roulement.

6. Nettoie et inspecte les joints, les joncs de blocage, les roulements à aiguilles, les tourillons de croisillon et les fourches. Si le joint universel comporte une pièce brisée ou endommagée, remplace le joint.

7. Remplis les réservoirs de graisse au bout de chacun des tourillons.

8. Mets les joints sur le croisillon.

9. Mets les chapeaux de roulement dans les trous de la fourche et remets le croisillon en place.

10. Frappe légèrement les chapeaux de roulement pour qu'ils entrent suffisamment dans la fourche afin de maintenir le croisillon en place (*voir la figure 19-6b*).

11. Appuie suffisamment sur les chapeaux pour exposer les cannelures des joncs de blocage.

12. Installe de nouveaux joncs de blocage.

13. Fais tourner la fourche et vérifie si elle tourne complètement et librement.

La sécurité d'abord

La sécurité matérielle Utilise toujours une douille à résistance déterminée. Une douille traditionnelle pourrait briser et relâcher brusquement l'arbre de transmission qui risquerait alors de subir des dommages.

Certains chapeaux de roulement sont maintenus en place par un plastique injecté plutôt que par des joncs de blocage. Les chapeaux doivent alors être sortis en brisant le plastique. Nettoie tous les résidus de plastique logés dans la fourche avant le remontage. On utilisera des joncs de blocage pour maintenir en place les chapeaux de remplacement.

Le montage du pont arrière

Le pont arrière est logé dans un carter supporté par la suspension arrière (*voir la figure 19-7*). Le pont arrière comprend :

• le porte-différentiel, le bloc d'entraînement d'essieu et le différentiel ;
• les arbres d'essieu droit et gauche ;
• les brides d'essieu droite et gauche.

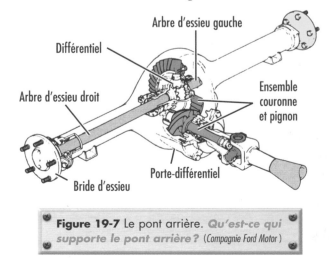

Arbre d'essieu gauche · Différentiel · Arbre d'essieu droit · Ensemble couronne et pignon · Porte-différentiel · Bride d'essieu

Figure 19-7 Le pont arrière. *Qu'est-ce qui supporte le pont arrière ?* (*Compagnie Ford Motor*)

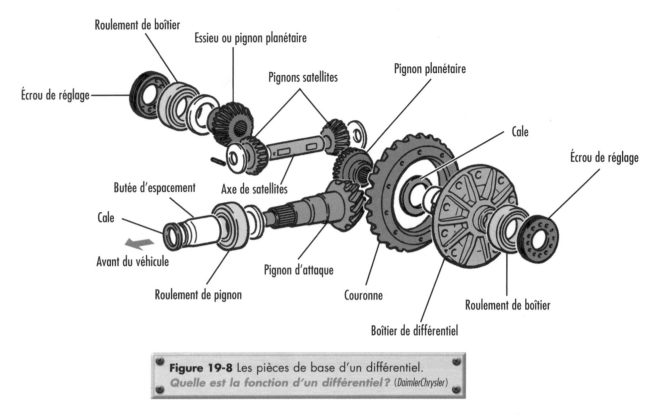

Roulement de boîtier
Essieu ou pignon planétaire
Pignons satellites
Pignon planétaire
Écrou de réglage
Cale
Écrou de réglage
Butée d'espacement
Axe de satellites
Cale
Avant du véhicule
Roulement de pignon
Pignon d'attaque
Couronne
Roulement de boîtier
Boîtier de différentiel

Figure 19-8 Les pièces de base d'un différentiel. *Quelle est la fonction d'un différentiel ?* (DaimlerChrysler)

Le différentiel

Le différentiel permet à deux essieux menants de tourner à des vitesses différentes (*voir la figure 19-8*). Le différentiel repose dans le porte-différentiel. Parmi les principales parties d'un différentiel, on retrouve :
- le bloc d'entraînement d'essieu qui comprend le pignon d'attaque et la couronne ;
- le boîtier de différentiel ;
- les pignons planétaires ;
- les pignons satellites.

Le bloc d'entraînement d'essieu Le bloc d'entraînement d'essieu est un train d'engrenages qui transmet le couple de l'arbre de transmission au différentiel. Le bloc d'entraînement contient un petit pignon d'attaque et une large couronne menée.

L'ensemble couronne et pignon d'attaque remplit deux fonctions :
- Il augmente le couple par démultiplication.
- Il fait varier le couple de 90 degrés, du sens de la longueur (l'arbre de transmission) au sens de la largeur (les essieux arrière).

CONSEIL TECHNIQUE **Le couple couronne et pignon** Au moment de l'achat et de l'entretien, on considère la couronne et le pignon comme un couple. Dans certains cas, les fabricants peuvent fournir des caractéristiques techniques non normalisées à propos du jeu, du faux-rond et du jeu d'engrènement. Inspecte attentivement les engrenages et l'emballage.

Le pignon d'attaque se trouve à l'avant du carter de pont arrière ou du porte-différentiel. Il peut être placé derrière l'axe central de la couronne, ce qui permet d'abaisser l'arbre de transmission dans le différentiel. Le bac de plancher et le tunnel d'arbre de transmission peuvent donc se trouver plus bas.

Le pignon d'attaque et les couronnes possèdent des dents hypoïdes. Des dents hypoïdes sont des dents taillées en forme de spirale. Ces dents s'engagent en plus grand nombre à la fois et supportent mieux la charge. Le pignon d'attaque mène la couronne. La couronne a de deux à quatre fois plus de dents que le pignon d'attaque. Le rapport de démultiplication du différentiel est diminué.

On peut obtenir le rapport de démultiplication en divisant le nombre de dents de la couronne par le nombre de dents du pignon d'attaque. Les rapports peuvent se situer plus ou moins entre 2 à 1 et 4 à 1.

Le porte-différentiel La couronne se boulonne au porte-différentiel et le fait tourner. Le porte-différentiel contient les pignons satellites, l'axe de pignons satellites et l'essieu ou les pignons planétaires.

Les pignons satellites sont montés sur l'axe de satellites. L'axe de satellites traverse le boîtier du différentiel. Les pignons satellites entraînent l'essieu ou les pignons planétaires. Les pignons planétaires sont cannelés aux arbres d'essieu.

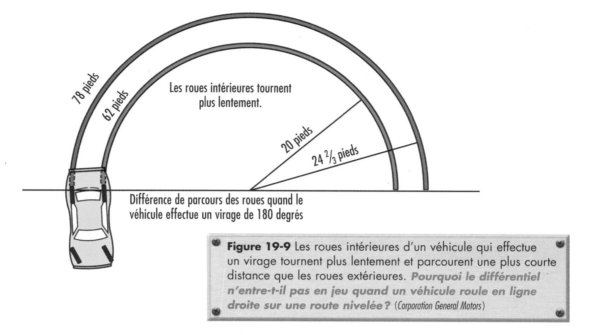

Les roues extérieures tournent plus rapidement.

Les roues intérieures tournent plus lentement.

78 pieds

62 pieds

20 pieds

24 ²/₃ pieds

Différence de parcours des roues quand le véhicule effectue un virage de 180 degrés

Figure 19-9 Les roues intérieures d'un véhicule qui effectue un virage tournent plus lentement et parcourent une plus courte distance que les roues extérieures. *Pourquoi le différentiel n'entre-t-il pas en jeu quand un véhicule roule en ligne droite sur une route nivelée ?* (Corporation General Motors)

Il existe deux types de différentiels :
- le différentiel libre ;
- le différentiel autobloquant.

Le différentiel libre classique

Si un véhicule roule en ligne droite, le différentiel n'intervient pas. Le porte-différentiel, les pignons satellites et les pignons planétaires tournent tous ensemble comme un seul bloc. Les pignons satellites ne tournent pas sur l'axe de satellites. Ils font plutôt tourner les pignons planétaires et les arbres d'essieu à la même vitesse.

Dans un virage, les roues motrices arrière du véhicule ne parcourent pas la même distance (*voir la figure 19-9*). Quand un véhicule effectue un virage de 180 degrés, la roue arrière intérieure tourne sur un rayon de 6,1 mètres (20 pieds). Elle parcourt environ 18,8 mètres (62 pieds) dans le virage. La roue motrice extérieure parcourt environ 23,7 mètres (78 pieds). Le différentiel permet à la puissance d'atteindre les deux roues tout en leur permettant de parcourir des distances différentes.

Dans une courbe, la roue intérieure du véhicule doit parcourir une plus courte distance que la roue extérieure. La résistance de la roue intérieure, causée par le virage, augmente. La charge inégale engendrée par la résistance fait tourner les pignons satellites sur leur axe. Les pignons satellites tentent d'appliquer le même couple à chacun des pignons planétaires. Le travail du différentiel modifie l'entraînement des essieux. Les pignons satellites tournent autour du pignon planétaire de la roue intérieure qui tourne le plus lentement. La vitesse de l'essieu est ainsi réduite. Les pignons satellites en rotation transmettent 90 % de la vitesse à la roue intérieure qui tourne le plus lentement. La roue extérieure qui tourne le plus rapidement reçoit 110 % de la vitesse.

Le différentiel classique répartit inégalement la vitesse de rotation. Si une roue commence à glisser, la vitesse est transférée à la roue la plus rapide. Une roue à bonne motricité ralentira ou s'arrêtera. On pourra ainsi éviter un déplacement du véhicule si une roue est sur une surface glissante.

Le différentiel autobloquant

Un différentiel autobloquant a les mêmes fonctions qu'un différentiel libre. La couronne, le boîtier de différentiel, les pignons satellites, l'axe de satellites et les pignons planétaires ont tous les mêmes fonctions. Le concept de différentiel autobloquant limite la force d'entraînement appliquée sur une roue qui glisse.

Il existe un différentiel autobloquant à embrayages multidisques ou à embrayages à cônes qui utilise des surfaces de contact pour limiter l'entraînement. Les embrayages multidisques contiennent une série de disques de friction et de plaques d'acier. Les disques de friction sont cannelés aux pignons planétaires et tournent avec eux. Les plaques d'acier sont entourées de tenons qui s'insèrent dans le boîtier de différentiel et qui maintiennent les plaques en place. Des cales et des butées d'espacement assurent un jeu approprié entre les plaques d'acier et les disques de friction (*voir la figure 19-10*).

La plupart des différentiels autobloquants ont des ressorts précontraints entre les pignons planétaires. Quand les embrayages s'engagent, le ressort compresse les disques de friction contre les plaques d'acier. La friction entre les disques de friction et les plaques d'acier bloque le porte-différentiel dans les pignons planétaires. La pression du ressort pousse les pignons planétaires vers l'extérieur afin d'assurer un blocage rapide.

Quand le véhicule emprunte une courbe, les embrayages qui fournissent l'entraînement à la roue intérieure commencent à glisser. Le différentiel entre alors en action (*voir la figure 19-11*). Si une roue commence à perdre sa motricité, le boîtier de différentiel se bloque sur les pignons planétaires. L'action de l'embrayage contraint les deux roues à tourner à une vitesse semblable. Une des roues ne peut pas tourner librement, comme c'est le cas avec un différentiel classique.

Tu dois utiliser un lubrifiant spécial pour le différentiel autobloquant. Si tu utilises un mauvais lubrifiant, les surfaces d'embrayage risquent de s'accrocher. Il se produit alors un broutement au moment des braquages. Les différentiels autobloquants peuvent nécessiter un changement périodique du lubrifiant. Consulte le guide d'entretien du véhicule pour connaître les recommandations d'entretien.

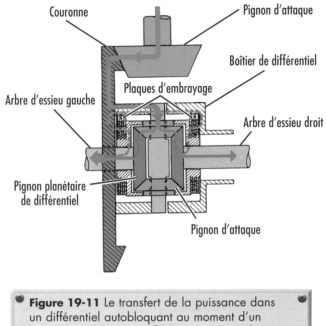

Figure 19-11 Le transfert de la puissance dans un différentiel autobloquant au moment d'un braquage à droite. Les flèches en gras indiquent une vitesse supérieure de l'essieu gauche. *Quel est l'avantage du différentiel autobloquant par rapport au différentiel classique?* (*DaimlerChrysler*)

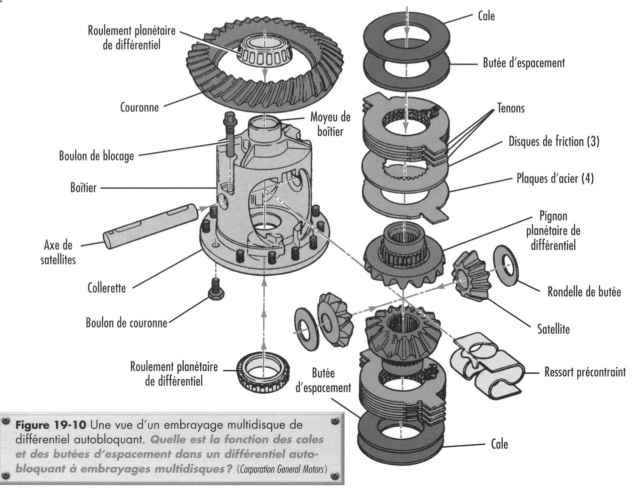

Figure 19-10 Une vue d'un embrayage multidisque de différentiel autobloquant. *Quelle est la fonction des cales et des butées d'espacement dans un différentiel autobloquant à embrayages multidisques?* (*Corporation General Motors*)

Les différentiels autobloquants Torsen^MD utilisent un train d'engrenages interne plutôt que des embrayages multidisques ou à cônes (*voir la figure 19-12*). L'essieu ou les pignons planétaires sont des vis sans fin. Leurs dents sont taillées en forme de spirale. Les roues à vis sans fin entraînent les pignons planétaires. Elles sont constamment engagées aux pignons planétaires. Les roues à vis sans fin sont montées sur des arbres fixés au boîtier de différentiel.

Quand le véhicule se déplace en ligne droite, le boîtier de différentiel, les roues à vis sans fin et les vis sans fin sont verrouillés en un seul bloc. Les deux roues motrices tournent à la même vitesse. Quand le véhicule amorce un virage, la roue intérieure ralentit et crée de la résistance. La résistance se transfère des vis sans fin aux roues à vis sans fin et des engrenages à denture droite jusqu'au boîtier de différentiel. Les roues à vis sans fin tentent d'entraîner le pignon planétaire pour la roue extérieure. Les vis sans fin peuvent entraîner d'autres engrenages, mais elles ne peuvent pas facilement être menées. La résistance entre les engrenages crée une friction. La roue intérieure ralentit un peu et procure une action de différentiel autobloquant.

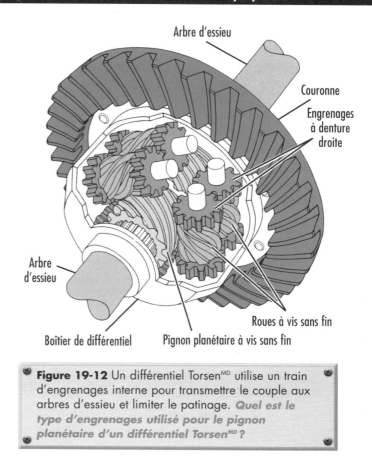

Figure d'un différentiel avec les composants suivants identifiés : Arbre d'essieu, Couronne, Engrenages à denture droite, Roues à vis sans fin, Pignon planétaire à vis sans fin, Boîtier de différentiel, Arbre d'essieu.

Figure 19-12 Un différentiel Torsen^MD utilise un train d'engrenages interne pour transmettre le couple aux arbres d'essieu et limiter le patinage. *Quel est le type d'engrenages utilisé pour le pignon planétaire d'un différentiel Torsen^MD ?*

CONSEIL TECHNIQUE **Des pneus dépareillés** Ne monte jamais un pneu de secours de petit diamètre à durée de vie limitée sur une roue arrière d'un véhicule à différentiel autobloquant. Des pneus dépareillés pourraient facilement causer une surchauffe du différentiel. Le différentiel risque de subir des dommages.

Un différentiel à blocage ou à rochet est un autre concept de différentiel autobloquant. Le boîtier de différentiel est divisé en deux parties. Chacune des parties se verrouille à un organe de transmission par des dents. Le couple se transmet aux deux parties du boîtier de différentiel. Ce système utilise une série de cames contrôlées par la vitesse relative de la roue. Cet arrangement se nomme un *embrayage à griffes*.

Quand le véhicule roule en ligne droite, les deux côtés du boîtier de différentiel se verrouillent à l'organe entraîneur. Quand l'une des roues accélère ou glisse, les cames détectent la variation de vitesse de la roue. Le côté du boîtier de différentiel qui entraîne cette roue se désengage. La puissance s'applique entièrement sur la roue qui a une motricité. Quand la vitesse de la roue est égale, le boîtier de différentiel s'engage. La puissance s'applique alors également aux deux roues.

L'action de verrouillage et de déverrouillage d'un embrayage à griffes ne se fait pas en douceur. Toutefois, l'avantage d'avoir deux essieux, ou arbres d'entraînement, bien verrouillés ensemble, rend le concept appréciable dans certains cas.

VÉRIFIE TES CONNAISSANCES

❶ Quelle est la fonction d'un joint coulissant dans les organes de transmission ?

❷ Comment est-il possible de réduire l'angle de travail de l'arbre de transmission ?

❸ Quelles sont les trois mesures qu'on effectue couramment pour diagnostiquer des problèmes d'arbre de transmission ?

❹ Quelles sont les deux fonctions de la couronne et du pignon d'attaque dans un différentiel ?

❺ Quels sont les composants du différentiel qui tournent en un seul bloc quand le véhicule roule en ligne droite ?

Les diagnostics et l'entretien des essieux moteurs

L'un des premiers symptômes d'un problème d'essieu est l'apparition d'un bruit inhabituel ou très fort. Il fait partie du travail des techniciens de poser des diagnostics à partir de bruits.

Les diagnostics des essieux bruyants

Il est difficile de reconnaître avec précision les bruits causés par un problème d'essieu. Le bruit peut apparaître uniquement dans certaines circonstances. La sorte de bruit peut aider à trouver la cause du problème. Tente de savoir si le bruit se produit quand le véhicule roule en ligne droite ou s'il survient uniquement dans les virages. Vérifie si le bruit est un ronflement, un grondement ou un cognement. Vérifie également si le bruit est plus fort quand le véhicule est en prise ou lors d'une descente en roue libre. Un bruit de couronne et de pignon d'attaque est habituellement différent sous une charge. Le bruit d'un roulement de pignon d'attaque varie selon la vitesse du véhicule et n'est habituellement pas modifié par la charge ou la direction du véhicule.

Assure-toi que le bruit ne provient pas d'une autre source dont :
- un joint universel usé ;
- un support d'amortisseur arrière brisé ;
- des écrous de roue mal serrés ;
- des bruits de pneu.

Le bruit en accélération Un bruit qui survient en accélération est souvent lié aux pignons. Pour faire le bon diagnostic, il est important de comprendre la structure et le fonctionnement des pignons (*voir la figure 19-13*). Les termes suivants servent à décrire l'engrènement et la structure des dents de pignon.

- Le *jeu de denture* est la distance entre la tête d'une dent de pignon et la gorge entre les dents du pignon engrené.
- Le *jeu entre dents* est la distance entre les régions de contact de deux pignons engagés. C'est la distance qu'un pignon peut parcourir vers l'arrière avant d'entraîner l'autre pignon.
- Le *talon* est la partie large d'une dent et la partie la plus éloignée du centre de la couronne.
- La *pointe* est la partie étroite d'une dent.
- Le *flanc de tête* est la zone de contact d'une dent de pignon.
- Le *flanc de pied* est la zone de non-contact d'une dent de pignon.
- Le *cercle primitif* sépare le flanc de tête du flanc de pied.

Une dent de pignon doit pouvoir bien s'engager ; le cas échéant, il se produira un bruit excessif de pignon. Un bruit de pignon amplifié lors de l'accélération peut provenir d'un contact violent sur les talons des dents de pignons. Un bruit de pignon plus fort lors d'une descente en roue libre peut provenir d'un contact violent sur la pointe des dents de pignons. Un bruit marqué d'entrechoquement durant l'accélération ou le ralentissement peut provenir d'un trop grand jeu entre le pignon d'attaque et la couronne.

Un bruit marqué d'entrechoquement qui survient à l'embrayage ou à l'accélération en rapport avant peut aussi provenir :
- d'un jeu entre dents excessif de la couronne ;
- d'un jeu de denture excessif entre les pignons satellites et les pignons planétaires du différentiel ;
- d'un joint universel très usé ;
- d'un support de moteur ou de transmission usé ou brisé.

Le ronflement Avec l'usure, le ronflement peut se transformer en grondement. Parmi les causes de ronflement, on retrouve :
- une lubrification insuffisante ;
- un mauvais réglage de couronne et de pignon ;
- des engrenages usés.

Une lubrification insuffisante cause une usure prématurée des pièces mobiles du différentiel et de l'essieu. L'usure métal sur métal engendre un bruit. Un réglage incorrect de la couronne et du pignon d'attaque crée des problèmes de contact de dents. Il peut en résulter une usure rapide des dents et une défaillance prématurée des engrenages.

Le bruit dans les courbes Si le bruit n'apparaît qu'au moment où le véhicule s'engage dans une courbe, il peut s'agir d'un roulement d'essieu défaillant ou d'un problème de différentiel. Un roulement d'essieu défaillant provoque habituellement plus de bruit à la

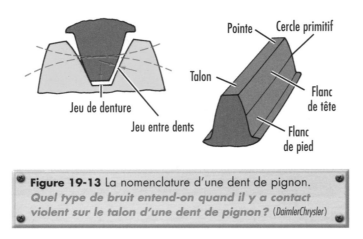

Figure 19-13 La nomenclature d'une dent de pignon.
Quel type de bruit entend-on quand il y a contact violent sur le talon d'une dent de pignon ? (DaimlerChrysler)

sortie d'un virage. Le roulement d'essieu extérieur tourne plus rapidement et supporte une plus grande charge que le roulement d'essieu intérieur. On pourra habituellement réduire ou éliminer le bruit en effectuant un virage dans la direction opposée.

Dans le différentiel, les bruits qui surviennent au cours d'un virage peuvent provenir :
- des pignons satellites trop serrés sur l'axe de satellites ;
- des pignons satellites ou des rondelles de butée endommagés ;
- un trop grand jeu entre les dents du pignon d'attaque et de la couronne ;
- des roulements de boîtier de différentiel usés.

Les vibrations pendant la conduite Des vibrations qui surviennent à faible vitesse, soit entre 48 et 56 km/h (30 et 35 mi/h), peuvent provenir d'un déséquilibre de l'arbre de transmission, d'un joint universel usé ou d'un marquage incorrect du joint d'arbre de transmission.

Des vibrations qui surviennent à une vitesse variant entre 80 et 96 km/h (50 et 60 mi/h) – avec des roues d'un diamètre de 35,5 cm (14 po) – viennent d'un mauvais équilibrage des pneus ou d'un faux-rond de pneu excessif. Des roues de plus grand diamètre causent des vibrations à des vitesses plus élevées. Des roues de plus petit diamètre causent des vibrations à des vitesses moins élevées.

L'entretien du différentiel

La lubrification du différentiel est une mesure d'entretien courante. La vérification du lubrifiant de différentiel est semblable à celle du liquide de la boîte de vitesses manuelle. Retire le bouchon fileté sur le côté ou à l'arrière du porte-différentiel. Le liquide devrait être à 13 mm (1/2 po) de l'orifice (*voir la figure 19-14*).

Si le niveau de lubrifiant est élevé, il se produira des fuites autour du joint du pignon d'attaque et de l'essieu. Un tube d'aération bouché provoquera aussi la fuite de lubrifiant par les joints. Il est important de consulter le guide d'entretien du véhicule pour connaître les caractéristiques relatives au lubrifiant.

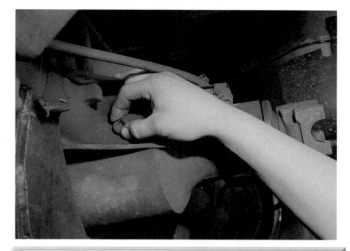

Figure 19-14 Retire le bouchon fileté du porte-différentiel pour vérifier le niveau de lubrifiant. *Quel est le niveau approprié du lubrifiant de différentiel ?* (Robert Hock)

Le porte-différentiel

Le porte-différentiel contient le pignon d'attaque, la couronne, le carter de différentiel ainsi que les roulements, les joints, les dispositifs de réglage et de blocage.

Il existe deux types de porte-différentiel :
- le porte-différentiel démontable ;
- le porte-différentiel incorporé.

Le porte-différentiel démontable est boulonné à l'avant du carter de pont. Pour en faire l'entretien, on doit retirer du carter de pont le porte-différentiel en entier, y compris le pignon satellite et le différentiel. Consulte le guide d'entretien du véhicule pour connaître la marche à suivre et les caractéristiques techniques.

La marche à suivre générale pour retirer un porte-différentiel démontable est la suivante :

1. Disjoins l'arbre d'entraînement et procure-lui un bon support.
2. Vidange le lubrifiant du différentiel.
3. Retire les arbres d'essieu.
4. Retire les boulons fixant le porte-différentiel au carter de pont.
5. Retire soigneusement le porte-différentiel du carter de pont.

Le porte-différentiel incorporé fait partie du carter de pont. On peut accéder au différentiel et aux composants qui lui sont associés en retirant un couvercle en métal estampé à l'arrière du carter de pont.

Pour retirer les composants de différentiel d'un porte-différentiel incorporé :

1. Retire le boulon qui retient l'axe de satellites.
2. Enlève l'axe de satellites.
3. Retire les arbres d'essieu.

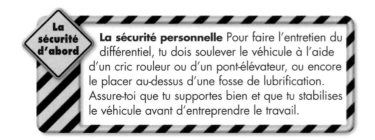

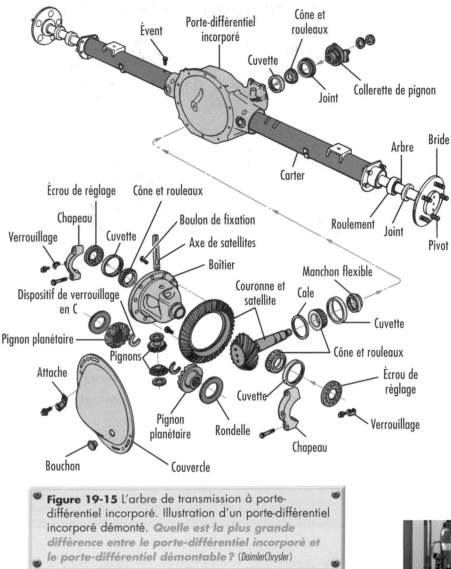

Figure 19-15 L'arbre de transmission à porte-différentiel incorporé. Illustration d'un porte-différentiel incorporé démonté. *Quelle est la plus grande différence entre le porte-différentiel incorporé et le porte-différentiel démontable?* (DaimlerChrysler)

Les deux pignons satellites effectuent des rotations à l'intérieur du porte-différentiel (maintenu en place par l'axe de satellites). Tu peux les retirer un à un si tu passes par l'ouverture du boîtier, une fois l'axe retiré.

Une fois les pignons satellites retirés, tu devrais pouvoir faire sortir les pignons planétaires en les faisant glisser. Les pignons satellites et les pignons planétaires ont des rondelles de butée à l'arrière. Détermine si les rondelles ont subi des dommages ou une usure excessive. Remplace-les au besoin.

Les deux types de différentiels comportent les mêmes composants. Tu effectueras les mêmes diagnostics et le même entretien pour les différentiels incorporés et démontables. Tu peux réaliser l'assemblage des composants et les réglages avant de procéder au remontage dans le véhicule.

La **figure** 19-15 présente le démontage d'un pont arrière à porte-différentiel incorporé et d'un différentiel classique ou libre. Une inspection régulière des

composants du différentiel permet de connaître le type d'entretien à effectuer. Il est possible que tu doives uniquement effectuer un réglage.

Avant de travailler sur un différentiel ou de le démonter, mesure la précharge de roulement du pignon d'attaque et le jeu entre dents de la couronne. Consulte toujours le guide d'entretien du véhicule pour connaître la marche à suivre et les caractéristiques techniques.

La précharge de roulement du pignon d'attaque

La précharge de roulement du pignon d'attaque se mesure d'après le couple nécessaire pour faire tourner le pignon (*voir la figure 19-16*). La *précharge* consiste à régler le roulement de façon qu'il reçoive une quantité de pression précise. La précharge se mesure à l'aide d'une clé dynamométrique. Au moment de vérifier la précharge, tu dois laisser une résistance du joint de pignon d'attaque. La résistance augmentera le couple nécessaire pour tourner le pignon d'attaque.

Figure 19-16 La mesure de la précharge de roulement du pignon d'attaque au moyen d'une clé dynamométrique. *En quoi le joint de pignon peut-il influer sur la lecture du couple?* (Jack Holtel)

La marche à suivre type pour vérifier la précharge de roulement du pignon d'attaque est la suivante :

1. Place une clé dynamométrique sur l'arbre d'entrée du pignon d'attaque.

2. Au moyen de la clé, fais tourner le pignon dans sa direction de rotation.

3. Note le couple nécessaire pour faire bouger le pignon.

Le jeu entre dents de la couronne

Le *jeu entre dents de la couronne* est le jeu entre les dents de la couronne et les dents du pignon d'attaque. Consulte le guide d'entretien du véhicule pour connaître la marche à suivre et les caractéristiques techniques. Le jeu entre dents se mesure au moyen d'un comparateur à cadran (*voir la figure 19-17*).

En général, pour mesurer le jeu entre dents :

1. Fixe un comparateur à cadran sur le carter de différentiel.

2. Place la tige du comparateur contre l'une des dents de la couronne.

3. Immobilise le pignon d'attaque.

4. Fais tourner la couronne dans un mouvement de va-et-vient.

5. Note la mesure du mouvement.

Tu peux observer le jeu entre dents de la couronne si tu vérifies le type de contact entre les dents de couronne et du pignon d'attaque.

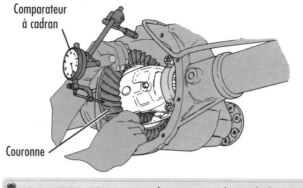

Figure 19-17 La mesure du jeu entre dents de la couronne au moyen d'un comparateur à cadran. *Comment peut-on définir le jeu entre-dents ?* (Compagnie Ford Motor)

Pour vérifier le type de contact entre dents :

1. Purge le lubrifiant du différentiel.

2. Disjoins l'arbre d'entraînement.

3. Retire le couvercle du porte-différentiel.

4. Essuie le lubrifiant sur le porte-différentiel et nettoie chacune des dents sur la couronne et le pignon d'attaque.

5. Enduis les deux côtés des dents de couronne de bleu de Prusse ou d'une autre solution de marquage.

6. Charge légèrement la couronne et le pignon d'attaque.

7. Fais tourner la couronne un tour complet dans les deux directions.

Cette opération laisse une marque sur les deux côtés des dents de la couronne montrant le type de contact que l'on trouve entre les dents et le pignon (*voir la figure 19-18*).

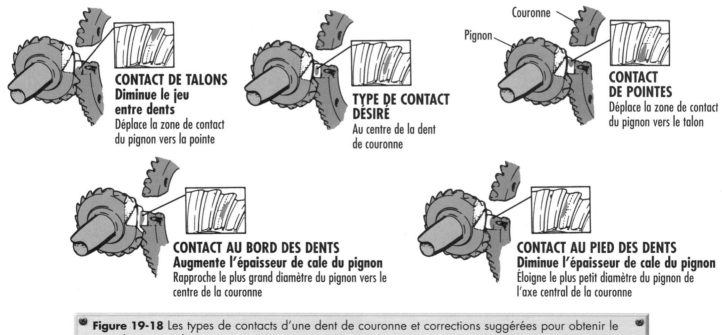

CONTACT DE TALONS
Diminue le jeu entre dents
Déplace la zone de contact du pignon vers la pointe

TYPE DE CONTACT DÉSIRÉ
Au centre de la dent de couronne

Couronne
Pignon

CONTACT DE POINTES
Déplace la zone de contact du pignon vers le talon

CONTACT AU BORD DES DENTS
Augmente l'épaisseur de cale du pignon
Rapproche le plus grand diamètre du pignon vers le centre de la couronne

CONTACT AU PIED DES DENTS
Diminue l'épaisseur de cale du pignon
Éloigne le plus petit diamètre du pignon de l'axe central de la couronne

Figure 19-18 Les types de contacts d'une dent de couronne et corrections suggérées pour obtenir le type de contact désiré. *Comment peut-on régler un grand contact de pointes ?* (Corporation General Motors)

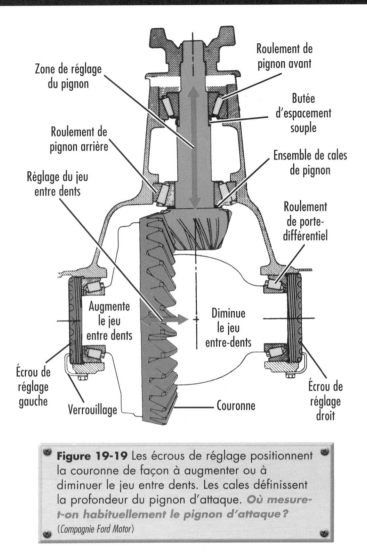

Zone de réglage du pignon

Roulement de pignon arrière

Réglage du jeu entre dents

Augmente le jeu entre dents

Écrou de réglage gauche

Verrouillage

Roulement de pignon avant

Butée d'espacement souple

Ensemble de cales de pignon

Roulement de porte-différentiel

Diminue le jeu entre-dents

Couronne

Écrou de réglage droit

Figure 19-19 Les écrous de réglage positionnent la couronne de façon à augmenter ou à diminuer le jeu entre dents. Les cales définissent la profondeur du pignon d'attaque. *Où mesure-t-on habituellement le pignon d'attaque?* (Compagnie Ford Motor)

La position du pignon d'attaque par rapport à la couronne influe sur le type de contact et le jeu entre-dents de pignon (*voir la figure 19-19*).

La marche à suivre générale pour régler le type de contact et le jeu entre dents est la suivante:

1. Règle les écrous de réglage gauche et droit pour changer la position du boîtier de différentiel. La couronne se boulonne au boîtier. Le réglage du jeu entre dents se mesure habituellement à l'axe central de la couronne. Les écrous de réglage ont aussi un effet sur la précharge de roulement du porte-différentiel.

2. Ajoute ou retire des cales du pignon d'attaque et localise l'ensemble de cales pour régler la position du pignon d'attaque. Le réglage du pignon d'attaque se mesure habituellement d'après l'axe central de l'essieu et de la couronne.

Si tu dois effectuer un réglage, consulte le guide d'entretien du véhicule pour connaître la marche à suivre et les caractéristiques techniques de réglage.

La profondeur du pignon d'attaque

La mesure et le réglage de la profondeur du pignon d'attaque sont essentiels au bon fonctionnement du différentiel. Le réglage de la profondeur du pignon d'attaque établit la profondeur du pignon dans le porte-différentiel. Ce réglage a un effet sur la qualité d'engrènement du pignon d'attaque et de la couronne. Une erreur de réglage peut provoquer un bruit et l'usure des pignons.

On règle la profondeur du pignon d'attaque à l'aide de cales. L'ensemble de cales déjà existant sert de repère. On prend la mesure par rapport à l'axe central de la couronne. Le fait d'ajouter ou de retirer des cales, ou encore d'utiliser des cales d'une autre épaisseur, permet d'obtenir la bonne profondeur. L'ajout de cales rapproche le pignon d'attaque de l'axe central de l'essieu.

Il peut y avoir des chiffres gravés sur le pignon d'attaque d'un nouveau couple couronne et pignon d'attaque (*voir la figure 19-20*). Ces chiffres sont en millièmes de pouce ou de millimètre. L'un d'eux est précédé d'un plus (+) ou d'un moins (−). Ce chiffre est nécessaire quand on utilise une jauge d'épaisseur pour connaître le type de cales à utiliser.

Le remplacement du joint de pignon d'attaque

Le joint de pignon d'attaque se trouve à l'avant du roulement de pignon. Au moment du remplacement du joint, la précharge de roulement ne doit pas être modifiée.

La marche à suivre type pour remplacer le joint de pignon est la suivante:

1. Élève le véhicule et assure-lui un support.

2. Trouve ou marque des repères sur l'arbre de transmission et la fourche ou la collerette de pignon.

3. Disjoins l'arbre de transmission de la collerette de pignon. Ne retire pas la fourche de l'arbre de sortie de la boîte de vitesses.

4. Assure un support à l'arrière de l'arbre de transmission.

5. Marque la position de la collerette de pignon, de l'axe de satellites et de l'écrou de réglage de précharge de roulement.

6. Retire l'écrou de réglage de précharge de pignon, le manchon de compression flexible (s'il y en a un), la collerette de pignon et le joint.

7. Inspecte la surface isolante de la collerette de pignon. Si la surface est rayée ou endommagée, installe une nouvelle collerette.

8. Retire toute barbure de l'alésage du porte-différentiel.

9. Lubrifie le nouveau joint et installe-le dans l'alésage du porte-différentiel.

10. Centre les marques de l'axe de satellites et de la collerette de pignon, et installe la collerette.

11. Lubrifie le côté de la rondelle qui donne sur l'écrou de réglage du pignon et serre aux endroits repères.

12. Fais tourner le pignon d'attaque manuellement pour asseoir le roulement.

13. Mesure la précharge de roulement de pignon au moyen d'une clé dynamométrique.

14. Serre l'écrou de précharge de roulement, de façon à obtenir la bonne précharge. Consulte le guide d'entretien du véhicule pour connaître la marche à suivre et les caractéristiques techniques.

L'entretien des arbres d'essieu

Les arbres d'essieu transmettent le couple du différentiel aux roues arrière. Les arbres de pont arrière traditionnels sont d'une pièce. L'extrémité intérieure de l'arbre est cannelée. Les cannelures s'engrènent aux cannelures intérieures des pignons planétaires de différentiel. La surface externe de l'extrémité de l'arbre est surfacée. Cette surface accepte un ensemble de roulements ajusté à la presse ou sert de chemin de roulement intérieur pour le roulement extérieur du pont arrière. Une bride de roue est montée à l'extrémité extérieure de l'essieu. La bride peut avoir des pivots de roue ou des orifices pour recevoir les boulons de roue.

Parmi les symptômes les plus fréquents de problèmes d'essieu, on retrouve les problèmes de vibrations. Mesure le jeu axial de la bride et de l'arbre d'essieu à l'aide d'un comparateur à cadran. Examine aussi l'intérieur de l'extrémité de l'arbre d'essieu pour voir s'il y a des déformations.

Le jeu axial de l'arbre d'essieu est défini par le roulement d'essieu ou la longueur surfacée. Dans les deux cas, on ne peut pas régler le jeu axial. Tu dois remplacer les arbres d'essieu ou les roulements s'ils ont subi des dommages ou s'ils ne sont pas conformes aux caractéristiques techniques.

Le retrait des arbres d'essieu

Les arbres d'essieu du pont arrière sont maintenus en place par une plaque d'arrêt à roulement extérieur ou par des dispositifs de verrouillage en C dans le carter de différentiel. Pour retirer l'essieu, il faudra peut-être aussi retirer :

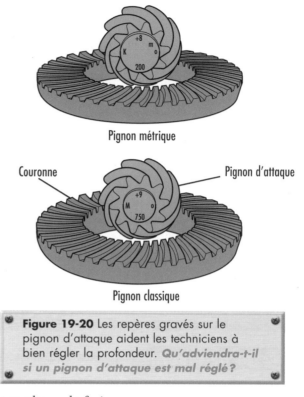

Pignon métrique

Couronne — Pignon d'attaque

Pignon classique

Figure 19-20 Les repères gravés sur le pignon d'attaque aident les techniciens à bien régler la profondeur. *Qu'adviendra-t-il si un pignon d'attaque est mal réglé?*

- le tambour de frein ;
- l'étrier et le disque de frein ;
- les conduits de frein ;
- le plateau de frein.

Les essieux d'un porte-différentiel démontable comportent un roulement extérieur pressé. Il est maintenu en place par la plaque d'arrêt de roulement extérieur. Une plaque d'arrêt empêche le roulement et l'arbre d'essieu de glisser à l'extérieur du carter. La plaque d'arrêt se boulonne à l'extrémité du carter de pont. L'intérieur de l'extrémité de l'arbre d'essieu est cannelé aux pignons planétaires de différentiel. Le retrait de la plaque d'arrêt permet à l'essieu de glisser à l'extérieur du carter.

Les essieux du pont arrière d'un porte-différentiel incorporé sont maintenus en place par des *dispositifs de verrouillage en C*. Les dispositifs de verrouillage en C se trouvent dans le carter de différentiel.

Pour retirer l'essieu d'un différentiel incorporé :

1. Nettoie le couvercle arrière du carter de pont.

2. Vidange le lubrifiant et retire le couvercle arrière.

3. Retire le boulon de blocage de l'axe de satellites et l'axe de satellites.

4. Pousse l'arbre d'essieu vers l'intérieur.

5. Retire les dispositifs de verrouillage en C des cannelures à l'intérieur des extrémités des arbres d'essieu (*voir la figure 19-21*).

6. Retire les arbres d'essieu du carter de pont.

EXCELLENCE
COMMUNICATION
AUTOMOBILE

Traduire le langage technique

Les clientes et clients peuvent parfois poser des questions par curiosité. La technicienne ou le technicien doit pouvoir satisfaire leur curiosité et leur fournir de bonnes réponses. Par exemple, un client pourrait vouloir savoir comment fonctionne un différentiel. Comme il est coûteux de réparer un différentiel, il est normal de leur fournir des explications. Mais comment peut-on expliquer le processus de fonctionnement d'un différentiel à une personne qui ne s'y connaît pas en mécanique ?

Trois étapes qui font appel au bon sens t'aideront à «traduire» la matière technique dans un langage courant. La première étape consiste à connaître ta matière. Tu devrais être experte ou expert puisque tu as des connaissances approfondies en mécanique. Ton expertise devrait couvrir l'utilité, le fonctionnement et toute question liée aux systèmes et aux composants du véhicule. En parlant à titre d'experte ou d'expert, mais en termes simples, tu créeras un lien de confiance avec la cliente ou le client.

La deuxième étape consiste à choisir des mots et des définitions simples. Établis des comparaisons entre l'objet d'explication et un objet qui lui est familier.

La troisième étape consiste à recourir au support visuel. Tu peux tracer un dessin pendant que tu parles ou utiliser un diagramme du guide d'entretien. Les illustrations aident souvent à comprendre plus facilement des concepts techniques.

À toi de jouer !

Conforme aux normes de l'EDU en communication pour adapter le discours à une situation.

❶ Plie une feuille de papier en deux sur le sens de la longueur. Intitule la colonne de gauche «Langage technique». Intitule la colonne de droite «Langage simplifié».

❷ Rédige une explication technique sur l'utilité et le fonctionnement du différentiel et sur les conséquences de son mauvais fonctionnement. Par la suite, rédige une explication simplifiée.

❸ Au bas de la page, trace un dessin ou un diagramme pour illustrer tes dires.

❹ Présente ton explication à une personne qui n'est pas familiarisée avec le domaine de l'automobile. Demande à cette personne si elle comprend l'explication simplifiée.

❺ Ajuste ton discours afin que ton explication sur le différentiel soit très claire.

Le joint graisseur du roulement d'essieu se trouve à l'extrémité extérieure du carter de pont. Au moment d'installer ou de retirer un arbre d'essieu, assure-toi que les cannelures de l'extrémité intérieure de l'arbre n'endommage pas le joint étanche à l'huile.

L'entretien des roulements

Les roulements sont emboutis sur l'essieu ou montés à l'extrémité du carter de pont. Les roulements emboutis utilisent un plateau d'arrêt externe pour maintenir en place l'ensemble essieu et roulement. Tu peux tourner le roulement embouti manuellement tandis qu'il est monté sur l'essieu. Tu remplaceras le roulement en cas de rugosité ou de dommages apparents.

Quand le roulement est monté dans le carter de pont, l'arbre d'essieu sert de chemin interne au roulement. Ce concept peut requérir des dispositifs de verrouillage en C à l'extrémité intérieure de l'arbre d'essieu pour retenir les arbres d'essieu. Tu ne peux pas tourner ces roulements sur l'arbre, mais tu peux en faire l'inspection visuelle.

Utilise un marteau à inertie et un outil spécial de retrait des roulements pour retirer le joint et le roulement du carter de pont (*voir la figure 19-22*). Tu dois remplacer le roulement s'il comporte des signes d'usure ou s'il est rayé. Les deux types d'usure qui justifient le remplacement d'un roulement sont :

• l'*écaillage*, qui se caractérise par la formation d'écailles sur le métal du roulement ;

• l'*effet Brinell*, qui se caractérise par des empreintes causées par des effets de choc.

À l'aide d'un marteau et des autres outils de montage, installe le roulement et un nouveau joint. Lubrifie la lèvre du joint pour éviter les dommages qui pourraient survenir avec la rotation de l'essieu. Consulte le guide d'entretien du véhicule pour connaître la marche à suivre et les caractéristiques techniques.

Il existe une autre configuration pour la suspension arrière des poids lourds. Le moyeu traverse les roulements et le creux d'un demi-essieu. Les roulements sont semblables aux roulements à rouleaux coniques utilisés dans les essieux avant.

L'essieu moteur traverse le creux d'un demi-essieu. L'essieu se boulonne à un moyeu de roue et est cannelé aux pignons planétaires de différentiel. Quand tu retires l'arbre d'essieu moteur, tu peux apercevoir un gros écrou de serrage et une rondelle de sécurité à tête-guide. Une fois l'écrou retiré, le moyeu de roue arrière et les deux roulements

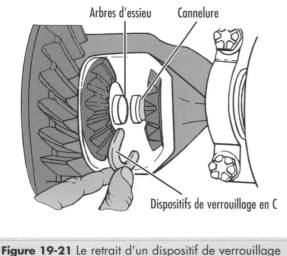

Arbres d'essieu — Cannelure

Dispositifs de verrouillage en C

Figure 19-21 Le retrait d'un dispositif de verrouillage en C dans la cannelure à l'intérieur de l'extrémité de l'arbre d'essieu dans le boîtier de différentiel. *Dans quel type de porte-différentiel peut-on retrouver un dispositif de verrouillage en C?* (Compagnie Ford Motor)

Figure 19-22 Le retrait d'un roulement d'essieu et d'un joint dans un essieu moteur arrière à dispositif de verrouillage en C. On utilise un marteau à inertie et un outil de retrait de roulement pour retirer le roulement et le joint. *Où le roulement d'essieu est-il situé dans ce type de configuration?* (Jack Holtel)

s'enlèvent ensemble. On nomme ce type d'essieu un essieu entièrement flottant.

Un joint statique ou des joints toriques isolent la bride de l'arbre d'entraînement à l'extérieur du moyeu. Si tu remplaces un roulement, tu dois aussi remplacer la bague extérieure de roulement. Tu peux sortir la bague extérieure de roulement au moyen d'un marteau et d'un pointeau ou en utilisant un marteau pneumatique. On retrouve un joint graisseur dans le moyeu.

Une fois le moyeu remonté dans le creux du demi-essieu, tu dois régler la précharge à l'aide de l'écrou de serrage. Consulte le guide d'entretien du véhicule pour connaître les caractéristique techniques du jeu axial. Tu dois mettre un nouveau joint statique ou un nouveau joint torique entre l'essieu moteur et le moyeu afin de prévenir les fuites d'huile. On utilise ce type d'essieu dans certains camions et véhicules utilitaires pour le service hors route.

VÉRIFIE TES CONNAISSANCES

❶ Quels sont les deux problèmes associés à un différentiel qui émet des ronflements?

❷ Quel est le problème associé à un différentiel autobloquant qui est bruyant dans les virages?

❸ Dans un porte-différentiel incorporé de pont arrière, où retrouve-t-on les dispositifs de verrouillage en C qui maintiennent en place les arbres d'essieu?

❹ Quel est le point de référence qui permet de régler la profondeur du pignon d'attaque? Qu'utilise-t-on comme ligne de base quand on règle les cales?

❺ Quelles sont les deux méthodes de montage des roulements d'essieu?

RÉVISION DU CHAPITRE 19

Notions importantes

Ces notions sont conformes aux normes du MFCUO pour les organes de transmission et les essieux de la boîte de vitesses manuelle : diagnostics et réparations des arbres de transmission et des essieux moteurs.

- Des vibrations dans l'arbre de transmission peuvent nuire au fonctionnement des roulements et des pignons.
- L'arbre d'entraînement transmet le couple au différentiel.
- Un arbre d'entraînement peut être d'une seule pièce ou en deux pièces, et il peut utiliser une vélocité constante ou des joints universels.
- Les joints universels peuvent être des joints de Cardan simples ou des doubles joints de Cardan.
- Un différentiel augmente le couple par démultiplication et le distribue aux roues motrices.
- Le différentiel nécessite des réglages. Les cales et les manchons filetés permettent le réglage des composants afin d'obtenir un centrage précis et un fonctionnement silencieux.
- Un porte-différentiel autobloquant limite la rotation d'une roue par rapport à l'autre roue.
- Les arbres d'essieu joignent le différentiel aux roues arrière.

Questions de révision

❶ Quelles sont les causes les plus fréquentes de vibrations dans l'arbre de transmission ?

❷ Quelle est la différence entre un joint de Cardan simple et un double joint de Cardan ?

❸ Quels sont les six principaux composants d'un différentiel ?

❹ Pourquoi un différentiel libre risque-t-il de présenter des problèmes uniquement dans les virages ?

❺ Pourquoi le différentiel autobloquant requiert-il un lubrifiant spécial ?

❻ Comment règle-t-on le jeu entre dents de la couronne ?

❼ Décris la façon de retirer un essieu à un dispositif de verrouillage en C et de remplacer le roulement et le joint graisseur.

❽ **Pensée critique** Explique de quelle façon un différentiel autobloquant fournit proportionnellement le couple aux deux roues dans un virage.

❾ **Pensée critique** Pourquoi est-il important que les pneus et les roues soit de même dimension dans les véhicules pourvus d'un différentiel autobloquant ?

PRÉVISIONS TECHNOLOGIQUES
POUR L'EXCELLENCE EN MATIÈRE D'AUTOMOBILE

Des arbres de transmission plus légers et plus silencieux

Il est peu probable que les propriétaires de véhicules se soucient de leurs arbres de transmission. Toutefois, les fabricants, eux, cherchent toujours de nouveaux concepts qui permettraient d'alléger les arbres de transmission et de réduire la consommation d'essence.

Le plus grand changement à venir concernera sans doute les matériaux de confection. Traditionnellement, les arbres de transmission étaient en acier mais les ingénieures et les ingénieurs étudient la possibilité d'utiliser davantage des composites d'aluminium. Ils envisagent même les fibres de carbone. Ces matériaux légers sont intéressants car ils réduisent le poids non suspendu. La réduction de poids non suspendu permet à la suspension de mieux réagir aux bosses et aux trous de la route, ce qui améliore le confort et la précision de la conduite.

Avec ces matériaux différents, les fabricants devront trouver de nouvelles façons de souder l'arbre de transmission au joint universel en acier. L'une des techniques prometteuses est la soudure par impulsions magnétiques. Contrairement au microcâblage à gaz inerte utilisé de nos jours par les soudeuses et soudeurs, cette soudure consomme moins d'énergie. Elle s'effectue plus rapidement et engendre moins de chaleur.

On étudie aussi la possibilité d'améliorer l'isolation sonore. Les arbres de transmission, qui sont des tubes creux, transfèrent des bruits de claquement au cours du changement de rapport. Afin de diminuer ces bruits, on isole à l'aide de carton. La nouvelle tendance consiste à injecter une mousse spéciale dans l'arbre d'entraînement. La matière prend de l'expansion de façon à remplir l'arbre de transmission et à absorber les bruits mécaniques indésirables.

La réduction des bruits sera profitable tant pour les personnes qui conduisent, qui seront moins distraites, que pour les passagères et les passagers, qui profiteront d'une randonnée plus agréable.

EXCELLENCE AUTOMOBILE
TEST PRÉPARATOIRE

En répondant aux questions suivantes, tu pourras te préparer aux tests en vue d'obtenir la certification du MFCUO

1. La technicienne A dit que la rouille autour du joint universel n'est pas un problème si le joint est bien serré. Le technicien B prévoit une défaillance du joint à court terme et dit qu'il faut le remplacer. Qui a raison ?
   - **a** La technicienne A.
   - **b** Le technicien B.
   - **c** Les deux ont raison.
   - **d** Les deux ont tort.

2. On a modifié la hauteur d'un véhicule au moyen de cales d'épaisseur dans les ressorts. Le technicien A dit qu'il faut vérifier à nouveau l'équilibrage de l'arbre de transmission. La technicienne B dit qu'il faut vérifier à nouveau le faux-rond de l'arbre. Qui a raison ?
   - **a** Le technicien A.
   - **b** La technicienne B.
   - **c** Les deux ont raison.
   - **d** Les deux ont tort.

3. Le véhicule d'un client a développé des bruits d'engrenage à l'accélération. La cause probable est :
   - **a** un manque de lubrifiant.
   - **b** une précharge de pignon insuffisante.
   - **c** le décentrage du pignon et de la couronne.
   - **d** Toutes ces réponses sont bonnes.

4. Il y a une fuite de lubrifiant de différentiel qui provient des deux joints de pont arrière et du joint de pignon. La technicienne A dit qu'il faut régler le niveau de lubrifiant et nettoyer le tube d'aération. Le technicien B dit qu'il faut remplacer les trois joints. Qui a raison ?
   - **a** La technicienne A.
   - **b** Le technicien B.
   - **c** Les deux ont raison.
   - **d** Les deux ont tort.

5. On installe un nouveau couple couronne et pignon. Le nouveau pignon porte l'inscription « −4 ». Le technicien A dit qu'il faut rétablir le réglage original et utiliser les cales originales. La technicienne B dit qu'il faut vérifier la profondeur du pignon ainsi que d'autres jeux importants. Qui a raison ?
   - **a** Le technicien A.
   - **b** La technicienne B.
   - **c** Les deux ont raison.
   - **d** Les deux ont tort.

6. On établit la précharge du pignon d'attaque avec :
   - **a** une rondelle de butée.
   - **b** une bague filetée.
   - **c** une rondelle de butée et une bague filetée.
   - **d** ni une rondelle de butée ni une bague filetée.

7. Il faut remplacer un roulement d'arbre d'essieu bruyant sur un essieu maintenu par des dispositifs de verrouillage en C. La technicienne A dit que le joint graisseur de l'essieu est à l'intérieur du roulement et qu'il n'est pas nécessaire de l'enlever. Le technicien B dit que le joint se trouve à l'extérieur du roulement et qu'il faut le remplacer chaque fois qu'on retire le roulement. Qui a raison ?
   - **a** La technicienne A.
   - **b** Le technicien B.
   - **c** Les deux ont raison.
   - **d** Les deux ont tort.

8. Dans le cas des essieux à dispositif de verrouillage en C, où le verrou en C se trouve-t-il ?
   - **a** À côté du roulement d'essieu arrière.
   - **b** Au-dessus des pignons planétaires.
   - **c** Dans l'extrémité intérieure de l'arbre d'essieu.
   - **d** Dans une bague filetée.

9. Dans les essieux à dispositif de verrouillage en C, le jeu axial de l'essieu est réglé grâce à :
   - **a** des cales.
   - **b** un manchon de compression.
   - **c** une bague filetée.
   - **d** Le jeu axial n'est pas réglable.

10. Le technicien A dit qu'on doit mesurer la précharge de roulement du pignon d'attaque avec un comparateur à cadran. La technicienne B dit que la vérification de la précharge consiste habituellement à placer une clé dynamométrique sur l'arbre d'entrée du pignon d'attaque. Il faut ensuite tourner la clé dans la direction de rotation du pignon. On doit alors inscrire le couple requis pour faire bouger le pignon. Qui a raison ?
   - **a** Le technicien A.
   - **b** La technicienne B.
   - **c** Les deux ont raison.
   - **d** Les deux ont tort.

CHAPITRE 20

Diagnostic et réparation de la boîte-pont manuelle

Tu seras en mesure :

- de décrire la constitution de la boîte-pont ;
- de diagnostiquer les bruits et les problèmes fréquents de la boîte-pont ;
- de régler la tringlerie mécanique de changement de vitesse ;
- de vérifier le niveau du lubrifiant ;
- d'inspecter les composants internes ;
- de régler le jeu des entre-dents et la précharge du planétaire de différentiel.

Le vocabulaire :

Capuchon

Demi-arbre

Arbre d'engrenage d'entrée

Arbre secondaire

Précharge

Boîte-pont

Le problème

Anne Nguyen conduit lentement son automobile à traction jusqu'à la porte du centre de service et s'immobilise. Elle semble préoccupée. Elle t'explique qu'hier soir, son fils lui a emprunté la voiture. Depuis, quand elle engage l'embrayage, on peut entendre un claquement assez fort qui provient du compartiment moteur.

Anne fait très attention à son automobile. Elle n'avait encore jamais eu de problème avec la boîte-pont. Elle est inquiète, car elle sait que la réparation d'une boîte-pont peut se révéler très coûteuse.

Ton défi

À titre de technicienne ou de technicien, tu dois répondre aux questions suivantes :

1. Dans quelles circonstances précises le bruit survient-il ?

2. Ce bruit pourrait-il provenir d'un autre élément mécanique que la boîte-pont ?

3. Y a-t-il d'autres symptômes ?

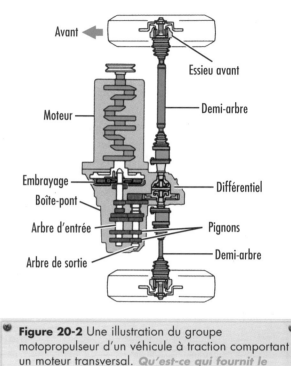

Section 1

La constitution et le fonctionnement de la boîte-pont

Une **boîte-pont** est un organe de transmission qui combine la boîte de vitesses et le différentiel en une seule unité compacte logée dans un carter (*voir la figure 20-1*). La boîte de vitesses et le différentiel forment la transmission finale. La *transmission finale* fournit le rapport de démultiplication final entre le moteur et les roues motrices. Le différentiel permet aux roues motrices de tourner à des vitesses différentes.

On trouve la boîte-pont dans plusieurs configurations. Les cinq configurations de base sont les suivantes :

- Un moteur transversal à l'avant et une boîte-pont qui entraîne les roues avant. Il s'agit de la configuration la plus utilisée de nos jours.
- Un moteur longitudinal à l'avant et une boîte-pont qui entraîne les roues avant. On trouve cette configuration, entre autres, dans des automobiles à traction importées.
- Un moteur monté à l'arrière qui utilise une boîte-pont montée sur le moteur pour entraîner les roues arrière. On peut nommer à titre d'exemple la Volkswagen originale et la Porsche qui sont des modèles à moteur refroidi par air.

Figure 20-2 Une illustration du groupe motopropulseur d'un véhicule à traction comportant un moteur transversal. *Qu'est-ce qui fournit le rapport de démultiplication final ?*

- Un moteur central à l'avant d'une boîte-pont arrière qui entraîne les roues arrière. On peut citer, à titre d'exemple, la MR 2, un modèle que Toyota ne fabrique plus.
- Un moteur longitudinal à l'avant qui entraîne une boîte-pont arrière qui alimente les roues arrière. On trouve cette configuration, entre autres, dans la Corvette de Chevrolet fabriquée à la fin des années 1990 et dans la Porsche 928, un modèle dont on a stoppé la fabrication.

La boîte-pont procure certains avantages, dont :
- *Une réduction de poids*. La boîte de vitesses et le différentiel se combinent en bloc compact dans un carter. Ils partagent le même lubrifiant et permettent d'éliminer des composants comme l'arbre d'entraînement entre la boîte de vitesses et le différentiel.
- *Une traction améliorée*. Dans la plupart des concepts à traction et à propulsion, le poids du moteur et des organes de transmission repose sur les roues motrices (*voir la figure 20-2*).
- *Un concept efficace d'utilisation de l'espace*. Dans la plupart des concepts, on a éliminé le tunnel d'arbre d'entraînement. Il y a plus d'espace pour les passagères et les passagers, les bagages, le réservoir de carburant et d'autres composants du véhicule.
- *Un meilleur équilibre du véhicule*. La disposition efficace de la boîte de vitesses et du différentiel permet de placer les composants du moteur et de la transmission de façon à obtenir une meilleure distribution du poids de l'avant à l'arrière.

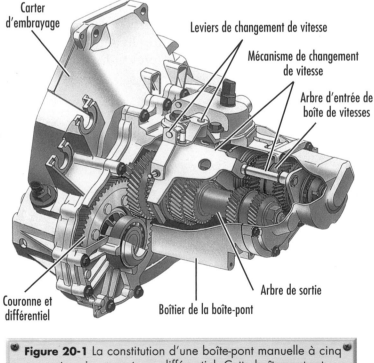

Figure 20-1 La constitution d'une boîte-pont manuelle à cinq rapports qui comporte un différentiel. Cette boîte-pont est conçue pour les véhicules à traction. *Quelle est la fonction du différentiel ?* (*Corporation General Motors*)

Les plans inclinés

C'est le jour du déménagement! Avant de déplacer les meubles, tu te poses la question suivante : «Serait-il moins fatigant de soulever chacun des meubles et de les mettre dans le camion de déménagement ou de les faire glisser sur une rampe?» Une rampe est un exemple de machine très simple qu'on appelle un *plan incliné*. Faire glisser un objet sur une rampe inclinée requiert moins de force, donc moins de travail, que de le soulever à la verticale.

On trouve un plan incliné dans une boîte de vitesses manuelle. On trouve sur l'axe de fourchette des cannelures ou des crans usinés. Ces crans sont en forme de plan incliné. Ils facilitent l'embrayage de la boîte de vitesses. Avec l'expérience qui suit, nous verrons de plus près les rôles de la force et de la distance quand nous déplaçons un objet sur un plan incliné.

À toi de jouer !

Être mécaniquement incliné

Conforme aux normes de l'EDU en sciences pour la compréhension de machines simples et l'utilisation de méthodes scientifiques.

Matériel requis
- une planche d'environ 1 mètre (3,3 pieds) × 457 millimètres (1,5 pied)
- une balance à ressort
- un mètre
- un rapporteur d'angles
- un support annulaire
- un collier de serrage
- un chariot

❶ Rédige une hypothèse (une supposition éclairée) à propos de la force requise pour tirer le chariot au sommet du plan incliné dans des angles divers.

❷ Serre le collier autour de la planche et du support annulaire, comme le montre l'illustration. Place la planche à un angle de 20 degrés par rapport au support annulaire. Utilise un rapporteur d'angles pour trouver l'angle.

❸ Mesure la distance entre le bas du plan incliné et le collier de serrage sur le support annulaire.

❹ Tire le chariot vers le sommet avec la balance à ressort pour mesurer la force. Quand tu obtiens une mesure définitive sur la balance, inscris-la.

❺ Répète les étapes ci-dessus en faisant varier l'angle d'inclinaison. Utilise des angles de 40, de 60 et de 80 degrés. Note toujours les mesures obtenues.

Les résultats et l'analyse

❶ À l'aide de la formule travail = force × distance, calcule la somme de travail effectuée pour chacune des inclinaisons.

❷ Que peux-tu conclure de la somme de travail requise et de l'angle d'inclinaison?

❸ Est-ce que ton expérience t'a permis de vérifier la véracité de ton hypothèse? Vois-tu un rapport entre la force et la distance?

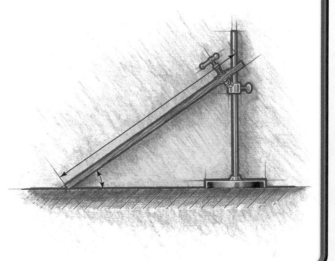

Parmi les désavantages de la boîte-pont, on peut citer :

- *L'usure des pneus avant.* Dans le cas des véhicules à traction à moteur avant, il peut se produire une usure accélérée des pneus avant.
- *L'accessibilité.* Il peut être difficile d'effectuer des réparations quand le moteur, la boîte de vitesses et le différentiel forment un bloc.

Les composants de la boîte-pont

Les composants de la boîte-pont fonctionnent de la même façon que ceux des véhicules à propulsion.

Les pignons et les trains de pignons Les pignons et les trains de pignons ressemblent à ceux qu'on utilise dans les boîtes de vitesses manuelles synchronisées des véhicules à propulsion. Toutes les vitesses de la marche avant fonctionnent au moyen de pignons à denture hélicoïdale constamment engagés. Les pignons se bloquent sur l'arbre de sortie grâce à des synchroniseurs. La marche arrière s'effectue au moyen de l'engrenage, par coulissement d'un pignon à denture droite.

On n'utilise plus le traditionnel schéma de montage qui consistait à assembler séparément l'arbre d'entrée, l'ensemble de pignons et l'arbre de sortie ainsi que les engrenages. On place plutôt des synchroniseurs sur l'arbre d'entrée ou sur l'arbre de sortie, ou encore sur les deux (*voir la figure 20-3*). Par exemple :

- La 76 MM de GM à quatre rapports place le synchroniseur du troisième et du quatrième rapports sur l'arbre d'engrenage d'entrée et le synchroniseur du premier et deuxième rapports sur l'arbre de sortie. L'**arbre d'engrenage d'entrée** est un arbre d'entrée sur lequel on a monté un ensemble de pignons.
- La RGT de Ford à quatre rapports utilise un arbre d'engrenage d'entrée d'une seule pièce. Ce concept est semblable à celui de l'ensemble de pignons de la boîte de vitesses des véhicules à propulsion. On a placé le synchroniseur des premier et deuxième rapports et le synchroniseur des troisième et quatrième rapports sur l'arbre secondaire (l'arbre de sortie).
- La RWB de Ford à cinq rapports comporte un troisième arbre qu'on nomme l'arbre d'entraînement du cinquième rapport sur lequel on a monté un synchroniseur. On obtient ainsi la configuration traditionnelle de l'ensemble de pignons sur l'arbre d'entrée.

Les synchroniseurs Les synchroniseurs sont semblables à ceux qu'on utilise dans les boîtes de vitesses manuelles des véhicules à propulsion. Certaines bagues de synchroniseur comportent de fines cannelures sur le côté intérieur de leur circonférence. Ces cannelures percent la couche de lubrifiant et entrent en contact avec les surfaces coniques des pignons afin de synchroniser la vitesse des pignons.

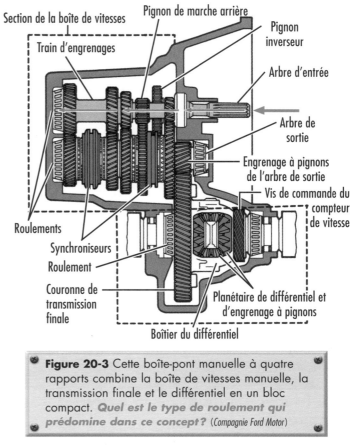

Figure 20-3 Cette boîte-pont manuelle à quatre rapports combine la boîte de vitesses manuelle, la transmission finale et le différentiel en un bloc compact. *Quel est le type de roulement qui prédomine dans ce concept ?* (Compagnie Ford Motor)

D'autres bagues de synchroniseur peuvent comporter un matériau de friction plutôt que des cannelures. Le matériau entre en contact avec la surface conique du pignon.

Les roulements Les roulements sont semblables à ceux des boîtes de vitesses manuelles des véhicules à propulsion. Plusieurs fabricants utilisent des roulements coniques aux extrémités des arbres. Ils absorbent les forces radiales et de propulsion. On règle habituellement le jeu axial au moyen de cales.

Les mécanismes de changement de vitesse Les mécanismes de changement de vitesse ressemblent à ceux des boîtes de vitesses manuelles des véhicules à propulsion. Parmi les mécanismes de changement de vitesse, on compte les verrouillages, les axes de fourchettes et les fourchettes d'embrayage. Ces composants engagent les cannelures autour de la circonférence extérieure des manchons synchroniseurs et en provoquent l'engagement et le désengagement.

Le différentiel C'est un pignon de sortie, qu'on nomme également le pignon d'arbre secondaire, qui entraîne le différentiel. On a usiné le pignon pour qu'il s'ajuste à l'arbre secondaire de la boîte de vitesses et s'engage dans la couronne du différentiel. L'**arbre secondaire** est l'arbre de sortie de la section de la boîte de vitesses dans la boîte-pont. Il s'engage dans le différentiel. Le pignon de sortie et la couronne de différentiel comportent tous deux une denture hélicoïdale. La section différentiel de la boîte-pont est quasi identique à celle d'un différentiel classique dans un véhicule à propulsion (*voir la figure 20-4*). Le boîtier du différentiel contient des pignons satellites, un axe de pignons et des planétaires de différentiel de type traditionnel.

Les joints, les commutateurs et les capteurs Ces composants sont comparables aux composants des véhicules à propulsion. On a monté les joints d'arbres d'essieu dans le boîtier d'un des deux côtés du différentiel. Ils isolent les arbres qui mènent aux joints homocinétiques intérieurs.

Le lubrifiant Il est important d'utiliser le type de lubrifiant approprié pour assurer le bon fonctionnement de la boîte-pont. Certains fabricants recommandent d'utiliser le lubrifiant pour engrenages 75W90. D'autres préfèrent des lubrifiants plus légers, comme l'huile à moteur SAE 5W30, le fluide pour boîtes de vitesses automatiques ou un lubrifiant synthétique. Consulte toujours la documentation sur l'entretien du véhicule avant d'ajouter ou de faire la vidange du lubrifiant de la boîte-pont.

Le fonctionnement de la boîte-pont manuelle

L'arbre d'entrée, cannelé au moyeu d'embrayage, transmet la puissance à la boîte de vitesses. La boîte de vitesses est au point mort quand tous les synchroniseurs sont en position centrale. Les rapports de marche avant s'engagent de la même manière que dans la boîte de vitesses manuelle traditionnelle d'un véhicule à propulsion. Quand on déplace le levier de changement de vitesse, le synchroniseur entraîne le pignon du premier, du deuxième, du troisième et du quatrième ou du

cinquième rapports à se verrouiller à l'arbre de sortie.

La **figure 20-5** illustre le flux de puissance dans chacune des positions d'une boîte-pont à cinq rapports.

Au premier rapport (**a**) :
• Le synchroniseur du troisième et du quatrième rapports demeure au point mort.
• Le synchroniseur du premier et du deuxième rapports avance.
• Le pignon du premier rapport se verrouille à l'arbre de sortie.

Le passage du premier rapport au second rapport (**b**) :
• Le synchroniseur du premier et du deuxième rapports se déplace vers l'arrière.
• Le pignon du premier rapport se déverrouille.
• Le pignon du deuxième rapport se verrouille à l'arbre de sortie.

Le passage du deuxième rapport au troisième rapport (**c**) :
• Le synchroniseur du premier et du deuxième rapports se déplace au point mort.
• Le pignon du deuxième rapport se déverrouille.
• Le synchroniseur du troisième et du quatrième rapports se déplace vers l'avant.
• Le pignon du troisième rapport se verrouille à l'arbre de sortie.

Le passage du troisième rapport au quatrième rapport (**d**) :
• Le synchroniseur du troisième et du quatrième rapports se déplace vers l'arrière.
• Le pignon du troisième rapport se déverrouille.
• Le pignon du quatrième rapport se verrouille à l'arbre de sortie. La prise est directe si l'ensemble de pignons et le quatrième rapport sont de même grandeur. Le rapport d'engrenage de prise directe est alors de 1 à 1.

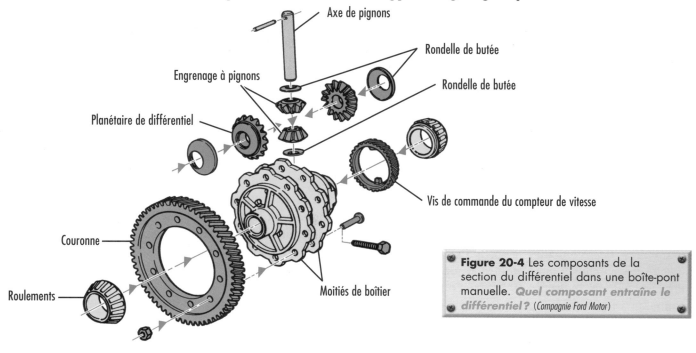

Axe de pignons

Rondelle de butée

Engrenage à pignons

Rondelle de butée

Planétaire de différentiel

Vis de commande du compteur de vitesse

Couronne

Roulements

Moitiés de boîtier

Figure 20-4 Les composants de la section du différentiel dans une boîte-pont manuelle. *Quel composant entraîne le différentiel ?* (Compagnie Ford Motor)

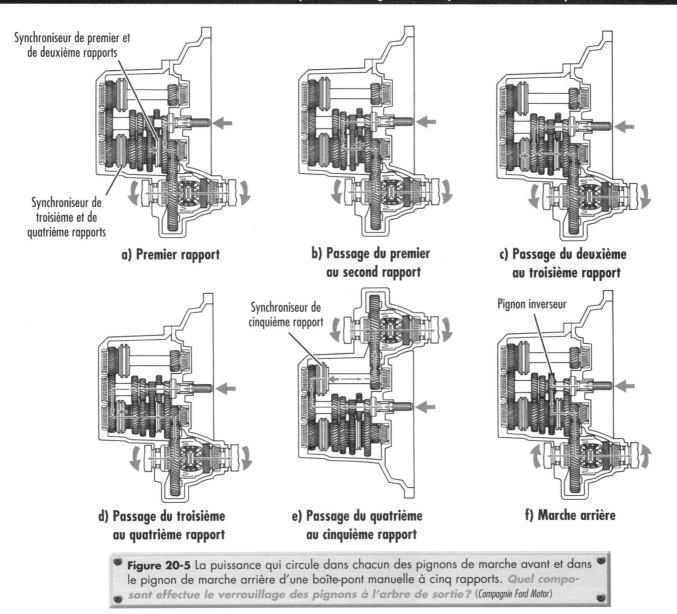

Synchroniseur de premier et de deuxième rapports

Synchroniseur de troisième et de quatrième rapports

a) Premier rapport

b) Passage du premier au second rapport

c) Passage du deuxième au troisième rapport

Synchroniseur de cinquième rapport

Pignon inverseur

d) Passage du troisième au quatrième rapport

e) Passage du quatrième au cinquième rapport

f) Marche arrière

Figure 20-5 La puissance qui circule dans chacun des pignons de marche avant et dans le pignon de marche arrière d'une boîte-pont manuelle à cinq rapports. *Quel composant effectue le verrouillage des pignons à l'arbre de sortie ?* (Compagnie Ford Motor)

Le passage du quatrième rapport au cinquième rapport (**e**) :

- Les synchroniseurs des premier et deuxième rapports ainsi que des troisième et quatrième rapports sont au point mort.
- Le pignon du quatrième rapport de l'ensemble de pignons s'engage de façon constante au pignon du cinquième rapport.
- Le synchroniseur du cinquième rapport se déplace vers l'arrière.
- Le pignon du cinquième rapport se verrouille à son arbre.

À l'autre extrémité de l'arbre, le pignon de la transmission finale s'engage de façon constante à la couronne. La puissance circule du pignon du quatrième rapport vers le pignon du cinquième rapport et l'arbre, puis du pignon à l'extrémité de l'arbre vers la couronne.

L'arbre de sortie et l'arbre du cinquième rapport comportent des pignons constamment engagés à la couronne du différentiel. Quand un arbre entraîne la couronne, l'autre arbre se déverrouille et tourne librement.

Pour engager le pignon de marche arrière (**f**) :

- Les synchroniseurs du premier, du deuxième, du troisième et du quatrième rapports se déplacent au point mort.
- Le synchroniseur du cinquième rapport se désengage.
- Le pignon inverseur se déplace vers l'arrière. Il s'engrène au pignon de marche arrière au moyen des dents sur le pourtour extérieur du synchroniseur du premier et du deuxième rapports ou sur le pignon coulissant de marche arrière de l'arbre de sortie.

La puissance circule de l'ensemble de pignons vers le pignon inverseur qui entraîne le pignon de marche arrière coulissant. Ce dernier inverse le sens de rotation de l'arbre de sortie. Le pignon entraîne la couronne en sens inverse.

La couronne du différentiel se fixe au boîtier du différentiel. Le différentiel divise le couple entre les

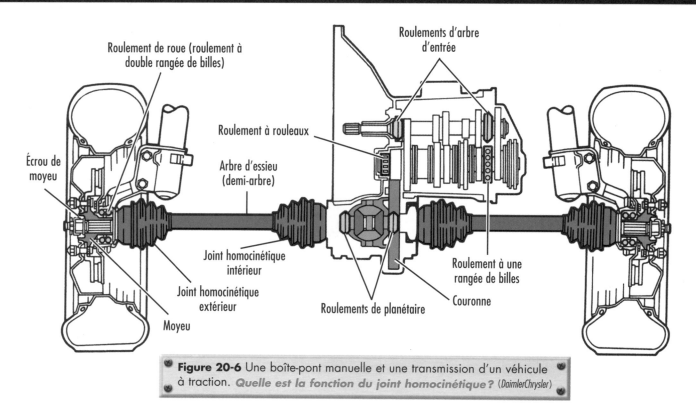

Roulement de roue (roulement à double rangée de billes)

Roulements d'arbre d'entrée

Écrou de moyeu

Roulement à rouleaux

Arbre d'essieu (demi-arbre)

Joint homocinétique intérieur

Joint homocinétique extérieur

Moyeu

Roulement à une rangée de billes

Roulements de planétaire

Couronne

Figure 20-6 Une boîte-pont manuelle et une transmission d'un véhicule à traction. *Quelle est la fonction du joint homocinétique ?* (DaimlerChrysler)

deux roues motrices. Elles peuvent ainsi parcourir des vitesses et des distances différentes dans les virages.

Les pignons latéraux du différentiel sont cannelés aux demi-arbres. Un **demi-arbre** est un petit arbre d'essieu qui raccorde le joint homocinétique intérieur au joint homocinétique extérieur (*voir la figure 20-6*). Tout comme les essieux arrière de suspension arrière indépendante, les demi-arbres comportent un joint homocinétique à chacune de leurs extrémités. Les joints facilitent le jeu de suspension et le mouvement de direction des véhicules à traction.

On a isolé chacun des joints homocinétiques de façon à conserver le lubrifiant à l'intérieur et les contaminants, à l'extérieur. Certains joints homocinétiques comportent un carter en métal, mais la plupart se trouvent dans des capuchons en caoutchouc. Un **capuchon** est l'enceinte souple de caoutchouc synthétique ou de plastique qui protège le joint homocinétique et son lubrifiant.

La tringlerie de changement de vitesse de la boîte-pont manuelle

On actionne la plupart des boîtes-ponts manuelles à l'aide de différentes formes de tringleries mécaniques ou de tringleries à câble (*voir la figure 20-7*). Dans la plupart des cas, on utilise les tringleries mécaniques ou à câble, fiables et peu coûteuses. D'un point de vue technologique et conceptuel, ces tringleries sont semblables aux tringleries utilisées dans les boîtes de vitesses manuelles des véhicules à propulsion.

Certaines tringleries comportent des vérins électroniques. Le mouvement du mécanisme de changement de vitesse active un vérin ou un solénoïde à contrôle électronique. Le vérin ou le solénoïde déplace les leviers et les fourchettes de la boîte-pont pour sélectionner le rapport.

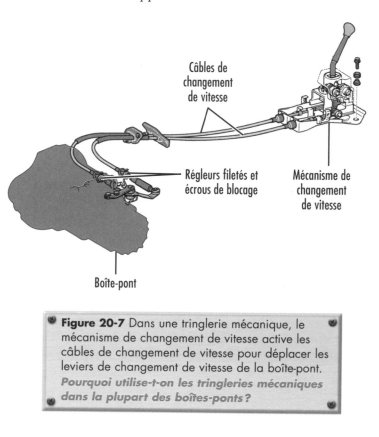

Câbles de changement de vitesse

Régleurs filetés et écrous de blocage

Mécanisme de changement de vitesse

Boîte-pont

Figure 20-7 Dans une tringlerie mécanique, le mécanisme de changement de vitesse active les câbles de changement de vitesse pour déplacer les leviers de changement de vitesse de la boîte-pont. *Pourquoi utilise-t-on les tringleries mécaniques dans la plupart des boîtes-ponts ?*

Compter les tours-moteur

T'es-tu déjà demandé pourquoi les véhicules utilitaires sport (VUS) ont de si gros pneus? La raison est simple. De plus gros pneus signifient une plus grande adhérence au sol et une réduction du nombre de tours-moteur sur une distance donnée. On mesure les pneus de VUS d'après leur diamètre et leur largeur.

La circonférence du pneu est égale à un tour du pneu. Il y a 1000 mètres dans un kilomètre et 1 000 millimètres dans un mètre. On peut résumer les faits en utilisant la formule suivante :

K = kilomètre

D = dimension du pneu en millimètres

G = rapport de démultiplication (nombre de tours-moteur/nombre de tours de pneu)

$$\frac{G \times K \times 1\,000 \times 1\,000}{D \times 3,14} = \text{nombre de tours-moteur}$$

Exemple : Supposons que les pneus de ton VUS mesurent 787 millimètres (31 pouces) × 267 millimètres (10,5 pouces). On obtient alors un rapport de démultiplication de 4 à 1. Calcule le nombre de tours-moteur dans un kilomètre.

Solution : D = 787 mm, K = 1 kilomètre
G = 4 à 1 = 4

$$\frac{4 \times 1 \times 1\,000 \times 1\,000}{787 \times 3,14} = \begin{array}{l} 1\,618,65 \text{ tours-moteur} \\ \text{(valeur arrondie à la} \\ \text{deuxième décimale)} \end{array}$$

À toi de jouer !

Conforme aux normes de l'EDU en mathématiques pour la conversion des lectures de tests et l'utilisation des formules.

❶ Imagine que tu décides de mettre sur ton VUS un pneu qui mesure 838 millimètres (33 pouces) × 317,5 millimètres (12,5 pouces). Conserve les autres variables. Calcule le nombre de tours-moteur dans un kilomètre.

❷ Le moteur du VUS devra-t-il réaliser plus de tours-moteur ou moins de tours-moteur pour parcourir la même distance? Pourquoi?

Les commutateurs et les capteurs

Dans la plupart des boîtes-ponts, on trouve plusieurs câbles de connexions. Parmi ces connexions, citons :
- le pignon du compteur de vitesse ou le raccord du capteur de vitesse du véhicule ;
- le commutateur de sécurité – point mort ;
- l'interrupteur de sûreté d'embrayage ;
- le contacteur des feux de recul.

Le pignon du compteur de vitesse ou le raccord du capteur de vitesse du véhicule Dans les anciens modèles de véhicules, un câble de compteur de vitesse se joint à un raccord de la boîte-pont. Ce raccord supporte un petit pignon mené. Dans les modèles de véhicules plus récents, ce raccord permet de fixer et d'entraîner le capteur de vitesse du véhicule. Le capteur de vitesse du véhicule envoie un signal du nombre de tours/minute au compteur de vitesse électronique, au module de gestion du groupe motopropulseur et, si le véhicule en est muni, au régulateur de vitesse. Ce raccord peut également servir d'accès pour ajouter du lubrifiant ou en vérifier le niveau.

Le commutateur de sécurité — point mort Ce commutateur se trouve sur le boîtier de la boîte-pont (*voir la figure 20-8*). Le commutateur de sécurité – point mort signale au module de gestion du groupe moto-propulseur que la boîte de vitesses est au point mort. Il peut également allumer un voyant au tableau de bord.

L'interrupteur de sécurité d'embrayage On doit désengager l'embrayage avant de pouvoir activer le démarreur. Le système électrique à faible courant du démarreur fonctionne grâce à un interrupteur de

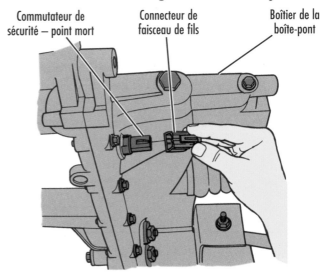

Commutateur de sécurité – point mort   Connecteur de faisceau de fils   Boîtier de la boîte-pont

Figure 20-8 Le commutateur de sécurité — point mort se trouve au bas du boîtier de la boîte-pont. *Quelle est la fonction du commutateur de sécurité — point mort?* (Compagnie Ford Motor)

sécurité d'embrayage. Cet interrupteur peut se trouver à côté du pivot d'articulation de la pédale d'embrayage ou de la tringlerie de la pédale d'embrayage. Si le véhicule comporte un régulateur de vitesse, cet interrupteur le désactivera quand on appuiera sur la pédale d'embrayage.

Le commutateur des feux de recul Ce commutateur active les feux de recul quand on met la boîte-pont en position de marche arrière.

CONSEIL TECHNIQUE **Le commutateur de sécurité – point mort** Le commutateur de sécurité – point mort se trouve dans le circuit à faible courant de démarrage du moteur. Le circuit à faible courant contrôle le relais de démarreur. Le commutateur de sécurité – point mort doit présenter le bon réglage pour empêcher le moteur de démarrer. Si le commutateur présente un mauvais réglage, il peut se produire des problèmes intermittents au démarrage.

VÉRIFIE TES CONNAISSANCES

❶ Pourquoi un fabricant d'automobiles utiliserait-il une boîte-pont plutôt que des organes de transmission traditionnels ?

❷ Qu'est-ce qu'un arbre d'engrenage d'entrée ?

❸ Quel type de dents trouve-t-on habituellement dans une couronne de boîte-pont ?

❹ Outre le fait de supporter un pignon d'attaque qui fait tourner le câble du compteur de vitesse ou du capteur de vitesse du véhicule, trouve une fonction du raccord de compteur de vitesse ou du capteur de vitesse du véhicule dans une boîte-pont manuelle.

❺ Quelle est la fonction de l'interrupteur de sécurité d'embrayage ?

Section 2

Les diagnostics, l'entretien et la réparation de la boîte-pont

Les diagnostics des problèmes d'une boîte-pont se comparent à ceux que l'on fait sur un système de transmission d'un véhicule à propulsion. Si possible, entame la démarche de diagnostic en parlant directement avec la clientèle. Tente de savoir quand et comment le problème survient. Consulte également le guide d'entretien du véhicule et les bulletins d'entretien.

Le **tableau 4-A** est un guide d'aide aux diagnostics de problèmes liés à la boîte-pont manuelle et au système de transmission d'un véhicule à traction. On y trouve plusieurs problèmes et leurs causes possibles.

CONSEIL TECHNIQUE **Les renseignements dans la base de données électronique** Au moment de diagnostiquer des problèmes de boîte-pont, consulte les renseignements qui figurent dans la base de données électronique du fabricant sur l'entretien des véhicules. Tu pourras y puiser des renseignements sur des problèmes courants, des mesures correctrices et de l'information sur les rappels de véhicules.

Des bruits dans la boîte-pont manuelle et dans la transmission

Dans un véhicule à traction, l'ensemble de la transmission se trouve à l'avant de la personne qui conduit. Les bruits de la transmission sont donc encore plus perceptibles que dans un véhicule à propulsion. Les bruits varient en fonction de la taille du véhicule, du type et de la cylindrée du moteur ainsi que de la quantité de matériau d'absorption du bruit utilisé dans la construction du véhicule.

Les bruits qui semblent provenir de la transmission pourraient, en réalité, provenir des pneus, de la chaussée, des roulements de roue, du moteur ou du système d'échappement. Les pignons de la boîte-pont font également du bruit. Pense aux composants engagés au moment où le bruit se produit. À titre d'exemple, si le bruit se produit quand le véhicule est immobile, tu ne suspecteras pas un composant du différentiel ou un roulement de roue.

Les suggestions suivantes peuvent t'aider à trouver les sources possibles de bruits qui proviennent de la boîte-pont manuelle et de la transmission :

• Demande à la ou au propriétaire du véhicule de conduire ; allez ensemble sur une route pavée, droite et en bon état afin de réduire les bruits causés par les pneus et la chaussée. Roulez suffisamment longtemps pour permettre aux lubrifiants d'atteindre leur température normale de fonctionnement.

• Note à quelle vitesse et sur quel rapport le bruit se produit. Le bruit se produit-il pendant que le véhicule est au point mort ?

• Demande à la personne au volant d'arrêter le véhicule dans un endroit sûr et de sélectionner le point mort ; écoute pour savoir si la mécanique émet un bruit quand le véhicule est à l'arrêt, et l'embrayage, engagé. Ensuite, demande-lui d'appuyer sur la pédale d'embrayage et d'embrayer ; écoute pour savoir s'il y a du bruit.

Tableau 4-A	LES DIAGNOSTICS DE LA BOÎTE-PONT MANUELLE	
Problèmes	**Causes possibles**	**Mesures correctrices**
1. Un entrechoquement des pignons quand on embraye sur un rapport de marche avant.	**a.** Réglage incorrect de l'embrayage.	**a.** Régler l'embrayage selon les caractéristiques techniques du fabricant.
	b. Disque d'embrayage monté à l'envers.	**b.** Monter le disque d'embrayage correctement.
	c. Fourchettes d'embrayage usées ou endommagées.	**c.** Vérifier la présence de dommages ou d'usure excessive et réparer ou remplacer.
	d. Synchroniseurs usés ou endommagés.	**d.** Vérifier la présence de dommages ou d'usure excessive et réparer ou remplacer.
2. Un embrayage difficile.	**a.** Mauvais lubrifiant ou manque de lubrifiant.	**a.** Vérifier le niveau du lubrifiant de la boîte de vitesses et ajouter une quantité appropriée de lubrifiant conçu à cet effet.
	b. Réglage d'embrayage incorrect.	**b.** Régler l'embrayage selon les caractéristiques techniques du fabricant.
	c. Synchroniseurs usés ou endommagés.	**c.** Vérifier la présence de dommages ou d'usure excessive et réparer ou remplacer.
	d. Mécanisme de changement de vitesse ou mécanisme de verrouillage usé ou endommagé.	**d.** Vérifier la présence de dommages ou d'usure excessive et réparer ou remplacer.
	e. Déformation externe du mécanisme de changement de vitesse.	**e.** Vérifier si la tringlerie peut bouger librement, et si les bagues et les composants sont usés.
3. Les pignons ne se désengagent pas.	**a.** Dommages externes du mécanisme de changement de vitesse.	**a.** Vérifier la présence de dommages ou d'usure excessive et réparer ou remplacer si nécessaire.
	b. Dommages internes du mécanisme de changement de vitesse ou du mécanisme de verrouillage.	**b.** Vérifier la présence de dommages ou d'usure excessive et réparer ou remplacer.
	c. Ensemble synchroniseur endommagé ou brisé.	**c.** Vérifier la présence de dommages ou la cause du blocage et remplacer si nécessaire.
4. Les pignons ne demeurent pas engagés.	**a.** Tringlerie de changement de vitesse usée ou mal réglée.	**a.** Vérifier la présence d'usure excessive et réparer ou effectuer les réglages nécessaires.
	b. Supports de moteur ou de boîte-pont mal fixés ou brisés.	**b.** Vérifier si les supports sont mal serrés, s'ils sont fendus ou brisés ou remplacer si nécessaire.
	c. Boîte-pont mal fixée sur le moteur.	**c.** Vérifier s'il manque des boulons à la boîte-pont ou s'ils sont mal serrés.
	d. Levier de vitesses au plancher plié sur la console ou sur le plancher, ou encore frottant sur le capuchon du levier.	**d.** Vérifier le jeu et la liberté de mouvement du levier de vitesses.
	e. Plaque de retenue de roulement avant mal serrée ou brisée.	**e.** Vérifier et serrer ou remplacer si nécessaire.
	f. Fourchettes d'embrayage ou crans d'arrêt de l'axe de fourchette mal serrés ou brisés.	**f.** Vérifier et serrer ou remplacer si nécessaire.
	g. Ensemble synchroniseur endommagé ou brisé.	**g.** Vérifier la présence d'usure excessive et réparer ou remplacer si nécessaire.
5. La sélection des rapports est impossible.	**a.** Ensemble levier de vitesses usé ou brisé.	**a.** Vérifier la présence de dommages ou d'usure excessive et réparer ou remplacer.
	b. La tringlerie de changement de vitesse est séparée du levier de vitesses.	**b.** Vérifier la tringlerie et réparer si nécessaire.
	c. L'embrayage ne se désengage pas.	**c.** Vérifier le fonctionnement et le réglage de l'embrayage.
	d. Pignon rayé dans la boîte-pont.	**d.** Vérifier les dommages internes et remplacer les pièces brisées.
6. Les fuites d'huile.	**a.** Trop-plein de lubrifiant dans la boîte de vitesses.	**a.** Retirer le bouchon de remplissage et laisser sortir le lubrifiant excédentaire.
	b. Arrêtoir de l'arbre d'entrée, panneau de couvercle ou boulons d'extension de carter mal serrés.	**b.** Vérifier les boulons et les attaches, et serrer si nécessaire.
	c. Boîtier fendu.	**c.** Inspecter le boîtier de la boîte de vitesses pour repérer les dommages et le remplacer s'il est fendu.
	d. Joints et bagues de l'essieu moteur usés.	**d.** Inspecter les bagues du boîtier d'essieu et les joints pour repérer l'usure excessive.
	e. Joints étanches à l'huile usés.	**e.** Remplacer les joints usés ou durcis.
	f. Tube d'aération de boîtier obstrué.	**f.** Dégager le tube d'aération en cas d'obstruction.
	g. Joints toriques usés.	**g.** Remplacer les joints toriques.

Un bruit constant Un bruit constant est un bruit qui se maintient, que le véhicule soit en vitesse ou au point mort. Le bruit pourrait également provenir des pneus ou de la chaussée. Un roulement de roue ou des joints homocinétiques usés peuvent provoquer un bruit constant.

- Un bruit causé par un pneu ou la chaussée variera selon les surfaces et les vitesses de conduite.
- Un bruit de roulement de roue ressemble à un grondement sourd. L'intensité du bruit varie quand on tourne le volant, ce qui modifie la charge appliquée sur le roulement. Certains roulements de roue défectueux peuvent émettre un bruit uniquement en virage à gauche ou à droite.
- Des joints homocinétiques usés pourraient provoquer un cognement à basse vitesse. Un mouvement excessif dans le joint peut constituer un signe d'usure.

Un claquement L'apparition d'un claquement en accélération ou en ralentissement pourrait provenir des supports de moteur ou de boîte-pont mal serrés ou brisés, d'un axe de pignons de différentiel usé ou de joints homocinétiques endommagés.

Un bruit de roulement Si les roulements fonctionnent mal, ils produiront habituellement un grondement ou un grincement. Si l'on croit qu'il s'agit d'un bris de roulement, il faut retirer et désassembler la boîte-pont. Les bruits suivants sont des bruits de roulement :

- Le bruit de roulement latéral. Les roulements latéraux de différentiel sont préchargés. La **précharge** est le processus qui permet de régler un roulement de façon à ce qu'il reçoive une quantité de pression précise. Un bruit de roulement latéral ne diminuera pas ou ne disparaîtra pas si le véhicule fonctionne et si les roues ne sont pas au sol. On peut confondre facilement le bruit qui provient de cette zone d'un bruit causé par un roulement de roue.
- Le bruit de roulement de roue. Un roulement de roue abîmé produit une vibration ou un grondement qui persiste quand le véhicule est en descente libre. Le bruit d'un roulement de roue non soumis à une charge devrait diminuer quand le véhicule fonctionne et que les roues ne sont pas au sol. L'effet Brinell sur un roulement causera un cognement ou un cliquètement après environ deux tours de roue. Le roulement est soumis à l'effet Brinell lorsqu'il a une indentation causée par une bille ou un rouleau. Pour vérifier l'effet Brinell, tu dois faire tourner les roues à la main.

Les supports de moteur et de boîte-pont Les supports permettent de fixer le moteur et la boîte-pont au châssis ou à la carrosserie du véhicule (*voir la figure 20-9*). Les supports sont habituellement fabriqués en métal et en caoutchouc. Des supports de

moteur et de boîte-pont affaiblis ou brisés peuvent causer une variété de problèmes d'embrayage et de boîte-pont. Si un support est brisé, il peut se produire un trop grand mouvement de l'ensemble moteur et boîte-pont au moment de l'accélération et du ralentissement. L'embrayage risque alors de ne pas pouvoir se désengager et provoquer ainsi l'entrechoquement des pignons. Un mouvement excessif peut faire se désengager les pignons. Un support défectueux peut également transmettre des vibrations du moteur à la carrosserie du véhicule.

Remplace le support caoutchouté s'il présente des fissures importantes dans le caoutchouc, une séparation du caoutchouc de la plaque de montage ou une division du caoutchouc. Les mouvements entre une plaque de montage en métal et ses points de fixation indiquent un mauvais serrage des attaches. Serre les écrous ou les vis au couple approprié.

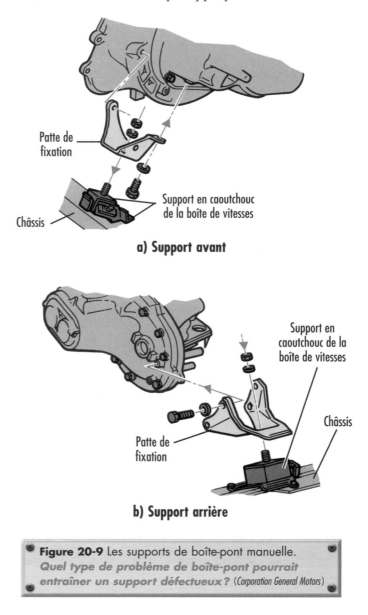

a) **Support avant**

b) **Support arrière**

Figure 20-9 Les supports de boîte-pont manuelle. *Quel type de problème de boîte-pont pourrait entraîner un support défectueux ?* (*Corporation General Motors*)

L'entretien de la boîte-pont

Un bon entretien, c'est toute la différence entre une transmission qui ne tient pas le coup et une boîte-pont en bon état de fonctionnement.

La lubrification Si l'on utilise le véhicule de façon normale, les fabricants recommandent de changer le lubrifiant contaminé seulement. Pour faire la vidange du lubrifiant, reporte-toi au guide d'entretien du véhicule afin de connaître la marche à suivre et les caractéristiques techniques du véhicule. On peut effectuer la vidange de la boîte-pont en dévissant le bouchon de vidange au fond du boîtier de la boîte-pont. Sur certains modèles, tu dois retirer un boulon de boîtier pour effectuer la vidange. Il est possible que le bouchon de vidange soit muni d'un aimant lui permettant de retenir les particules de métal. Nettoie le bouchon avant de le remettre en place.

Tu dois vérifier le niveau du lubrifiant périodiquement. Les étapes de vérification du niveau de lubrifiant de la boîte-pont par le bouchon de remplissage sont habituellement les mêmes que dans le cas de la boîte de vitesses manuelle d'un véhicule à propulsion (*voir la figure 20-10*).

Certaines boîtes-ponts manuelles ne comportent pas de bouchon de remplissage. On peut alors utiliser un bâtonnet comme indicateur de niveau de lubrifiant. Dans d'autres boîtes-ponts, on utilise le pignon du compteur de vitesse ou le raccord de capteur de vitesse du véhicule comme indicateur de niveau.

Si l'on fait une utilisation intensive d'un véhicule comme tirer une remorque, circuler hors route ou d'autres tâches exigeantes du genre, il est important de consulter le guide d'entretien du véhicule pour

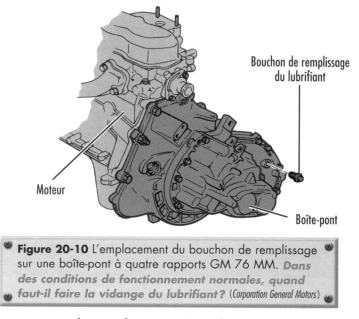

Figure 20-10 L'emplacement du bouchon de remplissage sur une boîte-pont à quatre rapports GM 76 MM. *Dans des conditions de fonctionnement normales, quand faut-il faire la vidange du lubrifiant?* (Corporation General Motors)

connaître la marche à suivre et les caractéristiques techniques.

Pour vérifier le niveau de lubrifiant de la boîte-pont:

1. Retire le câble du compteur de vitesse du pignon de compteur de vitesse ou le faisceau de fils du capteur de vitesse du véhicule.

2. Retire le capteur de vitesse ou le pignon mené de la boîte-pont (*voir la figure 20-11*).

3. Essuie le lubrifiant sur le pignon ou sur le capteur de vitesse.

4. Réinsère complètement le pignon ou le capteur de vitesse dans la boîte-pont.

5. Retire le pignon ou le capteur de vitesse et vérifie le niveau de lubrifiant.

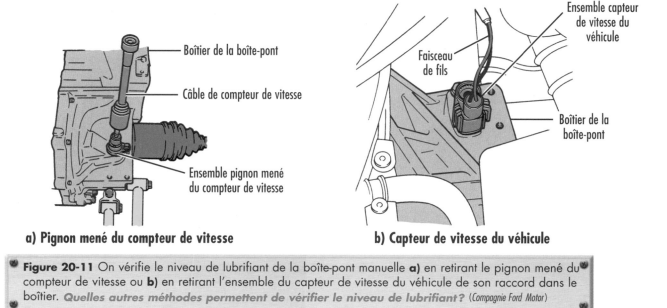

a) **Pignon mené du compteur de vitesse**

b) **Capteur de vitesse du véhicule**

Figure 20-11 On vérifie le niveau de lubrifiant de la boîte-pont manuelle **a)** en retirant le pignon mené du compteur de vitesse ou **b)** en retirant l'ensemble du capteur de vitesse du véhicule de son raccord dans le boîtier. *Quelles autres méthodes permettent de vérifier le niveau de lubrifiant?* (Compagnie Ford Motor)

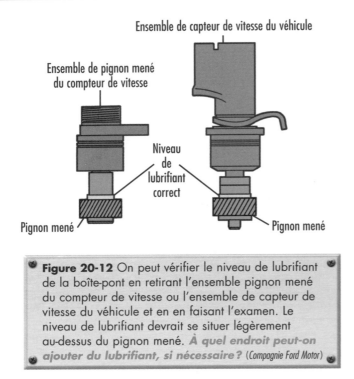

Ensemble de capteur de vitesse du véhicule

Ensemble de pignon mené du compteur de vitesse

Niveau de lubrifiant correct

Pignon mené

Pignon mené

Figure 20-12 On peut vérifier le niveau de lubrifiant de la boîte-pont en retirant l'ensemble pignon mené du compteur de vitesse ou l'ensemble de capteur de vitesse du véhicule et en en faisant l'examen. Le niveau de lubrifiant devrait se situer légèrement au-dessus du pignon mené. *À quel endroit peut-on ajouter du lubrifiant, si nécessaire?* (Compagnie Ford Motor)

Le niveau devrait se situer légèrement au-dessus du compteur de vitesse ou du pignon mené du capteur de vitesse (*voir la figure 20-12*). On ajoute le lubrifiant par le trou de fixation du pignon ou du capteur.

Le réglage de la tringlerie de changement de vitesse Il existe plusieurs modèles de tringlerie qui relient le levier de vitesses à la boîte-pont. Le modèle le plus courant pour les boîtes-ponts de véhicules à traction est la tringlerie à câble réglable. Le levier de vitesses et la tringlerie par câble peuvent faire bouger directement les tringles de commande et les leviers situés à l'intérieur de la boîte-pont (*voir la figure 20-13*).

Certains mécanismes de changement de vitesse fonctionnent à l'électricité. Le levier de vitesses fait fonctionner des interrupteurs électriques. Les interrupteurs contrôlent des vérins électriques. Les vérins se raccordent aux tringles de commande et aux arbres. Quand le vérin se déplace, il positionne les tringles de commande et les arbres dans la boîte-pont.

Les méthodes utilisées pour régler la tringlerie de changement de vitesse varient selon le modèle utilisé. Certains modèles comportent une cale d'écartement permettant de bien effectuer le changement de vitesse. Sur d'autres modèles, on peut utiliser des goupilles de positionnement ou des orifices de centrage pour établir l'emplacement de l'embrayeur. Peu importe la méthode utilisée, les pignons de la boîte-pont doivent être au point mort, et le mécanisme de changement de vitesse de la boîte de vitesses doit également être au point mort au moment d'effectuer les réglages.

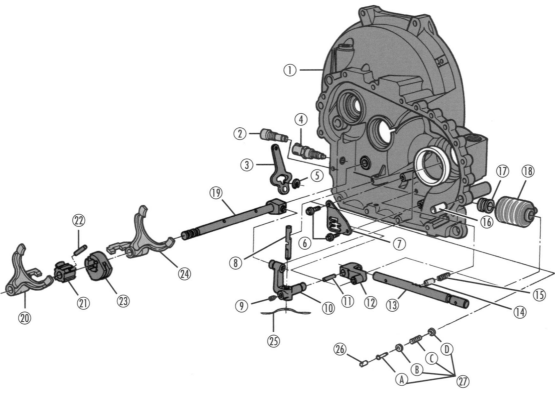

1 Carter d'embrayage
2 Pivot de levier de relais de marche arrière
3 Levier de relais de marche arrière
4 Ensemble contacteur pour feux de recul
5 Bague de retenue
6 Boulons de fixation de la plaque de sélecteur de commande
7 Plaque de sélecteur de commande
8 Axe de levier de changement de vitesse
9 Vis de l'axe de levier de changement de vitesse
10 Levier de changement de vitesse
11 Ressort
12 Bras – plaquette de commande de sélection de vitesse
13 Arbre de commande de sélection de vitesse
14 Plongeur de verrouillage d'arbre d'entrée de changement de vitesse
15 Ressort de verrouillage d'arbre d'entrée
16 Ergot d'assemblage du boîtier de boîte de vitesses et du carter d'embrayage
17 Joint
18 Capuchon
19 Axe de commande de changement de vitesse
20 Fourchette de 3e et 4e rapports
21 Sélecteur de fourchette
22 Ressort
23 Interverrouilleur de fourchette
24 Fourchette de 1re et de 2e rapports
25 Ressort diagonal de 3e et 4e rapports
26 Poussoir inhibiteur de marche arrière
27 Ressort et ensemble de retenue
    a. Goupille
    b. Rondelles (2)
    c. Ressort
    d. Bague

Figure 20-13 Un mécanisme de changement de vitesse composé de tringles, de leviers et de fourchettes dans une boîte-pont manuelle à quatre rapports. *Quel type de tringlerie de changement de vitesse trouve-t-on le plus fréquemment dans les véhicules à traction?* (Compagnie Ford Motor)

La marche à suivre type pour régler la tringlerie de changement de vitesse est la suivante :

1. Retire la goupille de retenue du carter d'arbre de sélecteur dans la boîte-pont (*voir la figure 20-14a*).

2. Tourne la goupille de retenue (pour que l'extrémité la plus longue pointe vers le bas) et insère-la dans le même trou fileté en poussant l'arbre de sélecteur dans le carter de sélecteur. Un trou dans l'arbre de sélecteur le centrera avec la goupille de retenue qui doit se visser dans le carter. L'arbre de sélecteur se verrouille ainsi en position de point mort, de premier et de deuxième rapports.

3. Retire la plaque de console, le bouton, l'écrou de blocage, le capuchon et la console.

4. Dévisse les vis de réglage de câble (*voir la figure 20-14b*).

5. Installe la broche de réglage du câble sélecteur et la broche de réglage du câble transversal.

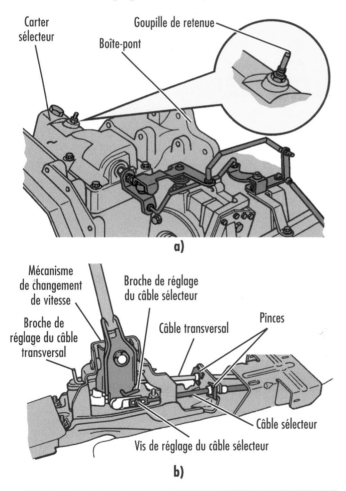

a)

b)

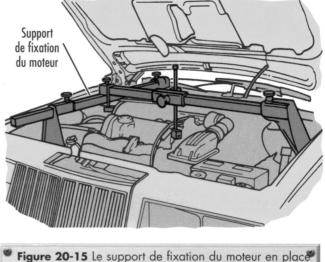

Figure 20-15 Le support de fixation du moteur en place pour maintenir le moteur pendant qu'on retire la boîte-pont du véhicule sur un cric de transmission. *Par où le cadre de support est-il relié au moteur ?* (DaimlerChrysler)

6. Utilise des pinces pour installer les raccords de câble sur les pivots à rotule. Tu dois mettre les pinces de fixation de câble par l'intérieur.

7. Applique le couple recommandé aux vis de réglage. Consulte le guide d'entretien du véhicule pour connaître la marche à suivre et les caractéristiques techniques.

8. Retire la broche de réglage du câble sélecteur et la broche de réglage du câble transversal.

9. Retire la goupille de retenue du carter sélecteur et installe-la (la plus longue extrémité vers le haut) dans le carter sélecteur. Applique le couple approprié à la goupille de retenue.

10. Place le bouton de changement de vitesse et vérifie si la boîte de vitesses se met bien sur le premier rapport et en marche arrière. Vérifie si le dispositif de verrouillage en marche arrière fonctionne bien.

Si le levier de vitesses s'engage bien dans sa grille des changements de vitesses, remets la console, le capuchon, le bouton et l'écrou de verrouillage.

Le retrait de la boîte-pont

Sur la plupart des véhicules, on retire la boîte-pont par le dessous. Sur certains véhicules, on doit retirer le moteur et la boîte-pont ensemble. D'autres modèles permettent de séparer la boîte-pont sans avoir à retirer le moteur.

Au moment de séparer la boîte-pont du moteur, tu dois faire reposer le moteur sur un support de moteur (*voir la figure 20-15*). Place le cadre du support sous le capot, au-dessus du moteur et de la transmission. Des crochets s'engageront dans les points de levage du

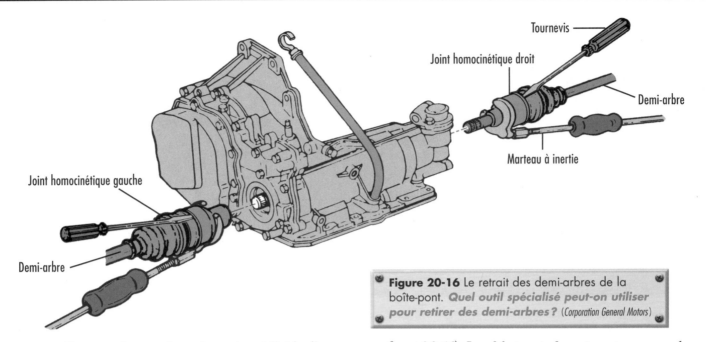

Joint homocinétique gauche

Demi-arbre

Tournevis

Joint homocinétique droit

Demi-arbre

Marteau à inertie

Figure 20-16 Le retrait des demi-arbres de la boîte-pont. *Quel outil spécialisé peut-on utiliser pour retirer des demi-arbres ?* (Corporation General Motors)

moteur. On peut alors soulever le moteur à l'aide d'un élévateur. On peut utiliser un cric de transmission pour abaisser l'ensemble boîte-pont.

Comme il existe divers types de moteurs, de carrosseries et de boîtes de vitesses, il est quasi impossible de fournir une description précise de la marche à suivre permettant de retirer une boîte-pont. Consulte le guide d'entretien du véhicule pour connaître la marche à suivre et les caractéristiques techniques.

Voici quelques points généraux concernant le retrait de la boîte-pont :

- Débranche la batterie, effectue la vidange du lubrifiant de la boîte-pont et retire le démarreur.
- Assure-toi de maintenir en place le véhicule et le moteur avant de retirer la boîte-pont.
- Retire la tringlerie, le filage et tout autre raccord visible.
- Démonte une partie de l'avant de la suspension, tel que requis. Une fois la suspension remontée, tu devras effectuer un centrage.
- Dégonfle les ressorts pneumatiques avant d'entreprendre un travail sur la suspension. Ne retire pas un ressort pneumatique ou tout composant adjacent pendant que le système est sous pression. Un interrupteur permet de désactiver le système.
- Retire les demi-arbres. On peut retirer certains demi-arbres au moyen d'un marteau à inertie (*voir la*

figure 20-16). Les fabricants fournissent une marche à suivre précise permettant de retirer les demi-arbres. Ne force pas le joint homocinétique au moment de le dégager du moyeu. Ne tire pas sur l'arbre. Il est possible que tu doives insérer des bouchons d'expédition dans les trous d'essieu ouverts pour protéger les joints étanches à l'huile. Tu devras peut-être également retirer un arbre d'essieu pendant que la boîte-pont est dans le véhicule et retirer l'autre arbre d'essieu une fois la boîte-pont retirée. Consulte le guide d'entretien du véhicule pour connaître la marche à suivre et les caractéristiques techniques. Assure-toi de bien supporter les arbres. Les joints homocinétiques ne doivent pas être l'unique support d'un essieu.

La sécurité d'abord **La sécurité personnelle** Utilise toujours un cric, de préférence un cric conçu pour le retrait de la boîte de vitesses. Enchaîne ou attache la boîte-pont au cric. Si tu as mal attaché la boîte-pont, elle pourrait tomber du cric, causer des blessures et subir des dommages.

Le démontage de la boîte-pont

Chacun des modèles de boîte-pont comporte ses propres directives de démontage. Consulte le guide d'entretien du véhicule pour connaître les directives. Si tu ne respectes pas la bonne marche à suivre, la boîte-pont pourrait subir des dommages.

Les boîtes-ponts manuelles comportent de nombreux composants (*voir la figure 20-17*). Certains petits composants peuvent être difficiles à trouver, à moins que tu y portes une attention particulière. Il est possible d'interchanger certaines rondelles de butée et

La sécurité d'abord **La sécurité personnelle** Le support de moteur n'est pas conçu pour supporter le poids du moteur en entier. Suis attentivement les directives et tiens compte des mesures de sécurité. Un support qui glisse ou qui s'effondre peut causer de graves blessures et des dommages au train de roulement.

1 Plaque-guide d'huile
2 Cale de butée
3 Roulement à billes
4 Manchon synchroniseur de 5e rapport
5 Moyeu synchroniseur de 5e rapport
6 Ressort-synchro
7 Bague-synchro
8 Pignon de 5e rapport
9 Roulement à rouleaux
10 Bague d'écartement
11 Pignon de 4e rapport
12 Manchon synchroniseur de 3e et de 4e rapports
13 Moyeu synchroniseur de 3e et de 4e rapports
14 Pignon de 3e rapport
15 Arbre de sortie
16 Rondelle de butée de 28 mm
17 Rondelle Grower de 28 mm
18 Roulement à billes
19 Joint
20 Ensemble de différentiel
21 Cale de butée de 80 mm
22 Goupille-ressort
23 Axe de pignon inverseur
24 Pignon inverseur
25 Pièce de changement de vitesse –
   5e rapport et de marche arrière
26 Goupille-ressort
27 Fourchette de 3e et de 4e rapports
28 Fourchette de 5e rapport
29 Axe de fourchette de 5e rapport
   et de marche arrière
30 Axe de fourchette de 1er et de 2e rapports
31 Fourchette de 1er et de 2e rapports
32 Rondelle
33 Patte de fixation de câble d'embrayage
34 Reniflard
35 Support de boîte de vitesses
36 Collier de serrage de faisceau
37 Commutateur de feux de recul
38 Rondelle
39 Boulon d'étanchéité
40 Boulon d'étanchéité
41 Joint
42 Bouchon de remplissage
43 Rondelle de 20 mm
44 Bouchon de vidange d'huile
45 Rondelle
46 Gouttière d'huile
47 Carter de boîte de vitesses
48 Axe guide d'embrayage
49 Interverrouilleur
50 Guide d'embrayage
51 Bille d'acier
52 Bras sélecteur
53 Support de bras
54 Cale de butée
55 Ressort de rappel
56 Rondelle
57 Ressort
58 Bague
59 Plaque de retenue de roulement
60 Rondelle de sécurité
61 Aimant
62 Bille d'acier
63 Ressort
64 Boulon du ressort
65 Guide de la tringle de commande de vitesse
66 Rondelle Grower
67 Fourchette de marche arrière
68 Bille d'acier
69 Plaque de reniflard
70 Goupille
71 Joint antipoussière
72 Carter d'embrayage
73 Joint
74 Joint

75 Tringle de commande
   de vitesse
76 Capuchon
77 Plaque-guide
78 Roulement à rouleaux
79 Arbre intermédiaire
80 Rondelle
81 Roulement à aiguilles
82 Pignon de 1er rapport
83 Amortisseur à friction
84 Bague-synchro
85 Ressort

86 Moyeu synchroniseur
   de 1er et de 2e rapports
87 Manchon synchroniseur
   de 1er et de 2e rapports
   et de marche arrière
88 Bague-synchro
89 Amortisseur à friction
90 Bague d'espacement
91 Roulement à aiguilles
92 Pignon de 2e rapport
93 Pignon de 3e rapport
94 Pignon de 4e rapport

95 Pignon de 5e rapport
96 Roulement à billes
97 Jonc de blocage
98 Rondelle Grower
99 Écrou de blocage

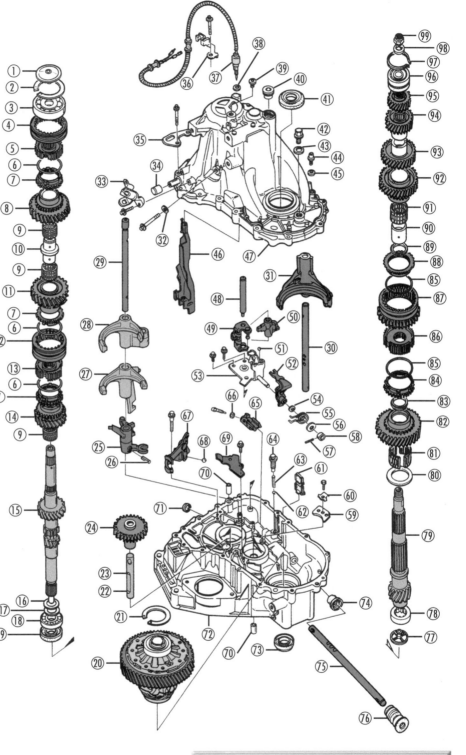

Figure 20-17 Les composants de la boîte-pont manuelle à cinq rapports. *Pourquoi est-il important de respecter la marche à suivre propre au modèle de boîte-pont à démonter ?* (*Compagnie American Honda Motor*)

EXCELLENCE AUTOMOBILE
COMMUNICATION

La justification des coûts de réparation

T'est-il déjà arrivé d'être surprise ou surpris par le total de la facture après avoir fait réparer ton véhicule? Jusqu'à un certain point, la hausse des coûts de réparation est semblable à celle des autres prix dans l'économie. Toutefois, les progrès technologiques sont aussi responsables d'une part de l'augmentation des coûts de réparation. Les progrès technologiques ont nécessité l'intégration de systèmes plus complexes dans les véhicules modernes.

Bien que la majorité de la clientèle accepte le coût des pièces, elle ne comprend cependant pas pourquoi le coût de la main-d'œuvre est si élevé. La clientèle n'est pas nécessairement au courant du travail que la réparation implique. Elle ignore le travail de préparation nécessaire avant d'entreprendre la réparation. Elle ignore également que les fabricants donnent des directives précises pour le démontage, le remontage, les vérifications et les tests. Toutes ces étapes représentent un temps considérable.

En plus d'avoir les compétences pour réparer les véhicules, tu dois aussi détenir des compétences pour justifier le coût des réparations. Pour t'expliquer clairement, tu dois connaître les étapes de préparation, de réparation, de vérifications et de tests. Quand tu auras fourni des explications claires à tes clientes ou clients, ils comprendront mieux les facteurs qui influent sur le coût des réparations.

À toi de jouer !

Conforme aux normes de l'EDU en communication pour l'adoption de stratégies de communication, l'organisation de l'information, la prise de notes, l'ordre de déroulement et la transmission de l'information.

❶ Divise une feuille de papier en trois sections horizontales. Intitule la section du haut «Préparation», la section du centre «Directives du fabricant» et la section du bas «Vérifications et tests».

❷ Choisis l'une des sections de ce chapitre: Le retrait de la boîte-pont; Le démontage de la boîte-pont; L'inspection des composants internes; Le montage de la boîte-pont; La mise en place de la boîte-pont.

❸ Lis la section choisie et rédige tes notes sous les titres appropriés.

❹ À l'aide de tes notes, prépare une présentation orale qui explique à un client, par exemple, pourquoi le travail est exigeant et, par le fait même, coûteux. Tu peux aussi détailler tes explications en utilisant des illustrations. Tu peux enfin présenter des exemples puisés dans ta propre expérience.

❺ Demande à une ou un camarade de classe ou à un membre de ton équipe de jouer le rôle du client afin d'évaluer la clarté de ton explication.

---

de butée d'espacement. On les sélectionne d'après leur grandeur et leur épaisseur. La pièce retirée n'est peut-être pas la bonne à remettre. Les instructions de démontage feront mention de ces pièces et fourniront aussi, parfois, un tableau de sélection de remplacement pour ces pièces.

Il est possible que tu doives marquer certains articles pour faciliter le remontage: les moyeux synchroniseurs, les chemins de roulement et les composants de changement de vitesse, à titre d'exemple.

Fais preuve de prudence quand tu retires les attaches d'une enveloppe ou d'une pièce moulée en alliage. Les alliages peuvent être assez mous pour subir des dommages si l'on y exerce trop de pression. Si une attache filetée est difficile à tourner ou qu'elle abîme le filetage, marque le trou à réparer. Répare le filetage à l'aide de la trousse de réparation de filetage avant de procéder au remontage.

Les mesures des jeux critiques figurent habituellement dans la marche à suivre. On peut mesurer ces jeux à l'aide d'une jauge d'épaisseur à lames, d'un micromètre et d'un comparateur à cadran.

L'inspection des composants internes

L'inspection des composants et la vérification des jeux font partie de l'étape de démontage. Tu dois vérifier chacun des composants pour repérer l'usure anormale ou les dommages. Tu dois comparer les jeux à ceux que l'on trouve dans le guide d'entretien du véhicule.

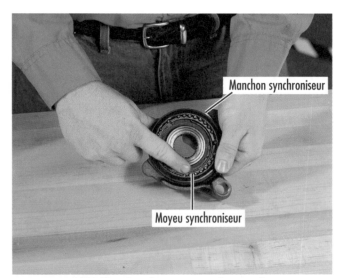

a) Vérification du moyeu et du manchon

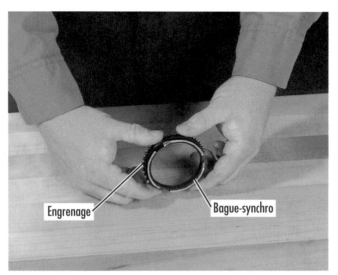

b) Vérification de l'usure de la couronne

c) Mesure du jeu entre la bague synchro et l'engrenage

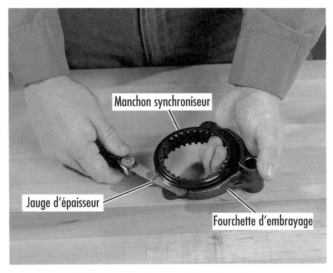

d) Mesure du jeu manchon-fourchette

Figure 20-18 La vérification des synchroniseurs pour l'usure et les jeux. *Pourquoi marque-t-on les moyeux et les manchons ?* (Jack Holtel)

Pour inspecter les composants internes :

1. Inspecte le boîtier de la boîte-pont et le boîtier du carter d'embrayage pour repérer l'usure et les dommages des alésages de rotules et des filetages.

2. Inspecte le boîtier de la boîte-pont et le boîtier du carter d'embrayage pour repérer des fissures. Des imperfections de l'alliage de pièces moulées peuvent ressembler à des fissures. Si tu suspectes une fissure, effectue un essai par ressuage en utilisant une solution spécialement conçue à cet effet.

3. Vérifie le tube d'aération du boîtier pour t'assurer qu'il n'est pas obstrué.

4. Inspecte le boîtier de la boîte-pont et les surfaces de contact du carter d'embrayage pour repérer les entailles et les bavures. Ces dernières pourraient causer un décentrage des deux moitiés. Élimine toute imperfection au moyen d'une fine pierre ou d'une lime.

5. Inspecte les roulements qui supportent les pignons et le différentiel.

6. Vérifie si les dents du synchroniseur sont usées, ou si la surface de cône est endommagée (*voir la figure 20-18*). Un arrondissage normal des dents ne devrait pas perturber le bon fonctionnement de la boîte-pont.

7. Vérifie chacun des synchroniseurs pour t'assurer qu'ils se déplacent librement sur le moyeu. Les moyeux et les manchons portent des repères de montage. Assure-toi que les marques sont bien alignées. Vérifie la position des ressorts d'insertion.

8. Inspecte les bagues de blocage du synchroniseur pour repérer les marques d'usure sur la cannelure et le dos. Des signes d'usure indiqueraient que la bague était assise sur le pignon. Vérifie la surface interne (les cannelures ou la surface de friction) pour repérer l'usure ou le polissage qui empêcherait la bague d'être en prise avec la surface conique du pignon.

9. Inspecte le couvercle du levier de changement de vitesse, les axes de fourchettes, les crans d'arrêt et le mécanisme de verrouillage pour voir si des pièces sont brisées, usées ou manquantes. Il peut être difficile de repérer ces problèmes.

10. Vérifie tous les engrenages pour voir si des dents sont brisées ou s'il y a des fêlures ou des rayures. Un morceau de dent brisée fera du bruit s'il entre en contact avec la surface polie de la dent.

11. Vérifie la bague du pignon inverseur pour voir si elle a subi des dommages ou si elle est très usée. Vérifie l'usure de l'axe du pignon inverseur. L'axe ne devrait pas être encavé ou rayé. Il est normal que le devant des dents du pignon inverseur soit usé. L'usure ne nuit pas au fonctionnement du pignon.

12. Vérifie les dents, les cannelures et les tourillons de l'arbre de sortie pour repérer les dommages et l'usure anormale.

13. Inspecte toute face surfacée qui entre en contact avec un joint. Si la surface est légèrement rainurée, le fait de la polir pourrait faire disparaître la rainure. Si la rainure est trop profonde, tu dois remplacer le composant.

14. Enlève le boulon de retenue et retire l'axe de pignons satellites. Fais tourner les planétaires de différentiel et fais sortir les pignons et les rondelles du boîtier. Inspecte les composants, en particulier l'axe de pignon et les rondelles de butée pour repérer l'usure, les échancrures ou des marques d'altération.

Le montage de la boîte-pont

Le remontage de la boîte-pont consiste habituellement à inverser les étapes de démontage. Toutefois, on doit remonter la boîte-pont en respectant les étapes indiquées dans le manuel d'entretien du véhicule.

Il est important de consulter le manuel d'entretien. Non seulement le manuel te guidera-t-il dans la démarche de montage, mais il te fournira également des caractéristiques techniques importantes comme :
• les mesures des cales et des rondelles de butée ;
• le remplacement des joints et des garnitures ;
• le liquide antifuite requis ;
• les caractéristiques de couple ;
• des vérifications de fonctionnement pratiques qui doivent être réalisées au cours du remontage, comme le jeu des entre-dents des planétaires de différentiel et la précharge des roulements latéraux.

Il est important de se conformer à la démarche proposée dans le manuel pour assurer le bon fonctionnement de la boîte-pont après le remontage.

Le jeu des entre-dents des planétaires de différentiel La plupart des fabricants ont des méthodes bien définies pour mesurer les jeux critiques et effectuer les réglages. Plusieurs fabricants proposent d'utiliser un comparateur à cadran pour mesurer le jeu des entre-dents (*voir la figure 20-19*). Avant de mesurer, fais tourner les planétaires de différentiel sur au moins un tour complet, pour t'assurer qu'ils sont bien assis. Si le jeu des entre-dents n'est pas conforme aux caractéristiques techniques, tu peux utiliser des rondelles de butée à interchangeabilité sélective, des cales, un manchon ou une collerette filetée pour régler le jeu.

La précharge des planétaires de différentiel La précharge des planétaires de différentiel se mesure en newtons-mètre (livres-pied) au moyen d'une clé dynamométrique et d'un outil spécial qui permet de serrer l'axe de pignon (*voir la figure 20-20*).

Mets la boîte-pont sur le côté et attache-la solidement. L'outil spécial se rend dans l'ouverture de l'arbre d'essieu. Il mesure la précharge de roulement

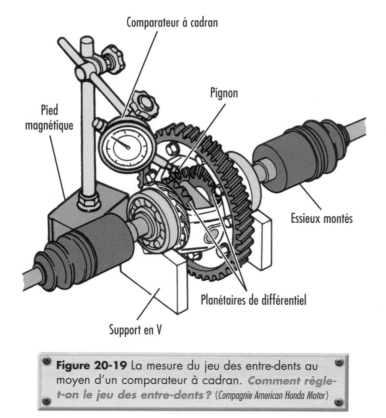

Comparateur à cadran

Pignon

Pied magnétique

Essieux montés

Planétaires de différentiel

Support en V

Figure 20-19 La mesure du jeu des entre-dents au moyen d'un comparateur à cadran. *Comment règle-t-on le jeu des entre-dents ?* (Compagnie American Honda Motor)

en calculant le couple requis pour faire tourner le boîtier de différentiel.

Si la précharge de roulement latéral ne correspond pas aux caractéristiques techniques, tu peux la régler avec des cales. L'épaisseur de cale est habituellement de 0,05 millimètre (0,002 pouce). Une variation de 0,05 mm fait augmenter ou diminuer la précharge d'environ 0,3 à 0,4 N.m (2,6 à 3,5 lb-pi). Le guide d'entretien du véhicule fournira des illustrations détaillées, des tableaux et des photographies permettant de te guider dans ta démarche.

La mise en place de la boîte-pont

Avant de mettre en place la boîte-pont, vérifie d'abord si elle fonctionne bien. Engage les rapports et tourne l'arbre d'entrée à la main. L'effort requis pour tourner l'arbre devrait augmenter quand tu passes à un rapport supérieur.

Respecte les recommandations du fabricant pour la mise en place de la boîte-pont. Voici quelques points généraux sur la mise en place de la boîte-pont :
- Avant de soulever la boîte-pont sur le cric de transmission, regarde le jeu et détermine ce que tu dois faire pour mettre la boîte-pont en position. Assure-toi que les fils, les câbles, les demi-arbres, la tringlerie de changement de vitesse et l'échappement ne gênent pas.
- Utilise des axes de guidage pour centrer la boîte-pont et le moteur.
- Si la boîte de vitesses ne se joint pas bien au moteur, ne force rien. De plus, tu ne dois pas mettre les boulons du carter d'embrayage et appliquer le couple. Tu dois plutôt rabaisser la boîte-pont au plancher. Trouve la cause du problème et apporte les corrections nécessaires.
- Manipule les demi-arbres avec soin. Il est important de respecter les consignes du fabricant pour éviter d'endommager les demi-arbres et les joints homocinétiques. Ne tire pas sur un demi-arbre ou ne le laisse pas suspendu uniquement par le joint. Tu dois lui assurer un support suffisant.

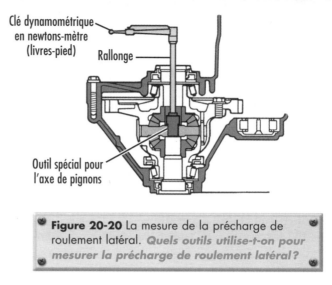

Clé dynamométrique en newtons-mètre (livres-pied)
Rallonge
Outil spécial pour l'axe de pignons

Figure 20-20 La mesure de la précharge de roulement latéral. *Quels outils utilise-t-on pour mesurer la précharge de roulement latéral ?*

- La marche à suivre précise permettant de remettre en place le berceau du châssis ou le faux-châssis varie d'un fabricant à l'autre. Certains véhicules de DaimlerChrysler et de GM nécessitent un ordre prédéterminé pour mettre en place et appliquer le couple aux attaches du faux-châssis afin de maintenir un bon alignement. D'autres fabricants utilisent des axes de guidage qui centrent le berceau de transmission avant d'appliquer le couple aux attaches. Il est important de consulter le manuel d'entretien fourni par le fabricant pour obtenir les directives appropriées.
- Au moment de remonter la suspension, assure-toi de bien respecter la marche à suivre et les caractéristiques techniques pour le remplacement des pièces et des valeurs de couple. Par exemple, pour les véhicules Ford, le fabricant énumère les ferrures de verrouillage et à couple limité requis pour remonter les composants de la suspension avant.
- Une fois la boîte-pont en place, remplis-la avec la quantité appropriée de lubrifiant.
- Règle la tringlerie de changement de vitesse, et cela, même si tu as bien respecté le marquage de position.

VÉRIFIE TES CONNAISSANCES

❶ Détermine trois causes possibles d'un claquement assez bruyant dans la boîte-pont.

❷ Quel son émet un roulement défaillant ?

❸ Quel est le nom des arbres d'essieu qui transmettent le couple de la boîte-pont aux roues motrices ?

❹ Si l'on peut retirer la boîte-pont sans avoir à retirer le moteur, qu'est-ce qui supporte le moteur pendant la réparation ?

❺ Précise les deux actions à éviter quand on manipule des demi-arbres.

RÉVISION DU CHAPITRE 20

Notions importantes

Ces notions sont conformes aux normes du MFCUO pour la transmission et les essieux d'une boîte de vitesses manuelle : diagnostics et réparations de la boîte-pont manuelle.

- La boîte-pont procure des avantages quant à la répartition du poids et à l'utilisation de l'espace.
- Tu peux diagnostiquer les problèmes d'une boîte-pont manuelle à l'aide des tableaux de diagnostics du fabricant.
- Tu dois régler la tringlerie de changement de vitesse selon les méthodes précisées par le fabricant.
- Il existe des lubrifiants de boîte-pont de divers calibres.
- Le retrait et la mise en place de la boîte-pont nécessitent souvent le retrait de composants du châssis, de la suspension et du boîtier de direction.
- Tu peux utiliser un support de moteur pour soutenir le moteur quand tu retires la boîte-pont.
- Les techniciens devraient respecter la marche à suivre pour trouver et remplacer les pièces usées et endommagées.
- Pour mesurer les pièces qui nécessitent des jeux ou des précharges précises, on utilise une jauge d'épaisseur à lames, un micromètre ou un comparateur à cadran.

Questions de révision

1. De quoi la boîte-pont est-elle composée ?
2. Au moment de régler la tringlerie de changement de vitesse, que contrôle le réglage du levier de vitesses ?
3. Qu'est-ce qui raccorde les planétaires de différentiel aux demi-arbres ?
4. Quel interrupteur indique que la conductrice ou le conducteur a débrayé ?
5. Où vérifie-t-on le niveau de lubrifiant de la boîte-pont ?
6. Au moment de l'inspection des composants internes d'une boîte-pont, que dois-tu vérifier ?
7. Comment la précharge d'un roulement latéral se règle-t-elle ?
8. **Pensée critique** Une boîte de vitesses manuelle traditionnelle bloque l'arbre d'entrée à l'arbre de sortie pour une prise directe (1 à 1). Comment obtient-on un rapport de 1 à 1 dans une boîte-pont manuelle ?
9. **Pensée critique** Pour faire un bon diagnostic d'un problème de boîte-pont, il est important de trouver la source d'un bruit anormal. Comment peux-tu différencier un bruit causé par les pneus ou la chaussée d'un bruit de roulement ?

PRÉVISIONS TECHNOLOGIQUES
POUR L'EXCELLENCE EN MATIÈRE D'AUTOMOBILE

Un changement de vitesse amélioré

Un véhicule à boîte de vitesses manuelle peut être moins coûteux, consommer moins de carburant et procurer un grand plaisir de conduite. Toutefois, ce changement de vitesse manuel ne plaît pas à tout le monde. Pour plusieurs, il est désagréable d'avoir à gérer la pédale d'embrayage en plus de la pédale d'accélérateur. Ils préfèrent mettre simplement le mécanisme de la boîte de vitesses automatique en marche et partir.

Un nouveau type de boîte manuelle pourrait faciliter le changement de vitesse. Il utiliserait un changement de vitesse par câblage plutôt que par les composants de tringlerie traditionnelle. Ce nouveau concept signifie que le levier de vitesses ne se raccordera pas mécaniquement à la boîte de vitesses. De petits moteurs électriques effectueraient les changements de vitesses commandés par le levier de vitesses.

Comme il y aurait un module de commande permettant de contrôler les changements de vitesses,

les pignons ne produiraient aucun bruit au cours de mauvais changements de vitesses.

Le module de commande pourrait aussi protéger la boîte de vitesses des dommages durant les rétrogradations à trop grande vitesse. Il bloquerait tout simplement les plus faibles rapports. Ce type de module de commande pourrait même éliminer le besoin d'un embrayage activé manuellement. Un module de commande pourrait activer l'embrayage dès que la personne qui conduit effectue un changement de rapport.

Les automobiles munies de ces boîtes de vitesses conserveraient le charme de conduite que procurent les automobiles à boîtes de vitesses manuelles. Ces nouvelles boîtes de vitesses pourraient aussi avoir une meilleure durée de vie. Elles pourraient s'engager en mode automatique dans les zones de circulation dense ou de construction. Les commandes électroniques réduiraient considérablement l'usure causée par de mauvaises habitudes de la conduite manuelle.

EXCELLENCE AUTOMOBILE
TEST PRÉPARATOIRE

En répondant aux questions suivantes, tu pourras te préparer aux tests en vue d'obtenir la certification du MFCUO.

1. Le propriétaire d'un véhicule à traction est préoccupé par l'usure excessive des pneus avant. La technicienne A dit que ce type d'usure est normal pour un véhicule à traction et qu'il faut faire une permutation régulière des pneus. Le technicien B dit que les pneus présentent un problème. Qui a raison ?
   - ⓐ La technicienne A.
   - ⓑ Le technicien B.
   - ⓒ Les deux ont raison.
   - ⓓ Les deux ont tort.

2. Le technicien A dit que, au moment de faire la vérification du niveau de lubrifiant de boîte-pont manuelle, il faut retirer le raccord du capteur de vitesse du véhicule et regarder les repères indicatifs. La technicienne B dit que la boîte-pont est scellée en permanence. S'il n'y a pas de fuite, le niveau est bon. Qui a raison ?
   - ⓐ Le technicien A.
   - ⓑ La technicienne B.
   - ⓒ Les deux ont raison.
   - ⓓ Les deux ont tort.

3. On peut régler le jeu des entre-dents au moyen :
   - ⓐ de cales.
   - ⓑ d'un manchon ou d'une collerette filetée.
   - ⓒ de rondelles de butée à interchangeabilité sélective.
   - ⓓ Toutes ces réponses sont bonnes.

4. Un véhicule émet un bruit uniquement en virage à droite. La technicienne A dit que le bruit provient des roulements de l'arbre d'engrenage d'entrée ou de l'arbre de sortie. Le technicien B dit que le bruit provient des roulements de carter de différentiel. Qui a raison ?
   - ⓐ La technicienne A.
   - ⓑ Le technicien B.
   - ⓒ Les deux ont raison.
   - ⓓ Les deux ont tort.

5. Quand tu embrayes, il se produit un fort claquement et la boîte de vitesses se désengage. Le technicien A dit que c'est un signe d'usure de l'embrayage. La technicienne B dit que c'est un support de moteur ou de boîte-pont qui est brisé. Qui a raison ?
   - ⓐ Le technicien A.
   - ⓑ La technicienne B.

   - ⓒ Les deux ont raison.
   - ⓓ Les deux ont tort.

6. Au moment du retrait d'une boîte-pont manuelle, un demi-arbre est en suspension dans le différentiel. La technicienne A dit de consulter le manuel d'entretien pour connaître les directives à suivre. Le technicien B dit de simplement secouer le demi-arbre pour le retirer. Qui a raison ?
   - ⓐ La technicienne A.
   - ⓑ Le technicien B.
   - ⓒ Les deux ont raison.
   - ⓓ Les deux ont tort.

7. Au moment du retrait d'un demi-arbre dans une boîte-pont, tu devrais :
   - ⓐ assurer le support du demi-arbre grâce aux joints universels.
   - ⓑ retirer le jonc de blocage externe de la boîte-pont.
   - ⓒ consulter le guide sur l'entretien du véhicule.
   - ⓓ t'assurer que la boîte-pont est en marche arrière.

8. Quand tu mesures le jeu des entre-dents d'un planétaire de différentiel, tu mesures le jeu entre :
   - ⓐ le pignon de l'arbre de sortie et la couronne.
   - ⓑ les pignons satellites et l'axe de pignon.
   - ⓒ les pignons satellites et la couronne.
   - ⓓ Toutes ces réponses sont bonnes.

9. Les pignons d'une boîte-pont manuelle s'entre-choquent, et le changement de vitesse est difficile avant que la mécanique ait atteint sa température normale de fonctionnement. Le problème vient probablement :
   - ⓐ de l'usure des synchroniseurs.
   - ⓑ de l'utilisation d'un mauvais lubrifiant.
   - ⓒ d'un manque de lubrifiant.
   - ⓓ d'un mauvais réglage de l'embrayage.

10. Au moment de remettre en place la boîte-pont, le technicien A dit que les marques repères sur la tringlerie doivent être centrées pour que le levier de changement de vitesse fonctionne bien. La technicienne B dit qu'il faut toujours régler la tringlerie de changement de vitesse. Qui a raison ?
    - ⓐ Le technicien A.
    - ⓑ La technicienne B.
    - ⓒ Les deux ont raison.
    - ⓓ Les deux ont tort.

Diagnostic et réparation des organes de transmission d'un véhicule à traction

Tu seras en mesure :

- de décrire le fonctionnement d'un joint homocinétique ;
- de décrire la fonction des joints homocinétiques intérieurs et extérieurs ;
- de déceler les symptômes courants te permettant de diagnostiquer des problèmes de joints homocinétiques ;
- de retirer et de démonter un joint homocinétique ;
- de décrire la différence entre les demi-arbres de longueurs égale et inégale.

Le vocabulaire :

Joint homocinétique

Joint homocinétique à cannelure entrecroisée

Joint homocinétique déporté double

Joint Rzeppa

Joint homocinétique tripode

Roulement de roue

Le problème

Durant ses vacances, Simon Veilleux conduisait sa voiture à traction, quand il a entendu un bruit de cliquètement ou d'éclatement qui provenait de l'avant du véhicule. Il a remarqué que le bruit survenait chaque fois qu'il effectuait un virage. Le bruit n'est pas très fort, mais il peut l'entendre clairement quand la fenêtre du côté du volant est ouverte.

À l'exception de ce bruit, la voiture roule bien et ne présente pas de problème de direction. Il n'y a pas de vibrations ou d'autres symptômes. Son véhicule n'a pas subi récemment une réparation de frein, de pneu, de direction ou de suspension.

Ton défi

À titre de technicienne ou de technicien, tu dois répondre aux questions suivantes :

1. Quels sont les composants des organes de transmission qui pourraient causer de tels bruits ?

2. Comment dois-tu inspecter ces composants ?

3. Quels types de réparations crois-tu devoir effectuer ?

Section 1

Les joints homocinétiques

Un **joint homocinétique** est un joint universel conçu pour assurer l'égalité des vitesses de rotation des arbres d'entrée et de sortie. On trouve des joints homocinétiques aux deux extrémités des demi-arbres. Le joint homocinétique intérieur raccorde le demi-arbre à la boîte-pont. Le joint homocinétique extérieur raccorde le demi-arbre à la roue motrice.

La conception des joints homocinétiques intérieurs est différente de celle des joints homocinétiques extérieurs. Chacun des joints accomplit une fonction distincte. Le joint homocinétique intérieur est conçu pour plonger et ressortir. La longueur du groupe motopropulseur doit varier pour suivre le mouvement de la suspension (*voir la figure 21-1*). Le joint homocinétique extérieur est fixe et n'a pas la capacité de plonger. Le joint extérieur effectue également des déplacements de plus de 45 degrés pour suivre la trajectoire des roues avant.

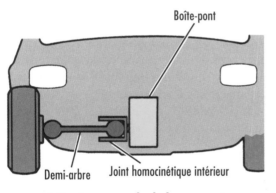

a) Hauteur normale de la suspension

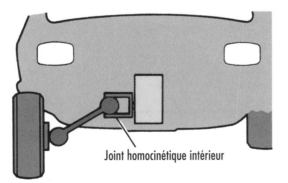

b) Suspension et demi-arbre en extension

Figure 21-1 Le joint homocinétique intérieur plonge et ressort de façon à modifier la longueur d'une partie de l'ensemble de transmission. *Pourquoi certains composants de l'ensemble de transmission varient-ils en longueur?* (Corporation General Motors)

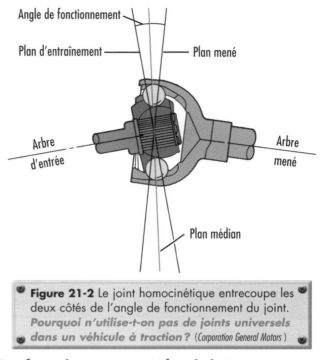

Figure 21-2 Le joint homocinétique entrecoupe les deux côtés de l'angle de fonctionnement du joint. *Pourquoi n'utilise-t-on pas de joints universels dans un véhicule à traction?* (Corporation General Motors)

Le fonctionnement des joints homocinétiques

Les joints homocinétiques ont la même fonction dans un véhicule à traction que les joints universels dans un véhicule à propulsion. Ils permettent à l'angle de l'arbre d'entraînement de suivre le mouvement de la suspension. Un joint homocinétique permet à l'arbre du plan d'entraînement et à l'arbre du plan mené de maintenir la vitesse même s'ils présentent un angle l'un par rapport à l'autre (*voir la figure 21-2*). On nomme cet angle «angle de fonctionnement».

Les joints homocinétiques intérieurs et extérieurs ne fonctionnent pas dans un même angle quand on braque les roues. Les roues d'une traction forment un angle de fonctionnement beaucoup plus grand pour le joint extérieur. Si on utilisait des joints universels, il y aurait des problèmes de vibrations. Grâce aux joints universels, les vitesses de l'arbre d'entrée et de l'arbre mené varient en fonction de l'augmentation de l'angle de fonctionnement. Les joints homocinétiques maintiennent une vitesse constante de l'arbre d'entrée et de l'arbre de sortie, ce qui évite l'émission de vibrations.

Le joint joue le rôle d'une paire de pignons coniques. Cependant, les joints homocinétiques transmettent le couple par l'intermédiaire de billes ou de rouleaux plutôt que par l'intermédiaire de pignons. L'arbre mené peut ainsi tourner à la même vitesse que l'arbre d'entrée, quel que soit l'angle du joint.

Les joints homocinétiques Rzeppa

Le joint homocinétique le plus utilisé est le joint Rzeppa. Un **joint Rzeppa** (on prononce reh-ZEP-ah)

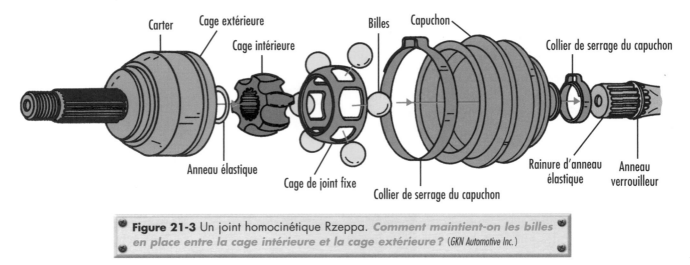

est un joint homocinétique muni de six billes d'acier en cage situé entre un chemin intérieur et un chemin extérieur dans un carter de joint. Chacune des billes a sa propre piste. Une cage qui flotte entre le chemin intérieur et le chemin extérieur (*voir la figure 21-3*) maintient les billes en place. Les billes transmettent le couple de l'arbre d'entrée à l'arbre mené.

Les pistes dans les cages intérieure et extérieure forment un arc. Ces pistes arquées gardent les billes au centre du joint. C'est à ce point central que les deux côtés de l'angle du joint s'entrecoupent.

Le joint homocinétique extérieur dans la plupart des véhicules à traction est un joint Rzeppa. Le joint homocinétique extérieur est fixe et non plongé. Les joints Rzeppa peuvent travailler dans des angles de direction qui dépassent les 45 degrés. La timonerie de direction est munie d'arrêtoirs permettant de limiter les angles de braquage. Les roues ne dépassent jamais l'angle de fonctionnement maximal du joint homocinétique extérieur.

Un capuchon en caoutchouc prévient la contamination du joint. On maintient le capuchon en place au moyen de colliers de serrage en métal. Un *anneau élastique* maintient le joint en place à l'extrémité du demi-arbre. L'anneau élastique se referme sur le joint de façon à le fixer à l'arbre. L'anneau élastique doit demeurer ouvert au moment d'installer le joint sur le demi-arbre. Une petite encoche sur la face de la cage intérieure permet d'accéder à l'anneau élastique.

La cage intérieure est cannelée dans le but de s'accoupler aux cannelures du demi-arbre. Un anneau élastique sur le demi-arbre sert d'arrêtoir au moment de la mise en place du joint.

Les joints homocinétiques à cannelure entrecroisée

Un **joint homocinétique à cannelure entrecroisée** est une variante compacte du joint homo-cinétique Rzeppa. Contrairement au joint Rzeppa, qui est fixe, le joint à cannelure entrecroisée est un joint plongé. On l'utilise fréquemment dans les véhicules européens. On l'utilise dans les cas d'espace restreint. Un joint à cannelure entrecroisée peut plonger jusqu'à 52 millimètres (2 pouces) et présenter des angles de fonctionnement qui peuvent atteindre les 22 degrés.

Les composants internes sont les mêmes que dans un joint Rzeppa. On trouve six billes retenues par une cage flottante entre les chemins intérieur et extérieur. Les cannelures des chemins intérieur et extérieur sont plus angulaires que celles du joint Rzeppa. Un anneau élastique maintient le chemin intérieur cannelé sur le demi-arbre. Un anneau élastique sur le demi-arbre sert d'arrêtoir au chemin (*voir la figure 21-4*).

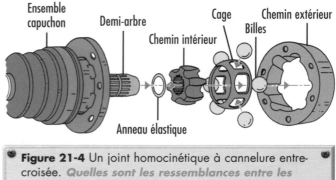

Les joints homocinétiques déportés doubles

Le **joint homocinétique déporté double** est une variante du joint Rzeppa qui comporte un chemin de roule-ment de forme cylindrique (*voir la figure 21-5*). Le chemin extérieur comprend de longues pistes droites pour la circulation des billes. Les billes et le demi-arbre peuvent ainsi plonger durant les mouvements de la suspension.

On utilise le joint déporté double quand la suspension doit effectuer de grands débattements.

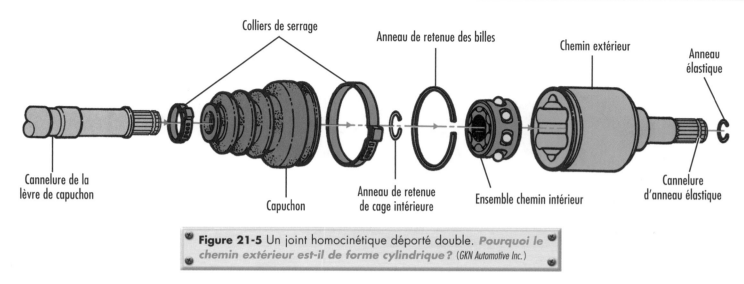

Figure 21-5 Un joint homocinétique déporté double. *Pourquoi le chemin extérieur est-il de forme cylindrique ?* (*GKN Automotive Inc.*)

Ce joint offre une meilleure plongée et un meilleur angle de braquage. Il peut supporter une plongée qui peut aller jusqu'à 55 millimètres (2,1 pouces) et des angles de fonctionnement qui atteignent les 24 degrés.

Les joints homocinétiques tripodes

Le **joint homocinétique tripode** est différent des autres joints homocinétiques. Il s'agit d'un joint homocinétique dont un composant nommé croisillon permet de diviser l'angle du joint (*voir la figure 21-6*). Les trois axes du croisillon donnent une forme tripode. Une distance de 120 degrés sépare chacun des axes. Tous les axes comportent des roulements à aiguilles et des billes à rouleaux qui s'insèrent dans un tourillon. Les roulements se déplacent contre les pistes ou les cannelures dans un carter extérieur en forme de tulipe. Les dimensions et la forme de la tulipe limitent les déplacements angulaires du joint.

L'ensemble croisillon ou *tripode* comporte un croisillon, un roulement à aiguilles et de billes à rouleaux. Il remplace les billes et la cage qu'on trouve dans les autres joints homocinétiques. Ce type de joint est plus facile à fabriquer et moins coûteux.

On utilise les joints tripodes comme joints intérieurs et extérieurs des véhicules à traction. On utilise des joints tripodes extérieurs fixes sur quelques véhicules importés. Sur plusieurs véhicules américains et importés, on utilise les joints tripodes comme joints plongés.

Dans le cas d'un joint extérieur, on soude le croisillon dans le carter extérieur. Une tulipe à trois bras engage les roulements à aiguilles. On soude la tulipe à l'extrémité extérieure du demi-arbre. Une petite butée à ressort au centre du joint maintient la tulipe en position.

Il est possible de démonter un joint tripode extérieur pour l'inspecter. Comme la tulipe fait partie du demi-arbre, une défaillance du joint nécessite le remplacement du demi-arbre.

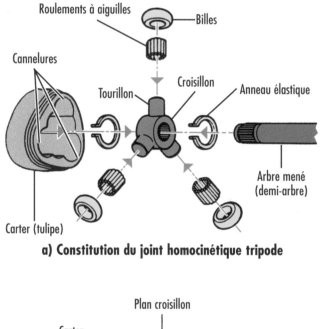

a) Constitution du joint homocinétique tripode

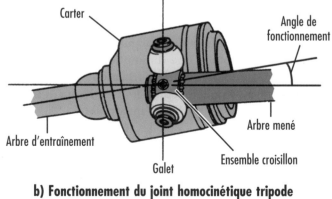

b) Fonctionnement du joint homocinétique tripode

Figure 21-6 Un joint homocinétique tripode. **a)** Un joint tripode comporte un croisillon et des roulements à aiguilles. **b)** Le plan croisillon divise l'angle de fonctionnement du joint. *De quoi se compose l'ensemble tripode ?* (*Corporation General Motors*)

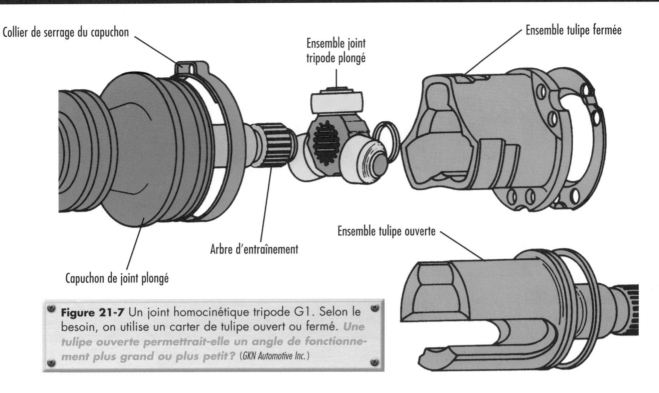

Collier de serrage du capuchon

Ensemble joint tripode plongé

Ensemble tulipe fermée

Arbre d'entraînement

Capuchon de joint plongé

Ensemble tulipe ouverte

Figure 21-7 Un joint homocinétique tripode G1. Selon le besoin, on utilise un carter de tulipe ouvert ou fermé. *Une tulipe ouverte permettrait-elle un angle de fonctionnement plus grand ou plus petit?* (GKN Automotive Inc.)

On trouve plusieurs types de joints tripodes plongés intérieurs.

Les joints du type G1 Les joints du type G1 peuvent comporter un carter de tulipe ouvert ou fermé. La tulipe ouverte assure un plus grand angle de fonctionnement du joint. Sur le tripode, on trouve des roulements à rouleaux sphériques. C'est un anneau élastique qui retient le tripode à l'extrémité du demi-arbre (*voir la figure 21-7*).

Les joints à rouleaux Les joints tripodes à rouleaux comportent un carter de tulipe fermé. Sur le tripode, on utilise des roulements à double rouleau. Cette façon de faire réduit les bruits et les vibrations.

Les joints à aiguilles On trouve sur le tripode des coussinets de roulements à aiguilles plutôt que des rouleaux. On obtient une diminution de la résistance de plongée ainsi qu'un renforcement du joint. Le roulement à aiguilles réduit le tremblement de la transmission sous une charge maximale.

Les joints à billes Les joints tripodes à billes comportent des roulements à billes sur le tripode. Le corps du roulement à billes remplace les coussinets du joint à roulements à aiguilles. La résistance de plongée de ce type de joint est extrêmement faible.

Le capuchon du joint homocinétique

Tous les joints homocinétiques sont recouverts d'un capuchon en caoutchouc souple étanche. Le capuchon se fixe au carter d'arbre et de joint grâce à des colliers de serrage ou des anneaux métalliques (*voir la figure 21-8*). Le capuchon contient la graisse pour le joint. Il protège également le joint contre les contaminants comme la poussière et l'eau.

La plupart des capuchons sont en caoutchouc de néoprène synthétique, mais certains sont en plastique de polyuréthane ou en silicone. Tous les capuchons sont ondulés pour leur permettre de fléchir quand l'angle de fonctionnement varie. Les ondulations permettent également la compression et l'extension du capuchon durant la plongée et la sortie du joint intérieur.

Les capuchons doivent être en très bon état. Ils sont vulnérables aux dommages causés par les températures extrêmes (froides et chaudes) ainsi qu'au vieillissement et aux risques routiers. Les capuchons en caoutchouc peuvent durcir et devenir cassants. L'apparition de craquelures causera des fuites de graisse et l'infiltration de contaminants. Un capuchon en mauvais état peut provoquer la défaillance du joint. Il est donc important de les inspecter régulièrement.

Les joints homocinétiques requièrent une graisse spéciale qui résiste à des températures et à des pressions élevées. La graisse est conçue pour durer aussi longtemps que le joint. Aucun entretien n'est requis, sauf en cas de défaillance ou de remplacement du joint.

La graisse est fournie avec les capuchons de remplacement. Il ne faut jamais utiliser de graisse de châssis ou de tout autre usage pour des joints homocinétiques.

Le diagnostic et l'entretien des joints homocinétiques

Les joints homocinétiques devraient durer aussi longtemps que le véhicule. Ces joints s'usent avec le temps. L'usure augmente le dégagement entre les composants internes du joint. Les composants peuvent se frapper durant l'accélération et le ralentissement. Il peut se produire une fatigue du métal, des craquelures, de l'écaillage, des piqûres et des bris. Des charges par à-coups sur le joint, comme un claquement de la pédale d'embrayage, une conduite exigeante et d'autres abus peuvent également provoquer une défaillance prématurée du joint.

Les joints homocinétiques extérieurs s'usent plus rapidement que les joints homocinétiques intérieurs. Les joints extérieurs présentent des angles de fonctionnement supérieurs. Les problèmes surviennent huit à dix fois plus fréquemment sur les joints extérieurs que sur les joints intérieurs.

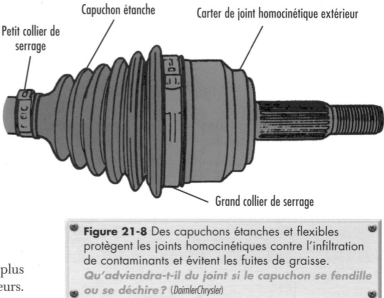

Capuchon étanche

Carter de joint homocinétique extérieur

Petit collier de serrage

Grand collier de serrage

Figure 21-8 Des capuchons étanches et flexibles protègent les joints homocinétiques contre l'infiltration de contaminants et évitent les fuites de graisse. *Qu'adviendra-t-il du joint si le capuchon se fendille ou se déchire ?* (DaimlerChrysler)

CONSEIL TECHNIQUE **La prévention des dommages aux joints homocinétiques** Des charges par à-coups peuvent gravement endommager des joints homocinétiques. Il est donc important de ne jamais utiliser de clé à chocs pour retirer, mettre en place ou serrer l'écrou de moyeu sur un demi-arbre de véhicule à traction. Il vaut mieux utiliser une poignée articulée ou une clé dynamométrique pour ces types de tâches.

Parmi les symptômes d'usure des joints homocinétiques, on trouve :
- Des bruits de claquement ou de cliquètement dans les virages. Il s'agit du symptôme le plus courant d'usure des joints Rzeppa. Un joint usé ne fait habituellement pas de bruit en ligne droite. Il peut émettre des cliquètements dans les virages. Le bruit peut s'amplifier en marche arrière ou au moment du braquage des roues. Le bruit provient d'un dégagement excessif entre les billes, la cage, les pistes et les chemins.
- Un cognement au moment de l'accélération ou du ralentissement. Ce bruit provient d'un joint homocinétique intérieur usé. Le même bruit peut provenir d'un trop grand jeu entre les dents dans l'engrenage différentiel. Si le cognement est sourd

en marche arrière, il s'agit probablement d'un joint homocinétique intérieur qui est usé.
- Des vibrations au moment de l'accélération. Ce symptôme indique souvent l'usure d'un joint homocinétique intérieur. Des symptômes semblables peuvent provenir de supports du moteur ou de supports de la boîte-pont mal serrés ou usés, ou encore de problèmes internes de la boîte-pont.
- Des ronflements ou des grondements qui varient selon la vitesse du véhicule. Il peut s'agir d'un joint homocinétique intérieur usé. La plupart du temps, le problème provient d'un roulement de roue défaillant, d'un roulement d'arbre intermédiaire usé ou d'un bruit de roulement intérieur de la boîte-pont.

Le retrait et le démontage des joints homocinétiques

Si un joint homocinétique est bruyant, tu dois le remplacer. Si un capuchon fait défaut, tu dois retirer le joint homocinétique, puis le démonter pour inspection. Tu ne peux pas savoir si les composants sont en bon état sans procéder à une inspection visuelle.

Le retrait du joint homocinétique La marche à suivre pour retirer un joint homocinétique peut varier selon l'emplacement et le type de joint homocinétique.

La sécurité d'abord **La sécurité matérielle** N'utilise pas le moteur pour faire tourner les roues si elles ne touchent pas le sol, à moins que les bras de réglage inférieurs ne soient supportés afin de maintenir un angle normal du groupe motopropulseur. Si tu fais tourner les roues avec la suspension non supportée, les joints homocinétiques fonctionneront à des angles plus élevés que la normale et pourraient subir des dommages.

CONSEIL TECHNIQUE **Ne jamais réutiliser les capuchons.** Les capuchons protègent les joints homocinétiques contre l'infiltration de contaminants externes et les fuites de graisse. Les capuchons deviennent cassants avec le temps ; tu dois toujours les remplacer quand tu fais l'entretien des joints homocinétiques. Tu dois également remplacer la graisse en place sur le joint par la graisse que le fabricant t'a fournie avec le capuchon de remplacement.

Assure-toi de respecter la marche à suivre propre au type de joint que tu dois retirer.

Pour retirer un joint homocinétique Rzeppa extérieur du demi-arbre :

1. Retire les colliers de serrage du capuchon et retire le capuchon ou coupe-le.

2. Essuie la graisse sur la base de la cage intérieure pour vérifier s'il y a un anneau élastique encastré.

3. S'il n'y a pas d'anneau élastique, utilise une massette à embouts plastiques doux pour dégager le joint du demi-arbre (*voir la figure 21-9*). Une massette à embouts plastiques risque moins d'endommager le demi-arbre. S'il y a un anneau élastique, utilise des pinces pour maintenir l'anneau ouvert pendant que tu dégages le joint à l'extrémité du demi-arbre.

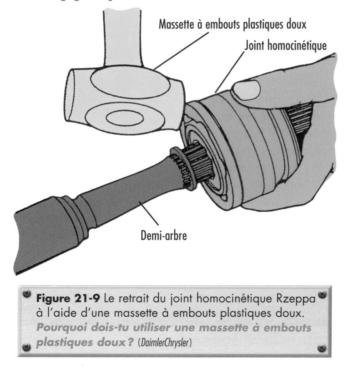

Massette à embouts plastiques doux

Joint homocinétique

Demi-arbre

Figure 21-9 Le retrait du joint homocinétique Rzeppa à l'aide d'une massette à embouts plastiques doux. *Pourquoi dois-tu utiliser une massette à embouts plastiques doux ?* (*DaimlerChrysler*)

Pour retirer d'un demi-arbre un joint tripode à cannelure entrecroisée ou déporté double intérieur, tu dois :

1. Retirer ou couper l'ancien capuchon.

2. Placer des repères pour marquer la position du carter extérieur par rapport au tripode. Tu dois remonter le tripode dans la même position.

3. Faire sortir le carter extérieur en le glissant prudemment (*voir la figure 21-10*).

4. Retirer le collier de serrage à l'extrémité de l'arbre et frapper sur le tripode pour le dégager de l'arbre. Sur certains véhicules, ce ne sont pas les anneaux élastiques qui retiennent les roulements à rouleaux sur le tripode. Pour éviter la chute des roulements à rouleaux, mets du ruban adhésif autour du tripode pour le maintenir en place.

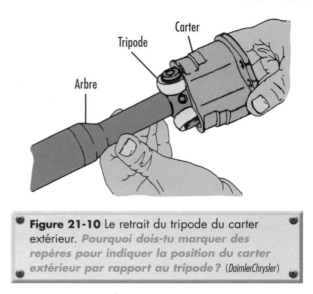

Carter

Tripode

Arbre

Figure 21-10 Le retrait du tripode du carter extérieur. *Pourquoi dois-tu marquer des repères pour indiquer la position du carter extérieur par rapport au tripode ?* (*DaimlerChrysler*)

Le démontage du joint homocinétique Rzeppa Marque la position des billes, de la cage et des chemins, avant de procéder au démontage du joint. On a usiné ces composants pour répondre à des tolérances précises. Ils développent des formes uniques à l'usure du joint. Si on utilise le joint de nouveau, on doit placer les composants dans les mêmes positions les uns par rapport aux autres.

Il n'est pas recommandé d'utiliser les composants internes d'autres joints. Le dégagement ne sera pas approprié entre les composants. Un dégagement insuffisant peut causer des déformations, une plus grande friction et une usure prématurée. Un dégagement excessif pourra engendrer des bruits et des dommages.

La sécurité d'abord

La sécurité matérielle Si tu utilises un tournevis ou un autre outil en métal pour retirer les billes du joint, assure-toi de ne pas rayer la surface des billes, des chemins ou de la cage. Tu devrais pouvoir libérer les billes en appliquant une légère pression. Tu dois éviter de mettre trop de pression. Tout dommage pourrait causer une usure accélérée et une défaillance prématurée du joint.

En général, la marche à suivre pour le démontage du joint Rzeppa est la suivante :

1. Retire les colliers de serrage du joint homocinétique et enlève le capuchon (*voir la figure 21-11a*).

2. Vérifie la graisse pour repérer la présence de particules ou d'autres contaminants. Si le capuchon est intact, les particules ou les autres contaminants indiquent une usure des composants du joint homocinétique (*voir la figure 21-11b*).

3. Incline la cage intérieure d'un côté en la poussant vers le bas, ou insère un goujon ou un gros tournevis dans l'ouverture de l'arbre et utilise

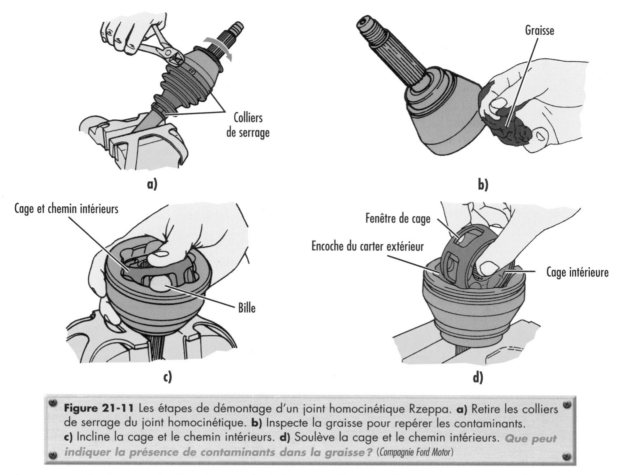

Figure 21-11 Les étapes de démontage d'un joint homocinétique Rzeppa. **a)** Retire les colliers de serrage du joint homocinétique. **b)** Inspecte la graisse pour repérer les contaminants. **c)** Incline la cage et le chemin intérieurs. **d)** Soulève la cage et le chemin intérieurs. *Que peut indiquer la présence de contaminants dans la graisse ?* (Compagnie Ford Motor)

l'outil comme un levier pour incliner la cage (*voir la figure 21-11c*). Retire une bille à la fois.

4. Fais ressortir la cage et le chemin intérieurs. Aligne deux des fenêtres de la cage avec les encoches du carter extérieur. Fais sortir la cage et le chemin de roulement du carter (*voir la figure 21-11d*).

5. Retire le chemin intérieur de la cage en tournant les côtés, puis fais glisser un des bras par la fenêtre de la cage.

L'inspection des joints homocinétiques

Dans le cas des joints Rzeppa à cannelure entre-croisée et déportés doubles, tu dois inspecter les éléments suivants :

• Un trop grand jeu des billes. Chacune des billes devrait bien s'insérer dans sa fenêtre de cage. Un trop grand jeu indique de l'usure et le risque d'apparition de bruits. La présence d'embrèvements, de bosses, d'usure ou de craquelures dans les fenêtres de cage nécessite le remplacement du joint.

• Des billes usées ou endommagées. Il est normal qu'il y ait de petites piqûres. Cependant, une trop grande présence de piqûres, de craquelures ou d'écaillage nécessite le remplacement du joint.

• Des chemins intérieurs ou extérieurs endommagés. La présence d'une certaine usure est normale. Des

bosses, des embrèvements, des rugosités ou des craquelures nécessitent le remplacement du joint.

• Dans le cas des joints tripodes intérieurs, inspecte l'état des roulements de tripode et les pistes de roule-ment dans le carter de tulipe extérieur. La présence d'usure excessive, de bosses, d'embrèvements ou de craquelures nécessite le remplacement du joint. Les roulements devraient bien tourner, sans à-coups.

Le remontage des joints homocinétiques

Si l'inspection ne montre pas de dommages ou d'usure excessive, tu peux remonter le joint homo-cinétique et le remettre en place. La marche à suivre pour le remonter consiste habituellement à inverser les étapes de démontage. Consulte le guide d'entre-tien du véhicule pour connaître la marche à suivre et les caractéristiques techniques.

Assure-toi que tu as placé tous les composants internes comme ils l'étaient avant le démontage. Utilise les repères que tu as marqués au moment du démontage.

Remplis le joint de nouvelle graisse. Consulte le guide d'entretien du fabricant pour connaître la quantité et le type de graisse à appliquer. Une trop grande quantité de graisse peut créer une pression interne qui peut provoquer le déchirement du capuchon.

Les devis de réparation

Les devis de réparation peuvent varier d'un atelier à l'autre. Au moment de remplir le devis, les techniciens doivent considérer les facteurs suivants:
- le taux horaire et les heures de travail;
- le coût des pièces disponibles;
- les taxes de vente applicables;
- les frais de matières dangereuses.

Tu as reçu le devis de réparation qui suit. On y présente, séparément, le coût de la main-d'œuvre et le coût des pièces. Tu remarqueras qu'on n'a pas calculé la taxe sur les produits et services (T.P.S.) de 7% et la taxe de vente de l'Ontario de 8%. On calcule les taxes de 7 et de 8% en multipliant le coût total de la portion de facture taxable par 0,07 et

0,08. On ajoute les frais de matières dangereuses une fois la taxe de vente calculée.

À toi de jouer !

Conforme aux normes de l'EDU en mathématiques pour l'addition et la multiplication de décimales et de nombres entiers.

❶ À combien s'élève la taxe de vente ?

❷ Quel est le montant total taxable ?

❸ Ajoute les frais de matières dangereuses. Quel est le coût total du devis de réparation ?

DEVIS DE RÉPARATION

Non taxable

Quantité	Article	Description	Prix unitaire	Montant
2	litres	Lubrifiant	4,50 $	9,00 $
1	chacun	Volant réusiné	50,00	50,00
5,6	heures	Travail	75,00	420,00
1	chacun	Joint d'arbre d'entrée	7,50	7,50
			Total non taxable	486,50 $

Taxable

Quantité	Article	Description	Prix unitaire	Montant
1	chacun	Roulement-guide (nouveau)	21,00 $	21,00 $
1	chacun	Butée de débrayage (nouvelle)	34,00	34,00
1	chacun	Couvercle d'embrayage (réusiné)	126,00	126,00
1	chacun	Disque d'embrayage (réusiné)	52,00	52,00
1	chacun	Joint d'arbre d'entrée	10,50	10,50
			Total partiel	243,50 $
			Taxe sur les produits et services	
			Taxe de vente de l'Ontario	
			Total taxable	

Sommaire du devis de réparation	Total non taxable	486,50 $
	Total taxable	
	Frais pour matières dangereuses	
	Total	

La mise en place des joints homocinétiques

Pour placer le joint homocinétique sur un demi-arbre :

1. Glisse le collier de serrage et un nouveau capuchon sur le demi-arbre.

2. Sur l'extérieur des joints Rzeppa, mets un nouvel anneau élastique à l'extrémité du demi-arbre.

3. Utilise une massette à embouts plastiques pour insérer le joint sur le demi-arbre et faire en sorte que l'anneau élastique bloque le joint en place (*voir la figure 21-12*).

Dans le cas des joints homocinétiques maintenus par un anneau élastique :

1. Glisse le collier de serrage et un nouveau capuchon sur le demi-arbre.

2. Maintiens l'anneau élastique ouvert pendant que tu fais glisser le joint sur le demi-arbre.

3. Relâche l'anneau pour qu'il se referme en place. Assure-toi qu'il est bien assis dans la cannelure de l'arbre.

Le trou cannelé des joints intérieurs tripodes à cannelure entrecroisée ou déportés doubles a un côté biseauté. Ce côté doit faire face au demi-arbre lorsqu'on met la cage sur le demi-arbre.

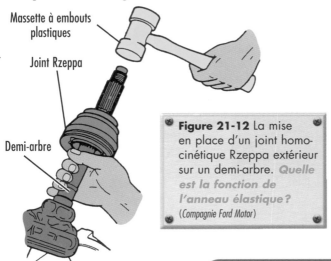

Figure 21-12 La mise en place d'un joint homocinétique Rzeppa extérieur sur un demi-arbre. *Quelle est la fonction de l'anneau élastique ?* (*Compagnie Ford Motor*)

Massette à embouts plastiques

Joint Rzeppa

Demi-arbre

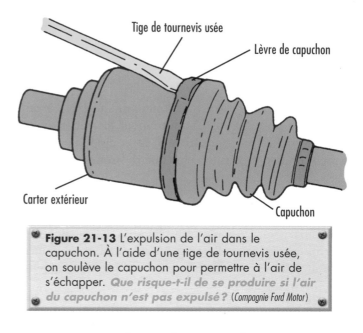

Tige de tournevis usée

Lèvre de capuchon

Carter extérieur

Capuchon

Figure 21-13 L'expulsion de l'air dans le capuchon. À l'aide d'une tige de tournevis usée, on soulève le capuchon pour permettre à l'air de s'échapper. *Que risque-t-il de se produire si l'air du capuchon n'est pas expulsé ?* (*Compagnie Ford Motor*)

La mise en place du capuchon

On peut mettre le capuchon en place une fois le joint homocinétique bien engagé. Consulte le guide d'entretien du véhicule pour connaître la marche à suivre et les caractéristiques techniques.

La marche à suivre générale pour mettre en place un capuchon est la suivante :

1. Introduis la graisse restante dans le capuchon.

2. Tire le capuchon au-dessus du carter extérieur. Positionne les lèvres du capuchon dans les cannelures du carter et du demi-arbre.

3. Expulse l'air du capuchon (*voir la figure 21-13*). Insère une tige de tournevis usée sous la grande lèvre du capuchon. Soulève doucement la lèvre pour que l'air puisse sortir du capuchon. Assure-toi que le capuchon est en position normale (non tordu ou avec des ondulations affaissées).

4. Installe et serre les colliers de serrage ou les anneaux de retenue. Consulte le guide d'entretien du véhicule pour connaître la marche à suivre et les caractéristiques techniques.

VÉRIFIE TES CONNAISSANCES

❶ Pourquoi n'utilise-t-on pas de joints universels standards dans les véhicules à traction ?

❷ De quelle façon le joint homocinétique élimine-t-il les variations de vitesse et les vibrations ?

❸ Quels sont les quatre principaux types de joints homocinétiques ?

❹ Pourquoi les joints homocinétiques extérieurs s'usent-ils plus rapidement que les joints homocinétiques intérieurs ?

❺ Quel symptôme courant présente un joint homocinétique extérieur usé ? Quels symptômes présente un joint homocinétique intérieur usé ?

Section 2

Les demi-arbres des véhicules à traction

Les véhicules à traction fonctionnent grâce à une paire de demi-arbres qui entraînent les roues avant. Les demi-arbres transmettent le couple d'entraînement de la boîte-pont à chacune des roues avant.

La conception des demi-arbres

On peut utiliser de l'acier plein, des tubes d'acier ou un matériau composite dans la fabrication des demi-arbres. Selon l'emplacement de la boîte-pont et du moteur, les demi-arbres peuvent être de longueurs égales ou inégales.

Certains véhicules à traction comportent un moteur disposé de façon longitudinale. La boîte-pont est centrée sur le châssis. Les deux demi-arbres peuvent être de longueurs égales. Dans plusieurs cas, les demi-arbres d'égales longueurs sont interchangeables.

La plupart des véhicules à traction ont un moteur disposé de façon transversale. Il peut y avoir un *arbre intermédiaire* qui raccorde la boîte-pont au demi-arbre (*voir la figure 21-14a*). L'arbre intermédiaire permet aux demi-arbres droit et gauche d'être de la même longueur.

Un roulement supporte l'extrémité extérieure de l'arbre intermédiaire. L'extrémité extérieure se raccorde au demi-arbre grâce à un joint tripode. L'extrémité intérieure se raccorde à la boîte-pont par l'intermédiaire d'un joint de cardan ou d'un joint homocinétique Rzeppa. Ces joints assurent le mouvement de la suspension tandis que la boîte-pont demeure immobile.

Certaines dispositions transversales ne comportent pas d'arbre intermédiaire. La position de la boîte-pont fait en sorte que le demi-arbre droit doit être plus long que le demi-arbre gauche. L'extrémité intérieure de chacun des demi-arbres se raccorde à la boîte-pont grâce à un joint tripode. L'extrémité extérieure se raccorde à la fusée de direction grâce un joint Rzeppa (*voir la figure 21-14b*).

Le braquage dû au couple Des demi-arbres de longueurs inégales peuvent provoquer l'attirance du véhicule dans une direction au moment d'une accélération brusque. Il s'agit d'un *braquage dû au couple*. L'attirance survient quand le couple du moteur se transmet à la suspension et aux demi-arbres.

Le mouvement de la timonerie de direction et de la suspension permet à la roue munie du demi-arbre court d'effectuer un pincement supérieur à celui de la roue munie du demi-arbre long. En même temps, le

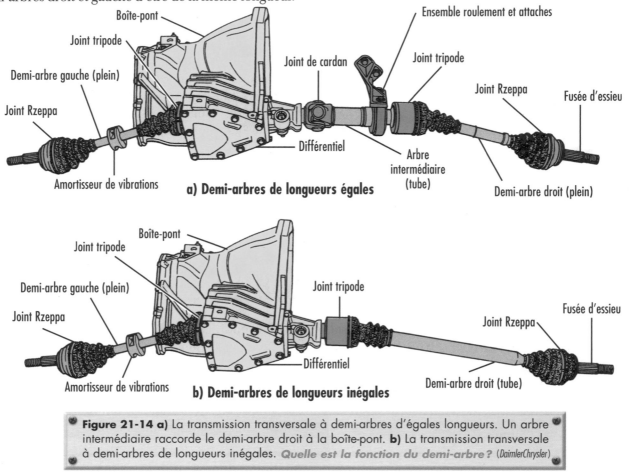

a) **Demi-arbres de longueurs égales**

b) **Demi-arbres de longueurs inégales**

Figure 21-14 a) La transmission transversale à demi-arbres d'égales longueurs. Un arbre intermédiaire raccorde le demi-arbre droit à la boîte-pont. **b)** La transmission transversale à demi-arbres de longueurs inégales. *Quelle est la fonction du demi-arbre?* (*DaimlerChrysler*)

La souplesse de l'acier

On utilise très fréquemment les alliages. Un *alliage* est un matériau métallique composé de deux éléments ou plus. Par exemple, l'acier est un alliage de fer et de carbone. L'acier est ductile et malléable. La ductilité permet de transformer le métal en fil. La malléabilité permet de rouler ou d'estamper en feuilles ou en plaques le métal. L'acier est ainsi un excellent matériau élastique qui procure de la souplesse.

La souplesse n'est pas toujours un avantage. D'anciens modèles de véhicules à traction ont éprouvé des problèmes de braquage dû au couple.

Le braquage dû au couple provenait d'une transmission munie de deux demi-arbres de longueurs différentes. Le demi-arbre plus long se tordait au moment des accélérations brusques. Le demi-arbre court ne se tordait pas autant que le demi-arbre long. Le véhicule était donc attiré dans la direction du demi-arbre le plus long. C'est la souplesse de l'acier qui provoquait les torsions. Par la suite, on a corrigé le braquage dû au couple en utilisant un arbre intermédiaire sur le demi-arbre le plus long. On a ainsi divisé le plus long demi-arbre en deux demi-arbres courts à l'épreuve des torsions.

À toi de jouer !

La souplesse de l'acier

Conforme aux normes de l'EDU en sciences pour l'explication de questions relatives à la métallurgie.

Matériel requis
- une barre d'acier plein de 18 pouces
- une barre d'acier plein de 24 pouces
- un mètre
- 2 serre-joints en C
- 2 bouts de corde
- 2 poids de 5 kilos (10 lb) chacun

❶ À l'aide des serre-joints en C, fixe les deux barres d'acier sur un établi de façon à ce qu'elles dépassent.

❷ Attache un poids de 5 kilos (10 lb) à l'extrémité de chacune des barres avec de la corde, tel qu'illustré.

❸ Mesure la distance entre le plancher et chacune des extrémités des barres à l'aide de la règle à mesurer. Inscris les distances. Utilise les mesures pour répondre aux questions suivantes.

Les résultats et l'analyse

❶ Pourquoi un même poids réussit-il à faire plier une barre plus que l'autre ?

❷ Certains fabricants d'automobiles divisent un arbre d'essieu qui est long en deux parties égales. En quoi cela réduit-il la déformation des arbres soumis à des pressions ?

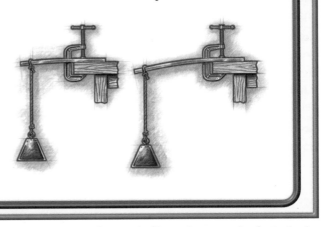

demi-arbre plus long se tord et cause un délai dans le transfert de couple vers la roue motrice. La différence d'angle et de transfert de couple fait en sorte que le véhicule tire dans une direction. Le braquage dû au couple peut se révéler un problème sur les véhicules à traction munis d'un moteur très puissant ou d'un moteur turbocompressé. Il est possible de réduire le braquage dû au couple des véhicules qui ont des demi-arbres de longueurs inégales si tu :

- mets des bagues de bras de contrôle plus rigides sur un côté ;

- raccourcis le *déport de l'axe de pivot de fusée* de la suspension.

Des demi-arbres d'égales longueurs éliminent le braquage dû au couple. Une longueur égale ne crée pas de différence d'angles.

La vitesse de l'arbre Les demi-arbres risquent moins de causer des problèmes de vibrations comme c'est le cas des arbres d'entraînement. Comme les demi-arbres entraînent les roues directement, ils tournent à la même vitesse que les roues. Un arbre d'entraînement de véhicule à propulsion tourne deux à trois fois plus rapidement que la roue.

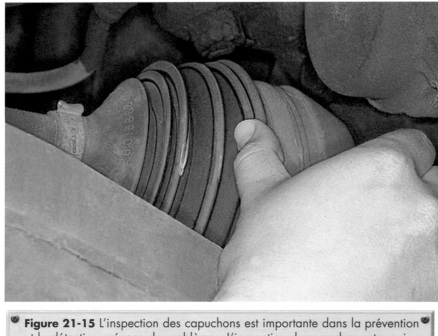

Figure 21-15 L'inspection des capuchons est importante dans la prévention et la détection précoce de problèmes. L'inspection du capuchon est aussi nécessaire pour diagnostiquer les problèmes de joints homocinétiques. *Parmi les capuchons suivants, lequel risque de faire défaut le premier: le capuchon du joint homocinétique intérieur ou le capuchon du joint homocinétique extérieur? Pourquoi?* (David S. Hwarang)

L'inspection des demi-arbres

Les demi-arbres tournent à la même vitesse que les roues motrices. Ils risquent moins de provoquer des vibrations si le faux-rond de l'arbre est excessif ou s'il manque des amortisseurs de vibrations.

La mesure du faux-rond Pour mesurer le faux-rond, place un comparateur à cadran contre le centre de l'arbre. Fais tourner l'arbre et note le faux-rond maximal. Si le faux-rond excède les caractéristiques techniques, tu dois remplacer l'arbre.

La vérification des amortisseurs de vibrations Un *amortisseur de vibrations* est une masse d'équilibrage placée autour de l'arbre. Les amortisseurs de vibrations se fixent sur certains demi-arbres pour amortir les vibrations qui proviennent de la transmission. On utilise plus souvent les amortisseurs de vibrations sur des arbres pleins plutôt que sur des arbres tubulaires. Si l'on a mal fixé un amortisseur de vibrations ou s'il manque un amortisseur de vibrations, l'arbre peut émettre des vibrations qu'on pourra percevoir dans le véhicule.

L'inspection des capuchons Inspecte les capuchons dès que tu suspectes un problème de joints (*voir la figure 21-15*). Un défaut de capuchon est l'une des principales causes de contamination des joints, de perte de lubrification et de défaillance des joints. Le capuchon extérieur risque de faire défaut avant le capuchon intérieur, car il a tendance à fléchir davantage.

On doit remplacer tout serre-joint mal serré ou manquant. Si un capuchon est déchiré, fendu, piqué ou endommagé, tu dois le remplacer. Si un capuchon fuit, tu dois vérifier la graisse à l'intérieur pour voir s'il y a contamination. Mets un peu de graisse sur tes doigts. Si elle est granuleuse, il y a contamination; tu dois retirer le joint, le nettoyer et l'inspecter.

L'entretien des demi-arbres

Pour travailler sur un joint homocinétique, tu dois retirer le demi-arbre du véhicule. Il est possible de remplacer le joint homocinétique et le demi-arbre comme un ensemble (*voir la figure 21-16*). Plusieurs techniciens préfèrent cette option. Elle épargne temps et argent. On trouve des demi-arbres de remplacement comportant des joints homocinétiques neufs ou réusinés.

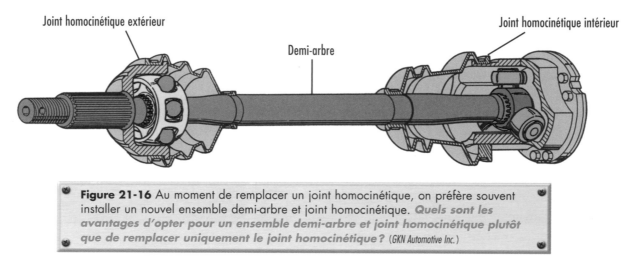

Joint homocinétique extérieur

Joint homocinétique intérieur

Demi-arbre

Figure 21-16 Au moment de remplacer un joint homocinétique, on préfère souvent installer un nouvel ensemble demi-arbre et joint homocinétique. *Quels sont les avantages d'opter pour un ensemble demi-arbre et joint homocinétique plutôt que de remplacer uniquement le joint homocinétique?* (GKN Automotive Inc.)

Certains fabricants utilisent des demi-arbres et des joints homocinétiques de différents fournisseurs. Il y a plusieurs façons de connaître le bon arbre ou le bon joint de remplacement. Il s'agit de compter les ondulations sur le capuchon, de compter les cannelures sur les joints intérieurs et extérieurs, de mesurer la longueur de l'arbre et de mesurer la longueur ou le diamètre des joints homocinétiques. Certains véhicules sont munis d'un système de freinage antiblocage. Sur ces véhicules, il est important de s'assurer que l'arbre ou le joint de remplacement comporte la bonne couronne de capteur de vitesse de roue sur le carter de joint homocinétique extérieur. Un capteur qui n'a pas le bon nombre de dents nuira au fonctionnement du système de freinage antiblocage.

Le retrait des demi-arbres

La marche à suivre pour retirer un demi-arbre varie selon le modèle de véhicule. Consulte le guide d'entretien du véhicule pour connaître la marche à suivre et les caractéristiques techniques.

En général, la marche à suivre pour retirer un demi-arbre est la suivante :

1. Serre les freins pour empêcher le véhicule de se déplacer. Avec les roues au sol, desserre l'écrou de moyeu d'essieu à l'aide d'une poignée articulée ou d'une clé dynamométrique (*voir la figure 21-17*). N'utilise pas de clé à chocs pour rompre le couple de l'écrou. Tu risques d'endommager les roulements de roue et les joints homocinétiques. Si l'écrou de moyeu est un contre-écrou, remplace l'écrou.

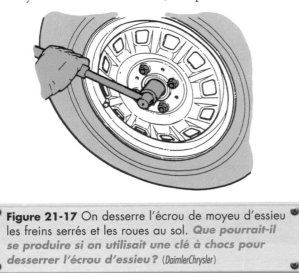

Figure 21-17 On desserre l'écrou de moyeu d'essieu les freins serrés et les roues au sol. *Que pourrait-il se produire si on utilisait une clé à chocs pour desserrer l'écrou d'essieu ?* (*DaimlerChrysler*)

2. Desserre les écrous de butée de la roue.

3. Élève le véhicule et assure-lui un support.

4. Retire la roue.

5. Sépare le joint à rotule de la fusée de direction, si nécessaire (*voir la figure 21-18*).

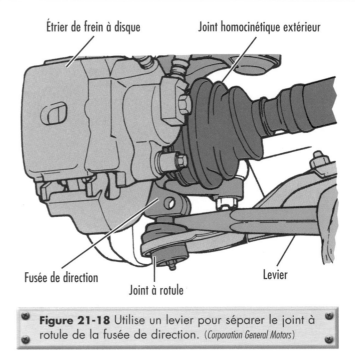

Étrier de frein à disque   Joint homocinétique extérieur

Fusée de direction   Joint à rotule   Levier

Figure 21-18 Utilise un levier pour séparer le joint à rotule de la fusée de direction. (*Corporation General Motors*)

6. Le déroulement de cette étape dépend de la façon dont le joint homocinétique se fixe à la boîte-pont. Dans le cas de joints homocinétiques intérieurs à cannelure entrecroisée, retire les attaches qui fixent le carter de joint à la boîte-pont (*voir la figure 21-19*). Supporte l'arbre et tire ou pousse le joint homocinétique extérieur vers la fusée de direction et le roulement de roue. Dans le cas des autres joints, tripodes ou déportés doubles, la fusée de direction doit être disjointe du bras de contrôle inférieur en déboulonnant et en séparant le joint à rotule inférieur. Consulte le manuel d'entretien du véhicule pour connaître les directives précises sur le retrait du joint à rotule.

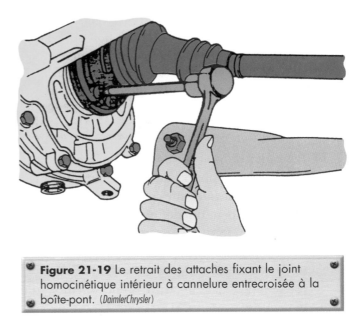

Figure 21-19 Le retrait des attaches fixant le joint homocinétique intérieur à cannelure entrecroisée à la boîte-pont. (*DaimlerChrysler*)

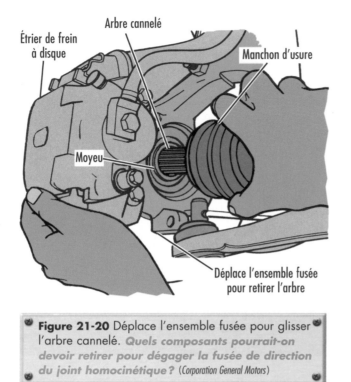

Étrier de frein à disque

Arbre cannelé

Manchon d'usure

Moyeu

Déplace l'ensemble fusée pour retirer l'arbre

Figure 21-20 Déplace l'ensemble fusée pour glisser l'arbre cannelé. *Quels composants pourrait-on devoir retirer pour dégager la fusée de direction du joint homocinétique ?* (*Corporation General Motors*)

7. Tire la fusée de direction pendant que tu appuies sur le joint homocinétique extérieur pour le faire passer à travers la fusée et le roulement de roue. Tu devras peut-être utiliser un outil pousseur. De plus, il est possible que tu doives disjoindre la barre stabilisatrice ou la barre d'accouplement extérieure. La fusée se déplacera plus facilement pour libérer le passage du joint homocinétique extérieur (*voir la figure 21-20*).

8. Supporte le demi-arbre une fois que l'extrémité extérieure est dégagée. Si tu laisses le demi-arbre suspendu, le joint homocinétique intérieur risque de se détacher ou de subir des dommages (*voir la figure 21-21*).

9. Place un contenant sous l'essieu au cas où il y aurait une fuite d'huile. Retire le joint homocinétique intérieur de la boîte-pont. Ne tire pas sur l'arbre, car le joint intérieur pourrait se détacher. Tu dois uniquement tirer sur le carter du joint intérieur.

CONSEIL TECHNIQUE **Le retrait d'un arbre** Les joints homocinétiques intérieurs de certains modèles de véhicules maintiennent en place les planétaires de différentiel. Dans ce cas particulier, tu dois remplacer un demi-arbre à la fois. On évite ainsi le déplacement des pignons. Si tu dois remplacer les deux demi-arbres, insère un instrument de centrage dans la boîte-pont afin d'empêcher les pignons de se déplacer.

La mise en place des demi-arbres

Les étapes de mise en place d'un demi-arbre sont essentiellement les mêmes que pour le retrait, mais en ordre inversé. Consulte le guide d'entretien du véhicule pour connaître la marche à suivre et les caractéristiques techniques.

La marche à suivre pour la mise en place d'un demi-arbre dans un véhicule muni de joints intérieurs à cannelure entrecroisée est la suivante :

1. Insère le joint homocinétique extérieur dans la fusée de direction et le roulement de roue.

2. Boulonne le joint intérieur à la boîte-pont.

3. Assure-toi que les attaches sont serrées selon les caractéristiques techniques.

4. Installe un nouvel écrou de moyeu.

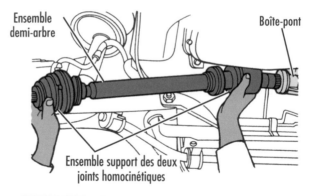

Ensemble demi-arbre

Boîte-pont

Ensemble support des deux joints homocinétiques

Figure 21-21 Supporte le demi-arbre aux deux extrémités et retire-le du véhicule. *Pourquoi est-il important de supporter le demi-arbre jusqu'à son retrait complet ?* (*Corporation General Motors*)

VÉRIFIE TES CONNAISSANCES

❶ Pourquoi utilise-t-on des demi-arbres de grandeurs égales plutôt que des demi-arbres de grandeurs inégales sur certains véhicules ?

❷ Comment peut-on définir le braquage dû au couple ?

❸ Quel rapport peut-on établir entre la vitesse d'un arbre d'entraînement d'un véhicule à traction et celle d'un arbre d'entraînement d'un véhicule à propulsion ?

❹ Pourquoi les demi-arbres risquent-ils moins d'émettre des vibrations que les arbres d'entraînement traditionnels ? Que fixe-t-on sur certains demi-arbres pour amortir les vibrations ?

❺ Au moment de remplacer un demi-arbre sur un véhicule muni de freins ABS, que faut-il vérifier sur la couronne du capteur de vitesse ?

Les diagnostics et les réparations des roulements de roue

Un **roulement de roue** est un roulement à billes ou à rouleaux qui supporte le poids d'un véhicule et qui permet au moyeu et à la roue de tourner sur un arbre avec le moins d'à-coups possibles. On utilise les roulements de roue sur toutes les roues. Les roulements de roue sont conçus pour durer aussi longtemps que le véhicule, soit 10 ans ou 241 350 kilomètres (150 000 milles).

Chacun des roulements de roue supporte une partie significative du poids du véhicule. Pour un poids type de 1 543 kilos (3 400 livres), chacun des roulements de roue supporte environ 386 kilos (850 livres).

Les types de roulements de roue

Les véhicules à traction ont des roulements à rouleaux réglables ou des roulements à billes étanches. On utilise deux jeux de roulements – les roulements intérieurs et les roulements extérieurs – sur chacune des roues avant. Ces roulements sont des roulements à rouleaux ou des roulements à billes étanches. On utilise un ensemble roulement étanche et moyeu sur chacune des roues arrière.

Pour maintenir en bon état les roulements à rouleaux réglables, tu dois périodiquement les nettoyer, les regraisser et les régler. Les roulements à billes étanches ne nécessitent pas d'entretien périodique. Ces roulements sont en acier trempé conçu pour résister à l'usure. Ils sont lubrifiés en permanence avec une graisse pour températures élevées. Ils réduisent le risque de défaillances prématurées

COMMUNICATION — EXCELLENCE AUTOMOBILE

Comprendre la clientèle

Julie Sabourin se présente assez mécontente à ton centre de service. Ton défi, à titre de technicienne ou de technicien automobile, consiste à comprendre les motifs de son mécontentement. Comprendre la clientèle est tout aussi important que de diagnostiquer les problèmes de leur véhicule. Si tu ne traites pas la clientèle comme il se doit, tu risques d'avoir encore plus de problèmes qu'avec le véhicule à réparer. Tout ce que certaines clientes et certains clients connaissent, c'est l'emplacement du réservoir de carburant ; à l'inverse, d'autres croient être de véritables techniciens ; tu dois saisir le point de vue de ta clientèle.

Il y a deux façons d'aider la clientèle. La première consiste à l'écouter. Ce qu'une cliente ou un client dit et ne dit pas peut t'indiquer à quel point il comprend le problème. De plus, le ton de sa voix t'indiquera s'il est fâché ou inquiet. Il est aussi important d'observer son langage corporel. Un client qui croise les bras sur sa poitrine risque d'être fermé, tandis qu'un client qui frappe ses doigts nerveusement sur le comptoir montre une certaine impatience.

Une fois que tu comprends l'état de la cliente ou du client, tu sais mieux comment l'approcher. Tu dois établir une relation client-technicien avant de pouvoir régler les problèmes du véhicule. Une fois la relation établie, tu peux poser des questions sur le véhicule. Le fait d'écouter et de regarder les clientes ou les clients aide souvent les techniciens à obtenir des réponses qui permettent de diagnostiquer et de résoudre les problèmes.

À toi de jouer !

Conforme aux normes de l'EDU en communication pour l'adoption de stratégies d'écoute et d'expression, l'attention portée à des signes verbaux et non verbaux, la compréhension et l'évaluation des renseignements transmis de façon verbale et l'établissement de recommandations fondées sur les discussions.

❶ Relis *Le problème* à la première page de ce chapitre.

❷ Selon toi, comment Simon Veilleux réagit-il et comment se tient-il ? Y a-t-il des éléments dans le texte qui te permettent d'en arriver à ces conclusions ?

❸ À partir des renseignements obtenus, évalue le niveau de connaissance du client face au problème. Justifie ta conclusion.

❹ À partir des renseignements obtenus, rédige les questions que tu voudrais poser. Expose les raisons pour lesquelles tu voudrais poser ces questions.

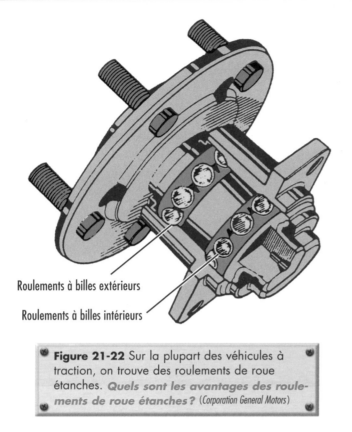

Roulements à billes extérieurs

Roulements à billes intérieurs

> **Figure 21-22** Sur la plupart des véhicules à traction, on trouve des roulements de roue étanches. *Quels sont les avantages des roulements de roue étanches?* (Corporation General Motors)

provoquées par un mauvais réglage. Les roulements étanches durent aussi plus longtemps, car ils risquent moins d'être contaminés (*voir la figure 21-22*).

Le bris de roulement

Il peut survenir un bris de roulement s'il y a perte ou contamination de la graisse à l'intérieur du roulement. Une fuite du joint de graisse provoque une perte de lubrifiant et une infiltration de contaminants. On ne devrait jamais réutiliser les joints de graisse. Des bruits de grognement, de grondement, de gazouillement ou des bruits cycliques qui proviennent de la roue sont des symptômes classiques de problèmes de roulements. Il faut toujours tenir compte des bruits de roulements. Un bris de roulement pourrait créer un jeu dans la roue qui viendrait à nuire au contrôle de direction du véhicule.

Les diagnostics des problèmes de roulements

Un bruit de roulement de roue peut ressembler à un gazouillement, à un grognement, à un grondement ou à un bruit strident. On peut le ressentir comme une vibration. Le type de bruit ne change pas durant l'accélération, la course en roue libre ou le ralentissement. Le bruit peut changer dans les virages ou s'intensifier à certaines vitesses. L'intensité et la fréquence du bruit sont habituellement proportionnelles à la vitesse du véhicule.

Tu ne peux pas démonter et inspecter les roulements étanches comme tu peux le faire pour les roulements réglables. Tu peux en vérifier le jeu. Tu effectues cette vérification en soulevant la roue du sol et en la balançant vers l'intérieur et l'extérieur. Il ne devrait pas y avoir de jeu.

La roue doit pouvoir tourner librement, sans bruit et sans à-coups. Tu dois remplacer les roulements de roue qui sont bruyants, qui tournent mal ou qui présentent un jeu.

Sur les véhicules à roulements réglables, un jeu pourrait indiquer un mauvais réglage ou de l'usure. Des roulements de roues mal serrés peuvent causer du jeu dans la direction. Si les roulements sont mal serrés, s'ils tournent mal ou s'ils sont bruyants, tu dois les enlever, les nettoyer et les inspecter. En cas de piqûres, d'écaillage, de craquelures ou d'usure excessive, tu dois remplacer le roulement. Les rouleaux et les pistes de roulement doivent être remplacés comme s'il s'agissait d'une seule pièce.

Le remplacement des roulements

Sur les véhicules à traction, l'ensemble roulement et moyeu se fixe à la fusée de direction (*voir la figure 21-23*). Ce sont habituellement quatre boulons qui maintiennent l'ensemble en place.

Pour remplacer un roulement de roue:

1. Quand les roues sont au sol, desserre l'écrou d'essieu.
2. Desserre les écrous de butée.
3. Élève le véhicule et retire la roue.
4. Retire l'étrier de frein. Supporte l'étrier après l'avoir enlevé. Ne le laisse pas suspendu par le flexible.
5. Marque des repères pour indiquer la position du rotor de frein, puis retire-le.
6. Retire les boulons qui fixent l'ensemble roulement et moyeu à la fusée de direction.

La sécurité d'abord

La sécurité personnelle Si les roulements sont calés à la presse, tu auras besoin d'une presse hydraulique pour retirer et installer les roulements. Comme ils ont été calés à la presse, les roulements pourraient se décoller ou se dégager avec force. Prends garde au moment d'appuyer sur les roulements et assure-toi que tu supportes bien le roulement. Porte des lunettes de protection.

La mise en place des roulements

Les étapes de mise en place sont habituellement les mêmes que pour le retrait, mais en ordre inversé. Consulte le guide d'entretien du véhicule pour connaître la marche à suivre et les caractéristiques techniques. Dans le cas de véhicules munis de freins ABS, le capteur de vitesse de roue fait partie intégrante de l'ensemble moyeu et roulement. Assure-toi que la pièce de remplacement convient bien au véhicule.

Sur certaines automobiles à traction, on a calé à la presse les roulements dans la fusée de direction. On utilise des cales pour régler la précharge de roulement. Tu dois alors mesurer l'épaisseur des cales.

Tu trouveras des roulements réglables sur certains anciens modèles de véhicules. Tu dois nettoyer à fond et sécher à l'air ces roulements avant de les remettre en place. Évite d'utiliser les chiffons qui pourraient laisser des charpies sur les roulements.

Tu dois remplir de graisse de roulement de roue les deux tiers de la cavité du moyeu. Tu dois prévoir un espace pour l'expansion. Graisse légèrement la fusée d'essieu avant de mettre les roulements en place. Mets un nouveau joint de graisse au sommet de la portion intérieure du roulement de roue.

La marche à suivre générale pour la mise en place d'un roulement est la suivante :

1. Place le moyeu ou le rotor de frein sur la fusée d'essieu.

2. Installe le roulement, la rondelle et l'écrou de fusée. Serre l'écrou avec tes doigts.

3. Serre l'écrou de fusée d'essieu à 33,9 N.m (25 lb-pi) pour éliminer tout jeu.

4. Fais tourner la roue pour t'assurer que les roulements sont bien en place.

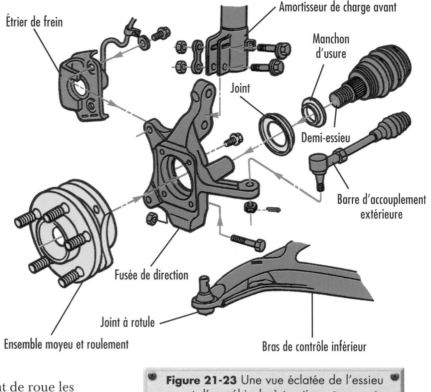

Figure 21-23 Une vue éclatée de l'essieu avant d'un véhicule à traction. *Sur quel composant l'ensemble moyeu et roulement se fixe-t-il ?* (*DaimlerChrysler*)

5. Dévisse l'écrou de fusée d'un tour. Resserre-le au doigt pour établir une précharge de zéro.

6. Dans le cas où il faudrait prévoir une précharge de roulement, consulte le guide d'entretien du véhicule pour connaître la marche à suivre et les caractéristiques techniques.

7. Installe le contre-écrou et une nouvelle goupille fendue pour bien maintenir l'écrou de fusée d'essieu.

8. Replie les bouts de la goupille fendue pour éviter qu'ils frottent sur le pare-poussière, le moyeu ou le carter de rotor.

9. Installe le pare-poussière.

VÉRIFIE TES CONNAISSANCES

❶ Quels types de roulements de roue utilise-t-on sur la plupart des véhicules à traction ?

❷ Pourquoi les roulements étanches durent-ils plus longtemps ?

❸ Décris les étapes de réglage des roulements de roue étanches.

❹ Définis deux symptômes de roulements de roue usés.

❺ Sur les véhicules à traction, sur quel composant fixe-t-on l'ensemble moyeu et roulement ? Qu'utilise-t-on pour établir la précharge de roulement ?

RÉVISION DU CHAPITRE 21

Notions importantes

Ces notions sont conformes aux normes du MFCUO pour la transmission et les essieux d'une boîte de vitesses manuelle : diagnostic, entretien, réparation et remplacement des demi-arbres, des joints homocinétiques et des roulements de roue de véhicules à traction.

- On utilise des joints homocinétiques plutôt que des joints universels pour éviter que la vitesse de l'arbre varie au cours des changements d'angle de fonctionnement du joint.
- La plupart des joints homocinétiques extérieurs sont des joints Rzeppa, tandis que les joints intérieurs peuvent être à cannelure entrecroisée, déportés doubles ou tripodes.
- Des capuchons en caoutchouc ou en plastique souple protègent les joints homocinétiques contre les contaminants extérieurs et contre la perte de graisse.
- On utilise une graisse spéciale pour lubrifier les joints homocinétiques.
- On peut entendre et ressentir les symptômes liés à des problèmes de joints homocinétiques.
- On peut démonter, nettoyer et remettre en place certains joints homocinétiques.
- Les véhicules à traction comportent deux demi-arbres qui entraînent chacun une roue avant.
- Les demi-arbres peuvent être de longueurs égales ou inégales.
- Un demi-arbre comporte un joint homocinétique intérieur et un joint homocinétique extérieur.

Questions de révision

❶ Décris le fonctionnement d'un joint homocinétique.

❷ Quelles sont les fonctions des joints homocinétiques intérieurs et extérieurs ?

❸ Décris la fonction d'un capuchon de joint homocinétique.

❹ En quoi la conception des joints intérieurs et extérieurs diffère-t-elle ?

❺ Quels symptômes les plus fréquents présente un joint homocinétique usé ou défectueux ?

❻ Avant de démonter un joint homocinétique, pourquoi est-il nécessaire de marquer la position de chacun des composants ?

❼ Décris la différence entre les demi-arbres de longueurs égales et les demi-arbres de longueurs inégales.

❽ **Pensée critique** Les joints homocinétiques sont fixés aux extrémités intérieures et extérieures d'un demi-arbre. Pourquoi le joint homocinétique intérieur n'est-il pas interchangeable avec le joint homocinétique extérieur ?

❾ **Pensée critique** Il peut y avoir des amortisseurs de vibrations sur certains véhicules à traction. Comment définit-on les amortisseurs de vibrations ? Quelle est l'utilité des amortisseurs de vibrations ? Où les amortisseurs de vibrations se trouvent-ils ?

PRÉVISIONS TECHNOLOGIQUES

POUR L'EXCELLENCE EN MATIÈRE D'AUTOMOBILE

De plus petits moteurs signifient plus d'espace pour les jambes.

De nos jours, les fabricants d'automobiles ont de grandes exigences face aux moteurs. Ils doivent concevoir les moteurs pour répondre à plusieurs besoins, dont la réduction des émissions polluantes et la consommation de carburant. On cherche maintenant à réduire la taille des moteurs pour obtenir un compartiment utilitaire plus spacieux sans devoir allonger le véhicule.

Une solution envisagée par les fabricants consiste à améliorer l'intégration de la boîte-pont et du moteur dans les véhicules à traction. Ce plus petit ensemble pourrait procurer quelques pouces additionnels pour un meilleur confort des passagères et des passagers et un plus grand coffre.

Cette façon de concevoir soulève toutefois des questions quant à la facilité de réparer et les coûts qui en résultent. Comme le moteur et la boîte-pont seraient très rapprochés, il faudrait envisager de nouvelles méthodes d'entretien. Dans l'éventualité d'un problème, les techniciens pourraient recommander le remplacement du moteur et de la boîte-pont comme s'il s'agissait d'un ensemble complet. Comme il faudrait une main-d'œuvre plus qualifiée, les réparations pourraient se révéler plus coûteuses.

Une autre technique qui permettrait de réduire la taille du moteur consiste à éliminer les sous-châssis. On fixerait le moteur directement à la carrosserie. Pour réduire les bruits stridents et les vibrations, on utiliserait des supports à résistance magnétique. Ces supports sont remplis d'un liquide qui peut changer de consistance en présence d'un courant électrique. Contrôlé par le système informatisé du véhicule, ce concept peut s'adapter rapidement aux conditions de la route.

EXCELLENCE AUTOMOBILE TEST PRÉPARATOIRE

En répondant aux questions suivantes, tu pourras te préparer aux tests en vue d'obtenir la certification du MFCUO.

1. La technicienne A dit qu'un bruit d'éclatement qui survient uniquement dans les virages indique qu'un joint homocinétique extérieur est usé ou endommagé. Le technicien B dit qu'un claquement ou un tremblement au moment de l'accélération indique qu'un joint homocinétique extérieur est usé. Qui a raison ?
   - ⓐ La technicienne A.
   - ⓑ Le technicien B.
   - ⓒ Les deux ont raison.
   - ⓓ Les deux ont tort.

2. Le technicien A dit qu'on utilise des joints universels sur les arbres intermédiaires de certains véhicules à traction. La technicienne B dit que les joints Rzeppa ne sont pas conçus pour plonger. Qui a raison ?
   - ⓐ Le technicien A.
   - ⓑ La technicienne B.
   - ⓒ Les deux ont raison.
   - ⓓ Les deux ont tort.

3. Parmi les causes de défaillance d'un joint homocinétique, on trouve les suivantes, à l'exception d'une seule, laquelle ?
   - ⓐ La contamination causée par des saletés ou de l'eau.
   - ⓑ Un déséquilibre de l'arbre.
   - ⓒ Des charges par à-coups.
   - ⓓ Une perte de graisse.

4. La technicienne A dit que les joints extérieurs font habituellement défaut avant les joints intérieurs. Le technicien B dit que les joints Rzeppa peuvent résister à un angle de fonctionnement pouvant atteindre les 25 degrés. Qui a raison ?
   - ⓐ La technicienne A.
   - ⓑ Le technicien B.
   - ⓒ Les deux ont raison.
   - ⓓ Les deux ont tort.

5. Le technicien A dit que le braquage dû au couple peut provenir de joints homocinétiques usés. La technicienne B dit que les demi-arbres tournent deux fois plus rapidement que les roues. Qui a raison ?
   - ⓐ Le technicien A.
   - ⓑ La technicienne B.
   - ⓒ Les deux ont raison.
   - ⓓ Les deux ont tort.

6. Quel type de joint homocinétique utilise-t-on parfois aux deux extrémités du demi-arbre ?
   - ⓐ Un joint déporté double.
   - ⓑ Un joint à cannelure entrecroisée.
   - ⓒ Un joint tripode.
   - ⓓ Un joint Rzeppa.

7. La technicienne A dit que les roulements de roue sur la plupart des véhicules à traction ne requièrent pas d'entretien. Le technicien B dit que des fenêtres de cage usées dans un joint Rzeppa peuvent provoquer un bruit strident durant l'accélération. Qui a raison ?
   - ⓐ La technicienne A.
   - ⓑ Le technicien B.
   - ⓒ Les deux ont raison.
   - ⓓ Les deux ont tort.

8. Le technicien A dit qu'il ne faut jamais utiliser de clé à chocs pour serrer un écrou de moyeu d'essieu sur un véhicule à traction. La technicienne B dit que, pour certains véhicules, il ne faut pas retirer en même temps les deux demi-arbres. Qui a raison ?
   - ⓐ Le technicien A.
   - ⓑ La technicienne B.
   - ⓒ Les deux ont raison.
   - ⓓ Les deux ont tort.

9. Quel type de joint homocinétique utilise-t-on souvent comme joint intérieur sur plusieurs voitures européennes ?
   - ⓐ Le joint Rzeppa.
   - ⓑ Le joint déporté double.
   - ⓒ Le joint à cannelure entrecroisée.
   - ⓓ Le joint tripode.

10. La technicienne A dit que tous les véhicules à roulements de roue réglables devraient avoir une précharge établie à zéro. Le technicien B dit que des roulements de roue mal serrés, usés ou mal réglés peuvent causer un jeu dans la direction. Qui a raison ?
    - ⓐ La technicienne A.
    - ⓑ Le technicien B.
    - ⓒ Les deux ont raison.
    - ⓓ Les deux ont tort.

CHAPITRE 22

Diagnostic et réparation des organes de transmission d'un véhicule à quatre roues motrices

Tu seras en mesure :

- ✪ de décrire le fonctionnement du système des organes de transmission à quatre roues motrices en prise occasionnelle ;
- ✪ de reconnaître deux types de boîtiers de transfert ;
- ✪ de décrire les timoneries manuelles et électroniques d'un boîtier de transfert ;
- ✪ de diagnostiquer les problèmes des organes de transmission et du boîtier de transfert ;
- ✪ de retirer et de remettre en place un boîtier de transfert ;
- ✪ de démonter, d'inspecter et de remonter un boîtier de transfert type.

Le vocabulaire :

Jeu axial

Organes de transmission à quatre roues motrices en prise permanente

Organes de transmission à quatre roues motrices en prise occasionnelle

Prise de force

Moteur pas-à-pas

Boîtier de transfert

Viscocoupleur

Le problème　　　　　　　　Ton défi

Manon Duguay a récemment acheté un véhicule d'occasion à quatre roues motrices. Comme il s'agissait de son premier véhicule à quatre roues motrices, le propriétaire précédent lui a montré comment utiliser le sélecteur qui permet d'engager les modes à deux roues motrices et à quatre roues motrices.

Quand Manon et un ami se sont aventurés hors route, ils ont frappé une grosse pierre, et le véhicule ne pouvait plus avancer. La boîte de vitesses et le boîtier de transfert semblaient être engagés, mais, au moment d'embrayer, le véhicule fonctionnait comme s'il était au point mort. Manon appelle ton centre de service pour obtenir de l'aide.

À titre de technicienne ou de technicien, tu dois répondre aux questions suivantes :

❶ Le problème réside-t-il dans le système de transmission à quatre roues motrices ?

❷ Y a-t-il des fuites de fluides ou des bruits inhabituels ?

❸ Un problème interne du boîtier de transfert peut-il causer ce type de problème ?

Section 1

Les quatre roues motrices

Un véhicule à quatre roues motrices comporte des organes de transmission qui peuvent transmettre de la puissance aux quatre roues. Les organes de transmission à quatre roues motrices comprennent plusieurs composantes qu'on ne trouve pas dans les organes de transmission ordinaire (*voir la figure 22-1*). Parmi ces composants, on trouve :

- un boîtier de transfert ;
- un arbre d'entraînement auxiliaire ;
- un essieu moteur auxiliaire.

La fonction quatre roues motrices permet d'obtenir une motricité maximale dans des conditions de conduite dangereuses, difficiles ou impossibles pour un véhicule à deux roues motrices.

Les quatre roues motrices peuvent offrir une motricité maximale sur des surfaces glissantes. Elles permettent également de rouler hors route, sur des terrains où les véhicules traditionnels à deux roues motrices n'arriveraient pas à passer.

Toutefois, il y a certains désavantages associés à la transmission à quatre roues motrices :

- Le fait que des organes de transmission soit plus complexe augmente le coût de fabrication et complique l'entretien.
- Ce type d'organe de transmission ajoute poids et friction, ce qui a un effet sur la consommation de carburant et la performance et diminue la durée de vie des garnitures de freins et des pneus.
- Les organes de transmission sont bruyantes quand on engage le mode quatre roues motrices.

On peut réduire le poids si on utilise des pièces en alliage d'aluminium. On peut réduire la friction si on utilise des systèmes à quatre roues motrices en prise

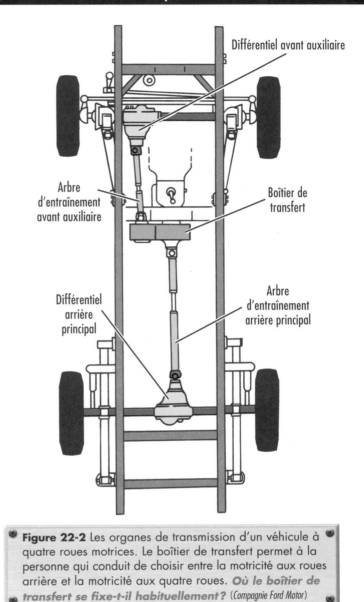

Figure 22-2 Les organes de transmission d'un véhicule à quatre roues motrices. Le boîtier de transfert permet à la personne qui conduit de choisir entre la motricité aux roues arrière et la motricité aux quatre roues. *Où le boîtier de transfert se fixe-t-il habituellement ?* (Compagnie Ford Motor)

occasionnelle entièrement automatiques et en disjoignant les composants des organes de transmission quand les quatre roues motrices ne sont pas en fonction.

Un système traditionnel à quatre roues motrices comporte un boîtier de transfert. Un **boîtier de transfert** est une boîte de vitesses intermédiaire qui divise le couple d'entraînement entre les essieux moteurs avant et arrière. On boulonne fréquemment les boîtiers de transfert à l'arrière de la boîte de vitesses, à la place du carter arrière de la boîte (*voir la figure 22-2*). L'arbre secondaire de la boîte de vitesses se rend directement dans le boîtier de transfert.

Les quatre roues motrices en prise occasionnelle

Un système à quatre roues motrices qu'on peut engager au besoin se nomme un **système d'organes de transmission à quatre roues motrices en prise occasionnelle.** Quand on a besoin d'un surplus de

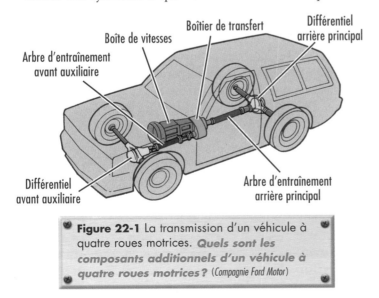

Figure 22-1 La transmission d'un véhicule à quatre roues motrices. *Quels sont les composants additionnels d'un véhicule à quatre roues motrices ?* (Compagnie Ford Motor)

motricité, on engage le système de transmission à quatre roues motrices. Quand on n'en a plus besoin, on désengage les quatre roues motrices. Le retour au mode deux roues motrices maintient la friction et l'usure à son minimum.

Un boîtier de transfert type d'un système de transmission à quatre roues motrices en prise occasionnelle offre aux personnes qui conduisent les options suivantes:

Le point mort Au point mort, le différentiel auxiliaire avant est mécaniquement engagé. Toutefois, le système ne transfère le couple moteur qu'au différentiel arrière principal.

Les deux roues motrices gamme supérieure (2WD-HI) Ce mode transmet la puissance au différentiel principal (le différentiel arrière dans une configuration traditionnelle). Ce mode ne change pas le rapport de démultiplication. Par exemple, en gamme supérieure, le rapport du couple est de 1 à 1. Dans ce mode, on remarque peu les caractéristiques des organes de transmission à quatre roues motrices.

Les quatre roues motrices gamme supérieure (4WD-HI) Ce mode transmet la puissance aux quatre roues. Cette option ne change pas les rapports de démultiplication. Dans ce mode, on remarque facilement les caractéristiques des organes de transmission à quatre roues motrices. On constate une amélioration de la motricité dans des conditions difficiles. Toute irrégularité dans la motricité des roues avant se fait sentir dans le volant. On peut aussi remarquer une plus grande résistance de la transmission et une lourdeur dans la direction.

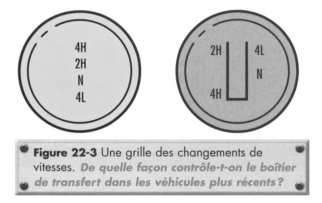

Figure 22-3 Une grille des changements de vitesses. *De quelle façon contrôle-t-on le boîtier de transfert dans les véhicules plus récents?*

Par exemple, en gamme supérieure, le rapport à la sortie de la boîte de vitesses est de 1 à 1. En gamme inférieure, le boîtier de transfert convertit le rapport à environ 2,5 à 1. Si la personne qui conduit met la boîte de vitesses sur le premier rapport, qui peut présenter un rapport de 3,75 à 1, le rapport de démultiplication sera de 6,25 à 1 avec quatre roues motrices gamme inférieure. Le différentiel peut réduire le rapport d'un autre 3,75 à 1. Dans cet exemple, le rapport de démultiplication final aux essieux moteurs sera de 10 à 1.

Les quatre roues motrices gamme inférieure (4WD-LO) Ce mode transmet la puissance aux différentiels avant et arrière. Il modifie également le rapport de démultiplication afin d'augmenter le couple.

En gamme inférieure, les caractéristiques de la transmission à quatre roues motrices sont perceptibles. Les premier et second rapports feront à peine accélérer le véhicule. La multiplication du couple sera considérable. On notera également une plus grande résistance de la transmission.

La sélection du boîtier de transfert peut s'effectuer au moyen d'un levier au plancher (*voir la figure 22-3*). Il peut y avoir un témoin lumineux au tableau de bord qui indique la position du levier.

Dans le cas des véhicules plus récents, on contrôle le boîtier de transfert au moyen d'un bouton-poussoir au tableau de bord. Le bouton active un solénoïde électrique, un actionneur à dépression ou un moteur pas-à-pas. Un **moteur pas-à-pas** est un moteur électrique à rotation incrémentale produite par des impulsions de courant continu, qui effectue un quart de tour ou un demi-tour plutôt que de tourner constamment.

La sécurité d'abord — **La sécurité matérielle** Respecte toujours les directives du fabricant quand tu engages et désengages le système de transmission à quatre roues motrices. Il pourrait y avoir de graves dommages si tu l'actives ou si tu le désactives au mauvais moment ou à la mauvaise vitesse.

Traditionnellement, les véhicules à quatre roues motrices étaient, pour la plupart, des camionnettes. Toutefois, comme les avantages de ce type de transmission sont de plus en plus connus, on les utilise dans les fourgonnettes, les automobiles et les véhicules utilitaires sport. La popularité des véhicules utilitaires sport a engendré des progrès considérables dans la conception des systèmes de transmission à quatre roues motrices.

Certains véhicules à quatre roues motrices transfèrent la motricité aux roues arrière à partir de la boîte-pont. Le boîtier de transfert fait alors partie intégrante de la boîte-pont; on remarque également un arbre d'entraînement qui se dirige vers le différentiel arrière. C'est donc le différentiel arrière qui devient auxiliaire.

Les quatre roues motrices en prise permanente

Quand les quatre roues motrices sont engagées en permanence de sorte que les personnes qui conduisent n'aient pas à engager ou à désengager le boîtier de transfert, on est en présence d'un **organe de transmission à quatre roues motrices en prise**

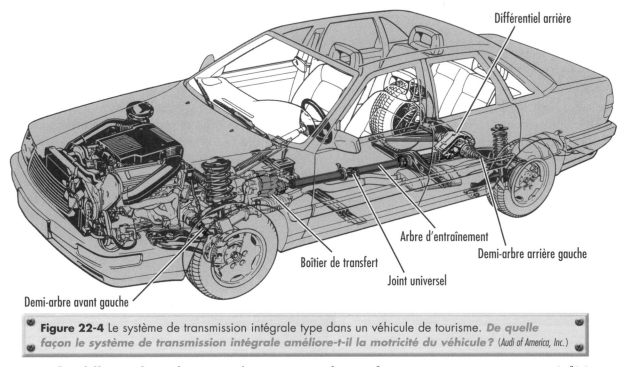

Figure 22-4 Le système de transmission intégrale type dans un véhicule de tourisme. *De quelle façon le système de transmission intégrale améliore-t-il la motricité du véhicule?* (Audi of America, Inc.)

permanente. Le différentiel auxiliaire ne s'engage que si les conditions l'exigent. Les personnes qui conduisent peuvent choisir la gamme inférieure s'il le faut.

Ce système peut utiliser un différentiel ou un viscocoupleur qui permet aux organes de transmission avant et arrière de rouler à des vitesses différentes. Un **viscocoupleur** est un dispositif de la boîte de vitesses qui utilise un fluide à base de silicone épais pour transmettre le couple entre des plaques peu espacées. Le viscocoupleur permet de contrôler le glissement.

Le différentiel peut être autobloquant ou blocable afin de répartir le plus également possible le couple entre les essieux avant et arrière. Cela fournit suffisamment d'action de différentiel pour empêcher des dommages aux organes de transmission et des problèmes de maniabilité sur les revêtements secs, et éviter qu'un essieu tourne beaucoup plus rapidement que l'autre.

Les organes de transmission intégrale en prise occasionnelle

Les organes de transmission intégrales en prise occasionnelle sont une version des système à quatre roues motrices en prise permanente qu'on trouve dans les véhicules de tourisme (*voir la figure 22-4*). On utilise d'abord ce type de quatre roues motrices pour des raisons de sécurité. On se limite habituellement à l'utilisation sur route. Les organes de transmission intégrale procure une meilleure motricité, particulièrement sur les chaussées glissantes. Le système transfère le couple à l'essieu qui a la meilleure motricité. Les véhicules munis d'organes de transmission intégrale en prise occasionnelle comportent un boîtier

de transfert à une vitesse sans gamme inférieure pour la conduite tout terrain ou pour tirer de lourdes charges.

Les véhicules à quatre roues motrices intégrales, qui sont habituellement à traction, comportent un différentiel arrière auxiliaire. On obtient ce résultat au moyen d'un boîtier de transfert à une vitesse monté sous la boîte-pont. Le pignon de l'arbre d'entraînement du différentiel arrière est entraîné à partir de la couronne de différentiel dans la boîte-pont.

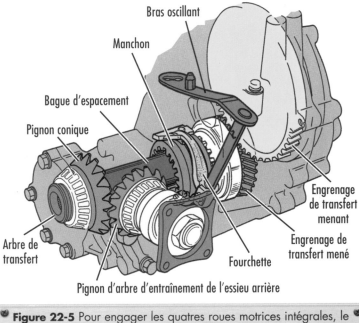

Figure 22-5 Pour engager les quatres roues motrices intégrales, le manchon se déplace pour verrouiller l'engrenage de transfert mené sur l'arbre de transfert, ce qui envoie de la puissance au différentiel arrière. *Qu'est-ce qui permet de verrouiller l'engrenage de transfert mené à l'arbre de transfert?* (Compagnie American Honda Motor)

EXCELLENCE
SCIENCES
AUTOMOBILE

La friction et la motricité

Il neige! Voilà l'occasion d'utiliser le véhicule à quatre roues motrices. Grâce à ce type de véhicule, on obtient la motricité aux quatre roues. Le véhicule à quatre roues motrices peut donc s'aventurer en terrain difficile, là où un véhicule ordinaire ne le pourrait pas. La *motricité* est la capacité d'un pneu en mouvement de s'agripper à la surface sans glisser.

Il est nécessaire d'exercer une force pour faire accélérer un objet aussi gros qu'un véhicule. Toutefois, on considère également la friction comme une force. Cette force agit entre les matériaux en contact les uns avec les autres et se produit grâce aux irrégularités de la surface des matériaux en contact. La friction agit sur le mouvement en lui résistant et, forcément, en le ralentissant ou en l'arrêtant. À titre d'exemple, quand un véhicule en mouvement trouve une résistance de friction qui provient de la chaussée, la vitesse du véhicule diminuera si l'on n'applique aucune autre force pour surmonter la friction. Plus la vitesse du véhicule est élevée, plus la friction devra être forte pour réduire la vitesse.

La force de friction entre les surfaces dépend des matériaux en contact. Par exemple, un pneu en caoutchouc sur une route en béton produit suffisamment de friction pour produire une accélération. S'il faut effectuer un arrêt d'urgence, le pneu produit aussi suffisamment de friction pour immobiliser le véhicule. Comme tu peux maintenant le constater, un véhicule à quatre roues motrices peut accroître la sécurité des passagères et des passagers sur des routes glissantes, particulièrement quand il neige ou quand il pleut. Dans l'expérience qui suit, tu examineras plusieurs surfaces pour trouver laquelle fournit la meilleure force de friction.

À toi de jouer !

Créer un contact par friction

Conforme aux normes de l'EDU en sciences pour montrer et comprendre la friction et le rôle qu'elle joue dans l'accélération et le ralentissement.

Matériel requis
- une balance à ressort
- un bloc de bois avec un crochet
- du papier de verre
- une feuille de papier ordinaire
- une bande de caoutchouc

❶ À l'aide du crochet, relie le bloc de bois à une balance à ressort.

❷ Place le bloc de bois sur la feuille de papier déposée sur une table.

❸ Tire doucement sur le bloc, comme le montre l'illustration. Au moyen de la balance à ressort, mesure la friction entre le bloc et la surface de papier.

❹ Inscris la mesure obtenue.

❺ Répète l'exercice et utilise du papier de verre au lieu du papier ordinaire.

❻ Répète l'exercice en utilisant la bande de caoutchouc au lieu du papier ordinaire.

Les résultats et l'analyse

❶ Pourquoi le bloc de bois ne se déplace-t-il pas dès qu'on exerce une force ?

❷ Parmi les trois surfaces, soit le papier ordinaire, le papier de verre et le caoutchouc, laquelle fournit le plus de friction ?

❸ Que peux-tu conclure des caractéristiques d'une surface qui fournit peu de friction ?

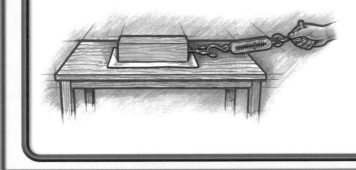

Pour engager les quatres roues motrices intégrales en prise occasionnelle, la personne qui conduit doit actionner un commutateur au tableau de bord, ce qui envoie de la dépression à un moteur à dépression. Le moteur à dépression déplace un bras oscillant. Le bras oscillant déplace une fourchette. La fourchette place un manchon qui permet de verrouiller l'engrenage de transfert mené à l'arbre de transfert. L'engrenage de transfert menant entraîne l'engrenage de transfert mené. Un pignon conique à l'autre extrémité de

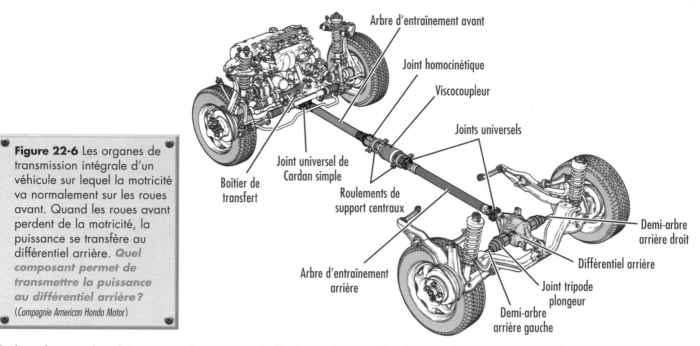

Figure 22-6 Les organes de transmission intégrale d'un véhicule sur lequel la motricité va normalement sur les roues avant. Quand les roues avant perdent de la motricité, la puissance se transfère au différentiel arrière. *Quel composant permet de transmettre la puissance au différentiel arrière?*
(*Compagnie American Honda Motor*)

l'arbre de transfert fait tourner le pignon de l'arbre d'entraînement du différentiel arrière, ce qui envoie de la puissance à l'essieu arrière. Pour désengager les quatres roues motrices intégrales en prise occasionnelle, le manchon sépare l'arbre de transfert de l'engrenage de transfert mené (*voir la figure 22-5*).

Les organes de transmission intégrale en prise permanente

Le fonctionnement de la transmission intégrale en prise permanente est semblable au système à quatre roues motrices en prise permanente, à la seule différence, toutefois, qu'elle ne comporte pas une gamme inférieure. Les roues avant reçoivent une puissance normale. Un viscocoupleur relie les deux sections de l'arbre d'entraînement du différentiel arrière. Dans le cas de certaines boîtes-ponts manuelles à cinq rapports, le différentiel central ou le viscocoupleur se trouve dans la boîte-pont.

S'il y a patinage des roues avant, le viscocoupleur se verrouille. Le système dirige alors la puissance de la boîte-pont ou de la boîte de vitesses vers le différentiel arrière (*voir la figure 22-6*). Le but consiste

à offrir le couple nécessaire à chacune des quatre roues, au moment opportun.

Le système électronique d'antipatinage à l'accélération

Certains véhicules comportent un système de freinage antiblocage et un système d'antipatinage à l'accélération, qui dirigent le couple aux roues qui peuvent assurer une bonne motricité si les conditions de la route sont glissantes. Les véhicules ainsi équipés comprennent trois différentiels libres qui permettent le fonctionnement permanent des quatre roues motrices.

Quand le système de freinage antiblocage détecte une roue qui tourne beaucoup plus rapidement que les autres, il signale au système d'antipatinage à l'accélération d'appliquer une pression de freinage à la roue qui tourne plus rapidement. Comme cette roue tourne maintenant moins vite, le système dirige le couple vers les trois autres roues qui ont de la motricité. Si trois roues patinent, le système applique les freins sur ces roues et redirige le couple vers la roue qui ne patine pas.

S'il y a au moins une roue qui présente de la motricité, le véhicule avancera ou reculera. Un système

VÉRIFIE TES CONNAISSANCES

1 Quels sont les composants d'un système d'organes de transmission qui ne font pas partie d'un système à deux roues motrices, mais qu'on trouve dans un système à quatre roues motrices?

2 Quelles sont les quatre modes de fonctionnement que présente un boîtier de transfert type d'un système de transmission à quatre roues motrices en prise occasionnelle?

3 Qu'est-ce qu'un viscocoupleur?

4 Quelle est la principale différence entre un système de transmission à quatre roues motrices et un système de transmission intégrale?

5 Quels sont les systèmes du véhicule qui fournissent les données au système électronique d'antipatinage à l'accélération?

électronique d'antipatinage à l'accélération élimine le besoin de bloquer un différentiel ou d'utiliser d'autres dispositifs de friction supplémentaires pour répartir le couple.

Section 2
Le boîtier de transfert

Un boîtier de transfert type se fixe à l'arrière de la boîte de vitesses, à la place du carter arrière de la boîte. La puissance du moteur passe de l'arbre secondaire de la boîte de vitesses vers le boîtier de transfert (*voir la figure 22-7*).

La façon la plus simple d'obtenir la motricité aux quatre roues consiste à diriger les différentiels avant et arrière, directement du boîtier de transfert. Toutefois, quand la personne qui conduit engage le véhicule dans un virage, chacune des roues tourne à une vitesse différente.

Si tu observes les traces de pneus d'un véhicule qui vient de tourner sur une nouvelle couche de neige, tu devrais voir quatre traces différentes. Chacun des pneus a pris une trajectoire distincte dans le virage. Les roues extérieures dans une courbe doivent tourner plus loin et plus rapidement que les roues intérieures. Les roues avant doivent se déplacer davantage et plus rapidement que les roues arrière.

Chacun des essieux moteurs est muni d'un différentiel. Le différentiel compense les différences de vitesse et de distance que les deux roues parcourront sur un essieu moteur. Cependant, le système traditionnel à quatre roues motrices en prise occasionnelle n'est pas en mesure de compenser les différentes distances parcourues par les roues avant et arrière dans une courbe.

C'est pourquoi le différentiel auxiliaire d'un système à quatre roues motrices en prise occasionnelle devrait uniquement s'engager si le véhicule est sur une surface glissante. Les roues doivent glisser légèrement afin de compenser les différentes distances que les roues parcourent sur les essieux avant et arrière. Si les roues ne peuvent pas glisser, la charge placée sur les organes de transmission et les joints universels pourraient être trop importante et causer des dommages. C'est ce qu'on appelle l'*enroulage des organes de transmission*.

Cet inconvénient a mené à la création des systèmes à quatre roues motrices en prise permanente. Ces systèmes à quatre roues motrices en prise permanente et les systèmes à quatre roues motrices intégrales ne nécessitent que très peu ou même aucune intervention de la part des personnes qui conduisent. Les systèmes peuvent demeurer engagés de façon permanente sans causer de dommage aux organes de transmission.

• Dans un système à quatre roues motrices en prise

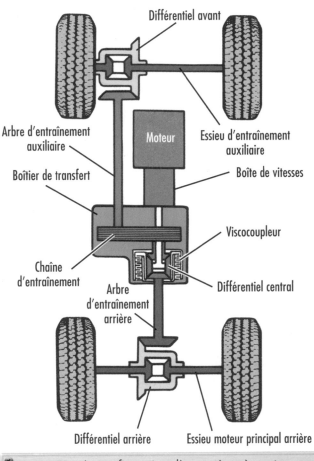

Figure 22-7 La configuration d'un système à quatre roues motrices en prise permanente qui illustre l'emplacement du boîtier de transfert intégrant un viscocoupleur. *Quel est l'avantage du système à quatre roues motrices en prise permanente ?* (DaimlerChrysler)

occasionnelle, les personnes qui conduisent ont le choix entre les modes deux roues motrices et quatre roues motrices. En deux roues motrices, la puissance se rend uniquement au différentiel principal. En quatre roues motrices, l'embrayage du boîtier de transfert envoie de la puissance au différentiel principal et au différentiel auxiliaire.

• Avec les quatre roues motrices en prise permanente, le boîtier de transfert peut être en mode quatre roues motrices en tout temps. Le différentiel auxiliaire s'engage au besoin.

Les boîtiers de transfert d'automobiles peuvent comporter une ou deux vitesses.

• Un boîtier de transfert à une vitesse peut diviser la puissance et l'acheminer à l'un des essieux ou aux deux. Il n'y a pas de gamme inférieure.

• Le boîtier de transfert à deux vitesses est muni d'une gamme inférieure et d'une gamme supérieure. Les personnes qui conduisent ont le choix entre le mode deux roues motrices et le mode quatre roues motrices en gamme supérieure et peuvent choisir le mode quatre roues motrices en gamme inférieure (*voir la figure 22-8*).

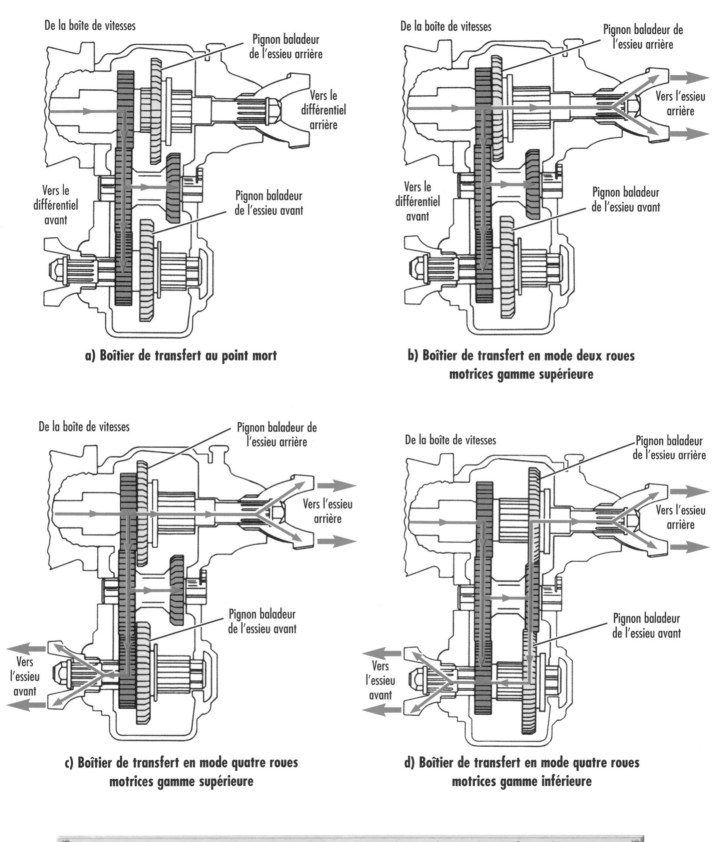

a) **Boîtier de transfert au point mort**

b) **Boîtier de transfert en mode deux roues motrices gamme supérieure**

c) **Boîtier de transfert en mode quatre roues motrices gamme supérieure**

d) **Boîtier de transfert en mode quatre roues motrices gamme inférieure**

Figure 22-8 Une variation de la circulation de la puissance dans un boîtier de transfert à deux vitesses selon la position du levier sélecteur. On remarque que la position du pignon baladeur de l'essieu arrière et la position du pignon baladeur de l'essieu avant définissent l'endroit où le couple moteur s'appliquera. Les pignons baladeurs sont cannelés aux arbres secondaires du boîtier de transfert pour les essieux avant et arrière. *Comment sélectionne-t-on chacun des quatre modes de fonctionnement?* (*DaimlerChrysler*)

Le boîtier de transfert à engrenages

Un boîtier de transfert à engrenages est muni d'un train d'engrenages qui ressemble à celui des boîtes de vitesses manuelles. On trouve ordinairement ce type de boîtier de transfert sur les systèmes à quatre roues motrices en prise occasionnelle.

Les engrenages s'engagent et se désengagent grâce à des fourchettes d'embrayage. Une fois engagés, les engrenages peuvent offrir les trois modes (deux roues motrices en gamme supérieure, quatre roues motrices en gamme supérieure et quatre roues motrices en gamme inférieure). Quand les engrenages se désengagent, le boîtier de transfert est au point mort.

Le boîtier de transfert à engrenages planétaires

Dans un boîtier de transfert à engrenages planétaires, le couple entre par l'arbre secondaire de la boîte de vitesses. Bon nombre de nouveaux boîtiers de transfert utilisent une chaîne d'entraînement en acier et un train planétaire plutôt qu'un train d'engrenages traditionnel. Cette façon de faire nécessite moins de composants, donc un boîtier plus compact.

Les changements de rapports s'effectuent grâce à un train planétaire. Le couple se distribue à l'arbre d'entraînement qui mène au différentiel à partir du boîtier de transfert par l'intermédiaire d'une fourche et d'un joint universel.

Si le boîtier de transfert est en mode quatre roues motrices, la chaîne d'entraînement s'engage. La chaîne entraîne un arbre secondaire parallèle muni

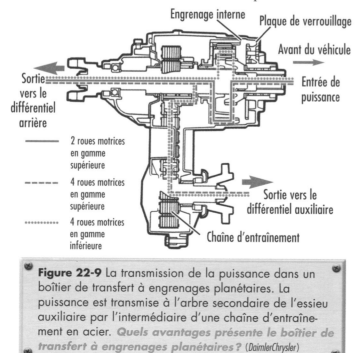

Figure 22-9 La transmission de la puissance dans un boîtier de transfert à engrenages planétaires. La puissance est transmise à l'arbre secondaire de l'essieu auxiliaire par l'intermédiaire d'une chaîne d'entraînement en acier. *Quels avantages présente le boîtier de transfert à engrenages planétaires?* (DaimlerChrysler)

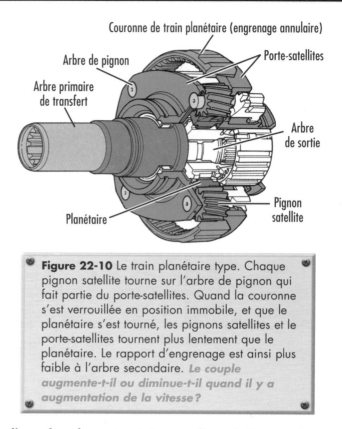

Figure 22-10 Le train planétaire type. Chaque pignon satellite tourne sur l'arbre de pignon qui fait partie du porte-satellites. Quand la couronne s'est verrouillée en position immobile, et que le planétaire s'est tourné, les pignons satellites et le porte-satellites tournent plus lentement que le planétaire. Le rapport d'engrenage est ainsi plus faible à l'arbre secondaire. *Le couple augmente-t-il ou diminue-t-il quand il y a augmentation de la vitesse?*

d'une fourche qui pointe vers l'avant. Le couple se transmet au différentiel par l'entremise d'un joint universel et d'un arbre d'entraînement.

La **figure 22-9** illustre le transfert de la puissance dans un boîtier de transfert à engrenages planétaires. Au point mort, l'arbre primaire fait tourner les pignons satellites et la couronne, qui tourne librement. À cette étape, il n'y a aucun transfert de puissance dans le train planétaire.

Le train planétaire se compose de trois membres: un planétaire, un porte-satellites et une couronne (*voir la figure 22-10*). Cette configuration est semblable à celle qu'on trouve dans les boîtes de vitesses à surmultiplication.

• Le planétaire se trouve au centre, à l'extrémité de l'arbre primaire de transfert.

• Le porte-satellites retient trois ou quatre pignons satellites montés sur des axes dans le porte-satellites. Les pignons satellites s'engagent dans le planétaire.

• Les pignons satellites s'engagent dans les dents internes de la couronne.

L'arbre joint au porte-satellites est l'arbre mené ou l'arbre secondaire.

Un train planétaire peut offrir cinq modes de fonctionnement:

1. augmentation de la vitesse avec diminution du couple;

2. diminution de la vitesse avec augmentation du couple (démultiplication);

3. prise directe (rapport de démultiplication de 1 à 1);

4. point mort ;

5. marche arrière.

Les trois modes de fonctionnement habituellement possibles grâce à un boîtier de transfert à quatre roues motrices sont le point mort (dans certains cas), la réduction de la vitesse (gamme inférieure) et la prise directe (gamme supérieure).

On obtient la prise directe (gamme supérieure) en verrouillant deux membres du train planétaire.

Le fait de maintenir la couronne immobile permet d'obtenir la démultiplication (gamme inférieure). La rotation du planétaire oblige les pignons satellites à faire le tour de la couronne. Le porte-satellites tourne alors dans la même direction que le planétaire, mais plus lentement. L'arbre du porte-satellites est l'arbre mené. Il tourne plus lentement que l'arbre primaire, mais transmet un couple plus important.

Le fait de mettre le boîtier de transfert en gamme supérieure verrouille ensemble la couronne et le porte-satellites. Le train planétaire au complet tourne en bloc, car les pignons satellites ne peuvent pas tourner sur leur axe. On obtient une prise directe. L'arbre secondaire du boîtier de transfert tourne à la même vitesse que l'arbre primaire.

La chaîne d'entraînement Dans plusieurs boîtiers de transfert, on trouve une chaîne d'entraînement qui sert à transmettre la puissance entre les arbres. Il s'agit d'une robuste chaîne à maillons semblable à une chaîne de distribution, mais plus large. Les chaînes d'entraînement sont conçues pour durer aussi longtemps que le boîtier de transfert. Il n'y a habituellement aucun réglage à effectuer.

Les pompes à huile Les pompes à huile sont habituellement de simples pistons ou des pompes volumétriques conçues pour faire circuler le lubrifiant dans le boîtier de transfert. Entraînées par l'arrière de l'arbre secondaire, les pompes tournent pour maintenir une constante lubrification au cours de la rotation de l'arbre d'entraînement. On obtient ainsi une meilleure lubrification. Tant que les roues arrière tournent, la pompe à huile lubrifie les roulements du boîtier de transfert. Il est ainsi possible de remorquer la voiture sans endommager le boîtier de transfert.

Les boîtiers de transfert Les anciens boîtiers de transfert de même que ceux qu'on trouve encore maintenant sur certains poids lourds sont des monoblocs en fonte. Des plaques d'accès et des bouchons expansibles permettent d'effectuer l'entretien des pièces internes. On utilise habituellement un alliage dans la fabrication des boîtiers utilisés sur les voitures de tourisme. Le

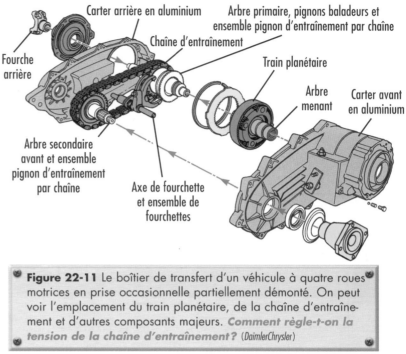

Figure 22-11 Le boîtier de transfert d'un véhicule à quatre roues motrices en prise occasionnelle partiellement démonté. On peut voir l'emplacement du train planétaire, de la chaîne d'entraînement et d'autres composants majeurs. *Comment règle-t-on la tension de la chaîne d'entraînement ?* (*DaimlerChrysler*)

boîtier de transfert se divise par le centre en deux principales pièces moulées (*voir la figure 22-11*).

Le boîtier de transfert est muni d'un évent permettant la dilatation thermique du lubrifiant et l'évaporation de toute condensation présente dans le boîtier ; il peut tout simplement s'agir d'un tube et d'un chapeau pare-poussière. Les véhicules tout terrain comportent des organes de transmission conçus pour fonctionner même après une brève immersion dans l'eau. On peut raccorder un tube d'aération à un orifice d'aération en chicane ou simplement à un point du véhicule situé plus haut que le châssis.

Les prises de force Les prises de force ne font pas toujours partie des boîtiers de transfert. Une **prise de force** est un dispositif qui agit comme source d'alimentation permettant de commander un accessoire du véhicule.

La prise de force est habituellement un simple pignon baladeur sur un axe ; le pignon baladeur s'engage dans un autre pignon du boîtier de transfert et s'en désengage. La prise de force peut commander un arbre d'entraînement ou une pompe hydraulique. Un appareil de levage d'une dépanneuse ou une benne basculante hydraulique sont deux exemples d'accessoires commandés par une prise de force.

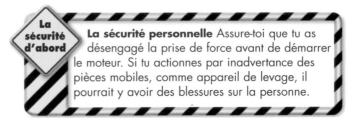

La sécurité d'abord

La sécurité personnelle Assure-toi que tu as désengagé la prise de force avant de démarrer le moteur. Si tu actionnes par inadvertance des pièces mobiles, comme appareil de levage, il pourrait y avoir des blessures sur la personne.

Les lubrifiants Les lubrifiants jouent un rôle important dans le maintien du bon fonctionnement du boîtier de transfert. On choisit le lubrifiant du boîtier de transfert qui offre les mêmes caractéristiques que les lubrifiants de boîte de vitesses.

Pour certains boîtiers de transfert, on recommande d'utiliser une huile multigrade EP pour engrenages comme la SAE-75W-90. Pour la plupart des boîtiers de transfert, on utilise un fluide pour boîte de vitesses automatique.

> **CONSEIL TECHNIQUE Utiliser le bon lubrifiant** Certains modèles à quatre roues motrices en prise permanente et à transmission intégrale comportant un viscocoupleur requièrent un lubrifiant particulier ou un additif. Il est important de se conformer aux recommandations du fabricant que tu trouveras dans le manuel d'entretien ou dans la base de données électronique.

Les commandes du boîtier de transfert

Il existe une grande variété de systèmes de commande. Les fabricants tentent constamment de concevoir des systèmes de commande conviviaux qui soient fiables, peu coûteux et légers.

Les commandes manuelles On commande le plus simple des boîtiers de transfert en manipulant un levier au plancher. Ce levier fonctionne comme celui d'une boîte de vitesses manuelle. À la base du levier, sur le couvercle, on inscrit les différentes gammes pour permettre à la personne qui conduit de savoir à quelle position il fait fonctionner son véhicule.

Les commandes électroniques Les commandes électroniques et automatisées simplifient l'étape de sélection. Les décisions de sélection s'effectuent par l'intermédiaire du module de commande du groupe motopropulseur, selon l'environnement dans lequel fonctionne le véhicule. Ce sont des actionneurs qui effectuent l'embrayage. Les deux actionneurs les plus utilisés sont les moteurs pas-à-pas et les moteurs à dépression.

Les principaux composants d'un système de commande du boîtier de transfert sont :
- Un bouton-poussoir permettant de sélectionner le mode désiré.
- Un capteur de vitesse qui donne au module de gestion la vitesse du véhicule.
- Un capteur de position du sélecteur, qui signale au module de commande la position sélectionnée.
- Un moteur pas-à-pas électronique, monté à l'extérieur à l'arrière du boîtier de transfert (*voir la figure 22-12*). Il commande une came hélicoïdale rotative qui déplace, selon la position sélectionnée, la fourchette d'embrayage pour 2 et 4 roues motrices, ainsi que la fourchette d'embrayage de l'engrenage

réducteur de 4 roues motrices en gamme supérieure et de 4 roues motrices en gamme inférieure.

Quand on sélectionne un mode dans les bonnes limites de vitesse, le moteur pas-à-pas fait tourner une came hélicoïdale. La came positionne la fourchette d'embrayage pour deux et quatre roues motrices ainsi que celle des gammes supérieure et inférieure. La fourchette des gammes supérieure et inférieure glisse dans une came à rainure. La fourchette d'embrayage pour deux et quatre roues motrices glisse sur des bossages à l'extrémité de la came.

Il est possible d'effectuer le passage des quatre roues motrices en gamme supérieure aux quatre roues motrices en gamme inférieure uniquement si le capteur de vitesse du boîtier de transfert détecte une vitesse du véhicule égale ou inférieure à 5 km/h (3 mi/h).

Le boîtier de transfert est doté d'un embrayage électromagnétique comparable à un embrayage de compresseur de climatisation. Quand on passe du mode deux roues motrices en gamme supérieure au mode quatre roues motrices en gamme supérieure, l'embrayage s'engage. Le différentiel auxiliaire tendra à atteindre la vitesse du véhicule. Quand les arbres secondaires avant et arrière ont synchronisé leur vitesse, un collier de commande à ressort verrouille le moyeu d'arbre secondaire au pignon d'entraînement par chaîne. Le boîtier de transfert est alors en mode quatre roues motrices en gamme supérieure. L'embrayage électromagnétique se trouve désactivé.

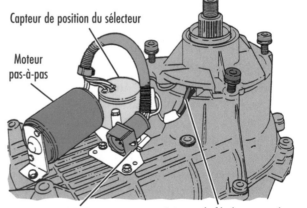

Figure 22-12 Un moteur pas-à-pas et un capteur de position du levier montés dans le boîtier de transfert. *Quel composant décide du changement de position ?* (Chilton)

La marche à suivre précise permettant de diagnostiquer et de réparer les commandes d'embrayage du boîtier de transfert varie en fonction du modèle de boîtier ainsi que du modèle de véhicule et de son fabricant. Il est essentiel d'utiliser le manuel d'entretien ou la base de données électronique propre au véhicule.

Pour certains véhicules comportant une commande d'embrayage électronique, le module de commande du groupe motopropulseur a une fonction d'autodiagnostic. Un analyseur-contrôleur peut détecter les problèmes du système.

Dans d'autres véhicules, le module de commande a sa propre routine de diagnostic interne. On met le commutateur d'allumage en marche et le module de commande « commutateur de diagnostic embarqué » s'active. Si le module de commande réussit le test de diagnostic, la lampe témoin clignotera une fois par seconde. Si le module de commande échoue au test, la lampe témoin demeurera allumée.

Il y a également des vérifications des faisceaux de fils, de l'alimentation, du commutateur et du capteur. Ces vérifications figurent dans le manuel d'entretien ou dans la base de données électronique du véhicule.

Les commandes à dépression Certains systèmes font appel à des moteurs à dépression ou à des actionneurs pour commander l'embrayage (*voir la figure 22-13*). Le système s'ouvre et se ferme grâce à un interrupteur. Un réservoir à dépression emmagasine et maintient le niveau de dépression. Un module électronique ou le module de commande du groupe motopropulseur commande le moteur à dépression.

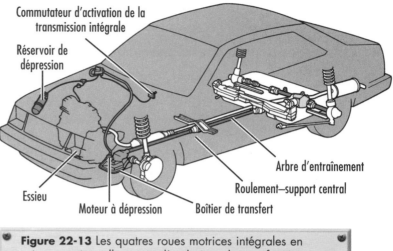

Commutateur d'activation de la transmission intégrale
Réservoir de dépression
Arbre d'entraînement
Roulement–support central
Essieu
Moteur à dépression
Boîtier de transfert

Figure 22-13 Les quatres roues motrices intégrales en prise occasionnelle munie d'un boîtier de transfert à une vitesse. *Qu'est-ce qui contrôle le niveau de dépression ?* (*Compagnie Ford Motor*)

La sécurité d'abord | **La sécurité personnelle** Attention à la chaleur des gaz d'échappement. Les fabricants montent parfois les boîtiers de transfert à proximité des tuyaux d'échappement et des convertisseurs catalytiques qui retiennent la chaleur. Porte des lunettes et des vêtements de protection pour éviter les brûlures et d'autres blessures.

Le diagnostic du boîtier de transfert

Il est important de bien diagnostiquer les problèmes de boîtier de transfert. Le **tableau 22-A** énumère les plus fréquents problèmes de boîtier de transfert et leurs causes.

Le retrait du boîtier de transfert

La marche à suivre pour retirer le boîtier de transfert varie selon le modèle et la marque du véhicule. Il est donc toujours important de consulter le manuel d'entretien ou la base de données électronique propre au véhicule avant d'amorcer le travail.

Les principales étapes permettant d'effectuer le retrait d'un boîtier de transfert Borg Warner de modèle 1345 d'une camionnette à quatre roues motrices en prise occasionnelle sont les suivantes:

1. Élève et assure un bon support au véhicule.
2. Vidange le lubrifiant du boîtier de transfert dans un bac de récupération.

3. Déconnecte le commutateur du témoin des quatre roues motrices dans le boîtier de transfert.
4. Si le véhicule possède une plaque de protection du carter inférieur, retire-la de ses supports de fixation sur le châssis.
5. Marque des repères de position pour les chapeaux de joints universels en utilisant un crayon à encre indélébile.
6. Disjoins l'arbre d'entraînement avant de la fourche de sortie avant. Disjoins l'arbre d'entraînement arrière de la fourche de sortie arrière du boîtier de transfert.
7. Assure un support aux arbres d'entraînement de façon qu'ils ne restent pas suspendus uniquement par les joints universels du différentiel.
8. Disjoins de la plaque de retenue de roulements du boîtier de transfert le pignon mené du compteur de vitesse ou l'ensemble capteur de vitesse du véhicule.
9. Retire les étriers et le guide des fourchettes du levier sélecteur du boîtier de transfert.
10. Retire le levier sélecteur du boîtier de transfert.
11. Disjoins le tuyau d'évent du boîtier de transfert.
12. Retire les boulons du protecteur thermique du support de moteur et du boîtier de transfert.
13. Retire la prise de force et fixe-la à un longeron de cadre de châssis.
14. Utilise un cric de boîte de vitesses pour supporter le boîtier de transfert.

CONSEIL TECHNIQUE **Utiliser un cric de boîte de vitesses** Utilise un cric de boîte de vitesses pour supporter le boîtier de transfert avant de le déboulonner de l'adaptateur de boîte de vitesses. Assure-toi de bien supporter l'arrière du moteur et la boîte de vitesses, une fois le boîtier de transfert retiré. Ne laisse jamais l'arrière du moteur et la boîte de vitesses sans support. Si le support n'est pas approprié, il risque d'y avoir des dommages.

Tableau 22-A   LES DIAGNOSTICS RELATIFS AU BOÎTIER DE TRANSFERT

Problèmes	Causes possibles	Mesures correctrices
1. Vibrations bruyantes excessives.	**a.** Niveau de lubrifiant bas.	**a.** Ajoute la quantité recommandée du lubrifiant approprié.
	b. Roulements mal réglés ou usés.	**b.** Prends les mesures de jeu ou de précharge des roulements ; inspecte pour repérer l'usure ou des dommages.
	c. Pignon et chaîne d'entraînement usés ou endommagés.	**c.** Inspecte les pignons et la chaîne d'entraînement pour repérer l'usure et des dommages.
	d. Centrage incorrect du joint universel ou de l'arbre d'entraînement, ou encore faux-rond excessif de l'arbre d'entraînement.	**d.** Vérifie les fourches, les boulons en U et les chapeaux des joints universels pour voir s'ils sont bien placés ou si des pièces se sont brisées ; vérifie si l'arbre d'entraînement est plié ou bosselé.
	e. Pour les systèmes en prise permanente, le différentiel autobloquant est bruyant.	**e.** Compare le fonctionnement à celui d'un système en bon état, car certains modèles sont reconnus pour être bruyants même s'ils fonctionnent normalement.
2. Embrayage difficile ou impossible.	**a.** L'embrayage ne se désengage pas complètement.	**a.** Vérifie si la tringlerie d'embrayage s'est déformée et si elle est bien centrée.
	b. La tringlerie d'embrayage est pliée, gauchie ou décentrée.	**b.** Vérifie si des pièces de tringlerie sont usées, déformées ou décentrées.
	c. Défaut du moteur à dépression ou du moteur pas-à-pas.	**c.** Vérifie le fonctionnement de l'actionneur d'embrayage et respecte la marche à suivre du fabricant.
	d. Manque de lubrifiant.	**d.** Ajoute la quantité recommandée du lubrifiant approprié.
	e. Composants du synchroniseur usés, ébréchés ou brisés, ou encore levier sélecteur gauchi ou fourchette d'embrayage pliée.	**e.** Inspecte les pièces du synchroniseur pour repérer l'usure et des dommages ; vérifie le mécanisme d'embrayage pour repérer les pièces usées ou brisées.
	f. Vitesse trop élevée pour permettre l'embrayage.	**f.** Immobilise le véhicule ou ralentis à une vitesse qui ne dépasse pas 5 km/h (3 mi/h) pour embrayer ou débrayer.
	g. Système d'embrayage en mouvement défectueux.	**g.** Vérifie si le synchroniseur ou l'embrayage électromagnétique fonctionne bien en respectant la marche à suivre du fabricant.
	h. Gauchissement des organes de transmission causé par l'usage des quatre roues motrices sur revêtement sec.	**h.** Immobilise le véhicule ; mets la boîte de vitesses au point mort ; mets le boîtier de transfert sur le mode 2 roues motrices en gamme supérieure pour vérifier le fonctionnement sur revêtement sec.
3. Les pignons ne demeurent pas engrenés.	**a.** Tringlerie d'embrayage pliée, gauchie ou décentrée.	**a.** Vérifie le centrage de la tringlerie, l'usure des pièces, la possibilité de déformation et de décentrage.
	b. Roulements de l'arbre primaire ou de l'arbre secondaire usés ou endommagés.	**b.** Prends les mesures appropriées pour mesurer le jeu et la précharge des roulements.
	c. Fourchettes d'embrayage et guide mal réglés ou pièces de cran d'arrêt brisées ou manquantes.	**c.** Inspecte les fourchettes d'embrayage et le guide pour repérer un jeu excessif ; vérifie le fonctionnement du cran d'arrêt.
4. Fuites d'huile.	**a.** Excès de lubrifiant dans le boîtier de transfert.	**a.** Retire le bouchon de remplissage et laisse sortir l'excès de lubrifiant jusqu'au niveau approprié.
	b. Boîtier fendu.	**b.** Inspecte le boîtier de transfert pour repérer les dommages et remplace-le s'il est fendu.
	c. Joints étanches à l'huile usés.	**c.** Remplace les joints usés ou durcis.
	d. Tuyau d'évent du boîtier ou boîte à chicanes obstruée par des débris.	**d.** Nettoie le tuyau d'évent et la boîte à chicanes pour éliminer les débris ou la source de blocage.
5. Le véhicule tire dans une direction ou une autre sur revêtement sec.	**a.** Gauchissement des organes de la transmission causé par l'usage des quatre roues motrices sur revêtement sec (une gamme ou l'autre).	**a.** Immobilise le véhicule ; mets la boîte de vitesses au point mort ; mets le boîtier de transfert sur le mode 2 roues motrices en gamme supérieure pour voir le fonctionnement sur revêtement sec.
	b. Déblocage incomplet du moyeu.	**b.** Vérifie les mécanismes de blocage pour voir s'ils fonctionnent bien ou si l'un des deux s'est déformé.
	c. Différentiel autobloquant qui ne se déverrouille pas.	**c.** Consulte les recommandations de vérification du fabricant pour ce type de différentiel en particulier ; certains modèles sont reconnus pour présenter des irrégularités de fonctionnement.

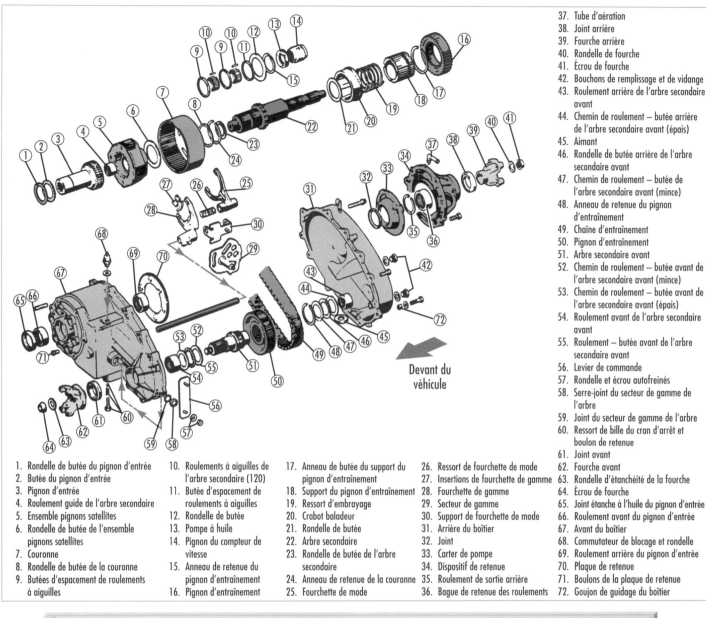

37. Tube d'aération
38. Joint arrière
39. Fourche arrière
40. Rondelle de fourche
41. Écrou de fourche
42. Bouchons de remplissage et de vidange
43. Roulement arrière de l'arbre secondaire avant
44. Chemin de roulement – butée arrière de l'arbre secondaire avant (épais)
45. Aimant
46. Rondelle de butée arrière de l'arbre secondaire avant
47. Chemin de roulement – butée de l'arbre secondaire avant (mince)
48. Anneau de retenue du pignon d'entraînement
49. Chaîne d'entraînement
50. Pignon d'entraînement
51. Arbre secondaire avant
52. Chemin de roulement – butée avant de l'arbre secondaire avant (mince)
53. Chemin de roulement – butée avant de l'arbre secondaire avant (épais)
54. Roulement avant de l'arbre secondaire avant
55. Roulement – butée avant de l'arbre secondaire avant
56. Levier de commande
57. Rondelle et écrou autofreinés
58. Serre-joint du secteur de gamme de l'arbre
59. Joint du secteur de gamme de l'arbre
60. Ressort de bille du cran d'arrêt et boulon de retenue
61. Joint avant
62. Fourche avant
63. Rondelle d'étanchéité de la fourche
64. Écrou de fourche
65. Joint étanche à l'huile du pignon d'entrée
66. Roulement avant du pignon d'entrée
67. Avant du boîtier
68. Commutateur de blocage et rondelle
69. Roulement arrière du pignon d'entrée
70. Plaque de retenue
71. Boulons de la plaque de retenue
72. Goujon de guidage du boîtier

1. Rondelle de butée du pignon d'entrée
2. Butée du pignon d'entrée
3. Pignon d'entrée
4. Roulement guide de l'arbre secondaire
5. Ensemble pignons satellites
6. Rondelle de butée de l'ensemble pignons satellites
7. Couronne
8. Rondelle de butée de la couronne
9. Butées d'espacement de roulements à aiguilles
10. Roulements à aiguilles de l'arbre secondaire (120)
11. Butée d'espacement de roulements à aiguilles
12. Rondelle de butée
13. Pompe à huile
14. Pignon du compteur de vitesse
15. Anneau de retenue du pignon d'entraînement
16. Pignon d'entraînement
17. Anneau de butée du support du pignon d'entraînement
18. Support du pignon d'entraînement
19. Ressort d'embrayage
20. Crabot baladeur
21. Rondelle de butée
22. Arbre secondaire
23. Rondelle de butée de l'arbre secondaire
24. Anneau de retenue de la couronne
25. Fourchette de mode
26. Ressort de fourchette de mode
27. Insertions de fourchette de gamme
28. Fourchette de gamme
29. Secteur de gamme
30. Support de fourchette de mode
31. Arrière du boîtier
32. Joint
33. Carter de pompe
34. Dispositif de retenue
35. Roulement de sortie arrière
36. Bague de retenue des roulements

Devant du véhicule

Figure 22-14 Un boîtier de transfert en prise occasionnelle muni de pignons satellites. Au démontage, il est important de marquer des repères sur chacun des composants afin de faciliter l'étape de remontage. *Pourquoi est-il particulièrement important de marquer les pièces qui sont jointes les unes aux autres ?* (Chilton)

15. Retire les boulons qui maintiennent le boîtier de transfert à l'adaptateur de boîte de vitesses.
16. Glisse doucement vers l'arrière le boîtier de transfert pour le faire sortir par l'arbre secondaire de la boîte de vitesses.
17. Abaisse le boîtier de transfert du véhicule.
18. Retire l'ancien joint situé entre le boîtier de transfert et l'adaptateur de boîte de vitesses.

Le démontage du boîtier de transfert

La marche à suivre pour démonter un boîtier de transfert varie selon le modèle et la marque du boîtier. La première étape consiste donc à consulter le manuel d'entretien ou la base de données électronique du boîtier de transfert sur lequel tu travailles.

La seconde étape consiste habituellement à bien nettoyer l'extérieur du boîtier, sauf s'il est neuf ou si on l'a récemment nettoyé. Les boîtiers de transfert peuvent considérablement s'encrasser. Si tu n'élimines pas la saleté, tu risques de contaminer des composants internes au moment du démontage. Certains ateliers effectuent un nettoyage à la vapeur ou un lavage à la pression dans une zone protégée, prévue à cet effet. D'autres nettoient le boîtier dans une grande cuve de nettoyage.

La **figure 22-14** illustre les composants d'un boîtier de transfert de véhicule à quatre roues motrices en prise occasionnelle.

Il est important de respecter la marche à suivre précisée dans le guide d'entretien. Si tu ne respectes pas les directives de démontage et d'inspection, tu

Figure 22-15 La séparation du boîtier de transfert au moyen de leviers. *Quel autre outil est-il recommandé d'utiliser pour séparer certains boîtiers de transfert?* (*Chilton*)

risques de commettre des erreurs. Au démontage du boîtier de transfert, nettoie et inspecte chacun des composants pour repérer des dommages et l'usure qui dépasse un degré de tolérance acceptable. Porte une attention particulière aux régions directement liées au problème du boîtier de transfert.

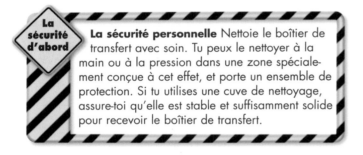

La sécurité d'abord

La sécurité personnelle Nettoie le boîtier de transfert avec soin. Tu peux le nettoyer à la main ou à la pression dans une zone spécialement conçue à cet effet, et porte un ensemble de protection. Si tu utilises une cuve de nettoyage, assure-toi qu'elle est stable et suffisamment solide pour recevoir le boîtier de transfert.

Place un repère sur les pièces qui sont jointes les unes aux autres afin de pouvoir les replacer correctement.

La marche à suivre permettant de démonter et d'inspecter un Borg Warner de modèle 1345, représentatif de plusieurs boîtiers de transfert de véhicules à quatre roues motrices en prise occasionnelle, est la suivante:

1. Retire les rondelles et les écrous de la fourche d'arbre secondaire. Retire les fourches de sortie avant et arrière.

2. Retire le commutateur d'activation des quatre roues motrices.

3. Sépare le couvercle du boîtier et retire les boulons de fixation. Sépare le boîtier de transfert au moyen d'un levier ou d'une poignée articulée (*voir la figure 22-15*).

CONSEIL TECHNIQUE **La séparation des moitiés du boîtier de transfert** Certains fabricants prévoient mouler un cran sur la boîte et les moitiés de couvercle pour en faciliter la séparation. Certains crans sont conçus pour une poignée articulée qui comporte un adaptateur mâle d'un demi-pouce. La poignée articulée peut servir à séparer deux pièces moulées sans entrer en contact avec les surfaces d'étanchéité.

Prends garde de ne pas érafler les surfaces d'étanchéité.

4. Retire le collecteur magnétique de particules.

5. Glisse la bague de moyeu vers l'extérieur de l'arbre secondaire arrière pour la faire sortir et comprime le ressort de fourchette d'embrayage.

6. Retire les bagues d'arrêt supérieures et inférieures du ressort.

7. Soulève l'ensemble bague de verrouillage des quatre roues et retire-le du boîtier. Prends garde de ne pas perdre les segments en nylon sur la fourchette de verrouillage. Note l'emplacement des trous sur le segment et la fourchette.

8. Soulève l'arbre secondaire arrière, sans le sortir du boîtier.

9. Retire l'anneau élastique de l'arbre secondaire avant et retire la rondelle de butée.

10. Prends la chaîne d'entraînement et soulève-la afin de retirer le pignon d'entraînement et la chaîne de l'arbre secondaire (*voir la figure 22-16*). Retire la rondelle de butée de l'arbre secondaire arrière.

11. Soulève l'arbre secondaire avant et sors-le du boîtier.

12. Retire les boulons de retenue de la pompe à huile.

13. Retire la pompe, le tube d'aspiration et les autres pièces reliées à la pompe.

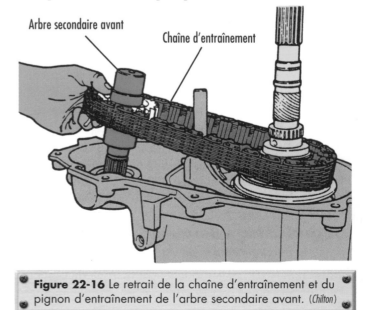

Figure 22-16 Le retrait de la chaîne d'entraînement et du pignon d'entraînement de l'arbre secondaire avant. (*Chilton*)

COMMUNICATION
EXCELLENCE AUTOMOBILE

Savoir poser les bonnes questions à la clientèle

Il y a vingt ans quand un véhicule couvert de boue sortait du bois, tout le monde savait que ce devait être un véhicule à quatre roues motrices. À cette époque, seuls ceux qui s'aventuraient hors route utilisaient le système à quatre roues motrices. Tandis qu'elles traversaient des routes escarpées, les personnes qui conduisaient utilisaient la motricité aux quatre roues pour pousser leur véhicule à la limite. De nos jours, par contre, elles sont plus nombreuses à pousser à la limite leur véhicule à quatre roues motrices sur des routes pavées.

Avec la nouvelle génération de conductrices et de conducteurs derrière le volant de la nouvelle génération de véhicules à quatre roues motrices, les techniciens doivent faire face à de nouveaux défis pour bien cerner les problèmes de la clientèle.

Les conductrices et les conducteurs qui passent d'un véhicule à deux roues motrices à un véhicule à quatre roues motrices doivent recourir à de nouvelles techniques de conduite et avoir une bonne information sur le type de véhicule. En conséquence, certaines personnes ont tendance à croire que leur véhicule fonctionne mal et se rendent plus fréquemment à leur centre de service.

Dans de telles situations, les techniciens automobiles doivent user de logique avec leur clientèle. Tu dois poser des questions pour découvrir le degré de connaissance de la cliente ou du client en matière de véhicules à quatre roues motrices. Par la suite, tu peux analyser ses réponses. Tu peux même consulter d'autres techniciens pour t'assurer que le problème soulevé par la cliente ou le client en est réellement un.

À toi de jouer !

Conforme aux normes de l'EDU pour adopter une stratégie d'écoute, être attentif à des indices verbaux, organiser l'information écrite et déterminer des stratégies de communication efficaces.

❶ Sur une feuille, inscris en en-tête «Apprendre à servir la clientèle des véhicules à quatre roues motrices». Plie la feuille en trois sur le sens la longueur.

❷ Intitule la colonne de gauche «Questions à poser au client», la colonne du milieu «Réponses du client» et la colonne de droite «Ce que j'ai appris».

❸ Inscris les questions que tu poserais à un client, par exemple, sur son véhicule à quatre roues motrices.

❹ Échange ta liste de questions avec celle de ta ou ton partenaire.

❺ Joue le rôle du client et réponds par écrit aux questions de ta ou ton partenaire.

❻ Échange les feuilles et lis les réponses de ta ou ton partenaire.

❼ Inscris ce que tu as appris à propos du problème du client.

❽ Consulte une technicienne ou un coéquipier pour avoir son impression sur le problème.

---

14. Retire l'anneau élastique qui bloque la bague de retenue des roulements dans le boîtier.

15. Soulève l'arbre secondaire arrière et frappe sur la bague de retenue de roulements en utilisant un marteau en plastique ou en métal mou. Une fois l'arbre libéré, soulève l'arbre et la bague de retenue et sors-les du boîtier.

16. Retire le serre-joint en C qui retient la came d'embrayage au levier de commande dans le boîtier.

17. Retire la vis de retenue et enlève le levier du boîtier.

18. Retire en bloc du boîtier le train planétaire, le guide de fourchettes, la came et les fourchettes.

Selon le type et le modèle de boîtier de transfert, les directives de démontage peuvent varier. Dans certains cas, tu dois faire sortir les bouchons expansibles au moyen d'un marteau et frapper énergiquement pour accéder aux axes que tu dois retirer au démontage. Dans d'autres cas, tu dois utiliser un outil Easy-Out[MD] n° 1 pour retirer certains composants. De telles exigences montrent l'importance de consulter le manuel d'entretien ou la base de données électronique pour effectuer un bon travail sur le boîtier de transfert.

Tout comme dans le cas des boîtes de vitesses manuelles, tu dois bien compter les roulements à aiguilles et à rouleaux qui supportent les pignons et les arbres. Certains roulements ne sont pas en cage et se répandront dans le boîtier au retrait d'un arbre primaire, secondaire

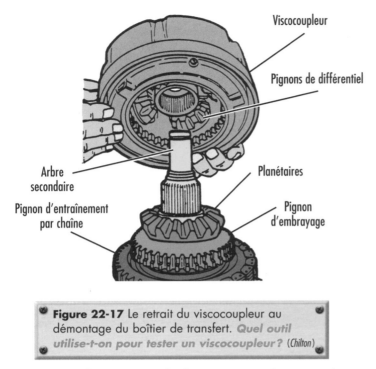

Viscocoupleur

Pignons de différentiel

Arbre secondaire

Planétaires

Pignon d'entraînement par chaîne

Pignon d'embrayage

Figure 22-17 Le retrait du viscocoupleur au démontage du boîtier de transfert. *Quel outil utilise-t-on pour tester un viscocoupleur?* (Chilton)

ou intermédiaire qui sert de chemin interne. Les manuels d'entretien précisent habituellement le nombre de rouleaux de roulements dans un ensemble complet.

Selon le boîtier à démonter, plusieurs manuels de fabricants dresseront la liste des pièces de quincaillerie qui pourraient tomber dans le boîtier durant le démontage. Parmi ces pièces, on trouve les goujons de guidage, les segments en nylon de la fourchette d'embrayage, les rondelles de butée et les billes, ainsi que les ressorts et billes du cran d'arrêt.

Les directives de démontage pour un modèle d'embrayage électrique expliquent le retrait du moteur d'embrayage à partir du couvercle arrière. Le moteur commande un arbre dont il faut marquer la position au démontage.

Dans le cas des boîtiers de transfert à commandes électroniques, on trouve des directives de démontage pour l'embrayage électromagnétique, la bobine et le filage.

Le nettoyage et l'inspection du boîtier de transfert

Le démontage des sous-ensembles du boîtier de transfert suit le démontage du boîtier : les pignons satellites, le couvercle, le boîtier et les composants d'embrayage. La marche à suivre varie en fonction du modèle et de la marque du boîtier de transfert. Les détails figurent dans le manuel d'entretien ou dans la base de données électronique du boîtier de transfert.

En général, tu devras procéder comme suit :

• Nettoie les ensembles de roulements au moyen d'un solvant propre et sépare-les des autres pièces pour

que les particules et la poussière n'y pénètrent pas. Inspecte-les soigneusement pour repérer l'usure excessive, les fissures, les empreintes de billes ou les difficultés de roulement.

• Remplace les roulements douteux. On peut nettoyer et envelopper dans une feuille de papier propre jusqu'au moment du remontage tout roulement en bon état.

• Dans le cas des boîtiers de transfert à engrenages, retire les arbres des engrenages et des roulements. Vérifie et remplace les rondelles de butée et les autres pièces de quincaillerie.

• Démonte le train planétaire selon les directives. Inspecte les composants pour repérer l'usure, la décoloration et les dents ébréchées ou brisées. Enlève les entailles ou les bavures en utilisant une pierre abrasive. Il arrive parfois que le fabricant demande de changer les rondelles de butée et les anneaux élastiques.

• Inspecte les boîtes pour repérer les fissures, les filets arrachés, les roulements trop usés ou endommagés et les chemins de roulements trop serrés dans le boîtier.

• Au moment de faire la révision, on remplace habituellement les joints étanches à l'huile, les joints statiques et les joints toriques. Nettoie et inspecte le levier sélecteur, le porte-cames, la bille de cran d'arrêt et tout mécanisme associé au boîtier. Effectue les remplacements nécessaires.

La vérification du viscocoupleur Dans les boîtiers de transfert de véhicules à quatre roues motrices en prise permanente et à quatre roues motrices intégrales, il peut y avoir un viscocoupleur (*voir la figure 22-17*). Comme le viscocoupleur est un composant important dans les organes de transmission à quatre roues motrices ou les organes de transmission intégrale, tu dois réaliser un test de couple à chacun des démontages du boîtier de transfert. On vérifie les viscocoupleurs à l'aide d'une clé dynamométrique. Les viscocoupleurs sont scellés et entretenus en bloc.

La marche à suivre type pour vérifier un viscocoupleur retiré du boîtier de transfert est la suivante :

1. Place le pignon d'embrayage dans le pignon satellite.

2. Place l'ensemble pignon d'embrayage et pignon satellite dans le viscocoupleur.

3. Mets le viscocoupleur et l'ensemble pignon dans un étau et utilise des protecteurs de mors ou des blocs de bois afin de protéger les surfaces d'étanchéité. Serre bien le dispositif.

4. Assure-toi que le pignon d'embrayage s'est bien engagé dans le viscocoupleur. Mets l'arbre secondaire arrière dans le viscocoupleur.

5. Place la fourche dans l'arbre secondaire arrière. Fixe-la à l'aide de son écrou de retenue.

6. À l'aide d'une clé dynamométrique et d'une douille sur l'écrou de fixation de la fourche, fais tourner l'arbre secondaire arrière et note le couple. Le couple minimal acceptable dans notre exemple est de 34 N.m (25 lb-pi).

Si le couple est de 34 N.m (25 lb-pi) ou plus, remets la pièce en service. Si le couple est inférieur à cette mesure, remplace la pièce.

Le remontage du boîtier de transfert

L'ordre des étapes et la marche à suivre pour remonter le boîtier de transfert figurent dans le manuel d'entretien ou dans la base de données électronique propre au modèle et à la marque de boîtier. Ces renseignements sont importants. Il faut monter plusieurs pièces dans un certain ordre et accomplir certaines vérifications et certaines mesures au remontage.

Parmi les étapes de remontage, tu dois vérifier les jeux critiques (*voir la figure 22-18*). On vérifie ces jeux à l'aide d'une lame calibrée, d'un micromètre, d'un comparateur à cadran, comme on le prescrit dans le manuel d'entretien.

Pour effectuer le remontage, tu devras réaliser les étapes suivantes:

- Maintiens les roulements à aiguilles ou à rouleaux en place en utilisant de la gelée de pétrole ou du lubrifiant pour organes de transmission. Utilise juste assez de lubrifiant pour maintenir les rouleaux en place.
- Certains boîtiers de transfert comportent des rondelles de butée et des cales à interchangeabilité sélective pour régler certains jeux. Respecte attentivement les directives du manuel.
- Observe attentivement les caractéristiques techniques et les limites de couple. Inspecte tous les trous borgnes pour t'assurer qu'ils sont propres et secs avant de mettre les boulons. Un trou bouché par de l'huile peut tromper la mesure du couple ou entraîner une pression hydraulique qui pourrait endommager le boîtier. Si tu serres un boulon dans un boîtier ou un couvercle en alliage et si le boulon n'atteint pas le couple requis, il est possible que tu doives utiliser un réparateur de filets.
- Dans les boîtiers séparables, on utilise habituellement un produit antifuite à vulcanisation à la température de la pièce pour isoler le couvercle et le boîtier. Pour obtenir un résultat efficace, on doit s'assurer que les surfaces sont propres, complètement sèches et en bonne condition, soit exemptes d'éraflures ou d'entailles.
- Les boîtiers qui comportent un carter d'huile ou une plaque de visite comportent habituellement des joints statiques prédécoupés ou moulés plutôt qu'un antifuite à vulcanisation à la température de la pièce.
- Certains composants portent une inscription gravée qui indique le dessus ou le dessus arrière.

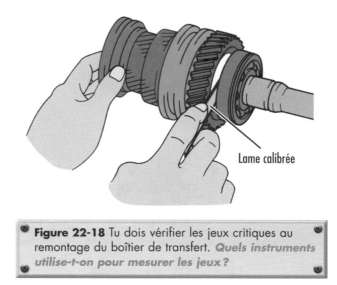

Figure 22-18 Tu dois vérifier les jeux critiques au remontage du boîtier de transfert. *Quels instruments utilise-t-on pour mesurer les jeux?*

L'inscription contribue à mieux orienter les composants au montage.
- Dans les directives, on te précisera peut-être de vérifier périodiquement la transmission pendant le montage en la faisant tourner pour savoir si le train d'engrenages tourne bien.

On vérifie le jeu axial de l'arbre secondaire des différentiels internes à l'aide d'un comparateur à cadran. Le **jeu axial** est le mouvement latéral d'un arbre. Les cales à interchangeabilité sélective permettent de régler le jeu axial conformément aux caractéristiques techniques.

Le réglage du jeu axial Pour régler le jeu axial, mesure le jeu axial actuel et compare-le aux caractéristiques techniques du véhicule. Si le jeu axial n'est pas conforme aux caractéristiques, ajoute ou retire des cales pour obtenir la bonne mesure.

La marche à suivre pour régler le jeu axial se présente souvent comme suit:

1. Joins la moitié arrière du boîtier à la moitié avant et place les boulons de fixation. Serre les boulons au couple prescrit.

2. Mesure l'épaisseur de l'ensemble de cales qui existe entre l'arbre secondaire et la surface de roulement interne de l'arbre secondaire. Utilise un micromètre et inscris les résultats à titre de référence. Ne replace pas l'ensemble de cales original.

3. Place une cale de 0,76 millimètre (0,03 pouce) sur l'arbre secondaire arrière. Aligne la plaque de retenue de roulements sur l'arrière du boîtier de transfert et installe-la. Mets les boulons de retenue. Serre solidement les boulons sans appliquer le couple prescrit.

4. Place les fourches avant et arrière de l'arbre secondaire et remets les anciens écrous. Serre les écrous en utilisant tes doigts.

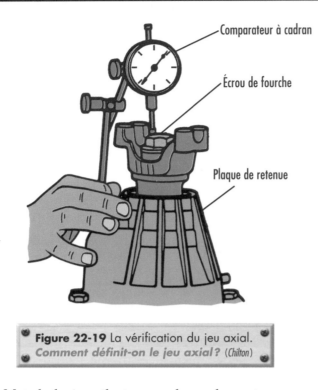

Figure 22-19 La vérification du jeu axial. *Comment définit-on le jeu axial?* (Chilton)

5. Mets le levier sélecteur sur le mode quatre roues motrices en gamme supérieure. Place un comparateur à cadran sur la plaque de retenue arrière. Positionne la pointe de lecture de façon qu'elle soit en contact avec l'écrou de fourche arrière (*voir la figure 22-19*).

6. Tire sur la fourche arrière. Note la position de l'aiguille et remets le cadran à zéro.

La sécurité d'abord

La sécurité matérielle On ne peut pas utiliser une lime ou un abrasif dans le cas d'éraflures ou d'entailles profondes, car on provoquerait un creux dans la surface d'étanchéité. Consulte plutôt le manuel d'entretien pour obtenir des suggestions de réparation, comme le recours à l'époxy pour remplir la portion endommagée.

---

7. Retire la plaque de retenue et ajoute ou enlève des cales jusqu'à l'atteinte du bon jeu axial. Le jeu axial devrait être de 0,15 millimètre (0,006 pouce), plus ou moins 0,1 millimètre (0,004 pouce).

La pose du boîtier de transfert

L'ordre et la marche à suivre pour remettre le boîtier de transfert figurent dans le manuel d'entretien ou dans la base de données électronique propre au modèle et à la marque du boîtier de transfert. En général, la démarche pour remettre le boîtier de transfert est la même que pour le retirer, mais dans l'ordre inverse.

Les principales étapes sont les suivantes :

- Vérifie toujours l'état des supports de la boîte de vitesses. Si le caoutchouc est brisé ou vieilli, remplace les supports. Des supports brisés ou affaiblis peuvent faire plier la tringlerie d'embrayage, causer des vibrations excessives dans les organes de la transmission et créer d'autres problèmes.
- Si le boîtier de transfert a un point mort, mets-le au point mort avant de débuter le remontage. Les arbres primaires et secondaires pourront ainsi tourner, ce qui facilitera l'alignement au cours du remontage. Le fabricant peut indiquer la position à sélectionner.

Soulève le boîtier de transfert en position à l'aide d'un cric à boîte de vitesses ou d'un autre appareil de levage approprié. Aligne-le avec l'arrière de l'adaptateur de boîte de vitesses. Glisse-le sur l'arbre secondaire de la boîte de vitesses.

Le boîtier de transfert doit glisser doucement et librement jusqu'à l'adaptateur de boîte de vitesses. Tu ne dois pas avoir à trop serrer les boulons de fixation pour réussir à le mettre en place. Si le boîtier est mal placé, tu dois le retirer et l'abaisser au plancher. Trouve le problème et corrige-le.

VÉRIFIE TES CONNAISSANCES

❶ De quelle façon un boîtier de transfert à train planétaire transmet-il la puissance à l'arbre secondaire avant ?

❷ Pour permettre la démultiplication du train planétaire, trouve les deux pignons qui tournent et celui qui est verrouillé.

❸ Quelle précaution faut-il prendre au nettoyage des roulements avant de procéder à l'inspection ?

❹ Que faut-il prendre en considération au moment de séparer le boîtier et les moitiés de couvercle d'un boîtier de transfert en alliage ?

❺ Quelles sont les deux précautions à prendre avant de disjoindre les arbres d'entraînement pour retirer le boîtier de transfert ?

Section 3

Les essieux propulsifs avant auxiliaires

Pour engager les quatre roues motrices, la personne au volant ou le système de commande automatique positionne le boîtier de transfert pour engager l'essieu auxiliaire. La plupart des boîtiers de transfert peuvent s'engager ou se désengager pendant que le véhicule est en mouvement. Certains boîtiers de transfert comportent des synchroniseurs qui facilitent l'embrayage. D'autres comportent un embrayage électromagnétique permettant de faire accélérer la rotation de la transmission jusqu'à la vitesse du véhicule.

Dans un boîtier de transfert, le passage de la gamme supérieure à la gamme inférieure ou de la position de point mort à une autre position est admissible, mais à des vitesses extrêmement basses. Selon la marque du boîtier de transfert et du véhicule, il est également possible qu'il faille immobiliser le véhicule pour embrayer.

La puissance transmise des fourches de l'arbre secondaire sur le boîtier de transfert aux essieux moteurs passe par l'entremise des arbres d'entraînement tubulaires. Des joints universels de Cardan simples et des joints coulissants gèrent les variations d'angles. Les essieux propulsifs avant des véhicules à quatre roues motrices sont semblables aux essieux des véhicules à propulsion. Les arbres de différentiel et de l'essieu avant sont logés dans le carter de pont (*voir la figure 22-20*).

La principale différence tient au fait que les arbres d'essieux d'un véhicule à quatre roues motrices

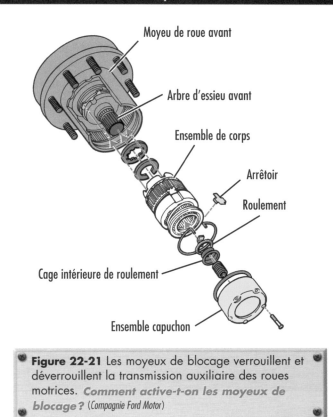

Figure 22-21 Les moyeux de blocage verrouillent et déverrouillent la transmission auxiliaire des roues motrices. *Comment active-t-on les moyeux de blocage?* (Compagnie Ford Motor)

comportent des joints universels aux extrémités extérieures. Cette configuration permet aux extrémités de tourner avec la fusée d'essieu.

Les moyeux de blocage

Dans les véhicules à quatre roues motrices, on alimente de façon constante le différentiel principal. Dans les véhicules à propulsion, c'est l'essieu arrière qui est le différentiel principal. L'essieu auxiliaire n'est pas toujours nécessaire. Comme les moyeux d'essieux auxiliaires sont cannelés directement aux extrémités des arbres d'essieux, ils tournent continuellement quand le véhicule est en mouvement. Quand ils sont en fonction, ils commandent l'essieu, les pignons du différentiel, l'arbre d'entraînement et l'arbre secondaire avant du boîtier de transfert.

Les composants du différentiel auxiliaire créent une résistance et de la friction. Il en résulte une augmentation de la consommation de carburant et une usure plus importante du moteur, du boîtier de transfert, des pneus et des organes de transmission avant. Une solution consiste à joindre les arbres d'essieux moteurs aux roues motrices, par l'entremise des moyeux de blocage (*voir la*

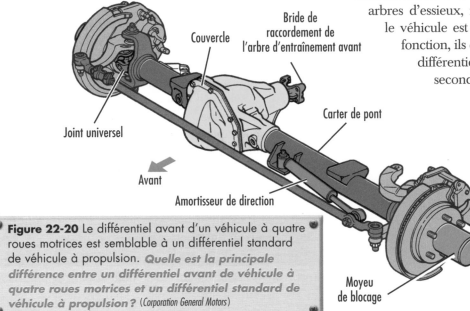

Figure 22-20 Le différentiel avant d'un véhicule à quatre roues motrices est semblable à un différentiel standard de véhicule à propulsion. *Quelle est la principale différence entre un différentiel avant de véhicule à quatre roues motrices et un différentiel standard de véhicule à propulsion?* (Corporation General Motors)

figure 22-21). Les moyeux de blocage bloquent et débloquent les organes de transmission auxiliaire des roues motrices. Les moyeux à blocage manuel s'engagent et se désengagent à la main sur les moyeux.

Les moyeux à blocage automatique bloquent automatiquement les roues motrices à la transmission auxiliaire, tandis qu'il y a de la puissance aux essieux avant. Ils se débloquent automatiquement quand le véhicule s'immobilise et qu'on le met en mode à deux roues motrices.

Pour l'entretien, on accède au moyeu de blocage en retirant le capuchon. Le démontage d'un moyeu de blocage nécessite souvent l'utilisation d'outils spéciaux conçus pour s'adapter au demi-essieu et engager l'écrou support. On maintient en place certains écrous supports au moyen de rondelles munies de languettes de sûreté. Pour d'autres écrous, ce sont des anneaux élastiques qui les maintiennent en place.

Les essieux moteurs avant comportent des roulements et des joints d'étanchéité d'essieu dont la fonction consiste à amener les arbres d'essieux dans les joints universels. La marche à suivre pour démonter les moyeux, les arbres d'essieux, les roulements et les joints d'étanchéité d'essieu, varie en fonction du fabricant et du modèle. Consulte le manuel d'entretien ou la base de données électronique du véhicule pour connaître les directives et les caractéristiques techniques.

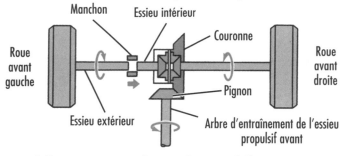

a) Quatre roues motrices, essieu propulsif avant engagé

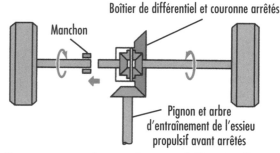

b) Deux roues motrices, essieu propulsif avant désengagé

Figure 22-22 L'essieu propulsif avant désengagé par un manchon qui disjoint l'arbre d'entraînement de l'essieu avant. *Pourquoi utilise-t-on des moyeux de blocage et des désaccoupleurs ?*

Le désaccoupleur d'essieu propulsif avant

Plutôt que d'avoir des moyeux de blocage individuels, certains véhicules à quatre roues motrices sont munis d'un désaccoupleur d'essieu propulsif avant. Un des essieux est un arbre en deux pièces, cannelé aux extrémités. Les deux pièces sont jointes par un manchon mobile.

Quand on embraye le boîtier de transfert sur le mode quatre roues motrices, un actionneur déplace le manchon pour engager les cannelures des extrémités aux deux arbres. Le manchon verrouille ensemble les sections de l'arbre (*voir la figure 22-22*).

Quand on embraye le boîtier de transfert sur le mode deux roues motrices, l'actionneur fait éloigner le manchon de la section intérieure de l'essieu. Le manchon disjoint l'essieu avant. Une fois l'essieu avant disjoint, on élimine la charge de résistance du différentiel avant et des arbres d'essieux. Il est ainsi possible de réduire l'usure et de bénéficier d'une bonne consommation de carburant.

Le différentiel central

Les véhicules à quatre roues motrices en prise permanente et à transmission intégrale sont munis d'un différentiel central. On appelle aussi ce différentiel le troisième différentiel ou encore le différentiel interpont. Il se trouve à l'intérieur ou à côté du boîtier de transfert. Le différentiel central compense les différences de parcours des roues avant et arrière. Il permet aux essieux avant et arrière de fonctionner à des vitesses différentes.

Un différentiel conique ou un différentiel libre n'est pas suffisant. Si le pneu d'un des essieux perd sa motricité et commence à patiner, le différentiel du boîtier de transfert envoie du couple à l'essieu qui n'a pas de motricité. Les pneus avec motricité ne recevront alors peut-être pas le couple nécessaire pour déplacer le véhicule.

La plupart des boîtiers de transfert en prise permanente ont un différentiel autobloquant ou blocable. Le dispositif autobloquant peut être un différentiel autobloquant Torsen[MD], un différentiel « verrouilleur » ou un viscocoupleur. Il distribue le couple aux deux essieux ou encore il dévie le couple de l'essieu qui a la moins grande motricité vers l'essieu qui a la plus grande motricité. Un viscocoupleur est un accouplement fluide autoserré. Il est compact et autonome. Il ne requiert aucune tringlerie, aucune forme d'alimentation et aucun entretien.

Si la motricité est normale, les deux essieux moteurs reçoivent le couple. Si un essieu moteur perd sa motricité et commence à tourner plus rapidement que l'autre essieu moteur, le viscocoupleur se verrouille. Le boîtier

Calculer les variations d'angles des organes de transmission

Le ranch de Joe Montferant se trouve sur un terrain escarpé et accidenté. Pour rouler sur son terrain, Joe a besoin d'un véhicule capable de franchir les obstacles et muni de pneus surdimensionnés qui procurent une meilleure motricité.

> **La sécurité d'abord**
>
> **La sécurité matérielle** Informe-toi des lois qui s'appliquent aux modifications de la hauteur du véhicule. Certains endroits ne permettent pas ce type de modification. Vérifie auprès des autorités concernées les exigences qui ont trait à la hauteur du véhicule et aux modifications qui y sont apportées.

Plutôt que d'acheter un nouveau véhicule, Joe décide de modifier le véhicule qu'il a actuellement. Joe obtient un ensemble de relevage de 254 millimètres (10 pouces) pour permettre au véhicule de mieux franchir les obstacles et de mettre des pneus surdimensionnés. Une fois effectuée, la modification fait en sorte que le centre de gravité du véhicule est désormais plus élevé. L'angle des organes de transmission est également différent, comme on peut le constater dans l'illustration qui suit.

Joe a élevé de 254 millimètres (10 pouces) l'arrière du véhicule, comme le montre l'illustration. Comme la longueur de l'arbre d'entraînement est toujours de 1 524 millimètres (60 pouces), l'angle des organes de transmission est plus grand.

L'angle avant la modification est représenté par le θ dans l'illustration. Après la modification, l'angle diminue. L'angle diminué est représenté par α.

Si tu utilises la trigonométrie du triangle rectangle, tu peux établir que :

$$\tan \theta = \frac{(254 + 635)}{1524} = \frac{889}{1524} = 0{,}583$$

$$\tan \alpha = \frac{625}{1\,524} = 0{,}416$$

Résultats des angles :

$$\theta = \tan^{-1}(0{,}583) = 30{,}3°$$

$$\alpha = \tan^{-1}(0{,}416) = 22{,}6°$$

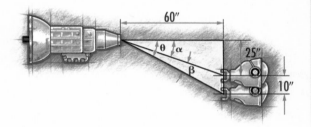

Finalement, tu peux observer dans l'illustration que β = θ − α, où β représente la variation d'angle des organes de transmission.

Donc, β = 30,3° − 22,6° = 7,7°.

À toi de jouer !

Conforme aux normes de l'EDU pour la compréhension des figures géométriques, les formules d'angles, les mesures d'angles et la vérification des rapports entre les parallèles et les angles.

La trigonométrie du triangle rectangle s'applique à de nombreuses réalités de notre monde. Dans l'exemple précédent, Joe a relevé son véhicule. Seule la distance entre le véhicule et le sol a changé. Il en résulte une augmentation de l'angle. Si Joe avait choisi de rabaisser son véhicule, l'angle des organes de transmission aurait diminué, le véhicule étant plus près du sol.

Utilise l'exemple précédent et détermine le nombre de degrés de variation (β) de l'angle dans les situations suivantes. Arrondis ta solution au dixième de degré.

❶ Arbre d'entraînement = 1524 mm (60 po), hauteur originale = 762 mm (30 po), hauteur augmentée de 254 mm (10 po).

❷ Arbre d'entraînement = 1524 mm (60 po), hauteur originale = 889 mm (35 po), hauteur augmentée de 254 mm (10 po).

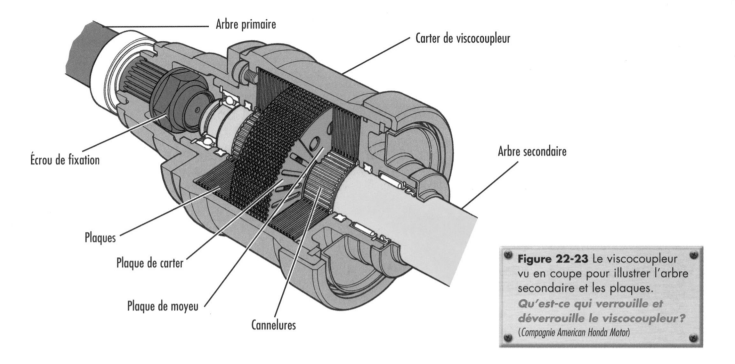

Arbre primaire

Carter de viscocoupleur

Écrou de fixation

Arbre secondaire

Plaques

Plaque de carter

Plaque de moyeu

Cannelures

Figure 22-23 Le viscocoupleur vu en coupe pour illustrer l'arbre secondaire et les plaques. *Qu'est-ce qui verrouille et déverrouille le viscocoupleur?* (Compagnie American Honda Motor)

de transfert alimente les deux essieux moteurs. Le couple envoyé à l'essieu qui a toujours de la motricité, permet au véhicule de demeurer en mouvement.

Quand les roues de l'essieu qui tourne le plus rapidement regagnent de la motricité et commencent à tourner à la même vitesse que les autres roues, le viscocoupleur se déverrouille.

Le carter du viscocoupleur est fixé et c'est un arbre primaire qui le commande. Ce carter contient deux plaques minces semblables aux plaques d'embrayage, les plaques de carter et les plaques de moyeu. Ces plaques sont cannelées en alternance au carter, puis à l'arbre secondaire (*voir la figure 22-23*). Le viscocoupleur contient un fluide épais à base de silicone. Le carter est étanche de façon à empêcher les fuites et la contamination du fluide.

Quand il y a patinage des roues, les deux ensembles de plaques d'embrayage patinent à des vitesses considérablement différentes. La friction crée par les plaques qui patinent fait chauffer le fluide. Sa température peut atteindre les 100 °C (212 °F) en 0,2 seconde ou moins. La chaleur augmente la viscosité du fluide qui «bloque» les plaques ensemble. Quand les roues regagnent de la motricité, le fluide se refroidit rapidement et perd de la viscosité. Le fluide moins visqueux débloque le viscocoupleur.

Quand le viscocoupleur se déverrouille, les deux ensembles de plaques tournent à une vitesse semblable. Il peut y avoir glissement. Le glissement fait intervenir le différentiel qui compense les

différentes distances parcourues par les roues avant et arrière dans les virages.

Les viscocoupleurs sont des dispositifs scellés en usine. Tu ne dois pas les ouvrir ou tenter de les réparer. Les techniciens automobiles ou les ateliers de réparation ne peuvent pas se procurer le fluide à base de silicone. Si tu remarques un problème de viscocoupleur à l'inspection, tu dois le remplacer.

On peut obtenir l'action du différentiel central avec un différentiel Torsen^MD. Le différentiel central autobloquant distribue le couple également entre les essieux avant et arrière. Il est muni de trois ensembles de vis sans fin raccordées par des engrenages cylindriques à denture droite. Quand les roues d'un essieu glissent, le couple se rend à l'autre essieu. La répartition du couple varie donc automatiquement et constamment entre les essieux avant et arrière afin de maximiser la motricité.

Les différentiels avant et arrière

L'action du différentiel interpont est peu utile si l'un des côtés du véhicule (une roue avant et une roue arrière) se trouve sur une surface glissante. Pour surmonter le problème, les fabricants peuvent offrir des différentiels traditionnels, des différentiels autobloquants ou des différentiels blocables.

Un différentiel blocable se bloque mécaniquement. Le blocage du différentiel fait en sorte que les deux roues motrices tournent à la même vitesse et reçoivent le même couple.

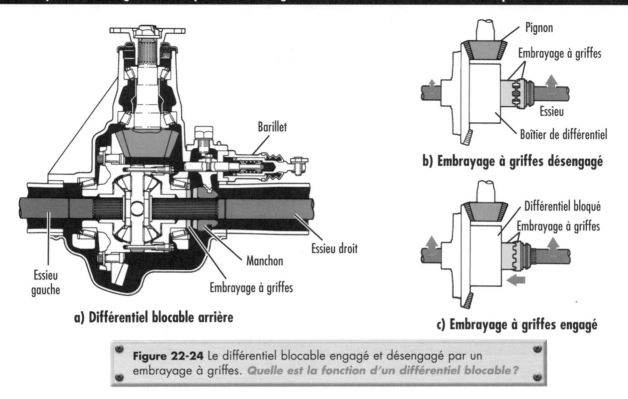

a) **Différentiel blocable arrière**

b) **Embrayage à griffes désengagé**

c) **Embrayage à griffes engagé**

Figure 22-24 Le différentiel blocable engagé et désengagé par un embrayage à griffes. *Quelle est la fonction d'un différentiel blocable ?*

La **figure 22-24** illustre un différentiel arrière blocable. Le dispositif de blocage est un embrayage à griffes. Il possède un manchon avec des dents qui s'insèrent dans une pièce de contact. Quand s'engage l'embrayage à griffes, l'essieu droit se verrouille au boîtier de différentiel. Les essieux droit et gauche peuvent ainsi tourner ensemble.

On utilise rarement les différentiels blocables dans les différentiels avant. Le système de blocage et de déblocage cause parfois des problèmes de direction et de maniabilité. Si le différentiel ne se débloque pas bien dans un virage, il peut se produire un sous-virage qui peut causer la perte de contrôle du véhicule.

Quand il s'est verrouillé, le différentiel blocable ne fonctionne pas comme différentiel. Tu ne dois l'utiliser que si la motricité est faible. Si le différentiel demeure bloqué sur un revêtement sec, il peut se produire une usure excessive des pneus, des dommages au moteur ou à la transmission, ainsi que des problèmes de maniabilité.

Le différentiel à blocage automatique est une variante du différentiel blocable. Il s'engage normalement mais se désengage dans les virages. Dans certains cas, le différentiel à blocage automatique présente une résistance au déblocage. Il est parfois bruyant et manque de constance.

Certains différentiels blocables installés en usine sont une variante du différentiel autobloquant. Ils sont normalement débloqués. On contrôle le blocage au moyen de poids et de ressorts centrifuges, de même qu'à l'aide d'un mécanisme d'engagement graduel. Si le couple augmente à une roue ou à un essieu et pas à l'autre, le différentiel blocable augmente le couple jusqu'au blocage complet.

VÉRIFIE TES CONNAISSANCES

❶ Quelles sont les deux méthodes permettant de disjoindre les organes de transmission à quatre roues motrices ?

❷ Dans un système d'organes de transmission, où se trouve le différentiel central ?

❸ Pourquoi utilise-t-on rarement les différentiels blocables sur les essieux propulsifs avant ?

❹ Si le viscocoupleur ne répond pas aux caractéristiques techniques minimales acceptables de couple rotationnel, que faut-il faire ?

❺ Que risque-t-il de se produire si tu dois forcer le boîtier de transfert pour réussir à le mettre en bonne position sur la plaque d'adaptateur et que tu serres les boulons de fixation pour la maintenir en place ?

RÉVISION DU CHAPITRE 22

Notions importantes

Ces notions sont conformes aux normes du MFCUO pour les organes de transmission et les essieux de boîtes de vitesses manuelles : diagnostic et réparation des composants des organes de transmission à quatre roues motrices et intégrales.

- Une transmission à quatre roues motrices peut offrir les options deux roues motrices et quatre roues motrices, et offrir la multiplication du couple en gamme inférieure.

- À partir du concept des quatre roues motrices, les fabricants ont développé des organes de transmission à quatre roues motrices en prise permanente et intégrales.

- Les boîtiers de transfert se commandent au moyen d'un système d'engrenages ou utilisent un train planétaire et une chaîne d'entraînement pour faire tourner un arbre d'entraînement auxiliaire.

- Les systèmes à quatre roues motrices et les quatres roues motrices intégrales utilisent des différentiels qui distribuent le couple aux roues motrices.

- Les commandes d'embrayage peuvent être manuelles, électroniques ou actionnées électroniquement par dépression.

- Les transmissions avant peuvent être disjointes grâce à des moyeux de blocage ou à un désaccoupleur d'essieu avant.

- On effectue la révision du boîtier de transfert à l'aide d'outils conçus à cette fin et en consultant les directives que contiennent le manuel d'entretien ou la base de données électronique du fabricant.

Questions de révision

❶ Décris le fonctionnement d'un système à quatre roues motrices en prise occasionnelle.

❷ Quelles sont les quatre gammes d'un véhicule à quatre roues motrices en prise occasionnelle ?

❸ Nomme deux types de boîtiers de transfert.

❹ Décris les timoneries de commande manuelle et électronique d'un boîtier de transfert.

❺ Comment doit-on retirer et remettre en place un boîtier de transfert ?

❻ Comment doit-on démonter, inspecter et remonter un boîtier de transfert type ?

❼ Quels mécanismes risquent de s'engager par erreur si l'on conduit un véhicule à quatre roues motrices en prise occasionnelle sur un revêtement sec ?

❽ **Pensée critique** Si un fabricant conçoit un système à quatre roues motrices en prise occasionnelle comportant un différentiel libre à chacun des essieux moteurs, quelle sera la trajectoire du couple si le système est sur le mode quatre roues motrices en gamme inférieure et qu'il y a une roue avant et une roue arrière sur de la glace ?

❾ **Pensée critique** Pourquoi considère-t-on le système d'antipatinage à l'accélération comme une amélioration par rapport aux systèmes utilisés depuis de nombreuses années ?

PRÉVISIONS TECHNOLOGIQUES

POUR L'EXCELLENCE EN MATIÈRE D'AUTOMOBILE

Les ordinateurs mènent les quatre roues motrices dans le futur.

Le système de transmission à quatre roues motrices est de plus en plus populaire. Qu'il s'agisse de camions, de véhicules utilitaires sport ou d'automobiles, les quatre-roues motrices sont très en vogue.

Les personnes qui conduisent activent habituellement le système à quatre roues motrices s'ils ont besoin de motricité supplémentaire, qu'ils conduisent hors route ou en ville. Habituellement, ils appuient sur un bouton-poussoir placé au tableau de bord ou ils utilisent un levier sélecteur de boîtier de transfert pour engager les quatre roues motrices.

Une nouvelle génération de commandes informatisées devrait faciliter l'utilisation des systèmes à quatre roues motrices et les rendre plus économiques. En mettant les quatre roues motrices en mode automatique, la personne au volant indique à l'ordinateur d'activer les quatre roues motrices uniquement en cas de besoin. L'activation s'effectue à partir de renseignements qui proviennent des capteurs de vitesse de roue.

Parmi les avantages, on peut citer la consommation de carburant et un grippage moins important des roues avant. Le grippage nuit à la direction quand on doit garer le véhicule ou effectuer un virage serré.

Pour les organes de transmission, les fabricants d'automobiles utilisent davantage d'aluminium et de composites pour réduire le poids non suspendu. La réduction de poids non suspendu améliore la qualité de roulement et la direction du véhicule. Dans les véhicules à quatre roues motrices, les fabricants remplacent également les joints universels de Cardan par des joints homocinétiques. Leur but consiste à réduire les bruits, les vibrations et les sons stridents.

EXCELLENCE AUTOMOBILE
TEST PRÉPARATOIRE

En répondant aux questions suivantes, tu pourras te préparer aux tests en vue d'obtenir la certification du MFCUO.

1. La technicienne A dit que le boîtier de transfert divise le couple entre les roues motrices gauches et les roues motrices droites. Le technicien B dit que le boîtier de transfert divise le couple entre l'essieu avant et l'essieu arrière. Qui a raison ?

   ⓐ La technicienne A.
   ⓑ Le technicien B.
   ⓒ Les deux ont raison.
   ⓓ Les deux ont tort.

2. Le technicien A dit que les quatre-roues parcourent des distances différentes dans un virage. La technicienne B dit que les roues extérieures parcourent une plus grande distance que les roues intérieures. De plus, les roues avant et arrière de chaque côté tournent de façon identique. Qui a raison ?

   ⓐ Le technicien A.
   ⓑ La technicienne B.
   ⓒ Les deux ont raison.
   ⓓ Les deux ont tort.

3. Un boîtier de transfert à train planétaire est en prise directe quand :

   ⓐ on a engagé les quatre roues motrices.
   ⓑ la couronne engage une plaque de verrouillage.
   ⓒ un frein retient la couronne immobile.
   ⓓ deux membres du train planétaire se sont verrouillés ensemble.

4. La technicienne A dit que les viscocoupleurs ne sont pas réparables. Quand un viscocoupleur est défectueux, tu dois remplacer la pièce au complet. Le technicien B dit qu'un viscocoupleur peut se réparer si tu utilises un fluide de plus grande viscosité. Qui a raison ?

   ⓐ La technicienne A.
   ⓑ Le technicien B.
   ⓒ Les deux ont raison.
   ⓓ Les deux ont tort.

5. Le technicien A dit que les boîtiers de transfert ne requièrent pas de lubrifiant particulier. La technicienne B dit qu'on doit utiliser une huile à moteur. Qui a raison ?

   ⓐ Le technicien A.
   ⓑ La technicienne B.
   ⓒ Les deux ont raison.
   ⓓ Les deux ont tort.

6. Un boîtier de transfert commandé électroniquement peut être embrayé par :

   ⓐ le capteur de position du sélecteur.
   ⓑ l'embrayage électromagnétique.
   ⓒ un moteur à dépression ou un moteur pas-à-pas.
   ⓓ Toutes ces réponses sont bonnes.

7. La technicienne A dit que les moyeux de blocage réduisent l'usure du moteur et du boîtier de transfert en fonctionnement normal. Le technicien B dit que les moyeux de blocage permettent une économie d'essence et prolongent la durée de vie des pneus en fonctionnement normal. Qui a raison ?

   ⓐ La technicienne A.
   ⓑ Le technicien B.
   ⓒ Les deux ont raison.
   ⓓ Les deux ont tort.

8. Le technicien A dit qu'en verrouillant la couronne au boîtier, le planétaire entraîne les pignons satellites, ce qui cause une démultiplication. Le technicien B dit qu'en verrouillant la couronne au porte-satellites, le planétaire entraîne la couronne, ce qui cause une démultiplication. Qui a raison ?

   ⓐ Le technicien A.
   ⓑ La technicienne B.
   ⓒ Les deux ont raison.
   ⓓ Les deux ont tort.

9. L'engrenage du boîtier de transfert peut être bruyant pour la raison suivante :

   ⓐ Le lubrifiant est insuffisant ou inapproprié.
   ⓑ La tringlerie d'embrayage est pliée ou déformée.
   ⓒ L'embrayage n'est pas complètement désengagé.
   ⓓ Les réponses a et c sont bonnes.

10. Au démontage d'un boîtier de transfert, les roulements à aiguilles se renversent dans le boîtier qui est ouvert. La technicienne A dit que les roulements à aiguilles sont défectueux et que tu dois les remplacer. Le technicien B dit que certains roulements à aiguilles ne sont pas en cage et peuvent tomber dans le boîtier. Qui a raison ?

   ⓐ La technicienne A.
   ⓑ Le technicien B.
   ⓒ Les deux ont raison.
   ⓓ Les deux ont tort.

TABLEAU DE CONVERSION MÉTRIQUE

Si tu connais le nombre de :	tu peux trouver :	en multipliant par :
la longueur en		
pouces	millimètres	25,4
pieds	centimètres	30,48
verges	mètres	0,9144
milles	kilomètres	1,609
millimètres	pouces	0,039
centimètres	pouces	0,39
mètres	verges	1,094
kilomètres	milles	0,621
l'aire en		
pouces carrés	centimètres carrés	6,45
pieds carrés	mètres carrés	0,0929
verges carrées	mètres carrés	0,836
milles carrés	kilomètres carrés	2,59
acres	hectares	0,405
centimètres carrés	pouces carrés	0,155
mètres carrés	verges carrées	1,196
kilomètres carrés	milles carrés	0,386
hectares	acres	2,47
le poids (la masse) en		
onces	grammes	28,3
livres	kilogrammes	0,454
tonnes courtes	tonnes métriques	0,907
grammes	onces	0,0353
kilogrammes	livres	2,2
tonnes métriques	tonnes courtes	1,1
le volume liquide en		
onces	millilitres	29,6
pintes	litres	0,473
quarts	litres	0,946
gallons	litres	3,785
millilitres	onces	0,0338
litres	pintes	2,113
litres	quarts	1,057
litres	gallons	0,264
la température en		
degrés Fahrenheit	degrés Celsius	0,6 (après avoir soustrait de 32)
degrés Celsius	degrés Fahrenheit	1,8 (et en y additionnant 32)

GLOSSAIRE

A

Accumulateur Dans un système de climatisation, un dispositif qui reçoit le liquide frigorigène de l'évaporateur et qui sépare le liquide de la vapeur. Dans une boîte de vitesses, un dispositif qui garde le liquide de transmission en réserve, pendant l'application de l'embrayage ou de la bande de rétrogradation.

Adhésif frein-filet Un liquide épais appliqué aux filets des boulons qui empêche les boulons de se desserrer en raison de la vibration. Terme apparenté : composé à blocage.

Agent pathogène Tout microorganisme ou virus qui provoque une maladie.

Alésage Trou usiné. Cylindre usiné avec précision pour recevoir un piston ou autre. Ce cylindre peut être entre autres dans le moteur ou la transmission automatique.

Alésage d'axe du piston L'orifice rond à l'extrémité étroite de la bielle. L'axe du piston se fixe dans l'alésage.

Alésage de soupape Des cylindres coulés et usinés avec précision dans le boîtier de soupapes.

Alésage du cylindre Le processus qui permet d'enlever du métal pour que le diamètre du cylindre soit beaucoup plus grand. Habituellement utilisé quand la paroi du cylindre d'origine est très usée ou endommagée. Voir aussi *alésage*.

Alliage Un matériau métallique constitué de deux éléments ou plus.

Allumage par point chaud L'allumage non désiré du mélange air-carburant avant la combustion normale occasionné par des points chauds dans la chambre de combustion. Voir aussi *détonation*.

Amortisseur de vibrations Quand on parle du vilebrequin, un dispositif situé à l'avant du vilebrequin qui sert à diminuer les impulsions du point d'allumage du moteur. Quand on parle d'un demi-arbre, il s'agit d'un dispositif fixé sur des demi-arbres pour réduire les vibrations dans la chaîne cinématique.

Ampère L'unité de mesure pour le courant électrique ; le nombre d'électrons qui passent un point par unité de temps.

Analyseur de vibration électronique Un petit dispositif portatif semblable à un analyseur-contrôleur. Il est muni d'un capteur pour enregistrer la température.

Analyseur-contrôleur Un dispositif qui sert à lire les données sur le véhicule et les codes d'anomalie. Aussi appelé : explorateur.

Angle d'interférence La différence d'angle entre la face de la soupape et le siège de la soupape.

Anneau verrouilleur à ressort Un raccord mâle contenant un ressort jarretière en cage qui s'enclenche et assure l'étanchéité quand on l'accouple au raccord femelle.

Antigel Une substance chimique, habituellement de l'éthylène glycol, ajoutée au liquide de refroidissement du moteur pour abaisser la température de congélation et augmenter la température d'ébullition.

Arbre Morceau de métal qui soutient un mécanisme quelconque ou qui transmet la puissance.

Arbre à cames Axe muni d'excentriques qui transforme le mouvement circulaire continu du vilebrequin en mouvement alternatif rectiligne des organes de distribution.

Arbre creux Un manchon sur lequel la butée de débrayage glisse de l'arrière à l'avant. Il se trouve sur la boîte de vitesses ou sur l'arbre d'entrée de la boîte-pont.

Arbre d'engrenage d'entrée Un arbre d'entrée sur lequel se fixe un train d'engrenage.

Arbre d'entraînement Un arbre creux qui transmet la puissance et qui s'étend de l'arbre de sortie de la transmission au carter sur le pont arrière.

Arbre de transmission homocinétique Un arbre de propulsion utilisé sur les véhicules à traction pour transmettre la puissance du moteur aux roues motrices.

Arbre intermédiaire Un composant de l'organe de transmission d'un véhicule à traction qui relie la boîte-pont au demi-arbre.

GLOSSAIRE

Arbre primaire   Arbre cannelé sur lequel sont montés les pignons et les synchroniseurs coulissants.

Arbre principal   Un arbre de sortie à longue cannelure dans la boîte de vitesses ou la boîte-pont sur lequel coulissent les pignons baladeurs et les synchroniseurs. Aussi appelé : arbre de sortie.

Arbre secondaire   Arbre de sortie de la boîte de vitesses dans la boîte-pont.

Arrêt de cran   Espace légèrement creusé dans lequel le déplacement d'une autre pièce en assure le verrouillage.

Arrêtoir   Un mécanisme à dents, à l'extrémité du câble connecté à la pédale d'embrayage, qui rattrape le jeu dans la tringlerie pour pallier l'usure de l'embrayage.

Aspirateur   Une buse comportant une dépression partielle qui permet à l'air de passer par un capteur. Il assure un débit d'air constant à la sonde de température, à l'intérieur du véhicule.

Aspirateur à filtre hepa   Un aspirateur qui élimine efficacement et entrepose la poussière des freins, ce qui réduit les risques d'exposition à la poussière d'amiante.

B

Bague-guide   Une bague simple en bronze ou en métal fritté qui agit de la même façon que le roulement-guide.

Bague-pilote   Voir *roulement pilote*.

Banc de moteur   Un support portatif conçu pour soutenir le moteur lorsqu'il est enlevé du véhicule. Le support permet la rotation du moteur, ce qui facilite le démontage, l'inspection et le remontage.

Bande   Dans une boîte de vitesses automatique, une bande de frein commandée de façon hydraulique et posée autour d'un tambour d'embrayage qui arrête ou qui permet la rotation du tambour.

Bande d'embrayage   Un ruban métallique flexible comportant un matériau de frottement sur sa surface intérieure. Elle sert à immobiliser les planétaires. On l'appelle aussi frein.

Bande de puissance   Gamme de régimes du moteur dans laquelle le moteur produit un couple maximal.

Barre d'alésage   Un socle et un bras amovible qui servent à soutenir et à déplacer un outil de coupe (mèche) utilisé pour l'alésage. La barre d'alésage peut être une unité distincte boulonnée au bloc-moteur ou une partie du support d'alésage.

Bassin collecteur   Endroit où l'on entrepose l'huile des anciens compresseurs de climatisation.

Bâti de moteur   Un dispositif utilisé pour soutenir le moteur quand on enlève une boîte de vitesses ou une boîte-pont.

Berceau-moteur   Une structure fixée à la carrosserie du véhicule. Termes apparentés : faux-cadre, cadre auxiliaire.

Bielle   Dans le moteur, la bielle (bras) qui relie le maneton du vilebrequin au piston.

Bilan de puissance des cylindres   Un essai qui sert à évaluer le rendement individuel des cylindres. L'opération consiste à faire tourner le moteur à un régime donné constant et à désactiver un cylindre à la fois ; la chute du régime du moteur devrait se faire de façon uniforme pour chaque cylindre.

Bloc hydraulique   Un moule en métal qui contient la plupart des commandes hydrauliques de la boîte de vitesses.

Bloc-cylindres   Voir *bloc-moteur*.

Bloc-moteur   La structure de base du moteur sur et dans laquelle se fixent les autres pièces du moteur. Le bloc-moteur comprend les cylindres du moteur et la partie supérieure du carter. Aussi appelé : bloc-cylindres.

Boîte de vitesses synchronisée   Une boîte de vitesses dans laquelle le changement des vitesses est synchronisé par les engrenages qui sont constamment engrenés, ce qui empêche les engrenages de se fragmenter.

Boîte-pont   Un organe de transmission qui combine une boîte de vitesses et un différentiel dans un carter.

Boîtier de soupapes   Un boîtier métallique qui contient la majorité des vannes dans une boîte de vitesses.

GLOSSAIRE

Boîtier de transfert Une boîte de vitesses intermédiaire qui divise le couple d'entraînement entre les essieux moteurs avant et arrière.

Bouchon contre le gel Voir *bouchon expansible*.

Bouchon de radiateur Un bouchon qui maintient une pression spécifique dans le système de refroidissement.

Bouchon expansible Des disques métalliques insérés dans le bloc-moteur pour remplir les orifices laissés après le coulage du bloc. Ils n'empêchent pas, habituellement, les dommages au bloc-moteur causés par le liquide de refroidissement qui gèle.

Bougie L'ensemble formé d'une électrode, d'un isolateur et d'un culot, qui fournit l'étincelle dans le cylindre du moteur.

Boulons de jonction Les boulons qui fixent la bielle au chapeau de tête de bielle, lequel se branche au vilebrequin.

Boulons de serrage au seuil d'écoulement Des boulons conçus pour s'allonger légèrement quand on les serre correctement. On ne devrait pas les réutiliser.

Brasage Un processus d'assemblage de pièces métalliques à l'aide d'un alliage à une température de fusion inférieure à celle des pièces à réunir.

Bulletins d'entretien L'information technique fournie aux techniciens et aux techniciennes d'entretien avec l'information la plus récente relative aux réparations et aux caractéristiques techniques.

Butée de débrayage Une butée poussée ou tirée contre le plateau de pression pour dégager l'embrayage.

C

Câble Bowden Un câble utilisé au lieu des tiges et du levier coudé dans la tringlerie d'embrayage de câble. Une extrémité du câble se fixe à la pédale d'embrayage, alors que l'autre extrémité se fixe à la fourchette d'embrayage.

Cadre de Châssis Structure d'acier qui supporte les pièces du véhicule.

Cale de roue Un morceau de bois, de métal ou tout matériau du genre dont on se sert pour empêcher qu'un véhicule ne roule.

Calorie La quantité de chaleur requise pour élever la température de 1 g (0,04 oz) d'eau par 1 °C (1,8 °F).

Came Une pièce profilée avec surépaisseur localisée ou un lobe qui sert à convertir un mouvement rotatif en mouvement linéaire.

Canalisations de lubrification Des conduits percés ou coulés qui acheminent l'huile du carter d'huile par le filtre à huile aux pièces internes du moteur.

Cannelures Des rainures dans le tambour d'embrayage qui s'accouple à l'embrayage à plateaux multiples dans le tambour. Certains tambours peuvent présenter des cannelures externes.

Capot Tôle protectrice préformée recouvrant le moteur et les pièces avoisinantes et qu'on peut soulever afin d'effectuer des réparations.

Capteur (sonde) Un dispositif qui surveille ou mesure les conditions de fonctionnement.

Capteur à aimant permanent Un petit alternateur de tension c.a. qui utilise une bobine de fil, une pièce polaire, un aimant permanent et un déclencheur rotatif (roue à réluctance) pour produire un signal de tension analogique. Aussi appelé : générateur à pulsions magnétiques.

Capteur d'ensoleillement Une cellule photoélectrique qui répond à l'intensité lumineuse et non à la température ; on utilise ce capteur dans les systèmes de conditionnement d'air pour trouver la quantité de refroidissement nécessaire.

Capteur de température Un capteur qui comporte une bilame qui répond aux variations de températures de l'air ou d'un liquide.

Capteur de vitesse du véhicule Un petit alternateur à courant alternatif actionné par un arbre dans la boîte de vitesses, qui génère une impulsion de tension proportionnelle à la vitesse du véhicule.

Capuchon Enceinte souple faite de caoutchouc synthétique ou de plastique qui protège le joint homocinétique et son lubrifiant.

GLOSSAIRE

Carrosserie monocoque Infrastructure de la carrosserie renforcée pour remplacer le cadre de châssis séparé ; les ressorts et la direction sont attachés directement à la carrosserie.

Cavitation La formation de vides partiels ou de bulles dans un liquide. Il s'agit également des dommages causés quand ces minuscules bulles en ébullition s'affaissent.

Centre de gravité Le point sur un objet autour duquel on concentre tout le poids.

Centre primitif Sépare le flanc de tête du flanc de pied.

Chaleur de vaporisation La quantité de chaleur absorbée par une substance, alors qu'elle passe de l'état liquide à l'état gazeux sans que sa température change.

Chambre d'expansion Petit réservoir séparé du radiateur, muni d'un bouchon de pression et où il y a suffisamment d'espace pour permettre l'expansion du liquide. Ne pas confondre avec le réservoir de trop-plein.

Chambre de combustion L'espace entre la partie supérieure du piston et la culasse dans lequel le carburant brûle.

Chandelle Un solide support métallique dont on peut régler la hauteur ; cette chandelle est destinée au support du véhicule soulevé par un cric.

Chapeau de bielle L'extrémité inférieure amovible d'une bielle.

Charge dynamique L'augmentation de charge qui se produit quand on applique subitement le couple du moteur au groupe motopropulseur.

Chemise de cylindre Un tube emmanché dans l'alésage du bloc-moteur qui sert à réparer un cylindre endommagé.

Chemises d'eau L'espace entre les enveloppes intérieures et extérieures du bloc-cylindres ou de la culasse par lequel circule le liquide de refroidissement.

Chevauchement des soupapes Les degrés de la rotation du vilebrequin pendant lesquels les soupapes d'admission et d'échappement sont ouvertes en même temps.

Chlorofluorocarbures, chlorures de carbone (CFC) Un groupe de composants organiques qui a des atomes de chlore et de fluor. La libération de ces CFC dans l'air peut causer des dommages à la couche d'ozone. Terme apparenté : fréon ; synonyme : hydrocarbure chlorofluoré.

Circlips Bague élastique fendue et munie d'un trou aux deux extrémités.

Circuit d'entrée d'air Le circuit qui fournit de l'air frais au moteur et qui commande le débit d'air par le moteur.

Circuit de graissage Dans le moteur, le système qui fournit de l'huile aux pièces du moteur pour empêcher le contact entre deux surfaces métalliques mobiles.

Circuit résonnant Un circuit électrique qui permet au module de commande du groupe motopropulseur de diagnostiquer les défaillances électriques dans un dispositif électrique ou électronique dans un solénoïde ou dans son circuit.

Circulation tourbillonnante L'écoulement d'un fluide de l'impulseur à la turbine, caractérisé par un tourbillon.

Clapet à bille La forme la plus simple d'un clapet.

Clapet de retenue Permet au liquide de circuler dans une seule direction.

Claquement du piston Le bruit causé par un jeu excessif entre le piston et la paroi cylindrique.

Clé dynamométrique Un outil de mesurage qui sert à serrer une attache filetée selon un couple spécifique.

Code d'anomalie Un code qui détermine une défaillance d'un système ou d'un composant.

Coefficient de frottement par glissement La valeur numérique calculée en fonction du frottement entre deux surfaces qui bougent.

Collecteur d'échappement Une pièce coulée munie de plusieurs passages par lesquels les gaz d'échappement quittent les chambres de combustion du moteur et entrent dans le système d'échappement.

Collier à segments Un outil utilisé pour comprimer les segments de piston avant d'insérer le piston dans le bloc.

GLOSSAIRE

Combustion spontanée Un feu causé par des réactions chimiques sans étincelle.

Commission Un pourcentage des frais de main-d'œuvre facturé aux consommateurs et ensuite ajouté au salaire de la personne employée.

Commutateur à lame Ensemble de pointes de contact.

Commutateur de protection Dispositif dans le câblage qui s'ouvre quand surviennent des conditions anormales pour empêcher d'endommager le compresseur ou tout autre appareil.

Comparateur à cadran Un instrument de mesure muni d'une jauge à aiguille oscillante et d'un piston plongeur à ressort (bras amovible) pour afficher la valeur de la mesure.

Composant d'application Un dispositif qui convertit la pression hydraulique en force de fermeture par une bande ou un embrayage.

Composante d'application Dispositif qui entraîne ou retient un membre du train planétaire.

Compression La réduction du volume d'un gaz ou de vapeur, causée par une force appliquée.

Concentricité L'axe partagé par plus d'une pièce.

Concept efficace d'utilisation de l'espace Élimination du tunnel d'arbre d'entraînement afin de créer plus d'espace dans l'habitacle du véhicule.

Condensation Le processus par lequel la vapeur passe à l'état liquide.

Condenseur Un dispositif qui ressemble à un radiateur et dans lequel la vapeur du fluide frigorigène perd sa chaleur et reprend un état liquide.

Conduction Le transfert de chaleur par une matière solide.

Conduit Le conduit de circulation du réfrigérant fait de matériaux métalliques ou de caoutchouc. Terme apparenté : canalisation.

Contact à lames souples Un interrupteur équipé d'un jeu de contacts. L'un des contacts se branche à la masse, l'autre, à une tension du module de commande du groupe motopropulseur.

Contacteur de cycle pression Un dispositif qui coupe l'électricité à l'embrayage de climatisation si la pression à l'évaporateur est trop élevée.

Contacteur du papillon en position plein gaz Un dispositif qui désactive le compresseur de climatisation pour donner une puissance maximale. Remplit aussi d'autres fonctions quand le moteur ne démarre pas.

Contenu calorifique La quantité de chaleur que contient un objet, déterminée par ses dimensions, le type de matériau et la température. Terme apparenté : contenance thermique.

Contre-rail Des barres spéciales en acier ondulé placées dans la partie centrale de la porte pour renforcer celle-ci en cas d'accident.

Contrôle de diagnostic Dans les systèmes de diagnostic intégré (OBD-II), une procédure utilisée pour vérifier un système commandé électroniquement.

Contrôleur de pression Un outil qui sert à déceler les fuites dans le système de refroidissement ou dans le bouchon de radiateur.

Convection Le transfert de chaleur par le mouvement du liquide. La convection transfère la chaleur d'un endroit à un autre quand des gaz ou des liquides à différentes températures se mélangent les uns aux autres.

Convertisseur analogique-numérique Un dispositif électronique qui convertit un signal c.a. en un signal numérique. Aussi appelé : contrôleur numérique de rapport, tampon de contrôleur numérique de rapport, adaptateur de rapport numérique.

Convertisseur catalytique Un dispositif semblable à un silencieux utilisé dans un système d'échappement. Il transforme les gaz toxiques en gaz moins offensifs en produisant une réaction chimique entre les catalyseurs et les polluants.

Convertisseur de couple Accouplement hydraulique placé entre le moteur et la boîte de vitesses et capable de fonctionner en multiplicateur de couple, composé de trois éléments à aubes enfermés dans un carter et baignant dans l'huile.

GLOSSAIRE

Convertisseurs de couple à stators multiples Les convertisseurs de couple qui contiennent deux stators et prolongent la durée de la multiplication du couple et la durée du couple à l'arbre d'entrée de la boîte de vitesses.

Cordon La partie soulevée d'un piston d'un côté ou de l'autre d'une rainure.

Corps de papillon Le dispositif de commande d'air pour les moteurs à injection de carburant. La quantité d'air qui entre est principalement contrôlée par la position de la soupape de papillon qui s'ouvre ou se ferme, à mesure que la personne qui conduit enfonce et relâche la pédale d'accélérateur.

Corrosion par la rouille L'eau et le sel sur les routes sont la principale cause de l'oxydation de l'acier, la rouille. Le métal se désagrège petit à petit, et le phénomène s'amplifie au contact du sel.

Couplage de verrou à ressort Un raccord mâle contenant un ressort à jarretière qui s'encliquète et s'étanchéise lorsqu'on l'insère dans un autre raccord.

Couple Les forces parallèles qui produisent la torsion et la rotation autour d'un axe.

Couple final Un ensemble d'engrenages qui transmet aux roues le couple du pignon et de la couronne dans le différentiel.

Couronne dentée Montée sur le volant et le plateau d'entraînement, la couronne est un large engrenage fixé au pignon d'attaque qui l'entraîne.

Course de compression Le mouvement du piston (du point mort bas au point mort haut) immédiatement après la course d'admission. Pendant ce mouvement, les soupapes d'admission et d'échappement se ferment alors que l'air ou le mélange air-carburant dans le cylindre se comprime.

Coussinet de bielle Un coussinet en deux pièces entre le maneton du vilebrequin et la bielle.

Cran Une encoche qui accommode une autre pièce pour produire l'effet de verrouillage.

Crèmes protectrices Des crèmes appliquées pour protéger les mains contre les produits chimiques et autres substances.

Cric pour transmission Un dispositif de levage et de maintien qui sert à enlever une boîte de vitesses ou une boîte-pont. On trouve deux types de cric de transmission : un cric de transmission au plancher et un cric de transmission sur colonne.

Critère d'autorisation Les entrées de capteur fournies pendant des conditions de conduites particulières.

Culasse La pièce du moteur qui couvre et entoure les cylindres. Elle contient les ailettes de refroidissement ou les chemises d'eau, les soupapes et les bougies.

Culbuteur Un levier pivoté qui transfère le mouvement de came ou de tige de culbuteur à la tige de soupape.

Cuve de nettoyage à froid Une cuve servant à faire tremper les pièces dans un agent de nettoyage à froid afin d'éliminer les vernis et autres dépôts.

Cycle d'entraînement Un ensemble de situations qui permettent d'exécuter tous les diagnostics intégrés.

Cycle de réchauffement La période au cours de laquelle la température du liquide de refroidissement du moteur augmente pour passer de la température ambiante à au moins 70 °C (160 °F). Pour empêcher les relevés erronés que peuvent provoquer les courts déplacements, la température doit s'élever à au moins 22 °C (40 °F).

Cylindrée Le volume de liquide déplacé pendant chaque cycle d'une pompe. Autre mot utilisé : déplacement.

Cylindres Des ouvertures usinées dans le bloc-moteur. Les chambres cylindriques ou tubulaires logent le piston du moteur alternatif.

D

Débit d'air dynamique Le débit d'air qui passe par le radiateur, causé par la marche en avant d'un véhicule, pendant une conduite à vitesse modérée et à haute vitesse.

Débit rotatif La circulation de l'huile dans le convertisseur dans le sens de sa rotation.

Débrayage à détente Un embrayage relâché quand on tire les doigts vers l'extérieur plutôt que vers l'intérieur.

GLOSSAIRE

Déclenchement Un cycle d'activation et de désactivation en vertu duquel tous les critères d'autorisation pour un diagnostic donné sont respectés.

Déflecteur de ventilateur La structure autour du ventilateur qui dirige le débit d'air par les ailettes du ventilateur.

Demi-arbre Un court essieu moteur qui relie le joint homocinétique intérieur à chaque roue.

Déplacement Le volume de liquide ou autre qui s'est déplacé durant un cycle.

Déport de direction La distance entre l'axe de direction et l'axe central de la zone de contact d'un talon de pneu.

Dessiccatif Une substance qui enlève l'humidité d'un composant ou d'un système. Terme apparenté : déshydratant.

Détente Fait allusion à l'ouverture du papillon et à la décélération.

Détonation Communément appelée cliquetis. Dans la chambre de combustion d'un moteur à allumage par étincelle, une seconde explosion non contrôlée (après l'étincelle à la bougie) due à la combustion spontanée du reste du mélange air-carburant qui émet une sonorité de cliquetage.

Diagnostic exécutable Un module de commande motopropulseur qui contrôle l'ordre des tests devant être exécutés pour surveiller la version II des diagnostics embarqués (OBD-II)

Différentiel Un dispositif qui permet à deux essieux de tourner à des vitesses différentes.

Dilatation thermique L'augmentation en dimension et en volume d'un objet qui résulte d'une augmentation de la température.

Diode d'embrayage Voir *diode de niveau.*

Diode de niveau Une diode chargée de maintenir une tension existante. On l'utilise dans des situations où une tension élevée pourrait endommager le module qui commande le circuit. Aussi appelée : diode de « protection ».

Disjoncteur de basse pression Un dispositif qui coupe la tension à l'embrayage du compresseur de climatisation quand la pression du liquide frigorigène est trop basse.

Disjoncteur de haute pression Un dispositif qui coupe la tension à l'embrayage du compresseur de climatisation quand la pression du liquide frigorigène est trop haute.

Dispositif d'enclenchement Un dispositif mécanique qui empêche la boîte de vitesses de passer plus d'un rapport à la fois.

Dispositif de commande des soupapes Une série de pièces qui ouvrent et ferment les soupapes en transférant le mouvement de bossage de came aux soupapes.

Disque d'embrayage Le disque d'accouplement entre le moteur et la boîte de vitesses.

Disque d'embrayage en acier Des disques métalliques qui coulissent sur un arbre entre les disques de frottement d'embrayage.

Disque de friction Un dispositif muni de deux surfaces de friction. Il est intercalé entre le volant moteur et le plateau de pression.

Disque de frottement d'embrayage Un disque métallique muni d'un matériau de frottement.

Dommages ou dégâts directs Les dommages situés au point de contact de l'accident.

Dommages ou dégâts indirects Les dommages situés sur les pièces adjacentes au point de contact de l'accident.

Données d'image figée Les valeurs des données série enregistrées au moment où un code d'anomalie s'établit et entre dans la mémoire de diagnostic.

Double enveloppement Bande d'embrayage composée de trois bandes. La bande centrale se déplace entre la bande extérieure et intérieure, augmentant ainsi l'efficacité de serrage.

Double joint de Cardan Un joint universel qui comporte deux joints simples de Cardan montés dos à dos. Voir *joint simple de Cardan.*

Douille filetée Un dispositif métallique qui sert à remplacer les filets endommagés.

E

Écaillage L'usure des paliers qui se caractérise par la formation d'écailles sur le métal.

Échange de chaleur Le transfert de chaleur d'une zone plus chaude vers une zone moins chaude ou d'une surface à une autre. Terme apparenté : transfert thermique.

Écoulement d'air dynamique Le débit d'air passant à travers le radiateur qui est causé par la vitesse du véhicule.

Effet « Brinell » Une usure du coussinet caractérisée par des empreintes dues à des effets de choc.

Effet de couple Une condition qui se produit quand les demi-arbres ont des longueurs différentes, ce qui oblige le véhicule à être attiré dans une direction en accélération brusque.

Effort En calculant le coefficient du frottement par glissement, le terme utilisé pour indiquer la force nécessaire afin de garder deux surfaces en mouvement à une vitesse constante.

Électrovalve régulatrice de pression Un dispositif qui remplace le système de papillon des gaz sur des boîtes de vitesses commandées électroniquement. Cette électrovalve commande de façon électronique l'augmentation de la pression dans la canalisation.

Élément thermique Un capteur muni d'une bande bimétallique qui, selon la température, actionne un mécanisme qui empêche le passage du liquide.

Élévateur Un dispositif commandé de façon hydraulique qui soulève le véhicule pour en faire son entretien. Aussi appelé : pont élévateur.

Embrayage Un dispositif de frottement qui enclenche ou dégage deux pièces d'un mécanisme. Un embrayage qui bloque un planétaire peut aussi s'appeler un frein.

Embrayage à griffes Un type de différentiel auto-bloquant qui verrouille, afin de fournir la puissance aux deux roues ou qui déverrouille, afin de fournir la puissance à une roue.

Embrayage à roue libre Un embrayage qui transmet le couple dans une seule direction ; il en existe deux types : à haricots et à rouleaux.

Embrayage du convertisseur de couple Un embrayage qui bloque de façon mécanique le convertisseur de couple au point d'accouplement pour empêcher le patinage.

Enclenchement Les dents d'un pignon qui s'insèrent dans les espaces entre les dents de l'autre pignon.

Enduit d'étanchéité à température de vulcanisation ambiante Un mélange cru pour joints d'étanchéité qui durcit quand on l'expose à l'air ; utilisé comme joint d'étanchéité entre les surfaces qui ne sont pas parfaitement usinées.

Engrenage à dents droites Un engrenage dont les dents sont coupées de façon parallèle à l'axe de l'engrenage. Terme apparenté : engrenage cylindrique.

Engrenage à dents hélicoïdales Un engrenage dont les dents sont coupées en angle.

Engrenage mené L'engrenage tourné par le pignon d'entraînement.

Enlève-collerette Un outil qui sert à enlever la collerette de la partie supérieure d'un alésage de cylindre avant l'enlèvement des pistons.

Enrobage double Un type de bande d'embrayage qui consiste en trois bandes qui ont trois surfaces de frottement distinctes.

Enrobage simple à haut rendement Un type de bande d'embrayage utilisé pour les séries lourdes qui a les mêmes connexions que pour les enrobages simples série légère.

Enrobage simple série légère Un type de bande d'embrayage utilisé pour les séries légères. Une extrémité de la bande peut se fixer au carter d'engrenage, et l'autre extrémité, au servo d'entraînement.

Enroulage de la chaîne cinématique Une charge lourde et souvent dommageable qu'on peut placer sur l'arbre de transmission et sur les joints universels, si les roues d'un système à quatre roues motrices ne peuvent pas glisser légèrement pour compenser les différentes distances que doivent parcourir les roues sur les essieux avant et arrière.

Enroulage des organes de transmission Situation par laquelle les roues d'un quatre roues motrices à prise occasionnelle sont engagées seulement quand la surface est glissante.

Ensemble de mano-interrupteurs Un groupe de mano-interrupteurs monté sur un bloc hydraulique.

GLOSSAIRE

Ensemble de résistance de soufflante Un ensemble composé d'une série de résistances qui commandent la tension au moteur de soufflante.

Équipement de protection individuelle (EPI) L'équipement porté par les travailleurs pour se protéger des dangers dans l'environnement.

Ergonomie L'étude de l'organisation méthodique des lieux de travail.

Essai actif Dans un système de diagnostic intégré (OBD-II), un essai qui force un composant à fonctionner de façon spécifique.

Essai de blocage Un contrôle qui définit l'état de la boîte de vitesses quand on soupçonne un problème de fonctionnement d'un embrayage à roue libre.

Essai de dépression au démarrage Un essai qui permet de mesurer la dépression du moteur pendant sa mise en marche.

Essai de fonctionnement Un essai opéré dans des conditions semblables aux conditions normales d'exploitation.

Essai de fuite de cylindre Un essai qui permet de vérifier la capacité du cylindre à garder la pression. On mesure le pourcentage de fuites en ajoutant la pression d'air au cylindre alors que le piston est au point mort haut de sa course de compression.

Essai fonctionnel Dans les systèmes de diagnostic intégré (OBD-II), une vérification qui fait passer le système de commande par une gamme spécifique de conditions d'essai tout en s'assurant que le système répond correctement.

Essieu Un arbre solide qui transmet le couple du différentiel aux roues arrière.

Essuie-glace Un dispositif qui sert à essuyer l'eau du pare-brise et de la lunette arrière.

État prêt de l'inspection et de l'entretien Une donnée qui indique qu'on a exécité les diagnostics intégrés du véhicule.

Évacuation Le processus par lequel on enlève l'air et l'humidité emprisonnés dans le système de climatisation avant d'ajouter du fluide frigorigène.

Évaporation Le processus par lequel un liquide se change en vapeur.

Excentrique Un disque utilisé pour convertir un mouvement rotatif en mouvement rectiligne alternatif.

Extraction Le processus par lequel il est possible de recueillir l'ancien fluide frigorigène pour l'empêcher de s'échapper dans l'atmosphère.

F

Face frontale de la dent Quand il est question des engrenages, la zone de contact de la dent.

Faisceau de radiateur Le composant du système de refroidissement qui contient des tuyaux de refroidissement et des ailettes fixées à ces tuyaux.

Faux-rond Excentricité, dans certains cas une excentricité acceptable d'un roulement, d'un siège de soupape ou d'un autre composant.

Fiche de défaillance Une fiche qui peut contenir jusqu'à cinq codes d'anomalie dans la mémoire de diagnostic dans l'ordre où se produisent les défaillances. Ces codes réfèrent à des défaillances de composants.

Fiche signalétique Un feuillet de renseignements qui identifie les produits chimiques et leurs composants. La fiche signalétique donne aussi la liste des risques pour la santé et des problèmes de sécurité, et elle décrit l'utilisation en toute sécurité des substances chimiques.

Filtre à air Tout dispositif comme du papier poreux ou tout autre matériau qui empêche les particules en vol d'accéder au système aérobie.

Fixation du moteur Dispositif qui sert à supporter le moteur au moment du retrait de la boîte-pont.

Flanc de la gorge Partie surélevée de la paroi du piston située d'un coté ou de l'autre d'une gorge.

Flanc de pied Zone de non-contact d'une dent de pignon.

Flanc de tête La zone de contact d'une dent de pignon.

Flottement hydroélastique à l'enclenchement Une vibration qui se produit pendant l'embrayage ou le débrayage de l'embrayage de prise directe ou après cette prise dans le convertisseur de couple.

Fluide frigorigène Liquide qui sert à la climatisation. Ce liquide contenait autrefois des chlorures de carbone, mais il n'en contient plus aujourd'hui à cause des effets de cette substance sur la couche d'ozone.

Fourchette d'embrayage Un levier qui déplace la butée de débrayage vers l'avant et l'arrière pour accoupler et libérer l'embrayage.

Fourchette de changement de vitesse Fourchette qui se déplace dans le carter de la boîte de vitesses pour changer les rapports.

Frein Un convertisseur utilisé pour ralentir, arrêter ou tenir en place un véhicule ou un autre mécanisme.

Fréquence de résonance Un son ou une vibration qui ne se produit qu'à certains régimes d'un moteur ou d'un compresseur.

Fréquence de signal Le nombre de cycles qui se produisent en une seconde. La fréquence ou le nombre de cycles par seconde s'exprime en hertz (Hz).

Frigorigène Une substance qui reste à l'état liquide quand on la met sous pression. Quand on libère le frigorigène d'un contenant sous pression, la baisse de pression fait en sorte que la substance passe à l'état gazeux, ce qui absorbe la majeure partie de la chaleur et produit un effet de refroidissement rapide.

Fuite des gaz Le mélange air-carburant et les gaz de combustion qui fuient en passant par les segments de piston et dans le carter pendant la compression et la course de combustion.

Galet de came avec axe La partie du mécanisme de la came qui glisse sur la surface du came.

Gamme de puissance La gamme de régime du moteur dans laquelle celui-ci développe un couple maximal.

Garde-boue Morceau de caoutchouc placer au bas des ailes afin d'empêcher l'éclaboussement des roues sur le bas des ailes et des portes.

Garnitures carbone-métal Les garnitures d'embrayage faites d'un matériau de frottement carbone-métal, souvent utilisées dans les embrayages à performance élevée. Elles sont capables de supporter des températures plus élevées que les garnitures d'embrayage standard.

Garnitures céramique-métallique Les garnitures d'embrayage sont faites d'un matériau de frottement céramique-métallique utilisé sur les camions lourds. Elles sont capables de supporter des pressions de serrage et des températures plus élevées que les matériaux de garniture d'embrayage standard.

Garnitures moulées Les garnitures d'embrayage faites d'un matériau de frottement sans amiante utilisé sur les automobiles et les véhicules utilitaires légers.

Garnitures tissées Des garnitures d'embrayage qui contiennent de l'amiante. On les utilise dans les camions lourds et les anciens modèles de véhicules.

Générateur de tourbillons Un type de disque d'embrayage métallique qui comporte des fentes en surface pour permettre au fluide de transmission de circuler plus rapidement entre les plateaux que sur une surface plate.

Glaçage Une condition qui se produit quand la paroi du cylindre devient très dure et est polie en raison d'un frottement normal qui provient des segments de piston.

Glissement du convertisseur de couple La différence de vitesse entre l'impulseur et la turbine, au point d'accouplement.

Glycol de polyoxyalkylène Une huile synthétique conçue pour être utilisée avec le frigorigène R134a.

Gravité spécifique Le poids d'une substance par unité de volume, par comparaison avec au poids par unité de volume d'eau.

Groupe motopropulseur Les composants, comme le moteur, la boîte de vitesses ou la boîte-pont, le différentiel et les essieux, qui fournissent la motricité aux roues.

Grue Un appareil de levage à un bras actionné de façon hydraulique qui sert à lever le moteur du véhicule. L'extrémité de la flèche est munie d'un large crochet.

Guide de bague fendue Un composant posé dans chaque moitié du convertisseur de couple qui sert à réduire la turbulence des fluides.

GLOSSAIRE

H

Historique d'entretien Un dossier écrit des réparations et de l'entretien faits sur le véhicule.

Huile multigrade Une huile qui offre un indice de viscosité qui répond à la fois aux exigences d'une basse et d'une haute température.

Hydrocarbures Une substance composée d'hydrogène et de carbone. Un produit de la combustion d'hydrocarbures avec l'air.

Hydromètre Un instrument qui donne la densité d'un liquide.

Hydromètre de liquide de refroidissement Un instrument qui mesure la densité d'un liquide de refroidissement.

I

Impulseur Une roue à ailettes qui est l'organe de commande dans un convertisseur de couple. Aussi appelé : *pompe*.

Indicateur d'angle de charge Instrument qui indique le nombre de degrés qu'un boulon ou écrou a atteint lorsqu'on l'a tourné.

Indice de viscosité La mesure du changement de viscosité d'une huile quand la température change.

Inertie Propriété d'un corps à demeurer en état de mouvement ou de repos, jusqu'à ce qu'il y ait une force qui s'y oppose.

Inertie de masse tournante La force d'une masse en rotation qui tend à la garder dans ce mouvement.

Inertie de rotation Le mouvement de tout ce qui tourne et continuera de tourner jusqu'à ce que quelque chose l'arrête.

Injection multipoint de carburant Un type de système d'injection de carburant électronique qui a un injecteur dans chaque point d'admission.

Interchangeabilité des pièces Le fait que l'on puisse remplacer les pièces de la carrosserie par une autre pourvu qu'il s'agisse du même modèle et de la même année.

Interrupteur de température ambiante Mécanisme qui ouvre le circuit de l'embrayage de climatisation si la température ambiante est inférieure à 0 degré Celsius (35 °F).

Interrupteur thermostatique Un interrupteur qui répond aux changements de températures du liquide de refroidissement. Terme apparenté : interrupteur du thermostat.

J

Jauge à petit diamètre Un outil qui sert à mesurer le diamètre intérieur d'une petite ouverture comme un guide de soupape.

Jauge d'épaisseur Un dispositif de mesurage fait de bandes métalliques plates (lames) qui ont, chacune, une épaisseur précise.

Jauge de profondeur Un instrument qui mesure la profondeur d'une cannelure ou d'un orifice dans une surface plate.

Jauge plastique Un composé semblable à un plastique souple. Placé entre le coussinet et le tourillon, il indique le jeu en s'aplatissant plus ou moins.

Jauge télescopique Un instrument qui s'étire au diamètre d'une ouverture ronde.

Jeu Quand il est question des engrenages, la distance entre la partie supérieure de la dent d'une roue qui s'engage et le creux entre les dents adjacentes de la roue engrenée.

Jeu axial Le mouvement latéral d'un arbre.

Jeu de denture Dans un engrenage, la distance entre la tête d'une dent de pignon et la gorge entre les dents du pignon engrené.

Jeu de palier L'espace entre un coussinet de palier et l'arbre ou le tourillon que supporte le palier.

Jeu de piston Le petit espace entre un piston et la paroi cylindrique.

Jeu entre dents La distance entre les régions de contact de deux pignons engagés.

Jeu entre dents de la couronne Jeu entre la dent de la couronne et celle du pignon d'attaque.

GLOSSAIRE

Joint à lèvre Un dispositif qui rend étanches les surfaces sur lesquelles sont présentes les forces axiales ou de rotation. Un joint à lèvre est l'un des joints les plus souvent utilisés dans les boîtes de vitesses automatiques.

Joint à poignée-étrier Un dispositif qui sert à assurer l'étanchéité des surfaces sujettes à un mouvement axial. Ce joint combine le torique et l'équarri.

Joint coulissant Un joint qui peut glisser vers l'intérieur ou l'extérieur, ce qui permet le changement de la longueur d'un axe.

Joint d'étanchéité Dispositif qui sert à rendre étanches deux surfaces mobiles ou immobiles.

Joint de culasse Un joint compressible qui rend étanches la culasse et le bloc-moteur.

Joint équarri Un dispositif qui rend étanches les surfaces sur lesquelles sont présentes les forces axiales. Jamais utilisé en présence de rotation.

Joint homocinétique Un joint universel qui agit de façon que la vitesse de l'arbre de sortie soit la même que la vitesse de l'arbre d'entrée.

Joint homocinétique à cannelure entrecroisée Une variante compacte du joint homocinétique. Contrairement au joint Rzeppa, fixe, le joint à cannelure entrecroisée est un joint coulissant.

Joint homocinétique déporté double Une variation du joint Rzeppa dont la bague de roulement extérieure est en forme de cylindre.

Joint homocinétique Rzeppa Un joint homocinétique à six billes en acier que contient une cage entre les bagues de roulement intérieure et extérieure, dans un carter de joint.

Joint homocinétique tripode Un joint homocinétique composé d'un croisillon conçu pour séparer l'angle de joint. Les trois bras du croisillon lui donnent une forme tripode.

Joint simple de Cardan Un type simple de joint universel qui présente une conception du type joint à croisillon. Terme apparenté : joint universel.

Joint torique Un dispositif utilisé pour étancher les surfaces sujettes à un mouvement axial.

Joint torique à section carrée Un dispositif qui rend étanches les zones et les surfaces sujettes au mouvement axial.

Joint universel Un joint de connexion qui permet de transmettre un mouvement d'un arbre rotatif à un autre dans un même plan.

L

Lame plate de compresseur ou plateau oscillant de compresseur Mécanisme d'entraînement du compresseur de climatisation.

Lave-glace Un appareil qui arrose le pare-brise et la lunette arrière afin de les nettoyer à l'aide des essuie-glaces.

Laveuse à pression Un dispositif de nettoyage qui utilise un liquide savonneux avec une pression d'eau pour nettoyer les pièces et les ensembles.

Levier coudé Un composant de la tringlerie d'embrayage placé entre le carter d'embrayage et le châssis ; il connecte la tringlerie à la fourchette d'embrayage.

Ligne primitive En termes d'engrenages, la ligne qui divise le flanc de la face.

Limiteur de régime Un dispositif qui limite le régime du moteur, soit en coupant l'allumage, soit en arrêtant l'alimentation du carburant ; une soupape qui équilibre la pression hydraulique, la tension de ressort et la force centrifuge.

Liquide de refroidissement Un mélange d'eau et d'antigel qui circule dans le système de refroidissement.

Liquide pénétrant L'utilisation d'un colorant rouge et d'un révélateur en poudre pour mettre en évidence de petites fissures ; souvent, cela se fait avec une lumière noire ou un colorant fluorescent.

Lubrifiant antigrippage Un lubrifiant qui empêche les filets des boulons de se bloquer ou de se gripper.

Lubrifiant pour assemblage Un lubrifiant spécial qui contient des additifs pour minimiser l'usure lors du premier démarrage d'un moteur remis à neuf.

GLOSSAIRE

Lunette arrière Paroi transparente à l'arrière du véhicule faite du même matériau que le pare-brise et qui peut être munie d'éléments chauffants pour la dégivrer.

M

Magnafluxing^{MC} L'utilisation d'un champ magnétique qui détecte des fissures dans les métaux ferreux.

Manchon Morceau de métal qui soutient la butée de débrayage. Voir *arbre creux*.

Manomètre combiné Instrument qui mesure la pression et la dépression en climatisation.

Manovacuomètre Un instrument de mesure de la pression et de la dépression.

Marge de soupape L'épaisseur du métal sur le rebord extérieur de la tête de soupape.

Masse à mouvement alternatif Tout ce qui bouge dans un ensemble en suivant un mouvement de va-et-vient.

Mastic anaérobie Un produit d'étanchéité qui durcit en l'absence d'air.

Matières dangereuses Des matières ou des déchets qui causent un danger à la santé humaine ou à l'environnement.

Mécanique des fluides Le processus par lequel on applique une pression sur un liquide pour créer une force.

Meilleur équilibre du véhicule La disposition efficace de la boîte de vitesses et du différentiel permet de placer les composantes du moteur et de la transmission de façon à obtenir une meilleure distribution du poids de l'avant à l'arrière.

Mélange air-carburant La combinaison d'air et de carburant utilisée pour alimenter un moteur à combustion interne.

Meulage sur plateau Une rectification qui crée une surface plate pour offrir une étanchéité du joint de culasse.

Micromètre Un instrument qui sert à mesurer les dimensions extérieures. Terme apparenté : palmer.

Modification (système modifié) Changement des composantes du système de climatisation en vue de l'utilisation d'un nouveau type de fluide frigorigène.

Modulateur à dépression Une soupape commandée par la dépression du moteur, qui contrôle la pression de canalisation en fonction de la charge du moteur dans les boîtes de vitesses.

Modulation d'impulsions en durée Un signal numérique dont le facteur d'utilisation est variable. Ce cycle reste élevé ou bas selon des périodes variées. La fréquence de la modulation d'impulsions en durée ne change pas ; seule la longueur du facteur d'utilisation varie.

Module d'alimentation du moteur de soufflante Un dispositif à semi-conducteurs qui remplace la résistance de soufflante. Ce module commande la vitesse du moteur de soufflante en utilisant un transistor de puissance au lieu de résistances.

Moletage Un processus qui permet de soulever des saillies métalliques à l'intérieur du guide de soupape pour réduire le diamètre d'un guide usé.

Montage longitudinal Une configuration de montage en vertu de laquelle on installe la boîte de vitesses ou la boîte-pont de l'avant à l'arrière.

Montage transversal Une configuration de montage en vertu de laquelle la boîte de vitesses ou la boîte-pont se fixe d'un côté à l'autre dans le compartiment moteur.

Moteur Un appareil qui change l'énergie thermique en énergie mécanique. Un dispositif qui brûle un carburant pour produire une puissance mécanique.

Moteur à allumage par étincelle Un moteur dont le mélange air-carburant est allumé par une étincelle à l'écartement des électrodes.

Moteur à arbre à cames en tête Un moteur dans lequel l'arbre à cames se trouve dans la culasse plutôt que dans le bloc-cylindres.

Moteur à combustion par compression (Diesel) Un moteur dans lequel un mélange air-carburant s'allume par la chaleur de la compression.

Moteur à quatre temps Un moteur dans lequel le cycle complet se définit de la façon suivante : admission, compression, combustion et échappement.

Moteur pas-à-pas Un petit moteur à courant continu. Dans un système de régulateur automatique de vitesse, le dispositif qui ouvre le papillon pour maintenir la vitesse de croisière désirée. Il remplace la membrane de dépression. On l'utilise souvent comme soupape de commande d'air d'admission.

Moteur transversal Un moteur fixé dans le sens de la largeur dans le compartiment moteur.

Moteurs pneumatiques Des moteurs alimentés par de l'air comprimé.

Motricité La capacité d'un pneu en mouvement de s'agripper à la surface sans glisser.

Multimètre Un dispositif qui mesure la tension, le courant et la résistance. Aussi appelé : contrôleur universel.

Multiplexage Une méthode qui permet d'envoyer plusieurs signaux différents sur le même fil.

Occupational Safety and Health Administration (OSHA) L'organisme créé pour s'assurer de l'application des règles de sécurité et de santé au travail.

Ohm L'unité standard de résistance électrique.

Organes d'entraînement Une série de composantes qui relie la sortie de la boîte de vitesses à l'entrée du différentiel.

Orifice Une restriction mécanique qui limite le débit du liquide ; la forme la plus simple de soupape régulatrice de pression.

Oscilloscope numérique à mémoire Un outil qui sert à observer et à mesurer la tension et la fréquence des signaux. Aussi appelé : oscilloscope.

Ozone Une molécule composée de trois atomes d'oxygène. L'ozone se forme quand une molécule d'oxygène normale (O_2) absorbe les rayons ultraviolets et se divise en deux atomes d'oxygène distincts.

Palier de butée Le roulement dont la surface est verticale de chaque côté de la surface du roulement primaire. Terme apparenté : roulement de butée.

Pare-brise Paroi transparente à l'avant d'un véhicule, faite de verre feuilleté. Les deux couches de verre sont séparées par un film résistant et transparent. En cas d'accident, le pare-brise se brise en petites étoiles pour empêcher les blessures graves.

Passage à un rapport supérieur Lors du changement de vitesse, le passage à un rapport supérieur.

Patinage du convertisseur de couple Différence de vitesse entre la turbine et l'impulseur (écart de moins de 10 %) qui affecte la consommation d'essence.

Pied En termes d'engrenages, la plus petite section à l'intérieur de la dent.

Pied à coulisse à cadran Un instrument de mesure utilisé pour trouver le diamètre intérieur et extérieur. Il comprend un bec fixe, un bec coulissant et une coulisse graduée (auxiliaire) à cadran. Voir aussi *pied à coulisse Vernier*.

Pied à coulisse Vernier Un instrument de mesure muni d'un bec fixe et d'un bec mobile. Aussi appelé : Vernier.

Pignon à denture droite Voir *engrenage à dents droites*.

Pignon à denture hélicoïdale Voir *engrenage à dents hélicoïdales*.

Pignon d'attaque Situé sur le démarreur, il s'agit de la plus petite des deux roues engrenées.

Pignon entraîneur Le pignon qui fournit la force d'entraînement.

Pignon intermédiaire Un pignon qui fonctionne avec les engrenages de l'arbre principal et habituellement situé sous ce dernier.

Pignon inverseur Un engrenage qui change la direction de la rotation des pignons pour que le véhicule puisse faire marche arrière.

Pignon mené Le pignon tourné par un pignon entraîneur.

Piquetage Une technique qui consiste à donner de légers coups de marteau et de poinçon pour gonfler un métal autour de la circonférence d'un roulement.

Piston Un bouchon cylindrique qui s'ajuste dans un cylindre. Il reçoit et transmet le mouvement provoqué par les changements de pression qu'on lui impose.

Piston d'embrayage Un dispositif qui applique une force de serrage sur l'embrayage multidisques.

Plan incliné Une surface plane inclinée vers le haut à un angle, comme une rampe.

Plaque Belleville Une plaque en acier qui permet de contrôler la force d'embrayage.

Plaque ondulée Une plaque en acier souple qui amortit la force de l'embrayage ; elle joue le même rôle que la plaque Belleville.

Plastigageᴹᶜ Un composant semblable à un plastique souple placé entre une coquille et son tourillon. Le Plastigage est étendu d'une façon qui indique le jeu entre la coquille et le tourillon.

Plateau cyclique Un disque rotatif utilisé comme moyen de rechange du vilebrequin pour convertir le mouvement alternatif en mouvement rotatif. Terme apparenté : plateau oscillant.

Plateau d'embrayage en acier Un plateau de métal intercalé entre les disques d'embrayage.

Plateau de pression Un dispositif qui produit une force ou de la pression contre le disque d'embrayage et qui se fixe au volant.

Plateau flexible Un plateau qui relie le vilebrequin au convertisseur de couple et comporte une couronne dentée pour permettre le démarrage.

Plateau oscillant Voir *plateau cyclique*.

Plateau tubulateur Un plateau d'acier situé dans l'embrayage de la transmission automatique. Ce plateau est muni de fentes pour laisser l'huile circuler d'un plateau à l'autre.

Plénum Une chambre dans laquelle l'air est habituellement à une pression supérieure (ou inférieure) à celle de l'air extérieur.

Point d'accouplement La vitesse à laquelle l'huile commence à atteindre la face arrière des aubes du stator dans un convertisseur de couple. Cela se produit quand les vitesses de roue et de turbine sont à environ 10 % l'une de l'autre.

Point de passage de vitesse Le point auquel une boîte de vitesses automatique change de vitesse.

Point mort bas La position du piston à l'extrémité la plus basse de sa course dans le cylindre ; le volume du cylindre est alors à son maximum.

Point mort haut La position du piston quand il a atteint la limite supérieure de sa course dans le cylindre et que l'axe de la bielle est parallèle aux parois du cylindre.

Pointe La partie étroite d'une dent.

Polyalkylèneglycol Huile synthétique conçue pour être utilisée avec des fluides frigorigènes R 134a.

Pompage à l'enclenchement L'effet de vague qui survient après que la prise directe s'est produite dans un convertisseur de couple.

Pompe Un dispositif mécanique qui provoque le débit du liquide ou le mouvement. Voir aussi *impulseur*.

Pompe à eau Dans le système de refroidissement, le dispositif qui fait circuler le liquide de refroidissement pendant que le moteur est en marche.

Pompe à engrenages Une pompe utilisée dans les boîtes de vitesses automatiques pour créer un débit de liquide au moyen d'engrenages internes.

Pompe à huile Un dispositif qui fait circuler l'huile du carter dans le moteur et qui la retourne au carter.

Pompe à palettes Une pompe utilisée dans les boîtes de vitesses automatiques pour créer un débit du fluide au moyen de palettes qui remplacent des engrenages. Une pompe à palettes a soit un déplacement constant, soit un déplacement qui varie selon la charge du moteur.

Pompe à rotors dentés Une pompe utilisée dans les boîtes de vitesses automatiques pour créer un débit de liquide ; semblable au fonctionnement d'une pompe à engrenages ; la différence réside dans le fait que les pompes du type à rotors dentés ne sont pas munies de croissants et que les rotors à lobes remplacent les engrenages intérieurs et extérieurs.

Porte-satellites Un ensemble d'engrenages planétaires qui consiste en un engrenage central (planétaire) entouré de deux petits engrenages (pignons fous) ou plus qui tournent dans une couronne dentée.

GLOSSAIRE

Poste de charge Un chariot avec roues utilisé au moment de la réparation des systèmes de climatisation qui combine habituellement l'ensemble tubulure et manomètres, un contenant de liquide frigorigène, un dispositif d'alimentation et une pompe à vide.

Potentiomètre Une résistance variable à trois fils, utilisée pour surveiller le mouvement ou la sortie de commande.

Poussoir hydraulique Des poussoirs de soupape qui utilisent la pression d'huile du système de lubrification du moteur pour maintenir un jeu minimum entre les composants du dispositif de commande des soupapes

Précharge Le processus qui permet de régler un roulement de façon qu'on lui applique une pression avant la charge utile.

Pression atmosphérique normale La pression habituelle de l'atmosphère. Aussi appelé : pression barométrique.

Pression d'accélération Une pression hydraulique exercée sur le papillon des gaz en réponse à la charge du moteur.

Pression de canalisation Voir *pression de canalisation principale*.

Pression de canalisation principale La pression hydraulique principale dans une boîte de vitesses automatique ; la source à partir de laquelle on produit toutes les autres pressions hydrauliques. Elle fait fonctionner tous les embrayages et toutes les bandes dans une boîte de vitesses automatique type.

Pression de vapeur La mesure de la pression développée par un liquide dans un contenant fermé.

Prise de force Un dispositif qui agit comme source d'alimentation pour commander un accessoire du véhicule.

Produit de nettoyage à l'eau Un liquide à base d'eau auquel on a ajouté un additif détergent.

Programmeur Un dispositif de contrôle à distance de la chaufferette.

Protubérance La partie de la soupape à tiroir cylindrique qui sort de l'extrémité centrale et empêche la soupape de se bloquer dans le cylindre.

Pyromètre Un instrument qui permet de vérifier la température. Un thermomètre électrique à haute température. On peut se procurer deux types de pyromètres : avec contact et sans contact.

Pyromètre numérique Un instrument qui mesure la température d'un objet et qui affiche le relevé sur un afficheur électronique.

Q

Quatre roues motrices Un système à quatre roues motrices sélectionné par la personne qui conduit au moment voulu.

R

R12 Un frigorigène, aussi connu sous le nom de CFC12, qu'on a remplacé par le R134a pour des raisons environnementales.

R134a Un frigorigène qui est plus sûr pour l'ozone que le R12 anciennement utilisé.

Radiateur Dans le système de refroidissement du moteur, l'échangeur thermique qui enlève la chaleur du liquide de refroidissement passant par cet échangeur ; il reçoit le liquide de refroidissement chaud du moteur et retourne ce liquide au moteur à une température plus basse.

Radiateur de chauffage ou chaufferette Un dispositif semblable à un radiateur placé dans l'habitacle qui sert à chauffer l'intérieur du véhicule, au besoin.

Radiation Le flux de chaleur par ondes infrarouges électromagnétiques. Terme apparenté : rayonnement.

Rainure de clavette Une fente usinée dans un arbre ; une « clé » métallique s'ajuste entre la rainure et une fente semblable dans une poulie ou dans un engrenage pour empêcher ces derniers de tourner sur l'arbre.

Rapport de démultiplication Le nombre de tours que doit faire un pignon d'attaque pour tourner une fois une roue menée.

Rattrapage Le processus de conversion des composants du système de climatisation pour que le système accepte un nouveau frigorigène.

GLOSSAIRE

Récupération Le processus de saisie et d'entreposage du frigorigène utilisé dans un système de climatisation.

Réfractomètre Un instrument qui mesure l'angle de réfraction, ce qui permet de mesurer la teneur d'un liquide ; on l'utilise pour définir l'état de charge de la batterie et la température de congélation des mélanges antigel.

Refroidisseur de boite de vitesses Un échangeur de chaleur, habituellement situé dans le réservoir du radiateur ou à l'extérieur, qui refroidit le fluide de transmission.

Règle rectifiée Une bande en acier de précision utilisée avec une jauge d'épaisseur pour déterminer la planéité des surfaces.

Régleur de jeu de soupape Une vis de réglage et un écrou freiné utilisés dans le dispositif de commande des soupapes pour ajuster le jeu entre le culbuteur et la tige de soupape. Voir aussi *poussoir hydraulique*.

Régulateur centrifuge Un dispositif qui réagit à la vitesse du véhicule et crée une pression au tiroir de passage de vitesse basée sur la force centrifuge.

Repère Une marque placée sur un composant pour assurer un alignement approprié.

Réservoir Un contenant d'entreposage pour les liquides.

Réservoir à lubrification sous pression Un contenant d'huile, semblable à une bombe aérosol, qui sert à injecter de l'huile dans le système de lubrification avant de faire démarrer un moteur remis à neuf.

Réservoir d'équilibre Un contenant, habituellement fabriqué en plastique, qui entrepose le liquide de refroidissement chaud s'échappant du radiateur. Il sert également de réservoir d'appoint pour fournir, au besoin, le liquide de refroidissement du moteur au radiateur.

Résistance La force qui pousse deux surfaces l'une contre l'autre.

Résistance à la traction La tension maximale que peut supporter un matériau sans se déformer ou se briser.

Résistance de frottement En calculant le coefficient de frottement de glissement, le terme utilisé pour indiquer la force qui pousse deux surfaces ensemble.

Résonateur Une chambre acoustique qui a une fréquence résonante spécifique utilisée dans les systèmes d'échappement et d'admission pour réduire le bruit.

Ressort Belleville Une plaque en acier qui commande la force de l'application de l'embrayage.

Ressort de soupape Le ressort de bobine fixé à chaque soupape, qui ferme la soupape après que le bossage de came a tourné au-delà de la position d'ouverture de la soupape.

Ressort Marcel Un ressort à disque d'embrayage avec amortissement.

Ressort-diaphragme Un ressort circulaire plat qui produit une force contre le plateau de pression.

Rétrobalayage Une méthode de rinçage qui consiste à faire circuler un liquide dans la direction opposée de l'écoulement normal. Terme apparenté : décolmatage.

Rétrogradation Changer de vitesse en augmentant la démultiplication.

Rinçage à circulation inversée Un rinçage qui consiste à injecter une solution nettoyante dans les principaux composants du système en sens inverse.

Robinet Un dispositif mécanique qui contrôle le débit du liquide, sa direction et sa pression.

Rodage Un processus d'usinage par lequel on enlève une petite quantité de métal d'un cylindre ou d'un alésage au moyen d'une brosse abrasive ou d'une pierre ; utilisé pour produire la dimension et le fini désirés.

Rodage à plateau Un type de rectification dans lequel on utilise une plaque pour s'assurer que les résultats donnent un cylindre quasi parfaitement rond.

Rodage rigide Le processus par lequel une pierre permet d'atteindre la dimension d'alésage final et un fini en surface d'un cylindre après l'alésage ; le processus qui permet d'enlever de petites quantités de métaux si l'alésage n'est pas nécessaire. Terme apparenté : pierrage.

Rondelle de butée Rondelle de différentes épaisseurs qui servent à limiter le jeu axial. Il est nécessaire de les marquer afin de pouvoir les remettre au bon endroit et dans la bonne direction.

Ronflement au verrouillage Un pompage qui se produit après le verrouillage dans le convertisseur.

Roue libre Un embrayage qui transmet le couple dans une seule direction.

Roue menante L'engrenage qui transmet le mouvement.

Roulement à aiguilles Un petit roulement à rouleaux utilisé lorsqu'il y a une poussée aux extrémités.

Roulement pilote Un composant qui supporte l'extrémité de l'arbre d'entrée de la boîte de vitesses et qui aligne l'arbre d'entrée avec l'axe du vilebrequin.

Roulements de roue Les roulements qui permettent aux pneus et aux roues à l'extrémité d'un essieu de tourner sans à-coups, librement et en toute sécurité à grande vitesse.

Saluté Un liquide qui, lorqu'on le mélange à un autre, n'est pas prédominant (p. ex. l'eau dans l'antigel).

Scanner Un instrument portatif qui peut lire les données de l'ordinateur du véhicule.

Secteur Un engrenage branché à l'arrêtoir qui permet à la tringlerie de maintenir une course, une hauteur de pédale et une précharge de butée de débrayage appropriées.

Segment racleur Un segment qui se fixe sur le piston et qui permet d'éliminer l'excès d'huile de la paroi du cylindre pour le retourner dans le carter du moteur.

Segments de compression Il s'agit habituellement des deux principaux anneaux sur un piston. Ces anneaux, fixés sur le piston, forment un joint qui coulisse entre le piston et la paroi du cylindre et empêche les fuites de gaz.

Sélection de vitesse La position à laquelle on place le levier de vitesses ou le sélecteur de vitesses d'une boîte-pont ou d'une boîte de vitesses.

Service avant livraison La préparation d'un véhicule que font les concessionnaires avant de le livrer à la clientèle.

Service Technicians Society (STS) Une association de professionnels de l'industrie de l'automobile et du transport qui permet et favorise l'échange de renseignements techniques et qui donne l'occasion aux membres de partager les tendances de l'industrie.

Servo Un piston d'entrée ou d'entraînement de serrage qui fait fonctionner une bande.

Siège de soupape La surface usinée dans les orifices d'admission et d'échappement de la culasse contre laquelle s'appuie une soupape pour fournir un joint étanche et empêcher que le cylindre fuie.

Signal analogique Un signal dont l'amplitude varie de façon continue et constante. La tension varie entre 0 volt et 5 volts.

Signal numérique Un signal qui est en fonction ou hors fonction. Le signal est élevé ou bas.

Signal sonore Les sons utilisés pour avertir les gens de la présence d'un danger au travail.

Silencieux Dans le système d'échappement, un dispositif par lequel les gaz d'échappement doivent passer et qui réduit le bruit.

Society of Automotive Engineers (SAE) Groupement d'ingénieurs responsables de la standardisation dans l'industrie automobile

Solénoïde (électrovalve) Un dispositif électromécanique qui, quand on le connecte à une source électrique comme une batterie, produit un mouvement mécanique.

Solénoïde de contrôle de pression Un dispositif qui remplace le système de tiroir d'accélération dans les boîtes de vitesses à contrôle électronique.

Solénoïde de verrouillage à l'embrayage Solénoïde qui empêche le déplacement de la tringlerie si le frein à pied n'est pas appliqué.

Solvant Un liquide qui, lorsqu'on le mélange à un autre, est prédominant.

Soufflet d'étanchéité L'enceinte souple en caoutchouc synthétique ou en plastique qui protège le joint universel et son lubrifiant.

GLOSSAIRE

Soupape Mécanisme servant à empêcher ou à permettre le passage de l'air, d'un liquide, etc.

Soupape antiretour Un mécanisme qui permet au liquide de circuler dans une direction.

Soupape d'admission La soupape qui commande l'admission du mélange air-carburant dans le cylindre d'un moteur.

Soupape d'échappement La soupape qui libère les gaz brûlés du cylindre.

Soupape d'équilibrage Un distributeur à tiroir cylindrique contrôlé par une pression hydraulique, une pression de ressort ou une combinaison des deux. La soupape se déplace vers une position spécifique en fonction du liquide ou de la pression de ressort appliquée. Termes apparentés : soupape régulatrice, soupape compensatrice.

Soupape de commutation Une soupape qui commande le sens dans lequel le liquide circule.

Soupape de suralimentation Une soupape qui augmente la pression dans la canalisation principale en réglant la tension sur le ressort de soupape régulatrice de pression.

Soupape Schrader Une soupape semblable à une soupape de chambre à air qui sert à la vérification des pressions ou des dépressions, et au chargement du liquide frigorigène.

Spécification Donnée qui définit les tolérances ou les limites à l'intérieur desquelles une composante fonctionne.

Stator Dans un convertisseur de couple, un moyeu à ailettes qui améliore le débit du fluide.

Stéthoscope de mécanicien Un outil de diagnostic qui aide à amplifier et à localiser les bruits.

Support Un solide support métallique dont on peut régler la hauteur destiné au support du véhicule soulevé par un cric. Aussi appelé : chandelle.

Support de moteur Des isolants en caoutchouc ou hydrauliques utilisés pour fixer le moteur aux longerons du cadre du véhicule.

Surmultiplication La combinaison des engrenages qui fait tourner l'arbre de sortie de la boîte de vitesses à une vitesse plus élevée que celle du vilebrequin.

Suspension arrière à roues indépendantes Une conception de suspension qui fournit à chaque roue sa propre suspension.

Synchroniseur Un ensemble composé d'un moyeu, d'un manchon et de composants connexes, qui bloque une vitesse sélectionnée dans un arbre de sortie et qui facilite l'enclenchement des engrenages.

Synthèse La combinaison d'ondes sinusoïdales nivelées en ligne droite sans changement de vitesse (vibration).

Système à air mélangé Un système qui peut utiliser à la fois de l'air froid et chaud pour atteindre le confort maximal.

Système à obturateur et embrayage automatique Un système de climatisation dans lequel une petite restriction (tube d'orifice) dans les conduits de frigorigène agit comme une vanne de débit, alors que l'embrayage du compresseur est embrayé et débrayé automatiquement (cyclage d'embrayage) pour empêcher le givrage de l'évaporateur.

Système d'allumage Dans le moteur à allumage par étincelle, le système qui fournit, au moment approprié, les étincelles à haute tension aux cylindres pour allumer le mélange comprimé air-carburant.

Système d'échappement Le système qui recueille les gaz d'échappement et les disperse dans l'air. Il est constitué de la tubulure d'échappement, du convertisseur catalytique, du silencieux, du tuyau arrière et du silencieux auxiliaire (le cas échéant).

Système de lubrification à passage total Un système dans lequel toute l'huile qui quitte la pompe à huile passe habituellement par le filtre à huile.

Système de recirculation des gaz d'échappement (RGE) Un dispositif de commande d'émissions qui recycle une petite quantité de l'échappement par la tubulure d'admission pour baisser la température de combustion.

Système de refroidissement Le système qui enlève la chaleur du moteur en forçant la circulation d'air ou de liquide de refroidissement, ce qui empêche la surchauffe du moteur. Dans un moteur refroidi par liquide, le système comprend le liquide de refroidissement, la pompe à eau, les chemises d'eau, le radiateur et le thermostat.

GLOSSAIRE

Système de tube d'orifice à embrayage cyclique Un commutateur de commande à la sortie de l'évaporateur qui peut contrôler le cycle du compresseur.

Système électronique à modulation de durée d'impulsion Un système commandé par le cycle de service du signal électronique appliqué.

Système métrique Un système de mesure qui utilise les mètres, les litres et les grammes. Aussi appelé : système international d'unités.

T

Table de vérité Une base de données qui représente les conditions à partir desquelles un ordinateur fonde ses décisions.

Talon La partie large d'une dent et la partie la plus éloignée du centre de la couronne.

Tambour d'embrayage Le carter qui contient la partie d'un embrayage multidisque.

Taux de compression Le volume dans le cylindre avec un piston au point mort bas divisé par le volume dans le cylindre avec le cylindre au point mort haut.

Taux forfaitaire Un délai prédéterminé nécessaire pour exécuter une réparation ou un service d'entretien.

Technical Standard and Safety Authority (TSSA) L'agence gouvernementale ontarienne qui veille au respect des normes de protection en matière d'environnement et qui effectue des recherches sur les effets de la pollution.

Test de compression à sec Une mesure de la pression dans le cylindre lorsque le moteur est entraîné.

Test de compression humide Un test de compression cylindrique semblable à l'essai à sec mais qui utilise une petite quantité d'huile dans l'orifice de la bougie.

Test de dépression de papillon Un test qui indique l'état des pistons et des garnitures de piston, à mesure que le régime du moteur diminue jusqu'au ralenti.

Test de dépression du moteur Un test qui vérifie les relevés de dépression par une gamme de fonctionnements du moteur. Aussi appelé : test de pression absolue de la tubulure d'admission.

Test de pression absolue de la tubulure d'admission Voir *test de dépression du moteur*.

Test passif Un test qui vérifie le rendement d'un véhicule ou d'un composant pendant son fonctionnement normal.

Thermistance (CTN) à coefficient de température négatif Cette thermistance est une résistance qui diminue à mesure qu'augmente la température.

Thermistance Un dispositif à solide qui sert à détecter la température à deux fils.

Thermostat Une soupape régulatrice de température.

Tiroir amplificateur Un dispositif qui amplifie la pression principale en variant la tension du ressort du tiroir régulateur de pression.

Tiroir de communication Le tiroir qui commande le sens dans lequel le liquide circule.

Tiroir de passage de vitesse Le tiroir qui contrôle le passage de vitesse en recevant la pression de la vitesse de conduite, la charge sur le moteur et la position de l'accélérateur.

Tiroir de passage de vitesse à solénoïde Un tiroir à commande électrique de solénoïde qui contrôle le passage de vitesse en recevant la pression de la vitesse de conduite, la charge sur le moteur et la position de l'accélérateur.

Tiroir équilibré Un tiroir contrôlé par la pression hydraulique, par un ressort ou par la combinaison des deux.

Tiroir régulateur de pression Un tiroir qui règle le volume de sortie de la pompe hydraulique.

Torsiomètre Un outil qui mesure en degrés la force appliquée sur un boulon ou un écrou.

Tourillon Un bras cylindrique de croisillon dont une surface est finement usinée.

Train planétaire Dispositif consistant en un planétaire entouré de deux satellites ou plus qui tournent autour d'une couronne.

Transmission Le système d'organes entre le volant moteur et les roues motrices.

Transmission à quatre roues motrices en prise occasionnelle Un système à quatre roues motrices qu'on engage lorsqu'il y a un besoin de surplus de

GLOSSAIRE

motricité. Lorsqu'il n'est pas engagé, la traction a lieu sur deux roues, réduisant ainsi la consommation d'essence et l'usure des pièces.

Transmission à quatre roues motrices en prise permanente Un système à quatre roues motrices qui embraye en tout temps pour que la personne qui conduit n'ait pas à embrayer ou à débrayer le boîtier de transfert.

Transmission finale Le dispositif qui fournit le rapport de démultiplication final entre le moteur et les roues motrices.

Travail sous garantie Le travail de réparation fait sur le véhicule et payé par le fabricant. La garantie ne couvre les réparations que pour une période précise ou un certain kilométrage.

Tringlerie d'embrayage La partie du système d'embrayage qui relie la pédale d'embrayage au plateau d'embrayage et qui permet l'accouplement et le désaccouplement de l'embrayage.

Tringlerie de changement de vitesse ou rapport La tringlerie qui relie la boîte de vitesses au levier ou au sélecteur de vitesses sur le plancher du véhicule.

Tripode Un ensemble de joints homocinétiques tripodes qui consiste en un croisillon, un roulement à aiguilles et des billes. Le tripode divise l'angle de joint. Terme apparenté : triaxe.

Tubulure d'admission Un ensemble de tubes ou de produits coulés avec plusieurs passages par lesquels l'air ou le mélange air-carburant passe du papillon des gaz aux accès d'admission dans la culasse.

Turbine Une roue à aubes branchée à l'arbre d'entraînement de la boîte de vitesses qui est l'organe commandé par le convertisseur de couple.

Tuyau arrière Le tuyau qui se trouve le plus à l'arrière d'un système d'échappement.

Tuyau collecteur Un tuyau branché à la tubulure d'échappement qui transporte les gaz d'échappement au convertisseur catalytique.

U

Unité thermale britannique (BTU) La quantité de chaleur requise pour élever 454 g (1 lb) d'eau à une température de 0,56 °C (1 °F) sous une pression atmosphérique normale. (Une BTU est égale à 1055,06 joules.)

Usure décentrée L'usure d'un côté d'un anneau de butée.

Usures des pneus avant L'usure accélérée des pneus avant sur une traction avant.

V

Ventilateur cylindrique Un ventilateur de soufflante utilisé dans le système de chauffage et de refroidissement.

Vérificateur d'alésage à cadran Un instrument utilisé pour mesurer le diamètre d'un grand orifice.

Vérification de sécurité La vérification des pièces du véhicule qui mène à l'obtention du certificat de sécurité obligatoire pour le transfert de propriétaires d'un véhicule.

Verrouillage Le mécanisme de blocage de deux pièces. Un arrêt cran en est un exemple dans la boîte de vitesse.

Verrouillage de convertisseur à modulation de durée d'impulsion Un système commandant la force de serrage appliquée sur l'embrayage de verrouillage qui est contrôlé par la durée de l'activation de l'électrovalve.

Vibration au verrouillage La vibration qui se produit dans le convertisseur de couple au moment du verrouillage causé par l'embrayage et le débrayage.

Vibration en résonance La vibration ou le son qui se produit dans le conduit du fluide frigorigène et qui provient d'une autre vibration ou d'un son souvent lointain. La composante qui vibre à une fréquence précise.

Vibration harmonique Une vibration ou un son causé par un autre son ou une autre vibration parfois éloignée.

GLOSSAIRE

Vilebrequin Un moulage d'acier en une pièce ou une pièce forgée, qui sert de membre rotatif principal ou d'arbre pour le moteur. Le vilebrequin comporte des manetons décalés où se fixent les bielles. Il transforme le mouvement alternatif en un mouvement circulaire.

Viscocoupleur Un dispositif de transmission qui se sert d'un fluide épais à base de silicone pour acheminer le couple entre des plateaux serrés les uns aux autres.

Viscosité La propriété d'un liquide à opposer la résistance à l'écoulement.

Vitesse angulaire Le taux de variation d'angle en fonction du temps; une mesure de la vitesse de rotation.

Vitesse terminale Le débrayage du ventilateur lorsque celui-ci a atteint une vitesse prédéterminée.

Volant moteur Un disque de métal lourd et de grandes dimensions fixées à une extrémité du vilebrequin. Le volant sert à garder l'énergie provenant de la rotation du moteur et aide à adoucir les à-coups de la course de combustion des cylindres.

Volants à double masse Une sorte de volant comprenant une masse primaire fixée au moteur et une masse secondaire fixée à l'embrayage.

Volt L'unité de mesure utilisée pour calculer la force électromotrice.

Voyant Une glace dans le circuit du frigorigène qui permet de voir l'action du liquide frigorigène.

Z

Zone de pliage Endroits de la carrosserie qui sont plus faibles et qui plient comme des accordéons pendant une collision majeure.

INDEX

Les numéros de page en italique indiquent les pages comprenant des figures ou des tableaux traitant du sujet.

A

Accouplements hydrauliques, 225, *225*

Accumulateur(s), 297-298, *297, 298*

entretien des, 302-303

Accumulateur/déshydrateur, 68, 68, 149, *149*

Acier, 337

Actionneurs

de dépression, 164-165, *164, 165*

de volets, 172-173, *173*

du système à commande électronique, 314-315, *314, 315*

Additifs pour essence, 21

Agents moussants, pour les liquides hydrauliques, 213

Alésages

de palier, 43-44, *44*

de poussoir de soupape, 44

Alliage, 455

American Petroleum Institute (API), 21-22

Amortisseur de vibration, 456

Ampère, 317

Anneaux élastiques, 292-293

Antigel, 79-80

liquide hydraulique et pièces contaminées par l', 217

se débarrasser de l', 82

Antipatinage à l'accélération, système électronique d', 469-470

Appareil d'identification électronique du fluide frigorigène, 109

Arbre(s)

à cames

inspection de l', 41, *41*

d'engrenage d'entrée, 425

d'entraînement et de transmission, 401-404, *401, 402*

plus légers et plus silencieux, 420

d'essieu, 417-419, *419*

dans la boîte de vitesses manuelle d'un véhicule à propulsion, 384-385, *386*, 396

de roues, 208

demi-, 428, 436, *436*

intermédiaire, *454, 454*

primaires, 384

joint étanche à l'huile de l', 376

Arrêt de cran, 384

Aspirateur, 172

Automobiliste, guide de l', 323

B

Bagues et joints d'étanchéité, 293

bague de l'extension de carter, 396, 395

bague-pilote, 364, *364,* 376

dans la boîte de vitesses manuelle d'un véhicule à propulsion, 384

de la boîte de vitesses. 220-221, *220, 221*

essai et inspection, 142, *142*

Banc

essai au, 230

Bande, 208

d'embrayage, 295-297, *296,* 302-303, *303*

entretien de la, 302-303, *303*

Bielles

inspection des, 48-49, *48, 49*

Bloc d'entraînement d'essieu, 345

Bloc hydraulique, 260-262, *260, 262*

Bloc-moteur

inspection du, 43-46, *43-46*

Bobine d'embrayage, 151, 153

Boîtes de vitesses, 203. *Voir aussi* Boîtes de vitesses automatiques et boîtes-pont; Boîtes de vitesses manuelles

circuits de commande électroniques des, 322-327, *322, 324-327*

modèles de, 210-211, *210, 211*

passage en vitesse supérieure, 279

pose des, 350

retrait des, 335-338, *338*

Boîtes de vitesses automatiques et boîtes-pont, 203.

Voir aussi Boîtes-pont

à cinq rapports, 304

à commande électronique

déterminer le niveau du liquide dans les, 215, *215*

accouplement(s) hydrauliques et, 225, *225*

accumulateurs dans les, 297-298, *297, 298, 302-303*

automatiques à arbre intermédiaire à engrenage constant, 243, *243* avenir des, 264, 328

avenir des embrayages des convertisseurs, 244

bagues et joints d'étanchéité, 220-221, *220, 221*

boîte de vitesses
automatique à arbre intermédiaire à engrenage constant, 243, *243*

semi-automatique, 378

circuits de commande électroniques des, 322- 327, *322, 324-327*

clapets, soupapes, tiroirs et, 258-261, *258-260*

codes d'anomalie, 315-317, *315-317*

composants des, 205-211, 207-211

composants électroniques des, 208

convertisseur de couple dans les, 225-227, *226, 227*

embrayage
à disques multiples dans les, 287-293, *287-289, 291-283*

à roue libre dans les, 294-295, *294*

ensembles de trains planétaires et, 239-242, *239, 240, 242*

hydraulique et, 247

liquide hydraulique pour, 221-220, *212-216, 218*

outils de diagnostic pour, 317-321, *318, 320, 321*

pose des, 350

rapports variables de façon continue, 205-206, *205-206, 222*

reconstruction, mesure de sécurité et préparation pour, 331-335, *331-333, 335*

régulateur centrifuge dans les, 275-278, *275, 276*

retrait des, 335-338, *338*

solénoïde de contrôle de pression (SCP) dans les, 273-275, *273*

systèmes à commande électronique dans les, 307-315, *308, 307-313*

tiroirs de passage de vitesse dans les, 279-283, *279, 281-283*

types de, 202-203, *202, 203*

vitesse surmultipliée, 309

Boîtes de vitesses manuelles.
Voir aussi Boîtes de vitesses

boîtes de vitesses semi-automatiques, 378

changement de rapport progressif, 398

changement de vitesse par câblage pour les, 442

constitution des, 381-386

des véhicules à propulsion, 381-386, *381-386*

démontage des, 395

diagnostic, entretien et réparation des, 391-397, *392, 394-397*

fonctionnement des, 386-388, *386-388*

lubrification des, 391-394

montage des, 397, *397*

retrait des, 394, *395*

système d'embrayage des, 357

Boîtes-pont, 203, 209-210, 423-425, *423. Voir aussi* Boîtes de vitesses automatiques et boîtes-pont

circuits de commande électroniques des, 322-327, *322, 324-327*

commutateurs et capteurs, 429-430, *429*

composants des, 425-426, *425, 426*

démontage des, 339-345, *339-345*

manuelles, fonctionnement des, 426-428, *426-428*

pose de la, 350-351, *350*

reconstruction, mesures de sécurité et préparation pour, 331-335, *331-333, 333*

remontage des, 345-351, *345-348, 350, 351*

retrait des, 335-338, *338*

tringlerie de changement de vitesse des, 428, *428*

Boîtes-pont manuelles. *Voir aussi* Boîtes-pont

bruits dans les, 430-432, *432*

changement de vitesse par câblage pour les, 442

commutateurs et capteurs, 429-430, *429*

composants des, 425-426, *425, 426*

démontage des, 436-438, *437*

diagnostics des, 431

fonctionnement des, 426-428, *426-428*

inspection des composants internes des, 438-440, 439

INDEX

mise en place des, 441

montage des, 440-441, *440, 441*

retrait des, 435-436, *435, 436*

tringlerie de changement de vitesse des, 428, *428*

Boîtiers, 465-466, *466*, 470, *470*

de commande, 167

de transfert

à engrenages, *471*, 472

à engrenages planétaires, 472-473, *472, 473*

commande du, 474-475, *474*

diagnostics relatifs au, 476

nettoyage et inspection du, 480-481, *480*

remontage du, 481-482, *481*

retrait du, 475-480, *477, 478*

Bouchon de radiateur, 9, *9*, 72-73, *72*

essai du, 83, *83*

vérifier le, 11

Bouchons expansibles, 82

Bougies, 86, 301

Boulonnage, 148

Boyaux, 7

dans les systèmes de climatisation, 133

inspection et essai des, 91, *91*, 105-106, *105*

Braquage dû au couple, 454-455

Bruits

cliquetis, 35

dans la boîte-pont manuelle, 430-432

dans les systèmes de climatisation, 106-107

des convertisseurs de couple, 229

des essieux moteurs, 412-413, *412*

des systèmes d'embrayage, 369-372

Bulletins d'entretien, 236

Butée de débrayage, 363, *363*, 376, *376*, 395

C

Câbles

d'un compteur de vitesse, 385

dans la tringlerie

d'une boîte de vitesses manuelle, 389-391, *389*

de changement de vitesse de la boîte-pont manuelle, 428, *428*

Cadre de châssis, 185

Canalisation

de lubrification, 16

principale, 266, 267-269, *269*

dans une boîte de vitesse munie d'un sépaloïde, 274

vérification de la pression de la, 256-257, *257*

Canaux de graissage, 44

Capot, 189

Capteurs

d'ensoleillement, 172, *172*

dans la boîte-pont, 426, 429-430

dans les systèmes à commande électronique, 307-311, *308-311*

de débit massique d'air, 324, *324*

de niveau d'huile, 18, *18*, 24

de position du papillon, 323-324

de pression absolue dans le collecteur d'admission, 324

de pression d'huile. *Voir* Vérificateur, de pression d'huile

de régime du moteur, 324-325

de température d'huile, 18

de température du liquide de transmission, 322-323, *322*

de température du liquide refroidisseur du moteur, 322-323, *322*

de température du moteur, 322-323

de vitesse du véhicule, 324

de vitesse du véhicule et de régime du moteur, 324-325, 385

potentiomètre, 310, *310*

pour les systèmes de climatisation, 158

signaux de, dans les systèmes à commande électronique, 311-312, *312*

température d'huile et pression, 24

thermistance, 309, *309*

thermostat, 8-9, *8*

Capuchons de joint homocinétique, 445, 446, *446*

inspection des, 456, *456*

mise en place des, 453, *453*

Carburants

lecture des indices d'octane, 35

Carrosserie monocoque, 185

Carter

d'huile, 25

de la boîte de vitesse, 382

de liquide

forme du, dans la boîte de vitesses, 211

Certification de sécurité, 199

CFC (Chlorofluores de carbone), 60

Chaînes d'entraînement et roues d'entraînement, 340

dans le boîtier de transfert à engrenages planétaires, 472

dans une boîte de vitesses automatique, 208, *208*

Chaleur de vaporisation, 113

Chaleur massique, 40

Chambres d'eau, 6-7, *6*

Changement de rapport progressif, 44

Changement de vitesse, mécanisme de, 425

Chauffage. *Voir* Systèmes de chauffage

Chlorofluocarbures (CFC), 60, 121

Chlorofluores de carbone (CFC). *Voir* Chlorofluocarbures (CFC)

Circuits de commande électronique, 322

données d'entrée, 322-324, *322, 324*

données de sortie, 326-327, *326, 327*

interrupteurs des, 325, *325*

Circuits de réfrigération, 139, *139*

changement du filtre dans les, 143-144, *143*

conduits et soupapes dans les, 139-142, *139, 141, 142*

remplacement du silencieux dans les, 144

rinçage du, 143

Circuits résonnants, 327

Clapets, 85

à bille, 292, *292*

de dépression, 165, *165*

de retenue, 258

de valve, 143

Clés

dynamométriques, 33-34, *33, 34*

Climatiseur. *Voir* Système de climatisation

Code de date, pour les boîtes de vitesses, 211-212, *212*

Codes d'anomalie, 315-317, *315-317*

affichés par un scanner, 319

Codes d'option de production, pour les boîtes de vitesses automatiques, 210, *210*

Coefficient de frottement, 290

Colorant

à rayonnement visible, 111

pour liquide frigorigène, 110

Commande. *Voir* Boîtier, de commande; Systèmes de commande

Commande à dépression, 475

Communication

coûts de réparation, 438

diagnostiquer les problèmes, 206

diagramme et ordinogramme, 74

explique la « magie » de la boîte de vitesses, 393

guide de l'automobiliste, 323

information sur l'environnement, 131

instructions avant d'utiliser les outils, 334

liquide de refroidissement, 80

mises à jour, 236

outils spécialisés, 140

pièces de la boîte de vitesses, 374

problème de climatisation, 108

regrouper l'information, 5

relation avec la clientèle, 5, 20, 374, 438, 459, 479

spécifications, 39

suivre une « recette », 177

traduire le langage technique, 418

vocabulaire de l'automobile, 301

vue éclatée, 254

Commutateurs. *Voir aussi* Interrupteurs

d'alimentation, 311, *311*

dans un système à commande électronique, 310-311, *310, 311*

de la boîte-pont, 426, 429-430, *429*

de mise à la masse, 311, *311*

de protection, 105

de sécurité, 429, *429*

des feux de recul, 430

Comparateur à cadran, 30, *31*

Composants d'application, 287

accumulateur, 297-298, *297, 298*

bandes d'embrayage, 295-297, *296*

embrayage à disques multiples, 287-293, *287-289, 291-293*

embrayage à roue libre, 294-295, *294*

INDEX

entretien des, 298-303, 298-303

vérification et inspection des, 342-343

Composants hydrauliques, 343

Compresseurs, dans un système de climatisation, 62-64, *63, 64*

à aubes, 64

à cylindrée fixe, 63-64, *64*

à cylindrée variable, 63

à spirales, 64

bruits de, 106-107

de piston, 62-64, *63*

entretien, 154-157, *154, 157*

essai des, 87, *87*

inspection et entretien de l'embrayage de compresseur, 150-154, *150-154*

Compression dans la réfrigération, 58

Compteur de vitesse, 385

Condensation, 58, *60*

Condenseur, 61, 65, 105, 144-145, *144*

et modification d'un système de climatisation, 134

Conduction, 3, 57-58, *57*

Conduits

dans les système de climatisation, 69, 139-142, *139, 142*

de décharge

dépose du, 139-141, *139*

installation, 142

de refroidisseur en caoutchouc, 238

de vapeur, 142

Contacteur

à cycle de pression, 69

du papillon en position plein gaz, 68

Contre-rail, 190

Contrôle de l'humidité, dans les systèmes de climatisation, 149-150, *149, 150*

Contrôleur

d'interface, 321

de pression, 10-11, *11*, 83, *83*, 86, *86*

optique, 13, *13*

Convection, 58

Conversion

capteurs analogiques, convertisseur analogique-numérique pour, 312, *312*

des litres en pintes, 219

Convertisseur

analogique-numérique, 312, *312*

de couple, 225-227, *226, 227*

dans les boîtes de vitesses automatiques, 208

diagnostic des problèmes du, 229-230

essai et réparation du, 230-232, *232*

fabrication d'un modèle de, 231

système électrique pour le, 237-238, *237*

de verrouillage, 235-238

Corrosion

contrôle de la, 213

par la rouille, 188

Couche d'ozone, 121, *121*

Couplage à ressort, 141, *141*

Couple, 148, 386-387

braquage dû au, 454-455

hydraulique et, 247

rapport d'engrenage et, 239-240, *240*

transmission du, 231

Courant électrique, 317-318

Courroies. *Voir aussi* Courroies et poulies;

d'entraînement, 74-75, *74*

de compresseur, 157

inspection et vérification des, 36-37

vibrations et bruits causés par les, 107

en serpentin, 7, *7*, 8

vérification des, 90, *90*

Courroies et poulies, 7-8, *7. Voir aussi* Courroies, d'entraînement; Courroies, en serpentin

courroie d'entraînement, 74-75, 90-91, *90*

courroie du compresseur, 104, 107, 156-157

dans les boîtes de vitesses automatiques, 203-204, *204*

pour les boîtes de vitesses à rapports variables de façon continue, 222

Coûts de réparation, 438

Crayon thermosensible, 14

Cric

de boîte de vitesse, 475

pour transmission, 332-333, *333*, 436, 475

Culasses

inspection des, 36-37, *36, 37*

Culbuteurs

inspection des, 42-43, *42*

Cuves

de nettoyage à chaud, 335, *335*

de nettoyage à froid, 334

Cylindre

mesure de la dimension
de l'alésage du, 43, *43*

vérifier la compression du, 87

Cylindrée

augmentation de la, 47, 52

de commande, 177-178, *178*

de raccord de diagnostic,
321, *321*

tringlerie à, 365-366, *365*

D

Débit d'air dynamique, 74

**Débordement par
bouillonnement,** 73

Déflecteur de ventilateur, 12

Degrés de viscosité, 19-21, *22*

Demi-arbre, 428, 436, *436*

des véhicules à traction,
454-458, *454, 456-458*

joint homocinétique raccordé
à, 445

mise en place d'un joint
homocinétique sur un,
453, *453*

retirer un joint homocinétique
du, 450, 451

**Dents de la couronne,
jeux entre,** 415-416, *415*

Déshydratant, 135, 149

**Désinfectants, pour les
systèmes de climatisation,** 179

**Détecteur électronique
de fuites,** 110, *111*

Détenteur thermostatique,
65-66, *66*, 147, *147*

Devis de réparation, 452

diagnostics et entretien des,
369-372, *369-371*

du convertisseur de couple,
207, 233-238, *233-235, 237*

avenir des, 244

entretien et retrait des,
372-377, *372-377*

fonctionnement de l'embrayage
manuel, 367

mise en place des, 376-377, *377*

multidisques, 361

pédale d'embrayage et,
364-367, *364-367*

système de verrouillage des,
233-238, *233-235, 237,* 244

verrouillage à visco-coupleur,
234, *235*

Diagramme, 74

Différentiel, 208, 401

autobloquant, 409-410, *409, 410*

avant et arrière, dans la
transmission d'un véhicule
à quatre roues motrices,
486-487, *487*

central, dans la transmission
d'un véhicule à quatre roues
motrices, 484-486, *486*

dans la boîte-pont, 423,
425-426, *426*

et montage du pont arrière,
407-408, *407*

libre classique, 409, *409*

Torsen, 411

Diode d'embrayage, 151

Disjoncteurs

dans les systèmes
de climatisation, 68-69

de basse pression, 69

de haute pression, 69

Dispositif de commande. *Voir
aussi* Systèmes de commande

dans les systèmes de
climatisation, 68-69, 106

de pression différentielle,
65-66, *65, 66*

de soupape
composants du, 40-41

Disques d'embrayage,

boîte de vitesse manuelle,
360-361, *361*

inspection des, 373, *373*

boîtes de transmission
automatiques, 287-289, *289*

entretien des, 300-301,
300, 301

Dommages

directs, 193

indirects, 193

Données en série, 317, *317*

Double commande. *Voir*
Systèmes à double commande

Double joint de cardan, 405, *405*

E

Écaillage, 418

Échange de chaleur, 57-58

Échelle logarithmique, 309

Effet Brinell, 418

Élan, 390

Éléments, 337

thermiques, dans les boîtes
de vitesse, 215-216, *216*

Élévateurs, 331-332, 332

Embrayages, 208, 307, 307.
Voir aussi Systèmes d'embrayage

à béquilles, *226*, 227

à disques multiples, 287-293,
287-289, 291-293

INDEX

à griffe, 411

à haricots, 294, *294*

à relâchement de traction, 360, *361*

à ressort-diaphragme, 359-360, *359, 360*
  pression des ressorts sur, 362

à ressorts hélicoïdaux, 358-359

à roue libre, 227, *227,* 294-295, *294*

à rouleaux, 294, *294*

convertisseurs de couples comme, 225

d'un véhicule à traction
  retirer l'embrayage d'un, 372-373

de compresseur, 64, *64,* 104-106, *104,* 150-154, *150-154, 156*
  inspection et entretien, 150-154, *150-154*

de stator, dans un convertisseur de couple, 226-227, *226, 227,* 229, 232

Enclenchement, 383, 383

Engrenage
  à dents droites, 239
  à dents hélicoïdales, 239

Ensemble d'engrenages
  Ravigneaux, 242, 242
  Simpson, 240-241

Ensemble de résistances de soufflante, 167, *167*

Ensembles de trains planétaires, 239-242, *239, 240, 242*
  dans la boîte de vitesses manuelle, 388

vérification et inspection, 343-344, *343*

Équerre de machiniste, 40, *40*

Équerreur de bielle, 48, *48*

Équipement de sécurité, 331-333, *331-333*

Essai
  au banc, 230-232, *232*
  d'étanchéité
    de la membrane, 272
    du régulateur centrifuge, 278
  de fonctionnement
    d'un système à commande manuelle, 167-169, *168*
    d'un système automatique, 173
  de pression à l'air
    piston d'embrayage et servopiston, 303
    solénoïdes, 326, 327
    sur un régulateur centrifuge, 278
  de pression
    d'une culasse, 37, 37
    du régulateur, 277-278
    du système de refroidissement, 85-86, *86*

Essieux, 401
  montage du pont arrière, 407-411, *407-411*
  propulsifs avant auxiliaires, 483-487, *483, 484, 485, 486, 487*

Essuie-glace, 190

Étiquette et numéro, une boîte de vitesses, 210

Évacuation d'un système de climatisation, 129

Évaporateur, 66, *66,* 144-146, *145, 146*
  plénum d', 161-162, *161*

Évaporation, 60, 60

F

Faux-rond, 456

Filtres
  à air, 76, 166
    dans l'habitacle, 166
    électrostatiques, 76
  à huile, 17-18, *18,* 22-24, *23*
    dépose du, 23-24
  de frigorigène, 143
  pour le liquide hydraulique, 214
    changement des, 218-219, *218*

Fixation du moteur, 333

Fluide(s) frigorigène(s), 60-61, *61,* 69-70
  appareil de vérification électronique du, 109
  identification des, 109, *109*
  loi environnementales concernant les, 131
  modification des systèmes de climatisation utilisant des, 132-135, *133, 135*
  R12, 60, 121
    contamination du, 121
    étiquetage et entreposage du, 128, *128*
    huile minérale et, 132
    modification des systèmes de climatisation en utilisant l', 132-135, *133, 135*
    récupération du, 121-126, 122, *122, 125*
  R134a, 60, 121
    étiquetage et entreposage du, 128, *128*
    modification des systèmes de climatisation en utilisant l', 132-135, 133, *135*
    récupération du, 125

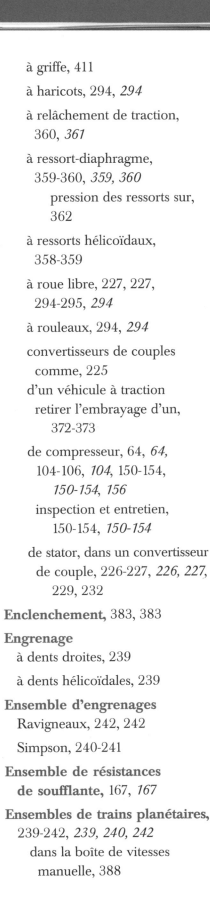

INDEX

utilisation avec le fluide
polyalkylèneglycol, 132

recharge, 130

récupération du, 121-126,
121-123, 125

recyclage du, 127-128, *127*

Force, 247

calcul de la, 280

centrifuge, 277

transfert de, 249-250, *249, 250*

utiliser l'hydraulique pour
transférer la, 248

Formes d'onde, 318

**Fourchette de changement
de rapport,** 385, *385*

Freinage antiblocage, système
de, 469

Fréon. *Voir* Fluide(s)
frigorigène(s), R12

Frottement sur le côté, 50

Fuites

dans les convertisseurs, 232

détecteur électronique de fuites,
110, *111*

liquide hydraulique, 219-220

G

Garde-boue, 192

Garniture de friction, sur les
disques d'embrayage,
361, *361*, 373, *373*

Gaz non condensable, 126

Goulot de remplissage, 85, *85*

Groupe motopropulseur, 357

Guides de l'automobiliste, 323

Guides de soupape, 38, 38

H

Huile à moteur, 19-22, *22*

débit d', sur les paliers, 50

multigrade, 21

synthétique, 21, 26

tableau sur la viscosité
de l', 21

vérification du niveau
d', 22-24

frigorigène, 69, 131-132, *131*

minérale, 135

Hydrauliques, 247-250,
247, 249, 250

Hydrocarbures, 123

Hydromètre, 13, *13*, 79-80

de liquide de refroidissement,
13, *13*, 77-79, 84

de poche, 81

I

Impulseur, 226

Indicateur d'angle de charge,
34, *34*

Indice de viscosité, 19

Industrie automobile, 272

Inertie de rotation, 406

**Inspection par particules
magnétiques,** 37, *37*

**Inspection par pénétration
de colorants,** 37

Interchangeabilité des pièces,
193

Interrupteurs. *Voir aussi*
Commutateurs
d'embrayage, 151
dans les boîtes de vitesses
automatiques et les boîtes-
pont, 325, *325*
de soufflante, 161, 167,
167, 174-175
de sûreté d'embrayage,
367, 469-470
de température ambiante, 69
manocontacteur de sûreté, 154
thermostatiques, 69

J

Jauge(s)

à petit diamètre, 32, 32

d'épaisseur, 32-33

d'ovalisation 39, 39

de profondeur, 32, 32

de tension de courroie,
8, *8, 82*, 82

indicateur d'angle de charge,
34, *34*

plastique, 46

pour les boîtes de vitesses,
214, *214*

télescopique, 31-32, *32*

vérificateur d'alésage à cadran,
31, *31*, 43, *43*

Jeu

axial, 345, 349, 481-482, *481*

des entre-dents des planétaires
de différentiel, 440, 440

Joint(s)

à aiguilles, 448

à billes, 448

à rouleaux, 448

coulissant, 404

d'about en acier, 221, 221

d'arbre, 293

d'étanchéité, 133. *Voir aussi*
Bagues et joints d'étanchéité
à lèvre, 220, *220*

dans les systèmes de
climatisation, 154-156, *154*

dans les systèmes
de lubrification, 25

équarri, 220, *220*

poignée-étrier, 220, *220*

torique, 220, *220*

dans les systèmes
de lubrification, 25

de blocage en acier, 221, *221*

de cardan simple, 404-405, *404*

de piston, 293, *293*

du type G1, 448, *448*

en biseau, 221, *221*

homocinétiques

à cannelure entrecroisée,
446, *446*, 450, 451

bruit des, 43

dans les organes de
transmission d'un véhicule à
traction, 445-448, *445-448*

déportés doubles, 446-447,
447, 450, 451

diagnostic et entretien des,
449-453, *449-453*

raccordés par un demi-arbre,
425, *425*

Rzeppa, 445-446, *446*,
450-451, *450, 451, 453*

tripodes, 447-448, *447*, *448*,
450, *450*, 451

solides, 221, 221

universels, 401, 404-407,
404, 405, 407

L

Lampe à ultraviolet, 56-57

Lave-glace, 190

Leviers de vitesses, 385-386

tringlerie de changement de
rapport pour contrôler la boîte
de vitesse, 388-391, 389

Liquides

de refroidissement, 3, 4, 9-10,
70, 71, 79, 84

ajout de, 80, 81

canaux de refroidissement,
44

chambres d'eau, 6-7

choisir le, 80

contrôleur, 13, *13*

hydromètre de, 13, *13*

se débarrasser du, 82

thermostat pour contrôler
le débit du, 8-9, *8*

de transmission. *Voir* Liquides,
hydrauliques

frigorigène. *Voir* Fluide(s)
frigorigène(s),

hydrauliques, 212, *213*

accumulateurs pour, 297-298,
297, 298, 302-303

bagues et joints d'étanchéité
pour, 220-221, *220, 221*

capteur de température du,
322-323

entretien des, 214-220,
212-214, 218

étiquette et numéro, 210, *210*

synthétiques, 284

types de, 212, 214

utilisation dans les boîtes
de vitesses manuelles, 393

Loi d'Ohm, 169

Loi de Blaise Pascal, 247, 248

Loi(s) environnementales,
121-122, 131

graisses et lubrifiants et, 336

sur l'appauvrissement de la
couche d'ozone et les fluides
frigorigènes, 121, 122

Lubrifiants, 212, 213 *Voir aussi*
Liquides hydrauliques

huile frigorigène, 69,
131-132, *131*

pour boîte-pont manuelle,
426, 433-434, *433*

pour la boîte de vitesses
manuelle, 391-394

pour le différentiel, 413, *413*

autobloquant, 410-411

pour transmissions de
véhicule à quatre roues
motrices, 474

utilisation dans les boîtes de
vitesses manuelles, 393

Lumière

ampoule brûlée, 163

Lunette arrière, 190

M

Manocontacteur de sûreté, 154

Mano-interrupteurs, ensemble
de, 325, *325*

Manomètre

combiné, 112

de pression d'admission,
112-117, *112, 114-117*

et pompe à vide à main, 176, *176*

Manuel d'entretien du
véhicule, 440

Marche arrière, 388

Marteau, 395

Matériaux dangereux
et déchets

amiante, 372

Mathématiques

agrandissement de l'orifice de
la plaque d'espacement, 262

augmentation de la capacité
du couple, 295

augmentation de la cylindrée, 47

augmentation des rapports
de démultiplication, 387

calcul des forces, 280

calcul des variations d'angles
des organes de transmission,
485

calcul des rapports
d'engrenages, 241

calcul mental, 94

conversion des litres en pintes,
219

déplacement de l'huile, 23

devis de réparation, 452

échelle logarithmique, 309

loi d'Ohm, 169

mesure de la pression et de la dépression, 102

mesure des angles de fonctionnement de l'arbre d'entraînement, 403

mesure du jeu axial, 349

mesure pour la conversion du fluide frigorigène, 134

modification du système de climatisation, 134

pression des ressorts, 362

se conformer aux normes, 156

tours-moteur, 429

vérification de la climatisation, 67

vérifier la tolérance, 156

Matières dangereuses
responsabilités face aux, 128

Membrane
essai d'étanchéité de la, 272

inspection visuelle de la, 272

Mémoire morte programmable (PROM), 313-314, *313-314*

Mesures
échelle logarithmique, 309

Micromètre, 29-30, *29, 30*, 46, *46*, 396, *396*

Microprocesseurs, 312-314, *313, 314*

Ministère de la Formation des Collèges et des Universités (MFCUO), 122

Modulateur
à dépression, 270-273, *271*

vérification du, 270-271, *271*

vérification du réglage du, 272-273

Module d'alimentation du moteur de soufflante, 171, *171*, 175

Module de gestion du groupe motopropulseur, 313

actionneurs du système à commande électronique et, 314-315, *314*

circuit résonnant et, 327

code d'anomalie
affiché par un scanner, 319

des organes de transmission d'un véhicule à quatre roues motrices, 474

données de sortie, 326

entretien du, 313-312, *311, 312*

établi par un, 316

vérificateur de transmission et, 321

Modules à effet Peltier, 118

Montage, des boîtes de vitesses
longitudinal, 210, *210*

transversal, 210, *210*

Montage du pont arrière, 407-411, *407-411*

Moteurs
à arbre à cames en tête
système de lubrification pour, 16

à soupape en tête
inspection des alésages de poussoir de soupape sur le, 44

de ventilateur de chaufferette, 107

instrument de mesure de précision pour les, 29-34

plus petits, 462

température de fonctionnement, 98

transversal, 75, *75*

Motricité, 468

Moyeux de blocage, dans les véhicules à quatre roues motrices, 483-484, *483*

Multimètre numérique, 317-318, *318*

Multiplication de couple, 227-228, *228*, 386-387, *387*

N

Nettoyage, produits et appareils de, 334-335, *335*

Nettoyeurs à vapeur, 335

Newton, Isaac, 277

Niveau d'entretien de l'huile, 22

Numéro d'identification du véhicule (NIV), 320, *320*

O

OBD-II, systèmes, 307
codes d'anomalies pour, 315-317, *315-317*

puce EEPROM pour les, 314

raccords de diagnostic pour, 320-321, *320-321*

Odeurs
de l'évaporateur, 162

diagnostique par l'odorat, 108

problèmes d'odeur dans le système de climatisation, 179

Ohm, 318

Onde, formes d', 318

Ordinateurs
dans les boîtes de vitesses automatiques de l'avenir, 328

microprocesseurs, 312-314, *313, 314*

ordinateurs portatifs, 352

quatre roues motrices et, 488

scanner pour lire les données des, 318-321, *320, 321*

Organe(s) de transmission
d'un véhicule à propulsion, 401-411, *401, 402, 404, 405, 407-411*

INDEX

d'un véhicule à quatre roues
   motrices, 465, *465*, 469
      boîtier de transfert pour,
         470-482, *470-474, 476-478,*
         480, 481
      calculer les variations d'angle
         de l', 485
      commandes informatisées
         pour les, 488
      essieux propulsifs avant
         auxiliaires des, 483-487,
         483-485
      friction et motricité dans les,
         468
   intégrale
      en prise occasionnelle,
         467, *467*, 475
      en prise permanente,
         469, *469*

Orifices, d'une plaque
d'espacement, 261-262

Orifices de service, 134

Oscilloscope numérique
à mémoire, 318

Outils
   analyseur-contrôleur, 14, *14*
   appareil d'identification
      électronique du fluide
      frigorigène, 109, *109*
   appareil de guidage, 377
   cales de roue, 331, *331*
   clé dynamométrique,
      33-34, *33, 34*
   comparateur à cadran, 30, 31
   contrôleur
      de pression, 10, 37, *37*, 83, *83*
      de transmission, 321
      optique, 13, *13*
   crayon thermosensible, 14
   crics de boîte de vitesse,
      332-333, *333*, 475
   de diagnostic
      contrôleur de diagnostic, 321

multimètre numérique,
   317-318, *318*
oscilloscope numérique
   à mémoire, 318, *318*
scanner, 318-321, *320, 321*
tuyaux d'échappement chauds
   et convertisseurs catalytiques,
   391
vérificateur de transmission,
   321, *321*
de mesure de précision, 29-34,
   29-34
détecteur électronique de fuites,
   110, *111*
doublures d'aile, 333
ensemble de manomètres
   de pression d'admission,
   112-117, *112, 114-117*
équerre de machiniste, 40, *40*
équerreur de bielle, 100, *100*
fixation du moteur, 333
hydromètre de liquide de
   refroidissement, 13, *13*,
   79-81, 84
indicateur d'angle de charge,
   34, *34*
jauge
   à petit diamètre, 32, *32*
   d'ovalisation, 39, *39*
   de tension de courroie,
      8, *8*, 82, *82*
   télescopique, 31-32, 32
lunettes de protection, 331
micromètre, 29-30, *29-30*, 98, *98*
multimètre numérique,
   317-318, *318*
ohmmètre, 96
pied à coulisse Vernier, 31, *31*
pyromètre, 13, *13*, 83
réfractomètre, 80
règle rectifiée, 33, *33*, 36, *36*
scanner, 318-321, *320, 321*,
   318-321, *320*

spécialisés, 140
   contrôleur d'interface et
      vérificateur de transmission,
      321, *321*
   pour l'essai et la réparation
      du convertisseur de couple,
      230, *230*
   pour vérifier le règle du
      modulateur, 272-273
stéthoscope, 106, *106*
support, 331, *331*
vérificateur de transmission,
   321, *321*

Overdrive
   dans les boîtes de vitesses
      automatiques, 209

Ozone, 121

P

Paliers
   d'embrayage du ventilateur,
      81, 82
   de l'arbre à came, 44
   inspection des, 49-50, *49, 50*

Pare-brise, 190

Particules magnétiques
   inspection par, 37, *37*

Pascal, Blaise, 247, 248

Pédale d'embrayage, 367
   pulsations de la, 371, *371*
   tringlerie d'embrayage
      entre l'embrayage et la,
      364-367, *364-367*

Pied à coulisse Vernier, 31, *31*

Pignon(s)
   à denture droite, 383, *383*
   à denture hélicoïdale, 383, *383*
   d'attaque
      profondeur du, 416-417, *417*
   de la boîte-pont, 425, *425*
   du compteur de vitesse, 429
   entraîneur du compteur
      de vitesse, 396

intermédiaires, 384

inverseurs, 385, 388

Piston

accumulateur, 297, *297*

d'embrayage, 291-292, *291*

entretien du, 299-300, *299, 300*

Plan incliné, 424

semi-automatique, 378

Plaque

Belleville, 289, *289*

d'espacement, 261

de renfort, 89

ondulée, 289, *289*

Plateau

d'embrayage en acier, 289, *289*

entretien des, 300-301, *300*

d'entraînement, 228

de pression, 291, *291*, 358

flexibles, 228

remplacement du, 374, *374*

Plénum, 107, 161-163

d'évaporateur, 161-162, *161*

Pneu

tour du, 429

Poids spécifique, 80

Point d'accouplement, 228, *229*

Point mort, 466

Polyalkylèneglycol, 132

Pompes

à eau, 6, 8, 12, 71, 81, *81*, 91-92, *92*

à engrenages, 252, *252*

à huile, 17, *17*, 474

à palettes, 252-253, *253*

à rotors dentés, 253-254

à vide à main, 176, *176*

compresseurs comme, 62

électriques, 176

hydrauliques, 251-257, *251-253, 255-257*

impulseurs, 226

Porte-différentiel, 408-409, 413-414

Poste de charge, 112

Potentiomètre, 310, *310*

pour utiliser les outils, 334

Poussoir de soupape à commande hydraulique, 41-42

Poussoirs de soupape, 41-42, *42*

Précharge, 432

de refoulement du pignon d'attaque, 414-415, *414*

des planétaires de différentiel, 440-441

Précision d'usinage, 302

Pression, 247

d'accélération, 268

dans les systèmes de refroidissement, 37, *37*

de vapeur, 60

des ressorts, 362

du régulateur centrifuge, 269

du système de climatisation, 112-115, *112, 114*

mesure de la, 102

Prévisions technologiques

arbres de transmission plus légers, 420

boîtes de vitesses automatiques, 264, 328

à cinq rapports, 304

boîtes de vitesses manuelles, 398

boîtes de vitesses semi-automatiques, 378

changement de vitesse par câblage, 442

effet Peltier, 118

embrayage du convertisseur, 244

huile moteur synthétique, 26

liquide hydraulique synthétique, 284

ordinateurs portatifs, 352

plus petits moteurs, 462

réglementation concernant les techniciennes et techniciens, 136

système informatisé pour les organes de transmission des véhicules à quatre roues motrices, 488

systèmes de climatisation, 76, 180

température de fonctionnement du moteur, 98

Produits de nettoyage et appareils de nettoyage, 334-335, *335*

Propulsion. *Voir* Véhicule, à propulsion

Protection, équipement, gants de protection, 331

Puce à mémoire morte programmable effaçable électriquement (EEPROM), 214

Purge du système de refroidissement, 15

Pyromètre, 13-14, *13*, 83

numérique, 83

Q

Quatre roues motrices

en prise occasionnelle, 465-466

en prise permanente, 466

R

Raccords

dans les systèmes de climatisation, 69

de diagnostic
extraction des codes
d'anomalie avec, 316
scanner branché sur, 318-320

Radiateur, 4, 73-74, *73*
bouchon de, 9, *9*
de chaufferette, 85, 94-95
dépose et pose du, 15
entretien du, 87-90, *88-90*
vérification du, 29
vidange du, 87-88

Radiation, 58. *Voir aussi*
Rayonnement

Rapports
changement de rapport
progressif, 44
comparaison des rapports
de vitesse à des leviers, 390
d'engrenage, 239-241, *240*
de démultiplication, 386,
386, 387
de la boîte de vitesses manuelle
d'un véhicule à propulsion,
383, *383*, 396

Rayonnement, 3. *Voir aussi*
Radiation

Récepteur/Déshydrateur,
68, *68*, 149-150, *150*

Recharge des systèmes de
climatisation, 130-132, 130-132

Récupération, système de, 95

Récupération du fluide
frigorigène, 121, 123-125
R12, 122, *122*

Recyclage du fluide frigorigène
à l'extérieur, 127-128
sur place, 127, *127*

Réfractomètre, 80

Réfrigération, 58-61, *58, 60, 61*

Refroidisseurs
de boîte de vitesses, 238
d'huile, 18-19, *19*

Règle rectifiée, 33, *33*

Régulateur, 275-278, *275, 276*
à tiroir de commande, 276
centrifuge
à billes, 275-276, *275*
à plein gaz, 281
électronique, 276-277
essai de pression du, 277-278
pression du, 269
essai d'étanchéité, 278

Remplissage du système
de refroidissement, 15

Répartiteurs d'air, 12

Réservoirs
d'expansion, 9
d'un système hydraulique,
250-251, *251*
de trop-plein, 73, 95
et système de récupération, 95

Résistance
à la traction, 148
électrique, 163, 319

Ressorts, 345
de rappel de piston,
292, *292*, 302, *302*
de soupape, 39-40, *39*
Marcel, 361

Rétrogradation, 280-281
à gaz partiels, 281
à pleins gaz, 281
par gaz coupés, 281

Rinçage des systèmes
circuit de réfrigération, 143-144
de refroidissement, 14-15, *15*
radiateur, 88-89, *89*

Robinet
de service, 69
de vidange, 82, 88

Rondelles de butée,
345, 396-397, *396*

Ronflement, 412
au verrouillage, 236-237

Roulement(s)
à aiguilles, 344-345
dans la boîte de vitesse
manuelle d'un véhicule
à propulsion, 383, 396-397
de la boîte-pont, 425
de la boîte-pont manuelle,
bruits des, 432
de poulie d'embrayage,
152-153, *152*
de roue, 459-461, *460, 461*
entretien des, 418-419, 419
-pilote, 364, *364*, 376

Rupture par fatigue, 49

S

SAE, classement, 148

Scanner, 318-321, 320,
321, 351, 351

Science
acier, 337, 455
alliage, 455
boulons, 148
chaleur, 59
chaleur massique, 368
cœfficient de frottement, 290
élan, 390
force centrifuge, 277
friction et motricité, 468
hydraulique, 248
lecture des indices d'octane, 35
liquide de refroidissement, 30
point d'ébullition de l'eau, 124
pression atmosphérique, 124
résistance dans des circuits
électriques, 163, 319

température du liquide, 211

température et viscosité
de l'huile à moteur, 20

transmission du couple, 231

vitesse angulaire, 406

Sécurité

ampoules chaudes, 163

autorisation pour les essais
routiers, 269, 336, 351

bandes des boîtes d'embrayage
et boîtes-pont, 303

boîtier de transfert, 475

brûlures, 83, 108

câble de mise à la masse, 313

câble de tiroir d'accélération,
269

clé dynamo thermique
à cliquet, 34

compresseurs et, 62

convertisseur de couple, 238

couper un boyau, 91

cric de transmission, 436

désinfectant de climatiseur, 179

différentiel, 413

disposer des liquides, 336

douille à résistance
déterminée, 407

eau qui chauffe dans un
gobelet, 59

échappement chaud, 218

empêcher le véhicule de
rouler, 209

engrenages dans les pompes
de boîtes de vitesses, 252

enlever un bouchon
de radiateur, 79

ensemble de manomètres
de pression, 58

ensembles de trains
planétaires, 242

essai de blocage, 230

fluide frigorigène, 60, 69, 70,
122, 125

forte pression, 405

huile à moteur et, 22

joints homocinétiques, 449

liquides de refroidissement, 82

liquides inflammables, 211

lors de la réparation du système
de réfrigération, 139

manipulation de produits
chimiques, 179

marteau, précautions, 395

nettoyage du boîtier de
transfert, 478

pales brisées de ventilateur, 96

pièces chaudes, 322

pièces qui tournent, 402

pression élevée dans un système
de refroidissement, 86

prise de force, 473

reconstruction de la boîte
de vitesses automatique
et de la boîte-pont, 331-335,
331-333, 335

ressort de rappel du piston, 302

roulements de roue, 460

sous un véhicule, 278

support de moteur, 436

système de climatisation et,
14-15

système de refroidissement
et, 10, 12

système de transmission
à quatre roues motrices, 466

travail sous un véhicule, 373

ventilateurs et, 4, 6

vérification de la pression
de la canalisation principale,
256

vérification de palier et de
ventilateur, 82

**Sélecteur de vitesses,
positions du,**

drive (D), 209

manuel low (M1), 210

manuel second (M2), 209

neutral, 209

overdrive (OD), 209

park, 209

reverse, 209

Servo-accumulateur, 298, *298*

Servos, 296-297, *296*
entretien des, 302-303

Sièges de soupapes, 39, *39*

Signaux de capteurs,
311-312, *311, 312*

Silencieux, 144

**Society of Automotive
Engineers (SAE),** 19, 20, 26
classement des boulons, 148
normes SAEJ-1991 pour
l'équipement d'entretien
des systèmes de
climatisation, 122, 127

Solénoïde
dans les systèmes à commande
électronique, 314-315, *314*
de contrôle de pression,
273-275, *273*
de vitesse, 282
diagnostics d'anomalie du, 282
tiroirs de passage de vitesse
à, 281, *281*
vérification du,
326-327, *326, 327*

Solution à bulles liquides, 111

Solvants, 334

Sondes
de température, 172
de température du liquide, 75
thermistance, 172, 178

Soufflante, 161, *161*, 169,
174-175, *175*
avec vitesse élevée, 175-176
interrupteur de, 167, *167*, 174-175

Soupapes
à commande mécanique, 41
bloc hydrauliques pour,
260-262, *260, 262*

d'accumulateur, 298

dans le système hydraulique,
258-260, *258-260*

dans les systèmes de
climatisation, 139-142

de commande, 146-147, *146, 147*

de dérivation de pression, 17, *17*

de refoulement
pompe à vide à main et
manomètre, 176, *176*
pompe électrique, 176

de service de fluide frigorigène,
106

dispositif de commande des
composants du, 40-41

inspection des, 38, 38

ressorts des, 39-40, 39

Schrader, 110, 110

**Stator, dans un convertisseur
de couple,** 225, 226

Stéthoscope, 106, 106

Support, 331, 331
à résistance magnétique, 462
de la boîte de vitesses,
376, 432, *432*

Surchauffe, 4

Surmultiplication
boîte de vitesses manuelle
et, 388
élimination du rapport de, 398

**Suspensions arrière à roues
indépendantes,** 401-402, *402*
arbre d'entraînement dans les,
401-404, *401, 402*, 420
diagnostics et entretien des
essieux moteurs, 412-413, *413*
entretien des arbres
d'essieu dans les, 417-419, *419*
entretien du différentiel,
413-417, *413-417*
joints universels dans les,
404-407, *404-405, 407*

montage du pont arrière
dans les, 407-411, *407-411*

Synchroniseurs
dans la boîte-pont, 425
de la boîte de vitesses manuelle
d'un véhicule à propulsion,
384, *384*, 388, *388*
inspection des, 397, 440

Système de dépression,
175-179, 176

Système de lubrification
à passage total, 17-18, *18*
composants du, 17-18, *17, 18*
entretien du, 22-25, *23*
fonctionnement du, 16, *16*
huile à moteur pour,
19-22, *21, 11*

Système de pression, 83-87, 83

Système de récupération, 95

**Système de régulateur de
température automatique,**
169-173, *170-173*

Système métrique
conversion des litres
en pintes, 219

Système(s) de refroidissement,
71-75, 79-81, *79*
avenir des, 98
boyaux dans les, 91, 91
composants et fonctionnement
du, 3-10, *3-9*
conduits et robinets de service
dans les, 69
courroies d'entraînement
dans les, 90-91, *90*
entretien du, 14-15,
15, 87-90, *88, 89*
essai du, 10-14, 81-83
essai du système de pression,
83-97, *83, 85, 87*
fonctionnement, 70-75

inspection et essai des,
81-83, *81-83*
pompe à eau dans les, 38, *38*
radiateur de chaufferette
dans les, 94-95
remplissage du, 89-90
réservoir de trop-plein
du liquide de refroidissement
et système de récupération
dans les, 95
rinçage du, 88-89, 88
thermostat dans les, 93, 93

**Systèmes à commande
électronique,** 307, *307*. *Voir
aussi* Systèmes de commande

actionneurs des, 314-315, *314*

capteurs dans les, 307-311,
308-311

circuits de commande
électronique dans les,
322-327, *322, 324-327*

codes d'anomalie pour les,
315-317, *315-317*

microprocesseurs dans les,
312-314, *313, 314*

outils de diagnostic,
317-321, *318, 320, 321*

pour transmission d'un véhicule
à quatre roues motrices,
474-475, *474*

signaux de capteurs
dans les, 311-312, *312*

Systèmes à double commande,
165-166, *166*

Systèmes d'embrayage, 357.
Voir aussi Embrayage
composants des,
357-364, *357-361, 363, 364*
diagnostic et entretien des,
369-377, *369-377*
fonctionnement de
l'embrayage manuel, 367

tringlerie d'embrayage
dans les, 364-367, *364-367*

Systèmes de chauffage

système à double commande
pour les, 165-166, *166*

système de régulateur
de température automatique,
169-174, *170-174*

transfert de chaleur dans les,
57-58, *57*

Systèmes de climatisation,
55, 56

capteurs, 158

changement du filtre de le
circuit de réfrigération, 143

composants des, 62-68, *62-66,
68*, 150-157, *152-154, 157*

condenseur, 144-145, *144*

conduits et soupapes,
69, 139-142, *139, 141, 142*

contrôle de l'humidité, 149-150,
149, 150

dépannage, 101-108,
101, 103-107

diagnostic au moyen d'un
ensemble de manomètres
de pression d'admission,
112-117, *112, 114-117*

diagnostic avec outils
et équipements,
109-117, *110-112, 114-117*

diagnostic de défaillance
et réparation des,
174-179, *175, 176, 178*

dispositifs de sécurité
et de commande, 68-69

effet Peltier, 118

embrayage, 150-154, *150-154*

entretien à l'aide
des ordinateurs des, 126

essai du rendement, 157

évacuation des, 129

évaporateur, 144-146, *145, 146*

fonctionnement et essai
de fonctionnement des,
166-169, *167, 168*

modification des,
132-135, *133, 135*

recharge des, 130-132,
130-132

récupération du fluide
frigorigène pour les,
121-126, *121-123, 125*

recyclage du fluide frigorigène
pour les, 127-128, *127*

réfrigération et, 58-61, *58, 60, 61*

règlements pour les techniciens
et techniciennes, 136

réparation du circuit
de réfrigération, 139, *139*

rinçage du circuit de
réfrigération, 143-144

soupapes de commande,
146-147, *146, 147*

système de régulateur
de température automatique,
169-173, *170-173*

systèmes de commande
dans les, 161-166, 161, *162-166*

Systèmes de commande

dans les systèmes de
climatisation, 79, 161-166,
161, 162-166

pour les transmissions
d'un véhicule à quatre roues
motrices, 473-475, *474*

systèmes de régulateur
de température automatique,
169-173, *170-173*

Systèmes hydrauliques

avenir des, 62

isolation des, 237

pompes des, 251-257,
251-253, 255-257

pression dans les,
267-269, *267-269*

réservoir des, 250-251, *251*

tringlerie hydraulique,
366-367, *366, 367*

T

Tableaux

causes de défaillance
de l'embrayage, 369

comparaison de pression
et de température entre
le R12 et le R134a, 133

comparaison des systèmes
frigorigènes, 70

courant électrique et pression
principale, 274

d'essai de fonctionnement, 168

de boîte de vitesse en
surmultiplication, 282, *282*

de diagnostic, 174

des changements de rapports,
288

diagnostics de la boîte
de vitesses, 392

diagnostics de la boîte-pont
manuelle, 431

diagnostics relatifs au boîtier
de transfert, 476

durée de vie du liquide, 213

fonction à sécurité intégrée, 327

inspection des composantes
internes de la boîte
de vitesses, 395

lectures de pression d'huile
et du module de gestion
du groupe motopropulseur,
325

liquides hydrauliques, 213

point d'ébullition de l'eau
sous dépression, 129

pression du système
de climatisation, 114

pression et température
de rendement du système
de climatisation, 115
problèmes de pression dans
les systèmes hydrauliques, 257
problèmes dus à la
contamination du système
de climatisation, 101
règles d'un ensemble de trains
planétaires simples, 240
température et pressions
standards pour R12, 126
terminologie des systèmes
de diagnostic embarqué, 315

Tambour d'embrayage, 287
entretien du, 298-299, *299*

Techniciennes et techniciens
réglementations
professionnelles, 136

Température
de sortie dans un système
de refroidissement, 101, *101*
du liquide hydraulique, 211
du moteur,
capteurs de 322-323, *322*
surveillance de la, 13-14, *13*
thermostat et contrôle
de la, 8-9, *8*
viscosité de l'huile et, 20
systèmes de régulateur
de température automatique,
169-173, *170-173*

Tension, 317

Thermistance
à coefficient de température
négatif (CTN), 172, 178
capteur de température,
309, *309*
d'huile, 18
essai de la, 178
sondes de température, 118

Thermostat, 8-9, *8*, 71-72, *71*
remplacement et essai du,
11, *11*, 93, *93*

Tiges de culbuteur, 42

Tiroir(s)
d'accélération, 269-275,
269-271, 273
à dépression, 270-273, *271*
à tringlerie, 269-270, *269*
dans le système hydraulique,
258-260, *258-260*
de commande à boisseau,
258, *258*
de commande manuelle, 283
de commutation, 259-260, *259*
de passage de vitesse,
275, 279-283, *279, 281-283*
équilibré, 258-259
à pression de ressort et
à pression hydraulique,
259, *260*
à ressort, 259, *260*
par hydraulique, 259
régulateur de pression, 267

Tourillon, 404
conique, 50

Trains planétaires. *Voir*
Ensembles de trains planétaires

Transfert de chaleur, 3

Transmission
bruits dans la, 430-432
d'un véhicule à traction
bruits dans la, 430
demi-arbres dans la,
454-458, *456-458*
diagnostic et entretien
du joint homocinétique
de la, 449-453, *449-453*
finale, 423

joint homocinétique de la,
445-448, *445-448*
roulements de roue dans la,
459-461, *460, 461*
d'un véhicule à quatre roues
motrices. *Voir* Organe(s) de
transmission, d'un véhicule

Tringlerie
d'embrayage, 364
à câble, 365-366, *365*
électrique, 391
hydraulique, 366-367,
366, 367
mécanique, 364-365, *364*
de changement de rapport,
388-391, *389*
de la boîte de vitesses
manuelle d'un véhicule
à propulsion, 388-391, *389*
de la boîte-pont manuelle, 425
de changement de vitesse
de la boîte-pont manuelle,
428, *428*, 434-435, *434, 435*

Tube
à orifice, 66, *66*, 146-147, *147*
d'aération, 382, *382*

**Turbine, dans le convertisseur
de couple,** 226

Tuyaux d'échappement
protection contre la chaleur,
218, 391

U

**Unité thermique britannique
(U.T.B.),** 57, *57*

V

Véhicule
à propulsion à boîte de vitesse
manuelle
retirer l'embrayage du,
372, *372*

à traction
demi-arbres d'un, 454-458,
454, 456-458

Ventilateurs, 4-6, *5,* 74-75, *74, 75*
de chaufferette, 107
électriques, 96-97, *97*
entretien des, 95-97, *95, 97*
et modification d'un système
de climatisation, 80
inspection et vérification des,
12, *12*
mécaniques, 95-96, *95*

Vérificateur
d'alésage à cadran, 31, *31,* 43, *43*
de pression d'huile, 18, *18*, 37, *37*
de transmission, 321, *321*

Verre énergétique, 76

Verrouillage, 386, *386*
à visco-coupleur du
convertisseur de couple,
234, *235*

Vibrations
au verrouillage, 226, 236
dans les systèmes de
climatisation, 107, *107*

de l'arbre d'entraînement, 402
en résonance, 107
pendant la conduite, 413
pulsation de la pédale
d'embrayage, 371, *371*

Vilebrequin
équilibrage du, 51, *51*
inspection du, 44-45, *44, 45*
jeu axial du, 375-376

Viscocoupleur, 467

Viscosité
de l'huile à moteur, 19-21, *21*
degré de, 19-21, 22
du liquide hydraulique, 213
du lubrifiant de la boîte
de vitesses manuelle, 391-393
indice de, 19

Vitesse
angulaire, 406
de l'arbre, 455
supérieure
passage en, 279-280, *279*

surmultipliée
dans les boîtes de vitesses
automatiques, 309

Volant, 357-358, *358*
d'équilibrage du vilebrequin,
51, *51*
inspection et remplacement
du, 374-375, *375*

Volets
de mode, 164, *164*
de recirculation, 162, *162*

Voyant, 103-104

Vue éclatée, 254

Z

Zone de pliage, 192

Zone de travail
pour la reconstruction de
boîtes de vitesses et
de boîtes-pont, 334

SOURCES

Couverture: Ron Kimball Photography, Inc.

American Honda Motor Company, XIII

Audi of America, Inc., XXX

Birchwood Automotive, VII

Bertrand Lachance, 185, 186, 189, 194, 195, 196, 197

Chicago Brand/David S. Hwang, VII

DaimlerChrysler, IX, XI, XXVIII, XXIX

Dana Corporation, XXXIV

Ford Motor Company, VI, XII, XV, XXIII, XXVII, 185

FPG International
  Frank Cezus, 330
  Al Satterwhite, XXXI, 464

General Motors Corporation, XIX, XXI

Robert Hock, VII, VIII, XIX, XXVI

Jack Holtel, XII, XVIII, XX, XXI, XXII, XXIII, XXV, XXVI, XXVII, XXVIII, 28, 54, 78,120, 138, 160, 224, 246, 266, 286, 306, 354, 380, 400, 422

David S. Hwang, VI, XVII, XXIV, 56

Index Stock
  Duka, 2

Michel Verreault, XVI, 182, 184, 188, 189, 190, 191, 193, 194, 195, 196, 197

Photo Researchers
  Bill Bachman,

RTI Technologies, Inc.,

Sachs Handel GmbH.Germany, 356

Sears, Roebuck & Company,
  Gary D. Landsman,

Terry Wild Studio, XIII

The Stock Market
  Skye Chalmers, XXIX, 444

Tom Pantages, XIII, XXI, XXII, XXV

Tony Stone Images
  Randy Wells, 100

Volvo, 202

White Industries, X

ZF Group North American Operations, 204

Remerciements spéciaux à 3M Press-in-Place Silicone Gasket Strips, Saint Paul, Minnesota; Ault & James Engine Rebuilders, Dayton, Ohio; Aamco Transmissions, Dayton, Ohio; Beau Townsend Ford, Inc., Dayton, Ohio; Bessemer State Technical College, Bessemer, Alabama; Fairborn Transmissions, Fairborn, Ohio; Frank Z Auto Group, Dayton, Ohio; Miami Valley Career Technical Center, Clayton, Ohio; Miller's Towing, Fairborn, Ohio; Saturn of Dayton Inc., Dayton, Ohio; Stone's Auto Servicing, Miamisburg, Ohio.

Les sources des images ont permis la reproduction d'iconographies et de photos, mais ne cautionnent en aucun cas le contenu du manuel, le cours ou les techniques d'enseignement.